KB205386

세 움
클래식
1 1

도르트 신조 강해의 정석

견고한 확신

세움북스는 기독교 가치관으로 교회와 성도를 건강하게 세우는 바른 책을 만들어 갑니다.

세 움
클래식
1 1

견고한 확신

도르트 신조 강해의 정석

초판 1쇄 인쇄 2023년 7월 25일
초판 1쇄 발행 2023년 7월 30일

지은이 | 윤석준
펴낸이 | 강인구

펴낸곳 | 세움북스
등 록 | 제2014-000144호
주 소 | 서울시 종로구 대학로 19 한국기독교회관 1010호
전 화 | 02-3144-3500
이메일 | cdgn@daum.net

디자인 | 참디자인

ISBN 979-11-91715-85-9 (03230)

일러두기

1. 본서에 「도르트 신조」의 본문과 "도르트 신조의 역사적 서문"은 독립개신교회 신학교 교장으로 시무하고 있는 김헌수 목사의 번역이며, 사용 허락을 받았습니다.
2. 본문에서 저자가 강조하고 싶은 문구나 문장들은 '인용'과 구분하기 위해 점선으로 그려진 박스 안에 넣어 표현하였습니다.

세움
클래식
1 1

견고한 확신

도르트 신조 강해의 정석

윤석준 지음

| 도르트 신조 전체 조항 해설 |

추천사

2009년에 미국 잡지 타임지는 '신칼뱅주의'를 그 당시 세계를 변화시키는 10대 사상에 포함시켰다. 콜린 한슨(C. Hansen)은 이런 기미를『젊고 활동적인 개혁파들: 한 기자가 신칼빈주의자들과 함께 한 여행』(2008)에서 잘 정리하였다. 신칼뱅주의는 인간의 자유로운 선택을 거부하고 하나님을 악의 원인자라고까지 칭할 만큼 숙명론을 견지한다.

미국의 특정 교회가 신칼뱅주의를 그대로 수용하지는 않았지만, 아르미니우스주의를 표방하던 남침례회의 연례 회의나 하나님의 성회에도 상당한 영향력을 끼칠 정도였다. 그런데 웨스트민스터 회의(1643-9)가 고백서와 대소요리문답서를 작성하였지만, 왕정 복귀(1660)로 인하여 잉글랜드 교회의 울타리 밖으로 쫓겨난 잉글랜드 장로교회는 이 신조에 대한 서약을 의무로 요청하지 않았으며, 함께 '교파'로 전락한 회중 교회와는 달리 실질적으로 아르미니우스주의를 따랐다. 침례교는 17세기 초에 발생할 때부터 대개 아르미니우스주의를 표방하였으며, 미국에서도 마찬가지였다. 1800년대 초기 미국 제2차 부흥 운동의 마중물이었던 장로교 목사 켐프벨 부자(T. & A. Campbell)와 스톤(B.W. Stone) 목사는 의도적으로 장로교와 칼뱅주의를 거부하였는데, 이 운동의 가장 큰 이득을 받은 감리교는 웨슬리의 아르미니우스주의를 적극적으로 따랐다. 서부 개척 시대에 하나님의 선택보다는 사람의 의지적 선택을 강조하는 아르미니우스주의가 훨씬 더 매력적이었다. 감리교에서 나와서 완전 성결의 주장을 펼친 성결 운동과 나사렛 교회, 방언과 신유를 내세운 오순절 운동도 아르미니우스주의의 구원론을 추종한다. 미국 교회의 초기에 주류였던 회중 교회의 칼뱅주의는 쇠퇴하고, 18세기 후반부터 아르미니우스주의 일색으로 정착되었다. 아르미니우스주의는 유럽과 미국 교회 역사의 흐름에서 시대와 장소에 따라 새로운 요소를 첨가하였으며, 따라서 다양한 형태의 아르미니우스주의'들'을 말하는 것이 옳다. 이런 다양한 아르미니우스주의의 영향을 처음부터 받아 온 한국 교회 안에는 전반적으로 아르미니우스주의가 주도하고 있다.

아르미니우스주의는 아르미니우스로부터 유래하지만, 이와 같은 사상은 사실 교회 역사 초기부터 있었다. 특히 아르미니우스가 말하듯, 그는 칼뱅주의와 그 뿌리인 아우구스티누스의 사상 특히 예정론을 거부하였다. 이런 사상은 동방 교회, 가톨릭교회, 루터 교회에도 찾아볼 수 있지만, 이런 사상을 총칭하여 아르미니우스주의라 함은 아르미니우스가 비판하고 거부한 칼뱅의 신학 또는 개혁 신학 내부에서 아주 분명하게 나타났기 때문이다. 이 말을 뒤집어 보면, 그 이전의 이런 조류를 의식적으로 거부한 칼뱅의 신학을 아르미니우스가 자기 방식으로 다시 거부하였다고 볼 수 있다.

아르미니우스의 사상을 직접 계승한 항변파(항론파)는 다섯 부분으로 정리한 항변을 제출하였다. 도르트 회의는 항변서를 반박하고 5장의 신경으로 개혁 교회의 교리를 정리하였다. 다만 작성 과정에서 항변서의 3-4장을 한 장으로 줄여 형식적으로는 모두 4장이다. 곧 무조건적 선택과 유기(1장), 구체적 속죄(2장), 인간의 전적 부패와 난공불락의 은혜(3-4장), 그리고 성도의 견인(5장)이다. 도르트 신조는 각 부분마다 먼저 개혁 교회의 교리를 성경 말씀을 따라 적극적으로 해설하고 난 뒤, 해당 항목의 아르미니우스파의 오류를 논박하는 부정적 부분을 배치하였다.

신칼뱅주의는 아르미니우스주의를 반박하지만, 신앙고백적으로 거부하지는 않기 때문에 연속성에 문제가 있다. 신칼뱅주의가 개혁 교회가 표방하는 공교회적인 역사적 문서인 도르트 신조를 조금이라도 언급하고 그 노선을 따랐다면, 후대에 첨가한 다양한 형태의 아르미니우스주의들이 아니라 원래 형태의 아르미니우스주의를 근원적으로 살펴 비판함으로써 교회가 튼실한 기반 위에 설 수 있었을 것이다.

도르트 신조가 미국은 물론 네덜란드 교회에서조차도 별 관심을 받지 못하고 있는 상황에서 윤석준 목사가 상당 기간 이 신조를 교회에서 특히 공적 신앙고백을 준비하는 자녀들에게 가르치고 그 결실을 책으로 출판하여 우리를 기쁘게 하는 쾌거를 이루었다. 이미 윤 목사는 하이델베르크 요리문답도 해설하고 출판하였는데, 그가 개혁 신앙과 신학에 고백적으로 천착한 이력이 깊다. 더구나 한국 교회의 저변에 흐르고 있는 아르미니우스주의와 그 영향력이 엄청난 상황에서, 본서는 한국 교회를 다시 성경 말씀과 그 교리의 터 위에 든든하게 세워 더욱더 건강하게 만들 수 있을 것이다.

| **유해무** (고려신학대학원 교의학 은퇴 교수, 『우리는 무엇을 믿는가』 저자)

한국 장로교회는 웨스트민스터 표준 문서들(1640년대)을 신앙과 신학 함의 표준으로 삼는다면, 유럽의 개혁 교회(특히 네덜란드 개혁 교회)는 「벨직 신앙고백」(1561), 「하이델베르크 요리문답」(1563)과 더불어 「도르트 신조」(1619) 등의 3대 문서를 "교회의 일치를 위한 3대 신앙 문서(Three Forms of Unity)"로 수용하고 여러 방식으로 가르쳐 왔다. 하지만 웨스트민스터 표준 문서들과 유럽 개혁 교회의 3대 신앙고백의 내용이 크게 다른 것이 아니다. 결국, 칼뱅에게서 비롯된 개혁파 신학 전통을 계승하고 있다. 최근 10여 년 사이 국내에서도 후자에 대한 관심이 많이 전파되고, 관련 해설서들이 여러 가지로 출간되어 성도들에게 유익을 끼치고 있는 것은 고무적인 현상이다.

유럽 개혁 교회의 3대 문서 가운데 도르트 신조는 알미니우스 주의자들이 1610년에 제기한 5조항에 대하여 답하기 위하여 1618년 11월에서 1619년 5월까지 반년에 걸쳐 도르트(레흐트)에 모여 회의를 한 후에 답변서로 작성된 것으로서, '칼뱅주의 5대 요령' 또는 '튤립(TULIP)'으로 불려 왔다. 우리가 주의할 것은 이 다섯 개 조항이 칼뱅주의의 대요 또는 총합인 것처럼 오해되어서는 안 된다는 것이다. 그러나 알미니우스 주의자들이 제기했던 다섯 가지 항론에 대하여 성경적인 은혜론을 잘 대변하였다는 점은 기억할 만한 기여이다.

국내에도 도르트 신조와 관련한 몇몇 책들이 출간되어 있지만, 이번에 출간되는 『견고한 확신: 도르트 신조 강해의 정석』은 비교 불가능한 가치를 가진 대작(masterpiece)이다. 저자 윤석준 목사는 이미 다양한 저술들을 통해 대중적인 영향력을 미치고 있는 저술가인데, 이번에는 900쪽이 넘는 방대하고 철저한 도르트 신조 강해서를 우리에게 선사했다. 네덜란드 개혁 교회는 16세기 후반부터 이미 매 주일 오후 시간을 할애하여 하이델베르크 요리문답 강해를 1년 단위로 진행하지만, 도르트 신조를 이만큼 방대하게 다루지는 않는다. 따라서 한국인 저자에 의해 이렇게 방대한 해설서가 출간하게 된 것은 경이로운 일이고 크게 축하할 일이다. 칼뱅주의 5대 요점에 대해 깊이 읽고 묵상하고 유익을 얻고자 하는 그리스도인들에게 본서의 숙독을 권하는 바이다.

| **이상웅** (총신대학교 신학대학원 조직신학 교수, 『칼빈과 화란 개혁주의』 저자)

헤르만 셀더르하위스 교수가 말한 것처럼, 도르트 회의는 "최초의, 그리고 현재까지 유일한 국제적 개혁파 총회"이다. 거기에서 작성된 도르트 신조는 구원에 대해서 어떻게 생각하는 것이 보다 성경적인지 매우 엄밀하게 가르쳐 준다. 그러나 도르트 신조를 처음부터 끝까지 자세히 강해한다는 것은 쉬운 일이 아니다. 『웨스트민스터 소교리문답』처럼 짧지도 않고, 『하이델베르크 교리문답』처럼 언어가 부드럽지도 않은 데다가, 그 안에 담긴 신학은 매우 미묘하며 논쟁적이기 때문이다. 그런데 놀랍게도 이 책은 도르트 신조의 정신을 정확하게 드러내면서도 매우 이해하기 쉽게 설명하고 있다.

이 책은 성경에서 교리로, 교리에서 실천으로 자연스럽게 옮겨 가는 교리 설교의 진수를 보여 준다. 개혁파 교리 설교는 성경 해설, 교리 설명, 실천적 적용이 조화를 이뤄야 하는데, 이 책이 딱 그것을 보여 준다. 이 책은 우리나라 교리 설교의 수준을 한 단계 업그레이드시켜 줄 책이다. 저자는 항론파, 즉 아르미니우스파의 신학이 어디에서 성경을 벗어나고 있는지 효과적으로 논증하고 있다. 그러면서 개혁파 신학의 성경적 철저성을 화려하면서도 진지하게 드러낸다. 저자의 설명은 하나하나 성경에 근거하기에 거부하기 어렵다. 도르트 신조에 대한 이러한 해설서는 이전에도 없었고, 앞으로도 당분간 나오기 힘들 것이다.

이 책은 알미니우스파의 놀이터에 떨어진 폭탄과 같다. 나는 이 두꺼운 책을 이틀에 걸쳐 독파했다. 마음과 시간을 블랙홀처럼 빨아 당기는 흡입력이 있었기 때문이다. 이 책의 몇 장(章)을 찬찬히 읽는 분들은 충분히 공감하시리라 믿는다. 지금도 많은 개혁파 신자들은 "우리는 도르트의 가르침을 위해 분투한다. 왜냐하면 그것은 주 하나님으로부터 왔기 때문이다!"라고 고백한다. 성경적, 교리적, 목회적 강해의 최고 수준을 담은 이 책은 그러한 고백의 이유를 충분히 설명해 준다. 여러분을 그 고백의 자리로 초청한다.

| **우병훈** (고신대학교 신학과 교의학 교수, 『교회를 아는 지식』 저자)

도르트 신조는 17세기의 개혁파 신조로서, 아르미니우스 주의자들로부터 교회를 보호하기 위해 작성한 것이다. 그래서 도르트 신조는 아르미니우스주의자들

의 다섯 가지 주장을 반박하는 형태로 구성되어 있다. 첫 번째 주제는 '선택과 유기'인데, 줄여서 예정이라고 할 수 있다. 아르미니우스주의자들은 사람에 대해 낙관적인 생각을 가지고 있다. 그들은 사람이 전적으로 타락했다고 믿지 않는다. 그들은 하나님께서 자격 있는 자들을 구원하신다고 주장한다. 이에 대해 도르트 신조는 사람에게는 구원받을 자격이 조금도 없으며, 오직 하나님의 은혜로만 구원을 받는다고 고백한다. 두 번째 주제는 '제한 속죄'다. 예수님의 속죄가 모든 사람을 위한 것이 아니라고 말하는 제한 속죄는, 아마 도르트 신조의 다섯 가지 강령 가운데 가장 논쟁이 되는 주제일 것이다. 아르미니우스주의자들은 예수님께서 택함을 받은 자들뿐만 아니라, 택함을 받지 않은 자들을 위해서도 죽으셨다고 주장한다. 이에 대해 도르트 신조는 예수님께서 오직 택함을 받은 자들을 위해서 죽으셨다고 고백한다. 세 번째와 네 번째 주제는 '죄와 은혜'이다. 아르미니우스 주의자들은 사람의 전적 타락과 하나님의 거부할 수 없는 은혜를 부정한다. 아르미니우스주의자들은 사람의 능력을 너무 과대평가한 나머지, 사람이 하나님의 은혜를 거부할 수 있다고까지 주장한다. 이에 대해 도르트 신조는 하나님의 은혜는 거부할 수 없는 절대적인 것이라고 고백한다. 다섯 번째 주제는 '성도의 견인'이다. 견인은 인내한다는 뜻이다. 아르미니우스주의자들은 성도의 인내를 믿지 않는다. 얼마든지 구원에서 떨어져 나갈 수 있다고 믿는다. 이에 대해 도르트 신조는 성도는 끝까지 인내한다고 고백한다.

저자 윤석준 목사님의 『견고한 확신: 도르트 신조 강해의 정석』은 이러한 도르트 신조의 주제를 참으로 '읽기 쉽게' 설명한다. 읽기 쉽다는 말은 문장의 수려함, 설명의 구체성, 내용의 정확성, 탁월한 전달력을 모두 포함한 말이다. 이 책의 장점은 다음과 같다. 첫째, 이 책은 친절하다. 나는 이 책을 읽는 동안 어렵다는 느낌을 거의 받지 않았다. 탁월한 목회자의 따뜻한 강론을 듣고 있는 것처럼 마음이 편했다. 둘째, 이 책은 목사와 교사에게 유용하다. 이 책은 성도들과 학생들이 신학적으로 궁금하게 생각할 주제들을 대부분 다루고 있다. 이 책만 숙지한다면, 웬만한 질문은 두렵지 않을 것이다.

마지막으로 개인적인 경험을 덧붙인다. 유명한 평론가이자 작가인 이동진 씨가 이렇게 말하는 걸 들은 적이 있다. "꼭 읽어야 하는 책은 없다." 남들이 다 읽는 책이라고 해서 꼭 따라 읽을 필요는 없다는 요지였다. 물론 나도 동감한다. 하지만 나는 이 책의 저자 윤석준 목사님만은 예외로 하고 싶다. 윤석준 목사님의 책은 빠짐없이 읽으시기를 바란다. 이는 내가 윤 목사님의 책에서 너무 큰 도움을 받았고, 다른 이들도 같은 유익을 누리길 바라기 때문이다. 이제 한동안 이 책보다 뛰어난 도르트 신조 강해서는 나오기 어려울 것이다. 아니, 상당히 오랫동안 그럴 것이다.

| 김태희 (부산 비전교회 담임 목사. 『웨스트민스터 대요리문답 해설』 저자)

도르트 신조의 역사적 배경

도르트 신조의 원제목은 "항론파에 반대하는 다섯 조항 혹은 네덜란드 개혁 교회 안에서 벌어진 논쟁의 다섯 교리에 대해서 1618-1619년에 열린 네덜란드 개혁 교회 도르트레흐트 총회의 판단"이다. 이것을 줄여서 "도르트 대회의 결의들"이라고 하고, "도르트 신조" 혹은 "도르트 신경(信經)"[1]이라고 한다.

도르트 신조는 하나님의 영원한 작정에 대한 항론파의 주장에 대한 답변으로 작성된 것인데, 하나님의 영원한 작정을 논의할 때 도르트의 선조들은 사람의 죄의 깊이를 고백하는 데에서부터 시작하였다. 또한 하나님의 영원한 작정을 이야기하면서 그리스도의 죽으심의 완전함, 그리고 그 은덕을 우리에게 적용하시는 성령의 주권적이고 충족한 은혜를 함께 고백하였다. 예정을 이야기하되 신론을 중심으로 사변적인 전개를 하는 것이 아니라 그리스도의 공로를 우리에게 적용하시는 성령의 은혜를 강조하고, 또한 성령께서 사용하시는 은혜의 수단에 대한 이야기가 다섯 장에 고루 퍼져 있다. 말하자면 항론파의 사변적인 주장에 대하여서 죄의 깊이를 이야기하고 삼위 하나님의 경륜을 가르쳤고, 그 사이를 연결하는 은혜의 수단을 성령의 사역으로 제시하였다.

도르트 신조라고 하면 '튤립'(TULIP)으로만 생각하고 신학 명제집으로 오해하는 경향이 있지만, 사실은 평이한 일상어로 쓰인 고백서로서 신자들이 쉽게 만나는 문제들에 대하여 답을 하고 있는 목회적 문서이다. 신자의 구원의 확신(I, 12-13, 16; V, 9-13), 죽은 유아의 구원에 대한 확신(I, 17), 신자가 짓는 죄의 문제(V, 1, 4-6), 거룩한 삶에 대한 명령(I, 18; V, 12), 은혜의 방도의 중심성(I, 7, 14; II, 5; III/IV, 8-9, 17; V, 10, 14) 등과 같이 신자의 삶과 관련된 주제를 평이한 말로 고백한, 따뜻함이 느껴지는 고백서다.

항론파의 주장은 정치적인 것과 신학적인 것이 있는데, 도르트 대회에서는 도르트 신조로 항론파의 다섯 조항을 반박하였을 뿐 아니라 교회 정치에서도 지역 교회의 자충족적 완전성을 근거로 하는 '도르트 교회법'을 작성하였다. 신학적 영역뿐 아니라 교회 정치에 관해서도 논의한 것이다. 그 토론은 17세기의 맥락에서 살펴보아야 한다.

1. 역사적 배경 - 정치적 독립과 종교개혁

네덜란드 개혁 교회의 역사에서 주목할 점이 있는데, 그것은 처음부터 정치와 종교가 긴밀하게 연결되어 있었다는 사실이다. 로마 가톨릭으로부터의 '종교개혁'은 가톨릭 국가였던 스페인으로부터의 '정치적 독립'과 긴밀하게 연결되어 있었다.[2]

● 초기의 독립 전쟁 (1568-1609년)

루터의 종교개혁 당시에 신성 로마 제국의 황제였던 카를 5세는 네덜란드에 대하여서 관용 정책을 폈다. 저지대 지방의 개신교도에 대해서는 종교재판을 이용하여 탄압하는 정도였다. 그러나 아버지를 이어서 왕위에 오른 펠리페 2세(1527-1598)는 네덜란드 지역의 개신교도들을 본격적으로 핍박하였다. 그는 '피의 메리'라고 불리는 잉글랜드 메리 여왕의 남편이기도 하였는데, 부부가 함께 종교개혁을 진압하려고 온 힘을 기울이고 있었다. 당시 펠리페 2세는 프랑스의 발로와 왕가와 전쟁을 수행하고 있었는데 프랑스와 잠시 휴전이 이루어진 사이에 스페인 군대를 네덜란드에 보냈다. 네덜란드 사람들의 저항이 심하자 '지옥의 사자(使者)'라는 별명이 붙은 알바 공(1567-73까지 네덜란드 통치)을 파견해서 더 강경하게 진압하려고 했다. 공식 기록에 남은 순교자는 2,000명이지만 기록에 남지 않은 사람을 포함하면 100,000명이 순교를 당했다고 한다.[3] 우리가 잘 아는 대로 네덜란드 신앙고백서(=벨직 신앙고백서)를 작성한 귀도 드 브레(Guido de Bres, 1522-1567)도 1567년에 순교를 당하였다.

빌럼 판 오란여

스페인의 공포 정치 기간에 독립 운동의 세 지도자 중 두 사람(호론, 에그문드)이 잡혀서 참수형을 당했다. 나머지 한 사람인 빌럼 판 오란여 공(Willem van Oranje, 1533-84)은 네덜란드 총독으로서, 1568년 이후 개혁 교인들의 지지를 얻으면서 어렵게 전쟁을 수행하고 있었다. 그런데 알바 공이 용병의 급료를 징수하려고 십일조를 부과한 것이나 급료를 받지 못한 용병들이 민간인을 약탈한 것이 네덜란드 사람들을 결속하게 하는 역할을 했다.

1576년에 네덜란드 지도자들은 '헨트 평화회의(Pacificatie van Gent)'를 체결하고 스페인에게 대항하였다. 하지만 남부 열 개 주는 펠리페 2세의 통치에 굴복하고 현재의 벨기에가 되었다(아라 동맹, 1579년). 빌럼 판 오란여 공을 중심으로 북부의 일곱 주는 위트레흐트 동맹을 맺음으로써 대응하였고(1579년), 1581년에는 독립을 선언하였다. 1588년부터는 네덜란드 의회가 실권을 차지하면서 일종의 연방 공화국을 세우게 되었다.[4]

빌럼 판 오란여 공이 1584년에 델프트에서 광신자에게 살해된 후에는 그의 아들 마우리츠(Maurits van Nassau, 1567-1625)가 얀 판 올덴바르네펠트(Jan van Oldenbarneveldt, 1547-1619) 등과 함께 독립 전쟁을 이끌었다. 1609년에 스페인과 네덜란드 사이에서 휴전이 이루어졌다. 네덜란드는 1648년 베스트팔렌 조약에서 독립을 인정받았기 때문에 공식적으로는 그들의 독립 전쟁을 80년 전쟁이라고 부른다.

마우리츠

종교 개혁과 정치 독립의 관계는 1568년에 작곡된 네덜란드의 애국가에 잘 표현되어 있다. 빌헬무스(Het Wilhelmus)라고 불리는 네덜란드 국가의 1절과 6절은 이렇다.

1절	6절
네덜란드의 혈통을 이어받은 나, 나사우의 빌헬무스는 죽기까지 온전히 조국에 충성을 다하리. 오란여 공(公)으로서 나는 자유인이고 두려움이 없으며 스페인 국왕에 언제나 충성을 다하였네	하나님, 나의 주님! 주님은 나의 방패와 의지. 주님만을 의지하오니 다시는 나를 버리지 마소서. 내가 영원히 주님의 경건한 종이 되길 원하오니 나의 마음을 괴롭히는 저 독재를 몰아내게 하소서

가사를 보면 빌헬무스 1세, 곧 빌럼 판 오란여가 전에는 정치적인 면에서 스페인 국왕에게 충성을 바쳤으나, 종교적인 압박을 가하는 스페인의 압제를 몰아내었다고 노래

한다. 네덜란드는 지금도 이 애국가를 부르는데, 사회에서뿐 아니라 네덜란드 기독 개혁 교회나 개혁 교회(해방파)에서도 국가적인 중요한 일이 있을 때에는 '예배 후에' 이 애국가를 부른다.

● 죄와 교회에 대한 두 가지 생각

이렇게 스페인 군대에 대항하여 싸우는 동기로 종교적인 요소와 정치적인 요소가 혼재되어 있었기 때문에 '독립' 전쟁에 참여하는 사람들에게도 두 가지 면이 함께 있었다. 첫째, 칼뱅의 교훈을 따라서 독재자에 대항하여 싸울 수 있다는 '정치적 저항권'을 생각하면서 '종교개혁'에 참여한 사람도 있지만, '자유주의적인 생각'을 가지고 '독립 전쟁'에 참여한 사람도 있었다. 둘째, 자유주의자들은 정치적인 의미에서뿐 아니라 종교적인 의미에서도 자유를 주장하였다. 그들은 사람이 근본적으로 선하다고 생각하였고, 죄를 지은 것은 사람이 잘못한 행위일 뿐이지 사람 자체가 악한 존재라고는 생각하지 않았다. 사람의 본성은 선하고, 죄는 단지 그릇된 행위일 뿐이라고 주장하였다.

개혁 교회의 울타리 안에 있지만 그 안에는 생각이 다른 두 부류의 사람들이 있었다. 칼뱅의 교훈을 따르는 사람들은 사람의 죄에 대해 깊이 깨닫고 성경의 권위에 온전히 따르고 성경의 내용을 요약한 신앙고백서에 서명할 것을 주장하였다. 교회의 직분자들은 신앙고백서에 서약해야 한다고 하였다. 하지만 자유주의자들은 사람의 전적인 타락을 인정하지 않았다. 죄는 사람의 본성적인 문제가 아니라 도덕적으로 그릇 행한 행위일 뿐이고, 사람이 이성으로써 선과 악을 스스로 분별할 수 있고 또한 행할 수도 있다고 주장하였다. 이러한 주장은 "사람이 모두 아담 안에서 죄와 허물로 죽었다"라고 하는 성경의 교훈과 명백히 어긋나는 것이었다(롬 5:12; 엡 2:1 등). 그리고 동일한 내용을 고백하는 네덜란드 신앙고백서나 하이델베르크 요리문답도 실질적으로 부인하는 것이었다.

죄와 구원에 대한 생각은 교회에 대한 생각의 차이로 나타난다. 네덜란드 신앙고백서 27조에서 참된 교회는 참된 신자들의 모임이라고 말하고, 따라서 교회의 직분자는 회중 가운데서 세움을 입어야 한다고 하였다. 개혁 교회 신자들은 참된 신자 가운데 직분자가 나와서 그리스도의 신령한 다스림을 대신해야 한다고 믿었다. 그러나 자유주의자들은 그 지역의 정부가 교회를 포함해서 그 지역의 문제를 모두 다스려야 한다는 의견을 갖고 있었다. 주 정부가 목사의 임직도 결정하고 사례비도 지급해야 한다고 생각하였다. 따라서 교회들의 모임이나 교회 안의 모임이 크게 필요하지 않은 것이 되었다.

● **교회와 정치의 문제**

두 가지의 신학적 사상의 뒤에는 '교회'와 '정치'라는 또 다른 문제가 작용하고 있었다. 다른 교회와 마찬가지로 네덜란드 개혁 교회도 그리스도에 대한 고백과 함께 시작하였다.[5] 1561년에 작성된 네덜란드 신앙고백서에는 "네덜란드에 사는 신자들이 우리 주 예수 그리스도의 복음의 순전함을 따라 살기 원하여 일치된 의견으로 만든"이라는 부제가 붙어 있다.[6] 네덜란드 개혁 교회는 1581년 미들뷔르흐(Middelburg)에서 열린 총회 가운데 독일에서 작성된 하이델베르크 요리문답에도 서명할 것을 결정하였다.

핍박의 상황에서 시작한 네덜란드 개혁 교회는 교회들 간의 모임을 가졌다. 핍박 때문에 국경에 가까운 독일 베젤(Wesel)에서 열린 최초의 공식 모임(1568. 혹은 1571)에서 교회의 생활에 관한 규정들을 논의하였다. 1571년에도 역시 독일의 엠덴(Emden)에서 대회를 열어 공식적인 교회법을 택하였다. 1574년 이후에는 네덜란드에서 총회로 모였는데, 1574년에 남부 지역의 총회가 도르트레흐트에서 열렸고, 최초의 전국적인 회의는 1578년에 도르트레흐트에서 열렸다. 이후 미들뷔르흐(1581년), 덴 하흐(1586년)에서 총회를 열고 교회의 문제를 스스로 결정하였다.

그런데 네덜란드에서 모인 총회에서는 주(州)의 관리도 참여하도록 허용하였다. 교회와 정치권 사이에서 일종의 타협이 이루어진 것이다. 더 큰 문제는 1591년에 작성된 교회법이다. 정치가 올덴바르네펠트와 아르미니우스가 참여한 이 교회법은 주 정부의 입장이 강하게 반영되었다. 새로 작성된 교회법을 따르면 목사와 장로와 집사의 임면권은 교회 대표 4인과 정부 대표 4인으로 구성된 8인 위원회에서 결정되었다. 교회의 필요가 있을 때에만 치리회나 노회나 대회를 열도록 하였는데, 총회에 관한 규정은 조항조차 없었다. 또한 네덜란드 신앙고백서와 하이델베르크 요리문답에 서명해야 한다고 하는 규정도 삭제되었다. 교회의 최고 결정 기관은 총회인데, 정부가 원하는 숫자만큼 대표를 보낼 수 있었고, 회의는 다수결로 결정되었다. 교회에서 그리스도의 통치가 나타나는 대신에 정부의 통치가 나타나게 되었다. 1590년대에서 1610년대까지 네덜란드 개혁 교회에서 막강한 영향력을 끼친 사람은 아르미니우스 지지자인 정치가 올덴바르네펠트였다.

주 정부의 영향력이 강해진 데에는 정치적 이유가 있었다. 개혁 교회 교인들이 전체

인구의 10%를 넘지 못하는 소수였지만 독립을 쟁취하는 데에 앞장섰었고, 개혁 교회 교인이 없이는 독립이 불가능하였다.[7] 따라서 네덜란드가 독립한 후에는 개혁 교회가 루터 교회나 재세례파에 비해 특권적인 지위를 누렸다. 국가의 공직자는 개혁 교회 교인이어야 했고 목사의 사례비도 왕실 재정에서 담당하였다. 또한 로마 교회에서부터 몰수한 재산을 개혁 교회에 주었다. 따라서 거기에 관심을 갖고서 교회에 들어오는 사람들이 있었고, 또한 여전히 스페인과 독립 전쟁을 하던 상황이었기 때문에 그렇지 않았더라면 교회에 가담하지 않았을 사람도 교회에 가담하였던 것이다.[8]

2. 아르미니우스와 아르미니우스주의자들

● 아르미니우스 이전의 아르미니우스주의자들

'아르미니우스 이전의 아르미니우스주의자들'은 사실 성립되지 않는 말이다. 그렇지만 어떤 점을 명확히 지적하는 데에는 유용한 말이다. 그들은 사람의 죄와 정부의 역할에 관한 이해에서 아르미니우스와 생각이 같다.

첫째, 철저히 사람의 죄와 하나님의 은혜를 깊이 인정하기보다는 사람이 선을 행할 능력이 있다는 것을 강조한다. 따라서 전적인 타락을 명시적으로 말하는 신앙고백서에 대해서는 비판적이다. 여기에는 로마 교회의 반(半)펠라기우스 주장이나 인문주의의 영향이 강하였다. 네덜란드에서 구교도인 스페인이 몰락하기 시작하자 개신교도로 회심한 신부들이 있었다. 물론 정도의 차이는 있겠지만, 여전히 로마 교회의 신학 사상을 다 씻어내지 못한 사람들이 많이 있었다.

다위프하위스

다위프하위스(Hubert Duifhuis, 1531-81)는 위트레흐트의 목사였는데 그전에는 로마 교회의 신부였다. 그는 로마 교회의 외적인 타락을 보고서 거기에서 나왔으나, 신학적으로 반(半) 펠라기우스주의를 다 벗어난 것은 아니었다. 그는 개혁 교회의 신앙고백서에 동의하지 않았고, 성경이 자기의 요리문답이라고 공언하였다. 그는 교회 정치에 있어서도 군주나 지역 통치자가 교회의 직분자들을 임명해야 한다고 주장하였다. 따라서 위트레흐트의 시장은 전폭적으로 다위프하위스를 지지하였다.[9]

코울하이스(Casper Coolhaes, 1534-1615)도 로마 교회 신부 출신이었다. 그는 자유주의적인 주장 때문에 1581년의 미덜뷔르흐 총회에서 이단으로 정죄되었음에도, 레이턴 시(市) 정부는 열렬한 에라스투스주의자인 그를 옹호하였다. 총회와 시 정부 사이에 상당한 긴장이 있었고, 결국 코울하이스는 면직되었다.

코울하이스

죄를 경시한 인문주의의 영향으로는 로테르담의 에라스뮈스(Erasmus of Rotterdam, 1466-1536)를 들 수 있다. 화란 출신인 그는 당대의 유명한 인문주의

에라스뮈스

자와 성경 학자로서 헬라어 신약 성경도 편집하여 출판하였다. 그는 그 당시 사용되던 불가타 번역본의 오류도 함께 지적하면서 자기 번역을 제시하였다. 그가 출판한 헬라어 신약 성경은 루터의 성경 번역의 대본이 될 정도로 그의 영향력은 지대하였다. 하지만 그는 루터와 자유의지 논쟁도 벌였고 로마 교회의 신부로서 생을 마쳤다. 네덜란드 사람인 그는 자기 고향에 많은 제자를 두고 있었다.

에라스뮈스의 제자로서 아르미니우스의 생각에 직접적인 영향을 준 사람은 코우른헤르트(Dirk Volkertszoon Coornhert, 1522-1590)다. 그는 사람의 자유의지를 주장하면서 칼뱅의 교훈과 하이델베르크와 같은 신앙고백서를 반대하였다.[10] 그는 칼뱅의 예정론을 반대한 카스텔레오의 책을 화란어로 번역하였고, 그러한 연유로 암스테르담 교회 치리회는 아르미니우스에게 코우른헤르트의 신학 사상을 검토하는 일을 맡기기도 하였다.

그는 평생 로마 가톨릭 신자로 남아 있으면서 하나님의 선하심뿐 아니라 사람의 선함도 함께 주장하려고 하였다. 그는 자기의 영혼의 평안함을 하나님의 선하심뿐 아니라 자기 자신의 선함에서도 찾으려고 하였다. 공중인 출신인 그는 홀란드주(州)의 비서까지 되었고 상당한 영향력을 행사하였다.[11]

코우른헤르트

둘째, 죄를 경시한 그들은 교회의 조직에 있어서도 주님의 은혜로운 통치가 나타나게 하기보다는 세속 통치자가 교회의 문제에도 간여해야 한다고 하였다. 사람에게 선을 행할 능력이 있다고 생각하는 사람들은 철저히 하나님의 은혜에 의지하기보다 보이는 권력에 의존하는 경향이 있다. 항론파들이 매우 정치적이었음은 도르트 총회 때에도 매우 선명하게 드러났다.

● 야코부스 아르미니우스(Jakobus Arminius, 1560-1609)

교회적으로 혼란이 있을 때 등장한 사람이 바로 아르미니우스이다. 그는 1560년에 위트레흐트 근처에 있는 아우데바터르(Oudewater)에서 태어났고, 네덜란드어 이름은 헤르만스조운(Hermanszoon)이다. 그가 태어나기 직전 혹은 직후에 아버지가 사망하여 외삼촌들의 후견을 받아 위트레흐트와 독일의 마르부르크에서 공부를 하였다. 1575년에 스페인 군대가 고향을 침략하였다는 이야기를 듣고 돌아왔는데, 남은 가족이 모두 학살당한 상태였다. 그리하여 그는 15살에 고아가 되었는데, 다른 목사들의 도움

야코부스 아르미니우스

을 받아서 1575년에 개교한 레이던 대학에서[12] 1576년부터 1581년까지 공부하였다. 명민하였던 그는 암스테르담 상인 길드의 후원으로 1582-86년까지 제네바에서 공부하면서 베자에게서 배웠는데 중간에 바젤에 가서 공부한 적도 있다. 베자는 1585년에 아르미니우스에 대한 편지를 암스테르담교회 목사에게 보냈다.

> 아르미니우스가 바젤에서 우리에게 다시 돌아온 이후 그의 삶과 학문은 크게 향상되었습니다. 하나님의 은혜로 그렇게 하리라고 조금도 의심하지 않지만, 그가 동일한 노선에서 꾸준히 전진한다면, 우리는 모든 면에서 그에게서 최상의 것을 기대합니다. 그에게 다른 은사들이 있지만, 하나님께서는 그에게 다른 많은 은사보다도 이해하고 파악하는 면과 분별하는 면에서 매우 뛰어난 지능을 부여해 주셨습니다. 이러한 재능이, 그가 부지런히 배양하려고 노력하는 그 경건함으로 규제가 된다면 이 지적인 능력은 성숙한 나이가 되고 연륜이 더하여지만 가장 풍성한 열매를 맺지 않을 수 없을 것입니다. 아르미니우스에 대한 우리의 의견을 요약하면, 우리가 판단할 수 있는 한, 이 젊은이는 여러분이 사랑으로 풍성히 지원해 줄 가치가 있는 사람입니다. (1585년 6월 3일. 베자)[13]

아르미니우스는 제네바에서 공부할 때에 후에 평생 동료가 될 위텐보하르트(Johannes Uitenbogaert. 혹은 Wtenbogaert 1557-1644)를 만났다.[14] 이 시기에는 함께 정통 신앙을 공유했으나 후에는 두 사람 다 사람의 선(善)을 강조하는 쪽으로 생각이 바뀌었다. 암스테르담

으로 돌아온 아르미니우스는 임직 시험에서 좋은 평가를 받았고 1588년에 암스테르담의 목사로 임직되었다. 위텐보하르트는 궁정 목사로 일하면서 아르미니우스를 지지하였다.

위텐보하르트

1589년에 앞에서 언급한 코우른헤르트의 주장이 문제가 되었다. 따라서 코우른헤르트의 주장을 조사하는 위원회가 조직되었는데, 아르미니우스에게 그 일을 맡겼다. 아르미니우스는 코우른헤르트의 주장을 반대하면서 일을 시작하였지만, 후에는 오히려 그의 입장에 동조하게 되었다. 아르미니우스는 하나님의 은혜의 보편성을 주장하고, 구원에서 사람의 의지가 중요한 역할을 한다고 했으며, 선택과 유기의 작정을 부인하고 원죄의 교리를 약화하였다. 그는 예정의 교리가 하나님을 죄의 창시자로 만들 수 있으며 신자의 도덕적인 생활을 무너뜨린다고 주장하였다. 그는 사람의 부분적인 선함을 주장하면서 믿음과 거룩함을 강조하였다.

아르미니우스의 이러한 변화는 설교에서 나타났다. 그는 로마서를 주해하면서 "우리가 율법은 신령한 줄 알거니와 나는 육신에 속하여 죄 아래 팔렸도다. 나의 행하는 것을 내가 알지 못하노니 곧 원하는 이것은 행하지 아니하고 도리어 미워하는 그것을 함이라"(롬 7:14-15)라고 하는 구절을 타락한 사람이나 중생 이전의 상태라고 해석하였다. 만일 이 구절을 신자에게 적용하면 신자가 도덕적 선행에 대해 관심을 기울이지 않아도 된다는 결론에 이른다고 생각했기 때문이다. 그는 로마서 8-11장을 주해할 때 사람의 자유의지를 강조하였다. 그리고 13장에 이르러서는 시민 정부에 교회와 정치에 대한 최고의 권위를 부여하였다.

암스테르담 교회의 선배 목사인 페트루스 플란키우스(Petrus Plancius)가 그의 해석에 이의를 제기하자, 치리회에서 그 문제를 다루었다. 그 과정에서 아르미니우스가 네덜란드 신앙고백서 제16장 "하나님의 선택에 관하여"를 의심한다는 말이 새어 나왔다. 그러나 아르미니우스는 신앙고백서에 충실할 것을 서약하면서 그 위기를 넘겼다.

1602년에 레이던에 전염병이 돌았는데 레이든 대학의 교수 프란치스쿠스 유니우스(Franciscus Junius) 교수도 그 희생자가 되었다.[15]

프란치스쿠스 유니우스

아르미니우스의 친구이자 궁정 목사인 위텐보하르트는 아르미니우스를 그 자리에 천거하였다. 위원회는 아르미니우스의 정통성을 의심하고 있었지만 프란치스쿠스 고마루스 (Fransiscus Gomarus, 1563-1641)[16] 교수와 토론회를 한다는 조건으로 그 제안을 받아들였다.

1603년 5월 6일, 다른 교수들과 위원이 배석한 가운데서 두 사람이 토론을 하였는데 아르미니우스는 자연 은혜, 자유의지, 원죄, 예정 등에서 펠라기우스의 주장을 반대한다고 분명히 밝혔다. 또한 신앙고백서와 어긋나는 것은 가르치지 않겠다고 서약하였다. 그리고 나서 그는 레이던 대학의 신학 교수로 임명될 수 있었다(1603년).

프란치스쿠스 고마루스

아르미니우스는 공개적으로 강의할 때 신앙고백서에서 어긋나는 것을 이야기하지 않았다. 하지만 개인적으로 만났을 때는 뛰어난 학생들에게 의심을 불러일으키는 말을 심어 주었다. 한 입으로 두말을 하면서 자기의 지위를 유지해 갔던 것이다. 실제로 밖에서 보면 그의 가르침에서 아무도 문제를 찾을 수 없었다. 그러나 그에게서 배운 학생들이 목사 임직을 받으려고 노회에서 시문을 하면 신앙고백서에 대한 비판의 말들이 함께 나왔다.

결국 1607년에 남부 홀란드 노회에서 아르미니우스의 가르침에 대한 이의를 제기하였다. 아르미니우스에 대한 비판이 다시 나왔기 때문에, 노회는 그를 고마루스와 다시 논쟁하게 했다. 고마루스는 그리스도의 의가 사람에게 전가된다고 하는 주제와 관련한 아르미니우스의 주장이 신앙고백서와 어긋난다고 지적하였다. 이에 대해 아르미니우스는 자기가 신앙고백서에서 하나도 벗어난 것이 없다고 주장하였는데, 그 모임에 참석한 사람들은 두 사람의 의견 차이를 알아챌 수 없었다. 그런데 2차 논쟁을 앞두고 아르미니우스는 1609년 10월에 사망하였다.[17]

● 아르미니우스주의자들과 항론파 다섯 조항

아르미니우스는 사망했지만 그가 제기한 문제가 없어진 것은 아니었다. 그를 따르던 사람들은 교회 내에서 자기들의 견해를 공인받게 하려고 단호한 태도를 취하였다. 아르미니우스의 입장을 취하는 목사 후보생들이 노회에서 주관하는 목사 임직 시험을 통과하지 못하는 일들이 많아지자 그들은 자기들에게 부당한 일이 일어났다고 항의하기 시작하였다. 또한 정통적인 입장을 취하는 사람들이 목사 후보생들로 하여금 신앙고백서에 서명할 것을 더 엄격히 요구하려는 것도 반대하였다. 더 나아가 네덜란드 신앙고백서와 하이델베르크 요리문답의 내용을 자신들의 입장을 따라서 변경할 것을 청원하였다.[18]

하지만 그들은 자기들의 항의가 큰 효력을 발휘하리라고 생각하지 않았고, 자기들의 생각이 정통 교리와 어긋나지 않는 것으로 보이기 위해 매우 조심스럽게「항론서」를 작성하였다. 궁정 목사인 위텐보하르트와 아르미니우스의 제자인 시몬 에피스코피우스(Simon Episcopius, 1583-1643)가 주동이 되어서 1610년 1월에 43명의 목사들이 회합을 갖고 항론서를 작성하였다.[19] 그 다섯 가지 조항을 아래와 같이 요약할 수 있다.

에피스코피우스

제1항 예지 예정 : 사람은 믿어야 구원을 얻는데, 하나님께서는 누가 믿을지와 믿지 않을지를 미리 아시고서 예정하셨다.

제2항 보편 속죄 : 오직 믿는 사람만이 구원을 얻지만, 그리스도께서는 모든 사람을 위하여 돌아가셨다.

제3항 구원하는 믿음 : 타락한 사람의 자유의지는 선하지 않다. 참으로 선한 것을 행하려면 하나님에 의해 그리스도 안에서 성령으로 말미암아 중생할 필요가 있다.

제4항 거절이 가능한 은혜 : 우리는 하나님께서 선행(先行)하시고 우리와 협력하시는 은혜가 없이는 어떠한 선도 행할 수 없다. 따라서 그 은혜란 불가항력적인 것이 아니다.

제5항 인내의 불확실성 : 참된 신자는 은혜로 끝까지 견디고 구원을 받을 수 있다. 그러나 그것은 게으름이나 무관심으로 말미암아 상실될 수 있는 것이기 때문에 성도의 인내에 대해서는 불확실하다.

네덜란드어 속담에 "사탄은 나막신을 신지 않고 항상 슬리퍼를 신고 온다."라는 말이 있다. 이것은 사탄이 변신을 잘하고, 옳은 것과 옳지 않은 것을 섞는다는 뜻이다. 다섯 조항을 찬찬히 읽어 볼 필요가 있다.

1항을 보면, 항론파는 믿으면 구원을 얻는다고 말하고, 하나님께서 예정하신다는 것도 바르게 말하였다. 하지만 하나님께서 믿을 사람을 미리 아시고 구원을 베푸셨다고 함으로써 사람의 믿음을 하나님의 선택보다 앞에 둔다. 하나님의 절대적인 주권보다도 사람의 믿음이 더 중요한 위치를 차지하게 되고, 결국 하나님의 선택은 사람의 믿음에 종속되는 셈이 된다.

2항에서는 그리스도의 죽으심의 공효가 모든 사람에게 미치지만 믿는 사람만 거기에 참여한다고 하였다. 이러한 주장을 하는 이유는 사람의 믿음을 더 강조하기 위함이다. 그리스도의 공로를 헛되게 만들지 않으려면 사람이 믿어야 하는 것을 강조해야 한다.

3항은 그 자체로서 틀린 말은 아니지만 4항과 섞어서 그릇된 교훈을 퍼트린다. 4항의 전반부는 부족함이 있지만 그런대로 맞는 말이다. 그러나 후반부에서는 "은혜가 작용하는 방식에 대해서는 거절할 수 없는 것이 아니다."라고 주장하였다. 다시 말해 복음이란 하나님께서 제시하시는 것일 뿐이고 사람이 거절할 수 있다고 함으로써, 결국 사람에게 가치를 부여하고 있는 것이다. 죄와 허물로 죽은 사람은 무엇을 택할 수 없으나, 아르미니우스는 인간의 전적인 타락을 믿지 않았다. 그는 사람이 죄와 허물로 죽은 것이 아니라 여전히 살아 있기 때문에 하나님께서 주시는 것도 거절할 수 있다는 것이다.

5항은 앞의 주장들의 논리적 귀결이다. 사람의 구원이 사람의 믿음에 달렸다고 하면서, 그들의 최종 구원은 확신할 수 없다고 한다.

● **반항론파 일곱 조항(1611)과 관용령**
덴 하흐/헤이그 회의(1611)와 델프트 회의(1613)

항론파는 정부가 교회의 치리 문제에 적극 개입해야 한다고 생각하는 사상을 갖고 있었다. 그래서 그들은 5개 조항을 교회의 회의에 제출하는 대신에 홀란드의 주지사인 올덴바르네펠트에게 보냈다. 홀란드의 정부에 속한 사람들은 항론파를 지지하고 있었으나, 능숙한 정치가인 올덴바르네펠트는 아직은 때가 되지 않았다고 생각해서 이 문서를 처리하지 않고 반년 동안 자기 손에 보류하고 있었다.

그 사이에 궁정 목사인 위텐보하르트는 주 정부가 교회와 종교적인 문제에서도 최종의 권위를 갖도록 하자는 제6항을 작성하였다. 홀란드의 정치가들은 이 주장에 동조하여서 위텐보하르트의 주장에 반대하는 글을 쓰지 못하게 하는 금령을 내렸다. 하지만 주 정부의 이러한 금령이 정통 신앙을 가진 사람들을 잠잠케 할 수는 없었다.

1610년 12월 10일과 1611년 3월 10일에 덴 하흐에서 항론
파와 반(反)항론파가 서로 만나서 의견을 나누었다. 위텐보하
르트의 인도로 항론파 6인과 플란키우스(Plancius)를 지도자로
한 반(反)항론파 6인이 1611년 5월 20일까지 만나서 논의하였
다. 그들은 일치를 모색하였으나 오히려 차이점만 확인하였
다. 이때 항론파는 그들의 주장을 글로 적어서 제시하였는데
이것이 1618-19년의 회의에서 중요한 자료가 되었다. 항론파

플란키우스

의 5개 항에 대하여 반항론파는 7개 조항을 작성하였다. 그 본
문은 각 장을 공부할 때에 살펴보겠으나 대강의 요지는 다음과 같다.

> **제1항** 모든 사람은 전적으로 타락하여 그리스도를 믿을 능력이 없다. 오직 은혜로
> 써 택하심을 입은 사람만 구원을 얻는다.
>
> **제2항** 언약의 자녀는 택하신 자녀로 보아야 한다. 유아기에 죽은 자녀의 구원을 의
> 심해야 할 이유가 없다.
>
> **제3항** 믿음이나 회개 혹은 은사의 바른 사용이 선택의 근거가 되지 않는다. 영원한
> 계획에 따라 선택된 자들에게 믿음과 경건에 이르도록 인도하신다.
>
> **제4항** 그리스도의 속죄는 모든 사람의 죄를 덮고도 남을 것이지만 택함을 입은 신
> 자에게만 효력이 있다.
>
> **제5항** 성령께서 복음 강설과 내적 은혜로 신자에게 효력 있게 일을 하셔서 그를 전
> 인적으로 변화시키신다. 그리하여 신자는 스스로 회개하고 믿는다.
>
> **제6항** 구원으로 택함을 받은 사람은 그들을 회심케 하신 성령님의 능력으로 끝까
> 지 보존된다.
>
> **제7항** 참된 신앙으로 그리스도에게 연합된 사람은 감사의 열매를 맺지 않을 수 없다.

1613년에는 델프트에서 항론파와 반(反)항론파의 목사가 각각 세 사람씩 모여서 차이
점을 이야기하였다. 이 모임의 지도자는 페스투스 홈미우스(Festus Hommius)였다. 홈미우
스는 항론파가 다섯 조항뿐 아니라 다른 점들에서도 신앙고백에서 벗어나 있음을 입증
하려는 좋은 동기에서 그 모임을 주도하였지만, 그 자리에 모인 목사들은 어떠한 합의도

이루지 못하였다. 개혁 교회의 목사들은 그러한 토론을 반대하였는데, 논의를 통해서 진리가 더 가려진다고 생각했기 때문이었다.[20] 홈미우스는 몇 가지 명제를 제시하고 찬반의 입장을 밝히도록 유도하면서 질문하였지만, 항론파는 '대답하지 않겠다'고 하는 태도를 취하였다.

관용령(1614), 가혹한 결의(1617)와 핍박받은 신자들

1614년에 홀란드 주 당국은 흐로티우스(Grotius)가 초안한 "교회 평화를 위한 결의문"을 발표하였다. 신학적 차이는 대학에서 논쟁할 수 있으나 교회 설교단에서는 침묵을 지켜야 한다고 함으로써 그 사태를 진정시키려고 하였다. 그런데 이렇게 잘못을 지적할 수 없게 만든 결과, 오히려 정부의 보호 아래에서 아르미니우스의 주장만 더 널리 전파되었다. 고마루스와 개혁 교회 신자들은 교리에 대한 판단은 교회에 속한 것이라고 생각해서 그들의 주장 가운데 그릇된 것을 계속해서 지적하였고, 유럽에 있는 개혁 교회들도 함께 모여서 이 주제를 다루어야 한다고 생각하였다.

홀란드의 주 지사인 올덴바르네펠트는 1617년 8월에 "가혹한 결의(scherpe resolutie)"를 반포하였다. 이 결의는 "홀란드 교회에서 발생한 교리적 문제를 해결할 수 있는 최고의 권위는 홀란드 의회에 있다."라고 선언하였다. 그리고 이 결정에 반대하는 자는 핍박하였다. 따라서 홀란드 주에서는 신실한 목사가 면직되기도 하고, 심지어 자기가 살던 도시에서 추방되기도 하였다. 어떤 교회에서는 치리회가 아르미니우스주의자인 목사를 면직하자 도리어 시의회가 그 교회 치리회 전체를 면직하기도 하였다. 또한 시 위원회가 그러한 치리회를 면직하지 못할 경우에는 홀란드 주 정부에서 시 위원회를 다른 사람으로 교체하였다. 네덜란드 전체를 놓고 보면 개혁 교회 신자가 많았고, 또한 홀란드 주에서도 항론파가 숫적으로는 열세였기 때문에 홀란드의 총독 올덴바르네펠트나 궁정 목사 위텐보하르트는 국가적 총회를 여는 것을 반대하였다.[21] 대신에 올덴바르네펠트는 자기가 다스리는 홀란드에서만큼은 개혁 신앙을 막으려 했고, 홀란드 안의 개혁 신앙을 가진 목사나 신자들을 '잡초'로 여기고서 모두 제거하려고 하였다.[22] 16세기에는 로마 교회에게 핍박을 받던 개혁 교회 신자들이 이제는 항론파들에게 핍박을 받았다. 이 시기를 돌아보면, 교회의 위기라고 할 수 있었다. 올덴바르네펠트는 1590년대부터 교회를 외적으로 다스렸고 총회를 소집하지 않았다. 이제 다수의 개혁 신앙을 가진 사람들이 소수의 정치적인 사람들에게 핍박을 받은 것이다. 로마 교회가 핍박할 때에는 순교를 당하였지만, 이제는 순교가 없는 핍박을 당하게 된 셈이다.[23]

1615년에는 일부 목사들이 비밀 교회 회의를 조직할 것과 국가가 주도하는 교회에서 탈퇴하는 문제를 놓고서 이야기하기 시작하였다.[24] 그러던 와중에 덴 하흐의 마우리츠가 궁정 목사 위텐보하르트의 설교를 듣지 않고 개혁파 신자들을 지지한다는 소식이 들렸다. 덴 하흐에는 1,200명 정도가 '탄식하는 교회'(de doleerende kerken)을 조직하여 모이고 있었는데, 마우리츠가 이 교회에 출석하기 시작한 것이다. 사람의 생각으로는 가장 암울하게 되었을 때 주님께서 주님의 백성의 편이 되어 주신 것이고, 원수의 입에 삼키지 않게 보호하여 주신 것이다(시 124편).

3. 도르트 종교 회의의 소집

● 마우리츠와 올덴바르네펠트의 정치적 다툼

네덜란드는 80년 전쟁(1568-1648) 기간에 1609년부터 12년간 휴전을 가졌다. 도르트 종교 회의는 그 기간에 열렸다. 휴전이 시작되었을 때 네덜란드의 지도자들 사이에서도 여러 면에서 의견이 나뉘었다. 빌럼 판 오란여의 아들 마우리츠는 1609년의 휴전은 종전이 아니기 때문에 독립 전쟁을 위해서 강력한 중앙 집권제를 원하였고, 홀란드 주의 총독이었던 정치가 올덴바르네펠트는 지방 자치제를 원하였다. 신학적으로는 올덴바르네펠트가 항론파를 지지하였고 마우리츠는 반(反)항론파를 지지하였다. 원래 마

마우리츠와 올덴바르네펠트

우리츠는 1616년까지는 중립을 지켰고, 궁정 목사이자 아르미니우스파인 위텐보하르트의 설교를 계속 듣기도 하였다. 그러나 위텐보하르트의 설교에서 문제를 느낀 그는 이후로 반항론파를 지지하였다. 그는 1586년에 개혁 신앙을 파수하겠다고 서약한 적이 있었는데, 1617년에 그 서약을 거론하면서 여전히 개혁 신앙을 지키겠다고 공언하였다. 홀란드 주 의회가 항론파를 지지하면서 개혁 교회 신자들을 압박하자 마우리츠는 이렇게

말하였다고 한다. "여기에서는 유식한 웅변이나 변론은 필요가 없다. 나는 이 검으로써 나의 아버지가 이 나라에 세운 이 종교를 변호할 것이다. 그리고 누가 나의 이러한 명령을 방해하는지를 두고 볼 것이다."[25]

마우리츠의 후원 아래에서 1617년 초부터 개혁 교회 신자들은 병원 교회에서 모였고, 그곳이 비좁게 되자 수도원 교회에서 모일 수 있게 되었다. 위텐보하르트가 반항론파를 지지하는 것을 책망하는 설교를 하자(1617년 7월 16일) 마우리츠는 그다음 주일

도르트 대회를 둘러싼 인물들	
개혁파	항론파
마우리츠	올덴바르네펠트
	위텐보하르트
고마루스	아르미니우스
폴란키우스	에피스코피우스

부터 개혁 신앙의 교인들이 모이는 이 교회에 참석하기 시작하였다. 올덴바르네펠트는 이것을 자기들에 대한 선전 포고로 받아들였다. 그리고 1617년 8월 4일에 다음과 같은 네 가지 결정을 내렸다.[26]

1) 국가적인 의회는 소집하지 않는다.
2) 교회의 문제에 대하여 이전에 내려진 모든 결정은 철저히 존중되고 시행되어야 한다.
3) 지역 장관은 용병을 모집할 권리를 갖는다.
4) 지역 장관에 대한 반대나 항소는 주의회를 제외하고 다른 재판정에서는 허용되지 않는다.

이것은 올덴바르네펠트가 자기의 지위를 유지하려고 내린 결정이었다. 하지만 셋째와 넷째는 사실상 내전을 의미하였다. 용병을 모집하는 것은 당시 민병대의 총사령관인 마우리츠에게 대항하는 것을 뜻하였다. 1609년부터 스페인과 휴전 상태에 있던 마우리츠로서는 그러한 행위를 묵과할 수 없었다.

마우리츠는 우선 교회의 총회를 열어서 이 문제를 해결하려고 하였다. 네덜란드 의회(Staten-Generaal. 16-18세기 네덜란드 공화국의 국가 최고 기관)는 1617년 11월 11일에 모여서

다음 해 11월 1일에 국가적인 총회를 열기로 결정하였다. 물론 홀란드와 위트레흐트, 오버르에이셀 주의 대표들이 반대하고 의사 진행을 방해하기도 하였지만 결정을 내리는 것을 막을 수는 없었다.

그리고 마우리츠는 반대하던 세 주를 방문하여서 설득하기도 하고 용병을 해산하기도 하였다. 그리고 1618년 8월 29일에 올덴바르네펠트와 휴고 흐로티우스(Hugo Grotius) 등을 체포하여 투옥시켰다. 지도자를 잃은 홀란드 의회도 국가적인 총회를 열기로 합의하였고, 그해 11월에 도르트레흐트(Dordrecht, Dort)에서 역사적인 도르트 회의가 열린 것이다.

● 회의의 소집

총회는 도르트레흐트에서 1618년 11월 13일에 개회하였다. 의회에서 파견한 18명의 위원들 외에도 각 교회들의 대표자로 목사와 장로 57명이 왔고, 고마루스를 비롯한 신학자 5명이 자문 위원으로 참가하였다. 도르트 회의는 네덜란드에서 열린 총회였지만 해외 위원들도 25명이나 참석하였다(영국, 팔츠, 헤세, 스위스, 제네바, 브레멘, 엠덴 등). 항론파들이 지역적인 문제를 한 나라의 총회에서 정당하게 다루지 못할 것이라고 주장하였기 때문에 다른 나라 개혁 교회의 대표자들도 초청한 것이다. 즉 회의의 공정성을 확보하려고 이러한 노력을 기울였다. 그 결과 모두 합하여 105명의 총대가 참석한 회의가 열렸다. 의회 파견 위원을 제외하면 87명이고, 그중의 1/3은 외국 교회의 사절이었다.[27]

프랑스 개혁 교회도 초청을 받았지만 당시 왕인 루이 13세가 "거기에 참석한 자들은 다시는 돌아올 수 없다."라고 경고하면서 강력히 반대하였기 때문에 참석할 수 없었다. 따라서 프랑스 개혁 교회는 아르미니우스의 오류에 대한 그들의 생각을 편지로 보내는 방식으로 참여하였다.[28]

● 회의의 진행

도르트 회의는 1618년 11월 13일부터 1619년 5월 29일까지 6개월간 계속되었다. 그 사이에 154회기의 공식 회의를 열었고, 네덜란드 대표들은 그들의 교회 문제를 논의하려고 추가로 22회의 모임을 열었다. 회의는 모두 공개로 진행되었기 때문에 관심 있는 사람들은 방청할 수 있었다. 6개월 동안의 모든 경비는 국가에서 부담하였다(약 10만 길더).

전(前) 회의 (pro-acta. 1618년 11월 13일–12월 5일)

개회한 후에 의장단을 구성하였다. 의장으로는 프리스란드 출신의 보헤르만(Johannes Begerman)이 선출되었다. 그들은 회의의 진행 방식에 관한 논의부터 시작하였고, 항론파를 소환하기로 결정하였다.[29]

항론파가 도착하기 전까지, 곧 11월 19일부터 12월 5일까지는 통상 '전 회의'라고 불린다. 그 기간에 몇 가지 중요한 결정을 내렸다. 첫째, 성경을 원문에서부터 화란어로 번역하기로 결정하고 번역 위원을 지명하였다. 그 작업은 거의 20년이 걸려 1637년에 출판되었다. 둘째, 하이델베르크 요리문답을 교회에서 매주 설교하고 각 가정에서도 가르치기로 정하였다. 셋째, 목사 후보생이 교회에서 실제적으로 훈련받을 기회를 주기 위해 예비 시험을 치른 후에 권면의 말씀을 전하는 것 등을 결정하였다.

회의 (논쟁 회기: 1618년 12월 6일–1619년 1월 14일; 응답서 작성 회기: 1618년 1월 15일–5월 9일)

회의의 과제는 항론파의 5개 조항을 판단하는 것이었다. 항론파의 사람들을 소환해서 그들의 말을 들어 보기로 하였다. 항론파는 12월 6일부터 도착하기 시작하였다. 아직 다른 지역의 항론파가 도착하기 이전에 그들의 지도자인 에피스코피우스가 12월 7일에 연설하였다. 그는 항론파에게도 다른 총대와 같이 동등한 지위와 권리를 보장해 줄 것을 요구하였다. 항론파는 이처럼 회의에서 두 입장을 동등한 자격으로 토론할 수 있고 이 모임은 법적 결정권이 없다고 강변하였으나, 도르트 회의에 모인 사람들은 그들의 의견이 성경과 신앙고백서에 일치한 것인가를 판단하는 일이 자기들의 책무라고 주장하였다. 의장은 항론파가 회의장의 중앙에 앉아서 겸손히 그들의 입장을 진술할 의무가 있다고 하였으나, 항론파는 이것을 인정하려고 하지 않았다.

항론파는 회의의 진행을 최대한 연기시키려고 하였고 대표들 사이를 이간질하려고 여러 가지 계략을 사용하였다. 특히 도르트 신조를 작성하려고 모인 대의원 사이에서 '타락 전 선택설'과 '타락 후 선택설'의 차이가 있음을 감지하고서 그들 사이에서 분쟁이 일어나게 하려고 토론 주제와 순서를 바꾸자고 제안하기도 하였다.[30] 고마루스는 타락 전 선택설을, 의장 보헤르만은 타락 후 선택설의 입장을 취하고 있었으나 그들은 모두 아르미니우스의 주장, 곧 하나님께서 누가 믿을지를 미리 아시고 선택하셨다는 주장에 반대하였다.[31] 논쟁점은 '타락 전'과 '타락 후'가 아니라 '미리 아심'(豫知)에 관한 것이었으므로 항론파의 의견은 수용되지 못하였다. 그들의 목표는 이 회의에서 어떠한 결정을 내리지 않도록 하는 것이었기 때문에 회의의 진행을 최대한 늦추려고 방해한 것이다.

보허르만

네덜란드 의회에서 파견된 대표자들은 항론파의 그러한 행위를 공적으로 비난하였는데, 당시 의장인 보허르만(Johannes Bogerman)은 주위 사람들이 놀랄 정도의 인내심을 갖고 그들을 대하였다. 하지만 한 달 정도가 지나자 보허르만은 "당신들은 우리의 말 듣기를 거부하고 있다. 할 수 있는 대로 교묘하게 우리를 도발하고, 거짓말을 하고 기만하고 있다. 따라서 당신들이 더 이상 여기에 있기를 원하지 않는다. 당장 나가라!" 하고 말하면서 쫓아냈다. 이제 항론파의 말을 직접 들을 수 없게 되었기 때문에 그들의 글에 근거하여 회의를 진행하기로 했다.

항론파의 주장을 검토하는 위원회가 몇 개 조직되었고, 1월 17일부터 3월 6일까지 각 위원회별로 아르미니우스의 주장을 검토하면서 보고서를 작성하였다. 3월 6일부터 21일까지는 각 위원회에서 준비한 보고서를 읽었고, 3월 25일부터 4월 16일까지는 도르트 신조를 작성하였다. 4월 16일부터 22일까지는 작성한 신조를 한 장씩 읽고 통과되면 회의에 참석한 대표들이 모두 서명을 하였다. 네덜란드 대표뿐 아니라 다른 나라에서 온 대표들도 각 장마다 서명을 하였다. 4월 23일 화요일 오전과 오후에 열린 135-136회기에서 본문 전체를 낭독하고 채택하였다. 도르트 신조가 완성됨에

도르트 대회 회의장

따라서 회의는 5월 9일에 폐회하였고, 외국 대표자들은 고향으로 돌아갔다.

본회의를 진행하는 동안 총회는 치리의 문제를 세 경우 다루었으며, 네덜란드 신앙고백서와 하이델베르크 요리문답의 내용을 검토하고 승인하였다.

후(後) 회의 (post-acta. 1619년 5월 13-29일)

네덜란드 개혁 교회는 1586년 이후로 처음 모인 총회였기 때문에 그 안에서 논의할 문제들이 더 남아 있었다. 따라서 22회의 추가 회의를 열어서 국내 문제를 논의하였고, 도르트 교회법을 채택하였다. 항론파는 교회의 회의보다는 주의 총독이나 주 의회를 교묘하게 이용하였으나, 도르트 대회에서는 교회가 그리스도의 통치를 교회의 방식으로 따르자고 도르트 교회법(church order)으로 분명하게 나타내었다. 교회 안에서 선한 질서(order)를 확정하려고 했는데, 그 질서의 목표는 하나님의 영광과 사람의 위로/구원에 있었다.[32]

이와 더불어 예식문들을 확정하고, 서명 양식을 채택하였으며, 시편 찬송 이외에 부를 찬송가도 몇 곡 승인하였다. 또한 라틴어로 작성된 도르트 신경의 화란어 역본을 채택하고, 네덜란드 신앙고백서의 화란어 역본과 프랑스어 역본도 승인하였다.

3주간에 걸쳐서 집중적으로 공부하고 5월 29일에 모든 회의가 끝났다. 7월 2일에 총회 회의록이 의회에서 승인되었고, 7월 3일에 항론파들에게 교회 활동을 중지할 것을 명령하였으며, 200명의 항론파들이 축출되었다. 그리고 항론파를 지지하면서 분리를 꾀했던 홀란드의 총독 올덴바르네펠트가 참수형을 당하였다(1619년 5월 13일).

● 회의의 결정

첫째, 대회는 도르트 신조 5개 조항을 결정하였다. 하나님의 절대 주권과 은혜로 구원을 얻는 도리를 반대한 항론파의 다섯 주장을 조목별로 반박하였다.[33] 항론파의 제3조항은 4조항과의 관계에서만 오류가 있기 때문에, 도르트 신조에서는 교리의 3, 4조항을 하나로 묶었다.

제1장 사람은 모든 면에서 철저히 부패하여서 영원한 형벌을 받아 마땅하지만, 하나님께서 성자 예수님을 보내어 구원을 이루셨다. 이후로는 복음 설교자를 보내어 구원의 복음이 선포되게 하셨다. 하나님께서는 믿을 사람을 미리 아시고서 선택하신 것이 아니다. 무조건적

인 은혜로 택함을 받은 사람만이 믿음으로 반응한다.

제2장 하나님의 공의가 요구하는 형벌을 그리스도께서 다 만족시켰다. 이 복음이 모든 사람에게 전파되지만, 하나님의 은혜를 받은 사람만이 믿음으로 반응한다.

제3/4장 사람은 전적으로 타락해서 하나님께 돌이킬 수 없으나 무가치한 자를 구원하시는 하나님의 은혜로 택하심을 입은 사람이 하나님의 부름에 응답한다. 부르심을 받았으나 주님께 나아오지 않는 이유는 사람의 완고함 때문이다. 하나님께서는 창조의 능력으로 구원의 은혜를 베풀어 주시고, 은혜로 구원을 받은 사람은 은혜의 수단을 사용하여 믿음으로 반응한다.

제5장 사람에게는 끝까지 믿음을 보존할 능력이 없으나 신자를 중생시키신 삼위하나님의 사역은 무효로 돌아가지 않는다. 신자는 은혜의 수단을 사용하여 확신할 수 있다.

예정론에 관한 주제를 다루지만, 도르트 신조는 예정에 관한 것에만 집중하지 않고 하나님과 사람의 관계를 근본적으로 생각하게 하는 방식으로 이 문제에 답하였다.

둘째, 대회는 네덜란드 신앙고백서와 하이델베르크 요리문답을 교회의 문서로 채택하였다. 그리고 교회의 직분자들로 하여금 여기에 서명하도록 하였다. 종교개혁 이후에 로마 교회의 신부들 가운데서 개혁 교회로 넘어온 사람들이 있었는데, 그들은 로마 교회의 부패와 타락을 보고서 개혁 교회로 왔지만 생각은 여전히 로마 교회의 반(半)펠라기우스적 사고방식에 머물러 있었다. 그러한 사람이 교회에서 직분을 맡지 않도록 하려고 모든 직분자들에게 교회의 신앙고백서에 서명하도록 결정한 것이었다.

셋째, 대회는 도르트 교회법을 택하였다. 항론파는 국가가 교회에 대한 치리권을 가져야 한다고 생각하였고, 그들은 정부와 유착이 되어서 자신들의 주장을 널리 전파하였다. 반면에 도르트 교회법은 하나님의 전적인 은혜를 고백한 도르트 신조의 내용을 교회 정치에 구체적으로 적용한 것이다.34 또한 교회의 머리가 그리스도라는 신앙고백(특히 네덜란드 신앙고백서 27조)에 근거하여서, 그러한 신앙의 내용을 구체적인 정치 형태로 표현한 것이다. 그러므로 교회법이라고 하여서 그저 법조문 정도로 생각해서는 안 된다. 오히려 이러한 점에서 보면 교회 정치도 신앙고백의 성격이 있다.

도르트 교회법의 핵심은 하나님의 은혜의 복음을 전하는 각각의 지역 교회가 자충족적이고 온전한 교회이며, 교회들 사이는 '연합'의 관계로 조직한다는 것이다. 지역 교회가 자충족적이고 온전한 교회라는 것은 '목사의 강설이 곧 하나님의 말씀'이라는 종교개혁의 원칙을 교회 정치에 적용한 것이다. 지역 교회에서 하나님의 말씀이 직분자를 통하여서 전파되는데, 그 말씀이 동일하고 동등하기 때문에, 모든 교회는 외형적인 크기에 상관없이 동일하고 그 직분자들도 동등하다. 또한 하나님의 말씀이 전파되는 곳이 지역 교회이기 때문에 교회 회의의 기본 단위는 치리회(당회)다. 노회나 총회는 '상회(上會)'가 아니고 교회들의 연맹체, 곧 '광의(廣義)의 회의'일 뿐이다.

지역 교회의 완전성을 이야기하려면 말씀을 전하는 목사가 강설을 작성하는 데서 독립해야 하고 인품이나 성격에서도 교회의 검증을 받아야 했다. 도르트 교회법에서는 신학 교육에 대한 것과 교회 치리회의 추천을 받는 것 등을 엄격히 규정하였다. 물론 그러한 규정은 법적인 것만이 아니기 때문에 8조에서는 신학 교육을 받지 않은 사람이 목사의 지위에 나아갈 수 있는 길도 밝혀 놓았다.[35]

넷째, 대회는 새로운 성경을 번역하기로 결정하였고, 1624년에 시작하여서 1637년에 출간하였다. 도르트 대회의 의장으로 봉사한 보허르만도 구약 번역에 참여하였고 고마루스도 교정자로 참여하였다. 주 정부가 주도하였다고 하여서 '국가 번역'(Staten Bijbel, 혹은 흠정역)이라고 불리는 이 성경은 네덜란드 언어에도 큰 영향을 끼쳤다.

다섯째, 대회는 자녀에게 요리문답을 가르치고, 주일 오후 예배에서는 요리문답을 설교하도록 정하였으며, 예배 때에는 시편 찬송과 총회에서 결정한 찬송만 부르기로 결정하였다.

● 도르트 회의와 결정의 특징

첫째로 도르트 대회에서 작성된 도르트 신경은 항론파와의 논쟁 과정에서 작성된 것이지만, 그 내용은 목회적이고 신앙고백적이다. 항론파의 주장에 담긴 오류를 지적하는 것은 각 장의 뒷부분으로 돌리고 앞부분에서는 그 주제에 관한 성경의 교훈을 신앙고백적 용어로 반복하였다.[36] 스콜라주의의 체계를 따라서 잔술하는 신학자의 논문 같은 내용이 아니라 하이델베르크 요리문답과 같은 구조를 취하여 각 장에서 '타락 – 구원 – 감사'의 구조로 핵심적인 내용을 고백하였다. 핵심 내용들, 예를 들어 죄에 대한 고백과 구속의 필요성, 복음 사역을 통하여 자기 백성을 부르신다는 항목들이 다섯 교리에서 계속 반복하여 고백하였다.[37]

처음에는 항론파의 다섯 항목에 대해 판단하고 반박문을 작성하는 것으로 시작하였으나, 복음의 핵심으로 대답하고 참석 위원들이 모두 서명하도록 했다. 이 신조에서 그리스도께서 교회를 다스리는 점이 잘 드러나고 후대에서도 '하나 되는 세 문서(Three Forms of Unity)'로 사용되었다. 이러한 점들에서 이 문서가 "도르트 결정: 아르미니우스주의에 대한 판단에서 신앙고백적 표준서"(The Canons of Dordt: From Judgment on Arminianism to Confessional Standard)라고 불리는 것은 타당하다.[38]

둘째로 도르트 대회는 성경의 교훈을 밝히려고 힘을 기울이면서, 회의를 진행할 때에도 양보와 화합의 정신을 잘 나타냈다. 회의를 진행할 때 항론파의 주장을 정당히 다루려고 하였고, 그러면서 그들의 주장이 '오류'임을 분명히 밝혔다. 도르트 신조를 작성할 때에도 성경에서 가르치는 진리를 긍정적으로 천명한 부분과 항론파의 오류를 인용하고 그 잘못을 지적하는 식으로 서술하였다. 같은 진리를 긍정적인 방법과 부정적인 방법으로 서술하여서 진리의 전모를 드러내려고 하였고, 민족 교회로서 일치성을 추구하면서 나아갔다.

셋째로 도르트 대회는 공교회적인 회의였다. 네덜란드 개혁 교회는 '민족 교회'로서 전진하였지만 동시에 '보편적 교회'로서 다른 교회들과도 적극적으로 교류하였다. 특히 아르미니우스의 주장을 반박하는 도르트 대회를 소집할 때에도 이웃 나라의 교회들을 초청하여서 교회들의 중요한 문제를 함께 결정하였다. 도르트 대회의 이러한 모습에 대하여 유명한 교회사가 필립 샤프(Philip Schaff, 1819-1893)는 다음과 같이 평가하였다.[39]

도르트 대회는 개혁 교회의 역사 중에서 유일하게 준(準) 보편 교회 총회의 성격을 지닌 회의였다. 이러한 점에서 보면 도르트 대회는 신학자들의 모임이었던 웨스트민스터 회의보다 더 중요한 의의를 지니고 있다. 왜냐하면 웨스트민스터 회의는 매우 중요한 교리적 표준 문서들을 제정하기는 하였으나 그 참석자들이 영국과 스코틀랜드의 신학자들로 국한되어 있었기 때문이다. … 학식과 경건함에서 사도 시대 이후의 어느 회의보다도 뛰어났다.

넷째로 도르트 대회는 성경의 교훈을 온전히 지키고 그릇된 교훈의 정체를 잘 드러낸 회의였다. 아르미니우스주의자들은 자기들의 차이가 '타락 전 선택설'과 '타락 후 선택설'의 차이라고 항변하였지만, 사실 그들이 '예지 예정'을 주장하는 것은 사람의 협력을 넣으려는 시도였던 것이다. 도르트의 선조들은 믿음이 순전히 선물이고 우리는 오직 은혜로 구원받는다는 사실을 분명히 천명하였다. 이 과정에서 도르트의 선배들은 인문주의적인 전통이나 로마 교회의 교훈이 교회에 들어오지 않도록 하였다.

끝으로, 조금 시야를 넓히면 도르트 회의는 네덜란드가 스페인으로부터 독립하는 과정에서 열린 회의로서 12년 휴전(1609~1621) 기간에 열렸다. 네덜란드는 스페인으로부터 단순히 정치적으로 독립한 것만이 아니라 개혁 교회를 세우려고 노력하였는데, 그 과정에서 수십만의 사람들이 알바 공과 스페인 용병에게 순교를 당하였다. 개혁 교회는 10퍼센트에 불과했지만 그들이 아니었다면 네덜란드는 스페인으로부터 독립하지 못하였을 것이다. 12년 휴전 동안에 소수의 항론파들이 교묘하게 주장을 전개하고, 또한 정치적인 책략을 사용하여서 신생 교회를 혼란스럽게 하려고 하였을 때, 하나님께서는 마우리츠와 같은 신실한 왕을 일으키셔서 교회를 보존하여 주셨다. 하나님께서는 그리스도를 사랑하여서 순교를 당한 선배들의 피를 귀하게 보시고 그들의 후손에게 하나님의 말씀을 온전히 전하는 교회로 서서 나아갈 수 있도록 기회를 주셨다.[40] 12년 휴전 동안에 열린 도르트 회의는 정치적 독립과 종교적 독립이 하나님의 복 주심 아래에서 완성되는 회의로서 의미를 지니고, 후대의 교회들에게도 선한 믿음의 증언을 하는 회의가 되었다.

도르트 신조의 역사적 배경 미주

1 — '신경'이라는 번역은 'canon'을 염두에 둔 번역어이다. 'canon'은 헬라어로 '잣대, 법, 기준'이라는 의미이고, 다섯 장의 내용을 각각의 주제에 대한 기준으로 이해하였다.

2 — P. Y. DeJong, "The Rise of the Reformed Churches in the Netherlands", in *Crisis in the Reformed Churches, Essays in Commemoration of the Great Synod of Dort, 1618-1619*, ed., P. Y. De Jong (Reformed Fellowship, 1968), 1-2, 7, 10-16.

3 — P. Y. DeJong, "The Rise of the Reformed Churches in the Netherlands", 20. 각주, 22.

4 — 안인섭, "도르트 총회(1618-1619) 직전 시대의 네덜란드 교회와 국가 관계의 배경 연구", 『한국개혁신학』 57 (2018), 279-312.

5 — Helenius de Cock, *The Secession in the Netherlands, Explained and Judged in the Light of History, the Word of God and the Confessional Standards of the Reformed Church* (Unofficial publication: original in the archives of Calvin College, Grand Rapids, Mich.; 네덜란드어 출간은 Kampen, 1866. 영어 번역은 John C. Verbrugge, n.d.), 2.

6 — 네덜란드 신앙고백서의 권위와 수용 과정은 N. H. Gootjes, *The Belgic Confession: Its History and Sources* (Baker Academic, 2007) 6장 참조. 고재수 교수는 네덜란드 신앙고백서를 1565년 안트베르펀 총회에서 공식적으로 택하지만 이미 1561년 교회 회의에서 택한 사실을 중요하게 지적한다. 특히 112-115쪽 참조.

7 — P. Y. DeJong, "The Rise of the Reformed Churches in the Netherlands", 14-15.

8 — 하지만 개혁 교회는 '국가 교회'의 방식을 따르지 않고 '민족 교회'를 세우려고 노력하였다. 국가 교회에서는 그 나라의 국민이 모두 출생과 동시에 교인이 되는데, 그렇게 되면 세례를 받고 교인이 된다는 사실이 무의미하게 되기 때문이다. 개혁 교회는 동시에 재세례파처럼 국가 제도를 경시하거나 무시하지 않고 그리스도의 왕권을 자기의 민족 안에서 높이 드러내려고 노력하였다. 가정과 교육뿐 아니라 사회나 정치에서도 성경의 원칙을 시행하려고 노력하였다. 즉 민족 교회로서 하나님을 섬기려고 한 것이다. 유해무, 『헤르만 바빙크: 보편성을 추구한 신학자』 (파주: 살림, 2004), 14-16.

9 — J. Faber et al., *The Bride's Treasure*, 7-8.

10 — 안인섭, "칼뱅의 개혁신앙과 교회와 국가의 관계: 네덜란드의 코른헤르트(Dirck Coornhert: 1522-1590)와의 논쟁을 중심으로", 『한국개혁신학』 55 (2017), 8-39.

11 — L. Praamsma, "The Background of the Arminian Controversy (1586-1618)", in *Crisis in the Reformed Churches*, 24.

12 — 레이던 시는 1574년 5월에서 10월까지 스페인 군대에게 포위되어서 극심한 기근과 어려움을 겪었으나 태풍으로 수면이 상승하였을 때에 해적들이 배로 성에 접근하여 물자를 제공하여서 그 위기를 넘겼다. 빌럼 판 오란여는 그 일을 기념하여 선물로 레이던 대학을 세워 주었다(1575년).

13 — R. E. Picirilli, *Grace, Faith, Free Will: Contrasting Views of Salvation* (Nashville: Randall House, 2002), 5

14 — 위텐보하르트의 사상과 활동에 관한 상세한 설명은 다음을 보시오. 안인섭, "항쟁파의 교회와 국가의 관계: 위텐보가르트를 중심으로", 『한국개혁신학』 60 (2018), 10-51.

15 — 프란치스쿠스 유니우스는 레이던 대학의 교수로 있으면서 암스테르담 교회의 목사로 재직 중인 아르미니우스와 예정론에 관하여 서신으로 논쟁하기도 하였다. 아르미니우스는 유니우스의 예정론을 따르면 죄를 필연적인 것으로 만들고 하나님을 죄의 원인자로 만든다고 비난하였다. C. Bangs, *Arminius: A Study in the Dutch Reformation* (Eugene, Wiph & Stock, 1985), 201-204. 그리고 유니우스는 흑사병에 걸려서 소천되기 전에 아르미니우스가 자기의 후임자로 거론된다는 것을 알았다. 그는 그에 대한 반대를 표명하였으나 그의 뜻과 달리 아르미니우스가 그의 후임이 되었다. 빌렘 판 아셀트, "서문", in 유니우스, 『참된 신학이란 무엇인가』, 한병수 역 (서울: 부흥과개혁사, 2016), 16-19.

16 — 프란치스쿠스 고마루스는 라틴어 이름이다. 화란어로는 프랑소와 호마루스이다. 그는 스트라스부르, 캠브리지, 노이슈타트, 하이델베르크 등에서 공부하였고, 프랑크푸르트 피난민 교회에서 목회하였다. 1594년부터 레이던 대학에서 교수로 봉사하였는데 그의 취임 연설은 '하나님의 언약'에 관한 것이었다. 그가 예정론이 아니라 언약론을 취임 연설의 주제로 잡았다는 것은 그의 신학이 딱딱한 예정론에 근거하지 않음을 보여 주는 한 증거가 된다. 김지훈, 『고마루스: 칼빈의 예정론을 지켜내다』 (서울: 익투스, 2021), 85-91.

17 — 칼뱅와 아르미니우스의 논쟁에 관한 자세한 서술은 다음을 참조하시오. 김지훈, "5장. 고마루스와 아르미니

우스의 예정론 논쟁", 『고마루스: 칼빈의 예정론을 지켜내다』, 165-220.

18 — J. Faber et al., *The Bride's Treasure*, 19-20.

19 — 아르미니우스의 제자들이 항론파를 결성하면서 다섯 조항을 만들었으나 그들의 주장이 아르미니우스와 정확히 동일했던 것은 아니다. 아르미니우스는 무조건적 선택, 불가항력적인 은혜, 성도의 견인, 예정론 등 네 가지 부분에서 칼뱅과 다른 입장을 취하였다. 그의 네 가지 주제가 항론파의 다섯 조항과 연결은 되지만 동일한 것은 아니다. 그래서 셀더하위스와 같은 교회사가는 "도르트 신조를 말할 때 알미니안이라는 말을 결코 사용하지 말자."라고 주장하기도 한다. 헤르만 셀더하위스, "도르트신경의 신학", 『도르트신경 은혜의 신학 그리고 목회』, 이남규 편 (수원: 합신대학원출판부, 2019), 129, 145.

20 — J. Faber et al., *The Bride's Treasure*, 23-24.

21 — P. Y. de Yong, "Preaching and the Synod of Dort", 119.

22 — J. Faber et al., *The Bride's Treasure*, 23.

23 — C. Bouwman, 1장.

24 — W. Robert Godfrey, "Calvin and Calvinism in the Netherlands", in John Calvin, His Influence in the Western World, ed., W. Standford Reid (Zondervan, 1982), 106.

25 — J. Faber et al., *The Bride's Treasure*, 29.

26 — J. Faber et al., *The Bride's Treasure*, 30.

27 — 도르트 대회의 일정과 분위기에 관해서는 다음의 자료들을 참조하시오. Fred van Lieburg, *The Synod of Dordrecht 1618-1619* (Dordtrecht: RAD, 2017); 코르넬리스 프롱크, 『도르트 종교회의: 알미니안 논쟁의 시작과 그 영향』, 마르투스 옮김 (인천: 마르투스, 2017), 24-45.

28 — 프랑스 개혁 교회는 1620년 알레(Alais)의 23차 총회와 1623년 샤랑통(Charenton)의 24차 총회에서 도르트 신조를 추인하였다.

29 — 이 부분의 역사 서술과 날짜 등은 헤르만 셀더하위스의 서론을 따름. Herman J. Selderhuis, "Introduction to the Synod of Dordt (1618-1619)" in Donald Sinnema et al ed., *Acta et Documenta Syno야 Nationalis Dordrechtanae (1618-1619)* Vo. I (Vandenhoeck & Ruprecht, 2015), xv-xxxii. 이 논문은 한국어로 번역되었다. 헤르만 셀더하위스, "도르트총회의 역사와 신학", 『도르트신경 은혜의 신학 그리고 목회』, 19-50.

30 — 타락 전 선택설(supralapsarianism)은 사람의 타락(lapsus)을 허용하시기 전에(supra) 구원할 자와 유기할 자를 결정하였다는 주장이다. 타락 후 선택설(infrapapsarianism)은 사람을 창조하시고 사람의 타락(lapsus)을 허용하시기로 작정하시고 난 후에(infra) 구원할 자와 유기할 자를 결정하였다는 주장이다. 두 가지 이해에는 큰 차이가 없으나 타락 전 선택설은 하나님의 주권이 강조되고, 타락 후 선택설은 하나님의 긍휼과 의가 강조된다고 할 수 있다. 고마루스는 타락 전 선택설을, 의장인 보허르만은 타락 후 선택설을 주장하였다. 도르트 신조는 하나님의 선택에 관한 신비를 경외함과 신중함으로 접근해야 할 것을 가르쳤으나 표현에서는 타락 후 선택설을 지지하는 것처럼 보인다.

31 — 헤르만 셀더하위스, "도르트총회의 역사와 신학", 『도르트신경 은혜의 신학 그리고 목회』, 24, 40-41.

32 — 헤르만 셀더하위스, "도르트신경의 목회적 적실성", 『도르트신경 은혜의 신학 그리고 목회』, 214-216.

33 — 첫 자를 따서 튤립(TULIP)이라고 부르기도 한다. 전적 부패(Total Depravity), 무조건적 선택(Unconditional Election), 제한 속죄(Limited Atonement), 불가항력적 은혜(Irresistible Grace), 성도의 견인(Perseverence of the Saints). 도르트 신조를 'TULIP'으로 요약하는 것은 19세기부터 시작된 일이다. TULIP이 도르트 신조의 내용을 잘 요약하는 것처럼 보이지만, 도르트신조의 목회적 성격이나 교회법적인 측면은 간과하고 예정론만을 중심으로 요약한 약점이 있다. 특히 셋째의 '제한 속죄'는 예수님의 속죄에 제한성이 있는 뉘앙스를 주기 때문에 더 큰 약점이 있다. 헤르만 셀더하위스, "도르트신경의 신학", 『도르트신경 은혜의 신학 그리고 목회』, 143-145.

34 — W. Van't Spijker, *De Kerk bij Hendrik de Cock* (Apeldoornse Studies No. 21; Kok, 1985), 5-6.

35 — 8조에 의하여 목사로 임직되는 경우는 그렇게 많지는 않으나 도르트 대회 직후에는 8조에 근거하여 목사로 임직된 예가 많았다. 항론파에 속하는 목사들이 파면되어서 강단이 비게 된 교회들이 많이 있었기 때문이다.

36 — 대의원들이 처음에는 항론파의 주장에 대하여 학문적 용어를 사용한 체계적 답변서를 제출하였으나 최종본에서는 신앙고백적인 성격의 문서를 택하였다. 그들은 여기에서 다루는 주제가 신학자들이 아니라 네덜란드 교회 전체에 관련되었다는 것을 의식하고서 대중이 쉽게 이해할 수 있는 방식으로 문서를 작성하려고 하였다. 이 논의에서 큰 영향을 끼친 것은 팔츠의 대표들이 제출한 "예정 교리를 대중적으로 가르치는 방식(*Modus docendi populariter doctrinam de Praedestinatione*)"이라는 문서였다. 총대들은 팔츠 대표들의 제안을 따라서 다섯 교리에서 먼저 신앙고백적인 내용을 쓰고 항론파의 오류는 뒷부분에 첨가하기로 하였다. W. Robert Godfrey, "Popular and Catholic: The *Modus Docendi* of the Canons of Dordt", in Aza Goudriaan &Fred van Lieburg ed., *Revisiting the Synod of Dordt (1618-1619)* (Leiden: Brill, 2011), 245-249; 헤르만 셀더하위스, "도르트신경의 목회적 성격과 교훈들", 『도르트 신경 은혜의 신학 그리고 목회』, 221-247; 김재윤, "도르트 총회와 신조에서 신

학적, 목회적 측면의 균형", 『한국개혁신학』 59 (2018), 12-47.

37 — 1장 3조, 16조; 2장 5조; 3/4장 6, 8, 11, 17조; 5장 7, 10, 14조. 졸고, "도르트 신조와 교회법의 목회적 성격", 제8회 신학교의 날 발표집 (2018년 2월 23일), 32-71.

38 — D. Sinnema, "The Canons of Dordt: From Judgment on Arminianism to Confessional Standard", in A. Goudriaan & F. van Lieburg ed., *Revisiting the Synod of Dordt (1618-1619)* (Leiden: Brill, 2011), 313-334.

39 — P. Schaff, History of Christian Creed,

40 — P. Y. DeJong, "The Rise of the Reformed Churches in the Netherlands", 18.

도르트 신조의 역사적 서문

항론파에 반대하는 다섯 조항, 혹은
네덜란드 개혁 교회 안에서 벌어진 논쟁의 다섯 교리에 대하여

1618-1619년에 열린
네덜란드 개혁 교회 도르드레흐트 총회의 판단

우리의 주(主)이시고 구주이신 예수 그리스도께서는 힘든 순례의 여정을 수행하며 전투하는 주님의 교회에 참으로 많은 격려의 말씀을 주셨습니다. 그중에서도 가장 중요한 위로의 말씀은 당연히 주님께서 성부께로 가시려고 하늘 성소에 들어가시기 전에 남기신 "내가 세상 끝날까지 너희와 항상 함께하리라"(마 28:20)라고 하신 말씀일 것입니다.

우리는 모든 시대의 교회에서 이 고귀한 약속이 참되다는 것을 분명하게 볼 수 있습니다. 교회는 처음부터 공격을 받아 왔습니다. 원수들이 공적인 권력을 휘두르고, 이단들이 불신앙으로 맹렬히 도전하였으며, 유혹하는 자들이 위장하고서 교묘하게 교회를 공격하기도 하였습니다. 만일 주님께서 교회를 한시라도 그냥 버려두시고, 약속하신 대로 교회와 함께하시면서 구원의 도움을 베풀어 주시지 않으셨다면, 참으로 교회는 이미 오래전에 폭군의 권력에 의해 질식당했거나 속이는 자들의 간계로 인해 파멸에 이르렀을 것입니다.

그러나 지극히 신실하신 인애로써 자기 양 떼를 사랑하시고, 그들을 위하여 자기 목숨까지 내어 주신 선한 목자께서는 언제나 적당한 때에, 때로는 이

적적인 방식으로 손을 펴시어 핍박하는 자들의 분노를 누르셨고, 때로는 유혹하는 자들의 굽은 길과 거짓된 조언을 드러내시며 무너뜨리셨습니다. 이러한 두 가지 경우에서 주님께서는 참으로 주님의 교회와 함께하심을 나타내셨습니다.

우리는 하나님을 경외하는 황제와 왕들과 제후들의 이야기에서 그러한 증거를 분명히 찾아볼 수 있습니다. 하나님의 아드님께서는 종종 그러한 이들을 일으키시어 그분의 교회를 돕게 하셨고, 그들은 주님의 집에 대한 거룩한 열심을 품고서 봉사하였습니다. 주님께서는 그들의 봉사를 사용하셔서 폭군들의 분노가 어떤 선을 넘지 않도록 누르셨을 뿐 아니라, 또한 교회가 거짓 선생들과 싸워야 할 때에는 거룩한 총회들이 열리게 하셔서 교회에 도움을 주셨습니다.

이 총회들 가운데서 그리스도의 신실한 종들은 기도와 의논과 수고를 함께 감당하여서, 사탄의 종들이 심지어 광명의 천사로 가장하더라도 그들에게 대항하여 교회와 하나님의 진리를 변호하는 일을 감연히 수행하였습니다. 거룩한 총회들은 오류와 분열의 씨를 제거하였고, 참된 경건함으로 통일되도록 교회를 보존하였으며, 정순한 믿음이 오염되지 않게 하여 후대에 물려주었습니다.

우리의 신실하신 구주님께서는 동일한 인자하심으로써 여러 해 동안 심한 핍박을 받던 네덜란드 교회에도 은혜로 함께하심을 나타내셨습니다. 하나님의 전능하신 손으로 이 교회를 로마 가톨릭의 적그리스도적인 통치와 교황 제도의 가공할 우상 숭배로부터 건져 주셨습니다. 그 오랜 전쟁 기간에 이 교회는 아주 여러 번 이적적인 방식으로 구원을 받았습니다. 이 교회는 하나님의 영광을 위하여 참된 교리와 권징으로 하나 됨을 이루면서 매우 경이로울 정도로 번성하였는데, 이로써 네덜란드 공화국의 놀라운 발전을 가져왔고 세계에 있는 모든 개혁 교회에 기쁨이 되었습니다.

이러한 교회가 야코부스 아르미니우스와 그의 추종자들 곧 '항론파'라는 이름을 가진 자들에 의해 처음에는 은밀하게 후에는 공개적으로 공격을 받았습니다. 그들은 옛적의 오류들과 새로운 오류들을 들고 와서 개혁 교회를 핍박하였고, 그렇게 안정적이던 교회는 공격적인 여러 논쟁과 분열로 인해 지속적으로 혼란을 겪게 되었습니다. 그렇게 번성하던 교회가 가공할 만큼의 격렬한 논쟁과 불일치라는 불길 때문에 당장이라도 소멸될 것 같은 큰 위험에 떨어지게 되었습니다. 우리 구주께서 그분의 자비하심을 따라서 적절한 시기에 개입하지 않으셨다면 참으로 그렇게 되었을 것입니다.

주님을 영원히 찬송합시다. 우리가 여러 가지로 주님의 진노를 촉발하였기에 주님께서는 잠깐 동안 우리에게서 그 얼굴을 감추셨지만, 잠시 후에는 주님께서 자기의 언약을 잊지 않고 계시며 자기 백성의 탄식을 멸시하지 않으심을 온 세상 앞에 나타내 보이셨습니다. 사람의 관점에서 보면 회복될 가망이 조금도 없는 것처럼 보였습니다. 그러나 주님께서는 네덜란드 연방의 의회에, 그리고 고명(高明)하고 매우 유능한 지도자들의 마음에 이 걷잡을 수 없이 어려운 문제들을 법적 수단으로 해결할 생각을 넣어 주셨습니다. 고명하신 오라녀(Oranje) 공의 충고로 택한 그 수단은 사도들 자신의 예에서, 그리고 이후의 기독교 교회사에서 매우 잘 알려진 방식이었습니다. 그리고 예전에 네덜란드 교회도 그러한 방식으로 선한 결과들을 얻기도 하였습니다.

이제 의회의 권위로 도르드레흐트에서 총회를 개최하기로 하였고, 네덜란드 모든 주에서 보낸 대표들이 이 총회에 참석하였습니다. 또한 총회는 매우 뛰어난 신학자들을 사전에 초청해 두었는데, 그레이트 브리튼 왕국의 위대하고 능력 있는 왕인 제임스(James I)와 그 외에 고명한 여러 군주와 백작, 그리고 강력한 공화국들의 호의로 많은 신학자를 모시게 되었습니다. 많은 경건한 학자들이 한자리에 모인 저명한 총회에서 아르미니우스와 그의 추종자들의 교훈을 오직 하나님의 말씀을 따라서 면밀히 숙고하고 공통된 판단을 내리도록 하려고 그렇게 한 것입니다. 이처럼 많은 신학자들은 공동의 판단으로 참된 교리를 확증하고 거짓 교리를 거부함으로써 하나님의 복 주심으로 네덜란드 교회 안에 하나 됨과 평화와 안온함이 다시 회복되게 하려고 하였습니다. 이와 같은 하나님의 복 주심에 대하여 네덜란드 교회는 매우 기뻐하면서 교회의 구주이신 주님의 신실하신 자비를 겸손히 인정하고 감사한 마음으로 찬송하였습니다.

    먼저 행정관들이 모임을 소집하였고, 참석자들은 하나님께서 진노를 가라 앉히시고 자비로우신 도움을 내려주시기를 구하면서, 모두 금식하며 기도하기 위해 시간을 정하였습니다. 그리고는 도르드레흐트에서의 거룩한 총회가 개최되었는데, 하나님을 향한 사랑 가운데 교회의 안녕을 열망하며 회의가 시작되었습니다. 참석자들은 당면한 사안을 검토하고 판단할 때에 오직 성경에서 말하는 대로만 판단하고, 선하고 진실된 양심으로만 행할 것을 하나님의 이름 앞에서 거룩히 서약하였습니다. 그렇게 맹세한 후에 그들은 이미 소환되어 있던 자들, 곧 당면한 교리들의 주요 옹호자들에게 잘 알려진 그 다섯 교리들과 그 교리를 위한 논증들에 대하여 그들의 생각을 충분히 밝히도록 매우 부지런히 그리고 큰 인내심을 가지고 그들을 설득하였습니다.

    그러나 그들은 총회의 판단 권리를 거부하였고 문제가 되는 점들에 대하여 합당한 방식으로 대답하기를 거절하였습니다. 총회의 권고나 의회 대표단의 결정이나 고명한 의원들의 말도 아무런 진전을 가져오지 못하였습니다. 결국 그 시점에서 총회는 의회 지도자들의 지시와 과거 종교 회의들의 관례에 따라서 다른 길을 택해야 했습니다.

    이때부터 총회는 이미 출판되었거나 총회에 제출된 자료를 중심으로 앞에서 언급한 다섯 교리에 대한 그들의 글과 고백서, 그리고 선언서를 검토하였습니다. 이제 하나님의 특별한 은혜로 이 검토의 과정이 완결되었습니다. 참여한 모든 사람이 크나큰 열심과 신실함과 양심으로 일하였고, 모든 이들의 의견이 하나가 되었습니다. 하나님께 영광을 돌리고, 구원의 진리가 올바르게 보존되게 하며, 양심이 확신을 얻게 하고, 네덜란드 교회의 평화와 안녕을 이루기 위하여서, 총회는 다음과 같은 판단을 공적으로 드러내어 선언하기로 결정하였습니다. 이 판단에서는 교리의 다섯 주제에 대한 참된 뜻을 선언하고 있으며, 하나님의 말씀과 어긋나는 거짓된 견해들을 반박하고 있습니다.

| 번역 : 김헌수 |

저자 서문

어젯밤에는 비가 많이 왔습니다. 한 동료 목사님이 "억수같이 내리는 빗소리와 천둥소리에 잠을 무진장 설쳤네요."라고 하셨고, 저는 약간 놀랐습니다. 저는 비가 왔는지도 모르고서 푹 잘 잤기 때문입니다.

세계는 내가 무엇을 경험하고 있는지에 따라 다르게 보이는 듯합니다. 같은 구, 같은 동 안에 살고 있어도, 한쪽에는 비가 내리고 다른 쪽에는 무지개가 걸려 있는 때가 있습니다. 다른 것을 겪고 있을 때 나는 다른 사람이 됩니다. 그리고 이 "다른 것을 겪고 있다"가 우리의 경험, 우리의 지식, 우리의 삶의 토대를 만드는 법입니다.

같은 한국 땅, 같은 한국 교회 안에 살고 있으면서 과연 우리는 동일한 것을 토대로 하여 살고 있을까요? 어떤 사람은 우르르 쾅쾅하는 천둥소리에 잠을 설치고, 다른 어떤 사람은 행복한 꿈속에 취해 있을 수 있을까요?

저는 '신자의 삶'을 형성하는 토대가 교회임을 확신합니다. 동일한 환경 가운데 살고 있는 듯 보여도, 어떤 교회에 출석하고 있는가가 그 사람을 형성합니다. 너 나 할 것 없이 '그리스도인'이라고 불려도, 그가 '어떤 그리스도인인가?' 하는 것은 교회를 통해 형성되는 것입니다.

그런 점에서 우리네 교회는 무엇에 기초하고 있는지를 생각해 볼 필요가 있습니다. 이것을 약간 바꾸어 "우리 교회는 무엇을 가르치는 교회인가?"라고 말해도 괜찮겠습니다. 우리는 '그리스도인'이지만 동일한 그리스도인은 아닙니다. 그리고 그 '나의 그리스도인 됨'을 만드는 것이 바로 교회의 가르침입니다.

적어도 개신교회가 로마 가톨릭으로부터 개혁해 나온 이후, 이 교회들은 항상 신앙고백을 가르치는 일에 몰두해 왔습니다. 그리고 이 일을 견고케 하는 일의 절정일 즈음에, 교회 안에 항상 있어 왔던 펠라기우스적 사고를 결정화한 인물이 등장했고(아르미니우스), 교회는 이에 저항하여 신앙고백을 작성했습니다. 도르트 신조가 바로 그것입니다.

제가 목회하는 유은교회는 아이들이 공적으로 신앙고백을 하기 위해 도르트 신조를 배웁니다. 도르트 신조가 가르치고 있는 확실한 구원에 대하여 견고한 확신을 가질 필요가 있기 때문입니다. 그리고 본서는 이와 관련하여 한 차례, 2019년 2월부터 2020년 11월까지 거의 만 2년을 설교했던 것을 책으로 묶은 것입니다(개혁 교회는 오후에 주로 교리문답을 설교합니다).

우리가 어떤 그리스도인이 되는가 하는 것은 결정적으로 우리 속에 무엇이 있는가, 우리가 무엇을 배움으로써 형성된 사람인가를 통해 결정됩니다. 그리고 이에 관하여 확고함을 가진 그리스도인은 흔들리지 않습니다. 그의 토대가 모호하고 공허한 가운데 서 있지 않기 때문입니다.

이 책의 제목 '견고한 확신'은 그러한 점에서 아주 정확하게 이 책 전체의 의중을 반영하고 있습니다. 올바른 교회가, 올바른 가르침을 통하여, 올바른 그리스도인을 길러 낼 때, 이 그리스도인은 '견고한 확신' 가운데 서게 됩니다. 그리고 이를 위한 다양한 배움들이 가능하겠으나, 「도르트 신조」는 가장 확실한 지침 중 하나입니다.

흔들리는 세계에서, 흔들리는 시대를 살아가고 있습니다. 우리의 발밑을 보면 언제 붕괴할지 모르는 위험한 지대 같다는 생각을 하지 않는 날이 없습니다. 그러나 제아무리 '다른' 사람들이 저마다 '다른' 세계를 겪으며 살아가도, 우리에게 '항구적인' 것은 있습니다. 그것은 삼위 하나님께 근거한 것이며, 이에 뿌리내린 이는 '견고한 확신' 가운데 서 있을 수 있습니다. 도르트 신조의 가르침 속에 깊이 잠겨, 이 기쁨을 누리게 되시기를 소망합니다.

2023년 7월, 비가 많이 온 다음 날

| 윤석준 목사 |

목차

둘째 교리 그리스도의 죽으심과 그것을 통한 인간의 구속

3 4

셋째와 넷째 교리

인간의 타락,
하나님께 돌이키는 것과
그 일이 일어나는 방식에 관하여

다섯째 교리
성도의 견인

1

첫째 교리 :

하나님의 선택과 유기

제1조 : 모든 사람이 하나님 앞에서
정죄받아 마땅함

사람은 모두 아담 안에서 죄를 지어 저주 아래 있으며, 영원한 죽음의 형벌을 받아 마땅합니다.[i] 따라서 하나님께서 온 인류를 죄와 저주 아래에 그대로 두시고 그 죄 때문에 심판하신다 하더라도, 그분은 조금이라도 불의를 행하시는 것이 아닙니다. 사도는 항상 이렇게 가르칩니다. "이는 모든 입을 막고 온 세상으로 하나님의 심판 아래에 있게 하려 함이라"(롬 3:19). "모든 사람이 죄를 범하였으매 하나님의 영광에 이르지 못하더니"(롬 3:23). "죄의 삯은 사망이요"(롬 6:23).

i 롬 5:12 그러므로 한 사람으로 말미암아 죄가 세상에 들어오고 죄로 말미암아 사망이 들어왔나니 이와 같이 모든 사람이 죄를 지었으므로 사망이 모든 사람에게 이르렀느니라.

● **강해 본문 : 로마서 5장 12-21절**

12 그러므로 한 사람으로 말미암아 죄가 세상에 들어오고 죄로 말미암아 사망이 들어왔나니 이와 같이 모든 사람이 죄를 지었으므로 사망이 모든 사람에게 이르렀느니라 13 죄가 율법 있기 전에도 세상에 있었으나 율법이 없었을 때에는 죄를 죄로 여기지 아니하였느니라 14 그러나 아담으로부터 모세까지 아담의 범죄와 같은 죄를 짓지 아니한 자들까지도 사망이 왕 노릇 하였나니 아담은 오실 자의 모형이라 15 그러나 이 은사는 그 범죄와 같지 아니하니 곧 한 사람의 범죄를 인하여 많은 사람이 죽었은즉 더욱 하나님의 은혜와 또한 한 사람 예수 그리스도의 은혜로 말미암은 선물은 많은 사람에게 넘쳤느니라 16 또 이 선물은 범죄한 한 사람으로 말미암은 것과 같지 아니하니 심판은 한 사람으로 말미암아 정죄에 이르렀으나 은사는 많은 범죄로 말미암아 의롭다 하심에 이름이니라 17 한 사람의 범죄로 말미암아 사망이 그 한 사람을 통하여 왕 노릇 하였은즉 더욱 은혜와 의의 선물을 넘치게 받는 자들은 한 분 예수 그리스도를 통하여 생명 안에서 왕 노릇 하리로다 18 그런즉 한 범죄로 많은 사람이 정죄에 이른 것 같이 한 의로운 행위로 말미암아 많은 사람이 의롭다 하심을 받아 생명에 이르렀느니라 19 한 사람이 순종하지 아니함으로 많은 사람이 죄인 된 것 같이 한 사람이 순종하심으로 많은 사람이 의인이 되리라 20 율법이 들어온 것은 범죄를 더하게 하려 함이라 그러나 죄가 더한 곳에 은혜가 더욱 넘쳤나니 21 이는 죄가 사망 안에서 왕 노릇 한 것 같이 은혜도 또한 의로 말미암아 왕 노릇 하여 우리 주 예수 그리스도로 말미암아 영생에 이르게 하려 함이라

첫째 교리 제1조 강해

예정 교리와 죄

롬 5:12-21

도르트 신조는 17세기, 아르미니우스를 따르던 이들의 가르침에 반대하여 개혁파 신앙의 선배들이 작성한 것입니다. 도르트 신조가 작성되던 당시인 1,600년대는 네덜란드의 입장에서 보자면 외부적으로는 구교(舊敎)를 강압적으로 요구하던 스페인과 전쟁 중인 시기였고, 내부적으로는 인문주의의 영향을 받은 이들의 국가교회주의(에라스투스주의), 그러니까 교회 질서를 국가가 맡아야 한다고 생각하는 이들과 충돌이 일어나고 있던 시기였습니다.

이때 레이던 대학에 임용되었던 교수 아르미니우스의 의견을 따르던 소위 '항론파'[1]라고 불리던 이들이 당시 개혁 교회들에 통용되던 벨직 신앙고백서와 하이델베르크 교리문답이 성경과 다르다고 하여 제출한 주제를 가지고서 우리 신앙의 선배들이 공적으로 작성·고백한 것이 도르트 신조입니다.

유은교회에서는 고등학교를 졸업하는 아이들이 공적 신앙고백[2]을 앞두고 특히

---

1 — '항론파'는 아르미니우스주의자들을 부르는 다른 표현이다.

2 — '공적 신앙고백'이란 개혁 교회들에서 '입교' 대신에 사용하는 용어로, 유아 세례를 받은 아이들이 성찬상에 들어오기 위하여 신앙을 공적으로 고백하는 일을 말한다. 우리네 교회에서 사용하는 '입교'라는 용어가 합당하지 않은 이유는, 장로교회든 개혁 교회든 개혁주의 신앙을 가진 교회들에서는 언약의 원리를 따라 태어나는 아이가 곧바로 하나님의 언약 백성임을 인정하기 때문이다. '입교'라는 말은 교(敎)의 바깥에 있던 이가 들어온다는 의미를 갖고 있다. 그런데 유아 세례를 받은 아이는 이미 울타리 안에 있는 이들이기 때문에 '입교'가 아니다. 개혁주의 교회들에서 성년이 될 때 공적 신앙고백의 의식을 갖는 것은 '교에 들어옴'이 아니라 분별이 가능한 나이가 되어서야 허락이 되는 '성찬의 상에 들어옴'이다. 따라서 '입교'라는 말을 대치하는 용어로 '공적 신앙고백'이라고 한다.

도르트 신조를 배우고 있는데, 이유는 도르트 신조가 특별히 **'구원에 관한 가르침'**에 있어 필수적인 것들을 담고 있기 때문입니다. 따라서 이 말씀을 듣는 우리 역시 도르트 신조를 통해 하나님의 말씀이 명쾌하게 보여 주고 있는 구원에 대한 도리들을 잘 습득할 수 있으리라 기대합니다.

도르트 신조의 다섯 장은(도르트 신조는 총 다섯 개의 장으로 되어 있다.[3]) 항론파가 제출한 다섯 주제를 따라 구성되었는데, 그중 첫 번째 장이 "하나님의 선택과 유기"입니다. 이 긴 제목을 간단하게 요약하자면 **'예정'**이라는 키워드로 말할 수 있습니다. 도르트 신조의 다섯 개의 교리 중 첫 번째를 '예정'이라고 기억합시다.

첫 번째 조항을 다루면서는 이 신조의 **구조가 보여 주고 있는 중요한 주제**를 하나 짚으려고 합니다. 도르트 신조를 작성한 우리 선배들은 '예정'이라는 민감한 주제를 다루면서 그 **다루는 방식에 있어서도 철저하게 성경적이기를** 원했는데, 이 주제를 통해 핵심을 파악할 수 있을 것입니다.

첫째 조항이 우리에게 알려 주는 것

도르트 신조의 첫 조를 배우기 시작하면서 생각해야 할 중요한 주제는 **우리 신앙의 선배들이 하나님의 예정을 설명하기 위해서 어떤 태도를 취하고 있는가**에 관한 것입니다.

항론파들의 주장에 대항하여

도르트 신조가 첫 번째 교리를 "하나님의 선택과 유기"로 정하고 있는 것은 기

---

3 — 보통 도르트 신조의 다섯 교리를 "칼뱅주의 5대 교리"라고들 하면서 TULIP의 다섯 글자로 요약하는데, 엄밀히 말하면 "칼뱅주의 5대 교리"도 적당한 표현이 아니고 'TULIP'도 적합하지 않다. 도르트 신조는 17세기 정황, 곧 아르미니우스를 다루면서 예정과 관련한 구원론에만 집중되어 있기 때문에 '칼뱅주의' 전체를 다루지 않는다. 따라서 개혁주의 진영에서 이렇게 사용하여 퍼지긴 했으나 이를 "5대 교리"라고 부르기에는 대표성의 면에서 합당하지 않다("구원론의 5대 교리" 정도는 가능하리라 생각한다). TULIP 역시 단순히 암기하는 데는 도움이 될지 모르나 순서가 바르지 않다. T는 Total depravity, 곧 '전적 타락'으로 원래 도르트 신조의 순서가 아니다. T는 세 번째에 와야 한다. 굳이 첫 글자를 따서 약어로 말하자면 ULTIP이 된다. U: Unconditional Election (무조건적 선택), L: Limited Atonement (제한적 속죄), T: Total Depravity (전적 타락), I: Irresistible Grace (불가항력적 은혜), P: Perseverance of the Saints (성도의 견인) 따라서 튤립은 단지 편의성, 용이성을 위한 용어 정도로 생각함이 좋겠다.

본적으로는 항론파들이 제출한 다섯 가지의 항론 주제 중 첫 번째가 예정에 관한 것이기 때문입니다. 아르미니우스주의자들은 자신들의 항론서 제일 첫 장에서 이렇게 주장했습니다.

> 하나님께서는 세상의 기초를 놓기 전에 그의 아들 예수 그리스도 안에서 영원하고 불변하는 목적을 가지고서 타락하여 죄에 빠진 인류 가운데서 성령의 은혜로 그의 아들인 예수를 믿고 이 은혜를 통하여 끝까지 인내하며 믿고 믿음의 순종을 하는 사람들을, 그리스도 안에서, 그리스도 때문에, 그리스도를 통하여 구원하시기로 작정하셨다.

그저 읽으면 그럴듯해 보이지만 여기서 주목해야 하는 부분은 아르미니우스주의자들은 "하나님께서 **'이러저러한 사람을'** 구원하기로 작정하셨다."라고 주장했다는 점입니다. 아르미니우스주의자들의 현저한 특징이(이후로도 계속해서 드러나겠지만) '사람을 중시하는 것', 특히 '사람의 자유의지를 중시하는 것'입니다. 아르미니우스주의자들에게는 구원이 궁극적으로 **하나님보다는 사람에게** 달려 있습니다. 그래서 이들은 사람이 완전하게, 선함이란 전혀 찾아도 볼 수 없을 정도로 타락했다고 믿고 싶지 않았습니다. 그러다 보니 하나님의 예정에 대해서도 이렇게 말한 것입니다.

> 사람은 이런 사람이 있고 저런 사람이 있는데, 그중에서 '어떤' 사람을 하나님께서 구원하시기로 정한 것이다.

그러나 우리는 "사람에게는 어떠한 구원을 받을 만한 것이 없고, 하나님께서 오직 은혜로 구원하기로 작정하셨다."라고 믿습니다. 하지만 아르미니우스주의자들의 주장은 하나님께서 사람을 살펴보시고는 구원받을 만한 **무언가를 갖추고 있는 사람을** 구원하기로 정하셨다는 것입니다.

이렇게 말해 버리고 나면, 비록 구원하시는 이가 하나님이시라 할지라도 구원의 근거는 사람에게 있게 됩니다. 사람은 제로 상태인 중에 하나님께서 '전적인 은혜로' 구원하시는 것이 아니라, 구원을 받는 사람은 무언가 구원받지 못하는 사람보다 **나은 점이 있게 되는 것**입니다. 이것을 보통은 '반(半) 펠라기우스주의'(절반의 펠라기우스주의)라고 하는데, 적어도 구원받는 사람은 동아줄이 하늘에서 내려올 때 그것을 '잡을 수 있는 능력' 정도는 가진 사람이라는 것입니다. 하나님께서는 이 사실을 '미리 아시고' 동아줄을 잡을 만한 사람에게 동아줄을 내려 주신다는 것이죠.

하지만 우리가 믿는 성경적 신앙이란, 우리는 동아줄이고 뭐고 '죽은 시체'이기 때문에 팔을 뻗어 동아줄을 잡기는커녕 고개를 들어 쳐다보는 것조차 **불가능하다는 것**입니다. 죄인인 인간은 그야말로 **'완전히' 죽었습니다**. 시체가 입에 음식을 넣어 준다고 해서 씹을 수 있습니까? 약을 입에 들이붓더라도 목 넘김을 할 수가 없습니다. 이것이 죄인에 대한 우리의 믿음입니다.

아르미니우스주의자들은 그렇게 믿지 않았습니다. 이들은 '동아줄을 잡을 만한 사람에게' 하나님께서 구원을 베풀어 주신다고 믿었습니다. 그래서 보통 이것을, 하나님께서 사람의 어떠함을 아는 '예지(豫知)'가 먼저이고 구원하겠다는 '예정(豫定)'이 뒤이기 때문에 '예지'를 앞에 두어 '예지 예정'이라고 부릅니다. 반면 개혁신앙인으로서 우리가 믿는 바는 하나님의 예정이 먼저이고(예정), 예정하셨기 때문에 알게 되는 것(예지)이므로 '예정 예지'라고 부릅니다.

여기서 주목하려는 바

항론파들의 이러한 주장에 대해 우리 신앙의 선배들이 어떻게 반응했는지를 봅시다. 예정의 문제를 다루려고 할 때 우리 신앙의 선배들은 '어떤 방식으로' 반응했습니까? 이를 다음과 같이 질문함으로써 생각해 보겠습니다.

> 예정의 문제를 **시간적으로 기술하고 인과론적으로 생각한다면** 그 기술(記述)의 순서가 어떻게 되어야 할 것인가?

여러분이 지금 예정에 대해 기술하려 한다고 가정해 봅시다. 이 기술을 **시간적, 논리적 순서대로** 구성하려 합니다. 여러분이 1618년의 도르트레흐트에 있는 이 신앙고백서 작성자 중의 한 사람이어서 아르미니우스주의자들의 그릇된 예정 교리에 대하여 바른 예정 교리를 세우고 싶습니다. 그래서 이 예정을 시간적, 논리적 순서를 따라 기술하려면 '제일 먼저' 무엇을 말함으로써 이 예정 부분을 시작해야겠습니까? 대답은 이렇게 할 수 있습니다.

> 만약 우리가 예정을 시간적, 논리적으로 기술하려고 했다면 6조와 7조가 제일 처음에 와야 한다.

6조와 7조를 보십시오. 6조의 제목이 "하나님의 영원한 작정"입니다. 7조의 제목은 "선택의 정의"입니다. 이 내용들이야말로 "하나님의 예정", 곧 하나님께서 어떤 사람을 구원하시고 어떤 사람을 구원하지 않으시는지에 대한 정의와 정리입니다.[4] 6조와 7조야말로 예정 자체에 대한 이야기인 것입니다. 따라서 예정의 문제를 시간적, 논리적, 곧 인과론적으로 구성하려면, 당연히 6조와 7조가 제일 첫머리에 나와야 합니다. 중학생이 되었다고 생각하시고, "상황 넷을 순서대로 배열하시오"라는 문제를 풀고 있다고 가정해 봅시다. 다음 1, 2, 3, 4번의 순서를 차례대로 배열해 보시기를 바랍니다.

> 1번 : 사람이 창조되었다.
>
> 2번 : 예수님이 구원하셨다.
>
> 3번 : 하나님이 사람을 창조하시고 구원하실 것을 작정하셨다.
>
> 4번 : 사람이 죄를 짓고 타락하였다.

---

4 — '예정'과 '작정'이라는 표현에 혼란이 있을 수 있으므로 정리해 둠이 좋겠다. 본서에서는 엄밀히 구분하지 않고 사용될 때가 있다. 간혹 엄밀하지 않은 때가 있는 이유는 우리말 어감에서의 유사성 때문이다. "개혁파 신학은 전통적으로 하나님의 존재와 인식 가능성, 하나님의 속성과 삼위일체론 뒤에 하나님의 작정을 다룬다. 그리고 **작정의 특수한 형태인 예정과 선택**을 다시 나누어 취급한다.… 작정이란 하나님의 뜻의 경륜에 따른 영원한 목적인데, 당신의 영광을 위하여 일어날 모든 것을 미리 정하신 것이라고 한다(웨스트민스터 소요리문답 제7문답).… 곧이어 **선택과 유기를 포괄하는 예정**이 다루어지며 이는 작정 중에서도 제한적으로 영적 존재의 영원한 운명에 관한 부분이다."[유해무, 『개혁교의학』 (서울: 크리스천다이제스트, 1997), 187] 정리하자면 '작정'은 '하나님의 뜻/목적'이고 '예정'은 작정의 한 부분으로 인간의 구원에 관련된 영역에서의 작정이며, 이 예정 중 구원으로의 작정인 '선택'과 버려두심의 작정인 '유기'가 있는 것이다.

순서가 어떻게 되어야 할까요? 그렇습니다. 당연히 3-1-4-2가 되어야 합니다. 사람의 창조와 타락이나 구원과 같은 실제로 일어난 일들보다 **'언제나 제일 먼저 와야 하는 것'**은 반드시 '하나님의 예정'입니다. 하나님이 하시기로 정하셨기 때문에 그 일이 일어났습니다. 그러므로 논리적 순서를 따른다면 이 세상의 모든 일들은 언제나 순서상 **항상 하나님의 작정이 모든 것 앞에**, 가장 선행해서 나와야만 합니다.

그렇다면 작정은 '모든 일어나는 일들 위에 **군림하게**' 됩니다. 인과론적으로 사고한다면 '예정' 혹은 '작정'이라는 주제는 존재하는 모든 문제에 대하여 항상 가장 처음에 와야 하는 것이 되고 맙니다. 작정 없이는 어떤 일도 일어날 수 없으니 말입니다.

하지만 우리 선배들은

하지만 우리 신앙의 선배들은 그렇게 하지 않았습니다.

도르트 신조 첫째 교리의 제일 첫 조항에서 볼 수 있듯이 "하나님의 선택과 유기" 곧 '예정'을 다루는 제일 첫머리는 아래와 같은 말로 시작합니다.

> 우리는 모두 죄인이므로 영원한 죽음의 형벌을 받아 마땅합니다.

도르트 신조는 예정의 첫째 조를 '예정'으로 시작하지 않고 **'죄에 대한 고백'으**로 시작합니다. 놀랍지 않습니까!

성경을 좀 안다고 생각하는 사람일수록 **하나님의 전능을 자신의 이해력 안에 가두려는 경향**이 생깁니다. 하나님을 **'은혜로'** 알려고 하지 않고, **'머리로'** 알려는 경향이 생깁니다. 그래서 하나님의 예정조차 우리 이해력의 차원에서, 곧 3-1-4-2의 차례로 정리하려고 하는 것입니다.

그러나 이렇게 예정을 선제해 버리면, 그때부터는 이 예정이 그 본질적 성격상 **언제나 모든 일의 앞에 선행하게끔** 되어 버립니다. 하나님께서 전적인 주권을 갖고 계시고 예정이라는 것이 존재한다는 것을 믿는다면, 논리적으로는 **절대로 피할 수 없는 것이 '예정의 선행성'**인 것입니다. 하지만 이렇게 할 때 원하던 원하지 않던 다음과 같은 큰 폐해가 생길 수밖에 없습니다.

① 예정/작정의 군림 아래에서 사람들이 참으로 삶을 열심히 살게 될까요? 하나님께서 모든 것을 다 정하셨다는 사실이 무엇보다 항상 먼저 고려될 것입니다. 그런 상황에서라면 사람이 무언가를 열심히 할 수 있을까요? 어차피 모든 일이 다 하나님의 작정대로 될 것 아닙니까? 그러면 무엇 때문에 열심히 살아야 할까요? 어차피 하나님께서 정하신 대로 될 터인데, 내가 무얼 해야 하는 이유가 어디에 있습니까? 역사 속에 내 자리는 없는데 어떻게 사람이 열심히 살 수 있겠습니까?

② 전도할 필요 또한 없어질 것입니다. 어차피 하나님께서 예정하신 자들은 다 하나님이 부르실 것이기 때문입니다. 그렇다면 굳이 내가 전도해야 할까요? "하나님이 그래도 우리를 사용하셔서 그 사람들을 부르시잖아."라고까지 이야기한다 하더라도, 그러면 내가 그 영예만 차지하지 않으면 그만입니다. 어찌 됐건 간에 하나님이 부르실 사람들은 부르실 것 아닙니까? 그러면 구원하실 사람은 누구를 통해서건 부르시겠지요. 꼭 내가 아니라도 말입니다.

③ 그리고 이렇게 되어 버리면 하나님은 정말 고약한 분이 됩니다. 아담이 죄를 지을 것을 '미리 알거나', '방관하신' 정도가 아니라, 그렇게 되기로 예정을 하셨으니까요. 이 **수많은 악의 원흉이 사실은 하나님**이 됩니다. 모든 것이 하나님께서 정하신 대로 된 것이라는 것을 제일 바닥에 깔아 버리면, 세상의 모든 악도 사실은 모두 하나님께서 그 악의 조성자가 됩니다.

물론 이런 문제들에 대한 설명은 나름대로 가능합니다. 아마 이 책을 읽는 분들 중에서도 ①, ②, ③의 문제들에 대한 대답을 이미 알고 있다고 생각하는 분들도 있을 것입니다. 하지만 그럼에도 불구하고 예정에 관하여, 하나님의 작정 전반에 관하여는 반드시 잊지 말아야 할 사실이 하나 있습니다. 곧 **"우리는 모르는 것이 있다"**라는 사실입니다. 간략하게 말하자면 '겸손'입니다. '하나님께 대한 겸손'이지요.

우리는 하나님께서 행하시는 일을 '설명'할 수 있습니다. 논리는 큰 무기가 됩니다. 사람의 이해력이란, 우리들의 이성이란, 하나님께서 내려주신 복된 선물입니다. 하지만 이 선물이 제아무리 크다고 하더라도 **하나님의 전능은 우리들의 이해력 안에 갇히지는 않습니다!** 즉 우리가 하나님을 아무리 잘 이해하더라도 '다' 이해한 것은 아니며, 따라서 하나님을 완전히 모르는 것은 수치가 아닌 것입니다.

오히려, 우리로서는 하나님을 다 알 수가 없기 때문에, 마치 하나님을 다 아는 듯이 하나님의 일들을 우리 이해의 체계 속에 끼워 맞추게 되면 **'부작용'**이 생깁니다. 방금 말한 몇 가지 예들에서도 볼 수 있듯이, 예정이 분명한 성경의 가르침임에도 불구하고 이 이해할 수 없는 신비를 우리의 이해 속에만 두려고 할 때 예정이 '군림하는' 부작용이 생기지 않습니까!

왜 부작용이 생길까요? 인간은 예정을 알지만, 예정을 **'다 아는 것은 아니기'** 때문입니다. 하나님께는 '신비'가 있고, 신자는 그것을 인정하는 사람입니다. 우리는 예정을 **알지만 다는 모르기 때문에** 마치 예정을 다 아는 것처럼 시간 안에 국한되어 있는 우리의 이해의 영역 체계 속에서 **다 설명하려** 해서는 안 됩니다. 그러면 예정 교리는 '파괴적인 교리'가 되고 맙니다. 아무것도 '결정'할 수 없는 인간으로서는 앵무새처럼 모든 일에 대해 단지 "하나님이 그렇게 정하셨어."라는 말 외에는 아무것도 할 수 없는 존재가 되어 버리고 마는 것입니다.

신조의 고백은 성경의 기술법을 따른 것 : 로마서에서

그러므로 가장 지혜로운 방법은 예정을 우리 이해의 틀 속에서 설명하려 하지 말고 **성경의 가르침을 따라 설명하는 것**입니다. 이것을 우리 신앙의 선배들이 잘했습니다. 그래서 우리 신앙의 선배들은 첫째 교리를 기술할 때 **6조와 7조부터 기술하지 않았던 것**입니다. 예정을 믿고 고백하면서도, "예정이 모든 것의 기초다"라는 생각을 신조의 첫머리에 쓰지 않았습니다.

오히려 우리 신앙의 선배들은 예정이 순서상 **'뒤에 오도록'** 배치했습니다. 그리고 **'죄'**를 제일 먼저 말했습니다. 이는 '성경의 가르침을 따라' 한 것입니다. 이런 지혜야말로 사람의 지혜가 아니라 하나님의 지혜에 겸손하게 의지하는 자세이고, 인간이 어떤 종류의 지혜를 갖더라도 하나님의 말씀을 넘어서지 않으려고 하는 우리 선배들의 '절제'였습니다.

로마서를 생각해 보십시오(로마서는 복음이 잘 집약된 성경 중 하나이다). 로마서에는 예정 교리가 나옵니다. 그런데 어디 쯤에 나올까요? 동시에 이렇게도 물어봅시다. 그러면 로마서의 시작은 무엇입니까? 로마서는 무엇에 관한 이야기로 첫 부분을 시작하고 있습니까? 두 질문에 대한 대답을 동시에 해 보면 이렇게 됩니다. **예정 교리는 8장에** 나옵니다. 로마서에서 공식적으로 예정 교리가 등장하는 부분은 로마서 8장 29절부터입니다.

> 하나님이 미리 아신 자들을 또한 그 아들의 형상을 본받게 하기 위하여 **미리 정하셨으니** 이는 그로 많은 형제 중에서 맏아들이 되게 하려 하심이니라. 또 **미리 정하신** 그들을 또한 부르시고 부르신 그들을 또한 의롭다 하시고 의롭다 하신 그들을 또한 영화롭게 하셨느니라_롬 8:29-30

33절에도 "하나님의 택하신 자들"이라는 표현이 나옵니다. '선택'을 의미하는 표현입니다.

> 누가 능히 하나님께서 **택하신** 자들을 고발하리요. 의롭다 하신 이는 하나님이시니_롬 8:33

그리고 로마서 9-11장 전반이 선택에 대한 내용들입니다. 9장 11절은 에서와 야곱의 선택이 '그들의 어떠함으로부터' 기인하지 않았다는 말씀입니다.

> 그 자식들이 아직 나지도 아니하고 무슨 선이나 악을 행하지 아니한 때에 **택하심을 따라 되는 하나님의 뜻이** 행위로 말미암지 않고 오직 부르시는 이로 말미암아 서게 하려 하사_롬 9:11

로마서는 그리스도인이 전반적으로 알아야 할 중요한 교리들을 서술하고 있는 성경입니다. 그런데 **로마서는 예정의 문제를 8장에 가서야 처음으로** 말했습니다. 논리적이고 인과론적인 방식으로 생각하자면 참 이상한 일입니다. 시간적 혹은 논리적 순서로 말하려면 반드시 예정이 모든 일보다 앞에 설명되어야 하는데 말입니다.

말하자면 성경의 방식은 그렇지 않다는 것입니다. 예정을 군림케 하는 것이 하나님의 뜻이 아니라는 말입니다. 오히려 로마서는 전혀 다른 주제로 시작합니다. 8장에 가서야 예정을 말한 로마서의 시작은 무엇입니까? 그렇습니다. 로마서의 시작은 **"우리는 죄인이다."**입니다.

로마서 1장 18절 이하는 "하나님의 진노가 불의로 진리를 막는 사람들의 모든 경건치 않음과 불의에 대해 하늘로부터 나타난다."라고 하면서 죄를 지적합니다. "썩어지지 아니하는 하나님의 영광을 썩어질 사람과 새와 짐승과 기어다니는 동물 모양의 우상으로 바꾸었다"(23절), "그래서 하나님께서는 저희를 마음의 정욕대로 더러움에 내어 버려두셨다"(24절), "저희가 하나님을 마음에 두기 싫어하므로 하나님이 저희를 그 상실한 마음대로 내버려 두셔서 합당치 못한 일, 곧 불의, 추악, 탐욕, 악의, 시기, 살인, 분쟁, 사기, 악독"(28-29절)을 행하게 하셨다.

2장은 "그런데 남을 판단하는 너희는 어떠냐?"하면서 유대인들의 죄를 지적합니다. "남을 판단하는 것으로 네가 너를 정죄함이니 판단하는 네가 같은 일을 행하고 있다"(1절), "고집과 회개치 않음으로 그날에 임할 진노를 쌓고 있다"(5절), "율법 없이 범죄한 자는 율법 없이 망하고 율법 있고 범죄한 자는 율법으로 심판을 받을 것이다"(12절), "율법을 자랑하는 네가 율법을 범함으로 하나님을 욕되게 하느냐!"(23절)

결론으로서의 3장은 유명한 말씀입니다.

> 의인은 없나니 하나도 없으며, 깨닫는 자도 없고, 하나님을 찾는 자도 없고, 다 치우쳐 함께 무익하게 되고, 선을 행하는 자는 없나니 하나도 없도다. 그들의 목구멍은 열린 무덤이요, 그 혀로는 속임을 일삼으며, 그 입술에는 독사의 독이 있고, 그 입에는 저주와 악독이 가득하고, 그 발은 피 흘리는 데 빠른지라. 파멸과 고생이 그 길에 있어 평강의 길을 알지 못하였고, 그들의 눈앞에 하나님을 두려워함이 없느니라 함과 같으니라_롬 3:10-18

죄를 모르면 알 수 없는 예정

로마서는 신자의 구원을 가르치기 위해 시간이나 논리의 순서를 따라 예정부터 말하지 않습니다. 오히려 성경은 이 구원을 말하기 위해 먼저 '죄'를 이야기합니다. 이러한 로마서의 배열이 말하려는 바는 무엇일까요? **예정은 논리적으로 이해하는 것이 아니라는 것**입니다. **예정은 반드시 '죄를 알아야'** 말할 수 있다는 것입니다. 하나님께서 어떤 사람을 구원하시기로 정하실 때는 **시간을 따라 하나님께서 어떤 순서로 이를 이행하셨는가를 아는 것보다 더 중요한 사실**이 있는데, 그것이 바로 "죄를 깨달아야 예정이 의미 있다."라는 점입니다.

아르미니우스와 그를 따르던 이들이 구원의 길에 대해서 요청했던 것은 '합리적 길'이었습니다. 이들은 '이해되는 것'을 믿고 싶어 했습니다. 하지만 우리는 '이해되지 않는 하나님'을 믿습니다. 우리는 구원이란 하나님께서 어떻게 예정하셨는지를 **더 잘 이해하는 사람**에게 주어지지 않고, **자신이 죄인임을 깨닫고 겸손히 그리스도께 기대는 사람**에게 주어지는 것임을 고백합니다. 헤르만 바빙크가 임종 때 했다는 유명한 이야기가 있지 않습니까?

> 내 학문이 내게 준 유익은 무엇인가? 내 교의학 또한 내게 무슨 소용이 있는가? 오직 신앙만이 나를 구원한다.[5]

우리는 도르트 신조의 첫 시작에서부터 **'합리론과 싸우시는 위대하신 하나님'** 을 발견합니다. 예정이라는 주제는 첨예하고, 개혁파 역사 안에서도 여러 가지 침륜을 겪어 왔던 교리입니다. 예정 교리는 누군가에게는 전체 신학을 쥐고 흔드는 결정적 키(key)로, 또 누군가에게는 피하고만 싶은 비의(祕義)로 다루어져 왔습니다.

하지만 예정 교리가 그 얼마나 성경적 교리이든 간에, 우리는 도르트 회의에 모였던 믿음의 선배들을 통해 성경적 교리를 대할 때에도 그 '대하는 방식'이 어떠해야 하는가를 배우게 됩니다. **하나님의 말씀 중심적 이해!** 그리스도께 대한 **겸**

---

5 — 유해무, 『헤르만 바빙크: 보편성을 추구한 신학자』 (서울: 살림, 2004), 143.

손한 허리 굽힘 위에 피어나게 되는 논리적 명료성! 이를 첫째 조항을 통해 살짝 맛보게 되는 것입니다.

제2조 : 하나님의 아들을 보내심

그러나 하나님께서는 자기의 독생자를 세상에 보내셨고, 누구든지 그분을 믿으면 멸망하지 않고 영생을 얻도록 하셨습니다.[i] 바로 거기에서 하나님의 사랑이 나타났습니다.[ii]

i 요 3:16 하나님이 세상을 이처럼 사랑하사 독생자를 주셨으니 이는 그를 믿는 자마다 멸망하지 않고 영생을 얻게 하려 하심이라

ii 요일 4:9 하나님의 사랑이 우리에게 이렇게 나타난 바 되었으니 하나님이 자기의 독생자를 세상에 보내심은 그로 말미암아 우리를 살리려 하심이라

● 강해 본문 : 요한복음 3장 1-21절

1 그런데 바리새인 중에 니고데모라 하는 사람이 있으니 유대인의 지도자라 2 그가 밤에 예수께 와서 이르되 랍비여 우리가 당신은 하나님께로부터 오신 선생인 줄 아나이다 하나님이 함께 하시지 아니하시면 당신이 행하시는 이 표적을 아무도 할 수 없음이니이다 3 예수께서 대답하여 이르시되 진실로 진실로 네게 이르노니 사람이 거듭나지 아니하면 하나님의 나라를 볼 수 없느니라 4 니고데모가 이르되 사람이 늙으면 어떻게 날 수 있사옵나이까 두 번째 모태에 들어갔다가 날 수 있사옵나이까 5 예수께서 대답하시되 진실로 진실로 네게 이르노니 사람이 물과 성령으로 나지 아니하면 하나님의 나라에 들어갈 수 없느니라 6 육으로 난 것은 육이요 영으로 난 것은 영이니 7 내가 네게 거듭나야 하겠다 하는 말을 놀랍게 여기지 말라 8 바람이 임의로 불매 네가 그 소리는 들어도 어디서 와서 어디로 가는지 알지 못하나니 성령으로 난 사람도 다 그러하니라 9 니고데모가 대답하여 이르되 어찌 그러한 일이 있을 수 있나이까 10 예수께서 그에게 대답하여 이르시되 너는 이스라엘의 선생으로서 이러한 것들을 알지 못하느냐 11 진실로 진실로 네게 이르노니 우리는 아는 것을 말하고 본 것을 증언하노라 그러나 너희가 우리의 증언을 받지 아니하는도다 12 내가 땅의 일을 말하여도 너희가 믿지 아니하거든 하물며 하늘의 일을 말하면 어떻게 믿겠느냐 13 하늘에서 내려온 자 곧 인자 외에는 하늘에 올라간 자가 없느니라 14 모세가 광야에서 뱀을 든 것 같이 인자도 들려야 하리니 15 이는 그를 믿는 자마다 영생을 얻게 하려 하심이니라 16 하나님이 세상을 이처럼 사랑하사 독생자를 주셨으니 이는 그를 믿는 자마다 멸망하지 않고 영생을 얻게 하려 하심이라 17 하나님이 그 아들을 세상에 보내신 것은 세상을 심판하려 하심이 아니요 그로 말미암아 세상이 구원을 받게 하려 하심이라 18 그를 믿는 자는 심판을 받지 아니하는 것이요 믿지 아니하는 자는 하나님의 독생자의 이름을 믿지 아니하므로 벌써 심판을 받은 것이니라 19 그 정죄는 이것이니 곧 빛이 세상에 왔으되 사람들이 자기 행위가 악하므로 빛보다 어둠을 더 사랑한 것이니라 20 악을 행하는 자마다 빛을 미워하여 빛으로 오지 아니하나니 이는 그 행위가 드러날까 함이요 21 진리를 따르는 자는 빛으로 오나니 이는 그 행위가 하나님 안에서 행한 것임을 나타내려 함이라 하시니라

하나님이 세상을 이처럼 사랑하사

요 3:1-21

1조에서 예정을 말하기 전에 '죄'를 먼저 말했던 신조는 이제 다음 내용으로 나아 갑니다. 하나님의 선택을 입고 주의 백성 됨을 자각함에 있어 '죄의 중요성'을 말 한 신조는 이를 발판 삼아 어떤 주제로 나아가는 것일까요? 2조에서 우리가 살피 게 될 내용은 바로 이것에 관한 것입니다.

그 죄에 대한 하나님의 반응

첫째 교리의 둘째 조에서 우리가 발견하게 되는 것을 한마디로 요약하자면 **"그 죄에 대한 하나님의 반응"**이라고 할 수 있겠습니다. 1조가 **'우리의'** 죄에 대한 말 씀이고 2조가 **'하나님의'** 반응이라는 데 주목합시다. 1조의 주어는 '사람은'입니 다. 하지만 2조의 시작이 되는 주어는 '하나님께서는'입니다. 죄에 빠진 우리를 향하여 주어가 되시는 분은 우리가 아니고 하나님입니다. '사람'이 범죄했는데 '하나님'께서 반응하십니다. 이 사실이 이 조항에 대한 우리 배움의 출발점이 됩 니다. 성경은 아담과 하와가 죄를 지은 이후의 상태를 다음과 같이 설명합니다.

> 그들이 그날 바람이 불 때 동산에 거니시는 여호와 하나님의 소리를 듣고 아담과
> 그의 아내가 여호와 하나님의 낯을 피하여 동산 나무 사이에 숨은지라_창 3:8

성경은 우리에게 '**죄를 지은 인간은 하나님을 피한다**'는 사실을 가르쳐 줍니다. 사람은 죄를 짓고 하나님으로부터 피하여 숨었습니다. 죄를 지은 사람 편에서 하나님을 찾은 것이 아닙니다. 사람은 도망쳤고, 사람을 찾은 것은 오히려 하나님이셨습니다. 이를 벨직 신앙고백서 17조는 이렇게 아름답게 표현했습니다.

> 우리는 자비로우신 우리 하나님께서 사람이 그와 같이 육신의 죽음과 영적인 죽음에 떨어지게 된 것을 보시고 **두려움 가운데 그분에게서 도망하던 인간을** 그분의 놀라운 지혜와 선하심으로 **찾기 시작하신 것을** 믿습니다.

놀라우면서도 가슴 찡한 이야기입니다! 우리가 하나님을 찾지 않았습니다. 하나님이 우리를 찾으셨습니다. 따라서 2조의 내용은 1조의 결과물에 대한 '하나님의 반응'입니다. 사람은 죄를 지어 하나님으로부터 도망쳤고(1조), 이에 대한 반응으로 하나님께서 우리를 찾기 시작하십니다(2조).

'하나님의 찾으심'이란 무엇인가?

우리는 신조의 본문을 통해서 '이렇게 하나님 편에서 우리를 찾으시는 활동'이 무엇인지를 발견하게 됩니다. 2조 본문에 보면 "바로 거기에서 하나님의 사랑이 나타났습니다."라고 되어 있는데, "바로 거기"란 어디일까요?

본문에서 "바로 거기"는 "**하나님께서 자기의 독생자를 세상에 보내셨다.**"입니다. 어디에서 하나님의 사랑이 나타났습니까? 하나님께서 독생자를 보내셨다는 사실에서입니다. 신조 본문에는 관주로 요한일서 4장 9절 말씀이 붙어 있습니다.

> 하나님의 사랑이 우리에게 이렇게 나타난 바 되었으니 하나님이 자기의 독생자를 세상에 보내심은 저로 말미암아 우리를 살리려 하심이니라_요일 4:9

우리가 하나님으로부터 도망쳐 달아날 때, 우리를 긍휼히 여기시는 하나님께서 우리를 찾기 위하여 하신 일은 **우리를 위하여 독생자를 보내심**입니다. 성경은 바로 여기에서 "하나님의 사랑이 우리에게 이렇게 나타난 바 되었다."라고 말씀하였습니다!

살아가면서 이리저리 고생을 겪은 사람은 하늘을 올려다보면서 이렇게 외칠 수 있습니다.

> "하나님! 왜 나에게 이런 고통이 닥치나요! 하나님이 계신다면 이럴 수가 있나요? 당신이 나를 사랑하신다는 증거가 어디에 있습니까?"

이 사람은 눈앞의, 당장의, 약간의 일 때문에 아주 중요한 사실을 놓치고 있습니다. 지상의 생은 끊을 수 있어도 우리에게는 끊을 수 없는 '영원'이 있다는 것 말입니다. 이 사람은 잠깐의 고생이나 실패, 삶의 환란 등이 우리를 결코 좌절시킬 수 없는 것을 잘 모르고 있습니다.

하지만 우리는 압니다. 하나님께서 우리를 사랑하신 것은 **지금 여기** 무슨 일이 나타날 때가 아니라 **이미 오래전에** 자기 아들을 희생하기로 작정하시고, 이 땅에 보내심으로 다 증명하셨다는 사실을 말입니다.

우리는 신조가 정리하는 성경의 진리를 이 1조와 2조의 콤비네이션(comvination)을 통해 보게 됩니다.

> 우리는 죄를 지었고, 하나님은 찾으셨으며,
> 그 찾으심은 독생자를 보내신 일이다.

요한복음 3장을 묵상함

이 사실을 조금 더 묵상해 보도록 합시다. 도르트 신조 첫째 교리의 제2조는 이 "하나님의 사랑이 어떻게 나타났는가?"를 말한 후에 그 사랑의 의미, 곧 **하나님께서 사랑을 주신 의도**를 요한복음 3장 16절을 인용하여 설명하고 있습니다.

> 독생자를 보내심은 누구든지 그분을 믿으면 멸망하지 않고 영생을 얻도록 하려는 것입니다.

어릴 적부터 늘 들어 와서 잘 안다고 생각하는 요한복음 3장 16절 말씀, 우리는 이 복음의 은혜를 진실로 잘 이해하고 있습니까?

니고데모와 예수 그리스도

니고데모의 질문

어느 날 밤, 바리새인 중에 '니고데모'라는 이름을 가진 사람이 예수님을 찾아왔습니다. 그는 예수님께 관심이 많은 사람이었습니다. 그런데 랍비로서 공개적으로는 예수님을 찾기 곤란했던 것인지, 밤 시간을 이용해 찾아왔습니다.[6] 니고데모는 첫 대화를 질문으로 시작하지 않고 신앙고백으로 시작합니다. 니고데모는 주님께 이렇게 말합니다.

> 랍비여, 우리가 당신은 하나님께로서 오신 선생인 줄 아나이다. 하나님이 함께 하시지 아니하시면 당신이 행하시는 이 표적을 아무라도 할 수 없음이니이다_요 3:2

요한복음은 '표적'에 관한 설명이 많은 책이고, 니고데모는 여기에서 '복수형'으로 말합니다. "당신이 행하시는 이 **표적들**(원문에서는 복수형이다)을 보았습니다. 이것을 보니 당신은 하나님으로부터 온 선생이 분명합니다." 요한복음이 표적들을 기록하고 있는 책인데, 니고데모가 이렇게 말했다는 것은 그가 예수님을 믿었다는 것입니다. 그는 예수님을 비방하기 위해 온 것이 아닙니다. 그는 진리를 탐구하는 심정으로 주님께 찾아왔습니다.

예수님은 니고데모의 진의를 곧바로 알아보셨고, 니고데모의 말을 듣자마자 도전적 명제를 던지십니다.

---

6 — 이어지는 3장 19절에서 "빛이 세상에 왔으되 사람들이 자기 행위가 악하므로 빛보다 어둠을 더 사랑한 것이니라"라고 말씀하고 있기 때문에 니고데모가 찾아온 밤을 요한복음 1장의 영적 어둠과 연결시키는 주석가들이 있다.

"거듭나다"라는 말의 문자적 뜻은 '위로부터 나다'입니다. 예수님은 "당신이 하나님의 선생입니다."라고 말하는 니고데모에게 "하나님 나라를 보려면 위로부터 나야 한다."라고 말씀하셨습니다. 즉 **'원래의 출생과 다르게 태어나야만'** 하나님 나라를 볼 수 있다는 것입니다. 예수님의 이 대답을 듣고 니고데모는 질문합니다.

"어떻게 납니까? 두 번째 모태에 들어가야 하는 것입니까?"

많은 사람들이 이 부분에서 니고데모가 어리석은 질문을 하고 있다고 생각합니다. 예수님께서 "위로부터, 곧 하늘로부터 나야 한다."라고 하시자 니고데모는 어린아이 같은 질문을 했다는 것입니다. "어떻게 그럴 수가 있나요? 엄마 배 속에 다시 들어가야 합니까?"

하지만 니고데모를 이런 식으로 평가하는 것은 너무 경솔한 반응입니다. 니고데모는 바리새인, 오늘날로 치자면 목사이거나 신학 교수입니다. 그런 그가, 율법을 가르치고 연구하는 그가, 그 정도 식견이 없을까요? 목사이거나 신학 교수인 사람이 "사람이 하늘로부터 나야 한다."라는 말에 "엄마 배 속에 물리적으로 다시 들어가야 합니까?"라고 진지하게 질문했겠습니까?

그럴 수 없는 것입니다. 이렇게 생각하는 것은 우리가 유대인들을 경멸한 나머지 그들을 너무 과소평가한 것입니다. 예수님 시대의 바리새인들은 바보가 아닙니다. 율법에 능한 사람들이요 학자들입니다. 아기 같은 질문을 했을 리가 없습니다.

따라서 오히려 니고데모의 질문은 '고도의 질문'이라고 생각해야 합니다. 이것은 일종의 '비유적 질문'입니다. 진짜 물리적으로 엄마 배 속에 들어가야 하느냐를 물은 것이 아니라, **"사람이 어떻게 육으로 태어났다는 사실을 거스를 수 있느냐?"**를 질문한 것입니다. 인생은 누구나 모태로부터 육체로 태어난다는 사실을 알고 있는데, 예수님께서 말씀하신 "하늘로부터, 위로부터 태어난다는 것"은 도대체 무엇이냐고 물은 것입니다.

예수님의 대답

예수님은 이에 답하십니다.

> 예수께서 대답하시되, 진실로 진실로 네게 이르노니, 사람이 물과 성령으로 나지
> 아니하면 하나님의 나라에 들어갈 수 없느니라. 육으로 난 것은 육이요, 영으로 난
> 것은 영이니_요 3:5-6

니고데모의 질문을 앞서 말한 방식으로 이해해야만 예수님의 대답과 부드럽게
연결이 됩니다. 니고데모는 "육으로 난 사람이 어떻게 위로 다시 날 수 있는가?"
를 물었습니다. 사람은 누구나 모태를 통해 **육체로** 납니다. 그런데 이런 사람이
어떻게 다시 **하늘로부터** 날 수 있느냐고 물은 것이죠. 이 질문에 대한 예수님의
대답이 바로 5절과 6절인 것입니다.

예수님의 대답은 쉽게 말하자면 "네가 말한 그 육으로 태어난 것만을 가지고
는 결코 하나님 나라에 들어갈 수 없다."라는 것이며, "그래서 이제 하나님 나라
를 보기 위해서는 새로운 방식으로 다시 태어나야 한다."라는 것입니다. 그것이
바로 **"물과 성령으로"** 나는 것이며, 이 '물과 성령으로 나는 방식'을 예수님께서
는 "육으로 난 것"과 "성령으로 난 것"이 다르다고 설명하신 것입니다.

'육으로 나는 것'과 '물과 성령으로 나는 것'이 어떻게 차이가 납니까? 두 출생
의 차이는 궁극적으로 무엇일까요? 우리는 하나님 나라를 보기 위해서 어떻게 다
시 태어나야 '위로부터 난 자'가 될 수 있는 것입니까?

사람이 모태를 통해서 처음 태어나는 것을 창세기가 어떤 방식으로 묘사하고
있는지를 생각해 보십시오. 창세기는 하나님께서 사람을 처음 지으실 때 "흙으
로" 지으셨다고 말씀합니다. 그다음 여기에 '성령이' 불어 넣어졌습니다. 이 창조
의 방식을 우리는 이렇게 말할 수 있겠습니다. 말하자면 첫 사람, 육의 사람, 원래
의 사람은 **'흙과 성령으로'** 지어진 것이죠. 첫 창조 시 우리가 육으로 지어질 때,
'물'은 없었습니다. 사람은 흙과 성령으로만 지어졌습니다.

그렇다면 물은 무엇일까요? **'흙과 성령으로' 지어졌던 사람이, 어떻게 하면 새
롭게 '물과 성령으로' 날 수 있습니까?** 베드로전서 말씀을 보겠습니다.

그들은 전에 노아의 날 방주 예비할 동안 하나님이 오래 참고 기다리실 때에 순종
치 아니하던 자들이라. 방주에서 물로 말미암아 구원을 얻은 자가 몇 명 뿐이니, 겨
우 여덟 명이라. 물은 예수 그리스도의 부활하심으로 말미암아 이제 너희를 구원
하는 표니 곧 세례라. 육체의 더러운 것을 제하여 버림이 아니요, 오직 선한 양심이
하나님을 향하여 찾아가는 것이라_벧전 3:20-21

놀랍게도 베드로전서는 노아가 물로 "말미암아" 구원을 얻었다고 말씀합니다.
물임에도 '불구하고' 구원을 얻은 것이 아닙니다. 따라서 성경적 관점에서의 노
아의 홍수, 곧 '물'은 단순한 시련이나 극복의 대상이 아닙니다. 성경의 세계관에
서 세상이 물로 멸망당한 것은 성경에서 **물이 가지고 있는 기본적 상징**, 즉 **'씻는
것'**과 동일한 의미를 가집니다. 노아 홍수는 '세상의 씻음'이었던 것입니다!

이것을 베드로전서가 정확하게 설명합니다. 노아는 '물을 통하여', '물 때문에'
구원을 얻었으므로, 이것을 "세례"라고 하였습니다. 따라서 물은 **이전 세계를 심
판하고, 씻음을 통해 새로운 세계를 여는 방편**입니다. 이것이 세례이고, 이것이 베
드로전서가 노아 홍수를 보는 방식입니다.

이런 구속사적 관점 아래에서 예수님의 대답을 생각해 보십시오. 예수님께서
말씀하신 "물과 성령으로" 나는 것은 어떤 의미이겠습니까? 예수님의 대답, 곧
'자연적 출생' 이외의 '하늘로부터 나는 새로운 출생'이라는 것은 노아 홍수를 통
해, 물을 통해 세상이 씻김을 받고 새로 태어난 것처럼, 그와 똑같은 방식으로 **흙
과 성령으로 처음 지음받은 사람이 물의 씻음, 곧 심판의 능력으로 죄를 소멸시키
고 그다음 종말론적 인간으로 거듭나야 하나님 나라를 볼 수 있다는 것**입니다. 이
것이 앞서 주님께서 하신 대답의 의미입니다!

요한복음 3장의 예수님과 니고데모와의 대화는 어리석은 질문을 하는 유대인
과 동문서답을 하는 예수님의 대화가 아닙니다. 이 대화는 성경 전체가 보여 주
고 있는 심오한 진리, 곧 **육을 입고 살아갈 수밖에 없는 우리가 어떻게 위로부터
남을 입을 수 있느냐**를 보여 주는 결정적 대화입니다. 그리고 우리가 이 대화를
통해 알 수 있는 교훈은 **심판, 곧 죄에 대한 심판**을 통하여 우리 육이 가지고 있는
죄를 청산한 후에야 비로소 위로부터 날 수 있다는 것이며, 이런 사람들만 하나

님 나라를 볼 수 있다는 것입니다. 이것이 저와 여러분이 지금 하나님의 백성으로 존재케 될 수 있었던 구원의 방식이었습니다.

이 일의 완성: "하나님이 세상을 이처럼 사랑하사"

이제 주님께서는 이 일련의 대화의 **마지막 부분을 완성**하십니다. '죄를 씻는 심판'과 '그를 통한 위로부터 남을 입는 것'이 **무엇을 통해 이루어지는지를** 마지막으로 알려 주시는 것입니다.

> 하늘에서 내려온 자, 곧 인자 외에는 하늘에 올라간 자가 없느니라. 모세가 광야에서 뱀을 든 것 같이 인자도 들려야 하리니, 이는 저를 믿는 자마다 영생을 얻게 하려 하심이니라_요 3:13-15

"위로부터 나려면" 어떻게 해야 합니까? "물과 성령으로 거듭나야" 합니다. 그러면 물과 성령으로 거듭난다는 것의 의미는 무엇입니까? 옛 세계를 심판하고 새로운 세계로 들어가야 합니다. 이 일련의 대화의 마지막입니다. 어떻게 이 일이 가능합니까? **그리스도께서 심판 받으셔야 합니다!** 모세가 광야에서 뱀을 들었던 것처럼, 심판의 뱀이 된 예수 그리스도께서 들려야 믿는 자들이 영생을 얻게 됩니다.

"하나님이 세상을 이처럼 사랑하사 독생자를 주셨으니"라는 말씀은 평생 예수를 모르고 살아온 사람에게 다가가서 "하나님께서 당신을 사랑하십니다. 하나님은 당신을 향한 놀라운 계획을 가지고 계십니다." 따위의 이야기로, 사람들에게 "예수를 믿으면 무언가 좋은 일이 생기는 것이구나!"라고 생각하게 해 주는 이야기가 아닙니다. 이런 얄팍한 것들과는 전혀 다르게, 하나님께서 세상을 사랑하셔서 독생자를 주셨다는 이 말씀 안에는 **'흙으로부터 난 인생이 어떻게 위로부터 난 하늘의 것을 입을 수 있는지'**에 대한 **심오한 진리가 들어** 있습니다. 주님은 말씀하십니다.

> 하늘에서 내려온 자 외에 하늘에 올라간 자가 없다!

그렇다면 이 말을 들은 이들은 탄식하게 됩니다.

주님! 그렇다면 아무도 위로부터 날 수가 없습니다!

그에 대해 성부, 성자, 성령, 삼위께서 우리에게 하시는 대답은 바로 이것입니다.

하늘에서 내려온 자가 너희를 위하여 심판받은 뱀처럼 들리게 될 것이니, 그것이 바로 너희를 하늘에 닿게 해 줄 것이다!

그러니까 "하나님이 세상을 이처럼 사랑하사 독생자를 주셨으니 이는 저를 믿는 자마다 멸망에 이르지 아니하고 영생에 이르게 될 것이다."를 다시 말하면, "흙에 속하여 멸망에 처할 이를 위에 속한 자가 되게 하는 것은 성부께서 성자를 성령의 능력으로 우리에게 보내 주시는 일을 통해서이다!"입니다. 이것이 바로 니고데모의 질문에 대한 예수님의 대답입니다.

그러므로

따라서 "하나님이 세상을 이처럼 사랑하사"라는 말씀은 서정적인 동화 속 이야기가 아닙니다. 이것은 **진리를 치열하게 갈망하는 자에게 주어진 해답 같은 것**입니다. 산타 할아버지처럼, 하나님께서 오만 가지 것을 다 사랑하시고, 오만 가지 것을 다 너에게 주시고, 풍요롭고 안락한 침대와 먹을 것이 가득한 식탁을 주시겠다는 약속을 하신 것이 아니라, **위의 것을 찾고자 하는 자들에게 삼위 하나님께서 진리로 해답을 주신다는 대답**입니다.

궁극의 것을 사랑할지니

요한복음 3장의 정황에서 신자가 받게 되는 **궁극은 생명 그 자체이지** 다른 것이 아닙니다. 위로부터 난 것 그 자체이지 다른 것이 아닙니다. 사람들은 "하나님이 당신을 사랑하십니다."라는 말을 들으면 이렇게 질문하는 경향이 있습니다.

"그럼 하나님께서 그렇게 나를 사랑하셔서 무엇을 주셨나요?"

이렇게 물을 때 이 사람이 받았기를 소원하며 묻는 것이 무엇이겠습니까? 예를 들어, 가장 쉽게 말할 수 있는 것이 '천국'입니다. 좋은 곳, 낙원입니다. 하나님께서 나를 정말 사랑하시니까, 하나님은 무엇을 나에게 주십니까? 살기 좋은 곳을 주시고, 풍성한 먹거리를 주시고, 안락한 침대를 주시겠지요?

아닙니다! 그렇게 이해하시면 안 됩니다! **왜 궁극이 다른 것으로 빗나가는 것입니까?** 여러분이 사랑하는 사람과 열렬한 사랑에 빠졌을 때, 그 사람을 사랑하기 때문에 기대하는 것이 다른 부수적인 물질입니까? "아! 나는 당신을 정말 사랑해요, 그러니까 나에게 당신이 가진 연봉 10억 원의 고소득을 주세요!", "아! 나는 당신을 정말 사랑하니까 당신과 결혼한다면 당신이 소유한 아파트는 제 것이 되겠지요!" 이것은 사랑이 아닙니다. 그런데 우습게도, 우리는 인간 세상에서 이런 것들을 보면서 '거짓 사랑'이라고 비난하면서도 하나님께는 너무나 쉽게 그런 짓을 하곤 합니다.

"아! 저는 하나님을 사랑합니다. 그러니 이제 저에게 천국을 주세요."

하나님을 사랑하면, 하나님을 받아야 합니다. 왜 우리는 "하나님이 당신을 사랑하십니다." 하면 "그래. 됐고, 그럼 나는 이제 무엇을 받을 수 있지?"라고 합니까? 그것이 정말 사랑입니까? 하나님께서 우리에게 그것을 요구하십니까?

'벌'에 대해서도 마찬가지입니다. 사람들은 주로 "행한 악에 대한 보응이 무엇인가?"라고 묻습니다. "하나님을 사랑하지 않는 자들에게는 어떤 심판이 임하는가?"라고 묻습니다. 그러면 아마 대부분의 성도들은 역시 "지옥"이라고 대답할 것입니다. 그런데, 오늘 본문의 결론을 보십시오.

저를 믿는 자는 심판을 받지 아니하는 것이요, 믿지 아니하는 자는 하나님의 독생자의 이름을 믿지 아니하므로 벌써 심판을 받은 것이니라. 그 정죄는 이것이니, 곧 빛이 세상에 왔으되 사람들이 자기 행위가 악하므로 빛보다 어두움을 더 사랑한 물론 지옥의 형벌이 있습니다! 하나님을 비웃고 비난하는 이들에게 최종적인 심판이 있을 것입니다. 하지만 요한복음 3장 말씀은 '본원적이고 궁극적인 심판이 무엇인지'를 먼저 말합니다. 즉 **예수 그리스도가 없는 것이 궁극적으로 그들에게 심판**입니다. 저들은 "빛이 왔으나 여전히 어둠을 사랑합니다!" 이것이 이미 심판인 것입니다!

그래서 요한복음 3장의 진술은 일관됩니다. **궁극을 받는다는 것은 '하나님의 아들'을 받는 것**입니다. 그렇다면 궁극을 잃는다는 것은 '하나님의 아들'이 그에게 없는 것입니다. 이 하나님의 아들의 존재 유무가 그의 영원 그 자체입니다. 그리스도가 있는 사람은 '이미 천국' 속에 있습니다. 그러나 그리스도가 없는 사람은 최후에 영벌에 도달하기 이전에도 이미 완전한 어둠과 죽음 속에 있는 것입니다. 그리스도가 있으면 '모두' 있는 것이고, 그리스도가 없으면 '아무것도' 없는 것입니다.

요한복음 3장은 우리에게 **'본연'**에 대해 알려 주고 있습니다. 니고데모는 위로부터 나는 방법을 질문하고 있고 주님께서는 그 해답이 **인자의 십자가**라고 알려 주고 있습니다. 그리고 이 십자가를 통해 위로부터 난 자가 될 때 그 사람은 **하나님 본연을 사랑**합니다. 이것이 하나님께서 궁극적으로 사람들에게 나눠 주시고자 한 **"하나님이 세상을 이처럼 사랑하사"**의 진면목입니다.

도르트 신조 첫째 교리의 제2조는 '우리의 죄에 대한 하나님의 반응'을 보여 줍니다. 하나님은 '사람을' 사랑하셨습니다. 하지만 불행히도 많은 이들이 여전히 본연에 집중하지 않습니다. 그분께 구출받은 이들이 '하나님을' 사랑하지 않고 '하나님 때문에 얻게 되는 부수적인 이익을' 사랑하는 경향이 있습니다. 이는 슬픈 일입니다. 위로부터 난 자로 날마다 살아가기를 소원합시다. 그렇다면 그 목적이란 '하나님과의 참사랑의 관계'여야 합니다. 하나님과 함께 영원한 안식과 기쁨 속에 사는 것, 이것 외에 다른 목적이 우리를 침탈하지 않도록 합시다.

제3조 : 복음 설교

사람이 믿음에 이르도록 하려고 하나님께서는 자비롭게도 이 크고 기쁜 소식의 전파자를 그분이 원하시는 사람에게 원하시는 때에 보내십니다,ⁱ 복음 전파자의 사역으로 사람들은 회개하고 십자가에 못 박힌 그리스도를 믿도록 부름을 받습니다.ⁱⁱ "그런즉 저희가 믿지 아니하는 이를 어찌 부르리오? 듣지도 못한 이를 어찌 믿으리오? 전파하는 자가 없이 어찌 들으리오? 보내심을 받지 아니하였으면 어찌 전파하리오? 기록된 바 아름답도다 좋은 소식을 전하는 자들의 발이여 함과 같으니라"(롬 10:14-15).

i 사 52:7 좋은 소식을 가져 오며 평화를 공포하며 복된 좋은 소식을 가져오며 구원을 공포하며 시온을 향하여 이르기를 네 하나님이 통치하신다 하는 자의 산을 넘는 발이 어찌 그리 아름다운가

ii 고전 1:23-24 우리는 십자가에 못 박힌 그리스도를 전하니 유대인에게는 거리끼는 것이요 이방인에게는 미련한 것이로되 오직 부르심을 받은 자들에게는 유대인이나 헬라인이나 그리스도는 하나님의 능력이요 하나님의 지혜니라

● **강해 본문 : 로마서 10장 13-21절**

13 누구든지 주의 이름을 부르는 자는 구원을 받으리라 14 그런즉 그들이 믿지 아니하는 이를 어찌 부르리요 듣지도 못한 이를 어찌 믿으리요 전파하는 자가 없이 어찌 들으리요 15 보내심을 받지 아니하였으면 어찌 전파하리요 기록된 바 아름답도다 좋은 소식을 전하는 자들의 발이여 함과 같으니라 16 그러나 그들이 다 복음을 순종하지 아니하였도다 이사야가 이르되 주여 우리가 전한 것을 누가 믿었나이까 하였으니 17 그러므로 믿음은 들음에서 나며 들음은 그리스도의 말씀으로 말미암았느니라 18 그러나 내가 말하노니 그들이 듣지 아니하였느냐 그렇지 아니하니 그 소리가 온 땅에 퍼졌고 그 말씀이 땅 끝까지 이르렀도다 하였느니라 19 그러나 내가 말하노니 이스라엘이 알지 못하였느냐 먼저 모세가 이르되 내가 백성 아닌 자로써 너희를 시기하게 하며 미련한 백성으로써 너희를 노엽게 하리라 하였고 20 이사야는 매우 담대하여 내가 나를 찾지 아니한 자들에게 찾은 바 되고 내게 묻지 아니한 자들에게 나타났노라 말하였고 21 이스라엘에 대하여 이르되 순종하지 아니하고 거슬러 말하는 백성에게 내가 종일 내 손을 벌렸노라 하였느니라

전령을 보내시다

롬 10:13-21

종교심은 보편적으로 **영과 육을 나누는 경향**이 있습니다. 대부분의 종교에서 영의 세계는 육의 세계와 분리되어 있습니다. 그런 점에서 기독교는 매우 차별적인 특징을 갖고 있습니다. 고대 종교들을 보면 보통 물질세계는 신들의 시체나 찌꺼기들로부터 만들어집니다. 그렇지 않으면 신의 세계에서 가장 타락한 이들로부터 만들어지는 것이 물질세계입니다. 예를 들면, 바벨론 고대 신화에서는 '티아맛'과 '마르둑'의 싸움에서 마르둑이 죽인 티아맛의 시체에서 만든 것은 하늘과 땅, 그리고 티아맛의 눈에서 흘러나온 눈물은 티그리스와 유프라테스 강이 됩니다. 마르둑은 신들을 섬기게 하려고 적장 킨구의 몸에서 피를 빼내어 진흙을 만들고 그 진흙을 개어 사람을 만듭니다.

보통의 종교들은 태생적으로 육을 천시하고 영을 중요시하는 경향이 있습니다. 하지만 기독교는 "하나님이 물질세계를 창조하셨다."라고 성경의 처음부터 이야기합니다. 이것은 별 대수롭지 않아 보일 수 있지만 정말 놀라운 이야기입니다. 더군다나 이스라엘이 존재하고 있었던 고대 세계에서는 더더욱 이방 종교들과 매우 다른 특이점이었습니다.

하나님께서 물질세계를 창조하셨다고 주장하는 것의 의의는, 세상의 다른 종교들과 다르게 **기독교는 물질을 근본적으로 악하다고 보지 않는다**는 것입니다. 따라서 여기에서 중요한 파생점이 생깁니다. 즉 기독교는 근본적으로 영의 운반 도구가 되는 '물질'이나 '육체'도 동시에 귀한 것으로 여긴다는 것이고, 따라서 신자의 삶이란 영적 세계뿐 아니라 물질세계, 곧 우리가 몸을 입고 있다는 사실 역시 귀하게 여겨야 한다는 것입니다.

이런 시각을 가지고 우리의 신앙생활 중 특별히 **'방편'**이라는 것에 대해 생각해 봅시다. 전반적으로 우리가 살아왔던 한국 기독교 정서 속에는 "겉으로 드러나는 외형은 본질이 아니다."라는 사고방식이 있었습니다. 이것은 전적으로 한국 기독교가 미국 부흥 운동의 영향하에서 출발했기 때문입니다. 이 부흥 운동의 배후에 '경건주의'가 있습니다.

경건주의는 기본적으로 외형을 싫어합니다. '예배'는 사랑하지만 '예전'은 불필요한 것으로 여깁니다. '기도'는 사랑하지만 '기도문'은 악한 것이라 생각합니다. '설교'는 영적인 것이라 대우받지만, 눈에 보이는 '성찬'은 중요하지 않은 것으로 여겨지거나 기념 행위 정도로 격하합니다. 하나님께 예배할 때 '온 마음과 정성을 다해 드리는 찬양 예배'는 하나님이 받으심직한 것이지만, '깨끗하고 단정한 옷을 입고 바른 자세로 앉아 예배드리는 것을 강조하는 일'은 구태의연하고 고리타분한 것으로 취급합니다. 우리는 이런 정서가 성경적이지 않다는 것을 기억해야 합니다. 이 모든 것에 대한 정리를 다음의 한마디로 요약할 수 있습니다.

> 하나님께서는 방편을 사용하신다.

예배와 예전은 뗄레야 뗄 수 없는 관계입니다. 기도문 없는 기도가 때로는 너무 자유분방하게 되어 기도를 해칠 수도 있습니다. 설교가 중요한 만큼 눈에 보이는 성찬도 중요합니다. 하나님께 예배할 때 마음을 다하는 것은 당연히 중요하지만, 그렇다고 해서 보이는 태도가 구태의연한 것은 아닙니다.

'내용'과 '형식'은 우리 생각보다 훨씬 더 결부되어 있음을 깨달아야 합니다. 아마 한국 교회 성도들 중 누구에게라도 "당신이 구원받은 시점과 세례받은 시점에 대해서 한번 이야기해 보십시오."라고 청하면, 대부분 구원은 어떤 영적 체험을 한 시점으로 잡고, 세례는 그와는 별반 관계없는 것이라고 답할 것입니다.

이는 로마 교회와는 정반대의 세례관입니다. 로마 교회는 '세례 그 자체가 구원의 은덕을 주는 것'으로 보았기 때문에 **물질을 영적인 것 자체로 치환**해 버리는 잘못을 범했습니다. 그런데 우리는 거꾸로 잘못을 범하고 있습니다. 정말 세례 예식이 나의 구원과 '실제적으로는' 아무 관련도 없습니까? 그러면 세례는 왜 받습니까? 실제로 죄 사함받는 것이 세례 행위와 아무런 연관이 없다면, 세례는 왜 필요한 것입니까? 이런 류의 생각에서 '외형'은 그야말로 '껍데기'가 될 뿐입니다. 그야말로 '불필요하다'는 뜻이지요.

우리는 알아야 합니다. **하나님은 방편을 사용하시고, 이 방편은 우리 생각보다 훨씬 더 밀접하게 그 본질과 연결되어 있다는 것**을 말입니다. 하나님께서 처음 아담을 지으셨을 때부터 아담에게는 영만 중요하고 육은 껍데기에 불과했던 것이 아닙니다. 처음 아담은 영과 육을 도저히 분리할 수 없는(죄 때문에 비로소 분리된)[7] 그런 '영육합일체'였습니다. 아담은 그야말로 **'몸을 입은 영혼'**이었습니다. 몸 없이 둥둥 떠다니는 유령이 아니었다는 말입니다. 이 주제, 곧 하나님께서는 **방편을 사용하신다**는 주제가 제3조의 첫 부분에 나타나고 있습니다.

> 사람이 믿음에 이르도록 하려고 하나님께서는 자비롭게도 이 크고 기쁜 소식의 전파자를 그분이 원하시는 사람에게 원하시는 때에 보내십니다.

하나님께서는 자신의 복음을 "전파자를 통해" 보내십니다. 하나님은 방편을 사용하시는 분이시기 때문입니다. 이 주제를 두 방향으로 살피도록 합시다.

> 첫째, 주권자이신 하나님
>
> 둘째, 그 주권자께서 사용하시는 방편

---

7 — 따라서 우리는 '죄'와 '사망'이 연계된다는 것을 장례식에서 잘 볼 수 있다. 원래 인간은 '영'과 '육'이 분리될 수 없게 지어졌지만, 죄로 인하여 분리 가능하게 되었고, 육체가 죽을 때 몸은 땅에 파묻히고 영은 하늘로 올라간다. 즉 우리는 장례식에서 '중요한 죄의 결과물'을 보게 되는데, 곧 죄 이전에는 분리될 수 없었던 영혼과 육체가 이제는 분리된다는 사실이다. 그러므로 신자의 '부활 소망'이라는 것은 마지막 날 이 모든 것이 극복될 때, 우리가 다시 '영육합일체'가 될 수 있다는 소망이다. 육체도 회복되어야 한다(롬 8:22-23 "피조물이 다 이제까지 함께 탄식하며 함께 고통하는 것을 우리가 아나니, 이뿐 아니라 또한 우리 곧 성령의 처음 익은 열매를 받은 우리까지도 속으로 탄식하여 양자 될 것, 곧 우리 몸의 구속을 기다리느니라." 개역한글판의 번역이 더 좋아 개역개정판 대신 사용)

하나님은 주권자시다!

그분이 원하시는 사람과 때에

앞선 제2조에서 우리는 사람이 죄에 빠졌으나 "하나님이 세상을 이처럼 사랑하사 독생자를" 보내셨다고 확인했습니다. 그러면 그다음은 어떻게 됩니까? 사람들은 '자동적으로 모두 다' 구원을 얻게 됩니까? 아닙니다. 하나님께서는 독생자를 보내셔서 우리 죄의 문제를 청산하실 때 이것을 '모든 사람이 다', '자동적으로 혜택을 받도록' 하지는 않으셨습니다. 우리는 주님께서 이미 오셨음에도 심판받을 사람이 여전히 있다는 것을 성경을 통해서도, 경험을 통해서도 알고 있습니다.

그러면 **어떤 사람이 이 구원의 은덕에 참여하게 됩니까?** 아르미니우스주의자들은 이 지점에서 펠라기우스의 생각을 따랐습니다. 말하자면 하나님께서는 그리스도를 통해서 우리에게 구원을 완전히 베푸셨고, 이제 이 구원은 마치 **백화점 진열대에 놓인 상품처럼 모든 사람을 위하여 전시되어 있다는 것**입니다. 그리스도께서 베푸신 이 구원은 세상의 모든 사람들이 다 구원 받기에 충분한 것으로서, 이미 행해졌고 베풀어졌습니다.

그러면 다음의 문제, 즉 어떤 사람이 **실제 구원을 받느냐의 문제**는 어디에서 결정이 되느냐? 그것은 바로 **사람이 이 진열된 구원을 '집어드느냐 마느냐'**에 달렸다는 것입니다. 아르미니우스주의자들의 생각에 따르면, 결국 구원이 실제적으로 어떤 사람에게 임하느냐의 문제는 전적으로 **'자기 자신에게'** 달렸습니다.

아르미니우스주의자들의 이야기는 앞부분의 일부만 맞습니다. 우리는 그리스도께서 온 인류를 충분히 구원하실 수 있다(잠재된 능력)는 것을 믿고, 그리스도께서 오셔서 베푸신 속죄의 제사가 실제로도 모든 인류를 구원할 수 있을 만큼 충분했다는 것도 믿습니다(실현된 능력). 즉 그리스도의 속죄의 제사가 충분한 능력을 갖고 있다는 점! 바로 여기까지만 아르미니우스주의자들의 이야기가 맞습니다.

하지만 그다음은 모두 틀렸습니다. 하나님은 그리스도의 구원을 백화점 진열장에 전시해 두신 후에 "너희가 고른다면 너희의 것이다."라고 말씀하시지 않았습니다. 하나님은 이것을 전적으로 우리 인간의 능력에, 인간의 선택에다 매몰시켜 버리지 않으셨습니다. 오히려 성경은 정반대의 사실을 가르칩니다.

> 하나님께서 '**하고자 하시는**' 자를 긍휼히 여기시고 '**하고자 하시는**' 자를 완악하게
> 하시느니라_롬 9:18

"하고자 하시는"은 하나님의 주권을 말하는 것입니다. 하나님께서 "하고자 하시는" 자를 긍휼히 여기시거나 완악하게 하십니다. 주체는 하나님입니다.

> 그런즉 원하는 자로 말미암음도 아니요 달음박질하는 자로 말미암음도 아니요 **오**
> **직 긍휼히 여기시는 하나님으로** 말미암음이니라_롬 9:16

"원하는 자"로부터 말미암지 않습니다! "달음박질하는 자"로부터 말미암지 않습니다! "오직 긍휼히 여기시는 하나님으로"부터 말미암을 뿐입니다.

> 그 자식들이 아직 나지도 아니하고 무슨 선이나 악을 행하지도 않았을 때에 택하
> 심을 따라 되는 하나님의 뜻이 행위로 말미암지 않고 오직 부르시는 이로 말미암
> 아 서게 하시려고_롬 9:11

"택하심을 따라 되는 하나님의 뜻"은 사람의 행위로 말미암지 않고, 오직 부르시는 이로 말미암습니다. 에서와 야곱은 '자신의 나음' 때문에 택자가 되지 않았습니다.

> 모든 일을 그의 뜻의 결정대로 일하시는 이의 계획을 따라 우리가 예정을 입어 그
> 안에서 기업이 되었으니_엡 1:11

우리가 예정을 입고 기업이 된 것은 오직 "그의 뜻의 결정대로 일하시는 이의 계획을 따라" 된 것입니다.

성경은 "하나님이 세상을 이처럼 사랑하사 독생자를 보내셔서"(요 3:16) 우리의

모든 속죄를 이루신 후, 그 속죄가 **우리에게 적용되게 하실 때에도** '우리의 자율에' 전적으로 맡기지 않으셨습니다. 우리가 그리스도를 믿고 하나님의 언약 백성이 된 것은 전적으로 예정하신 하나님의 선택 때문이지 우리의 선택 때문이 아닙니다. 즉,

> 우리를 사랑하셔서 속죄를 이루신 것도 하나님의 일이지만,
> **동시에 이것의 적용, 곧 어떤 사람이 그 혜택에 참여하게 되느냐의 문제도**
> **모두 하나님께서 스스로 정하신 것입니다.**

따라서 우리는 3조 첫 부분의 "원하시는 사람에게 원하시는 때에"라는 구절에 유의해야 합니다. 누가 원하셨습니까? 하나님께서 원하셨습니다. 하나님께서 세상을 사랑하셔서 독생자를 보내신 후, 그 구원의 은덕이 누구에게 적용될까를 정하실 때 하나님께서는 아르미니우스주의자들의 주장처럼 그것을 진열해 놓으신 후 사람에게 맡기신 것이 아니라, **"그분이 원하시는 사람"**을, **"그분이 원하시는 때에"** 부르기로 정하셨습니다.

원하시는 분께서, **원하시는 사람**을, **원하시는 때**에 부르십니다. 우리의 구원에 절대적인 강조는 하나님밖에 없습니다. 성경은 어떤 방식으로도 여기에 우리가 침해하는 것을 허락하지 않습니다. 실로 "하나님께서 하고자 하시는 자를 긍휼히 여기시고, 하고자 하는 자를 강퍅케"(롬 9:18) 하십니다.

전파하는 이를 보내시는 분

그리고 여기에 이어지고 있는 구절은, 이렇게 하나님께서 원하시는 사람을 원하시는 때에 부르실 때 **전령을 사용하신다**는 것입니다. 다시 3조의 앞부분을 읽겠습니다.

> 사람이 믿음에 이르도록 하려고 하나님께서는 자비롭게도 이 크고 기쁜 소식의 전파자(전령)를 하나님께서 원하시는 사람에게, 그리고 원하시는 때에 보내십니다.

하나님께서는 자신이 원하시는 사람을 원하시는 때에 부르시기 위하여 전령을 사용하십니다. 이 신조 본문 안에 나오는 말씀이 로마서 10장 14절과 15절입니다.

> 그런즉 그들이 믿지 아니하는 이를 어찌 부르리오, 듣지도 못한 이를 어찌 믿으리오, 전파하는 자가 없이 어찌 들으리오, 보내심을 받지 아니하였으면 어찌 전파하리오 기록된 바, 아름답도다 좋은 소식을 전하는 자들의 발이여 함과 같으니라_롬 10:14-15

이 말씀은 바로 앞 절인 13절과 함께 읽어야 합니다.

> 누구든지 주의 이름을 부르는 자는 구원을 얻으리라_롬 10:13

로마서 10장 13절은 우리에게 "누구든지" 주의 이름을 부르기만 하면 구원을 얻는다고 말씀합니다. 이때 "누구든지"는 당시 로마서의 정황에서는 바로 앞 절인 12절의 "유대인이나 헬라인이나"입니다.[8] 이 말씀은 사람들 중에는 차별이 있을 수 있지만, 주님은 누구도 차별하지 않으신다는 뜻이고, 주님은 유대인만의 주가 아니라 온 세상 모든 사람들의 주가 되실 수 있다는 의미입니다.

하지만 "누구든지 주의 이름을 부르기만 하면" 구원을 얻는다는 이 말씀은 **어느 누가 되었건 간에 주의 이름이라는 것을 '부르기만 한다면' 구원을 얻게 된다는 뜻입니까?** 13절 말씀의 뜻은 '주님의 이름을 부르는 것', '주님의 이름을 부르는 사람' 거기에 초점이 있어서, 누가 되었건 간에 이 방편, 곧 '주님의 이름을 부른다'는 **이 방식만** 붙든다면, 그 사람은 누구 할 것 없이 다 구원을 얻을 수 있게 된다는 뜻입니까?

여기서 주의해야 합니다! 이것이 바로 아르미니우스주의자들의 사고방식입니다! 여기 어떤 함정이 있습니까? "누구든지"라는 말에 '인간의 자유의지'를 실어

---

8 — 롬 10:12 유대인이나 헬라인이나 차별이 없음이라 한 분이신 주께서 모든 사람의 주가 되사 그를 부르는 모든 사람에게 부요하시도다

읽어 보십시오. 이 말씀이 "누가 되었건 간에, 그가 **스스로 자기의 주체성을 담아서** 자기가 이 주님의 이름을 '부르기만 한다면!' 이 사람에게는 구원이 임할 것이다!" 이런 뜻이냐는 말입니다. 바로 이것이 아르미니우스주의자들의 생각이었습니다. 즉 '내 편에서', '내가' 이를 붙들기만 하면 나에게 구원이 임하게 될 것이라는 말입니다! 구원은 이미 이루어져 진열대에 진열되어 있으니, 내가 담대히 가서 그것을 집으면 되는 것, 곧 "누구든지 주의 이름을 부르면" 된다는 것입니다.

하지만 이 말씀은 전혀 그런 의미가 아닙니다. 이런 오해가 있을 수 있기 때문에 성경은 의도적으로 **13절 뒤에 14절과 15절을 붙여 놓았습니다.** 다시 14절과 15절을 보십시오.

> 그런즉 그들이 믿지 아니하는 이를 어찌 부르리요?(14절)

주의 이름을 부르기만 하면 누구나 구원을 얻을 것이라고 말한 성경은, 이어서 이렇게 되묻습니다. **"하지만 어떻게 부른단 말이냐?** 누구든지 주의 이름을 부르면 구원을 얻는다는 것은 사실이다. 하지만 누구나 주의 이름을 부를 수는 없다."

그렇습니다. "믿지 아니하는 이를 어찌 부르"겠습니까? 성경은 계속 말씀합니다. 이제 어떻게 믿게 되었는지로 질문은 거슬러 올라갑니다.

> 듣지도 못한 이를 어찌 믿으리요?(14절)

들었기 때문에 믿게 되었다는 것입니다.
그러면 '듣는 것'은 어떻게 가능하게 되었겠습니까?

> 전파하는 자가 없이 어찌 들으리요?(14절)

그렇습니다! 전파하는 자가 있었기 때문에 듣게 된 것입니다. 듣게 되었으니 믿음이 있게 된 것이고 믿음이 있으니 주의 이름을 부른 것입니다. 이렇게 "누구든지 주의 이름을 부르는 자는 구원을 얻으리라"는 말씀에는 부연이 계속해서 달려 있습니다. 그래서 결론이 무엇입니까? 최종적으로 이 "전파하는 자"는 어디에서 왔습니까?

보내심을 받지 아니하였으면 어찌 전파하리요?(15절)

모든 귀결이 어디로 가고 있습니까? **'보내신 이'가 있다**는 것입니다!

그렇다면, 정말 "누구든지 주의 이름을 부르기만 하면" 구원을 얻습니까? 아닙니다. 주의 이름을 부르기만 하면 누구든지 구원을 얻는다는 사실 자체는 맞지만, 누구든지 주의 이름을 부를 수는 없습니다. 누가 주의 이름을 부를 수가 있습니까? 믿어야 부를 수 있습니다. 누가 믿을 수 있습니까? 들어야 믿을 수 있습니다. 누가 들을 수 있습니까? 전파하는 이가 있어야 들을 수 있습니다. 그럼 전파하는 이는 어떻게 존재할 수 있습니까? **보내신 이가 계시기 때문입니다!**

즉 로마서 10장 13절의 말씀, "누구든지 주의 이름을 부르는 자는 구원을 얻으리라"라는 말씀은 우리가 흔히 오해하듯이 '믿는 행위를 하는 주체 된 나' 혹은 '주의 이름을 부르는 주체 된 나'에 초점이 있는 말씀이 전혀 아닙니다. 오히려 **우리의 구원이 얼마나 오직 전파하는 이를 보내신 하나님께만 달려 있는지를** 생생하게 보여 주는 말씀입니다.

우리는 아르미니우스주의자들의 말처럼 백화점에 진열된 구원을 '내 손으로' 집어 들지 않았습니다. 오히려 우리는 1조에서 확인했던 것처럼 죄를 지은 후에 오히려 하나님을 피하여 달아났습니다. 구원은 오직 우리를 향해 이 복음을 말할 이를 보내신 주권자 하나님의 뜻과 의지에 의해 시행된 것입니다.

따라서 우리는 "누구든지 주의 이름을 부르는 자는 구원을 얻으리라"라는 말씀을 읽을 때, 거기에서 '인간의 자유'를 생각해서는 안 됩니다. '내가 누가 되었든지 간에 내가 주를 부르기만 하면!'이라고 상상해서는 안 됩니다. 이 말씀은 '나의 자유권'을 강조하기 위한 것이 아니라 '하나님이 **자격 없는 우리를 불러 주셨다**'는 데 강조점이 있는 것이고, 이어지는 14절과 15절까지 함께 읽으면, 바로 여기에 설계자가! 곧 우리의 구원 전체를 주관하시고 방편을 내려 주신 하나님께서 계시다는 것을 밝히 보여 주기 위한 말씀인 것입니다!

그분이 사용하시는 전령

여기에 비로소 **전령**이 있습니다. 첫째 주제에서 살핀 대로, 하나님께서는 자기 백성을 구원하시기 위하여 하나님 스스로의 주권을 강조하십니다. "그분이 원하시는 이가, 그분이 원하시는 때에" 구원을 얻게 될 것입니다. 그런데 바로 여기에 하나님께서는 이 일을 이루시기 위하여 아무것도 없는 허공에서 이 일을 하지 않으시고 **방편을 사용하셔서**, 곧 '전령을 보내셔서' 이 일을 하신다는 것입니다.[9]

하나님께서는 방편을 사용하신다

사도행전 16장에는 옷감 장사였던 '루디아'라고 하는 여자의 이야기가 나옵니다.

> 두아디라 시에 있는 자색 옷감 장사로서 하나님을 섬기는 루디아라 하는 한 여자가 말을 듣고 있을 때, 주께서 그 마음을 열어 바울의 말을 따르게 하신지라_행 16:14

본문을 보면, 이 말씀은 같은 장 6절 "성령이 아시아에서 말씀을 전하지 못하게 하시거늘 그들이 브루기아와 갈라디아 땅으로 다녀가"라는 말씀 뒤에 따라나오는 말씀입니다. 더불어 7절에는 "예수의 영이 허락지 않아" 비두니아로 갈 수 없었다고 말하고, 여기에 이어 바울은 밤중에 환상을 봅니다.

> 밤에 환상이 바울에게 보이니 마게도냐 사람 하나가 서서 그에게 청하여 가로되

---

9 — 하나님께서 '방편을 사용하신다'는 주제는 도르트 신조 각 장 전체에 일관되게 나타나고 있는 강조점이다. ① 첫째 교리: 3조 '복음 설교'에 관한 것. ② 둘째 교리: 둘째 교리는 '그리스도의 죽으심과 그것을 통한 인간의 구속'이 주제이고, 제5조는 '복음을 모든 사람에게 전파함'이다. 이 구속의 교리가 복음을 통해서 모든 사람들에게 전파되었다는 것. ③ 셋째/넷째 교리: 사람의 전적인 타락과 불가항력적 은혜에 대한 가르침에서 4조, 5조, 6조는 각각 다음과 같다. 4조-본성의 빛으로는 불충분함, 5조-율법으로도 불충분함, 6조-복음의 필요성. 복음이라는 방편이 은혜를 위해 필요함이 나타난다. ④ 다섯째 교리: '성도의 견인', 곧 '인내'에 관한 가르침에서, 14조는 '견인을 위하여 수단을 사용하심'이다. '하나님께서는 복음의 설교로 우리 안에서 이 은혜의 사역을 시작하기를 기뻐하셨듯이, 마찬가지로 그 사역을 보존하고 계속되게 하며 완성하시는 일에서도 그분의 말씀을 듣는 것과 읽는 것과 묵상하는 것, 그리고 말씀의 권면과 위협과 약속들과 또한 성례의 시행을 사용하십니다.'

바울은 아시아 지역에 있었는데, 성령님께서 바울로 하여금 그 지역을 떠나게 하십니다. 그리고 비두니아로 가는 길도 역시 성령님께서 막으셨습니다. 그렇게 하시면서 밤중에 환상을 보이시는데 마게도냐 사람이 나타났습니다. 이는 마게도냐로 가라는 것인데, 마게도냐 지역의 첫 성이 빌립보였으며 그 빌립보 성에서 "자색 옷감 장사 루디아"를 만난 것입니다.

사도행전의 이 본문을 읽으면서 **번거롭다**고 생각한 적이 없으십니까? 이 말씀을 읽으실 때 '하나님은 왜 이렇게 일을 번거롭게 하시지?'라고 생각해 보신 적 없으실까요? 하나님은 **루디아의 마음이 제 스스로 변하게 하실 수 없는 분이 아닙니다.** 하나님께서는 루디아의 마음에 갑자기 빛을 비추셔서 성령님으로 인해 환하게 만드실 수 있는 분이십니다. 하지만 하나님께서는 이 "자색 옷감 장사 루디아"의 마음을 여시기 위하여 **매우 번거로운 방법**을 사용하셨습니다. 말씀을 전하러 전도 여행을 하고 있던 바울의 여행 스케줄을 조정하시고, 바울의 꿈에 나타나 마게도냐인을 보여 주셔서, 그가 빌립보로 들어가 루디아를 만나게 하신 것입니다.

하나님께서 왜 이렇게 일을 번거롭게 하셨을까요? 여기에 스며 있는 하나님의 의중을 읽도록 합시다. 이것이 서론에서 말한 '육을 경시하지 않으시는 하나님', '이 물질세계를 친히 만드신 하나님'입니다. 즉 하나님은 방편을 사용하시는 것입니다! **우리는 눈에 보이는 교회, 눈에 보이는 직분자, 눈에 보이는 예배, 눈에 보이는 성도들을 통해서 신앙생활합니다!**

하나님은 물질세계 속에 영의 세계를 투영하셨습니다. 성찬은 말씀의 현현이며, 하나님의 우편에 계신 주님은 몸을 입고 계십니다. 우리는 하나님께서 물질세계 속에 오셨다는 사실, 곧 성육신을 결단코 잊어서는 안 됩니다. 이것이 '방편'을 통해 우리가 이해해야 하는, 단순히 '방편'만으로 그치지 않는, 이 창조 세계 전반에 걸쳐져 있는, '하나님께서 세상을 다스리시는 방식'입니다. 그러므로 여러분, 눈에 보이는 교회를 경시하고 하늘에 있는 추상적 교회만을 마음속에 두는 일은 버리십시오. 시간 속에 있는 우리가 일주일에 한 번 만나게 되는, 특정한 어떤 날에 예배로 나아와서 육체를 입고 나무 의자에 앉아서 예배를 드려야 하는 이 예배의 시간이 눈에 보이지 않는 천상의 예배와 떼려야 뗄 수 없을 만큼 밀접하게 연결되어 있다는 사실을 잊지 마십시오. 사람 목회자가 여러분에게 말씀을 전하더라도 그 말씀의 주체가 주님이십니다. 따라서 우리의 영혼은 추상적으로 존재하는 성경의 말씀을 먹고 자라는 것이 아니라, 구체적으로 한 주에 한두 번씩 예배 때 선포되는 여러분이 소속된 교회의 목사의 말씀을 통해서 먹고 자라는 것임을 기억하십시오.

하나님은 **방편을 사용**하시고, **방편을 통해** 역사하십니다. 하나님은 "원하시는 사람을, 원하시는 때에" 부르시되, 그 사람의 마음에 '신 내림하듯이' 말씀하셔서 그를 부르시는 것이 아니라, **구체적이고 공적이며 눈에 보이는 회중의 집합체인 이 교회 속에서,** 여러분에게 말씀을 전하도록 부름을 받은 **직분자를 통해서,** 이상하고 기이한 신비의 방식으로서가 아니라 각자의 이성을 사용하여 이해할 수 있는 **인간의 언어(말)를 통해서,** 여러분을 부르고 계십니다.

이것을 분명히 알고 믿을 때에만, 우리의 신앙이 **'사변화'되거나 '추상화'되지 않을 수** 있습니다. 이것을 제대로 이해해야만 눈에 보이는 교회를 경시하지 않게 되고, 말씀 사역자가 하나님의 사자임을 깨닫게 되며, 예배의 시간 속에서 바르게 앉아 집중하여 예배를 드리는 일이 얼마나 중요한지를 알게 됩니다. 그렇지 않으면 신앙은 공중에 둥둥 뜬 뜬구름만 잡는 것이 되어 **삶과 분리될 것**입니다.

사탄은 언제나 우리의 약점을 노리기 때문에, 정확히 이런 점을 공격하여 무너뜨리려 합니다. 예배의 행위보다는 예배의 본질이 중요하다는 말로 우리를 꼬드겨서, 교회의 공적 예배에 참여하지 않아도 얼마든지 영적 예배를 드릴 수 있다고 생각하게 만듭니다. 말씀을 전하는 목회자는 하나님의 말씀 자체가 아니기 때문에, 그의 인품이나 그와의 관계 같은 것은 중요하지 않다고 생각하게 만듭니다. 교회라는 것은 영적인 것이기 때문에 눈에 보이는 성도들에게 치중하는 것보다는 더 영적인 일에 시간을 소비하라고 유혹합니다. 하지만 미혹되지 마십시오! 우리 주님께서는 '성육신', 곧 몸을 입고 이 세계에 오셨습니다!

이 두 가지 주제를 꼭 기억합시다. 첫째, 모든 것의 주체는 하나님이십니다. 하나님은 우리 구원을 다 이루신 후 진열장에 넣어 우리에게 고르도록 하시지 않으셨습니다. 하나님은 책임감 있는 아버지이시고, 따라서 우리를 위한 속죄의 사역을 '이루실' 뿐만 아니라, 그것이 우리에게 '구체적으로 적용'되는 데까지 책임을 다하십니다. 그러므로 우리는 '원하시는 분의 뜻대로' 이 모든 일이 이루어짐을 믿어야 합니다.

더불어 둘째 주제도 꼭 기억하십시오. 하나님은 방편을 사용하시고, 우리는 영육합일체입니다. 이 사실을 놓쳐 버리지 않을 때에만 우리의 신앙은, 우리의 믿음은 허공에 쌓인 성처럼 되지 않고, 든든한 반석 위에 서 있는 성곽이 될 수 있을 것입니다.

제4조 : 이중적 결과

이 복음을 믿지 않는 사람들 위에는 하나님의 진노가 그대로 머물러 있습니다.[i] 그러나 참되고 살아 있는 믿음으로 복음을 받아들이고 구주 예수님을 영접하는 사람은 예수님을 통하여 하나님의 진노와 멸망에서부터 구원을 얻고, 또한 영생을 선물로 받습니다.[ii]

[i] 요 3:36 아들을 믿는 자에게는 영생이 있고 아들에게 순종하지 아니하는 자는 영생을 보지 못하고 도리어 하나님의 진노가 그 위에 머물러 있느니라

[ii] 막 16:16 믿고 세례를 받는 사람은 구원을 얻을 것이요 믿지 않는 사람은 정죄를 받으리라 / 요 3:16 하나님이 세상을 이처럼 사랑하사 독생자를 주셨으니 이는 그를 믿는 자마다 멸망하지 않고 영생을 얻게 하려 하심이라 / 롬 10:9 네가 만일 네 입으로 예수를 주로 시인하며 또 하나님께서 그를 죽은 자 가운데서 살리신 것을 네 마음에 믿으면 구원을 받으리라.

● **강해 본문 : 고린도후서 2장 12-17절**

12 내가 그리스도의 복음을 위하여 드로아에 이르매 주 안에서 문이 내게 열렸으되 13 내가 내 형제 디도를 만나지 못하므로 내 심령이 편하지 못하여 그들을 작별하고 마게도냐로 갔노라 14 항상 우리를 그리스도 안에서 이기게 하시고 우리로 말미암아 각처에서 그리스도를 아는 냄새를 나타내시는 하나님께 감사하노라 15 우리는 구원 받는 자들에게나 망하는 자들에게나 하나님 앞에서 그리스도의 향기니 16 이 사람에게는 사망으로부터 사망에 이르는 냄새요 저 사람에게는 생명으로부터 생명에 이르는 냄새라 누가 이 일을 감당하리요 17 우리는 수많은 사람들처럼 하나님의 말씀을 혼잡하게 하지 아니하고 곧 순전함으로 하나님께 받은 것 같이 하나님 앞에서와 그리스도 안에서 말하노라

복음의 두 성격

고후 2:12-17

하나님께서는 죄인인 인간을 구원하시기 위하여 하나님의 아들 보내시기를 기뻐하셨고, 이 일을 위하여 '방편', 곧 하나님의 손에 들린 복음 전도자들을 사용하셨습니다. 인류는 죄로 말미암아 하나님께 영원한 멸망을 받아 마땅합니다. 지존하신 하나님과의 언약을 깨뜨린 자가 받아야 할 마땅한 결과입니다. 하지만 하나님께서는 긍휼을 베푸셔서 아들 예수 그리스도를 보내셨습니다. 따라서 인류가 참으로 제정신을 갖고 있다면, 마땅히 이 은혜에 대해 온 마음으로, 온 몸으로, 온 영혼을 다 드려 감사해야 할 것입니다.

하지만 3조에서 "복음 설교가 사람들에게 전해졌다."라고 말한 도르트 신조는 이어지는 4조에서 일관된 한 반응, 곧 믿음으로 순종하는 한 가지 반응만 있는 것이 아니라, 두 반응, 이중적 결과, 곧 믿는 자와 믿지 않는 자가 있음을 가르치고 있습니다.

복음 자체가 가진 양면성

고린도후서 2장 16절 말씀에서 사도들은 자신들을 설명하기를 "이 사람에게는 사망으로 좇아 사망에 이르는 냄새요 저 사람에게는 생명으로 좇아 생명에 이르는 냄새"라고 하였습니다. 동일한 메시지를 전하지만 받아들이는 이들에 따라서 어떤 이들에게는 생명의 메시지가 되고 다른 어떤 이들에게는 사망의 메시지가 된다는 것입니다.

이 말씀은 복음의 성격에 관하여 신조가 말하고 있는 것보다 **오히려 더 넘어서는 것**을 말해 주고 있습니다. 신조는 "복음이 전해지더라도 듣지 않는 사람도 있다."라고 말했습니다. 하지만 고린도후서 말씀은 '듣지 않는 사람' 정도가 아니라 '사망의 냄새'라고 합니다. 복음을 듣지 않는 사람은 '단지 듣지 않는 정도'로 그치는 것이 아니라, '듣지 않기 때문에 사망'이라는 것입니다. 그렇다면 이것이 4조의 조금 더 정확한 이해입니다.

복음은 양면성을 가지고 있습니다. 한쪽 편에서는 들어서 생명을 낳습니다. 하지만 듣지 않는 쪽에는 사망을 낳습니다. 동일한 복음이지만 듣고 믿는 자에게는 "생명에 이르는 냄새", 듣고도 믿지 않는 자에게는 "사망에 이르는 냄새"입니다. 어느 쪽이든 효력이 나타납니다. 이것을 칼뱅 선생님은 이렇게 말했습니다.

> 복음의 능력은 결코 헛되이 선포되는 일이 없고, **생명으로** 인도하거나 아니면 **죽음으로** 인도하는 효과를 낸다.[10]

이를 다른 한 신학자는 이렇게 말하기도 했습니다.

> 이는 구원받는 사람들 뿐 아니라 멸망하는 사람들을 통해서도 하나님께 드러진다. 왜냐하면 **은총은 비록 그것이 거절될 때일지라도 은총이기를 중단하지 않기 때문**이다.[11]

은총은 거절될 때에도 은총이기를 중단하지 않습니다. 이것이 **복음의 능력**입니다. 하나님께서 사람들에게 베푸신 호의는 죽어 있는 사람을 세워 일으키는 '기적의 능력'을 갖고 있기 때문에, 받지 않는 사람들에게는 마찬가지로 상응의

---

10 — 필립 E. 휴즈, 『고린도후서: 뉴인터내셔널 성경주석 13』, 이기문 옮김 (서울: 생명의 말씀사, 1993), 135.

11 — 위의 책, 134.

결과가 주어지는 것입니다. 복음은 생명으로 인도하거나 죽음으로 인도합니다. 즉 하나님의 놀라운 은총은 거절되더라도 효력이 나타나는 것입니다.

반쪽짜리 복음은 안 된다

이러한 복음의 성격 때문에 '반쪽짜리 복음'은 불가합니다. 오늘날 '전도 지향적 교회'들의 특징 중 하나는 **'사람들에 대한 존중'**만 있고 **'복음 자체에 대한 존중'이 없다**는 것입니다. 말하자면 전도 시에 복음을 전해 받는 사람의 생명에 대한 존중, 그러니까 '그들이 지옥에 떨어지면 안 되니까 그 생명들은 귀중하다.'라는 생각은 있는데, 이를 수호하기 위해 **복음 그 자체는 짓밟히는 경향**이 있다는 것입니다.

우리는 자주 '전도를 위해서라면'이라는 미명하에 복음 내용을 훼손하는 사람들을 봅니다. 사람을 구하는 것은 위중한데 그 도구는 아무렇게나 해도 괜찮으니 모로 가도 서울만 가면 되고, 따라서 전도 방법은 오만 가지 잡탕들이 들어서도 된다는 것입니다. 두부 전도, 고구마 전도, 온갖 가지 방법론들이 판을 칩니다. 심지어 어떤 교회들은 교회에 오는 사람들에게 돈 봉투를 쥐여 주면서 "영혼 구원을 위해서 이 정도 돈을 쓰는 것이 뭐가 나쁜가?"라고까지 합니다. 교회가 얼마나 병들었는지를 잘 보여 주는 대목입니다. 영혼 구원은 중요하니까 그 구원을 위한 방법은 무엇이 되어도 괜찮다, 즉 '복음 자체는 땅바닥에 내던져져 뒹굴어도 괜찮다'는 사고방식입니다. 이런 것은 **전도가 아니라 '마케팅'**입니다. 교회가 백화점이나 마트가 되는 순간입니다.

그럴 수 없습니다. **복음은 그 자체로 중요합니다.** 복음은 그 자체로 합목적성을 가지고 있습니다. 복음은 단지 사람을 구하는 용도 때문만이 아니라, 복음 자체가 귀한 것입니다. 왜냐하면 복음은 그 자체로 하나님의 능력이기 때문입니다.

> 이 복음은 모든 믿는 자에게 구원을 주시는 하나님의 능력이 됨이라_롬 1:16

하나님의 복음은 믿는 자에게 생명을 구하는 능력으로 작용하지만, 믿지 않는 자에게는 **사망을 전하는 것으로도 역할**을 하고 있습니다. 성경이 이렇게 가르치고 있는데 누가 하나님의 말씀을 멸시하고 "나는 이 중에서 생명을 얻는 쪽만 취하겠어. 반대쪽은 필요 없어!"라고 할 수 있습니까? 복음에서 사망을 드러내는 능력이 상실된다면 그 복음은 반쪽짜리 복음이 됩니다. 사람들을 멸망에 빠뜨리는 일은 사람으로서는 받아들이기 힘든 진리이지만, 그럼에도 불구하고 성경이 그렇게 말씀하므로 우리는 **생명도 설교하고 사망도 설교해야** 합니다. 건실한 성도라면, 올바른 목사라면 양쪽 모두를 받아들여야 하고, 이렇게 할 때에만 '온전한 복음'입니다.

왜 일률적으로 기쁜 소식이 아닌가?

어떻게 '같은 복음'이 어떤 사람에게는 생명이 되고 어떤 사람에게는 사망이 될 수 있을까요? 이 질문은 다음과 같은 의미입니다.

> 복음이란 그 자체로 '기쁜 소식'인데,
> 어떻게 이 기쁜 소식이 '모든 사람에게 일률적으로' 기쁜 소식이 아닌가?

고린도전서 15장
고린도전서 15장은 이렇게 말합니다.

> 형제들아 내가 이것을 말하노니 혈과 육은 하나님 나라를 유업으로 받을 수 없고
> 또한 썩는 것은 썩지 아니하는 것을 유업으로 받지 못하느니라_고전 15:50

왜 복음이 어떤 사람에게는 복된 메시지가 되고 어떤 사람에게는 사망의 소식이 되는가는 기본적으로 **'복음이 가진 성격'** 때문입니다. 즉 복음이 **'하늘에 속한 것'**이기 때문이죠.

사람이 타락하여 죄에 떨어지고 난 후, 하나님께서 세우신 구원의 계획 중 아주 중요한 역할을 하는 것 중 하나는, 이 고린도전서 말씀이 보여 주고 있듯 **타락**

하고 죽은 것을 육신이 표하고 있다는 사실입니다. 사실 죄 이전의 육신은 악하지 않았습니다. 아름다웠습니다. 그러니 육신은 그 자체로서 나쁜 것은 아닙니다.

하지만 죄로 인해 타락이 세상에 들어오고 나서 하나님께서는 하늘의 것을 표상하기 위해 '영'을 선택하시고, 땅의 것을 표상하기 위해 '육'을 선택하셨습니다. 그래서 육신은 **죄와 타락, 죽음의 흔적을 보여 주는 매개**가 되었습니다. 성경에서 우리는 땅, 육신, 물질 등이 언제나 '죄와 타락'과 연결되어 있음을 보게 됩니다.

따라서 복음은 근본적으로 사람들에게 '낯선 것'입니다. 왜냐하면 복음은 하늘에 속한 것이어서 땅에 속해 있는 이로서는 이 복음을 받을 수도 없고 알 수도 없기 때문입니다. 우리는 모두 죽었습니다. 죄 때문에 모두 '육에 속한 자'가 되어 버렸습니다. 그러므로 하나님께서는 이렇게 육신 가운데 썩고 죽는 우리에게 하늘의 '썩고 죽지 않는 복음'을 내려 주셨습니다. 그래서 복음은 **'본질적으로 다른 것'**입니다.

그렇다면 이 하늘의 것인 복음을 받는 일은 **자연인으로서는 불가능**합니다. 오직 하나님의 은혜로 성령님의 능력이 덧입혀져야지만 받을 수 있습니다. 단지 복음이 육신의 귀에 들려진다고 받아지는 것이 아닙니다. 이 새롭게 하시는 은총을 입지 않는다면, 복음의 '본질적인 이질(異質)성' 때문에 자연인에게는 복음이 본연의 '생명의 역할'을 전혀 하지 못할 것입니다.

로마서 8장, 갈라디아서 5장

심지어 성경은 이 혈과 육이 단지 하나님 나라를 이해할 수 없을 뿐 아니라 **"하나님 나라의 원수"**라고까지 말합니다.

> **육신의 생각은 하나님과 원수가 되나니** 이는 하나님의 법에 굴복하지 아니할 뿐 아니라 할 수도 없음이라 육신에 있는 자들은 하나님을 기쁘시게 할 수 없느니라 만일 너희 속에 하나님의 영이 거하시면 너희가 육신에 있지 아니하고 영에 있나니 누구든지 그리스도의 영이 없으면 그리스도의 사람이 아니라_롬 8:7-9

> 육체의 일은 분명하니 곧 음행과 더러운 것과 호색과 우상 숭배와 주술과 원수 맺

는 것과 분쟁과 시기와 분냄과 당 짓는 것과 분열함과 이단과 투기와 술 취함과 방탕함과 또 그와 같은 것들이라 전에 너희에게 경계한 것 같이 경계하노니 이런 일을 하는 자들은 **하나님의 나라를 유업으로 받지 못할 것이요**_갈 5:19-21

복음의 '본질적인 이질성' 때문에, 이 복음이 사람들에게 전해질 때는 **'사망의 냄새'로서만** 전해질 뿐입니다. 복음은 하늘에 속한 것이고, 혈과 육은 하나님 나라를 받을 수 없습니다. 썩는 것은 썩지 않는 것을 유업으로 얻지 못합니다. 그렇다면 복음은 한 가지 일관된 방식으로밖에 전달되지 않습니다. 곧 '사망의 냄새'입니다.

이렇게 생각하면, 오히려 전도주의자들의 생각과는 정반대입니다. 복음이 '기쁜 소식'인 것이 당연하고 '사망의 소식'인 것이 이상한 것이 아니라, **거꾸로 '사망의 소식'인 것이 정상적인 것**이고 '기쁜 소식'인 것이 기이한 일입니다. 복음이란 원래 사람에겐 단지 사망의 냄새일 뿐인데, 하나님의 은혜로 성령님의 능력 때문에 변화된 것입니다.

정리하자면, 복음이 사람들에 따라 두 가지 현상을 갖게 된 이유는 다음과 같습니다.

> ① 복음이 본질적으로 하늘에 속하였기 때문이다.
> ② 그런데 우리는 완전히 부패하여 하나님 나라 복음의 원수일 뿐이기 때문이다.
> ③ 이런 우리에게 하나님의 능력이 개입하여 망한 우리가 하늘의 것을 붙잡을 수 있도록 만들어 주셨기 때문이다.

땅의 것이 아닌 하늘 복음이 선포될 때, **하나님께서 급진적으로 성령님을 통해 변화시켜 주신** 사람이 아니면 그 사람에게는 복음이 여전히 '원수의 메시지'가 될 뿐입니다. 오직 하나님께서 인도하신 사람에게만 그 복음이 하늘의 것으로 들리게 됩니다. 이로 인해 복음을 참되게 들은 사람은 거기 굴복하게 되며, 그 복됨을 맛보고 누리게 되는 것입니다.

복음이 꺼려지는 것을 이상히 여기지 말라

따라서 복음이 세상 사람들에게 꺼려지는 것을 이상하게 여기지 말아야 합니다. 교회 안에는 하나님께서 주시는 은혜의 충만으로 인해 빚어지게 된 '참된 번영' 대신, **번영 자체가 목적인**, 혹은 **육의 번영이 목적인** 사람들이 언제나 있어 왔습니다. 그리고 대부분의 시대에서 이런 종류의 번영은 사람의 죄악 된 성향을 충족시켜야만 가능하기 때문에 사람의 본성에 아첨하는 성향을 가져왔습니다.

그렇다면 교회와 복음이 어떻게 되겠습니까? 우리는 방금 복음이 **육신과는 '원수'**라고 하였습니다. 그런데 육의 번영을 위해서는 어때야 할까요? '이해가 잘되는 복음'이어야 합니다. 원수가 아니라 **'내 육신과 잘 들어맞아야'** 합니다. 결과적으로, 육의 번영이 목적인 교회에서 복음은 언제나 '달콤하기만 한 것'이 될 수밖에 없습니다. 귀에 듣기 싫은 메시지는 없어야 합니다. 듣기 좋은 소리만 해야겠지요. 그래서 디모데후서는 경고합니다.

> 때가 이르리니 사람이 바른 교훈을 받지 아니하며 귀가 가려워서 자기의 사욕을 따를 스승을 많이 두고 또 그 귀를 진리에서 돌이켜 허탄한 이야기를 따르리라_딤후 4:3-4

복음은 세상 사람들에게는 '듣기 싫은 메시지'입니다. 그리고 **'이어야'** 합니다. 복음의 순수성을 보존한다는 것은 언제나 **세상 사람들이 싫어하는 메시지**를 갖고 있어야 함을 의미합니다. 따라서 복음은 '사람들이 듣기 싫어하는 메시지'여야 합니다. "너는 죄인이다", "너는 죽었다", "네가 좇는 육은 너를 영원에 데려갈 수 없다", "세상에서의 성공이 가치관의 척도가 되어서는 안 된다", "하나님이 기뻐하시는 일을 위해 네가 좋아하는 일을 버려라", "육신의 복을 위해 살아가는 삶은 가치 없다" 이런 듣기 싫은 메시지가 복음이어야 합니다.

며칠 전에 뉴스 기사에서 이명박 씨가 보석으로 풀려나면서 그가 "종교 활동을 위해 목사 접견을 요청한다."라고 했던 것을 보았습니다. 그가 원하는 목사는 누구일까요? 그가 원하는 신앙은 어떤 것일까요? 그렇다면 그런 그에게 맞춰 주는 목사는 도대체 무엇을 말했을까요? 복음을 말했을까요? "당신이 여전히 죄 가운데 있다면 지옥으로 떨어질 것이오!"라고 말했을까요? 절대 그랬을 리가 없어 보입니다.

선거철이 되면 흔히, 대형 교회들이 예배를 마친 후 강대상을 내주면서 시장 후보들이나 지역구 국회의원이 나와 인사하게 하는 장면들을 보게 됩니다. 부활 절 연합 예배 같은 곳을 가보면 어김없이 그 지역의 정치인들이 나와서 인사를 합니다. 지역의 세력가가 원하면 동원되어 주는 교회는 대체 어떤 교회입니까?

세상을, 물질을, 권세를, 힘을 좋아하는 교회는 복음의 능력을 상실한 교회입니다. 세력가에게 가서 아부하고, 성공하겠다 싶은 사람에게 줄을 서기 위해 교회 출석 숫자가 많아진다면 교회는 **부패한 것**입니다. 저희 바로 옆 동네 신도시에 커다란 교회가 들어오니까 지역에 있는 음식점을 하는 사람들이 이 교회 덕에 먹고 산다고 상인들이 교회와 손을 맞잡으려 했다고 합니다. 바로 이런 때에 복음을 바르게 가진 교회는 이런 현상을 두고 '교회가 사람들에게 인정을 얻고 있다.'라는 식으로 생각해서는 안 됩니다. 젊은 세대들에게 아이돌들이 워낙 인기가 많으니까 우리 중고등부에 연습생이 있거나 심지어 걸그룹을 시작한 아이들이 다니고 있는 것을 자랑으로 여기는 교회는 세상과 결탁한 마인드를 가진 교회입니다.

교회는 **복음이 '여전히 세상 사람들이 듣기 싫은 메시지이도록'** 그 순수성을 보존해야 합니다. 세상만을 견지하는 사람들에게는 복음이 언제나 '쓰디쓴 메시지'이도록 그렇게 복음을 전해야만 합니다. **예수 그리스도의 얼굴과 풍요와 다산의 신의 얼굴을 적당히 섞어 넣은 그림**으로 사람들을 유혹한다면, 사업적으로는 먹혀서 대형 교회는 만들 수 있을지 몰라도 거기에 복음은 없습니다. 복음은 항상 '이중적 결과'를 낳습니다. 그 이유는 이 복음이 '하늘에 속한 것'이기 때문이며, '혈과 육에 속한 것은 결코 하나님 나라를 얻을 수가 없기 때문'입니다.

둘째, 하나님의 의도

더불어 **'하나님의 의도'**를 생각합시다. 우리는 지금 복음이 '이중적 결과'를 만들어 낸다는 것을 생각하고 있습니다. 여기에 한 가지 질문을 덧붙여 봅시다.

> 하나님께서 이 이중적 결과를 통해서 얻으시려는 결과물은 무엇인가?

앞의 주제와 연결시키자면 이렇게 말해도 되겠습니다.

> 복음이 세상 사람들이 듣기 싫어하는 메시지이도록 계속 유지하게 하시는
> 하나님의 의도는 무엇인가?

하나님께서 복음을 주실 때, 모두가 흔쾌히 듣도록 주지 않으시고 어떤 이들에게는 이 복음이 쓰디쓴 것이 되게 하신 이유는 무엇일까요? 하나님께서는 왜 이 복음을 듣지 않고 망하는 사람이 존재하도록 그냥 두셨습니까?

전제

이 주제에는 전제해 두어야 할 점이 하나 있습니다. 하나님은 사람이 망하는 것을 원하는 분이 아니라는 것입니다. 칼뱅도 루터도 율법을 설명할 때, 심지어 이 율법이 **정죄의 기능을 가진 것조차도** 실은 그리스도를 바라보게 하여 **구원에 이르게 함**이라는 점을 강조합니다.[12] 신조 4조에서는 "하나님의 진노가 그대로 머물러 있다"라는 구절과 "구원을 얻고, 영생을 선물로 받는다"라는 구절로 확인할 수가 있습니다. 쉽게 말하자면 **복음의 본래 기능은 멸망시키는 것이 아니라는 것**입니다. 단순하지만 가장 강력한 근거가 되는 말씀은 에스겔 33장 11절 말씀입니다.

> 너는 그들에게 말하라 주 여호와의 말씀이니라 나의 삶을 두고 맹세하노니 나는
> 악인이 죽는 것을 기뻐하지 아니하고 악인이 그의 길에서 돌이켜 떠나 사는 것을
> 기뻐하노라 … _겔 33:11

---

12 — 기독교강요 2권 7장의 제목은 "율법이 주어졌으나 이는 구약 백성을 그 아래 가두어두기 위함이 아니라 그리스도 안에 있는 구원에 대한 소망을 그가 오시기까지 견고히 하기 위함이었음"이다. 이 장 내용 중 한 부분을 인용하면 다음과 같다. "… 율법은 우리더러 은혜의 도우심을 구하는 법을 알라고 명령하지요. … 율법이 유익한 것은 사람으로 하여금 자신의 연약함을 깨닫게 하고 그를 움직여 그리스도 안에 있는 은혜의 치유를 구하도록 만든다는 데 있습니다."(Inst. II. 7. 9)

비록 복음에 양면성이 있다 하나 하나님께서 동일하게 둘 모두를 똑같이 취하신다고 생각해서는 안 됩니다. 도르트 신조 안에서도 이 점은 여러 번 반복해서 나타납니다.

① 여기 4조에 이 주제가 나타납니다. 신조는 '이중적 결과'를 다룰 때 멸망당하는 사람을 말하는 부분에서 "하나님의 진노가 **그대로** 머물러 있다."라고 말합니다. 하나님의 진노를 생각할 때 우리는 곧잘 '추가로 무언가 악한 것이 더해지는 것'을 상상하지만, 사실은 '원래 죽어 있었던 것이 유지될 뿐'입니다. 하나님을 말할 때 '구원의 하나님'을 말하도록 합시다. '유기(遺棄, 버려두심)' 또한 하나님께서 행하시는 일이시지만, 하나님께서는 성경에서 우리에게 '구원의 하나님'으로 나타나기를 원하셨습니다.

② 작정에 관한 6조도 봅시다. 6조의 첫 문장은 "하나님께서는 시간 안에서 어떤 사람에게는 믿음의 선물을 주시고 어떤 사람에게는 주시지 않는데"입니다. 이 표현에 주의하십시오. "어떤 사람에게는 믿음의 선물을 주시고, 어떤 사람에게는 **멸망을 주신다**"가 아닙니다. 능동적 행위로서 '주시는' 것은 "믿음의 선물"이고, **'멸망'**은 "주시지 않음"일 뿐입니다. 심판은 비록 하나님께서 행하시는 일이지만, 성경에서 하나님의 심판은 항상 하나님의 열정적 행위라기보다는 슬픔 가운데 행하시는 일입니다.

③ 첫째 교리 전체로 볼 때 '유기'의 주제는 이 장 끝에 나오는데, 이 유기에 대해 다루는 지점을 보면 사실이 더욱 분명해집니다. 15조는 '유기의 작정'입니다.

> 더 나아가 성경은 모든 사람이 선택된 것이 아니라 어떤 사람들은 **선택되지 않았다**고, 즉 하나님께서 그분의 영원한 선택에서 그들은 **지나치셨다**고 증언하는 데에서 … 그들을 그냥 버려두시고, 구원의 믿음과 회심의 은혜를 그들에게는 **베풀지 않기로** 작정하셨습니다.

도르트 신조가 작성되던 시기와 그 이후의 시기에도 예정의 문제는 첨예한 논쟁의 문제였기 때문에, 개혁자들이 이 '유기의 작정' 문제를 기술했을 때 굉장히 예민했습니다. 따라서 이 문장의 각 단어들은 절대로 '대강 쓴 것'이 아닙니다. 굉장히 신경 써서 쓴 문장들입니다.

그런데 이 기술들 모두에서 '유기', 즉 '버려짐'은 **조심스럽게 기술됩니다.** "모든 사람이 선택된 것이 아니라"에 대응하는 말은 "버려졌다"가 아니라 "선택되지 않았다"입니다. 그리고 이를 설명할 때도 "그분의 영원한 선택에서 지나쳤다"라고 표현합니다. '지나친' 것입니다. 다음 부분에서도 역시 유기를 "멸망"이라는 적극적 행위로 묘사하지 않고 "그냥 버려두시는 것", "구원의 믿음과 회심의 은혜를 베풀지 않으시는 것"이라는 소극적 행위로 묘사했습니다.

복음에 양면성이 있음을 생각할 때, 우리가 빠지지 않아야 하는 오류는 '**하나님의 마음**'을 **오해하는 것**입니다. 앞서 보았듯이 복음이 반쪽 복음이 되지 않으려면 반드시 사람들이 싫어하는 쓴소리를 말해야 합니다. 하지만 이것을 두고 '하나님이 멸망을 즐거워하는 신'인 것처럼 생각해서는 결코 안 됩니다. 하나님은 심판을 즐거워하시지 않습니다. 하나님의 심판은 공의롭지만 이는 언제나 사람들을 향한 '측은지심(惻隱之心)', 곧 강렬한 사랑 중에 행하시는 일인 것입니다.

하나님의 영광: 멸망하는 이들을 통해 선포되는 하나님의 의

그렇다면 이러한 하나님의 마음에도 불구하고 하나님께서 여전히 멸망당하는 자들을 두셨다면, 이는 '**하나님의 영광을 위해 그리하셨다.**'라고 해야 합니다. 로마서 9장 21절부터 23절 말씀을 읽겠습니다.

> 토기장이가 진흙 한 덩이로 하나는 귀히 쓸 그릇을, 하나는 천히 쓸 그릇을 만들 권한이 없느냐 만일 하나님이 그의 진노를 보이시고 그의 능력을 알게 하고자 하사 멸하기로 준비된 진노의 그릇을 오래 참으심으로 관용하시고 또한 영광 받기로 예비하신 바 긍휼의 그릇에 대하여 그 영광의 풍성함을 알게 하고자 하셨을지라도 무슨 말을 하리요_롬 9:21-23

로마서 9장 말씀이 알려 주는 중요한 사실은 하나님의 선택, 곧 택하기로 하신 자와 택하지 않기로 하신 자를 두실 때의 하나님의 의중이나 목표는 **동일하게 하나**라는 사실입니다. 22절은 "진노의 그릇"을 만드신 이유를 이렇게 설명했습니다.

하나님이 그의 진노를 보이시고 **그의 능력을 알게 하고자**

(εἰ δὲ θέλων ὁ θεὸς ἐνδείξασθαι τὴν ὀργὴν καὶ γνωρίσαι τὸ δυνατὸν αὐτοῦ)

(뜻하시다, 하나님이, 진노를 보이심으로, 그리고 능력을 알게 하심으로)

우리는 하나님을 다 이해할 수 없습니다. 우리는 이 세계가 지어진 방식을 모두 이해할 수 없습니다. 사람은 한정된 지식 안에서 왜 이 세상에서 저 위치에 그것이 있는지 다 알지 못합니다. 설령 우리가 그 위치를 조금 안다 해도, '모두' 알지는 못하기 때문에 우리 생각으로 그 위치를 섣불리 바꾸면 반드시 부작용이 생깁니다. 그러므로 우리는 쉽게 "왜 하나님은 모든 사람을 구원하시지 않았어!"라고 말할 수 없습니다. 하나님께서 지으신 세상의 모든 것, 하나님께서 우주를 움직이시고, 구속 역사를 진행하시는 방향을 우리는 티끌 정도밖에 알지 못하기 때문입니다. 그래서 "진노의 그릇"에 대해 말할 때에도 우리는 한정된 방식으로밖에 말할 수 없습니다. 왜 진노의 그릇을 만드셨는지에 대해 체계적으로 잘 알지 못합니다.

단 하나, 우리는 성경이 알려 준 방식으로는 말할 수 있습니다. 로마서 9장이 하나님께서 진노의 그릇 역시 지으신 이유는 "그것을 통해 하나님이 그분의 진노를 보이시고 하나님의 능력(여기 헬라어는 '뒤나토스'이다)을 보이시기로 하셨다는 것"입니다. 그러면 '왜'에 대해 대답할 때 한 가지는 분명히 할 수 있습니다. **복음은 구원하는 자들을 통해서도 하나님의 영광을 드러내지만, 악인에 대해 심판하는 일을 통해서도 하나님의 영광을 드러낸다**고 말입니다. 이것이 유기가 적극적인 것이 아님에도 불구하고, 하나님께서 심판을 기뻐하시는 분이 아니심에도 불구하고, 유기나 심판을 있게 하신 중요한 이유입니다.

하나님께서 인류가 죄를 지었는데도 불구하고 그냥 '없었던 일'로 하시는 분이라고 한번 상상해 보십시오. 그렇다면 우리는 그 하나님을 신뢰할 수 없을 것입니다. 죄에 대해 사망을 내리시겠다고 하신 분이 **'형편에 따라 임의로' 없었던 일로 할 수 있다면,** 구원을 내리시겠다는 말 역시 형편에 따라서는 없던 일이 될 수도 있는 것 아니겠습니까? 이런 하나님을 어떻게 믿겠습니까?

그러므로 우리는 **멸망조차 그 나름대로의 역할을 하고 있다**고 해야 합니다. 복음을 듣지 않는 자가 "진노의 그릇"이 되도록 하나님께서 정하신 것도 그 이유가 있는 것입니다. 그러므로 우리가 그 이유를 다 알 수는 없다 하더라도, 적어도 성경이 가르쳐 주는 바 안에서 "그것이 하나님의 영광을 증시하는 일에 기여하고 있다."라고 해야 하는 것입니다.

제5조 : 불신의 원인과 믿음의 근원

그러한 불신의 원인은 결코 하나님께 있지 않으며, 불신의 죄에 대한 책임은 다른 모든 죄와 마찬가지로 사람에게 있습니다.[i] 그렇지만 예수 그리스도를 믿는 믿음과 그분을 통한 구원은 하나님께서 값없이 주시는 선물입니다. 성경에는 이렇게 기록되어 있습니다. "너희가 그 은혜를 인하여 믿음으로 말미암아 구원을 얻었나니 이것이 너희에게서 난 것이 아니요 하나님의 선물이라"(엡 2:8). "그리스도를 위하여 너희에게 은혜를 주신 것은 다만 그를 믿을 뿐 아니라 또한 그를 위하여 고난도 받게 하심이라"(빌 1:29).

i 히 4:6 그러면 거기에 들어갈 자들이 남아 있거니와 복음 전함을 먼저 받은 자들은 순종하지 아니함으로 말미암아 들어가지 못하였으므로 / 벧전 2:8 또한 부딪치는 돌과 걸려 넘어지게 하는 바위가 되었다 하였느니라 그들이 말씀을 순종하지 아니하므로 넘어지나니 이는 그들을 이렇게 정하신 것이라

● **강해 본문 ① : 에베소서 2장 1-10절**

1 그는 허물과 죄로 죽었던 너희를 살리셨도다 2 그때에 너희는 그 가운데서 행하여 이 세상 풍조를 따르고 공중의 권세 잡은 자를 따랐으니 곧 지금 불순종의 아들들 가운데서 역사하는 영이라 3 전에는 우리도 다 그 가운데서 우리 육체의 욕심을 따라 지내며 육체와 마음의 원하는 것을 하여 다른 이들과 같이 본질상 진노의 자녀이었더니 4 긍휼이 풍성하신 하나님이 우리를 사랑하신 그 큰 사랑을 인하여 5 허물로 죽은 우리를 그리스도와 함께 살리셨고 (너희는 은혜로 구원을 받은 것이라) 6 또 함께 일으키사 그리스도 예수 안에서 함께 하늘에 앉히시니 7 이는 그리스도 예수 안에서 우리에게 자비하심으로써 그 은혜의 지극히 풍성함을 오는 여러 세대에 나타내려 하심이라 8 너희는 그 은혜에 의하여 믿음으로 말미암아 구원을 받았으니 이것은 너희에게서 난 것이 아니요 하나님의 선물이라 9 행위에서 난 것이 아니니 이는 누구든지 자랑하지 못하게 함이라 10 우리는 그가 만드신 바라 그리스도 예수 안에서 선한 일을 위하여 지으심을 받은 자니 이 일은 하나님이 전에 예비하사 우리로 그 가운데서 행하게 하려 하심이니라

● **강해 본문 ② : 에베소서 1장 3-6절**

3 찬송하리로다 하나님 곧 우리 주 예수 그리스도의 아버지께서 그리스도 안에서 하늘에 속한 모든 신령한 복을 우리에게 주시되 4 곧 창세전에 그리스도 안에서 우리를 택하사 우리로 사랑 안에서 그 앞에 거룩하고 흠이 없게 하시려고 5 그 기쁘신 뜻대로 우리를 예정하사 예수 그리스도로 말미암아 자기의 아들들이 되게 하셨으니 6 이는 그가 사랑하시는 자 안에서 우리에게 거저 주시는 바 그의 은혜의 영광을 찬송하게 하려는 것이라

하나님의 뜻

엡 2:1-10; 1:3-6

평소에는 하나님을 믿지도 않다가, 어떤 큰 사고나 불행한 일이 생기면 하나님을 말하는 사람들이 많이 있습니다.

"하나님이 존재한다면 어떻게 이런 일이 있을 수 있어!"

유럽 대륙은 종교개혁을 거쳐 현대에 이르기까지 전체 인구가 그리스도교(구교와 신교 모두 포함)였다가 점차 이 신앙을 탈출하고 있는 반면, 한국 사회는 애초에 이교의 세계였다가 전도를 통해 기독교가 들어오게 되었습니다. 따라서 우리가 주변에서 만나게 되는 사람들은 서구 사람들과는 매우 다르게(서구 사람들은 불신자들조차도 무신론자가 매우 적다) 애초에 무신론의 경향을 가진 사람들이 매우 많습니다. 이런 사람들에게 있어 이 세상에 기독교의 신과 같은 존재는 없다고 하는 강력한 반증이 바로 세상에 불행한 일이 많이 일어난다는 사실입니다. 연쇄 살인 사건이 일어나거나, 폭탄 테러가 발생하거나, 나라 간 전쟁으로 아이들과 부녀자가 죽게 되면 이들은 큰 목소리로 말합니다.

"하나님이 존재한다면 어떻게 이런 일이 있을 수 있어!"

한때 '5.18 관련 망언'으로 세간이 좀 떠들썩했던 적이 있습니다. 그런데 이런 분들, 곧 북한에 대해서 이야기를 많이 하는 사람들은 어떤 점에서는 정말 북한에 대한 믿음이 강력하다는 생각이 듭니다. 이분들 이야기대로라면 북한군은 5.18 때 국군들이 지키고 있는 38선을 아무런 흔적도 없이 뚫고 내려와서, 군사분계선으로부터 우리나라 남쪽에 있는 광주에까지 단 한 번의 검문에도 걸리지 않고 신출귀몰하게 내려와, 어떤 능력인지는 몰라도 삽시간에 광주에 있는 학생과 시민들의 마음을 사로잡아 자신들이 지휘관이 된 후에, 온갖 작전을 다 수행하고는 단 한 명도 죽지 않고 군과 경찰에 잡히지도 않고 다시 광주를 빠져나가 북으로 도망쳐 올라간 것이 됩니다. 정말로 이것을 사실이라고 믿는다면, 이 분들은 정말 북한을 마블 영화에서나 나오는 히어로쯤으로 생각하는지도 모르겠습니다.

이런 이야기가 "망언"인 이유는, 거기에 늘 **'덮어씌우기'가 있기 때문**입니다. 자신들이 짐 지우고 싶은 대상이 있으면 말이 되건 안 되건 덮어씌우기를 하는 것입니다. 앞뒤가 맞는 이야기여서가 아니라, 합리적이거나 설득 가능하지 않아도 그냥 그렇다는 것이지요. 촘촘히 따져 보면 실제로는 그 대상을 영웅화하는 것이 되어 버리는 건데, 그러건 말건 간에 그저 밀어부칩니다.

하나님에 대해서도 비슷한 것 같습니다. 온갖 일을 '하나님 탓'이라고 합니다. 그렇다면 사실은 정말 믿음이 대단한 것이 아닙니까! 이런 모든 문제들이 다 하나님의 탓이라 한다면, 그 사람이야말로 정말로 하나님의 존재를 단단히 믿는 것이겠군요!

사람들은 본성적으로 하나님에 대해 '맹목적 덮어씌우기'를 하는 경향이 있습니다. 하나님께서 실제로 주고 계시는 은총들은 거들떠보지도 않으면서도, 나쁜 일이 생기면 오롯이 하나님께만 책임을 돌립니다. 이렇게 하는 배후에는 **자기가 죄인이어서 발생한 일**이라고는 말하기 싫어하는 우리의 근본적 죄악이 들어 있습니다.

도르트 신조 첫째 교리 5조는 바로 이 문제, 곧 "죄의 근원은 어디이며, 믿음의 근원은 어디인가?"라는 문제를 다룹니다. 주제를 요약하자면 본문은 "사람이 믿지 않는 원인이나 죄에 대한 책임은 결코 하나님께 있지 않으며 사람에게 있다."

그리고 "예수 그리스도에 대한 믿음과 그분를 통한 구원은 하나님께서 주시는 선물이다."라고 말씀합니다. 대답은 이렇습니다.

> 죄의 근원은 사람, 믿음의 근원은 하나님이다.

에베소서에서

그 가운데서 행하여

에베소서 2장 1절부터 10절까지를 읽어 보면, 원래 하나님의 백성이 아니었던 에베소 교회 사람들이 어떻게 하나님의 백성이 되었는지를 설명하고 있음을 알 수 있습니다. 이때 성경이 각각의 기원을 어디에다 두고 있는지 주목해 봅시다.

여기에는 '의도적 대비'가 있습니다. 2절에 "그 가운데서 행하여"라고 했습니다. "가운데"는 '안에(in)'라는 뜻이고, "행하다"라는 말은 '페리파테오(περιπατέω)'라는 단어입니다. 그리고 10절 끝 부분에도 똑같이 "그 가운데서 행하게 하려"라는 말이 있음을 보게 됩니다. 여기에서도 "가운데"는 '안에(in)'라는 뜻이고, "행하다"라는 말은 '페리파테오'입니다. 즉 **동일한 문구가 처음과 끝에** 사용되었습니다.

이 두 "그 가운데서 행하다"가 어떤 방식으로 사용되었는지를 보십시오. 2절 말씀에서 "너희가 그 가운데서 행했다"라는 문구는 과거형이면서 1절과 연결되어 있습니다. 무엇 가운데 행했습니까? "너희의 허물과 죄로 죽었던 너희를 살리셨도다." 즉 그들이 "그 가운데 행했다"라는 것은 죄로 말미암아 죽은 중에 행했다는 것입니다. 그리고 이 일의 주체, 주어가 되는 이는 **"너희", 곧 자기 자신들**입니다.

그런데 다시 10절을 보면, 여기에서 "그 가운데 행하게 하려"는 가정법입니다. '의도'를 나타내는 말입니다. 이렇게 하려 했다는 것이죠. 그리고 "그 가운데"가 무엇인지는 10절 안에 나타나 있는데 "그리스도 예수 안에서 선한 일을 위하여 지으심을 받은" 것입니다. 즉 10절의 "그 가운데서 행한다"라는 것은 '선한 일을 위해 행한다'는 것입니다. 그리고 이 일의 주체, 주어는 누구입니까? 누구의 만드신 바입니까? **"그의 만드신 바"**입니다. **하나님이 주체**이십니다.

이 대비는 중요한 통찰을 비춰 줍니다. 먼저 2절은 '우리가 원래 가졌던 것'이 무엇이었는지를 알게 해 줍니다. 우리가 원래 가졌던 것은 "허물과 죄로 인한 죽음"이었습니다. 우리는 "그 가운데 행했던" 이들입니다. 그런데 10절은 이런 우리에 대하여 하나님께서 목적을 가지셨다는 것입니다. 어떤 목적입니까? "그 가운데"는 무엇입니까? "선한 일을 위하여 지으심을 받은" 것입니다.

즉 **원래 우리가 가졌던 것은 죽음 안에서 행하는 일이었고, 그분이 우리에게 주신 것은 선한 일 안에서 사는 것임**을 알 수 있게 됩니다. '죄와 죽음'은 나의 것이었고, "선한 일을 위하여 지으심을 받은" 것은 하나님의 것이었다는 말입니다. 우리는 에베소서 2장 말씀이 신조의 첫째 교리 5조를 매우 훌륭하게 설명해 주고 있음을 확인할 수 있습니다.

하나님의 의도/목적

같은 맥락에서 에베소서 1장 4절과 5절 말씀도 봅시다.

> 곧 창세전에 그리스도 안에서 우리를 택하사 우리로 **사랑 안에서 그 앞에 거룩하고 흠이 없게 하시려고** 그 기쁘신 뜻대로 우리를 예정하사 예수 그리스도로 말미암아 자기의 아들들이 되게 하셨으니_엡 1:4-5

'예정'이라는 주제를 다룰 때 '목적'을 잊어버려서는 안 됩니다. 예정이라는 주제가 우리의 호기심을 자극하기 때문에 예정 자체만을 생각하느라 하나님께서 **왜 우리를 예정하셨는지**를 생각하지 않으면 안 되는 것입니다.

에베소서 1장 4절과 5절은 바로 이 점을 밝히 비춰 주고 있습니다. 하나님의 예정의 '목적'이 무엇인지를 알려 주고 있는 것입니다. 이 말씀이 알려 주는 예정하신 하나님의 목적은 우리를 **"거룩하고 흠이 없게"** 하시는 것입니다.

그렇습니다. 하나님의 택하심, 곧 예정에는 분명한 하나님의 의도와 목적이 있습니다. 하나님께서 우리를 택하셨지만, 택하심 자체가 목적은 아닙니다. "밥을 먹어야 살지만 밥을 먹으려고 사는 것은 아니다."라는 말처럼, 하나님께서 '우리를 택하시려고 택하신 것'은 아니라는 말입니다.

우리가 하나님께 택함을 받은 이유는 **"우리를 거룩하고 흠이 없게 하시려는"** **하나님의 뜻** 때문입니다. 이는 앞서 살핀 2장의 말씀과 같은 맥락에 있습니다. 원래 우리는 '무엇 가운데서' 행하였습니까? '허물과 죄로 인한 죽음' 가운데서 행하였습니다. 하지만 '어디 가운데서' 행하게 하시려고 우리를 부르셨습니까? '선한 일 가운데', 즉 '선한 일을' 행하게 하시려고 우리를 부르셨습니다. 그러니까 이 에베소서 2장과 1장은 같은 주제를 약간 다르게 표현한 것입니다.

> 우리를 택하셨다.
> 우리로 사랑 안에서 그 앞에 거룩하고 흠이 없게 하시려고

하나님의 저항

우리는 이 에베소서 2장과 1장의 두 말씀을 통해 **하나님의 선명한 의도**를 읽게 됩니다. 서론에서 우리는 사람이 자주 하나님께 온갖 탓을 돌리려는 경향이 있음을 말했는데, 에베소서 말씀은 이에 대한 **'하나님의 저항'**이라 할 수 있습니다. 하나님은 저항하십니다. 무엇에 대해서입니까?

하나님께서는 죄에 빠져 있는 인생들의 현실을 불쾌해하십니다! 하나님께서는 허물과 죄로 죽어 있는 우리들을 '건지시기' 원하십니다! 에베소서가 보여 주고 있는 하나님께서 기뻐하시는 존재의 모습이란 죄에 빠지고, 죽어 있고, 하나님 곁에서 떠나 있는 인생들 혹은 그로 인하여 멸망받게 되는 이들의 모습이 아닙니다. 오히려 "거룩하고 흠이 없는" 사람들입니다! **죄와 어두움, 악과 부패는 하나님께서 싫어하시는 바**입니다! 그런데 어떻게 하나님께 이 죄의 원인을 물을 수 있습니까?

조금만 분별이 있는 사람이라면, 그는 어떤 나라의 왕이 끊임없이 범죄와의 전쟁을 벌이고 할 수만 있으면 모든 부패와 비리를 척결하려고 하는데, 어둠의 세계의 악을 자행하는 무리들이 그 나라 안에 존재한다고 해서 악을 척결하려는 왕

이 그 어둠의 주체라고 말하지는 않을 것입니다. 위험한 벼랑이 있는데, 거기 온 갖 종류의 경고문과 울타리와 막기 위한 시설물들을 설치해 두었는데도 굳이 그 것을 다 뚫고 들어가서 누군가 떨어져 죽었다면, 그것을 막기 위해 경고문과 울 타리를 설치한 주체를 누구라도 욕해서는 안 됩니다.

하나님께서는 악을 금하셨고, 미워하셨고, 경고하셨습니다! 추호라도 인간에 게 성령으로 말미암는 이성이 있다면, 하나님을 비방하는 이들에게 조금이라도 하나님께서 주시는 참된 양심이 있다면, 세상에서 일어나는 그러한 악들로 인해 하나님을 비방할 수 없을 것입니다. 죄와 악은 하나님께서 종용하셔서 일어난 것 이 아닙니다. 오히려 **하나님께서는** "악을 미워하고 선을 사랑하라"라고 늘 가르 치시는데도 불구하고 **사람들이** 그 하나님께 저항하고 거부하기 때문에 일어나는 일인 것입니다.

그럼에도 사람들은 이러한 우리의 악의 결과물을 마치 하나님께 원인이 있는 것처럼 돌리기를 좋아합니다. 분명히 말해야 합니다. 죄의 원인이나 죄에 대한 책임이 하나님께 있지 않습니다. 오히려 '허물과 죄 가운데 죽어 있는' 상태가 우 리의 본래 모습입니다. 믿음의 선조들은 이 사실을 밝히 알았기 때문에 하나님이 죄의 조성자라고 생각지 않았습니다. 이런 생각을 가진 이들을 단호하게 거절했 습니다.

예정을 말할 때 하나님의 선하신 의도를 묵상함

그러므로 '예정' 앞에서 **하나님의 선하신 의도를** 묵상합시다! 죄는 분명 하나님께 서 예상하시지 못한 돌발 상황은 아니었습니다. 하나님은 모르시는 일이 없으시 며, 만사의 모든 일들이 그분의 손 안에 있습니다. 그래서 개혁파 신학자들은 이 를 "죄가 하나님을 놀라시게 했다고 생각해서는 안 된다."[13]라는 식으로 말했습니 다. 세상의 어떤 일도 하나님이 모르는 새에 일어날 수는 없습니다.

하지만 우리는 비록 하나님께서 죄가 일어날 것을 아셨다고 할지라도 하나님

---

13 — J. 판 헨더렌 & W. H. 펠레마, 『개혁교회 교의학』, 신지철 옮김 (서울: 새물결플러스, 2018), 337.

의 뜻, 하나님의 목적, 하나님의 선하신 의도는 그러한 **죄에 있지 않았다는 것을** 분명히 알고, 믿고, 고백해야 합니다. "죄의 원인이 무엇인가?"라고 질문하게 되거나 "혹 하나님께서 죄의 원인이 되시는 것은 아닌가?"라는 문제에 닥치게 될 때, 심지어는 어떤 경우, 공부가 깊어져서 사고가 사고의 꼬리를 물고 일어나 "여차저차한 상황을 다 고려했을 때 하나님께서 모든 것의 주관자가 되신다면 죄가 일어난 것 역시 하나님께서 주인이 아니고서는 안 된다."라는 식으로 결론 내려지려고 할 때에도, 우리에게 진실로 필요한 것은 **이 '선하신 하나님의 의도'를 알고 묵상하는 것이 되어야겠다**는 것입니다. 이런 태도야말로 예정을 대하는 참으로 올바른 방식입니다. 하나님은 **논증의 대상이 아니라 경배받으셔야 할 분**이며, 하나님은 **탐구와 연구의 대상이 아니라 예배의 대상**이시기 때문입니다. 죄의 원인을 캐물을 때조차 우리에게는 '논리에 대한 완전한 신봉'보다는 오히려 '하나님이 선하신 분이시라는 사실에 대한 믿음'이 훨씬 더 필요합니다.

아르미니우스주의자들은 논리를 따랐다

이 문제에서 성경의 가르침보다는 논리를 따른 대표적인 사람들이 바로 항론파들, 곧 아르미니우스주의자들입니다. 아르미니우스주의자들은 둘 중에 하나만이 논리적 대답이라고 생각했습니다.

> ① 불신앙의 원인이 사람에게 있다면 신앙의 원인도 사람에게 있어야 한다.
> ② 신앙의 원인이 하나님께 있다면 불신앙의 원인도 하나님께 있어야 한다.

이런 주장은 매우 논리적으로 들립니다. 하지만 논리는 언제나 문제를 갖고 있습니다. **하나님을 '우리 사고의 틀 안'에 집어넣는 것**이 될 수 있기 때문입니다. 우리는 절대 하나님을 우리 사고의 틀 안에서 이해할 수 없습니다. 그런데 논리를 따른다는 것은 항상 이런 위험을 갖고 있기 때문에 조심해야 합니다.

오히려 우리에게 요구되는 신자의 자세는 **'경배의 자세'**요 **'송영의 자세'**입니다. 이것이 아닌 다른 자세로 하나님께 접근하는 것, 특히 아르미니우스주의자들처럼 '논리 자체'를 가지고 하나님을 거기 끼워 넣는 것, 이것은 반드시 성경과 배치되는 결과를 낳게 됩니다.

"불신앙에 대해서 사람에게 책임을 캐물으려면, 신앙에 대해서도 사람에게 원인을 물어야 하지 않겠어?", "만약 신앙이 하나님께서 전적으로 주신 것이라면, 불신앙 역시 하나님으로부터 전적으로 나와야 하지 않아?" 이 주장에서 **핵심은 '일관성'**입니다. '논리의 일관성'이지요. 아르미니우스주의는 논리적으로 일관성을 갖고 있습니다.

그러나 문제는 이 일관성이라는 잣대로 **하나님마저 평가**한다는 것입니다. 따라서 여기에는 **'하나님께 대한 경외'**가 없습니다. 또한 가장 중요한 것으로 **자신들이 이해할 수 없는 하나님은 하나님이 아닙니다.**

하나님의 뜻/목적을 묵상하자

오히려 우리는 아르미니우스주의자들의 태도 대신에 **성경이 예정을 말할 때 어떤 입장을 가지고 이야기하는지를 보고 성경의 태도를 따르도록** 해야 합니다. 에베소서 3장 11절과 1장 11절 말씀을 보겠습니다.

> 곧 영원부터 우리 주 그리스도 예수 안에서 **예정하신 뜻**(헬. 프로떼시스)대로 하신 것이라_엡 3:11
>
> 모든 일을 **그의 뜻**(헬. 프로떼시스)의 **결정**대로 일하시는 이의 **계획**을 따라 우리가 **예정을 입어** 그 안에서 기업이 되었으니_엡 1:11

우리는 앞의 주제에서 에베소서 1장과 2장을 통해 '하나님의 목적'을 읽을 수 있었습니다. 이는 '예정'이라는 주제 속에서 더욱 선명해집니다.

에베소서 3장 11절 말씀은 하나님의 경륜이 "영원부터 우리 주 그리스도 예수 안에서" 나타났다고 말씀합니다. 그런데 이때 성경은 이 일이 **"예정하신 뜻대로"** 일어난 것이라고 말씀합니다.

우리말에서 이 말은 두 단어이지만 원래는 한 단어입니다. 이 말은(헬. 프로떼시스) '차려 놓다'라는 말에서 유래한 것으로 우리 말 번역에는 '예정'이라는 말이 들어갔지만 정확하게는 **'하나님의 뜻/목적'**이라는 의미입니다. 그러므로 이 말씀의 의미는 예수 그리스도를 통해 '하나님의 뜻'이, '하나님의 목적'이 나타났다는 것입니다.

그리고 1장 11절에는 '예정하다'(헬. 프로오리조)라는 문장 아래에 하나님의 '뜻'과 관련된 단어가 무려 세 개나 한꺼번에 나옵니다. **"뜻"**(헬. 뗄레마), **"결정"**(헬. 불레), **"계획"**(헬. 프로떼시스)이 그것입니다.[14]

> 그의 안에서, 우리가 기업이 되었다/제비 뽑다, 예정을 입어, 따라서(헬. 카타), 뜻, 결정, 계획(정확하게는 '카타'를 두 번 사용하여, "계획을 따라" 그리고 "뜻의 결정을 따라")

이 말씀들은 선명하게 한 사실을 비춰 주고 있습니다. **하나님께서 우리를 예정하신 일이 '그분의 뜻'과 밀접하게 관련되어 있다는 사실** 말입니다. 헬라어 사전은 이 하나님의 뜻의 의미를 '하나님의 원초적 결정'이라고 했고, 바빙크는 "하나님의 뜻은 특히 구속 사역과 연관된다."(헬. 불레)[15]라고 말했습니다.

성경의 지도를 받아 사고할 때 깨닫게 되는 중요한 사실은, '예정'이라는 주제를 생각할 때, 혹은 '하나님께서 죄를 예정하셨는가?' 따위의 문제를 생각할 때, 우리는 아르미니우스주의적으로 접근할 때가 많다는 것입니다. 예정을 단순히 '논리적으로 무엇이 바른가?'라는 관점에서만 접근하기 때문에, 가장 중요하게 기억해야 하는 점인 '하나님의 뜻'을 생각하지 않는 것입니다.

그러나 개혁파의 이론을 가지고 예정을 아무리 잘 설명하더라도 그 사람이 **예정을 통해 '하나님의 뜻'을 생각하지 않고 그 예정을 통해 '하나님께 영광'을 돌리지 않는다면,** 그것은 진정으로 개혁파적인 것이 아닙니다. '개혁파적'이란 무엇입니까? 개혁파가 아르미니우스주의와 결정적으로 다른 점은 '우리가 더 논리적이고, 우리가 더 설명을 잘한다'가 아닙니다. '우리가 더 성경 말씀을 따르고, 우리

---

14 — 유사 의미 번역의 어려움 때문에 개역한글판은 이와 번역이 많이 다르다. 개역한글판에서는 "그 마음(헬. 불레)의 원(헬. 뗄레마)대로 역사하시는 자의 뜻(헬. 프로떼시스)을 따라"이다.

15 — 바빙크, 『개혁교의학』 박태현 옮김 (서울: 부흥과개혁사. 2011), 427.

가 더 유일하시고 최고의 주권자가 되시는 하나님께 굽혀 절한다'는 것입니다.

성경은 예정에 관하여 말할 때, 그 예정이라는 주제를 통해 **'하나님의 뜻을 바라보기'**를 요구합니다. 그렇다면 예정을 호기심으로만 바라보고, 세련된 방식으로 설명할 줄만 알고, 이 모든 경륜들을 통해 사람들에게 하나님의 자비하심과 영광을 드러내려고 하신 하나님의 뜻을 생각하지 않는다면 어찌 예정을 잘 이해했다고 할 수 있겠습니까?

예정에서 드러나는 하나님의 뜻은 무엇인가?

예정에서 드러나는 하나님의 뜻은 무엇입니까? 에베소서 3장 11절과 1장 11절에 나오는 이 하나님의 '뜻' 혹은 '목적'이라고 번역할 수 있는 단어(헬. 프로떼시스)가 사용된 용례를 성경에서 찾아보면, 다음과 같은 말씀들입니다.

> 우리가 알거니와 하나님을 사랑하는 자, 곧 그의 뜻대로 부르심을 입은 자들에게는
> 모든 것이 합력하여 선을 이루느니라_롬 8:28
> 그 자식들이 아직 나지도 아니하고 무슨 선이나 악을 행하지 아니한 때에 택하심
> 을 따라 되는 하나님의 뜻이 행위로 말미암지 않고 오직 부르시는 이로 말미암아
> 서게 하려 하사_롬 9:11
> 모든 일을 그 마음의 원대로 역사하시는 자의 뜻을 따라 우리가 예정을 입어 그 안
> 에서 기업이 되었으니_엡 1:11(개역한글판의 번역)
> 곧 영원부터 우리 주 그리스도 예수 안에서 예정하신 뜻대로 하신 것이라_엡 3:11
> 하나님이 우리를 구원하사 거룩하신 소명으로 부르심은 우리의 행위대로 하심이
> 아니요 오직 자기의 뜻과 영원 전부터 그리스도 예수 안에서 우리에게 주신 은혜
> 대로 하심이라_딤후 1:9

신약 성경에서 이 단어(헬. 프로떼시스)가 '하나님의 뜻'으로 사용된 경우는 이 다섯 번이 전부입니다(신약 성경에 총 12회 나옴. 4번은 '진설병'으로, 3번은 '사람의 뜻'으로). 이 말씀들을 통해 우리는 신약 성경 전체에서 하나님의 뜻이 말씀될 때 일관되게 **하나님의 은혜 속으로 사람을 부르시는 구원의 사역**과 연관되어 있음을 발견하게 됩

니다! 그리고 하나님의 뜻이 언급된 모든 말씀들이 **우리를 구원하시는 하나님**을 말하고 있음을 보게 됩니다!

우리는 성경에서 사람이 죄에 빠지게 되고 하나님 자녀의 자격을 잃게 되는 일들을 두고 하나님께서 "예정하셨다"거나 "하나님의 뜻이나 목적이 거기 있었다" 하는 구절을 단 한 구절도 찾을 수 없습니다. 이 사실을 반드시 기억해야 합니다. **논리는 이에 대해 '대답'을 합니다!** 논리적으로 말하자면, 하나님께서 우리의 구원을 위하여 예정하신 것도 예정이라고 해야 하고, 반대로 죄에 빠지게 되는 것, 구원으로부터 탈락하는 것, 영원한 멸망에 이르게 되는 것도 역시 예정이라고 해야 합니다. 하나님께서 어떤 이를 구원하시기를 '뜻'하셨다면, 동시에 이 말은 (세상 모든 이를 다 구원하시지 않는다고 하면 반드시) 어떤 이는 구원하지 않으시기를 '뜻'하셨다고 **해야** 합니다. 논리적으로 말하자면, 이 둘은 붙어 있기 때문에 절대로 떼어 놓을 수 없습니다. 그래서 우리는 논리를 따라 하나님을 향해 이런 말을 쉽게 하곤 합니다. 하나님께서 우리를 예정하셨다고 할 때 '반대편의 예정'도 언제나 쉽게 말을 하는 것입니다(이 말은 '이중예정'[16] 자체를 부정하는 것이 아니다. 모든 이가 선택된 것이 아니라면, '선택'의 반대편에는 '유기'가 있기 마련이다).

하지만 성경은 우리에게 **하나님의 뜻이 우리의 구원과 은혜에만 있다는 것을** 늘 가르쳐 줍니다. 하나님의 뜻은 우리를 잃어버리는 것이 아니라는 것을 늘 알려 줍니다. 우리를 향한 하나님의 계획은 항상 우리를 '건지시는' 일이요, '사랑하시는' 일입니다.

당연히 유기는 그것대로의 의미가 있습니다. 하나님께서는 어떤 이를 선택하지 않으심으로써 하나님의 공의가 드러나도록 하셨습니다. 그러나 '예정에 담긴 하나님의 뜻'이 무엇인지 이해하는 데 더 우리의 마음을 쏟도록 합시다. 듣지 않고 멸망당하는 것은 사람의 완고함 때문이요 죄의 영향력 때문이지, 구원의 하나님의 본연의 목적은 아닙니다. 하나님은 **건지시고 구원하시는 분**이시기 때문입니다. 우리는 단지 선하신 하나님을 찬양할 뿐입니다!

---

16 — 칼뱅은 기독교강요에서 '이중예정'을 가르친다. 기독교강요 III권 21장은 제목이 "영원한 선택: 하나님은 이로써 어떤 이들은 구원에 이르도록, 또 어떤 이들은 멸망에 이르도록 예정하셨음"이다.

제6조 : 하나님의 영원한 작정

하나님께서는 시간 안에서 어떤 사람에게는 믿음의 선물을 주시고 어떤 사람에게는 주시지 않는데, 그러한 일은 그분의 영원한 작정에서 나온 것입니다[i] 왜냐하면 하나님께서는 영원부터 자기의 일을 아시고(행 15:18), "모든 일을 그의 뜻의 결정대로 일하"(엡 1:11)시기 때문입니다. 이 작정을 따라 하나님께서는 택하신 사람들의 마음을 은혜로 부드럽게 만드시고, 그들의 마음이 아무리 강퍅하여도 부드럽게 하셔서 그들로 믿음에 이르게 하십니다. 그러나 동일한 작정을 따라 하나님께서는 택하지 않은 자들을 공의로운 심판으로 그들 자신의 사악함과 강퍅함 가운데 내버려두십니다. 바로 여기에서 동일하게 정죄받아 마땅한 사람들 사이를 구분 짓는, 심오하고 자비로우며 동시에 공의로운 구별이 우리에게 분명하게 나타납니다. 이것이 바로 선택과 유기(遺棄)의 작정인데, 이 작정은 하나님의 말씀에 계시되어 있습니다. 그 마음이 사악하고 불순하며 정함이 없는 자들은 이 작정을 왜곡하여 멸망을 자초하지만, 하나님을 경외하는 거룩한 영혼들에게는 이 작정의 교리가 말로 다 표현할 수 없는 위로를 줍니다.

i 행 13:48 이방인들이 듣고 기뻐하여 하나님의 말씀을 찬송하며 영생을 주시기로 작정된 자는 다 믿더라 / 벧전 2:8 또한 부딪치는 돌과 걸려 넘어지게 하는 바위가 되었다 하였느니라 그들이 말씀을 순종하지 아니하므로 넘어지나니 이는 그들을 이렇게 정하신 것이라

● 강해 본문 ① : 출애굽기 3장 6-12절

6 또 이르시되 나는 네 조상의 하나님이니 아브라함의 하나님, 이삭의 하나님, 야곱의 하나님이니라 모세가 하나님 뵈옵기를 두려워하여 얼굴을 가리매 7 여호와께서 이르시되 내가 애굽에 있는 내 백성의 고통을 분명히 보고 그들이 그들의 감독자로 말미암아 부르짖음을 듣고 그 근심을 알고 8 내가 내려가서 그들을 애굽인의 손에서 건져내고 그들을 그 땅에서 인도하여 아름답고 광대한 땅, 젖과 꿀이 흐르는 땅 곧 가나안 족속, 헷 족속, 아모리 족속, 브리스 족속, 히위 족속, 여부스 족속의 지방에 데려가려 하노라 9 이제 가라 이스라엘 자손의 부르짖음이 내게 달하고 애굽 사람이 그들을 괴롭히는 학대도 내가 보았으니 10 이제 내가 너를 바로에게 보내어 너에게 내 백성 이스라엘 자손을 애굽에서 인도하여 내게 하리라 11 모세가 하나님께 아뢰되 내가 누구이기에 바로에게 가며 이스라엘 자손을 애굽에서 인도하여 내리이까 12 하나님이 이르시되 내가 반드시 너와 함께 있으리라 네가 그 백성을 애굽에서 인도하여 낸 후에 너희가 이 산에서 하나님을 섬기리니 이것이 내가 너를 보낸 증거니라

● 강해 본문 ② : 사도행전 15장 12-18절

12 온 무리가 가만히 있어 바나바와 바울이 하나님께서 자기들로 말미암아 이방인 중에서 행하신 표적과 기사에 관하여 말하는 것을 듣더니 13 말을 마치매 야고보가 대답하여 이르되 형제들아 내 말을 들으라 14 하나님이 처음으로 이방인 중에서 자기 이름을 위할 백성을 취하시려고 그들을 돌보신 것을 시므온이 말하였으니 15 선지자들의 말씀이 이와 일치하도다 기록된 바 16 이 후에 내가 돌아와서 다윗의 무너진 장막을 다시 지으며 또 그 허물어진 것을 다시 지어 일으키리니 17 이는 그 남은 사람들과 내 이름으로 일컬음을 받는 모든 이방인들로 주를 찾게 하려 함이라 하셨으니 18 즉 예로부터 이것을 알게 하시는 주의 말씀이라 함과 같으니라

영원 작정과 시간 집행

출 3:6-12; 행 15:12-18

최근 읽은 책에 벽돌공 아버지를 둔 신학자의 이야기가 나옵니다. 이분은 어릴 적부터 아버지의 일터에 따라 다니면서 벽돌공으로 일했는데, 아버지가 여든이 넘어 돌아가시고 나서 쓴 글에 이런 내용이 나옵니다.

> 아버지는 가로줄눈이 균일하고 세로 이음매에 빈틈이 없이 잘 지어진 벽돌 벽의 아름다움을 볼 수 있도록 저를 가르치셨는데, 아버지의 인생에는 그런 아름다움이 담겨 있습니다. 제 아버지의 순전한 온유함은 한 가지 기술로 삶을 연마한 사람에게 주어지는 미적 감각에서 나온 것입니다. 제 아버지는 벽돌을 대충 쌓을 수 없었습니다. 제대로 처리되지 않은 벽돌 작업을 보면 그렇게나 안타까워하셨습니다.[17]

저자가 아버지의 벽돌 쌓기를 '온유'와 연결시킨 점은 매우 인상 깊었습니다.

> 돌덩이를 잘 쌓기 위해서는 다음번에 놓을 돌덩이와의 관계를 염두에 두고 돌덩이 하나하나를 봐야 합니다. 돌덩이 하나하나를 그렇게 보려면 개별적인 것에 대한 사랑에 근거한 겸손이 있어야 합니다. 제 아버지의 인생은 바로 이런 겸손으로 가득

---

17 — 스탠리 하우어워스, 『한나의 아이』, 홍종락 옮김 (서울: IVP, 2016), 90-91.

했습니다.[18]

앞서 글이 아버지의 벽돌 작업을 '온유'와 연결시켰다면, 방금 이 글은 벽돌 쌓기를 **'겸손'**으로 본 것입니다.

저자는 이 글을 통해 한 가지 중요한 사실을 알려 줍니다. 곧 하나님의 치밀한 세계, **잘 감독되고 관리된 세계**는 한없는 비밀을 품고 있는데, 저자는 그중의 어떤 한 꼬투리를 깨달은 것이라고 말입니다.

어떤 사람은 평생을 벽돌공으로 살아가도, 잘 들어맞게 반듯하게 놓인 벽돌들의 일렬을 보면서 성취감은 느끼더라도 거기에서 하나님께서 세계에 심어 놓으신 비밀, 즉 '치밀한 구성의 아름다움'은 전혀 못 느낍니다. 이런 사람은 일에 있어 완벽주의자는 될 수 있어도 '신자'는 못 됩니다. 그러나 어떤 사람들은 세상 한 모퉁이의 작은 일 하나(설령 그것이 벽돌을 쌓는 정도의 사소한 일일지라도) 속에서라도 세밀함에 몰두하는 것을 통해 거기서 하나님을 발견하고 온유나 겸손을 발견하기도 하는 것입니다. 이런 사실을 생각한다면 우리가 직업과 관련해서 "내 일을 통해 주를 어떻게 기쁘시게 할까?"라고 물을 때, 거기에 대한 대답을 "내가 직장을 다니는 이유는 여기 있는 이들을 전도하기 위해서야!" 따위의 어리석은 대답을 하지는 않을 것입니다.

하나님께서는 우리를 세상의 한 부분에 두실 때, 세상에 있는 수많은 종류의 일들 중 단지 한 가지 일에 몰두하는 것만으로도 놀라우신 하나님을 발견할 수 있도록, 그렇게 **세상을 방대하고 치밀하게** 지으셨습니다. 초밥 기술자가 손의 온도를 조금 더 낮추고 밥을 어떻게 쥐는가를 통해 지극히 세밀한 혀의 미각 차이를 만족시키는 방법을 터득해 가는 것은 불신자의 눈에는 그저 '직업에서의 장인정신'에 불과하지만, 신자의 눈에 이것은 하나님께서 세상에 심어 놓으신 비밀을 발견해 가는 과정입니다. 용접 불똥을 조절해서 심미적인 아름다움을 갖는 용접 자국을 만들어 내는 일 또한 하나님께서 지으신 세계의 기이한 일입니다. 우리는 종종 평생을 공장에서 단순노동을 한 결과로 눈에 보이지도 않을 정도로 빠르게

---

18 — 위의 책, 90-91.

기계를 따라가는 이들의 손을 보고 경탄하곤 하는데, 이런 일들 또한 마찬가지입니다.

한 분야, 한 직업에서 이 정도를 해 내는 데에만도 수십 년이 필요합니다. 하나님께서는 이 정도를 해 내는 데에도 한 사람이 모든 정열을 쏟아 수십 년을 매진해야 겨우 그 비밀을 조금 알 수 있을 정도로 세상을 방대하고 정밀하게 지으셨습니다.

하나님께서 지으신 이 세계조차 우리가 다 이해하기에는 너무나 부족합니다. 그리고 '세계 이해'가 그 정도라면, 그런 우리에게 그야말로 하나님의 비밀인 '작정'을 말하는 일이란 얼마나 기이한 일이겠습니까!

영원 작정과 시간에서의 집행 : 그 함의

6조에 들어서서 신조는 드디어 본격적으로 작정에 관하여 이야기하기 시작합니다. 첫째 교리 전체를 볼 때 **7-14조에서는 '선택의 작정'**을 다루고, **15-16조에서는 '유기의 작정'**을 다룹니다. 그리고 두 조가 더 나오고 첫째 교리가 끝납니다. 그렇게 볼 때 6조는 선택과 유기라는 '예정 전체를 위한 주제 설명'이라고 할 수 있는 부분입니다. 제목에서도 이미 잘 드러나듯이 6조는 '하나님의 영원한 작정'이라는 주제 전체를 간단하게 설명하고 있습니다. 그리고 이 6조의 첫 부분은 이렇게 시작합니다.

> 하나님께서는 시간 안에서 어떤 사람에게는 믿음의 선물을 주시고 어떤 사람에게는 주시지 않는데, 그러한 일은 그분의 영원한 작정에서 나온 것입니다.

하나님께서 선택을 베푸실 때, 신조의 표현을 따르면 이 선택하심은 **"시간 안에서"** 진행됩니다. 그리고 **"그러한 일은 하나님의 영원한 작정에서 나온 것"**입니다. 즉 신조의 첫 문장에서 **"시간 안"**과 **"영원"**이라는 두 대비가 나타나고 있습니다.

영원부터의 작정

우리는 성경의 몇몇 구절들을 통해서 **하나님의 작정이 '영원'에 그 지점을 두고 있음**을 배울 수 있습니다. 예를 들어 사도행전 15장 18절은 하나님의 작정을 영원에 두고 있다고 기술하고 있는 대표적인 말씀입니다.

> 이는 그 남은 사람들과 내 이름으로 일컬음을 받는 모든 이방인들로 주를 찾게 하려 함이라 하셨으니, 즉 예로부터 이것을 알게 하시는 주의 말씀이라 함과 같으니라_행 15:18

이 말씀은 바울이 1차 선교 여행을 다녀온 후에 예루살렘 공회가 모였을 때 이방인들 역시 교회로 들어오게 되었다는 것을 말하는 장면 중에 나옵니다. 말하자면 이방인들이 주를 찾게 되는 일이 이미 선지자들을 통해 구약에서부터 말씀되고 있다는 것입니다. 그런데 여기서 "예로부터"라는 말은 개역한글판에서 그렇게 쓰였으나 개역개정 성경에서도 고쳐지지 않았는데, 원뜻은 **'영원부터'**입니다. 그러니까 사도행전은 이방인들이 교회로 편입되게 될 것이 '영원부터' 정해져 있었다고 말씀하고 있는 것입니다. 에베소서 또한 비슷한 내용입니다.

> 곧 **영원부터** 우리 주 그리스도 예수 안에서 예정하신 뜻대로 하신 것이라_엡 3:11

성경은 하나님의 작정이 '영원부터' 있었던 것임을 말합니다. 따라서 "하나님의 작정은 영원부터 있던 것이다."라는 말은 단순히 습관적인 말이거나 우리의 논리적 추론에서 비롯된 말이 아닙니다. 성경으로부터 가져온 말입니다.[19]

---

19 — 교의학에서는 보통 이것이 '팍툼 살루티스(*Pactum Salutis*)', 곧 '구원 협의' 정도로 표현할 수 있는 주제이다[이 단어는 번역에 통일이 이루어져 있지 않아 학자들마다 번역이 다르다. 예를 들어 마이클 호튼, 『언약신학』, 백금산 옮김 (서울: 부흥과개혁사, 2009), 112.에서는 "구속 언약"이라고 번역하였다]. 이는 영원 전에 '삼위 안에서 이루어진 협의'로서 개혁파 신학 안에서는 중요한 위치를 차지한다. 하지만 주의할 것은 우리가 '예정'을 사고의 근본에 두면 모든 것이 운명론이 된다고 한 것과 마찬가지의 사고, 더욱 거슬러 올라가 여기 '구원 협의'에다 둘 수 있다는 것이다. 모든 일이 '예정'을 따라 이루어진다고 말하는 것보다 더 강력하게, 모든 일이 '구원 협의'에 있다는 식으로 말할 수 있게 된다. 그러면 역시 동일하게 운명론을 벗어날 수 없게 된다.

우리는 하나님의 작정이 '영원부터' 있었음을 성경을 통해 믿고 고백합니다. 하나님의 백성이 부르심을 얻어 백성되는 일은 분명히 영원부터 있었던 하나님의 계획하심을 통하여 된 것입니다. 무계획적으로 대강 된 것이 아니기 때문에 우리는 이렇게 치밀하게 우리를 건지시기로 작정하신 하나님을 찬양하게 됩니다.

시간에서의 집행

다음으로 신조가 동일하게 고백하고 있는 "이 작정이 시간 안에서 집행된다"라는 주제도 생각해 봅시다. 단순히만 생각하더라도 이는 매우 합리적인 결과이며 당연한 것입니다. **영원부터 우리를 구원하시기로 작정하신 하나님은** 이를 **시간 안에서 실행**하십니다.

"시간 안에서"에서의 "시간"은 일종의 '하나님께서 일하시는 장', '하나님의 우리들을 향하신 선하신 뜻이 실현되는 공간'이라고 할 수 있습니다. 하나님은 우리를 구원하시기 위한 작정을 계획만 하시지 않으셨고 실행에 옮기시는데, 이 실행을 '시간 안에서의 실행'이라고 할 수 있습니다. 신조는 이것을 "시간 안에서 어떤 사람에게는 믿음의 선물을 주시고 어떤 사람에게는 주시지 않는다."라는 식으로 표현했습니다. 하나님의 작정을 묵상할 때 '영원부터의 작정'과 '시간 안에서의 집행'이라는 내용을 묵상하는 것은 각각의 요소에서 주는 교훈이 있습니다.

첫째로, '영원부터의 작정'을 묵상하는 것은, 하나님께서 우리를 구원하시기 위한 계획이 치밀하고 상세하며 우리로서는 그 파악이 어려울 정도로 하나님의 우리를 향한 마음이 강력하다는 것을 보여 주고 있기 때문에, 하나님을 **찬양할 동기**가 됩니다. 작정을 '영원부터'라고 말하는 것은 구원받은 신자의 입장에서 보자면, 우리를 향한 하나님의 계획하심이 크고 놀랍다는 것을 바라보게 하는 중요한 단서가 됩니다. 그래서 칼뱅 선생님은 기독교강요의 예정을 다루는 부분에서 이렇게 말하기도 했습니다.

이 교리 이외에는 우리를 합당한 만큼 겸손하게 만들어 줄 수 있는 것이 아무것도 없고, 또한 우리가 얼마나 하나님께 은혜를 입고 있는가를 진지하게 느끼도록 해

줄 수 있는 것이 아무것도 없다.[20]

이렇듯 영원부터의 작정을 묵상하는 일은 우리를 향한 하나님의 지극히 놀라운 사랑을 밝히 깨닫게 해 줍니다.

둘째로, 이 일이 '시간 안에서 집행'된다는 사실은 우리로 하여금 추상적인 하나님을 상정하지 않고 **구체적으로 역사하시는 하나님**'을 보게 만들어 줍니다. 우리는 성경에서 하나님께서 이스라엘 백성들을 만나실 때 항상 그분의 **행하신 일을 통하여** 만나심을 발견합니다. 이 행하심의 근거는 대개 '언약'입니다.

애굽에서 종살이하고 있던 이스라엘을 구원하실 때, 하나님께서 모세를 보내셔서 그들에게 하신 말씀을 생각합시다. 출애굽기 3장에서 하나님은 모세에게 백성들을 향해 이렇게 말하라고 일러 주십니다.

> 첫째, 나는 네 조상의 하나님, 곧 아브라함, 이삭, 야곱의 하나님이다(6절).
> 둘째, 세 동사가 이어 나타납니다(7절). '보았다', '들었다', '알았다' 이 절을 완전히 읽으면 이렇습니다. "내가 애굽에 있는 내 백성의 고통을 정녕히 '보고', 그들이 그 간역자로 인하여 부르짖음을 '듣고', 그 우고를 '알고'"
> 셋째, 그다음, 동사 "내려오다"가 나옵니다(8절). "내가 내려온다, 그들을 건지기 위하여"

출애굽기의 이 말씀은 하나님께서 우리를 '보고', '듣고', '아실' 때, **행동을 동반함을** 보여 주고 있습니다. 보고 듣고 아신 하나님은 가만히 계시지 않습니다. 내려오셔서! 구원(건지다)하십니다!

이스라엘이 적군들과 싸울 때도 여호와께서 '용사이신 하나님'으로 나타나실 때를 얼마나 많이 발견하게 됩니까? 홍해 앞에서 애굽 군대에게 뒤를 쫓길 때 그 군대를 불기둥으로 막으신 분은 하나님이셨고(출 14:19-20), 가나안 땅에 들어가기

---

20 ― Inst. III. 21. 1.

위해 여리고 성을 칠 때 친히 싸우신 분도 하나님이셨습니다(수 6장).

출애굽기 19장에는 하나님께서 이스라엘 백성들에게 율법을 주시면서 그들과 공식적인 언약을 맺기 위한 절차를 말씀하시는 것을 보게 되는데, "너희는 모든 민족 중에서 내 소유가 되고 제사장 나라가 되며 거룩한 백성이 되리라"(5-6절)라고 말씀하시는 바로 앞에는 "내가 애굽 사람에게 어떻게 행하였으며, 내가 어떻게 독수리 날개로 너희를 업어 내게로 인도하였느냐?"(4절)가 나옵니다.

우리는 하나님께서 자신의 작정을 이 시간 속, 이 역사 안에서 **'집행하시는 분'** 이심을 알고, 믿고, 고백해야 합니다. 그리고 **영원부터의 작정을 찬송했듯이, 시간 안에서의 집행 역시 찬송해야** 합니다. 성경에서의 하나님은 언제나 '행동하시는' 하나님이시며, 역사 안에서 자기 백성을 위하여 '일하시는' 하나님이십니다.

작정을 말할 때 자칫하면 우리는 **추상적이 되기** 쉽습니다. 하지만 **성경에서 구원의 하나님은 결코 추상적이지 않습니다.** 성경이 가르치는 하나님은 나의 영혼을 눈에 보이지도 않게, 어느샌가 나도 모르게, 저기 잘 모르는 낙원으로 휘리릭 데려가시는 분으로 묘사하지 않습니다. 오히려 대하드라마나 장대한 서사시에서처럼 우리에게 구원을 주시기 위하여 싸우시고, 역사하시며, 일하시는 방법을 통해 구원을 베푸시는 것으로 묘사하고 있습니다. 구원의 하나님은 구체적입니다.

즉 '시간 집행'이라는 주제는 '영원 작정'만큼이나 우리로 하나님을 찬송케 만드는 주제입니다. 하나님은 땅에서, 몸을 입은 우리를 위하여, 우리처럼 이 물질세계 속에서 싸우시고 역사하십니다. 하나님은 참으로 작정을 이루십니다!

유의할 점

도르트의 선배들이 '영원 작정과 시간 집행' 구도를 명시한 이유는 아르미니우스주의자들이 시간을 '인간의 행위가 있는 시간'으로 보았기 때문입니다. 이들은 시간 안에 있는 인간의 의지가 '구원의 시작점'이라고 보았기 때문에 '영원 작정과 시간 집행'을 말해서는 안 되었습니다. 이렇게 하면 영원부터 작정한 하나님만이 오직 구원의 절대 주체가 되기 때문입니다. 아르미니우스주의자들은 이것을 싫어했습니다. 이런 이유로 도르트의 선배들은 '영원 작정'을 말함으로써 모든 구원의 기원을 '하나님께' 두었습니다. 그러므로 우리는 도르트의 선배들이 확고하게 천착하였던 이 '영원 작정과 시간 집행'이라는 가치를 확고하게 잘 유지할 필요가 있습니다.

그럼에도 불구하고 하나님을 '영원'과 '시간'이라고 표현할 때에는 인간 언어의 한계로 인해 발생하는 맹점이 있을 수밖에 없습니다. 말씀을 신중하게 다루는 이들은 이런 점에도 유의를 기울이는 것이 유익하다고 생각합니다. 이런 점을 몇 가지 생각해 봅시다.

생각의 하나님: '지성이 의지에 앞선다'는 기독교적 주지주의[21]

'영원'이라는 주제에는, 성경이 그렇게 가르치는 것은 아님에도 불구하고 우리의 한계 때문에 오류에 빠지게 되는 문제들이 있습니다. 우리는 자주 '영원'이라는 개념을 '시간 전'이라고 생각합니다. 여기에서 문제가 발생합니다. "영원부터 하나님이 작정하셨고 시간 안에서 집행하신다."라고 말하면, 반드시 이것을 **선후 관계**로 이해하는 함정에 빠지는 것입니다. 자연스럽게, 집행은 '뒤의 일'이고 작정은 '앞의 일'이라는 착각을 하게 되는 것입니다. 먼저 작정을 하셨고, 후에 이 작정을 집행하셨다는 생각입니다.

사람은 누구나 행동을 할 때 **먼저 생각을 한 후에 움직입니다.** 당연합니다. 어느 누구도 뇌가 생각을 하지 않았는데 움직일 수 있는 사람은 없습니다. 그러다 보니 우리는 이러한 사람으로서 이해의 한계 때문에, 하나님에 대해서도 별 생각 없이 이 전후 관계를 대입하여 생각해 버립니다. **작정이 먼저, 집행은 나중**이라고 말입니다.

하지만 시간이 없다면 **'전후' 자체가 존재하지 않습니다.** '영원'이란 '시간 전'이 아닙니다. '영원'이란 **'시간 없음'**입니다. '시간'이라는 것조차도 하나님께서 최초에 빛을 창조하셨을 때에야 비로소 생긴 것이기 때문에, 그 이전, 곧 '창조 이전'인 영원이란 '시간 전'이 아니라 '시간 없음'입니다. 따라서 우리가 성경에서 하나님이 "영원부터 작정하셨다."라는 말을 읽을 때 '시간 전'에 우리를 작정하셨

---

21 — 유해무, 『개혁교의학』, 192에서 참고.

다고 생각해서는 안 됩니다. 하나님께서 영원부터 우리를 작정하셨다는 말의 뜻은, '시간조차 존재하지 않았을 때' 우리를 지으시기로 작정하셨다는 것, 우리가 파악할 수도 없고 이해할 수도 없는 어떤 시점에 우리를 향하여 작정하셨다는 뜻인 것입니다.

이런 하나님의 작정을 전후 관계로 읽으면 어떤 문제가 발생할까요? 시간의 틀 속에 매인 이런 오해는 하나님을 **'먼저 생각하고 후에 行動하는 분'으로** 이해하게 만듭니다. 여기에는 두 가지 문제가 있습니다.

● 생각의 하나님

첫째, 하나님을 '먼저 생각하시고 후에 행동하시는 분'으로 만들면, 하나님의 모든 행동은 **생각의 지배를** 받게 됩니다. 그러면 하나님은 '생각의 하나님'이 됩니다. 유해무 교수는 자신의 책에서 이 점을 지적하면서, 이것은 "플라톤주의의 이데아 이론이지 성경이 아니다."[22]라고 말했습니다.

하나님을 '생각의 하나님'으로 만드는 것이 무엇이 나쁜가요? 다시 앞에서 배운 성경의 하나님을 생각합시다. 우리가 성경에서 만나는 하나님은 자신을 '관념'으로, '추상적'으로, '생각'으로 제시하시지 않습니다. **성경의 하나님은 자신을 우리에게 알려 주실 때 '실체 없는 사상'으로 알려 주시지 않습니다.** "나는 너희의 생각을 구원하였다"라고 하지 않으십니다(이런 구원론은 영지주의에 가깝다). 성경에서 하나님은 언제나 **'행동하시고 역사하시는' 하나님**이십니다.

성경의 구원론이 이러하다면, 성경이 제시하고 있는 하나님과 그분의 사역을 추상적인 것으로 만드는 것은 위험합니다. 작정 역시 추상적인 무언가가 되어 버리고 맙니다. 그래서 어떤 신학자는 "하나님의 작정을 추상적으로 이해해서는 안된다."라고 하면서 "그것은 확정된 설계 명세서로서 이행을 기다리고 있는 것과 같은 것이 아니다."[23]라고 말했습니다. 우리는 하나님의 뜻과 작정을 **'시간적 순서, 인과관계'로** 이해하면서 **'역사 속에서 행동하시는 하나님'을 약화**시켜서는 안

22 ─ 위의 책, 192.
23 ─ J. 판 헨더렌 & W. H. 펠레마, 『개혁교회 교의학』, 335.

됩니다.

그래서 스킬더는 이것을 그나마 극복하기 위해서 **"하나님은 매순간, 계속해서 작정하신다."**라고 표현했습니다.[24] 이 표현 역시 '하나님께서 사람의 매 시간마다' 작정하시는 것처럼 오해하는 것을 피할 수는 없습니다. 하지만 우리의 이해로서는 이 정도가 최선입니다. 아우구스티누스는 비슷하게 "하나님은 항상 현재의 하나님이시다."라고 말했는데, 이 역시 '우리의 시간'을 말하는 것은 아닙니다. 즉 하나님의 시간과 우리의 시간은 다릅니다. 시간 속에 사는 우리야 과거와 현재와 미래가 있지만, 하나님께서는 이를 초월하여 **시간의 모든 단면을 동시에 대면**하실 수 있습니다. 즉 하나님께는 '먼저 작정, 후에 실행'이라는 개념이 없는 것입니다. 하나님께서는 시간에 매이지 않으시기 때문입니다.

● 죄의 조성자

둘째로 '생각의 하나님'은 하나님을 죄의 조성자로 만들 위험을 가지고 있습니다. 왜냐하면 하나님을 **'먼저 생각하시고 후에 실행하시는 분'으로 보아 버리면, 반드시 하나님은 죄도 '먼저 생각'하셨어야** 하기 때문입니다. 그렇다면 아무리 좋게 보려 하더라도 하나님은 '잠재적 죄의 조성자'가 될 수밖에 없습니다.

우리는 성경이 말하는 만큼만 말해야 합니다. 성경이 하나님을 죄의 조성자로 말하지 않는데 우리의 논리적 퍼즐 조각의 순서를 따라가면, 하나님이 죄의 조성자가 될 수밖에 없는 진입로로 들어서게 됩니다. 우리는 예정을 말하되 성경이 말하지 않는 것까지 말해서는 안 됩니다. 이런 이유로 하나님은 '생각의 하나님'이어서는 안됩니다. '생각의 하나님'일 때는 '먼저 생각되고 후에 실행되는 것'을 피할 길이 없고, 반드시 하나님은 죄의 조성자가 되기 때문입니다.

영원 칭의: 신자를 수동적으로 만듦

또 한가지 다른 문제점으로 '영원 칭의'의 문제가 있습니다. 이것은 주로 네덜란드에서 논쟁이 된 것인데, '영원 칭의'라는 것은 예정을 극단적으로 생각한 것

---

24 — 위의 책, 335.

이며 앞서 말한 '전후 관계'를 그대로 도입한 것입니다. 영원 칭의를 주장하는 이들은, 하나님의 백성은 **영원에서부터 미리 예정**되었기 때문에 이들에게는 **애초에 멸망받을 만한 것이 없다고** 생각했습니다. 이들의 주장에 의하면, 의롭게 된 일은 '역사 속에서 살아가면서 일어나는 일'이 아니게 됩니다. 이미 하나님의 작정 속에서 모두 다 있었던 것이며, 따라서 이런 구도에서는 역사 속에서 실제로 일어나는 일들은 그저 원래 하나님께서 계획하셨던 일들이 **드러나는 것일 뿐**이게 됩니다.

신자의 의롭게 됨도 마찬가지입니다. 신자는 **죄인으로 태어나서 멸망 중에 있다가 어떤 시점에 그리스도를 만나서 의롭게 되는 것이 근본적으로 아니게** 됩니다. 애초에 그는 의롭게 될 것이 다 결정되어 있었으니까요. 그래서 이들은, 신자가 의롭게 되는 것을 삶에서 경험하게 되는 것은 "영원 전에 칭의가 있었던 것을 단지 **알아채는 것일 뿐**"이라고 주장했습니다.

우리는 영원 칭의의 문제가 성경을 바르게 읽은 관점이 아니라는 점을 유념해야 합니다. 앞서 배웠듯이 **성경은 우리에게 죄의 문제를 '실존적인 것'으로 가르칩니다.** 성경은 "죄와 멸망은 이미 구원받도록 예정된 사람에게는 없는 것이나 마찬가지야!"라고 가르치지 않습니다. 그러나 어떻습니까? 예정을 전후 관계에서 **앞에 있는 것으로 놓아 버리면 죄는 무력**해집니다. 택자들이 죄와 멸망 속에 있었던 사실은 어쩌면 쇼가 됩니다. 운명은 결정되어 있는 것이니 말입니다.

똑같은 방식으로 영원 칭의는 **신자를 무력하게** 만듭니다. 우리는 하나님의 '영원한' 작정이 **'매 순간' 실현된다는 것을** 믿어야 합니다. 이렇게 믿지 않는다면 우리는 결국 하나님이 모든 것을 정해 놓으시고, 거기에 따라 행동하는 꼭두각시가 되고 맙니다. **모든 것이 결정되어 있다면 무슨 수로 능동적이고 적극적인 삶을 살수 있겠습니까?** 이번 한 주간에 살아야 할 삶이 시침, 분침, 초침 하나까지 모두 다 결정되어 있다고 생각한다면, 무슨 수로 삶을 활동적으로 살아 낼 수가 있겠습니까? 우리는 운명론자가 되어서는 안 됩니다. 영원 칭의의 문제는 어쩔 수 없이 우리를 운명론으로 몰게 됩니다.

하나님의 작정을 시간적 전후 관계로 보면 이런 일이 일어납니다. 우리 믿음의 조상들은 작정에 대한 논의를 이런 방식으로 논리적으로 밀고 가지 않고 겸손하게 성경에 의지했기 때문에 많은 오류에 빠져들지 않을 수 있었습니다. 우리 역시 이 뒤를 따라서, 하나님께서 우리에게 주신 삶의 순간마다 최선을 다하면서, 하나님의 작정이 우리를 통해 실현되는 것에 기쁨과 감격을 느끼며 살아갈 수 있어야 하겠습니다.

제7조 : 선택의 정의

선택은 하나님의 변치 않는 목적인데, 이로써 하나님께서는 그분의 주권적이고 선하시고 기뻐하시는 뜻을 따라 순전히 은혜로 어떤 사람들, 곧 자신들의 잘못으로 인하여 원래의 순결함을 상실하고 죄와 파멸로 떨어진 모든 인류 가운데서 확정된 숫자의 구체적인 사람들을 구원에 이르도록 창세전에 그리스도 안에서 택하셨습니다.[i]

그렇게 선택하심은 그들이 다른 사람보다 낫거나 하나님의 사랑을 받을 만한 가치가 조금이라도 있기 때문이 아닙니다. 그들도 다른 모든 사람처럼 비참함에 함께 버려져 있었습니다. 하나님께서는 영원부터 그리스도를, 택하신 사람들의 중보자와 머리로 삼으시고 구원의 근거로 정하셨습니다.

또한 하나님께서는 택하신 자들이 그리스도 안에서 구원 얻게 하시려고 그들을 그리스도께 주시기로 작정하시고, 그들이 그리스도와 교제하도록 그분의 말씀과 성령으로 효력 있게 부르시며 이끄십니다.[ii] 달리 표현하면, 하나님께서는 그리스도 안에서 그들에게 참된 믿음을 주시고, 그들을 의롭다 하시고, 거룩하게 하실 것과 또한 그들이 아드님과의 교제 가운데 거하도록 강하게 붙드시고, 이후에는 궁극적으로 그들을 영화롭게 하실 것을 작정하셨습니다.

이 모든 일을 통하여 하나님께서는 그분의 자비하심을 나타내시고 그 영광스러운 은혜의 풍성함을 찬송하게 하십니다. 이러한 사실을 성경에서는 다음과 같이 기록하고 있습니다. "곧 창세전에 그리스도 안에서 우리를 택하사 우리로 사랑 안에서 그 앞에 거룩하고 흠이 없게 하시려고 그 기쁘신 뜻대로 우리를 예정하사 예수 그리스도로 말미암아 자기의 아들들이 되게 하셨으니, 이는 그의 사랑하시는 자 안에서 우리에게 거저 주시는 바 그의 은혜의 영광을 찬미하게 하려는 것이라"(엡 1:4-6). "또 미리 정하신 그들을 또한 부르시고 부르신 그들을 또한 의롭다 하시고 의롭다 하신 그들을 또한 영화롭게 하셨느니라"(롬 8:30).

---

i 엡 1:4 곧 창세전에 그리스도 안에서 우리를 택하사 우리로 사랑 안에서 그 앞에 거룩하고 흠이 없게 하시려고 / 엡 1:11 모든 일을 그의 뜻의 결정대로 일하시는 이의 계획을 따라 우리가 예정을 입어 그 안에서 기업이 되었으니 / 요 17:2 아버지께서 아들에게 주신 모든 사람에게 영생을 주게 하시려고 만민을 다스리는 권세를 아들에게 주셨음이로소이다 / 요 17:12 내가 그들과 함께 있을 때에 내게 주신 아버지의 이름으로 그들을 보전하고 지키었나이다 그 중의 하나도 멸망하지 않고 다만 멸망의 자식뿐이오니 이는 성경을 응하게 함이니이다 / 요 17:24 아버지여 내게 주신 자도 나 있는 곳에 나와 함께 있어 아버지께서 창세전부터 나를 사랑하시므로 내게 주신 나의 영광을 그들로 보게 하시기를 원하옵나이다

ii 요 6:37 아버지께서 내게 주시는 자는 다 내게로 올 것이요 내게 오는 자는 내가 결코 내쫓지 아니하리라 / 요 6:44 나를 보내신 아버지께서 이끌지 아니하시면 아무도 내게 올 수 없으니 오는 그를 내가 마지막 날에 다시 살리리라 / 고전 1:9 너희를 불러 그의 아들 예수 그리스도 우리 주와 더불어 교제하게 하시는 하나님은 미쁘시도다

● 강해 본문 : 디도서 3장 1-11절

1 너는 그들로 하여금 통치자들과 권세 잡은 자들에게 복종하며 순종하며 모든 선한 일 행하기를 준비하게 하며 2 아무도 비방하지 말며 다투지 말며 관용하며 범사에 온유함을 모든 사람에게 나타낼 것을 기억하게 하라 3 우리도 전에는 어리석은 자요 순종하지 아니한 자요 속은 자요 여러 가지 정욕과 행락에 종 노릇 한 자요 악독과 투기를 일삼은 자요 가증스러운 자요 피차 미워한 자였으나 4 우리 구주 하나님의 자비와 사람 사랑하심이 나타날 때에 5 우리를 구원하시되 우리가 행한 바 의로운 행위로 말미암지 아니하고 오직 그의 긍휼하심을 따라 중생의 씻음과 성령의 새롭게 하심으로 하셨나니 6 우리 구주 예수 그리스도로 말미암아 우리에게 그 성령을 풍성히 부어 주사 7 우리로 그의 은혜를 힘입어 의롭다 하심을 얻어 영생의 소망을 따라 상속자가 되게 하려 하심이라 8 이 말이 미쁘도다 원하건대 너는 이 여러 것에 대하여 굳세게 말하라 이는 하나님을 믿는 자들로 하여금 조심하여 선한 일을 힘쓰게 하려 함이라 이것은 아름다우며 사람들에게 유익하니라 9 그러나 어리석은 변론과 족보 이야기와 분쟁과 율법에 대한 다툼은 피하라 이것은 무익한 것이요 헛된 것이니라 10 이단에 속한 사람을 한두 번 훈계한 후에 멀리하라 11 이러한 사람은 네가 아는 바와 같이 부패하여 스스로 정죄한 자로서 죄를 짓느니라

확정된 수의 사람들을 선택하심

딛 3:1-11

신조는 6조에서 '하나님의 작정'을 설명한 후에 이어 7조에서 '하나님의 선택'이 무엇인지를 설명합니다.

'선택'과 **'작정'**은 얼핏 생각하면 비슷한 말처럼 보일 수 있지만 단어의 뜻을 생각해 보면 전혀 다른 것입니다. '작정'이라는 말은 하나님의 의도, **하나님의 뜻**이 강조된 용어입니다. 6조의 성경 인용에서 "모든 일을 그 마음의 **'원대로'** 역사하시는"(엡 1:11, 의미 전달에 더 좋아 개역한글판의 번역을 사용)이라는 말이 나오듯이, 작정이란 '하나님께서 이리저리 하시겠다고 정하시는 것'을 말합니다.

그에 반해 '선택'이라는 말은 말 그대로 **'택하는 것'**입니다. 둘 중에 하나를 고르는 것, 이것이 선택입니다. 예정론에서는 '작정'과 '선택'이라는 용어를 만날 때 혼동될 수 있지만, 사실 일반 생활에서는 두 용어가 잘 구별됩니다. "나는 오늘 청소를 하기로 작정했어."라는 말의 의미와 "나는 빨간색 옷과 파란색 옷 중에 빨간 색을 입기로 선택했어."라는 말을 혼동하는 사람은 없기 때문입니다.

그러니까 말 자체가 어려운 것은 아닙니다. 용어에 있어서 어려운 점은 없지만, 예정의 주제에 있어서는 '작정', '예정', '선택' 이 모든 용어들이 비슷한 방향을 지시하고 있기 때문에, 우리가 통상 이리저리 사용할 때 섞어서 두루뭉술하게

사용하고 있을 뿐입니다.[25]

선택은 하나님의 변치 않는 목적

처음 말씀드린 "6조에서 작정을 설명하고 7조에서 선택을 설명했다."라는 말에서 다음의 주제를 생각해 봅시다.

> 작정을 먼저 말한 후에 선택을 말하는 이유는 무엇입니까?

대답은 어렵지 않습니다. **선택이 작정에 따라 되는 일이기 때문**입니다. 하나님께서는 어떤 사람들을 '선택'하셨고, 또 어떤 사람들을 '유기'하셨습니다. 그런데 이 선택이나 유기는 무엇을 따라 된 일일까요? 어떤 이들을 향한 선택이나 유기는 그 근원이 무엇입니까? 당연히 선택이나 유기는 하나님의 작정 때문에 일어나는 일입니다. 곧 하나님께서는 **선택을 작정**하셨습니다.

그러므로 우리는 선택을 배울 때 항상 이 점을 잊지 말아야 합니다. "내가 선택되었는가?"라는 문제에 집중하는 대신 "하나님의 작정, 뜻, 목적은 무엇인가?"라고 질문할 수 있어야 한다는 것입니다. 이 사실을 7조의 첫 문장은 이렇게 설명하고 있습니다.

> 선택은 하나님의 변치 않는 목적이다!

당연히 이 진술은 '정의'가 아닙니다. 말씀드린 대로 '선택'과 하나님의 '뜻' 혹은 '목적'은 같은 말이 아닙니다. 그러나 **선택에서 가장 우선시해야 하는 주제가 바로 '하나님의 뜻' 혹은 '목적'**입니다. 선택은 작정을 따라 되는 일이기 때문입니다. 이런 방식으로 선택에 다가설 때 우리는 선택 앞에서 '나'를 생각하는 대신 하나님의 변치 않는 목적을 생각하게 되고, 이로 인하여 **우리를 향해 목적을 품으신**

---

25 — '작정', '예정', '선택'의 용어정리는 첫째 교리 제1조의 각주 내용을 참조할 것.

하나님을 찬양하게 됩니다.

우리는 그저 평범한 사람들이기 때문에, 어떤 문제에 부딪히게 될 때 **'나'라는 테두리**를 벗어나 생각하기가 매우 어려운 사람들입니다. 일전에 산불이 크게 난 적이 있습니다. 저도 군대 있을 때 산불을 끄러 두어 번 출동했던 경험이 있습니다. 불을 끄는 현장에 있다고 생각해 보십시오. 이런 상황이 닥치면 다른 생각을 못하게 됩니다. 불에 둘러싸이면 살기 위해 어떻게든 여기를 벗어나야겠다는 생각 뿐이지 그 외에 다른 생각을 하지는 못합니다. 마찬가지입니다. 자신의 구원, 자신의 생명, 이런 것들이 걸려 있으면 앞뒤 따질 것 없이 '자신'만 중요하게 생각할 수 있습니다.

말씀을 배우고 신조를 배우는 이유는 여기에서 좀 더 나아가 보자는 것입니다. 우리는 '생존의 사람들'입니다. 우리는 자기밖에 모르는 이기적인 존재들입니다. 하지만 하나님께서 우리를 구원해 주셨다는 위대한 진리 앞에 서니까 이게 좀 부끄러워지는 것입니다. 하나님께서는 아무것도 하지 않은 가치 없는 나를 위해 아들 예수 그리스도를 땅에 보내셔서 대신 죽게 하심으로 나를 건져 구원하셨습니다. 이 위대한 사실 앞에 서니까 그 위대한 선택을 말할 때조차 여전히 "내가 선택되었나?", "내가 구원받았나?" 이런 말만 하기에는 민망한 것입니다. 우리는 **하나님을 찬송하는 데까지** 나아가야 합니다.

교리에 대해 배우는 이유가 이것입니다. **말씀이 가르치는 위치를 쭉 손으로 짚어 가면서 따라가다 보니 "선택이라는 것에는 궁극적으로 하나님의 작정, 하나님의 변치 않는 목적이 있더라"**라는 사실에 도착하더라는 말입니다. 우리는 지극히 이기적이어서 내가 궁극적으로 구원받고 살 것이냐 말 것이냐, 좀 더 노골적으로 말하자면 천당 갈 것이냐 지옥 갈 것이냐 이런 것에만 관심이 있는 사람들이었습니다. 그런데 말씀을 배워서 하나님의 크고 위대하신 사랑을 알게 되니까 우리의 시선이, 바라보는 방향이 바뀌더라는 말입니다.

그래서 우리는 이제 어두운 눈을 겨우 뜨고, 침침한 우리의 지식을 두들겨 깨워서, 마치 새벽의 뿌연 어둠 속에서 책장을 넘겨 미명에 비추어 진리를 읽어 가는 사람들처럼 그렇게 말씀을 읽어 가는 사람들입니다. 이렇게 말씀을 향해 나아 갔더니 거기 선택의 문제에서는 언제나 '하나님의 목적', '하나님의 뜻', '하나님의 의지'를 읽어야 한다는 귀한 가르침이 있더라는 것입니다.

이 사실을 우리에게 알려 주고 있는 말씀이 이 7조의 첫 문장, 곧 **"선택은 하나님의 변치 않는 목적이다."**라는 문장이며, 이야말로 우리 선배들이 우리보다 조금 앞서서 선택 앞에서 하나님을 발견하는 법을 말씀으로부터 배운 후 우리에게 가르쳐 준 것입니다.

이 선택을 말할 때 아르미니우스주의자들과 우리의 차이점

이 '선택'을 말할 때, 도르트 신조가 작성되었던 17세기에는 아르미니우스주의자들과 개혁신앙인들 사이에 **의미의 차이**가 있었습니다. 그 차이의 내용이 7조 본문 안에 투영되어 있습니다.

하나님의 자비와 사랑

신조는 하나님께서 우리를 선택하셨다고 고백할 때 이렇게 진술합니다.

> 하나님께서는 자신들의 잘못으로 인하여 원래의 순결함으로부터 죄와 파멸로 떨어진 모든 인류 가운데서 하나님의 주권적이고 선하시고 기뻐하시는 뜻을 따라서 순전히 은혜로 확정된 숫자의 구체적인 사람들을 구원에 이르도록 창세전에 그리스도 안에서 택하셨습니다.

이 고백은 읽는 것만으로도 매우 감동적입니다. 먼저 이 고백 안에는 마치 손에 잡힐 것처럼 우리를 사랑하시는 하나님의 사랑이 드러납니다. **'하나님'과 '우리'라는 두 단어에 강조점을 두어서** 앞 문장을 다시 읽어 보십시오.

> 자신들의 잘못으로 인하여 순결함으로부터 죄와 파멸로 떨어진 우리

이것이 신조가 말하는 우리의 모습입니다. 우리는 죄 때문에 파멸로 떨어졌습니다.

그러나 동시에 신조는 하나님에 대해서 어떻게 말하고 있습니까? 이 문장 전체의 주어는 "하나님께서는"입니다. 그리고 동사는 "택하셨습니다"입니다. 그렇다면 주제가 선명해집니다. 죄와 파멸로 떨어져 갈피를 잡지 못하는 인생들에게 하나님은 **"주권적이고, 선하시고, 기뻐하시는 뜻을 따라서 순전히 은혜로"** 우리를 구원하셨다는 것입니다. 하나님의 마음이 이 문장들 속에 나타나 있습니다. 별다른 설명이 많이 없더라도 하나님께서 가망 없는 인류를 향하여 어떤 긍휼과 자비를 가지셨는지 잘 알 수 있는 대목입니다. 이 '우리'와 '하나님'의 주제를 디도서에서 발견할 수 있습니다. 디도서 3장 3절은 '우리'에 대해 이렇게 말합니다.

> 우리도 전에는 어리석은 자요, 순종하지 아니한 자요, 속은 자요, 여러 가지 정욕과 행락에 종 노릇한 자요, 악독과 투기를 일삼은 자요, 가증스러운 자요, 피차 미워한 자였으나_딛 3:3

우리는 "어리석"었고, "순종하지 않았"고, 온갖 행악에 물든 비참한 존재였습니다. 하지만 이때 하나님의 어떠하심이 나타납니다.

> 우리 구주 하나님의 자비와 사람 사랑하심이 나타날 때에, 우리를 구원하시되 우리의 행한 바 의로운 행위로 말미암지 아니하고 오직 그의 긍휼하심을 따라 중생의 씻음과 성령의 새롭게 하심으로 하셨나니_딛 3:4-5

이 말씀의 연결은 우리가 **'원래 어떤'** 이들이었는지와, 우리가 **'무엇을 근거로' 구원받게 되었는지**가 한꺼번에 잘 나타나 있습니다. 우리는 원래 어리석고, 순종치 않고, 각색 정욕과 행락에 종노릇하던 이들이었습니다(딛 3:3). 여기에서 "행락"이라는 말에 좀 주목하고 싶은데, 쉽게 번역하면 '쾌락'입니다. '육욕'이라는 뜻입니다. 그런데 디도서는 **"쾌락을 즐겼다"**라고 하지 않았습니다. **"쾌락에 종노릇했다"**라고 했습니다. 그렇습니다. 우리는 원래 육욕에 종노릇하며 살았습니다. 인생이 무엇입니까? 내가 좋아하는 대로 산 것입니다. 쾌락을 좇고, 정욕을 따라 살고…. 그런데 그게 쾌락에 종노릇, 사탄에 종노릇이다 보니 필연적으로 악독, 투기, 가증, 피차 미워함 … 이런 방식으로 가게 되어 있는 것입니다.

이런 비참한 우리에게 하나님의 "자비"와 "사람 사랑하심"이 나타납니다(딛 3:4)! "사람 사랑하심"이라는 말은 꽤 정감 있는 표현 같습니다. 이 말은 성경에 두 번밖에 안 나옵니다. 여기 디도서 말고는 사도행전 28장에 나오는 것뿐입니다.

> 비가 오고 날이 차매 원주민들이 우리에게 특별한 동정을 하여 불을 피워 우리를 다 영접하더라_행 28:2

사도행전 28장은 바울이 탄 배가 파선하여 '멜리데'라고 하는 섬에 상륙하게 된 이야기입니다. 그런데 거기 섬에 원주민들이 있었습니다. 이 원주민들이 바울 일행들에게 행한 일들에 바로 이 "사람 사랑하심"과 같은 단어가 나옵니다. "특별한 동정을 하여"할 때의 **"동정"**입니다. 이 "동정"이 "사람 사랑하심"입니다.

헬라어로 이 단어는 '사랑'이라는 '필레오'와 '사람'(헬. 안트로포스)이라는 단어가 결합된 말입니다. 다른 복잡한 것이 없습니다. 사람 사랑하는 것이지요. 표류해서 겨우 살아남은 바울 일행들에게 거기 살고 있던 원주민들이 불쌍한 마음에 불을 피워 주고 따뜻한 물도 주고 음식도 좀 주었던 것입니다. 여기에 무슨 보수를 받을 것에 대한 계산이나 생각이 있어서 친절을 베푼 것이 아닙니다. **그저 '사람 사랑'입니다.** 통상은 '박애'라고 번역하기도 하는데 저는 그냥 "사람 사랑"이 더 좋아 보입니다.

이 사도행전의 상황을 다시 디도서에 투영해 보십시오. 우리가 이러저러하게 불쌍한 모양에 있었습니다. 그것을 보신 하나님께서 어떤 마음이 드셨다는 것입니까? 불쌍했다는 것이지요. 그래서 우리를 사랑하셨다는 것입니다. 우리 인간들도 측은지심, 자비함을 가집니다. 예를 들어서 길을 잃은 강아지를 볼 때 불쌍한 마음을 갖게 되는 것, 그런 것이 다 **하나님이 원래 가지신 마음을 우리가 받은 것입니다.** 하나님이 우리를 보실 때 그렇게 불쌍하셨다는 것입니다. 쾌락의 종이 되어 악독과 불의 가운데 살고 있는 인생이 가엾으셨던 것입니다. 바울 일행이 바닷물에 빠졌다 나와서 몸이 다 젖어서 오들오들 떨고 있으니까 원주민들이 불도 피워 주고 따뜻한 스프도 주었던 것처럼 하나님께서는 인생의 불쌍한 처지를 보고 측은지심이 드셨습니다.

디도서 3장의 "중생의 씻음"과 "성령의 새롭게 하심"은 모두 여기에 뿌리를 두고 있습니다. 우리의 구원은 모두 하나님의 이 "사람 사랑하심"에 기초하고 있습니다. 요한복음 3장 16절의 유명한 말씀 "하나님이 세상을 이처럼 사랑하사 독생자를 주셨으니"에서 "사랑하사"의 **"-사" 자를 유의하여** 보신 적이 있습니까? 문법책에 찾아보면 이 단어가 '결과를 나타내는 접속사'[26]라고 되어 있습니다. 독생자를 주신 것은 결과입니다. 무엇의 결과일까요? "하나님이 세상을 이처럼 사랑하사", 곧 '사랑'의 결과입니다.

확정된 숫자

그리고 선택을 이해하는 방식에서 아르미니우스주의자들과 우리가 어떻게 다른지가 그다음에 나와 있습니다.

> 확정된 숫자의 구체적인 사람들을 구원에 이르도록 택하셨다.

신조가 이렇게 표현하고 있는 배경에는 아르미니우스주의의 주장이 있습니다. 오류와 반박 1번을 보겠습니다.

> **오류**: 믿고자 하고 믿음으로 인내하고 믿음의 순종을 하고자 하는 사람을 구원하는 것이 하나님의 뜻이고, 이것이 구원으로 택하신 작정의 전부고 전체다. 이것 외에 다른 작정은 아무것도 하나님의 말씀에 계시되지 않았다.
>
> **반박**: 이 오류는 교묘하게 속이는 것이고, 성경의 교훈과 명백히 어긋납니다. 성경은 하나님께서 믿는 자들을 구원하신다고 선언할 뿐 아니라, 확정된 수의 사람들을 영원 전부터 택하셨다고도 선언합니다. 하나님께서는 시간 속에서 다른 이들에게는 주지 않으시는 그리스도에 대한 믿음과 견인을 그 택하신 자들에게 내려 주

---

26 ― 바이블렉스는 부사 '호스테'(Homer. 이래)는 호스(ὡς, 5613: ~같이, 마치 ~처럼)와 기본 전접불변사 테(τε, 5037)에서 유래했으며, 결과의 접속사, 즉 귀결 또는 결과를 표현한다고 설명하고 있다.

십니다. "세상 중에서 내게 주신 사람들에게 내가 아버지의 이름을 나타내었나이다"(요 17:6). "영생을 주시기로 작정된 자는 다 믿더라"(행 13:48). "곧 창세전에 그리스도 안에서 우리를 택하사 우리로 사랑 안에서 그 앞에 거룩하고 흠이 없게 하시려 함이라"(엡 1:4).

오류만 갖고서는 정확한 의미를 알기 어려울 수 있지만 반박을 보면 아르미니우스주의의 주장이 무엇인지 쉽게 알 수 있습니다. 아르미니우스주의에서는 하나님께서 어떤 사람을 구원하시려고 선택하실 때 **"확정된 수의 사람들을" 선택하신 것이 아니라는 것**입니다. 이렇게 생각하고 다시 오류 부분을 읽으면 의미가 분명합니다. "이것이 구원으로 택하신 작정의 전부고 전체다"라는 말의 명확한 뜻은, **하나님이 선택을 하실 때 사람을 정해 놓으신 것은 아니**라는 의미입니다.

"확정된 숫자"를 말하는 것이 어떤 점에서 중요할까요? 아르미니우스주의자들은 하나님의 선택을 부인하지는 않습니다. 아르미니우스주의자들도 하나님의 선택을 믿습니다. 그러나 그들이 믿는 하나님의 선택이란 **어떤 사람을 구원하시겠다고 선택**하신 것이 아닙니다. 그들이 믿는 선택이란 **'구원받을 조건을 정하신 선택'**입니다.

예를 들면 이런 것입니다. 우리는 '윤석준, 김소현, 윤한빈, 윤한슬' 이렇게 구원받을 구체적인 사람을 하나님께서 선택하셨다고 믿는 반면, 아르미니우스주의는 커트라인을 그어 놓고 "이 선을 넘어오면 구원해 주겠다."라고 믿는다는 것입니다. 그들에 의하면 하나님은 **조건만** 정하셨습니다. **사람은** 정하지 않았습니다. 그래서 아르미니우스주의가 말하는 선택과 우리가 믿는 선택을 간결하게 정리하면 이렇게 됩니다.

> 아르미니우스주의자들은 하나님께서 '조건'을 선택하셨다고 믿는다.
> 우리는 하나님께서 '사람'을 선택하셨다고 믿는다.

아르미니우스주의의 문제

여기에는 어떤 함의가 있는 것일까요? 아르미니우스주의의 궁극적인 문제점은 무엇일까요?

우리는 아르미니우스주의자들이 이렇게 말할 때 **그들의 관심사가 어디에 있는지**를 볼 수 있습니다. 그들이 "하나님은 조건을 정하셨다."라고 말할 때, 곧 선을 그어 놓고 "이 선을 넘어오면 구원하겠다."라고 하며 규칙만 정하셨다고 말할 때, 그들의 관심사, 그들의 생각이 무엇이냐? 이것을 두 가지로 정리해 볼 수 있습니다.

첫째, 앞서 배웠듯이 아르미니우스주의자들에게는 **'사람의 결정'이 더 중요**합니다. '자유의지'가 결정적으로 중요합니다. 하나님은 모든 것을 다 정하시지 않았다는 것입니다.

이런 입장 때문에 '조건을 정했다'는 주장이 나오는 것입니다. 왜냐하면 '사람'을 정해 버리면 모든 결정권이 하나님께 가 버리기 때문입니다. 하나님께서 "어떤 사람이 구원받도록 정하셨다."라고 말해 버리면, 거기에는 '인간의 자유의지'는 머물 곳이 없게 됩니다. 그래서 아르미니우스주의자들은 "조건만 정하셨다."라고 말합니다. 하나님은 조건만 정하셔야, **룰/규칙만 정하셔야** 실제로 그것을 이행하는 것은 '사람'이 되기 때문입니다.

둘째, 그리고 여기에는 동시에 **아르미니우스주의자들의 '사람 이해'**도 들어 있습니다. 우리는 앞에서 "하나님의 사람 사랑하심"에 대해 들었습니다. 이를 통해 우리는 하나님의 마음을 미약하게나마 헤아려 볼 수 있었습니다.

아르미니우스주의의 '사람 이해'는 어떤가요? 그들의 주장을 보면, 거기에는 '논리성'은 있을지 몰라도 '사람에 대한 이해'는 없습니다. **차가운 조건만** 있고 하나님께서 **사람을 향하여 가지신 따스한 마음** 같은 것은 없습니다. 우리는 디도서에서 무엇을 발견했습니까? 우리의 중생, 곧 '구원받음'이 무엇에 기초해 있음을 보았습니까? 하나님의 마음, 하나님의 측은지심입니다! 우리 구원의 근저에는 하나님의 이 "사람 사랑하심"이 놓여 있었습니다.

하지만 조건을 선택하시는 하나님은 건조합니다. 거기에는 시험장에서의 절대 평가, 곧 "이 점수를 넘지 않으면 너는 가차 없이 아웃이다!"라는 객관적인 면만 있지, 하나님께서 사람들을 위하여 한없이 조건을 낮추시고, 배려하시고, 사람의 어리고 약함을 이해하려고 하시는 마음은 반영되어 있지 않습니다.

성경이 우리에게 말하고 있는 **"하나님은 각 사람, 하나하나를 선택하신다."**라는 사실은 우리에게 얼마나 큰 은혜와 감동을 줍니까! 예수님께서는 십자가에 달려 죽으시기 직전에 제자들을 끝까지 사랑하시면서 이렇게 말씀하셨습니다. 요한복음 17장 말씀입니다.

> 아버지께서 아들에게 주신 모든 사람에게 영생을 주게 하시려고 만민을 다스리는 권세를 아들에게 주셨음이로소이다(2절)
>
> 세상 중에서 내게 주신 사람들에게 내가 아버지의 이름을 나타내었나이다. 그들은 아버지의 것이었는데 내게 주셨으며, 그들은 아버지의 말씀을 지키었나이다(6절)
>
> 내가 그들을 위하여 비옵나니, 내가 비옵는 것은 세상을 위함이 아니요, 내게 주신 자들을 위함이니이다. 그들은 아버지의 것이로소이다(9절)
>
> 내가 그들과 함께 있을 때에 내게 주신 아버지의 이름으로 저희를 보전하고 지키었나이다. 그중의 하나도 멸망하지 않고 다만 멸망의 자식 뿐이오니 이는 성경을 응하게 함이니이다(12절)
>
> 아버지여, 내게 주신 자도 나 있는 곳에 나와 함께 있어 아버지께서 창세전부터 나를 사랑하시므로 내게 주신 나의 영광을 그들로 보게 하시기를 원하옵나이다(24절)

이 땅에 오신 하나님, 예수 그리스도께서는 반복하여 말씀하십니다. "너희는 '내가 받은' 이들이다.", "아버지께서 너희를 나에게 주셨다.", "아버지는 너희를 하나라도 잃어버리지 않으실 것이다." 성경은 **'우리 각자를 대면하여 아시는 하나님'**을 말합니다.

> 나는 선한 목자라 나는 내 양을 알고 양도 나를 아는 것이 아버지께서 나를 아시고 내가 아버지를 아는 것 같으니 나는 양을 위하여 목숨을 버리노라_요 10:14-15

하나님은 아르미니우스주의자들의 공상에서처럼 '조건만 아시고 백성이 누구인지는 관심 없는' 무뢰한 신이 아닙니다. 오히려 하나님은 우리 각 사람을 지극히 사랑하셔서 우리를 위하여 자신을 주시는 분이십니다. **우리 중 누구도 "하나님은 내 이름을 몰라요."라고 할 수 없습니다.** 우리 중 누구도 천국의 문 앞에 갔을 때, "너는 누구냐?"라는 소리를 듣지 않아도 됩니다. 우리가 천국 문 앞에 갔을 때 주님께서는 우리를 알아보지도 못하고 이름도 모른 채로 장부를 뒤적여서, "아! 너 누구누구, 너는 구원받았으니 천국으로 들어가라." 이렇게 말씀하지 않으실 것입니다. 그분을 만나는 날, 주님께서는 우리 이름을 불러 주시면서 "아들아/딸아, 애썼다." 하시면서 우리를 맞아 주시고 안아 주실 것입니다. 이것이 성경이 우리에게 가르쳐 주고 있는 '사람 사랑하시는 하나님'에 대한 비전입니다.

우리는 선택에서 세계관을 배운다: 하나님의 사람 사랑하심

그러므로 우리는 7조 앞부분의 두 가지 사실, 곧 "선택은 하나님의 변치 않는 목적"이라는 말과 "우리의 죄와 파멸로부터 하나님께서 주권적이고 선하신 뜻을 따라 확정된 숫자를 구원에 이르도록 선택하셨다."라는 문장 속에서 **동일한 가치관을 발견하게** 됩니다.

> 선택이 하나님의 변치 않는 목적이라고 했을 때의 그 작정의 이유, 목적이 무엇입니까? 하나님께서 사람을 사랑하시고 자비하셨다는 것입니다. 또한 '확정된 숫자' 역시 보여 주는 것이 무엇입니까? 하나님께서 사람을 사랑하시고 자비하셨다는 것입니다.

그렇다면 우리는 **선택을 깊이 묵상할수록 어떤 사람이 되어 가야 할까요?** 하나님의 선택을 깊이 이해한 사람이 "하나님께서는 모든 것을 미리 다 정하셨어!"라고 하면서 **결정론적인, 차가운 사람이 될 수 있을까요?** 하나님의 선택을 진실로 올바르게 이해한 사람이 "불신자는 어차피 영원한 지옥으로 정해진 거야!"라는 식으로 말할 수 있을까요?

그럴 수는 없는 것입니다. 아들은 아버지를 닮습니다. 그리스도인은 그리스도를 닮습니다. 우리가 하나님의 자녀들이기 때문에 우리 역시 아버지의 마음을 가졌습니다. 우리는 하나님이 우리를 사랑하셨고 세상을 사랑하셨다는 것을 알기 때문에 세상에 대해 따뜻한 마음과 온정 있는 눈길을 가진 사람이 됩니다. 따라서 **좋은 선택 교리를 가진 신자는 '마음이 따뜻한 사람'이 되는 것입니다.**

그래서 저는 개인적으로 "예수 천국, 불신 지옥"이라는 표현을 싫어합니다. '예수 천국, 불신 지옥'이라는 진리를 제가 믿지 않기 때문이 아닙니다. 그럼에도 저는 이 말이 싫습니다. 왜 그럴까요? 여기에는 **배려가 없기 때문**입니다. 여기에는 '내가 옳은 말을 한다'는 사실만 있고 '듣는 이가 진정으로 복음으로 들어오기를 바라는 마음'은 없습니다.

"내가 진리를 말하고 있으니 너는 듣고 기분이 나쁘든 말든 상관없어."라는 태도는 '사람 사랑하기'의 자세가 아닙니다. 그리스도께서는 우리에게 그렇게 오시지 않으셨습니다. 그리스도인이면서 배려가 없는 사람들이 왜 그렇게 많을까요? 왜 많은 그리스도인들이 하나님의 마음을 갖지 못했을까요? 왜 내가 함부로 말하는 것을 통해서 상대방이 상처를 받는다는 생각을 하지 않을까요? 왜 어느 순간부터 "교리를 배우면 건조해진다.", "교리를 배우면 정죄하게 된다."라고 하는 말이 사실처럼 통용될까요?

교리를 잘못 배워서 그렇습니다. 교리가 진정으로 하나님의 말씀이라면 **교리를 참으로 가진 사람은 따뜻해집니다.** 세상을 향해 호의를 베풀게 됩니다. 내 마음이 든든하기 때문에 다른 사람들을 평가하고 깔아뭉개기보다는 내가 낮아져서 그들에게 도움이 되어 주려고 합니다.

그러므로 바른 교리를 가집시다. 올바른 선택 교리를 가집시다. 그래서 하나님께서 나를 선택해 주셔서 내가 교회 안에 그분의 자녀로 있게 된 그 사실로 인하여, 내 주위에 있는 다른 많은 사람들에게 더욱 '많은 사랑'을 베풀 수 있는 사람으로 자라 가도록 합시다. **이것이 '조건이 아니라 사람을 택하신' 하나님을 바르게 이해한 사람의 태도**입니다.

제7조 : 선택의 정의

선택은 하나님의 변치 않는 목적인데, 이로써 하나님께서는 그분의 주권적이고 선하시고 기뻐하시는 뜻을 따라 순전히 은혜로 어떤 사람들, 곧 자신들의 잘못으로 인하여 원래의 순결함을 상실하고 죄와 파멸로 떨어진 모든 인류 가운데서 확정된 숫자의 구체적인 사람들을 구원에 이르도록 창세전에 그리스도 안에서 택하셨습니다.[i]

그렇게 선택하심은 그들이 다른 사람보다 낫거나 하나님의 사랑을 받을 만한 가치가 조금이라도 있기 때문이 아닙니다. 그들도 다른 모든 사람처럼 비참함에 함께 버려져 있었습니다. 하나님께서는 영원부터 그리스도를, 택하신 사람들의 중보자와 머리로 삼으시고 구원의 근거로 정하셨습니다.

또한 하나님께서는 택하신 자들이 그리스도 안에서 구원 얻게 하시려고 그들을 그리스도께 주시기로 작정하시고, 그들이 그리스도와 교제하도록 그분의 말씀과 성령으로 효력 있게 부르시며 이끄십니다.[ii] 달리 표현하면, 하나님께서는 그리스도 안에서 그들에게 참된 믿음을 주시고 그들을 의롭다 하시고, 거룩하게 하실 것과 또한 그들이 아드님과의 교제 가운데 거하도록 강하게 붙드시고, 이후에는 궁극적으로 그들을 영화롭게 하실 것을 작정하셨습니다.

이 모든 일을 통하여 하나님께서는 그분의 자비하심을 나타내시고 그 영광스러운 은혜의 풍성함을 찬송하게 하십니다. 이러한 사실을 성경에서는 다음과 같이 기록하고 있습니다. "곧 창세전에 그리스도 안에서 우리를 택하사 우리로 사랑 안에서 그 앞에 거룩하고 흠이 없게 하시려고 그 기쁘신 뜻대로 우리를 예정하사 예수 그리스도로 말미암아 자기의 아들들이 되게 하셨으니, 이는 그의 사랑하시는 자 안에서 우리에게 거저 주시는 바 그의 은혜의 영광을 찬미하게 하려는 것이라"(엡 1:4-6). "또 미리 정하신 그들을 또한 부르시고 부르신 그들을 또한 의롭다 하시고 의롭다 하신 그들을 또한 영화롭게 하셨느니라"(롬 8:30).

---

i 엡 1:4 곧 창세전에 그리스도 안에서 우리를 택하사 우리로 사랑 안에서 그 앞에 거룩하고 흠이 없게 하시려고 / 엡 1:11 모든 일을 그의 뜻의 결정대로 일하시는 이의 계획을 따라 우리가 예정을 입어 그 안에서 기업이 되었으니 / 요 17:2 아버지께서 아들에게 주신 모든 사람에게 영생을 주게 하시려고 만민을 다스리는 권세를 아들에게 주셨음이로소이다 / 요 17:12 내가 그들과 함께 있을 때에 내게 주신 아버지의 이름으로 그들을 보전하고 지키었나이다 그 중의 하나도 멸망하지 않고 다만 멸망의 자식뿐이오니 이는 성경을 응하게 함이니이다 / 요 17:24 아버지여 내게 주신 자도 나 있는 곳에 나와 함께 있어 아버지께서 창세전부터 나를 사랑하시므로 내게 주신 나의 영광을 그들로 보게 하시기를 원하옵나이다

ii 요 6:37 아버지께서 내게 주시는 자는 다 내게로 올 것이요 내게 오는 자는 내가 결코 내쫓지 아니하리라 / 요 6:44 나를 보내신 아버지께서 이끌지 아니하시면 아무도 내게 올 수 없으니 오는 그를 내가 마지막 날에 다시 살리리라 / 고전 1:9 너희를 불러 그의 아들 예수 그리스도 우리 주와 더불어 교제하게 하시는 하나님은 미쁘시도다

1 나는 참포도나무요 내 아버지는 농부라 2 무릇 내게 붙어 있어 열매를 맺지 아니하는 가지는 아버지께서 그것을 제거해 버리시고 무릇 열매를 맺는 가지는 더 열매를 맺게 하려 하여 그것을 깨끗하게 하시느니라 3 너희는 내가 일러준 말로 이미 깨끗하여졌으니 4 내 안에 거하라 나도 너희 안에 거하리라 가지가 포도나무에 붙어 있지 아니하면 스스로 열매를 맺을 수 없음 같이 너희도 내 안에 있지 아니하면 그러하리라 5 나는 포도나무요 너희는 가지라 그가 내 안에, 내가 그 안에 거하면 사람이 열매를 많이 맺나니 나를 떠나서는 너희가 아무 것도 할 수 없음이라 6 사람이 내 안에 거하지 아니하면 가지처럼 밖에 버려져 마르나니 사람들이 그것을 모아다가 불에 던져 사르느니라 7 너희가 내 안에 거하고 내 말이 너희 안에 거하면 무엇이든지 원하는 대로 구하라 그리하면 이루리라 8 너희가 열매를 많이 맺으면 내 아버지께서 영광을 받으실 것이요 너희는 내 제자가 되리라 9 아버지께서 나를 사랑하신 것 같이 나도 너희를 사랑하였으니 나의 사랑 안에 거하라 10 내가 아버지의 계명을 지켜 그의 사랑 안에 거하는 것 같이 너희도 내 계명을 지키면 내 사랑 안에 거하리라 11 내가 이것을 너희에게 이름은 내 기쁨이 너희 안에 있어 너희 기쁨을 충만하게 하려 함이라 12 내 계명은 곧 내가 너희를 사랑한 것 같이 너희도 서로 사랑하라 하는 이것이니라 13 사람이 친구를 위하여 자기 목숨을 버리면 이보다 더 큰 사랑이 없나니 14 너희는 내가 명하는 대로 행하면 곧 나의 친구라 15 이제부터는 너희를 종이라 하지 아니하리니 종은 주인이 하는 것을 알지 못함이라 너희를 친구라 하였노니 내가 내 아버지께 들은 것을 다 너희에게 알게 하였음이라 16 너희가 나를 택한 것이 아니요 내가 너희를 택하여 세웠나니 이는 너희로 가서 열매를 맺게 하고 또 너희 열매가 항상 있게 하여 내 이름으로 아버지께 무엇을 구하든지 다 받게 하려 함이라 17 내가 이것을 너희에게 명함은 너희로 서로 사랑하게 하려 함이라 18 세상이 너희를 미워하면 너희보다 먼저 나를 미워한 줄을 알라 19 너희가 세상에 속하였으면 세상이 자기의 것을 사랑할 것이나 너희는 세상에 속한 자가 아니요 도리어 내가 너희를 세상에서 택하였기 때문에 세상이 너희를 미워하느니라

선택으로 그리스도께 주어짐

요 15:1-19

교회에는 자주 '역전 현상'이 있습니다. 주종이 바뀌는 경우, 즉 목적이 되는 원래의 목표와 그에 따르는 부수적인 것이 바뀌는 현상을 말합니다. 예를 들어 보면 쉽게 이해가 되실 것입니다.

교회의 다양한 교육들을 생각해 봅시다. 대개의 경우 교회에서 이루어지는 교육들은 교육을 받는 사람들을 끌어올리는 데에 목적이 있습니다. 세례 예비자 교육은 세례를 준비하고 있는 이들의 신앙을 끌어올리기 위한 것이고, 집사 교육이나 장로 교육 역시 마찬가지로 해당하는 사람들을 해당 직분에 맞도록 끌어올리기 위한 것입니다.

그런데 우리가 자주 경험하는 것은 교회의 이런 다양한 교육들이 실제로 사람들을 끌어올리는 것으로 사용되기도 하지만, 오히려 **'공명심을 심어 주는 수단'으로** 사용되는 경우도 허다하더라는 것입니다. 세례 예비자 교육은 세례를 준비하는 이들의 신앙을 끌어올리는 것을 목적으로 하고 있지만, 종종 이 교육은 받은 이들로 하여금 "이제 나는 교육을 받았으니 세례를 받기에 마땅해."라고 생각하게 되는 도구로 전락하곤 합니다. 마찬가지로 집사나 장로 교육을 받는 목적 역시 집사나 장로가 되기에 합당한 사람으로 끌어올리는 데 목적이 있지만, 실제로는 자주 "나는 이제 교육을 이수했으니 나한테 직분을 안 주기만 해 봐라!" 이렇게 반응한다는 것입니다.

교회의 다양한 교육들이 사람을 끌어올린다는 원래 목적이 아니라 '받을 자격'이 되는 경우를 자주 봅니다. 죄인인 우리는 항상 목적을 상실하고 대신에 욕망을 자라게 하거나 잘난 체하게 되기 쉽기 때문에, 이 역전 현상이 우리에게 생기지 않도록, '자격을 주는' 시스템이 교회 안에 자리 잡지 않도록 신경을 쏟는 것이 중요할 것입니다.

믿음에 대하여

이를 믿음에 적용하여 생각해 봅시다. 우리는 **믿음이 구원을 위한 방편**임을 잘 알고 있습니다. "믿는 자가 구원 받는다."라고 하는 것은 어린아이도 아는 진리입니다. 하지만 방금 말한 '역전 현상'을 따라 이렇게 질문해 보면 어떨까요?

내가 믿음을 갖고 있기 때문에 나는 당연히 구원받아야 하는가?

이 말은 맞는 말일까요, 틀린 말일까요? 우리는 당연히 믿음으로 말미암아 구원을 받습니다. "너희가 그 은혜를 인하여 믿음으로 말미암아 구원을 얻었나니"(엡 2:8)라는 말씀은 당연한 성경의 진리입니다. 하지만 만약 이 믿음이 '당연히 구원받아야 하는 자격'이라고 한다면 어떻습니까? 이렇게 되더라도 믿음이 우리를 구원하는 것이겠습니까?

이런 연유로 믿음이 구원에 대하여 가지는 '위치'를 분명히 해야 합니다. 정답은, 믿음은 구원을 위한 **'도구'**라는 것입니다. 우리는 '믿음에 의해' 구원을 받습니다. 하지만 믿음은 구원을 위한 '도구'이기 때문에, 궁극적으로는 '믿음 때문에' 구원을 받는 것은 아닙니다. **'믿음에 의해'** 구원받지만 **'믿음 때문에'** 구원받는 것은 아니라는 말입니다.

두 말의 차이가 무엇입니까? 우리는 무엇 때문에 구원받습니까? 네! 우리는 **그리스도의 십자가의 공로 때문에**, 조금 더 근본적으로는 **성부 하나님의 영원하신 자비와 사랑 때문에** 구원받습니다. 믿음은 바로 이 구원의 은혜를 우리에게 수여해 주기 위한 '통로'로써 **'사용'되는 것**입니다.

그런데도 이것을 방편만으로 여기지 않고 믿음을 절대화시켜서 "내가 믿음을 갖고 있으니 그 자체로 구원은 보장이다."라는 식으로 이해하게 되면, 즉 '역전현상'이 일어나게 되면 **'믿음을 주신 하나님'은 희석됩니다.** 믿음이 구원을 주는 것이 분명함에도 불구하고, 죄인인 우리는 이 구원을 주는 방편조차 하나님을 잊어버리는 도구로 변질시킬 수가 있더라는 것입니다.

믿음은 강조되어야 마땅합니다. 하지만 믿음조차도 하나님의 자리를 빼앗을 수는 없습니다. 우리의 구원, 우리의 선택에 있어 지난 7조에서 배웠던 "선택은 하나님의 변치 않는 목적이다."라는 말을 잊지 말도록 합시다.

7조의 순서를 따라서: 주체, 결과, 찬송

이런 내용을 생각할 때 선택이나 구원과 같은 문제에서도 항상 그 초점에 있어야 할 것은 선택의 주권자가 누구이신지, 우리는 누구를 통해 선택받는지를 분명히 해야겠다는 것이 명료해집니다.

선택의 은혜를 얻는 것은 전적으로 **삼위 하나님께서 우리를 건지셨기 때문**입니다. 내가 선택을 위한 어떤 결정적 키를 갖고 있기 때문이 아닙니다. 자유의지를 가지고 내가 선택을 택하였기 때문이 아닙니다. **심지어 이 구원의 방편이 되는 믿음조차도** 내 구원의 결정적 키가 아닙니다. 오직 주권자는 하나님뿐입니다.

● 성부와 성자와 성령

7조의 세 번째 문단을 봅시다. 여기에서 '세 주체'를 발견해 보시기 바랍니다.

첫째, "택하신 자들이 그리스도 안에서 구원 얻게 하시려고"라는 말은 **"하나님께서는"**이라는 주어를 갖고 있습니다. 택하신 자들이 그리스도 안에서 구원 얻게 되는 것은 '하나님의' 의지입니다.

둘째, 그다음은 **그리스도께 주어지는 일**입니다.

> 하나님께서는 택하신 자들이 그리스도 안에서 구원 얻게 하시려고 그들을 그리스도께 주시기로 작정하시고

우리는 이 문구 속에서 성부 하나님께서 주체가 되셔서 무엇을 하셨는지를 보

게 되는데, 그 일이 바로 "그리스도께 우리를 주셨다"라는 것입니다.

셋째, 마지막은 **성령님**입니다.

> 그들이 그리스도와 교제하도록 그분의 말씀과 성령으로 효력 있게 부르시고 이끄
> 십니다.

정리하자면 이렇습니다. 하나님께서 하신 일은 "그리스도께 우리를 주시고", 또 "우리가 그리스도와 교제할 수 있게 말씀과 성령님으로 효력 있게 부르시고 이끄신 것"입니다. 여기에 우리가 "효력 있게" 부르심을 얻기 위한 내용들이 모두 나와 있습니다.

> **첫째**, '성부께서' 의지를 가지셨기 때문입니다. 주체가 되시는 분께서 효력 있는 부르
> 심을 하겠다는 의지를 가지셨기 때문에 우리의 부르심은 효력이 있습니다. → **성부**
> **둘째**, 목표 지점, 즉 그 성부께서 우리를 데려가신 곳이 효력 있기 때문입니다. 우리를
> 어디로 데려가셨습니까? '그리스도께로', '성자께로' 데리고 가셨습니다. 효력 있는
> 분께로 우리를 데리고 가셨기 때문에 우리의 부르심은 효력이 있게 됩니다. → **성자**
> **셋째**, 그 방편이 되는 '말씀과 성령이' 효력이 있기 때문입니다. 즉 주체도 효력 있
> 고, 목표 지점도 효력 있고, 방편도 효력 있기 때문에 우리의 구원은 효력 있는 부
> 르심입니다. → **성령**

● **우리에게 일어나는 일**

이로 인하여 우리가 어떤 결과에 도달하게 되는지가 그다음입니다. **'믿음'은 바로 여기에 와서야 비로소 등장**합니다. 우리가 믿음을 갖게 되는 것은 이렇게, 우리로서는 제일 처음 위치하는 것처럼 보여도 실제로는 '결과'에 와서야 비로소 나오는 것입니다.

삼위 하나님의 뜻과 목표 지점, 그리고 방편까지 다 언급되고 난 후 그 결과로서 **우리에게 일어나는 현상으로** "믿음", "의롭다 하심", "거룩하게 됨", "그리스도

와 교제 가운데 거함", "궁극적으로 영화롭게 됨"들이 언급됩니다.

● 송영

그리고 마지막 문단은 '송영'입니다. 7조의 마지막 문단은 다음과 같은 '송영'으로 끝을 맺습니다.

> 이 모든 일을 통하여 하나님께서는 그분의 자비하심을 나타내셔서 그 영광스러운 은혜의 풍성함을 찬송하게 하신다.

앞서 말했던 내용들을 모두 '아멘'으로 받는다면 여기에는 **찬송이 있을 수밖에** 없습니다. 모든 선택은 하나님의 자비하신 뜻에서 시작되어, 우리를 그리스도께 데려가는 것과, 또 유효한 방편 되시는 성령님과 말씀을 통해 일어나는 일이므로, 이것을 모두 깨달은 이는 자신에게 "믿음"과 "칭의"와 "거룩"과 "그리스도 안에서의 참 교제"와 "영화"가 있게 될 것을 발견하고는 영광의 하나님께 찬송을 드리게 되는 것입니다.

그리스도께 주어진 우리

"그리스도께 주어진다"라는 부분을 좀 더 숙고해 보십시오. 하나님께서 우리를 선택하실 때 일어나는 구체적인 일은 하나님께서 우리를 **'그리스도 안에서' 구원하도록 선택하신다**는 것입니다. 선택에 있어 온전한 주권은 삼위 하나님께 있습니다. 이 삼위 하나님께서 어떤 사역을 통해 우리를 선택하시는지 한마디로 하면 이렇게 말할 수 있습니다.

> 성부께서 우리를 성자께 주심으로 우리의 선택이 이루어진다.

먼저 그리스도께서 선택되심

처음은 '**그리스도께서 선택되심**'입니다. 하나님께서는 우리를 선택하시기 위해 먼저 그리스도를 선택하십니다. 우리의 선택은 전적으로 그리스도께 기대어 있기 때문에, **먼저 그리스도를 우리의 중보자와 머리, 구원의 근거로 세우십니다.** 이 내용이 7조에 나와 있습니다.

> 하나님께서는 영원부터 그리스도를, 택하신 사람들의 중보자와 머리로 삼으시고 구원의 근거로 정하셨습니다.

'그리스도께서 선택되심'의 개념이 생소하신 분들도 있을 것입니다. 그러나 정확하게 말하자면, 선택에 있어 '**우리가 선택받는 일**'은 두 번째로 일어나는 일입니다. 우리를 선택하시기 위해서 하나님이 먼저 하신 일은 '그리스도를 선택'하신 일입니다. 이것은 성경 여기저기에서 찾아볼 수 있습니다.[27] 먼저 이사야 42장 1절에서 이렇게 말합니다.

> 내가 붙드는 나의 종, 내 마음에 기뻐하는 자, 곧 **내가 택한 사람**을 보라_사 42:1

신약에서는 마태복음 12장에서 말씀합니다.

> 보라 **내가 택한 종**, 곧 내 마음에 기뻐하는 바, 내가 사랑하는 자로다_마 12:18

아주 중요한 구절로서 베드로전서 1장 19-20절이 있습니다.

> 오직 흠 없고 점 없는 어린 양 같은 그리스도의 보배로운 피로 된 것이니라. 그는 창세전부터 **미리 알린 바 되신 이나** 이 말세에 너희를 위하여 나타내신 바 되었으

---

27 — 아래의 성경 구절들은 아만두스 폴라누스, 『하나님의 영원한 예정』, 김지훈 옮김 (서울: 킹덤북스, 2016), 44에서 가져온 것이다.

니_벧전 1:19-20

그리스도께서 미리 택함받으신 분이셨고, "말세에" 우리를 위해 나타내신 바가 되었던 것입니다. 베드로전서 2장 4절 또한 이렇게 말합니다.

사람에게는 버린 바가 되었으나 하나님께는 **택하심을 입은** 보배로운 산 돌이신 예수께 나아가_벧전 2:4

성경은 이런 말씀들을 통하여 성부께서 먼저 '그리스도를' 선택하셨음을 알려주고 있습니다. 왜 그리스도를 선택하시는 일이 필요했을까요? 다시 7조의 내용을 봅시다. 우리가 "비참함에 버려져 있었을 때" 하나님께서 선택하신 것은 어떤 방식을 통해서였습니까?

하나님께서는 영원부터 그리스도를, 택하신 사람들의 중보자와 머리로 삼으시고 구원의 근거로 정하셨습니다.

그다음 어떻게 하셨습니까?

또한 하나님께서는 택하신 자들이 그리스도 안에서 구원얻게 하시려고 그들을 그리스도께 주시기로 작정하시고

그렇습니다. 하나님은 어떻게 우리를 선택하시고 구원하셨나요? 먼저 그리스도를 선택받을 모든 사람들의 "중보자와 머리로" 또 "구원의 근거로" 세우시고, 바로 그분께 "우리를 주심으로써" 우리를 선택하시고 구원하신 것입니다.

우리는 그리스도께 주어진다
그리스도께서 먼저 우리의 중보자와 머리로, 또 구원의 근거로 세움을 입고 나서 다음 단계로 모든 택함을 입은 자들은 "그리스도께 주어"집니다.

통상 우리는 이것을 '**그리스도와의 연합**'이라고 부릅니다. 우리가 선택되었다는 것, 우리가 생명의 예정을 입는다는 것은 나 혼자 독립적으로 생명을 쟁취한다는 뜻이 아닙니다. 우리는 결코 스스로 구원받을 수 없습니다. 하나님께서 우리를 미쁘게 여기시는 것은 **우리가 미쁘기 때문이 아닙니다.** 최후에 하나님 앞에 섰을 때 "제가 제법 자신 있게 살았습니다."라는 말로 하나님께 인정을 받을 수 있는 사람은 단 한 명도 없습니다. 오직 우리는 이렇게 말해야 합니다.

> 저는 구차하지만, 오직 그리스도께서 저의 머리가 되셨습니다. 저는 그리스도의 것입니다. 따라서 저는 하나님의 것입니다.

인본주의가 강해질수록 구원에 있어 사람을 더 많이 말하게 됩니다. 그러나 성경적 신앙은 언제나 **우리의 죄를 말하고 그리스도의 의를 말합니다.** 우리는 하나님께서 우리를 선택하시는 일에 대해 언제나 이렇게 말해야 합니다.

> 나의 어떠함이 선택된 것이 아니라 오직 이것이 결정되었으니, 하나님께서는 먼저 그리스도를 택자들의 중보자와 머리로 선택하셨고, 그다음 나는 그리스도께 주어지기로 선택되었다. 이것이 내 구원이다.

우리가 그리스도께 연합하여 참된 구원에 이르게 된다는 이 '연합의 교리'는 요한복음에 특히 감동적으로 많이 나타나 있습니다.[28]

● 요한복음 6장

먼저 요한복음 6장에서 오병이어의 기적을 일으키신 후에, 주님께서는 찾아온 이들에게 자신이 "생명의 떡"임을 증거하시면서 이렇게 말씀하십니다.

---

28 — 연합에 관한 성경 구절들은 마틴 로이드 존스, 『성령 하나님과 놀라운 구원: 로이드 존스 교리 강좌 시리즈 2 - 성령론, 구원론』, 임범진 옮김 (서울: 부흥과 개혁사, 2007), 11장의 "그리스도와의 연합" 부분을 참조.

아버지께서 **내게 주시는 자는 다 내게로 올 것이요**, 내게 오는 자는 내가 **결코 내쫓지 아니하리라**_요 6:37

이 말씀에는 우리가 지금 다루고 있는 주제들이 잘 포함되어 있습니다. 먼저 주님께서는 자신이 생명의 떡이시라 하실 때 "이 생명의 떡인 나를, 어떻게든 너희가 노력해서 찾아와서 먹도록 해라."라는 식으로 말씀하지 않으셨습니다. 생명의 참된 양식이 되는 그리스도께 데려옴을 입게 되는 이유는 우선 아버지의 뜻, 곧 "아버지께서 내게 주시"기 때문이요, 그다음 아드님의 의지, 곧 "내게 오는 자는 내가 결코 내쫓지 아니하리라" 때문입니다. 즉 우리가 참된 구원을 얻게 되는 이유는 **아버지께서 우리를 그리스도께 주시기 때문**이요, 또한 **그것을 받는 아드님께서 우리를 결코 놓치지 않으시겠다고 결심하시기 때문**입니다.

우리의 구원이나 선택을 '우리의 어떠함'에 놓는 것은 얼마나 빈약한지요! 이것은 우리를 얼마나 불안하게 할까요! 아르미니우스주의자들이 주장하듯이 선택에 예지가 먼저여서 우리가 하나님을 붙들 것을 하나님이 미리 아시고 우리를 예정하셨다면, 그래서 우리 선택의 근거가 조금이라도 우리에게 있게 된다면, 우리는 얼마나 불안할까요? 우리는 하루에 열두 번도 더 마음이 바뀌는 불안한 존재임을, 우리는 어떤 일에 대해 아무리 신실함을 가지려 해도 순식간에 마음이 바뀌고 뒤틀리는 것이 나임을, 스스로가 누구보다도 잘 알고 있습니다. 그런데 우리의 선택이 이런 우리에게 근거를 두고 있다면 우리는 얼마나 불안할까요?

하지만 성경과 신조는 우리들에게 확신시켜 줍니다. 우리의 선택은 우리의 어떠함에 달려 있지 않고 **첫째, 성부께서 우리를 그리스도께 주시기 때문이요 둘째, 성자께서 이렇게 받는 우리를 놓치지 않겠다고 강하게 결심하시기 때문**입니다. 우리는 떨어질 수 있지만 성부와 성자는 불변합니다. 한 신학자는 이런 말을 했습니다.

우리의 구원은 영원히 그분 안에 항상 있었다. 만약 수천 년 후에 갑자기 하나님의 마음에 사람들을 도울 계획이 떠오를 수 있다고 믿어야 한다면 우리의 믿음은 얼마나 흔들릴 것인가? 하나님이 영원히 같은 계획을 가지시지 않고 계획을 변경하실 수 있다면 성도는 어떻게 하나님을 신뢰할 수 있을 것인가?[29]

다행히 이런 일은 일어나지 않습니다. 우리의 구원은 성부 하나님의 확고한 뜻, 곧 우리를 성자께 주심이요, 성자께서는 이런 우리를 "단 하나도 놓치지 않겠다."라고 말씀하시기 때문입니다.

● **요한복음 15장**

우리가 그리스도께 속하였음을 주님께서 감동적으로 증언하고 계신 말씀이 있습니다. 바로 **요한복음 15장**입니다.

> 너희가 나를 택한 것이 아니요 내가 너희를 택하여 세웠나니 이는 너희로 가서 열매를 맺게 하고 또 너희 열매가 항상 있게 하여 내 이름으로 아버지께 무엇을 구하든지 다 받게 하려 함이라_요 15:16
> 너희가 세상에 속하였으면 세상이 자기의 것을 사랑할 것이나 너희는 세상에 속한 자가 아니요 도리어 내가 너희를 세상에서 택하였기 때문에 세상이 너희를 미워하느니라_요 15:19

특히 이 19절 말씀은 헬라어로 읽어 보면 굉장히 감동적입니다. 19절의 시작은 "부터"라는 말로 시작합니다(헬. 에크). '부터'라는 말과 '있다'라는 말을 사용해서, "너희가 세상으로부터 있는/존재하는 것이라면"이라고 말합니다. **"우리의 출처가 만약 세상이라면"**이라는 뜻입니다.

말씀은 만약 우리의 출처가 세상으로부터라면 "세상이 자기의 것을 사랑할 터이나"라고 했습니다. 우리가 세상으로부터 나왔다면, 세상이 볼 때 우리는 자기 것이니까 사랑했겠다는 것이지요. 여기 "자기의 것"이라는 단어(헬. 이디오스)가 사용되었습니다. 영어로 하자면 'own' 정도가 될 것입니다. 자기 소유, 자기의 것, 세상이 볼 때 우리가 "자기의 것"이었다면 세상이 우리를 사랑했을 것입니다.

---

29 — 아만두스 폴라누스, 『하나님의 영원한 예정』, 44-45.

하지만 성경은 감동적으로 말합니다. **"아니다! 세상으로부터!"** 그렇습니다. 세상으로부터가 아닌 것입니다. 우리는 세상으로부터 나오지 않았습니다. 그리고 우리말로는 "도리어"라고 번역된 말(헬. 알라), "그러나!" 혹은 "오히려!"가 나옵니다.

> 아니다! 세상으로부터가 아니다!
> 오히려! 너희는 **세상에서 탈출하여** 나의 선택이 되었다

그래서 성경은 어떻게 된다고 말합니까?

> 그래서 세상이 미워한다!

이 일련의 말씀들이 얼마나 감동적입니까! 이 말씀은 '소유'라는 개념을 사용하여, 우리가 어떻게 세상의 **것**이 아닌지, 우리가 어떻게 주님의 **것**인지, 그러므로 세상이 왜 우리를 사랑하지 않고 미워하는지 이 주제들에 대한 해설을 상세하게 말씀하고 있습니다. 이 말씀은 주님께서 죽으시기 얼마 전에 주신 말씀입니다. 제자들은 홀로 처할 위기에 놓였습니다. 하지만 주님은 말씀하셨습니다.

> 내 선택이 너를 세상과 구별할 것이다.
> 너희는 세상의 것이 아니요 나의 것이기 때문에 세상이 너를 미워할 것이다.

그리고 약속이 뒤따라 나옵니다.

> 성령님이 오실 것이니 염려하지 마라.

주님께서는 우리를 사랑하셨습니다. 우리를 자신의 소유로 사랑하셨습니다. 그래서 우리는 미움을 받지만(세상으로부터) 위로를 받습니다(그리스도와 성령으로부터). 무엇이 두렵겠습니까!

● 요한복음 17장

마지막으로 주님의 대제사장적 기도인 **요한복음 17장**을 봅시다.

> 세상 중에서 내게 주신 사람들에게 내가 아버지의 이름을 나타내었나이다. 그들
> 은 아버지의 것이었는데 내게 주셨으며 그들은 아버지의 말씀을 지키었나이다_요
> 17:6

선택의 핵심이 여기 서술되고 있습니다. 우리는 성부께 선택되었습니다. 우리
는 성부의 것이었습니다. 그런데 성부께서 우리를 주님께 주십니다. 그래서 주님
의 것이 되었습니다.

> 내가 그들을 위하여 비옵나니, 내가 비옵는 것은 세상을 위함이 아니요 내게 주신
> 자들을 위함이니이다. 그들은 아버지의 것이로소이다_요 17:9

주님의 대제사장적 중보 기도는 이다음 11절부터입니다.

> 나는 세상에 더 있지 아니하오나 그들은 세상에 있사옵고, 나는 아버지께로 가옵나
> 니 거룩하신 아버지여, 내게 주신 아버지의 이름으로 그들을 보전하사, 우리와 같
> 이 그들도 하나가 되게 하옵소서_요 17:11

아버지께로 가시는 주님께서는 이 땅의 우리를 아버지께 의탁하십니다. 그리
고 결론을 보십시오.

> 내가 비옵는 것은 그들을 세상에서 데려가시기를 위함이 아니요 다만 악에 빠지지
> 않게 보전하시기를 위함이니이다. 내가 세상에 속하지 아니함 같이 그들도 세상에
> 속하지 아니하였사옵나이다. 그들을 진리로 거룩하게 하옵소서 아버지의 말씀은
> 진리니이다. 아버지께서 나를 세상에 보내신 것 같이 나도 그들을 세상에 보내었고
> 또 그들을 위하여 내가 나를 거룩하게 하오니 이는 그들도 진리로 거룩함을 얻게

하려 함이니이다. 내가 비옵는 것은 이 사람들만 위함이 아니요 또 그들의 말로 말미암아 나를 믿는 사람들도 위함이니, 아버지여, 아버지께서 내 안에, 내가 아버지 안에 있는 것 같이 그들도 다 하나가 되어 우리 안에 있게 하사 세상으로 아버지께서 나를 보내신 것을 믿게 하옵소서_요 17:15-21

요한복음 17장의 대제사장적 기도는 그리스도와의 연합이 그리는 '영광스러운 결말'을 보여 주고 있습니다. 우리는 선택을 통하여 그리스도와 연합된 후, 이제 **'아버지께서 그리스도 안에, 그리스도께서 아버지 안에 계시다'라는 놀라운 신비!** 놀라운 영광! 그것을 사람인 우리도 함께 누리게 됩니다.

"저희가 하나가 되어 '우리 안에' 있게 하사!"라는 선언은 놀라운 말씀입니다. 신자가 그리스도와 연합한다는 것은 **성부와 성자가 서로 연합하시듯이** 신자인 우리가 성부, 성자와 연합하게 된다는 의미입니다. 부부간의 연합이 이 땅에서는 미흡하고 부족한 방식으로 주어진 하나님과의 연합에 대한 비유나 상징일 뿐이지만, 이것의 절정, 이것의 진정한 의미인 지점으로 가게 되면, 우리는 삼위 하나님의 신부로서 삼위 하나님과 비밀하고 놀라운 영적 결합을 하게 되는 것입니다.

이 일은 '장래에 이루어질 일'만은 아닙니다. 에베소서 2장 6절 말씀은 "함께 하늘에 앉히시니"에 미래형이 아니라 과거형을 사용하기 때문입니다. 우리는 이미 하늘에 앉았습니다. 우리는 이미 성부, 성자와 연합하였습니다.

왜 성경이 시제를 이런 방식으로 사용하겠습니까? 나는 아직 하늘에 가지 않았는데 말입니다. 시간을 가진 우리 입장에서는 '일어나지 않은 일은 불확실한 일'입니다. 그러나 **시간을 초월해 계시는 하나님**, 약속을 반드시 이루시는 신실하신 하나님께는 미래의 일이라고 해서 불확실한 것이 아닙니다. 신약 성경이 신자의 미래를 때로 과거형으로 쓰기도 하는 이유는 바로 이것 때문입니다.[30]

그러므로 우리 선배들이 '하나님과의 연합', '그리스도와의 연합'을 말할 때,

---

30 — 성경은 종종 미래에 있을 일에 과거 시상을 사용하기도 하는데, 이는 시/때(time)를 나타냄이 아니다. '확정적 사실'을 나타내는 방식이다.

'우리의 행위와 우리의 어떠함'을 말하는 아르미니우스주의자들은 얼마나 부실하고 불안한 토대 위에 서 있는 것입니까. **우리는 확고한 터 위에 있으며, 분명한 연합 안에 있습니다.** 우리의 선택은 영원 안에서 우리를 향하신 성부의 의지와 그분이 우리를 성자께 주셨다는 사실에 튼튼히 뿌리박고 있습니다. 우리는 불안해할 필요가 없습니다. 하나님께서는 이렇게 해도 되고 저렇게 해도 될 구원이나 선택을 우리에게 주지 않으셨습니다. **불변하고 확고한 선택**을 주셨습니다. 그렇다면 신앙이라는 것을 자기 마음에 따라서 이랬다저랬다 할 수 있는 것이라고 생각하는 일은 얼마나 어리석은 것입니까? 내 마음이 좋지 않다고 해서 구원이 흔들리는 듯이 여기는 것은 얼마나 어리석은 일입니까?

신자에게는 흔들리지 않는 확고한 위로가 있습니다. 그리고 그것은 선택의 흔들리지 않음, 곧 성부와 성자와 성령으로부터 기초하고 있으므로 우리는 두려워하지 않습니다. 주께서는 이 일을 지금도 우리 안에서 이루고 계십니다.

제8조 : 선택에 관한 하나의 작정

이 선택에 관한 작정은 여러 종류가 있는 것이 아니고, 옛 언약과 새 언약 아래에서 구원 얻는 모든 사람에 대하여 하나의 동일한 작정만이 있습니다.[i] 왜냐하면 성경에서 밝히 선언하기를, 하나님께서 뜻하신 선한 기쁨과 목적과 경영은 하나라고 말하기 때문입니다.[ii]

이러한 목적에 따라 하나님께서는 우리가 은혜와 영광에 이르도록, 또한 우리가 구원에 이르고 하나님께서 우리를 위해 예비하신 구원의 길로 행하도록 우리를 영원 전에 택하셨습니다.[iii]

i 신 7:7 여호와께서 너희를 기뻐하시고 너희를 택하심은 너희가 다른 민족보다 수효가 많기 때문이 아니니라 너희는 오히려 모든 민족 중에 가장 적으니라 / 신 9:6 그러므로 네가 알 것은 네 하나님 여호와께서 네게 이 아름다운 땅을 기업으로 주신 것이 네 공의로 말미암음이 아니니라 너는 목이 곧은 백성이니라

ii 엡 1:4-5 곧 창세전에 그리스도 안에서 우리를 택하사 우리로 사랑 안에서 그 앞에 거룩하고 흠이 없게 하시려고 그 기쁘신 뜻대로 우리를 예정하사 예수 그리스도로 말미암아 자기의 아들들이 되게 하셨으니

iii 엡 2:10 우리는 그가 만드신 바라 그리스도 예수 안에서 선한 일을 위하여 지으심을 받은 자니 이 일은 하나님이 전에 예비하사 우리로 그 가운데서 행하게 하려 하심이니라

● **강해 본문 : 로마서 9장 16절**

16 그런즉 원하는 자로 말미암음도 아니요 달음박질하는 자로 말미암음도 아니요 오직 긍휼히 여기시는 하나님으로 말미암음이니라

하나의 작정이 주는 위로

롬 9:16

길을 걸어가거나 어떤 건축물 안에 들어섰을 때, 처음에는 거기가 독립된 공간인 줄만 알고 있다가 나중에 보니 전체 건물이나 길의 한 부분임을 깨닫고 놀랐던 경험을 하신 적이 없습니까? 아무 생각 없이 어디에 서 있었다가 나중에 바깥으로 빠져 나와 보니까 내가 있었던 곳이 커다란 전체 구조물의 한 부분이었다는 것을 발견하고는 신비한 느낌을 받으셨던 적이 없으십니까?

저는 가끔 실제로 이런 경험을 하곤 하지만, 성경을 읽을 때 훨씬 자주 이와 유사한 경험을 하게 됩니다. 아브라함의 어떤 일화가 나중에 신약 성경에서 성취되는 것을 깨달을 때 우리는 놀라게 됩니다. 수천 년 전의 이야기가 미리 각본된 하나님의 장대한 구속 역사의 일부분임을 발견할 때의 경탄입니다. 야곱과 요셉이 살아가던 시기, 혹은 다윗과 히스기야가 살아가던 시기의 이야기를 단지 그때의 이야기로만 생각하고 읽다가, 나중에 신약 성경에서 그 이야기가 언급되면서 의미가 해설될 때 전율이 흐르는 경험을 하게 됩니다.

얼마 전 「어벤져스」라는 영화가 엄청난 이슈였습니다. 이 영화의 중요한 특징 중 하나는, 거기 나오는 등장 인물들의 개별 영화들이 각각 따로 있고, 이 인물들이 또 합쳐져서 전체의 시나리오를 이룬다는 점입니다. 그런데 사실 이런 방식은 우리가 잘 깨닫지 못할 뿐이지 우리네 인생 전체에 걸쳐 있습니다. 내 인생에서 다른 사람들은 내가 주인공인 영화에 조연들로 등장할 뿐이지만, 그 사람은 또 그 사람이 주연인 자신의 삶이 있는 것입니다. 결국 어벤져스 영화의 연출 방식은 '인생'에서 따온 것입니다.

하지만 우리 인생의 이 모든 일들도 결국은 **하나님께서 지휘하시는 거대한 이야기의 일부분**입니다. 하나님께서 이끌어 가시는 구속 역사는 각각의 사람들에게 각각의 이야기를 선사하면서도, 결국 이 모든 것들이 모이면 커다란 하나의 그림을 이루도록 계획된 것이라는 말입니다. 마치 모자이크가 점점이 있을 때는 무엇인지 잘 알 수 없지만 다 모이면 그제야 윤곽과 그림이 보이게 되듯이, 하나님께서는 자신의 전체 구속 계획을 역사 속에서 이루어 가고 계십니다. 아마 주님께서 다시 오시는 날, 우리는 그분과 함께 천국에서 주님의 시선에서 이 전체 계획을 내려다보며 경탄하게 될 날이 올 것입니다.

여러 종류의 작정

8조의 시자 부분은 이렇게 말합니다.

> 선택에 관한 이러한 작정은 여러 종류가 있는 것이 아니고, 옛 언약과 새 언약 아래에서 구원 얻는 모든 사람에 대하여 하나의 동일한 작정만이 있습니다.

"하나의 동일한 작정"에 주목하십시오. 왜 "하나의 동일한 작정"에 대해 이야기했을까요? **그것은 아르미니우스주의자들이 "작정에는 여러 종류가 있다"라고 말했기 때문**입니다. 오류 2번을 통해 아르미니우스주의자들의 이야기를 들어 보도록 합시다.

> **오류 2** : 영생으로 택하시는 하나님의 선택에는 여러 종류가 있다. 일반적이고 불확정적인 선택이 있고, 특별하고 확정적인 선택이 있는데, 후자는 다시 불완전하고 취소할 수 있으며 결정적이지 않고 조건적인 선택과, 완전하고 취소할 수 없으며 결정적이고 절대적인 선택으로 나뉜다. 이와 유사하게 믿음으로의 선택과 구원으로의 선택을 구분하기도 한다. 즉 의롭다 하는 믿음으로 택하시는 것이 반드시 구

원을 확정 짓지는 않을 수 있다는 것이다.

굉장히 복잡한 문장입니다. 선택에 대한 여러 개의 정의가 나와 혼란스럽습니다. 처음 접해 보신 분들은 무슨 이야기인지 도무지 모를 수 있습니다. 아르미니우스주의자들은 이렇게 선택을 복잡하고 어렵게 만들었습니다. 그러면 각각의 정의를 우선 간단히 살펴보겠습니다.

작정의 종류 설명

처음 나오는 두 선택은 "일반적이고 불확정적인 선택과 특별하고 확정적인 선택"입니다.

① **"일반적이고 불확정적인 선택"**이란, 하나님께서 구원받을 수 있는 **원리를** 정하셨다는 것입니다. 즉 모든 사람을 대상으로 하는, 누구든지 다 믿기만 하면 구원을 얻을 수 있다는 '원리'를 정하신 것입니다. 이것이 아르미니우스주의자들이 말하는 첫 번째 선택입니다. '일반적'이고, '확정된 사람을 정하지 않은' 선택, 즉 모든 사람을 대상으로 열려 있는, '구원을 위한 원리', '구원을 위한 조건'을 정하셨다. 이것이 아르미니우스주의자들이 말하는 제일 첫 번째 선택입니다.

② 그리고 두 번째 나오는 **"특별하고 확정적인 선택"**은, 이렇게 원리를 정하시고 난 다음에 하나님께서 보시니까, 이제 이 원리를 따라 믿음으로 거기에 나아올 사람들이 있더라는 것입니다. 바로 이 사람들을 선택하셨다는 것이 "특별하고 확정적인 선택"입니다. 그렇다면 첫 번째의 "일반적이고 불확정적인 선택"은 사람을 선택했다기보다는 '조건'을 정하신 것이고(모든 사람에게 다 통용되는 조건), 두 번째 선택에 와서야 이제 특정한 '사람'을 택하십니다.

당연히 아르미니우스주의 주장은 사람을 선택한다고 해서 모든 동등한 조건 하에 있는 사람 중에 하나님께서 주권적으로 선택하시는 것이 아닙니다. **'예지를 통해'** 미리 내다보시니까 믿을 것이라고 알게 된 사람을 선택합니다. 이것이 "특별하고 확정적인 선택"입니다.

③ ④ 그런데 그다음을 보면 후자, 곧 "특별하고 확정적인 선택"에서 다시 둘로 갈립니다. 곧 "특별하고 확정적인 선택"을 통해서 믿기로 한 사람들 중에 또 다시

두 종류의 사람이 있다는 것입니다. 하나는 **"불완전하고 취소할 수 있으며 결정적이지 않고 조건적인 선택"**이고 다른 하나는 **"완전하고 취소할 수 없으며 결정적이고 절대적인 선택"**입니다.

이 둘을 나누는 이유는 아르미니우스주의에서는 '중도 탈락'이 가능하기 때문입니다. 곧 하나님께서 어떤 사람을 보시고 믿음으로 나아올 것으로 여겨 선택하셨더라도, 살아가는 와중에 중도 탈락하는 이들이 있다는 것입니다. 그러니까 중도 탈락하는 사람은 "불완전하고 취소할 수 있으며 결정적이지 않고 조건적인 선택"이고, 믿었던 것을 끝까지 계속해서 견지해 나가는 사람만이 "완전하고 취소할 수 없으며 결정적이고 절대적인 선택"입니다.

오류 2의 마지막 부분에 이것을 다시 말하길 "믿음으로의 선택과 구원으로의 선택을 구분하기도 한다."라고 했습니다. 앞의 두 선택, 즉 "일반적이고 불확정적인 선택과 특별하고 확정적인 선택"은 '믿음을 향해 가는 종류의 선택'이기 때문에 이를 **"믿음으로의 선택"**이라고 불렀고, 뒤의 두 선택, 곧 "불완전하고 취소 가능하며 결정적이지 않고 조건적인 선택"과 "완전하고 취소 불가능하며 결정적이고 절대적인 선택" 이 두 가지는 '구원에까지 도달하느냐를 가름하는 선택'이니까 이것을 **"구원으로의 선택"**이라고 부른 것입니다.

아르미니우스주의의 목적

정말 복잡합니다. 아르미니우스주의는 이렇게 선택을 복잡한 문제로 만들었습니다. 하지만 선택의 문제는 '학자 놀음'이 아닙니다. 선택의 문제는 신자로 하여금 '하나님의 손을 발견하고 찬양하게 만드는' 그야말로 **'신앙의 문제'**입니다. 신앙의 문제가 신학자들의 놀이터가 되게 만드는 이론은 언제나 나쁩니다.

몇 년 전 합동신학대학원대학교에서 도르트 신조 400주년을 기념하여 세미나가 있었습니다. 거기에서 도르트 신조가 작성되던 때의 사회상에 대해 들을 기회가 있었습니다. 샐더르하위스(Herman Selderhuis) 교수님이 그때 당시의 사회적인 풍조를 이렇게 표현했습니다.

"사람들은 맥도날드에서 빅맥(햄버거)을 먹으면서 예정에 관하여 이야기했다."

그만큼 당시 사람들에게 이 신조의 내용은 '중요하고도 생활적인 것'이었다는 말입니다. 교리를 배운다는 것은 어려운 학문을 하는 것이 아니라 **'하나님과 함께 살아가는 법'을 배우는 것**입니다. 그래서 교수님은 이렇게도 표현했습니다.

> "도르트 신조 작성을 위해 모인 사람들은 자신들이 학문적인 회합이 아니라 목회적인 문제를 다루고 있다고 확신했다."

신자가 신앙적으로 생활하려 한다면 교리의 문제는 중요합니다. 물론 교리의 구체적인 세부 사항까지, 또 그 교리가 어떤 경위를 거쳐 정립되었는지에 관한 그 모든 신학적 단계를 신자가 다 알 필요는 없습니다. 하지만 **교리의 요체는 알아야 합니다!** 교리를 배우는 것이야말로 하나님과 함께 살아가는 법을 배우는 것이기 때문입니다. 그래서 우리가 아르미니우스주의가 말하는 선택의 내용들을 모두 숙지하고 있을 필요는 없지만, 그들의 요지가 무엇이며 우리는 무엇을 믿어야 하는지에 대해서는 꼭 배울 필요가 있습니다.

그러면 다시 말해 봅시다. 아르미니우스주의의 주장은 무엇입니까? 그들은 이렇게 선택을 여러 가지로 나누는 일을 통해서 무엇을 얻고자 했습니까?

● '인간'의 확보

첫째, 이들이 "일반적이고 불확정적인 선택"과 "특별하고 확정적인 선택"을 말하는 이유는 하나님께서 각각의 사람에 대해 예정하셨다고 말하기 싫어 하면서, 단지 모든 믿는 사람을 위한 구원의 기준(조건)을 정하셨다고만 말하고 싶어 하기 때문입니다.

앞서 배운 것처럼, 아르미니우스주의자들의 믿음 대로라면 그리스도께서는 저와 여러분, 구체적인 한 사람 한 사람을 살리시기 위해 죽지 않으셨습니다. 아르미니우스주의자들에 의하면 그리스도께서는 단지 모든 사람들을 위하여 죽으시면서, 누구나 이 기준에 도달하면 구원받을 수 있다고 하는 **'조건'만을 위하여** 죽으셨습니다. 하나님의 사랑은 저와 여러분, 곧 '특정한 사람들'을 향한 것이 아니라 '모든 사람을 위한 두루뭉술한 사랑'입니다. **누가 되었든 간에** 여기에 도달하기만 하면 구원을 얻으므로, 천국 문 앞에서 서 계시는 예수님은 저와 여러분 개개인의 얼굴은 모릅니다. 알 필요도 없고 관심도 없습니다. 단지 '조건을 충족했는가'를 보시고 "통과!"를 외치시면 됩니다.

아르미니우스주의자들에 의하면, 하나님은 대단히 무책임하게 '기준만' 정하셨습니다. '누가 오는가'는 하나님의 관심이 아닙니다. 하나님은 단지 세상을 사랑한다는 **대의만을** 이루셨고, 이제 그 기준에 누가 도달하는가는 사람들 각자에게 달린 것입니다.

왜 아르미니우스주의자들은 이렇게 말하고 싶어 한다고 했습니까? 하나님께서 한 사람 한 사람을 다 정하셨다고 하는 것을 '얽어매는 족쇄'로 여겼기 때문입니다. 이렇게 하는 것이 하나님의 **'사람에 대한 침해'**라고 생각했기 때문입니다.

도르트 신조를 배우면서 아르미니우스주의를 대적할 때 언제나 잊지 않아야 하는 것은 '하나님 중심'과 '인간 중심'의 싸움이라는 주제를 정중앙에 두는 사고방식입니다. 아르미니우스주의는 **모든 곳에서 '인간의 자유의지'만을 최고조로 확립하고자 하는 인본주의**입니다. 이들은 하나님의 절대적 주권과 사람 하나 하나를 사랑하시는 사랑을 포기합니다. 하나님을 결정적인 분으로 둘 때 '내가 결정할 자리'가 없어지기 때문입니다.

참으로 종교개혁 시대에는 **인문주의가 두 방향의 태아를** 낳았습니다.[31] 한편은 중세가 성경을 떠났으므로 "성경으로 돌아가자"라고 했던 이들입니다. 이들이 종교개혁자들, 곧 개혁신앙인입니다. 하나님의 말씀은 없고 교회의 전통만 남아 있던 곳에 인문주의는 "성경 그 자체로 돌아가자"라는 생각에 동력을 불어넣어 주었습니다. 루터도 칼뱅도 인문주의의 영향을 받았습니다. 단 그들은 인문주의라는 도구를 통해서 '성경을 들을 기회'를 얻었던 것이고, 이 기회를 얻은 후로는 **더 이상 인문주의 자체에 휩쓸리지 않고 '성경 그 자체가 말하는 바'**로 달려갔습니다.

그러나 동시에 다른 한편으로 인문주의는 **그 인문주의 자체가 성경이 되어 버린** 사람들을 낳기도 했습니다. 이 사람들은 개혁신앙을 가진 사람들처럼 성경으

---

31 — 이 생각은 프란시스 쉐퍼에게서 가져온 것이다. 프란시스 쉐퍼, 『그러면 우리는 어떻게 살 것인가?』, 김기찬 옮김 (서울: 생명의말씀사, 1984). 쉐퍼에게서 종교개혁 반대편은 '르네상스'이다.

로 돌아가지 못했습니다. 이들은 여전히 인문주의에 남았고, 도리어 인문주의의 방식으로 성경을 읽었습니다. 그래서 하나님의 '절대 주권' 앞에서 이들은 멈칫했습니다. 사람이 무언가를 더 해야 한다고 여겼고, 사람을 위한 세상이어야 한다고 여겼던 것입니다.

아르미니우스주의자들은 바로 이런 인문주의적 사고에서 벗어나지 못했던 사람들이었습니다. 하나님이 제아무리 하나님이어도 '사람 그 자체'를 선택하실 수는 없다고 생각했습니다. 그건 사람의 **'고유 영역'**이므로 하나님이 침범할 수 없어야 하는 것이었습니다.

왜 아르미니우스주의자들이 "일반적이고 불확정적인 선택"을 말해야 합니까? 성경이 가르치는 언약적 사랑은 하나님께서 사람 하나 하나를 사랑하시는 언약적 사랑인데, 이들은 그것이 침해라고 여겼고, 그래서 하나님께서는 단지 기준만을 세워야 한다고 여겼기 때문입니다. 아르미니우스주의자들은 **하나님을 '강제하는'** 자들입니다.

● '의지'의 확보

둘째, "특별하고 확정적인 선택" 안에서도 "불완전하고 취소할 수 있으며 결정적이지 않고 조건적인 선택"과 "완전하고 취소할 수 없으며 결정적이고 절대적인 선택"으로 나눈 이유 역시, 믿는 사람이 끝까지 자신의 믿음을 견지해 가는 것은 **절대적으로 '자기 의지의 문제'**라고 보았기 때문입니다.

나중에 셋째·넷째 교리에서 배우게 될 것인데, 항론파들은 셋째 교리를 말할 때 맞는 말을 한 것처럼 보였습니다. 항론파의 셋째 교리는 "인간은 스스로의 힘으로는 구원을 얻을 수 없다."입니다. 이것은 매우 맞는 말입니다. 하지만 이렇게 말한 후에 이들은 넷째 교리에서 이렇게 말합니다.

> 그래서 하나님의 은혜가 필요한 것이다. 우리가 스스로의 힘으로 구원을 얻을 수 없으니 하나님의 은혜가 필요하다. **하지만 그 은혜는 우리가 원치 않으면 받지 않을 수도 있다.**

항론파라고 해서 하나님의 은혜를 안 믿은 것이 아닙니다. 이들도 '우리 스스로는' 구원을 얻을 수 없다고 확실히 믿었습니다. 그러나 하나님의 은혜를 믿는다는 것이 모두 다 옳은 것이 아닙니다. 하나님의 은혜를 믿어도 "그 하나님의 은혜를 내가 뿌리칠 수 있다."라고 믿는다면, 그것은 **진정 하나님의 은혜를 믿는 것이 아니기 때문입니다. 하나님의 은혜는 언제나 '저항할 수 없는' 은혜입니다.** 하나님의 은혜는 내가 받고 싶으면 받고, 받기 싫으면 안 받을 수 있는 그런 은혜가 아닙니다.

이런 입장에서 이 아르미니우스주의의 두 선택의 구분을 보십시오. 어떤 사람들은 "불완전하고 취소할 수 있으며 결정적이지 않고 조건적인 선택"을 받을 뿐이어서 처음에는 믿음의 선택을 하기는 했지만, 살아가다 보니 이것이 불완전하고 취소될 수도 있으며 결정적이지도 않아서 결국에는 마지막까지 이르지 못하고 중도 탈락합니다. 그러나 반대로 어떤 사람들은 "완전하고 취소할 수 없으며 결정적이고 절대적인 선택"을 받아서 최종적으로 영원한 낙원에 이르게 된다는 것입니다.

여기에 강력하게 작용하는 것은 어떤 방향으로든 **하나님께서 주시는 은혜가 '모든 것'이 아니라는 것입니다.** 사람은 중도 탈락할 수 있고, 중간에 그만둘 수 있으며, 내키지 않는다면 구원을 뿌리칠 수 있다고 합니다. 왜 그럴까요? 사람이라는 존재가 '진정한 자유인'이기 때문입니다. **하나님조차도 어쩔 수 없는 진정한 자유인!** 이것이 아르미니우스주의의 믿음이요 그들의 인간관입니다.

선택에 하나의 작정이 있다는 의미

이렇게 살펴보면 아르미니우스주의자들이 '여러 개의 작정'을 말하는 이유는 분명해집니다. **'오직 인간'을 더욱 말하기 위해서**입니다. '인간의 어떠함'이 '하나님의 어떠함'의 우위에 있어야만 하기 때문에 이렇게 말하는 것입니다.

그러나 우리는 도르트 신조의 제8조를 따라서 **선택에는 "오직 단 하나의 작정만이 있다."**라고 믿습니다. 이 말은 어떤 의미입니까? 또 이 사실은 우리에게 어떤 위로를 줍니까? 로마서 9장 16절 말씀을 보겠습니다.

> 그런즉 원하는 자로 말미암음도 아니요 달음박질하는 자로 말미암음도 아니요 오
> 직 긍휼히 여기시는 하나님으로 말미암음이니라_롬 9:16

16세기 사람이었던 폴라누스는 선택에 관하여 논하면서 '선택의 원인이 무엇인가'에 대해 이런 이야기를 했습니다.

> 하나님께서 선택하시도록 하게 한 원인에 사람의 의지, 예견된 믿음, 사람의 예지된 공로 같은 것이 있을 수 없다. ⋯ 오직 **선택의 유일한 원인은 하나님의 기뻐하심이다.**[32]

폴라누스는 이 하나하나를 반박하면서 '사람의 자유의지'가 어떻게 하나님의 선택의 원인이 될 수 없는지를 여러 가지 방식으로 설명합니다. 학문적인 설명이 반드시 좋은 것은 아니지만, 이해에 도움이 되기 때문에 간략히 정리해 보겠습니다.

> 첫째, 하나님은 영원하시지만 사람의 의지는 영원한 것이 아니기 때문에, 사람의 의지가 하나님의 선택의 바탕이 될 수 없다.

쉽게 설명해 보자면, 여기에는 '시간의 순서'가 있습니다. 성경은 하나님의 선택이 영원부터 있었던 것이라고 증언합니다. 하지만 사람은 영원부터 있지 않았습니다. 사람은 피조물에 불과하고, 존재하기 시작한 때가 있습니다. 그렇다면 영원부터 있었던 하나님의 선택이 어떻게 한참 후에 생기게 될 사람의 의지를 보고 일어나는 것이 될 수 있습니까? 하나님의 선택의 바탕이 어떻게 사람의 의지일 수 있겠습니까?

> 둘째, 이렇게 말하면 하나님의 은혜가 인간의 의지에 종속되기 때문에, 인간의 의지가 하나님의 선택의 바탕이 될 수 없다.

---

32 — 이하의 내용은 아만두스 폴라누스, 『하나님의 영원한 예정』, 51 이하에서 정리한 것.

사람의 자유의지가 하나님의 선택의 원인이 된다면 하나님의 선택의 은혜가 그 은혜를 받는 사람의 의지 아래에 종속되게 됩니다. 이것은 마치 **결과가 원인보다 먼저 있는 것**과 같게 됩니다. 그래서 폴라누스는 여기에서 루터를 인용하며 말합니다.

> 이렇게 말하면 하나님은 **우연의 우상**이 된다. 즉 하나님은 인간이 원하면 선택하셔야 하고 원치 않으면 선택하지 않으셔야 한다. 동일한 사람이 때로는 선택되고 때로는 선택되지 않는다.

폴라누스의 이야기에서 우리는 중요한 가르침을 얻을 수가 있습니다. 아르미니우스주의자들처럼 인간의 자유의지에다가 많은 무게를 두는 것이 얼마나 위험한가 하는 것입니다. 폴라누스는 계속 반복해서 이야기합니다. 이 논증이 사실 열 페이지 이상이 됩니다. 이 내용의 주제 문구가 앞에서 인용한 이것입니다.

> 하나님의 선택에는 아무것도 영향을 줄 수가 없다. 하나님의 선택에 원인이 되는 것은 오직 하나님의 기뻐하심뿐이다.

로마서 9장 16절은 우리의 선택이 "원하는 자로 말미암은 것도 아니고", "달음박질하는 자로 말미암는 것도 아니고", "오직 긍휼히 여기시는 하나님으로 말미암는다"라고 했습니다. "원하는 자"는 **우리의 소원, 우리의 뜻, 우리의 의지, 우리의 마음**을 말합니다. 우리가 어떤 마음을 가지더라도, 우리가 어떤 뜻과 의지를 가지더라도, 그것이 하나님의 선택의 근원이 될 수 없다는 것입니다. "달음박질하는 자"는 **우리의 노력, 우리의 공로, 우리의 행함, 우리의 매달림**을 말합니다. 이것은 우리가 아무리 많은 일을 하고, 아무리 노력하더라도, 그것이 하나님의 선택의 근원이 될 수 없다는 것입니다.

우리의 의도도("원하는 자") 우리의 행위도("달음박질하는 자") 하나님의 선택의 원인이 될 수 없습니다. 로마서 말씀은 선택의 유일한 근원을 말해 주고 있습니다. 그것은 **우리의 뜻이 아니라 하나님의 뜻이요, 우리의 의지가 아니라 하나님의 기**

뿐입니다.

이 가르침의 함의

우리의 선택이 우리의 어떠함에 전혀 휩쓸리지 않고 오직 하나님의 기뻐하심에만 기인하고 있다는 가르침이 주는 함의는 무엇입니까? 신조 8조가 말하고 있는 "여러 종류가 아닌 단 하나의 동일한 작정만이 있다."라는 말은 우리에게 어떤 위로를 줍니까?

우리의 선택이 오직 단 한 분의 의지만으로 결정되고 실행된다는 것입니다. 여기에는 다른 '어떠한 원인도' 개입될 수 없고, 변동을 위한 '어떠한 요소도' 게재될 수 없다는 뜻입니다. 우리의 선택은 **오직 한 분 하나님의 튼튼한 의지와 기뻐하심 아래 보호받고** 있습니다.

그러므로 아무도 우리의 선택을 흔들 수 없습니다. 하나님은 모든 것의 원인이시므로, 어떤 것도 그분의 원인이 될 수 없습니다. 우리의 선택은 '그분께만' 의존합니다. 영원 전부터 있지 않았던 우리의 의지에도 기초하지 않고, 언제 변동될지 모르는 우주의 어느 사실들에 기초하지도 않았습니다. 우리의 선택은 오직 단 한 가지, 하나님 당신의 기쁘신 뜻에만 의존하기 때문에 우리는 **확실하게** 이 선택을 믿을 수 있습니다. 참 신자는 선택에 대하여 흔들릴 필요가 없습니다!

서론에서 들었던 은유처럼, 커다란 건물의 어느 한 끄트머리 부분에 우리가 서 있다고 생각해 봅시다. 우리는 그 좁은 공간을 문을 통해 벗어나서, 조금 더 넓은 홀이 있는 곳으로 나옵니다. 그리고 이제 그 홀 한편에 있는 길다란 통로를 한참 동안 걸어서 지나갑니다. 그 통로는 여러 개의 창문들과 잘 장식된 벽들로 치장되어 있습니다. 이제 그 통로를 다 빠져나와 다시 몇 개의 큰 정원을 지나고, 마지막으로 커다란 문이 있는 곳을 통해 빠져나왔습니다. 그리고 이제 우리는 발 앞에 놓인 도로를 따라서 아래가 잘 내려다보이는 언덕으로 올라갑니다.

언덕에 올라 아래를 내려다보면서, 우리는 우리가 걸어온 그 길이 큰 동물 모양을 한 도로의 한 부분임을 깨닫습니다. 우리는 우리가 빠져나온 건물의 긴 복도가, 사실은 기린 모양을 한 큰 건물의 목 부분이었다는 것을 발견합니다. 그리고 우리가 제일 처음 서 있었던 조그만 방이 사실은 그 기린의 눈동자 모양 안이었다는 것을 발견합니다.

이와 같이, 도르트 신조의 작성자들이 우리에게 무엇을 보여 주려고 하는지를 잘 보십시오.

> ① 1조는 우리에게 '우리가 죄인이라는 사실'을 상기시켜 주었습니다.
> ② 2조는 하나님께서 '죄인인 우리를 위하여 어떤 반응을 보이셨는지'를 보여 주었습니다. 하나님께서는 자기 아들을 보내셨고 우리를 향한 구원을 베풀어 주셨습니다.
> ③ 3조는 하나님께서 이 구원의 일을 우리에게 적용시키시기 위하여 복음의 전령, 곧 설교자를 보내신다는 사실을 알려 주었습니다.

그리고 6조부터 시작되는 선택에 대한 설명들은 이 1, 2, 3조의 일들의 **배후에 무엇이 있는지** 알려 주기 위한 것입니다. 신조가 그려 주고 있는 선택에 대한 그림은 다음을 정확하게 보여 주기 위한 것입니다.

> 한 분 하나님께서
> 단일한 의지를 가지시고
> 어떻게 우리의 구원을 위하여 같은 움직임을 보이시고 계시는가

마치 이것은 방금 말했던 건물에 대한 설명처럼 하나하나가 모여서 큰 그림을 이룹니다. 그리고 이 큰 그림은 우리에게 이런 깨달음을 줍니다.

> '아! 우리가 깨닫고 나서 보니 하나님께서 우리 구원을 위해 아들을 보내시고, 죽고 부활하셔서 구원을 이루시고, 또 그것을 나에게 적용시키시기 위하여 복음의 전령을 보내시는 모든 일들이, **결국은 한 분 하나님께서 우리를 위하여 단일한 의지를 가지고 동일하게 행하시는 이 선택의 일을 통하여 이루어진 것이로구나!**'

이것이 좋은 신자가 '예정/선택'을 이해하는 방식입니다! 이것이 예정을 '미리 내다보는 방식'으로써가 아니라 '뒤를 돌아보는 방식'으로 보는 방법입니다!

언덕 위에 올라가서 뒤를 돌아보니 비로소 내가 있었던 지점이 어디였는지를 큰 그림 아래에서 볼 수 있는 것처럼, 예정/선택에 대한 이해야말로 '한 분 하나님께서 어떻게 이 일을 수행하고 계시는지'를 볼 수 있게 만들어 줍니다. 그래서 칼뱅 선생님은 예정을 (내다보고 점치기 위한 것이 아니라) '찬송을 위한 것'이라고 했습니다. 예정을 **결정론이나 운명론으로 만들지 않는 가장 중요한 동력**이 바로 '하나님의 단일한 의지'에 주목하는 것이라는 말입니다.

아르미니우스주의의 주장이 가지고 있는 "여러 종류의 선택"은 단순히 복잡하고, 학문적으로 어렵고, 그래서 대하기가 까다로운 문제 같은 것이 아닙니다. 이것은 복잡하고 어려운 문제이기 이전에 **거기 단일한 하나님의 의지가 없고 산만한 인간의 것들만 가득 차 있다는 것**이 문제입니다.

이런 가르침은 우리에게 **진정한 위로를 줄 수 없습니다.** 여러분은 구원받고 새 사람이 된 후에 이 세계, 이 우주를 보면서 무엇을 발견하십니까? 홀로 떠돌고 있는, 그래서 아무 데도 기댈 데가 없는, 그래서 우주의 미아로, 외톨이로, 결국 세상의 모든 일을 나 혼자 다 떠맡아야만 하는 '고아로서의 나'를 발견하십니까? 아르미니우스주의의 '자기 주체성', '인간의 자유의지에 기초한 자기 주체성'은 이런 '고아'를 낳습니다.

그러나 그렇지 않습니다. 우리는 '우주의 왕 되신 분의 자녀들'입니다! 우리는 '우연히' 교회에 오고, '우연히' 신앙생활을 하게 되고, '우연히' 믿는 배우자를 만나고, '우연히' 믿는 자녀를 낳고, '우연히' 어느 교회의 신자로 늙어 가고 있지 않습니다. **우리는 그분의 손안에 있습니다.** 그리고 그분의 손은 따스합니다. 이러한 위대하신 하나님의 자녀 됨을 깨닫지 못하고 '의지의 자유'를 말하는 사람은 불행한 사람입니다. 이런 사람은 우주의 외톨이, 고아로 남을 것입니다. 겉으로는 "하나님의 은혜로 구원받는다."라고 말하지만, "하지만 최종적 결정은 당신이 하게나!"라고 무책임하게 떠넘기는 **책임 없는 아비를 가진 아이**가 될 것입니다. 개혁 신앙 안에 있음을 감사합시다. 이 믿음 안에 있음을 감사합시다. 그래서 이 아버지 하나님과 함께 살아가고 늙어 감을 찬송합시다. 주께서 우리와 함께 계십니다!

제9조 : 선택의 근거는 예지(豫知)가 아님

이러한 선택은 하나님께서 사람의 믿음이나 그 믿음의 순종, 거룩함, 혹은 다른 어떤 선한 자질이나 성향을 미리 보시고, 그것들을 선택하심에 요구되는 인간의 조건이나 명분으로 삼으신 터 위에서 이루어진 것이 아닙니다. 오히려 믿음과 믿음의 순종, 거룩함 등에 이르게 하시려고 우리를 택하신 것입니다. 따라서 선택은 구원에 이르게 하는 모든 선한 것의 근원이고, 여기에서부터 믿음과 거룩함을 비롯한 구원의 갖가지 선물이 나오며, 마지막으로는 영생 그 자체가 선택의 열매와 효과로서 흘러나옵니다.[i] 사도가 증언하는 것처럼 "(하나님께서는) 창세전에 그리스도 안에서 우리를 택하사 우리로 사랑 안에서 그 앞에 거룩하고 흠이 없게 하시려고"(엡 1:4) 하셨습니다. 즉 '우리가 거룩하고 흠이 없기 때문'이 아닌 것입니다.

[i] 롬 8:30 또 미리 정하신 그들을 또한 부르시고 부르신 그들을 또한 의롭다 하시고 의롭다 하신 그들을 또한 영화롭게 하셨느니라

● **강해 본문 : 욥기 1장 1-22절**

1 우스 땅에 욥이라 불리는 사람이 있었는데 그 사람은 온전하고 정직하여 하나님을 경외하며 악에서 떠난 자더라 2 그에게 아들 일곱과 딸 셋이 태어나니라 3 그의 소유물은 양이 칠천 마리요 낙타가 삼천 마리요 소가 오백 겨리요 암나귀가 오백 마리이며 종도 많이 있었으니 이 사람은 동방 사람 중에 가장 훌륭한 자라 4 그의 아들들이 자기 생일에 각각 자기의 집에서 잔치를 베풀고 그의 누이 세 명도 청하여 함께 먹고 마시더라 5 그들이 차례대로 잔치를 끝내면 욥이 그들을 불러다가 성결하게 하되 아침에 일어나서 그들의 명수대로 번제를 드렸으니 이는 욥이 말하기를 혹시 내 아들들이 죄를 범하여 마음으로 하나님을 욕되게 하였을까 함이라 욥의 행위가 항상 이러하였더라 6 하루는 하나님의 아들들이 와서 여호와 앞에 섰고 사탄도 그들 가운데에 온지라 7 여호와께서 사탄에게 이르시되 네가 어디서 왔느냐 사탄이 여호와께 대답하여 이르되 땅을 두루 돌아 여기저기 다녀왔나이다 8 여호와께서 사탄에게 이르시되 네가 내 종 욥을 주의하여 보았느냐 그와 같이 온전하고 정직하여 하나님을 경외하며 악에서 떠난 자는 세상에 없느니라 9 사탄이 여호와께 대답하여 이르되 욥이 어찌 까닭 없이 하나님을 경외하리이까 10 주께서 그와 그의 집과 그의 모든 소유물을 울타리로 두르심 때문이 아니니이까 주께서 그의 손으로 하는 바를 복되게 하사 그의 소유물이 땅에 넘치게 하셨음이니이다 11 이제 주의 손을 펴서 그의 모든 소유물을 치소서 그리하시면 틀림없이 주를 향하여 욕하지 않겠나이까 12 여호와께서 사탄에게 이르시되 내가 그의 소유물을 다 네 손에 맡기노라 다만 그의 몸에는 네 손을 대지 말지니라 사탄이 곧 여호와 앞에서 물러가니라 13 하루는 욥의 자녀들이 그 맏아들의 집에서 음식을 먹으며 포도주를 마실 때에 14 사환이 욥에게 와서 아뢰되 소는 밭을 갈고 나귀는 그 곁에서 풀을 먹는데 15 스바 사람이 갑자기 이르러 그것들을 빼앗고 칼로 종들을 죽였나이다 나만 홀로 피하였으므로 주인께 아뢰러 왔나이다 16 그가 아직 말하는 동안에 또 한 사람이 와서 아뢰되 하나님의 불이 하늘에서 떨어져서 양과 종들을 살라 버렸나이다 나만 홀로 피하였으므로 주인께 아뢰러 왔나이다 17 그가 아직 말하는 동안에 또 한 사람이 와서 아뢰되 갈대아 사람이 세 무리를 지어 갑자기

낙타에게 달려들어 그것을 빼앗으며 칼로 종들을 죽였나이다 나만 홀로 피하였으므로 주인께 아뢰러 왔나이다 18 그가 아직 말하는 동안에 또 한 사람이 와서 아뢰되 주인의 자녀들이 그들의 맏아들의 집에서 음식을 먹으며 포도주를 마시는데 19 거친 들에서 큰 바람이 와서 집 네 모퉁이를 치매 그 청년들 위에 무너지므로 그들이 죽었나이다 나만 홀로 피하였으므로 주인께 아뢰러 왔나이다 한지라 20 욥이 일어나 겉옷을 찢고 머리털을 밀고 땅에 엎드려 예배하며 21 이르되 내가 모태에서 알몸으로 나왔사온즉 또한 알몸이 그리로 돌아가올지라 주신 이도 여호와시요 거두신 이도 여호와시오니 여호와의 이름이 찬송을 받으실지니이다 하고 22 이 모든 일에 욥이 범죄하지 아니하고 하나님을 향하여 원망하지 아니하니라

우리 믿음의 순서

욥 1:1-22

사람들이 무언가를 믿고 깨닫고 이해하게 될 때는 보통의 경우 자신이 기본적으로 가지고 있는 본성을 따라 하게 됩니다. 그리고 "무언가 이해할 때 본성을 따르게 된다."라는 말은 우리로 하여금 '조심해야 할 것'이 있다는 것을 생각하게 해 줍니다. 무슨 말인가 하면, 우리가 무언가를 깨닫고 이해할 때 본성을 따라 자연스럽게 하게 되면 **우리가 죄인이라는 사실이 거기에 무의식적으로 작용하고 있다는 것을 잊어버릴 수 있다는 말입니다.**

우리는 대게 **죄인으로서 이해하고 죄인으로서 깨닫습니다.** 그렇다면 우리의 어떤 판단들이나 생각들이란, 매우 그릇된 기초 위에서 하고 있는 것이라는 말이 됩니다. 이것을 잘 생각하지 않으면 우리는 자신의 본능적인 판단을 무작정 옳은 것으로만 여기게 될 수도 있습니다. 이런 판단은 삶의 문제들에서도 물론이겠지만 무엇보다 **하나님을 생각할 때에도** 문제가 됩니다. 이를테면 **하나님께서 행하시는 일도 '자신의 경험에 비추어' 판단하는 경향을 가지게 된다**는 것입니다. 예를 들어 봅시다.

여러분이 평소에 참 괜찮다고 생각하고 있던 형제나 자매를 한 사람 생각해 보십시오. 여러분은 왜 이 형제/자매를 괜찮다고 생각하게 되었습니까? 아마 별로 어렵지 않게 이유를 생각할 수 있을 것입니다. "이 사람이 평소 사람들에게 친절히 대하는 것을 보았기 때문이야.", "이 사람과 저녁을 같이 먹었는데 이야기를 듣다 보니 참 공감이 되고 좋았어.", "지난번에 우리 아이들을 이 사람이 잠깐 돌봐 줬는데 너무 호감이 가더라고."

보통 우리가 누군가에 대해 호감을 갖게 되는 것은 이런 식입니다. 즉 **우리는 '경험에 비추어 대상을 판단'**합니다. '경험 없는 평가'란 존재할 수 없습니다. 경험이 없는 영역은 단지 공상의 영역일 뿐, 우물 안의 개구리는 상상만으로는 절대로 우물 밖의 세계를 알 수 없습니다.

그런데 중요한 점은 바로 우리의 이런 점, 즉 **우리의 이런 경험이 '하나님에 대한 인식'에도 영향을 미친다는 것**입니다. 우리의 본성은 하나님마저도 '내 경험의 틀 안에서' 이해하려고 합니다. 그래서 우리는 하나님께서도 우리처럼 **경험에 비추어 일할 거라고** 본능적으로 생각하곤 합니다.

무언가 삶에 좋지 않은 일이 생길 때 본능적으로 '내가 무언가를 잘못했기 때문에 하나님께서 벌을 내리시는 것이 아닌가?'라는 생각을 해 보신 경험들이 다들 있으실 것입니다. 왜 그럴까요? 왜 우리는 이런 종류의 일에 공통의 경험을 갖고 있습니까? 왜 사람들은 무언가 나쁜 일이 생기면 자연스럽게 '내가 무슨 잘못을 저질러서 이 일이 닥친 게 아닌가'라는 생각을 하게 되는 것일까요? 성격이 비뚤어져서 그런 것일까요? 아닙니다. 우리의 본성이 그러하기 때문입니다. 이때 우리의 본성이란 '경험에서 나온 일'입니다.

우리는 날 때부터 지금까지 항상 '경험에 비추어서 대상을 판단'하는 식으로 살아왔습니다. '인과(因果)론'입니다. 인간들에게 있어서는 언제나 **'결과'는 '원인'의 다음에** 옵니다. 삶에 무언가 좋지 않은 일이 생기면(결과), 반드시 무슨 '원인'이 있어서 그럴 것이라고(원인) 생각하게 되는 것입니다.

그렇다면 '경험에 비추인 이해'로서는 '원인 없는 결과'는 이해할 수 없는 일이 됩니다. 이것을 하나님께, 신앙의 영역에 적용해 보십시오. 우리는 **'하나님의 값없는 은혜'를 본성적으로는 이해할 수가 없습니다!** 우리는 언제나 인과론적이기 때문입니다! 경험에 비추어 보면 언제나 우리는 '원인이 있는 결과'만을 봐 왔기 때문에 내가 아무것도 하지 않았는데, 즉 내 편에 원인이 전혀 없는데, 하나님께서 무작정 무언가를 주신다는 것은 받아들일 수가 없습니다. 우리는 **'원인 없는 결과'** 같은 것에 익숙하지 않습니다.

그러나 이런 '경험에 비추인 이해'라고 할 수 있는 인과론은 하나님께는 적용되지 않습니다. 왜냐하면 하나님께는 '원인'이 없기 때문입니다! 하나님께는 언제나 하나님 자신만이 원인이지, 다른 어떤 것도 하나님께 '원인이 될 수' 없습니다.

하나님의 행동에는 '영향을 끼칠 수 있는 무언가'가 존재할 수 없습니다. 하나님의 행동을 촉발시킬 수 있는 '하나님 이전의 무언가' 같은 것은 없습니다. 하나님은 그분 스스로가 모든 것의 원인이시고 모든 것이 그분 자신으로 말미암습니다. 그러므로 하나님의 계획은 오직 자기 자신에게만 기초합니다. 이것을 인생으로서 이해할 수 있습니까? 언제나 원인이 있었기 때문에 결과가 있어왔던 우리들로서는 전혀 이것을 이해할 수 없는 것입니다.

이것이 '은혜의 작동 원리'입니다. 은혜의 원인이 무엇입니까? 왜 하나님은 우리를 사랑하셨습니까? 도르트 신조를 조금 배웠기 때문에 우리는 이제 약간은 말할 수가 있게 되었습니다.

> 하나님께서 우리에게 은혜를 베푸신 원인은 다른 어떤 것에도 있지 않다.
> 하나님은 우리의 어떠함을 보시고 그것이 원인이 되어서 결과로 우리를 사랑하시고 은혜를 베푸신 것이 아니다. 오직 하나님 그분 자신만이 원인이시고, 오직 하나님 그분 자신이 그렇게 하고 싶으셔서, 우리를 사랑하시고, 우리에게 은혜를 베푸신 것이다.

모든 것의 원인이 하나님 자신이시기에, 하나님은 결코 '무엇 때문에' 우리를 사랑하신 것이 아닙니다. 하나님은 오직 그분 자신의 뜻 때문에 우리를 사랑하셨습니다. 여기에는 우리의 어떤 종류의 선함, 우리의 어떤 종류의 자유의지, 우리의 어떤 종류의 '하나님께 보이기에 괜찮아 보일 만한 것'도 영향을 줄 수 없습니다. 우리가 어떠하였기 때문에 하나님께서 우리를 사랑하신 것이 아니라, 그저 하나님께서 우리를 사랑하셨습니다.

선택과 믿음

그래서 첫째 교리 제9조는 이렇게 말합니다.

> 이러한 선택은 사람의 믿음이나 그 믿음의 순종, 거룩함, 혹은 다른 어떤 덕목이나 경향을 **미리 보시고** 그것들로 선택하심에 요구되는 인간의 조건이나 명분으로 삼으시고 그 터 위에서 이루어진 것이 아닙니다. **오히려** 믿음과 순종, 거룩함 등에 **이르게 하시려고** 우리를 택하신 것입니다.

이 순서, 곧 전후 관계를 잘 보십시오. 아마 도르트 신조의 이 내용만큼 간결하고 명확하게 **우리 믿음의 '순서'**를 잘 정리한 곳은 어디에도 없을 것입니다. 신조의 이 부분은 아주 선명하게 **'선택'**과 **'믿음'**의 순서를 잘 설명하고 있습니다. 요약적 주제는 이것입니다.

> 선택은 믿음을 통해 이루어지는 것이 아니다. 오히려 믿음이 선택의 결과이다.

그렇습니다. 내가 믿기 때문에 하나님께서 나를 구원하신 것이 아닙니다. 하나님께서 나를 구원하시**려고** 믿음을 **'주신'** 것입니다. 무엇이 원인이고 무엇이 결과입니까? 우리는 본성적으로는 경험에 의지하기 때문에 내 믿음이 원인이고 하나님의 선택이 결과라고 착각하기 쉽습니다. 하지만 신조는 분명히 우리에게 알려 줍니다. **하나님의 선택이 원인이고, 내 믿음이 결과입니다.** 그래서 사도행전 13장 48절은 이렇게 말합니다.

> 이방인들이 듣고 기뻐하여 하나님의 말씀을 찬송하며, **영생을 주시기로 작정된 자는 다 믿더라.**

믿은 것이 먼저입니까, 영생을 주시기로 작정된 것이 먼저입니까? 작정이 먼저입니다. 믿음은 나중입니다. 무엇이 원인이고 무엇이 결과입니까? 작정이 원인이고 믿음이 결과입니다.

바로 이것입니다. **우리의 믿음은 하나님께서 우리를 건지시기 위하여 참고하시는 '이전의 환경'이 아닙니다.** 우리의 믿음은 하나님께서 우리를 선택하셨기 때문에 빚어지는 '결과'에 해당합니다.

9조의 마지막 부분에 나오는 성경의 인용문을 보십시오. "창세전에 그리스도 안에서 우리를 택하사!" 그렇습니다. 먼저 택하셨습니다. 그래서 "우리로 사랑 안에서 그 앞에 거룩하고 흠이 없게 하시려고"입니다. 먼저 택하셨고, 그래서 우리를 거룩하고 흠이 없게 만드십니다. 우리가 믿음을 갖게 되는 것이 결과이고 하나님의 선택이 먼저입니다.

하나님께서는 우리의 어떠함을 보시고 우리를 사랑하지 않으셨습니다. 하나님은 그저 우리를 사랑하셨고, **우리가 믿음을 갖고 있는 것은 그분의 사랑의 결과입니다.** 그래서 유명한 CCM인 「당신은 사랑받기 위해 태어난 사람」은 이상한 말입니다. 우리는 '이미 사랑을 받아' 태어났습니다. 우리는 선택을 받기 위해 무언가를 갖춘 것이 아니라, 선택을 받았기 때문에 갖추어졌습니다.

성경의 예들에서

노아

이 가르침에 대한 좋은 예로 창세기 6장의 노아를 생각해 봅시다. 창세기 6장 9절 말씀은 노아를 이렇게 묘사합니다.

> 이것이 노아의 족보니라 노아는 의인이요 당대에 완전한 자라 그는 하나님과 동행하였으며_창 6:9

성경은 노아를 "완전한 자"라고 표현했습니다. "완전하다"라는 말은 야곱에게서도 그렇지만(창 25:27), 아무런 결점이 없다는 뜻이 아닙니다. 오히려 성경에서 어떤 사람을 '완전하다'고 하는 것의 의미는 **'언약적인 것'**으로서, 그 사람이 '하나님과 함께 걷고 있다' 혹은 '하나님과 함께 살고 있다'는 뜻입니다.

어쨌든 창세기 6장에서 노아는 온 인류의 전멸 위기 속에서도 홀로 살아남을 수 있도록 "의인"이라고 불리운 사람입니다. 그러면 우리는 창세기 6장 9절에서 어떤 점을 강조해야 할까요? 노아는 당세에 완전하다고 인정을 받을 만큼 그렇게 최고의 삶을 살아갔던 사람이라는 점을 강조해야 할까요? 성경을 모범적으로 읽기 좋아하는 사람들은 항상 이런 '인물 중심적' 성경 읽기를 시도하면서 성경의 인물들을 '따라야 할 모범'이나 '금지해야 할 모범'으로 보는 데 익숙해 있습니다. 그러면 여기에서도 우리는 "우리도 노아처럼"이라고 이해해야 할까요? 바로 앞의 절인 7절과 8절을 함께 읽으면 9절을 어떻게 이해해야 할지가 선명해집니다.

> 이르시되 내가 창조한 사람을 내가 지면에서 쓸어버리되 사람으로부터 가축과 기는 것과 공중의 새까지 그리하리니 이는 내가 그것들을 지었음을 한탄함이니라 하시니라 그러나 **노아는 여호와께 은혜를 입었더라**_창 6:7-8

우리는 9절의 "노아는 의인이요 당대에 완전한 자라"는 말씀을 8절의 "노아는 여호와께 은혜를 입었다"라는 말씀에 **비추어 읽어야** 합니다. 7절에서 말하고 있는 "내가 창조한 사람"에는 노아가 포함되지 않습니까? 당연히 노아도 포함됩니다. 그렇다면 "내가 창조한 사람을 내가 지면에서 쓸어버리되"라고 하셨으면, 당연히 노아도 여기 포함되어야 합니다. 하지만 성경은 노아가 여기에서 **살아남을 수 있는 '근거'**를 이야기하는데, 그것이 바로 "노아는 여호와께 은혜를 입었다"입니다. 그가 "의인이요 당대에 완전한 자였기 때문에", "여호와께 은혜를 입은" 것이 아닙니다. 그가 "여호와께 은혜를 입었기 때문에", "의인이요 당대에 완전한 자"인 것입니다.

노아는 스스로 의롭지 않습니다. 노아의 의는 오직 여호와의 은혜에만 있습니다. 하나님은 노아가 '홍수가 덮칠 정도로 패괴한 세상 속에서도 의를 꼿꼿이 지킬 것을 미리 **예지하셨기 때문에**' 노아에게 은혜를 주신 것이 아닙니다. **애초에 그의 의 자체가 여호와의 은혜로 말미암은 것입니다.**

욥

욥도 생각해 봅시다. 욥에게서 발견되는 재미있는 점 중 하나는 노아에게 성경이 말한 "완전한 자"라는 표현을 욥에게도 똑같이 쓰고 있다는 점입니다.

> 우스 땅에 욥이라 불리는 사람이 있었는데 그 사람은 온전하고 정직하여 하나님을 경외하며 악에서 떠난 자더라_욥 1:1

우리말 번역이 노아에게는 "완전하였다" 한 것을 욥에게서는 "온전하다"라고 썼을 뿐, 이 둘은 같은 단어입니다(히. 탐). 욥도 역시 노아와 함께 "완전하다"라고 평가를 받은 성경의 또 다른 인물입니다.

욥에게서 우리가 주목해 보아야 할 부분은 사탄이 하나님을 힐문하는 부분입니다. 하나님께서 사탄에게 "네가 내 종 욥을 유의하여 보았느냐? 그와 같이 온전하고 정직하여 하나님을 경외하며 악에서 떠난 자는 세상에 없느니라"(욥 1:8)라고 자랑하시자 사탄은 하나님께 이렇게 말합니다.

> 사탄이 여호와께 대답하여 이르되 욥이 어찌 까닭 없이 하나님을 경외하리이까 주께서 그와 그의 집과 그의 모든 소유물을 울타리로 두르심 때문이 아니니이까 주께서 그의 손으로 하는 바를 복되게 하사 그의 소유물이 땅에 넘치게 하셨음이니이다 이제 주의 손을 펴서 그의 모든 소유물을 치소서 그리하시면 틀림없이 주를 향하여 욕하지 않겠나이까_욥 1:9-11

사탄의 주장의 핵심은 무엇입니까? 사탄의 이야기를 한마디로 요약하자면 **"욥은 하나님께 무언가 받은 것이 있기 때문에 사랑하는 것이다."**라는 것입니다. 즉 사탄의 주장에 의하면 욥의 믿음은 **'조건적인 믿음'**이라는 것이지요. 만약 욥이 아무것도 받은 것이 없었다면 결단코 하나님을 섬기지 않을 것이라는 것이 사탄의 확신이었습니다. 다음을 보십시오. 하나님께서는 사탄의 이 말을 들으시고서 사탄이 욥을 치는 것을 허락하십니다. 그래서 욥은 재물과 자식과 아내를 모두 잃고 혼자 큰 고통 가운데 신음하게 됩니다. 그런데 욥이 이런 일을 당하고도 어떻게 합니까?

> 내가 모태에서 알몸으로 나왔사온즉 또한 알몸이 그리로 돌아가올지라. 주신 이도 여호와시오 거두신 이도 여호와시오니 여호와의 이름이 찬송을 받으실지니이다_ 욥 1:21

이어지는 22절은 욥이 "범죄하지 아니하고, 하나님을 향하여 원망하지도 않았다."라고 하면서 1장을 맺고 있습니다. 욥기 1장에서 사탄이 힐문한 내용은 무엇입니까? "욥이 조건 없이 하나님을 사랑할 리 없다."였습니다. 그런데 어땠습니까? 사탄은 욥이 조건 때문에 하나님을 사랑했다고 했지만, 하나님께서는 사탄이 그 조건을 다 빼앗아버리는 것을 허용하셨고, 그럼에도 욥은 "여호와께 범죄하지 않았으며 하나님을 향하여 원망하지도 않았"습니다.

이 말씀이 보여 주는 핵심은 분명합니다. **하나님이 맞고, 사탄이 틀렸다는 것입**니다. 욥은 조건 때문에 하나님을 사랑한 것이 아니었습니다. 욥은 노아처럼 "완전한 자"였는데, 그가 완전한 자였던 이유는 하나님이 재물을 많이 줘서도 아니고, 자식을 많이 줘서도 아니었습니다. 욥은 **하나님을 순전하게 사랑**했습니다. 아무것도 없는 와중에도 순전하게 하나님을 사랑했습니다. 사탄은 조건을 말했지만, 하나님은 욥의 하나님 사랑함이 조건 없는 사랑임을 보여 주심으로써 승리하셨습니다. 우리가 욥기를 볼 때 눈여겨보아야 할 지점이 여기라고 생각합니다.

저는 조금 전에 이렇게 말씀을 드렸습니다.

> 욥은 아무것도 없는 와중에도 순전하게 하나님을 사랑했다.
> 욥은 아무런 조건 없이 하나님을 사랑했다.

사탄은 욥이 "조건이 있으니까 하나님을 사랑한 것"이라고 했습니다. 그것은 틀렸습니다. 사탄이 틀렸음을 하나님은 욥을 통해 입증하셨습니다. 욥은 조건, 그러니까 사탄이 여기서 예를 들었던 "집과 모든 소유물을 산울로 둘렀기 때문에" 하나님을 사랑한 것이 아니었다는 것을 훌륭히 입증해 내었습니다.

그러나 여기에서 잠깐 교의학적인 질문을 던져 보도록 합시다. 그렇다면 정말 욥에게, 아니 욥이 아닌 그 어떤 사람이라도, 과연 정말 사람으로서 **아무런 조건 없이 누군가를 사랑함이 가능한 일이겠습니까?** 과연 사람이, 그 누가 되었건 간에 조건 없이, 전제 없이 사랑함이 가능한 일이겠습니까?

불가능합니다. **사람은 절대로 '아무 조건 없이' 누군가를 사랑할 수 없습니다.** 어떤 사랑에도 이유가 있습니다. 부모의 자식 사랑이라고 해서 조건이 없습니까? 자기가 낳았다는 원인이 있지요. 이성 간에 사랑에 빠지는 데 이유가 없습니까? 사랑에 빠지기 전에 눈으로 보는 일, 목소리를 듣는 일, 생각이 일치되는 일, 호감이 가는 감성과 느낌 등 온갖 종류의 선(先) 조건들이 있습니다. 과연 사람이 '아무 조건 없이' 누군가나 무언가를 사랑할 수 있을까요? 불가능합니다. 우리는 절대로 '아무 조건 없이' 하나님을 사랑할 수 없습니다. 그러면 욥의 하나님을 향한 '조건 없는 사랑'은 **어디에서 온 것일까요?** 사람은 절대로 조건 없는 사랑이 불가능한데, 어떻게 욥이 조건 없이 하나님을 사랑할 수 있었을까요?

만약 욥의 사랑이 **정말 조건이 없었다면, 그것은 그로부터 나온 것이 아닙니다.** 사람은 결코 선행되는 조건 없이 무언가를 사랑할 수 없습니다. 만약 그런 사랑이 있다면 절대적으로 그것은 **하나님으로부터 온 것**일 수밖에 없습니다. 우리가 만약 무언가 조건 때문에 하나님을 사랑하지 않고 무조건적으로 하나님을 사랑하고 있다면, 그것은 결코 나 스스로에게서 나온 것일 수 없습니다. 우리는 '인과론에 묶인 존재들'이고, 원인 없는 결과는 인생에게 가능하지 않은 것이기 때문입니다. 즉 욥의 사랑은 반드시 '하나님으로부터 온 사랑'입니다.

우리가 왜 하나님을 사랑합니까? 어떤 분은 이런 말을 들으면 "하나님이 저를 창조하셨고 구속하셨다는 것을 제가 깨달았기 때문입니다."라고 대답할지도 모르겠습니다. 맞습니다. 훌륭한 대답입니다. 이런 대답이야말로 우리가 하나님을 믿는 이유를 선명하게 보여 주고 있습니다. **그러나 그 깨달음은 어디서 왔습니까?** 우리가 하나님을 사랑하게 된 그 "창조하셨고 구속하셨다는 깨달음"은 어디에서 왔습니까? 하나님의 사랑이 우리를 들어 올리시지 않았으면 우리가 그 깨달음에 도달할 수 있었을까요? 과연 성령님께서 믿음을 주시지 않고, 말씀의 깨달음을 주시지 않고, 우리가 독자적으로 성경을 읽어 하나님을 이해하고 그분을 사랑하게 될 수 있을까요? 불가능합니다. 우리가 하나님을 사랑한다면, 그것은 절대적으로 하나님 당신께서 우리로 하여금 '하나님을 사랑하도록' 하셨기 때문입니다.

그렇다면 다시 욥의 이야기의 처음으로 돌아가서, 사탄과 하나님과의 대화, 곧 사탄의 질문인 "욥이 조건이 없다면 하나님을 사랑할 리 있겠습니까?"라는 말이 단순한 질문이 아님을 알게 됩니다. **사탄은 사람을 정확하게 꿰뚫어보고 있습니다.** 사탄의 질문은 **사람의 본질에 관한 것**입니다. 우리는 어떤 경우에도 조건 없이 하나님을 사랑하지 않습니다. 사탄은 인생의 본질을 너무나 정확하게 알고 있기 때문에 저렇게 물은 것입니다.

그러나 하나님께서는 사탄에게 변박하실 수 있습니다. 하나님께서는 사탄에게 "욥은 조건 없이도 나를 사랑할 수 있다."라고 말씀하십니다. 어떻게 이것이 가능하겠습니까? **우리 존재의 본질적 특성과 정반대로 행동할 수 있는 힘이 어디에서** 온 것이겠습니까? 우리의 본성을 꿰뚫고 돌파하여 뒤집는 이 힘은 어디에서 온 것이겠습니까?

하나님께서 우리에게 조건 없이 '하나님을 사랑할 수 있도록' 그 사랑을 주셨기 때문입니다. 노아의 예와 마찬가지입니다. 우리가 특별한 사람이 된 것, 우리가 하나님의 특별한 은혜를 받는 특별한 자녀가 된 것은 모두 우리의 어떠함이 아닌 **선행하신 하나님의 의지 때문**입니다.

선택의 열매로서의 믿음

선택에 대해 생각해 보십시오. 우리는 지금 신조를 배우고 있습니다. '예정 교리', '선택 교리'에 대해 배우고 있습니다. 이것이 잘 이해가 되십니까? 수긍이 되고 동의가 되십니까? 그것이 어디에서 나왔을까요? 그 '이해', 그 '동의'는 어디에서 왔을까요?

여러분이 신조를 받아들이는 것이 아닙니다. 신조는 분명히 여러분의 본성과 충돌합니다. 성경의 가르침은 분명히 여러분이 본성적으로 가지고 있는 가치관이나 생각과 어긋납니다. **여러분은 절대 신조의 가르침을 받아들일 수 없습니다.** 우리는 본성을 가지고서는 "하나님의 은혜는 값없다.", "하나님께서 우리를 선택하신 것은 아무런 전제가 없었다.", "우리의 믿음은 원인이 아니고 결과이다."라는 가르침을 결코 받아들일 수가 없습니다.

그런데 우리네 교회의 풍토가 왜 전반적으로 아르미니우스적일까요? 교회사에서 왜 개혁신앙은 항상, 잠깐 우위를 점한 뒤에 언제나 아르미니우스주의자들에게 밀렸을까요? 어느 땅 어느 대륙에서든, 왜 아르미니우스주의 교회들은 외적 성장을 거듭하고, 진리를 바르게 가르치는 교회들은 마이너에 머물까요?

아르미니우스주의야말로 우리의 본성에 아주 잘 맞기 때문입니다. 하나님조차도 반드시 원인을 보시고, 즉 우리의 믿음을 보시고 그제서야 무언가를 하실 수 있는 분이며, 원인이 있어야만 결과가 있는, 우리의 경험에 비춘 이런 신앙이 우리의 본성에 아주 잘 맞기 때문입니다.

우리는 **원인과 결과가 동시에 한 분 안에 있는** 하나님에 대한 이해를 갖기 어렵습니다. 우리는 내가 무언가를 하지도 않았는데 나를 사랑하신 하나님의 은혜 같은 것을 무조건적으로 받아들이기 어렵습니다. 거지가 밥을 한 술 얻어먹어도 각설이 타령이라도 해야 밥값을 하는 법인데, 은혜를 공짜로 주신다니 믿을 수가 없습니다. 그러니 언제나 우리는 아르미니우스주의자들처럼 말하는 것입니다.

> "하나님도 절대, 원인 없이 우리를 택하시지는 않으셨을 거야!
> 하나님은 우리의 믿음을 보시고 우리를 선택하셨을 거야!"

믿음이 무엇입니까? 믿음이야말로 '하나님께서 주신 것'이므로 **우리 인생을 초월하는 것**입니다. 믿음이야말로 "없는 것을 있는 것같이 부르시는"(롬 4:17), "썩을 것이 썩지 아니할 것을 입는"(고전 15:54) 기이한 것입니다. 믿음이야말로 우리로부터 나오는 것이 아니라 하나님으로부터 주어지는 것입니다. 그렇다고 한다면 어떻게! 저기 위로부터, 하늘로부터 오는 믿음이 '우리의 한계 속에' 있겠습니까? 어떻게 믿음이 우리의 본성적인 태도, 곧 원인이 있어야 결과가 있다고 하는 우리의 본성적인 태도와 똑같을 수가 있겠습니까?

"하나님께서는 원인 없이 우리를 선택하셨다."라고 하는 말이나, "우리의 믿음이 선택의 원인인 것이 아니라, 선택이 원인이요 우리의 믿음은 그 결과이다."라는 말을 믿는 것은 우리의 상식으로는 힘든 일입니다. **이것을 믿는 데에는 참으로 '믿음'이 필요**합니다.

복음에는 하나님의 의가 나타나서 믿음으로 믿음에 이르게 하나니_롬 1:17

비이성적인 믿음, 비상식적인 믿음, 아무것도 해 드린 것이 없는데도 우리를 선택하시는 원인 없는(정확하게는 '자신만이 원인이신') 그 사랑! 우리는 도르트 신조를 통해서 이것을 배우고 또한 믿습니다. 비록 우리의 이성과 본능은 끊임없이 하나님의 사랑에도 무언가 원인이 있을 거라고 캐묻고 싶어 하지만, 우리는 항상 담대하게 말합니다.

하나님께서는 우리를 조건 없이 사랑하셨습니다!
그러므로 우리가 하나님의 선택을 입은 것은 오직! 전적으로!
하나님의 은혜 때문입니다!

이 믿음 안에 굳세게 거하는 우리들이 됩시다.

제10조 : 선택의 근원은 하나님의
선하시고 기뻐하시는 뜻

이 은혜로운 선택의 근원은 오직 하나님의 선하신 뜻에 있습니다. 이 선하신 뜻은 하나님께서 모든 가능한 조건들 가운데서 사람의 어떠한 자질이나 행위를 택하여 구원을 위한 조건으로 삼으신 데에 있는 것이 아니라, 똑같은 죄인들의 무리 가운데서 특별히 어떤 사람들을 그분의 소유로 삼으신 사실에 있습니다. 다음과 같은 성경의 기록을 보십시오. "그 자식들이 아직 나지도 아니하고 무슨 선이나 악을 행하지 아니한 때에 … 리브가에게 이르시되 큰 자가 어린 자를 섬기리라 하셨나니, 기록된 바 내가 야곱은 사랑하고 에서는 미워하였다 하심과 같으니라"(롬 9:11-13).[i] 또한 성경은 "영생을 주시기로 작정된 자는 다 믿더라"(행 13:48)라고 말합니다.

i 창 25:23 여호와께서 그에게 이르시되 두 국민이 네 태중에 있구나 두 민족이 네 복중에서부터 나누이리라 이 족속이 저 족속보다 강하겠고 큰 자가 어린 자를 섬기리라 하셨더라 / 말 1:2-3 여호와께서 이르시되 내가 너희를 사랑하였노라 하나 너희는 이르기를 주께서 어떻게 우리를 사랑하셨나이까 하는도다 나 여호와가 말하노라 에서는 야곱의 형이 아니냐 그러나 내가 야곱을 사랑하였고 에서는 미워하였으며 그의 산들을 황폐하게 하였고 그의 산업을 광야의 이리들에게 넘겼느니라

● **강해 본문 ① : 야고보서 1장 15-18절**

15 욕심이 잉태한즉 죄를 낳고 죄가 장성한즉 사망을 낳느니라 16 내 사랑하는 형제들아 속지 말라 17 온갖 좋은 은사와 온전한 선물이 다 위로부터 빛들의 아버지께로부터 내려오나니 그는 변함도 없으시고 회전하는 그림자도 없으시니라 18 그가 그 피조물 중에 우리로 한 첫 열매가 되게 하시려고 자기의 뜻을 따라 진리의 말씀으로 우리를 낳으셨느니라

● **강해 본문 ② : 에베소서 1장 1-14절**

1 하나님의 뜻으로 말미암아 그리스도 예수의 사도 된 바울은 에베소에 있는 성도들과 그리스도 예수 안에 있는 신실한 자들에게 편지하노니 2 하나님 우리 아버지와 주 예수 그리스도로부터 은혜와 평강이 너희에게 있을지어다 3 찬송하리로다 하나님 곧 우리 주 예수 그리스도의 아버지께서 그리스도 안에서 하늘에 속한 모든 신령한 복을 우리에게 주시되 4 곧 창세전에 그리스도 안에서 우리를 택하사 우리로 사랑 안에서 그 앞에 거룩하고 흠이 없게 하시려고 5 그 기쁘신 뜻대로 우리를 예정하사 예수 그리스도로 말미암아 자기의 아들들이 되게 하셨으니 6 이는 그가 사랑하시는 자 안에서 우리에게 거저 주시는 바 그의 은혜의 영광을 찬송하게 하려는 것이라 7 우리는 그리스도 안에서 그의 은혜의 풍성함을 따라 그의 피로 말미암아 속량 곧 죄 사함을 받았느니라 8 이는 그가 모든 지혜와 총명을 우리에게 넘치게 하사 9 그 뜻의 비밀을 우리에게 알리신 것이요 그의 기뻐하심을 따라 그리스도 안에서 때가 찬 경륜을 위하여 예정하신 것이니 10 하늘에 있는 것이나 땅에 있는 것이 다 그리스도 안에서 통일되게 하려 하심이라 11 모든 일을 그의 뜻의 결정대로 일하시는 이의 계획을 따라 우리가 예정을 입어 그 안에서 기업이 되었으니 12 이는 우리가 그리스도 안에서 전부터 바라던 그의 영광의 찬송이

되게 하려 하심이라 13 그 안에서 너희도 진리의 말씀 곧 너희의 구원의 복음을 듣고 그 안에서 또한 믿어 약속의 성령으로 인 치심을 받았으니 14 이는 우리 기업의 보증이 되사 그 얻으신 것을 속량하시고 그의 영광을 찬송하게 하려 하심이라

첫째 교리 제10조 강해

하나님의 선하심

약 1:15-18; 엡 1:1-14

여기까지 도르트 신조를 충실히 배워 오셨다면, 예정에 대한 교리가 얼마나 하나님의 어떠하심에, 하나님의 성품에 닿아 있는지를 잘 깨달으셨을 것입니다. 우리가 선택에 대한 가르침이 시작되는 6조부터 지금 10조에 오기까지 계속해서 이 사실을 주목하고 있는 사실이 있습니다. 선택이란 결국 우리의 죄에 대하여 우리를 건지시기 위한 '**하나님의 행동**'이라는 것입니다. 그리고 이 행동은 다른 어떤 요소로부터 침해를 당하거나 위태로워지지 않을 것인데, 이유는 **이 작정이 오직 하나님 자신으로부터만 기인했기 때문**입니다.

아르미니우스주의가 가진 오류도 몇 번 살펴보았습니다. 아르미니우스주의는 선택을 '하나님의 주권적인 사람 사랑' 혹은 '관계적 사랑'이라고 보기보다는 '객관적인 어떤 조건의 충족'이라고 보고, 또 나아가 하나님의 주권적인 은혜보다는 심지어 하나님보다 더 절대적 가치인 '인간의 자유의지'를 높이기 위해 하나님의 주권을 깎아내리거나 쇠퇴시키는 경향을 보이고 있음을 계속해서 확인할 수 있었습니다.

우리는 아르미니우스주의를 거부하면서 **하나님의 선택을 찬양합니다.** "창세 전에 그리스도 안에서 우리를 택하사 우리로 사랑 안에서 그 앞에 거룩하게 흠이 없게 하시려고"(엡 1:4)의 하나님, 곧 우리를 선택하셔서 거룩하고 흠이 없게 만드시는 하나님을 찬양합니다. 우리의 선택이 우리의 어떠함이나 인간이 본연이 갖고 있는 의지 같은 것에 기인하지 않고, 오직 하나님의 어쩌하심에, 하나님의 성품에 기인한다는 사실은 우리로 하여금 하나님을 찬미케 합니다.

10조의 앞부분은 이렇게 앞서 배웠던 내용들의 요약입니다.

> 이 은혜로운 선택의 근원은 오직 하나님의 선하신 뜻에 있다.
>
> 이 선하신 뜻은 조건을 택하신 것이 아니라,
>
> 사람들을 그분의 소유로 택하신 사실에 있다.

이 사실을 다시 되새기면서 **"우리의 선택이 하나님의 뜻에 달려 있다."** 라는 주제를 약간 다른 각도에서 조명해 보도록 하겠습니다.

일과 성품

요한일서에는 반복되고 있는 중요한 주제가 있습니다. 이는 여러 가지 방식으로 말할 수 있습니다만, 전반적으로는 **'본질'**과 **'실체'의 관계** 정도로 요약할 수 있겠습니다. 다르게는 **'행위'**와 **'마음'의 관계**라고 보아도 적절합니다.

> 만일 우리가 하나님과 사귐이 있다 하고 어둠에 행하면 거짓말을 하고 진리를 행하지 아니함이거니와_요일 1:6

요한일서 1장 6절 말씀은 **'말'**은 하는데 **'행위'**가 다른 사람에 대한 이야기입니다. 이 사람은 "하나님과 사귐이 있다"라고 말은 하지만, 실제 행동은 "어둠에 행합"니다. 비슷한 언급이 2장에도 등장합니다.

> 그를 아노라 하고 그의 계명을 지키지 아니하는 자는 거짓말하는 자요. 진리가 그 속에 있지 아니하되 누구든지 그의 말씀을 지키는 자는 하나님의 사랑이 참으로 그 속에 온전하게 되었나니, 이로써 우리가 그의 안에 있는 줄을 아노라. 그의 안에 산다고 하는 자는 그가 행하시는 대로 자기도 행할지니라_요일 2:4-6

"그를 아노라"라고 '말'은 합니다. 그런데 실제 '행동'에서는 계명을 지키지 않습니다. 요한일서는 이런 사람을 "거짓말하는 사람"이라고 말합니다(4절). 말씀을 "지키는" 자라야 "하나님의 사랑이 그 속에 온전한" 사람입니다(5절). "그의 안에 산다"라고 말하는 사람은 당연히 '행하기'도 해야 합니다. 이 주제는 계속됩니다.

> 빛 가운데 있다 하면서 그 형제를 미워하는 자는 지금까지 어둠에 있는 자요 그의 형제를 사랑하는 자는 빛 가운데 거하여 자기 속에 거리낌이 없으나 그의 형제를 미워하는 자는 어둠에 있고, 또 어둠에 행하며 갈 곳을 알지 못하나니 이는 어둠이 그의 눈을 멀게 하였음이라_요일 2:9-11

"빛 가운데 있다"라고 말하지만 행동으로는 "그 형제를 미워"하면, 그 사람의 실체는 "어둠에 있는 자"입니다(9절). "형제를 미워하는" 행동은 그가 "어둠 가운데 있다는" 표식입니다(11절).

요한일서에는 전체적으로 계속해서 이 주제가 반복됩니다. 말로는 이러저러하게 하면서 실제로 행동에서는 그렇게 하지 않는 사람에 대한 가르침입니다. 그렇다면 요한일서는 이 주제를 통해서 무엇을 말하고 싶은 것일까요? 요한일서가 이런 가르침을 말씀하고 있는 것은 단순히 "행동하는 신앙을 갖자"라는 것을 말하기 위해서일까요?

놀랍게도 이 주제는 '성자' 혹은 '말씀'의 실체와 관련되어 있습니다. 요한일서가 이렇게 '말과 행동'이라는 주제를 다루는 본질적인 이유는 요한일서 제일 첫 절에 나와 있습니다. 사실은 요한일서의 이후 내용들은 이 **1장 1절 주제의 '예시들'**이라고 할 수 있습니다.

> 태초부터 있는 생명의 말씀에 관하여는 우리가 들은 바요, 눈으로 본 바요, 주목하고 우리 손으로 만진 바라_요일 1:1

우리말로는 "말씀"이 참 흔한 단어이다 보니 실감이 잘 안 날 수 있는데, 여기에서 이 "생명의 말씀" 할 때의 "말씀"은 '로고스'입니다. "말씀"이라고 할 때 의미 전달이 좋지 않으면 '로고스'로 바꿔 읽으셔도 됩니다. 그러면 요한일서 1장 1절의 말씀은 어떤 선언을 하고 있는 것입니까?

> 우리는 로고스를 손으로 만졌다.

놀라운 선언입니다. 로고스를 눈으로도 보고, 손으로도 만졌다? 이게 무엇을 뜻하는 말일까요? 이 말씀은 지금 우리에게도 그렇지만, 특히 헬라 세계에 살고 있었던 사람들에게는 대단히 충격적인 선언이었을 것입니다. **로고스는 언제나 '보이지 않는' 세계의 진리**입니다. 특히 플라톤 철학에 익숙한 헬라 사람들에게 보이지 않는 진리는 만져지는 것이 아닙니다. 그런데 어떻게 요한은 이 서신의 시작을 "우리는 로고스를 만졌다!"라고 말하고 있는 것일까요?

사도 요한이 말하고 있는 '손으로 만질 수 있는 로고스'는 **구체적으로 예수 그리스도**를 가리키는 것으로 그리스도인이라면 누구나 알 수 있을 것입니다. 하지만 이때 이 육체로 오신 그리스도께서 '손으로 만질 수 있는 로고스'라는 사실을 깊이 생각해야 합니다.

몸을 입고 있는 그리스도, 손으로 만질 수 있도록 오신 예수 그리스도가 정말로 로고스라면 이 사실이 보여 주는 의미는 무엇일까요? **'손으로 만질 수 있는 로고스'**라는 개념을 통해서 성경은 하나님께서 이 인간 세계에 어떤 방식으로 관여하고 계심을 말하고 싶었던 것입니까? 로고스가 땅에 왔고, 그래서 사람이 눈으로 보고 만질 수 있게 그렇게 일하신 하나님의 구체적인 목적은 무엇이겠습니까? **그것은 하나님의 보이지 않는 어떠함들은 언제나 이 세계 속에 '보이는 모습으로' 온다는 것입니다.** 하나님의 진리인 로고스는 절대 이 세상 저 너머에만 있지 않습니다. 만약 로고스가 그런 것이라면 우리로서는 '결코 알 수 없는 영역'일 것이기 때문에 아예 말할 필요조차 없어질 것입니다. 그러나 하나님의 진리인 로고스는 항상 성육신, 곧 육의 모습으로, 몸을 입고 **이 세상에 옵니다!** 즉 하나님의 진리는 '경험될 수 없도록' 저 너머 어딘가에 있지 않습니다! 하나님은 언제나 '경험되도록' 이 세계에 오십니다! 이것이 '손으로 만질 수 있는 로고스'를 말씀하시는 성경의 의도입니다!

많은 신학자들은 이것을 '초월성'에 대비되는 '내재성'이라는 용어로 설명하기도 합니다만, 딱히 신학 용어를 쓴다고 해서 좋은 것은 아닙니다. 오히려 성도들에게는 이런 표현이 얼마나 더 정감 있습니까? "손으로 만져지는 로고스!"

하나님은 성육신을 원하십니다. 하나님은 우리 인간들에게 감춰져 있으시기만 하지 아니하시고 알려지시기를 원하십니다. 하나님은 미지의 영역에 남겨져 계시기만을 원치 않으시고 우리와 교제하기를 원하십니다. 여러분은 이렇게 '우리와 함께 흙바닥에 뒹굴기를 원하시는 하나님'을 경험하고 있습니까?

그렇습니다. 하나님은 우리에게 '경험되기를' 원하셨습니다. 그러므로 그리스도인들의 신앙이란 '관념에' 머물러 있어서는 안 됩니다. 그리스도인들의 신앙은 '하나님이 그러셨던 것처럼' 구체화되어야만 합니다. 몸을 입고 오신 하나님과 함께, 우리 그리스도인들은 우리 속에 있는 신앙이 우리의 몸으로 드러나야 합니다. 이 맥락 속에서 앞서 살폈던 요한일서를 다시 보십시오.

> 하나님과 사귐이 있다 말은 하는데 행함이 어두움 가운데 있다면 너는 거짓말쟁이다_요일 1:6

"하나님과의 사귐"은 보이지 않는 세계의 일입니다. 하지만 만약 이 사람이 진실로 이 보이지 않는 세계를 갖고 있다면 그는 '겉으로 드러나는 행함'에 있어서도 이것이 반드시 나타날 것입니다. 그래서 그는 결코 "행함이 어두움 가운데" 있지 않을 것이라는 말입니다. 그래서 요한일서는 하나님과 사귐이 있다 말하면서 행함이 어두움에 있다면 그는 거짓말쟁이라고 단정합니다.

> 예수 그리스도를 안다 하면서 행함으로 계명을 지키지 않는다면 그는 거짓말하는 자다_요일 2:4

같은 내용입니다. "예수 그리스도를 안다" 하는 것은 행동이 아닙니다. 그것은 보이지 않는 세계의 일입니다. 그런데 요한일서는 "예수 그리스도를 안다"하는데 행동으로 계명을 지키지 않고 있다면 그 사람은 거짓말쟁이라고 말합니다. 왜냐하면 **하나님의 어떠하심은 반드시 행함으로 드러나기 때문**입니다.

> 빛 가운데 있다 말은 하면서 행함으로는 형제를 미워하는 자는 사실은 어두움 가
> 운데 있는 자다_요일 2:9

역시 그렇습니다. "빛 가운데 있는 것"은 경험되는 일이 아닙니다. 그것은 영적 세계의 일입니다. 하지만 만약 그렇게 말하는 사람이 행동으로는 형제를 미워한다면, 그것은 그 사람이 실제로는 영적 세계인 빛 가운데 있지 않다는 것을 **보여 주는 바**가 된다는 것입니다.

어떻게 그렇게 단호하게 말할 수 있습니까? 하나님이 그런 분이시기 때문입니다! 하나님께서는 표리부동하지 않으십니다! 하나님께서는 겉과 속이 다르지 않으십니다! 하나님은 본질을 실체로 드러내기를 원하시는 분입니다! 그래서 신자에게 '내면 세계의 신앙'과 '겉으로 드러나는 행동'이 절대로 다를 수 없습니다.

요한일서의 말씀이 보여 주는 진리는 분명합니다. 하나님께서는 '보이지 않는 신비의 세계의 일'을 그 세계 속에 걸어잠궈 놓지 않으셨습니다. 하나님께서는 '저기 있는 보이지 않는 세계의 일'을 '여기 있는 이 세계 속에' 보이도록 하셨습니다.

이것을 신자의 삶에다 적용해서 말하자면 **"믿음에는 반드시 실천이 따르는 법이다."**라고 말할 수가 있겠고, 이것을 우리가 지금 다루고 있는 주제, 곧 선택과 하나님의 어떠하심과 관련해서 말하자면 **"하나님의 어떠하심은 반드시 그분의 일에서 드러난다."**라고 할 수 있겠습니다.

그렇습니다. 우리는 선택에 대해 배우면서, 결국 우리의 선택이 우리에게 좋은 것이라는 분명한 확신을 갖기 위해서는 '하나님의 어떠하심'이 핵심이 될 것이라고 배웠습니다. 만약 하나님이 선하고 좋은 분이라면 우리의 선택은 아름다운 것이 될 것입니다. 하지만 만약 하나님이 악하고 괴팍한 분이라면 우리의 선택 역시 두려운 것이 될 것입니다. 만약 하나님이 신실한 분이라면 우리는 선택을 믿어도 될 것입니다. 하지만 만약 하나님이 우유부단하고 판단 바꾸기를 자주 하시는 분이라면 우리는 자신이 선택되었다는 것을 믿지 못할 것입니다.

결국 "우리의 선택이 우리에게 유익한가?", "어떤 것을, 무엇을 주는가?"에 대한 분명한 판단은 **언제나 '하나님 그분이 어떤 분이신지'에 달려** 있습니다. 요한일서를 묵상하는 일을 통해 우리는 이 사실을 분명히 알게 됩니다.

"하나님의 어떠하심은 어떻게 알 수 있지?"

이 질문에 대한 대답은 항상 이것입니다.

"하나님께서 행하신 일을 봐. 그러면 하나님이 어떤 분이신지 알 수 있어!"

하나님의 어떠하심은 반드시 그분의 일에서 나타나게끔 되어 있고, 우리는 그분이 인류의 역사 속에 행하신 가장 중요한 두 가지 일이 **'창조'와 '구속'**인 것을 압니다. 곧 **'창조'와 '구속'을 묵상하면** 하나님의 어떠하심을 분명히 알 수 있고, 그때의 하나님을 근거로 하여 우리의 선택에 대해 확신할 수 있을 것입니다. 선택에 대해 질문하는 이들에게 알려 주십시오.

"선택하시는 하나님이 선하신지를 어떻게 알 수 있지?"
"창조와 구속을 봐. 그럼 선택하시는 하나님이 선하시다는 걸 분명히 알 수 있어!"

창조에 나타나는 하나님의 성품

하나님의 선하심

어느 날 예수님께서 길을 가고 계실 때 한 사람이 달려와서 "선한 선생님이여 내가 무엇을 하여야 영생을 얻으리이까"(막 10:17)라고 물은 일이 있었습니다. 그리고 이 질문에 대한 예수님의 첫 대답은 이것이었습니다. "네가 어찌하여 나를 선하다 일컫느냐. **하나님 한 분 외에는 선한 이가 없느니라**"(막 10:18).

물론 이 대답에서 예수님은 질문한 사람이 예수님께서 하나님이신 줄을 모르고 말한 것을 지적한 것입니다만, 동시에 이 대답 안에는 또 다른 중요한 진리가 들어 있습니다. "하나님 외에는 아무것도 선한 것이 없다."라는 사실입니다. 곧 하나님은 **'선함의 원천'**이십니다. 하지만 '원천'이라는 말로는 부족합니다. 이 말씀에서 예수님은 하나님을 단지 '원천'이라고 하신 것이 아니라 '유일한 원천'이라고 하셨기 때문입니다. 하나님**'밖에'** 선한 이가 없습니다. 선함은 '오직' 하나님으로부터'만' 나옵니다. 모든 선함이 그분께만 있습니다. 야고보서 1장 역시 동일하게 이렇게 이야기하고 있습니다.

> 온갖 좋은 은사와 온전한 선물이 다 위로부터 빛들의 아버지께로부터 내려오나니
> 그는 변함도 없으시고 회전하는 그림자도 없으시니라_약 1:17

여기 "온갖"이라고 번역된 말은 정확하게는 '모든'입니다. 모든 좋은 은사, 온전한 선물은 하나님으로부터만 나옵니다. 마가복음과 같은 이야기입니다. 하나님 외에는 아무 데서도 선한 것이 나오지 않습니다. 오직 하나님만이 모든 선함의 원천이시요, 모든 좋은 것들이 나오는 근원이십니다.

여러분은 하나님을 생각할 때 어떤 하나님을 먼저 떠올리십니까? 죄를 너무 깊이 생각하다 보면 하나님을 **'징벌하시는 하나님'**으로 생각할 수도 있습니다. 하지만 성경에서는 **죄에 대해 벌하실 때 하나님의 '기뻐하심'이 부각되지 않습니다.** 통상적으로 죄에 대한 징계는 "하나님의 공의가 만족된다."라고 하지 "하나님이 기뻐하신다."라고 하지 않습니다. 오히려 성경에는 반대 구절이 종종 있습니다. 에스겔 18장과 33장에 반복적으로 나오는 말씀입니다.

> 너는 그들에게 말하라 주 여호와의 말씀이니라 나의 삶을 두고 맹세하노니 나는
> 악인이 죽는 것을 기뻐하지 아니하고 악인이 그의 길에서 돌이켜 떠나 사는 것을
> 기뻐하노라 이스라엘 족속아 돌이키고 돌이키라 너희 악한 길에서 떠나라 어찌 죽
> 고자 하느냐 하셨다 하라_겔 33:11

하나님께서는 사람이 하나님의 뜻으로 구원을 얻고 거룩하게 될 때 '기뻐'하십니다. 제사 제도에서 하나님께 제물을 불태워 드릴 때 "향기로운 냄새니라"(레 1:9 등)라고 되어 있지만, 하나님께서 제물을 죽이고 피를 뿌리는 것에 대해서는 "향기롭다"하지 않으시고 태울 때에만 "향기롭다" 하신 것은 희생 제사에서 죽이고 피를 뿌리는 것은 **'속죄'**를 나타내고, 태우는 것은 **'거룩케 됨, 정결'**을 나타내기 때문입니다.

하나님께서는 제물이 죽는 것을 기쁘다고 하지는 않으셨습니다. 도리어 앞의 에스겔 말씀처럼 이것은 하나님께서 원치 않으신다 했습니다. 반대로 제물을 통해 거룩과 성결이 나타날 때 하나님은 "기쁘다", "이것은 향기로운 냄새다"라고 하셨습니다. 하나님은 죄에 대해 징벌하시는 분이십니다만, 그것이 하나님의 본연을 정확하게 읽은 것은 아닙니다. 오히려 하나님은 선하신 분이십니다! 하나님께서는 악인이 죽지 않고 구원 얻기를 바라십니다!

> 너희는 여호와의 선하심을 맛보아 알지어다 그에게 피하는 자는 복이 있도다_시 34:8
> 내 평생에 선하심과 인자하심이 반드시 나를 따르리니 내가 여호와의 집에 영원히 살리로다_시 23:6

이 선하심이 창조 사역 가운데 어떻게 나타났습니까?

창조에 드러나는 그분의 선하심

마이클 리브스(Michael Reeves)는 그의 유명한 책 『선하신 하나님』에서 이슬람의 알라신은 자기 자신 외에는 아무것도 사랑하지 않는다고 말하면서(초대 교회의 영지주의 사상 역시 그러함), 따라서 우리가 믿는 성경의 하나님, 기독교의 하나님이 만드신 이 세계, 곧 창조 사역은 **"선물이며, 아름다운 곳, 행복한 곳"**이라고 말했습니다.[33] 그렇습니다. 우리는 창조 속에서 하나님의 선하심을 발견합니다.

---

33 — 마이클 리브스, 『선하신 하나님』, 장호준 옮김 (서울: 복있는 사람, 2015), 65 이하.

우리말에는 '좋다'라는 말에 보통 '취향'이나 '선호'가 담겨 있어서 '좋다'와 '선하다'는 같은 의미가 아닙니다. 우리말에서 '좋다'는 취향의 용어이고, '선하다'는 도덕의 용어입니다. "나는 너를 좋아해."라는 말과 "너는 착해."라는 말이 같은 말이 아닌 것입니다. 하지만 영어 같은 언어들에서는 어느 정도 반영되어 있고, **히브리어에서는 강력하게 이 둘은 한 단어**입니다. 히브리어로 '토브'라는 단어는 '좋다'라는 뜻이지만, 동시에 '선하다'라는 뜻입니다. 창세기 1장에 이 '토브'가 계속해서 반복되어 나옵니다.

> 하나님이 보시기에 좋았더라(4절)
>
> 하나님이 보시기에 좋았더라(12절)
>
> 하나님이 보시기에 좋았더라(18절)

하나님께서 어떤 세상을 만드셨다는 의미입니까? "하나님의 보시기에 좋았다"는 것은 어떤 의미일까요? '좋은 세상'을 지으셨다는 것은 다르게 말하자면 '선한 세상'을 지으셨다는 의미입니다. 똑같은 단어를 시편 23편에서 찾아볼 수 있습니다.

> 나의 평생에 **선하심과** 인자하심이 정녕 나를 따르리니 내가 여호와의 집에 영원히 거하리로다_시 23:6

여기에서 '토브', 곧 "좋았더라"는 "나의 평생에 선하심과" 함께할 때 나옵니다. 창세기를 시편 23편과 함께 읽으면 무엇을 깨닫게 됩니까? 비록 우리말로 '좋다'는 취향의 용어이고 '선하다'는 도덕의 용어이지만, 성경에서 "보시기에 좋았다."라는 것은 단순히 하나님의 취향에 맞았다는 것을 의미할 뿐 아니라 "선했다"라는 의미이기도 한 것입니다. 왜냐하면 하나님의 성품에 맞는 것이 "좋은 것"이고 또한 "선한 것"이기 때문입니다. 또한 하나님께서 선의 기준이시기 때문입니다. **하나님께 좋은 것이 곧 선한 것입니다.**

시편 19편은 "하늘이 하나님의 영광을 선포하고 궁창이 그 손으로 하신 일을 나타내는도다!"(시 19:1)라고 노래합니다. 여기만 읽으면 이 시편이 단지 '창조'를 노래하는 시처럼 보입니다. 하지만 몇 절만 더 지나가면 이 시편이 단지 '창조'에 대한 시가 아니라 '말씀'에 대한 시임을 깨닫게 됩니다. 시편 19편은 7절부터는 이런 내용입니다.

> 여호와의 율법은 완전하여 영혼을 소성시키며, 여호와의 증거는 확실하여 우둔한 자를 지혜롭게 하며, 여호와의 교훈은 정직하여 마음을 기쁘게 하고, 여호와의 계명은 순결하여 눈을 밝게 하시도다_시 19:7-8

아마 초등학교를 다니는 아이에게 엄마가 "얘야, 아침 햇살이 참 착하지?"라고 말한다면 아이는 곧바로 엄마의 잘못을 정정해 줄 것입니다. "엄마! 햇살은 '착한' 게 아니라 '아름다운' 거예요."

맞습니다. 신자가 아닌 이들에게 **햇살은 '착하지' 않습니다.** 거기에 무슨 가치 판단이 있겠습니까? 세계는 가치 중립적으로 보입니다. 바위나 산이 '멋질' 수는 있지만 '착한 것'은 아닙니다. 휴일에 나들이를 가서 멀리 바다를 바라보면 마음이 확 트일 정도로 바다는 광대하고 광활하지만, 그렇다고 해서 '착한 것'은 아닙니다. 하지만 성경을 아는 신자는 그 아이가 몰랐던 사실을 알고 있습니다. **사실 하나님께서 피조 세계를 '착하게' 지으셨다는** 걸 말입니다. 세상을 지으신 하나님은 창세기 1장에서 시편 23편과 똑같은 단어로 "좋다"라고 하셨습니다. 하나님의 창조는 "좋으"면서 동시에 "선합"니다.

현미경으로 나뭇잎의 잎맥을 들여다보신 분이 계십니까? 그 작은 세계 속에 얼마나 정밀하고 아름다운 것들이 들어 있는지 모릅니다. 겉으로 보기에는 지저분해 보이는 파리의 더듬이를 확대해서 보면 얼마나 경이로운지 모릅니다. 이것이 하나님의 창조입니다. 하지만 하나님께서 창조는 '놀랍고', '경이로운' 것만이 **아닙니다.** 하나님의 창조는 '선합'니다. 그러므로 우리는 신자이기 때문에 이제 나뭇잎의 잎맥이나 파리의 더듬이를 보고서도 **"나뭇잎도 선하고 파리도 선하다."** 라고 할 수 있습니다. 그야말로 하나님께서 지으신 모든 창조 세계는 선합니다.

이것이 우리가 앞에서 말했던 야고보서의 내용, "온갖 좋은 은사와 온전한 선물이 다 위로부터 빛들의 아버지께로부터 내려오나니"의 의미입니다. 신자는 이것을 볼 수 있게 때문에 창조 세계로부터 하나님의 선하심을 알 수 있고, 따라서 우리는 이 하나님의 선하심에 기댄 선택이 우리에게 좋은 것임을 확신할 수 있습니다. 참으로 이 창조 세계 속에는 '하나님의 성품'이 드러나 있습니다.

구속에서 나타나는 하나님의 성품

그리고 **구속에서도** 하나님의 성품이 드러나 있습니다.

> 찬송하리로다. 하나님 곧 우리 주 예수 그리스도의 아버지께서 그리스도 안에서 하늘에 속한 모든 신령한 복을 우리에게 주시되, 곧 창세전에 그리스도 안에서 우리를 택하사 우리로 사랑 안에서 그 앞에 거룩하고 흠이 없게 하시려고, 그 기쁘신 뜻대로 우리를 예정하사 예수 그리스도로 말미암아 자기의 아들들이 되게 하셨으니_ 엡 1:3-5

구속에서 하나님의 성품을 발견하는 방법에는 여러 가지가 있습니다만, 가장 간단한 방식은 "위대하신 전능의 하나님께서 자신의 **모든 힘을 쏟아부어 만드신 일의 결국**이 무엇인가?"를 생각하는 것입니다. 달리 말하자면 "하나님께서 최선을 쏟아부으신 일은 무엇에 관한 것인가?"라는 질문입니다.

위의 3절 말씀에서 하나님께서는 우리에게 "하늘에 속한 **모든 신령한 복**을 주신다."라고 하였습니다. "모든"에 주목하십시오. 하나님께서는 "하늘에 속한 모든 신령한 복"을 주셨습니다. 이 복은 무엇일까요?

하나님께서는 세계를 지으실 때 크게 두 영역으로 지으셨습니다.

> 태초에 하나님이 천지(하늘과 땅)를 창조하시니라_ 창 1:1

한편은 "하늘", 또 한편은 "땅"입니다. 그런데 여기에서 "하늘"은 우리 눈에 보이는 저 하늘이 아닙니다. 우리 눈에 보이는 저 하늘은 창세기 1장에서 "궁창"이라고 명명됩니다. 따라서 창세기 1장 1절의 "하늘"은 '보이지 않는 하늘, 하나님의 보좌가 있는 하늘'을 말하는 것입니다. 즉 하나님은 세계를 지으실 때 **한편으로는 눈에 보이는 물질의 세계**를 지으셨고, 또 **다른 한편으로는 하나님의 보좌, 천사들이 있는 영계**를 지으셨습니다. 이 둘이 다 하나님의 피조물입니다.[34] 에베소서 1장 3절에서는 이 하나님의 피조 세계 전체를 두고서 말하고 있습니다.

> 하늘에 속한 모든 신령한 복을 우리에게 주시되

이때의 "하늘" 역시 궁창 하늘이 아닙니다. 영적 세계의 모든 것입니다. 그런데 이 3절의 "복 주시되"를 어떤 말이 받고 있는지 보십시오. 이 "하늘에 속한 모든 신령한 복"이 무엇이라고 하였습니까?

> 곧 창세전에 그리스도 안에서 우리를 택하사 … 자기의 아들들이 되게 하셨으니

그렇습니다. 에베소서가 가르치고 있는 "하늘에 속한 모든 신령한 복"이란, 다름 아닌 하나님의 '**구속**'을 가리킵니다. 우리를 구속/구원하셔서 하나님의 자녀 되게 하신 것! 그것이 바로 "하늘에 속한 모든 신령한 복"이라고 말하는 것입니다.

창조를 바라보면서, 곧 저기 광활한 땅과 바다, 심지어 상상할 수조차 없을 정도로 끝없이 드넓은 우주를 바라보면서, "하나님께서는 창조에 대단한 공을 들이셨대!", "이 창조야말로 기가 막힌 하나님의 피조물이야!"라고 감탄하고, 또 거기에서 '선하신 하나님'을 발견하는 것은 중요합니다. 그러나 '**구속**'에서는 **더욱더 그리합니다.** 하나님께서 "하늘에 속한 모든 신령한 복으로 복 주신 것"이 바로 우리의 구속이기 때문입니다.

그러므로 하나님께서 우리를 구원하셔서 당신의 자녀로 삼으신 일은, 해변가에 앉아 콜라를 마시면서 발톱을 깎다가 문득 생각이 나서 "그래, 오늘 저녁은 치킨을 먹어 볼까."라는 식으로 일어난 일이 결코 아닙니다. **우리의 구원은 위대합**

---

34 — 골 1:16 만물이 그에게서 창조되되 하늘과 땅에서 **보이는 것들과 보이지 않는 것들**과 혹은 왕권들이나 주권들이나 통치자들이나 권세들이나 만물이 다 그로 말미암고 그를 위하여 창조되었고

니다. 우리의 구원이야말로 "하늘에 속한 모든 신령한 복"입니다. 우리가 하나님의 자녀가 된 것은 쉬운 일도, 가벼운 일도, 별로 가치롭지 않은 일도 아닙니다. 한 사람이 죄의 노예로 있다가 굴레를 벗고 하나님의 자녀가 되는 일은 하나님께서 온 우주를 만드신 일과 필적할 위대한 일인 것입니다!

찬송의 삶

하나님께서 온갖 힘을 쏟아 만드신 일은, 한편으로는 창조, 또 한편으로는 구속입니다. 이 둘 안에 '하나님의 모든 선하심'이 들어 있습니다. 우리는 **'행하신 하나님'**을 발견합니다. 하나님께서 행하신 이 크고 기이한 두 가지 일, 곧 창조와 구속 안에 그분의 성품인 기이한 선하심이 들어 있음을 보게 됩니다.

기억합시다. 찌뿌둥한 아침, 창문을 열어 상쾌한 공기를 마시면서 '하나님의 선하심'을 발견하십시오. 창조 세계는 '그분이 행하신 일'이며, 온갖 선하심이 폭발하는 자리입니다. 동시에 복잡한 전철 안에 몸을 싣고 부대껴 가면서도 마음속으로 우리를 하나님의 자녀로 삼아 주신 하나님의 커다란 은혜를 찬송합시다. 내가 그분의 자녀라는 사실, 곧 구속 또한 '그분이 행하신 일'이며, 온갖 선하심이 폭발하는 자리입니다. 하나님의 일을 경험한 사람은 하나님의 성품을 경험한 사람입니다. 이 복된 교훈을 사랑하고, 매일을 경탄의 삶으로 살아가는 우리가 됩시다.

제11조 : 그분의 선택은 변치 않음

하나님께서는 지극히 지혜로우시고 불변하시고 또한 전지전능하신 분이십니다. 따라서 그분의 선택하심이 중단되거나 다시 시작되는 일이 있을 수 없고, 변질되거나 철회되거나 무효가 될 수도 없습니다. 또한 택함받은 사람이 버림을 받거나 그 숫자가 줄어드는 일도 있을 수 없습니다. [i]

i 요 6:37 아버지께서 내게 주시는 자는 다 내게로 올 것이요 내게 오는 자는 내가 결코 내쫓지 아니하리라 / 요 10:28 내가 그들에게 영생을 주노니 영원히 멸망하지 아니할 것이요 또 그들을 내 손에서 빼앗을 자가 없느니라

● 강해 본문 ① : 하박국 1장 12절

12 선지자가 이르되 여호와 나의 하나님, 나의 거룩한 이시여 주께서는 만세 전부터 계시지 아니하시니이까 우리가 사망에 이르지 아니하리이다 여호와여 주께서 심판하기 위하여 그들을 두셨나이다 반석이시여 주께서 경계하기 위하여 그들을 세우셨나이다

● 강해 본문 ② : 말라기 2장 10절 - 3장 6절

2:10 우리는 한 아버지를 가지지 아니하였느냐 한 하나님께서 지으신 바가 아니냐 어찌하여 우리 각 사람이 자기 형제에게 거짓을 행하여 우리 조상들의 언약을 욕되게 하느냐 11 유다는 거짓을 행하였고 이스라엘과 예루살렘 중에서는 가증한 일을 행하였으며 유다는 여호와께서 사랑하시는 그 성결을 욕되게 하여 이방 신의 딸과 결혼하였으니 12 이 일을 행하는 사람에게 속한 자는 깨는 자나 응답하는 자는 물론이요 만군의 여호와께 제사를 드리는 자도 여호와께서 야곱의 장막 가운데에서 끊어 버리시리라 13 너희가 이런 일도 행하나니 곧 눈물과 울음과 탄식으로 여호와의 제단을 가리게 하는도다 그러므로 여호와께서 다시는 너희의 봉헌물을 돌아보지도 아니하시며 그것을 너희 손에서 기꺼이 받지도 아니하시거늘 14 너희는 이르기를 어찌 됨이니이까 하는도다 이는 너와 네가 어려서 맞이한 아내 사이에 여호와께서 증인이 되시기 때문이라 그는 네 짝이요 너와 서약한 아내로되 네가 그에게 거짓을 행하였도다 15 그에게는 영이 충만하였으나 오직 하나를 만들지 아니하셨느냐 어찌하여 하나만 만드셨느냐 이는 경건한 자손을 얻고자 하심이라 그러므로 네 심령을 삼가 지켜 어려서 맞이한 아내에게 거짓을 행하지 말지니라 16 이스라엘의 하나님 여호와가 이르노니 나는 이혼하는 것과 옷으로 학대를 가리는 자를 미워하노라 만군의 여호와의 말이니라 그러므로 너희 심령을 삼가 지켜 거짓을 행하지 말지니라 17 너희가 말로 여호와를 괴롭게 하고도 이르기를 우리가 어떻게 여호와를 괴롭혀 드렸나이까 하는도다 이는 너희가 말하기를 모든 악을 행하는 자는 여호와의 눈에 좋게 보이며 그에게 기쁨이 된다 하며 또 말하기를 정의의 하나님이 어디 계시냐 함이니라 3:1 만군의 여호와가 이르노라 보라 내가 내 사자를 보내리니 그가 내 앞에서 길을 준비할 것이요 또 너희가 구하는 바 주가 갑자기 그의 성전에 임하시리니 곧 너희가 사모하는 바 언약의 사자가 임하실 것이라 2 그가 임하시는 날을 누가 능히 당하며 그가 나타나는 때에 누가 능히 서리요 그는 금을 연단하는 자의 불과 표백하는 자의 잿물과 같을 것이라 3 그가 은을 연단하여 깨끗하게 하는 자 같이 앉아서 레위 자손을 깨끗

하게 하되 금, 은 같이 그들을 연단하리니 그들이 공의로운 제물을 나 여호와께 바칠 것이라 4 그 때에 유다와 예루살렘의 봉헌물이 옛날과 고대와 같이 나 여호와께 기쁨이 되려니와 5 내가 심판하러 너희에게 임할 것이라 점치는 자에게와 간음하는 자에게와 거짓 맹세하는 자에게와 품꾼의 삯에 대하여 억울하게 하며 과부와 고아를 압제하며 나그네를 억울하게 하며 나를 경외하지 아니하는 자들에게 속히 증언하리라 만군의 여호와가 말하였느니라 6 나 여호와는 변하지 아니하나니 그러므로 야곱의 자손들아 너희가 소멸되지 아니하느니라

변치 않으시는 하나님

합 1:12; 말 2:10-3:6

하나님의 예정에 관하여 가르치기 시작한 후 성도들에게서 가장 많이 받은 질문은 다음 두 가지 정도입니다.

첫째는, 하나님의 예정에 관하여 배울수록 나 자신이 하나님께 예정된 사실로 인하여서는 기뻐하게 되는데, 내 주위에 있는 다른 이들, 특히 가족들 중 믿지 않는 사람들을 생각할 때는 오히려 우울해지게 된다는 이야기입니다.

이 점에 대해서는 길게 이야기할 수 없습니다. 이는 우리가 어떻게 해 볼 수가 없는 문제이기 때문입니다. 우리는 하나님의 예정을 배우면서, 예정 안에 들지 않은 사람은 '하나님이 택하시지 않으신 데에' 그 책임을 물어서는 안 되고 '하나님을 떠나간 자기에게' 그 원인을 물어야 한다고 배웠습니다. 예정은 언제나 그 반대 개념이 '적극적 버림'이 아니라 '내버려 둠'이라고 배웠습니다. 하나님께서는 '버리기를' 원치 않으시기에, 우리는 하나님을 힐난할 수 없습니다.

그렇다면 비록 그 사람이 나랑 가장 가까운 사람이라 할지라도 하나님의 구원의 울타리 안에 들지 않는다면, 그것은 하나님께서 그를 건져 주지 않으신 데에 책임이 있는 것이 아니라 '그가 하나님을 떠난 데에' 책임이 있는 것입니다. 이것은 실로 어쩔 수 없습니다. 그 사람이 제아무리 나에게 친근한 사람이라고 하더라도, 하나님께서 모두를 다 구원하셔야 할 책임 같은 것은 없으며, 그 사람이 '나에게' 호의적이라고 해서 '하나님께' 호의적이지 않은 것을 없는 체할 수는 없는 일입니다.

제아무리 착하고 순한 사람이라도 하나님을 받아들이지 않는 사람은 적어도 하나님께 대하여는 강퍅하며 마음이 단단한 사람입니다. 구원 얻음은 은혜이지만, 여전히 완고할 뿐인 사람의 결국에 대해서는 하나님께서 계속 부르시는데도 듣지 않는 자기 자신에게 책임이 있습니다. 신자로서는 그들이 하나님께 돌아오도록 계속해서 말씀을 전할 수밖에 없습니다. 혹 하나님께서 긍휼히 여기신다면 어느 순간에는 돌아올 것입니다. 하지만 끝까지 돌아오지 않을 수도 있습니다. 이 문제는 이 정도로 결론을 내려야 합니다. 더 이상 나아가는 것은 '하나님의 주권'에 이의를 제기하는 것이 되기 때문입니다.

둘째는, 성도들 중에서도 간혹 어떤 분들이 불안 심리를 가지고서 "내가 혹시 선택되지 않았으면 어쩌죠?" 하고 묻는 경우입니다. 여기에는 아주 좋은 대답이 있습니다. 앞에서 언급했던 샐더르하위스 교수님의 강의에서 **"염려하고 있다면 확신하라!"**라고 하신 말씀이 있었는데, 대단히 멋진 말이라고 생각합니다! 교만한 자들 중에는 선택에 대해 '부주의한 확신'을 가지고 있는 이들이 있지만, 경건한 자들은 이 선택에 대해 자주 염려한다는 것입니다. 그러니까 자기가 염려하고 있다면 확신해도 좋다는 이야기였습니다.

하지만 이 말은 **의심과 염려를 독려하자는 것은 아닙니다.** 이 이야기는 사람이기 때문에 어쩔 수 없이 이런 문제에 대해서 염려하고 근심하게 될 수'밖에 없다'는 이야기일 뿐이지, 자신의 **선택을 의심하는 것이 신자의 본질이라는 뜻은 아닙니다.** 오히려 신자는 자신의 선택에 대해 확신하게 됩니다. 성경의 믿음의 용사들 중 누구도 자기가 하나님의 자녀임을 의심하면서 살아가지 않았습니다. 그렇다면 이는 우리에게도 마찬가지입니다. 우리는 확신해야 합니다. 하지만 가끔 우리 마음이 흔들리는 때가 있으니, 그럴 때에 앞의 경구를 기억하라는 정도로 생각하면 되겠습니다.

이번 조항에서는 이 둘째 물음의 핵심이 될 수 있는 것을 설명하려고 합니다. 요점을 정리하면 이렇게 말할 수 있습니다.

> 선택에 대해 확신을 가지려면
> **그 확신의 분명한 근거를 하나님께 두어야** 한다.

첫째 교리의 12조와 13조는 '선택에 대한 확신'이라는 주제를 다룹니다. 그래서 이 주제에 들어가기 전에 신조는 이 12조와 13조의 근거가 되는 사실을 먼저 11조에서 이야기합니다. 즉 '선택에 대한 확신'(12-13조)의 근거가 되는 것은 **'불변하시는 하나님'**(11조)입니다.

우리가 선택에 대해 이랬다저랬다 하지 말아야 할 이유, 즉 우리의 마음은 변덕스러워서 이런 것 같기도 하고 저런 것 같기도 하고 또 변할 때도 많이 있지만 우리의 이러함에도 불구하고 선택에 대해 늘 확신을 가질 수 있는 이유는 **'우리 하나님께서 변하지 않는 분이시기 때문'**이라는 것을 이 11조가 가르치고 있습니다. 따라서 이 조항에서 우리가 배울 주제는 간단하게 이렇게 정리가 됩니다.

내가 선택을 확신할 수 있는 것은 우리 하나님께서 변치 않으시는 분, 즉 **한 번 선택하신 것을 변개하지 않으시기 때문**입니다.

하나님께서 변치 않으신다는 것은 어떤 의미인가?

변치 않으신다: 존재론적 측면과 행하심의 측면에서

● **시편 102편**

먼저 **"하나님께서 변치 않으신다는 것은 어떤 의미인가"**를 생각해 봅시다. 성경은 곳곳에서 하나님께서 변치 않으신다고 말합니다. 대표적으로, 시편 102편 말씀과 민수기 23장 말씀에서 이런 내용을 볼 수 있습니다.

천지는 없어지려니와 주는 영존하시겠고, 그것들은 다 옷같이 낡으리니 의복같이
바꾸시면 바뀌려니와 주는 한결같으시고 주의 연대는 무궁하리이다_시 102:26-27

시편 102편은 아름다운 시적 문체로 '하나님의 변치 않으심'을 노래합니다. 사람들은 보통 사람의 변화무쌍한 삶에 비추어 변치 않는 것을 말하기 위해서 자연을 이야기합니다. 아무리 시간이 오래되어도 바위가 굳세게 그 자리를 계속 지키고 있는 것이라든지, 산이 항상 그 자리에 있는 것이라든지, 강이 항상 그대로 흐르고 있는 것 등을 예로 듭니다. 우리 조상들도 '사군자(四君子)'를 군자의 위용과 품격을 갖추었다 하여 사랑했는데, 이 사군자의 공통된 특성이 '한결같다'는 점입니다. 매화는 이른 봄의 추위에도 항상 꽃을 먼저 피우고, 난초는 깊은 산중에서도 은은하게 향기를 발하며, 국화는 늦은 가을에 첫 추위를 이기고 꽃피고, 대나무는 모든 식물의 잎이 떨어진 겨울에도 푸른 빛을 유지하므로 선비들이 사랑했습니다. 즉 사람들은 세상의 변화무쌍함에 비해 자연이 한결같으므로 이를 노래했던 것입니다.

하지만 성경은 **오히려 이 자연들을 정반대 관점에서** 이야기합니다. 바위가 아무리 한결같아도 시편의 노래는 "천지는 없어지려니와"라고 했습니다. 세상 사람들은 자연이 '변치 않으므로' 사랑했지만, 성경은 도리어 '자연은 변하는 것'이라고 말했습니다. 왜 성경은 우리 조상들과는 상반되게 말했을까요?

이는 상대적인 것입니다. **'하나님에 비하면'** 자연은 그야말로 변하는 것이라는 뜻입니다. 세상 사람들은 우리 '사람들에 비하면' 바위나 산이나 강이 변함없다고 말했지만, 성경은 '하나님에 비하면' 이것들은 옷과 같이 낡아지고 바뀌는 것이라고 하면서, **"그러나 주는 한결같으시고 주의 연대는 무궁하리이다"**라고 말한 것입니다. 실제로 바위는 제아무리 단단해도 시간이 지나면 깎이고 없어집니다. 산이 간데없는 것을 보기도 하고, 강물이 변하여 원래 있던 자리에 있지 않은 것도 종종 봅니다.

그래서 디모데전서는 '불멸'의 속성을 하나님께만 돌립니다. "오직 그에게만 죽지 아니함(헬. 아타나시아)이 있고…"(딤전 6:16) "죽지 않음", "쇠하지 않음", "낡지 않고 없어지지 않음"의 속성은 오직 우리 하나님께만 있습니다. 하나님이야말로

정녕 변치 않으시는 분이십니다.

● **민수기 23장**
민수기 23장 말씀도 읽어 봅시다.

> 하나님은 사람이 아니시니 거짓말을 하지 않으시고 인생이 아니시니 후회가 없으
> 시도다. 어찌 그 말씀하신 바를 행하지 않으시며 하신 말씀을 실행치 않으시랴_민
> 23:19

앞의 시편 말씀이 하나님의 변치 않으심을 **'존재론적인 측면'**에서 말한 것이라고 한다면, 민수기 23장의 말씀은 행하심의 측면에서, 곧 하나님께서 **'말씀하신 것을 변개치/어기지 않으신다'**는 측면에서 하나님의 변치 않으심을 말하고 있습니다.

하나님께서는 "이렇게 하겠다."라고 말씀하신 후에, 그것을 바꾸어서 "아니다. 그렇게 하지 않겠다."라고 하지 않으십니다. 개역한글판에서는 이 문구를 "식언치 않으시고"라고 했는데, 개정판에서는 좀 더 쉬운 말로 "거짓말을 하지 않으시고"라고 바꾸었습니다. 참으로 하나님은 거짓말하지 않으시는 분입니다.

"거짓말"이 무엇입니까? 단순히 '의도성'의 문제가 아니라, 의도가 있든 없든 간에 **말한 것이 이루어지지 않을 때** 거짓말이 됩니다. 속이려고 하지 않았다고 하더라도 말한 것을 지키지 않으면 거짓말한 것이 됩니다. 그래서 우리는 주변에서 '의도치 않은 거짓말'도 종종 봅니다. "20일까지 반드시 갚겠습니다." 하고 돈을 빌려 갔는데 못 갚게 될 수가 있습니다. 처음부터 그때까지 갚지 않을 요량이었으면 나쁜 놈이 되는 것이겠지만, 어떤 경우에는 반드시 갚으려고 했지만 안 될 때도 있습니다. 이때 거짓말이 되는 이유는 '의도'보다는 '능력'입니다. "납기일까지 반드시 납품하겠습니다."라고 해도 그 시일까지 해 낼 수 있는 능력이 못되면 못하는 것입니다. 이것은 '의도'의 문제가 아닙니다. 즉 사람의 경우에는 의도적 거짓말도 있고 비의도적 거짓말도 있습니다. 하지만 이랬거나 저랬거나 거짓입니다. 이 사실은, 거짓이라는 것이 '실제로 말한 대로 되냐' 자체에 무게를 두

고 있음을 보여 줍니다.

그렇다면 "하나님은 거짓말쟁이가 아니시다."라는 말은, 하나님께서는 **하신 말을 지키지 않을 '의도'도 없으시고, 그것을 지킬 수 없을 '무능'도 가지지 않으셨다는 것을 의미합니다.** 하나님께서는 자신의 말을 반드시 지키려 하십니다(의도). 또 지키실 수 있는 힘(능력)도 가지고 계십니다. 하나님께서는 결코 거짓말을 하지 않으십니다.

이렇게 하나님의 변치 않으심은 '그분의 존재론적 관점', 곧 '변치 않으시는 속성을 가지신 하나님'이라는 측면에서도 말할 수 있고, '그분의 행하심의 관점', 곧 '말씀하시는 것을 반드시 지키신다'는 측면에서도 말할 수 있습니다.

'변치 않으신다'는 것은 '부동(不動)'을 의미하는가?

그런데 이렇게 하나님께서 변치 않으신다는 것은, 하나님께서 **전혀 아무런 변화도 없으시다는 것**입니까? 우리가 아는 대로 하나님은 완전하신 분이십니다. 그래서 많은 사람들이 하나님께서 변치 않으신다는 것을 '완전하시다'와 연결해서 생각했습니다. 즉 하나님께서 변치 않으시는 이유는 완전해서입니다.

① **완전한 것**이 어떤 것인지 생각해 봅시다. '완전한 상태'란 지금의 상태가 완벽한 상태이기 때문에 움직일 필요가 없다는 뜻입니다(많은 철학자들이 '완전'을 '움직임'과 관련하여 생각했다). 그렇다면 움직임이란 '변화'이고, 현재 '완전한 상태'라면 그 존재에게 변화는 불필요합니다. 왜냐하면, 움직임이 있었다는 것은 '원래 있었던 자리가 완전하지 않았다는 것'을 의미하거나, 혹은 '움직임 이전이 완전했다면 움직임으로써 완전에서 이탈한 것이기 때문'입니다. 즉 철학적 사고에서는 '움직임'은 반드시 '완전'과 연결됩니다.

그래서 많은 이들이 이런 방식으로 철학적 사고를 하여, 하나님께서는 **완전하시니까 전혀 동요가 없으시고, 아무런 움직임도 가지지 않으신다.** 곧 하나님은 '부동의 동자(不動의 動者)'시라고 생각했습니다('부동의 동자'라는 개념은 아리스토텔레스에게서 온 것인데, 이것을 하나님께 접목한 것입니다). 하나님의 완전을 철학적으로 이해했기 때문에 변치 않으심을 이렇게 이해하여, 하나님은 아무런 감정도 느끼시지 않고 아무런 동요도 없으신 분이라고 생각했던 것입니다.

② 이것을 시간과 관련해서도 생각할 수 있습니다. 하나님께서는 시간을 초월하여 모든 것 위에 계신다고 하니까, 또 어떤 이들은 하나님 안에서는 **모든 일이 이미 일어난 일일 수도 있고, 아직 안 일어난 일일 수도 있다고** 생각했습니다.

이렇게 생각하면 시간의 저 너머에 계신 하나님께 예수님은 아직 태어나지 않으신 것도 되고 동시에 이미 재림하신 것도 됩니다. 하나님께서 모든 시간을 초월하여 계신다고 상정해 버리면 하나님께서 세상의 어떤 일에 대해서 어떤 감정을 가지신다거나 어떤 태도를 보이신다는 것이 이상해집니다. 하나님께서는 정말 온 우주의 모든 일에 대해서 **"그래, 이미 알고 있어."**라고 말씀하실 수밖에 없게 됩니다. 그렇다면 결국 우주의 만상에 대해 하나님은 강 건너 불구경하듯 하는 태도로 대할 수밖에 없을 것이라고 생각하게 됩니다.

그래서 어떤 신학자는 이런 하나님을 두고서 **"하나님은 사실상 냉동된 존재"**라고 표현했습니다.[35] 하나님께서는 모든 점에서 변하지 않으시고, 모든 면에서 완벽하시니, 절대로 움직여서는 안 되고, 어떤 일에 대해서도 감정도 동요도 있어서는 안 된다고 생각한다면, 하나님은 그야말로 '냉동된 존재'가 됩니다.

③ 하지만 우리는 성경의 하나님이 전혀 그런 존재가 아니라는 것을 잘 알고 있습니다. 우선 하나님께서는 이스라엘이 하나님을 떠날 때 대단히 슬퍼하시면서, 그들을 향하여 애끓는 사랑을 말씀하셨습니다. "에브라임이여! 내가 어찌 너를 놓겠느냐! 이스라엘이여! 내가 어찌 너를 버리겠느냐! 내가 어찌 너를 아드마같이 놓겠느냐! 어찌 너를 스보임같이 두겠느냐! 내 마음이 내 속에서 돌이키어 나의 긍휼이 온전히 불붙듯 하도다!"(호 11:8).

또한 하나님께서는 죄를 미워하시며, 죄 때문에 답답해하십니다. "주께서는 눈이 정결하시므로 악을 차마 보지 못하시며 패역을 차마 보지 못하시거늘 어찌하여 거짓된 자들을 방관하시며 악인이 자기보다 의로운 사람을 삼키는데도 잠잠하시나이까"(합 1:13).

무엇보다 하나님께서 **그리스도를 이 땅에 보내신 것**은 나무토막 같은 무감정

---

35 — 로버트 L. 레이몬드, 『최신 조직신학』, 나용화 외 옮김 (서울: CLC, 2010), 251.

가운데 일어난 일이라고 볼 수 없습니다! 하나님께서 아들을 보내신 사랑이야말로 이 모든 하나님의 **격정적인 감정**을 보여 주는 것입니다. "의인을 위하여 죽는 자가 쉽지 않고 선인을 위하여 용감히 죽는 자가 혹 있거니와, 우리가 아직 죄인 되었을 때에 그리스도께서 우리를 위하여 죽으심으로 하나님께서 우리에 대한 자기의 사랑을 확증하셨느니라"(롬 5:7-8).

우리는 하나님께서 '매우 감정적인 분'이심을 성경을 통해 확인합니다. 하나님은 '완전'하시지만 '움직'이십니다! 하나님은 "부동의 동자" 따위가 아닙니다! 하나님은 웃고, 울고, 기뻐하고, 슬퍼하십니다. 웨스트민스터 신앙고백서를 보면 하나님의 성품을 말할 때 "하나님께는 **성정이 없으시다**"(웨스트민스터 신앙고백서 2장 1항)라고 말하고 있는데, 이것은 하나님께 감정이 없으시다는 것이 아니라, 하나님께는 인생에게 있는 기복과 동요가 없다는 뜻입니다.[36]

우리의 감정은 완전하지 않아서 감정의 기복으로 인해 문제가 생길 수 있습니다. 하지만 **하나님의 감정은 완전한 감정**입니다. 예를 들면 하나님께서 "이스라엘을 향하여 질투하신다" 할 때 그 질투의 감정은 죄를 가진 우리가 느끼는 감정과는 다른 것입니다. 우리의 질투의 감정은 살인도 할 수 있을 정도로 **죄에 물든 감정**이지만 하나님의 질투는 '거룩한 질투'입니다. 하나님께는 질투조차 완전합니다. 우리는 이런 면모를 사람에게서는 '독점적 사랑-부부나 연인에게서 볼 수 있는'과 같은 것들로 알 수 있습니다.

결국 하나님이 완전하시다는 것은 '냉동의 존재'임을 의미하는 바가 아니라는 점과, 동시에 그분의 감정이 죄인인 우리가 느끼는 감정과는 전적으로 똑같지 않다는 두 면을 함께 생각할 수 있어야 하겠습니다.

---

36 — R. C. 스프로울의 설명을 참조. "하나님은 '격정이 없으시다' … 이 주제에 관하여 대개 혼란이 존재한다. 감정적 동요와 격변을 하나님께 돌리는 것에서 이단들이 생겨나곤 했다. 하나님께서 자신 앞에서 스스로 누리는 평정과 지복은 영원하고 불변하다. "격정이 없으시다"라는 말이 의미하는 바는 그가 기분의 변화를 경험하거나 낙심하지 않는다는 것이지, 어떤 관심도 가지지 않는다는 것이 아니다. 성경은 분명하게 하나님께서 일종의 감정적 측면을 가지고 있다고 가르친다. 하나님은 기뻐하시고, 사랑하시고, 우리를 애정으로 대하신다. 하나님은 추상적인 힘이 아니라 인격적인 존재이다. "격정이 없으시다"라는 구절이 의미하는 것은 하나님께서 인간적인 정념에 종속되지 않으신다는 것이다." R. C. 스프로울, 『웨스트민스터 신앙고백 해설 : 1권, 삼위일체 하나님』, 이상웅, 김찬영 옮김 (서울: 부흥과 개혁사, 2011), 57.

하나님의 변치 않으심에 근거한 우리의 견고한 확신

이렇듯 성경의 하나님은 철학의 하나님이 아닙니다. 하나님께서는 우리 생각 저 너머에 계십니다. 그러므로 우리가 "확신의 근거를 하나님께 두어야 한다."라고 말하는 것은 어쩌면 **'이해할 수 없는 영역'에 우리의 신뢰를 두는 것**일 수도 있습니다. 이것은 그야말로 신비요, 설명하기 어려운 영역입니다.

그러나 하나님께서는 이것을 우리에게 주셨습니다. 즉 이해 불가의 영역에 계신 하나님께서 우리의 이해 영역 속으로 손을 내미셨고, 이것을 우리는 **'언약'**이라고 부릅니다. 그렇다면 "우리가 확신할 수 있는 것은 하나님께서 변치 않으시기 때문이에요!"라고 말하는 것은 다르게 말하자면, 하나님께서는 우리와 언약, 곧 관계를 맺으시고, 그에 대하여 신실하시므로, 우리는 이 하나님을 통하여 확신할 수 있다는 의미입니다. "하나님의 변치 않으심"이란 '우리와의 언약 관계에서의 불변'을 의미합니다.

변치 않으시는 하나님과 우리

● 하박국 1장
하박국 1장 12절에서 하박국 선지자는 하나님께 외칩니다.

> 여호와 나의 하나님, 나의 거룩한 이시여 주께서는 만세 전부터 계시지 아니하시니이까 우리가 사망에 이르지 아니하리이다 여호와여 주께서 심판하기 위하여 그들을 두셨나이다 반석이시여 주께서 경계하기 위하여 그들을 세우셨나이다_합 1:12

하박국 선지자는 이스라엘 안의 강포를 보고 여호와께 부르짖었다가(1:2), 그 대답으로 갈대아인들이 밀물처럼 몰려들어 와 하나님의 형벌을 감행할 것이라는(1:6) 이야기를 듣고 충격에 빠집니다. 그래서 둘째 질문을 던지는데, 그것은 "아무리 그렇더라도 어떻게 더 악한 이들을 사용하여 심판에 던지실 수 있느냐?"(1:13) 하는 것이었습니다. 12절 말씀은 이 맥락에서 나옵니다.

그런데 여기에서 하박국 선지자는 문장에서 두 가지 요소를 붙여 말합니다.

> • 하나님은 만세 전부터 계신 거룩하신 분이십니다.
> • 우리는 사망에 이르지 않을 것입니다.

이 둘을 붙여 말하는 것입니다. 여러분은 이 둘을 붙여 말하는 것을 이해할 수 있습니까? 제가 알기로는 그 어떤 종교도 자기가 믿는 신에게 이렇게 말하는 종교는 없습니다. 불교 신자가 아무리 열반을 좇고 있다 해도, "붓다도 영원하시니 나도 영원합니다."라고 하지는 않습니다. 이슬람 교도들이 영원히 살 것을 말하지만, "알라께서 영원하시니 우리도 영원하겠습니다."라고 하지는 않습니다. 그런데 왜 이 둘이 붙어 있습니까? "하나님이 만세 전부터 계신" 것과 "우리가 사망에 이르지 않는 것"은 무슨 관계가 있습니까?

● **말라기 3장**
하박국과 비슷하게 말라기는 다음과 같이 말씀합니다.

> 나 여호와는 변하지 아니하나니 그러므로 야곱의 자손들아 너희가 소멸되지 아니하느니라_말 3:6

하박국은 "사망에 이르지 않는다"라고 했습니다. 그런데 말라기에서는 "소멸되지 않는다"라고 했습니다. 단어는 다르지만 의미는 비슷합니다. 근거도 비슷합니다. 하박국은 "하나님이 만세 전부터 계셔서"라고 했고, 말라기는 "여호와는 변하지 않으시므로"라고 했습니다.

즉 우리는 **'하나님 백성의 존립'**이 **'하나님과의 언약'**에 달려 있음을 보게 됩니다. 하나님의 백성이 소멸되지 않고 유지될 수 있는 이유는 '하나님의 변치 않으심', 조금 더 정확하게 말하자면 '하나님께서 자기 백성들과 맺으신 언약에서의 변치 않으심' 때문이라는 것입니다.

조금 더, 문맥 속에서

말라기 본문에서 이것을 조금 더 들여다볼까요? 우리는 방금 말라기 3장에서 "여호와가 변하지 않으시니 우리가 소멸되지 않는다."라고 하는 것을 보았습니다. 그렇다면 이 말씀은 '희망적'인 문맥일까요? 그 반대의 '절망적'인 문맥일까요? 겉으로 볼 때는 '힘을 주시기 위한 말씀', '격려하기 위한 말씀', 우리가 주변에서 흔히 볼 수 있는 "당신은 사랑 받기 위해 태어난 사람♪" 같은 뉘앙스의 말씀 같지 않습니까? 하지만 말라기 3장의 배경이 되는 2장을 읽어 보면 대단히 충격적인 내용을 발견할 수 있습니다.

① 말라기 2장 11절과 12절을 봅시다. 아주 무시무시한 장면입니다.

> 11절 : 유다는 거짓을 행했다. 이스라엘과 예루살렘 중에는 가증한 일이 있었다.
> 12절 : 이 일을 행하는 자는 심지어 여호와께 제사를 드리고 있는 자라도 여호와께 서 야곱의 장막 가운데서 끊어 버리겠다.

여기 **"끊어 버리겠다"**라는 말은 단순한 끊음을 말하는 것이 아닌, 아주 강력한 언약 용어입니다. 구약 언어로 '언약을 맺는다'라는 말은 '카라트 베리트'인데, 우리말로 번역하면 **'언약을 자른다'**입니다. 여기 '끊어 버리겠다'가 '카라트', 곧 '자른다'입니다.

말하자면 원래는 '언약을 자른다'가 언약을 맺는다는 뜻인데, 이 구절에서는 같은 '자른다'라는 단어를 써서 정반대의 뜻을 표현한 것입니다. '언약을 자른다'로 언약을 맺는다는 것이 아니라, "언약으로부터 잘라 내 버리겠다."라고 하신 것입니다. 그들의 악, 그들의 강포, 그들의 궤사 때문입니다.

② 14절에도 언약 용어가 나옵니다. 14절에 보면 이스라엘과 하나님과의 관계를 부부 관계에 비유하면서 **"서약한 아내"**라는 표현이 나옵니다.

> 너희는 이르기를 어찌 됨이니이까 하는도다 이는 너와 네가 어려서 맞이한 아내

사이에 여호와께서 증인이 되시기 때문이라 그는 네 짝이요 너와 서약한 아내로되 네가 그에게 거짓을 행하였도다_말 2:14

이 "서약한"이 방금 '카라트 베리트'에서 말씀드린 '베리트'입니다. '언약'이라는 뜻입니다. 이스라엘은 '하나님과 언약으로 맺어진 아내'였습니다. 하지만 이스라엘은 이렇게 언약으로 맺어진 아내의 본분을 내팽개쳤습니다.

③ 16절에는 이에 대한 설명이 나와 있습니다.

나는 이혼하는 것과 옷으로 학대를 가리는 자를 미워하노라_말 3:16

"이혼"은 언약을 파기하는 것입니다. "옷으로 학대를 가린다"를 정확히 번역하면 "옷으로 **하마스를** 덮는다"입니다. 하마스는 하박국에 반복되어 나오는 말인 '강포'입니다. 이 또한 언약 용어입니다. 도처에 언약 용어가 깔려 있습니다. 하나님께서는 이스라엘이 '이혼했다'고 하십니다. 하나님께서는 이스라엘이 지금 하나님께서 싫어하시는 죄로써 "강포를 행하고 있다"고 말씀하십니다. 그들은 특별한 언약, 특별한 사랑을 받았음에도 불구하고, 전혀 언약에 충성하지 않았습니다.

④ 17절에는 **정의의 하나님**이 나옵니다. 여호와를 괴로우시게 해놓고 "정의의 하나님이 어디 있느냐!"라고 사람들이 외칩니다. 놀랍습니다! 당연히 "정의" 역시 언약 용어입니다. 하나님께서는 언약하시고 그것을 지키시는 분이시기 때문에 의로우십니다. 그런데 이스라엘은 어떻습니까? 그들은 의롭지 않습니다. 언약을 이탈했기 때문입니다.

결국 우리는 말라기 2장을 통해 말라기 3장 6절 말씀의 배경을 이해하게 됩니다. 상황은 전혀 다사롭지 않습니다. "너희는 소멸되지 않는다."라는 말씀은 화기애애한 분위기에서 격려하고 토닥이기 위해 주어진 말씀이 결코 아닙니다.

오히려 말라기 3장 6절의 말씀은 우리 식으로 말하자면, **울분을 참으시며 눈물을 토하시면서 하시는 약속**입니다. 언약의 백성들이 **그토록 하나님의 가슴에 대못**

을 박지만, 하나님께서는 말씀하십니다.

> 나 여호와가 변하지 않으므로
> 야곱의 자손들아 너희는 소멸되지 않는다.

하나님께서 변치 않으신다는 것은 이런 것입니다. 우리는 가장 사랑하는 인간 관계에서도, 상대가 거듭 자신의 감정을 상하게 하는 일을 반복하면 관계를 재고해 보게 됩니다. '내가 왜?'라고 생각하게 됩니다. '굳이 이렇게까지 하면서 관계를 유지할 필요가 있나?' 하고 생각하게 됩니다.

하지만 우리의 확신은 두려워할 것이 없습니다. 하나님께서는, 그리고 하나님의 언약은 '변치 않기' 때문입니다. **우리가 가장 패역했을 때에도** 그랬습니다. 하나님께서 처음 아담의 죄를 아시고서도 구속 역사를 진행하기로 결정하셨을 때, 아니 더 나아가 '팍툼 살루티스(*Pactum Salutis*)', 즉 우주를 지으시기도 전에 이미 삼위 하나님 안에 내적 협의를 통하여 이 죄에 대한 대책으로서 성자께서 우리를 향하여 내려오시기로 작정하셨을 때, 그때 이미 하나님께서는 '모든 것'을 감수하셨습니다.

우리는 흔들리지 않습니다. 내가 다른 이들보다 좀 더 견고한 사람이어서가 아닙니다. 우리 하나님께서 우리를 붙드셨고, 자녀와 아내 삼으셨으며, **그 언약의 관계가 '흔들리지 않기'** 때문입니다.

제12조 : 선택에 대한 확신

선택을 받은 사람은, 비록 그 시기와 정도에서 차이가 있지만 자신들이 구원에 이르도록 선택되었고 그 사실이 영원하며 변치 않는다는 것을 확신하게 됩니다. 그러나 하나님의 오묘하고 감추어진 것을 호기심으로 꼬치꼬치 캐물음으로써 확신하는 것은 아니고,[i] 성경에서 선택하심의 분명한 열매로 가르친 것들, 곧 그리스도에 대한 참된 믿음과 하나님께 대한 어린아이와 같은 경외심, 자신의 죄에 대한 경건한 슬픔, 의에 대하여 주리고 목마른 것 등이 자신들 가운데 있음을 성령으로 인한 기쁨과 거룩한 즐거움으로 관찰함으로써 확신하게 됩니다.[ii]

i 신 29:29 감추어진 일은 우리 하나님 여호와께 속하였거니와 나타난 일은 영원히 우리와 우리 자손에게 속하였나니 이는 우리에게 이 율법의 모든 말씀을 행하게 하심이니라 / 고전 2:10-11 오직 하나님이 성령으로 이것을 우리에게 보이셨으니 성령은 모든 것 곧 하나님의 깊은 것까지도 통달하시느니라 사람의 일을 사람의 속에 있는 영 외에 누가 알리요 이와 같이 하나님의 일도 하나님의 영 외에는 아무도 알지 못하느니라

ii 고후 13:5 너희는 믿음 안에 있는가 너희 자신을 시험하고 너희 자신을 확증하라 예수 그리스도께서 너희 안에 계신 줄을 너희가 스스로 알지 못하느냐 그렇지 않으면 너희는 버림 받은 자니라 / 고후 7:10 하나님의 뜻대로 하는 근심은 후회할 것이 없는 구원에 이르게 하는 회개를 이루는 것이요 세상 근심은 사망을 이루는 것이니라 / 마 5:6 의에 주리고 목마른 자는 복이 있나니 그들이 배부를 것임이요

● 강해 본문 ① : 신명기 29장 29절

29 감추어진 일은 우리 하나님 여호와께 속하였거니와 나타난 일은 영원히 우리와 우리 자손에게 속하였나니 이는 우리에게 이 율법의 모든 말씀을 행하게 하심이니라

● 강해 본문 ② : 베드로후서 1장 5-10절

5 그러므로 너희가 더욱 힘써 너희 믿음에 덕을, 덕에 지식을, 6 지식에 절제를, 절제에 인내를, 인내에 경건을, 7 경건에 형제 우애를, 형제 우애에 사랑을 더하라 8 이런 것이 너희에게 있어 흡족한즉 너희로 우리 주 예수 그리스도를 알기에 게으르지 않고 열매 없는 자가 되지 않게 하려니와 9 이런 것이 없는 자는 맹인이라 멀리 보지 못하고 그의 옛 죄가 깨끗하게 된 것을 잊었느니라 10 그러므로 형제들아 더욱 힘써 너희 부르심과 택하심을 굳게 하라 너희가 이것을 행한즉 언제든지 실족하지 아니하리라

선택에 대한 확신

신 29:29; 벧후 1:5-10

얼마 전 교회 학교에서 '사람을 외모로 보는 것'이 왜 옳지 않은지를 아이들에게 질문한 적이 있습니다. 아이들이 여러 가지로 대답을 했지만, 그중 한 명이 제가 원한 대답과 아주 근접한 대답을 했습니다. 제가 원한 대답은 "하나님께서 사람을 보실 때 외모로 보지 않으시기 때문에 우리도 사람을 볼 때 외모로 보아서는 안 된다."였습니다.

우리는 세상을 볼 때 **'본성적으로'** 세상을 봅니다. 우리의 시각, 우리의 가치관, 우리의 판단 능력, 이런 것들이 대부분 세상에서 단련되었기 때문에 세상을 바라볼 때 세상의 관점으로 무언가를 바라봅니다. 우리는 이런 관점을 어떻게 하면 성경의 관점으로 바꿀 수 있을까를 배우는 데 오랜 시간을 투자하고 있습니다.

그런데 이렇게 **'본성적으로'** 세상을 보는 것은 심지어 **'내가 나를 볼 때에도'** 똑같이 작용한다는 데 놀라운 점이 있습니다. 우리는 세상을 볼 때에만 세상의 관점으로 보는 것이 아니라, **나 스스로를 볼 때에도 세상의 관점으로 본다는 것입니다.**

아이들은 스스로를 바라볼 때 '공부 잘하는 아이와 못하는 아이', '운동을 잘하는 아이와 못하는 아이', '잘생긴 아이와 못생긴 아이' 같은 식의 구도로 스스로를 바라봅니다. 어른들도 스스로를 바라볼 때 '돈 잘 버는 사람과 못 버는 사람', '사회생활에서 능력 있는 사람과 그렇지 못한 사람', '이성에게 인기가 있는 사람과 없는 사람' 등의 잣대를 가지고 자신을 바라봅니다. 어른이나 아이나 세상적 관점에서, 세상 사람들이 사람을 보며 평가하는 잣대로 자기 자신을 바라보고 평가한다는 것입니다.

선택에의 확신

이 문제를 믿음의 영역으로

이 문제를 '믿음의 영역'으로 가져와 봅시다. 12조부터 다루게 되는 주제는 예정혹은 선택이라는 주제에서 '확신'의 영역입니다. 그렇다면 '확신'의 문제를 다룰 때 **'무엇을 보고'** 내가 선택 가운데 있다고 확신하게 될까요? 혹시 나는 **'내가 나를 보는 문제'**에 있어서 성경이 가르치는 방식보다 세상에서 배운 방식으로 나를 바라보고 있지는 않습니까? 이 문제에 대해 고린도후서는 이렇게 말씀합니다.

> 그러므로 우리가 이제부터는 어떤 사람도 육신을 따라 알지 아니하노라. 비록 우리가 그리스도도 육신을 따라 알았으나, 이제부터는 그같이 알지 아니하노라. 그런즉 누구든지 그리스도 안에 있으면 새로운 피조물이라. 이전 것은 지나갔으니, 보라 새것이 되었도다_고후 5:16-17

고린도후서는 "우리는 사람을 육신을 따라 알지 아니한다."라고 말했습니다. 그런데 놀랍게도 과거에는 "**그리스도도** 육신을 따라 알았었다."라고 고백합니다. 헬라어로 읽으면 시상이 분명한데, "그리스도도 육신을 따라 알았었다."라고 할 때는 '완료형'을 쓰고, "그러나"가 나온 후에 "이제는 그같이 알지 아니한다"라고 할 때는 '현재형'을 씁니다. 영어에서는 앞의 완료형을 현재완료로 번역했는데, 우리말로 하자면 "이제까지는 쭉 그렇게 알아 왔다."라고 번역하거나 "과거에는 그렇게 알았었는데"라고 하면서 지금 현재에는 어떤지 이야기하는 시상입니다. 과거에는 그리스도조차 육체대로 알았었지만 지금은 그렇지 않다는 것이지요. 그리고 어떻게 변화되었습니까?

> 우리가 이제는 아무 사람도 육신을 따라(헬. 카타) 알지 않는다.
> 누구든지 그리스도 안에 있으면 새로운 피조물이기 때문이다.

이 말씀은 우리에게 '사람을 보는 방식', 심지어는 자기 자신을 보는 방식마저도 **'이전의 우리 본성의 방식'**이 있고, **'거듭난 사람의 방식'**이 있다는 것을 알려주고 있습니다. 우리는 원래 스스로를 볼 때 '본성의 방식대로' 보았을 것입니다. 그러나 중생한 후의 우리의 눈은, 심지어 **스스로를 보는 데서도 달라졌다**고 말씀합니다. 이제 우리는 사람을 "육신을 따라" 보지 않는다고 말합니다. 이유는 우리가 "그리스도 안의 새 피조물"이기 때문입니다.

지난 조항에서 우리가 배운 것은 우리 선택의 확신이 '변치 않으시는 하나님'으로부터 온다는 것이었습니다. 선택은 본질적으로 '하나님께' 기초하고 있기 때문에 우리는 확신할 수 있습니다. **하지만 '자기'에 대하여는** 어떻습니까? 하나님에 대해서는 이렇게 말했지만 '나'는 어떻습니까? 어떤 사람들은 이렇게 생각할수 있습니다.

'맞아! 하나님은 변치 않으시지! 그러니까 선택하시는 하나님은 변하지 않으셔! 하지만 나는 아니잖아! 나는 변해! 그렇다면 나는 내가 진짜 선택 가운데 있는지 무엇으로 확신을 할 수 있겠어? 하나님이 나를 선택하신다는 사실은 변하지 않겠지만, 나는 변하잖아. 그런데 내가 변한다면 아무리 하나님이 변치 않으신다 해도 하나님이 나를 선택하셨는지 선택하지 않으셨는지 내 입장에서는 알 수가 없는 노릇이고, 그래서 결국 내가 변한다면 나는 선택이 되지 않은 거잖아! 하나님은 선택을 바꾸시지 않겠지만, 나는 종종 변하기 때문에 나는 나를 믿을 수 없어. 내가 지금은 믿고 있어도 어느 순간에 믿음을 버릴지 어떻게 알아? 그렇기 때문에, 결국 아무리 하나님이 변치 않으셔도 내가 변한다면 나는 선택을 애초에 안 받은 사람이 되고 마는 게 아닐까?'

여러분, 이 사람은 올바로 바라보고 있습니까? 그리스도 안에 들어온 사람으로서 자신을 이렇게 바라보는 것이 올바른 것인가요? 이 사람은 **'반쪽만' 안 것**입니다. 이 사람은 하나님은 제대로 알았는데 자기를 제대로 알지 못했습니다. 자기를 볼 때는 '육체의 눈으로' 보았습니다.

고린도후서는 우리가 원래 "육체의 눈으로" 사람을 보았다고 말합니다. 이때 '사람을 보는 일'에는 '나를 보는 것'도 포함됩니다. 심지어 원래의 우리는 '그리스도조차' 이 육체의 눈으로 보았습니다.

하지만 말씀은 덧붙여, 이제 우리는 '새롭게 된 피조물'이라고 선언합니다. 즉 **새 눈을 가지게 된 것**입니다! 새롭게 된 눈을 가진 사람은 사람을 볼 때 어떻게 볼까요? 자기 자신을 볼 때 어떻게 볼까요? 나를 바라보던 시선을 '세상의 관점으로' 보지 않고 '믿음의 눈으로' 볼 수 있게 된 것입니다.

세상의 눈으로 나를 바라볼 때에는 '의심의 눈으로' 볼 수밖에 없었다면, 진정으로 새롭게 된 후에는 이런 **부실한 나를 끌어올리시는 하나님**의 능력을 겪고 난 후에 나를 보는 것이므로 우리는 '할 수 있음'을 보게 됩니다. 내가 잘 해서 할 수 있음을 보는 것이 아니라 **선택의 기초이신 하나님의 관점에서 나를** 보니까 그 결과물로서 내가 할 수 있으리라 생각하게 되는 것입니다. 이것이야말로 **'나를 바라보는 새로운 관점'**입니다.

세상의 눈으로 자기를 보는 사람은 자기가 하나님께 순종할지 말지를 끊임없이 의심합니다. 자기를 믿을 수 없다고 여기기 때문입니다. 그렇다면 하나님께서 우리를 위하여 구원을 준비하셨더라도 내가 그것을 안 받을지도 모르니까 하나님께서 이루신 구원이 무용지물이 될 수 있습니다.

그러나 기억합시다. **믿음 안에 들어가면 우리는 '당장 내일 어디로 튈지 모르는 반항적 아이'가** 아닙니다. 내가 나를 보면 절대로 신실한 사람이 아니지만, 그럼에도 나는 오늘도, 내일도, 10년 후에도, 죽기 직전까지도, 하나님 곁에 여전히 붙어 있을 것입니다. 왜 이렇게 말할 수 있습니까? 내가 어떤 사람이 되는 것조차 하나님께서 변화시키셨기 때문입니다!

우리는 육체의 눈으로 자기를 바라보면서 '나는 언제든 하나님을 떠날 수 있어.'라고 생각해서는 안 됩니다. **왜냐하면 하나님께 붙어 있는 것은 내가 하는 일이 아니기 때문**입니다. 신자들도 언제든지 죄에 대해 경계해야 하고, 때로는 깊이, 심각하게 죄를 짓고 낙심할 수 있습니다. 그러나 그럼에도 불구하고 하나님의 뜻 바깥으로 완전히 나가 버리는 일은 참된 신자에게 일어나지 않습니다.

나는 나를 나의 시각으로 보는 일을 멈춰야 합니다. 내가 어떻게 되는 것은 내가 결정하는 것이 아닙니다. 나는 흔들려도 쓰러지지 않을 것입니다. 왜냐하면 하나님께서 붙들고 계시기 때문입니다. 우리는 "그리스도 안에서 새로운 피조물이" 되었고, 따라서 달라졌습니다! 이것을 어떤 분은 이렇게 말했습니다.

> 그리스도를 믿는 자는 자기 자신에 대하여서도 육신으로 알지 않고 오직 그리스도의 공로 안에서 자기를 본다. 그렇기 때문에 그는 큰 확신에 들어갈 수 있다.[37]

이렇게 정리할 수도 있습니다.

> 확신은 '**우리의 상태**'에서 얻는 것이 아니라 '**주님께 대한 태도**'에서 얻는 것이다.

그렇습니다. '확신'의 정초는 '우리에게' 있지 않습니다. 우리는 스스로를 바라보는 시각마저도 바꾸어야 합니다. 이제 우리는 더는 "육체의 소욕에 사로잡힌 바 되어"(갈 5:17) 살아가지 않습니다. 12조를 읽어 봅시다.

> 선택을 받은 사람은 비록 그 시기와 정도에서 차이가 있지만, 자신들이 구원에 이르도록 선택되었고, 그 사실이 영원하며, 변치 않는다는 것을 확신하게 됩니다.

"확신하게 됩니다!" 그렇습니다. 변화된 눈, 새로운 피조물의 시각이란 무엇입니까? 본성적으로 생각해 보면 선택을 확신한다는 것은 안 될 일처럼 보입니다. 그러나 우리는 거듭났습니다! 새로운 피조물이 되었습니다! 그래서 우리는 우리 스스로에게도 확신을 가질 수 있게 됐습니다. 나는 나로 말미암아 이끌리지 않으

---

37 — 김헌수, 「독립개신교회 신학교 강의안」, 미출간.

니까 말입니다.

신명기 29장: 나타나는 일이 우리에게 주어졌다

이 점을 더 든든히 확인하기 위해 말씀을 한 군데 더 보겠습니다. 신명기 29장 29절입니다.

> **감추어진 일**은 우리 하나님 여호와께 속하였거니와, **나타난 일**은 영원히 우리와 우리 자손에게 속하였나니, 이는 우리에게 이 율법의 모든 말씀을 행하게 하심이니라_신 29:29

과거 개역한글판 성경에서는 "오묘한 일"이라고 번역했던 말을 개역개정판 성경에서는 좀 더 원문에 가깝도록 번역을 바꾸었습니다. 곧 **"감추어진 일"**입니다. 이렇게 읽으면 이 구절이 '두 일을 대조'하고 있다는 것이 좀 더 선명하게 드러납니다. **"감추어진 일은 하나님께 속한 것"**이고, **"드러난 일만 우리에게 속한 것"**입니다.

이 말씀이 신명기 28장부터 시작되는 '언약의 복과 저주'의 마지막 부분에 주어진 것임을 유념하면서 읽어야 합니다. 이 부분의 정확한 뜻을 잘 이해하려면 이 29절 바로 앞의 문맥을 보시면 됩니다. 바로 앞을 보면 이스라엘 백성들이 언약을 준수하지 않으므로 저주를 받게 된 것을 말하고 있습니다. 그리고 나서 22절부터 설명을 시작하는데, 어떤 사람들이 말합니다.

> 너희 뒤에 일어나는 너희의 자손과 멀리서 오는 객이 그 땅의 재앙과 여호와께서 그 땅에 유행시키시는 질병을 보며⋯_신 29:22

이스라엘 자손들 혹은 멀리 이스라엘 외의 다른 민족들이 말하는 것입니다. "하나님을 믿는 백성들이라고 하면서 어떻게 이런 재앙이 여기에 임할 수가 있지?" 23절, 24절 계속해서 이렇게 질문합니다. "하나님을 믿는 백성이라면 큰 복과 은혜를 받아야 될 것인데, 어떻게 이렇게 저주를 받고 멸망을 당할 수가 있지?" 바로 이 질문에 대하여, 25절부터 "그때에 사람이 대답하기를"이라고 하면서 대답을 시작합니다.

> 그 무리가 하나님이 자기들을 애굽에서 인도하여 내실 때 맺었던 언약을 버리고 (25절)
>
> 가서 자기들이 알지도 못하고 여호와께서 주시지도 않은 다른 신들을 섬겼기 때문이다(26절).
>
> 그래서 하나님께서 이들에게 이 책에 기록된 대로 저주를 내리신 것이다(27, 28절).

그러니까 "감추어진 일은"이라고 시작하는 29절 말씀은 이 설명들이 다 나온 후에 대답으로 주어진 것입니다. 그렇다면 **이 문맥 안에서 "감추어진 일"과 "나타난 일"**이란 무엇입니까?

사람들은 잘 이해할 수가 없었습니다. "어떻게 저런 일이 일어날 수 있지?" 사람들의 생각으로는 크고 강한 신의 이름으로 세워진 나라라면 복을 받아야 할 것 같은데, 어떻게 저렇게 저주를 받고 망할 수 있는지 이해할 수가 없었습니다. 이해하지 못하니까 질문하는 것입니다. 그래서 대답합니다. 그들이 하나님을 버리고 떠났기 때문이고, 그래서 그 책에 기록된 재앙들이 임한 것이라고 말입니다.

그러면 29절 말씀의 뜻은 무엇이겠습니까? **'어떻게' 이런 일이 일어날 수 있는가와 같은 질문들에 대한 대답은 감추어진 하나님의 뜻 안에 속한 것**이니 그걸 질문하지 말고, **우리에게 속한 일인 나타난 일, 드러난 일을 올바로 하면 된다**는 것입니다!

그렇습니다! 이 말씀의 뜻은, 하나님의 "감추어진 일", 곧 신명기 본문에서는 "어떻게 하나님의 나라가 재앙을 받았나"라는 것이겠고, 오늘 우리 정황에서는 "어떻게 선택에 확신이 가능한가?"와 같은 문제가 될 것인데, 이는 우리의 이해로서는 불가능한 것, 곧 하나님의 감추어진 일에 속한 것이니 **그것을 질문하지 말고**, "나타난 일", 곧 우리에게 속한 일에 최선을 다하라는 가르침입니다.

그렇다면 이 말씀의 뜻은 이런 것이기도 합니다. 결국 하나님께서는 **숨겨진 일을 나타난 일의 방식으로 드러내신다**고 말입니다. 그러므로 신명기의 이 말씀은

'우리가 나타난 일을 어떻게 행하는가'가 결국 감추어진 일인 하나님의 뜻을 가장 성실하게 잘 행할 수 있는 법임을 가르쳐 주고 있습니다.

대단히 중요한 가르침입니다. 신명기 29장 29절의 말씀은 우리에게 **'하나님께서 선택을 어떤 방식으로 하시는가'를 아는 제일 빠르고 선명한 방법은 '하나님께서 주신 말씀에 순종하며 사는 것'**이라는 점을 선명하게 보여 주고 있습니다. 간단하지 않습니까? "주 예수를 믿으라 그리하면 구원을 얻으리라"라는 말씀 앞에서 사람이 해야 하는 일은 무엇입니까? '어떻게 그 구원이 이루어지게 되는지 순서와 절차를 알려고 노력하는 것'이 우리에게 주어진 일이 아닙니다. 그것은 "감추어진 일"입니다. 하나님께만 속한, 우리에게는 알려지지 않은 일입니다. 그렇다면 우리가 해야 할 일은 "주 예수를 믿으면" 되는 것입니다.

간단합니다. **계명을 준수하면서 사는 삶, 그것이 영원한 생명을 얻는 길입니다.** 보이지 않는 것과 보이는 것은 연결되어 있습니다. 감추어진 것과 나타난 것은 연결되어 있습니다. 그렇다면 우리는 감추어진 일을 호기심으로 알려 하는 것보다 보이는 일에 순종하면 됩니다. 그런데 어리석게도 많은 사람들이 나타나 있는 계명을 준수하지는 않으면서 "영원한 생명을 얻으려면 어떻게 하지?"라고 질문하면서 하나님의 감추어진 일에만 관심을 가집니다. 한 신학자는 이것을 정리하며 이렇게 말했습니다.

> 감추어진 일과 나타난 일 사이의 중요한 구분을 통하여 우리는 중요한 경고를 받는다. 우리는 어떤 일들에 대해서는 그것이 하나님께 속한 것으로 남겨 놓아야 하고, 명백한 언어로 우리와 우리 자손에게 **계시된 이 토라의 모든 말씀을 행하는 일에 우리의 일차적 목적을** 두어야 하는 것이다.[38]

---

38 — 두에인 L. 크리스텐센, 『WBC(Word Biblical Commentary) 성경주석: 신명기(하)』, 정일오 옮김 (서울: 솔로몬, 2007), 463.

12조에서 선택의 확신의 항목들이 가리키는 바

12조가 선택의 확신을 말하는 방식이 바로 이러한 성경의 내용에 기초하고 있습니다. 12조가 선택의 확신을 어떻게 말했습니까?

> 그러나 하나님의 오묘하고 감추어진 것을 호기심으로 꼬치꼬치 캐물음으로써 확신하는 것이 아니라

어떻게 확신을 얻습니까?

> 성경에서 선택하심의 분명한 열매로 가르친 것들, 곧 그리스도에 대한 참된 믿음과 하나님께 대한 어린아이와 같은 경외심, 자신의 죄에 대한 경건한 슬픔, 의에 대하여 주리고 목마른 것 등이 자신들 가운데 있음을 관찰하게 됨으로써

그렇습니다! 우리는 **선택을 눈으로 볼 수 없습니다**. 그리고 말도 안 되긴 하지만, 만약 혹 볼 수 있다 하더라도, 선택을 보는 것은 하나님께서 정하신 뜻이 아닙니다. 하나님께서 선택의 확신을 주시는 방식은 하나님의 오묘한 것을 알려 주시는 것이 아니라는 말입니다. 기이한 깨달음, 영지주의자들의 주장처럼 어떤 빛의 조명을 특별히 따로 받아서, 그렇게 선택의 확신을 얻는 것이 결코 아닙니다. **오히려 선택의 확신이란 '우리가 삶에서 경험하게 되는 삶의 열매들'에서 나타납니다!**

신조는 선택을 확신하게 되는 삶의 열매들을 네 가지로 제시하고 있습니다.

첫째, **"그리스도에 대한 참된 믿음"**입니다. 그리스도에 대한 참된 믿음이 무엇인지는 하이델베르크 교리문답에 잘 설명되어 있습니다.[39] 교리문답이 제시하는 "참된 믿음"은 (하이델베르크 교리문답 7주일에서)

"하나님께서 그의 말씀에서 우리에게 계시하신 모든 것이 진리라고 여기는 확실한 지식"과 "성령께서 복음을 통해 내 마음속에 일으키신 굳은 신뢰"입니다. 그

---

39 — 윤석준, 『하이델베르크 교리문답 설교 1,2,3』(서울: 부흥과 개혁사, 2016)의 제7주일 해설을 참고할 것.

리고 두 번째의 것은 그다음에 보면 "그리스도께서 영원한 의로움과 구원을 나에게도 주신 것"이라고 부가 설명이 붙어 있습니다.

즉 참된 믿음이란, 하나님의 말씀이 참이라는 분명한 고백과 성령께서 나에게도 그리스도의 복음을 통해서 의와 구원을 주셨다는 것을 믿는 것입니다. 우리는 흔히 믿음을 말할 때 '강한 믿음'과 '약한 믿음'만을 이야기합니다. 하지만 신조와 교리문답이 관심을 갖고 있는 것은 "참 믿음이냐?"입니다. '참된 믿음'의 반댓말은 '약한 믿음'이 아니라 '거짓 믿음'입니다.

즉 참된 믿음을 가지고 있더라도, 혹 약하고 부족한 믿음일 수도 있습니다. 그러나 **약한 믿음도 참된 믿음입니다.** 그렇다면 나를 돌아볼 때 "하나님의 말씀이 참이라고 믿고", "나도 그리스도의 공로로 구원함을 얻는다"는 것을 신뢰할 때, 삶에 온통 흔들리는 것들이 존재하더라도 선택을 확신해야 합니다.

둘째는 **"어린아이와 같은 경외"**입니다. 첫째도 그렇고 둘째도 그렇고, 신조는 선택에 대한 확신을 갖기 위해 크고 대단한 것을 요구하지 않습니다. 하나님께서 우리에게 요구하시는 믿음이라는 것은, 또 우리가 선택을 확신하기 위해서 가져야 할 삶의 열매라는 것은, 무언가 대단한 일을 요청하는 것이 아닙니다. 하나님께서 진정으로 바라시는 것은 단지 **그분을 의뢰하는 것**입니다.

선지서에 수많은 이스라엘을 향한 경고들이 있지만, 그 어떤 경고들도 그들이 '과업을 이루지 못했다고 해서' 주어진 것은 없습니다. 경고는 단순합니다. 하나님을 떠났다는 것이지요. 그들이 하나님 대신 다른 신들을 섬기고, 하나님을 없는 것처럼 여겼다는 것입니다. 교회를 처음 다니기 시작하시는 분들이 대부분 실수하는 것도 이것입니다. 하나님께서는 우리에게 무언가 대단한 것을 이해하기를 바라시거나, 공예배에서 기도를 유창하게 잘하는 것을 믿음의 증거로 요구하지 않으십니다. 하나님께서 바라시는 것은 단지 '어린아이와 같은 경외', 곧 아이들이 엄마와 아빠를 바라보고 따르듯이, 그렇게 하나님을 바라보는 것입니다. 무언가 대단한 것을 갖고 있지 않더라도, "어린아이와 같은 경외심"을 가졌다면 우리는 선택을 확신할 수 있다고 신조는 가르쳐 줍니다. 이 사실에 큰 위로를 받으시기 바랍니다.

셋째는 **"죄에 대한 경건한 슬픔"**입니다. 신조가 죄에 대해서 접근을 할 때에도

'죄의 문제 자체'에 주목하지 않음을 주의하십시다. 로마 교회는 고대 교회 때부터 세례를 받은 후에 단 한 번만 죄 사함이 가능하다고 믿기 시작했습니다. 처음에는 좋은 의도였습니다. 세례를 강조하다 보니 세례야말로 진실로 죄를 사하는 방편이라고 믿게 되었는데, 그렇게 말씀이 잘 가르쳐지지 못하는 채로 시간이 흐르다 보니 세례가 죄 사함의 결정적 방법이이라고 믿게 되었습니다. 그러자 세례를 받은 후에 짓는 죄가 문제가 되었습니다. 세례가 인생 전체의 죄와 결부되었음을 잘 가르치면 되었는데, 그게 잘 안 되다 보니 사람들이 세례 이후에 짓는 죄는 사함을 받을 **또 다른 방법이 필요**하다고 생각하게 되었습니다.

그리고 이렇게 "세례 후에는 한 번만 죄 사함을 받는다."라고 하니까 그때에는 자잘한 죄는 포함될 수 없었습니다. 크고 중한 죄만 그렇다고 말하게 된 것이죠. 그리고 이렇게 말하니까 교회 안에 자연스럽게 '대죄'와 '소죄' 간의 구별이 생기게 되었습니다. 물론 성경 안에서도 중하게 다루는 죄들이 있습니다. 그러나 우리는 기본적으로 모든 죄가 다 악하며, 모든 죄가 다 하나님을 노엽게 한다는 것을 고백해야 합니다. 그런데 로마 교회는 이런 식으로 하다 보니 불가피하게 죄를 큰 것과 작은 것으로 나누게 되었습니다.

다시 신조의 셋째 열매를 보시기 바랍니다. 여기에는 **'죄의 경중'에 대한 언급이 없습니다. 신조는 우리가 '얼마나 큰 죄를 지었는지'를 사죄의 판단 기준으로 삼지 않습니다.** 신조는 우리가 선택 가운데 있음을 확신할 수 있는 근거를 큰 죄를 지었느냐 작은 죄를 지었느냐에 두지 않고, **'죄를 슬퍼하는가'**에 두었습니다.

어떻게 자신의 선택을 확신하게 됩니까? 큰 죄를 지으면 선택에서 이탈됩니까? 작은 죄는 선택과 무관합니까? 아닙니다. 둘 다 틀렸습니다. 죄의 경중은 우리의 선택과 관련이 없습니다. 오히려 하나님께서는 우리에게 "네가 죄를 참으로 싫어하고 슬프하느냐?"를 물으십니다. 우리가 선택된 백성임을 무얼 통해 알 수 있습니까? 죄 때문에 고통스러워하는 주의 백성은 선택의 열매를 가진 자들입니다. 왜 그렇습니까? 이 사람은 하나님 앞에서 자신을 볼 줄 아는 사람이기 때문입니다. 단지 죄를 아는 것, 죄책을 아는 것 정도가 아닙니다. **죄는 사탄도 압니다. 하지만 사탄은 죄 때문에 슬퍼하지 않습니다.** 죄 때문에 참된 슬픔을 가지고 있는 사람, 이 사람은 선택의 열매를 삶에 지닌 사람입니다.

마지막 넷째는 **"의에 대하여 주리고 목마른 것"**입니다. **셋째와 넷째는 한 쌍을 이루어 '그리스도인의 성품'을 형성합니다.** 신자는 어떤 사람입니까? 죄를 슬퍼하고 의를 즐거워하는 사람입니다. 그리고 성경의 용어를 따라 여기에 "목마르다"(마 5:6)라는 용어를 사용했음에 주목하십시오. 선택의 확신을 열매로 가진 사람은 의에 대해 주리고 목마른 사람입니다. 즉 **'갈증을 가진 사람'**이죠.

죄에 대한 깨달음을 갖고 하나님에 대한 이해를 가진 사람은 '의에 대한 갈증'을 가지게 됩니다. 의란 하나님의 성품이기 때문에 하나님의 자녀가 되면 의에 대해 갈증이 생기게 됩니다. 하나님의 뜻을 따라 살아가고 싶다는 갈증이 생깁니다. 그래서 하나님의 뜻이 무엇인지 말씀을 통해 더 배워나가고 싶은 갈증이 생깁니다. 하나님의 뜻을 따라 살기 위해 하늘의 도움을 얻기 위해 기도하고픈 갈증이 생깁니다. 하나님의 다스리심이 삶에 구현되고 나타나기를 소망하며 이것을 갈증하게 됩니다.

이 모든 삶의 열매들은 모두 공통적으로 **'우리의 노력에 의해서' 얻는 것이 아니라, '하나님께서 채워 주셔서' 얻는 것들**입니다. 노력한다고 해서 참된 믿음이나 하나님께 대한 경외, 죄에 대한 슬픔, 의에 대한 갈증 같은 것들이 생겨나지 않습니다. 모두 마음의 어떠함, 태도의 어떠함, 사람됨의 어떠함에 대한 것들입니다. 이것은 모두 '하나님께서 형성하시는 것'입니다. 즉 우리는 이것들을 **'증거로' 보아 알 수 있을 뿐,** 내가 취하여 얻는 것은 아닙니다.

그러므로 우리가 이런 것들을 선물로 받아 가지고 있음을 **삶에서 계속해서 확인하고, 선택의 확신에 든든히 서 있도록** 합시다. 아르미니우스주의자들은 선택의 확신을 경멸했습니다. 사람이 결정해야 했고, 뒤에 어떤 일들이 정해져 있다는 것을 받아들일 수 없었기 때문입니다. 하지만 우리는 선택의 확신을 믿습니다. 왜냐하면 우리는 하나님께서 변치 않으시고, 그래서 우리를 새사람으로 빚고 계시며, 이 일을 지속하실 것을 믿기 때문입니다. "우리 속에 착한 일을 시작하신 분께서 그 일을 끝까지 이루실 줄"(빌 1:6) 믿습니다.

제13조 : 선택을 확신하는 것의 가치

이러한 선택을 깨달아 알고 확신하게 되면, 하나님의 자녀는 날마다 하나님 앞에서 자기를 더욱 겸비하게 되고, 그분의 헤아릴 수 없이 깊은 자비하심을 찬양하며, 자기 자신을 더욱 정결케 하고, 그처럼 큰 사랑을 먼저 보이신 주님을 더욱 열렬히 사랑하게 됩니다.[i] 따라서 이러한 선택의 교리나 이 교리에 대한 묵상이 사람들로 하여금 하나님의 계명을 지키는 일에 무관심하게 만들거나 그들에게 거짓된 육신적 안정감을 준다는 비난은 전혀 사실이 아닙니다. 하나님의 의로우신 심판 가운데서, 그러한 일은 오히려 자신이 선택의 은혜를 받았다고 경솔하게 추정하고 게으르면서도 대담하게 큰 말들을 하지만, 정작 선택된 사람의 길을 걷기를 거부하는 사람들에게 일어납니다.

i 레 23:27-32 일곱째 달 열흘날은 속죄일이니 너희는 성회를 열고 스스로 괴롭게 하며 여호와께 화제를 드리고 이 날에는 어떤 일도 하지 말 것은 너희를 위하여 너희 하나님 여호와 앞에 속죄할 속죄일이 됨이니라. 이 날에 스스로 괴롭게 하지 아니하는 자는 그 백성 중에서 끊어질 것이라. 이 날에 누구든지 어떤 일이라도 하는 자는 내가 그의 백성 중에서 멸절시키리니 너희는 아무 일도 하지 말라 이는 너희가 거주하는 각처에서 대대로 지킬 영원한 규례니라. 이는 너희가 쉴 안식일이라 너희는 스스로 괴롭게 하고 이 달 아흐렛날 저녁 곧 그 저녁부터 이튿날 저녁까지 안식을 지킬지니라 / 요일 3:3 주를 향하여 이 소망을 가진 자마다 그의 깨끗하심과 같이 자기를 깨끗하게 하느니라 / 요일 4:19 우리가 사랑함은 그가 먼저 우리를 사랑하셨음이라

● **강해 본문 : 빌립보서 2장 12-13절**

12 그러므로 나의 사랑하는 자들아 너희가 나 있을 때뿐 아니라 더욱 지금 나 없을 때에도 항상 복종하여 두렵고 떨림으로 너희 구원을 이루라 13 너희 안에서 행하시는 이는 하나님이시니 자기의 기쁘신 뜻을 위하여 너희에게 소원을 두고 행하게 하시나니

선택의 확신은 우리를 어떻게 만드는가?

빌 2:12-13

12조에서 우리가 배운 중요한 사실은 **'눈에 보이지 않는 선택'**이 **'눈에 보이는 삶의 부분들'과 밀접하게 연관되어 있다**는 것이었습니다. 그러므로 선택받은 사람은 "하나님의 오묘하고 감추어진 것을 꼬치꼬치 캐묻는 방법"으로써가 아니라 다음을 통해 확신을 얻게 됩니다.

- 그리스도에 대한 참된 믿음
- 하나님께 대한 어린아이와 같은 경외심
- 자신의 죄에 대한 경건한 슬픔
- 의에 대하여 주리고 목마른 것

이것들을 가진 사람들은 선택에 대해 확신을 가져도 됩니다. '보이지 않는 것'이 '보이는 삶의 부분들'로 증거되었기 때문입니다. 물론 이 항목들이 선택의 확신을 위한 '전체 항목'은 아닙니다. 이외에도 우리의 선택을 확신시킬 수 있는 많은 삶의 요소들이 있습니다. 신조는 이것을 잘 알고 있기 때문에 "등"을 붙이고 있습니다. "등"이 붙은 이유는 여기 설명된 열매들이 대표적인 것들일 뿐, 얼마든지 다양한 다른 열매들도 있을 수 있다는 것을 말하기 위해서입니다.

선택의 확신에서 중요한 것은 **'삶의 열매'**입니다. 선택받은 사람, 곧 구원이 있는 사람은 반드시 표시가 나게 되어 있는데, 그 '표시'가 바로 이런 삶의 열매들인 것입니다.

확신과 증거

"확신"을 "증거"와 결부시켜 말하는 것이 바로 이런 것입니다. 신앙에서 우리가 자꾸 실수하는 이유는 선택의 문제를 '보이지 않는 추상의 영역'에만 놓음으로써, 선택을 **모호하고, 알기 어렵고, 확신할 수 없는 문제**로 만들어 버린다는 점입니다. 그래서는 안 됩니다. 선택은 비록 보이지 않는 것이기는 하지만 신자로서 전혀 알 수 없고 확신할 수 없는 종류의 일이 아닙니다. 성경에 나오는 믿음의 인물들은 자신의 선택에 대해 고민하지 않았습니다. '내가 하나님의 백성인가 아닌가'와 같은 문제로 갈등에 빠지지 않았습니다. 왜냐하면 참된 하나님의 백성들에게 선택은 '분명한 일'이기 때문입니다.

제가 생각하기로는, 오늘날 한국 교회 안에, 특히 신앙을 진지하게 생각하는 사람들 중에 유달리 '내가 하나님의 백성인가 아닌가?'라는 물음이 많은 것 같습니다. 그 이유는 신앙을 **'피상적'**으로 배우고, 믿음을 **'추상적인'** 것으로 여기기 때문입니다. **믿음이 증거를 동반한다**는 것을 정확하게 배우고 알고 있으면, 자기가 믿음이 있는지 없는지, 내가 하나님의 자녀인지 아닌지는 그렇게 모호한 문제가 아닙니다.

예를 들어 봅시다. 여러분 중 누구도 자신이 태어나는 장면을 본 사람이 없습니다. 스스로를 볼 수 없기 때문이기도 하고, 혹 신생아가 출생 상황을 거울 같은 걸로 보았다 한들 태어날 때의 상황을 기억할 수 있는 능력을 가진 사람이 아무도 없기 때문이기도 합니다. 결국 세상에 있는 어떤 사람도 자기가 누구에게서 태어났는지, 어떤 경위를 통해 나게 되었는지 '기억해서' 아는 사람은 하나도 없는 것입니다.

그렇지만 누구든지 자기 부모가 누구인지, 자기가 어디에서 태어나서 어떻게 살고 자랐는지에 대해 대부분은 알고 있습니다. 어떻게 압니까? 그리고 어떻게 확신할 수 있습니까? 혹시 이것을 물었을 때 "불투명합니다, 확실히는 알 수 없어요."라고 대답할 사람이 있을까요? 누가 저에게 "윤 목사님, 당신이 부산에서 태어나서 어린 시절을 밀양에서 보냈다고 했는데, 사실 취학 전 일은 기억 못 하시잖아요? 그렇다면 그것이 확실한지 그렇지 않은지 어떻게 알 수 있습니까?" 이렇게 묻는다면 "아, 그렇군요. 제가 기억할 수 있는 일이 아니니까 그건 매우 불확실한 문제로군요." 이렇게 대답하겠습니까?

전혀 그렇지 않습니다. 제가 어디서 누구를 통해 태어났는지, 또 언제 어디서 어떻게 자랐는지는 제가 직접 본 기억이 없어도 저는 잘 알고 있습니다. 여러분도 마찬가지일 겁니다. 그러면 내 기억이 없는데 어떻게 압니까? 다들 부모님을 통해 들어서 아는 일입니다. 명절에 큰집에 가면 친척들이 말해 주는 이야기이기도 합니다. 형제가 많은 분들은 나이 차가 많이 나는 형제자매들을 통해 듣기도 합니다. 그리고 어릴 때부터의 증거들이 있습니다. 산부인과에서 찍힌 사진들이 있고, 부모님들이 아기인 나를 안고 찍은 사진들이 있습니다. 백일이 되었을 때 찍어 놓은 동영상이 있거나, 네 살 때 부모님과 여행을 가서 찍은 색 바랜 앨범 속의 사진들이 있는 것입니다. 그래서 우리는 아무도 여기에 대해 의심하지 않고, 비록 내가 기억이 나는 일은 아니지만, 내가 우리 부모님께 태어나서 어떻게 자랐는지에 대해서 **'잘 알고 있다'**라고 생각하지, '그건 불확실한 일이야'라고 생각하지 않는 것입니다. 기억이 없지만 내 과거는 **불확실하거나 추상적이지 않고 '분명'**합니다.

'선택의 확신'이라는 주제를 같은 방식으로 생각하십시오. **'확신'과 '증거'는 붙어 있습니다.** 우리가 하나님의 자녀로 선택되었다는 증거는 **'보이지 않는 마음의 느낌' 같은 것에** 있지 않습니다. 내가 하나님의 자녀인 것처럼 느끼느냐 하는 데에 선택의 확신이 좌지우지되는 것이 아닙니다. 이런 '느낌'이란 객관적 증거도 아니고, 심지어는 내가 착각하고 있는 것일 수도 있습니다. 내 마음은 자주 변하고 믿을 수 없는 것입니다. 그러므로 이건 '확신'에 걸맞지 않은 방식입니다.

오히려 우리는 훨씬 더 **객관적인 증거를** 필요로 합니다. 나의 유아기가 실제로 존재했었다는 증거로 사진이나 동영상이 있듯이, 우리의 선택도 훨씬 더 객관적인 증거를 필요로 합니다. 객관적인 증거가 무엇입니까? 삶에 **'나타나는'** 것입니다. '드러나는' 것이지요. 우리는 주로 경건주의 풍토 속에서 자라, "내가 예수님을 믿고 구원받은 일은 하나님만 아시는 일이야!"라는 식의 견해에 익숙합니다. 아니요! 그렇지 않습니다. 구원받은 사람은 '나타나게' 되어 있습니다. 믿음은 언제나 증거를 동반합니다. 우리가 변화되었다면 반드시 '변화된 증거'가 나타나게 되어 있습니다.

그 증거들이 바로 우리가 12조에서 배운 것들입니다. "등"이 붙었으니 그것이 전부는 아니지만 '그런 것들'입니다. "그리스도에 대한 참된 믿음", "하나님께 대한 어린아이 같은 경외심", "자신의 죄에 대한 경건한 슬픔", "의에 주리고 목마른 것" 등입니다. 신자라면, 선택받은 하나님의 백성들이라면 반드시 이런 것들을 가지고 있습니다.

비록 살아가다 보면 이 증거들이 부족해져 잠시 멈칫거릴 때가 있는 것은 사실이지만, 그럼에도 신자는 '객관적 증거'로서 이것을 반드시 갖고 있습니다. 그래서 우리의 선택은 이 증거들로 인하여 매우 '분명한' 일입니다.

그래서: 이렇지 않은 사람

그래서 13조에 보면 이렇지 못한 사람에 대한 언급이 뒤에 잠깐 나옵니다.

> 자신이 선택의 은혜를 받았다고 경솔하게 추정하거나, 할 일 없이 뻔뻔스럽게 그러한 이야기들을 하면서도 정작 선택된 사람의 길을 걷기를 거부하는 사람들에게…

그렇습니다. 여러분이 지금 믿음의 길을 걷고 있다면 두려워하거나 걱정하실 필요가 없습니다. 오히려 선택에 대해 걱정해야 할 사람들은 행위에 있어서 전혀 신자로서의 모습이 나타나지 않는 사람들입니다.

교회를 열심히 가면 뭐합니까? 열심히 십일조를 하고 교회에 큰 액수로 건축 헌금을 하면 뭐합니까? 이런 것들은 12조에서 말한 그 '열매들'이 아닙니다. 따라서 이런 세속적이고 세상적인 기준들은 우리 선택의 확신을 위한 열매가 아닙니다. 우리는 주변에서, 특히 큰 교회들에서나 세력을 가진 정치가들 중에서 그런 사람을 많이 봅니다. 국무총리, 당대표, 심지어 대통령이 되더라도 말로만 맨날 "하나님이 어떻고", "은혜가 어떻고" 하지, 실제 삶은 성경이 가르치는 삶과 정반대의 삶을 사는 사람들이 있습니다. 신조는 이런 사람들을 지칭하고 있습니다.

> 선택의 은혜를 받았다고 경솔하게 추정하며 뻔뻔하게 나는 그렇다고 이야기를 하
> 지만 정작 선택된 자로서의 길을 걷기를 거부하는 사람들

이런 사람들은 선택받은 자라고 할 수 없습니다. 비록 우리가 특정 사람을 지칭하면서 "당신은 선택받지 않았어!"라고 말을 할 수는 없는 문제이지만(우리에게는 그런 권한이 주어지지 않았다) 분명히 큰 범주에서는 그렇게 말할 수 있습니다. 그러니 **선택의 문제를 눈에 보이지 않는 추상적인 문제로 보지 마십시오.** 택자들은 언제나 삶에서 그 증거가 나타납니다! 하나님의 자녀들은 반드시 삶에서 그 독특성이 드러납니다!

야고보서가 "행함이 없는 믿음은 죽은 것이라"(약 2:17)라고 말할 때 그때의 "죽은 믿음"이란 '믿음의 한 범주'가 아닙니다. 믿음에는 '산 믿음'과 '죽은 믿음'이 있고, '활력 있는 믿음'과 '활력 없는 믿음'이 있고, '역사하는 믿음'과 '역사하지 않는 믿음'이 있는 것이 아닙니다! **믿음은 언제나 살아 있고 활력이 있어 사람을 변화시키고 역사합니다!** 그래서 야고보서가 말하는 "죽은 믿음"이란 '믿음의 한 범주'(약하고 부실한)가 아니라 **'믿음이 아닌 것'**을 의미하는 말입니다.

믿음은 항상 이런 '**나타나는**' 속성을 갖고 있기 때문에, 비록 우리가 섣불리 누군가를 두고 "저 사람은 선택받았어요, 저 사람은 아니에요."라는 식으로 말할 수는 없더라도, "선택이란 모호해."라고 하거나 "선택이란 알 수 없어." 혹은 "선택이란 확신이 불가능한 문제야."라고 말해서는 안 되는 것입니다.

선택은 분명히 증거가 있습니다. 따라서 우리는 확신할 수 있으며, 이 증거 때문에 분명히 판단할 수 있는 종류의 문제입니다. 만약 이런 것이 없다면 성경은 절대로 어떤 사람들을 향하여 "신실하다"라고 하거나 "완전하다"라고 하거나 "경건하다"라고 말할 수 없을 것입니다. 이런 단어들은 모두 '믿음의 사람들'에게 쓰는 말이니까요. 만약 확신이 불가능하다면 그 사람들을 향하여 **"신실할 수도 있는 사람"**, **"완전할 수도 있는 사람"**, **"경건할 수도 있는 사람"**이라고 했어야 할 것입니다. 하지만 성경은 단호합니다. 성경은 분명히 '믿음의 사람들'을 말하고 있습니다.

확신이 신자를 게으름으로 이끌지 않는다

그런데 아르미니우스주의자들은 참 신자들의 '선택의 확신'에 대해 말하자 이에 반발했습니다. 그리고 그들은 이렇게 말했습니다.

> "선택의 확신은 신자를 게으름으로 이끈다!
> 자기가 선택되었음을 확신한다면 신자는 결코 성실하게 살지 않게 될 것이다!
> 천국이 따논 당상이라면 이 세상에서는 온갖 쾌락과 타락을 일삼으며
> 살아도 되는 것이 아닌가!"

이에 대해 우리 선배들은 잘 대답했습니다.

> 선택은 신자를 게으른 방향으로 이끌지 않는다. 왜냐하면 선택은 신자를 올바른 방향으로 인도하기 때문이다. 그에게는 '변화'가 일어난다. 따라서 선택을 확신하게 되면 게을러질 것이라는 주장은 거짓이다.

이 논지의 이상한 점

아르미니우스주의자들이 주장하는 명제를 숙고해 보십시오. 여기에는 논리적으로 이상한 점이 있습니다. 우리가 이제까지 살펴온 바에 의하면 아르미니우스주의자들은 사람에 대해 **낙관적 견해**를 갖고 있는 사람들입니다. 이들은 사람이 전적으로 타락하지 않았다고 믿으며, 특히 사람 속에 있는 의지의 부분에 있어서는 전적 타락이 일어나지 않았다고 믿습니다. 자유의지라는 것은 심지어 하나님마저도 침해할 수 없는 부분으로서, 만일 사람의 의지 속에 하나님의 말씀을 듣고 돌이킬 수 있는 어떠함이 없이 완전히 타락해 버렸다면 구원 자체가 불가능하기 때문에, 사람 속에는 언제나 완전히 타락하지 않은 부분이 있어야만 한다고 주장하는 사람들입니다. 결국 아르미니우스주의자들은 인간에 대해 대단히 '긍정적인 견해'를 가진 사람들입니다.

반면 도르트 신조를 만든 우리 선조들과 지금 여기 우리는 사람의 완전한 타락을 믿는, 곧 사람에 대해 **비관적 견해**를 갖고 있는 사람들입니다. 우리는 사람이 '완전히' 부패했다고 믿으며, 따라서 사람의 어떤 구석에도 전혀 하나님을 붙들 선함이 남아 있지 않다고 믿는, 스스로에 대하여 완전한 불신을 가지고 있는 사람들입니다. 우리는 인간에 대해 '부정적인 견해'를 갖고 있습니다.

그러면 이 둘을 비교해 볼 때 참 이상하지 않습니까? 얼핏 생각해 보면 아르미니우스주의자들은 사람에 대해 낙관적 견해를 갖고 있고, 반면 도르트의 선배들은 사람에 대해 비관적 견해를 갖고 있으니까, 결국 종국적으로 사람이 무언가를 '할 수 있을' 거란 이야기는 **아르미니우스주의자들이 해야 할 것** 같지 않습니까? 도르트의 선배들과 우리는 "우리는 아무것도 못 해!"라고 이야기해야 할 것 같지 않습니까? 말하자면 13조의 앞부분에 나오는 이야기는 우리가 아니라 아르미니우스주의자들이 해야 하는 이야기 같습니다.

> 하나님의 자녀는 날마다 하나님 앞에서 자기를 더욱 겸비하게 되고, 그분의 깊은 자비하심을 더욱 찬양하며, 스스로 자기 자신을 더욱 정결케 하고, 그처럼 큰 사랑을 먼저 보이신 주님을 더욱 열렬히 사랑하게 된다.

이것은 누가 보더라도 사람에 대한 '긍정적인' 주장입니다. 이런 사람에 대한 긍정적인 주장이야말로 아르미니우스주의자들의 것이어야 할 것 같지 않습니까? 고대 교회의 펠라기우스로부터 중세 신학의 전반, 그리고 도르트 시대의 아르미니우스에 이르기까지 이런 자들이 항상 이야기해 왔던 것은 **'능동적 인간', '긍정적 인간', '무언가를 할 수 있는 가능성이 있는 인간'**입니다. 바로 그들이야말로 "사람이 무언가를 할 수 있다!"라고 늘 말해 왔던 이들입니다. 반면 그들의 반대편에 서 있었던 아우구스티누스나 칼뱅, 그리고 도르트 시대의 개혁주의 진영에 있었던 우리의 선배들은 항상 인간이란 완전히 썩어 부패하고 타락하여 아무것도 할 수 없는 이들이라고 말해 왔습니다. 그렇다면 위와 같은 주장이야말로 아르미니우스주의자들의 주장이어야 할 것 같지 않습니까?

그런데도 참 희한한 것은, 선택의 문제를 말할 때 펠라기우스도, 중세 신학도,

아르미니우스주의자들도 모두 **"선택을 확신할 수 있다고 말하면 신자가 게을러지고 나태해진다."**라고 말했다는 것입니다. 펠라기우스가 당시 로마의 방탕한 삶을 두고 탄식했다는 것은 아주 유명한 이야기입니다. 이상하지요! 왜 이럴까요? 왜 이들은 도리어 사람에 대해 '부정적인' 입장을 갖고 있는 것일까요? 반면 실제 인간에 대해 '부정적인' 견해를 가지고 있던 도르트의 선배들은 어떻게 사람이 이렇게 아름다운 모습을 가질 수 있다고 말한 것일까요? 왜 인간을 긍정하는 아르미니우스주의의 입장에서는 "선택을 확신하면 나태해진다."라고 주장하고, 인간을 부정하는 도르트의 선배들의 입장에서는 "선택을 확신하게 되면 이런 아름다운 열매들이 맺어진다."라고 주장한 것일까요? 이 '논리적 귀결과는 반대되어 보이는 현상'은 왜 있는 것입니까? 이 둘의 차이는 어디에서 오는 것입니까?

우리가 아니라 성령님께서 행할 수 있게 하시는 것

결국 이 관점의 차이는 오직 한 가지에서 옵니다. **아르미니우스주의자들은 '사람'**을 보았고, **도르트의 선배들은 '하나님'**을 보았기 때문입니다.

● 아르미니우스주의자들

아르미니우스주의자들은 '사람'을 보았기 때문에, 사람을 긍정하고 그의 속에 선을 향한 가능성이 있다고 주장하였습니다. 하지만 제아무리 그렇게 주장하였어도, 종국적으로는 결코 그 사람이 그 길로 '계속해서 걸어갈 수 있을 것이라고'는 믿을 수가 없었습니다. 사람이 얼마나 결정적이지 않은지를 그들도 잘 알았기 때문입니다.

여기에 **'대단한 아이러니'**가 나옵니다! 중세를 지배한 사상을 생각해 보십시오. 중세야말로 이 반펠라기우스주의, 17세기의 아르미니우스주의와 거의 유사한 사상이 지배했던 세계였습니다. **'공로주의', '신인 협력주의'**, 곧 하나님께서 하시는 일에 '사람이 무언가를 보태야만 한다는' 생각이 지배했던 세계였습니다.

그러나 이렇게 중세가 1,000년을 가르친 '결과'가 무엇이었습니까? 중세 1,000년이 '사람의 가능성'을 끊임없이 가르친 결과가 무엇이었습니까? **아무도 천국에 갈 수 없다는 것이었습니다!** 아무도 즉시로는 천국에 갈 수가 없어서, 극도로 고매했던 소수의 위인들을 빼고는 범인(凡人)들이라면 그 누구라도 대부분 연옥에서 수천 년, 수만 년을 반드시 머물러야 한다는 것이 상식이 되어 버린 세계가 되었습니다! 실제로 면죄부를 팔던 중세 말기, 루터가 살던 시기에는 **아무도 자기가 죽어서 천국에 갈 수 있을 것이라고 기대하지 않았습니다!**

왜 이런 결과가 발생했을까요? 그 단초, 그 시작이 바로 여기에 있습니다. '사람이 할 수 있다'는 교리! 바로 여기에 시작이 있습니다. 사람이 어느 정도 기여할 수 있다고 해 버리니까, 사람에 대해 긍정적이고 능동적인 입장을 가져 버리니까, 아무도 자기를 들여다보고서는 천국에 갈 수 있다고 **자신할 수 없게** 되어 버린 것입니다. 이것이 '사람을 긍정적으로 바라보는 시각'의 결론이요 마지막입니다!

그렇습니다. 아르미니우스주의는 사람에게 가능성이 있다고 말하지만, 실은 속사람으로는 사람이 전혀 그런 가능성이 없는 존재라는 것을 스스로도 잘 알았습니다. 그래서 선택의 확신이라는 '다 잡아 버린 토끼'를 쥐 버리면, 사람은 **반드시 제멋대로 가 버릴 것**이라고 생각했습니다. 그들은 사람에 대해 '낙관적' 견해를 가졌었지만, 결국 사람은 믿을 수 없는 존재요 바르게 설 수 없는 존재라는 것**을 스스로도 잘 알았던 것**입니다.

● **도르트의 선배들**
하지만 우리 선배들은 어떠했습니까?

죄를 더 많이 말할수록 우리는 더 자유하게 된다!

놀라운 사실입니다! 우리가 착각하는 것 중 하나는 아르미니우스주의자들처럼 죄를 적게 말하면 인간의 위상이 더 올라갈 것같이 여기는 것입니다. 하지만 실제로는 그 반대입니다. 죄를 더 많이 말할수록 **우리 스스로에게 우리의 어떠함이** 놓이지 않고 **오직 구원이 하나님과 그리스도로부터만 말미암는다는 사실이 강력해지기 때문에,** 사람의 의로워짐에 대해 더 강하게 말할 수 있게 됩니다! 기막힌 역설이지 않습니까?

불안한 인간으로서 우리는, 내가 무언가를 할 수 있다고 말하면 말할수록 실제로는 더 많이 실수하고 나락으로 떨어질 **불안이 커집니다.** 그러나 나는 아무것도 할 수 없고 오직 주님만 하신다고 말하는 사람은 **완전히 자유하게 됩니다.** 오로지 구원이 주께만 있고 내게는 아무런 근거가 없기 때문에, 오히려 우리는 더욱 강력하게 13조처럼 말할 수 있게 되는 것입니다.

> 우리는 거룩해질 수 있습니다!
> 우리는 하나님 앞에서 더욱 겸비하게 됩니다!
> 우리는 그분의 자비를 더욱 찬양할 수 있게 됩니다!
> 우리는 스스로를 정결하게 할 수 있습니다!
> 우리는 하나님과 그리스도를 사랑할 수 있습니다!

이렇게 말할 수 있게 되는 동력이 어디에 있습니까? **내가 하지 않는다는 것을** 알게 되었기 때문입니다. 내 삶이란 내가 아등바등해서 잡는 것이 아니라 성부께서, 성자께서, 성령께서 우리를 운동장으로 삼아 **그분의 어떠하심을 펼치시는 것**이라고 믿게 되는 순간, 우리는 완전히 자유로워집니다! "이제는 할 수 있습니다!"라고 말할 수 있게 됩니다. 이 비교를 깊이 묵상해 봅시다.

> 인간을 추켜세웠더니 인간을 멸시하게 되었다.
> 인간을 땅바닥에 내려놓았더니 하나님께서 인간을 드높여 주셨다.

빌립보서 2장의 가르침

빌립보서 2장은 우리에게 **"구원을 이루라"**라고 말하는 유명한 구절이 있는 장입니다. 그런데 여기에서 주의해야 할 점은 12절과 13절을 '함께 읽어야' 한다는 점입니다.

> 그러므로 나의 사랑하는 자들아 너희가 나 있을 때뿐 아니라 더욱 지금 나 없을 때
> 에도 항상 복종하여 두렵고 떨림으로 너희 **구원을 이루라**(12절)

너희 안에서 행하시는 이는 하나님이시니 자기의 기쁘신 뜻을 위하여 너희에게 소원을 두고 행하게 하시나니(13절)

12절은 명령을, 13절은 그 명령의 근거를 말하고 있습니다.

① 12절은 먼저 "두렵고 떨림으로 너희 구원을 이루라!"라고 명령합니다.

구원은 우리가 이루는 것이 아닙니다. 구원은 언제나 하나님께서 이루시는 일이고, 우리는 구원에 전혀 기여할 수 없습니다. 그렇다면 여기 12절의 이 말씀은 "구원이 나한테 달려 있다."라는 의미는 아닐 것입니다. 이 구절의 의미를 이해하기 위해서는 로이드 존스(Martyn Lloyk-Jones, 1899-1981) 목사님의 비유가 매우 적절한 것 같습니다.

> "나는 포도나무요 너희는 가지라"라는 말씀을 그들은 오해하여, 가지는 아무 일도 하지 않으며 일은 전적으로 나무가 한다는 의미로 해석합니다. 하지만 그것은 분명 우리 주님의 묘사를 크게 오해한 것입니다. 나무의 가지는 아무 활동도 하지 않는 것이 아닙니다. 그것은 움직이지 못하며 안에 아무 생명도 없는 빈 튜브와는 다릅니다. 가지는 생명으로 가득 차 있습니다. 물론 가지는 나무로부터 올라오는 수액을 받지 않으면 아무것도 할 수 없습니다. 그렇습니다. 그것이 꼭 필요합니다. 하지만 수액이 공급되면 가지는 활력과 생명으로 가득 찹니다. 가지는 공기로부터 뭔가를 끌어들이고 되돌려 보냅니다. 가지와 잎사귀 하나하나는 대단히 활동적입니다.[40]

구원은 전적으로 수액의 근원 되시는 하나님께서 하시는 일입니다. 하지만 그것을 받은 우리는 **아무것도 하지 않는 것이 아닙니다.** 지난 조항에서도 베드로전서를 통해 "선택의 확신을 굳게 하라"라는 말씀을 들었는데, 빌립보서의 말씀 역시 마찬가지입니다.

우리에게는 '명령'이 주어졌습니다. 곧 '구원을 완수하라는 명령'입니다. 당연

---

40 — 로이드 존스, 『성령 하나님과 놀라운 구원: 로이드 존스 교리 강좌 시리즈 2 - 성령론, 구원론』, 346.

히 우리가 구원을 '이룰 수'는 없습니다. 하지만 하나님께서 이렇게 명령하신 이유는 우리가 "두렵고 떨림으로" 살아가는 것이야말로 **수액으로부터 생명을 공급받은 가지와 잎사귀가 그 생명을 발산하고 있다는 증거**이기 때문입니다! 우리가 구원을 얻었다면(궁극적 구원/중생) 이렇게 구원의 능력을 발산하면서 살아가야 합니다(이루어 가는 구원/성화). 빌립보서의 "구원을 이루라"라는 명령은 바로 이러한 의미입니다.

② 그래서 13절은 12절에 덧붙여 다음을 말씀합니다.

> 너희 안에서 행하시는 이는 하나님이시니, 자기의 기쁘신 뜻을 위하여 너희에게 소원을 두고 행하게 하시나니

원문에서 이 말씀은 **"왜냐하면"**으로 시작합니다. 그렇다면 13절은 12절의 이유 구문입니다. 12절 말씀은 우리에게 "두렵고 떨림으로 너희의 구원을 이루어 가라"고 명령했습니다. 하지만 13절은 이어서 이렇게 말씀합니다. 원문의 순서를 살려 번역해 보면 "하나님의 기쁘신 뜻을 위해"가 제일 뒤에 있고 중간에 '의지'와 '행위'가 나타나 있습니다. 차례대로 써 보면 다음과 같습니다.

> 왜냐하면
> 하나님께서 너희 안에서 행하시기 때문이다.
> 의지… 행위…
> 기쁘신 뜻을 위해서

의지와 행위 부분이 우리말 번역으로는 **"소원"**을 두고 **"행하게"** 하신다입니다. 이 부분은 영어로 보면 더 쉽습니다. "to will"과 "to do"입니다. 즉 우리가 두렵고 떨림으로 구원을 이룰 수 있는 이유는, **우리 안에서 하나님께서 자신의 뜻을 이루시기 위하여 우리에게 '의지'도 주시고 '행함'도 주시기 때문**입니다.

그렇습니다. 빌립보서는 이 서신의 첫머리를 이렇게 시작합니다.

너희 속에 착한 일을 시작하신 이가 그리스도 예수의 날까지 이루실 줄을 우리가
확신하노라_빌 1:6

바울 사도는 어떻게 "너희", 곧 빌립보 교회가 그들 속에 시작된 "착한 일"을
지속하게 될 것을 **"확신"할 수 있었을까요?** 사실 확신이란 대단히 위험한 것이 아
닙니까? 우리는 '확신'했지만 그렇게 되지 않은 인생 경험을 많이 갖고 있습니다.
그렇다면 바울이 성경에 이렇게 말하는 것은 '대단히 섣부른' 행동이 아닙니까?
우리는 주변에서 확신을 갖고 말하기를 즐겨하는 이들을 간혹 보게 되는데, 이런
사람들은 허풍쟁이인 경우가 대부분입니다. 그러면 바울 사도는 허풍쟁이였습니
까? 하나님의 이름을 빌미로 아무렇게나 공수표를 날려 놓고 "안 되면 그만"이라
말하는 사람이었습니까? 그럴 수 없습니다. 빌립보서는 사도의 낙서장이 아니라
하나님의 말씀이니까요!

결국 바울이 이렇게 '확신'할 수 있었던 이유는 '그것이 정답이었기 때문'입니
다. 그리고 **"너희 속에 착한 일을 시작하신 이가"** 하실 것이기 때문입니다. 빌립보
교회 성도들 스스로가 이 착한 일을 이루어 가는 주체였다면 아마도 바울 사도는
"그래, 기특하긴 하지만 너희들이 정말 끝까지 갈는지 알 순 없어."라고 했겠지
요. 하지만 사도는 그 일을 시작하신 분이 "하나님"이시므로 그 끝도 분명할 것이
라고 확신할 수 있었던 것입니다.

2장 13절도 마찬가지입니다. 우리에게 "너희 구원을 이루라"라고 명령하신 사
도께서는 곧바로 이어서 이렇게 말씀합니다.

> 너희 안에 행하시는 분은 하나님이시다. 그분은 자신의 기쁘신 뜻을 이루시기 위하
> 여 너희에게 의지도 주시고 행함도 주신다.

우리는 스스로 보기에도 참 연약하고 비참합니다. 그러므로 인생에 대해 무언
가를 확신하는 일은 우리에게는 사치 같습니다. 이런 관점에서 생각해 보면 아르
미니우스주의자들의 확신은 매우 적합합니다.

"선택의 확신에 대해서 가르치지 마! 그렇잖아도 변변찮은 것들인데 죽어서 반드시 천국에 간다고 가르치면 얼마나 타락하고 얼마나 부패하겠어!"

맞습니다. 우리는 정말 그런 사람들 같습니다. 그러나 우리 믿음의 선배들, 도르트의 선배들은 **용감하게** 이렇게 고백했습니다.

그들은 날마다 더욱 하나님 앞에서 겸비하게 될 것입니다. 그들은 날마다 더욱 그분의 깊은 자비하심을 찬양하게 될 것입니다. 그들은 스스로 자기를 더욱 정결케 하게 될 것입니다. 그들은 이렇게 큰 사랑을 보이신 주님을 더욱 더욱 열렬히 사랑하게 될 것입니다.

인간의 부패를 누구보다 더 절감했던 이 도르트의 선배들이 무엇 때문에 이렇게 인생에 대한 '낙관주의적인' 발언을 할 수 있었던 것입니까? **자신에 대해 더 많이 절망하고 자신의 부패에 대해 더 깊이 통감할수록** 우리에게는 도무지 소망이 없기 때문에, 우리 속에서 착한 일을 시작하신 분의 그 강하신 손을 의지할 수밖에 없게 되리라는 것을 우리 신앙의 선배들은 깊이깊이 고백했던 것입니다.

그러므로 **선택의 불확실성 속에서 불안해하지 마십시오.** 안식은 내가 노력해서 쟁취하는 것이 아니라 그리스도께서 주시는 것입니다. 그리고 이 안식을 주신 그리스도께서는 나에게 이 험한 세상을 살아갈 때 우리가 더욱 겸비하여 하나님을 사랑하며 살아갈 수 있도록, 즉 이 착한 일을 지속하며 살 수 있도록 우리에게 '**의지**'도 '**행함**'도 함께 주시는 분입니다.

우리는 '확신을 가진 사람들'이지, '불안에 떨고 있는 사람들'이 아닙니다. 이 평강을 모두 소유한 주 예수 그리스도의 사랑받는 성도로 서도록 합시다.

제14조 : 선택의 교리를 어떻게 가르칠 것인가?

하나님의 선택이라는 이 교리는 그분의 지극히 지혜로운 작정을 따라서, 구약 시대부터 신약 시대에 이르기까지 선지자들, 그리스도 자신, 그리고 사도들에 의하여 전파되었고, 이후로는 하나님께서 그 전한 내용이 성경에 기록되게 하셨습니다. 따라서 오늘날에도 이 교리를 하나님의 교회, 곧 이 교리의 특별한 대상인 교회에서 가르쳐야 합니다.[i] 적절한 때와 장소에서 가르치되 지극히 높으신 분의 길을 호기심으로 캐묻는 것이 아니라 분별력을 가지고서 경건하고 거룩한 방식으로 해야 하며, 하나님의 지극히 거룩하신 이름에 영광이 되고 그분의 백성에게는 살아 있는 위로가 되도록 해야 할 것입니다.[ii]

---

i 행 20:27 이는 내가 꺼리지 않고 하나님의 뜻을 다 여러분에게 전하였음이라 / 욥 36:23-26 누가 그를 위하여 그의 길을 정하였느냐 누가 말하기를 주께서 불의를 행하셨나이다 할 수 있으랴. 하나님께서 하신 일을 기억하고 높이라 잊지 말지니라 인생이 그의 일을 찬송하였느니라. 그의 일을 모든 사람이 우러러보나니 먼 데서도 보느니라. 하나님은 높으시니 우리가 그를 알 수 없고 그의 햇수를 헤아릴 수 없느니라

ii 롬 11:33 깊도다 하나님의 지혜와 지식의 풍성함이여, 그의 판단은 헤아리지 못할 것이며 그의 길은 찾지 못할 것이로다 / 롬 12:3 내게 주신 은혜로 말미암아 너희 각 사람에게 말하노니 마땅히 생각할 그 이상의 생각을 품지 말고 오직 하나님께서 각 사람에게 나누어 주신 믿음의 분량대로 지혜롭게 생각하라 / 고전 4:6 형제들아 내가 너희를 위하여 이 일에 나와 아볼로를 들어서 본을 보였으니 이는 너희로 하여금 기록된 말씀 밖으로 넘어가지 말라 한 것을 우리에게서 배워 서로 대적하여 교만한 마음을 가지지 말게 하려 함이라 / 히 6:17-18 하나님은 약속을 기업으로 받는 자들에게 그 뜻이 변하지 아니함을 충분히 나타내시려고 그 일을 맹세로 보증하셨나니 이는 하나님이 거짓말을 하실 수 없는 이 두 가지 변하지 못할 사실로 말미암아 앞에 있는 소망을 얻으려고 피난처를 찾은 우리에게 큰 안위를 받게 하려 하심이라

● **강해 본문 : 신명기 7장 1-11절**

1 네 하나님 여호와께서 너를 인도하사 네가 가서 차지할 땅으로 들이시고 네 앞에서 여러 민족 헷 족속과 기르가스 족속과 아모리 족속과 가나안 족속과 브리스 족속과 히위 족속과 여부스 족속 곧 너보다 많고 힘이 센 일곱 족속을 쫓아내실 때에 2 네 하나님 여호와께서 그들을 네게 넘겨 네게 치게 하시리니 그 때에 너는 그들을 진멸할 것이라 그들과 어떤 언약도 하지 말 것이요 그들을 불쌍히 여기지도 말 것이며 3 또 그들과 혼인하지도 말지니 네 딸을 그들의 아들에게 주지 말 것이요 그들의 딸도 네 며느리로 삼지 말 것은 4 그가 네 아들을 유혹하여 그가 여호와를 떠나고 다른 신들을 섬기게 하므로 여호와께서 너희에게 진노하사 갑자기 너희를 멸하실 것임이니라 5 오직 너희가 그들에게 행할 것은 이러하니 그들의 제단을 헐며 주상을 깨뜨리며 아세라 목상을 찍으며 조각한 우상들을 불사를 것이니라 6 너는 여호와 네 하나님의 성민이라 네 하나님 여호와께서 지상 만민 중에서 너를 자기 기업의 백성으로 택하셨나니 7 여호와께서 너희를 기뻐하시고 너희를 택하심은 너희가 다른 민족보다 수효가 많기 때문이 아니라 너희는 오히려 모든 민족 중에 가장 적으니라 8 여호와께서 다만 너희를 사랑하심으로 말미암아, 또는 너희의 조상들에게 하신 맹세를 지키려 하심으로 말미암아 자기의 권능의 손으로 너희를 인도하여 내시되 너희를 그 종 되었던 집에서 애굽 왕 바로의 손에서 속량하셨나니 9 그런즉 너는 알라 오직 네 하나님 여호와는 하나님이시요 신실하신 하나님이시라 그를 사랑하고

그의 계명을 지키는 자에게는 천 대까지 그의 언약을 이행하시며 인애를 베푸시되 10 그를 미워하는 자에게는 당장에 보응하여 멸하시나니 여호와는 자기를 미워하는 자에게 지체하지 아니하시고 당장에 그에게 보응하시느니라 11 그런즉 너는 오늘 내가 네게 명하는 명령과 규례와 법도를 지켜 행할지니라

이 교리를 가르치는 목적

신 7:1-11

창세기를 설교하면서 배우게 된 사실 중 하나는, 하나님께서는 창세기 전체의 내용에서 파편적으로 움직이지 않으시고, 또 이것을 기록하는 방식도 매우 질서 정연하다는 점입니다. 하나님께서 아브라함, 이삭, 야곱, 요셉과 같은 족장들을 세우신 것은 단지 역사상에 위대한 어떤 사람들을 여기저기 드문드문 세워 놓으신 것이 아니라, 하나님을 왕으로 모시는 신정 왕국이라는 목표를 향해 구속사적 단계 아래에서 차근차근히 하신 것입니다. 하나님께서 왕으로 다스리시는 나라를 구현하시기 위하여 **백성들**, 곧 신민이 필요하셨고, 또 그들이 구성되었을 때 영토, 곧 **땅이** 필요했습니다. 하나님께서는 이 일을 위하여 아브라함을 세우셔서 **큰 민족에** 대한 언약과 **땅에** 대한 언약을 주셨는데, 이것을 아브라함에게만 주신 것이 아니라 이삭과 야곱과 요셉으로 이어 가면서 서서히 이루어 가셨습니다. 요셉이 창세기의 마지막 족장으로서 하는 일은 큰 민족의 마지막 기둥을 세우는 일이었습니다.

창세기를 배워 보면, 하나님께서 하시는 일이 마치 미리 잘 계획되어 있고 설계도가 잘 그려져 있는 **건축물을 세우는 것** 같이 생각될 것입니다. 성경의 배치는 여기저기 아무렇게나 쓰여 있는 것이 아니라 굉장히 잘 정돈된, 그래서 각 부분마다 각각의 적합한 위치들에 정확하게 맞물려 있는 거대한 기계를 보는 것 같은 그런 기분입니다.

선택 교리의 두 가지 목적

하나님께서 이루어 가시는 이러한 세계를 배우면 배울수록 우리는 조금씩 성숙하게 됩니다. 하나님께서 무엇을 하시려는지를 깨닫고, 그 하나님의 뜻에 맞추어 살아가려고 노력하게 됩니다. 성경을 잘 이해하지 못하던 때에는 그저 내 복이 어떻고, 내 건강이 어떻고, 일신상의 사업이나 재물 운이 어떻고 하는 기복적이고 종교적인 신앙을 추구하며 살아가지만, 하나님의 뜻을 배워 가고 알아 가면 알아 갈수록 하나님의 뜻의 기이함을 깨닫게 되고, 그래서 그분의 뜻을 추구하며 살아 가게 되고, 또 그 뜻을 깨달을수록 감탄하고 놀라면서 살아가게 되는 것입니다.

이런 종류의 삶, 그리고 이런 종류의 하나님 이해에서 가장 핵심에 위치해야 하는 가치관은 '**하나님께서 행하시는 일의 목적**'이라는 개념입니다. 하나님께서는 아무렇게나 행동하지 않으십니다. 하나님은 일관된 뜻을 가지고 계시고, 그 뜻을 위하여 계획하시고 일하십니다. 하나님께서는 대충 낮잠을 자다가 일어나서 생각나는 대로 적당히 역사를 움직여 가지 않으십니다. 그분은 당신께서 원하시는 뜻, 이루시려고 하시는 방향을 정확하게 가지고서 일하십니다. 따라서 신자로 선다는 것은 **우리의 주군**(主君) **되시는 이 하나님의 뜻을 정확하게 이해하고 그 목적의 방향을 잘 알아서 그분의 뜻을 따라 살아가려고 하는 삶**을 말하는 것입니다.

도르트 신조 첫째 교리의 '선택'이라는 주제를 이와 같이 생각해 보십시오. 하나님께서는 우리를 선택하셨고 또 그 선택을 알려주셨습니다. **선택을 하신 것**에도 목적이 있고 **선택하신 것을 알려주신 것**에도 목적이 있습니다. 왜 선택하셨을까요? 왜 선택을 알려 주셨습니까? 하나님께서는 이 선택을 통해서 무엇을 도모하셨나요? 목적이 무엇입니까?

방금 말씀드린 창세기의 예에서는 하나님께서 이 창세기의 시절부터 하나님 나라를 이루시기 위해 언약을 주시고 언약을 이루어 가시는 과정을 볼 수 있었습니다. 그렇다면 선택에서는 어떨까요? 선택의 목적은 무엇입니까? 또 이 선택을 숨겨 놓지만 않으시고 알려도 주셨는데, 선택을 알려 주심으로써 우리에게 도모하신 목적은 무엇입니까? 14조는 **선택의 목적**을 크게 두 가지로 이야기합니다.

하나님의 지극히 거룩하신 이름에 영광이 되고,

그분의 백성에게는 살아 있는 위로가 되도록 해야 할 것입니다.

이 대답은 "선택 교리를 어떻게 가르쳐야 하는가?"라는 질문에서 나왔습니다. 선택 교리를 가르치는 것을 통해서 무슨 일이 이루어지도록 해야 할 것인가에 대한 대답입니다. 그 대답이 두 가지로 정리되었습니다. 선택 교리는 **첫째, 하나님의 이름에 영광**이 됩니다. 그리고 **둘째, 그분의 백성에게 살아 있는 위로**가 됩니다.

어떻게 이것들을 이루게 되는가?

선택의 목적이 '하나님의 영광'이요 '우리의 위로'라고 하니 어떤 분들은 '아! 그렇구나!' 하고 깨닫는 분도 계시겠지만, 또 어떻게 보면 이 대답은 매우 **'그저 그런' 대답**이기도 합니다. 지극히 맞는 말이기는 하지만 너무 당연해서 별반 새롭지는 않기 때문입니다. 아마 지금 이 글을 읽고 있는 독자들 중에서도 "이 교리를 가르치는 목적이 뭘까?"라고 궁금했다가도, 정작 신조의 대답을 듣고 나서 '아, 뭐 그렇네. 당연한 얘기지.'라고 생각한 분들이 있으실 것입니다.

하지만 우리는 이런 문제들을 접할 때 **섬세하고 구체적이지 않아서 '아는 것처럼' 보이는 것뿐일 수도 있음을** 생각해야 합니다. 이 두 가지 목적은 지극히 당연한 것처럼 보이지만, 그래서 많은 사람들이 '알고 있다'고 여기지만, 실제로는 "구체적으로 그것이 무엇을 의미하는가?"를 물으면 모르는 경우가 많습니다. "하나님의 영광을 위해서"라고 하면 "그래, 뭐 익숙한 이야기야."라고 할 수 있어도, 사실은 **무얼 어떻게 하는 것이 하나님의 영광을 위한 일인지**는 잘 모른다는 말입니다.

이 주제들을 좀 더 섬세하게 이해해 보도록 합시다. "하나님께 영광이 되고", "우리에게는 위로가 된다"라는 이 두 가지 선택 교리를 가르치는 목적이 **구체적으로 무엇을 의미하는지** 성경 말씀을 통해서 살펴보도록 하겠습니다.

첫째, 신명기 7장의 말씀에서

먼저 살필 본문은 신명기 7장 말씀입니다. 하나님께서는 6장부터 이스라엘이 가나안 땅에 들어갔을 때 무엇을 어떻게 해야 했는지를 말씀해 주셨습니다. 그리고 그 이야기가 7장 5절까지가 되고 6절부터는 왜 너희가 그렇게 해야 하는지 **이유와 목적을** 알려 주십니다. 이 부분을 주목하도록 합시다.

> 6절: 너는 여호와 네 하나님의 성민이라 네 하나님 여호와께서 지상 만민 중에서
> 너를 자기 기업의 백성으로 **택하셨나니**
> 7절: 여호와께서 너희를 기뻐하시고 너희를 **택하심은** 너희가 다른 민족보다 수효가 많기 때문이 아니라 너희는 오히려 모든 민족 중에 가장 적으니라

6절과 7절에서 같은 단어가 반복되고 있는 것을 봅니다. 6절에 "택하셨다"라는 말씀이 있고 7절에도 "택하셨다"라는 말씀이 있습니다. **이 단어가 구약 성경에서 '선택'에 사용된 단어**이고(히. 바카르) 따라서 6절과 7절 말씀에서 하나님께서 우리를 선택하신 이유와 목적을 알 수 있습니다.

그들은 누구인가?

● **그들이 행해야 할 일과 정체성**
원문에서 6절은 "왜냐하면 무엇무엇 때문이다"라는 말로 시작합니다. 우리말에는 "왜냐하면"이 번역이 되지 않았지만 원래 6절의 시작은 "너는 거룩한 백성이기 때문이다."라고 시작합니다.
"왜냐하면"이 들어간 이유는 그 앞을 보면 알 수 있습니다. 그들이 해야 할 일이 나오기 때문입니다. "단을 헐고 주상을 깨뜨리고 아세라 목상을 찍어야 한다."라고 5절에서 말했는데, 그 이유가 6절에서 설명된 것입니다. "너희는 거룩한 백성이기 때문이다."

5절: 단을 헐고 주상을 깨뜨리며 목상을 찍어라.

6절: 너희는 거룩한 백성이기 때문이다.

즉 이 첫 구절은 **그들이 행하는 '일들'이 그들의 '정체성'과 연결되어 있음**을 보여 줍니다. "왜 이방 신들을 몰아내야 하느냐?"라고 물을 때, 그 이유는 그들 자신에게 있지 않고 그들이 하나님의 거룩한 백성이라는 사실에 있었기 때문입니다.

● 원문 읽기

이후 말씀에서 문법적 요소들을 생각해 봅시다. 6절에는 방금 살핀 "왜냐하면 너는 거룩한 백성이기 때문이다." 뒤에 "너의 하나님 여호와께서 너를 택하셨다."라는 말씀이 붙어 나옵니다. 여기 '선택'이 등장하니까 주의를 기울이셔야 합니다. 그런데 이 부분은 우리말로 읽으니까 너무 밋밋하고 의미가 잘 살지 않는 면이 있습니다. 원문으로 조금 더 세밀하게 읽어 보면 흥미로운 점을 발견할 수 있습니다.

첫째, 6절의 시작 부분, "왜냐하면 너는 거룩한 백성이기 때문이다."에서 하나님께서 당신을 **"너의 하나님 여호와"**라고 말씀하셨다는 점을 눈여겨보아야 합니다. 그리고 "여호와"에는 전치사가 붙어서 **"여호와에게"** 혹은 **"여호와를 위한"**이라고 되어 있습니다.

둘째, 다음 부분은 "네 하나님 여호와께서 택하셨다."라고 선택이 나오는 부분인데, 여기에서도 동일하게 다시 하나님께서 스스로를 **"너의 하나님 여호와"**라고 말씀하셨습니다. 그리고 다음 부분은 우리말로는 의미가 명확히 잘 안 드러나는데, 원문에는 **"자기에게"**라는 말과 **"되도록"**이라는 말이 붙어 있습니다. 즉 "네 하나님 여호와께서 택하셨다."를 정확하게 읽으면 하나님께서 이스라엘 백성을 택하실 때 **"자기에게"** 기업의 백성이 **"되도록"** 택하셨다는 것입니다.

이렇게 6절 말씀을 세밀하게 읽으면, 우리말로 쓱 읽을 때와 굉장히 다른 느낌을 받을 수 있게 됩니다. 가장 중요한 요점은 하나님께서 이스라엘을 선택하셨다는 사실을 **'대단히 하나님 자신 위주로'** 말씀하고 있다는 점입니다.

앞에서 두 반복 문구를 말씀드렸습니다. 하나는, 하나님께서 자신을 "너의 하나님 여호와"라고 하시며 두 번 동일 어구를 쓰고 있다는 점이고, 또 하나는, "여호와께" 혹은 "자기에게"라고 쓰고 있다는 점입니다. 이것이 두 문장에서 동일하게 반복되고 있습니다.

그러니까 이 말씀을 통해 알 수 있는 '선택의 요점', 곧 하나님께서 이스라엘을 선택하신 이유에는 '백성인 우리를 위하여'라는 측면도 물론이지만, 무엇보다 이 선택이 '하나님께 무언가가 되도록', 곧 **하나님께 의미가 있으시도록** 선택을 한 것임이 강조되고 있습니다.

● 하나님의 백성이 된다는 것

이 사실을 묵상할 때 "하나님의 백성"이라고 불리는 의미를 조금 더 밀도 있게 생각할 수 있지 않을까요? 우리는 **'여호와의 이름으로 불리움을 받은' 백성**들입니다. 즉 우리는 '우리 스스로의 어떠함'이 정체성이 아니고 '하나님의' 어떠한 이들이 되었다는 데에 정체성이 있습니다. 우리에게 있어 삶의 가치와 살아가는 이유 같은 것은 우리 스스로에 의해 결정된다기보다 '하나님을 통해 가치 부여를 받도록' 그렇게 선택된 것입니다.

군대에 있을 때를 생각해 보면 훈련병 기간 동안에는 이름이 없었습니다. 저는 "몇 번 훈련병" 그렇게 불렸습니다. 제 생각이 맞는지는 모르겠지만, 훈련병에게 이름을 주지 않고 번호를 주는 것은 민간인으로 있을 때의 자기 정체성, 곧 "나는 아무개다."라는 생각을 지우고 공동체 속에서 전혀 다른 존재감을 불어넣어 주기 위한 조처가 아닐까 생각해 봅니다.

하나님의 백성이 된다는 것이 요점에 있어서는 이 군대의 훈련병이 되는 것과 비슷합니다. 하나님의 백성이 된다는 것은 **이전에 우리가 살았던 세계**(군대로 치자면 민간인으로서의 삶)**에서의 정체성이 우리의 대변이 되지 않고, 하나님의 어떠함 속에서, 하나님을 통해서 가치를 갖는** 그런 사람(군인이 되었다!)이 되는 것이라는 말입니다. 선택된 백성이 된다는 것은 무엇이냐? **나에게만 의미 있던 삶을 살던 것에서 하나님께 의미 있는 사람이 되는 것**입니다.

물론 여전히 나는 나인 채로 있긴 하지만 하나님의 백성이 된다는 것은 이런 것입니다. 가치 판단이 "나를 위한"에서 "하나님을 위한"으로 되는 것. 바로 그것이 하나님의 백성으로 선택되는 것임을 이 신명기 7장 6절 말씀은 가르쳐 주고 있습니다.

선택의 목적

6절을 이렇게 이해하고 읽을 때, 7절의 의미가 훨씬 더 강력하게 느껴질 수 있습니다. 7절은 우리에게 익숙한 말씀입니다. "여호와께서 그들을 **택하신 이유는 그들이 강하고, 힘이 세고, 숫자가 많아서가 아니다.**" 우리말 번역(개역한글)으로는 "수효가 많은"이라고 했는데, 이 단어의 의미는 단순히 '숫자가 많다'라는 뜻이 아닙니다. '강함', '풍부함', '큼' 모두를 아우르는 말입니다. 따라서 "너희를 택하심은 … 수효가 많기 때문이 아니다."라는 말의 보다 정확한 뜻은 '너희는 크지 않다', '너희는 강하지 않다', '너희는 풍부하고 여유롭지 않다' 이런 의미입니다.

7절은 하나님께서 이스라엘을 왜 선택하셨다고 말합니까? **작고 부족하고 연약하기 때문**입니다! 왜 여호와께서는 작기 때문에 그들을 기뻐하셨고, 작기 때문에 그들을 선택하셨습니까? 왜 이스라엘이 대단하고 위대한 민족이 아니었다는 이유로 하나님께 선택을 받은 것입니까? **선택을 통해서 하나님께서 영광을 받으시기 위함**입니다.

둘째, 선택의 독점적 지위 : 우리의 영광

둘째 주제를 위해서는 구약에서 '선택'이라는 말이 독특한 방식으로 사용된 본문 둘을 살펴보겠습니다.

여호와의 이름을 두실 택하신 곳

● **신명기에서**

우선 신명기 16장 6절입니다.

> 오직 네 하나님 여호와께서 자기의 이름을 두시려고 택하신 곳에서 네가 애굽에서

나오던 시각 곧 초저녁 해 질 때에 유월절 제물을 드리고_신 16:6

신명기에 비슷한 몇몇 구절이 더 있는데 한 군데만 더 읽어 보겠습니다.

네 하나님 여호와께서 네게 주신 땅에서 그 토지의 모든 소산의 맏물을 거둔 후에 그것을 가져다가 광주리에 담고 네 하나님 여호와께서 그의 이름을 두시려고 택하신 곳으로 그것을 가지고 가서_신 26:2

이 말씀들은 (신명기의 시점에서) 장차 지어지게 될 성전을 위한 말씀들입니다. 그런데 이때 하나님께서 **'특별하게 지정하신 한 위치'**를 말씀하셨다는 것에 주목합시다. 신명기 16장과 26장 모두에서 그 장소는 "네 하나님 여호와께서 그 이름을 두시려고 **택하신** 곳"이라고 말씀되었습니다.

이 표현은 성경 여기저기에 등장하는 '성전이 있어야 할 위치'를 말하는 보편적인 표현입니다. 신명기의 이 표현은 약속의 땅에 들어갔을 때 언약궤가 있었던 임시 성전의 처소로부터 나중에 솔로몬이 짓게 되는 진짜 성전의 처소에 이르기까지 계속해서 사용됩니다. 하나님께서는 이스라엘이 약속의 땅에 들어가서 정착했을 때 매년 세 차례씩 하나님께 나아와 절기를 지키고, 예배를 드리고, 또 연중 소산을 가져가서 하나님께 바치고 즐거워할 특정한 장소를 **"선택"**하셨습니다.

그렇습니다. 구약 성경은 "선택하다"라는 말을 자기 백성들에게만 쓰셨을 뿐 아니라 '거룩한 성전'이 있는 장소, 곧 **하나님께서 특별하게 구별하신 장소를 말씀하실 때도** 사용하였습니다. 하나님께서는 약속의 땅 안에서도 아무 곳에나 계시지 않고 독점적 처소, 곧 성전이 있는 곳에만 특별히 계시겠다고 약속하셨고, 따라서 이스라엘 백성은 삶의 중심, 예배의 중심, 절기의 중심, 신앙생활의 모든 중심을 여기 성전에 두어야 했습니다. 이스라엘은 항상 이 성전 쪽을 바라보고 기도해야 했고, 범죄 했을 때 이곳을 향하여 간구해야 했습니다.

● **열왕기상에서**

하지만 이제 둘째 구절, 똑같이 "선택하다"라는 말이 사용된 다른 본문을 봅시다. 열왕기상 8장 16절 말씀입니다.

> 내가 내 백성 이스라엘을 애굽에서 인도하여 낸 날부터 내 이름을 둘 만한 집을 건축하기 위하여 이스라엘 모든 지파 가운데에서 아무 성읍도 **택하지** 아니하고 다만 다윗을 **택하여** 내 백성 이스라엘을 다스리게 하였노라 하신지라_왕상 8:16

여기 "택하다"라는 단어가 두 번이나 나옵니다. 이 "택하다"라는 말을 중심으로 읽어 보면 이 말씀은 이렇게 말할 수 있습니다.

> 나는 아무 성읍도 "택하지" 아니하고 다만 다윗을 "택하"였다.

열왕기상 8장 16절 말씀은 대단히 놀라운 말씀입니다. 이 말씀은 구약 시대 때부터 하나님께서 '친히 거하실 처소'를 '성읍'이나 '건물'에 두신 것이 아니었음을 보여 주고 있습니다 이스라엘이 광야에 있을 때 하나님께서는 그분이 거하실 처소를 짓도록 명령하셨습니다. 이것을 '성막'이라고 부릅니다. 그리고 성막은 '이동식 처소'였습니다. 하나님께서는 이스라엘이 광야에 있을 때 '이동식 처소'만 허락하시고 '고정 처소'는 허락하지 않으셨습니다.

이는 단지 그들이 유목민처럼 떠돌아다녔기 때문만은 아닙니다. 그런 현실적 이유도 있지만, 사실은 **구속 역사에서 아직 때가 이르지 않았기 때문**입니다. 이후에 '고정 처소'를 갖게 될 때가 옵니다. 광야에서의 이스라엘은 아직까지는 약속의 땅을 갖지 못한 '약속의 것을 얻기 위하여 전투하고 있는 시기'였기 때문에 하나님의 처소도 전쟁터에 있는 '이동형 군막의 형태'를 가지고 있었습니다.

하지만 뒤에 이스라엘이 약속의 땅을 차지하고 왕국을 건설하게 되었을 때, 하나님께서는 비로소 고정 처소에 머무르시게 되었습니다. 그런데 이때 놀라운 점은, 하나님께서 이렇게 고정 처소에 머무르게 되는 일이 우리 생각으로는 **'성전에서'** 이루어질 것 같은데 그렇게 말씀을 안 하셨다는 점입니다. 열왕기상 8장 16절 말씀을 읽으면 우리는,

라고 말할 수 없게 됩니다. 오히려 이 말씀은 우리에게

```
이동형 처소인 성막에서  ⇨  고정식 처소인 다윗으로
```

라고 말하고 있습니다. 이 구절이 분명히 **"아무 성읍도 택하지 아니하고 다만 다윗을 택하여"**라고 말씀하고 있기 때문입니다.

여호와께서는 어디에 거하시는가?

즉 우리는 신명기의 말씀을 열왕기상 8장의 빛으로 읽을 때, 하나님께서 신명기 때부터 말씀하신 "내 이름을 두기 위한 특별한 곳"이란 **본질적으로 '건물 성전'이 아니었다는 것**을 알게 됩니다. 하나님은 '건물 성전'이 아니라 궁극적으로는 **'사람 성전'**에 거하십니다!

하나님께서는 벽돌 건물에 거하지 않으십니다. 오히려 구약의 건물들은 **'장차 올 어떤 것'을 보여 주기 위한 그림자**일 따름입니다. 그래서 예수님께서는 "성전 된 자기 육체"(요 2:21)를 말씀하셨습니다. **성전의 궁극적 성취는 '사람 그리스도'**셨습니다. '임마누엘'[41], 곧 하나님의 임재하심은 '사람으로 오신 그리스도' 속이었습니다. 그리스도가 성전입니다.

그런데 이 성전 된 그리스도께서 승천하시고 성령님을 이 땅에 보내셨을 때 그 '성전', 곧 '하나님께서 거하실 처소'가 하나님의 백성들인 우리가 됩니다. 고린도전서는 그리스도인인 우리를 향하여 이렇게 말합니다.

> 너희는 **너희가 하나님의 성전인 것**과 하나님의 성령이 너희 안에 계시는 것을 알

---

41 — "임마누엘"은 전치사 '임(with)' 뒤에 하나님을 의미하는 '엘'이 붙은 것이다. 중간의 '누'는 1인칭 복수 '우리'를 나타내는 말이다.

심지어는 이렇게 각 개인이 성전 된 것이 **'연합적 건물로서의 성전'**이 된다고도 말씀하십니다. 이것은 교회를 가리키는 것입니다. 즉 교회가 '성전'이 됩니다!

> 그의 안에서 건물마다 서로 연결하여 주 안에서 성전이 되어 가고 너희도 성령 안에서 하나님이 거하실 처소가 되기 위하여 그리스도 예수 안에서 함께 지어져 가느니라_엡 2:21-22

하나님께서는 건물을 선택하지 않으십니다! 비록 신명기에서 이스라엘을 가르치시기 위하여 "내가 특별히 선택한 그곳"이 건물 성전을 가리키도록 잠시 그렇게 하셨었지만, 구속 역사가 다 성취될 때의 '임마누엘'은 **'그리스도-그리스도인-교회'**입니다. 하나님께서는 벽돌 성전에 계시지 않고 우리 안에 거하십니다! 하나님께서는 건물이나 장소, 지역을 '선택'하지 않으시고, **'우리를' 당신의 거하실 처소로** 삼으셨습니다! 이 사실이 우리를 얼마나 흥분되게 합니까!

우리는 우주의 지존자이신 분의 처소로 '선택'되었습니다. 그래서 우리가 둘째로 기억해야 할 주제는 **'이 선택의 독점적 지위'**입니다. 우리는 하나님께서 "자기 이름을 두시기 위하여 특별히 선택한 곳"이 되었습니다. 솔로몬은 "하늘들의 하늘조차 하나님께서 거하실 처소가 될 수 없다"(왕상 8:27[42])라고 하였는데, 비루하고 부실한 우리가 하나님의 처소가 되었습니다! 이것은 다른 어느 곳에서도 존재하지 않는 독점적 지위입니다. 선택의 의의를 발견하는 것에는 이런 의미가 있습니다.

우리는 첫째 주제에서 선택을 통해 '하나님의 영광'을 발견해야 함을 배웠습니다. 하지만 이것이 **단지 '강요된 의무'일 때** 우리의 선택은 빛이 바랠 것입니다. 선택받은 것이 그다기 기쁘지 않을 것입니다. 그러나 이 둘째 주제는 선택이 얼마나 위대하고 놀라운 일인지를 우리에게 알려 주고 있습니다. 우리는 '단지 그

---

42 — 솔로몬이 성전을 짓고 봉헌할 때 드린 기도 중 나오는 말씀이다. "하나님이 참으로 땅에 거하시리이까 하늘과 하늘들의 하늘이라도 주를 용납하지 못하겠거든 하물며 내가 건축한 이 성전이오리이까"(왕상 8:27).

분의 영광을 위한 **소모품**'인 것이 아니라, '그분의 영광의 임재가 친히 거하는 **위
대한 처소**'가 되었습니다. 선택 교리에서 이것을 배우십시오. 요지는 이것입니다.

> 선택은 얼마나 하나님을 드러내며
> 동시에 우리에게 얼마나 큰 영광이 되는가!

말씀을 통하여 하나님어 어떠하심과 하나님의 행하신 일에 대한 통찰이 자란
다는 것은 바로 이런 것입니다.

제15조 : 유기의 작정

성경은 우리를 택하신 이 영원하고 과분한 은혜를 우리에게 알려 주는데, 특히 모든 사람이 선택된 것이 아니라 어떤 사람은 선택되지 않았다고 증언할 때에 그렇습니다. 하나님께서는 그분의 영원한 선택 가운데서 어떤 사람은 지나치셨습니다.[i] 하나님께서는 그분의 지극히 자유롭고 지극히 공의로우며 흠이 없고 변치 않는 그 선하신 기쁨 가운데서, 자기들의 잘못으로 인해 떨어진 그 공통의 비참함 가운데 그들을 그냥 버려두시고 구원의 믿음과 회심의 은혜를 그들에게는 베풀지 않기로 작정하셨습니다. 그들의 갈 길을 그대로 가도록 내버려 두시고 그분의 의로운 심판 아래 두신 하나님께서는, 마지막에 그들을 정죄하시고 영원히 심판하실 것을 작정하셨는데,[ii] 그렇게 하심은 그들의 불신앙 때문만이 아니라 다른 모든 죄악들 때문이고, 그분의 공의를 나타내시기 위함입니다. 이것이 유기의 작정인데, 이것은 결코 하나님을 죄의 조성자로 만들지 않고(그러한 생각 자체가 신성모독입니다!), 오히려 두려워할 분이시며 흠이 없고 공의로우신 재판장이자 보복하시는 분으로 선언합니다.

i 롬 9:22 만일 하나님이 그의 진노를 보이시고 그의 능력을 알게 하고자 하사 멸하기로 준비된 진노의 그릇을 오래 참으심으로 관용하시고 / 벧전 2:8 또한 부딪치는 돌과 걸려 넘어지게 하는 바위가 되었다 하였느니라 그들이 말씀을 순종하지 아니하므로 넘어지나니 이는 그들을 이렇게 정하신 것이라

ii 행 14:16 하나님이 지나간 세대에는 모든 민족으로 자기들의 길들을 가게 방임하셨으나

● **강해 본문 ① : 요나 3장 1-10절**

1 여호와의 말씀이 두 번째로 요나에게 임하니라 이르시되 2 일어나 저 큰 성읍 니느웨로 가서 내가 네게 명한 바를 그들에게 선포하라 하신지라 3 요나가 여호와의 말씀대로 일어나서 니느웨로 가니라 니느웨는 사흘 동안 걸을 만큼 하나님 앞에 큰 성읍이더라 4 요나가 그 성읍에 들어가서 하루 동안 다니며 외쳐 이르되 사십 일이 지나면 니느웨가 무너지리라 하였더니 5 니느웨 사람들이 하나님을 믿고 금식을 선포하고 높고 낮은 자를 막론하고 굵은 베 옷을 입은지라 6 그 일이 니느웨 왕에게 들리매 왕이 보좌에서 일어나 왕복을 벗고 굵은 베 옷을 입고 재 위에 앉으니라 7 왕과 그의 대신들이 조서를 내려 니느웨에 선포하여 이르되 사람이나 짐승이나 소 떼나 양 떼나 아무것도 입에 대지 말지니 곧 먹지도 말 것이요 물도 마시지 말 것이며 8 사람이든지 짐승이든지 다 굵은 베 옷을 입을 것이요 힘써 하나님께 부르짖을 것이며 각기 악한 길과 손으로 행한 강포에서 떠날 것이라 9 하나님이 뜻을 돌이키시고 그 진노를 그치사 우리가 멸망하지 않게 하시리라 그렇지 않을 줄을 누가 알겠느냐 한지라 10 하나님이 그들이 행한 것 곧 그 악한 길에서 돌이켜 떠난 것을 보시고 하나님이 뜻을 돌이키사 그들에게 내리리라고 말씀하신 재앙을 내리지 아니하시니라

● 강해 본문 ② : 요나 4장 9-11절

9 하나님이 요나에게 이르시되 네가 이 박넝쿨로 말미암아 성내는 것이 어찌 옳으냐 하시니 그가 대답하되 내가 성내어 죽기까지 할지라도 옳으니이다 하니라 10 여호와께서 이르시되 네가 수고도 아니하였고 재배도 아니하였고 하룻밤에 났다가 하룻밤에 말라 버린 이 박넝쿨을 아꼈거든 11 하물며 이 큰 성읍 니느웨에는 좌우를 분변하지 못하는 자가 십이만여 명이요 가축도 많이 있나니 내가 어찌 아끼지 아니하겠느냐 하시니라

유기, 그리고 선택

욘 3:1-10; 4:9-11

도르트 신조 15조와 16조는 '유기'에 대한 가르침입니다. 개혁신앙은 성경의 말
씀을 면밀히 살펴 하나님의 **예정을 두 부분으로** 보았습니다. 한 부분이 우리가 앞
서 쭉 살펴본 "선택으로의 예정"입니다. 그러나 다른 한 부분도 있는데, 그것은
"유기, 즉 버려둠으로의 예정"입니다.

이 둘을 '예정'이라는 테두리로 묶으니까 하나님께서 **두 차원의 예정을** 하신
것으로 생각할 수도 있지만, 앞서 계속 말해 온 대로 도르트 신조는 '선택은 적극
적으로' 말하지만 '유기는 소극적으로' 말합니다. 말하자면 유기는 언제나 하나
님의 적극적 버리심이 아니며, 선택이 필연적으로 유기를 동반할 수밖에 없기 때
문에 존재하는 것입니다.

선택이 한 명도 빠짐없이 모두를 선택하는 것이 되어 버리면 그것은 선택이 아
니게 됩니다. 누군가를 선별적으로 선택한다면 반드시 선택되지 않은 사람이 생
길 수밖에 없습니다. 결국 이 문제는 '왜 하나님은 모두를 다 선택하시지 않았는
가?'의 문제가 될 수밖에 없는데, 이는 하나님의 기쁘신 뜻입니다. 하나님은 '모
든 사람을 다' 선택하시는 길을 택하시는 대신, 기쁘신 뜻 안에서 어떤 이들은 '선
택하지 않기로' 결정하셨습니다.[43] 이때 '어떤 이는 선택하지 않기로' 하신 것, 이

---

43 — 이것은 다시 '자유의지'의 문제와 연결된다. 만약 하나님께서 사람에게 자유의지를 주실 때 사람이 악을 선
택할 것을 아셨다면, 결국 이 문제는 ① 선과 악 중 선택할 자유의지를 주시고 악을 선택하는 것에 대한 대책을 마련

를 '유기'라고 합니다.

15조는 이 유기를 방금 말씀드린 방식으로 설명하고 있습니다. 제일 첫 부분에서 유기를 **"어떤 사람들은 선택하지 않았다."**라고 말하고, 이어서 **"그들을 지나치셨다."**라고 말합니다. 그다음 문장에서는 **"그들을 그냥 버려두시고"**라고 하였고, **"구원의 믿음과 회심의 은혜를 그들에게는 베풀지 않기로 작정하셨다."**라고 했습니다. 바로 다음 문장에서는 **"그들의 갈 길을 그대로 가도록 내버려 두셨다."**라고 하였습니다.

곧 '소극적 언급'입니다. '적극적 버리심'이 아니라 "선택하지 않음", "지나치심", "내버려 두심", "베풀지 않으심"입니다. 우리는 이런 신조의 언급들을 통해서 중요한 사실, 즉 성경이 유기에 대해 말할 때 적극적인 방식이 아니라 소극적인 방식으로 언급하려고 한다는 것을 쉽게 알아챌 수 있습니다.

죄에 대한 생각

먼저 생각할 일

그런데 유기에 대해 배우기 위해서는 반드시 우리 중에 있는 중요한 한 가지 문제를 먼저 해결하고 넘어가야 합니다. '유기'라는 것은 어쨌든 **하나님께서 어떤 이들을 버리시는 것으로 보이기 때문에** 이 부분에 대해 정확한 이해가 필요한데 이는 사실 **'죄에 대한 분명한 이해'**가 필요한 부분입니다.

물론 하나님께서 어떤 이들을 버리신다는 사실 자체를 두려워해서는 안 됩니다. 그것은 명백한 사실입니다. 우리가 제아무리 좋은 방향으로 말한다고 해도 결국 하나님께서는 모든 사람을 선택하는 길을 택하지 않으셨습니다. 즉 **유기는 하나님의 뜻입니다.** 그러므로 신자는 유기를 대할 때 만약 하나님께서 '적극적으

하시느냐 ② 아니면 아예 자유의지 자체를 주시지 않느냐의 문제로 귀결된다. 하나님께서는 '자발적으로 사랑'하시는 이를 세계에 두시는 일을 가장 중요하게 여기셨기 때문에, 자유의지 없이 모두가 로봇처럼 하나님께 순종밖에 할 수 없는 세계를 만들지 않으시고 오히려 자유의지 때문에 악을 선택하는 이가 발생하더라도 '자발적 사랑'이 가능한 세계를 만드셨다.

로 버리신다' 하더라도 그에 대해 무어라 말할 수는 없습니다.

다만 지금 여기서 생각하고자 하는 것은 하나님께서 유기를 정하신 것이 문제가 아니라, **이 유기의 문제를 사람들이 '전혀 잘못된 방식으로' 이해하고 있다는 점**입니다. 하나님께서 어떤 사람들을 내버려 두기로 정하신 것은 사실이지만, 그것은 "이 사람들의 오해처럼 그런 방식은 아니다."라는 것을 먼저 정리를 하고 본론에 들어가야겠습니다.

'유기에 대한 사람들의 흔한 오해'란, 사람들이 '유기'에 대해 이야기하는 순간, '유기하시는 하나님'을 매우 매정하고 박한 신으로 생각한다는 사실입니다. 예를 들면 이런 것들입니다.

- 우리 주변에 있는 매우 성실하고 착해 보이는 사람을 단지 예수님을 믿지 않는다고 해서 지옥에 던지시는 하나님
- 내가 사랑하는 가족이나 친지 중에 어떤 이를 단지 예수님을 믿지 않는다고 해서 지옥에 던지시는 하나님

말하자면 많은 사람들이 하나님을 '자기가 힘이 있는 신이라고 해서 순박하고 착한 이들을 무시무시한 곳에 내던지는' 신처럼 이해한다는 것입니다. 제가 보기에 이런 생각은 불신자에게는 극심하고, **신자라고 해서 완전히 자유롭지도 않은 것** 같습니다.

예를 들어 불신자들은 이렇게 생각합니다. "그게 말이 돼? 평생을 성실하게 열심히 살아왔는데 꼴랑 예수 안 믿는다고 지옥에 던진다니! 그런 이기적인 신이 어디 있어!" 그리고 이런 이야기를 들으면 신자들은 무언가 하나님에 대해서 변호를 해 주기는 해야 할 것 같은데, 사실 심정적으로는 이 불신자의 말에 공감이 됩니다. 자기가 생각해도 그런 것 같거든요. 자기가 생각해도 하나님이 이기적인 신 같은 것입니다. 비록 내가 믿고 있기 때문에 변호는 하지만 그럼에도 사실은 신자인 나조차도 마음에 의구심이 들고 저 불신자의 말에 사실은 더 동조하고 싶은 그런 심정이라는 말입니다. 이것이 바로 '유기에 관한 사람들의 흔한 오해'입니다.

유기를 이런 식으로 생각하기 때문에 불신자들, 심지어는 신자들조차도 '**유기하시는 하나님**'을 이해하지 못합니다. 주변을 둘러보면 끝까지 안 믿고 죽는 사람이 많이 있고, 성경을 펼쳐 보면 "예수 안 믿으면 구원 못 받는다."가 진리이니까 거부할 수는 없지만, 그럼에도 불구하고 어떤 사람들을 지옥에 던지시는 하나님은 정말 받아들이기 껄끄러운 부분이 됩니다. 그리고 이 생각의 핵심에는 방금 말씀드린 이런 생각이 자리 잡고 있습니다.

'예수 안 믿는 정도로 지옥에 보낸다는 건 너무 가혹한 일이야!'

하지만 과연 그럴까요? 정말 '유기'는 **썩 괜찮은 사람을 지옥에 던지시는 일**일까요? 그래서 사실은 신자라 하더라도 어떤 이를 지옥에 던지시는 하나님을 옹호하는 일이란 매우 어려운 일일 수밖에 없는 것일까요? 바로 이 지점에서 '**죄라는 것이 무엇인지**', '죄가 기본적으로 가지고 있는 성질이 무엇인지'를 생각해야 합니다. 근본으로 돌아가 야고보서 말씀을 기억합시다.

온갖 좋은 은사와 온전한 선물이 다 위로부터 빛들의 아버지께로서 내려오나니 그는 변함도 없으시고 회전하는 그림자도 없으시니라_약 1:17

야고보서 말씀은 "모든 좋은 것이 다 그분께로부터 온다"라고 말합니다. 하지만 여기에서 한 발짝 더 나아가 말해야 합니다. "모든 좋은 것이 다 그분께로부터 '**만**' 옵니다."

사람의 근본적인 자의식, 곧 사람이 자기를 어떤 존재로 생각하는지를 뿌리부터 다시 생각해 보면, 사람은 자기를 생각할 때 '자신의 현재 모습'이 자기의 본 모습이라고 생각하면서 살아갑니다. 그래서 자기가 지금 그럭저럭 선하게 살고 있는 것이 '어떤 이의 덕'이라기보다는 **자기가 원래 그래서** 그렇게 살고 있는 것이라 여깁니다. 그러나 만약 야고보서의 말씀대로 '선'이라는 것이 **단 한 톨이라도 하나님이 아니고서는 나올 수 없다면**, 우리가 살아가면서 아주 약간이라도 선할 수 있는 것은 다 어디에서 온 것일까요?

우리는 이 점을 반드시 생각해 보아야 합니다. 만약 하나님의 작용이 없었다면 우리는 **그 자체로 악마**일 것입니다. 즉 사람이 지금의 자기 모습을 바라보는 자체, 자기의 현재 모습 자체가 **이미 하나님의 은총이 작용된 모습**이라는 것을 알아야 한다는 것입니다.

왜 우리가 마귀가 아닐까요? 왜 사람이 하나님을 떠났는데도 불구하고 선의 '모습이라도' 가지고 있을까요? 선과 악이라는 것은 중립 지대가 없습니다. 회색이 없습니다. **하나님께는 악이 없으시고 마귀에게는 선이 없습니다.** 그런데 사람이 하나님을 떠났음에도 불구하고 어떻게 부분적으로나마 선을 가진 모습을 가질 수가 있을까요? 선이 하나도 없는 사람의 모습은 어떤 모습이겠습니까? 그 자체가 이미 악마입니다.

그런데 왜 불신자는 악마가 아닙니까? 선의 근원이시고 선 그 자체이신 하나님을 떠난 모든 사람이 왜 악마가 아닙니까? 그건 사람이 하나님을 떠났음에도 불구하고, 하나님께서 긍휼하심으로 이 세계를 유지하시기 위하여 그들에게 **선을 나누어 주고 계시기 때문**입니다.

즉 사람들이 불신자임에도 불구하고 나름 (사람이 보기에) 선한 모습을 살고 있는 것은 자신의 능력이나 선함 때문이 아닙니다. 사람들이 "나는 나름 선하게 사는데, 왜 하나님 안 믿는다고 구원을 못 받아!"라고 할 때, 그 "나름 선하게 사는데"가 가능한 이유가 바로 하나님께서 그에게 은혜로 선을 나누어 주고 계시기 때문입니다. 하나님을 거역하고 있어도, 사실은 **존재 그 자체가 이미 하나님께 기대어 있도록** 하나님께서 그에게 은총을 베풀고 계셔서 이 세계가 악마들의 아귀지옥이 되지 않고 있는 것입니다.

그러므로 만약 하나님이 이 모든 것으로부터 손을 완전히 떼신다면 인간은 완전한 악일 수밖에 없습니다. "나는 나름 선한데 왜 나를 지옥에 보내냐?"가 불가능하게 됩니다. 선함이 단 한 톨도 없을 테니까요. 죄는 이런 식으로 생각해야 합니다.

우리는 앞에서 신자들조차도 불신자가 "나는 예수 믿는 거 말고는 다 괜찮은 사람인데 단지 자기를 안 믿는다고 지옥에 보내는 신은 이기적이 아닌가?"라고 하는 말에 심정적 동의를 갖고 있다고 했습니다. 왜 심정적 동의가 되는지를 아시겠습니까? 신자들조차 이런 이야기에 심정적 동의가 되는 이유는 우리조차 죄를 정확하게 모르고 있기 때문입니다.

죄는 그야말로 '하나님 없음'입니다. 죄는 빛의 정반대, 빛이 하나도 없는 암흑입니다. 그렇다면 이 와중에 있는 죄인을 생각해 보십시오! 그럼에도 그 사람이 "나는 하나님 안 믿는 거 외에는 다 괜찮다."라고 할 수 있겠습니까? 그가 세상에 살면서 나름 선하게 행했던 것은 모두 거기에 하나님께서 개입하셨기 때문입니다. 그런데 거기에서 하나님이 빠져 버려도 그가 여전히 "나는 괜찮게 살 수 있다."라고 할 수 있을까요?

하나님의 개입이 멈추면 그는 악밖에 남지 않게 됩니다. 그야말로 악마가 되겠지요. 하나님께서 개입을 멈추시는데도 불구하고 하나님의 심판을 받기에 억울한 사람이 존재할 수 있을까요? 아닙니다. 눈곱 만큼이라도 선하게 사는 것처럼 보이는 모든 것이 하나님의 은총 때문입니다. 사람은 스스로 선을 행할 수 없습니다. 그렇다면 그 하나님으로부터 바깥으로 뛰쳐나간 자에게 어떤 식으로 자비와 구원이 있을 수 있을까요?

사탄에게, 마귀에게, 악마에게 내리는 형벌이 '마땅한' 것이라면 하나님 없는 자에게 내려지는 형벌도 똑같이 '마땅한' 것입니다. 하나님이 개입을 멈추신 지옥에 있는 영혼들은 궁극적으로는 마귀와 같습니다. 선이 한 톨도 없는 존재, 하나님의 선하심이 하나도 없는 존재니까 말입니다.

따라서 우리는 죄에 대해 좀 더 단호하게 생각해야 합니다. 죄는 **'아주 좋지는 않지만 그렇다고 매우 나쁘지는 않은 것'**이 아닙니다. 죄는 "나는 기독교인이니까 하나님을 믿지 않는 것을 죄라고 하기는 하는데 그게 왜 그토록 나쁜지는 잘 모르겠어."의 문제가 아닙니다. 죄는 **'본질적으로 사망'**이며, **'하나님 없음'**이기 때문입니다. 생명이신 하나님이 계시지 않으므로 거기에는 생명이 없습니다. 빛이신 하나님이 계시지 않으므로 거기에는 빛이 없습니다. 선의 근원이신 하나님이 계시지 않으므로 거기에는 선이 없습니다. 그야말로 '불능'입니다. 불능으로서의 죄! 불능으로서의 사망! 그것이 죄와 그 결과의 정체입니다. 이런 죄를 가지고 있는 인간이 **예수 안 믿는 것 외에는 괜찮을 수** 없습니다. 심판과 형벌은 마땅한 것입니다.

유기의 주제

이제 '유기'의 주제로 들어가 봅시다. 요나서의 말씀을 통해 유기에 관하여 생각해 보겠습니다. 요나는 B.C. 8세기 즈음 여로보암 2세 때 활동했던 선지자입니다 (왕하 14:25). 요나서의 시작은 하나님께서 요나에게 앗수르의 수도 니느웨로 가서 그 성읍에 멸망을 선포하라고 지시하시는 내용입니다. 당시 앗수르 제국은 매우 강력한 제국으로서 요나가 활동했던 북이스라엘의 입장에서는 원수 국가였기 때문에, 요나는 하나님의 명령을 거슬러 다시스로 도망칩니다.

니느웨의 회개와 하나님의 용서

요나서 3장 3절과 4절에 보면 니느웨는 대략 3일 길이었다고 되어 있는데 요나는 대충 하루 정도 돌아다니면서 외칩니다. 분명히 "3일 길"이라고 썼는데 "하루만" 외쳤다고 하는 것은 명백히 고의적입니다. 대충 외쳤다는 말입니다. 요나는 그야말로 '마지 못해' 선포했습니다.

하지만 놀랍게도 니느웨 사람들은 "하나님을 믿고, 금식을 선포하고, 높고 낮은 자를 막론하고 굵은 베를 입고" 회개합니다(5절). 심지어 이 소문을 들은 왕조차 조복을 벗고 굵은 베를 입고 재에 앉아 회개합니다(6절). 왕은 조서를 내려서 사람뿐 아니라 짐승조차 아무것도 먹지 말고 회개하라고 명을 내립니다. 7-9절에 이 내용이 나와 있습니다.

> 왕과 그의 대신들이 조서를 내려 니느웨에 선포하여 이르되 사람이나 짐승이나 소 떼나 양 떼나 아무것도 입에 대지 말지니 곧 먹지도 말 것이요 물도 마시지 말 것이며 사람이든지 짐승이든지 다 굵은 베 옷을 입을 것이요 힘써 하나님께 부르짖을 것이며 각기 악한 길과 손으로 행한 강포에서 떠날 것이라 하나님이 뜻을 돌이키시고 그 진노를 그치사 우리가 멸망하지 않게 하시리라 그렇지 않을 줄을 누가 알겠느냐 한지라_욘 3:7-9

놀라운 일입니다. 하나님을 믿지 않을뿐더러, 하나님의 나라였던 이스라엘을 쳐서 정복했던 앗수르가 어떻게 이렇게 회개하고 하나님께 돌아올 수가 있었을까요? 어떻게 선지자 한 명이 외쳤다고 해서 이렇게 삽시간에 하나님의 적국이 하나님께 참회의 모습으로 나아올 수 있었을까요? 정말 놀라운 일입니다.

하나님께서는 이를 보시고 뜻을 돌이키셨습니다. 10절은 "그들이 행한 것 곧 그 악한 길에서 돌이켜 떠난 것을 보시고 뜻을 돌이키사 그들에게 내리리라고 말씀하신 재앙을 내리지 아니하시니라"라고 맺고 있습니다.

여기서 중요한 점

이 말씀에는 **중요하게 생각해야 하는 주제**가 하나 있습니다. 바로 그다음 장인 4장을 보면 요나는 하나님께서 그들을 용서하신 것을 싫어하면서 이렇게 말합니다.

> "하나님! 제가 이럴 것 같아서 오지 않으려 한 것이 아닙니까? 하나님은 은혜로우시고 자비로우셔서, 돌이켜 재앙을 내리지 않으실 줄을 제가 알고 여기 오지 않으려고 한 것이 아닙니까?"(욘 4:2를 의역한 것)

요나는 니느웨가 멸망하기를 바랐는데, 자기가 증오하는 이 성읍이 용서받게 되는 도구로 자기가 사용된 것이 싫고 못마땅했습니다. 그리고 이야기는 하나님께서 박넝쿨을 준비하셨다가 마르게 하는 일을 통해서 요나가 고통당하는 것으로 넘어가면서 마무리됩니다. 주목해야 하는 부분은 마지막 부분입니다.

> 여호와께서 이르시되 네가 수고도 아니하였고 재배도 아니하였고 하룻밤에 났다가 하룻밤에 말라 버린 이 박 넝쿨을 아꼈거든 하물며 이 큰 성읍 니느웨는 좌우를 분변하지 못하는 자가 십이만여 명이요 가축도 많이 있나니 내가 어찌 아끼지 아니하겠느냐 하시니라_욘 4:10-11

어떤 사람들은 '교회'에 대한 개념이 없어서 하나님의 성민, 하나님의 백성에 대한 개념은 없고 교회를 **사회봉사 단체 정도로** 생각하곤 합니다. 이런 분들은 보통의 경우 '구속사'라든지 '성경 역사의 진행 방향'과 같은 것에 대해서는 관심이 없는 경우가 대부분입니다. 이런 분들은 보통 교회나 신앙, 믿음이란 것이 **'세상에서 좀 더 착하게 사는 것'**과 별로 다르지 않은 분들입니다. 신학이 없고, 성경적 믿음이 무언지 잘 모르는 사람들이지요.

그런데 전혀 반대편에 있는 사람들도 있습니다. 이들은 하나님께서 **교회를** 사랑하시므로 세상 사람들에 대해서는 궁극적으로 전혀 관심을 갖고 있지 않다고 생각합니다. 이들은 '하나님의 말씀'을 좋아하고, '구속사'를 좋아하고, '교회를 향한 하나님의 관심'에 감격하고, '언약 백성'이라는 말에 감동을 받습니다. 그런데 세상에 대해서는 별로 관심이 없습니다. 복음주의 진영에서 말하는 "죽어 가는 영혼들을 위하여!"라는 구령 사업에는 별 관심이 없습니다. 구속 역사는 오직 하나님의 백성들을 위한 차별적 사랑이고, 나머지 사람들은 '멸망받아 마땅한 죄인들' 정도일 뿐 아무것도 아닌 것입니다.

요나서 4장의 이 말씀은 우리에게 **'멸망받을 불신자들'도 하나님께서 사랑하시고 불쌍히 여기신다는 사실**을 보여 줍니다. 제가 한창 대학교를 다니면서 구속사를 공부할 때, 저희에게 구속사를 가르쳐 주신 분들이 이런 식으로 말하곤 했습니다.

> "하나님이 물론 세상을 사랑하시지! 하지만 그건 '피조물에 대한 창조주로서의 사랑' 외에 아무것도 아니야. 하나님은 자기 백성인 교회를 사랑하시고 이방인들에 대해서는 근본적으로 관심을 갖고 있지 않으시기 때문에 '자기 백성에 대한 사랑'과 '일반 피조물에 대한 사랑'은 전혀 달라."

맞습니다. 매우 정확한 말입니다. 하지만 시간이 많이 지난 지금에 와서 생각해 보니, 이 말은 **자기도 모르게 세상에 대한 관심이 없어지게 만드는** 말이었습니다. 이런 식으로 세상 사람들을 생각하는 것은 결국에 교회만 중요하고 세상은 중요하지 않다는 생각이 고착화되게 만든다는 것을 뒤늦게 깨달았습니다. 물론 교회의 우선성은 중요합니다. 하나님께서는 분명히 교회와 하나님의 백성들을 '차별적으로' 사랑하십니다. 하지만 그것이 세상을 전혀 측은히 여기지 않는 우리의 태도에 방패막이가 될 수 있을까요? 그럴 수 없습니다. 하나님께서는 **'반역**

하는 세상도' 사랑하시기 때문입니다.

하나님께서 정말 궁극적으로 모든 세상, 즉 저 믿지 않는 자들에 대해서 아예 관심을 갖고 계시지 않는다면, 무엇 때문에 신약 시대에 와서 복음을 온 세계, 모든 민족에게로 확장하셨겠습니까? 에베소서 같은 성경들이 보여 주는 하나님의 구속 역사는 **궁극적으로 온 세계를** 향하고 있습니다. 하나님의 타겟은 죽어 가는 모든 이들입니다.

단지 그들 중 다수가 여전히 하나님께 돌아오지 않을 뿐, 하나님께서 이들에게 관심을 갖고 계시지 않은 것은 아닙니다. **'어떤 이가 돌아오지 않는 것'과 '하나님께서 완전히 관심을 갖고 있지 않은 것'은 다른 말입니다.** 하나님께서는 세상에 관심이 없지 않으십니다.

결국 우리는 '교회 사랑', '언약 백성에 대한 사랑'이라는 말을 빌미로 해서 **내가 생각하고픈 것을 하나님께 주입합니다. 내가 사랑하지 않는 것을 하나님의 이름을 빌어 합리화합니다.** 하지만 요나서를 읽어 보면 하나님께서는 **멸망 당할 이들에 대해 한없는 애처로움을** 가지고 계십니다. 하나님께서는 불신자들도 사랑하십니다. 비록 그들을 구원하지 않으신다고 하더라도, 하나님께서 마치 죄 가운데 멸망당할 이들을 사랑하시지도, 애처로워하시지도, 이들을 향한 긍휼을 갖고 계시지도 않는 것처럼 생각하는 것은 하나님의 마음을 잘못 읽은 것입니다. 하나님께서는 "너는 나를 안 믿으니 탈락!"이라고 하시면서 매정하게 사람들을 지옥에 던지시는 분이 아닙니다. 요나서의 이 말씀을 깊이 묵상해야 합니다.

> 이 큰 성읍, 니느웨에는 좌우를 분변하지 못하는 자가 십이만여 명이요 … (그러니) 내가 어찌 아끼지 아니하겠느냐!

여기 "아끼다"는 히브리어로 '측은히 여기다', '불쌍히 여기다'(히. 후스)라는 말입니다. 그리고 하나님께서는 "좌우를 분변하지 못하는 자가 십이만여 명"이라고 하셨는데, "좌우를 분변하지 못하는 자"라는 말은 통상 어린아이들을 가리키는 말입니다. 어떤 주석은 이것을 7세 이하[44] 정도의 아이라고 말했는데, 쉽게 말해 아이들만 12만 명이 니느웨 성에 있었다는 말입니다.

아이들을 언급한 이유는 아이들 자체를 말하기 위해서라기보다는 하나님의 측은지심을 강조하기 위해서입니다. 하나님께서 이렇게 순진한 아이들까지 죽이시는 분이 아니라는 것을 말하고 있는 것입니다. 즉 우리는 요나서 마지막 절을 통해서 하나님께서 얼마나 불신 세계의 사람들조차 불쌍히 여기시는지를 알 수 있습니다.

그러므로 '유기'라는 주제에서 우리가 중요하게 생각해야 할 교훈은 하나님의 심판이 엄중한 이유가 멸망당하는 사람들의 죄악이 위중해서라는 사실은 분명하지만, 그럼에도 불구하고 **유기를 선택하시는 하나님께서 여전히 얼마나 세상을 사랑하시는지를** 동시에 잘 기억해야 한다는 것입니다.

통상적으로 교의학 서적들을 읽거나 교리를 설명하는 글들을 찾아보면 개혁파에서는 유기 교리를 말할 때 '하나님의 영광'이라는 주제**만** 부각시킵니다. 그래서 유기는 언제나 '세상을 심판하심으로써 드러나는 하나님의 공의'라는 측면에만 포커스가 맞추어져 있는 것을 보게 됩니다. 하지만 유기 교리 앞에서 우리는 하나님께서 세상의 한편을 멸망시키시더라도 그분의 공의가 만족된다는 것이 **마치 성을 불태우면서 포도주를 마시고 크게 웃는 악랄한 왕 같은 이미지로 하나님을 상상해서는 안 된다는 것을** 기억합시다.

하나님께서는 유기를 작정하셨습니다. 하지만 그럼에도 불구하고 세상을 매우 사랑하셨습니다. 그들을 벌주시는 것이 하나님 자신을 매우 흡족하게 하거나, 기쁘시게 하거나, 즐겁게 만들지 않았습니다. 성경은 버려둠에 대해서 말함으로써 그것이 '하나님의 공의를 만족'시킨다고 우리에게 확고하게 알려 주고 있지만, 그렇다고 해서 하나님께서 '버리기를 즐거워하는 신'은 아닌 것입니다. 이것이 유기 교리에서 기억해야 할 중요한 교훈입니다.

---

44 — 카일 델리취, 『카일 델리취 구약주석 24: 호세아, 요엘, 아모스, 오바댜, 요나, 미가』 (서울: 기독교문화사, 2000), 432.

그러나 니느웨의 멸망, 그리고 그것이 주는 교훈

끝으로 여기에 덧붙여, **요나서의 '결국'**에 대한 말씀을 함께 숙고하겠습니다. 우리는 방금 니느웨의 회개와 하나님의 용서, 그리고 특히 요나서의 마지막 절을 통해서 하나님께서 불신 세계였던 니느웨조차 불쌍히 여기신다는 것을 들었습니다. 하지만 여기에는 한 가지 더 기억해야 할 일이 있습니다.

> 요나서는 반드시 나훔과 함께 읽어야 한다.

나훔의 제일 첫 부분을 읽어 보겠습니다.

> 니느웨에 대한 경고 곧 엘고스 사람 나훔의 묵시의 글이라. 여호와는 질투하시며 보복하시는 하나님이시니라. 여호와는 보복하시며 진노하시되 자기를 거스르는 자에게 여호와는 보복하시며 자기를 대적하는 자에게 진노를 품으시며 여호와는 노하기를 더디하시며 권능이 크시며 벌 받을 자를 결코 내버려두지 아니하시느니라. 여호와의 길은 회오리바람과 광풍에 있고 구름은 그의 발의 티끌이로다 … 누가 능히 그의 분노 앞에 서며, 누가 능히 그의 진노를 감당하랴. 그의 진노가 불처럼 쏟아지니 그로 말미암아 바위들이 깨지는도다_나 1:1-6

요나와 나훔을 함께 읽어야 한다는 말의 의미는, 하나님께서 **결국에는 니느웨를 멸망시키셨다는 것을 기억하고 요나서를 읽어야 한다**는 의미입니다. 좀 당황스러운 이야기일지 모르겠습니다.

나훔까지 읽고 나면, 그제서야 우리는 중요한 사실을 하나 깨닫게 됩니다. **요나서에 나오는 니느웨의 회개는 '일시적'**이었다는 것입니다. 니느웨의 백성들을 '회개'했습니다. 하지만 그들은 '완전히 돌이킨' 것은 아니었습니다. 나훔은 니느웨가 어떻게 하나님께 멸망당해야 마땅한지를 상세히 서술합니다. 그러니까 니느웨는 나훔에 나오는 멸망의 시기로부터 약 150년쯤 전에 요나 선지자를 통해서 '잠깐' 회개했습니다만, 결국 자기의 길로 계속 갔고, 후에는 하나님의 심판을 받아 멸망했습니다. 요나가 약 B.C. 760년 경에 활동한 선지자였고, 니느웨는 대략 B.C. 612년 경에 멸망합니다. 이 말씀은 좀 어렵습니다. 이런 생각이 즉시 듭니다.

> '아니, 조금 전에 하나님께서 불신 세계의 사람들도 긍휼히 여기신다는 말씀을 들었잖아? 그런데 왜 하나님은 결국 니느웨를 멸망시키신 거야?'

이를 약간 다른 방식으로 물어봅시다. 좀 더 궁극적인 질문입니다.

> 만약 니느웨가 결국은 멸망당해야 할 운명이었다면, 그들이 완전히 악으로부터 떠나지 않을 것임이 분명한데도 불구하고 왜 하나님은 요나를 통해서 일시적으로 그들을 회개시키신 것일까?

니느웨의 회개는 일시적이었습니다. 하나님께서는 그들을 궁극적으로 구원하시지 않으실 것입니다. 그런데도 하나님은 요나의 시대에 그들이 잠깐 회개토록 하셨고, 그래서 하나님의 긍휼히 여기심, 하나님께서 세상을 불쌍히 여기심을 보여 주셨습니다. 결국에는 멸망당할 나라, 멸망당할 성읍을 왜 잠깐 회개케 하신 것일까요?

이는 교회인 이스라엘을 위한 것이었습니다. 요나서를 읽을 때 우리가 잊어버리지 말아야 할 사실은 요나서나 나훔서가 '니느웨를 위한 책'이 아니었다는 사실입니다. 요나서나 나훔서는 '하나님의 백성 이스라엘을 위한 책'이었습니다. 곧 요나서를 읽고 듣고 깨달음을 얻어야 할 대상은 니느웨나 앗수르가 아니라 이스라엘 백성이었습니다.

그렇다면, 요나서의 목적이 무엇이겠습니까? 결국 멸망당할 니느웨를 잠깐 회복케 하셔서 그들이 용서받는 것을 보여 주신 하나님의 궁극적인 목적은 어디에 있습니까? 결국 하나님의 목적은 이스라엘에게 이렇게 말씀하시는 데 있습니다.

> 회개하면 저 불의한 자들도 용서한다. 그러니 너희도 회개하라.

우리는 이런 말씀을 들을 때 마치 가슴이 타들어 가는 듯한 격한 감정을 느끼게 됩니다. 여러 가지 복잡한 생각이 지나갑니다. 왜냐하면 하나님께서 그토록 자비와 긍휼을 베풀기 원하셨어도 니느웨는 결국 회개치 않았고, 똑같은 일을 그들이 하고 있기 때문에, 이조차 예로 사용하셔서 자기 백성을 건지시기 원하시는 **애타는 하나님의 마음**을 느끼게 되기 때문입니다.

요나서와 나훔서를 읽으면서 우리는 두 가지 감정을 동시에 느끼게 됩니다. 하나님은 멸망당할 세상을 향하여도 애처로운 사랑을 갖고 계십니다. 그러나 **교회를 사랑하시는 하나님의 사랑은** 이루 말로 다할 수 없습니다! 조금은 메마르고 건조하지만, 이렇게 정리해 봅시다.

> 하나님께서는 유기의 작정을 계시하시면서까지 교회에게 **선택의 의미**를 더욱 잘 깨닫게 하셨다.

유기를 통하여 선택의 의미를 깨닫게 하신다…. 복잡한 심경입니다. 하지만 이것이야말로 우리 하나님의 **'분투하는 사랑'**입니다. 15조의 첫 번째 문장을 봅시다. "모든 사람이 선택된 것이 아니라 어떤 사람은 선택되지 않았다, 즉 하나님께서 그분의 영원한 선택 가운데서 그들을 지나치셨다."라고 증언하는 데에서, **우리를 택하신 이 영원하고도 과분한 은혜를 특히 더 선명하게 조명하여** 줍니다.

유기를 통하여 어떤 점이 나타났습니까? "우리를 택하신 이 영원하고도 과분한 은혜가 특히 더 선명하게 조명"됩니다. 하나님께서 자기 백성들에게 '유기된 자들'을 알려 주신 이유는 여기에 있습니다. 유기는 슬픈 일이지만, 자기 백성이 그것을 보고 "이 영원하고도 과분한 은혜"를 깨달아야 했기 때문입니다.

'암(暗)'이 없으면 '명(明)'은 드러나지 않습니다. '유기'는 하나님의 기뻐하심이 아닙니다. 그럼에도 하나님께서 '유기의 교리'를 자기 백성들에게 알려 주신 이유는 우리로 하여금 이 '유기'를 통해서 드러나는 **선명한 그림자를 통해, 우리의 밝음이 더욱 가치로운 것임을 깨닫고 찬송하도록 하시기 위한 것**입니다.

선택의 예정이 유기의 예정을 통해 빛나지 않으려 했다면, 하나님께서 이것을 알려 주실 필요가 없으셨을 것입니다. 하나님께서는 성경에 적지 않고도 불의한 자들을 지옥에 던지실 수 있습니다. 그러나 하나님께서는 "내가 너를 선택하였다."라고도 말씀하시지만, 동시에 "내가 저를 버렸노라."라고도 말씀하심으로써, **유기를 통해 선택이 빛나도록** 하셨습니다.

하나님께서는 불신자도 사랑하십니다. 하지만 불신자의 결국까지 하나님의 사랑 안에 들어오지는 않습니다. 불의는 결국은 심판의 대상이 됩니다. 하지만 하나님께서는 이 불의와 그에 대한 심판을 통해 **우리의 선택이 빛나도록** 하셨습니다. 어떤 이들을 그냥 스쳐 지나가시고 그들의 악함 그대로 버려두시는 일(유기)을 통해서, 하나님께서는 "내가 **너희는** 그냥 지나치지 않았고, 내가 **너희는** 그대로 버려두지 않았다."라고 말씀하시는 하나님의 뜻을 조금 더 잘 알기를 바라셨습니다. 하나님의 이 마음을 누가 다 알 수 있겠습니까!

제16조 : 유기의 교리에 대한 다양한 반응

어떤 사람들은 그리스도에 대한 살아 있는 믿음과 견고한 내적 확신, 하나님 앞에서의 양심의 평안함, 어린아이 같은 열성적인 순종, 그리스도로 말미암아 하나님을 즐거워하는 일 등이 자기 안에 있는지를 분명하게 알지 못하기도 합니다.ⁱ 그렇더라도 하나님께서 그 모든 것들을 우리 안에서 일으키시겠다고 약속하시며 주신 방도(方途)들을 사용하면서 살아가는 사람들은 유기라는 말이 나온다고 해서 놀라서는 안 되고, 자기 자신을 유기된 자들 중 하나로 간주해서도 안 됩니다. 오히려 부지런히 그러한 방도들을 사용해야 하고, 더 풍성한 은혜의 때를 열렬히 갈망해야 하며, 경외심과 겸손한 태도로 그 은혜가 임하기를 기다려야 합니다.

어떤 사람들은 하나님께 돌이키고 그분만을 기쁘시게 하며 사망의 몸에서 벗어나기를 간절히 소원함에도 불구하고,ⁱⁱ 그들이 바라는 만큼의 경건과 믿음에 도달하지 못하기도 합니다. 그러한 사람들은 유기의 교리를 들을 때에 더더욱 두려워 떨지 말아야 합니다. 왜냐하면 자비로우신 하나님께서는 꺼져 가는 심지도 끄지 않고 상한 갈대도 꺾지 않겠다고 약속하셨기 때문입니다.ⁱⁱⁱ

그렇지만 또 어떤 사람들은 하나님과 구주 예수 그리스도를 경히 여기고 세상의 염려와 죄악된 욕심에 자기를 맡겨 버립니다.^{iv} 그러한 자들은 진정으로 하나님께 돌이키지 않는 한, 유기의 교훈을 두려워하는 것이 마땅합니다.

i 약 2:26 영혼 없는 몸이 죽은 것 같이 행함이 없는 믿음은 죽은 것이니라 / 고후 1:12 우리가 세상에서 특별히 너희에 대하여 하나님의 거룩함과 진실함으로 행하되 육체의 지혜로 하지 아니하고 하나님의 은혜로 행함은 우리 양심이 증언하는 바니 이것이 우리의 자랑이라 / 롬 5:11 그뿐 아니라 이제 우리로 화목하게 하신 우리 주 예수 그리스도로 말미암아 하나님 안에서 또한 즐거워하느니라 / 빌 3:3 하나님의 성령으로 봉사하며 그리스도 예수로 자랑하고 육체를 신뢰하지 아니하는 우리가 곧 할례파라

ii 롬 7:24 오호라 나는 곤고한 사람이로다 이 사망의 몸에서 누가 나를 건져내랴

iii 사 42:3 상한 갈대를 꺾지 아니하며 꺼져가는 등불을 끄지 아니하고 진실로 정의를 시행할 것이며 / 마 12:20 상한 갈대를 꺾지 아니하며 꺼져가는 심지를 끄지 아니하기를 심판하여 이길 때까지 하리니

iv 마 13:22 가시떨기에 뿌려졌다는 것은 말씀을 들으나 세상의 염려와 재물의 유혹에 말씀이 막혀 결실하지 못하는 자요 / 히 12:29 우리 하나님은 소멸하는 불이심이라

● **강해 본문 : 이사야 42장 1-9절**

1 내가 붙드는 나의 종, 내 마음에 기뻐하는 자 곧 내가 택한 사람을 보라 내가 나의 영을 그에게 주었은즉 그가 이방에 정의를 베풀리라 2 그는 외치지 아니하며 목소리를 높이지 아니하며 그 소리를 거리에 들리게 하지 아니하며 3 상한 갈대를 꺾지 아니하며 꺼져가는 등불을 끄지 아니하고 진실로 정의를 시행할 것이며 4 그는 쇠하지 아니하며 낙담하지 아니하고 세상에 정의를 세우기에 이르리니 섬들이 그 교훈을 앙망하리라 5 하늘을 창조하여 펴시고 땅과 그 소산을 내시며 땅 위의 백성에게 호흡을 주시며 땅에 행하는 자에게 영을 주시는 하나님 여호와께서 이같이 말씀하시되 6 나 여호와가 의

로 너를 불렀은즉 내가 네 손을 잡아 너를 보호하며 너를 세워 백성의 언약과 이방의 빛이 되게 하리 니 7 네가 눈먼 자들의 눈을 밝히며 갇힌 자를 감옥에서 이끌어 내며 흑암에 앉은 자를 감방에서 나오 게 하리라 8 나는 여호와이니 이는 내 이름이라 나는 내 영광을 다른 자에게, 내 찬송을 우상에게 주 지 아니하리라 9 보라 전에 예언한 일이 이미 이루어졌느니라 이제 내가 새 일을 알리노라 그 일이 시 작되기 전에라도 너희에게 이르노라

첫째 교리 제16조 강해

낙심하지 말고 붙들 것

사 42:1-9

책임성 없는 믿음

우리는 주변에서 종종 '책임성 없는 믿음'을 목도하게 됩니다. 예를 들면, 제가 예전에 사역하던 어떤 교회에는 믿음에 열심히 있고 교회 일도 많이 하시는 어떤 분이 계셨는데, 이런 분들이 가진 보편적인 성향을 이분도 갖고 계셨습니다. 성실하게 열심히 신앙생활을 하긴 하시지만, 하나님의 뜻을 함부로, 혹은 제멋대로 말하는 것 말입니다. 이분은 전도사였던 저에게 종종 이런 식으로 말씀을 하셨습니다.

> "이번에 기도해 보니까 하나님이 이렇게 하라고 말씀해 주셨어요."

이 분은 원래 그 지역에서 큰 대리점 사업을 하셨는데 어느 날 저에게 이렇게 말했습니다.

> "전도사님! 하나님께서 지금 하고 있는 이 일을 그만두고 새롭게 이 사업을 해 보라고 말씀해 주셨습니다. 그래서 '아멘'하기로 했습니다!"

이분의 말인즉슨 "하나님의 말씀에 순종하여" 그 사업을 시작했다는 것입니다. 그리고 제 기억으로는 그분이 채 1년을 버티지 못했던 것으로 압니다. 결국 그 사업을 접고 그만두었습니다. 저는 이런 문제를 접하게 될 때, 사람들이 대단히 '책임성 없는 믿음'을 가지고 있고, 또 표현한다고 생각합니다. 우리는 다들 믿는 사람들끼리니까 대강 넘어갈 수도 있다고 치지만, 만약 어떤 불신자가 이 일을 보고 이렇게 물으면 무엇이라고 대답해야 할까요?

"아니, 하나님이 하라고 했다면서요? 그런데 왜 망했습니까?"

뭐라고 말해야 할까요? "망한 것도 하나님의 뜻이다!"라고 해야 합니까? 이런 경우가 굉장히 많습니다. **자기 임의로** "하나님이 하라고 하셨어요!"라고 하는 것 말입니다.

만약 정말 말씀하신 것이 하나님이시라면, 그 일은 실패해서는 안 됩니다. 하나님께서 실패하라고 그 일을 시키셨다면, 그런 하나님은 '사기꾼'이라고 불러도 됩니다. 자기가 하라고 했지 않습니까? 그런데 실패하니까 "어, 너 좀 실패하고 강해지라고 내가 거짓말한 거야!" 이러겠습니까? 복음서나 사도행전에 나오는 병 고침을 생각해 보십시오. 예수님이나 사도들이 사람들의 병을 고쳐 줄 때 "시도는 해 보겠지만 안 될 수는 있어!"라고 확률에 거는 경우가 있습니까? "열 명 중 두세 명 나으면 굉장한 거야!"라고 하는 경우가 있습니까? 하나님의 이름을 걸었으면 그건 **반드시 되어야 할 일**인 것입니다.

그런데 수많은 신자들이 말은 자기 맘대로 해 놓고 그 말에 책임을 지지 않습니다. 말할 때는 하나님의 이름을 들먹여서 경건한 척 하고, 또 자기 말이 하나님의 이름 때문에 더 힘을 얻도록 해 놓고는, 정작 그 일이 하나님의 뜻이 아닌 것으로 판명이 나면 나 몰라라 합니다. 이런 무책임한 태도가 어디에 있습니까? 이런 태도는 **셋째 계명을 매우 명백하게 어기는** 대단히 불경한 태도입니다! 하나님은 **'자신의 이익을 위하여 하나님의 이름을 사용해 먹는'** 행위를 대단히 불쾌하게 여기십니다! 그럼에도 우리 주변에 이런 사람을 많이 보게 되는 것은 우리가 그만큼 하나님을 경박하게 여기기 때문입니다.

하지만 그 반대의 것

그런데 이런 점에는 정반대편에 있는 이들의 문제도 있습니다. 곧 이 '책임성 없는 믿음'의 정반대편, '하나님의 이름을 마구잡이로 사용해 먹는 이들'의 문제의 정반대편에 있는 분들도 있는 것입니다. 앞의 것을 '책임성 없는 믿음'이라 했다면, 이 뒤의 것은 **'증거 없는 믿음'**이라고 해 봅시다. 이것은 쉽게 말하자면 "이래도 좋고 저래도 좋은 믿음"입니다. 예를 들면 항상 이렇게 말하는 것입니다.

> "하나님께서 불쌍히 여겨 주시면 이 일이 잘 해결될 수는 있겠지요. 하지만 그렇게 되리라고 장담은 못합니다. 하나님께서 어떻게 일하실지를 우리가 알 수는 없지 않습니까? 그러니까 이렇게 될 수도 있고 저렇게 될 수도 있는 거죠. 그러니까 결국 우리 편에서는 아무것도 뭘 어떻게 할 수는 없습니다. 그저 기다리고 기도할 수밖에요."

우리는 주변에서, 앞서 말씀드린 '책임성 없는 믿음'도 많이 봅니다만, 이런 '증거가 없는 믿음'도 많이 봅니다. 하나님에 대해 말할 때 신중해야 하는 것은 귀한 것이지만, 이런 신중함이 **'불확실함'이 되어 버리지는** 않았습니까? 하나님의 뜻을 다 알 수 없다는 것은 인생인 우리로서는 명백한 사실이지만, 그렇기 때문에 **어떤 것도 확신 있게 말할 수 없게 되어 버리지는** 않았나요? 만약 그렇다면 이런 것을 두고 '믿음'이라고 할 수 있는 것입니까? 히브리서 11장은 분명히 믿음에는 "증거가 나타난다"라고 말씀하고 있는데 말입니다.

도르트 신조의 목회적 관점

그런 점에서 16조에서 만나는 내용은 이 주제를 타겟으로 하고 있습니다. 말하자면 16조는 '매우 목회적인' 조항입니다. "매우 목회적이다"라는 말은 우리가 비록 이런 신조들을 통해 신앙의 확신에 대해 배우더라도, 실제로 모든 신자들이 **일률적으로 신앙의 용사는 아니라는** 적나라한 현실이 도사리고 있음을 의미합니다.

모든 시대에, 언제나 그래왔습니다. 동일한 시대를 살아도 어떤 사람들은 용감하게 순교하지만 어떤 사람들은 머뭇거립니다. 어떤 사람들은 하나님에 대한 확신에 차 있지만 또 어떤 사람들은 이것이 옳은지 저것이 옳은지 결정하지 못해서, 어느 날은 마음이 이랬다가 다음 날에는 또 마음이 저렇게 됩니다. 든든한 사람이 있는 반면 연약한 사람이 있고, 또 한 사람 안에서도 어떤 때에는 바람에 흔들리는 것 같다가 또 어떤 때에는 확고해지기도 합니다.

이런 일들은 역사 안에 항상 있어 왔고 지금도 마찬가지입니다. 아무리 좋고 바른 교회 안이라 하더라도 '단단한 확신을 가진 사람'과 '불투명하고 불확실한 사람'은 항상 함께 존재하는 것입니다.

도르트 신조 첫째 교리의 제16조는 '유기'라는 주제를 다룰 때, 바로 이 점을 염두에 두고 쓴 것입니다. 유기를 배우기 전에 '선택의 확신'에 대해 여러 차례를 배웠으나 정작 '유기'라는 주제에 들어와 보니 **이 확신에 있어 불투명한 사람들은 '공포'를** 느끼는 것입니다. '혹시 내가 유기된 자가 아닌가?'라는 불안감이 들게 됩니다. 그래서 우리 신앙의 선배들은 유기를 설명하면서 여기에다 한 조를 할애했습니다. 그래서 16조는 유기에 관하여 배울 때의 목회적 관점에 관한 것입니다.

> 유기를 배운 신자들이 어떤 태도를 보이느냐에 따라, 우리는 각 사람에게 무엇을 말해 주어야 하는가?

16조는 이렇게 불안을 보일 수 있는 사람을 총 **세 부류의 사람**으로 나누었습니다.

① 확신, 평안, 순종 등이 자기에게 있는지 분명하게 알지 못하는 사람
② 열심히 살아가고 간절히 소망하지만 자기 모습은 항상 그에 미치지 못하는 사람
③ 방탕한 자, 곧 자기 마음대로 세상 욕심에 빠져 살아가는 사람

신조는 유기를 가르치면서, **첫째와 둘째 부류의 사람은 '격려'**하고 **셋째 부류의 사람은 '경고'**하고 있습니다. 여기서는 첫째 부류와 둘째 부류의 사람만 생각해 보겠습니다.

첫째, 확신이 없는 사람

첫째 부류의 사람은 '확신이 없는 사람'입니다. 신조의 상세한 설명은 이렇습니다.

> 어떤 사람들은 그리스도에 대한 살아 있는 믿음과 견고한 내적 확신, 하나님 앞에서의 양심의 평안함, 어린아이 같은 열성적인 순종, 그리스도를 통하여 하나님을 영화롭게 하는 일 등이 자기 안에 있는지를 분명하게 알지 못하기도 합니다.

아마 어떤 분들은 이 문구를 읽으면서 "내 이야기네!"라는 분도 계실지 모르겠습니다. 실제로 그렇습니다. 우리는 획일적이지 않습니다. 하나님께서는 한 공동체가 바른 믿음의 공동체라 하더라도 거기 있는 모든 이들이 균등하게 신앙의 **같은 농도를** 지니게끔 하지는 않으셨습니다. 우리는 공동체이지만 제각각 다릅니다. 그리고 이 때의 다름은 신앙이 도달해 있는 위치에 있어서도 그렇습니다. 어떤 사람은 높은 위치에 있지만 어떤 사람은 낮은 위치에 있습니다. 그러므로 이 중에 어떤 분들은 이렇게 생각하는 것입니다.

> '내가 이 공동체 안에 있는 게 맞을까? 나는 혹시 유기된 자들 중 하나가 아닐까?'

"놀라서는 안 되고"

이렇게 생각하는 이들에게 신조가 주는 대답은 우리에게 상당한 감동을 줍니다.

> 그렇더라도 하나님께서 그 모든 것들을 우리 안에서 일으키시겠다고 약속하시며 주신 방도들을 사용하면서 살아가는 사람들은 유기라는 말이 나온다고 해서 **놀라서는 안 되고**…

"놀라서는 안 되고!" 신조는 우리 중 누군가가 아직 믿음이 연약하여 하나님의 교회 안에 있고 하나님께서 주시는 은혜의 방편을 부지런히 사용하면서 살아감에도 불구하고 확신이 없다면, 제일 먼저 이들에게 "유기를 듣고 놀라지 말아라" 라고 가르치고 있습니다.

제가 읽은 어떤 글 중에 아주 마음에 와 닿은 글이 있었습니다. 이분은 도르트 신조가 '목회적'인 이유를 이렇게 말씀했습니다.

> 도르트 신조를 '목회적'이라고 표현하였는데, 이때 '목회적'이라는 말은 성경의 교훈을 떠나 사람을 격려한다는 의미가 아니다. 오히려 **성경에서 그러한 사람을 격려하기 때문에 신앙고백서에서도 그러한 내용을 복창하는 것이다.**[45]

그렇습니다. 성경의 하나님이 누구신가요? 성경의 하나님은 우리의 연약을 무시하시거나, 그래서는 안 된다고 호통을 치시는 대신에 우리가 그렇다는 사실을 아시고, 우리를 이해하시는 분입니다. 그래서 신조는 이런 이들을 향하여 "유기에 대해 듣더라도 놀라지 마라"라고 말하는 것입니다.

히브리서 2장 말씀은 인생의 본질, 인생의 면모를 표현하기 위해서 이런 식으로 말합니다.

> 또 죽기를 무서워하므로 한평생 매여 종노릇하는 모든 자들을 놓아 주려 하심이니_히 2:15

"죽기를 무서워하여"의 "무서워하여"는 '두렵다'는 뜻입니다. 죽기를 두려워해 일생을 매여서 종노릇하는 자들을 놓아 주시려는 것이 하나님의 마음입니다. 이것이 히브리서가 보여 주고 있는 연약한 자들을 향한 하나님의 마음입니다.

이사야 41장 말씀도 봅시다.

> 두려워하지 말라. 내가 너와 함께 함이라. 놀라지 말라. 나는 네 하나님이 됨이라. 내가 너를 굳세게 하리라. 참으로 너를 도와주리라. 참으로 나의 의로운 오른손으

---

45 ― 김현수, 「독립개신교회 신학교 강의안」, 미출간.

이사야는 40장부터 회복을 말씀하고 있는데, 여기 41장에서는 "두려워하지 말라", "놀라지 말라"라고 합니다. 하나님은 왜 이런 말씀을 하십니까? 하나님께서는 우리가 연약한 존재임을 잘 아시기 때문입니다. 이 말씀의 앞과 뒤를 보면 모두 하나님께서 **회복하실 것을** 말씀하고 있음에도 불구하고, 그럼에도 하나님은 "두려워 말라, 놀라지 말라"고 하십니다.

하나님께서 이렇게 위로하시는 이유는 **우리의 성정이 단단하지 못하기 때문입**니다. 포로로부터의 회복은 **'포로당했던 이'를 전제로** 하고 있습니다. 많이 맞은 이들입니다. 많이 고난 당한 이들입니다. 그래서 회복하겠다고 하여도 **쉬이 놀라거나, 낙망하거나, 실의에 빠질 수 있는** 그런 사람들입니다.

그래서 이들을 회복시켜 주겠다고 말씀하실 때, 하나님의 아버지 같은 심정이 느껴집니다. 마치 회초리를 때린 후에 밤중에 잠든 아이를 보면서 눈물을 흘리는 부모처럼, 하나님께서는 그런 마음으로 회복을 말씀하시지만, 그 회복을 말씀하시는 순간조차 우리에게 두려워하지 말라고 말씀해 주십니다.

그러므로 우리가 유기의 교리 앞에서 신앙의 확신이 부족하여 두려워하는 이들에게 해 주어야 할 처음의 일은 이것입니다. 하나님은 근본적으로 약한 우리를 잘 아시는 분이시므로 "놀라지 말라"라고 격려해 주시는 것입니다.

"간주해서는 안 된다"

두 번째 부분에서는 "놀라서는 안 된다"보다 **좀 더 강경한 어법**이 나옵니다. "간주해서는 안 된다"입니다. **앞의 것이 '배려'나 '위로'에 가깝다고 한다면, 이것은 '명령'에 가깝습니다.** 확신이 없는 사람들은 먼저 '위로'를 받아야 하지만, 그 다음에는 조금 더 강한 어조로 "하지만 너는 이렇게 생각해서는 안 돼!"라는 명령을 받습니다. 안 된다고 하는 내용은 이것입니다.

> 자신을 유기된 자들 중 하나로 간주하는 일

왜 '배려'만이 아니라 '강한 명령'이 동반되었습니까? 우리는 어떤 이가 약한 믿음을 가지고 있을 때 단순히 동정심만 가지고 바라볼 수도 있습니다. 하지만 이는 필요한 것이면서도 동시에 위험한 것이기도 합니다. 왜냐하면 동정심만으로는 그 사람이 영원히 그 약한 믿음에서 머물러 있을 수도 있기 때문입니다.

따라서 신조는 이런 사람을 '이해할' 뿐 아니라, 동시에 이들에게 '가르치고' 있습니다. 가르침의 내용은 우리가 선택의 확신에서 계속 배웠던 내용을 **이렇게 확신이 연약한 이들도 반드시 가져야만 한다**는 것입니다. 빌립보서 말씀에서 우리는 이렇게 들었습니다.

> 우리 안에 착한 일을 시작하신 바로 그 이가 이 일을 끝까지 이루실 것을 확신한다!(빌 1:6의 의역)

신자는 '내가 신실하기 때문에' 내편에서 끝까지 하나님을 붙들고 놓지 않을 수 있다고 믿는 사람들이 아닙니다. 우리가 선택을 믿고, 확신하고, 의지하는 이유는 **하나님께서 신실하시기 때문**입니다. 그렇다면 확신이 없고 불안해하는 사람은 한편으로 위로를 받더라도 동시에 **이 사실을 배워야** 합니다. **자기의 연약함을 바라보지 말고 착한 일을 끝까지 이루실 하나님을 바라봐야 함을** 말입니다. 이것은 권면이고, 명령이고, 경고입니다. 에베소서는 거듭 말합니다.

> 그 뜻의 비밀을 우리에게 알리신 것이요 그의 기뻐하심을 따라 그리스도 안에서 때가 찬 경륜을 위하여 예정하신 것이니_엡 1:9
> 모든 일을 그의 뜻의 결정대로 일하시는 이의 계획을 따라 우리가 예정을 입어 그 안에서 기업이 되었으니_엡 1:11

"우리의 선택은 하나님의 기뻐하심이 동력"이라는 것과 "우리가 선택되었음을 깨닫고 찬미하는 것은 나의 어떠함 때문이 아니라는 것을 아는 것"은 선택과 유기를 이해하는 데 있어서 중요한 핵심입니다. 그렇기 때문에 어떤 신자가 비록 연약한 신앙 때문에 확신을 갖지 못하고 우유부단하다고 할지라도 그를 잘 **이해**

해 주는 것만으로 모든 것을 마무리 지으려고 해서는 안 됩니다. 우리는 언제나 어린아이 같은 신앙에 머물러 있어서는 안 되기 때문입니다.

한편으로는 이해해야 하며 다른 한편으로는 **"그렇게 확신이 없는 자체가 자신을 의지함입니다."**라고 말해 주어야 합니다. 그래서 거기로부터 빠져나와 하나님의 풍성한 은혜와 긍휼을 함께 노래할 수 있는 위치에까지 다다를 수 있도록 해야 합니다. 이것이 '위로'뿐 아니라 '권면'이나 '권고'가 필요한 이유입니다.

방편을 믿을 것

그리고 이 16조 전체의 가장 중요한 주제가 여기 세 번째로 나타납니다. 신조가 말하고 있는 세 번째의 주제는 바로 **'길'**, 곧 **'방도'**입니다.

> 오히려 부지런히 그러한 방도들을 사용해야 하고, 더 풍성한 은혜의 때를 열렬히 갈망해야 하며, 경외심과 겸손한 태도로 그 은혜가 임하기를 기다려야 합니다.

바로 이 지점이 **참 신자와 거짓된 신자를 가르는 결정적인 자리**임을 기억합시다. 어떤 사람은 믿음이 연약한데도 불구하고 계속 신자로 남아 있고, 어떤 사람은 믿음이 좋아 보였는데도 사실은 그렇지 않아서, 결국에는 여러 가지 핑계를 대고 하나님을 비방하면서 떨어져 나가버립니다. 이유가 어디에 있을까요? 근본적인 원인이 무엇입니까? 바로 여기 그 해답이 있습니다. 이를 한 문장으로 정리해 보겠습니다.

> 은혜의 방편이 믿음을 견인한다.

그렇습니다. 은혜의 방편이 믿음을 견인합니다. 그리고 저는 과감하게 이렇게 말해도 좋다고 생각합니다.

> 우리는 방편의 사람들입니다.

이때 "방편"이란 '은혜의 방편', 곧 말씀과 성례를 가리킵니다. 하나 더 붙인다면 기도를 더할 수 있겠습니다. 우리가 방편의 사람이라는 말의 의미가 무엇일까요? "방편"이라고 줄여 말하기는 했지만 "은혜의 방편"에서 "방편"의 동력은 사실 **"은혜"**에 있습니다. 방편은 무엇 때문에 존재합니까? 하나님께서 여기에 '은혜'를 실으시기 때문입니다. 그러므로 우리가 방편의 사람이라는 말을 달리 말하자면, 우리는 **하나님께서 은혜를 주실 때 수단을 사용하신다는 것을 믿는다는 뜻**입니다.

신조가 우리에게 "확신이 없는 사람은 어떻게 해야 합니까?"라는 주제에 대해 들려주는 대답은 **추상적이지 않습니다.** 매우 구체적입니다. 우리는 간혹 자기 믿음이 연약해졌다고 생각이 들 때 믿음을 끌어올리기 위해 자꾸 **'마음을 다잡는 것'**을 답이라고 생각하는 경향이 있습니다. 하지만 '마음이 처진 것'은 '마음을 끌어올린다고 해서' 끌어올려지는 것이 아닙니다. 내가 구덩이에 빠져 있는데, 자꾸 "올라가자! 올라가자!" 한다고 해서 올라가지는 것이 아닌 것처럼 말입니다.

구덩이에 빠져 있을 때 거기를 탈출할 수 있는 방법은 **누군가가 사다리를 내려주는 것**입니다. 우리는 하나님께서 우리에게 '방편들'을 통해서 은혜를 주신다고 믿습니다. 그렇다면 마음이 처져 있을 때, 하나님을 향한 신뢰가 시들어졌을 때, 이를 끌어올려 주는 것은 명백하게 이 사다리가 되는 '방편들'입니다.

'마음을 의지하는 사람'은 신앙이 처지면 은혜가 소망되거나 희구되지 않으니 예배에 가기 싫어집니다. 그래서 이를 자꾸 **'예배에 대한 소망을 회복하는 것'**으로 해결하려고 합니다. 하지만 생각해 보십시오. 예배에 대한 소망이 식었는데 어떻게 예배에 대한 소망을 회복하겠습니까? 되지 않는 일입니다. '마음'이 식었는데 '마음'을 끌어올리라고 하면 어떻게 그것이 가능하겠습니까?

오히려 거꾸로 생각해야 합니다. 신앙의 회복은 **방편을 통해** 오기 때문에 오히려 이 사람은 **"좋든 싫든 예배에 가서 말씀을 듣고 성례에 참여하자!"**라고 생각해야 합니다. **방편에 노출될 때 해결책이 생길 것**이기 때문입니다. 마음에 확신이나 소망이 부족하다고 생각이 들 때, 마음을 끌어올리려고 하지 마십시오! 어느 순간 스스로 올라올 것이라고 기대하고서 마냥 기다리지만도 마십시오! 도리어 방편을 붙들어야 합니다!

하나님과 사람의 관계는 근본적으로 우리가 인생에서 경험하는 관계와 유사한 점이 많습니다. 언약 관계 역시 상호 간의 관계이기 때문에 하나님께서는 자신을 찾고, 갈망하고, 기다리는 이들을 외면하지 않으시겠다고 말씀하셨습니다. 마치 우리가 호의를 갖고 대하는 사람을 홀대하지 않듯이 말입니다. 누가복음 11장 말씀을 읽어 보십시오.

> 내가 또 너희에게 이르노니 구하라 그러면 너희에게 주실 것이요 찾으라 그러면 찾아낼 것이요 문을 두드리라 그러면 너희에게 열릴 것이니 구하는 이마다 받을 것이요 찾는 이는 찾아낼 것이요 두드리는 이에게는 열릴 것이니라. 너희 중에 아버지 된 자로서 누가 아들이 생선을 달라 하는데 생선 대신에 뱀을 주며 알을 달라 하는데 전갈을 주겠느냐? 너희가 악할지라도 좋은 것을 자식에게 줄 줄 알거든 하물며 너희 하늘 아버지께서 구하는 자에게 성령을 주시지 않겠느냐 하시니라_눅 11:9-13

　　"구하는 자에게 성령을 주시지 않겠느냐!"라는 말씀은 한국 교회 안에서는 "떼를 쓰면 받을 수 있다."라는 지독한 아르미니우스적인 가르침으로 변질되었지만, 사실 이 말씀은 '하나님의 어떠하심'을 가르치는 말씀입니다. 이 말씀의 요지는 "내가 노력하면 받을 수 있다."가 아니라('구하는 자'에게 초점이 있지 않고) "하나님께서는 주시기를 원하시는 분이시므로"('성령을 주시지 않겠느냐'에 초점이 있다) 받을 수 있다는 것입니다.

　　이 말씀 바로 앞에는 밤에 집에 찾아와 문을 두드리는 사람 비유가 나옵니다. 주님께서는 "벗 됨을 인하여서는 일어나 주지 않더라도 주변의 눈 때문에라도('간청함'의 올바른 번역은 '부끄러움'이다) 일어나서 줄 것이다."라고 말씀하십니다. 그리고 주님께서는 "너희가 악하여도 좋은 것을 자식에게 주는데, 하물며 너희 천부겠느냐!"라고 맺으십니다. 즉 이 말씀의 요지는 "내가 노력하면 쟁취할 수 있다."에 있지 않고 하나님께서는 자비하신 아버지시므로 너희를 긍휼히 여기신다는 데 있는 것입니다. 하나님께서는 우리를 골리시면서 좋은 것을 손에 들고 "줄까? 말까?" 하시는 분이 아니십니다.

하나님께서는 은혜를 주시기로 약속하셨고, 그 은혜는 '방편을 통해' 주어집니다. 그렇다면 **내가 당장 확신이 없고 어려움 중에 있을 때에는 계속해서 방편을 의지해야** 합니다. 사람은 수많은 통제 불가능한 속성들을 지니고 있습니다. 어떤 사람은 감성이 더뎌 느끼지 못하기도 하고, 어떤 사람은 태생적으로 우유부단하기도 합니다. 이런 모든 사람들이 **다 동일한 것을 느낄 수는** 없습니다. 하지만 느낌과 상관 없이 어떤 종류의 사람들에게도 **약속은 동일**합니다. 비록 빨리 느끼고 늦게 느끼며, 많이 느끼고 적게 느끼는 차이가 있다 하더라도, 방편을 꾸준히 붙드는 이들에게 하나님께서는 "성령을 주마." 약속하신 것입니다. 그러므로 우리는 계속해서 방편을 붙들어야 합니다.

둘째, 계속해서 실패하는 사람

그리고 둘째 부류의 사람을 정리합시다. 둘째 부류의 사람에 대한 가르침은 첫째 부류의 사람과 내용상 거의 같고 약간 더 강조되어 있을 뿐이기 때문에 쉽게 다룰 수 있습니다. 둘째 부류의 사람은 신조에 이렇게 설명되어 있습니다.

> 간절히 소원함에도 불구하고, 바라는 만큼의 경건과 믿음에 도달하지 못하기도 합니다.

그리고 이때 "간절히 소원함"이란 이렇게 설명되어 있습니다.

> 하나님께 돌이키고, 그분만을 기쁘시게 하며, 사망의 몸에서 벗어나기를 간절히 소원함에도 불구하고

그러니까 둘째 부류의 사람들은 첫째 부류의 사람들과 달리 믿음 안에 있고 스스로도 그것을 알고 있지만, "자신이 정한 목표까지 도달하지 못하여" 실망하는 사람들입니다.

신조는 이런 사람들에게 **"더더욱 두려워 떨지 말아야 한다."**라고 말했습니다.

내용은 앞의 것과 같습니다. 우리가 유기에 대해 들을 때 조심해야 할 점은 이것이 시험 성적표처럼 점수의 등급이 있는 문제가 아니라는 것입니다. 유기는 70점이 있고, 90점이 있고, 50점이 있고, 30점이 있는 문제가 아닙니다. 오히려 유기는 흑과 백의 문제, 곧 '인가, 아닌가(be or not)'의 문제입니다. 유기는 "선택이냐 아니냐"의 문제이지 "나는 30퍼센트 유기에 접근했어.", "나는 거의 유기당할 뻔했어."의 문제가 아닌 것입니다.

딸이 엄마와 싸우고 나간 날과 생일 선물을 받아 기분이 좋은 날에 있어 감정 상태가 다르다고 해서 **엄마의 엄마 됨이 더 강력해지거나 느슨해지는 것은 아닙니다**. 이것은 카테고리가 다른 문제입니다. **'관계가 얼마나 더 친밀하냐'를 '관계가 있느냐 없느냐'의 문제로 오해해서는 안 된다**는 것입니다.

신앙적 열심이 있는 분들이 있습니다. 또 이런 분들 중에는 욕심이 과해서 자신에게 늘 만족하지 못하고 "조금 더 잘했으면, 조금 더 경건했으면, 조금 더 열심이 있었으면"이라고 할 수 있습니다. 하지만 거기까지입니다. 거기까지만 생각해야 합니다. **이것을 결코 "나는 유기자가 아닐까?"와 같은 방식으로까지 몰고 가서는 안 된다**는 것입니다. 이것을 신조가 표현하는 방식이 바로 "더더욱" 두려워 떨지 말라는 것입니다.

신조는 이를 설명하기 위해 이사야 42장 말씀을 인용했습니다. "상한 갈대를 꺾지 아니하며, 꺼져 가는 등불을 끄지 아니하고…" 이 말씀은 범죄로 말미암아 포로로 끌려가서 이리저리 많이 맞고 온통 멍이 든 백성들에게 주시는 하나님의 위로의 말씀입니다. 우리가 약하다는 것은 첫째 부류의 사람처럼 '확신이 없는' 약함도 있지만, 여기 둘째 부류의 사람처럼 **자기의 내적 기준이 자기의 행동과 부합하지 못하는 것으로 고통받는** 약함도 있습니다. 신조는 이것까지 모두 '약함'으로 이해했습니다. 그래서 이사야의 말씀을 인용한 것입니다.

포로로 끌려가게 된 만큼 연약하였어도 하나님 아버지와 자녀 이스라엘이라는 **관계를 없애지는** 못했습니다. 즉 우리 스스로가 아무리 문제가 많더라도 아버지와의 관계를 없앨 수는 없습니다. 로마서 7장과 8장 말씀이 이에 대해 도움을 줍니다. 이 부분을 읽을 때 7장 25절의 시작에 "그러나"를 넣어 읽도록 합시다(헬라어에는 접속사 '데'가 있음).

내 속사람으로는 하나님의 법을 즐거워하되 내 지체 속에서 한 다른 법이 내 마음의 법과 싸워 내 지체 속에 있는 죄의 법으로 나를 사로잡는 것을 보는도다. 오호라 나는 곤고한 사람이로다 이 사망의 몸에서 누가 나를 건져내랴. **그러나** 우리 주 예수 그리스도로 말미암아 하나님께 감사하리로다 그런즉 내 자신이 마음으로는 하나님의 법을 육신으로는 죄의 법을 섬기노라. 그러므로 이제 그리스도 예수 안에 있는 자에게는 결코 정죄함이 없나니 이는 그리스도 예수 안에 있는 생명의 성령의 법이 죄와 사망의 법에서 너를 해방하였음이라. 율법이 육신으로 말미암아 연약하여 할 수 없는 그것을 하나님은 하시나니 곧 죄로 말미암아 자기 아들을 죄 있는 육신의 모양으로 보내어 육신에 죄를 정하사 육신을 따르지 않고 그 영을 따라 행하는 우리에게 율법의 요구가 이루어지게 하려 하심이니라_롬 7:22-8:4

서론에서 '책임성 없는 믿음'의 정반대편에 있는 '신중하여 지나치게 재는 것이 많아 오히려 불확실한 믿음'에 대해 들었습니다. 그렇습니다. 우리는 상황에 있어 무엇이 될지, 무엇이 되지 않을지는 알 수 없습니다. 속단해서도 안 됩니다. 그렇지만 우리에게 **'확신'이 없는 것**은 아닙니다. "이 일은 꼭 됩니다."라고 말할 수는 없습니다. 하나님의 뜻을 이 땅에서 사는 동안은 완전하게 알 길이 없기 때문입니다. 그러나 그 '일'이 되고 않고를 알지 못한다고 해서, '나에 대한 하나님의 어떠하심'까지 우리에게 불확실한 것은 아닙니다. 말하자면 "이 일은 꼭 됩니다."를 말할 수 없다고 해서 "내가 어떤 형편에 처하더라도 하나님께서 내 아버지시며, 그래서 나를 붙드시고 가장 좋은 길로 인도하실 것입니다."라는 사실까지 불확실하지는 않다는 것입니다. 우리는 후자에 대해서는 분명한 확신을 가질 수 있습니다. 왜냐하면 우리가 말하는 '확신'이란 **'어떤 일'**에 대한 것이 아니라 **'어떤 분'**에 대한 것이기 때문입니다.

그렇습니다. 우리는 비록 연약하지만 하나님께서는 우리에게 확신을 주십니다. 그러므로 아무도, 아무것도 우리를 이 확신으로부터 끊을 수 없습니다.

제17조 : 유아 때 죽은 신자의 자녀들

하나님의 뜻은 반드시 그분의 말씀을 가지고 판단해야 하는데, 그 말씀은 신자의 자녀가 거룩하되 본성에 의해서가 아니라 부모와 함께 참여하는 은혜 언약에 의해서 거룩하다고 선언합니다.[i] 그러므로 하나님을 경외하는 부모는 하나님께서 유아기에 이생에서 데려가시는 자녀의 선택과 구원에 관하여 의심하지 말아야 합니다.[ii]

i 창 17:7 내가 내 언약을 나와 너 및 네 대대 후손 사이에 세워서 영원한 언약을 삼고 너와 네 후손의 하나님이 되리라 / 사 59:21 여호와께서 이르시되 내가 그들과 세운 나의 언약이 이러하니 곧 네 위에 있는 나의 영과 네 입에 둔 나의 말이 이제부터 영원하도록 네 입에서와 네 후손의 입에서와 네 후손의 후손의 입에서 떠나지 아니하리라 하시니라. 여호와의 말씀이니라 / 행 2:39 이 약속은 너희와 너희 자녀와 모든 먼 데 사람 곧 주 우리 하나님이 얼마든지 부르시는 자들에게 하신 것이라 하고

ii 고전 7:14 믿지 아니하는 남편이 아내로 말미암아 거룩하게 되고 믿지 아니하는 아내가 남편으로 말미암아 거룩하게 되나니 그렇지 아니하면 너희 자녀도 깨끗하지 못하니라 그러나 이제 거룩하니라

● **강해 본문 : 신명기 29장 9-13절**

9 그런즉 너희는 이 언약의 말씀을 지켜 행하라 그리하면 너희가 하는 모든 일이 형통하리라 10 오늘 너희 곧 너희의 수령과 너희의 지파와 너희의 장로들과 너희의 지도자와 이스라엘 모든 남자와 11 너희의 유아들과 너희의 아내와 및 네 진중에 있는 객과 너를 위하여 나무를 패는 자로부터 물 긷는 자까지 다 너희의 하나님 여호와 앞에 서 있는 것은 12 네 하나님 여호와와의 언약에 참여하며 또 네 하나님 여호와께서 오늘 네게 하시는 맹세에 참여하여 13 여호와께서 네게 말씀하신 대로 또 네 조상 아브라함과 이삭과 야곱에게 맹세하신 대로 오늘 너를 세워 자기 백성을 삼으시고 그는 친히 네 하나님이 되시려 함이니라

유아 때 죽은 신자의 자녀들

신 29:9-13

사회생활을 하다 보면 '뻔한 위로'를 해야 하는 때가 있습니다. 저는 성품상 아닌 것을 맞다고 말하는 것을 좀 어려워하는 성격이어서 이런 일에 어려움을 겪는 편입니다. 하지만 그럼에도 불구하고 사회생활에서는 이런 류의 이야기를 자주 해야만 합니다.

예를 들어, 어떤 사람이 새로 사업을 시작했습니다. 그런데 나는 그 사업성에 대한 전문가입니다. 그런 내가 보기에 이 사람이 새로 사업을 시작한 방식은 너무 무모하고 어리석어서 곧 실패할 것이 불보듯 뻔한 일인 것처럼 보입니다. 하지만 개업식에 축하 인사를 한마디 해 달라고 요청을 받았습니다. 이때 내가 아무리 솔직한 사람이라 하더라도, 그 자리에 가서 "뭐 새로 시작한 사업은 참 축하합니다만 이 사업은 반년이 못 가서 망할 겁니다." 이렇게 이야기하지는 못할 것입니다. 아마 내가 정상적인 사회생활이 가능한 사람이기만 하다면, 그 자리에서 새로 사업을 시작하는 사람을 위해 크게 축복하는 축하 인사를 할 것이 분명합니다.

조금 더 무거운 문제로 옮겨가 봅시다. 내가 아주 저명한 암 치료의 전문가인 의사라고 생각해 봅시다. 평생을 고생하다가 이제 가세가 좀 펴서 온 가족이 약간 행복해지려고 하는 어떤 가정의 가장이 불현듯 몸이 좋지 않아서 병원을 찾아왔습니다. 지금 내 앞에는 그 사람의 MRI 촬영 사진이 걸려 있습니다. 지금 이 사람은 췌장암 4기입니다. 내가 알고 있는 의학 지식으로는 이 사람은 3개월 안에 반드시 죽습니다. 그렇다고 해서 의사로서 나는 이 사람과 그의 가족들에게 "당신은 3개월 안에 반드시 죽습니다." 이렇게 말하지는 않습니다. "굉장히 힘든 상황입니다만 최선을 다해 보겠습니다."라고 말할 것입니다. "가능성이 낮아도 최선을 다해 치료하면 나을 수 있습니다." 이렇게 말할 것입니다. 아무리 무언가를 분명하게 알아도 아는 그대로 말할 수 없는 상황이 사회생활 속에는 많이 있습니다.

우리는 이런 일을 사회생활 속에서 많이 만납니다. 우리는 자주, 잘되지 않을 것이 뻔해 보여도 "잘될 거야."라고 말해 주어야 하는 상황을 만나고, 그 사람이 잘못한 것이 분명하더라도 "아니야, 네 잘못이 아니야."라고 해야 하는 상황도 만납니다. 사회생활이라는 것은 듣는 사람의 마음을 위해서 아무리 명확하고 분명한 사실이더라도 말하지 말아야 할 때가 있고, 반대로 마음에도 없는 이야기지만 해 주어야 하는 때도 있는 것입니다. 이것이 우리 인생의 단면 중 하나입니다. 이것을 전혀 신경 쓰지 않고 나는 정직하겠노라고 마음에 내키는 대로 말하는 사람은 '솔직한' 것이 아니라 '우둔한' 것입니다.

자녀가 유아 때 죽은 경건한 부모에게

이런 이야기로 서론을 시작하는 이유는 이번에 다루는 주제가 이런 일, 곧 **'사실이 아니더라도 적당히 위로해 주는 일'**과 밀접하게 연관이 되어 있기 때문입니다. 이 주제를 위한 좋은 인용문이 하나 있습니다.

> 경건한 부모는 자녀가 어린 나이에 죽을 때 "내 자녀는 어디로 가나요?"라고 묻습니다. 경건한 부모는 사탄의 공격을 받고 괴로운 질문으로 가득 찹니다. 따라서 그 부모는 위로를 받아야 합니다. 그런데 이때, 어릴 때 죽은 아이는 모두 천국에 간다고 믿는 이가 **"당신 자녀는 분명 천국에 있어요."라고 말한다고 할지라도, 경건한 부모는 이런 답에 만족할 수가 없습니다.** 죄와 죄책, 그리고 구원의 문제에 신경을 쓰는 부모에게 그런 말이 무슨 위로가 되겠습니까? 그런 위로에 경건한 부모는 전혀 위로받지 못합니다. 경건한 부모는 성경에서 답을 듣기를 원하며, 주님께서 직

접 말씀하신 답을 듣기만을 원합니다.[46]

조금 전에 '사회생활'에 대해서 말씀드렸습니다. 사회생활을 하다 보면 의도가 나쁘거나 상대를 속이려고 해서가 아니라 상대에게 상처를 주지 않기 위해, 혹은 상대의 마음을 이해하고 위로를 주기 위해, 의도치 않은 거짓말로 위로를 줄 때가 있습니다. 내가 알고 있는 분명한 지식에 의하면 그 일은 분명히 그렇게 되지 않을 것이 분명하더라도 상대가 진실을 있는 그대로 들으면 실망하고 절망하게 될 것이기 때문에 그대로 이야기하지 않고 다른 대답을 주곤 합니다.

17조의 문제는 이런 것과 관련되어 있습니다. 방금 인용한 내용은 아이가 태어난 지 얼마 되지 않아 죽었을 때의 경건한 부모들의 마음에 관한 이야기입니다. 어떤 사람은 이 부모에게 위로를 주기 위해, 소위 **좋은 게 좋다고** 이렇게 이야기합니다. "걱정 마! 아이는 분명히 좋은 곳에 갔을 거야!" 그리고 좀 더 정확하게 말하자면, 위로해 주는 사람 스스로가 그렇게 믿고 있어서 그렇게 이야기해 준 것이기도 합니다. 이 사람은 "어릴 때 죽은 아이는 모두 천국에 간다고" 믿는 사람이었습니다. 그래서 이 사람은 한편으로는 그 부모를 위로하기 위해서 그러했지만, 다른 한편으로는 자기 신념을 따라서 그렇게 말한 것이기도 합니다. "걱정마! 아이는 분명 천국에 있어!"

하지만 위의 인용문에서 **경건한 부모는 이런 대답에 만족할 수 없다**고 대답했습니다. 왜냐하면 경건한 부모는 **죄에 대해 알고 있기 때문**입니다. 경건한 부모는 태어난 작은 아기까지도 '죄인으로 태어난다'는 사실을 알고 있기 때문입니다. 그래서 이들은 '참대답', 곧 '진실'을 알기를 원합니다. 그냥 자기 귀에 듣기 좋은 이야기를 듣고 싶어 하는 것이 아니고, 성경이 가르치는 진짜 대답을 듣기 원한다는 것입니다. 어릴 때 죽은 자신의 아이가 **진실로 어디에 갔는지**를 알아야 그 마음에 참된 평화가 있을 수 있기 때문입니다. 이런 경건한 부모에게 아무런 성경의 근거도 없이 "아이는 좋은 데 갔을 거야!"라는 대답은 입에 발린 말이 될 뿐, 전혀 아무런 위로도 되지 못합니다. 그래서 인용한 부분의 마지막에서는 이렇게

46 ― 코르넬리스 프롱크, 『도르트 신조 강해』, 황준호 옮김 (수원: 그책의 사람들, 2012), 127.

말하면서 이야기를 마무리합니다.

> 경건한 부모는 성경에서 답을 듣기를 원하며, 주님께서 직접 말씀하신 답을 듣기만
> 을 원합니다. 그 주님의 답을 바로 우리 선조들이 17항에서 줍니다. 선조들은 성경
> 적인 위로, 성경적인 위안을 그 부모에게 줍니다.[47]

그렇습니다. 사람들이 책임지지 않고 무절제하게 들려줄 수 있는 대책 없는 위로 대신 하나님의 말씀, 진리에 입각한 정확한 대답을 들을 때에만 경건한 부모는 위로를 받게 될 것입니다. 그리고 도르트 신조 제17조는 **바로 이 참위로를** 우리에게 줍니다.

아이의 문제를 다루는 이유

이 문제를 다룰 때 먼저 질문해야 하는 점이 하나 있습니다. 그것은 **왜 신조가 뜬금없이 '일찍 죽은 자녀의 문제'를 다루냐**는 것입니다. 이것을 먼저 생각하고 문제 자체에 집중함이 좋겠습니다.

우리는 15조와 16조 두 번에 걸쳐서 '유기'에 대해서 배웠습니다. 유기는 기본적으로 선택의 어두운 부분입니다. 비록 유기조차 하나님의 크신 영광을 드러내기 때문에 우리는 이것을 기쁘고 감사한 마음으로 받습니다만, 유기가 '유쾌한' 가르침은 아닙니다. 우리는 앞의 두 번의 가르침을 통해, **그럼에도 불구하고 하나님께서는 이 유기를 어떻게 사용하시는지**, 특히 16조에서는 이런 유기의 가르침에 **불안해하거나, 두려워할 사람들을 위해서는 또 어떤 가르침이 제공되어 있는지** 등을 배웠습니다.

"유아 때에 죽은 신자의 자녀들"이라는 문제는 여기에 붙어 나옵니다. 즉 이 가르침은 반드시 **유기와 연결되어 있는 문제**입니다. 조금 더 직접적으로는 바로 앞의 조, 즉 16조에서 배운 내용과 맞닿아 있습니다. 16조에서 우리는 유기에 대한 가르침 때문에 다음과 같은 연약을 가진 사람들을 다루었습니다.

---

47 — 위의 책, 127.

> 첫째, 확신이 없는 사람
>
> 둘째, 자기가 기대한 만큼의 신앙을 갖고 있지 못한 듯 여기는 사람

우리는 16조의 내용들을 통해서 불안감을 갖고 있는 사람들에게 "두려워 말고", "더더욱 두려워 말아야 한다", 그래서 "방편을 붙들어야 한다"라는 말씀을 들었습니다.

17조는 이 내용들과 연속 선상에 있습니다. 16조에서는 세 종류의 사람이 나왔는데, **17조는 굳이 말하자면 네 번째 종류의 사람이라고 할 수 있습니다.** 그는 어떤 사람들입니까?

> 유기의 가르침을 듣고 배워 알고 있지만 자신의 자녀들이 어렸을 때 죽은 부모들

그렇습니다. 이 부모들 역시 16조의 사람들처럼 **'유기에 대한 불안감'을 갖고 있는 연약한 사람들**입니다. 신조가 이들을 다루는 이유, 그리고 이 문제가 첫째 교리의 16조 다음에 나오는 이유가 바로 여기 있습니다.

그런데 아르미니우스주의자들은 도르트의 선배들을 비난했습니다. 왜냐하면 자신들은 사람의 자유의지가 궁극적으로 자신의 구원을 결정하기 때문에, 자유의지가 형성되어 있지 않은 유아들은 죽으면 **무조건 천국으로 간다고** 가르쳤기 때문입니다. 이들은 도르트의 선배들을 비난하면서 '하나님의 선택과 유기'를 하나님의 주권이라고 말하는 개혁주의자들이 어려서 죽은 아이들조차도 하나님의 주권에 따라서 어떤 아이들은 지옥에 던져진다고 가르치는 것을 비난했습니다. 아르미니우스주의자들이 볼 때 도르트 선배들의 하나님은 자유의지가 없이 아무것도 모르는 아이들조차 지옥에 내던지는 가혹한 신이었습니다.

하지만 우리는 **'성경이 가르치는 죄를 알고 있는 부모들'**입니다. 따라서 조금 전에 말한 것처럼 성경이 가르치는 죄를 알고 있는 부모인 우리에게 있어서 자유의지가 없는 아이들은 무조건 천국에 간다고 하는 이야기는 마치 "좋은 게 좋은 거야.", "아이는 어쨌거나 좋은 데 갔을 거야."라고 말하는 무책임한 손님들과 같

습니다.

성경의 가르침을 아는 부모들에게 이런 무책임한 말은 전혀 아무런 위로가 되지 않습니다. 아르미니우스주의자들은 이런 무책임한 손님들처럼 "아이들은 무조건 천국에 간다. 그러니 너희 개혁주의자들은 가혹한 자들이다."라고 말합니다. 하지만 경건한 부모들은 얄팍한 위로보다 진실을 알기 원했습니다. 성경이 가르치는 진실 말입니다.

그래서 도르트의 선배들은 성경을 다시 살폈습니다. 제가 살핀 자료에 의하면 17조의 내용은 원래의 도르트 회의 자료에는 들어 있지 않았던 내용이었다고 합니다. 즉 이것은 이후에 보충하여 넣은 것입니다. 이유는 방금 말씀드린 이것 때문입니다. **성경을 살펴, 그 성경이 주는 진정한 위로를 주기 위해서**입니다. 그리고 우리 선배들은 성경을 살펴 이로부터 진정한 위로에 도달했습니다. 그것이 17조의 내용이고, 이를 신조 안에 조항으로 넣었습니다.

이 가르침은 한편으로 유기에 관한 내용이면서, 동시에 '**언약적 자녀**'라는 주제를 다루고 있습니다. 따라서 우리는 이 내용을 통해 **언약의 풍성함**에 함께 도달하게 됩니다. 이제 이를 함께 살펴보고 하나님의 말씀이 주시는 참된 위로에 도달하도록 합시다.

우리 자녀들은 은혜 언약에 의해 거룩해진다

신조는 우선 신자의 자녀가 "거룩하다"라고 선언합니다. 그리고 신자의 자녀가 거룩한 이유를 "**본성에 의해서가 아니고**", "**부모와 함께 참여하는 은혜 언약에 의해서 거룩하다.**"라고 말했습니다. 신조 17조의 시작 부분을 보시면 이렇게 설명이 되어 있습니다.

이 말씀이 전체 내용의 핵심입니다. 이어서 나오는 "하나님을 경외하는 부모는 하나님께서 유아기에 이생에서 데려가시는 자녀의 선택과 구원에 관하여 의심하지 말아야 한다."라는 가르침은 **이 앞의 내용의 자연스러운 결론**입니다. 즉 경건한 부모들이 유아기에 죽는 아이의 구원을 의심하지 말아야 하는 이유는 앞의 내용, 곧 신자의 자녀들이 "본성에 의해서가 아니라 은혜 언약에 의해서 거룩하기 때문"입니다!

우리의 자녀들이 거룩하다는 것을 어떻게 알 수 있는가?

신자에게서 태어나는 자녀들이 "나면서부터 거룩하다"라고 하는 주장은 생각의 유추를 따라서, 논리적 귀결로, 이성적인 판단으로 내려진 주장이 아닙니다. 오히려 이것은 하나님의 말씀에 따라 내린 판단입니다.

아르미니우스주의자들은 **논리적 결론에 의해** 판단했습니다. "인간은 자유의지를 통해 거룩해질 수 있는데 태어난 아기는 자유의지를 발휘할 수 없다."라는 논리적 결론에 의거하여, "그렇다면 선하신 하나님이 아이를 모조리 지옥에 던지지는 않으실 테니"라고 **유추하여** 아이들의 천국 여하를 이끌어 냈습니다. 정연해 보일지는 몰라도 여기에는 '**하나님의 말씀**'이 없습니다. 논리적 유추만 있습니다. 심지어 "선하신 하나님이 순진한 아이들을 모조리 지옥에 던지지는 않으실 테니"라는 유추는 확인할 길이 없는 그야말로 아무런 근거가 없는 주장입니다.

그러나 우리 선배들은 "하나님의 말씀에 의해" **아이들의 거룩을** 끌어냈습니다. 어째서 아이들이 거룩합니까? 무엇을 보고 우리의 아이들이 거룩하다고 말할 수 있습니까? 하나님의 말씀을 따라가 봄으로써 명징한 결론을 얻을 수 있습니다.

할례 시

하나님은 창세기 17장에서 아브라함에게 할례를 지시하십니다. 할례는 구약의 '**은혜 언약의 표와 인**'이었습니다. 할례는 그 자체가 언약이 아니라 언약의 '표식'입니다. 하나님과 자기 백성 사이에 언약이 있다는 것을 보여 주는, 하나님과 백성인 우리 사이에는 은혜 언약이라는 관계의 줄이 묶여졌다는 것을 보여 주는 '가시적인 표식'이었습니다.

그런데 만약 이 은혜 언약이 그 언약을 받는 **당사자의 믿음이나 태도에만 전적으로 연관된다면,** 하나님께서는 **이 언약의 직접적 대상자인 '아브라함만' 할례를 받으라고** 명령하셨을 것입니다. 하지만 하나님께서는 아브라함에게만 할례를 명령하신 것이 아니라 그 집안에 있는 모든 사람들이 다 할례를 받아야 한다고 말씀하셨습니다.

너희는 포피를 베어라 이것이 나와 너희 사이의 언약의 표징이니라. 너희의 대대로 모든 남자는 집에서 난 자나 또는 너희 자손이 아니라 이방 사람에게서 돈으로 산 자를 막론하고 난 지 팔 일 만에 할례를 받을 것이라. 너희 집에서 난 자든지 너희 돈으로 산 자든지 할례를 받아야 하리니 이에 내 언약이 너희 살에 있어 영원한 언약이 되려니와_창 17:11-13

하나님께서는 직접 신앙을 고백하는 아브라함 외에도 **난 지 팔 일만 되면 모든 아이들이 다** 하나님과의 은혜 언약의 징표인 할례를 받아야 한다고 말씀하셨습니다. 이어지는 말씀에 보면 이것을 행치 않는 자는 "내 언약을 배반한 것"으로 간주되었습니다(창 17:14). 그래서 이 명령 이후에 아브라함의 집은 모두 할례를 받는데, 어른들뿐 아니라 당시 13살이었던 이스마엘도 할례를 받았고, 당연히 나중에 태어난 이삭도 할례를 받았습니다.

아브라함과 그의 자손이 은혜 언약의 표인 할례를 받은 결정적인 이유는 하나님의 은혜 언약이 아브라함이나 신앙을 갖고 고백하며 표시하는 어른들, **그 사람들의 신앙에 절대적으로** 달려 있지 않았기 때문입니다.

물론 하나님의 언약은 언제나 우리에게 '반응'을 요구합니다. 우리가 성인 세례를 베풀 때 누구에게도 '믿음의 반응 없이' 세례를 베풀지 않습니다. 하지만 이 '믿음의 반응'은 은혜 언약에 대한 **'반응' 곧 '충분조건'**이지, 은혜 언약의 **'필요조건'이 아닙니다.** 비록 은혜 언약을 받는 이들에게는 반드시 믿음의 반응이 있어야 하지만, 그럼에도 불구하고 은혜 언약이 믿음의 반응 **'때문에'** 있는 것은 아니라는 말입니다.

우리는 '조건'(원인)과 일의 결과로 나타난 '현상'을 구분해야 합니다. 세례에 있어서 **'믿음'은 세례의 조건이 아니라, 은혜 언약으로 인해 나타나게 된 결과적 '현상'**입니다. 그러므로 '믿음'을 세례의 '조건'으로 이해하는 것은 세례를 잘못 본 것입니다.[48]

---

48 — "또한 세례는 우리 안에 이미 '일어난' 어떤 것에 대하여 인을 치는 것이 아닙니다. 다시 말해, 세례받는 사람이 이미 중생하였다고 인을 침으로써 유아 세례를 받는 모든 아기들을 이미 중생한 것으로 가정해야 하는 것이 아닙

오히려 우리는 이 은혜 언약이 우리 믿음의 반응 때문에 주어진 것이 아니라, **오직 하나님의 은혜 때문에** 주어진 것이라고 믿습니다. 그래서 하나님께서는 비록 이해할 수 없고, 반응할 수 없고, 대답할 수도 없는 8일밖에 되지 않은 아기에게도 우리로 하여금 "이 아이도 내 은혜 언약 안에 들어 있다."라고 말하게 하셨습니다.

이 말은 현대의 합리주의를 공격합니다. 우리 중 어떤 이들은 '바르게' 믿어야 한다는 열심이 너무 강력해서, 오히려 **바른 믿음조차도 하나님께서 주신 선물이라는 것을 잊어버리는** 자들이 있습니다. 즉 바른 모습이 나타나는 것만을 강조하다가 '행위주의', 곧 '우리가 믿음으로 보인 어떤 태도'에만 집착하게 될 수도 있는 것입니다. 전형적으로 재세례파들이 그러했습니다.

하지만 우리는 '하나님의 은혜'를 믿습니다. 우리는 '하나님의 은혜 언약'을 믿습니다. 그러므로 우리는 이 언약 때문에, **'믿음을 고백하지 못하더라도 자기 백성으로 받아 주시는 하나님'**을 아멘합니다! 우리는 이 아이들이 바른 신앙고백을 가지고 있지 않음에도 불구하고, 하나님께서 아무 조건 없이 하나님의 언약 안에 있는 것으로 받아 주셨다는 증거를 성경에서 발견합니다. 이야말로 '은혜의 선물'이 아닙니까!

창세기 17장의 할례 제도는 하나님의 은혜가 우리 자녀들에게도 조건 없이 주어진다는 것을 보여 주는 훌륭한 말씀이며, 또 할례 제도는 유아 세례의 근간이 되는 제도이기도 합니다. 우리는 이를 통해 신자의 자녀들이 태어나자마자 하나님의 백성으로 받아들여졌다는 것을 수긍합니다. 내가 이토록 부족한데도 불구하고 왜 나를 사랑해 주셔서 그분의 자녀로 삼아 주셨는지가 **'신비'에 속한 것처럼**, 우리의 아이들이 아무런 판단 능력이 없는데도 불구하고 하나님의 자녀로 동

니다. 린더보움(Lucas Lindeboom, 1845-1933) 교수가 1905년 총회 직전에 제시한 명제들 중에는 특히 다음과 같은 내용이 있습니다. '세례는 세례를 받는 아이의 안에 있는 것, 혹은 있다고 추정되는 것을 표하거나 인치는 것이 아니라, 복음에 나타난 은혜 언약의 약속들을 표하고 인치는 것이다.'" 얀 판 브뤼헌, 『하이델베르크 요리문답 해설』, 김헌수, 성희찬 옮김 (서울: 성약, 2020), 340. 개혁파는 재세례파와 침례교의 '세례관', 곧 아이가 믿음이 있어야만 세례를 줄 수 있다고 하는 세례관을 대적한다. 왜냐하면 세례는 '그의 믿음의 인'이 아니라 '하나님의 약속의 인'이기 때문이다. 세례는 '그 사람이 믿는다는 것을 인치는 것'이 아니라, '하나님의 약속을 인치는 것', 곧 '그분의 은혜 언약을 인치는 것'이다.

일하게 받아들여 주셨다는 사실은 동일하게 '신비'에 속합니다.

이 사실을 믿고 받아들이기 때문에, 우리는 자녀가 태어났을 때 '불신자 한 사람이 태어났다'고 생각하지 않습니다. 하나님의 복 안에서 '은혜의 선물'이 태어났다고 생각합니다. 시편 127편처럼 말입니다.

> 보라 자식들은 여호와의 기업이요 태의 열매는 그의 상급이로다_시 127:3

성경은 우리의 자녀를 '장차 신자가 될지 불신자가 될지 알 수 없는 불확정성의 상태'라고 말하지 않습니다. 성경은 우리의 자녀를 "여호와의 기업"이라고 하고, "그분의 상급"이라고 합니다. 이 성경의 가르침을 우리는 그대로 받기 때문에, 경건한 부모라면 아이가 어려서 죽더라도 그 자녀의 선택과 구원에 대하여 의심하지 않아야 합니다. 그 아이는 하나님께 '받아들여졌기' 때문입니다.

출애굽 후 2세대들에게

조금 더 뒤로 가서 출애굽 이후 모세가 2세대들과 언약을 재확인할 때, 그 회중들 안에 누구를 포함하고 있는지를 살펴보도록 합시다. 신명기 29장 9-13절 말씀입니다.

> 그런즉 너희는 이 언약의 말씀을 지켜 행하라 그리하면·너희가 하는 모든 일이 형통하리라. 오늘 너희 곧 너희의 수령과 너희의 지파와 너희의 장로들과 너희의 지도자와 이스라엘 모든 남자와 **너희의 유아들과** 너희의 아내와 및 네 진중에 있는 객과 너를 위하여 나무를 패는 자로부터 물 긷는 자까지 다 너희의 하나님 여호와 앞에 서 있는 것은 네 하나님 여호와의 언약에 참여하며 또 네 하나님 여호와께서 오늘 네게 하시는 맹세에 참여하여 여호와께서 네게 말씀하신 대로 또 네 조상 아브라함과 이삭과 야곱에게 맹세하신 대로 오늘 너를 세워 자기 백성을 삼으시고 그는 친히 네 하나님이 되시려 함이니라_신 29:9-13

지금 모세가 말하고 있는 이곳은 요단강 건너 저편으로 가나안 땅이 보이는 모압 평지입니다. 이스라엘 백성들은 1세대가 가나안 땅을 앞에 두고 하나님을 거역함으로써 광야의 심판을 받았습니다. 이제 다시 2세대의 사람들이 가나안을 향하여 가려는 시점에 있습니다. 이때 모세는 다시금 이스라엘 백성들에게 하나님을 상기시키면서 이들을 이 언약 안에 참여시키고 있습니다.

이때 모세가 언약의 대상자로 이야기하고 있는 중에 **"너희의 유아들과"**가 있다는 것에 유의하도록 합시다(11절). 하나님의 언약 대상 안에는 언제나 "유아들"이 있었습니다. 왜 유아들이 있습니까? 이 아이들이 언약을 이해할 수 있습니까?

이 아이들이 거기에서 모세의 말을 들은들 1세대의 언약적 잘못이나 배반을 이해할 리도 만무하고, 2세대로서 그들이 지켜 행해야 할 언약적 책무들에 대해 결심을 가질 수 있을 리도 만무합니다. 그때나 지금이나 아이들은 똑같습니다. 아마 모세가 이야기하고 있는 이 순간에도, 어떤 아이들은 엄마 품에서 사랑을 빨고 있었을 테고, 조금 큰 아이들은 옆에서 장난감을 가지고서 놀고 있었을 것입니다. 3-4세가 된 아이들은 모세가 말하고 있는 이 중요한 순간에 엄마 품에서 버둥거리다가 옆 라인을 타고 아장거리며 저쪽으로 걸어가 버렸을지도 모릅니다.

그런데 하나님의 말씀은 **이 아이들조차 모두 '언약의 대상자'로 삼았다는 것**을 기억합시다. 모압 평지에서의 이 말씀 이후 이스라엘은 요단강을 건너가 가나안 땅으로 들어갔고, '길갈'이라는 지역에서 할례를 행했습니다. 당연히 이 할례의 대상에는 아주 어린아이들까지 모두 포함되었습니다. 그렇다면 여기에서 앞의 창세기 17장과의 연결이 다시 생깁니다. 이 아이들이 할례를 이해했습니까? 이 아이들이 은혜 언약을 이해했습니까? 이 아이들이 가나안 땅에서 진군해야 하는 언약적 의무를 이해했습니까? 전혀 그렇지 않았음에도 불구하고 그들이 언약의 대상자로서 '언약 공동체 안의 한 일원'으로 취급된 것은, **하나님께서 우리를 받으시는 일이 '그분의 은혜로' 되는 일이기 때문**입니다.

성인 세례에만 치중하고 유아 세례를 부인하는 이들은 이렇게 자신들이 받은 하나님의 은혜가 '자신들의 신앙고백 때문에' 주어진 것 같은 오해를 한 것입니다. 다시 강조합니다. 우리는 **성인 세례 조차도 '은혜로'** 받았습니다. 내 믿음은 내 것이 아니요 선물입니다. 그리고 **우리가 받은 믿음이 선물이라는 사실을 가장 잘 드러내는 대상들이야 말로 바로 이 '아무런 반응도 할 수 없음에도 불구하고 은혜로**

받아들여진' 어린아이들입니다.

바울 사도는 행위로 우리가 하나님께 무언가를 갚아드릴 수 없음을 여러 곳에서 강조했는데, 아이들보다 이것을 더 잘 드러내는 이들은 없습니다. 우리는 믿음의 반응에 애쓰고 힘써야 합니다. 그것이 옳습니다. 하지만 앞에서 강조한 것처럼, 그럼에도 불구하고 **믿음의 반응이 우리 믿음의 존재 이유는 아니라는 것을** 잊지 말아야 합니다. 우리는 믿음을 선물로 받았고 하나님의 자녀로 받아들여지게 된 것 역시 선물입니다. 그렇다면 하나님께서 우리의 자녀들 역시 이 선물의 영역으로 받아들이겠다고 말씀하실 때, "우리 아이들은 아무것도 모르니 제외해야 합니다."라고 말하는 것은 은혜에 대해 전혀 알지 못하는 태도가 아니겠습니까!

기타 구약의 몇 구절

아이들이 언약 안에 받아들여졌음을 보여 주는 구약의 성경 구절들이 이외에도 여럿 있습니다. 여호수아 8장에서 에발 산과 그리심산에 이스라엘 백성들을 모으고 언약을 반포할 때의 말씀입니다.

> 온 이스라엘과 그 장로들과 관리들과 재판장들과 본토인뿐 아니라 이방인까지 여호와의 언약궤를 멘 레위 사람 제사장들 앞에서 궤의 좌우에 서되 절반은 그리심 산 앞에, 절반은 에발 산 앞에 섰으니 이는 전에 여호와의 종 모세가 이스라엘 백성에게 축복하라고 명령한 대로 함이라. 그 후에 여호수아가 율법책에 기록된 모든 것 대로 축복과 저주하는 율법의 모든 말씀을 낭독하였으니 모세가 명령한 것은 여호수아가 이스라엘 온 회중과 여자들과 **아이와** 그들 중에 동행하는 거류민들 앞에서 낭독하지 아니한 말이 하나도 없었더라_수 8:33-35

여기 언약 반포의 현장에 "아이들"이 포함되어 있습니다.

그리고 역대하 20장에는 모압과 암몬이 공격해 왔을 때 여호사밧 왕이 "여호와께로 낯을 향하여 간구하고 온 유다 백성에게 금식하라 공포하매"(대하 20:3)라고 하면서 기도하는 내용이 나옵니다. 기도의 내용은 이 땅을 아브라함과 그 자손에게 주셨고 성전을 건축하였을 때 이곳을 향하여 기도하라고 말씀하셨다는 언약적 내용입니다. 여호사밧의 마지막 기도의 말은 "우리 하나님이여 … 우리를 치러 오는 이 큰 무리를 우리가 대적할 능력이 없고 어떻게 할 줄도 알지 못하옵고 오직 주만 바라보나이다"(대하 20:12)입니다. 이 기도의 마지막 부분에 청중의 내용이 곁들여져 있습니다.

> 유다 모든 사람들이 그들의 아내와 **자녀와 어린이와 더불어** 여호와 앞에 섰더라_
> 대하 20:13

하나님 앞에서 '언약에 근거한 기도'를 드리는 왕 여호사밧 앞에 모든 백성이 섰는데 그중에는 아이들도 있었습니다. 아이들이 여호사밧의 이 멋진 기도, 언약에 기초한 이 놀라운 기도를 이해했겠습니까? 아닙니다. 그럼에도 불구하고 성경은 이 기도에 아이들이 함께 참여하였다고 쓰고 있습니다. 여기 **"자녀"라는 말이 나오는데도 다시 "어린이"를 쓴 것**은 아주 어린아이들 역시 여기에 포함되었음을 강조하고 있는 것입니다. 우리의 아이들이 언약 안에 포함되었음을 분명히 보여 줍니다.

또한, 요엘서 2장에는 앞의 내용들과 약간 뉘앙스는 다르지만 조금 놀라운 사실들이 나옵니다. 요엘서는 임박한 여호와의 날에 대해 말하면서 이스라엘에게 회개를 요청합니다. 12절에서는 "너희는 이제라도 금식하며 울며 애통하고 마음을 다하여 내게로 돌아오라"라고 했고, 이어지는 13절에서는 "너희는 옷을 찢지 말고 마음을 찢고 너희 하나님 여호와께로 돌아올지어다"라고 했습니다.

그런데 놀라운 점은 이렇게 회개를 요청하는 자리에서 어린아이들에게도 이것을 요청했다는 것입니다. 15절부터 읽어 봅니다.

> 너희는 시온에서 나팔을 불어 거룩한 금식일을 정하고 성회를 소집하라. 백성을 모아 그 모임을 거룩하게 하고 장로들을 모으며 **어린이와 젖 먹는 자를 모으며** 신랑을 그 방에서 나오게 하며 신부도 그 신방에서 나오게 하고 여호와를 섬기는 제사장들은 낭실과 제단 사이에서 울며 이르기를 여호와여 주의 백성을 불쌍히 여기소

서 주의 기업을 욕되게 하여 나라들로 그들을 관할하지 못하게 하옵소서 어찌하여 이방인으로 그들의 하나님이 어디 있느냐 말하게 하겠나이까 할지어다. 그 때에 여호와께서 자기의 땅을 극진히 사랑하시어 그의 백성을 불쌍히 여기실 것이라_욜 2:15-18

마음을 찢고 회개하기는커녕 당시의 사태가 무엇인지조차 모를 "어린이와 젖 먹는 자를" 왜 여기에 나오게 했을까요? 여기에도 역시 앞의 역대하 본문에서처럼 "어린이"와 "젖 먹는 자"를 분리해서 두 번, 두 단어로 말합니다. "어린이"라고 번역한 단어는 "젖을 주다"에서 유래한 단어이기 때문에 여기 두 단어는 모두 아주 어린 갓난아이를 말하는 것입니다. 이 아기들이 뭘 알아서 회개에 참여할까요?

하지만 하나님께서는 이 젖먹이들조차 하나님의 언약 집회에 나아오도록 명령하셨습니다. 이유가 무엇이겠습니까? 여기에 **실용적 이유가 있겠습니까**? 이 아이들이 울며, 회개하며, 옷을 찢을 수가 있겠습니까? 아니면 여기에 '마음의 이유'조차 있을 수가 있습니까? 젖먹이들이 어떻게 애통의 마음을 가질 수가 있습니까?

앞에서 언급한 말씀들은 하나님께서 우리 언약 백성들을 어떻게 대우하시는지를 아주 강력하게 보여 주는 말씀입니다. 하나님께서는 비록 천지 분간하지 못하는 어린아이들조차도 하나님의 언약 백성의 범주 안에 넣으시고, 그들에게조차 언약적 의무(비록 자기는 이해하지 못하더라도)인 회개에 나아오도록 요구하셨습니다. **이것은 그 아기들에게 무언가를 기대해서가 아닙니다. 오히려 이 아이들이 '어른들과 함께 언약 백성임을' 표시하기 위한 것입니다.** 즉 우리는 이런 말씀들을 통해서 우리에게서 태어나는 아이가, 철이 없고 젖먹이일 때부터 특별하게 성별된 그분의 자녀들임을 확인하게 되는 것입니다.

경건한 부모들이 무엇을 통해 위로를 얻게 될까요? 이성적인 추론에 의한 아르미니우스주의자들의 가르침을 통해서 위로를 얻을 수 있을까요? 아니면 그냥 근거 없이 마음에 위로가 될 만한 아무 말이나 해 주는 여러 타인들로부터 위로를 얻을 수 있을까요? 그럴 리 만무합니다.

하나님의 말씀으로 자란 경건한 부모들은 하나님의 참되신 말씀을 통해서만 위로를 받습니다. 그런데 하나님의 말씀은 선언합니다. 신자의 자녀들이 나면서부터 그분의 언약 안에 동참하였다고 말입니다. 그 아이들이 비록 아무런 판단 능력이 없다 하더라도, 그분의 언약 안에서 태어났기 때문에 하나님께서는 이들을 긍휼히 여기신다고 말입니다. 그래서 신조는 성경의 가르침에 따라 담대하게 이렇게 고백합니다.

> 하나님을 경외하는 부모는 하나님께서 유아기에 이생에서 데려가시는 자녀의 선택과 구원에 관하여 의심하지 말아야 합니다.

끝으로 주님께서

끝으로 우리 주님께서 구약의 이 가르침들에 덧대어 어떻게 말씀하셨는지를 살핌으로써 말씀을 맺겠습니다. 누가복음 18장의 말씀입니다.

> 사람들이 예수께서 만져 주심을 바라고 자기 어린 아기를 데리고 오매 제자들이 보고 꾸짖거늘 예수께서 그 어린 아이들을 불러 가까이 하시고 이르시되 어린 아이들이 내게 오는 것을 용납하고 금하지 말라 하나님의 나라가 이런 자의 것이니라_눅 18:15-16

이 말씀의 참의미를 모르기 때문에 많은 교회들이 이 말씀을 어린이 주일에 사용하곤 합니다. 그러나 사실 이 말씀은 **이해력이 없는 아이들을 위한 것이 아니라 이해할 수 있는 어른들을 위한 것**입니다. 주님께서 "아이들이 가까이 오는 것을 금하지 말라"라고 가르치신 것은 다가오는 아이들에게 주신 말씀이 아니라 그 아이들을 용납하시는 주님을 보고 **언약의 내용을 배워야 할** 어른들에게 주신 말씀이었습니다.

주님께서 말씀하신 내용의 실제가 무엇입니까? 여기에서 예수님은 그저 아이들이 이뻐서 좋아하는 손주들을 바라보는 할아버지 같은 심정으로 아이들을 용납하고 오게 하라고 말씀하고 있는 것입니까? 만약에 그렇다면 그런 내용을 왜 성경에다 적어 두었겠습니까?

이 말씀은 우리가 앞서 배운 내용들을 포괄합니다. 주님께서는 '언약의 성취자'이시므로, 구약의 모든 내용들을 이루시고 다 담으셨습니다. 그런 의미에서 주님의 말씀은 언약의 최종적 성취자이시며 모든 언약의 실체이신 그분께서, "이 어린아이들조차 나에게로 가까이 와야 한다."라고 말씀하신 내용입니다. 즉 **아이들도 하나님의 언약에서 제외되지 않는다는 것**이 이 말씀의 참된 의미입니다.

그렇습니다. 우리는 불신자를 낳지 않았습니다. 우리는 언약 안에서 '하나님의 자녀'를 낳았습니다. 그러므로 언약 안에서 태어난 아이들은 우리의 것이기 이전에 **'우리 주님의 것'**입니다. 우리는 이 아이가 얼마나 성경에 대한 지식이 있고, 얼마나 바른 신앙고백을 갖고 있는지 일정 나이가 되기 전까지는 묻지 않습니다. 그럼에도 불구하고 이 아이는 하나님의 언약 백성입니다. 왜 하나님은 이런 이해할 수 없는 일을 하십니까? 왜 하나님은 비합리적으로 행동하십니까?

이런 질문을 하는 사람은 자기에게 다시 물어 보아야 합니다. **그러면 나는 하나님이 건질 만해서 건지셨는가? 그러면 나는 아이들보다 굉장히 낫기 때문에 구원하셨는가?** 아이들을 언약의 테두리 안으로 부르신 것은 **그저 '하나님의 자비와 은혜'**입니다. 하나님께서는 언약 안에서 자기 백성들의 자녀들도 모두 자기의 품 안에 두시기를 원하셨습니다. 따라서 하나님의 말씀을 존중하는 주의 백성들이라면, 결코 이 아이들이 자신과 동일한 하나님의 언약 백성임을 의심해서는 안 됩니다.

우리 시대에도

첫째 교리의 제17조는 자녀들이 어린 시기에 많이 죽었던, 과거의 우울한 시기들을 반영하고 있습니다. 이때는 전쟁이나 전염병 등으로 아이들이 많이 죽었던 때였습니다. 그래서 신자의 자녀들이 천국에 갈 것인지의 문제는 '공상의 영역'이 아니라 '현실의 영역'이었습니다. 하지만 오늘날은 아이들이 어려서 쉽게 죽지 않습니다. 그러다 보니 언약 백성들 안에 이런 질문들을 하는 일이 거의 사라졌습니다.

게다가 우리네 교회들은 옛적부터 개혁신앙을 잘 받아 간수한 교회들이 아닙니다. 따라서 아이들을 대할 때 많은 교회들이 언약의 입장에서 개혁신앙을 따라 생각하기보다는, 합리적 이성을 따라 침례교적 사고방식으로 자기 입으로 신앙을 고백하지 않은 아이는 **중립 지역에** 둡니다. 아직 신자도 아니고 그렇다고 불신자도 아닌 모호한 영역에 말입니다.

그러나 성경은 그렇게 가르치지 않습니다. 하나님은 언약 백성들을 받으실 때, 그들의 자녀들도 함께 받으셨습니다. 하나님의 언약은 대대로 계승되는 것이며, 부모가 받은 언약은 자녀들에게 여전히 효력 있게 작동하는 것입니다.

그러므로 우리는 우리의 자녀들이 꼭 어려서 죽지 않더라도, **마치 시한폭탄처럼** "언제 하나님으로부터 이탈할지 몰라!" 이런 생각을 갖고 살아서는 안 됩니다. 우리의 자녀들이 어려서 죽더라도 하나님의 품 안에서 천국으로 불려가듯이, **우리가 언약에 신실하다면 우리가 기르는 이 아이들이 언제나 주님의 울타리 밖으로 뛰쳐나가지 않을 것이라는 믿음을 가지고**, 견고하고 굳세게 하나님을 붙들고, 매일 그렇게 살아가야 할 것입니다. 물론 여기에는 우리가 언약 안에서 자녀들을 잘 가르쳐야 한다는 언약적 의무의 단서가 붙지만, 그렇다고 해서 불안감을 갖고 아이들을 양육하는 것이 올바른 태도는 아니라는 것입니다.

유기를 정리하면서 앞서 말씀드린 넷째의 부류, 곧 자녀들에 대해 유기를 걱정하는 부모들에게, 하나님의 말씀은 **안심하라**고 가르쳐 주고 있습니다. 이 사실을 믿고 우리의 자녀들을 하나님께 맡겨 드리고, 또 최선을 다하여 언약의 말씀 안에서 길러 가는 우리가 되도록 합시다. 내가 아니라 주님께서 우리 자녀들을 돌보실 것입니다.

제18조 : 불평이 아니라 찬양함

무가치한 자들을 택하시는 이 은혜와 공의롭게 유기하시는 엄중함에 대하여 불평하는 사람들에게[i] 우리는 사도의 말로 대답합니다. "이 사람아, 네가 누구이기에 감히 하나님께 반문하느냐?"(롬 9:20) 또한 우리 구주께서는 이렇게 물으십니다. "내 것을 가지고 내 뜻대로 할 것이 아니냐? 내가 선하므로 네가 악하게 보느냐?"(마 20:15)

하지만 우리는 이 신비에 대하여 경외하는 마음으로 찬송하면서 사도와 같이 외칩니다. "깊도다. 하나님의 지혜와 지식의 풍성함이여! 그의 판단은 헤아리지 못할 것이며 그의 길은 찾지 못할 것이로다. 누가 주의 마음을 알았느냐? 누가 그의 모사가 되었느냐? 누가 주께 먼저 드려서 갚으심을 받겠느냐? 이는 만물이 주에게서 나오고 주로 말미암고 주에게로 돌아감이라. 그에게 영광이 세세에 있을지어다. 아멘"(롬 11:33-36).

i 욥 34:34-37 슬기로운 자와 내 말을 듣는 지혜 있는 사람은 반드시 내게 말하기를 욥이 무식하게 말하니 그의 말이 지혜롭지 못하도다 하리라. 나는 욥이 끝까지 시험 받기를 원하노니 이는 그 대답이 악인과 같음이라. 그가 그의 죄에 반역을 더하며 우리와 어울려 손뼉을 치며 하나님을 거역하는 말을 많이 하는구나

● **강해 본문 ① : 로마서 9장 19-23절**

19 혹 네가 내게 말하기를 그러면 하나님이 어찌하여 허물하시느냐 누가 그 뜻을 대적하느냐 하리니 20 이 사람아 네가 누구이기에 감히 하나님께 반문하느냐 지음을 받은 물건이 지은 자에게 어찌 나를 이같이 만들었느냐 말하겠느냐 21 토기장이가 진흙 한 덩이로 하나는 귀히 쓸 그릇을, 하나는 천히 쓸 그릇을 만들 권한이 없느냐 22 만일 하나님이 그의 진노를 보이시고 그의 능력을 알게 하고자 하사 멸하기로 준비된 진노의 그릇을 오래 참으심으로 관용하시고 23 또한 영광 받기로 예비하신 바 긍휼의 그릇에 대하여 그 영광의 풍성함을 알게 하고자 하셨을지라도 무슨 말을 하리요

● **강해 본문 ② : 마태복음 20장 1-16절**

1 천국은 마치 품꾼을 얻어 포도원에 들여보내려고 이른 아침에 나간 집 주인과 같으니 2 그가 하루 한 데나리온씩 품꾼들과 약속하여 포도원에 들여보내고 3 또 제삼시에 나가 보니 장터에 놀고 서 있는 사람들이 또 있는지라 4 그들에게 이르되 너희도 포도원에 들어가라 내가 너희에게 상당하게 주리라 하니 그들이 가고 5 제육시와 제구시에 또 나가 그와 같이 하고 6 제십일시에도 나가 보니 서 있는 사람들이 또 있는지라 이르되 너희는 어찌하여 종일토록 놀고 여기 서 있느냐 7 이르되 우리를 품꾼으로 쓰는 이가 없음이니이다 이르되 너희도 포도원에 들어가라 하니라 8 저물매 포도원 주인이 청지기에게 이르되 품꾼들을 불러 나중 온 자로부터 시작하여 먼저 온 자까지 삯을 주라 하니 9 제십일시에 온 자들이 와서 한 데나리온씩을 받거늘 10 먼저 온 자들이 와서 더 받을 줄 알았더니 그들도 한 데나리온씩 받은지라 11 받은 후 집 주인을 원망하여 이르되 12 나중 온 이 사람들은 한 시간밖에 일하지 아니하였거늘 그들을 종일 수고하며 더위를 견딘 우리와 같게 하였나이다 13 주인이 그 중의 한

사람에게 대답하여 이르되 친구여 내가 네게 잘못한 것이 없노라 네가 나와 한 데나리온의 약속을 하지 아니하였느냐 14 네 것이나 가지고 가라 나중 온 이 사람에게 너와 같이 주는 것이 내 뜻이니라 15 내 것을 가지고 내 뜻대로 할 것이 아니냐 내가 선하므로 네가 악하게 보느냐 16 이와 같이 나중 된 자로서 먼저 되고 먼저 된 자로서 나중 되리라

● 강해 본문 ③ : 로마서 11장 33-36절

33 깊도다 하나님의 지혜와 지식의 풍성함이여, 그의 판단은 헤아리지 못할 것이며 그의 길은 찾지 못할 것이로다 34 누가 주의 마음을 알았느냐 누가 그의 모사가 되었느냐 35 누가 주께 먼저 드려서 갚으심을 받겠느냐 36 이는 만물이 주에게서 나오고 주로 말미암고 주에게로 돌아감이라 그에게 영광이 세세에 있을지어다 아멘

겸손

론 9:19-23; 마 20:1-16; 롬 11:33-36

아우구스티누스 선생님은 기독교 최고의 덕목을 '겸손'이라고 하셨는데, 이때의 겸손이란 단순히 도덕적 자기 낮춤을 의미하지 않습니다. 성경에서 가르치는 겸손은 예수님의 말씀에서 그 의미를 가장 잘 알 수 있는데, 곧 마태복음 11장 말씀, **"나는 마음이 온유하고 겸손하니 나의 멍에를 메고 내게 배우라 그러면 너희 마음이 쉼을 얻으리니"**(마 11:29)에서입니다. 예수님은 자기 스스로를 가리켜 "나는 마음이 온유하고 겸손하다."라고 말씀하셨습니다. 그런데 이 말씀이 시작하는 문단은 이렇습니다.

> 예수께서 권능을 가장 많이 베푸신 고을들이 회개치 아니하므로 그때에 책망하시되 … 가버나움아 네가 하늘에까지 높아지겠느냐… _마 11:20-23

예수님께서는 이 말씀을 하시고 나서 "천지의 주재이신 아버지여 이것을 지혜롭고 슬기 있는 자들에게는 숨기시고 어린아이들에게는 나타내심을 감사하나이다"(25절)라고 하시면서 "나는 마음이 온유하고 겸손하니 나의 멍에를 메고 내게 배우라"라고 말씀하셨습니다.

이 문맥 안에서 보면 예수님의 겸손이란 **'하나님 앞에서 자기를 볼 수 있는 것'**을 말합니다. 고라신과 가버나움이 "네가 하늘에까지 높아지겠느냐"라고 책망을 받은 이유는 그들이 하나님의 권능을 **보고도** 회개치 않았기 때문입니다. 반면 어린아이들이 칭찬받은 이유는 그들이 하나님 앞에서 자신을 볼 수 있었기 때문입니다. 즉 **교만이란 하나님을 잊어버리는 것이고, 겸손이란 하나님 앞에서 자신을 보는 것입니다.**

선택의 주권을 하나님께 돌려 드림

그렇다면, 우리의 영원한 운명, 우리의 존재 문제에 대해서조차 하나님 앞에 겸손하기 위해서는 어떤 입장을 취해야 할까요? 도르트 신조는 첫째 교리 전체를 마무리 지으면서 가장 중요하며 잊지 말고 항상 뇌리에 각인하고 있어야 할 사실을 알려 주고 있습니다.

> 무가치한 자들을 택하시는 이 은혜와 공의롭게 유기하시는 엄중함에 대하여 불평하는 사람들에게 우리는 사도의 말로 대답합니다. "이 사람아, 네가 누구이기에 하나님께 반문하느냐?"

선택과 유기의 문제에 있어서 우리의 합리성을 뛰어넘는 가장 중요하고 원초적인 대답은 **이 권세가 우리에게 있지 않다는 것입니다.**

사탄의 권세, 곧 '공중 권세를 잡은 사탄의 권세'는 '파생적 권세'라고 말할 수 있습니다. 사탄의 권세가 '파생적'이라는 말은 사탄이 가질 수 있는 권세가 '자기 스스로부터 나온 권세가 아님'을 의미합니다.

사탄은 어떻게 '공중의 권세'를 잡았습니까? 공중의 권세뿐 아니라 땅, 바다, 대기, 우주의 어디이든 권세자는 하나님이 아닙니까? 그런데 왜 사탄은 '공중의 권세'를 잡았다고 명명됩니까? 이유는 사탄 스스로가 이 권세를 취할 수 있었기 때문이 아니라 **'하나님의 공의 때문에 발생한 권세'**가 사탄에게 맡겨졌기 때문입니다.

'하나님의 공의 때문에 발생한 권세'란 무엇인가요? 이는 하나님께서 공의로우시기 때문에 죄를 용납하실 수 없고, 그래서 사람이 죄를 지었을 때 형벌을 내려야만 하므로 사탄이 **원래는 아무런 힘을 갖고 있지 않았더라도**, 사람이 죄를 짓는 순간 자신의 법에 스스로 매이시는 하나님 때문에 사탄이 큰 목소리로 하나님께 따져물을 수 있게 되었다는 의미입니다. "하나님 심판하세요!", "심판하셔야 합니다!", "하나님은 공의로우시니까요!"

즉 죄 때문에 발생하는 사탄의 권리 주장은 언제나 하나님의 공의 때문에 발생합니다. 공중 권세, 곧 사탄이 무언가에 권세를 갖고 있다면, 그것은 사탄 스스로가 가질 수 있는 것이 아닙니다. 온 우주의 권세자는 오직 하나님뿐입니다. 따라서 사탄의 권세는 하나님의 어떠하심 때문에 반작용으로 생깁니다. 그렇기 때문에 저는 이것을 '파생적 권세'라고 불렀습니다.

이 점을 유의하면서 선택과 유기의 문제를 봅시다. 아르미니우스주의자들의 '가장 중대한 실수'가 무엇입니까?

우리가 여러번 살폈듯이 아르미니우스주의자들은 '인문주의자들'이었습니다. 성경의 후예라기보다는 인문주의의 후예들이었습니다. 그래서 이들은 '자유의지'에 관하여 절대적인 신봉을 갖고 있었고, 인간의 자유의지를 침해하는 것이라면 '하나님의 주권'이라 할지라도 항거하였습니다. 그들은 '인간의 자유의지에 제한을' 걸게 되는 일이라면 **차라리 '하나님께 제한을'** 걸어야 한다고 생각하는 사람들이었습니다. 로마서 9장 13절 말씀과 같이, 하나님께서 절대적으로 선택하셨다는 말씀을 만나게 되면(아무런 조건 없이 "야곱을 사랑하시고 에서는 미워하셨다"와 같은 말씀들) 그들은 이렇게 말했습니다.

> "아! 하나님! 그건 아닌 것 같습니다. 하나님이 미리 다 정하시다뇨. 그건 불합리합니다. 하나님이 모든 것을 선제하고 다 정해 놓는다는 것은 매우 부당합니다. 인간이 스스로 무언가를 할 수 있는 자리를 주셔야 하는 것 아닙니까?"

이런 인문주의적 사고에 어떤 문제가 있습니까? 그들의 '가장 중대한 실수'는 무엇인가요? 여기에는 근본적으로 **창조주에 대한 경외'가 결여**되어 있습니다. 우리가 무엇이기에! 당최 우리 따위가 무엇이라고! 피조물에 불과한 우리가, 한 점 먼지와 티끌과 같은 우리가, 어떻게 하나님께 "하나님, 이게 옳아요!"라고 말할 수 있습니까?

무언가를 깊이 생각하고 논의하다 보면 가장 중요한 본질의 문제를 잘 잊어 먹습니다. 가장 중요한 본질의 문제, 인생에 있어 절대로 놓치지 말아야 하는 가장 중요한 사실은 무엇입니까? 하나님께서 주인이시고 내가 종이라는 사실입니다. 하나님께서 아버지이시고 나는 자녀라는 사실입니다. 하나님께서는 창조주이시고 나는 피조물이라는 사실입니다. 내가 주연이 아니라 하나님이 주연이십니다. **내가 그분을 흔들 수 없습니다! 그분이 나를 흔드십니다!**

하나님께서 아르미니우스주의와 같은 주장을 하는 이들조차 묵살치 않으시는 것은 단지 그분이 **인격적이시므로 은혜를 베푸시는 것**일 뿐입니다. 우리 편에서 전혀 무언가 주장할 수 있는 것이 아닙니다. 우리에게는 아무런 권한이 없습니다. 하나님께서 모든 것을 주셨는데 그것을 발로 차 버린 입장에서 우리가 하나님께 주장할 수 있는 것은 없습니다.

그리고 설령 아담이 죄를 짓지 않았다고 한들, 아담이 가진 권세는 부여받은 것일 뿐입니다. 스스로가 가진 것이 아닙니다. 아담에게는 무언가 하나님께 대들 수 있는 권세가 있지 않았습니다. 하나님께서 주셔서 가진 권세였을 뿐입니다. 앞서 말한 대로 사탄의 권세가 파생적이지만 사실은 지구를 다스릴 권세를 위양받은 아담의 권세 역시 파생적입니다. 아담이 무죄 상태였던 때조차 그가 가진 권세는 모두 아버지께서 주셔서 가진 것일 뿐이었습니다.

아르미니우스주의자들은 이것을 잊어버렸습니다. **자신들이 '정당한 권리'라고 주장할 수 있는 것조차, '하나님의 호의 때문에 주어진 것일 뿐'이라는 사실을 잊은 것입니다.** 마치 10대인 딸아이가 엄마에게, "엄마, 내가 오늘 방 청소를 했으니 엄마는 나에게 시급을 쳐서 줘야 해.", "엄마, 내가 학교 가기 싫은데도 학교를 가 주니까 그것에 대해서도 보상을 해 줘야 해.", "엄마, 밥이 먹고 싶지 않지만 내가 밥을 먹어 주니까 엄마는 그것에 대해 용돈으로 갚아 줘야 해."라고 이야기를 할 때, 엄마가 "네가 살 집이 있고, 먹을 음식이 있고, 입을 옷이 있는 모든 것이 다 이 엄마가 너를 위해 제공해 주고 있기 때문이야."라고 대답할 수 있듯이 말입니다. 즉 우리가 무언가를 하나님께 요구하려 할 때, 그런 말조차 할 수 있는 이유 자체가 하나님께서 우리에게 모든 것을 다 주셨기 때문이라는 사실을 잊어서는 안 됩니다.

그러므로 선택에 대한 첫째 교리를 마치면서 **기초가 되는 토대를 튼튼히** 합시다. 18조의 첫 문장의 용어들을 보십시오. "무가치한 자들을 택하시는 은혜"와 "공의롭게 유기하시는 엄중함"입니다. 그래서 무엇을 묻고 있습니까?

네가 누구이기에 하나님께 반문하느냐?

그렇습니다. 우리가 논증하는 중에서도 이것은 우리 사고의 저변에 깔려 있어야 합니다. '선택'을 논의할 수 있는 것은 우리가 자격이 있어서가 아닙니다. 우리가 여기저기에서 탁상공론으로서라도 선택을 논할 수 있는 이유 자체가 **"무가치한 자들을 택하신 하나님의 은혜"** 때문에 발생했습니다. 선택의 이유와 목적이 모두 하나님께 있기 때문에 우리는 언제나 선택 교리 앞에서 "우리는 무가치할 뿐인데 하나님께서 은혜를 주셨다."라고 말해야 합니다. 유기 앞에서도 마찬가지입니다. 유기를 가지고 하나님께 불평하기 전에 '유기가 가진 엄중함'을 기억해야 합니다.

그러므로 예정에 관한 첫째 교리를 마칠 때, '하나님의 주 되심'을 기억하십시다. 그리고 이것이야말로 서론에서 말씀드린 '기독교의 겸손', 곧 **하나님 앞에서 자신을 내려다보는 것**'임을 기억합시다. 이 반대가 교만입니다. 그렇다면 이 '기독교적 겸손'의 반대편에 있는 교만은 어떤 의미이겠습니까?

> 하나님 앞에서 자신을 보는 것이 겸손이라면
> 하나님을 잊어버리는 것이 교만입니다.

그 주제가 선택이 아닌 선택 할아버지라 하더라도, 거기 **'주인 되시는 하나님'이 망각되면 그것이 바로 '교만'**입니다. 제아무리 합리적으로 말하더라도, 제아무리 이성적으로 판단하더라도, 거기에 주인되시는 하나님이 빠져 버리면 그것은 '교만'이며, '겸손'이 기독교의 가장 중요한 덕목이라면 교만은 기독교를 파괴하는 것이 되고 맙니다. 바로 아르미니우스주의자들이 이렇게 행동했습니다.

예정 교리를 배우면서 '예정 교리에 대한 지식이 더해 가는 것'으로 기뻐하지 맙시다. **여호와를 향한 경외가 자라는 데**에 집중합시다! 선택과 유기를 배움으로써, 선택으로 인하여 하나님의 자비와 사랑과 은총의 영광스러움을 찬송하고, 유기로 인하여 두려워하고 떨며 하나님의 공의를 찬송하는 우리가 되어야 하겠습니다.

마지막으로 우리의 **'겸손'**을 위하여, **'하나님의 주권'** 앞에 스스로를 낮추어야 한다고 가르치고 있는 성경 말씀 세 군데를 살펴보겠습니다.

로마서 9장에서

로마서 9장 19절부터 23절까지 말씀을 읽기 전에 이에 대한 '문제 제기'를 하고 있는 18절을 먼저 읽어 보겠습니다.

> 그런즉 하나님께서 **하고자 하시는 자를 긍휼히** 여기시고 **하고자 하시는 자를 완악하게** 하시느니라_롬 9:18

18절부터 시작해서 19절과 20절까지 연결해서 읽어 보면, 합리적인 사고를 가지면 가질수록 약간은 화가 날 법도 합니다. 성경이 아니라면 "거, 너무 권위적인 거 아니오?"라고 할 법도 한 이야기입니다. 왜냐하면 18절부터 20절이 이렇게 말하고 있기 때문입니다.

> 18절: 하나님은 하고자 하는 자를 긍휼히, 하고자 하는 자를 완악히 하신다.
>
> 19절: 묻지 마라. 따지지 마라. 감히 어디서!
>
> 20절: 네가 누구이기에 반문하느냐? 지음받은 물건이 지은 자에게 어떻게 "나를 이렇게 만들었소?"라고 할 수 있느냐?

어릴 적부터 교회에서 성경을 질문하면 "묻지도 따지지도 말고 믿기나 해!"라고 핀잔을 많이 받은 저 같은 사람들은 이런 말씀을 만나면 반항심이 치밀어 오릅니다. "왜 설명해 주지 않고 그냥 따르라고 합니까?"라는 반감이 일어나게 됩니다.

하지만 질문

하지만 이 점을 한 번 질문해 봅시다.

> 그러면 바울 사도는 정말 우리에게 속 시원하도록
> **합리적으로 설명할 능력이 없어서** 이렇게 말한 것일까?

사실 언뜻 화가 나거나 반감이 생길 만도 하지만, 이렇게 한 번만 질문을 해 보고 나면 내가 무언가 속단하고 있다는 생각이 듭니다. 성경이 그렇게 '얄팍할 리가' 없기 때문입니다.

그리고 이런 사실은 이 본문이 '로마서'라는 사실 때문에 더욱더 강력해집니다. 로마서야말로 '치밀한 논증서'가 아닙니까! 로마서는 많은 부분에서 대단히 치밀한 논증을 전개합니다. 바울 사도는 당대 최고의 석학이셨을 뿐 아니라 복음으로 말미암은 성령의 지혜를 소유한 사람이었습니다. 그래서 성경의 다른 많은 곳에서 여러 가지 복음의 다양한 국면들을 **매우 상세하게, 매우 합리적으로, 매우 이해가 잘 가도록** 설명한 사람입니다. 이토록 이성적이고 이토록 합리적일 수가 없습니다! 2천 년 기독교 역사 속에서 그렇게 많은 성경의 반대자들이 그렇게 많은 반대 논증을 펼쳤으나 결정적으로 성경과 교회를 침몰시킨 이가 단 한 명도 없다는 사실이 이를 입증하고 있지 않습니까? 그런데 왜 유독 여기에서만 "묻지도 따지지도 말고 그냥 믿어."라는 논조로 이야기를 하는 것일까요?

이 사실에 유의한다면 이 말씀은 우리에게 새로운 빛을 비춰 줍니다. 즉 우리가 자주 만나 보았던, 설명할 능력이 안 돼서 "그냥 믿어!"라고 하는 사람들과는 **다른 목적이** 있다는 것입니다. 달리 말하자면 여기에는 **'단순한 설명으로' 끝내 버려서는 안 되는 문제**가 도사리고 있는 것입니다. 성령의 지혜를 받은 사도는 여기에서 '설명할 수도 있었겠지만' **설명보다 더 중요한 것을** 함께 말해야만 했기 때문에 이렇게 말했습니다.

그게 무엇일까요? 그것은 바로 **우리가 이해할 수 있는 것 너머에 하나님의 지혜**

가 있고, 따라서 **우리는 그 부분에 관한 주권을 하나님께 맡겨야 한다**는 것입니다. 이것을 우리가 지금 다루고 있는 "선택과 유기"와 관련하여, 다른 방식으로 이야기해 보겠습니다.

> "하나님께서 하고자 하시는 자를 긍휼히, 하고자 하시는 자를 강퍅케 하신 이유를 **정말 설명만 잘 하면 우리가 '완전히' 이해할 수 있을까요?**"

일곱 살짜리 아이는 자동차를 탈 수는 있지만 자동차의 작동 원리는 모릅니다. 그래서 찌는 듯한 더위로 힘이 드는 날, 아빠가 기름을 넣기 위해 주유소에 들르면 짜증을 낼지도 모릅니다. '아빠는 왜 이런 날에 기름을 넣는다고 시간 낭비를 하는 거지?' 이렇게 생각할지도 모릅니다. 하지만 어른들은 다 압니다. 기름을 넣어야만 목적지에 도달할 수 있다는 것을 말입니다.

하나님의 지혜 안에서 벌어지는 일을 우리는 다 이해할 수가 없습니다. 왜 하나님께서 어떤 이들은 건지시고 어떤 이들을 건지시지 않는지, 우리가 과연 하나님으로부터 모든 설명을 다 들었다고 해서 이해할 수 있을까요?

저는 언젠가 한 번, 자동차의 브레이크가 어떻게 작동되는지가 아무리 생각해도 이해가 안 되어서 인터넷을 찾아본 적이 있습니다. 고속으로 도는 바퀴에 마찰력을 가하면 분명히 엄청난 열이 나거나 엄청난 마모가 될 것 같은데 그게 어떻게 가능한가 하고 말입니다. 그런데 읽어도 모르겠더라고요. 전문적인 용어들로 설명이 되어 있어서 읽어도 뜻을 하나도 알 수가 없었습니다.

비슷합니다. 하나님께서 우리 수준에 최대한 맞추어서 모든 것을 설명해 주었다고 하더라도, **죄를 허용하기로 하시고, 어떤 이들은 유기하시기로 결정하신 하나님의 뜻을 우리가 완전히 다 이해할 수 있을까요?** 아무리 뛰어난 사람이라도 뇌가 처리할 수 있는 한계 이상을 이해할 수 있을까요?

못합니다. 동의가 다 되지 않을 것입니다. 그래서 **사도는 성령의 지혜 안에서 '우리 신앙을 위한 더 좋은 길'을 선택한 것입니다. 다 설명하는 대신, '하나님을 신뢰하라는 메시지'를 주는 것** 말입니다. 이에 대하여 로이드 존스 목사님이 설명하신 것을 한 번 인용해 보겠습니다.

그것이 사도의 대답입니다. 그것이 성경의 대답입니다. 그러므로 그것이 우리가 시간에 매인 이 세상에 있는 동안 우리에게, 우리를 위해 주시는 하나님의 대답입니다. 이것은 우리의 이해를 초월합니다. 우리는 하나님의 마음이 궁극적으로 어떻게 역사하는지 이해할 수 없습니다. 이것은 왜 그런가? 저것은 왜 그런가? 왜 하나님은 바로를 일으키셨는가? 왜 하나님은 에서가 아니라 야곱을 택하셨는가? 모든 것이 결정되고 정해져 있다면 왜 그분은 우리를 벌하시는가? 이런 질문을 하는 것은 아무런 의미가 없습니다. 여기에 대한 대답은 "이 사람아, 네가 누구이기에?"입니다. 당신은 하나님의 마음과 맞붙어 싸우고 있는 것입니다. 당신은 당신이 얼마나 작은지, 당신이 얼마나 유한한지, 타락의 결과로 얼마나 죄악된 존재가 되었는지 잊어버리고 있는 것입니다. 당신이 영광 가운데 들어가기까지는 궁극적인 이해를 보류해 두어야 합니다. 지금 이곳, 이 시간 속에서 당신이 해야 할 일은, 하나님은 언제나 스스로에게 일관성이 있으심을 믿고, 하나님이 그의 영원하신 작정과 창세전에 결정하신 일들에 대해 명백하게 말씀하신 것을 받아들이는 것입니다.[49]

그렇습니다. 우리는 우리가 얼마나 유한한 존재이며 우리의 이해가 얼마나 깊지 못한지를 자주 잊어버립니다. 하지만 **이해를 다 하지 못해도 경배할 수 있습니다**. 이것이 믿음의 기본적 요소입니다. 우리 선배들이 역사 속에서 말해 왔듯이 "믿기 위해 이해하는" 것이 아닙니다. "이해하기 위해 믿는" 것입니다.[50]

하나님의 지혜에는 우리가 다 알지 못하는 부분이 있다는 것을, 내 마음에 아무리 불만족스러운 부분이 있더라도 인정해야 합니다. 바로 이것이 '**겸손**'입니다. 교만은 이것을 인정치 않는 것입니다. 하버드 대학 교수가 다루는 분자생물학의 복잡한 수식들을 초등학교 3학년인 아이가 충분히 알아듣고 수긍할 수 있게 해 달라고 떼를 쓰는 것과 같습니다. **겸손이란, 우리가 어떤 처지에 있고, 우리가 어**

— 마틴 로이드 존스, 『성부 하나님과 성자 하나님: 로이드 존스 교리 강좌 시리즈 1 - 성경론, 신론, 인간론, 기독론』, 임범진 옮김 (서울: 부흥과 개혁사. 2007), 182.

50 — 교회사에서 유명한 안셀무스(1033-1109)의 격언. "저는 믿기 위하여 이해하려고 노력하지 않고, 이해하기 위하여 믿습니다(*Neque enim quaero intelligere ut credam, sed credo ut intelligam*). 왜냐하면 저는 만일 내가 믿지 않는다면 이해할 수 없으리라는 것도 또한 믿기 때문입니다(*Nam et hoc credo, quia, nisi credidero, non intelligam*)."

떤 존재인지를 '받아들이는' 것입니다. 선택과 유기의 교리 앞에서, 이 첫째 교리를 마무리 지으면서 우리가 가져야 할 태도가 무엇입니까? 바로 '겸손'입니다.

마태복음 20장에서

두 번째로 살펴볼 성경 말씀은 마태복음 20장 말씀입니다.

> 내 것을 가지고 내 뜻대로 할 것이 아니냐? 내가 선하므로 네가 악하게 보느냐?_마 20:15

이 말씀은 '포도원 품군 비유' 중에 있는 말씀입니다. 포도원 품군 비유에서 핵심은 매 시간마다 다른 일군들이 포도원에 들어갔고, 그들이 모두 같은 시간에 마쳤기 때문에 **각각 일한 시간이 달랐음에도, 모두 똑같이 '한 데나리온'을 품삯으로 받았다는 것**입니다.

제11시, 그러니까 오늘날 우리 시각으로 치면 오후 5시에 일하러 들어온 사람이 품삯으로 한 데나리온을 받으니까 앞서 일하러 온 사람들 즉 3시와 6시와 9시, 우리 시각으로 오전 9시, 12시, 오후 3시에 온 사람들은 자기들이 품삯을 더 받을 거라고 생각했습니다. 하지만 주인은 똑같은 품삯을 주었고, 먼저 온 일군들이 불평하는 것입니다. 11절과 12절입니다.

> 받은 후 집주인을 원망하여 이르되 나중 온 이 사람들은 한 시간밖에 일하지 아니하였거늘 그들을 종일 수고하며 더위를 견딘 우리와 같게 하였나이다_마 20:11-12

이 불평을 들은 주인의 대답입니다.

> … 친구여 내가 네게 잘못한 것이 없노라 네가 나와 한 데나리온의 약속을 하지 아니하였느냐 네 것이나 가지고 가라 나중 온 이 사람에게 너와 같이 주는 것이 내 뜻이니라_마 20:13-14

이 비유는 아주 놀라운 내용을 담고 있습니다. 익히 잘 알고 있는 비유이지만 이 비유 안에는 여러 가지 주제가 놀라운 빛을 알려 주기 위하여 배치되어 있습니다.

● 사람의 보편적 사고방식

이 비유에서 처음 알 수 있는 점은 **'사람의 보편적 사고방식'**입니다. 여기 일군들은 이렇게 생각합니다. "내가 많이 일을 했으니, 내가 많이 받아야 한다." 그렇지요? 이 짧은 문장 속에서 우리는 사람의 근본적 속성을 관통하고 있는 성경의 지혜를 발견합니다. 보십시오. **마지막에 온 일군들은 불평하지 않습니다.**

> "주인이여, 저는 한 시간을 일했는데, 한 데나리온 받았고, 저 사람들은 일을 더 많이 했는데도 한 데나리온을 똑같이 받았으니, 제가 받은 것은 부당합니다. 저 사람들에게 한 데나리온을 주시려거든 저는 조금만 주십시오."

이렇게 말하지 않습니다. 불평하는 것은 먼저 온 사람들뿐입니다. 심지어 먼저 온 사람들 중에는 9시, 그러니까 제일 마지막 11시에 온 사람보다 고작 2시간 먼저 온 사람도 있습니다. 아주 약간 더 수고했을 뿐인데도 같은 대우를 받는 것이 부당하다고 불평하는 편에 끼어 있습니다.

무엇입니까? **우리 인생이 근본적으로 가지고 있는 이기심**인 것입니다! 이들의 내면을 한번 들여다보십시오. **이들을 화나게 한 것이 무엇입니까?** 과연 이들은 주인이 '공정하지 않아서' 화가 난 것입니까? 아닙니다! 원래 계약대로가 공정한 것인데, 이들이 화가 난 이유는 '내가 더 받지 않았기 때문'입니다. 상대적이지요. 지극히 객관적인 사고가 가능하다면, 원래 하루치 일당이 한 데나리온이라면 다른 사람이 얼마를 받든 내가 상관할 바는 아닙니다. 그런데 사람이 안 그런 것입니다. 내가 계약대로 받았느냐 아니냐의 문제보다는, **상대와 비추어 볼 때 내가 더 받지 않으니까 화가 난 것**이지요.

결국 이들의 문제는 선악의 문제, 공정성의 문제, 이런 종류의 판단보다는 '이기심'에 관한 것입니다. 자기가 손해를 본 것 같으니까 싫은 것이지요. 주인이 공정하지 않아서 화가 난 것이 아니라, 자기가 손해를 본 것 같으니까 화가 난 것입니다.

● 주인의 태도: 긍휼

그러면 주인의 입장은 무엇입니까? 왜 주인은 뒤에 온 사람에게도 같은 것을 주었습니까? 이 비유에서 **주인의 태도에서 주목해야 할 점은 '긍휼히 여김'**에 있습니다. 비유 안에서 주인은 일군이 필요해서 사람을 쓰는 것 같지 않습니다. 왜냐하면 6절과 7절에서 주인이 이렇게 이야기하기 때문입니다.

> 주인: 너희는 어찌하여 종일토록 놀고 여기 서 있느냐?
>
> 종들: 우리를 품꾼으로 쓰는 이가 없음이니이다.
>
> 주인: 너희도 포도원에 들어가라.

주인은 일군들에게 하루치 일당을 주기 위해 일을 하도록 하고 있습니다. 이때 주인에게는 일군들을 부려 **효율을 얻겠다는 생각이 없어** 보입니다. 이것은 자비와 긍휼의 마음입니다. 그래서 늦게 온 이들에게도 동일한 일당을 줍니다. 아마 이 비유를 읽는 사람이라면 모두 **천국과 행위의 문제**를 떠올릴 것입니다. 포도원 품군의 비유의 요지는 "많이 일한다고 해서 더 좋은 천국에 가는 것이 아니다.", "천국은 모든 사람에게 공평히 주어진다."라는 점임을 아마 대부분 이미 잘 알고 있을 것입니다.

그렇습니다. 하나님께서 우리에게 베풀어 주시는 하나님 나라는 우리가 무언가 잘해서 얻는 것이 아니라 하나님의 긍휼 때문에 주어지는 것입니다. 그래서 먼저 온 자든 나중에 온 자든 **그저 '하나님의 호의에 감사하면'** 됩니다. 그런데 사람들은 그렇게 안 한다는 것입니다.

● 결론의 의미

그래서 이 비유의 마지막은 굉장히 놀라운 결론을 맺습니다. 이 비유의 마지막 절인 16절이 이렇게 마치고 있기 때문입니다.

우리는 이 비유의 마지막 결론을 보면서 하나님께서 사람과의 관계 속에서 무엇을 중요하게 여기시는지를 분명하게 알 수 있습니다.

우리는 통상 이 비유를 보면서 이 비유의 핵심은 '**똑같이 받았다**'는 데 있다고 '잘못' 판단합니다. 하지만 이 결론 속에는 먼저 들어온 사람들이 뒤에 온 사람들과 똑같이 한 데나리온을 품삯으로 받은 것 같지만 **사실은 그렇지 않다**는 메시지가 들어 있습니다. 주님께서는 이 비유를 통해서 사실 이렇게 말씀하고 있는 것입니다.

> 너희가 볼 때에는 먼저 들어와 많은 일을 한 사람이 하나님 곁에 더 가까이 있는 것 같지만 사실은 그렇지 않다. **오히려 먼저 들어왔으나 하나님의 자비와 긍휼만 의지하지 않고 자신의 어떠함을 신뢰하는 사람은 오히려 더 나중인 사람이다.**

이것이 "나중 된 자가 먼저 되고, 먼저 된 자가 나중 된다."라는 주님의 결론 말씀의 의미입니다. 이 결론은 하나님 앞에서의 먼저와 나중의 판단 기준은 **얼마나 일을 많이 하거나 열심히 했느냐 같은 것에 있지 않다는 것을** 여실히 보여 주고 있습니다.

성경이 보여 주는 가치관은 철저하게 '하나님과의 관계', '하나님과의 친근함'입니다. 일을 적게 하더라도 하나님의 곁에 있는 사람이 나은 사람입니다. 아무리 능력이 뛰어나도 하나님과 불화한 사람이 못한 사람입니다.

이것이 바로 '**언약**'의 **의미**입니다. 언약이란, 관계이기 때문입니다. 쉽게 말하자면 하나님께서는 대단히 칭송받고 능력 있는 바리새인 랍비보다 죄 많은 세리의 기도를 더 기뻐하셨습니다. 그것은 하나님께서 지식을 혐오하시고 무식한 것을 기뻐하시기 때문이 아닙니다. 하나님께서 죄를 더 기뻐하시기 때문도 아닙니다. 바리새인들은 자기들이 더 나았기 때문에, 오히려 그것 때문에 하나님과 멀어졌습니다. 세리는 악하고 무능하고 더럽고 비참했기 때문에, 오히려 그것 때문에 하나님께 더 나아갔습니다. 즉 하나님께서는 관계를 기뻐하시기 때문에 둘 중 세리가 더 나은 것입니다.

우리는 우리가 가진 본성적 약점 때문에, 일을 많이 하면 **'나는 받을 만한 가치가 있어.'라고 하는 생각이** '자동적으로' 생깁니다. 그렇다면 경건한 사람들은 어떻게 해야 할까요? 경계해야 합니다! 바울 사도조차 "내가 내 몸을 쳐 복종하게 함은 내가 남에게 전파한 후에 자기가 도리어 버림을 당할까 두려워함이로라"(고전 9:27)라고 하였습니다.

우리는 죄인이기 때문에 무언가를 행하면 행한 것의 대가를 받으려고 합니다. 이것을 하나님 앞에서도 하는 것입니다. 하지만 **이것이 우리를 '더 나중되게 한다'**는 것을 기억합시다. **우리의 의가 드러나는 곳에는 하나님의 의가 사라집니다.**

그래서 우리는 마태복음 20장에서도 동일한 강조점을 발견합니다. 하나님의 어떠하심에 대해 사람이 자기를 내세우는 순간, 거기에는 교만만 가득하고 겸손은 없습니다. 선택과 유기의 문제 앞에서 겸손을 기억합시다. 하나님의 어떠하심만이 가득하도록, 그래서 우리의 이기적 생각들이 장악하지 않도록, 이 사실을 잊지 않도록 합시다.

로마서 11장에서

마지막 세 번째로 살펴본 성경 말씀은 로마서 11장입니다. 바울 사도는 신약 시대가 되어 이스라엘이 결국 버림을 받고, 불신 세계였던 이방이 교회가 된다는 놀라운 구속 역사의 비밀을 알게 된 후에 33절과 같이 말합니다.

> 깊도다 하나님의 지혜와 지식의 풍성함이여 그의 판단은 헤아리지 못할 것이며 그의 길은 찾지 못할 것이로다_롬 11:33

이 단어에 집중합시다. "깊도다", 곧 '깊음', '측량할 수 없음', '우리의 생각과 이해를 뛰어 넘음'입니다.

선택과 유기의 문제에 있어, 하나님께서 누구를 선택하시고 누구를 유기하시는지는 바로 이 **"하나님의 깊음"**에 달려 있습니다. 신조는 이 깊음을 근거 구절로 들면서 이렇게 말했습니다.

> 하지만 우리는 이 신비에 대하여 경외하는 마음으로 찬송하면서 사도와 같이 외칩니다. 깊도다 하나님의 지혜와 지식의 부요함이여!

"깊도다"라는 외침에는 세 가지가 붙어 있습니다. **"부요함"**, 곧 풍부, 헬라어로 '플루토스'입니다. 그리고 **"지혜"**, 헬라어로는 '소피아'라고 합니다. 그다음으로는 **"지식"**이지요. 역시 헬라어로는 '그노시스'라고 합니다. 바울 사도는 하나님의 깊으심, 측량할 수 없음을 이 세 가지를 들어 말했습니다. 하나님께서 얼마나 풍성하신지, 또 하나님께서 가지신 지혜가 얼마나 놀라운지, 그분의 지식이 얼마나 광대한지, 이런 것들은 인생으로서는 알 길이 없습니다.

어떤 사람들은 3-4년 교회를 다녀 보고, 피상적 교회 생활을 익힌 후에, 기도도 좀 해 보고, 전도도 좀 해 보고, 사람들이 말하는 종교 생활을 좀 해 본 다음에, "에이, 교회는 별 것 없어." 이렇게 해 버리기도 합니다. 또 어떤 사람들은 어려서부터 교회를 다니기는 했는데, 설교 말씀은 늘 교회에 뭘 갖다 내라는 타령이고, 교회 안에 수많은 암투와 분쟁이 있는 것을 발견하고, 또 나이가 들어가면서 대학도 가야 하고 직장도 구해야 하고 결혼도 해야 하고 이리저리 바쁘다 보니 하나님이고 뭐고 별로 생각할 겨를이 없어집니다. 이런 사람들에게 교회는 그저 '종교 생활'로써, 등산 동호회나 조기 축구회와 별반 다를 바가 없습니다. 결국은 시들해지고 교회는 나가는 둥 마는 둥 되어 버리는 것이지요.

신앙이라는 것을, 교회의 신비라는 것을, 복음의 능력이라는 것을, 20년, 30년을 교회를 다녀도 한 톨만큼도 깨닫지 못하고 교회 문턱만 들락날락한 사람은 너무나 불행합니다! 그래서 하나님의 비밀을, 그리스도의 신비를, 복음의 능력을, 곧 에베소서의 말씀 "그 부르심의 소망이 무엇이며, 성도 안에서 그 기업의 영광의 풍성이 무엇이며, 그의 힘의 위력으로 역사하심을 따라 믿는 우리에게 베푸신 능력의 지극히 크심이 어떤 것인지를"(엡 1:18-19) 단 한 번도 경험해 보지 못하고, 교회 생활이라는 것을 그저 사회 생활 정도로, 남전도회/여전도회 다니면서 사람들 사귀고, 친목 모임하고, 목사님 설교는 그냥 건전하고 귀에 즐거운 교양 강좌 정도로 여기면서, 그렇게 사는 사람들은 너무나 불행합니다!

사도는 "깊도다!"라는 말로 외쳤습니다. 깊습니다! 너무 깊어서 이해가 되지 않습니다. 우리의 생각을 초월합니다! 복음의 비밀은 세상살이와 다릅니다! 하나님께서 어떻게 우리를 조성하시고, 어떻게 우리를 구속하시며, 어떻게 우리와 함께 계시고, 또 우리를 통하여 어떤 세계를 만들어 가실지에 대한 놀라운 비밀들은, 우리로서는 다 알 길이 없습니다! 따라서 우리는 "부요와 지혜와 지식에 있어 하나님은 실로 깊도다!"라고밖에 말할 수가 없습니다! 이런 경외의 신앙! 이런 놀라움과 떨림의 신앙! 이런 설명을 넘어서 있는 신앙! 이런 것을 가지고 살아가는 것이 우리여야 하는 것입니다.

저는 무언가에 잘 질리는 편입니다. 보편적으로 사람들이란 60대가 넘어서는 정도, 혹 그 근처가 되는 사람들 중에 '인생 별 거 있나, 다 그렇고 그런 거지.'라고 생각하시는 분들이 많으실 겁니다. 70, 80이 되었는데도 인생이 여전히 스펙타클하고 날마다 놀라운 것으로 가득 차 있는 사람은 거의 없습니다.

하지만 천년만년을 살아도 경이로운 것이 있는데, 그것은 바로 **'하나님의 어떠하심'**이며, 우리가 날마다 보고 듣고 배우는 이 **'하나님의 말씀'**입니다. 성경은 교부들로부터 지금까지 2천 년을 주해해 왔는데도, 여전히 새로운 것이 있습니다. 이 작은 눈으로 도저히 다 담을 수 없는 하나님을 깨닫는 것! 그것이 바로 **겸손입니다.** 이 겸손은 **'하나님 앞에 서지 않으면'** 절대로 얻을 수 없는 것입니다. 100년쯤 살면 인생살이가 다 거기서 거기라는 걸 깨달을지 몰라도, 만 년을 산다 해도 우리는 하나님이 거기서 거기가 아니라는 것을 발견합니다! 내 인생이 참 좁고, 내 산 날은 찰나와 같고, 내 존재는 한 줌 먼지와 같다는 걸 깨닫는 것! 그것이 바로 '겸손'입니다.

우리는 첫째 교리에서 열여덟 개의 조항으로 예정 교리를 배워 왔습니다. 개중에는 잘 이해가 되는 부분도 있고 그렇지 못한 부분도 있으셨을 것입니다. **하지만 신앙이란 다 이해해서 큰 것도 아니고 덜 이해했다고 작은 것도 아닙니다.** 우리에게는 훨씬 더 중요한 것이 있는데, 곧 이 선택과 유기라는 기막힌 진리 앞에서 **겸손하게 옷깃을 여미고 우리 하나님을 찬미하는 것**입니다. 다 이해할 수 없는 하나님을 찬미하는 일! 이것은 기가 막힌 일입니다. 우리의 본성을 거스르는 일입니다. 이해할 수 없으면 반발해야 하는데, 이해할 수 없으므로 경외하는 것! 이것은 참으로 기가 막힌 일입니다. 하나님께서 이것을 우리에게 주셨고, 그래서 우리는 "알기 위해 믿습"니다. 하나님을 더욱 찬미합시다. 그리고 우리에게 선택을 주신 그분을 더욱 찬송합시다. 아멘!

오류들을 배격함

오류 1

믿으려고 하고 믿음과 순종에서 인내하려는 사람을 구원하는 것이 하나님의 뜻이며, 이것이 구원으로 택하신 작정의 전부이고 전체이다. 이것 외에 다른 작정은 아무것도 하나님의 말씀에 계시되지 않았다.

반박 이 오류는 순진한 사람을 교묘하게 속이는 것이고 성경의 교훈과 명백히 어긋납니다. 성경은 하나님께서 믿는 자들을 구원하신다고 선언할 뿐 아니라, 확정된 수의 사람들을 영원 전부터 택하셨다고도 선언합니다. 이 시간계 안에서는 하나님께서 다른 이들에게는 주지 않으시는 그리스도에 대한 믿음과 견인을 그분이 택하신 자들에게 내려 주십니다. "세상 중에서 내게 주신 사람들에게 내가 아버지의 이름을 나타내었나이다"(요 17:6). "영생을 주시기로 작정된 자는 다 믿더라"(행 13:48). "곧 창세전에 그리스도 안에서 우리를 택하사 우리로 사랑 안에서 그 앞에 거룩하고 흠이 없게 하시려고"(엡 1:4).

오류 2

영생으로 정하신 하나님의 선택에는 여러 종류가 있다. 일반적이고 불확정적인 선택이 있고, 특별하고 확정적인 선택이 있는데, 후자는 다시 불완전하고 취소할 수 있으며 비결정적이고 조건적인 선택과 완전하고 취소할 수 없으며 결정적이고 절대적인 선택으로 나뉜다. 이와 유사하게 믿음으로의 선택과 구원으로의 선택을 구분하기도 한다. 즉 의롭다 하는 믿음으로 택하시는 것이 반드시 구원으로 선택하신 것에 결정적이지는 않다.

반박 이러한 주장은 성경적인 근거가 조금도 없이 그저 사람의 머리에서 지어 낸 것일 뿐입니다. 따라서 이러한 주장은 선택의 교리를 변질시키고, 다음의 성 경 구절에서 말하는 구원의 황금 사슬을 깨뜨립니다. "또 미리 정하신 그들을 또한 부르시고, 부르신 그들을 또한 의롭다 하시고, 의롭다 하신 그들을 또한 영화롭게 하셨느니라"(롬 8:30).

오류 3

선택의 교리와 관련하여 성경에서 말하는 하나님의 선하신 뜻과 목적은, 하나님께서 어떤 특별한 사람들은 택하시고 다른 이들은 택하지 않으셨다는 데에 있지 않다. 하나님께서는 가능한 모든 조건들(예를 들어 율법의 행위와 같은 조건들)로부터 믿음의 불완전한 순종과 그 자체로는 효력이 없는 믿음의 행위를 택하시거나 선별하셔서 그것을 구원의 조건으로 삼기를 기뻐하셨다 그러한 믿음을 그분은 은혜로써 온전한 순종으로 여겨 주시고 영생의 상급을 받을 만한 것으로 여겨 주시기를 기뻐하셨다.

반박 이와 같은 치명적인 오류는 하나님의 선하신 뜻과 그리스도의 공로에서 모든 효력을 앗아가는 것이며, 사람들로 하여금 은혜로 의롭게 된다는 진리와 성경의 단순 명료한 교훈에서 떠나게 만듭니다. 그리고 다음과 같은 사도의 말을 부정하는 것이 됩니다. "하나님이 우리를 구원하사 거룩하신 소명으로 부르심은 우리의 행위대로 하심이 아니요 오직 자기의 뜻과 영원 전부터 그리스도 예수 안에서 우리에게 주신 은혜대로 하심이라"(딤후 1:9).

오류 4

믿음에 이르도록 택함을 받으려면 다음과 같은 조건을 만족시켜야 한다. 즉 그 사람이 본성의 빛을 바르게 사용해야 하며, 경건하고 겸손하며 온유해야 하고 영생에 합당한 자라야 한다.

반박 만일 그렇다면 선택이란 어느 정도 그러한 조건을 만족시키는 일에 의존하게 됩니다. 이러한 오류는 펠라기우스의 가르침의 냄새가 나며, 에베소서 2:3-9에서 가르치는 사도의 교훈과 정면으로 충돌합니다. "전에는 우리도 다 그 가운데서 우리 육체의 욕심을 따라 지내며 육체와 마음의 원하는 것을 하여 다른 이들과 같이 본질상 진노의 자녀이었더니 긍휼이 풍성하신 하나님이 우리를 사랑하신 그 큰 사랑을 인하여 허물로 죽은 우리를 그리스도와 함께 살리셨고 (너희는 은혜로 구원을 받은 것이라) 또 함께 일으키사 그리스도 예수 안에서 함께 하늘에 앉히시니 이는 그리스도 예수 안에서 우리에게 자비하심으로써 그 은혜의 지극히 풍성함을 오는 여러 세대에 나타내려 하심이라 너희는 그 은혜에 의하여 믿음으로 말미암아 구원을 받았으니 이것은 너희에게서 난 것이 아니요 하나님의 선물이라 행위에서 난 것이 아니니 이는 누구든지 자랑하지 못하게 함이라."

오류 5

불완전하고 결정적이지 않은 선택으로써 특정한 사람들을 구원에 이르도록 택하시는 일은, 그들에게서 믿음과 회개와 거룩함과 경건함이 시작되고 혹 얼마 동안 계속될 것을 미리 보신 터에서 이루어졌다. 반면에 완전하고 결정적인 선택은 그들이 믿음과 회개와 거룩함과 경건함을 끝까지 견인(堅忍)할 것을 미리 보신 터에서 이루어졌다. 택함을 받은 사람이 받지 않은 사람보다 더 가치 있는 이유가 바로 여기에 있으므로, 이것이 은혜로운 복음적 가치라 할 수 있다. 따라서 믿음과 믿음의 순종, 거룩함, 경건함, 견인과 같은 것들은 영광에 이르도록 택하신 불변의 선택의 열매가 아니라, 완전한 선택을 입은 사람들에게서 성취될 것을 미리 보시고 요구하시는 필요조건이자 근거다.

반박 이러한 오류는 성경 전체와 충돌합니다. 성경은 항상 다음의 사실을 우리에게 강조합니다. "택하심을 따라 되는 하나님의 뜻이 행위로 말미암지 않고 오직 부르시는 이로 말미암아 서게 하려 하사"(롬 9:11). "영생을 주시기로 작정된 자는 다 믿더라"(행 13:48). "곧 창세전에 그리스도 안에서 우리를 택하사 우리로 사랑 안에서 그 앞에 거룩하고 흠이 없게 하시려고"(엡 1:4). "너희가 나를 택한 것이

아니요 내가 너희를 택하여 세웠나니"(요 15:16). "만일 은혜로 된 것이면 행위로
말미암지 않음이니"(롬 11:6). "사랑은 여기 있으니 우리가 하나님을 사랑한 것이
아니요 하나님이 우리를 사랑하사"(요일 4:10).

오류 6

구원에 이르는 선택이 모두 변경될 수 없는 것은 아니다. 선택된 자들 중에서 일부는 하
나님의 작정에도 불구하고 참으로 영원히 멸망당할 수 있고 실제로 그러한 일이 벌어지
고 있다.

반박 이 엄청난 오류는 하나님을 변덕스러운 분으로 만들고, 신자들이 선택되었
다는 확신에서 얻는 위로를 파괴하며, 성경의 내용과도 상충됩니다. 주님께서 말
씀하신 것처럼, 택하신 자들은 미혹될 수 없습니다(마 24:24). "나를 보내신 이의 뜻
은 내게 주신 자 중에 내가 하나도 잃어버리지 아니하고"(요 6:39). "또 미리 정하신
그들을 또한 부르시고 부르신 그들을 또한 의롭다 하시고 의롭다 하신 그들을 또
한 영화롭게 하셨느니라"(롬 8:30).

오류 7

이생에서는 영광에 이르는 불변의 선택을 받은 데에서 나오는 열매와 그러한 자각이라
는 것은 존재하지 않고, 가변적이고 불확정적인 조건에 근거를 둔 것을 제외하고서는 확
신이라는 것이 존재하지도 않는다.

반박 불확실한 확신에 대하여 말하는 것은 이치에 맞지 않을 뿐 아니라 신자의
경험과도 상반됩니다. 신자들은 자신들이 선택되었음을 의식하기 때문에 그 결과
로 사도들처럼 하나님의 은혜를 찬송합니다(엡 1:3-14). 그들은 그리스도의 제자들
이 그랬던 것처럼 자신들의 이름이 하늘에 기록된 것으로 기뻐합니다(눅 10:20). 그
들은 자기가 선택된 사실을 의식하기 때문에 사탄이 화전(火箭)을 쏠 때에도 그에

맞서서 "누가 능히 하나님의 택하신 자들을 송사하리오?"(롬 8:33) 하고 외칩니다.

오류 8

하나님께서는 단지 그분의 공의로운 뜻에 근거하여서 어떤 사람들을 아담의 타락한 상태와 그로 말미암은 모든 인류의 죄와 정죄의 상태에 버려두기로 작정하신 것이 아니고, 더 나아가서 그 공의에 근거하여 어떤 사람에게는 믿음과 회심에 필요한 그러한 은혜를 내려 주지 않고 지나치기로 작정하신 것도 아니다.

반박 그러나 성경은 다음과 같이 분명히 가르칩니다. "그런즉 하나님께서 하고자 하시는 자를 긍휼히 여기시고 하고자 하시는 자를 완악하게 하시느니라"(롬 9:18). "대답하여 이르시되 천국의 비밀을 아는 것이 너희에게는 허락되었으나 그들에게는 아니되었나니"(마 13:11). "천지의 주재이신 아버지여 이것을 지혜롭고 슬기 있는 자들에게는 숨기시고 어린 아이들에게는 나타내심을 감사하나이다 옳소이다 이렇게 된 것이 아버지의 뜻이니이다"(마 11:25-26).

오류 9

하나님께서 어떤 백성에게는 복음을 전하시고 다른 백성에게는 전하지 않으시는 이유는 그분의 선하시고 기뻐하시는 뜻에만 있는 것이 아니라, 복음이 전파되는 그 백성이 다른 백성보다 더 선하고 가치가 있기 때문이기도 하다.

반박 모세는 이스라엘 백성에게 다음과 같이 설교하면서 바로 그 주장을 부정하고 있습니다. "하늘과 모든 하늘의 하늘과 땅과 그 위의 만물은 본래 네 하나님 여호와께 속한 것이로되 여호와께서 오직 네 조상들을 기뻐하시고 그들을 사랑하사 그들의 후손인 너희를 만민 중에서 택하셨음이 오늘과 같으니라"(신 10:14-15). 또한 그리스도께서도 말씀하십니다. "화 있을진저 고라신아 화 있을진저 벳

새다야 너희에게 행한 모든 권능을 두로와 시돈에서 행하였더라면 그들이 벌써 베옷을 입고 재에 앉아 회개하였으리라"(마 11:21).

2

그리스도의 죽으심과 그것을 통한 인간의 구속

제1조 : 하나님의 공의가 요구하는 형벌

하나님께서는 지극히 자비로우실 뿐 아니라 또한 지극히 의로우신 분입니다. 하나님께서 친히 그분의 말씀에서 계시하신 것처럼,[i] 이제 그분의 공의는 그분의 무한한 엄위를 거슬러 지은 우리의 죄들에 대해서, 이 세상뿐 아니라 다음 세상에서도, 우리의 몸뿐 아니라 영혼도 반드시 형벌받기를 요구합니다.[ii] 하나님의 공의가 만족되지 않고서는 이러한 형벌들을 피할 수 있는 길이 우리에게는 없습니다.

i 출 34:6-7 여호와께서 그의 앞으로 지나시며 선포하시되 여호와라 여호와라 자비롭고 은혜롭고 노하기를 더디 하고 인자와 진실이 많은 하나님이라 인자를 천대까지 베풀며 악과 과실과 죄를 용서하리라 그러나 벌을 면제 하지는 아니하고 아버지의 악행을 자손 삼사 대까지 보응하리라

ii 롬 5:16 또 이 선물은 범죄한 한 사람으로 말미암은 것과 같지 아니하니 심판은 한 사람으로 말미암아 정죄에 이 르렀으나 은사는 많은 범죄로 말미암아 의롭다 하심에 이름이니라 / 갈 3:10 무릇 율법 행위에 속한 자들은 저주 아래에 있나니 기록된 바 누구든지 율법 책에 기록된 대로 모든 일을 항상 행하지 아니하는 자는 저주 아래에 있 는 자라 하였음이라

● 강해 본문 : 요한복음 10장 7-18절

7 그러므로 예수께서 다시 이르시되 내가 진실로 진실로 너희에게 말하노니 나는 양의 문이라 8 나보 다 먼저 온 자는 다 절도요 강도니 양들이 듣지 아니하였느니라 9 내가 문이니 누구든지 나로 말미암 아 들어가면 구원을 받고 또는 들어가며 나오며 꼴을 얻으리라 10 도둑이 오는 것은 도둑질하고 죽이 고 멸망시키려는 것뿐이요 내가 온 것은 양으로 생명을 얻게 하고 더 풍성히 얻게 하려는 것이라 11 나는 선한 목자라 선한 목자는 양들을 위하여 목숨을 버리거니와 12 삯꾼은 목자가 아니요 양도 제 양이 아니라 이리가 오는 것을 보면 양을 버리고 달아나나니 이리가 양을 물어 가고 또 헤치느니라 13 달아나는 것은 그가 삯꾼인 까닭에 양을 돌보지 아니함이나 14 나는 선한 목자라 나는 내 양을 알 고 양도 나를 아는 것이 15 아버지께서 나를 아시고 내가 아버지를 아는 것 같으니 나는 양을 위하여 목숨을 버리노라 16 또 이 우리에 들지 아니한 다른 양들이 내게 있어 내가 인도하여야 할 터이니 그 들도 내 음성을 듣고 한 무리가 되어 한 목자에게 있으리라 17 내가 내 목숨을 버리는 것은 그것을 내 가 다시 얻기 위함이니 이로 말미암아 아버지께서 나를 사랑하시느니라 18 이를 내게서 빼앗는 자가 있는 것이 아니라 내가 스스로 버리노라 나는 버릴 권세도 있고 다시 얻을 권세도 있으니 이 계명은 내 아버지에게서 받았노라 하시니라

제한 속죄 교리의 의미

요 10:7-18

오래전 대학생 SFC 수련회에 강의를 가서 '제한 속죄' 주제를 다룬 적이 있습니다. 강의를 열심히 준비했고, 또 무언가를 쉽게 잘 설명하는 데는 비교적 자신이 있었기 때문에 강의를 마치면서 내심 뿌듯했습니다. 약간 이런 기분이었다고 할까요? '제한 속죄에 대해 전혀 몰랐던 사람이라도 이 강의를 들으면 동의하지 않을 수가 없겠지!'

그런데 강의를 마치자마자 여러 명의 학생들이 질문을 위해 앞으로 나아왔습니다. 질문의 내용은 모두 "저는 받아들일 수 없어요."였습니다. 그때 저는 중요한 사실을 한 가지 알게 되었습니다. 곧 신앙의 문제이건 생활의 문제이건 대다수의 보통 사람들에게는 '논리적으로 잘 설명된 것'보다 '감정적인 것'이 훨씬 더 강력하고 크게 작용한다는 것입니다. 말하자면 이런 식입니다.

> "당신 설명은 잘 알겠어. 모두 옳고 맞는 말이야. 하지만 기분이 나쁘니 나는 듣지 않겠어."

'제한 속죄'를 다룬다는 것은 약간 이런 의미 같습니다. '기분 나쁜 무언가를 다루는 주제', '쉽사리 받아들이고 싶지 않은 무언가를 요구받는 기분' 아마도 한량없이 베풀어지기를 바라는 그리스도의 구속의 은혜가 특정인을 한정 짓는다는 자체가 많은 사람들의 마음을 불편하게 하는 것 같습니다.

하지만 정말 그럴까요? 정말 '제한 속죄'라는 주제(교리)가 그런 것일까요? **그리스도의 속죄가 모든 사람을 위한 것이 아니라고 말하는 것은 하나님께서 모든 사람을 사랑하지 않으신다고 말하는 것이므로 불의한 것일까요?** 하나님께서 어떤 이들을 '가려 뽑으셨다는 것'은 **하나님의 사랑과 자비를 침해하는** 불경한 생각일까요? 그리고 우리 인간 편에서 보자면 이는 어떤 이를 부당하게 제한하는 불쾌한 교리일까요?

보편 속죄와 제한 속죄

둘째 교리 전체의 제목은 "그리스도의 죽으심과 그것을 통한 인간의 구속"이라고 되어 있습니다. 이 둘째 교리의 주제를 통상 사용하는 말로 요약해서 말하자면 **'제한 속죄'**라고 할 수 있습니다. 그러니까 첫째 교리의 주제를 "선택과 유기"라고 했다면, 둘째 교리의 주제는 "보편 속죄인가, 제한 속죄인가"라고 할 수 있겠습니다.

교리의 언어에 익숙하지 않으신 분들을 위해서 '보편 속죄'와 '제한 속죄'를 간단하게 설명하자면, 제한 속죄란 그리스도께서 **자기 백성들만을 위해서** 죽으셨다는 것입니다. 반대편에 있는 보편 속죄란 그리스도께서 **이 세상의 모든 사람들, 그러니까 택함을 받은 사람이나 안 받은 사람이나 모두를 위해서** 죽으셨다는 것을 말합니다.

효력 없는 십자가

이런 이야기를 들으면 많은 분들이 이렇게 생각하실 것입니다.

> '그리스도께서 모든 사람을 위하여 죽으신 것이 맞잖아?'

복음주의권에서는 대부분의 사람들이 이렇게 생각하는 것 같습니다. 예수님께서 불신자들을 위해서는 죽으시지 않았고 오직 자기 백성들만을 위해서 죽으셨다고 하는 이야기는 하나님께서 사람들을 사랑하시지 않는 것처럼 보이게 만듭니다. 하나님께서 온 세상을 사랑하셨다는 말씀과 배치되는 것처럼 생각이 됩니다.

그러나 겉으로 대강 보았을 때 그리스도께서 온 세상을 위해 죽으셨다는 말이 더 큰 사랑을 말하고 있는 것처럼 보일지라도, 실상 그 속을 들여다보면 아주 위험한 문제가 도사리고 있다는 것을 알아야 합니다.

이해하기 쉽도록 다음과 같이 설명해 보겠습니다. 그리스도께서 정말 모든 사람들을 위해서 죽으셨다고 해 봅시다. 그런데 우리는 성경을 통해서도, 우리 삶을 통해서도, 주변에 결국 그리스도를 믿지 않고 **끝내 구원받지 못하는 사람들**이 많다는 것을 알고 있습니다. 그렇다면 이때 "그리스도께서 모든 사람을 위하여 죽으셨다."라는 가르침에는 커다란 문제가 발생합니다. 이런 사람들에게는 '**그리스도의 속죄가 효력이 없는 것**'이 되기 때문입니다. 정말로 그리스도께서 피를 뿌리셨어도 구원을 못 받게 되는 일이 가능합니까? 그리스도께서 피를 흘리셨어도 어떤 사람들에게는 아무런 효력이 없을 수 있습니까?

그래서 이 부분에서 우리는 조심해야 합니다. 마음씨 좋은 아저씨처럼 허허 웃으면서 "다 좋은 게 좋은 거지!"라고 해서는 안 되는 것입니다. "하나님이 세상의 모든 사람들을 다 사랑하셔!"라고 말하는 것은 기분 좋은 판타지일지는 몰라도, 결국 모든 사람이 다 구원받는 것이 아니라면, 그리스도의 피 뿌림은 '어떤 이에게는 구원의 능력이 될 수 없는 것'이 될 뿐이므로 우리는 긴장해야 하는 것입니다.

성경의 증언

또한 **성경 스스로가** 그리스도께서 **특정의 사람들'만을' 위해 죽으셨다**고 여러 곳에서 증언하고 있다는 사실에도 주목합시다. 성경을 세밀히 읽지 않을 때는 "그리스도께서는 온 세상을 위하여 죽으셨어."라고 쉽게 말할 수 있을지 몰라도, 조금만 더 신중해진다면 성경을 존중하는 사람으로서는 쉽게 이런 주장을 할 수 없게 됩니다. 성경은 자주 그리스도의 속죄가 '제한된 대상에게만' 미친다는 언급을 하기 때문입니다.

● 요한복음 10장

요한복음 10장 11절과 14-15절 말씀에서 주님께서는 그분께서 구원하시려는 대상이 **불특정 다수, 즉 '세상의 모든 사람'이 아님**을 분명히 말씀하고 있습니다.

> 나는 선한 목자라 선한 목자는 양들을 위하여 목숨을 버리거니와_요 10:11
>
> 나는 선한 목자라 내가 내 양을 알고 양도 나를 아는 것이 아버지께서 나를 아시고
>
> 내가 아버지를 아는 것 같으니 나는 양을 위하여 목숨을 버리노라_요 10:14-15

예수님께서는 대속의 죽음, 곧 자기 목숨을 버리신다고 말씀하셨을 때, **"양들을 위하여** 목숨을 버린다."라고 말씀하십니다. 주님은 '모든 이들', 곧 '세상의 모든 사람들'을 위하여 목숨을 버린다고 말씀하지 않으셨고, 오히려 "양들을 위하여" 목숨을 버린다고 말씀하셨습니다.

그렇다면 혹시 예수님의 이 말씀에서 "양들"이 '세상 모든 사람들'이 될 수는 없는 것입니까? 그럴 수는 없어 보입니다. 어떻게 보더라도 주님께서 말씀하고 계신 이 양들은 하나님의 언약 울타리 안에 들어 있는 자녀들입니다. 그래서 심지어 주님께서는 "이 울타리 밖에도 양들이 있다고"(요 10:16) 말씀하지 않으셨습니까? 문맥에서 예수님의 말씀은 '언약 백성들'을 현저히 가리킵니다.

특히 14절과 15절에서 그리스도께서 이 양에 대하여 말씀하실 때는 "내가 내 양을 알고, 내 양도 나를 안다."라는 것을 하나님 아버지께서 성자를 어떻게 아시는지와 결부 지어 설명하셨습니다. **성부 하나님과 성자 하나님과의 관계와 같은 방식으로** '서로를 아는' 관계가 양과 주님의 관계라는 것입니다. 따라서 주님께서 "내가 양들을 위해 목숨을 버린다." 하실 때, 양은 항상 이런 '관계성 안에 있는 이들'을 가리킵니다. **성경에서 주님은 '불특정 다수를 위하여' 죽으셨다고 결코 말씀하지 않으십니다.**

● 마태복음 1장

신약 성경의 첫 장에서, 오시는 예수님의 이름을 설명해 주고 있는 말씀에서도 동일한 강조점을 확인할 수 있습니다. 마태복음 1장 21절입니다.

아들을 낳으리니 이름을 예수라 하라. 이는 그가 자기 백성을 그들의 죄에서 구원할 자이심이라 하니라_마 1:21

예수님이 어떤 분이신지, 또 무엇을 하시는 분이신지는 이 말씀에서 명확합니다. 예수님께서는 태어나실 때 "예수"라는 이름을 받으셨는데, 그 이름의 의미는 '구원하다'라는 뜻입니다. 그런데 천사는 이 예수님의 이름에 대해 설명하기를 "자기 백성을, 그들의 죄에서"라고 **대상을 국한하고, 사역의 성격을 국한하여** 말하였습니다.

이 이름에 의하면, 예수님의 속죄 사역은 보편 속죄를 옹호하는 이들의 생각, 복음주의자들의 두루뭉술한 생각처럼, **광범위하게 '이 세상의 모든 사람'을 위하여 주어지지 않았습니다**. 예수님께서는 오직 "자기 백성"을 위하여 오셨고, "저희 죄"를 위하여 오셨습니다. 이런 말씀을 통해 그리스도께서 막연하게 온 세상을 위하여 죽으셨다는 생각은 좌초됩니다.

● 요한복음 17장

그리고 예수님께서는 돌아가시기 직전, 요한복음 17장의 소위 '대제사장적 기도'에서 이렇게 기도하십니다.

내가 그들을 위하여 비옵나니 내가 비옵는 것은 **세상을 위함이 아니요** 내게 주신 자들을 위함이니이다. 그들은 아버지의 것이로소이다_요 17:9

이 말씀이 특히 중요한 이유는 **여기에 '부정'이 함께 들어 있기 때문**입니다. 예수님께서는 대제사장적 기도를 하실 때 어떤 대상들은 '제외'시키셨습니다. 주님은 분명히 "나의 비는 것은 세상을 위한 것은 아니다."라고 확정하셨습니다. 그런 다음에 "오히려 내게 주신 자들을 위한 것이다."라고 하였습니다.

성경은 언약 관계에 대해 말할 때, '자기 백성', 즉 '하나님의 소유된 백성'의 개념을 갖고 있습니다. 하나님께서는 물론 **온 세계를 사랑하시지만, 온 세계를 다 자신의 소유로 삼지는** 않으셨습니다. 출애굽기 19장 5절에서 둘 사이의 관계를 보십시오.

> **세계가 다 내게 속하였**나니 너희가 내 말을 잘 듣고 내 언약을 지키면 너희는 **모든 민족 중에서 내 소유**가 되겠고_출 19:5

세계가 다 하나님의 것이지만("세계가 다 내게 속하였다"), "모든 민족 중에서 내 소유"가 되는 것은 이스라엘뿐입니다. 하나님은 세계가 **다 하나님의 것이니** 세계가 **다 하나님의 소유라고** 말씀하지 않으셨습니다. 이때 "소유"라는 말은 히브리어로 '세굴라'인데, '귀하게 여기는 보물과 같은 소유'를 말합니다. 저는 자주 이것을 '보물'이라고 번역합니다.

예수 그리스도께서는 자신의 삶이 "세상을 위하여는 아니고", "자기 백성들을 위한 것"이라고 명시적으로 말씀하셨습니다. 하나님께서 그리스도를 통해 베푸시는 구원의 사역은 무작위적으로 아무에게나 주어지는 것이 아닙니다. 그리스도의 십자가의 능력은 울타리 안에 있는 언약 백성들 안에만 주어집니다. 주님께서는 분명히 **'특정 사람들을 위해서만'** 돌아가셨고 구원을 베푸셨습니다. 이는 성경 안에서 분명합니다.

느슨하게 하신 것인가?

이제 여기에서 한 발 더 나아가, 아르미니우스주의자들이 사용하는 **"보편 속죄"**라는 말의 정확한 의미를 좀 더 상세하게 이해해 보도록 합시다.

우리는 조금 전에 그리스도께서는 온 세계, 곧 최종적으로 믿지 않게 되는 모든 이들까지 포함하는 사람들을 위해 죽으신 것이 아니라는 이야기를 했습니다. 그래서 '제한 속죄'에 해당하는 것으로 보이는 성경 말씀들을 함께 살펴보았습니다. 여기까지만 보면 '보편 속죄'는 틀린 주장처럼 보이게 됩니다.

그런데 실제로는 아르미니우스주의자들 역시 **세상의 모든 사람들이 다 구원받는 것**은 아니라는 사실을 알고 있었습니다. 아무리 보통의 그리스도인들이 두루뭉술하게 "하나님은 온 세상의 모든 사람들을 사랑하셔."라고 말하고 싶더라도,

실제로 우리의 경험이, 또 성경 말씀이, 세상에는 결국 구원받지 못하는 사람이 있을 수밖에 없다는 것을 너무도 확실하게 증거하고 있기 때문입니다. 제아무리 아르미니우스주의자들이라 할지라도 이 명백한 사실을 부인할 수는 없었습니다. 따라서 아르미니우스주의자들이 말하는 보편 속죄는 **'모든 사람이 구원받음'**의 의미는 아닙니다. 즉 여기에는 조금 더 세밀한 대답이 필요합니다. 그들의 보편 속죄의 정확한 의미는 단지 "그리스도의 **속죄 사역의 대상이** 모든 사람이었다." 라는 데 있습니다.

그리스도의 속죄 사역과 구원 대상과의 분리

이 말이 무슨 뜻일까요? 우리는 앞에서 "그리스도께서 모든 사람들을 위해서 죽으셨다면 모든 사람들이 다 구원받아야 하는데 실제로는 그렇지 않다."라고 했습니다. 그리고 아르미니우스주의자들도 이 사실은 알고 있었습니다. 그래서 아르미니우스주의자들은 여기에서 **'약간 다른 선택'**을 합니다. 말하자면 이들은 여기에서 **'두 가지 사실을 구분'하는 방식**을 택한 것입니다. 이들은 다음과 같은 구도를 그렸습니다.

> 그리스도께서 속죄의 사역을 행하신 것은 **모든 사람들을 위한** 것이었고
> 그 속죄의 사역이 실제로 사람들에게 **'적용되는 것'은 그다음의 문제**이다.

아르미니우스주의자들의 주장은 그리스도께서 실제로 속죄 사역을 행하신 것은 '모든 사람들을 위한 것'이었으나, 그렇게 모든 사람들을 위해 베풀어진 구원은 각각의 사람들에게 직접 적용된다기보다는 저기 진열대에 아무나 집어갈 수 있도록 놓여졌고, 그것이 실제로 자기에게 실효가 있는 구원으로 역사하려면 자기가 그것을 집어드는 '적용'이 있어야 한다는 것이었습니다. 즉 이들은 그리스도께서 베푸신 **'구원과 그 공효'**를 그것이 **'실제로 사람에게 적용되는 것'**과 분리시켰습니다.

아르미니우스주의자들의 이런 주장을 둘째 교리의 "오류들을 배격함"에서 찾아볼 수 있습니다. 그중에 오류 3번과 4번을 보도록 합시다.

오류 3 : 그리스도의 속상이 누군가의 구원 그 자체에든 혹은 이 속상을 자신의 소유로 삼는 방편인 믿음에든 **실제적인 공효로서 작용하는 것은 아니다.** 다만 그분은 성부께서 사람들과 새롭게 상대하시고 또한 원하시는 대로 **새로운 조건을 규정하시도록 하는 근거나 온전한 뜻**을 얻으셨다. 하지만 그 조건들을 충족시키는 일은 **사람의 자유의지에 달려 있다.** 따라서 아무도 그 조건들을 충족시키지 못할 수도 있고, 반대로 모든 사람이 충족시킬 수도 있는 것이다.

아르미니우스주의자들은 그리스도의 속상(贖償)이 "실제적인 공효로서 작용하는 것은 아니다."라고 단정 지어 말했습니다. 이것이 무슨 뜻인가 하면, 그리스도께서 이 땅에 오셔서 죽으신 일이, **그 일 자체로서는 우리를 구원하는 것이 아니라는 말**입니다.

그리스도께서 십자가 사역을 통해서 나를 직접 구원하신 것은 아니라니요! 정말 끔찍한 이야기가 아닙니까! 그리스도의 십자가가 그 자체만으로는 나를 구원할 수 없다니요! 이토록 무서운 이야기가 어디 있습니까! 그런데 17세기에 이들은 버젓이 이렇게 말했고, 이 말은 실제로 많은 이들에게 먹혔습니다. 그리고 우리는 분명히 알아야 합니다. 겉으로 보기에는 아량 있어 보이는 "하나님은 온 세상의 모든 사람들을 사랑하셨어."라는 이야기는 **결국 여기에 와 닿게 된다**는 것을 말입니다. 그리스도께서 '자기 백성들만을 위하여' 죽으셨다고 주장하는 것이 편협하게 보일지라도, 그 반대의 주장인 "그리스도께서 온 세상을 위해 죽으셨다."를 주장하면, 그 주장은 반드시 여기에 와 닿게 됩니다. **십자가는 사람을 구원할 수 없게 됩니다!**

그러면 이들의 주장에서 그리스도께서 하신 일은 무엇입니까? 그리스도의 십자가 사역은 무엇을 이루었습니까? 다음 문장을 보시면 이에 대한 설명이 나옵니다. "다만 그분은 … **새로운 조건을 규정하시도록 하는 근거나 온전한 뜻을 얻으셨다.**" 즉 성자께서 이 땅에 오셔서 십자가에 달려 죽으셨을 때 그분이 하신 일이란, 십자가 사역을 통해 '사람을 직접' 구원하신 일이 아니라 단지 '**새 조건을 얻으신 것 뿐**'이라는 말입니다. 그 조건이 무엇인지 오류 4번에 나옵니다.

• • •

오류 4 : 성부 하나님께서 그리스도의 죽으심을 중보로 삼아 사람과 맺으신 은혜의 새 언약은, 그리스도의 공로를 받아들이는 사람마다 믿음으로 하나님 앞에서 의롭다 함을 얻고 구원을 얻는다는 것에 있지 않다. 그보다는 하나님께서 **율법에 대한 완전한 순종의 요구를 폐하시고, 비록 불완전하더라도 우리의 믿음 자체와 믿음의 순종을 율법에 대한 완전한 순종으로 여겨 주셨다**는 데에 있다. 은혜롭게도 그것은 영생의 상을 주시는 데에 합당하게 여겨 주셨다.

쉽게 이야기하자면, 처음에는 하나님께서 '율법을 모조리 지켜야 의를 얻게 될 것'이라고 정하셨다가, 사람들이 실패하니까 그리스도를 보내셔서 그 **규정을 조금 완화시켜** 주셨다는 것입니다. 그리스도께서 오셔서 하신 일은 '커트라인을 좀 낮춰 주신 것'이지요. 그리스도의 십자가가 한 일은 **직접적으로 우리를 건져 구원하신 것이 아니고**, 단지 '이전에 높았던 커트라인, 즉 율법을 모조리 다 지켜야 의에 이르는 것'에서 커트라인을 약간 완화시키셔서 **'이제는 예수님을 믿기만 하면 구원해 주시는 것으로'**(오류 3에 "새로운 조건을 규정하시도록"의 의미가 이것이다) 조건을 변경하는 일을 행하셨다는 것입니다. 그리스도의 십자가가 애써 한 일이란, 우리를 직접 구원하는 것이 아니라 그저 규칙을 조금 바꾼 것에 불과합니다!

그렇습니다! 아르미니우스주의자들의 주장에 따르면, **우리 주님께서는 '우리를 위해' 죽지 않으셨습니다!** 주님께서는 그저 '커트라인을 낮추기 위해', '규정을 완화하기 위해' 죽으셨습니다. 이전의 '율법의 완전한 이행'에서 이제 '믿기만 하면 된다'로 커트라인을 낮추는 일에 그리스도의 십자가의 죽으심이 작용했을 뿐입니다.

이 무서운 사실을 직시하십시오. 만약 여러분이 별반 생각 없이, 단지 좋은 게 좋아 보이기 때문에 "그리스도께서 온 세상을 위하여 죽으셨다."라고 말할지라도, 이 주장은 필연적으로 위와 같은 방향으로 가게 됩니다. 그러므로 쉽게 말해서는 안 됩니다. "그리스도께서 온 세상을 위하여 죽으셨다."라고 하면 그분은 **반드시 참된 속죄자가 될 수 없다**고 인정해야만 하게 되기 때문입니다.

요약과 정리

둘째 교리에 관한 전체적인 내용을 다시 한번 정리해 봅시다. **첫째,** 그리스도께서 참으로 세상의 모든 사람을 위해 죽으시려면, **그리스도께서 속죄의 피를 뿌리셨음에도 왜 구원받지 못하는 사람이 생기는가** 하는 문제를 극복해야만 합니다. 우리는 세상 모든 사람들이 구원받지 않는다는 것을 성경과 경험을 통해 분명히 알고 있기 때문입니다. 그러니 우리는 둘 중의 하나를 선택해야만 합니다.

> 그리스도께서 특정한 사람만을 위하여 죽으셨다고 인정하거나
> 세상의 모든 사람이 다 구원받는다고 말하거나…

이 두 가지 경우 외에는 답이 없습니다.

둘째, 그래서 아르미니우스주의자들은 '제3의 방법'을 발견했습니다. "그리스도께서 모든 사람을 위해서 죽으셨다."라고 말하면서도, 세상 모든 사람들이 다 구원받지 못하는 현실을 해결할 수 있는 제3의 방법입니다. 그것은 **'구원을 성취하시는 일'과 '그 구원을 개개인에게 적용하는 일'을 분리시키는 것**입니다.

셋째, 이렇게 말할 때 구원자는 **'사람을'** 구원하지 않습니다. 구원자는 **단지 '조건을'** 낮춰 줄 뿐입니다. 예수님께서는 당신이 누군지 몰라도 됩니다. 예수님께서는 '나를 구원하시기 위해' 죽으셨다기보다 '어려운 커트라인을 낮추기 위해' 죽으셨으니까요. 원래는 율법의 완벽한 순종을 요구하셨던 것을 '예수님을 믿으면 되는 좀 더 낮은 조건'으로 완화시키기 위하여 그리스도께서는 죽으신 것입니다.

이것 외에 다른 답이 있을까요? 이것 외에 다른 가능성이 있을까요? 없습니다. 그리스도께서 **'온 세상을 위하여'** 죽으시면서, 동시에 **'참 구원자가 되시는 법'은 이것 외에는 없습니다.** 그가 정말로 참 구원자시라면, 그의 죽음이 모든 사람에게 미쳐진다면 필연코 모든 사람이 구원을 얻어야 합니다. 이것이 사실이 될 수 없으므로, 이를 피하기 위하여 그리스도께서는 단지 구원이라는 것을 저편 어딘가에서 성취만 해 놓으셨을 뿐 실제로 그것을 적용하는 것은 자기 자신의 선택이라고 말하면, 그때의 그리스도는 진정한 구원자가 아닌 것입니다.

그런데도 "그리스도께서 온 세상을 위해서 죽으셨다."라고 쉽게 말하겠습니까? 그럴 수 없을 것입니다. 즉 개혁파의 교리, 도르트 신조의 제한 속죄 교리는 '메말라서' 생긴 교리가 아니라 '성경을 정확하게 살폈기 때문에' 생겨난 교리입니다.

제한 속죄 교리는 '우리에게 적용되는 선택'이다

여기까지 둘째 교리의 대략을 다루었습니다. 이렇게 해 놓으면 둘째 교리의 요지가 대략 드러났을 것입니다. 첫째 교리가 '선택'에 관하여 말한 것이라면, 둘째 교리는 **이 선택이 구체적으로 어떻게 적용되는 것인지를** 다루는 교리입니다.

즉 하나님께서 그리스도를 보내셔서 이루신 구속이 개개인에게 어떻게 적용되는가? **온 인류에게 일률적으로 적용되는 것인가, 아니면 특정 사람들에게만 적용되는 것인가?** 이와 같은 문제들을 다루는 것입니다.

그리고 셋째와 넷째 교리는 "그렇다면 이것을 사람이 받아들일 때에 그것을 거절할 수 있는가"를 다룹니다. 셋째와 넷째 교리는 먼저 '죄'에 관하여 다룬 후 '불가항력적 은혜', 곧 사람이 그것을 받을 때 자기의 의지로 그것을 안 받을 수도 있는가의 문제를 다룹니다. 그리고 마지막 다섯째 교리는 '인내'를 다루는 부분입니다. 이렇게 은혜를 받은 성도가 이후 세상을 살아갈 때, 은혜를 떠나서 다시 세상으로 돌아갈 수 있느냐의 문제인 것입니다.

그래서 어떤 책에서는 이 교리들을 다음과 같은 방식으로 제목을 달아 놓았는데, 'Grace', 즉 '은혜'라는 말로 달아 놓았습니다.[51]

첫째는, 선택에 대한 장은 "예정의 은혜"

둘째는, 제한 속죄에 대한 장은 "속상(satisfaction)의 은혜"

셋째와 넷째는, "재창조(regeneration)의 은혜"

그리고 마지막 다섯째는, "보존의 은혜"

---

51 — Daniel R. Hyde, *Grace Worth Fighting For* (Lincoln, nebraska: Davenant press, 2019), 목차.

이 순서를 보고 있으면 하나님께서 어떻게 역동적으로 역사하시는지가 눈에 보이는 듯합니다. 하나님께서는 예정하셨고, 그 예정을 이루시기 위하여 구속을 성취하셨습니다. 그리고 그 일을 우리에게 베푸시기 위하여 우리 속에 놀라운 은혜로 재창조의 사역을 행하시고, 그 일이 마지막까지 완결될 수 있도록 끝까지 우리를 지키십니다.

즉 하나님께서 우리를 향하여 펼치신 이 구속의 경륜들은 엄청난 오케스트라와 같습니다. 하나님께서는 세계 만물을 지휘하셔서, 그분의 구속이 이 우주 역사 속에 펼쳐지게 하십니다. 이런 대단한 '은혜'를, 그저 어떤 절차를 완수한 것으로 여기고 "자, 이제 내 할 일은 끝났으니 네가 와서 쟁취해 보아라."라고 말하는 것은 하나님께 매우 모욕적인 것입니다.

말을 어떻게 하느냐가 중요하지 않습니다. "하나님은 세상을 너무너무 사랑하셔요!"라고 말해도, 결국 그 말을 따라가 보았을 때 구주 예수 그리스도의 사역이 땅바닥에 내팽개쳐진다면, "보기 좋은 떡이 먹기도 좋다."라고 할 수 없는 것입니다. 우리의 구원은 '우리의 취사선택'이 아니라 '하나님의 은혜'이기 때문입니다.

제2조 : 그리스도께서 이루신 만족

그렇지만 우리가 스스로 그 만족을 이룰 수 없고 우리 자신을 하나님의 진노에서 해방시킬 수
도 없기 때문에, 하나님께서는 그분의 무한한 자비하심으로 독생(獨生)하신 아드님을 우리에게
보증으로 주셨고,[i] 독생자께서는 우리를 위하여 또한 우리를 대신하여 죄로 여기심을 받아 십
자가에서 저주를 당하심으로 우리를 위하여 공의를 만족시키셨습니다.[ii]

i 요 3:16 하나님이 세상을 이처럼 사랑하사 독생자를 주셨으니 이는 그를 믿는 자마다 멸망하지 않고 영생을 얻
   게 하려 하심이라 / 롬 5:16 또 이 선물은 범죄한 한 사람으로 말미암은 것과 같지 아니하니 심판은 한 사람으로
   말미암아 정죄에 이르렀으나 은사는 많은 범죄로 말미암아 의롭다 하심에 이름이니라

ii 고후 5:21 하나님이 죄를 알지도 못하신 이를 우리를 대신하여 죄로 삼으신 것은 우리로 하여금 그 안에서 하나
   님의 의가 되게 하려 하심이라 / 갈 3:13 그리스도께서 우리를 위하여 저주를 받은 바 되사 율법의 저주에서 우
   리를 속량하셨으니 기록된 바 나무에 달린 자마다 저주 아래에 있는 자라 하였음이라

● 강해 본문 : 고린도후서 5장 14-21절

14 그리스도의 사랑이 우리를 강권하시는도다 우리가 생각하건대 한 사람이 모든 사람을 대신하여
죽었은즉 모든 사람이 죽은 것이라 15 그가 모든 사람을 대신하여 죽으심은 살아 있는 자들로 하여금
다시는 그들 자신을 위하여 살지 않고 오직 그들을 대신하여 죽었다가 다시 살아나신 이를 위하여 살
게 하려 함이라 16 그러므로 우리가 이제부터는 어떤 사람도 육신을 따라 알지 아니하노라 비록 우리
가 그리스도도 육신을 따라 알았으나 이제부터는 그같이 알지 아니하노라 17 그런즉 누구든지 그리
스도 안에 있으면 새로운 피조물이라 이전 것은 지나갔으니 보라 새 것이 되었도다 18 모든 것이 하
나님께로서 났으며 그가 그리스도로 말미암아 우리를 자기와 화목하게 하시고 또 우리에게 화목하
게 하는 직분을 주셨으니 19 곧 하나님께서 그리스도 안에 계시사 세상을 자기와 화목하게 하시며 그
들의 죄를 그들에게 돌리지 아니하시고 화목하게 하는 말씀을 우리에게 부탁하셨느니라 20 그러므로
우리가 그리스도를 대신하여 사신이 되어 하나님이 우리를 통하여 너희를 권면하시는 것 같이 그리
스도를 대신하여 간청하노니 너희는 하나님과 화목하라 21 하나님이 죄를 알지도 못하신 이를 우리
를 대신하여 죄로 삼으신 것은 우리로 하여금 그 안에서 하나님의 의가 되게 하려 하심이라

만족을 위한 보증

고후 5:14-21

"무한한" 죄

둘째 교리 1조는 죄를 이렇게 정의합니다.

> 그분의 무한한 엄위를 거슬러 지은 우리의 죄들

우리의 죄는 "그분의 무한한 엄위를 거슬러 지은" 것입니다.

'**무한**'에 관하여 생각해 봅시다. 사람들은 언제나 유한한 존재이기 때문에 '무한'에 대한 감각이 없을 수밖에 없습니다. 인생은 본질상 유한한 존재라, 무한하신 하나님에 대해 상상하더라도 유한의 입장에서의 상상일 뿐 진정한 무한은 어떤 것인지 잘 알 수가 없습니다.

따라서 '엄위'에 관하여 생각하더라도, 우리가 생각하는 엄위는 언제나 '유한한' 엄위일 수밖에 없습니다. 하지만 신조는 우리에게 **"하나님의 무한한 엄위"**를 생각하라고 요구합니다. 그리고 우리의 죄는 하나님의 그 무한하신 엄위를 거슬러 지은 것이라고 합니다.

그렇다면 이 죄의 무게는 우리가 상상할 수 없을 정도로 무거운 것입니다. 아마 우리가 어떤 종류의 커다란 죄악을 상상하더라도 "하나님의 무한한 엄위를 거슬러 지은 죄의 무게"가 어떤 것인지를 **진정으로** 깨달을 수는 없을 것입니다. 우리는 그저 '유한자의 무한에 대한 상상' 정도를 할 수 있을 뿐입니다.

둘째 교리의 두 번째 조항은 바로 여기에서 시작합니다.

> **하나님의 무한하심**을 범한 유한한 존재인 우리가 도대체 무엇으로 이것을 갚을 수 있을 것인가?

둘째 교리의 주제인 '속죄', 곧 '하나님의 공의의 만족'에 대한 가르침은 유한한 존재가 도저히 갚을 수 없는 방식으로 저질러 버린 이 커다란 행악에 대하여 우리가 무슨 방식으로 회복할 수 있겠는가에 대한 가르침으로 시작합니다.

첫째, 불가능

불가능하다

이 질문에 대한 대답은 아주 간단합니다. **'불가능'**입니다. 갚을 수가 없습니다. 2조의 첫 부분은 이렇게 시작합니다.

> 그렇지만 우리가 스스로 그 만족을 이룰 수 없고, 우리 자신을 하나님의 진노에서 해방시킬 수도 없기 때문에…

둘째 교리는 그리스도께서 우리를 위하여 어떻게 속죄를 이루셨는가를 말하고 있는데, **"왜 그리스도의 속죄가 필요한가?"**, "왜 굳이 그리스도께서 우리를 위하여 이 땅에 오셨는가"라는 이 중요한 질문에서 가장 기초가 되는 사실은 바로 이것, 곧 **'불가능'**입니다. 우리는 하나님의 무한하신 엄위를 거슬러 죄에 대하여 지었습니다. 하지만 우리는 유한하고, 따라서 무한하신 하나님을 촉범한 죄에 대하여 유한한 존재자로서는 도무지 해결할 수 있는 방법이 없습니다. 그러므로 이 죄의 문제를 해결하려고 했을 때 가장 먼저 인정해야 할 것은 바로 불가능입니다. 도무지 우리로서는 해결할 수가 없는 불가능! 그리스도의 속죄는 바로 여기서부터 시작합니다.

우리는 1조에서 "하나님의 공의가 **만족되어야 한다.**"라는 문장을 보았습니다. 여기 "만족"이라는 단어는, 영어의 'satisfaction'을 번역한 것입니다. 하나님의 공의가 요구하는 선(線), 하나님의 공의가 요구하는 기준에 '만족'된다, '충족'된다, 그 기준에 '부합'한다는 뜻으로 여기 'satisfaction', 곧 "하나님께서 요구하시는 것에 만족된다." 이런 단어를 썼습니다.

그런데 재미있는 것은, 영어로 'satisfaction'을 찾아보면 이 단어가 한편으로는 여기에서처럼 '하나님의 공의의 만족'과 같은 방식으로 사용되지만, 다른 한편으로는 이 단어가 또 다른 유명한 신학적인 의미로 사용이 된다는 것인데, 그것은 바로 **'보속'**입니다. 보속은 영어로 'satisfaction'입니다.

'보속'이 무엇입니까? 보속이란 로마 교회에서 사용하는 용어로, 지은 죄에 대한 죄책을 용서받기 위하여 사제가 명하는 여러 방식의 속죄 제도입니다. 일을 시키기도 하고, 벌을 주기도 하고, 돈을 내라고 하기도 하는 등 자기가 지은 죄의 가격에 따라서 그 죄를 사함받기 위해 행하는 여러 종류의 속죄 행위를 가리켜 보속이라고 합니다. 이 보속이 이보다 좀 더 높은 단계로 가게 되면 몸에 채찍질을 하거나 고행을 하면서 육체적으로 자기를 괴롭게 하는 일로 죄를 경감받게 됩니다. 우리가 잘 아는 보속의 중세 후기 형태가 바로 루터 당시의 '면죄부'[52]였습니다.

우리가 이런 보속 시스템에서 발견해야 하는 가장 중요한 점은 중세라는 커다란 시스템에서는 사람이 죄를 지었을 때 이런 여러 가지 사람의 행위들을 통하여 자신의 죄가 사함받을 수 **있다고** 믿는 양상이 모두에게 있었다는 것입니다. 그야말로 satisfaction! 죄에 대한 하나님의 공의를 **"만족시킬 수 있다"**라고 말했다는 것이지요! 죄 사함이라는 것이 '나의 어떤 행동들을 통해서' 가능하다는, 즉 죄에 내려지는 죄책과 벌들이 나의 어떤 고통스런 일들이나 재산의 감소, 혹은 성지를

---

[52] — 의미를 따라 정확하게 말하자면 '면죄부'라기보다는 '면벌부'였다. '면벌부'에 관하여는 우병훈, 『처음 만나는 루터』(서울: IVP, 2017), 77을 참고하라.

순례하거나 성물에 입맞추는 일 등을 통해서 '감해질 수 있다고' 믿었다는 점입니다! 바로 이것이 문제의 핵심입니다. 하지만 조금만 숙고해 보아도 여기 얼마나 커다란 문제가 있는지를 곧 알아채게 됩니다.

내가 채찍으로 내 몸을 때린다고 해서 죄에 대해 진노하시는 하나님의 노여움이 어떤 식으로든 줄어들 수 있습니까?[53] 내가 고통받는 것이 무엇 때문에 하나님을 흡족하게 합니까? 사실 냉정하고 침착하게만 생각해 보면 '내가 받는 고통'과 '하나님의 만족'은 아무런 연결선이 없다는 것을 곧 발견하게 됩니다.

돈이나 노동으로의 보속 역시 마찬가지입니다. 하나님께서는 돈이 필요하지 않으십니다. 우주의 모든 것이 하나님의 것입니다. 돈은 사람에게나 필요할 뿐, 그것을 받는 하나님을 전혀 흡족하게 할 수 없습니다. 그런데 내가 하나님께 돈을 드린다고 해서 죄에 대해 진노하시는 하나님의 노여움이 어떤 식으로든 줄어들 수 있겠습니까? 중세 때는 이 보속의 절정인 면죄부 파는 일을 통해서 교황청에 금이 산처럼 쌓였지만, 루터가 95개조에서 다음과 같이 지적했습니다.

> 정말 교황이 면죄부 같은 것으로 죄를 사할 능력이 있다면, 왜 그것을 돈을 받고 파는가? 교황이 일방적으로 죄 사함을 해 주면 되지 않는가? 또 정말 돈을 주고 그것을 사야 죄가 사해진다면 왜 교황청이 자신들이 가진 돈으로 그 면죄부들을 모조리 사서 백성들의 죄를 사해 주지 않는가? 왜 오히려 백성들에게 그것을 사게 만드는가?[54]

---

53 — 욥의 탄식 : "사람을 감찰하시는 이여, **내가 범죄하였던들 주께 무슨 해가 되오리이까?** 어찌하여 나를 당신의 과녁으로 삼으셔서 내게 무거운 짐이 되게 하셨나이까? 주께서 어찌하여 내 허물을 사하여 주지 아니하시며 내 죄악을 제거하여 버리지 아니하시나이까? 내가 이제 흙에 누우리니 주께서 나를 애써 찾으실지라도 내가 남아 있지 아니하리이다."(욥 7:20-21).

54 — 루터의 95개조 논제 중 82-84, 그리고 86 논제는 다음과 같다. 마르틴 루터, 『루터선집 5 : 교회의 개혁자 1』(서울: 컨콜디아사, 1984)에서 82. 그들은 예를 들면 다음과 같이 묻는다: 왜 교황은 사랑(가장 거룩한 것)과 그 영혼들의 최고의 필요를 위해서 연옥에서 모든 영혼들을 해방하지 않는가? 이것은 도덕적으로 모든 이유들 가운데 최고의 이유일 것이다. 그러면서도 교황은 성 베드로 성당을 건축한다는 아주 사소한 목적으로 인하여 가장 썩어지기 쉬운 것인 돈을 받고 헤아릴 수 없이 많은 영혼들을 구원하고 있다. 83. 또 이렇게 묻는다: 왜 죽은 자를 위한 장례나 기념미사는 계속하라고 하는가? 그리고 왜 교황은 이제 구원받은 영혼들을 위해 기도하는 것은 잘못된 것이라는 이유로 이러한 목적으로 교회에 바친 기부금을 돌려주지 않으며 또 그것의 반환을 허용하지 않는가? 84. 또 이렇게 묻는다: 불경건한 자와 하나님의 원수로 하여금 하나님의 벗인 경건한 영혼을 돈을 지불하여 연옥으로부터 구하도록 허용하면서, 하나님의 사랑을 받는 그 경건한 영혼이 구원의 필요성과 사랑을 위하여 돈의 지불 없이 연옥에서 구원받는 것을 허용하지 않는 것은 정녕 하나님과 교회의 새로운 유의 자비인가? 86. 또 이렇게 묻는다: 오늘날 교회의 수

오늘날 "헌금! 헌금!" 노래를 부르는 목사들도 "하나님께서 정말 돈이 필요하십니까?"라고 질문하면, 대답할 수도 없으면서 그렇게 하고 있습니다만, 사실 이런 것들은 결코 하나님과는 관계가 없습니다. 하나님은 돈을 받고 노여움을 푸시는 분이 아니십니다. 노동이나 고행도 마찬가지입니다. 내가 무슨 종류의 섬김과 봉사와 일을 한다고 해서, 내가 내 몸에 상처를 나게 하고 괴롭게 한다고 해서, 어떻게 그것이 내 죄에 대한 값을 치러 줄 수가 있습니까? 절대로 그럴 수 없습니다.

'보속'이라는 말이 'satisfaction'의 또 다른 번역이라고 했습니다. '만족', 하나님께서 이런 내 행동을 받으면 그분의 공의가 만족된다는 것이지요? 그런데 과연 내가 일을 하거나 고통을 당하거나 돈을 바치면, 죄에 대해 진노하시는 하나님의 공의가 만족될까요? 과연 그게 가능한 일이겠습니까?

불가능합니다! **우리가 무슨 짓을 하든 간에, 그것이 우리의 죄에 대한 죄책을 없앨 수가 없습니다.** 죄를 물으시는 하나님, 그 "무한한 엄위를 거슬러 저지른 우리의 죄"를 유한한 우리 인간이 무슨 짓을 하더라도, 어떤 수로도 그 죄책을 없앨 수가 없는 것입니다.

그럼에도 불구하고 역사 안에서 인류는 언제나 죄의 해결을 이런 식으로 궁리해 왔습니다. 불교나 도교 같은 다른 종교에서도 물론이거니와, 사람들의 일반 도덕률에서도 그렇습니다. "착한 일을 해서 악한 일을 갚자!" 안 갚아집니다! 저지른 죄악 위에 다른 좋은 일을 해 본들 **저지른 일이 없어지지는 않습니다.** 중세 1,000년, 이 보속의 신학, "네가 무언가 하나님께 드릴 만한 것을 드린다면 너는 그것으로 인해 네 죄에 대한 속함을 받을 수 있을 거야!"라고 믿었던 것! 이 모든 것이 헛되고 무익한 것입니다.

그래서 신조의 첫 부분은 우리에게 분명히 말합니다. **"우리가 스스로 그 만족, 곧 'satisfaction'을 이룰 수 없고, 우리 자신을 하나님의 진노에서 해방시킬 수 없다."** 그렇습니다. '결단코 불가능'입니다. 유한의 존재인 우리가 행하는 어떤 종류의 일도, 아무리 무언가를 많이 바치고 많이 희생하고 열심히 노력하더라도,

---

입은 세상에서 제일 부유한 부자의 수입보다도 더 많은데 왜 교황은 가난한 신자들의 돈이 아니라 자신의 돈으로 성 베드로 성당 같은 성당 하나를 세우지 않는가?

이미 무한하신 하나님의 엄위를 거슬러 저질러 버린 우리 죄에 대한 하나님의 진노를 잠재울 수 있는 것은 없습니다.

불가능을 인정하라

어떤 분이 한국 교회의 전반적인 신앙 양상을 다루는 책에서 "한국 교회의 이런 부도덕성과 종교적 폐해들은 모두 그 양상 자체에 문제가 있는 것이 아니라 결국 신학의 문제다."[55]라고 말했습니다. 또 "지금 한국 교회의 문제가 겉으로 보기에는 윤리적 실패처럼 보이나 사실 근본 원인은 다른 데 있다. 윤리적 실패의 이면에는 신학적 실패가 자리 잡고 있고, 신학적 실패의 이면에는 올바른 복음에 대한 이해와 체험이 결핍되어 있다."[56]라고 했습니다.

우리는 도르트 신조를 배우기 시작하면서 한국 교회의 아르미니우스주의적 성향에 대해 많이 생각하게 됩니다. 사실 한국 교회는 "믿음으로 구원을 받는다"라는 교리가 절대적입니다. 따라서 우리는 적어도 중세 1,000년처럼 우리의 구원이 우리가 행하는 일에 의해 좌우된다고는 가르치지 않습니다. 하지만 신앙생활의 면면을 보면, **실상은 방금 말한 '중세적 업적주의/공로주의', 즉 내가 무언가를 열심히 하면 하나님께서 들으신다는 생각**이 대단히 많습니다. 이것이 말로만 장로교회인 이들 속에 있는 뼛속 깊이 아르미니우스주의자들인 우리의 모습입니다.

단지 우리는 중세와는 다르게 교묘하게 꼬아서 생각할 뿐입니다. 중세는 직선적으로 "내가 행하는 이 보속의 행위가 하나님을 만족시킨다."라고 생각했습니다만, 단지 현금의 한국 교회는 명패로 내 걸고 있는 신학이 이것을 부정하기 때문에, 직접 구원이나 보속 개념과 연관시키지 않고 다른 방식으로 이 보속을 추구할 뿐입니다. "내가 헌금을 더 많이 하면", "내가 봉사를 더 많이 하면", "내가 정성을 더 많이 바치면…." 비록 구원론은 예수 믿어야 구원을 얻는다고 말하고 있지만, **정작 행동을 촉발시키는 신념의 토대는** 항상 "내가 무언가를 열심히 하면 하나님께서 복을 주신다." 하는 데 있습니다.

---

55 — 신광은, 『천하무적 아르뱅주의』 (서울: 포이에마, 2014), 26.

56 — 위의 책, 26.

마르바 던(Marva J. Dawn)이라는 여류 신학자는 예배에 관하여 이런 이야기를 한 적이 있습니다.

> 우리가 하나님을 위해 자신의 삶을 헌신한다고 해서 하나님께서 우리를 조금이라 도 더 사랑하시거나 우리에게 조금이라도 더 큰 축복을 베풀지는 않으실 것입니다. 왜냐하면 그분은 '이미' 우리가 상상하거나 바랄 수 없을 만큼 우리를 무한히 사랑 하시며 우리에게 많은 복을 주시기 때문입니다.[57]

그래서 던은 우리의 예배가 가진 성격을 이렇게 말합니다.

> 세상의 눈으로 보면 하나님을 예배하는 것은 시간 낭비다. … 사회적 관점에서 보 면 예배에 참석해서 얻는 유익은 전혀 없다. 그러나 예배를 실리적 관점에서 이해 해서는 안 된다. 예배의 목적은 점수를 따거나 성공한 교회임을 과시하는 것이 아 니다. 우리가 예배하는 단 한 가지 이유는 하나님께서 예배를 받으시기에 합당하시 기 때문이다. … 그래서 이 글은 예배를 하나님께 사람들을 이끄는 수단으로 삼으 려는 이 시대의 시도를 좌절시키기 위한 것이다. 물론 우리가 예배를 잘 드린다면 사람들은 하나님께로 이끌릴 것이다. 그러나 이러한 호소가 예배의 초점이 된다면 그 예배에는 더 이상 하나님이 계시지 않을 것이다. 예배는 세상적인 관점에서 볼 때에는 **완전한 시간 낭비가 아니라면** 우상 숭배일 뿐이다.[58]

이 책에서 던은 사람들이 **교회에서 행하는 모든 일들도** 마찬가지로 평가합니다. 봉사가 되었건 섬김이 되었건, 그것이 **'하나님을 흡족하게 하기 위한 수단'이 되어서는 목적이 비뚤어진 것**이라고 말입니다. 그건 언제나 '받은 자로서 드리는 감사'일 뿐이지, 우리가 드리는 것이 결코 어떤 방식으로든 하나님의 행동을 촉발 시키는 원인이 될 수도 없고, 하나님 기쁨의 근원이 될 수도 없다는 것 말입니다.

---

57 — 마르바 던, 『고귀한 시간 낭비』, 전의우 옮김 (서울: 이레서원, 2004), 29.
58 — 위의 책, 9와 24.

죄에 대한 이해, 깨달음, 그래서 하나님 앞으로 나아가려고 할 때, 제일 첫 단추가 바로 이것, **'불가능을 깨닫는 것'**입니다. 개혁자들, 특별히 마틴 루터가 통렬히 깨달았던 것! "내가 무언가를 하나님께 드리는 것을 통해서 내 죄의 보속을 받으려는 모든 시도는 허망하고 무익한 시도에 불과하다!" 이것을 바르게 아는 것, 이것이 바로 죄에 대해 올바르게 아는 것입니다. 우리는 불가능합니다. 즉 아무것도 하나님께 드릴 수가 없습니다.

그러므로 무엇이 필요한가?

그래서 무엇이 필요합니까? 신조의 **"때문에" 다음 부분**을 보십시오.

> … (그 이유 때문에) 하나님께서는 독생하신 아드님을 그분의 무한한 자비하심 가운데 우리에게 보증으로 주셨고, 독생자께서는 우리를 위하여 또한 우리를 대신하여 죄로 여기심을 받아, 십자가에서 저주를 당하심으로 우리를 위하여 공의를 **만족시키셨습니다.**

이 문구에서 의도적으로 **"만족시키셨다"**라는 표현을 쓴 것에 유의하십시오.

우리는 앞에서 계속 '보속', 즉 만족에 대해 말했습니다. 우리 편에서의 만족에의 시도는 항상 '불가능'일 뿐이었습니다. 그래서 이 문구에서는 고의적으로 하나님께서 독생자를 통해 이 공의를 "만족시키셨다"라고 말합니다. **우리가 전혀할 수 없었던 일을 하시는 것**입니다.

그리고 다음 3조와 4조를 보면 3조의 제목은 "그리스도의 죽으심의 무한한 가치"입니다. 여기 **"무한하다"**라는 말 또한 고의적으로 사용한 것입니다. 4조 역시 마찬가지입니다. 4조의 제목은 "그리스도의 죽으심에 **무한한** 가치가 있는 이유"입니다. 신조가 이런 방식으로 말하고 있는 이유는 여기 2조에서 "유한한 우리"와 "무한한 죄악"에 대해 말했기 때문입니다. 유한한 우리가 갚을 수 없으므로 이것을 갚으시는 분께 대하여 3조와 4조가 "무한하다"라는 단어를 사용한 것은 다분히 의도적입니다.

우리는 유한하기 때문에 무한하신 하나님을 만족시킬 수 없습니다. 그런데 신조는 여기에서 하나님께서 방법을 내셨다고 말합니다. '무한'하신 분을 '무한히' 충족시킬 수 있는 방법을 말입니다. 우리의 할 수 없음, 곧 불가능을 깨달았다면 다음 질문, **"그러면 어떻게"**라는 질문에 대한 대답은 무엇인가요? 바로 **"그리스도께서"**입니다.

보증

신조는 이처럼 우리가 할 수 없는 만족의 부분을 그리스도께서 채우신 방식을 **"보증"**이라는 단어로 표현했습니다.

> 하나님께서는 독생하신 아드님을 그분의 무한한 자비하심 가운데, 우리에게 보증으로 주셨고

죄책에 대한 해결책은 하나님께서 **독생하신 아드님을 우리의 "보증으로"** 사용하고자 **하신 것**입니다. 하나님께서 아들을 "보증으로 사용하셨다"는 것은 어떤 의미입니까? 이 보증이라는 말은 대표적으로 히브리서 7장 22절 말씀에서 사용된 것입니다.

> 이와 같이 예수는 **더 좋은 언약의 보증**이 되셨느니라_히 7:22

이때 "보증"이라는 말, 헬라어 '엥귀오스'는 외경에서 사용되었을 때 **'법정 의무 이행에 대한 보증'**을 나타내는 말이었습니다. 예수님께서 우리의 "언약의 보증"이 되셨다는 것, 곧 예수님께서 우리의 '법정 의무 이행에 대한 보증'이 되셨다는 것은 무슨 뜻일까요?

우리가 사회생활에서 곧잘 보듯이 우리나라에는 문자 그대로 '보증을 서는' 제도가 있습니다. 보증을 선다는 것은 "그 사람을 대신해서 자기가 빚을 갚겠다."라는 것이지요. 이것은 법정에서 효력을 갖습니다. 여기 헬라어 '엥귀오스'가 이것과 매우 비슷합니다. 대신 빚을 갚는 것 말입니다. 그래서 어떤 목사님은 이 보증

이라는 말을 이렇게 설명했습니다.

> 보증인은 우리를 대신하여 빚을 갚겠다고 서명하는 사람입니다. 그래서 은행은 우리가 빌린 돈을 약속된 시간에 갚지 못하는 경우에 우리의 보증인에게 그 돈을 지불하라고 요구할 수 있습니다. 하나님 앞에서 보증인의 개념은 성경에서 우리에게 가르쳐 주고 있는 것입니다.[59]

우리는 앞에서 우리의 무능, 우리의 불가능에 대해 말했습니다. 그리고 신조는 성경의 개념을 빌어서 이제 이에 대한 **하나님의 대답**을 말하고 있습니다. 성경이 택한 방법, 하나님께서 택하신 방법은 바로 **보증인, 곧 '우리가 빚을 갚을 수 없으니, 우리를 대신해서 빚 갚을 자를 세우시는 것'**이었습니다.

이것은 우리가 만들어 낸 개념이 아닙니다. 방금 읽은 히브리서 7장 22절 말씀이 가르치고 있는 사실입니다. 히브리서가 예수 그리스도께서 누구이심을 말하고 있습니까? 예수 그리스도께서 우리의 '보증인', 곧 우리가 갚을 수 없는 한량 없는 빚, 유한한 우리가 무한하신 하나님의 엄위하심에 대하여 저지른 그 커다란 죄에 대하여, 하나님이신 분께서 그 죄에 대한 대가를 갚아 주시기로 정하셨다고 알려 주고 있는 것입니다. 이를 담당한 이가 바로 '보증인'입니다. 그리스도께서 우리의 보증인이 되셨고, 그래서 우리는 이 죄의 문제를 해결할 수가 있게 됩니다.

고린도후서 5장에서

고린도후서 5장 말씀을 통해서 이 사실을 확인해 보도록 합시다. 먼저 신조 2조에서 이어지는 내용을 보겠습니다.

> 독생자께서는 우리를 위하여, 또한 우리를 대신하여 죄로 여기심을 받아 십자가에서 저주를 당하심으로 우리를 위하여 공의를 만족시키셨다.

---

59 — 클라렌스 바우만, 『도르트 신경 해설』, 손정원 옮김 (서울: 솔로몬, 2016), 163.

여기 두 번 반복해서 **"우리를 위하여, 또한 우리를 대신하여"** 이렇게 전치사를 다르게 써서 두 번 "우리"를 반복한 이유는 고린도후서 말씀을 통해 알 수 있습니다. 고린도후서 5장 14절과 15절입니다.

> 그리스도의 사랑이 우리를 강권하시는도다 우리가 생각하건대 한 사람이 모든 사람을 대신하여 죽었은즉 모든 사람이 죽은 것이라. 그가 모든 사람을 대신하여 죽으심은 살아 있는 자들로 하여금 다시는 그들 자신을 위하여 살지 않고 오직 그들을 대신하여 죽었다가 다시 살아나신 이를 위하여 살게 하려 함이라_고후 5:14-15

고린도후서 5장 14절과 15절에는 짧은 문장 안에 계속해서 반복되는 전치사가 하나 있습니다. 14절에서 **"대신하여"**, 그리고 15절에서 "그가 모든 사람을 대신하여" 할 때의 **"대신하여"**, 그리고 조금 뒤에 "그들 자신을 위하여 살지 않고" 할 때 (원문에는 생략되어 있지만 의미상) **"위하여"**, 그리고 그다음에 "오직 그들을 대신하여" 할 때 다시 **"대신하여"** ("대신하여"와 "위하여"는 같은 단어).

고린도후서 5장 14절과 15절은 그리스도의 죽으심을 묘사하면서 이 단어를 계속해서 반복하여 사용합니다. 이 말이 바로 "대신하여"라는 말인데(헬. 휘페르), 이 말은 "대신하여"라는 뜻도 되고 "위하여"라는 뜻도 됩니다.

이 의미를 생각해 보면, 왜 신조가 예수 그리스도께서 보증이 되셔서 죽게 되시는 일을 말할 때 **"우리를 위하여, 또는 우리를 대신하여"**라고 썼는지를 읽을 수 있게 됩니다. 신조는 이 헬라어 **'휘페르'의 의미를 잘 이해하고 표현**한 것입니다. 그리스도께서 우리의 보증이 되셔서 죽게 되신 것은 "우리를 위하여" 하신 일이며, 이것은 달리 말하자면 "우리를 대신하여" 하신 일인 것입니다. 즉 그리스도의 죽으심, 우리를 위하여 보증이 되심은 다른 것이 아니라 "우리를 위하여, 우리를 대신하여" 대신 죽으심을 당하신 것입니다.

그리고 이 보증의 결과물을 보십시오! 이 인과 관계를 보십시오! 고린도후서 5장에서 가장 유명한 구절은 17절 말씀입니다.

> 그런즉 누구든지 그리스도 안에 있으면 새로운 피조물이라. 이전 것은 지나갔으니

고린도후서는 마치 여러 장으로 된 그림을 겹쳐서 한 장의 그림이 되는 것을 보여 주듯이, 우리가 새로운 피조물이 되는 것을 겹쳐 그리고 있습니다. 새로운 피조물이 된다는 것은 단순히 새 마음을 먹는다거나, 새롭게 각오를 가진다거나, 혹은 옷을 새로 갈아입는 것으로 되지 않습니다. **17절 말씀은 14절과 15절의 결과입니다!**

우리가 새로운 탄생, 하나님의 자녀로, 새로운 피조물로, 그래서 영원한 생명에 뿌리를 두고 있는 참된 삶을 얻을 수 있게 된 것은 모두 무엇에 그 기반을 두고 있는 것입니까? 우리는 죄인이었습니다. 그것도 참혹한 죄인! 하나님의 무한하신 엄위하심을 거스른 악랄한 죄인이었습니다. 그런데 어떻게 우리가 17절의 "나는 이제 새로운 피조물이에요."라고 말할 수 있게 되었습니까?

그것은 **'우리의 보증'이 되시는 그리스도께서, 모든 법정적 책임을 자신이 떠안겠다고 나서셨기 때문**입니다. 14절과 15절에서 계속해서 반복되는 "위하여"와 "대신하여"의 문구! 그리스도께서 우리의 보증이 되셔서, 우리의 빚을 모조리 떠안으셨기 때문에 가능하게 된 것이라는 말입니다. 어떤 목사님은 이 교리를 설명할 때 이런 이야기를 합니다.

> 그리스도께서 다른 이의 위치에서 죽으셔야 한다는 생각에 반대하는 이들이 있습니다. 이들은 주장합니다. 인간의 법정에서조차 무죄한 사람이 죄 있는 자를 위하여 대신 벌을 받을 수 없는데, 하나님의 법정에서 어떻게 그런 일이 일어난다는 말입니까! … 그렇습니다! 그런 일은 하나님의 법정에서 일어날 수 없습니다. 그러므로 그리스도는 무죄하게 죽으신 것이 아닙니다. 하나님은 무죄한 자를 결코 벌하지 않으십니다. 하나님은 오직 죄 있는 자만 벌하십니다. 따라서 우리는 그리스도께서 결코 무죄하지 않으셨다는 것을 깨달아야 합니다! 그리스도께서는 자신의 교회와 자신의 백성의 죄책을 짊어지셨고, 그리하여 유죄한 자로서 법적으로 죽으신 것입니다. 하나님께서는 그리스도를 죄 없는 분으로 대하시지 않으셨습니다. 하나님께서는 그리스도를 당신의 백성의 죄책을 짊어진 죄인으로 대하셨습니다. 그리스도

께서 자신의 백성과 법적으로 하나가 되셨기 때문입니다.[60]

'불가능'이라는 첫째 주제에 이어 우리가 생각해야 하는 것은, "그래서 성경은 우리에게 어떤 속죄의 방식을 제공하는가?"라는 질문인데, 이에 대한 대답은 **"하나님께서 우리에게 그리스도를 보증으로 주셨다."**입니다. 그리고 이때 보증은 "위하여"와 "대신하여"가 합쳐진 것으로서, 그분은 우리가 갚을 수 없는 죄악을 친히 담당하셔서, 우리의 모든 죄악을 자신의 것으로 삼으시고 대신 모든 죄에 대한 형벌을 받으심으로써 이 일을 이루셨습니다. 고린도후서 5장의 마지막 절을 읽음으로 이 내용을 정리합시다.

> 하나님이 죄를 알지도 못하신 이를 우리를 대신하여 죄로 삼으신 것은, 우리로 하여금 그 안에서 하나님의 의가 되게 하려 하심이라_고후 5:21

satisfaction! 만족이 어디에서 오는가? 하나님의 공의의 만족은 어디에서 오는가? 하나님 그분께서 **자기 아들을 우리를 대신하여 벌하시는 데서** 옵니다! 이것이 우리의 대답입니다.

---

60 — 코르넬리스 프롱크, 『도르트 신조 강해』, 154-155를 정리한 것.

제3조 : 그리스도의 죽으심의 무한한 가치

하나님의 아드님께서 십자가에서 죽으심은 죄에 대한 유일하고도 가장 완전한 희생 제사와 속상(贖償)이며[i] 그 무한한 가치와 효력은 온 세상의 죄를 충분히 속(贖)하고도 남을 만합니다.[ii]

[i] 히 9:26 그리하면 그가 세상을 창조한 때부터 자주 고난을 받았어야 할 것이로되 이제 자기를 단번에 제물로 드려 죄를 없이 하시려고 세상 끝에 나타나셨느니라 / 히 9:28 이와 같이 그리스도도 많은 사람의 죄를 담당하시려고 단번에 드리신 바 되었고 구원에 이르게 하기 위하여 죄와 상관 없이 자기를 바라는 자들에게 두 번째 나타나시리라 / 히 10:14 그가 거룩하게 된 자들을 한 번의 제사로 영원히 온전하게 하셨느니라

[ii] 요일 2:2 그는 우리 죄를 위한 화목 제물이니 우리만 위할 뿐 아니요 온 세상의 죄를 위하심이라

● 강해 본문 ① : 히브리서 9장 6-12절

6 이 모든 것을 이같이 예비하였으니 제사장들이 항상 첫 장막에 들어가 섬기는 예식을 행하고 7 오직 둘째 장막은 대제사장이 홀로 일 년에 한 번 들어가되 자기와 백성의 허물을 위하여 드리는 피 없이는 아니하나니 8 성령이 이로써 보이신 것은 첫 장막이 서 있을 동안에는 성소에 들어가는 길이 아직 나타나지 아니한 것이라 9 이 장막은 현재까지의 비유니 이에 따라 드리는 예물과 제사는 섬기는 자를 그 양심상 온전하게 할 수 없나니 10 이런 것은 먹고 마시는 것과 여러 가지 씻는 것과 함께 육체의 예법일 뿐이며 개혁할 때까지 맡겨 둔 것이니라 11 그리스도께서는 장래 좋은 일의 대제사장으로 오사 손으로 짓지 아니한 것 곧 이 창조에 속하지 아니한 더 크고 온전한 장막으로 말미암아 12 염소와 송아지의 피로 하지 아니하고 오직 자기의 피로 영원한 속죄를 이루사 단번에 성소에 들어가셨느니라

● 강해 본문 ② : 히브리서 9장 23-28절

23 그러므로 하늘에 있는 것들의 모형은 이런 것들로써 정결하게 할 필요가 있었으나 하늘에 있는 그것들은 이런 것들보다 더 좋은 제물로 할지니라 24 그리스도께서는 참 것의 그림자인 손으로 만든 성소에 들어가지 아니하시고 바로 그 하늘에 들어가사 이제 우리를 위하여 하나님 앞에 나타나시고 25 대제사장이 해마다 다른 것의 피로써 성소에 들어가는 것 같이 자주 자기를 드리려고 아니하실지니 26 그리하면 그가 세상을 창조한 때부터 자주 고난을 받았어야 할 것이로되 이제 자기를 단번에 제물로 드려 죄를 없이 하시려고 세상 끝에 나타나셨느니라 27 한번 죽는 것은 사람에게 정해진 것이요 그 후에는 심판이 있으리니 28 이와 같이 그리스도도 많은 사람의 죄를 담당하시려고 단번에 드리신 바 되었고 구원에 이르게 하기 위하여 죄와 상관 없이 자기를 바라는 자들에게 두 번째 나타나시리라

그리스도께서 제물 되심의 의미

히 9:6-12, 23-28

오해를 통해 들여다보는 '제한 속죄'의 의미

감성주의

우리가 흔히 들어 오던 감성적인 이야기 한 토막을 생각해 보겠습니다.

> "예수님께서는 지구상에 구원할 사람이 단 한 사람, 나밖에 없었다고 하더라도 나를 구원하시기 위하여 이 땅에 오셔서 십자가를 지셨을 거야!"

제가 알기로는 이 이야기는 빌리 그레이엄(Billy Graham, 1918-2018)이 한 이야기인데, 여기저기 찾아봤지만 확인할 수가 없었습니다. 그래서 분명한지는 잘 모르겠습니다. 어쨌든 이 이야기는 많은 사람들에게 익숙한 이야기입니다. 구원할 사람이 지구상에 오직 나 한 사람밖에 없다고 하더라도 예수님께서는 이 땅에 오셔서 나 한 사람을 구원하시기 위하여 십자가형을 당하셨을까요?

당연히 "예스"라고 대답할 수 있습니다. 그랬을 것입니다. 만약에 지구상에 구원해야 할 사람이 나 한 사람밖에 없다면, 아마도 하나님께서는 나 한 사람을 위하여 예수 그리스도를 보내셨을 것입니다. 실제로 노아의 시대를 보면 구원받을 사람이 노아의 가족들밖에 없었는데, 하나님께서는 이 한 가족을 위하여 '홍수와 구원'이라고 하는 거대한 구속사적 사건을 진행하시지 않았습니까? 그러니까 이 질문에 대한 대답은 "예스"입니다.

하지만 여기에서 우리가 주목해야 할 점은 약간 다른 곳에 있습니다. 이 이야기의 문제는 그것이 "예스냐, 노냐"에 있는 것이 아닙니다. 저는 이런 이야기의 핵심을 **'말랑말랑한 감성팔이 복음주의'**라고 부르고 싶습니다. 그리고 이런 말랑말랑한 감성팔이 복음주의는 그 이야기 자체의 감미로움과는 전혀 별개로 아주 큰 문제를 하나 갖고 있는데, 그것은 예수 그리스도의 구속의 복음을 **지독히도 개인적인 것으로 만든다**는 점에 있습니다.

우리는 이런 감성적인 이야기를 들으면, 저기 멀리 하늘에서 굉장히 바쁘시고 우주보다 더 크신 하나님께서 "겨우 나를 위해 이런 일을 하신다고?"라고 생각하게 됩니다. 지구상에 살아오고 살아갈 수십억 명의 모든 사람들을 위해서 십자가를 지셨다는 이야기에서는 "많은 사람들을 구원하는 건 중요하고 큰 일이니까.", "그 정도 일이라면 예수님을 보내실 수 있겠어."라고 생각하더라도, "아니야! 이렇게 작고 무익한 나를 위해서도 그러셨어!"라고 하면 놀라게 되는 것입니다. 그래서 이렇게 크고 중요하고 바쁘신 분께서 겨우 나 하나를 위해서도 십자가를 지시는 큰일을 하실 거라고 생각하니까 울컥하면서 큰 은혜와 사랑을 느끼는 경험을 하게 되는 것입니다.

하지만 이것은 그 답이 옳으냐 그르냐를 떠나서, 근본적으로 하나님의 구속 사역, 그리스도의 십자가 사역을 대하는 **태도가 잘못되었습니다.** 그리스도의 십자가마저도 **'내가 구원받으니까 감동적인 사건'**이라는 식의 **사적이고 말랑말랑한 것으로** 바꾸어 버렸기 때문입니다. 이는 하나님의 구원 역사를 말하면서 구원하시는 하나님께 전혀 초점을 두지 않고, 혹은 하나님께서 온 세계를 어떻게 움직여 가시고 만들어 가시는지에도 전혀 초점을 두지 않고, 그저 "나 같은 죄인 살리신 주 은혜 고마워"라는 정도에만 그리스도의 구속 사역의 의의를 국한시키는, **구속을 지독히 개인적인 일로만 축소시키는** 나쁜 이해인 것입니다.

우리는 그리스도의 구속 사역을 생각할 때 "나를 위해서"라고 하는 '나 중심적 우주관', 지독히도 온 우주가 나를 중심으로 돌고 있다고 생각하는 이런 가치관에서 벗어나야 합니다. 태양이신 하나님께서 지구인 나 주위를 돌고 있는 것이 아니라 지구인 내가 태양인 하나님 주위를 도는 것입니다. 내가 주인공인 영화에 하나님이 조연으로 등장하는 것이 아니라, 영화의 주인공은 하나님이시고, 나는 그 영화의 한 배역을 맡은 것일 뿐이라는 사실을 인식해야만 합니다.

이런 관점에서 하나님의 구속 사역을 보고, 또 "그리스도의 십자가가 어떤 구속의 효력을 나타내었는가?"라고 질문해야 합니다. 이것을 하지 못하고, 그저 '내가 천당 가는지 지옥 가는지'에만 국한된 방식으로 그리스도의 속죄, 십자가 교리를 이해하려고 하면, 우리는 **절대로 둘째 교리가 보여 주고 있는 그리스도의 구속 사역의 풍성함을 이해하지 못하게 될 것**입니다.

'제한 속죄': 무엇에 대한 '제한'인가?

이제 이 생각을 이번 주제와 직접 연관된 **아르미니우스주의자들이 주장했던 것을 반박하는 방식으로** 생각해 봅시다.

우리는 둘째 교리를 "제한 속죄 교리"라고 부른다고 배웠습니다. 그리고 지난 두 조항의 강해를 통해서 제한 속죄의 반대가 되는 아르미니우스의 가르침도 살펴보았습니다. 그런데 우리가 믿는 교리를 "제한 속죄 교리"라고 부를 때, 아르미니우스주의자들은 교묘하게 우리의 교리가 **'그리스도의 구속 사역을 제한하는 것인 양'** 호도했습니다. 말하자면 제한 속죄 교리가 마치 '그리스도의 십자가 사역, 구속 사역이 제한된 것이라고 말하는 듯' 선전한 것입니다. 아르미니우스주의자들은 매우 경건한 척하면서 이렇게 말했습니다.

> "그리스도의 십자가는 제한되지 않아요! 그리스도의 구속은 제한되지 않아요! 그런데 칼뱅주의자들을 보십시오! 저들은 마치 그리스도의 이 한량없는 구속의 은혜가 제한되는 것처럼 말하고 있습니다! 저들을 믿지 마십시오!"

이것은 **몰이해로 인한 '음해'**에 해당합니다. **우리는 결코 그리스도의 십자가 사역, 그리스도의 구속의 능력이 제한적이라고, 제한된다고 믿지 않습니다.** 우리는 그리스도의 구속의 은혜가 흘러넘치고 흘러넘쳐서 온 우주에 있는 모든 사람들을 다 구원하고도 남음이 있다고 믿습니다! 그리스도의 구속은 제한되지 않습니다. 그리스도께서 십자가에서 흘리신 피는 참으로 온 인류를 다 구원하고도 남음이 있을 만한 능력과 권세를 가지고 있는 피입니다. 그리스도께서 십자가에서 흘리신 보혈은 **우리의 죄를 '능히' 이깁니다!** 우리의 죄가 제아무리 크고 진한 것이라 할지라도 그리스도께서 이루신 구속은 '반드시' 죄를 섬멸합니다! 우리는 우리의 죄가 그리스도의 십자가를 헛되게 할 수 없다고 믿습니다. 3조의 내용을 보십시오. 우리는 무엇을 고백하고 있습니까?

> 하나님의 아드님의 십자가 죽음은 **무한한 가치와 효력**을 가지고 있다!
> 따라서 이 가치는 **온 세상의 죄를 충분히 속하고도 남을 만하다!**

우리는 그리스도의 구속 능력이 제한된다고 믿지 않습니다. 우리는 그리스도의 구속이 '능히' 모든 인류를 구원하실 수 있다고 믿습니다. 단지 이 명칭이 '제한 속죄'이기 때문에, 마치 그리스도께서 제한되신 것처럼 호도하는 것이 아르미니우스주의자들이었으나, 우리는 그것이 음해임을 알아야 합니다.

오히려 제한 속죄 교리에서 제한되는 것은 '그리스도의 십자가의 구속의 능력'이 아니라 '대상들'입니다. 우리는 그리스도의 권능이 제한된다고 믿는 것이 아니라, 그리스도께서 권능을 행하시는 '대상이 제한된다'고 믿기 때문에 '제한 속죄'라고 말합니다. '제한' 속죄라는 말은 '그리스도가' 제한된다는 것이 아니라, '제한적 대상을' 구속한다는 의미입니다. 그렇기 때문에 제한 속죄 교리에서 '그리스도의 능력'은 제한되지 않습니다.

거꾸로 아르미니우스주의의 주장, 곧 "그리스도의 구속이 모든 사람을 위해 베풀어졌다."라고 말하는 것이 도리어 **그리스도의 구속 사역을 무능하게 만듭니다.** 우리는 그리스도의 베푸신 구속의 사역이 '누구라도' 구원하실 수 있다고 믿기 때문에, 그분의 피가 효력 있게 나타나는 곳에서는 **'모든'** 사람들이 **'반드시'** 구원을 얻습니다. 하지만 아르미니우스주의자들의 주장은 그리스도께서 구속의 피를 흘리셨더라도 대상이 되는 사람이 받아들이냐 아니냐에 따라서 그리스도의 피는 효력이 있을 수도 있고 없을 수도 있습니다. 그러므로 실제로는 **아르미니우스주의야말로 그리스도의 구속의 권능을 제한하고 제거하는 것입니다!** 하나님의 아드님께서 우리를 위하여 구속을 이루셨어도 "내가 싫으면 그만"이라고 말하는 것이야말로 참으로 하나님의 능력을 '제한'하는 것이 아닙니까? 오히려 하나님의 구속의 능력을 제한하는 것은 아르미니우스주의자들임을 잘 알아야 합니다.

완전하고 단번에 시행된 그 제사: 완전

이 무한한 능력을 가지신 그리스도의 구속을 생각해 보십시오. 특별히 3조가 강조하고 있는 바 안에서 이를 표현해 보자면, 그리스도께서 우리를 위하여 구속을 이루실 때, 그분께서 자신을 희생하여 구속을 성취하신 그 방법이 **'완전'**하면서도 **'단번에'** 시행된 것이라고 할 수 있습니다. 이 두 주제에 주목합시다.

> 그리스도의 구속의 제사는 '완전한' 것이면서,
> 동시에 '단번에' 시행된 제사입니다.

"완전"이라는 것은 **더 보탤 것이 없이** 완벽하다는 의미이고, "단번에"라는 말은 그 완전한 제사가 여러 번 **반복될 필요가 없다**는 뜻입니다. 이 그리스도의 구속의 두 성격이 가장 잘 드러나 있는 곳이 히브리서 9장의 말씀입니다.

구약의 제사법이 보여 주는 구속에서의 제한성

8절부터 10절 말씀에 주목하도록 합시다.

> 성령이 이로써 보이신 것은 첫 장막이 서 있을 동안에는 성소에 들어가는 길이 아
> 직 나타나지 아니한 것이라 이 장막은 현재까지의 비유니 이에 따라 드리는 예물
> 과 제사는 섬기는 자를 그 양심상 온전하게 할 수 없나니 이런 것은 먹고 마시는 것
> 과 여러 가지 씻는 것과 함께 육체의 예법일 뿐이며 개혁할 때까지 맡겨 둔 것이니
> 라_히 9:8-10

이 말씀에서 우리의 주목을 끄는 것은 8절의 **"성소에 들어가는 길이 아직 나타나지 아니한 것이라"**라는 말씀입니다. 이 말씀이 무엇을 의미하는지는 구약의 성막 제도에 대해서 아시는 분은 누구나 쉽게 이해할 수 있습니다. 바로 앞 7절에도 설명이 나옵니다.

> 그러나 둘째 장막은 대제사장이 홀로 일 년에 한 번 들어가되 자기와 백성의 허물을 위하여 드리는 피 없이는 아니하나니_히 9:7

말하자면 "성소에 들어가는 길이 아직 나타나지 않았다"는 것은 구약의 성막 제도가 가진 제약, 곧 성막의 가장 깊숙한 곳, 하나님의 임재가 직접 있었던 지성소 안에는 일반 성도들은 아무도 들어갈 수 없었고 대제사장만이 정해진 규례를 따라 일 년 일 차 들어갈 수 있었다는 사실을 말하는 것입니다.

따라서 이 말씀은 구약 율법의 제도가 그 자체로 백성들이 지켜야 하는 엄격한 규례요 법이었음과 동시에, 그 법 자체가 "우리 법은 **부실함을 보여 주기 위해** 만들어져 있습니다."라고 선전하고 있는 것과 똑같음을 말해 주고 있습니다. 마치 여러분이 휴대폰 보호 필름을 사시면 거기 보호 필름 본체 말고 붙어 있는 얇은 비닐, 그것 같다고 해야 할까요? 분명히 이 비닐은 자기의 기능을 잘 수행해야만 하지만, 기능을 최고로 잘 수행하는 때는 정작 떨어져서 버려져야 할 때 잘 떼지고 잘 버려지는 것입니다. 만약 이 비닐에 자기 자신에게 생존의 이유가 있다고 믿어서 절대로 보호 필름 자체로부터 떨어지지 않고 바짝 붙어 있으면, 그것이 오히려 불량품이 됩니다. 이와 비슷하게 8절부터 10절까지의 말씀은 구약의 희생 제사 제도가 그 자체로 엄격히 지켜져야 할 율법이면서 동시에 "그러나 나는 이 제도 자체를 통해서 내가 결함이 있다는 것을 보여 주고 있습니다."라고 말하고 있습니다.

지성소에 들어가는 일은 엄격히 금지되었습니다. 하지만 왜 엄격히 금지되었습니까? 8절을 다시 보십시오. 지성소에 들어가는 일이 엄격히 금지된 이유는 **"구약 시대에는 아직 지성소 안에 들어갈 수 없다는 것을 보여 주기 위해서"**입니다. 지성소야말로 하나님께서 계신 곳입니다. 그리고 하나님과 대면하는 것이야말로 하나님의 백성들에게는 궁극적인 것입니다. 그런데 지성소에 들어가면 죽게 된다는 율법이야말로, 이 하나님께 **접근하기 위하여 만들어진** 성막에서 하나님께로의 **접근을 막는 용도로** 사용되는 것입니다. 희한한 것이지요! 하나님께 접근하기 위해 만들어진 성막에 하나님께 접근할 수 없게 만들어진 지성소라니요! 즉 지성소의 이런 용도는 "이는 완성되지 않은 것이므로 부족한 것입니다."라고 보여 주기 위한 것이라는 말입니다.

10절도 같은 방식으로 말하고 있습니다. "먹고 마시는 것", 레위기적 음식법을 말합니다. "여러 가지 씻는 것", 동일하게 레위기적 정결법을 말합니다. 이것들은 당연히 하나님 앞에서 바르게 서고 살기 위하여 주어진 율법들이었습니다. 하지만 히브리서는 신약 시대가 되어 이제 이 율법들을 설명합니다.

> 이 율법들은 그때 당시에는 하나님께 접근하기 위하여 설정된 것처럼 보일지 몰라도, 사실 다른 한편으로는 **하나님께 접근할 수 없다는 것을 함께 보여 주는 목적**을 가지고 있다.

즉 음식법이나 정결법은 휴대폰 보호 필름의 비닐처럼 **버려지기 위하여** 주어졌습니다. 본질을 보여 주기는 하는데, 본질을 보여 줌과 동시에 "우리는 한계가 있소!"라는 사실도 동시에 보여 주는, 곧 **'완전한 것이 올 때까지 부실한 대체품으로서만 존재하는'** 그런 것이었다는 말입니다. 그래서 히브리서는 이것을 "육체의 예법일 뿐이며"라고 했습니다. 복음이 보여 주는 본질과 실체인 '영적인 것들'과 대치되는, '육의 예법일 뿐'이라는 말이죠. 그래서 이는 개혁할 때까지만 맡겨진 것입니다.

그러므로 율법 안에서 소망하게 되는 것

그러므로 우리는 율법을 통해서 반드시 한 가지 방향으로만 목표 지점에 도달해야 합니다. 율법은 언제나 '자신의 부실함을 입증하여' **완성이 되는 분께로** 우리를 데려갑니다. 즉 성전을 화려하게 짓고, 제사를 열심히 드리고, 개인의 삶에서 열심히 음식법과 정결법을 지키던 유대인들은 한편으로는 이 일을 열심히 해야했지만, 동시에 다른 한편으로는 이것이 단지 **'그림자'일 뿐이라는 사실**을 알아야 했습니다. 곧 율법은 그 자체가 '완전한 법'이 아니라 후에 완전한 실체가 온다는 것을 보여 주는 부실함을 내적으로 갖고 있으므로, 그러한 사실을 인식하며 **'후에 올 완전한 그것'을 늘 소망하면서 살아야** 했던 것입니다. 그래서 히브리서는 여기에 덧붙여 '후에 올 완전한 것'을 설명하고 있습니다.

> 그리스도께서는 장래 좋은 일의 대제사장으로 오사 손으로 짓지 아니한 것 곧 이 창조에 속하지 아니한 더 크고 온전한 장막으로 말미암아 염소와 송아지의 피로 하지 아니하고 오직 자기의 피로 영원한 속죄를 이루사 단번에 성소에 들어가셨느니라_히 9:11-12

율법은 부실함을 보여 줍니다. '무엇에 대하여'입니까? 장차 오셔서 모든 것의 완성이 되실 분 '그리스도에 대하여'입니다. 즉 여기에서 우리는 **그리스도께서 이루신 구속의 완전함**이 **어떠한 의미인지** 깨닫게 됩니다. 곧 그리스도께서는 이 땅에 오셔서 율법을 성취하셨다는 것입니다. 구약 시대 때 있었던 모든 속죄를 위한 방법들, 즉 제사, 제물, 절기, 규범, 정결법, 음식 제도 등 모든 것들을 그리스도께서 완전하게 자신 안에서 성취하셨다는 뜻입니다.

구약의 여러 제도들은 그 자체로 그 시대에는 의미가 있었습니다. 하지만 하나님께서는 8절과 9절에서 보았듯이 그것이 부실하다는 것을 보여 주기 위하여 **이미 그 제도 안에** 설명으로 달아 놓으셨습니다. 하나님과 교제하기 위하여 지어 놓은 성막에 교제 불가능의 접근 금지를 걸어 놓으신 이유는 구약의 성막과 제사가 하나님과의 교제를 보여 주더라도 한계를 함께 보여 줌으로써 후에 오실 완전한 교제의 중보자이신 예수 그리스도를 바라보게 하기 위함이었던 것입니다.

우리는 히브리서가 보여 주는 **율법의 자체적 한계와 모순** 속에서 그리스도께서 어떻게 우리를 위하여 **완전한** 속죄 제물이 되시며, **완벽한** 율법의 성취가 되시는지를 발견합니다. 그리스도께서 이 땅에 오셔서 이루신 구속의 일들은 구약의 모든 소들과 모든 양들, 그리고 이스라엘 백성 모두가 지켰던 절기와 제사를 모두 합친 것보다 '더 큰 것'이었습니다.

구약의 것은 완벽하게 이행하더라도 그 자체의 성격에서 이미 부실을 보여 주고 있는 것이어서 '완전'과는 거리가 멀었습니다. 오직 그리스도께서만 이 모든 것을 이루십니다. 그리스도만 '완전한 제사'로 '완전한 제물'이 되셨습니다. 그래서 "이 창조에 속하지 아니한"(히 9:11), 즉 현재의 창조에서 물질을 통해 하나님을 만날 수밖에 없던 율법의 한계를 뛰어넘는, 전혀 새로운 영적 창조(영적 세계)로 우리를 데리고 갈 수 있는 길을 터 놓으셨습니다. 이것이 그리스도의 구속이 "완전하다"라는 말의 의미입니다.

완전하고 단번에 시행된 그 제사: 단번에

히브리서 9장이 그다음으로 보여 주고 있는 그리스도의 희생 제사의 성격은 **"단번에"**입니다. 24절부터 26절까지 말씀을 읽어 보겠습니다.

> 그리스도께서는 참 것의 그림자인 손으로 만든 성소에 들어가지 아니하시고, 오직 참 하늘에 들어가사 이제 우리를 위하여 하나님 앞에 나타나시고, 대제사장이 해마다 다른 것의 피로써 성소에 들어가는 것같이 자주 자기를 드리려고 아니하실지니, 그리하면 그가 세상을 창조할 때부터 자주 고난을 받았어야 할 것이로되 이제 자기를 단번에 제사로 드려 죄를 없게 하시려고 세상 끝에 나타나셨느니라_ 히 9:24-26

그리스도께서 이루신 구속의 '완전성'에 대해 배웠다면, 다음으로 배워야 할 것은 **'이 완전'이 지속적이고 반복적으로 시행이 되어야 할 것인가 아닌가** 하는 점입니다. 그리고 히브리서가 제시해 주는 대답은 "단번에", 즉 '딱 한 번 만으로' 모든 것이 끝나게 된다는 사실입니다. 그리스도께서 이루신 구속의 사역은 그 자체가 **'완전한'** 것이면서, 동시에 **'반복될 필요가 없는'** 것이었습니다. "단번에"에서 우리가 캐치해야 하는 것은 '한 번'이라기보다는 '영속성'입니다. 그리고 결과적으로 말하자면 이 '영속성'은 첫째 주제에서 말한 **'완전함'으로부터 나오는 것**입니다.

히브리서의 이 말씀은 우리에게 예수 그리스도께서 드리신 제사는 한 번만으로 충분함을 가르치고 있습니다. 예를 들어 로마 교회의 '미사'를 생각해 보면, 미사의 핵심은 '매주 계속해서 드려지는 제사'입니다. 그렇다면 이들은 이렇게 고백하는 것이 됩니다.

"그리스도는 반복적으로 죽으셔야 한다!"

하지만 히브리서 말씀은 그렇게 가르치고 있지 않습니다. 예수님의 제사는 "단번에" 끝난 '영속적인' 제사입니다. 따라서 반복될 필요가 없습니다. "세상 끝에 나타나셨다"(히 9:26)라는 말씀에 주목해 보십시오. 예수님께서는 "대제사장이 해마다" 성소에 들어갔던 것과는 달리 "단번에" 이 모든 제사를 이루셨습니다. 그래서 "자주 고난을 받을" 필요가 없으셨는데, 이때의 시점을 언제라고 말하는가 하면 **"세상 끝"**이라고 하신 것입니다.

이때의 세상 끝은 '시간적 종말'이라든가 '역사의 끝' 같은 것이 아닙니다. 왜냐하면 분명 예수님께서 "세상 끝에" 나타나셨다고 말하였어도, 예수님께서 오시고도 2천 년이 넘는 역사가 지금도 지속되고 있기 때문입니다. 따라서 예수님께서 세상 끝에 오셨다는 것은 시간이 끝났다거나 역사가 마무리되었다는 방식의 의미는 아닙니다.

오히려 이 말씀의 뜻은, 여기 본문에서 말하고 있는 주제를 따라 말하자면, 대제사장이 해마다 피를 드려 성소에 들어가는 것과 비교할 때 세상 끝이라는 것입니다. 곧 이는 **'구약 제사 제도의 종말'**을 가리킵니다. '구속 사역의 종말'입니다. 구약의 대제사장들은 계속해서 반복되는 제사를 드렸습니다. 심지어 대제사장 스스로도 죽고 죽음을 반복하면서 계속해서 새로운 대제사장들이 필요했습니다. 이렇게 지속적이고 반복적인 제사가 필요했던 이유는 **'그 제사가 보여 주고 있는 구속의 일'이 끝나지 않았기 때문**입니다!

그렇다면 이 맥락에서의 "세상의 끝"이란 바로 이 일의 끝을 말합니다. 예수 그리스도께서 오셨을 때 이 일이 끝이 났습니다! 모든 구속의 일이 마무리가 지어진 것입니다. 그래서 예수 그리스도께서 "세상의 끝"이시며, "세상의 끝에" 오신 것입니다.

구약의 제사장들이 반복되는 제사를 드렸어야 하는 이유는 '장차 이 일을 반복하지 않아도 될 때가 올 것이기 때문'이었습니다. 이들은 충실하게 그림자로서 장차 올 것을 드러내었으나 동시에 그들이 드러내고 있는 그것이 '아직' 도래하지 않았음도 함께 보여 주었습니다.

바로 이 지점에 **첫째 주제와의 연결점**이 있습니다. 왜 그리스도께서 오시고는 제사가 반복될 필요가 없었습니까? 대제사장들의 제사가 '불완전했기' 때문이고, 그리스도의 제사는 '완전했기' 때문입니다. 곧 **'영속성'이란 '완전'에서 옵니다.** 예수 그리스도의 제사가 "단번에" 드려져서 앞으로는 계속해서 반복될 필요가 없는 이유는 그분의 제사가 '완전한' 제사였기 때문입니다. 이전의 것, 곧 율법은 그 자체가 한계를 갖고 있기 때문에 아무리 제사를 많이 드려도 끝이 나지 않습니다. 계속해서 드려야 합니다. **내재하고 있는 부실성 때문**입니다. 그 제사는 부실하기 때문에 영속성을 갖고 있지 않습니다. 완전하지 않기 때문에 "단번에"가 불가능했습니다. 하지만 그 제사가 내재하고 있는 부실성을 모두 뛰어넘는 완전함이 오게 되면 더 이상 제사는 불필요해집니다. 이것이 바로 '효력의 영속성'인 것입니다. 바로 이런 이유로 예수 그리스도께서 오시는 때가 "세상의 끝"입니다. 히브리서 1장 1-2절 말씀도 보십시오.

> 옛적에 선지자들을 통하여 여러 부분과 여러 모양으로 우리 조상들에게 말씀하신 하나님이 이 모든 날 마지막에는 아들을 통하여 우리에게 말씀하셨으니 이 아들을 만유의 상속자로 세우시고 또 그로 말미암아 모든 세계를 지으셨느니라_히 1:1-2

이 말씀은 '계시'와 관련된 중요한 말씀인데, 예수 그리스도께서 오시는 때를 "이 모든 날 마지막에"라고 하였습니다. **예수님께서는 "이 모든 날 마지막"에 오십니다.** 우리가 앞서 "세상 끝"을 보았기 때문에, 이 말씀이 같은 맥락임은 쉽게 알아차리실 것입니다. 이 또한 시간이나 역사의 흐름을 말함이 아닙니다. 이 말씀 역시 **'구속 역사의 종결'**을 의미합니다. 하나님께서는 구약 수천 년을 지속해 오시면서 한편으로는 하나님께 다가가는 것을 보여 주면서도 동시에 다른 한편으로는 그 다가감의 부실성을 보여 주셨습니다. 곧 구약의 율법과 제도들이 마지막 종지를 찍는 때가 오는데, 그때가 바로 이 말씀에서는 "이 모든 날 마지막에"라고 한 것입니다.

과거에는 "여러 부분, 여러 모양", 곧 '여러 시대에', '여러가지 방식으로', 예컨대 꿈, 계시, 선지자, 기적, 이상 등의 다양한 방식으로 자신을 계시하셨습니다. 하지만 이제는 더 이상 그런 것들이 필요 없어집니다. 왜냐하면 "이 모든 날 마지막에 아들로 계시"하셨기 때문입니다. 완성이 왔습니다. **계시는 더 이상 필요 없습니다.** 그래서 오늘날에도 여전히 하나님께서 꿈으로 알려 주시고, 환상으로 알려 주시고, 방언을 통해 말씀하시고, 병 고침으로 말씀하신다고 믿는 것은 "이 모든 날 마지막에 오신" 분을 부인하는 것이 됩니다. 그리스도야말로 '계시의 완성'이며, '계시의 마지막'이십니다.

우리는 그리스도의 구속 사역의 '무한한' 가치를 믿습니다. 이것을 히브리서 말씀을 통하여 두 가지 주제로 정리하였습니다. 하나는 그리스도의 구속이 이루신 '완전하심'이요, 또 다른 하나는 그리스도의 구속이 이루신 '영속성'입니다. 우리에게는 또 다른 구주가 필요 없습니다. 그리스도께서 완성하셨기 때문입니다. 그리스도의 피 흘리심의 능력은 제한되지 않습니다. 그 구속의 능력은 우리를 '완전히' 구원하십니다. 우리는 **'속죄'**를 **'제한'**하지 않습니다.

제4조 : 그리스도의 죽으심에 무한한 가치가 있는 이유

이 죽으심에 그렇게 큰 가치와 효력이 있는 이유는, 자신을 죽음에 내어놓으신 그분이 단지 참되고 완전하게 거룩하신 사람일 뿐 아니라[i] 하나님의 독생자,[ii] 곧 성부와 성령과 함께 똑같이 영원하시고 무한하신 본질을 가지신 분이기 때문입니다. 우리의 구속주는 바로 그러한 분이셔야 하였습니다. 이 죽으심에 그렇게 큰 가치와 효력이 있는 또 다른 이유는, 우리의 죄들 때문에 우리가 마땅히 받아야 했던 하나님의 진노와 저주를 그분이 그 죽으심에서 모두 겪으셨기 때문입니다.[iii]

[i] 히 4:15 우리에게 있는 대제사장은 우리의 연약함을 동정하지 못하실 이가 아니요 모든 일에 우리와 똑같이 시험을 받으신 이로되 죄는 없으시니라 / 히 7:26 이러한 대제사장은 우리에게 합당하니 거룩하고 악이 없고 더러움이 없고 죄인에게서 떠나 계시고 하늘보다 높이 되신 이라

[ii] 요일 4:9 하나님의 사랑이 우리에게 이렇게 나타난 바 되었으니 하나님이 자기의 독생자를 세상에 보내심은 그로 말미암아 우리를 살리려 하심이라

[iii] 마 27:46 제구시쯤에 예수께서 크게 소리 질러 이르시되 엘리 엘리 라마 사박다니 하시니 이는 곧 나의 하나님, 나의 하나님, 어찌하여 나를 버리셨나이까 하는 뜻이라

● 강해 본문 ① : 빌립보서 2장 5-8절

5 너희 안에 이 마음을 품으라 곧 그리스도 예수의 마음이니 6 그는 근본 하나님의 본체시나 하나님과 동등됨을 취할 것으로 여기지 아니하시고 7 오히려 자기를 비워 종의 형체를 가지사 사람들과 같이 되셨고 8 사람의 모양으로 나타나사 자기를 낮추시고 죽기까지 복종하셨으니 곧 십자가에 죽으심이라

● 강해 본문 ② : 히브리서 4장 14-16절

14 그러므로 우리에게 큰 대제사장이 계시니 승천하신 이 곧 하나님의 아들 예수시라 우리가 믿는 도리를 굳게 잡을지어다 15 우리에게 있는 대제사장은 우리의 연약함을 동정하지 못하실 이가 아니요 모든 일에 우리와 똑같이 시험을 받으신 이로되 죄는 없으시니라 16 그러므로 우리는 긍휼하심을 받고 때를 따라 돕는 은혜를 얻기 위하여 은혜의 보좌 앞에 담대히 나아갈 것이니라

하나님의 아들의 죽으심의 무한한 가치

빌 2:5-8; 히 4:14-16

둘째 교리 4조는 둘째 교리 3조와 연결되어 있습니다. 4조는 3조와 제목도 비슷하고 내용도 비슷합니다. 3조의 제목은 "그리스도의 죽으심의 무한한 가치"였는데, 4조의 제목은 이것에 **무한한 가치가 있는 이유**입니다. 내용 또한 4조는 3조의 내용을 기반으로 하여 설명을 시작합니다. 4조의 시작 부분을 보시면 "이 죽으심에 그렇게 큰 가치와 효력이 있는 이유는"으로 시작하는 것을 볼 수 있는데, 앞의 3조의 내용을 받아 설명하겠다는 뜻입니다. 그리고 이제 묻습니다.

> 예수 그리스도의 죽으심에 그렇게 무한한 가치가 있다는 것은
> 무슨 이유 때문인가?

이 질문에 대한 대답으로 4조의 내용은 크게 두 가지 주제를 말하고 있습니다.

① 먼저 첫 부분에서 신조는 '그리스도, 그분의 가치'에 대해서 말합니다. 즉 그리스도의 죽으심에 무한한 가치가 있는 첫 번째 이유는 **죽으신 그분께서 무한한 가치를 가지신 분이셨기 때문**입니다. 이를 조금 풀어 설명하자면 4조의 설명대로 "그분은 단지 사람이셨을 뿐 아니라 하나님의 독생자이셨기 때문", 곧 "성부와 성령과 함께 똑같이 영원하시고 무한하신 본질을 가지셨기 때문"입니다. 그러니

까 그리스도의 죽으심의 가치가 무한한 이유를 달리 말하자면, 죽으신 그분이 무한한 가치를 지닌 **하나님이셨기 때문**입니다.

② 다음 부분에서 신조는 "또 다른 이유는"이라고 하면서 '그분이 겪으신 일'을 말합니다. 즉 그리스도의 죽으심이 무한한 가치가 있는 첫째 이유가 **그분 자신의 어떠하심**에서 오는 이유였다면, 두 번째 이유는 **그분이 행하신 일**, 겪으신 일의 성격, 곧 그분이 하나님의 진노와 저주를 모두 담당하시는 일을 행하신 것에 있다고 신조는 말하고 있는 것입니다. 이 두 주제를 큰 카테고리로 해서 다음의 내용을 살펴보도록 하겠습니다.

> 첫 번째 주제는 **하나님의 아들이신 분의 무한한 가치**이고,
> 두 번째 주제는 **하나님의 아드님께서 겪으신 진노와 고통의 무한한 가치**입니다.

하나님의 아들이 가지신 무한한 가치

예수님께서 사람들 곁으로 오셨을 때, 아무도 그분이 하나님의 아들이신 줄은 알지 못하였습니다. 우리가 잘 아는 중풍 병자를 고치신 사건에서 예수님은 "네 죄 사함을 받았느니라 하는 말과 일어나 네 상을 가지고 걸어가라 하는 말이 어느 것이 쉽겠느냐"(막 2:9) 하시면서 "그러나 **인자가 땅에서 죄를 사하는 권세가 있는 줄**을 너희로 알게 하려 하노라"(10절) 하셨습니다. 당시의 모든 종교 지도자들은 죄를 사하는 일은 하나님밖에 할 수 없다는 것을 잘 알았기 때문에, 자신을 하나님의 아들로 하나님과 동등하게 말했던 예수님은 단번에 신성 모독죄로 몰리게 되었습니다.

요한복음 5장에서는 예수님께서 안식일에 일하신 것을 말합니다. 실은 그것만으로도 충분히 종교 지도자들의 분노를 살 만한데, 거기다 대놓고 주님께서는 **"내 아버지께서 이제까지 일하시니 나도 일한다"**(요 5:17)라고 말씀하시는 바람에 불에다 기름을 끼얹은 격이 되었습니다. 당시 랍비들의 가르침에 의하면 하나

님은 안식일에도 일하신다는 것이 잘 알려져 있었습니다. 따라서 "하나님이 일하시니 나도 일한다."라는 말은 곧 "나도 하나님이다."라는 말과 같았습니다. "나는 하나님의 직접적인 아들이다.", "나는 곧 하나님과 동등하다." 예수님의 말씀은 랍비들에게 이렇게 들렸습니다.

그래서 예수님의 이 말씀 바로 다음에 보면, "유대인들이 이를 인하여 더욱 예수를 죽이고자 하니"(18절)라고 하면서, "이는 안식일만 범할 뿐 아니라 **하나님을 자기의 친아버지라 하여** 자기를 하나님과 동등으로 삼으심이러라."(18절)라고 했습니다. 예수님께서 사람들 곁으로 오셨을 때 아무도 그분이 하나님의 아들이신 줄 알지 못했습니다. 그래서 예수님께서 죽고 부활하신 후 **교회의 공통적인 신앙고백**은 "그분은 하나님의 아들이시다."였습니다. 요한복음의 마지막은 이렇게 기록합니다.

> 예수께서 제자들 앞에서 이 책에 기록되지 아니한 다른 표적도 많이 행하셨으나
> 오직 이것을 기록함은 너희로 **예수께서 하나님의 아들 그리스도이심을 믿게 하려**
> 함이요 또 너희로 믿고 그 이름을 힘입어 생명을 얻게 하려 함이니라_요 20:30-31

또 요한일서 4장 15절 말씀은 "누구든지 예수를 하나님의 아들이라 시인하면 하나님이 그의 안에 거하시고 그도 하나님 안에 거하느니라"라고 합니다. 곧 교회가 형성되었을 때, 그리고 지금도 마찬가지로 하나님의 교회 안에서 가장 중요한 신앙고백은 바로 "예수 그리스도께서 하나님의 아들이시다."라는 고백입니다.[61]

그분의 가치

예수 그리스도께서 하나님의 아들이시라는 사실은 왜 중요합니까? 이 주제를 이렇게 말해 봅시다.

---

61 — "하나님의 아들"이라는 주제는 다음의 성경 구절들을 참고할 것(살전 1:10; 갈 4:4; 골 1:14; 롬 1:3-4; 히 4:14; 요일 4:15; 막 1:1; 마 16:16; 눅 20:70; 요 1:34, 49; 11:27; 출 4:22; 호 11:1; 사 63:16).

> 그리스도께서 하나님의 아들이라는 주제는 그분이 '하나님'이라는 점에서
> 도 중요하지만 그분이 **'아들'이라는 점에서도** 매우 중요하다.

우리는 그리스도께서 구속을 담당하시는 일을 하실 때 "그분이 하나님이시다."라고 말할 수 있습니다. 즉 "그리스도는 하나님이시다."라고만 말해도 그리스도께서 우리의 구원을 성취하시는 분으로 충분히 잘 드러나게 됩니다.

하지만 우리가 앞서 읽은 성경 말씀에서도 그렇고, 교회가 고대로부터 지금까지 계속해서 고백해 오는 신앙고백의 내용도 그렇고, 교회는 항상 그리스도를 **"하나님이시다"라고만 고백한 것이 아니라 특별히 "하나님의 아들이시다"라고 고백해** 왔습니다. 따라서 여기에서는 '하나님'뿐 아니라 '아들'도 강조되어야 합니다.

그렇다면 그리스도를 '하나님'이라고만 하지 않고 '아들'이라고까지 강조한다는 것은 어떤 의미를 갖는 것일까요? 유명한 빌립보서 2장 말씀에 보면 그리스도에 대해 고백하면서 이렇게 말하고 있습니다. 이 말씀은 그리스도께서 아들이라는 것이 어떤 의미인지를 매우 잘 가르쳐 줍니다.

> 그는 근본 하나님의 본체시나 **하나님과 동등됨을** 취할 것으로 여기지 아니하시고
> 오히려 자리를 비워 종의 형체를 가져 사람들과 같이 되었고 사람의 모양으로 나타
> 나사 자기를 낮추시고 죽기까지 복종하셨으니 곧 십자가에 죽으심이라_빌 2:6-8

빌립보서 말씀은 그리스도께서 근본에 있어서는 하나님과 동등하였다고 말합니다. 여기에서 "근본"이라는 말은 '아래에'라는 뜻의 '휘포'와 '다스리다', '시작하다'라는 뜻의 '아르코'가 결합된 말입니다. 그러니까 이 말은 그리스도께서 **그 출발에 있어서나 본질에 있어서**, 즉 그분의 존재론적 측면에서는 반드시 하나님과 동일하다는 의미입니다.

그런데 중요한 것은 그다음에 나오는 "동등됨을 취할 것으로 여기지 아니하시고"라는 말씀입니다(16절). 그리스도께서는 그 본체에 있어서(헬. 모르페), 그 형상에 있어서는 반드시 하나님과 동등됨을 취하셔야 하는 그런 분이셨습니다. 그런데

그리스도께서는 "동등됨을 취할 것으로 여기지 아니하셨"습니다. 이를 풀어서 말하자면, **"마땅히 손만 내밀면 취할 수 있는 위치에 있는데 그렇게 하지 않았다."**[62] 라는 의미입니다. 즉 여기서의 강조점은 마땅히 동일한 것을 가질 수 있음에도 불구하고 **고의로 그것을 갖지 않은 것**에 초점이 있는 것입니다.

그래서 이어지는 말씀에서는, 6절에서 "하나님의 본체"라고 할 때 사용했던 단어인 '모르페'를 7절에서 "종의 형체"라고 할 때도 동일하게 사용함으로써 대비를 시키고 있습니다. 우리말로는 "본체"와 "형체"라고 다르게 번역했지만 둘은 같은 단어입니다. 즉 **"하나님의 본체"**를 손을 뻗기만 해도 취할 수 있는 것이 마땅하고 당연한데도 불구하고, **"종의 본체"**를 소유했다(헬, 람바노, 우리 번역에 "가져"). 빌립보서는 그리스도의 정체에 대해서 이렇게 말씀하고 있는 것입니다.

그렇다면 이 말씀을 통해 알 수 있는 그리스도께서 "아들"이시라는 것, 곧 성부와 똑같이, 성령과 똑같이, 성자께서도 하나님이신데, 그분을 "아들"이라고 했을 때 그분을 아들 되게 만드는 것은 무엇입니까? **'겸손'**이고 **'순종'**입니다! 시편 2편 말씀을 기억해 보십시오.

> 내가 나의 왕을 내 거룩한 산 시온에 세웠다 하시리로다 내가 여호와의 명령을 전하노라 여호와께서 내게 이르시되 너는 내 아들이라 오늘 내가 너를 낳았도다_시 2:6-7

"내가 나의 왕을 내 거룩한 산 시온에 세웠다.", "너는 내 아들이다." 같은 하나님이신데 **왜 한편은 "세우시고", 다른 한편은 "세움을 받고" 있습니까?** 같은 하나님이신데 왜 한편은 "낳으시고", 다른 한편은 "낳음을 당하고" 있습니까? 한 분 하나님 안에서 위격을 따라 누가 성부가 되고 누가 성자가 되는 것은 무엇 때문입니까?

성자가 성자 되게 하는 것은 단 하나입니다. 그것은 성부께서는 보내시는 위치에 있고, 성자께서는 그 보내심을 받는 위치에 있다는 것입니다. 즉 성자의 성부

---

62 — 김세윤, 『빌립보서 강해』 (서울: 두란노, 2011), 84.

에 대한 차이점은 **'성부께 대한 전적인 순종'**입니다. 서열의 차이가 없음에도 불구하고! 동등하심에도 보이신 '완전하고 전적인 순종!' 바로 그것이 **성자의 '아들 됨'**입니다.

성부와 성자는 동등합니다. 두 위격 사이에는 차이도 없고, 높낮이도 없고, 격이나 품위의 차이도 없습니다. 성부께서는 낳으시고 성자께서는 나시므로, 성부께서는 계획을 주도하시고 명령하시며 성자께서는 그 명령을 순종하시고 실행하시는 '역할에서의 차이'가 있을 뿐입니다. 왜 이렇게 할까요? '명령'이나 '순종' 같은 것을 죄에 물들어 있는 이해력으로밖에 해석할 수 없는 우리로서는 성부와 성자 사이의 이 기이하고 놀라운 순종의 관계를 이해할 수가 없습니다. 하지만 우리는 계시의 지도를 받아서 흐릿하게, 약간의 정도, 이 놀라운 신비를 이해할 수가 있습니다. 성자께서는 자발적으로 순종하시고 성부께서는 자발적으로 다스리십니다. 성부와 성자 간에는 순종도, 명령도, 그 어느 것도 **우위가 없습니다**. 성부께서 명령하시니 더 높으신 것도 아니고 성자께서 명령을 받으니 더 낮으신 것도 아닙니다. 오직 이 둘, 곧 명령하시는 분과 명령을 받아 순종하시는 분이 둘 다 각각의 역할로서 자발적으로 그렇게 하시자, **이 둘이 합하여 이루어져서 놀라운 아름다움을 만들어 낸다**는 사실뿐입니다.

하나님께서는 우리가 이해할 수 없는 방식으로 삼위가 어우러져 교제하시는데, 이때 성부 편에서 다른 위격을 향하여 가지신 품성은 인도하고, 지도하고, 대표하고, 다스리시는 것입니다. 그리고 성자 편에서 이 성부를 향하여 가지신 품성은 듣고, 명령을 받고, 순종하고, 명령을 이행하는 것입니다. 이것이 특별히 삼위 하나님의 관계 안에서 **'아들 됨'**이 가진 특성입니다.

그러므로 우리는 삼위 하나님의 관계 안에서 '아들 됨'이라는 것은 단순히 "그분 역시 하나님이다."라고 말하는 것 **이상의 무언가**가 있음을 알게 됩니다.

우리는 죄에 물들어 있어서 힘과 능력, 부나 지위 같은 것으로밖에 문제를 해결하는 방법을 알지 못합니다. 언제나 문제를 해결하는 것은 더 큰 힘이 있고, 더 높은 지위가 있고, 더 뛰어난 행동 능력이 있는 것을 통해서만 가능하다고 인식되어 있습니다. 하지만 하나님의 편에서는, 하나님의 지혜의 편에서는 전혀 다른 방식의 문제 해결 방법도 있는데, 그것은 '듣고', '낮아지고', '명령을 받고', '순종하는' 것을 통하는 방법입니다.

이해가 잘 안 되지요. 그렇습니다. 하지만 이것이 삼위 하나님께서 보여 주고 계시는 능력의 실체입니다. 성부께서는 '명령하심으로' 구속을 이루십니다. **하지만 성자 하나님께서는 그 명령을 '들으심으로' 구속을 이루신다는 것을 기억해야 합니다.** 우리는 능동적이고 결정적인 편에서만 문제를 해결한다고 생각하기 쉽습니다. 하지만 들음을 통해서 구속을 이루시는 분도 계십니다. 아주 미약하게나마 예가 될지 모르겠습니다만, 술주정뱅이 남편이 있다면 그 남편을 힘으로 제압하거나, 커다란 곤경에 빠뜨려서 강하게 그를 변화시키는 방법도 있지만, 그의 수발을 들어주고, 그의 비위를 맞춰 주고, 아침에 해장국을 끓여 주면서 그를 변화시키는 방법, 즉 수동형의 성취도 있는 것입니다.

그리스도께서 '아들 되심'을 통해서 이루시는 구속은 그런 성격을 가지고 있습니다. 하나님께서 세상을 구성하신 방식에는 언제나 '플러스'나 '강력'만이 능력을 갖도록 되어 있지 않았습니다. 하나님께서 이루신 세상에는 작고 미약하고, 낮고 약한 것을 통해 이루어지는 일도 있게 마련입니다. 이것은 성부와 성자께서 그 안에 갖고 계시는 품성으로부터 나왔습니다. 그리스도께서는 **성부를 제압하는 방식으로 구속을 이루신 것이 아니라, "마땅히 손을 뻗어 취할 수도 있는 것을 갖지 않음으로 말미암아" 구속을 이루셨습니다.** 우리는 둘째 교리 제4조에서 "그리스도께서 하나님의 아들이시므로 구속의 능력이 무한합니다."라고 고백할 때 바로 이것, 곧 그리스도께서 아들이시므로 가지셨던 '순종의 성격'이 이 위대한 구속의 원동력이었다는 것을 확실히 기억해야 하는 것입니다.

그리스도께서 순종과 복종, 낮아지심과 받아들이심, 명령을 하시는 입장이 아니라 받으시는 입장을 통해서 구속을 이루셨습니다. 그렇다면 **그 구속의 은택을 입은 우리 역시** 그러한 구속의 성격을 생각해야 하지 않겠습니까? 우리가 받은 한량없는 죄 사함은 반드시 이기고 승리하는 방식으로서가 아니라, 겸손하게 낮아지고 순종하는 면을 갖고 있다는 것을 말입니다. 그리스도인이 덕목으로서 '겸손'을 갖게 되는 것은 바로 이러한 측면, 곧 그리스도께서 '아들 되심'으로서 성부께 순종하신 일을 통하여 우리에게 주어진 구속의 한 측면임을 실천을 통해 드러내는 것입니다.

교회는 오고 오는 모든 시대에 그리스도를 "하나님의 아드님"으로 고백해 왔습니다. 그리고 우리는 지금 그 그리스도의 죽으심의 무한한 가치, 즉 '죽으심'이라고 하는 **네거티브적인 측면, 수동적인 측면, 당하는 측면, 희생하는 측면이 가진 무한한 가치**를 생각합니다. 주님의 이런 수동적인 위치에서 이루신 구속의 능력이 우리 구원의 중요한 부분을 이루고 있다는 사실을 생각하면서 그리스도의 죽으심의 가치를 기억하는 우리가 되어야 하며, 또 교회는 이런 그리스도의 들으심과 낮아지심과 순종의 자세를 생각하는 교회가 되어야 하겠습니다.

'겪으심'이 보여 주는 그리스도의 죽으심의 무한한 가치

그리스도의 죽으심의 가치에 대한 두 번째 고백은 '**겪으심**'입니다. 4조 뒷부분 "또 다른 이유는" 후에 설명되어 있는 내용들을 한마디로 요약하자면, 그분께서 "겪으셨기 때문이다."라고 정리할 수 있습니다. 첫 번째 주제에서는 '**아들 되심**' **이라는 것이 가지고 있는 근본적인 의미**, 즉 명령하지 않고 명령받으며, 지휘하지 않고 순종하는 것이 우리의 구속을 위하여 어떤 역할을 했는지, 또 이것이 삼위 하나님의 관계 안에서 어떤 의미를 갖는지를 생각했습니다.

이제 여기에 기초하여 그리스도께서 그 아들 되심으로 말미암아 성부 하나님의 구속의 뜻에 순종하시고 또 그것을 **실행하실 때** 어떤 방식으로 그 순종을 이루셨는지를 생각해 봅시다. 빌립보서에서 우리가 생각했던 것은 그리스도께서는 "마땅히 받으셔도 될 것을 받지 않음"으로 말미암아 아들 되심을 이루셨다는 점입니다. 그런데 바로 이 일을 행하셨을 때 그리스도께서는 '**무엇을**' 취하셨습니까? "근본 하나님의 모르페", 즉 하나님의 형상을 가지신 분께서, "누구의 모르페"를 취하셨습니까? "종의 모르페(형상)"를 취하셨습니다. 그리고 이어지는 다음 말씀을 읽어 봅시다. "오히려 자기를 비어 종의 형체를 가져 사람들과 같이 되었고"의 다음입니다.

> 사람의 모양으로 나타나셨으매, 자기를 낮추시고 죽기까지 복종하셨으니 곧 십자가에 죽으심이라_빌 2:8

여기에서 그리스도께서 "하나님의 본체" 대신 "종의 본체"를 취하셨을 때 이를 '행하신 방식'을 보십시오! 그리스도께서 종의 본체를 취하신 방식이 무엇입니까? 그것은 자기를 낮게 하셔서 "사람의 모양으로 나타나셨음"입니다. 즉 그리스도께서 순종의 방식을 취하신 것은 **매우 실제적인 것이며, 사람의 몸을 입는 일을 실제로 '체현'한 것**이라고 할 수 있습니다. 한 신학자는 이 부분을 이렇게 주석했습니다.

> 신성의 존재가 인간과 같이 되어 시간과 공간의 제약 속으로 들어오심, **인간의 가난한 처지에 참여하심**을 뜻하는 것이다. 그리스도가 신성의 충만함을 견지하면서 어떻게 이 시간과 공간의 제약 속으로 들어왔는가를 설명하는 것은 이 시의 의도가 아니다. 이 시는 다만 그리스도가 우리의 운명에 동참했다는 것, 그것을 위해 그가 스스로를 비우셨음을 말하려는 것이다.[63]

그렇습니다. 그리스도께서 성부께 순종하셨을 때, 그것은 단지 '마음으로' 하나님의 말씀을 기쁘게 받은 것만을 의미하는 것이 아닙니다. 우리는 '마음이 중요하다', '생각이 중요하다', '의지가 중요하다' 이런 생각을 자주 합니다. 그래서 실제로 그것이 행동으로 나타날 때, 행동으로 나타난 것만 가지고는 그 사람의 진정성을 알 수 없다는 이야기를 많이 합니다. 하지만 어떤 사람의 **행동이 그야말로 그 사람의 됨됨이의 표현**이라는 것을 잊어버릴 때가 많습니다.

그리스도의 순종이 무엇입니까? 그리스도의 순종은 어떤 방식으로 **의미를 '획득'**하였습니까? 그것은 바로 친히 그분이 '이 땅에 들어오심'입니다. 방금 읽은 인용문의 말대로, "인간의 가난한 처지에 참여하심"입니다. 즉 그리스도의 순종의 방식은 **친히 그 일 속으로 자신을 들이미는 방식입니다.** 그것이 비록 하나님의 권능의 자리를 포기하고 인생의 여러 가지 열악한 제약 조건 속으로 들어오는 것임에도 불구하고, 순종을 이루시기 위하여 '현실 속으로', '현실의 열악함 속으로', 고통이 있다면 '그 고통의 실체 속으로' 들어오시는 것을 의미합니다.

---

[63] — 김세윤, 『빌립보서 강해』, 89.

우리는 앞서 "그리스도의 무한한 가치"를 생각했습니다. 그분은 마땅히 하나님과 동등됨을 취할 수 있는 분이셨으나 '순종'을 선택하심으로 '아들 되심'을 보여 주셨습니다. 그런데 이 순종, 곧 이 아들 되심은 **마음만으로, 생각만으로 되는 것이 아닙니다.** 똥통에 빠지는 일을 실제로 하지 않으면 이 일은 절대로 이루어질 수 없는 일입니다. 즉 하나님의 아들 그리스도께서는 우리를 긍휼히 여기셨기 때문에 우리와 같은 처지가 되는 것을 거절하지 않으셨던 것입니다. 히브리서 4장 15절 말씀은 이것을 **"체휼"**이라는 단어로 설명해 줍니다.

> 우리에게 있는 대제사장은 우리 연약함을 체휼하지 아니하는 자가 아니요, 모든 일에 우리와 한결같이 시험을 받은 자로되 죄는 없으시니라_히 4:15(개역한글)[64]

"우리 연약함을 체휼하시는 분이시다!", "모든 일에 우리와 한결같이" 되셨다! 여기 "우리와 한결같이"라는 말은 직역하면 "우리와 똑같이 되어"라는 뜻입니다. 즉 '우리와 똑같이 되어 시험 가운데 던져지셨다'는 것입니다.

사랑이 무엇입니까? 언젠가 유치원에 다니는 아이들에게 사랑이 뭐냐고 질문한 글을 본 적이 있습니다. 아이들은 이렇게 대답했습니다.

> 사랑이란, 엄마가 아빠에게 닭고기를 주실 때 그중 제일 맛있는 부분을 골라 주시는 거예요(일레인, 5세).
>
> 사랑이란, 누가 나에게 상처 주는 말을 하거나 날 아프게 해서 내가 너무나 화가 나도 그 사람에게 소리를 지르지 않는 거예요. 왜냐하면 내가 그러면 그 사람 기분이 나빠질테니까요(사만다, 6세).
>
> 사랑이란, 한 소녀가 향수를 바르고 또 한 소년이 애프터쉐이브를 바른 후에 만나서 서로의 향기를 맡는 거예요(칼, 5세).

---

64 — 개역개정판은 '동정'이라고 표현하였으나 개역한글판의 '체휼'이 더 적합한 번역이어서 이를 사용하였다.

사랑이란, 엄마가 아빠를 위해 커피를 끓인 후 아빠에게 드리기 전에 맛이 괜찮은지 한 모금 맛을 보는 거예요(대니, 7세).

사랑이란, 어떤 남자애에게 너의 셔츠가 이쁘다고 말했을 때 그가 그 셔츠를 매일 입고 오는 거예요(노엘, 7세).

사람은 나이가 들어가면 **'추상'**과 **'관념'**이 발달합니다. 몸을 움직이는 대신 '생각'합니다. 그래서 내가 어떤 일에 마음을 먹으면, 나는 사실 그것을 원하거나 실행하는 사람이라고까지 생각하게 됩니다. 그래서 어른이 되어가면 매일 약속에 지각을 하면서도 "나는 약속을 잘 지키는 사람이야."라고 생각하고, 끊임없이 잔소리를 늘어놓으면서도 "나는 참 너그러운 사람이야."라고 생각하며, 항상 말씀과 어긋나는 삶을 살면서도, "나는 하나님을 실제로는 매우 사랑하고 있어"라고 생각하기 쉬워집니다.

하지만 저 아이들의 말처럼 사랑이란 **매우 구체적인 어떤 행동**을 의미합니다. 그리고 이것은 그리스도께서 우리에게 입증하신 것입니다. 주님께서는 당신의 사랑을 우리에게 어떻게 보이셨나요? 과연 그리스도께서는 우리를 구원하시기 위해 자신이 가진 하나님으로서의 위상을 포기하려고 '각오만' 하셨나요? 그렇지 않지 않습니다. 로마서 5장 8절 말씀은 하나님의 사랑이 어떤 방식으로 우리에게 전달되었는지를 이렇게 말씀하였습니다.

> 우리가 아직 죄인되었을 때에 그리스도께서 우리를 위하여 **죽으심으로** 하나님께서 우리에 대한 자기의 **사랑을 확증**하셨느니라_롬 5:8

그리스도께서는 우리에게 대한 하나님의 사랑을 자신을 죽이는 데에 내어 던지심으로써, 곧 구체적인 일을 통하여 확증하셨습니다. 그리스도의 죽으심의 무한한 가치는 그분의 **'겪으심'**에서 옵니다. 하나님께서는 저기 멀리 사닥다리 위에서 우리를 내려다보시면서 우리를 사랑한다고 말씀하신 것이 아니라, 우리를 그냥 내버려 두지 아니하시고, 우리와 똑같은 것을 체휼하신 후에, 우리를 위하여 모든 죽으심의 고난을 감내하시고서 우리를 향하여 "내가 너희를 사랑한단다."라고 말씀하셨습니다.

그리스도의 죽으심의 무한한 가치는 **한편으로 그분의 아들 되심에서** 나타났고, **더 나아가 그것을 실천으로 옮긴 것에 의해** 나타났습니다. 그렇다면 우리는 그분의 순종을 교회의 수동적이고 소극적인 태도에서 배울 뿐만 아니라, 더 나아가서 험난한 삶의 현장에 우리의 발을 직접 담그는 것을 통해서 실천하기까지 합니다. 그리스도께서 우리를 체휼하시기를 주저하지 않으시고 인생이 되신 후 모든 죄의 짐을 지시고 죽으신 것처럼 말입니다.

제5조 : 복음을 모든 사람에게 전파함

복음의 약속은 십자가에 못 박히신 그리스도를 믿으면 누구든지 멸망하지 않고 영생을 얻으리라 하는 것입니다.[i] 이 약속은 회개하고 믿으라는 명령과 함께[ii] 모든 민족과 모든 사람에게, 곧 하나님께서 그분의 기쁘신 뜻대로 복음을 보내시는 자들에게 아무런 차별이나 예외 없이 선언되고 선포되어야 합니다.[iii]

[i] 요 3:16 하나님이 세상을 이처럼 사랑하사 독생자를 주셨으니 이는 그를 믿는 자마다 멸망하지 않고 영생을 얻게 하려 하심이라

[ii] 행 2:38 베드로가 이르되 너희가 회개하여 각각 예수 그리스도의 이름으로 세례를 받고 죄 사함을 받으라 그리하면 성령의 선물을 받으리니 / 행 16:31 이르되 주 예수를 믿으라 그리하면 너와 네 집이 구원을 받으리라 하고

[iii] 고전 1:23 우리는 십자가에 못 박힌 그리스도를 전하니 유대인에게는 거리끼는 것이요 이방인에게는 미련한 것이로되 / 마 28:19 그러므로 너희는 가서 모든 민족을 제자로 삼아 아버지와 아들과 성령의 이름으로 세례를 베풀고

● **강해 본문 : 로마서 10장 9-18절**

9 네가 만일 네 입으로 예수를 주로 시인하며 또 하나님께서 그를 죽은 자 가운데서 살리신 것을 네 마음에 믿으면 구원을 받으리라 10 사람이 마음으로 믿어 의에 이르고 입으로 시인하여 구원에 이르느니라 11 성경에 이르되 누구든지 그를 믿는 자는 부끄러움을 당하지 아니하리라 하니 12 유대인이나 헬라인이나 차별이 없음이라 한 분이신 주께서 모든 사람의 주가 되사 그를 부르는 모든 사람에게 부요하시도다 13 누구든지 주의 이름을 부르는 자는 구원을 받으리라 14 그런즉 그들이 믿지 아니하는 이를 어찌 부르리요 듣지도 못한 이를 어찌 믿으리요 전파하는 자가 없이 어찌 들으리요 15 보내심을 받지 아니하였으면 어찌 전파하리요 기록된 바 아름답도다 좋은 소식을 전하는 자들의 발이여 함과 같으니라 16 그러나 그들이 다 복음을 순종하지 아니하였도다 이사야가 이르되 주여 우리가 전한 것을 누가 믿었나이까 하였으니 17 그러므로 믿음은 들음에서 나며 들음은 그리스도의 말씀으로 말미암았느니라 18 그러나 내가 말하노니 그들이 듣지 아니하였느냐 그렇지 아니하니 그 소리가 온 땅에 퍼졌고 그 말씀이 땅 끝까지 이르렀도다 하였느니라

제한적 속죄와 보편적 선포

롬 10:9-18

여러분은 신앙이 가능케 되는 가장 저변, 가장 밑바닥에 있는 것은 무엇이라고 생각하십니까?

우리가 주변에서 흔히 볼 수 있는, 교회를 다니다가 그만둔 사람들의 이야기를 들어 보면 보통 **'하나님이 나를 실망시켰다'**라고 합니다. 만약에 하나님이 존재한다면 내가 이런 일을 겪거나 당할 수가 없었을 것인데, 혹은 나는 하나님을 열심히 믿고 의지했는데 일의 결과가 좋지 않게 끝난 것을 보니까, 하나님은 존재하지 않는다는 결론을 내렸다는 것입니다. 대강 믿는 둥 마는 둥 하다가 신앙을 그만둔 사람은 여기에 포함되지 않겠지만, 그래도 나름 진지하게 믿어 보려 했다가 신앙을 그만둔 사람들 중에는 생각보다 이런 사람들이 꽤 많습니다.

제가 첫 질문을 "신앙이 가능케 되는 저변", 즉 "신앙의 제일 밑바닥에 있는 것이 무엇인가?"라고 시작했는데, 이것이 바로 이런 사람들과 관련됩니다. 신앙생활을 진지하게 하려 했으나 결국 그만두게 된 사람들은 보통, 바로 이 '신앙이 가능케 되는 저변'에 있어 실패한 사람들입니다. **'신앙의 제일 밑바닥에 근간으로 자리 잡고 있어야 할 것'**이 없었기 때문에 실패했다는 말입니다.

신앙의 가장 밑바닥에 튼튼히 자리 잡고 있어야 할 무게 중심은 무엇일까요? 저는 그것이 **'하나님께 대한 경외'** 혹은 **'하나님께 대한 신뢰'**라고 생각합니다. 신앙을 진지하게 하려고 하다가 실패하는 사람들은 보통 이 **'경외' 혹은 '신뢰'**에 있어 실패했기 때문에 신앙을 포기한 것입니다. '상황이나 환경'이라는 한 축과 '하나님을 신뢰하는 것'이라는 다른 한 축 중에서 상황이나 환경은 크게 보이지만, 어떤 환경 속에서도 하나님을 신뢰한다는 다른 쪽 축은 중요하게 작용하지 않았기 때문에, **환경을 극복하는 하나님의 신뢰**를 붙드는 대신 환경 때문에 하나님에게서 난파하게 된 것입니다. 이 말이 무슨 뜻인지를 오늘 신조의 둘째 교리 제5조, "복음을 모든 사람에게 전파함"이라는 주제를 가지고 한번 생각해 보겠습니다.

'제한'과 '보편'

신조 둘째 교리의 5조를 맞닥뜨리게 되면 제일 먼저 만나게 되는 것은, 앞서 다룬 내용들과 논리적으로 상충되는 것처럼 보이는 어떤 주제입니다. 우리는 지금 둘째 교리 전체에서 '그리스도의 구속'이라는 교리를 배우고 있습니다. 그런데 이 둘째 교리는 '제한 속죄'라는 용어로 요약할 수가 있다고 했습니다. 그리스도의 구속 사역은 '보편 속죄', 곧 모든 사람들을 위하여 베풀어진 것이 아니라, '제한 속죄', 곧 제한된 사람을 위하여 베풀어진 것이라고 했습니다. 이것이 둘째 교리의 키워드입니다.

그런데 5조에 들어서면 이제까지 배워 오고 있는 **'제한'이라는 말과 정반대**처럼 보이는 개념이 등장하는데, 바로 '보편적 선포'라는 주제입니다. 이제까지 **"속죄는 제한되었다."**라고 말해 왔는데 5조가 "선포는 보편적이어야 한다."라고 하니까 이 둘이 충돌을 일으키는 것처럼 보입니다만, 이 둘을 종합하여 정리하자면 이런 문장을 만들 수 있습니다.

> 속죄는 제한적이지만, 선포는 보편적이어야 한다.

이렇게 말하고 나서 보니까 '제한'이라는 말과 '보편'이라는 말이 충돌을 일으키는 것 같습니다. 바로 이 점을 아르미니우스주의자들이 이렇게 질문하였습니다.

> "속죄가 제한되었는데, 선포를 보편적으로 할 필요가 어디 있어?"

조금 더 쉽게 말을 바꾸어 볼까요?

"구속받을 사람들이 정해져 있는데, 전도를 뭐 하러 해?"

제한 속죄를 말한 후에 '선포'에 대해 다루려 하니 아르미니우스주의자들은 이렇게 질문했고, 그래서 신조를 작성한 우리 믿음의 선배들은 다시 한번 성경 말씀을 따라 대답할 필요를 느꼈습니다. 바로 이 "제한적 속죄와 보편적 선포"가 이 조항의 주제입니다.

성경은 보편적 선포를 가르친다

우리는 앞서 배운 내용들을 따라 "속죄는 제한되었다."라는 사실을 알고 있습니다. 그러하기에 "누구에게 복음을 전해야 할 것인가?"라는 그다음 문제에 직면했을 때, 그들이 만약 논리의 방향을 따라 말하고자 한다면 이렇게 말할지도 모릅니다.

"그렇다면 어차피 믿지도 않을 사람에게는 복음을 전할 필요가 없겠군요."

이것이 바로 아르미니우스주의자들의 생각이었습니다.

하지만 도르트의 선배들은 성경을 펼쳤고, 성경의 가르침을 살폈습니다. 사실은 앞의 '제한 속죄' 역시 우리의 이성에 반하는 것처럼 보였을지 모르는 가르침입니다. 하지만 성경을 펼친 우리의 선배들은 '제한 속죄'의 교리를 굳게 세웠습니다. 선포에 있어서도 마찬가지입니다. **누구에게 복음을 전할 것인가?**의 문제에 아르미니우스주의자들이 공격함에도 불구하고, 우리 선배들은 성경을 따라 이렇게 고백했습니다.

> 속죄는 제한적이지만, 선포는 보편적이어야 한다.

이것이 성경의 가르침입니다.

모든 민족과 모든 사람에게

도르트의 선배들은 어떻게 이런 결론을 얻게 되었을까요? 먼저 우리는 이 사실을 **주님의 세례 명령**을 통해 확인할 수 있습니다. 마태복음 28장 19절에서 주님께서는 승천하시기 전, 소위 '대위임령'에서 이렇게 말씀하셨습니다.

> 그러므로 너희는 가서 모든 민족을 제자로 삼아 아버지와 아들과 성령의 이름으로 세례를 베풀고_마 28:19

물론 이 말씀은 복음이 유대인들에게만 국한되지 않고 모든 민족들에게 열린 것을 말하고 있습니다. '교회의 확장'이지요. 하지만 그것이 전부는 아닙니다. 이 말씀은 동시에 주의 사도들, 즉 하나님의 말씀을 전해야 하는 자들이 받은 직무가 "모든 민족의 모든 사람들에게" 이 복음을 전해야만 한다는 것이었습니다.

예수님의 지상 명령은 제한 속죄 교리의 테두리 안에 있는 사람에게만 **제한된 선포를 하라고** 명령하지 않습니다. 제한 속죄 교리를 배우면서 우리가 이미 확인한 대로, 분명히 예수님께서는 승천하시기 전 "내 양이 내 음성을 안다"(요 10장)거나, "내가 비옵는 것은 세상을 위함이 아니요"(요 17장)라고 말씀하셨습니다. 주님의 속죄, 곧 그분의 백성이 되는 것은 제한적이라는 것입니다. 하지만 속죄가 제한적임에도 불구하고 예수님께서는 이 복음의 선포를 두고, 이렇게 말씀하지는 않으셨습니다.

> "그러니까 너희는 듣고 믿을 내 백성들에게만 복음을 전하도록 해."

주님께서는 분명 '양과 양 아닌 자들'을 구분하셨음에도 불구하고, 승천하실 때 복음 선포의 대상으로 삼으신 것은 '**모든 민족, 모든 사람들**'이었습니다. "특정인만을 향하여 선포하라"라고 하지 않으셨습니다. 바로 이런 주님의 명령 때문에 5조가 이렇게 설명하는 것입니다.

우리는 하나님께서 자기의 기쁘신 뜻대로 복음을 보내시는 모든 민족과 모든 사람에게 이 약속을 아무 차별 없이 보편적으로 선언하고 선포하되

이처럼 예수님의 대위임령의 내용은 비록 속죄가 제한적임에도 불구하고 복음의 선포는 모든 민족, 모든 사람들에게여야 함을 가르쳐 주고 있습니다.

명령하셨다

다른 방향으로도 생각해 봅시다. 여기서 주목할 점은 성경이 복음 선포에 대해 말할 때 **반응할 것을 '명령'했다**는 점입니다. 사도행전의 두 군데를 보겠습니다.

> 베드로가 이르되 너희가 회개하여 각각 예수 그리스도의 이름으로 세례를 받고 죄 사함을 받으라 그리하면 성령의 선물을 받으리니_행 2:38
> 이르되 주 예수를 믿으라 그리하면 너와 네 집이 구원을 받으리라 하고_행 16:31

이 말씀들에서 "세례를 받고 죄 사함을 받으라"와 "믿으라" 모두 **'명령'**이라는 점에 주목하십시오. 사도행전 2장은 오순절 성령 강림 후 베드로의 설교입니다. 성령 강림의 사건을 보고 거기 있던 많은 유대인들은 베드로의 설교를 통해서 자신들이 다름 아닌 **메시아를** 십자가에 못 박아 죽였다는 사실을 깨달았습니다. 그래서 이에 대한 사람들의 반응이 바로 "우리가 어찌할꼬"(행 2:37)였습니다. 베드로는 이렇게 "어찌할꼬" 하는 사람들을 향해서 이렇게 말씀합니다(명령문을 강조).

"**회개하라**, 그리고 **세례를 받으라**, 그리하면 성령을 선물로 받을 것이다."

오순절 성령 강림 후에 "어찌할꼬" 하던 유대인들에게 사도 베드로가 전한 메시지는 다름 아닌 **'두 번의 명령'**이었습니다. 첫 번째 명령은 "회개하라"(헬. 메타노에오)이고, 두 번째 명령은 "세례를 받으라"(헬. 밥티조)였습니다.

논리에 의존하는 아르미니우스주의자들이 "보편적 선포는 필요 없다."라고 하는 이유는 예정과 속죄가 **이미 정해졌기 때문**입니다. 사람 편에서는 무얼 어쩔 수

가 없다는 생각입니다. 하나님께서 이미 다 정해 놓으셨고, 속죄는 정해진 사람만을 위해서 시행된다면, 제외된 사람들은 들을 필요도 없다는 것이지요.

하지만 성경이 가르치는 하나님께서 사람들을 불러 자기 백성 삼으시는 방식은 이렇게 단순하게 우리의 논리, 우리의 생각과 같지 않습니다. 기이하고 이해할 수 없는 방식이지만, 우리는 이 사도행전 2장과 같은 성경 말씀을 통하여 **하나님께서는 이 모든 일을 작정하셨으나, 동시에 사람에게는 해당의 결단을 요구하고 계신다는 것**을 볼 수 있습니다.

아르미니우스주의자들이 문제를 제기한 방식에 따르면, 속죄가 제한되어 모든 사람이 다 정해진 것이라고 했을 때 명령하시는 하나님은 **우리를 기만하시는 것**이 됩니다. 결정은 하나님께서 다 하셨는데 거기에 무슨 명령이 있을 수 있습니까? 그러니까 아르미니우스주의자들의 논리에 따르면, **속죄가 제한되었다면 명령은 있어서는 안 됩니다.**

하지만 우리는 성경에서 동시에 둘을 다 발견합니다. 하나님께서는 우리의 속죄가 제한되었다는 사실을 가르치면서도 동시에, "그러나 너희 편에서 회개해야 하고, 결단해야 하고, 세례를 받으러 나아와야 한다."라고 명령하고 계십니다. 바로 이 명령! 속죄를 주가 주시는데도, 그것을 동시에 우리에게 명령하셨다는 사실을 이해하는 것이 매우 중요합니다.

이것은 우리가 이해할 수 없는 영역입니다. **하나님께서 정하신 일**과 **우리가 결단하는 일**이 우리의 논리로는 동시에 존재할 수가 없습니다. 따라서 아르미니우스주의자들은 하나님께서 정하셨다면 내가 정할 수가 없으니 수동적으로 따라야만 하고, 내가 정한다면 하나님께서 정하신 것이 아니어야 한다고 생각했습니다.

하지만 놀랍게도 성경은 그렇게 가르치지 않습니다. 성경은 하나님께서 모든 것의 주권자임을 말하면서도, **동시에** 하나님께서는 우리에게 '명령'하시면서, "네 편에서 열심히 해야 해!"라고도 말씀하십니다. 이것이 우리가 전혀 머리로는 이해할 수가 없는, 하나님께서 세상을 작동하시는 방식입니다.

아르미니우스주의자들의 생각대로라면, 사도행전 2장 말씀에서 베드로는 굳이 사람들에게 "회개하라"라고 말할 필요도 없고, "세례를 받으라"라고 말할 필요도 없습니다. 굳이 그런 이야기를 하지 않아도, 예정되고 속죄의 은총을 받은 사람이라면 **자동적으로 그렇게 할 것**이니까요. 하지만 성경은 그렇게 하지 않습니다. 성경은 하나님께서 구속의 은총을 주시는 것이 주권적으로 정해져 있다는 것을 말하면서도, 동시에 '명령'합니다.

명령을 받는 사람 편에서 아무런 주권도 없고 로봇처럼 움직이게 되는 것이라면, 그것은 명령이 아닙니다. 우리는 그런 것을 '명령'이라 하지 않습니다. 명령을 받았다는 말은 **받은 사람의 편에서 무언가를 해야 한다는 것**입니다. 여기에는 우리가 이해하지 못하는 어떠한 메커니즘이 있습니다. 저기 하나님의 신비 속에 있기 때문에 우리가 알 수는 없으나 **'하나님의 정하심'과 '우리의 의지, 능력, 행위'** 간에는 우리가 알 수 없는 지점이 있는 것입니다. 그러므로 우리는 단순히 성경의 가르침을 따라 이렇게 말합니다.

> 하나님께서 정하셨으나, 우리는 힘써야 합니다.

바로 이런 차원에서 '복음의 선포'를 이해해야 합니다. 그리스도의 구속의 능력이 매우 주권적이라고 하더라도, 그래서 우리 편에서 그 구속을 전혀 좌지우지하지 못한다고 하더라도, 그럼에도 모든 세대, 모든 민족, 모든 사람들에게 언제나! 항상! 이것은 전파될 것입니다. "들으라! 믿으라! 나아오라! 복음을 받으라! 회개하라! 그리고 구원을 얻으라!" 이것이 성경이 하나님께서 주권적으로 이루신 일에 대해서도 우리에게 무언가를 하라고 명령하고 있는 이유입니다. 우리는 이 신비를 다 알 수 없고 다만 받아들일 뿐입니다.

경외 : 신앙의 근본의 문제

하나님의 선택과 구속의 은총에 대해 경외감을 가지라

이 부분에서 우리가 믿는 바와 아르미니우스주의자들이 믿는 바의 절대적 차이가 드러나는데, 그것은 바로 **'경외'**의 여부입니다. 그들에게는 '논리'가 있었지만 하나님께 대한 '경외'가 없었습니다.

하나님께서 누구를 선택하셨는지는 '우리의 영역'이 아닙니다. 이는 우리에게 **'가려진 일'**로서 알려고 해도 알 수 없고 이해하려고 하더라도 불가능합니다. 오히려 하나님께서 일하시는 방식은 '하나님의 선택, 하나님의 구속'이 '복음 설교를 통하여' 드러나게 하시는 것입니다.

> 누군가를 **정해 놓았으니** 그 **결과를 따라서** 복음에 **반응**하는 순서가 아니라, 복음에 대한 **반응을 통하여** 그 사람이 **선택된 것임을 알게 되는** 순서.

아르미니우스주의자들은 선택을 말했습니다. 하지만 선택을 **'이해'**하려고는 했지 **'경외'**하지는 않았습니다. 바로 이것이 그들이 끊임없이 논리적 질문을 던지지만 끊임없이 실패하는 이유입니다. 그들은 단지 하나님의 어떠하심이 **산뜻하게 설명되기를** 바랐습니다. 하지만 모든 면에서 산뜻하게 설명되는 하나님은 하나님이 아닙니다.

하나님께서는 제한된 사람들을 위하여 속죄를 베푸셨습니다. 그런데도 하나님께서는 보편적으로, 모든 사람에게 복음을 전파해야 한다고 말씀하셨습니다. 이 성경의 가르침 앞에서, 개혁파의 선배들은 하나님의 선택을 '경외'하고, 하나님의 선택의 교리를 '경탄'하며 기뻐하면서 따랐던 반면에, 아르미니우스주의자들은 자신들이 생각하는 논리적 틀 안에 이것이 딱 들어오지 않았기 때문에 "제한된 속죄가 베풀어졌다면 선포 역시 제한되어야만 한다."라는 테두리에서 나오려고 하지 않았습니다.

이들의 실패가 무엇이라구요? 하나님의 선택을 '경외'하지 않았고, 하나님이 '내가 미처 알지 못한 부분까지도 알고 계시는 분이시다.'라는 사실을 인정하지 않으려고 했다는 점입니다.

신앙의 근본의 문제

설교의 서두에 말씀드린 주제를 여기서 잠깐 이야기해 봅시다. 신앙생활을 해 나가다가 실패하는 많은 사람들의 실패의 원인을, 저는 앞에서 '하나님께 대한 경외의 결여' 혹은 '하나님께 대한 신뢰의 결여'라고 했습니다. 즉 많은 사람들이 살아가면서 하나님을 의지했지만 하나님께서 **다른 결과를 주셨다는 사실 때문에** "하나님은 없어! 하나님이 존재한다면 이럴 수가 없잖아!"라고 하면서 하나님을 버린 것입니다. 하지만 욥을 생각해 보십시오. 욥의 아내는 욥에게 말합니다.

> "나는 하나님도 알고, 욥 당신도 알아. 하나님은 선을 행하는 자에게 복을, 악을 행하는 자에게 벌을 주시는 분이야. 그런데 당신은 벌받을 짓을 하지 않았어. 당신은 하나님께 복을 받아야 마땅해. 그런데 만약 하나님께서 지금 당신에게 벌을 주고 계시다면, 그건 하나님이 틀린 거야."

그래서 욥의 아내는 욥을 떠나기 직전에 욥에게 그렇게 말합니다.

> 하나님을 욕하고 죽으라_욥 2:9

논리적인 면에서는 욥의 아내는 정확합니다. 앞뒤가 딱 맞아 떨어집니다. 하지만 욥의 아내는 알지 못했던 것이 있습니다. 자기의 논리적 추론 외에 **전혀 다른 방식도 존재한다는 것을** 생각하지 못했던 것입니다. 욥의 아내는 **사람에게 보이도록 허락되지 않은** 천상 회의에서 일어났던 일, 지금 자신에게 일어나는 일의 참된 동기가 되지만 사람에게는 가리워진 어떤 일이 존재한다는 사실을 전혀 이해하지 못했습니다. 그녀는 이것을 오직 '논리로만' 이해하려 들었습니다. 그렇기 때문에 결국 믿음에 있어서 파선한 것입니다. 하지만 하나님께서는 우리의 논리 체계를 초월하여 계십니다.

당면한 문제에서 하나님께 기도했지만 그 일이 내가 기도한 방향대로 되지 않았을 때, 그때 나는 일을 잃고 하나님도 잃은 것입니까? 아닙니다. 내가 원하는 방식대로 되지 않았다고 해서 하나님을 잃은 것은 아닙니다. **나는 일을 잃어도 하나님을 잃지 않을 수 있습니다.** 진정으로 하나님을 경외한다면, 내 삶에 어떤 종류의 일이 일어나더라도 이해할 수 없는 하나님을 붙잡고 있는 것은 잃지 않을 수 있습니다.

그런데 어리석은 사람들은 어떻게 합니까? **일을 잃어버렸기 때문에 하나님을**

잃어버립니다. 내 생각 안에 하나님이 안 들어오니까, "하나님은 없어!"라고 결론 내립니다. 어리석은 욥의 아내처럼! 내가 원하는 방향으로 일이 되지 않았기 때문에 하나님을 욕하고 죽는 길을 택하는 것입니다. 이것이 얼마나 무모하고 어리석은 일입니까!

땅에서 우리가 만나는 일은 궁극이 아닙니다. 땅에서 경험하는 여러 종류의 삶은, 그 자체가 목적이 있는 것이 아니라 그 일들을 통하여 이 땅에서 하나님의 자녀로서 살아가도록 연단하는 도구가 된다는 점에서만 목적이 있습니다. 그런데 도구가 되는 것 때문에 근본적인 목적이 되시는 하나님을 잃는 삶은 얼마나 어리석습니까?

그래서 우리는 어떤 사람이 일을 실패할 때 하나님을 대하는 방식을 통해 **그 사람의 본연, 그 사람의 궁극을 들여다볼 수 있습니다.** 신앙을 '여호와를 경외하는 일'로 배우지 아니하고, '자기 삶의 문제를 해결하기 위한 방편'으로 배운 사람, 곧 하나님을 '내 삶의 주인'으로 여기는 대신 '내 삶의 윤활유'(윤택하게 하기 위한) 정도로 여기는 사람은 일의 실패 앞에 전복됩니다. 모든 신앙적 실족의 근원에는 이것이 있습니다. 그 사람이 진정으로 하나님을 경외했는가 말입니다.

속죄가 제한되더라도 선포가 보편적일 수 있다는 사실을 믿을 수 있는 근본적인 힘은 어디에서 나옵니까? 아르미니우스주의자들처럼 자신의 **논리가 하나님을 잡아먹지 않고,** 하나님의 크고 깊으신 섭리가 어디에 있는가를 살필 때, 이 함정에서 벗어날 수 있는 길이 열리게 됩니다.

복음이 보편적으로 선포되어야 하는 이유

끝으로 복음이 보편적으로 선포되어야만 하는 **'이유'**를 생각해 봅시다. 하나님께서는 속죄의 은총을 받을 사람을 정하셨음에도 불구하고, 왜 복음은 '모든 사람에게' 선포되도록 하셨습니까? 로마서 10장 말씀을 차근차근 살피면서 이 내용을 보도록 하겠습니다.

누구든지 주의 이름을 부르는 자는 구원을 얻으리라_롬 10:13

로마서 10장 13절 말씀은 복음의 가장 기본이라고 할 수 있습니다. "누구든지" 주의 이름을 부르면 구원을 얻게 됩니다. 그리고 이어지는 14절과 15절을 보면, "믿지 않으면 어찌 부르겠느냐? 듣지 않으면 어찌 믿겠느냐? 전파하는 자가 없으면 어찌 듣겠느냐?"라고 그 기원을 파헤쳐 가면서 질문하고 있습니다. "주의 이름을 부르는 자가 구원을" 얻으려면, 결국 누군가가 그 복음 전파자를 '보내야' 한다는 주제입니다.

그리고 16절과 17절 말씀을 보면 **그들이 복음을 듣고 순종치 않았다**고 합니다. 하나님께서는 복음 선포자들을 **보내 주셨는데**, 이스라엘은 **듣지 않았다**는 것이지요. 17절은 다시 "믿음은 들음에서 난다", "들음은 그리스도의 말씀으로 말미암는다"라고 합니다. 이스라엘은 듣고 믿었어야 하는데, 복음 선포자가 있었는데도 '듣지 않았고', 당연히 듣지 않았으니까 '믿지도 않았'습니다. 이스라엘은 모두 16절 말씀대로 "복음을 순종하지 않았"습니다.

그리고 18절, 하나님께서 복음이 "보편적으로 선포되어야 한다."라고 결정하신 **이유가 여기** 나와 있습니다.

> 그러나 내가 말하노니 그들이 듣지 아니하였느냐 그렇지 아니하니 그 소리가 온 땅에 퍼졌고 그 말씀이 땅 끝까지 이르렀도다 하였느니라_롬 10:18

하나님께서는 묻고 계십니다. "듣지 않았느냐?" 정확하게 말하자면 "들리지 않았느냐?"입니다. "믿음은 들음에서 나는 것인데, 정말 너희에게 복음이 들려지지 않았느냐?"라고 묻고 계신 것입니다. 답은 무엇입니까? 아니라는 것입니다. "그 소리는 온 땅에 퍼졌고", "그 말씀은 (심지어) 땅끝까지 이르렀습니다!" 하나님께서 이런 방식의 수사법을 사용하고 계시는 이유가 무엇입니까?

> **듣지 못하여 믿지 않는 것이 아니라는 것입니다!**

그렇습니다. 들려졌습니다! 그 소리는 온 땅에! 그 말씀은 땅끝까지! 울려퍼졌습니다. 하지만 듣지 않았습니다. 우리말 '듣다'는 여기 지금 두 가지 방식으로 말씀되고 있습니다. '들렸다', 복음은 정말 들렸습니다. 그들의 귓전에 분명히 들려졌습니다. 하지만 '듣지 않았다', 들려졌으나 듣지 않았습니다. 순종하지 않았습니다.

> 하나님께서는 말씀하셨습니다. 그러므로 그들의 귀에 **들렸**습니다.
> 하지만 그들은 **듣지**(순종하지) 않았습니다.

우리는 로마서 말씀을 통해 왜 하나님께서 복음을 보편적으로 선포하시는지 그 이유를 듣게 됩니다. '복음의 보편적 선포'란 한편으로는 '하나님의 긍휼히 여기심', '모든 이들을 향한 하나님의 자비하신 심정'을 보여 주고 있지만, 동시에 이 복음의 보편적 선포는 **'인생의 완악함'**을 보여 주고 있습니다. 따라서 '복음의 보편적 선포'는 듣지 않은 이들에게 심판과 정죄가 될 것입니다.

사도행전에서 오순절 때 베드로가 한 설교의 두 명령어가 무엇이었습니까?

> 회개하라! / 세례를 받으라!

모든 이들에게 복음이 전해졌다는 사실은 모든 이들을 정죄하기도합니다. 들을 수 있는데도 듣지 않았습니다. **보편적 선포에는 이중적 측면**이 있는 것입니다. 선포는 한편으로 믿는 자들에게 들을 귀를 주어 믿게 하지만, 다른 한편으로는 '들려졌음에도 믿지 않았기 때문에 정죄하는 것'입니다. 그래서 우리는 복음주의에서 말하는 하나님의 '애매한 사랑'을 격렬하게 거부합니다.

> 우리는 주변 모든 곳에서 "예수님은 당신을 사랑하십니다."라는 메시지를 보고 듣습니다. 그러나 이 메시지는 성경적인 것이 아니라 구원에 대한 아르미니우스주의의 관용적 표현입니다. 예수님께서 당신 혹은 모든 사람을 사랑하신다고 하는 말은 사실이 아닙니다. 성도들 안에서라면 우리는 서로에게 "예수님은 당신을 사랑하십니다."라고 말할 수 있습니다. … 하지만 우리가 알지 못하는 사람들에 대해서는 하

나님께서 무한한 자비로 당신의 아들을 내어주셔서 죄인들을 위해 죽게 하셨다는 하나님의 약속을 전할 수 있을 뿐입니다. 오직 이들이 이것을 듣고 믿음으로 나아왔을 때에만! 우리는 그들에게 "그렇습니다. 예수님은 또한 당신도 사랑하십니다"라고 할 수 있는 것입니다.[65]

하나님께서 복음을 모든 사람에게 전파하신 것은 그분이 가진 한량없는 은혜를 보여 주면서 동시에 사람들로 하여금 핑계할 수 없게 합니다. 이 신비를 찬송합시다.

---

65 — 클라렌스 바우만, 『도르트 신경 해설』, 177.

제6조 : 일부 사람들이 믿지 않는 이유

복음으로 부름을 받았지만 회개하거나 그리스도를 믿지 않고 불신앙 가운데서 멸망을 받는 사람이 많이 있습니다.[i] 그렇지만 그것은 그리스도께서 십자가에서 드리신 희생 제사에 어떤 결함이나 부족함이 있기 때문이 아니고 오직 그들 자신의 잘못 때문입니다.[ii]

[i] 마 22:14 청함을 받은 자는 많되 택함을 입은 자는 적으니라

[ii] 시 95:11 그러므로 내가 노하여 맹세하기를 그들은 내 안식에 들어오지 못하리라 하였도다 / 히 4:6 그러면 거기에 들어갈 자들이 남아 있거니와 복음 전함을 먼저 받은 자들은 순종하지 아니함으로 말미암아 들어가지 못하였으므로

● **강해 본문 ① : 마태복음 22장 1-14절**

1 예수께서 다시 비유로 대답하여 이르시되 2 천국은 마치 자기 아들을 위하여 혼인 잔치를 베푼 어떤 임금과 같으니 3 그 종들을 보내어 그 청한 사람들을 혼인 잔치에 오라 하였더니 오기를 싫어하거늘 4 다시 다른 종들을 보내며 이르되 청한 사람들에게 이르기를 내가 오찬을 준비하되 나의 소와 살진 짐승을 잡고 모든 것을 갖추었으니 혼인 잔치에 오소서 하라 하였더니 5 그들이 돌아 보지도 않고 한 사람은 자기 밭으로, 한 사람은 자기 사업하러 가고 6 그 남은 자들은 종들을 잡아 모욕하고 죽이니 7 임금이 노하여 군대를 보내어 그 살인한 자들을 진멸하고 그 동네를 불사르고 8 이에 종들에게 이르되 혼인 잔치는 준비되었으나 청한 사람들은 합당하지 아니하니 9 네거리 길에 가서 사람을 만나는 대로 혼인 잔치에 청하여 오라 한대 10 종들이 길에 나가 악한 자나 선한 자나 만나는 대로 모두 데려오니 혼인 잔치에 손님들이 가득한지라 11 임금이 손님들을 보러 들어올새 거기서 예복을 입지 않은 한 사람을 보고 12 이르되 친구여 어찌하여 예복을 입지 않고 여기 들어왔느냐 하니 그가 아무 말도 못하거늘 13 임금이 사환들에게 말하되 그 손발을 묶어 바깥 어두운 데에 내던지라 거기서 슬피 울며 이를 갈게 되리라 하니라 14 청함을 받은 자는 많되 택함을 입은 자는 적으니라

● **강해 본문 ② : 누가복음 14장 15-24절**

15 함께 먹는 사람 중의 하나가 이 말을 듣고 이르되 무릇 하나님의 나라에서 떡을 먹는 자는 복되도다 하니 16 이르시되 어떤 사람이 큰 잔치를 베풀고 많은 사람을 청하였더니 17 잔치할 시각에 그 청하였던 자들에게 종을 보내어 이르되 오소서 모든 것이 준비되었나이다 하매 18 다 일치하게 사양하여 한 사람은 이르되 나는 밭을 샀으매 아무래도 나가 보아야 하겠으니 청컨대 나를 양해하도록 하라 하고 19 또 한 사람은 이르되 나는 소 다섯 겨리를 샀으매 시험하러 가니 청컨대 나를 양해하도록 하라 하고 20 또 한 사람은 이르되 나는 장가 들었으니 그러므로 가지 못하겠노라 하는지라 21 종이 돌아와 주인에게 그대로 고하니 이에 집 주인이 노하여 그 종에게 이르되 빨리 시내의 거리와 골목으로 나가서 가난한 자들과 몸 불편한 자들과 맹인들과 저는 자들을 데려오라 하니라 22 종이 이르되 주인이여 명하신 대로 하였으되 아직도 자리가 있나이다 23 주인이 종에게 이르되 길과 산울타리 가로 나가서 사람을 강권하여 데려다가 내 집을 채우라 24 내가 너희에게 말하노니 전에 청하였던 그 사람들

은 하나도 내 잔치를 맛보지 못하리라 하였다 하시니라

청함을 받은 자와 택함을 받은 자

마 22:1-14; 눅 14:15-24

저도 자녀들이 자라 어느덧 10대가 되다 보니, 가끔 혼을 내게 되는 경우가 생깁니다. 소위 세상 사람들이 말하기로는 사춘기, 즉 말 안 듣는 10대가 된 셈입니다. 그래서 저도 어떤 경우에는 화가 머리 끝까지 치밀어서 아이들에게 심한 말로 야단을 치거나 회초리를 들 때가 있습니다.

그런데 저는 이렇게 하면서 항상 잊지 않으려고 하는 것이 있습니다. 첫 번째는 '화가 아무리 나더라도 화 때문에 아이를 혼내서는 안 된다'는 것이고, 두 번째는 '내 입장에서 너무 화가 날 일임에도, 아이 입장에서는 아닐 수 있다'는 것입니다.

예를 한번 들어 보겠습니다. 예전에 한 번 제 아들 한빈이가 어른인 제가 생각하기에는 당연히 해야 하는 어떤 일을 하지 않은 적이 있었습니다. 저는 몹시 화가 났습니다. 제가 생각하기로는 마음에 그 생각이 있다면 당연히 해야 하는 일인데, 한빈이가 그렇게 행동하지 않았기 때문에 마음도 그렇지 않았다고 확정한 것입니다. 그래서 한빈이를 혼냈습니다. 그런데 막 야단을 치는 와중에 한빈이가 억울해하는 것을 발견했습니다. 자기는 그런 의도로 하지 않았다는 것입니다. 그날 제가 깨달은 게 있는데, 당시 40대인 저와 10대인 아들 사이에는 때때로 공통의 공감이 형성되지 않는 부분도 있더라는 것입니다. 저는 "분명히 이리 생각했으니 이리 한 것이다."라고 했는데, 아이 입장에서는 그리 생각을 안 했는데도 그렇게 행동을 한 것입니다. 그렇다면 이 문제는 혼이 나야 할 문제가 아니게 됩니다.

이 이야기의 요지는 **'어떤 때에 혼이 나는가'** 하는 문제입니다. 저는 어렸을 때부터 학교에서 성적이 나쁜 애들을 때리는 것이 이해가 잘 안 되었습니다. 공부를 못하는 것이 맞을 문제는 아니라고 생각했는데, 예전에는 선생님들이 성적 때문에 아이들을 많이 때렸습니다. 시험을 치고 나면 매타작을 하는 반이 참 많았습니다.

하지만 '혼이 나야 할 문제'는 의도하지 않았음에도 결과가 그렇게 나왔거나 실수해서 발생한 문제들과는 달라야 합니다. 거짓말을 하거나 학생으로서 성실하게 학업에 임하지 않는 것은 혼이 나야 할 문제일 수 있지만, 성적이 잘 나오지 않은 것은 혼이 나야 할 문제가 될 수 없습니다. 열심히 했고 최선을 다했는데도 성적은 좋지 않을 수도 있습니다. 그것은 보완하거나, 조언을 얻어야 할 문제일 수는 있어도, 혼이 나거나 책망받아야 할 문제는 아닙니다.

즉 '어떤 때에 혼이 나는가' 하는 문제에서 중요한 것은 **'의도'**입니다. 원해서 그렇게 한 것과 원하지 않았는데 결과가 그렇게 나온 것은 달리 다루어야 합니다. 아이가 의도적으로 나쁜 짓을 했다면 결과가 별 문제가 없더라도 심각하게 혼이 나야 하지만, 의도적으로 나쁜 짓을 한 게 아닌데 결과가 나쁘다면 이것은 심하게 책망을 받은 문제는 아닌 것입니다.

하나님께서 죄에 대해 책망하시는 것

이런 문제는 어느 정도의 판단력만 갖고 있다면 누구라도 수긍하고 이해할 수 있는 문제입니다. 의도가 없었는데 나쁜 결과가 생겼다면, 비록 결과가 나빠도 무조건 타박할 수는 없다는 것에 어느 정도 보편적인 공감을 가지고 있습니다.

그러면 이 문제를 하나님께 가져가면 어떻게 될까요? 아이와 아빠의 관계에서조차, 제대로 된 지각을 가진 아빠라면 아이가 의도하지 않은 잘못을 저질렀을 때 경솔하게 책망하는 것은 비정상적이거나 주의해야 하는 일인 줄 알고 있습니다. 그러면 **사람도 그 정도는 하는데, 과연 하나님께서 사람에게 죄를 물으실 때는 어떠하실까요? 책망할 수 없는, 혹은 책망해서는 안 되는 정황인데도 그렇게 하실까요?** 하나님께서는 죄를 묻지 말아야 할 상황, 죄를 추궁당하는 것이 억울한 상황인데도 과연 그렇게 하실까요? 죄를 지은 사람이 책망받기보다는 동정을 받아야 할 상황에서도 사람을 책망하실까요?

그럴 수는 없을 것입니다. 만약 하나님께서 그런 식으로 죄를 물으시는 분이라면, 우리는 그런 하나님을 '공정하다'라든가, '바람직하다'라는 식으로 말할 수 없게 됩니다. 이 문제의 본질은 이것입니다.

> 하나님께서 죄에 대해 책망하시는 것은 부당한가?

아르미니우스주의자들은 개혁파가 믿는 바 안에서라면 하나님께서 벌을 주시는 것은 부당하다고 생각했습니다.

> "만약 **속죄가 제한되었다면**, 곧 하나님께서 구원할 사람들을 미리 정해 놓으신 것이라면, 그래서 그리스도의 구속이 특정한 사람들에게만 정해진 것이라면, **이런 상황에서는 벌을 주는 것은 부당하다.**"

구원받을 사람을 미리 정해 놓은 것은 하나님인데, 거기 들지 않았다고 해서 구원을 못 받았다면, 죄 때문에 멸망받는 사람은 억울하다는 것입니다. 자기 잘못이 아니기 때문입니다. 아르미니우스주의자들의 입장에서는 구원하지 않아 놓고 벌 주시는 하나님은 **'부당하신 하나님'**입니다.

사람인 우리도, 정상적으로 지각이 있는 사람이라면, 아이가 잘못해서 그런 것이 아닌데 결과가 나쁜 것이라고 해서 아이를 탓할 수는 없다는 것 정도는 알고 있습니다. 그러하기에 아르미니우스주의자들의 말 대로라면 제한 속죄를 주시는 하나님은 **이 정도 지각조차도 없는 분**이 됩니다. 하나님 당신이 건지지 않으셨으니까 구원을 못 받는 사람들에게 벌을 주시는 하나님은 부당하다는 것입니다.

과연 그럴까요? 제한 속죄를 믿으면 하나님은 '인간 아빠'보다도 못한 신이 되는 것입니까? 이 주제가 신조 둘째 교리의 제6조, "일부 사람들이 믿지 않는 이유"입니다.

원하지 않음

그리스도 속죄의 무한한 효력

우리는 지난 3조에서 "그리스도의 죽으심의 무한한 가치"를 배웠습니다. 3조는 "그분의 죽으심의 무한한 가치는 온 세상의 죄를 충분히 속하고도 남을 만합니다."라고 말하였습니다. 우리 주님이 그토록 대단한 분임을 말씀하는 것입니다. 요한복음 6장을 봅시다.

> 예수께서 이르시되 나는 생명의 떡이니 내게 오는 자는 결코 주리지 아니할 터이요 나를 믿는 자는 영원히 목마르지 아니하리라 / 아버지께서 내게 주시는 자는 다 내게로 올 것이요 내게 오는 자는 내가 결코 내쫓지 아니하리라_요 6:35, 37

35절에서 주님은 자신을 "생명의 떡"으로 소개하십니다. 그리고 주님께 오는 자는 **주리지 아니하고, 목마르지 아니한다고** 말씀하였습니다. 이 부분은 헬라어로 볼 때 대구입니다.

> 오는 자, 나에게, 결코 아니다, 배고프지
> 믿는 자, 나를, 결코 아니다, 목마르지, 영원히

"배고프지도 않고 목마르지도 않다, 영원히!" 주 예수 그리스도께 가는 일은 모든 면에서, 단지 인생의 생존뿐 아니라 사람의 모든 면에서 **'완전한 만족'이요 '영원한 만족'**이 될 것이라고 하시면서 성찬을 상기시키는 두 요소, 곧 '먹는 것'과 '마시는 것'을 들어 말씀하셨습니다. 이 35절 말씀을 3조의 내용을 빌어 말하면 "실로 그리스도의 속죄의 효력은 무한하다."라고 말할 수 있을 것입니다. 우리는 완전하게 배부를 것이며, 목마르지 않을 것입니다.

누가 가로막았는가?

이어지는 37절 말씀은 '이에 대한 주님의 태도', 즉 이렇게 **그리스도께 나아오는 자들을 대하는 주님의 태도**를 말해 주고 있습니다. 주님께서 이렇게 완전하고 영원한 만족을 주는 양식이요 음료가 되셨는데, 이 양식과 음료를 얻으려고 하는 사람에게 하나님은 어떤 태도를 가지고 계시는가? 이것이 37절 말씀입니다.

> 내게 오는 자는 내가 결코 내쫓지 아니하리라(37절)

그렇습니다. 주님께서 무한한 양식, 무한한 속죄의 효력을 베푸실 때, 이 속죄의 효력을 베푸시는 하나님의 태도는 어떠신가? 구두쇠 영감처럼 이 은혜를 가급적이면 조금씩만 나누어 주려고 하시는가? 37절 말씀은 그렇지 않음을 말합니다.

주님께서는 "내게 오는 자는 내가 결코 내어 쫓지 않을 것이다."라고 선언하십니다. 하나님은 **주고 싶지 않지만 억지로 주시는 분이 아닙니다**. 주님께서 생명의 떡이요 생명의 물이 되셨다면, 이것을 사람들에게 마음껏 나눠 주고 싶어 하십니다. 기준을 정해 놓고 거기에 "들지 않으면 주지 않겠다."라고 하지 않으시고 "내게 오는 자, 결코 내쫓지 않으리라."라고 말씀하십니다. 우리는 여기에서 하나님의 뜻과 의도, 마음의 태도를 읽습니다.

이런 말씀을 염두에 두었을 때, **은택을 받지 않게 되는 것이 어느 편의 문제인지**를 따져 볼 수 있지 않겠습니까? 어떤 목사님이 이 부분을 설명하면서 이렇게 말한 적이 있습니다.

> 우리는 "저는 할 수 없어요."라든지, 아니면 "저는 감히 그렇게 하지 않겠어요."라고 말하려 합니다. 하지만 "저는 그리스도께로 갈 수 없어요."라고 말할 때 당신이 알아야 하는 것은, 성경에서 **"할 수 없다"라는 말이 언제나 "원하지 않는다"라는 말과 같은 뜻이라는 사실**입니다.[66]

---

66 — 코르넬리스 프롱크, 『도르트 신조 강해』, 184.

칼뱅 선생님은 요한복음 6장의 이 부분을 주해하면서 **하나님께서는** 반드시 자신에게 오는 모든 자들을 구원하시는 분이심을 강조합니다. 그러나 반대로 **사람들에 대해서도** 함께 이야기합니다. 칼뱅 선생님은 사람들을 향하여 "그들이 하나님의 진리를 싫어한다"[67]라고 하고, "불경건한 자들은 하나님의 말씀을 약화시키고 이를 멸시한다."[68]라고 주해합니다.

예수님 말씀의 핵심이 무엇입니까? 하나님 마음의 핵심은 또 무엇입니까? 예수님의 말씀은, 예수님의 사역이란 **'건져 구원하는 데'** 있지, '버리고 멸망시키는 데' 있지 않다는 것입니다. 당연히 우리는 언약의 반대편에는 멸망과 저주가 있다는 것을 압니다. 하지만 예수님께서는 "내게 오는 자는 내가 결코 쫓아내지 않는다."라고 하십니다. 결국 예수님의 말씀은 **그들이 오지 않았기 때문에 듣지 못한 것이지, 주님께서 쫓아내셨기 때문에 그들이 못 들어온 것이 아니라는 말씀**입니다.

'피해자'가 아니다

그래서 요한복음 5장을 보십시오.

> 그러나 너희가 영생을 얻기 위하여 내게 오기를 원하지 아니하는도다_요 5:40

예수님의 말씀은 선명합니다. 우리는 선택이나 제한 속죄를 배우고는 구원을 잘못 생각하여 **마치 하나님께서 일방적으로 우리에게 '죄와 사망을 선언하신 것처럼'** 생각하곤 합니다. 첫째 교리에서 배웠던 '선택'에 대해서 말하거나, 여기 둘째 교리에서 가르치고 있는 '제한 속죄'를 말하면, 단지 하나님께서 온 세계의 모든 사람을 다 구원하지 않으셨다는 이유만으로, 하나님을 '구원을 베푸시는 하나님'이 아니라 '죄와 사망과 징벌을 베푸시는 하나님'으로 이해한다는 것입니다.

그렇지 않습니다. 성경의 하나님은 처음부터 끝까지 언제나 '구원의 하나님'입니다. 하나님은 인류를 구원하셨습니다. **인류가 영원한 멸망에 빠진 것은 '죄 때**

---

67 — 존 칼빈, 『칼빈 성경주석 17 : 요한복음 1,2, 요한일서, 야고보서, 디도서, 유다서』 (서울: 성서원, 1999), 227.

68 — 위의 책, 227.

문'이지 '하나님 때문'이 아닙니다. 하나님께서는 사람을 멸망에 버리시기를 원하지 않으셨습니다. 오히려 그리로 가지 말라고 항상 경고하시고, 심지어는 사람 편에서 언약을 깨뜨려 버렸음에도 멸망에 이르게 된 이들을 어떻게 건지실까 그 방책을 내셨습니다. 그런데 사람들은 **마치 하나님께 그 멸망의 원인이 있는 것인 양** 말을 합니다. 하지만 요한복음 말씀은 분명히 가르치고 있습니다.

> **너희가** 영생을 얻기 위하여 내게 오기를 원하지 아니하는도다_요 5:40

그야말로 6조의 가르침대로입니다.

> 그렇지만 그것은 그리스도께서 십자가에서 드리신 희생 제사에 어떤 결함이나 부족함이 있기 때문이 아니고, **오직 그들 자신의 잘못 때문**입니다.

다시 말씀드립니다. 죄로 말미암아 멸망당하는 데 여전히 머물러 있는 사람은 **'피해자'가 아닙니다.** 이들은 사실은 원했지만 '하나님께서 선택을 안 하시는 바람에' 멸망에 처해지게 된 피해자가 아닙니다. 하나님의 품은 넓고, 하나님의 구원하시려는 의도는 포괄적입니다. 하지만 **듣지 않았고, 오지 않았고, 거절했기 때문에** 멸망당하는 것입니다.

인류 역사 이래로, 단 한 번도 하나님께서 구원의 문을 제한하신 적이 없습니다. 노아의 홍수를 생각해 보십시오. 방주에 타는 일은 모든 사람에게 열려 있었습니다. 방주에 타기 위해서 시험을 치러야 했던 것이 아닙니다. 내 편에서는 타고 싶지만 노아네 가족이 반대하여 못 타게 된 사람은 한 사람도 없습니다.

심지어 노아와 가족들은 사람들에게 **끊임없이 권했습니다.** 구원은 공짜일 뿐 아니라 권해지기도 합니다. 그럼에도 어떻습니까? 결국 방주에 타지 않은 것은 **사람들 스스로의 결정**이었습니다. 구원이 주어지고 심지어는 권해졌음에도, 그것을 선택하지 않고 완악한 심정을 품은 것은 '하나님 쪽'이 아니라 도리어 '사람들 쪽'이었던 것입니다.

그런데 어떻게 그들이 피해자가 될 수 있습니까? 예수님께서 땅에 오셨을 때,

사람들 몰래 비밀하게 활동하셔서 아무도 그분이 메시야이심을 몰랐던 것이 아닙니다. 예수님께서는 공개적으로 모든 사람들에게 자신이 메시야이심을 알리셨습니다. 그것도 여러 가지 방법으로, 여러 차례에 걸쳐서 하셨습니다. 그런데 거부하고 부인했던 것은 멸망당한 이들 자신이었습니다.

누구도 "나는 믿기를 원했지만 믿을 수 없었다."라고 할 수 없습니다. 아까 어느 목사님의 말씀을 인용했던 것처럼, 성경에서 "할 수 없어요"라는 말은 '원하지 않는다'는 뜻입니다. 6조의 제목처럼 '일부 사람들이 믿지 않는 이유'는 그리스도의 속죄의 사역에 흠이 있어서가 아니라, 그리스도의 완전한 구속의 사역이 주어짐에도 불구하고, 멸망당하는 자들은 여전히 완악한 데에 머물고 있기 때문입니다.

왜 원하지 않는가? : 죄의 실체

그러면 왜 이 사람들은 그리스도의 완전하고 영원한 구원의 사역으로의 **초청을 받고도 오려고 하지 않을까요?** 왜 이 사람들은 그리스도께로 나아와 구원 얻는 길을 택하지 않을까요? 그들의 완악함, 그들이 거부하는 근본적인 뿌리는 어디에 있을까요?

이 질문을 통해 우리는 **'죄의 실체', '죄의 근본의 뿌리'**를 발견하게 됩니다. 하나님과 그리스도께서 사람들을 부르시지만 그들이 나아오지 않는 가장 대표적이고도 좋은 예는 우리 주님께서 말씀하신 비유, 마태복음 22장과 누가복음 14장의 비유에서 잘 나타납니다.

마태복음 22장을 봅시다. 어떤 임금이 혼인 잔치를 베풀었습니다. 그리고 사람들을 청합니다. 그런데 3절에 보면, 이 사람들은 노골적으로 "오기를 싫어"했습니다. 그래서 다음 절인 4절에서 왕은 다시 다른 종들을 보냅니다. 그러니까 5절에서 이 청함을 받은 사람들은 "돌아보지도 않고 하나는 자기 밭으로 하나는 자기 상업차로 갔다."라고 합니다. 심지어 6절은 "남은 자들은 종들을 잡아 능욕하고 죽였다."라고까지 합니다. 왕은 대노하여 군대를 보내어 이 사람들을 죽이고, 살인한 자들을 진멸하고, 그 동네를 불사릅니다.

같은 비유가 나와 있는 누가복음 14장을 보면, 여기에는 왜 이들이 오지 않았는지 **이유가 좀 더 자세하게** 나옵니다. 누가복음 14장 18절부터 말씀을 보겠습니다.

> … 나는 밭을 샀으매 아무래도 나가 보아야 하겠으니 청컨대 나를 양해하도록 하
> 라 … 나는 소 다섯 겨리를 샀으매 시험하러 가니 청컨대 나를 양해하도록 하라 …
> 나는 장가들었으니 그러므로 가지 못하겠노라_눅 14:18-20

마태복음과 누가복음의 잔치 초청의 비유에서 주목해야 할 점은 이 사람들이
모두 '초청을 받았다'는 점입니다. 또한 동시에 주목해서 보아야 할 것은 이 사람
들이 모두 이 '초청을 경멸했다'는 것입니다. 그리고 누가복음에 의하면 **이 초청
을 경멸한 이유는 그들이 '밭을 사고', '소를 사고', '장가 든 일이' 왕의 잔치 초청
보다 더 중하였기 때문**입니다.

하나님께서는 사람에게, 아무런 받을 것이 없는 다른 피조물과 동등한 위치임
에도 불구하고 왕의 지위를 선물했습니다. 그런데 이 왕의 지위를 받은 인간은
하나님을 거역하고, 언약을 파괴하고, 하나님의 왕위를 겨냥하여 반역을 꾀했습
니다. 그런데 하나님께서는 또 다시 이 반역을 꾀한 자들을 구하시기 위해 계획
을 세우십니다. 그래서 "여기에 가장 좋은 것을 마련해 두었으니 이리로 오기만
하면 된다."라고 초청하셨습니다. 그런데 이에 대한 사람들의 반응은 바로 이런
것입니다. "나는 밭을 샀고, 나는 소를 샀으며, 나는 장가를 들었으므로 그 초청
에 응하지 못하겠습니다."

앞서 계속 말씀드린 것처럼 사람들은 흔히 자신들이 구원받지 못하는 이유, 혹
은 세상의 모든 사람들이 다 하나님의 구원에 동참하지 못하는 이유가 마치 하나
님께 있는 것처럼 말합니다. 하나님께서 건지지 않으셨으므로 구원받지 못하는
것처럼 핑계와 원인을 거기에 둡니다. 하지만 사실은 알고 있습니다. 사람들은
보통 "나는 원하지만 하나님의 선택이 없어서"라는 식으로 말하고 싶어하지만,
실제로는 **"나는 원하지만"이 거짓말이라는 것**을 말입니다. 사실 사람들은 **"원하지
않습니다."**

그래서 "왜 초청을 받고도 응하지 않는가?"의 질문에 대한 대답은 **'죄의 실체'**
에 있습니다. 죄의 실체가 무엇입니까? **하나님보다 더 중요한 것이 있다는 것**입니

다!⁶⁹ 하나님의 순위는 항상 뒤로 밀린다는 것입니다! 사람들은 이 왕의 잔치에의 초대보다도 훨씬 더 중요한 일이 많이 있다고 생각합니다. **밭도 사야 하고! 소도 사야 하고! 장가도 가야 한다고 생각합니다.**

왜 복음에 반응하지 않습니까? 왜 전도에 거절합니까? 왜 하나님에 대해 알 수 있는 수많은 루트들을 외면합니까? 밭을 사고, 소를 사고, 장가를 가야 하기 때문입니다. 죄의 실체가 무엇입니까? 하나님과 세상, 하나님과 욕망, 하나님과 갖고 싶은 것, 하나님과 하고 싶은 일, 하나님과 직업, 하나님과 관계, 하나님과 먹거리, 하나님과 취미 생활 등등, 이 모든 것들 중 어느 것에서도 **'하나님'이 더 삶의 우위에 놓이지 않는 것**입니다.

전도를 많이 해 보셨지요? 사람들이 왜 전도에 반응하지 않습니까? 하나님이 자신의 **삶에 비집고 들어올 틈이 없기 때문**입니다. 세상에서 그럴 듯하게 살아가기 위해서는 많은 전력을 투구하고 있으면서도, 영원의 문제, 삶의 궁극의 문제, 삶의 본연의 문제에는 관심이 없기 때문입니다.

죄가 무엇입니까? 죄란 하나님을 가로막는 것입니다. 하나님께서 끊임없이 초청하시는 데도 불구하고, "나는 밭을 샀고, 소를 샀고, 장가들었으니" 지금은 안 되겠다는 것입니다. "교회 나오고는 싶은데…."라고 하는 사람들이 많이 있습니다. 그런데 어떤 이야기를 많이 합니까? "담배를 피고 있어서…", "술을 끊어야 해서…", "교회를 가게 되면 일요일에 수영장을 갈 수 없게 돼서…", "주말에는 가족들과 여행을 가야 해서…" 등등입니다. 정말, 어떤 사람들이 믿지 않는 이유는 '선택 때문에 어쩔 수 없는', '제한 속죄 때문에 어쩔 수 없는' 그런 문제일까요?

아니요. 만약에 선택이나 제한 속죄 따위를 하나도 말하지 않더라도, 이렇게 하나님께 나아오기 원치 않는 사람은 결코 나아오지 않습니다. 왜냐하면, 하나님의 신비의 영역을 전혀 살피지 않더라도 우리 사람의 편에서만도 충분히 이런 것은 설명할 수가 있는데, 이 사람들은 전혀 하나님께 나아오기를 **'원하지'** 않기 때문입니다. 여기에 하나님의 섭리가 어떤 식으로 작용하고 있는지를 전혀 말하지

---

69 — 루터는 대교리문답에서 이렇게 말했다. "당신의 마음이 매달려 있고 당신의 모든 것을 지탱하는 대상, 그것이 바로 당신의 신입니다." 마르틴 루터, 『마르틴 루터 대교리문답』, 최주훈 옮김 (서울: 복있는 사람, 2017), 52-53.

않더라도 대답은 아주 선명합니다. 나아오려 하지 않는데 무슨 수로 구원을 얻을 수 있겠습니까?

결국 불신앙과 죄악이란 하나님께 가지 않으려는 우리의 완고한 마음입니다. 이 마음이 우리를 막고, 이 마음이 우리를 넘어뜨리는 것입니다. 그래서 하나님의 초청이 있음에도 불구하고 '원하지 않고', 따라서 '나아가지 않는' 것입니다.

제7조 : 어떤 사람들이 믿는 이유

그러나 참되게 믿고 그리스도의 죽으심으로 말미암아 죄와 파멸에서부터 해방되고 구원을 얻는 사람은 누구든지 이 유익을 받되, 오직 하나님의 은혜를 통하여 받습니다.[i] 이 은혜는 하나님께서 영원 전에 그리스도 안에서 베풀어 주신 것이지만, 하나님께서 아무에게라도 갚으셔야 할 의무가 있는 것은 아닙니다.

i 고후 5:18 모든 것이 하나님께로서 났으며 그가 그리스도로 말미암아 우리를 자기와 화목하게 하시고 또 우리에게 화목하게 하는 직분을 주셨으니 / 엡 2:8-9 너희는 그 은혜에 의하여 믿음으로 말미암아 구원을 받았으니 이것은 너희에게서 난 것이 아니요 하나님의 선물이라 행위에서 난 것이 아니니 이는 누구든지 자랑하지 못하게 함이라

● **강해 본문 : 에베소서 1장 20절-2장 10절**

1:20 그의 능력이 그리스도 안에서 역사하사 죽은 자들 가운데서 다시 살리시고 하늘에서 자기의 오른편에 앉히사 21 모든 통치와 권세와 능력과 주권과 이 세상뿐 아니라 오는 세상에 일컫는 모든 이름 위에 뛰어나게 하시고 22 또 만물을 그의 발 아래에 복종하게 하시고 그를 만물 위에 교회의 머리로 삼으셨느니라 23 교회는 그의 몸이니 만물 안에서 만물을 충만하게 하시는 이의 충만함이니라 2:1 그는 허물과 죄로 죽었던 너희를 살리셨도다 2 그 때에 너희는 그 가운데서 행하여 이 세상 풍조를 따르고 공중의 권세 잡은 자를 따랐으니 곧 지금 불순종의 아들들 가운데서 역사하는 영이라 3 전에는 우리도 다 그 가운데서 우리 육체의 욕심을 따라 지내며 육체와 마음의 원하는 것을 하여 다른 이들과 같이 본질상 진노의 자녀이었더니 4 긍휼이 풍성하신 하나님이 우리를 사랑하신 그 큰 사랑을 인하여 5 허물로 죽은 우리를 그리스도와 함께 살리셨고 (너희는 은혜로 구원을 받은 것이라) 6 또 함께 일으키사 그리스도 예수 안에서 함께 하늘에 앉히시니 7 이는 그리스도 예수 안에서 우리에게 자비하심으로써 그 은혜의 지극히 풍성함을 오는 여러 세대에 나타내려 하심이라 8 너희는 그 은혜에 의하여 믿음으로 말미암아 구원을 받았으니 이것은 너희에게서 난 것이 아니요 하나님의 선물이라 9 행위에서 난 것이 아니니 이는 누구든지 자랑하지 못하게 함이라 10 우리는 그가 만드신 바라 그리스도 예수 안에서 선한 일을 위하여 지으심을 받은 자니 이 일은 하나님이 전에 예비하사 우리로 그 가운데서 행하게 하려 하심이니라

받지 아니한 것이 무엇이뇨?

엡 1:20-2:10

도르트 신조 둘째 교리 6조와 7조의 가르침은 각각 "일부 사람들이 믿지 않는 이유"와 "어떤 사람들이 믿는 이유"라는 제목을 갖고 있습니다. 그런데 문장의 시작 부분을 보시면 7조는 시작 부분에 **"그러나"**라고 시작하고 있습니다. 6조와 7조는 연결된 긴 한 문장이라는 것입니다. 6조는 어떠하다, "그러나" 7조는 어떠하다, 이렇게 긴 한 문장으로 읽어야 합니다.

결국 듣는 것은 하나님의 일하심의 결과물이다

"그러나"에 유의

이렇게 볼 때 6조와 7조는 합쳐서 **5조의 내용에 대한 두 응답**이라고 할 수 있습니다. 5조는 "복음의 전파는 보편적으로 된 것이다."라는 점을 말합니다. 이것은 다시 이전의 항목들과 연결됩니다. 이전의 항목들은 "그리스도의 구속, 즉 속죄의 효력은 제한적으로 되었다."라고 말했지만, 5조에서 "그러나 복음 선포는 보편적이다."라고 말한 것입니다. 우리는 앞에서 이를 정리하여 "속죄는 제한적이나 선포는 보편적이다."라는 말로 요약하였습니다. 그리고 이제 6조와 7조가 말합니다. 이 보편적인 선포에 대하여, "6조, 어떤 사람들은 믿지 않습니다." 그리고 "7조, **그러나** 어떤 사람들은 믿습니다."

내용을 이렇게 정리하여 읽으면 7조의 내용은 맥락 속에서의 중요한 함의를 읽을 수 있게 해 줍니다. 곧 신조가 이렇게 5조부터 설명하고 있는 내용의 **궁극적인 목표가** 여기 7조에 있다는 것입니다. 하나님께서는 **바로 이 "어떤 사람들"을 위하여 속죄를 베푸셨고** 선포를 행하셨습니다. 복음 전파자들을 통해 복음을 알리셨고, 그것이 사람들의 마음속에 내리꽂힐 때, 6조에서 어떤 이들에게는 이 복음이 무용지물이 된 것처럼 보였지만, 반면 어떤 이들에게는 이 복음이 효력 있게 나타났던 것입니다. 그렇다면 이것이야말로 '**씨 뿌리는 비유**'의 내용입니다.

씨 뿌리는 비유

> 씨를 뿌리는 자가 뿌리러 나갔다.
> 더러는 길가에 떨어지매 새들이 와서 먹어 버렸다.
> 더러는 돌밭에 떨어지매 싹이 나오나 흙이 얇아 해가 돋자 타 버렸다.
> 더러는 가시떨기에 떨어져, 자라는 것 같았으나 가시가 기운을 막았다.
> "그러나" 더러는 좋은 땅에 떨어졌다.
> 삼십 배, 육십 배, 백 배의 결실!

씨 뿌리는 비유는 마태복음 13장에 나오고, 마태복음 13장은 모두 '**천국 비유**'입니다. 예수님께서는 이 비유를 통해 '천국의 정체'를 말씀하셨습니다. 따라서 이 비유에서 씨가 어떤 밭에 뿌려져서 어떤 결실을 맺느냐를 이해할 때는 **단순히 '사람의 마음의 상태'**를 말하는 것으로 읽어서는 안 됩니다.

물론 길가, 돌밭, 가시떨기, 좋은 땅은 복음을 받는 사람의 마음 상태를 보여 줍니다. 하지만 이 비유는 요즘의 흔한 심리학적 설교가들의 주장대로, 사람들의 마음의 상태가 여러 가지가 있다는 그 자체를 보여 주는 데 목적을 갖고 있지 않습니다. 왜냐하면 이 비유는 '**천국 비유**'이기 때문입니다.[70] 즉 이 비유는 '천국의

---

70 — 예수님께서 이 비유를 말씀하신 후 이어서 "**천국의 비밀을 아는 것**이 너희에게는 허락되었으나 그들에게는

속성'을 보여 줍니다.

그러므로 이 비유를 **'천국 비유'라고 강제하고 읽으면** 이 비유가 '하나님의 의지의 결실', '하나님의 땀의 결정체', '하나님께서 참고 인내하신 것의 결과물'이 무엇인지를 읽을 수 있게 됩니다.

씨는 버려졌습니다. 씨는 많이 뿌려졌으나 **4분의 3이** 버려졌습니다. 만약 우리가 농부의 뒤에 서 있는 사람들이라면 어리석은 농부를 비방했을 것입니다. "이것 봐! 뭐하는 거야! 씨를 절반도 넘게 내 버리고 있잖아! 당신은 무능한 농부임에 틀림 없어!"

하지만 농부는 씨를 계속해서 뿌렸습니다. 4분의 1이 길가에 떨어져 허비된 후에도 농부는 씨를 계속해서 뿌립니다. 다시 4분의 1이 돌밭에 떨어져 허비된 후에도 농부는 다시 씨를 계속해서 뿌립니다. 그리고 다시 또 다른 4분의 1이 가시떨기 위에 떨어져 허비된 후에도 농부는 여전히 계속해서 다시 씨를 뿌립니다. 그리고 이 비유의 마지막은 말합니다. 뿌려진 씨의 **본전을 찾으려면 결실이 네 배면** 됩니다. 4분의 3이 허비되었고, 4분의 1만 결실했으니까요. 하지만 이 비유는 말합니다.

> 좋은 땅에 떨어지자 이 씨는 30배, 60배, 100배의 결실을 하였다!

농부는 어리석었습니까? 아닙니다. 농부는 100배의 결실을 위하여 **4분의 3의 씨가 결실하지 않았음에도 불구하고 참고 인내하며 계속 씨를 뿌렸습니다.** 그래서 하나님 나라, 천국이 허비되었습니까? 많은 사람들에게 복음의 씨가 뿌려졌습니다. 그래서 6조에서 말하는 대로 다수의 사람들이 믿지 않았습니다. 그렇다면 하나님 나라, 천국은 허비되었습니까? 하나님께서 처음에 "인류가 나를 배신한다 하더라도 나는 그들에게 자유의지를 주고, 그들 중 나를 믿고 따르는 이를 고를 것이다."라고 결정하셨을 때에, 4분의 3이 허비되자 사탄이 하나님을 비웃었습니다. "보시오, 하나님! 당신은 실패자요! 4분의 3이 허비되었지 않소!"

아니되었나니"(마 13:11)라고 말씀하신다. 즉 이 비유는 천국의 비밀에 관한 비유이다.

하지만 하나님께서는 씨 뿌리는 비유를 통해서 우리에게 말씀하십니다. **4분의 1의 결실이 100배의 결실을 맺는다**고 말입니다. 농부이신 하나님께서는 실패하지 않으십니다. 왜 그분께서 복음을 보편적으로 선포하시고, 수많은 사람이 듣지 않는데도 불구하고 참고 계십니까? **그 복음을 듣고 반응하는 4분의 1의 사람들 때문입니다.** 이들이 결실할 것이며, 이들은 곧 100배의 결실이기 때문입니다. 하나님의 결정은 틀리지 않았습니다. 교회는 하나님의 인고의 결실을 통하여 100배의 결실을 맺은 열매들입니다. 우리가 그 열매들입니다. 하나님은 틀리지 않았습니다. 교회인 우리는 하나님께서 뿌린 씨앗이 100배의 결실을 맺는다는 것을 보여 주는 증거들입니다.

그러므로 어떤 사람들이 믿는다는 것은

그래서 7조의 "어떤 사람들이 믿는 이유"를 **단순히 개인적 구원의 견지에서만** 읽어서는 안 됩니다. 씨 뿌리는 비유가 보여 주는 것은 하나님의 나라, 천국은 결코 망하지 아니하고, 반드시 결실한다는 사실입니다. 심지어 약간 결실하는 정도가 아닙니다. 하나님 나라인 **교회는 100배의 결실물**입니다. 하나님께서 유기된 자들 때문에 마치 사람을 버리시는 가혹한 신인 양 비난을 받으면서도 참으신 이유는 **결실한 교회가 그분의 영광이기 때문**입니다. 교회인 우리가 그분의 찬란한 기업이기 때문입니다.

우리는 보통 믿는다는 것을 철저히 '자기 입장에서만' 보려고 합니다. "내가 구원을 받는가", "내가 천국에 가는가", "내가 하나님의 자녀인가", 이것에만 관심을 기울입니다. 그러나 잠깐 고개를 돌려 내가 복음을 받아들였다는 사실이 다른 차원에서는 어떤 의미를 가지는가를 생각해야 하지 않을까요? 여러분과 저는, 저기 교회 바깥의 사람들과 똑같이 '버려진 자', '죄 가운데 죽은 자'였습니다. 에베소서가 이 사실을 얼마나 감동적으로 접근하는지를 보십시오. 에베소서 2장입니다.

> 1절: 너희는 허물과 죄로 죽은 자들이었다.
>
> 2절: 그때에 너희는 세상 풍속을 좇고 공중의 권세 잡은 자를 따랐다.

그런데 이때 '역사'가 일어납니다.

> 긍휼이 풍성하신 하나님이 우리를 사랑하신 그 큰 사랑을 인하여 허물로 죽은 우
> 리를 그리스도와 함께 살리셨고(너희는 은혜로 구원을 받은 것이라)_엡 2:4-5

이어지는 8절과 12, 19절을 읽어 봅시다.

> 너희는 그 은혜에 의하여 믿음으로 말미암아 구원을 받았으니 이것은 너희에게서
> 난 것이 아니요 하나님의 선물이라 / 그 때에 너희는 그리스도 밖에 있었고 이스라
> 엘 나라 밖의 사람이라 약속의 언약들에 대하여는 외인이요 세상에서 소망이 없고
> 하나님도 없는 자이더니 / 그러므로 이제부터 너희는 외인도 아니요 나그네도 아
> 니요 오직 성도들과 동일한 시민이요 하나님의 권속이라_엡 2:8, 12, 19

이 전개가 얼마나 놀랍고 은혜롭습니까! 에베소서에서 발견하게 되는 것은 한
편으로는 감동적인 우리의 구원입니다. 우리는 원래 죄인, 바깥에 있던 자(외인),
본질상 진노의 자녀였습니다. 하지만 하나님께서는 그 크신 긍휼을 인하여(4절),
또 우리에게서 난 것이 아니라 하나님의 선물로(8절) 우리에게 구원을 주셨습니다.

그런데 동시에 우리가 여기에서 함께 발견하게 되는 것은, 우리의 구원이 한편
으로 **하나님의 입장에서는 대단한 승리**이며, 하나님의 노력의 결실이라는 것입니
다. 2장부터 나오는 모든 진술들의 배경이 되는 1절 마지막 부분을 읽어 봅시다.

> 그의 능력이 그리스도 안에서 역사하사 죽은 자들 가운데서 다시 살리시고 하늘
> 에서 자기의 오른편에 앉히사 모든 통치와 권세와 능력과 주권과 이 세상뿐 아니
> 라 오는 세상에 일컫는 모든 이름 위에 뛰어나게 하시고 또 만물을 그의 발 아래에

복종하게 하시고 그를 만물 위에 교회의 머리로 삼으셨느니라 교회는 그의 몸이니 만물 안에서 만물을 충만하게 하시는 이의 충만함이니라_엡 1:20-23

2장의 '개인 구원', '나의 구원'의 **토대**는 "교회는 그의 몸이니 만물 안에서 만물을 충만하게 하시는 이의 충만함이니라"(엡 1:23)입니다! 그 능력이 역사하여서 죽은 자들 가운데 그리스도를 살리시고 하늘 보좌 우편에 앉히셨을 때, 정사, 능력, 주관자, 모든 이름 위에 뛰어나게 하셨을 때, 바로 그 때 이렇게 하여 설립되게 된 교회, 이 교회를 두고 에베소서는 무엇이라고 부르고 있습니까? **"그분의 충만"**입니다!

'충만'이라는 단어(헬. 플레로오, 명사형은 플레로마)는 우리말 뜻에서와 마찬가지로 '가득 차다'라는 기본 뜻을 갖고 있습니다. 물이 찰랑찰랑한 통을 떠올리시면 됩니다. 그런데 성경에서 이 단어가 주로 사용되는 방식은 **'하나님의 구속 경륜'**과 관련합니다. 그리고 하나님의 구속 경륜, 곧 하나님의 '오이코노미아'에서의 '가득 차다'라는 것은 하나님께서 계획하시고 작정하신 어떤 일들이 **시행될 시점이 되었다**는 것으로서, 물이 찰랑찰랑한 통에 곧 물이 넘치게 되듯 하나님의 구속 경륜에 의하여 어떤 일이 시행될 때가 임박한 시점이 되었다는 것입니다.

그러므로 교회가 "하나님의 충만하심의 가장 충만한 것"이라는 사실은 우리에게 에베소서가 말하는 이 '교회'라는 공동체가 하나님의 구속 경륜 전체를 볼 때 **결정적인 어떤 완성임**을 의미합니다. 즉 하나님께서 태초에 세상을 지으시면서 계획하셨던 모든 것들의 결정체가 바로 교회임을 지시하는 것입니다.

우리가 첫째 교리에서 들었던 '예정'의 주제를 떠올려 보십시오. 이 주제가 여기 에베소서 1장에 있습니다.

모든 일을 그의 뜻의 결정대로 일하시는 이의 계획을 따라 우리가 **예정을 입어** 그 안에서 기업이 되었으니_엡 1:11

하나님께서 우리의 기업이 되신다는 것은 우리가 쉽게 이해할 수 있습니다(민

18:20[71]). 그런데 **우리가 하나님의 기업이 된다는 사실**은 굉장히 놀라운 일입니다. 하나님은 이 온 우주에서 부족함이 없으신 분입니다. 그런데 우리가 무엇이라고 그분의 기업이겠습니까? 하지만 에베소서는 분명히 **"우리가 여호와의 기업"**임을 말합니다.

교회란 바로 이런 입장에서 이해해야 합니다. 어떤 이가 복음의 말씀을 듣게 되었을 때, 그래서 어떤 이들은 믿지 않음에도 불구하고 다른 이들은 믿게 되었을 때, 바로 그때 일어나는 일, 사람들 중에 누군가가 믿음을 갖게 되었을 때 일어나는 일이란 바로 이러한 **"그분의 충만"이 성취되는 일**입니다. 하나님의 구속 계획이 이루어졌다는 것입니다. 교회가 하나님의 기업이라는 말, 교회가 그분의 충만이라는 말을 지독히도 듣지 않더라도, 하나님께서는 이들 중 **누군가는 반드시 듣게 하십니다.** 바로 그것을 위하여 하나님께서는 오래 참으셨고, 그 일을 자신의 **구속 경륜의 완성**으로 보신다는 뜻입니다.

이 7조의 내용, 이 경이(驚異)를 기억합시다. 하나님께서 귀히 여기시는 바로 이 일, 단지 내가 예수를 믿는 개인적 차원에서의 일이 나타났을 뿐 아니라, 하나님의 구속 계획이 여기서 이루어지고 있다는 것, 바로 그 사실을 기억합시다.

그러므로 받은 것

그러므로 우리는 '누군가가 복음을 듣고 믿게 될 때' 비록 그것이 겉으로 보기에는 '사람의 일'로 보일지라도 **'하나님의 선물'**임을 잊지 말아야 합니다. 고린도전서 4장 7절 말씀에 주목해 보십시오.

> 누가 너를 남달리 구별하였느냐 네게 있는 것 중에 받지 아니한 것이 무엇이냐 네가 받았은즉 어찌하여 받지 아니한 것 같이 자랑하느냐_고전 4:7

---

71 ─ 민 18:20 여호와께서 또 아론에게 이르시되 너는 이스라엘 자손의 땅에 기업도 없겠고 그들 중에 아무 분깃도 없을 것이나 내가 이스라엘 자손 중에 네 분깃이요 네 기업이니라: 하나님이 우리의 기업이다.

우리가 잘 아는 대로 고린도 교회는 은사 때문에 문제가 많은 교회였고, 동시에 분파가 있었습니다. 사람들은 저마다 자기가 중하다고 생각하는 사도들의 편이 되어 여러 무리로 나뉘어져 있었고, 이 사이에는 갈등이 있었습니다. 바울 사도는 이런 현실 속에 있는 고린도 교회를 향하여 이 이야기를 하고 있습니다. 소위 '처방전'입니다. 이토록 자기 중심적이고, 자랑과 우월하게 여기는 마음이 가득했던 고린도 교회에게 주는 **'사도의 처방전'**은 무엇이었습니까?

> 네가 가진 것은 다 받은 것일 뿐인데
> 왜 네가 스스로 그것을 가진 것처럼 자랑하느냐?

이 문장에는 두 단어가 대조를 이루고 있습니다. **"받았다"**와 **"자랑하다"**입니다. 둘은 **병존할 수 없는 개념**입니다. "받았으면 자랑할 수 없고", "자랑하고 있다면 받은 것이 아닙니다." 그런데 고린도 교회는 받았지만 자랑했습니다. 그렇다면 무엇을 잊은 것입니까? '받았다는 사실'을 잊은 것이지요. 그래서 자랑한 것입니다. 언제나 교만은 바로 여기에서 옵니다. **'받았다는 사실을 잊는 것'** 말입니다.

고린도 교회의 자랑은 주로 무엇이었습니까? 크게 둘을 말할 수 있습니다. 하나는 분파입니다. 고린도 교회 안에는 어떤 이들은 베드로파임을 자랑하고, 또 어떤 이들은 아볼로파임을 자랑하고, 또 어떤 이들은 바울파임을, 심지어는 예수파임을 자랑하는 이들도 있었습니다. 웃긴 일이 아닙니까? "내가 누구의 파다."라고 말하는 것 자체가 **자기에게서 나온 것이 아닙니다.** "누구의 파"라는 것 자체가 누구에게 속하여 부수적으로 얻는 것입니다. 내것이 아닙니다. 그런데 이들은 자랑했습니다.

또 다른 하나는 은사입니다. '은사'는 그 말의 원뜻이 '선물'입니다. 그러니까 이것도 우스운 일입니다. 선물로 받았다는 것 자체가 **원래 내 것이 아니라는 것**입니다. 그런데 이들은 자랑했습니다. 결국 고린도 교회 성도들은 자랑할 수 없는 것을 가지고 자랑하고 있었습니다.

마찬가지입니다. 하나님께서 구속의 은혜로 주신 것은 기본적으로 우리의 것이 아닙니다. 자랑할 수 없습니다. '내 구원'을 넘어서는 '하나님의 성취'라는 것은 기본적으로 우리의 것이 아닙니다. 우리의 구원이란 '선물'일 뿐, 그것이 우리의 자랑일 수 없습니다. '내가 교회가 되었다는 것'은 하나님께서 일하신 것의 결과물일 뿐인데 그것을 두고 내가 이루어 낸 것마냥 자랑할 수 없습니다.

어떤 이들은 복음이 전파될 때 듣지 않습니다. 이는 앞서 배운 대로 '그들의 악함 때문'입니다. 그런데 어떤 이들은 듣습니다. 마음을 연합합니다. 교회 안에 있는 우리는 여기에 마음을 연합한 사람들입니다. 하지만 아르미니우스주의자들은 무엇이라고 말했습니까? 오류 6번에서 이렇게 말했습니다.

> 이러한 구별이 생기는 것은 차별 없이 주시는 은혜에 참여하려는 그들의 자유의지에 따라 생기는 것이지, … 강력하게 역사하시는 특별한 자비의 선물 때문에 생기는 것이 아니다.

배은망덕입니다. 받은 선물일 뿐인 것을 '자신의 자유의지에만' 돌리려는 배은망덕입니다. 성경이 가르치는 대로 이 복음을 듣는 마음이 참으로 '선물'이라면, 우리는 받은 것을 받지 않은 것인 양 자랑해서는 안 됩니다. 언제나 '자랑'은 '선물'의 반대말입니다.

이 사실을 기억합시다. 믿는 자가 듣게 된 것을 보고 하나님을 찬미할 수 있는 우리가 됩시다. 교회가 하나님의 기업이 되었다는 사실에 감격하고, 우리의 믿음과 구원 속에서 '나의 잘됨'보다는 '하나님의 구속 경륜이 어떻게 이 땅 위에 이루어지는지'를 바라보고 감격합시다.

그리고 이것이 하나님으로부터 온 선물임을 확실하게 안다면, 자랑하지 맙시다. 받은 것을 마치 받지 않은 것처럼 하며 살지 맙시다. 왕 노릇은 완성될 나라에 가서, 그리스도께 붙어 행하면 그뿐입니다. 땅에서 왕이 되려는 자는 말석으로 밀려나 수치를 당할 것입니다.

제8조 : 그리스도의 죽으심의 효력

성자의 지극히 고귀한 죽으심이 지닌 효력, 곧 생명을 주고 구원을 베푸는 그 효력을 하나님께서는 선택된 모든 사람에게 베푸시고,[i] 오직 그들에게만 의롭다 함을 얻는 믿음을 주시고, 이로써 그들이 확실하게 구원에 이르게 하시는데, 이것이 성부 하나님의 전적으로 자유로운 작정이고 가장 은혜로운 뜻과 의도였습니다.[ii] 다시 말하면 성부께서 모든 민족과 족속과 나라와 언어 가운데서[iii] 영원 전부터 구원으로 택하시어 아드님에게 주신 모든 사람, 오직 그 사람들만을 그리스도께서 새 언약을 확정하신 그 십자가의 보혈로써[iv] 효력 있게 구속하시는 것이 성부 하나님의 뜻이었습니다.

또한 하나님의 뜻은 그리스도께서 죽으심으로써 그들을 위하여 얻으신 믿음을 성령의 구원하시는 다른 은사들과 더불어 그들에게 주시는 것이며,[v] 그리스도께서 그분의 보혈로써 그들의 모든 죄, 곧 원죄와 자범죄, 믿기 이전의 죄와 믿은 이후의 죄를 모두 씻어 주시도록 하신 것이고,[vi] 또한 그리스도께서 그들을 끝까지 신실하게 지켜 주시고,[vii] 마지막에는 티나 주름잡힌 것이 없이 영광스럽게 그들 자신을 주님께 드리도록 하신 것입니다.[viii]

i 요 17:9 내가 그들을 위하여 비옵나니 내가 비옵는 것은 세상을 위함이 아니요 내게 주신 자들을 위함이니이다 그들은 아버지의 것이로소이다

ii 엡 5:25-27 남편들아 아내 사랑하기를 그리스도께서 교회를 사랑하시고 그 교회를 위하여 자신을 주심 같이 하라 이는 곧 물로 씻어 말씀으로 깨끗하게 하사 거룩하게 하시고, 자기 앞에 영광스러운 교회로 세우사 티나 주름 잡힌 것이나 이런 것들이 없이 거룩하고 흠이 없게 하려 하심이라

iii 계 5:9 그들이 새 노래를 불러 이르되 두루마리를 가지시고 그 인봉을 떼기에 합당하시도다 일찍이 죽임을 당하사 각 족속과 방언과 백성과 나라 가운데에서 사람들을 피로 사서 하나님께 드리시고

iv 눅 22:20 저녁 먹은 후에 잔도 그와 같이 하여 이르시되 이 잔은 내 피로 세우는 새 언약이니 곧 너희를 위하여 붓는 것이라 / 히 8:6 그러나 이제 그는 더 아름다운 직분을 얻으셨으니 그는 더 좋은 약속으로 세우신 더 좋은 언약의 중보자시라

v 요일 1:7 그가 빛 가운데 계신 것 같이 우리도 빛 가운데 행하면 우리가 서로 사귐이 있고 그 아들 예수의 피가 우리를 모든 죄에서 깨끗하게 하실 것이요

vi 요 10:28 내가 그들에게 영생을 주노니 영원히 멸망하지 아니할 것이요 또 그들을 내 손에서 빼앗을 자가 없느니라

viii 엡 5:27 자기 앞에 영광스러운 교회로 세우사 티나 주름 잡힌 것이나 이런 것들이 없이 거룩하고 흠이 없게 하려 하심이라

● **강해 본문 : 로마서 8장 26-39절**

26 이와 같이 성령도 우리의 연약함을 도우시나니 우리는 마땅히 기도할 바를 알지 못하나 오직 성령이 말할 수 없는 탄식으로 우리를 위하여 친히 간구하시느니라 27 마음을 살피시는 이가 성령의 생각을 아시나니 이는 성령이 하나님의 뜻대로 성도를 위하여 간구하심이니라 28 우리가 알거니와 하나님을 사랑하는 자 곧 그의 뜻대로 부르심을 입은 자들에게는 모든 것이 합력하여 선을 이루느니라 29

하나님이 미리 아신 자들을 또한 그 아들의 형상을 본받게 하기 위하여 미리 정하셨으니 이는 그로 많은 형제 중에서 맏아들이 되게 하려 하심이니라 30 또 미리 정하신 그들을 또한 부르시고 부르신 그들을 또한 의롭다 하시고 의롭다 하신 그들을 또한 영화롭게 하셨느니라 31 그런즉 이 일에 대하여 우리가 무슨 말 하리요 만일 하나님이 우리를 위하시면 누가 우리를 대적하리요 32 자기 아들을 아끼지 아니하시고 우리 모든 사람을 위하여 내주신 이가 어찌 그 아들과 함께 모든 것을 우리에게 주시지 아니하겠느냐 33 누가 능히 하나님께서 택하신 자들을 고발하리요 의롭다 하신 이는 하나님이시니 34 누가 정죄하리요 죽으실 뿐 아니라 다시 살아나신 이는 그리스도 예수시니 그는 하나님 우편에 계신 자요 우리를 위하여 간구하시는 자시니라 35 누가 우리를 그리스도의 사랑에서 끊으리요 환난이나 곤고나 박해나 기근이나 적신이나 위험이나 칼이랴 36 기록된 바 우리가 종일 주를 위하여 죽임을 당하게 되며 도살 당할 양 같이 여김을 받았나이다 함과 같으니라 37 그러나 이 모든 일에 우리를 사랑하시는 이로 말미암아 우리가 넉넉히 이기느니라 38 내가 확신하노니 사망이나 생명이나 천사들이나 권세자들이나 현재 일이나 장래 일이나 능력이나 39 높음이나 깊음이나 다른 어떤 피조물이라도 우리를 우리 주 그리스도 예수 안에 있는 하나님의 사랑에서 끊을 수 없으리라

제한 속죄와 하나님의 의지

롬 8:26-39

둘째 교리의 제8조는 우리가 둘째 교리의 요약이라고 말한 **제한 속죄 교리의 '정의'**를 담고 있습니다. 우리는 다음과 같은 순서로 둘째 교리를 살펴왔습니다. 각 조항의 제목을 중심으로 이 둘째 교리가 어떻게 진행되어 왔는지를 잠깐 요약합시다.

① 1조와 2조에서는 사람의 죄와 그에 대하여 하나님께서 반응하신 것, 곧 그리스도를 보내셔서 우리의 구원을 이루신 것을 살폈습니다.

② 3조와 4조는 이 그리스도께서 죽으신 것이 '무한한 가치'가 있다고 하였습니다. 신조가 그리스도의 죽으심에 '무한한 가치'가 있다고 고백한 이유는 아르미니우스주의자들이 개혁파는 그리스도의 죽으심의 가치를 폄하한다고 주장했기 때문입니다. 이에 대해 우리 선배들은 그리스도의 죽으심이 특정 사람들에게만 적용된다고 해서 그리스도의 죽으심이 가치가 없는 것은 아니라고 응수했습니다. 오히려 이 고백을 따르면 그리스도의 죽으심은 세상의 모든 사람들을 모두 구원하고도 충분히 남음이 있습니다.

③ 3조와 4조가 그리스도의 구속 사역의 가치가 '충분하다'라고 말한 것이라면, 5조부터 7조까지의 내용은 '그런데 왜 어떤 이들은 구속을 받지 못하는가'에 대한 대답이라 할 수 있습니다. 복음이 모든 사람에게 전파되지만, 어떤 사람들은 듣고 어떤 사람들은 듣지 않습니다. 그리고 어떤 사람들이 듣는 것은 하나님

의 은혜 때문이고, 어떤 사람들이 듣지 않는 것은 그들 자신의 잘못 때문입니다.

앞으로 살펴볼 8조와 9조의 가르침은 이 앞의 모든 조항들을 베이스로 하여, 정확하게 제한 속죄 교리의 정의가 되는 내용을 말씀하고 있습니다. **8조는 제한 속죄의 정확한 뜻**이라고 할 수 있고, 9조는 여기에 들어 있는 의미 중 **다른 한 가지를 더 다룬 것**입니다.

제한 속죄 교리

제한 속죄의 교리는 간단하게 요약하자면 그리스도께서 죽으셔서 이루신 이 구속의 효력이 '모든 사람에게' 미치느냐 '특정한 사람들에게만' 미치느냐의 문제입니다. 우리는 성경을 따라, 그리고 신앙의 선배들을 따라 그리스도의 죽으심의 **공로는 '특정한 사람들에게만'** 미친다고 고백합니다. 그런데 그럼에도 불구하고 어떤 분들은 여전히 다음과 같은 생각을 하실지도 모르겠습니다.

> '그래도 그리스도의 죽으심이 모든 사람들을 위한 것이면 참 좋을텐데!'

이런 분들을 위하여 앞서 배운 내용들을 정리하면서, 또한 **제한 속죄 교리가 함의하고 있는 진정한 강조점**을 생각해 보는 시간을 가져 보겠습니다. 상당 부분 앞서 배운 내용들의 복습이라고 생각하면 되겠습니다.

첫째 단계

● 필연적 결과

먼저 두루뭉술한 복음주의권에서 상상하는 "그리스도께서 '모든 사람들을' 위해서 죽으셨다."라고 말하는 것의 진짜 의미를 체계적으로 생각해 봅시다. 기본적으로 그리스도께서 모든 사람들을 위해 죽으셨다고 말하고 싶은 주된 의도는 **하나님께서 세상의 모든 사람들을 빠짐없이 사랑하셨다고 말하고 싶기 때문**입니다. 말하자면 이들은 하나님이 어떤 이들을 버리시는 분, 어떤 이들은 사랑하시지 않는 분이라고 말하고 싶지 않기 때문에 그저 "하나님께서는 모든 이들을 사랑하신다."라고 말하고 싶어 하는 것입니다.

하지만 이 문제에 대하여 잠깐만 숙고해 보더라도 이런 생각이 얼마나 터무니없는지가 곧 밝혀집니다. 왜냐하면 우리는 누구라도 하나님께서 **실제로는 세상의 모든 사람들을 다 구원하시지 않는다**는 것을 성경과 생활을 통해서 잘 알고 있기 때문입니다.[72] 내가 아무리 하나님의 편에서 하나님을 두둔하려고 해도, 하나님께서 전체 인류를 다 구원하지 않으신다는 사실은 너무나도 명백합니다.

그렇다면 생각해 보십시오. 복음주의자들이 제한 속죄를 불편해하는 이유는 "하나님께서 모든 사람을 다 사랑하신다."라고 말하고 싶어 하기 때문이라고 했습니다. 그러나 **결과에 있어 하나님께서 모든 사람들을 다 구원하지 않으신다면 애초에 이 목적 자체가 붕괴되는 것**이 아닙니까? 그리스도께서 모든 사람들을 위해 죽으셨다고 말하는 일을 통해 하나님의 사랑이 모든 사람들에게 미친다고 말해본들, 결과적으로 볼 때 하나님께서 결국 세상의 모든 사람을 다 구원하시는 것이 아니라면 사랑한다고 말하는 것이 무슨 의미가 있습니까?

아무리 하나님께서 세상을 사랑하신다고 말해도, 사실상 하나님께서 어떤 사람들을 유기된 채로 두시는 것, 어떤 이들은 지옥에 떨어진다는 것이 사실이라면, "하나님께서 모든 세상을 사랑하셨다."라고 말하려는 그들의 목적은 이루어질 수가 없는 것 아닙니까? 결국 두루뭉술한 복음주의가 말하는 '하나님의 사랑'은 **'지옥을 지으신 하나님'과는 공존이 불가능합니다.** 이 단순한 논리를 너무도 많은 사람들이 생각하지 않는 것 같습니다.

● 능력 부족?

아니면 혹시 하나님께서는 사실 마음으로는 세상의 모든 사람을 구원하고 싶으신데 **능력이 안 되는 것**입니까?

그럴 수는 없습니다. 세상의 모든 사람을 위해 그리스도께서 죽으셨다고 믿는

---

72 ― 물론 현대 신학자들 중에서는 이조차 부인하는 이들이 있다. 이들에게는 '지옥' 같은 것이 존재해서는 안 된다.

사람들도 이런 주장까지 하는 사람은 없습니다. 하나님을 믿지 않으면 모를까, 하나님을 믿으면서 이렇게 이야기하는 사람은 아마도 거의 없을 것입니다. 헤겔 (Hegel)을 근간으로 하는 '과정 신학'에서는 논리적으로 이런 하나님이 가능합니다. 하지만 이런 생각은 일반 성도들에게 있지 않습니다. 그러니 우리 중 대부분은 '능력 부족'으로 하나님께서 모든 사람을 구원하지 않으신다고 생각하지는 않을 것입니다.

● 따라서

결국 하나님은 주권적으로 어떤 이들을 구원하지 않으십니다. 그러면 세상 모든 사람들을 다 구원하시지 않는데 세상 모든 사람들을 다 사랑한다고 말하는 것은 무슨 의미가 있습니까? 그런 주장에 어떤 유익이 있습니까? 결국은 거짓을 추종하는 결과를 낳을 뿐입니다.

따라서 처음 시작을 고쳐야 합니다. 애초에 발단/전제 자체가 틀린 것입니다. **하나님께서 '세상 모든 사람들을 사랑하신다'고 말하고 싶은 욕망 그것이 처음부터 잘못된 것입니다.** 이런 욕망이야말로 '하나님 자신'이라기보다 '우리의 욕망을 하나님 안에 투영해 넣은 것'입니다. 하나님께서는 애초에 '모든 사람을 다 실제적으로 똑같이 사랑하지' 않으셨습니다. 비록 하나님께서 세상을 사랑하시는 것이 사실이지만, 그럼에도 불구하고 그 사랑은 '차별적'입니다. 우리가 알 수 없는, 하나님께만 있고 우리에게는 가려져 있는 하나님의 뜻, 하나님의 목적, 하나님의 의도로 말미암아, 그저 '어떤 사람은 선택되고 어떤 사람은 유기된' 것입니다. '제한된' 속죄라는 것은 이런 의미이고, 우리는 이것을 받아들입니다.

둘째 단계

이제 **둘째 단계**로 들어가 봅시다. 첫째 단계에서의 내용을 잘 이해한다면, 이제 "하나님께서 세상 모든 사람들을 사랑하신다."라고 말하는 이들이 최종적으로 가질 수 있는 대답은 단 하나밖에 없습니다. 그것은 **"그리스도께서는 '모든' 사람들을 위하여 죽으셨긴 해. 하지만 '모두가' 다 구원받는 것은 아니야."**입니다.

이것이 정확하게 아르미니우스주의가 주장하는 내용입니다. 다른 답이 있을 수가 없기 때문에 이것은 정확한 외길입니다. 이를 아르미니우스주의의 표현대로 옮겨 보자면 이렇게 됩니다.

> 그리스도의 죽으심은 모든 사람들을 위한 것이지만, 실제로 주어지는 구원은 그 사람들 중에서 이것을 믿음으로 획득하는 사람들에게만이다.

이 문장을 도식화해 봅시다.

> 그리스도의 죽으심 — 의의 공적인 획득 - 모든 사람들을 위한 것
>
> 실제 구원 — 개인이 실제로 구원을 받느냐 아니냐 — 이는 개인이 쟁취하는 것

결국 이런 생각이 좌초하게 되는 지점은 오류 7번에 잘 묘사되어 있습니다.

> **오류 7**: 그리스도께서는 하나님께서 지극히 사랑하시고 **영생을 위해 택하신 사람들을 위하여 돌아가실 수도 없었고**, 그러실 필요도 없었으며, 실제로 **그들을 위해 죽으신 것도 아니다.** 사실 이 사람들에게는 **그리스도의 죽으심이 필요하지 않기 때문이다.**

결국 아르미니우스주의가 도달하는 지점은 이토록 끔찍합니다. 그리스도는 "택하신 사람을 위해 돌아가실 수도 없었고", "그러실 필요도 없었고", "실제로 그들을 위해 죽으신 것도 아님"니다. 얼마나 충격적인 결론입니까? 아르미니우스주의의 주장을 끝까지 따라가면 결국 그리스도는 엄격한 의미에서 **'구원자'가 아닙니다.** 구원을 위하여 무언가 하시기는 하셨지만, 그분이 하신 일은 개개인이 구원받는 데에는 전혀 '결정적인' 것이 아니기 때문에, 혹은 그렇게 말하지 않는 것은 신성모독으로 보이기 때문에 제아무리 구색을 맞추기 위해 "주님은 그래도 구원자가 맞아!"라고 외친들, 실제로 그분이 구원자가 되는 것은 아닙니다. 뱀의 그림자가 보이지 않습니까? 사사 시대의 정신이 보이지 않습니까? 구원자는 결국

'나 자신'입니다. '나의 자유의지'가 진정한 구원자입니다!

하나님께서 모든 사람을 위해 죽으셨다고 말하는 감성적인 주장이 닿게 되는 파국적인 결과를 잘 기억합시다. '제한 속죄'라는 교리는 우리를 '우울하게 만들기 위해' 주어진 교리가 아닙니다. 그리스도께서 특정한 사람을 위해 죽지 않으셨다면, 결국 그리스도는 구원자가 아니게 됩니다. 우리 스스로가 구원자가 되는 것입니다. 그리고 이는 기독교를 송두리째 부인하는 무서운 생각입니다.

이 교리의 중요한 함의 : 구원의 확실성

이제 여기에서 더 나아가 이 제한 속죄 교리가 품고 있는 '중요한 함의'를 생각해 보도록 합시다. 중요한 인용문을 읽는 것으로 이 주제를 시작해 보겠습니다.

> 아르미니우스 주의자들은 "구원이 모든 사람에게 가능해졌다. 하지만 아무도 확실하지는 않다."라고 말했습니다. **그리스도의 죽으심은 단 한 영혼의 구원도 보증하지 않습니다.** 이처럼 아르미니우스 주의자들의 주장에 따르면 이론적으로 '모든 사람이' 자신의 자유의지를 사용하여 구원자를 거부하는 것이 가능해집니다. 칼뱅주의자들은 이런 주장에 전혀 동의할 수 없었습니다. 칼뱅주의자들은 성경에 근거하여 하나님께서 당신의 아들을 보내신 목적이 택하신 자들을 구속하기 위함이라고 믿었습니다. 그리스도의 죽으심은 택함받은 자들에게 구원을 **'가능하게'** 했을 뿐 아니라, 이것을 **'확실한 일로'** 만들었습니다. 하나님의 계획은 단지 하나님께서 생각해 내시고 그리스도께서 집행만 하신 것이 아닙니다. 하나님의 계획은 '완전히 성취될' 보증이었습니다.[73]

제한 속죄가 가지고 있는 중요한 함의를 한마디로 표현하자면 **'하나님의 뜻과 구원의 확실성'**입니다. 말하자면 우리가 제한 속죄를 우리의 신앙고백으로 받을 때 우리가 인정하는 것은 "하나님께서는 우리를 반드시 구원하고야 말겠다는 의

---

73 — 코르넬리스 프롱크, 『도르트 신조 강해』, 197-198.

지를 갖고 계신다."라는 사실입니다.

방금 읽은 내용에서 주목해야 하는 냉혹한 진실은, 겉으로 보기에는 아르미니우스주의가 그럴 듯한 소리를 하는 듯 보이고, 사람의 자유의지를 존중하는 것처럼 말하기 때문에 사람을 위하는 듯 보일 수 있지만, 냉정하게 말해 그들의 주장대로라면 **'단 한 사람도 구원받을 수 없을지도 모른다'**는 사실입니다. 왜냐하면 **"그리스도의 죽으심은 단 한 영혼의 구원도 보증하지 않기 때문"**입니다.

'보증', 그렇습니다! 보증하지 않습니다. 하나님께서는 구원을 베풀기는 하십니다. 하지만 이 베풀어진 구원을 통해서 **'책임성 있게 실제로 누군가를 구원하시는 일은' 단 한 사람에게도** 하지 않으십니다. 아르미니우스주의자들의 하나님은, 아르미니우스주의자들의 그리스도는 바로 이런 분입니다. 그리스도께서 성취하신 구원 사역은 '저기 있는 어떤 일'을 이루셨을 뿐입니다. 따라서 그것은 '한 신자에게도 구체적으로 적용되지 않을 수' 있습니다. 개개인이 거부해 버리면 그만이기 때문입니다. 아르미니우스주의에서 구원이 신자에게 구체적으로 적용되는 것은 **언제나 자기가** 구원을 가져오는 때 일어납니다.

즉 '내가 구원을 가져와야' 구원이 일어나기 때문에, 실제로 내가 이 구원을 가져오기 전까지는 그리스도께서 이루신 구원이란 허상에 불과합니다. 그리스도께서 이뤄 놓으신 일만 갖고는 아무 일도 일어나지 않습니다. 철학적으로 말해 보자면 그리스도께서 이루신 구원은 **'가능태'이기는 하지만, '현실태'는 아닙니다.** 현실태가 되게 만드는 것은 언제나 사람의 자유의지입니다. 내가 할 때에만 구원이 실현됩니다. 그리스도께서 하실 때에는 잠재적으로만 실현될 뿐 그 누구도 실제로 구원되지는 않습니다.

하나님의 의지

그러므로 제한 속죄 교리를 이해하고 받아들인다는 것은 즉시 **'하나님의 어떠하심'과 연결되어 있다**는 것을 간파해야 합니다. 결국 우리는 제한 속죄 교리라는 건조한 시스템을 배우는 것이 아니라 '하나님'을 말하고 있습니다! 우리가 제한 속죄 교리를 통해 옹호하려는 성경적 하나님은 어떤 분입니까? **'우리를 향하여 열정을 갖고 계시는 하나님'**입니다!

아르미니우스주의자들의 주장에 따르자면 하나님께서는 건조한 분입니다. 우리가 구원받건 말건 별로 관심이 없습니다. 하나님께서는 아주 무책임하셔서 단지 "내 편에서는 해야 할 일을 다했어."라고 말씀하실 뿐입니다. 실제로 사람이 죽건 말건 영벌에 처하건 말건, 하나님께는 중요한 일이 아닙니다. 인용문에도 나왔듯이, 아르미니우스주의자들의 주장대로라면 이론상으로는 **단 한 사람도 구원받지 않을 수도** 있습니다. 그러니까 하나님을 이렇게 믿는 사람들은 하나님을 얼마나 조악한 신으로 만드는 것입니까!

우리는 성경의 하나님을 사랑합니다. 그러므로 우리는 이런 이야기를 들을 때 '의분이 일어나야' 합니다. 하나님 아닌 것을 하나님이라고 하니까요! 하나님을 곡해하니까요! 우리는 아르미니우스주의의 구원론 안에서 건조하고 메마른 하나님, 사람 개개인에게는 추호의 관심도 없는 하나님을 발견하게 됩니다. 이것은 적어도 성경이 가르치고 있는 우리가 아는 하나님은 아닙니다. 그렇다면 하나님을 사랑하는 이들은 분개해야 합니다.

제한 속죄 교리 안에는 **'하나님께서 반드시 사람들을 구원하고야 마시겠다는 의지가'** 들어 있습니다. 하나님께서는 결코 건조하게 "나는 내 할 일을 다했다. 나머지는 네 일이다."라고 하지 않으십니다. 하나님께서는 우리를 사랑하셨고, 따라서 무책임하지 않으십니다.

그러기에 '모든 사람을 위한 그리스도의 죽으심'은 '아무것도 보증하지 않는 것', '아무 구원도 실제로 이행되지 않는 것', '하나님께서는 무책임하게 구원을 정하셔서 던져만 놓으신 것'이 됩니다. 하지만 하나님은 불안정한 사람에게 그 책임을 전가하지 않으시고, **처음부터 끝까지 '자기의 구원을'** 이루시는 분입니다. 하나님께서는 사람을 '실질적으로 사랑'하십니다. 로마서 8장을 보십시오.

> 사망도, 생명도, 천사들도, 권세들도, 현재 일도, 장래 일도, 높음도, 깊음도, 다른 어떤 피조물도 결코 우리를 주 예수 그리스도 안에 있는 하나님의 사랑으로부터 끊을 수 없으리라_롬 8:38-39

하나님께서는 우리를 향하여 '의지'를 가지셨습니다. 그러므로 택함받은 사람의 숫자를 정하셨고, 이들이 반드시 구원받도록 인도하십니다. 로마서 8장 30절이 이에 대해 말합니다.

> 또 미리 정하신 그들을 또한 부르시고, 부르신 그들을 또한 의롭다 하시고, 의롭다 하신 그들을 또한 영화롭게 하셨느니라_롬 8:30

숫자가 똑같지 않습니까! "미리 정하신" 그들을 "부르십니다." 곧 부름을 받은 이들은 앞서 "미리 정하신" 바로 그들입니다. "부르신" 그들을 또한 "의롭다" 하십니다. 의롭다 함을 받은 이들은 앞서 "부르신" 그들과 같은 사람들인 것입니다. "의롭다"하신 그들을 또한 "영화롭게" 하십니다. 최종에 이르기까지 '동수(同數)'입니다. 변함이 없습니다. 탈락도 없습니다. 하나님께서 원하신 자들을 부르셨고, 그 부르신 이들을 마지막까지 변함없도록 지키십니다. 여기에서 하나님의 '의지'를 우리는 발견합니다. 우리를 구원하고야 말겠다는 하나님의 의지! 하나님은 커트라인만 그어 놓고 나 몰라라 하는 무책임한 신이 아닙니다. 우리 하나님은 열정적으로 우리 개개인을 사랑하시는 분이십니다. 이것을 땅에 계실 때 주님께서 어떻게 말씀하셨습니까?

> 나를 보내신 이의 뜻은 내게 주신 자 중에 내가 **하나도 잃어버리지 아니하고** 마지막 날에 다시 살리는 이것이니라_요 6:39

하나도 잃어버리시지 않으십니다! 하나님 아버지의 뜻은 단 한 사람도 잃어버리지 않는 것입니다. 하나님의 뜻은 '모든 사람을 다 구원하는 것'은 아니셨지만, **택하신 자들 중에서는 단 한 사람도 잃어버리지 않으십니다.** 구원의 방도를 줬다고 하면서 단 한 사람도 책임지지 않고 사람의 자유의지에 맡겨 버리고 방기(放棄)하는 무책임한 아르미니우스주의의 하나님과 우리가 믿는 하나님은 얼마나 다릅니까! 이 사실을 둘째 교리 8조는 분명하게 선언하고 있습니다.

> … 그 효력을 하나님께서는 **선택된** 모든 사람('모든 사람'이 아니라 '선택된' 모든 사람

이다)에게 베푸시고, 오직 그들에게만 의롭다 함을 얻는 믿음을 주시고, 이로써 그 들이 **'확실하게'** 구원에 이르게 하시는데, 이것이 성부 하나님의 전적으로 자유로 운 작정이고, 가장 은혜로운 **뜻과 의도**였습니다.

제한 속죄의 가르침은 분명합니다. 하나님께서는 '선택된' 사람들만을 위하여 오셨습니다. 그리고 그 사실은 우리 하나님께서 우리를 위하여 얼마나 강한 의지 를 가지고 구원하시려는지를 우리에게 잘 보여 줍니다.

끝으로 "또한"

끝으로 한 가지를 덧붙이고 마무리하도록 합시다. 8조에는 **"또한"**이라는 부분이 덧붙여져 있습니다. 8조 내용은 크게 **두 개의 접속사**로 구분지어져 있는데, 앞부 분은 "성자의 지극히 고귀한 죽으심이 지닌 효력"으로 시작해서 "가장 은혜로운 뜻과 의도였습니다."까지입니다. 그리고 이 문장이 끝난 다음 "다시 말하면"이라 는 말로 둘째 부분을 시작합니다. 즉 "다시 말하면"의 부분은 앞의 내용을 다시 설명하는 것입니다. 그래서 이 둘째 부분은 사실 첫째 부분과 같은 내용을 말하 는 것입니다.

그리고 이 둘째 부분이 끝나면 **"하나님의 뜻은 또한"**이라고 셋째 부분이 시작 되는 것을 볼 수 있습니다. "또한"은 무엇을 말하고 있습니까? 둘째 부분이 "다시 말하면"이니까 첫째 부분의 반복이지만, 셋째 부분은 "또한"이니까, 여기에 무언 가를 더 덧붙이겠다는 것입니다. 그래서 이 "또한" 이하를 잘 읽어 보시면 이 내 용들은 앞서 첫째 부분과 둘째 부분에서 말했던 '하나님의 뜻', 즉 "이러저러하게 하는 것이 하나님의 뜻이었습니다."라고 말한 다음에, **"하나님의 뜻이 하나 더 있 다."**라고 하면서 추가 설명을 하는 것임을 알 수 있습니다. 이 추가 설명의 부분 은 다음과 같습니다.

그리스도께서 죽으심으로써 그들을 위하여 얻으신 믿음을 성령의 구원하시는 다 른 은사들과 더불어 그들에게 주시는 것

뒷부분을 더 읽어 보면 "죄를 씻고", "끝까지 신실하게 지켜 주시고", "티나 주름 잡힌 것이 없이 영광스럽게 그들 자신을 주님께 드리도록 하신 것"이라고 나옵니다. 즉 단지 '구원을 얻었다'의 문제뿐 아니라, **그들의 본연이 변하는 것**, 곧 깨끗해지고, 성령의 풍성하게 하심을 받고, 그래서 마지막까지 영광스런 모습으로 골인하게 되는 것, **그것까지가 하나님의 뜻이었다는 것**입니다.

신조의 이러한 덧붙임 부분은 **'신자의 삶'에 활력을** 가져다줍니다. 우리는 제한 속죄에서 단지 '구원하시려는 하나님의 의지와 뜻'만 발견하는 것이 아니라, **우리의 삶이 정결하여지고 영화로워지는 것까지를** 모두 발견하게 되는 것입니다. 신조의 작성자들인 우리 선배들은 단지 하나님께서 우리를 구원하시려는 의지를 가지셨다고 말하는 데 만족하지 않고, 덧붙여 우리가 이 세상을 살아가면서 성령님께 '믿음'과 '다른 은사들'을 받고, 그래서 정결함 가운데 살고, 신실함으로 붙들린 가운데 살고, 또 그래서 티나 주름 없이 영광스럽게 하나님께 자신을 드리는 삶을 살아가는 것까지를 "그리스도의 죽으심의 효력" 안에 포함하여 말하였습니다!

완전하신 하나님의 뜻은 어디까지 닿아 있습니까? 일차적으로는 택하심을 입은 자들이 구원에 이르는 것입니다. 하지만 그것이 끝은 아닙니다. **"또한"도 있습니다.** 우리는 '믿음'을 받고, '성령의 은사'를 받고, '죄 씻음'을 경험하고, 마지막까지 '신실하게 지켜 주시는' 은혜를 맛보고, 그래서 '마지막에 티나 주름 잡힌 것 없이 영광스럽게 우리를 주님께 드리는' 자들이 되는 것! 거기까지입니다. 이것이 하나님의 뜻이고, 우리를 택하여 구원에 이르게 하신 분의 의도입니다. 이런 가르침을 배우고도 어찌 주님을 찬송치 않을 수 있겠습니까!

제9조 : 하나님의 작정의 성취

이러한 작정은 택하신 사람들에 대한 영원한 사랑에서 비롯된 것으로서, 태초부터 지금까지 능력 있게 성취되어 왔고, 지옥의 문이 그 작정을 좌절시키려 헛되이 노력할지라도 계속해서 성취되어 갈 것입니다.ⁱ 택함을 받은 사람들은 각각 자기의 때에 하나로 합류하게 될 것이고,ⁱⁱ 그리스도의 보혈 위에 세워진 신자들의 교회는 항상 있을 것입니다.ⁱⁱⁱ 이 교회는 신랑으로서 신부를 위하여 십자가에서 자기 목숨을 내어 주신 그분을ⁱᵛ 자신의 구주로서 변함없이 사랑하고 신실하게 섬길 것이고, 지금부터 영원무궁토록 찬송할 것입니다.

i 마 16:18 또 내가 네게 이르노니 너는 베드로라 내가 이 반석 위에 내 교회를 세우리니 음부의 권세가 이기지 못하리라

ii 요 11:52 또 그 민족만 위할 뿐 아니라 흩어진 하나님의 자녀를 모아 하나가 되게 하기 위하여 죽으실 것을 미리 말함이러라

iii 왕상 19:18 그러나 내가 이스라엘 가운데에 칠천 명을 남기리니 다 바알에게 무릎을 꿇지 아니하고 다 바알에게 입맞추지 아니한 자니라

iv 엡 5:25 남편들아 아내 사랑하기를 그리스도께서 교회를 사랑하시고 그 교회를 위하여 자신을 주심 같이 하라

● **강해 본문 ① : 에베소서 4장 7-12절**

7 우리 각 사람에게 그리스도의 선물의 분량대로 은혜를 주셨나니 8 그러므로 이르기를 그가 위로 올라가실 때에 사로잡혔던 자들을 사로잡으시고 사람들에게 선물을 주셨다 하였도다 9 올라가셨다 하였은즉 땅 아래 낮은 곳으로 내리셨던 것이 아니면 무엇이냐 10 내리셨던 그가 곧 모든 하늘 위에 오르신 자니 이는 만물을 충만하게 하려 하심이라 11 그가 어떤 사람은 사도로, 어떤 사람은 선지자로, 어떤 사람은 복음 전하는 자로, 어떤 사람은 목사와 교사로 삼으셨으니 12 이는 성도를 온전하게 하여 봉사의 일을 하게 하며 그리스도의 몸을 세우려 하심이라

● **강해 본문 ② : 마태복음 16장 17-19절**

17 예수께서 대답하여 이르시되 바요나 시몬아 네가 복이 있도다 이를 네게 알게 한 이는 혈육이 아니요 하늘에 계신 내 아버지시니라 18 또 내가 네게 이르노니 너는 베드로라 내가 이 반석 위에 내 교회를 세우리니 음부의 권세가 이기지 못하리라 19 내가 천국 열쇠를 네게 주리니 네가 땅에서 무엇이든지 매면 하늘에서도 매일 것이요 네가 땅에서 무엇이든지 풀면 하늘에서도 풀리리라 하시고

하나님의 작정의 성취로서의 교회

엡 4:7-12; 마 16:17-19

도르트 신조를 배우면서 우리가 '구원'에 관하여 크게 수정해야 했던 문제 중 하나는 '나의 구원' 혹은 '우리의 구원'을 **'그분의 구원'으로** 보게 된 것입니다. 우리는 도르트 신조가 다루는 주제를 성경 말씀을 통해서 배우면서, '자기 중심성'을 깨뜨리고 '내 구원'과 '내 옆의 사람의 구원'과 또 '저기 내가 잘 모르는 우리 교회 다른 지체의 구원'들이 모두 다 제각각 개인적이고 파편적인 구원으로서 흩어져 있는 것이 아님을 배웠습니다. 오히려 그 모든 구원들을 가능하게 하신 **하나님의 단단하고도 굳은 의지**, 곧 이전 조항에서 배웠던 **구원의 확실성을 만들게 되는 그 하나님의 의지**를 보게 된 것입니다.

　바로 이 지점이 **'교회론'과 연결**되는 부분입니다. 우리 개개인의 구원이 단지 개개인의 문제가 아니라 근원적으로 '하나님의 구원하시는 의지'와 연결되어 있음을 발견할 때, 각각의 파편들이 모두 일관되는 한 지점으로 모이게 됩니다. '교회론'은 그렇게 형성되는 것입니다.

> '나의 구원'이 '그분의 구원'이기 때문에, '그분의 구원' 안에 있는 여러 '나의 구원'들이 모여 '우리의 구원'을 형성하는 것!

　이것이 바로 '교회론'입니다. 우리는 도르트 신조가 투영해 주는 **구원론의 입**

장에서 **교회를 바라보고**, 교회를 이렇게 정의해 볼 수 있습니다. 신조 9조의 단어들을 그대로 살려서 말해 보겠습니다.

> 교회란, 하나님의 택하신 사람들에 대한 영원한 사랑이, 태초부터 지금까지 능력 있게 성취되어 왔고, 지옥의 문이 그 작정을 좌절시키려고 헛되이 노력할지라도, 계속해서 그분의 뜻이 성취되어 가고 있음을 보여 주는 기관이다.

그렇습니다. 우리는 계속해서 말합니다.

> 교회가 이렇게 '누구누구의 공동체'를 넘어, 하나님께서 자신의 뜻을 이루어 가심을 역사 속에 보여 주시는 공동체이기 때문에, 택함을 받은 사람들은 각자 자기의 뜻을 따라서, 자기의 때에 교회에 합류하게 되는 것 같아 보여도, 사실은 그 모든 것이 하나님의 어떠하심이 증명되고 있는 순간이다. 이 교회가 하나님의 뜻의 실현의 기관이기 때문에, 아르미니우스주의자들의 생각처럼 '어떤 사람들이 자기 의지로 하나님의 구원을 받아들일 때에만' 교회가 존재하는 것이 아니라 교회는 '항상 있을 것'이다. 왜냐하면 교회가 땅 위에 항상 존재한다는 사실이야말로 하나님께서 언제나 살아 계셨고, 지금도 살아 계시다는 표식이기 때문이다.

이 내용은 사실 9조의 내용을 거의 그대로 읽은 것이나 다름 없습니다. 그저 9조를 '교회의 관점에서' 읽었을 뿐입니다. 이 조항에서 살필 내용이 바로 이에 대한 것입니다.

교회, 작정의 성취

신조가 교회를 '**작정의 성취**'의 관점에서 보고 있음을 주목하십시오.

"이러한 작정"

9조는 제목이 '작정의 성취'입니다. 9조는 시작을 "이러한 작정은"으로 하고 있기 때문에 이때 "이러한 작정"은 8조가 말했던 작정입니다. 8조에는 다음의 내용이 나왔습니다.

> 성부 하나님의 전적으로 자유로운 작정이고 가장 은혜로운 뜻과 의도였습니다.

그렇다면 이때의 작정이란 "성부 하나님의 전적으로 자유로운 작정"이고, 이 작정의 내용은 그 앞에 나옵니다.

> 성자의 지극히 고귀한 죽으심이 지닌 효력, 곧 생명을 주고 구원을 베푸는 그 효력을 하나님께서는 선택된 모든 사람에게 베푸시고, 오직 그들에게만 의롭다 함을 얻는 믿음을 주시고, 이로써 그들이 확실하게 구원에 이르게 하시는데…

정리하면 이렇습니다. 9조 첫머리가 말하는 "이러한 작정"이란 다음을 의미합니다.

> 택함을 받은 자들이 하나님께 나아와서 속죄의 효력을 받고 의롭다 함을 얻는 믿음을 받아 확실하게 구원을 이루는 것

구원은 작정의 성취

따라서 구원이란 바로 이 하나님의 작정의 성취입니다. 어떤 사람이 구원을 얻는다는 것은 그 사람의 개인적인 입장에서도 의미를 갖겠지만, 하나님의 입장에서 말하자면 **하나님께서 작정하신 것이 이 세계 속에서 실현되는 양상**인 것입니다.

그래서 우리는 지난 조항에서 그리스도의 속죄가 사람들에게 적용되는 것 속에서 **'하나님의 성품이 나타남'**을 배웠습니다. 우리의 구원이 확실한 이유는 하나님께서 우리의 구원을 확실히 이루시기 때문이며, 그 구원을 개개인의 사람들이

자유의지를 따라 알아서 하도록 버려두시지 않기 때문입니다. 여기에서 우리는 '하나님의 의지', 곧 '반드시 구원을 이루고야 말겠다는' 하나님의 의지를 발견합니다. 그래서 '사람의 구원'에는 '하나님의 성품'이 드러납니다. 누군가가 구원받을 때 이를 다른 각도에서 조명하면 '하나님의 작정이 성취되고 있는 것'이라는 말입니다.

그렇다면 교회

그렇다면 우리는 이 땅 위에 교회가 계속해서 존재하고, 하나님의 구원받은 백성들이 이 교회 공동체로 계속해서 모이고 있는 것을 통해서도 **동일하게 '하나님의 성품'**을 발견할 수 있습니다.

교회는 '개개인의 구원들의 집합'입니다. '각각의 하나님의 작정의 성취'가 군집된 것입니다. 따라서 우리는 교회가 유지되는 것 속에서 '하나님의 성품'이 유지되는 것을 볼 수 있습니다. 달리 말하자면 '교회가 유지되는 것'은 **'하나님의 신실하심'**을 보여 주는 것이라 할 수 있습니다. 왜냐하면 택함을 받아 구원을 얻은 이들이 모인 교회가 이 땅에 계속해서 존재한다는 것이야말로 하나님께서 지금도 여전히 자기 백성들을 위한 구원의 사역을 이루어 가고 계시다는 것, 곧 **하나님의 작정이 지금도 현실 세계 속에서 성취되고 있다는 증거**이기 때문입니다. 이렇게 우리는 교회를 '작정의 성취'라는 관점에서 볼 수 있습니다. 9조는 교회를 바로 이런 관점에서 투사합니다.

> 이러한 작정은 택하신 사람들에 대한 영원한 사랑에서 비롯된 것으로서, 태초부터 지금까지 능력 있게 성취되어 왔고, 지옥의 문이 그 작정을 좌절시키려고 헛되이 노력할지라도 계속해서 성취되어 갈 것입니다.

9조의 내용에 따르면 교회는 **"하나님의 작정이 이루어지고 있는 장(場)"**입니다. "지옥의 문이 그 작정을 좌절시키려고 헛되이 노력할지라도"는 명백하게 마태복음 16장 18절 말씀을 가리킵니다. 여기서 주님은 "내 교회"를 말씀하셨습니다.

또 내가 네게 이르노니 너는 베드로라 내가 이 반석 위에 내 교회를 세우리니 음부의 권세가 이기지 못하리라_마 16:18

"내 교회", 곧 주님의 교회는 "음부의 권세"가 이기지 못합니다. "지옥의 문"과 "음부의 권세"는 같은 말입니다("권세"에 사용된 헬라어 '퓔레'는 '문'이라는 의미이다). 즉 신조는 교회를 설명할 때 "하나님의 작정이 계속해서 성취되어 간다."라는 관점에서 말한 것입니다. 지옥의 문이 교회를 훼방하는 것을 "지옥의 문이 그 작정을 좌절시키려고 헛되이 노력할지라도"라고 말합니다. 교회와 작정이 같은 방식으로 언급됩니다. 다음 부분도 마찬가지입니다.

택함을 받은 사람들은 각각 자기의 때에 하나로 합류하게 될 것이고 그리스도의 보혈 위에 세워진 신자들의 교회는 항상 있을 것입니다.

어떤 사람이 택함을 받고 구원을 얻어 교회로 들어오게 되는 것을 신조는 '하나님의 작정이 성취되고 있다'는 관점에서 이해합니다. 사람이 교회에 들어오는 일은 "택함을 받은 사람의 합류"이고, 따라서 "그리스도의 보혈 위에 세워진 신자들의 교회는 항상 있을 것"입니다. 이유가 뭘까요? 하나님의 작정이 실패하지 않을 것이기 때문입니다. 교회의 존재, 교회의 존립 여부는 교회 자체에 달려 있지 않고 하나님께 달려 있습니다.

하이델베르크 교리문답에서

신조의 이러한 관점, 곧 교회를 '하나님의 작정의 성취의 관점'에서 보는 것은 비단 신조만의 관점이 아닙니다. 우리는 하이델베르크 교리문답이 교회를 '인간들의 모임' 정도가 아닌, 전혀 다른 관점에서 조망하고 있음을 잘 알고 있습니다. 하이델베르크 교리문답 제54문답은 '거룩한 보편적 교회'를 묻지만, 대답은 "하나님의 아들이 행하시는 일"입니다. 내용을 보십시오.

제54문 : '거룩한 보편적 교회'에 관하여 당신은 무엇을 믿습니까?

답 : 나는 **하나님의 아들**이 세상의 처음부터 마지막 날까지 모든 인류 가운데서 영생을 위하여 선택하신 교회를 참된 믿음으로 하나가 되도록 그의 말씀과 성령으로 자신을 위하여 ① **불러 모으고**, ② **보호하고**, ③ **보존하심**을 믿습니다(숫자는 필자가 임의로 붙인 것임). 나도 지금 이 교회의 살아 있는 지체이며 영원히 그러할 것을 믿습니다.

하이델베르크 교리문답은 "**교회가** 무엇이냐?"라고 물은 다음에 "**하나님의 아들의 사역**"을 말합니다. 주어는 "하나님의 아들이"이고, 사역은 "불러 모으고", "보호하고", "보존하심"입니다. 분명히 "교회"를 묻는데 주어를 "교회는"이라고 시작하지 않습니다. "거룩한 보편적 교회"에 대하여 물었는데, "하나님의 아들이"라고 대답합니다.

이 사실이 보여 주는 바는 분명합니다. 하이델베르크 교리문답은 '**교회**'를 '**하나님의 아들의 사역**'으로 보고 있다는 것입니다. 교회를 '사람들의 모임', 심지어는 '믿는 자들의 집단' 정도가 아니라 '하나님의 아들의 사역의 결과물'이라고 보고 있다는 것입니다. 교회란 "하나님의 아들이 불러 모으고, 보호하고, 보존하신 결과물"입니다. 그러면 이렇게 질문하고 대답할 수 있지 않습니까?

> 왜 교회가 존재합니까?
> 왜 교회라는 존재가 항구적으로 있습니까?
> 왜 교회는 지속됩니까?

이 질문에 대한 답이, 추호라도 '**모인 집단으로서의 교회**' 자체에 있다면, 그 교회 존재의 여하가 우리에게 달린 것일 텐데, 하이델베르크 교리문답이 교회를 "하나님의 아들의 사역"이라고 말하고 있기 때문에 답이 분명합니다.

> 하나님의 아드님께서 이 교회를 불러 모으고, 보호하고, 보존하시기 때문입니다.

선명한 대답입니다. 도르트 신조가 같은 입장을 갖고 있지 않습니까? 주체를 약간 다르게 말했을 뿐입니다. 도르트 신조 둘째 교리 9조는 교회를 "하나님의 작정의 성취"라고 말했습니다. 그러면 똑같이 대답할 수 있지 않습니까? 교회는 어떻게 보존됩니까? 교회는 어떻게 지속됩니까? 왜 교회는 시간이 흘러도 그대로 존재합니까?

> 교회가 하나님의 작정의 성취이기 때문입니다.
> 하나님의 작정이 실패하지 않으시므로, 교회가 사라지는 일은 없습니다.
> 작정은 '실현'될 것이기 때문입니다.

제가 현대의 목회를 보면서, 교회 성장 운동을 보면서 가장 안타깝게 생각하는 것이 이 부분입니다. 이들은 교회를 '사람들의 모임'이라고 생각합니다. 그래서 '어떻게 하면', '무엇을 건드리면' 사람들이 자극을 받고 반응을 할까를 연구합니다. 그래서 사람들이 반응하는 지점을 연구하고, 여론 조사나 설문 조사를 하고, 취향에 맞는 벽지를 고르고, 조명의 색깔을 선택하면서 교회를 유지시키고 성장시키려고 합니다.

이 모든 것이 틀렸습니다. 교회는 '인간 집단'이 아닙니다. 우리 선배들은 이것을 잘 알았습니다. 그래서 하이델베르크 교리문답은 교회를 "하나님의 아들의 사역"으로, 도르트 신조는 교회를 "하나님의 작정의 성취"로 말한 것입니다. 이것을 이해하면, 저런 작태는 더 이상 지속할 수 없을 텐데 말입니다.

에베소서에서

에베소서는 교회를 무엇이라고 말합니까?

> 교회는 그의 몸이니 만물 안에서 만물을 충만하게 하시는 이의 충만함이니라_엡 1:23

에베소서의 교회는 머리 되신 분의 구현으로서의 몸이면서, "만물을 충만케 하시는 분"의 "충만함"입니다.

더불어 에베소서 4장을 보십시오. 8절은 예수 그리스도께서 죽으심과 부활의 일들을 다 이루시고 하늘로 올라가실 때, "사탄의 권세를 속박하시고 사람들에게 선물을 주셨다."라고 말합니다. 그리고 10절에 다시 에베소서 1장의 그 "충만"이 나옵니다.

> 내리셨던 그가 곧 모든 하늘 위에 오르신 자니 이는 **만물을 충만케** 하려 하심이라_ 엡 4:10

에베소서 1장의 교회는 "만물의 충만"입니다. 그리고 4장에서 그리스도께서는 하늘 위에 오르심으로써 "만물을 충만케 하려" 하셨습니다. 그렇다면 4장에서 예수님께서 이렇게 만물을 충만케 하시기 위하여 하신 일이 무엇입니까? "선물을 주심"입니다. 누구에게요? 교회에게 주셨습니다. 11절과 12절에 이 내용이 나옵니다. 10절과 붙여 읽어 보십시오.

> 내리셨던 그가 곧 모든 하늘 위에 오르신 자니 이는 만물을 충만하게 하려 하심이라 그가 어떤 사람은 사도로, 어떤 사람은 선지자로, 어떤 사람은 복음 전하는 자로, 어떤 사람은 목사와 교사로 삼으셨으니 이는 성도를 온전하게 하여 봉사의 일을 하게 하며 그리스도의 몸을 세우려 하심이라_ 엡 4:10-12

에베소서 4장에서도 그리스도께서 만물을 충만케 하시기 위하여 하신 일은 **'교회'와 관련**되어 있습니다. 정확하게는 **교회에 직분을 선물로 주셨습니다.** 즉 1장의 일, 곧 "만물을 충만케"가 4장에서 교회 안에 이루어지고 있는 것을 그리고 있습니다.

주님께서 승천하여 올라가시면서 교회를 세울 직분자들을 땅에 선물로 주신 것을 두고, 또 그들의 사역을 통해서 "성도를 온전케", "봉사의 일을" 하게 되는 것을 두고, 에베소서는 **"만물의 충만"**이라고 했습니다. 에베소서가 보여 주는 내용은 무엇입니까? 그리스도의 사역은 무엇입니까? 교회는 무엇인가요? 적어도 하나님께서 보시기에 **"만물의 충만"**이란, 이렇게 '교회를 통해서' 이루어지는 일인 것입니다. 종합해 보면 다음과 같습니다.

> 교회야말로 "하나님의 작정의 성취"(도르트 신조)이고 "그리스도의 사역의 결과물"(하이델베르크 교리문답)이며 "만물의 충만"(에베소서)입니다.

우리는 이 신조들과 교리문답, 성경의 내용을 통해 분명히 배우게 됩니다. 교회는 그저 '사람들의 집단'이 아니라 하나님의 어떠하심이 땅에 구현되는 공동체입니다.

공격받는 교회, 그러나 "내 교회"

공격받는 교회

그런데 이 교회는 '공격'을 받습니다.

> 태초부터 지금까지 능력 있게 성취되어 왔고, 지옥의 문이 그 작정을 좌절시키려고 헛되이 노력할지라도 계속해서 성취되어 갈 것입니다

이 문장은 앞 문장과 연계해서 읽어야 합니다.

> 택함을 받은 사람들은 각각 자기의 때에 하나로 합류하게 될 것이고, 그리스도의 보혈 위에 세워진 신자들의 교회는 항상 있을 것입니다.

앞 문장의 "항상 있을 것입니다."와 뒷 문장을 붙여서 읽으십시오. 그러면 이렇게 묻고 답할 수 있게 됩니다.

> 교회는 왜 항상 있습니까?
> 지옥의 문이 좌절시키려고 하더라도 하나님의 작정이 반드시 성취될 것이기 때문입니다.

정리하면 이렇게 됩니다.

> 교회는 공격당할 것이다.
> 하지만 교회는 항상 있을 것이다.
> 왜냐하면 교회 자체가 뛰어나서가 아니라, 교회가 하나님의 작정의 성취이기 때문에 그렇다. 하나님의 작정은 반드시 성취되므로, 교회는 사라지지 않는다.
> **"지옥의 문이 그 작정을 좌절시키려고 헛되이 노력할지라도 계속해서 성취되어 갈 것이다."**

우리는 신조의 이 내용을 통해서 교회가 아무런 어려움 없이 나아가게 되지 않을 것임을 봅니다. 교회는 '공격'당할 것입니다. 달리 말해 볼까요? 하나님의 작정의 성취는 공격당할 것입니다.

그러나 "내 교회"

하지만 공격당하는 교회, 공격당하는 하나님의 작정의 성취는 좌절되지 않습니다. 여기서 고백했듯이 "지옥의 문이 공격하더라도 이기지 못할 것이기 때문"입니다. 앞서 살폈던 마태복음 16장의 직접적 인용입니다.

> 또 내가 네게 이르노니 너는 베드로라 내가 이 반석 위에 내 교회를 세우리니 음부의 권세가 이기지 못하리라_마16:18

여기에서 우리는 이 두 가지 사실을 동시에 발견합니다. 교회는 **'공격'받으나**

'지지 않을 것'입니다. 그리고 교회가 지지 않는 가장 중요한 이유는 이 교회가 "내 교회", 곧 **주님의 교회이기 때문**입니다.

그렇습니다. 교회가 공격당할 때 무너지지 않는 핵심적인 이유는 '우리에게' 있지 않습니다. 바로 '주님께' 있습니다. **"음부의 권세가 이기지 못하리라"는 "내 교회를 세우리니"에 기초합니다.** 교회가 어떤 이들의 생각처럼 '사람들의 모의'를 통해 구성된 집단이라면 "음부의 권세"에 이기지 못할 것입니다. 왜냐하면 사탄의 세력은 언제나 사람에게 이길 뿐 아니라, 심지어 사람은 '사탄의 편'이기도 하기 때문입니다. 그렇다면 인간적인 방편들에 의존한 교회들은 사탄의 공격에 맥없이 무너질 것입니다. 실제로 우리는 무너져 있는 수많은 교회들을 봅니다. 단지 사람이 줄어서 무너지는 것이 아니라 세속주의 등에 속절없이 당하여 간판만 교회인 수많은 단체들이 있음을 봅시다.

하지만 "내 교회", 곧 주님의 교회는 음부의 권세, 지옥의 문에 지지 않습니다. 교회가 '사람들의 모의'를 통해 구성된 집단이 아니라 그리스도께서 통치하시는 곳임을 잘 알고 있기 때문입니다. **교회는 지옥의 문을 뚫는 공동체**입니다. 어떻게요? 우리의 창이 강하고 날카로워서가 아닙니다. 그리스도께서 이 교회의 머리이시고, 하나님의 작정은 반드시 성취되기 때문입니다.

사탄이 교회를 어떤 방식으로 공격할까?

그러면 현실적으로 '지옥의 문'은 **어떤 방식으로 교회를 장악하려고** 할까요? 또 그렇다면 교회는 어떻게 이것을 이겨야 할까요?

여러분은 어떻게 보십니까? 21세기 한국 땅에 있는 교회들이 과연 '지옥의 문으로부터 위협을' 받고 있는 것처럼 보입니까? 별로 그렇지 않은 것 같습니다. 비록 최근에 와서는 상승세가 많이 꺾여서 성장이 둔화되었다고는 하지만, 여전히 교회의 위세는 대단합니다. 지금도 구글 지도에서 '교회'라고 검색하면, 서울/경기권에서는 여전히 치킨집보다 교회의 숫자가 더 많습니다. 아무리 교회가 불경기라고 해도, 지금도 여전히 대형 교회들은 매주일 수억에서 수십억 원의 헌금을 걷어 들입니다. "중소기업 하나가 1년 매출이 얼마인데…"라는 식으로 생각하면 교회는 재료 투입 하나 없이, 들어가는 인건비도 별로 없는데, 엄청난 금액을 벌어들이는 희한한 장소입니다. 그런데 교회가 무슨 대단한 위협이 있습니까? 교회가 이토록 대단한 위세를 가지고 있는데 여기 '지옥 문의 위협'이 어디에 있습니까?

이것들이 바로 **'지옥 문의 공격'임을** 명심합시다. 교회가 돈이 없어 망한 적은 한 번도 없습니다. 하지만 돈이 많으면 언제나 망했습니다. 교회가 권력이 없어 망한 적은 한 번도 없습니다. 하지만 권력을 가지면 언제나 망했습니다. 교회를 위협하는 사탄의 칼날은 어떤 것입니까? 불신자들이 생각하는 두려움들입니까? 아니, 정반대의 것입니다. 우리가 두려워하는 사탄의 지옥 문들은 교회가 가난하고 궁핍해지거나, 세상에 영향력을 미칠 수 있는 권력을 갖고 있지 않음이 아닙니다. **오히려** 교회는 가장 가난할 때 가장 강력했고, 세상의 권세와 가장 멀 때 가장 호화로웠습니다. 정반대로 교회는 **세상의 부와 권력을 쥘 때 가장 지옥에 근접**했습니다. 이 사실을 잊지 말아야 합니다.

교회가 여전히 '지옥의 문'에 지지 않는 "내 교회"로 서 있으려면 거기 주님의 주권이 있어야 합니다. '사람의 어떠함'이 장악한 교회 말고, 이 교회가 하나님의 작정의 성취이며, 그리스도의 사역의 결과물인 것을 진실로 잘 깨닫고 있는 회중이 있는 교회가 되어야 하는 것입니다. 우리는 교회로서 바로 이런 사명을 받았습니다.

오류를 배격함

오류 1

성부 하나님께서 자기 아들을 십자가의 죽음에 내어 주셨으나, 어떤 특정 사람들을 구원하시려는 특별하고 확정적인 작정 가운데 하신 것은 아니다. 설사 그리스도께서 획득하신 구속이 실제로 아무에게도 적용되지 않았다고 하더라도, 그가 죽으심으로써 얻으신 그것은 필요하고 유익하며 가치가 있었을 것이고, 또한 모든 면에서 여전히 완전하고 완벽하며 변함없을 것이다.

반박 그러한 주장은 성부의 지혜와 예수 그리스도의 공효를 모욕하는 것이며, 성경과 충돌되는 것입니다. 왜냐하면 우리 구주께서는 이렇게 말씀하셨기 때문입니다. "나는 양을 위하여 목숨을 버리노라 … 나는 그들을 알며"(요 10:15, 27). 또한 이사야 선지자도 구세주에 관하여 이렇게 말하였습니다. "그의 영혼을 속건제물로 드리기에 이르면 그가 씨를 보게 되며 그의 날은 길 것이요 또 그의 손으로 여호와께서 기뻐하시는 뜻을 성취하리로다"(사 53:10). 결국 이러한 오류는 보편적 기독교회가 고백하는 신앙의 조항과 상충됩니다.

오류 2

그리스도의 죽으심의 목적은 그분의 보혈로 은혜의 새 언약을 실제로 확정하는 것이 아니라, 다만 은혜 언약이든 행위 언약이든 사람들과 다시 한번 언약의 관계에 들어갈 권리를 성부를 위하여 얻기 위함이었다.

반박 그러한 주장은 성경과 크게 어긋납니다. 성경에서는 그리스도께서 더 나은 언약, 곧 새 언약의 보증과 중보자가 되셨다고 가르치고, 유언은 그 유언을 한 사람이 죽은 후에야 효력이 있다고 가르칩니다(히 7:22; 9:15, 17).

오류 3

그리스도의 속상(贖償)이 실제적인 공효(功效)로서 누군가의 구원 그 자체에, 혹은 이 속상을 자신의 소유로 삼는 방편인 믿음에 작용하는 것은 아니다. 다만 그분은 성부께서 사람들과 새롭게 상대하시거나 혹은 원하시는 새로운 조건을 규정할 수 있는 근거나 온전한 뜻을 얻으셨다. 하지만 그 조건들을 충족시키는 일은 사람의 자유의지에 달려 있다. 따라서 아무도 그 조건들을 충족시키지 못할 수도 있고, 반대로 모든 사람이 충족시킬 수도 있는 것이다.

반박 이러한 오류를 가르치는 사람은 그리스도의 죽으심을 멸시하는 자이며, 그 죽으심의 가장 중요한 열매 혹은 유익을 전혀 인정하지 않는 자입니다. 그는 펠라기우스의 오류를 지옥에서 다시 꺼내 오는 자입니다.

오류 4

성부 하나님께서 그리스도의 죽으심을 중보로 삼아 사람과 맺으신 은혜의 새 언약은, 그리스도의 공로를 받아들이는 사람마다 믿음으로 하나님 앞에서 의롭다 함을 얻고 구원을 얻는다는 것에 있지 않다. 그보다는 하나님께서 율법에 대한 완전한 순종의 요구를 폐하시고 비록 불완전하더라도 우리의 믿음 자체와 믿음의 순종을 율법에 대한 완전한 순종으로 여겨 주셨다는 데 있다. 하나님께서는 은혜롭게도 그것을 영생의 상을 주시는 데 합당하게 여겨 주셨다.

반박 그러한 주장은 성경과 상충됩니다. "그리스도 예수 안에 있는 속량으로 말미암아 하나님의 은혜로 값 없이 의롭다 하심을 얻은 자 되었느니라 이 예수를 하나님이 그의 피로써 믿음으로 말미암는 화목제물로 세우셨으니 이는 하나님께서 길이 참으시는 중에 전에 지은 죄를 간과하심으로 자기의 의로우심을 나타내려 하심이니"(롬 3:24-25). 따라서 그러한 오류를 가르치는 자는 불경건한 소키누스(Socinus)처럼 사람이 하나님 앞에서 의롭게 되는 교리를 전혀 새롭고 이상한 방식으로 선포하는 것이며, 만대의 교회가 한 목소리로 고백하는 내용을 거스르는 것입니다.

오류 5

모든 사람이 하나님과의 화목한 상태와 은혜 언약에 받아들여졌으므로 아무도 원죄 때문에 정죄를 받을 처지에 있지 않고, 그런 일은 장래에도 없을 것이다. 모든 사람이 원죄의 죄책에서 해방되었다.

반박

그러한 견해는 성경과 상충됩니다. 성경은 우리가 "본질상 진노의 자녀"라고 가르칩니다(엡 2:3).

오류 6

하나님께서는 그리스도의 죽으심으로 얻으신 유익을 모든 사람에게 똑같이 베풀고자 하셨지만, 실상을 보면 어떤 사람은 사죄와 영생을 받고 또 어떤 사람은 받지 못하고 있다. 이러한 구별이 생기는 것은 차별 없이 주시는 은혜에 참여하려는 그들의 자유의지에 따라 생기는 것이지, 어떤 이로 하여금 다른 이들과는 달리 이 은혜를 자신들에게 적용하도록 강력하게 역사하는 특별한 자비의 선물 때문에 생기는 것이 아니다.

반박

그러한 주장을 가르치는 자는 구원의 획득과 구원의 적용 사이의 구분을 잘못 사용함으로써, 분별력이 부족하고 미숙한 사람들의 생각을 혼란스럽게 만들고 있습니다. 이는 건전한 의미에서 그 차이점을 제시하는 것처럼 보이지만, 사람들의 생각에 펠라기우스의 치명적인 독소를 주입시키려고 하는 것입니다.

오류 7

그리스도께서는 하나님께서 지극히 사랑하시고 영생을 위해 택하신 사람들을 위하여 죽으실 수도 없었고, 그러실 필요도 없었으며, 실제로 그들을 위하여 죽으신 것도 아니다. 사실 이 사람들에게는 그리스도의 죽으심이 필요하지 않기 때문이다.

반박

그러한 주장은 사도의 교훈과 정면으로 반대되는 것입니다. "내가 육체 가운데 사는 것은 나를 사랑하사 나를 위하여 자기 자신을 버리신 하나님의 아들을 믿는 믿음 안에서 사는 것이라"(갈 2:20). "누가 능히 하나님께서 택하신 자들을 고발하리요 의롭다 하신 이는 하나님이시니 누가 정죄하리요 죽으실 뿐 아니라 다시 살아나신 이는 그리스도 예수시니 그는 하나님 우편에 계신 자요 우리를 위하여 간구하시는 자시니라"(롬 8:33-34). 또한 주님께서도 이렇게 말씀하셨습니다. "나는 양을 위하여 목숨을 버리노라"(요 10:15). "내 계명은 곧 내가 너희를 사랑한 것 같이 너희도 서로 사랑하라 하는 이것이니라 사람이 친구를 위하여 자기 목숨을 버리면 이보다 더 큰 사랑이 없나니"(요 15:12-13).

3,4

인간의 타락,
하나님께 돌이키는 것과
그 일이 일어나는
방식에 관하여

셋째와 넷째 교리 :
인간의 타락, 하나님께 돌이키는 것과 그 일이 일어나는 방식에 관하여

제1조 : 타락이 사람의 본성에 끼친 영향

사람은 원래 하나님의 형상으로 창조되었습니다.[i] 그의 지성은 자신의 창조주와 모든 신령한 것들에 관한 참되고 온전한 지식을 구비하고 있었습니다. 그의 의지와 마음은 올바르고 그의 정서는 모두 순수했으며, 따라서 사람은 온전히 거룩했습니다.

그러나 사람은 사탄의 유혹을 받아 자신의 자유의지로 하나님께 반역하였기 때문에,[ii] 그토록 뛰어난 선물들을 상실하게 되었고 그 대신에 다음과 같은 결과들을 초래하게 되었습니다. 곧 사람의 지성은 눈이 멀게 되고 끔찍한 암흑에 사로잡히게 되었으며, 공허하게 되었고, 판단이 왜곡되기에 이르렀으며, 그의 의지와 마음에는 악의와 반역과 완고함이 생겨났고, 그의 모든 정서는 불순해졌습니다.[iii]

i 창 1:26-27 하나님이 이르시되 우리의 형상을 따라 우리의 모양대로 우리가 사람을 만들고 그들로 바다의 물고 기와 하늘의 새와 가축과 온 땅과 땅에 기는 모든 것을 다스리게 하자 하시고 하나님이 자기 형상 곧 하나님의 형상대로 사람을 창조하시되 남자와 여자를 창조하시고

ii 창 3:1-7 그런데 뱀은 여호와 하나님이 지으신 들짐승 중에 가장 간교하니라 뱀이 여자에게 물어 이르되 하나님 이 참으로 너희에게 동산 모든 나무의 열매를 먹지 말라 하시더냐 여자가 뱀에게 말하되 동산 나무의 열매를 우 리가 먹을 수 있으나 동산 중앙에 있는 나무의 열매는 하나님의 말씀에 너희는 먹지도 말고 만지지도 말라 너희 가 죽을까 하노라 하셨느니라 뱀이 여자에게 이르되 너희가 결코 죽지 아니하리라 너희가 그것을 먹는 날에는 너희 눈이 밝아져 하나님과 같이 되어 선악을 알 줄 하나님이 아심이니라 여자가 그 나무를 본즉 먹음직도 하고 보암직도 하고 지혜롭게 할 만큼 탐스럽기도 한 나무인지라 여자가 그 열매를 따먹고 자기와 함께 있는 남편에 게도 주매 그도 먹은지라 이에 그들의 눈이 밝아져 자기들이 벗은 줄을 알고 무화과나무 잎을 엮어 치마로 삼았 더라

iii 엡 4:17-19 그러므로 내가 이것을 말하며 주 안에서 증언하노니 이제부터 너희는 이방인이 그 마음의 허망한 것 으로 행함 같이 행하지 말라 그들의 총명이 어두워지고 그들 가운데 있는 무지함과 그들의 마음이 굳어짐으로 말미암아 하나님의 생명에서 떠나 있도다 그들이 감각 없는 자가 되어 자신을 방탕에 방임하여 모든 더러운 것 을 욕심으로 행하되

● 강해 본문 : 로마서 3장 9-24절

9 그러면 어떠하냐 우리는 나으냐 결코 아니라 유대인이나 헬라인이나 다 죄 아래에 있다고 우리가 이미 선언하였느니라 10 기록된 바 의인은 없나니 하나도 없으며 11 깨닫는 자도 없고 하나님을 찾는 자도 없고 12 다 치우쳐 함께 무익하게 되고 선을 행하는 자는 없나니 하나도 없도다 13 그들의 목구 멍은 열린 무덤이요 그 혀로는 속임을 일삼으며 그 입술에는 독사의 독이 있고 14 그 입에는 저주와 악독이 가득하고 15 그 발은 피 흘리는 데 빠른지라 16 파멸과 고생이 그 길에 있어 17 평강의 길을 알지 못하였고 18 그들의 눈 앞에 하나님을 두려워함이 없느니라 함과 같으니라 19 우리가 알거니와 무릇 율법이 말하는 바는 율법 아래에 있는 자들에게 말하는 것이니 이는 모든 입을 막고 온 세상으 로 하나님의 심판 아래에 있게 하려 함이라 20 그러므로 율법의 행위로 그의 앞에 의롭다 하심을 얻

을 육체가 없나니 율법으로는 죄를 깨달음이니라 21 이제는 율법 외에 하나님의 한 의가 나타났으니 율법과 선지자들에게 증거를 받은 것이라 22 곧 예수 그리스도를 믿음으로 말미암아 모든 믿는 자에게 미치는 하나님의 의니 차별이 없느니라 23 모든 사람이 죄를 범하였으매 하나님의 영광에 이르지 못하더니 24 그리스도 예수 안에 있는 속량으로 말미암아 하나님의 은혜로 값 없이 의롭다 하심을 얻은 자 되었느니라

전적 타락, 완전한 파괴

롬 3:9-24

셋째와 넷째 교리

도르트 신조는 첫째 교리와 둘째 교리, 그리고 다섯째 교리는 따로 한 항목씩 되어 있지만, 셋째 교리와 넷째 교리만큼은 둘이 묶여 "셋째와 넷째 교리"로 되어 있습니다. 왜 셋째와 넷째 교리만 이렇게 한데 묶여 있을까요? 이유를 한마디로 대답하자면, '항론파의 다섯 가지 항론의 주제들' 중 셋째 주장만은 그 자체로서는 크게 문제가 없기 때문입니다.

그러나 그들의 셋째 주장이 오류가 없는 괜찮은 주장이라는 뜻은 아닙니다. 단지 셋째 주장 그 자체만을 놓고 보면 의미가 분명히 드러나지 않게 때문에 그럴듯하게 '보일 뿐'이라는 뜻입니다. 그래서 우리 선배들은 셋째 주장과 넷째 주장을 한꺼번에 묶어 다루어서 그 의미가 분명하게 드러나도록 하였습니다. 그러면 항론파들의 셋째 주장을 먼저 살펴보겠습니다.

> 사람은 참으로 선한 것을 제 스스로 조금이라도 생각하거나 의도하거나 행할 수 없을 정도로 배교하고 죄악 된 상태에 처하여 있으므로 **스스로 자유의지의 힘을 발휘해서 구원의 은혜를 얻을 수 없다.** 그 사람이 그리스도 안에서 그분의 성령을

통해 하나님께로부터 새롭게 태어나는 것이 필요하고, 또한 진실로 선한 것을 바르게 이해하고 숙고하고 의도하고 완수하려면, 그 사람의 이해력과 성향과 의지와 능력이 모두 새로워질 필요가 있다. 이것은 그리스도께서 요한복음 15:5에서 "나를 떠나서는 너희가 아무것도 할 수 없음이라" 하고 말씀하신 것과 같다.

항론파의 셋째 주장은 '죄와 부패에 관한 고백'인데, 이 자체로는 아무런 문제가 없어 보입니다. 아르미니우스주의자들 역시 "사람이 자기 스스로는 자유의지의 힘을 발휘하여 구원의 은혜를 얻을 수 없다."라는 점을 인정합니다. 자유의지를 통하여 구원을 얻는 것이 아니라 성령을 통해 새롭게 태어나야 하고, 심지어는 그 사람의 이해력과 성향과 의지와 능력이 모두 새로워질 필요가 있다고 말합니다. 성경 구절까지 인용해 놓았는데, 여기까지만 보자면 개혁파 신앙고백의 한 부분이라고 해도 별로 의심이 들지 않을 정도의 내용입니다.

하지만 실제 의미 : 전적 부패에 관하여

셋째 주장과 넷째 주장을 함께 읽을 때 드러나는 것: 인간은 완전히 부패하지 않았다

그런데 문제는 **이들의 셋째 주장의 의미가 개혁파가 생각하는 것과는 다르다는 점**입니다. 이 점 때문에 이들의 진의를 파악하기 위해서는 넷째 주장과 함께 읽어야 할 필요가 생깁니다. 그렇다면 연이어 넷째 주장을 보겠습니다.

하나님의 이 은혜는 모든 선의 시초이자 연속이며 완성이고, 심지어 중생한 사람이라도 선행하고 돕고 깨우치고 계속되고 협력하는 은혜가 없이 자기 스스로는 선을 생각하거나 의도하거나 행할 수 없고 악의 유혹을 이길 수도 없을 정도다. 따라서 우리가 떠올려 볼 수 있는 모든 선한 행위와 활동은 그리스도 안에서 하나님의 은혜에 돌려야 한다. **그러나 이 은혜가 거부될 수 없는 방식으로 작용하는 것은 아니다.** 이는 많은 사람이 성령을 거슬러서 행한 것에 대한 기록이 사도행전 7:51을 비롯한 성경 여러 곳에 나오는 것과 같다.

셋째 주장은 '사람의 죄와 부패'에 관한 내용이며 넷째 주장은 이 죄와 부패에 관한 '하나님의 은혜'를 다루고 있음을 알 수 있습니다. 그런데 아르미니우스주의자들의 셋째 주장에서는 사람이 **하나님의 은혜가 없으면 자기 스스로는 구원의 은혜를 얻을 수 없다**고 올바로 고백한 것처럼 보였습니다. 그런데 넷째 주장에 오면 이 은혜를 말할 때 "모든 선한 행위와 활동은 그리스도 안에서 하나님의 은혜에 돌려야 한다."라고 하면서도, 동시에 "그러나 이 은혜가 **거부될 수 없는 방식으로 작용하는 것은 아니다.**"라고 말합니다. 말하자면 모든 은혜를 하나님으로부터 오는 것은 맞지만 이 은혜를 사람 편에서 거부할 수도 있다는 것입니다.

'죄와 부패'를 말하는 셋째 주장에서는 얼핏 보면 사람이 **완전히 부패해 있다는 것**을 인정하는 것 같습니다. 인간이 자기의 능력으로는 구원을 얻을 수 없고 오직 하나님과 그리스도의 은혜가 있어야 구원이 이루어질 수 있다고 말하고 있으니 말입니다. 하지만 넷째 주장, 은혜에 관한 교리와 함께 읽어 보면 사실상 하나님의 은혜를 "거부할 수 있다"라고 말함으로써 **실제로는 셋째 주장에서 자신들이 죄와 부패에 관하여 고백한 것이 완전한 부패는 아니라고 말하고 있는 것입니다.** 완전한 부패라면 '거역' 자체가 불가능할 테니 말입니다.

왜 이렇게 말할까요? 이들이 넷째 주장에서 "하나님의 은혜는 거부될 수 있다."라고 굳이 말해야 할 이유는 무엇이었을까요? 이 또한 아르미니우스주의자들이 결코 포기할 수 없는 '**인간의 자유의지**' 때문입니다.

그렇습니다. "하나님의 은혜는 거부될 수 있다."라는 것은 자유의지가 모든 것 위에 있다고 믿는 아르미니우스주의자들에게는 당연한 것입니다. '자유의지'가 최종 결정을 해야지 하나님 편에서 모조리 다 해버리면 안 되기 때문에, 이 구원이 비록 '은혜'로 말미암은 것이라고 해도, 이 은혜는 '완전한 부패 중에 있어 불가항력적으로 받을 수밖에 없는 은혜'가 되면 안 됩니다. 이 은혜는 반드시 '저항이 가능해야' 합니다. 그렇다면 사실 그들이 말하는 "부패"는 "완전한 부패"가 아닙니다. 어딘가가 살아 있는 것입니다!

적어도 은혜를 선택하려면 자기 속에 '은혜를 선택할 수 있는 무엇이라도' 선한 것이 있어야 합니다. 만약 전적으로 타락했고, 전적으로 죽어 있고, 시체와 같은 것이 인간의 본성이라면 그런 인간으로서는 도대체 무엇을 '선택'할 수 있으며 은혜에 대해서 어떻게 '반응'할 수 있겠습니까? 따라서 아르미니우스주의에서 인간은 필연적으로 어딘가가 살아 있습니다!

아르미니우스주의자들이 결코 받아들일 수 없는 것은 '인간의 완전한 부패', 곧 **'의지의 영역까지도 포함하는'** 인간의 완전한 부패입니다. 이들에게 있어 의지는 결코 타락한 영역이 아닙니다. 아르미니우스주의자들에게는 **'자유의지의 타락' 같은 것은 존재하지 않습니다**. '제아무리 인간이 타락했다고 할지라도 하나님의 은혜가 주어질 때 그것이 은혜인지 아닌지 정도는 알고 그 은혜를 향하여 고개 정도는 돌릴 수가 있어야 은혜가 비로소 효력 있게 작용되는 것이 아닌가?' 그것이 아르미니우스주의자들의 생각이었습니다.

전적으로 타락했으니 전적으로 은혜가 필요하다

우리 믿음의 선배들은 성경을 따라 인간이 '완전하게' 타락했음을 고백했습니다. 이를 다음과 같이 정리해 봅시다.

> 우리가 만약 부분적으로 타락했다면 부분적 은혜(거절할 수도 있는 은혜)가 필요했겠지만, 우리는 전적으로 타락했기 때문에 전적인 은혜가 필요하다.

그렇습니다. 셋째와 넷째 교리의 핵심은 서로 연결되어 있습니다. 그래서 우리 선배들은 항론파의 주장을 다룰 때 다른 장들은 각각 한 장씩 다루었지만 셋째 교리와 넷째 교리는 한꺼번에 다루어야 한다는 것을 알아챘습니다. 이것을 한마디로 표현해 볼까요?

> 우리의 죄인 됨을 인정하는 것이 곧 하나님의 은혜의 필요를 인정하는 것이다.

그렇습니다. 이 사실이 중요합니다. 죄인 됨을 고백한다는 것이 곧 하나님의 은혜가 필요하다는 의미입니다. 우리 신앙의 선배들은, 아르미니우스주의자들처럼 "거절할 수 있는 은혜", 즉 전적이지 않고 부분적인 은혜를 말하는 것은 우리가 전적이지 않고 **부분적으로 타락했다고 고백하고 있는 것임을** 즉시 알아챘습니다. 그래서 성경을 살펴 도리어 정반대로 이렇게 고백했습니다.

> 우리에게는 전적인 은혜가 필요하다! 우리에게는 전혀 저항할 수 없는 전적인 은혜가 필요하다! 왜냐하면 우리는 완전히 타락하여 아무것도 우리에게서 나올 수 없을 뿐 아니라 아무것도 판단할 수 없기 때문이다. 하나님께서는 좋은 것을 주실 뿐 아니라 **좋은 것을 알아보는 판단력조차도 주신다.** 이것이 '스스로' 가능하다고 하는 것은 결국 은혜를 허물어뜨리는 것이 된다!

이것이 우리가 셋째와 넷째 교리를 배울 때 꼭 기억해야 하는 핵심입니다.

그래서 죄의 파괴력을 말하는 것으로 시작하다

바로 이런 이유 때문에 도르트 신조의 셋째와 넷째 교리는 다른 장들과 마찬가지로 죄에 관한 고백으로 시작하지만, 특별히 이 주제에 걸맞게 **죄의 파괴력**을 말하는 것으로 시작합니다.

신조의 각 장들은 모두 죄에 대한 고백으로 시작합니다. 하지만 각 장의 교리적 주제에 따라 죄에 대해 강조하는 강조점들이 다릅니다.

첫째 교리에서는 죄에 대해 말할 때 "정죄받아 마땅하다"라고 시작했습니다. 첫째 교리가 '선택' 교리이기 때문에, 정죄받아 마땅한 인간을 향하여 하나님께서 어떻게 호의를 베푸셔서 선택이 시작되었는가를 말하기 때문입니다.

둘째 교리에서는 똑같이 죄를 고백하지만 '죄의 형벌'을 말하였습니다. 왜냐하면 둘째 교리는 '구속'에 관한 가르침이기 때문입니다. 구속이란 그 형벌에 대한 대가를 치르는 것입니다. 그래서 둘째 교리는 똑같이 죄를 말하면서도 '어떻게 그리스도께서 이 죄에 대해 만족을 치르셨는가'를 말하는 방향으로 죄를 다룹니다.

그래서 셋째와 넷째 교리에서는 '죄의 파괴력'을 말하는 것입니다. 똑같이 죄를 다루고 있지만 셋째와 넷째 교리는 '우리의 전적 부패와 하나님의 전적인 은혜'를 다룹니다. "우리는 과연 **'적당하게' 타락하였고 '적당하게' 부패하였는가?**", "그래서 우리에게 과연 어느 정도는 은혜를 감별할 능력이 있는가?" 하는 물음에 대하여 "아니야, 우리는 완전히 썩었어!"라고 이야기하기 위해 '죄의 파괴력'을 말합니다. 이것이 1조의 내용입니다. 1조의 첫 문장은 하나님께서 우리를 완전하게 하나님의 형상으로 지었다고 고백합니다.

> 사람은 원래 하나님의 형상으로 창조되었습니다. 그의 지성은 자신의 창조주와 모든 신령한 것들에 관한 참되고 온전한 지식을 구비하고 있었습니다. 그의 의지와 마음은 올바르고, 그의 정서는 모두 순수했으며, 따라서 사람은 온전히 거룩했습니다.

요소들을 잘 보십시오. 먼저 "지성"이 나옵니다. "온전한 지식"을 구비하고 있습니다. 그다음 "의지와 마음"이 나옵니다. 이 의지와 마음은 "올바릅"니다. 그리고 "정서"가 나오는데 "순수"합니다. 이것을 전체적으로 종합하면서 **"사람은 온전히 거룩하였다."**라고 말합니다. 우리 선배들이 아르미니우스주의자들과는 달리 "의지"를 전혀 별개의 요소로 취하지 않고 있음을 주목하십시오.

그리고 그다음 문장에서 "그러나"라고 하면서 **죄와 타락의 본질**을 이야기합니다. 타락했기 때문에 "선물을 상실하게 되었다"라고 합니다. 그래서 어떤 결과를 초래했다고 합니까?

> 곧 사람의 지성은 눈이 멀게 되고, 끔찍한 암흑에 사로잡히게 되었으며, 공허하게 되었고, 판단이 왜곡되기에 이르렀으며, 그의 의지와 마음에는 악의와 반역과 완고함이 생겨났고, 그의 모든 정서는 불순해졌습니다.

앞의 문장과 요소에 있어서는 똑같습니다. 순서대로 "지성", "의지와 마음", "정서"입니다. 이것들이 어떻게 되었습니까? 역시 "의지"를 별달리 취급하고 있지 않음에 주목하십시오.

지성

원래 지성은 "온전한 지식"을 구비하고 있었는데, 죄 때문에 이제 "눈이 멀게 되고, 끔찍한 암흑에 사로잡히게 되었으며, 공허하게 되었고, 판단이 왜곡되기에 이르렀"습니다. 지성이 없어져 버린 것은 아닙니다. 하지만 이 지성이 **눈멀고 왜곡되어 정상적인 판단을 할 수 없게 된 것**입니다. 지성이란 원래 판단을 위한 것인데 '왜곡된 지성'을 어디에 쓸 수 있겠습니까? 자는 길이를 잴 때 쓰는 건데 눈금이 틀린 자를 어디에 쓰겠습니까? 골로새서 3장 10절은 말씀합니다.

> 새 사람을 입었으니 이는 자기를 창조하신 이의 형상을 따라 **지식에까지** 새롭게 하심을 입은 자니라_골 3:10

그리스도로 말미암아 새 사람이 된다는 것은 **"지식에 있어서도 새롭게 된다는 것"**을 의미합니다. 골로새서의 이 말씀은 지식이 새롭게 되어야만 하는 상태, 곧 타락한 상태가 있음을 반증합니다.

지성이란 무엇을 '알고 판단하는' 능력입니다. 하지만 아담의 첫 타락의 모습을 보십시오. 그는 죄를 지은 후에는 첫째, 원인에 대한 오판, 즉 자신이 하나님을 두려워하게 된 것이 '벗음 때문'이라고 생각했습니다. 둘째, 상태에 대한 오판, 즉 자신이 왜 하나님과 교제의 관계에서 두려움의 관계가 되었는지도 모르고 있습니다. 셋째, 이후 대처에서의 오판, 즉 숨음으로써 하나님을 피할 수 있을 것으로 여겼습니다. 그야말로 지성의 모든 영역에 있어 무지몽매(無知蒙昧)의 상태가 된 것입니다. 에베소서 4장 18절과 19절은 말합니다.

> 그들의 총명이 어두워지고 그들 가운데 있는 무지함과 그들의 마음이 굳어짐으로 말미암아 하나님의 생명에서 떠나 있도다_엡 4:18

그래서 어떻게 한다고 말합니까?

> 그들이 감각 없는 자가 되어 자신을 방탕에 방임하여 모든 더러운 것을 욕심으로

　지식의 파괴 때문에 **자기가 무엇을 하는지도 '모른 채로'**(모르다-지성) 어리석은 길로 갑니다. 지식에 있어 "눈멀고 암흑에 사로잡히고 공허하게 되고 판단이 왜곡된" 것입니다. 지식은 주로 판단력과 관련되어 있고, 그래서 지식이 어두워지면 판단을 그릇되게 하게 되고, 똑바로 보지 못하기 때문에 잘못 이해하고, 잘못 생각하고, 따라서 잘못 가게 됩니다.

의지와 마음

　"의지와 마음"은 어떻습니까? 하나님께서 처음 지으셨을 때는 "올바르다" 했는데 죄 이후에는 "악의, 반역, 완고함이 생겼다."라고 했습니다.

　셋째 교리와 넷째 교리의 오류 '반박' 부분을 보시면 아르미니우스주의자들은 **죄로 인한 지식과 정서의 타락은 인정하면서도 끝끝내 의지의 타락은 부인하려 하는 것**을 볼 수 있습니다. 오류 2와 오류 3을 보십시오.

> **오류 2** : 선이나 거룩함, 의와 같은 좋은 자질 혹은 덕목이나 신령한 은사는 사람이 처음 창조될 때에도 그의 **의지에 속한 것이 아니었고**, 따라서 **타락했다고 해서 사람의 의지에서 분리될 수 있는 것들도 아니었다.**
>
> **오류 3** : 사람이 영적으로 죽게 되었을 때에도 그 영적인 은사들은 사람의 **의지에서 분리되지 않았다.** 왜냐하면 **의지라는 것 자체가 부패하는 일이 없고** 다만 마음의 암매와 무절제한 정욕으로 말미암아 방해를 받을 뿐이기 때문이다. 이러한 장애들을 제거한다면 의지는 그 내적인 능력을 충분히 발휘할 수 있을 것이다. 즉 의지는 기회가 있을 때마다 스스로 그가 원하는 온갖 선을 택할 수도 있고 혹은 원치 않아서 택하지 않을 수도 있다.

● **오류 2에서: 타락 전의 의지**

　아르미니우스주의자들은 '의지'라는 것을 전혀 별개의 영역에 둡니다. 오류 2

번에서 보는 대로 **의지는 애초에 하나님의 은총 속에 있었던 것이 아니므로** 타락할 때에도 영향을 받지 않았다고 합니다.

쉽게 설명하자면, 의지란 '무언가를 할지 말지를 결정하는 것'이기 때문에 애초에 아담과 하와는 **'중립적인 의지를 가졌을 뿐'**이라는 것입니다. 하나님께서 처음 아담을 지으셨을 때도 아담은 '중립적 의지'를 갖고 있었기 때문에 얼마든지 타락으로 기울 수 있었다는 것입니다. 그야말로 죄가 없던 상태의 아담조차 "왼쪽 길로 가도 되고 오른쪽 길로 가도 되는 상황에서 타락했다." 이것이 아르미니우스주의자들의 생각입니다. 하지만 정말 그렇습니까? 하이델베르크 교리문답 제6문답은 이렇게 가르칩니다.

> **6문** : 그러면 하나님께서는 사람을 그렇게 악하고 패역한 상태로 창조하셨습니까?
> **답** : 아닙니다. 하나님은 **사람을 선하게**, 또한 자기 형상, 곧 **참된 의와 거룩함으로** 창조하셨습니다. 이것은 사람으로 하여금 자신의 창조주 하나님을 바르게 알고 마음으로 사랑하며 영원한 복락 가운데서 그와 함께 살고 그리하여 그분께 찬양과 영광을 돌리기 위함입니다.

하나님은 사람을 "선하게" 지으셨습니다. 이 말은 아담이 중립적 의지, 곧 타락하기도 쉽고 안 하기도 쉬운 그런 정도의 의지를 가진 존재로 지어진 것이 아니라 **매우 강력하게 하나님께로 향한 의지를 가진**, 그래서 **아주 타락하기 어려운** 존재로 지어졌다는 것을 의미합니다.

의지에는 단지 타락의 '가능성'이 있었을 뿐, 아담이 의지에 있어서 플러스로도 쉽게 갈 수 있고 마이너스로도 쉽게 갈 수 있는 '중립 상태'였던 것이 결코 아닙니다. **아담의 의지는 "선하고 아름다웠"**습니다. 결코 아르미니우스주의자들의 주장처럼 하나님의 선하신 창조가 의지에는 전혀 영향을 주지 않았던 것이 아닙니다. 의지는 중립이 아니었습니다! 타락 이전에는 의지 역시 선하고 아름다웠습니다!

● 오류 3에서: 타락 이후

아르미니우스주의자들은 오류 3번에서는 사람이 죄로 말미암아 타락했을 때에도 **"의지에는 타락이 일어나지 않았다"**라고 합니다. 단지 "마음의 암매와 무절제한 정욕으로 말미암아 **"방해를 받을 뿐"**이라고 합니다. 의지란 원래 중립적인 존재이고 따라서 타락의 영향 따위도 없었다는 것입니다. 하지만 정말 성경이 그렇게 가르칠까요? 창세기 6장 말씀입니다.

> 여호와께서 사람의 죄악이 세상에 가득함과 그의 마음으로 생각하는 모든 계획이
> 항상 악할 뿐임을 보시고_창 6:5

진정 자유의지는 죄의 영향을 받지 않고 단지 무절제한 정욕 때문에 **약간 방해를 받을 뿐**입니까? 전혀 그렇지 않습니다. 성경은 사람의 죄인 된 상태를 기술할 때 "그 마음의 생각의 모든 계획이 항상 악할 뿐임"이라고 말했습니다. 정말 사람의 의지는 죄로 오염되지 않았다고 성경이 말씀합니까? 아르미니우스주의자들의 주장처럼 의지는 언제라도 마음만 먹으면 완전한 선을 행할 수 있다고 성경이 가르칩니까? 전혀 그렇지 않습니다. 죄에 대한 진술로 유명한 로마서 3장을 보십시오.

> 의인은 없나니 하나도 없으며 깨닫는 자도 없고 하나님을 찾는 자도 없고 다 치우
> 쳐 함께 무익하게 되고 선을 행하는 자는 없나니 하나도 없도다_롬 3:10-12

"깨닫는 자도 없고…." **지식**에 대한 말씀입니다. 죄 때문에 하나님을 아는 자가 없습니다. 하지만 다음을 보십시오. "하나님을 찾는 자도 없고…." 찾는 것은 무엇으로부터 나옵니까? 무언가를 할지 말지를 결정하는 것을 우리가 '**의지**'라고 합니다. 하나님을 찾지 않습니다. 의지를 가지고 하나님을 찾지 않습니다. 무엇의 결과입니까? 우리의 의지가 죄로 말미암아 오염되었다는 증거입니다. 우리는 바른 의지를 갖지 않고 있습니다. 죄는 우리의 의지를 망가뜨렸습니다. 의지는 결코 중립적이지 않습니다. 예레미야 17장 말씀도 읽어 보겠습니다.

만물보다 거짓되고 심히 부패한 것은 마음(히. 레브)이라 누가 능히 이를 알리요_렘 17:9

히브리어에서 '레브'는 사람의 내부의 것들을 총칭하는 용어로, 신학 사전에 보면 뜻풀이가 이렇게 되어 있습니다.

> 레브는 **내부 인간, 마음, 정신, 이해력, 의지**를 의미한다. 레브는 인간 내부의 총체 혹은 영적인 본질에 대한 가장 풍부한 용어이다. 인간의 모든 영적인 기능이 '마음'에서 기인되기 때문에 가장 포괄적인 용어일 뿐 아니라 인간의 영적인 기능에 대한 가장 빈번한 용례이다.[74]

여기서 "마음"이란 다음으로 살필 '정서'를 가리키는 것이 아닙니다. 예레미야에서 말하고 있는 "마음"은 훨씬 포괄적인 용어로 그 내용 안에 **'사람의 의지'를 포함**합니다. 그런데 예레미야 선지자는 인생에 대해 말하면서 "만물보다 거짓되고 심히 부패한 것은 마음이라"라고 했습니다.

정말 아르미니우스주의자들의 주장대로 우리의 의지는 중립적입니까? 아닙니다. 우리의 의지는 훼방받고 있습니다. 우리의 의지는 죄와 타락으로 심각하게 **기울어져** 있습니다. 아르미니우스주의자들이 '지식'과 '정서'에 있어서 인정하는 것과 똑같이 **'의지 역시'** 죄 때문에 기울어져 있습니다. 그들의 주장처럼 '약간 방해를 받는 정도'가 아닙니다. 완전히 비뚤어져 있고, 강력하게 죄를 향합니다. 오류 3번에서 읽은 "환경이 좀 괜찮아지면, 가로막힌 장애물들이 좀 제거된다면, 우리의 의지는 죄 이전의 아담에게 있었던 것처럼 강력하게 원래의 기능을 수행할 수 있을 것이다."라는 생각은 펠라기우스의 주장과 똑같습니다. 전혀 그렇지 않습니다. 우리의 의지는 죽어 있고 죄로 말미암아 파괴되었습니다.

---

74 — 바이블 렉스, לֵב(3820, 레브), NEDOT: TWOT 참조.

정서

그리고 끝으로 "정서"가 나옵니다. 원래의 정서는 "순수"했는데, 죄 때문에 "불순"해졌다고 합니다. 정서는 쉽게 말하면 '감정적인 것'입니다. 이 감정이 원래 "순수"했다는 것은 즐거워할 것을 보면 즐거워하고 슬퍼해야 할 것을 보면 슬퍼할 수 있는 능력이 있었다는 것을 의미합니다. 하지만 죄를 지은 이후에는 이 정서는 "불순"해졌습니다. 더러워졌다는 것이지요. 감정이 올바르게 반응하지 않고 이상하게 반응하게 됩니다. **기뻐해야 할 것을 보면서 슬퍼하고, 슬퍼해야 할 것을 보면서 기뻐하게** 됩니다.

하나님께서 원래 지으신 인간의 정서대로라면, 우리는 여호와의 율법을 "즐거워"해야 합니다(시 1:2). 구약의 절기는 여호와의 일하셨음 때문에 "하나님 앞에서 즐거워"(레 23:40; 신 12:7, 12)해야 하는 날이었습니다. 하지만 죄인인 인간은 어떠했습니까? 잠언 2장 14절 말씀, "행악하기를 기뻐하며, 악인의 패역을 즐거워하나니!" 악을 행하는 것을 즐거워했습니다! 가난하고 힘 없는 자가 고난당하는 것을 보면 슬퍼해야 하는데 여호와께 제사 드리는 단 옆에서 "전당 잡은 옷 위에 누워서, 벌금으로 얻은 포도주를 마시면서"도(암 2:8) 전혀 아무런 감정의 동요도 없습니다! 우리의 정서 역시 비뚤어져 있고, 죄 때문에 어두워졌습니다.

결국, 그들과 우리의 차이

결국 셋째와 넷째 교리에서 아르미니우스주의자들이 주장하는 것과 우리가 믿는 바의 차이는 **'원래'와 '지금'의 문제에 있어서** 어떤 이해와 인식을 갖고 있느냐, 어떤 차이를 갖고 있느냐의 문제입니다.

아르미니우스주의자들은 처음의 사람이 **95%만 선했다고** 합니다.[75] 5%는 선함과 관련이 없었습니다. 매우 좋았지만 완전히 좋았던 것은 아닙니다. 얼마든지 타락할 가능성이 잠재되어 있었고, 특히 '의지'는 원래 하나님으로부터 받은 좋은 것과는 상관이 없었습니다.

---

75 ─ 이 비유는 바우만에게서 가져온 것. 클라렌스 바우만, 『도르트 신경 해설』, 216

하지만 그렇기 때문에 아르미니우스주의자들은 죄를 지은 후의 인간이 **95%만 타락했다고** 합니다. 5%는 여전히 타락하지 않았습니다. 특히 여기에는 '의지'가 들어 있습니다. 그래서 아르미니우스주의자들은 '상당 부분' 인간의 타락과 비참의 상태를 인정하는 듯이 보이고, 그래서 셋째 조항만 읽으면 마치 사람의 전적인 타락과 하나님의 전적인 구원의 은혜를 인정하는 것처럼 보입니다만, 실은 5%가 여전히 타락하지 않은 채로 있기 때문에 그들에게 **하나님은 '결정적이지' 않습니다.**

하지만 우리 선배들은 처음 사람이 **100% 선했다고** 합니다. 완전히 좋았다고 합니다. 처음 세상을 지으신 후에 "좋았더라" 하신 하나님께서 **'죄악의 잠재성'을 두고 좋았다고 하셨을 수는 없다고** 합니다. 하나님께서는 '적당히 좋은' 인간을 지으신 것이 아니라 '완전히 좋은' 인간을 지으셨습니다.

그렇기 때문에 우리 선배들은 죄를 지은 인간이 **100% 부패했다고** 합니다. 완전히 타락했고 가능성은 제로입니다. 아무런 소망도 없고 아무런 여지도 없습니다. 그리고 이렇게 우리가 아무런 가능성이 없기 때문에 **은혜는 '완전해야'** 합니다. 하나님 편에서 95% 하시고 나머지는 우리가 하는 것이 아닙니다. 완전히 망가졌기에, 하나님만 완전히 복구하실 수 있습니다.

이것이 우리가 셋째와 넷째 교리에서 배워야 하는 중요한 요지입니다. 단순히 교리적 지식 체계를 배우는 것이 목적이 아니라 그들과 우리의 차이에서 **죄와 은혜를 어떻게 인식하고 받아들여야만 하는지**를 분명히 하십시오. 이것을 명확하게 하지 않기 때문에 한국 교회는 항상 아르미니우스주의에 휘둘리고 있습니다. 그래서 교회에서 무언가를 할 때마다 온통 사람이 무언가를 채워야 한다고 믿는 것입니다. 하지만 이 가르침에 확실하게 천착할 때에만 **은혜가 비로소 은혜다워집니다.** 죄의 파괴는 '완전한 파괴'이며, 하나님의 은혜는 '완전한 은혜'입니다.

셋째와 넷째 교리 :
인간의 타락, 하나님께 돌이키는 것과 그 일이 일어나는 방식에 관하여

제2조 : 부패의 확산

타락 이후로 사람은 그렇게 부패하였고 그러한 자녀를 낳았습니다. 부패한 아버지로서 부패한 자녀들을 낳은 것입니다.[i] 이 부패는 이렇게 아담에서부터 그의 후손 모두에게 확산하였는데,[ii] 오직 한 분 그리스도는 예외입니다.[iii]

따라서 예수 그리스도 단 한 분을 제외하고 이 부패는 아담에서부터 그의 후손 모두에게로 널리 전파되었습니다. 그러한 일은 펠라기우스의 주장처럼 모방에 의하여 일어난 것이 아닙니다. 하나님의 의로운 판단에 따르면 그릇된 본성이 유전됨으로써 일어난 것입니다.

i 욥 14:4 누가 깨끗한 것을 더러운 것 가운데에서 낼 수 있으리이까 하나도 없나이다 / 시 51:5 내가 죄악 중에서 출생하였음이여 어머니가 죄 중에서 나를 잉태하였나이다

ii 롬 5:12 그러므로 한 사람으로 말미암아 죄가 세상에 들어오고 죄로 말미암아 사망이 들어왔나니 이와 같이 모든 사람이 죄를 지었으므로 사망이 모든 사람에게 이르렀느니라

iii 히 4:15 우리에게 있는 대제사장은 우리의 연약함을 동정하지 못하실 이가 아니요 모든 일에 우리와 똑같이 시험을 받으신 이로되 죄는 없으시니라

● 강해 본문 ① : 시편 51편 1-12절

1 하나님이여 주의 인자를 따라 내게 은혜를 베푸시며 주의 많은 긍휼을 따라 내 죄악을 지워 주소서 2 나의 죄악을 말갛게 씻으시며 나의 죄를 깨끗이 제하소서 3 무릇 나는 내 죄과를 아오니 내 죄가 항상 내 앞에 있나이다 4 내가 주께만 범죄하여 주의 목전에 악을 행하였사오니 주께서 말씀하실 때에 의로우시다 하고 주께서 심판하실 때에 순전하시다 하리이다 5 내가 죄악 중에서 출생하였음이여 어머니가 죄 중에서 나를 잉태하였나이다 6 보소서 주께서는 중심이 진실함을 원하시오니 내게 지혜를 은밀히 가르치시리이다 7 우슬초로 나를 정결하게 하소서 내가 정하리이다 나의 죄를 씻어 주소서 내가 눈보다 희리이다 8 내게 즐겁고 기쁜 소리를 들려 주사 주께서 꺾으신 뼈들도 즐거워하게 하소서 9 주의 얼굴을 내 죄에서 돌이키시고 내 모든 죄악을 지워 주소서 10 하나님이여 내 속에 정한 마음을 창조하시고 내 안에 정직한 영을 새롭게 하소서 11 나를 주 앞에서 쫓아내지 마시며 주의 성령을 내게서 거두지 마소서 12 주의 구원의 즐거움을 내게 회복시켜 주시고 자원하는 심령을 주사 나를 붙드소서

● 강해 본문 ② : 로마서 5장 12-21절

12 그러므로 한 사람으로 말미암아 죄가 세상에 들어오고 죄로 말미암아 사망이 들어왔나니 이와 같이 모든 사람이 죄를 지었으므로 사망이 모든 사람에게 이르렀느니라 13 죄가 율법 있기 전에도 세상에 있었으나 율법이 없었을 때에는 죄를 죄로 여기지 아니하였느니라 14 그러나 아담으로부터 모세까지 아담의 범죄와 같은 죄를 짓지 아니한 자들까지도 사망이 왕 노릇 하였나니 아담은 오실 자

셋째와 넷째 교리 : 인간의 타락, 하나님께 돌이키는 것과 그 일이 일어나는 방식에 관하여   475

의 모형이라 15 그러나 이 은사는 그 범죄와 같지 아니하니 곧 한 사람의 범죄를 인하여 많은 사람이 죽었은즉 더욱 하나님의 은혜와 또한 한 사람 예수 그리스도의 은혜로 말미암은 선물은 많은 사람에게 넘쳤느니라 16 또 이 선물은 범죄한 한 사람으로 말미암은 것과 같지 아니하니 심판은 한 사람으로 말미암아 정죄에 이르렀으나 은사는 많은 범죄로 말미암아 의롭다 하심에 이름이니라 17 한 사람의 범죄로 말미암아 사망이 그 한 사람을 통하여 왕 노릇 하였은즉 더욱 은혜와 의의 선물을 넘치게 받는 자들은 한 분 예수 그리스도를 통하여 생명 안에서 왕 노릇 하리로다 18 그런즉 한 범죄로 많은 사람이 정죄에 이른 것 같이 한 의로운 행위로 말미암아 많은 사람이 의롭다 하심을 받아 생명에 이르렀느니라 19 한 사람이 순종하지 아니함으로 많은 사람이 죄인 된 것 같이 한 사람이 순종하심으로 많은 사람이 의인이 되리라 20 율법이 들어온 것은 범죄를 더하게 하려 함이라 그러나 죄가 더한 곳에 은혜가 더욱 넘쳤나니 21 이는 죄가 사망 안에서 왕 노릇 한 것 같이 은혜도 또한 의로 말미암아 왕 노릇 하여 우리 주 예수 그리스도로 말미암아 영생에 이르게 하려 함이라

죄의 유전

시 51:1-12; 롬 5:12-21

도르트 신조 셋째와 넷째 교리는 1조에서 사람의 원래 상태의 영광, 곧 "지성과 의지와 마음과 정서에 있어서" "온전히 거룩"하던 것으로부터 죄를 지음으로 말미암아 타락의 상태, 부패의 상태, 즉 '전적 부패의 상태'에 있게 되었음을 고백하였습니다.

그리고 이제 **이 죄가 어디로 나아가고 있는지**를 다음 조항인 2조에서 설명하고 있습니다. 2조의 제목은 "부패의 확산"이라고 되어 있는데, 좀 더 익숙한 표현으로 바꾸어 말하자면 '**죄의 유전**'입니다. 유전(遺傳), 곧 물려진다는 것입니다. 죄가 유전된다는 것의 아주 전형적이면서도 좋은 표현, 그리고 매우 쉽고 생활적인 표현이 신조 본문에 나타나 있는데 바로 "**부패한 아버지가 부패한 자녀를 낳는다**"라는 말입니다. 이 조의 전체 내용에서 딱 한 가지만 기억해야 한다면 이 문장을 말씀드리고 싶습니다. 죄의 결과로서의 우리 운명은 무엇인가? "부패한 아버지가 부패한 자녀를 낳는다."라는 이 한 문장 안에 이번 조항에서 배울 모든 내용의 요약이 담겨 있습니다.

'형상'과 관련하여

"하나님의 형상"이라는 주제로 이것을 표현해 보자면 다음과 같이 말할 수 있습니다.

> 원래 아담은 '**하나님의 형상**'이었기 때문에 '**하나님의 형상**'을 낳았습니다.
> 하지만 죄를 지은 이후 인간은 모두 **원래의 형상을 잃어버렸기 때문에**, 이
> 제 '**왜곡된 형상**'을 낳습니다.

도르트 신조의 한 주석서에서는 이것을 "이제 사람은 죄 안에서 **사탄의 형상을 낳는다.**"[76]라고 표현하였습니다. 우리는 원래 하나님의 형상으로 지음받기 때문에, 만약 무죄 상태에서 아이가 태어났다면 그 아이 역시 하나님의 형상으로 태어났을 것입니다. 하지만 죄는 하나님의 형상을 망가뜨렸고, 그래서 죄 이후의 인간은 이제 하나님의 형상이 아니라 '사탄의 형상'을 낳습니다. 물론 사람이 사탄이라는 뜻은 아닙니다.

"부패한 아버지가 부패한 자녀를 낳는다"라는 표현은 창세기의 주해에서 도출된 것인데, 창세기 5장에 이 사실이 대조적으로 매우 슬프게 나타나 있습니다.

> 창세기 5장 1절에는 사람이 지어질 때 "하나님이 사람을 창조하실 때에 **하나님의 형상대로** 지으시되"라고 되어 있습니다.
> 그런데 이어지는 3절을 보면 같은 '형상'이라는 단어(히. 첼렘)를 사용하지만 "아담이 일백삼십 세에 자기 모양, 곧 **자기 형상과 같은 아들을 낳아** 이름을 셋이라 하였고"라고 하였습니다.

1절에서 하나님이 사람을 창조하실 때의 사람은 "하나님의 형상"이었습니다. 하지만 3절에서 아담이 일백삼십 세에 낳은 "자기 형상"인 셋은 어떤 형상이었을까요?

1절의 아담은 죄 이전의 아담이지만 3절의 아담은 죄를 지은 이후의 아담입니다. 만약 죄를 짓기 전에 아담이 셋을 낳았다면 '하나님의 형상이 하나님의 형

---

[76] — Daniel R. Hyde, *Grace Worth Fighting For*, 233.

상을 낳는' 긍정적인 유전이 일어났겠죠. 하지만 슬프게도 성경에 나오고 있는 이 일백삼십 세의 아담이 낳은 '셋'은 죄를 지은 이후이므로 **죄인을 낳은 것**입니다. 신조의 표현처럼 창세기 5장은 정확히 "부패한 아버지가 부패한 자녀를 낳는다.", 곧 "죄인이 죄인을 낳는다."라는 사실을 보여 주고 있습니다.

그래서 창세기 5장에서 노아가 등장하게 되는 족보는 **'슬픈 족보'**입니다. 3절 이하에 나오는 모든 사람들의 족보는 그 결국이 모두 '죽음', 곧 죄의 결과로 인해 죽음으로 끝이 나는 것을 보여 주고 있기 때문입니다.

> 셋은 에노스를 낳았다, 에노스는 팔백칠 년을 지내며 자녀를 낳았다, 그리고 죽었다. … 마할랄렐은 육십오 세에 야렛을 낳았다. 야렛은 팔백삼십 년을 지내며 자녀를 낳았다, 그리고 죽었다. … 므두셀라는 일백팔십칠 세에 라멕을 낳았다. 그리고 죽었다.

인식하고 보면 굉장히 소름 끼치는 족보입니다. 낳고 죽는 일의 연속이 바로 인류 족보의 정체입니다. 죄 이전의 사람이었다면 이 각각의 족보가 '죽음'으로 마쳐지지 않았겠죠. 하지만 타락한 후의 사람은 부패한 아버지가 부패한 자녀를 낳게 되고, 그 결국은 사망입니다. 아담의 범죄 이후 모든 인류는 **죄인으로 태어나고, 죄인으로 살다가, 죄인으로 죽습니다.** 모든 이들의 결말은 '사망'이 되었습니다.

1조에서 인류의 원래 상태와 죄의 발발, 곧 죄와 타락으로 인해 사람이 어떤 형편을 맞게 되었는가를 서술한 신조는 이제 다음으로 "부패한 아버지가 부패한 자녀를 낳는다"로 요약되는 사실, 곧 **'죄의 유전', '죄가 대물림되는 교리'**를 말하고 있습니다. 우리는 죄가 유전된다는 것을 믿습니다. 우리는 죄인이 죄인을 낳는다는 것을 믿습니다.

펠라기우스의 가르침

그런데 신조는 이 고백에 붙여 '펠라기우스'를 언급합니다.

> 그러한 일은 **펠라기우스의 주장처럼 모방에 의하여 일어난 것이 아닙니다.** 하나님
> 의 의로운 판단에 따르면 그릇된 본성이 유전됨으로써 일어난 것입니다.

신조는 '죄의 유전' 교리를 가르칠 때 무엇보다 **'펠라기우스에게 주목할 것'**을 말하고 있는 셈입니다. 펠라기우스를 주목하는 이유는 그의 가르침을 주목할 필요가 있기 때문입니다.

펠라기우스의 가르침과 아우구스티누스의 반격

어떤 학자의 말을 빌리자면 "아우구스티누스는 성경에 기초해서 원죄 교리를 광범위하고 깊이 있게 탐구한 최초의 신학자였다."[77]라고 합니다. 이 말에서 우리는 중요한 사실 하나를 알 수 있는데, **하나님께서 교회 안에 이단을 주시거나 어려움을 주시는 것의 이유**입니다.

교회 역사를 통해 볼 때, 만약 펠라기우스가 없었다면 아우구스티누스가 원죄 교리에 대해 이렇게 포괄적으로 깊이 연구하고 고민했을지는 알 수 없습니다. 아우구스티누스가 이후 1500년 이상 오늘날에 이르기까지 지지되고 있는, 성경이 가르치는 죄에 대한 교리를 강력하게 설파할 수 있었던 중요한 배경에 펠라기우스가 있는 것입니다.

우리 생각으로는 삶에 질병이 없었으면 좋겠다고 생각하지만, 실제로는 병균 때문에 몸의 항체가 더 강해집니다. 무거운 무게를 더 들게 되면 근육을 괴롭히고 찢어지게 하지만 사실은 그것이야말로 근육을 더 강하게 하는 방법입니다. 이는 인생에도 마찬가지여서 삶에서 어려움을 많이 겪을수록 더 단단해집니다. 그래서 데살로니가후서는 "이러므로 하나님이 미혹의 역사를 그들에게 보내사 거

---

77 — J. 판 헨더렌, W. H. 펠레마, 『개혁교회 교의학』, 662.

짓 것을 믿게 하심은 진리를 믿지 않고 불의를 좋아하는 모든 자들로 하여금 심판을 받게 하려 하심이라"(살후 2:11-12)라고 말했습니다.

교회 역사에서도 마찬가지입니다. 고대 교회의 마지막 시기에 교회가 안정되고 교리가 발전했을 때 하나님께서 이단들이 득세하도록 허용하신 이유는 이런 과정을 거치면서 교회의 교리가 단단해졌기 때문입니다. 아우구스티누스는 평생에 걸쳐 두 명의 이단과 논쟁을 거쳤는데 도나투스와의 논쟁을 통해서 전 기독교회의 **교회론이** 확고하게 확립되었습니다. 도나투스는 그리스도의 몸 된 교회로부터의 분리를 주장하는 이단이었기 때문입니다. 그리고 후에는 펠라기우스와의 논쟁을 통해서는 **죄론 혹은 은혜론이** 확고하게 확립되었습니다. 펠라기우스는 원죄를 부인했기 때문입니다. 펠라기우스의 가르침을 모두 다룰 수는 없지만 오늘 주제와 관련한 몇 가지만 생각해 보도록 합시다.

① 우선 펠라기우스는 아담이 '**선하게**' 창조되었음을 부인했습니다. 펠라기우스는 하나님께서 사람을 선하지도 악하지도 않은 '**중립적인 존재**'로 창조했다고 가르쳤습니다. 그러므로 아담은 선하게 행동할 수도 있었고 악하게 행동할 수도 있었습니다. 그야말로 '자유의지의 존재'였습니다. 아담은 이 중 무엇이든 자기가 원하는 대로 '선택'할 수 있었습니다. 하지만 우리는 성경의 증거들을 통해 사람이 "하나님의 형상을 따라 참된 의와 거룩함으로 지어진"(하이델베르크 교리문답 제6문답) 존재임을 알고 있습니다.

② 펠라기우스는 아담이 죄를 선택했을 때, 그때의 아담의 죄는 영원히 영향력을 미치는 종류의 죄가 아니라 **그저 '한 번의 실수'**였을 뿐이라고 했습니다. 이 말은, 아담은 언제든지 다시 자기의 의지를 통해서 원래의 상태로 되돌아올 수 있었다는 것을 의미합니다. 펠라기우스의 이해에서 죄는 사람을 죄인으로 '만들지' 않습니다. '**부패시키지**' 않았습니다. 단지 한 번 죄를 지은 것일 뿐이기 때문에, 그 성향 때문에 선을 행하기 '어렵게' 되었을 뿐, 죄가 사람을 죄인으로 떨어뜨려 버린 것은 아니었습니다.

하지만 우리는 성경이 아담 이후에도 계속해서 인간을 죄인이라고 부르며, 아담의 죄가 한 번의 행동으로서가 아니라 영구히 영향력을 미친다고 가르치는 많은 성경 본문들을 가지고 있습니다. 창세기 6장은 사람의 "마음의 생각의 모든 계획이 항상 악하다."라고 가르치고 있으며, 로마서 3장은 "의인은 없나니 하나도 없으며 … 목구멍은 무덤, 혀로 속임을 베풀고, 입술에는 독사의 독, 입에는 저주와 악독, 파멸, 고생이 가득"하다고 가르칩니다. 예레미야 13장 23절 말씀은 "구스인이 그 피부를, 표범이 그 반점을 변하게 할 수 있다면 악에 익숙한 너희도 선을 행할 수 있을 것"이라고 말씀합니다. 성경은 결코 아담의 죄가 '단지 한 번의 죄였을 뿐' 이후 세대는 각각 독자적으로 중립적인 존재로 태어나는 것으로 묘사하지 않습니다.

③ 앞의 내용 때문에 펠라기우스에게 있어서 아담이 저질렀던 죄는 자기 자신만의 죄였지 자손들에게 **유전되는 성격의 죄는 아니었습니다.** 펠라기우스에게 있어서 죄는 유전되지 않습니다. 아담 이후에 태어나는 모든 아이들은 무죄 상태로 태어난다고 했습니다. 그러자 사람들이 펠라기우스에게 "그런데 왜 이렇게 우리는 계속해서 죄를 짓는 것입니까? 무죄 상태로 태어난다면 죄를 안 짓는 사람들도 있어야 하지 않소?"라고 질문했고, 펠라기우스는 그것을 단지 '모범'이라고 대답했습니다. 즉 태어나는 아이들은 자기 앞의 사람들의 **잘못된 모범들을 따라서 행동하기 때문에** 죄를 짓는 것이지, 그 아이들이 '죄인이어서', 즉 본성적으로 부패해 버렸기 때문에 죄를 짓는 것은 아니라고 대답했습니다.

당연히 성경은 이런 가르침을 부정합니다. 에베소서는 모든 자연인들을 "허물과 죄로 죽었"(엡 2:1)다고 선언합니다. 로마서 5장에서는 "한 사람으로 말미암아 죄가 세상에 들어오고 … 이와 같이 모든 사람이 죄를 지었"(롬 5:12)다고 말하고 있습니다.

④ 그래서 펠라기우스에게 있어서 **사람의 죽음은 '자연적인 일'**입니다. 하나님께서 지으신 세계에 **본래부터 죽음이 있었다는 것**입니다. 이는 당연한 결론인 것이, "사망이 죄의 결과"라면 모든 사람이 죽는 지금 우리의 형편은 죄가 유전됨을 보여 줄 수밖에 없기 때문입니다. 펠라기우스는 죄의 유전을 믿지 않았고, 따라서 죽음이 죄의 결과물임을 부인했습니다. 펠라기우스에게 있어서 죽음은 처음 하나님께서 세계를 지으셨을 때부터, 즉 죄 이전부터 있었던 창조 세계의 법칙일 뿐입니다. 그에게 있어 "죄의 삯은 사망"이 아닙니다. 태어나는 것이 자연 현상인

것처럼 죽는 것도 자연 현상이라 여겼습니다. 펠라기우스에게는 아담이 죄를 짓지 않았어도 죽었을 것입니다. 하지만 성경은 분명하게 "죄의 삯은 사망"(롬 6:23)이라고 가르칩니다.

펠라기우스의 문제가 무엇입니까? 펠라기우스의 문제의 핵심은 **죄를 지나치게 '가볍게' 여겼다는 것**입니다. 아우구스티누스는 이것을 받아들일 수 없었습니다. 왜냐하면 아우구스티누스는 본인 스스로가 이 죄의 무서운 강력함을 젊은 시절 내내 경험했던 사람이었기 때문입니다! 그래서 아우구스티누스는 성경을 면밀히 살펴 펠라기우스와 정면으로 반대되는 기독교의 원죄 교리를 가르치기 시작했습니다. 그것이 바로 우리가 지금 믿고 고백하는 이것입니다.

① 우리는 펠라기우스의 가르침처럼 죄가 '단 한 번' 저질러진 아담의 실수라고 믿지 않습니다. 우리는 죄가 우리의 본성에 치명적 해악을 가하는 **'영구적인 부패'**임을 믿습니다. 죄는 세상에 "들어왔"(롬 5:12)습니다.

② 우리는 펠라기우스의 가르침처럼 태어나는 아이들은 제로 상태에서 다시 시작하는 것이라고 믿지 않습니다. 우리는 성경의 가르침을 따라 모든 사람이 태어날 때부터 죄인으로 태어남을 믿습니다. 즉 죄는 유전되며, 따라서 인류는 한 사람도 빠짐없이 **모두가 죄 가운데서 태어난다는 것을** 믿습니다.

③ 그래서 우리는 펠라기우스처럼 '죽음'이 자연스러운 일이라고 믿지 않습니다. **죽음은 형벌**이며, 원래 하나님께서 우리 인류에게 의도하셨던 일이 아니었습니다. 우리는 죄의 결과를 안고 태어나서, 그 유전된 죄 때문에 계속해서 죄를 더 짓다가, 결국 죄 안에 죽는 존재로 살아가게 되었습니다.

오직 그리스도의 구속이 아니라면 우리는 단 한 사람도 이 운명에서 벗어날 수 없습니다. 아우구스티누스는 『고백록』에서 자기가 어렸을 때 과일을 도둑질한 것을 회개하고 있는데, 그 이유를 먹을 것이 필요했거나 그 과일이 필요해서가 아니라, 단지 그것을 훔치고픈 욕망 때문에(나중에 그 과일을 먹지도 않았음) 그것을 훔친

것이라고 고백하며 죄의 흉폭함을 묘사합니다.[78]

우리는 모두 이런 사람들로 태어납니다. 우리는 가장 어리고 연약한 시절의 아기조차 배가 고프면 엄마의 젖을 할퀴는 본성을 갖고 있음을 보면서 우리가 죄인으로 태어났음을 발견합니다. 실로 우리는 '유전된 죄'를 갖고 있습니다. 그러므로 성경의 가르침을 따르자면 펠라기우스의 가르침은 허황되고도 매우 위험한 것입니다. 우리는 태어날 때부터 죄인입니다. 우리의 죄는 '유전된 것', 곧 '타고난 것'입니다. 이제 죄의 유전 이론 자체를 좀 더 생각해 보겠습니다.

죄의 유전

죄의 유전에 대한 성경의 증거들

먼저 성경이 죄가 유전된다는 것을 증거하고 있는 말씀들을 봅시다.[79]

가장 단순하고 강력한 말씀으로 시편 51편 말씀이 있습니다. 다윗은 밧세바를 범하는 죄를 범하고 나서 하나님께 죄를 고백하면서 이렇게 말하였습니다.

> 내가 죄악 중에서 출생하였음이여 어머니가 죄 중에서 나를 잉태하였나이다_시 51:5

시편 51편은 죄를 여러 단어로 묘사하는데 이 구절에는 그중 둘을 사용하여 빼도 박도 못하게 강력한 죄 가운데의 잉태와 출생을 말하고 있습니다. 앞에 "죄악

---

78 — "그러나 나는 도둑질을 하고 싶었고 또한 사실 했습니다. 내가 도둑질을 하게 된 것은 배가 고파서도 아니요, 궁핍해서도 아니요, 다만 착한 일을 무시하고 싶고 또한 죄를 짓고자 하는 강한 충동에 어찌할 수 없어 범한 것이니다. 그렇지 않고서야 어찌 내가 이미 더 좋은 것을 많이 가지고 있었는데도 불구하고 그런 것을 훔치게 됩니까? 내가 즐기고 싶었던 것은 훔친 물건이 아니라 도둑질 그 자체, 죄 그 자체였나 봅니다. … 우리는 한아름씩 배를 가지고 와서는 그것을 먹지 않고 몇 개 겨우 맛만 본 다음 돼지 떼에 던지고 말았습니다. 이런 짓을 하는 것이 즐거웠으니 하지 말라는 것을 하는 재미였습니다." 아우구스티누스, 『고백록』, II, 4. 선한용 옮김, (서울: 대한기독교서회, 2009), 83.

79 — 로버트 L. 레이몬드, 『최신 조직신학』, 나용화 외 옮김, 574.

중에서"는 히브리어 '아온'을, 뒤에 "죄 중에서"는 히브리어 '헤트'를 사용했습니다. 즉 다윗은 **자신이 인지하지도 못할 때에, 심지어 생명이 이제 생성되는 그 순간에 이미 자신이 죄 가운데 있었음을** 고백하고 있습니다. 이 문장은 히브리어로 볼 때 매우 단순한 형식을 취하고 있기 때문에 다르게 해석할 여지가 거의 없습니다. 출생을 "죄악 중에", 잉태 역시 "죄 중에" 했다고 말하고 있는 아주 단순한 문장입니다.

그야말로 우리는 죄 중에 잉태되고 죄 중에 출생합니다. 앞서 말한 그대로 "부패한 아버지, 부패한 어머니가, 부패한 아이를 낳습니다." 성경은 우리가 날 때부터, 심지어 잉태될 때부터 죄 가운데 있음을 명백하게 고백하고 있습니다.

열왕기상 8장 46절에서는 솔로몬이 "범죄하지 아니하는 사람이 없사오니"라고 하였고, 전도서 7장 20절은 "선을 행하고 전혀 죄를 범하지 아니하는 의인은 세상에 아주 없느니라"라고 하였습니다. 그리고 창세기 6장은 "여호와께서 사람의 죄악이 세상에 가득함과 그의 마음으로 생각하는 모든 계획이 항상 악할 뿐임을 보시고"라고 하였으며, 시편 143편 2절 말씀은 "주의 눈 앞에는 의로운 인생이 하나도 없나이다.", 또 우리가 잘 아는 이사야 53장 6절 말씀은 "우리는 다 양 같아서 그릇 행하여 각기 제 길로 갔거늘"이라고 말씀했습니다. 로마서 3장은 "유대인이나 헬라인이나 다 죄 아래 있다."라고 말씀하고 있고, 요한 1서 1장 8절과 10절은 "만일 우리가 죄가 없다고 말하면 스스로 속이고 또 진리가 우리 속에 있지 아니할 것이요", "만일 우리가 범죄하지 아니하였다 하면 하나님을 거짓말하는 이로 만드는 것이니 또한 그의 말씀이 우리 속에 있지 아니하니라."라고 하였습니다.

이 말씀들은 **아주 일관되게** 우리가 죄인임을 언명합니다. 노력을 좀 더 하거나, 혹은 사람들의 정도 차이에 따라서 죄가 아주 없을 수도 있고 조금 있을 수도 있는 그런 종류의 일이 아님을 가르치는 것입니다. 성경은 아무도 예외 없이 모두가 다 죄 가운데 있음을 분명히 가르치고 있습니다. 우리는 그저 경험에 의해서만이 아니라 성경의 증거에 의해 분명히 확신할 수 있습니다. 아무도 죄 없는 사람이 없고 모두가 다 죄 가운데 빠져 있습니다. 이유가 무엇입니까? 사람은 누구나 '죄의 유전' 속에서 태어나기 때문입니다.

왜 죄가 유전되는가?

이제 "왜 죄가 유전되는가?"라는 질문으로 넘어가 봅시다. 성경은 분명히 처음 아담이 저지른 죄가 모든 인류의 죄의 기초가 됨을 가르치고 있습니다. 그렇다면 여기에서 "왜 그런가?"라는 질문을 충분히 해 볼 만합니다.

통상 죄의 유전에 관하여는 두 가지 중요한 이론들이 있습니다. 이것을 잠깐 짚어 본 후에 로마서 5장을 통하여 이 두 이론들을 포괄하는 성경적 기초를 세워 보도록 합시다. 죄의 유전에 관한 두 가지 이론은 일반적으로 **'실재론'**과 **'언약론'**이라고 부릅니다.

● 실재론적 측면

실재론은 "죄가 왜 유전됩니까?"라는 질문에 대하여 "우리 스스로가 죄를 짓지 않았다면 우리에게 죄(죄책)를 물으시는 하나님은 부당하다."라는 생각으로 정리된 주장입니다. 그러니까 실재론의 주장을 간단히 정리하자면, "아담이 첫 범죄를 저지를 때 우리 역시 사실상 아담의 허리에 있었기 때문에 그와 함께 죄를 저지른 것이다."라는 주장입니다. 실재론의 핵심 근거는 히브리서 7장 말씀에 있습니다.

> 또한 십분의 일을 받는 레위도 아브라함으로 말미암아 십분의 일을 바쳤다고 할 수 있나니 이는 멜기세덱이 아브라함을 만날 때에 레위는 이미 자기 조상의 허리에 있었음이라_히 7:9-10

히브리서에 의하면, 아브라함이 멜기세덱에게 십일조를 바칠 때, 후에 십일조를 받는 제사장 그룹이 되는 레위는 사실 당시 태어나지도 않았기 때문에, 이 장면에서 레위는 그 조상이었던 아브라함에게 속하여 함께 멜기세덱에게 십일조를 바친 것이라고 합니다.

실재론은 죄의 유전에 이것을 적용하여, 비록 아담이 죄를 지을 때 우리가 거기 있지는 않았지만 레위가 아브라함의 허리에 속한 것과 마찬가지로 우리 또한 아담에게 속하여 함께 죄를 지었다는 것입니다.

이는 상당한 점에서 성경의 지지를 받는다고 할 수 있는데, 왜냐하면 성경은 죄인을 정죄할 때 반드시 **직접 그 죄를 저지른 사람을 정죄**한다고 말하기 때문입니다(렘 31:30 "신 포도를 먹는 자마다 그의 이가 신 것 같이 누구나 자기의 죄악으로 말미암아 죽으리라").

실재론은 "어떻게 내가 수천 수만 년 전의 사람인 아담에게 속하여 그의 손과 내 손이 함께 그 첫 범죄를 저지를 수 있는 것인가?"라는, 과학적으로는 이해되지 않는 문제를 가지고 있습니다. 그럼에도 불구하고 죄를 우리가 '직접' 저질렀음을 강조한다는 점에서 중요한 가치가 있습니다. 실재적인 측면에서 죄를 짓지 않았다면 사실상 죄가 유전되는 것은 '억울한 이야기'가 될 수 있기 때문입니다.

하지만 실재론에는 설명하기 어려운 문제점들이 있습니다. 실재론의 가장 치명적인 문제점은 "만약 내가 실제로 아담과 함께 죄를 저지른 것이라면, 왜 **아담의 첫 죄악만** 나에게 전가되고 이후의 모든 죄들 또한 전가되지는 않는 것인가?"라는 질문에 대답할 수 없다는 점입니다.

실재론의 가르침대로라면 아담의 첫 죄뿐 아니라 이후에 지은 아담의 모든 죄까지도 내가 그와 함께 지은 것이 됩니다. 심지어는 아담의 모든 후손들, 곧 내 아버지 어머니가 나를 낳기 전까지 내 조상이 되는 모든 사람들의 죄까지도 모두 내가 함께 지은 죄가 된다는 문제가 생깁니다. 실재론이 이런 문제를 가지는 제일 중요한 이유는 히브리서의 말씀을 '**언약적**'으로 이해하지 않고 '**생물학적**'으로 이해했기 때문입니다. 이를 염두에 두고, 우리가 실재론을 어떻게 극복해야 하는지는 결론부에서 말씀드리겠습니다.

● **언약론적 측면**

다음 주장은 '언약론적 측면'입니다. 언약론적 측면은 우리가 아담에게 속하여 실제로 죄를 저질렀다기보다는 아담이 우리의 언약적 머리로서 하나님과 언약 관계 가운데 있었기 때문에 아담의 언약 파기가 동시에 우리의 것도 된다는 주장입니다. 아담은 일종의 **인류의 '대표'**로서 하나님과 언약을 맺었고, 그 인류의 대표인 아담이 언약을 파기했기 때문에 그 영향력이 우리에게도 동일하게 미친다는 주장입니다.

언약론의 장점은 앞서 말씀드린 실재론이 가졌던 문제점들을 깨끗하게 극복한다는 점입니다. 아담은 우리의 '언약의 대표자'이기 때문에, 우리가 굳이 아담과 함께 죄를 지었다고 말할 필요는 없습니다. 따라서 실재론의 문제점으로 제기한 "아담의 그 이후에 지은 모든 죄나 아담의 모든 후손들의 죄"가 굳이 나의 것이 될 이유가 없습니다. 아담은 단지 하나님의 언약 대상자로서 그 언약을 파기하는 첫 범죄를 저질렀고, 그 언약 파기가 나에게 영향을 미칠 따름입니다. 이런 점에서 언약론은 장점을 가지고 있습니다.

뿐만 아니라 언약론에는 성경 전체에 흐르고 있는 '언약'이라는 주제를 잘 드러내고 있다는 장점도 있습니다. **성경에 전반적으로 흐르고 있는 언약이라는 주제**는 언제나 사람을 대할 때 '한 사람 개인'으로 보기보다는 '언약적 관점으로서의 공동체'를 보게 만듭니다. 따라서 언약론적 측면은 성경이 가진 관점과도 매우 잘 부합한다는 장점을 가지고 있습니다.

그리고 로마서 5장이 보여 주고 있는 죄의 유전에 대한 가르침도 사실은 언약론적 측면과 원리에 있어서는 동일합니다. 로마서 5장은 그리스도께서 우리의 구속자가 되시는 이유를 아담이 우리의 죄의 조상이 되는 이유와 똑같은 것으로 봅니다. 간단히 정리해 보자면 다음과 같습니다.

> 내가 직접 죄를 범하지는 않았지만 아담이 언약의 대표자이기 때문에 아담 안에 있는 나도 같은 죄를 지었다.

이와 같은 원리를 구원에도 똑같이 적용해 봅시다.

> 내가 직접 구속을 이룬 것은 아니지만 그리스도께서 언약의 대표자로서 구속을 이루셨기 때문에 그리스도 안에 있는 나도 같은 구속을 얻게 되었다.

만약 언약론의 성격을 따르지 않는다면 예수 그리스도께서 의를 이루셨어도 **그분은 자신밖에 구원할 수 없게 됩니다.** 하지만 예수님의 의는 '언약 안에서' 행해진 의이기 때문에 그 언약 안에 들어가면 우리도 '마치 자신이 그 의를 행한 것처럼' 대우를 받습니다. 곧 언약론적 측면은 죄의 유전이라는 주제를 성경의 관점에서 잘 바라볼 수 있게 해 주는 좋은 장점을 가지고 있습니다.

하지만 앞의 실재론과 똑같이, 이편의 장점이 저편에게 단점이 되고 저편의 장점이 이편에게는 단점이 됩니다. 말하자면 언약론적 측면은 실재론이 가진 문제를 잘 설명하지만 반대로 실재론이 잘 설명하는 부분에 있어서는 문제를 일으킵니다. 언약론의 문제점은 "내가 직접 저지르지 않은 죄에 대해 내가 왜 죄의 처벌을 받아야 하는가" 하는 문제에 있어서는 여전히 해결할 수 없는 어려움이 있다는 것입니다. 현대의 개혁파들 안에서는 베르까우어라는 신학자가 이 부분에 대해 크게 문제 제기를 합니다. 성경은 자기가 짓지 않은 죄를 자신에게 부여하지 않는다고 하는 점을 강조하는 것입니다.

● 우리가 죄의 유전에 대해 가져야 하는 태도

그렇다면 우리는 어떤 입장을 견지해야 할까요? 로마서 5장을 통해 죄의 유전에 대해 어떤 입장을 가지는 것이 좋을지 정리해 보도록 합시다. 여기서 중요한 점은 실재론과 언약론이 누구 하나는 절대적으로 맞고 누구 하나는 절대적으로 틀린 것은 아니라는 점입니다. 오히려 이 둘은 모두 취해야 할 장점들이 있는 가르침들입니다. 실재론에서 강조되어야 할 장점이 있고 반대로 언약론에서 강조되어야 할 장점이 있습니다.

먼저 우리는 **언약론의 입장에서** 아담이 우리를 대표하여 하나님과 언약을 맺었고, 따라서 그가 죄를 저질렀을 때 우리 인류 모두가 다 죄에 빠지게 됨을 믿습니다. 왜냐하면 로마서 5장 12절 말씀은 "그러므로 한 사람으로 말미암아 죄가 세상에 들어오고, 죄로 말미암아 사망이 들어왔나니 **이와 같이 모든 사람이** 죄를 지었으므로 사망이 모든 사람에게 이르렀느니라"라고 말씀하고 있기 때문입니다.

이 말씀에 따르면 성경은 분명하게 아담을 '한 개인'으로 치부하고 있지 않습니다. 뿐만 아니라 그 아담에게 있었던 죄의 영향력이 그에게서만 끝난 것으로도 말하고 있지 않습니다. **"한 사람으로"라**는 문구는 뒷부분에서는 **"이와 같이 모든 사람이"**로 확장됩니다. 즉 성경은 아주 분명하게 언약론적 관점을 갖고 있습니다.

또한 14절에서도 "그러나 아담으로부터 모세까지 **아담의 범죄와 같은 죄를 짓**

지 아니한 자들까지도 사망이 왕 노릇하였나니"라고 말씀합니다. 아담과 같은 죄를 짓지 않았음에도 사망이 동일하게 왕 노릇하였다는 말입니다. 언약론을 강화해 주는 말씀입니다. 아담의 모든 후손들은 아담과 같은 죄를 짓지 않아도 아담과 같은 죄의 결과, 죄책을 받았습니다. 그것은 아담의 첫 죄가 이후 모든 후손들에게 영향력을 미치기 때문입니다. 18절 또한 "그런즉 한 범죄로 많은 사람이 정죄에 이르렀다."라고 말씀합니다.

이런 말씀들은 아담의 죄가 어떻게 대표자로서 우리를 원죄의 결과물에 이르게 만들었는지를 잘 보여 줍니다. 성경은 분명하고도 확고하게 아담이 지은 죄가 언약적으로 그 후손에게도 동일한 영향을 미친다는 것을 말씀하고 있습니다. 아담이 처음 하나님께 번성의 복을 허락받았을 때부터, 즉 "생육하고 번성하라"라는 명령을 받았을 때부터, 아담은 개인적으로 이 복을 받았던 것이 아닙니다. 아담은 언제나 '언약적 다수', 즉 인류 전체로서 하나님과 언약을 맺습니다. 따라서 그의 범죄는 결코 혼자의 죄가 아니라 우리 모두의 죄인 것입니다.

하지만 우리는 동시에 **실재론의 입장에서**, 그럼에도 불구하고 우리가 가진 죄가 '가상의 것'은 아니라는 점을 강조해야 합니다. 우리가 아담의 범죄로 말미암아 갖게 된 죄는 **'누구의 것도 아닌 나의 것'**이라는 말입니다. 말하자면 우리는 언약론을 잘못 이해해서, 아담이 처음 저지른 죄는 단지 그가 **'대표자로서' 지은 것일 뿐**이므로 "나는 그와 상관이 없다."라고 말해서는 안 된다는 것을 깨달아야 합니다. 우리는 내가 짓지 않은 죄 때문에 억울해 할 수 없습니다. 왜냐하면 성경은 분명히 언약론의 입장에서 말하지만 실재론이 강조하는 것과 같이 "하지만 네 스스로가 죄인이다."라고 분명히 말씀하고 있기 때문입니다. 즉 우리는 언약론을 따라 말하면서도 동시에 실재론의 입장에서처럼 죄가 진지하게 '자신의 것'임을 받아들여야 합니다.

이 점에서도 로마서 5장은 분명한 입장을 견지하고 있습니다. 로마서는 원죄의 타락이 아담을 통해 우리에게 온 것이라고 말하지만, 분명히 그것을 어떤 측면에서도 '나의 것은 아닌 것처럼' 말하고 있지 않은 것입니다. 다시 12절을 봅시다. "한 사람으로 말미암아 죄가 세상에 들어오고" 다음의 말씀은 "이와 같이 모든 사람이 죄를 지었으므로"입니다.

"**이와 같이**"에 유의해 보십시오. 로마서 5장은 아담이 지은 죄가 '나의 것'이라는 사실을 분명하게 가르치고 있습니다. "이와 같이", 곧 "아담이 죄를 지은 것과 같이", "모든 사람이 죄를 지었"습니다. 그렇습니다! 아담 한 사람을 통해 저질러진 죄는 '단지 그의 것'이기 때문에, **나는 언약적 대표자가 지은 죄를 그저 바라보고 있게 되는 것이 아닙니다.** 그 죄의 전승이 어떤 방식으로 우리의 핏속으로 타고 들어오는지는 우리가 알 수 없더라도, 성경은 분명히 우리가 그와 함께 죄를 저질러 '단지 그가 아니라', '나 역시' 죄인이 되었다는 것을 증거하고 있습니다.

따라서 실재론은 죄가 분명 '자신이 지은 것'이라는 점을 잘 드러냈음에도 불구하고 그것을 '**생물학적 자기**'로 **이해함으로써**, 즉 이해할 수는 없지만 어떻게든 내가 수천 년 혹은 수만 년 전의 아담의 몸속에 있었다는 식으로 이해함으로써, 잘못된 길로 가고 말았습니다. '죄의 실재'의 문제는 생물학적인 것에서 오지 않습니다. 오히려 우리는 실재론을 언약론과 결합시켜야 합니다. **성경은 '언약적 죄'를 '나의 죄'라고 말합니다.** 로마서 말씀은 언약의 대표자가 지은 죄는 단지 '대표자의 죄'라기보다도, 언약 안에서 **우리 모두가 함께 지은 죄**라고 말하고 있습니다.

이것을 굳이 생물학적으로 이해할 필요는 없습니다. 우리가 죄인인 이유는 아담의 유전자나, 아담의 핏속으로 죄라는 성분이 타고 내려오는 생물학적 메커니즘 때문이 아닙니다. 우리가 죄인인 이유는 우리 핏속에 죄가 흘러서가 아니라, 하나님과 사람이 맺은 언약 관계 때문에 아담이 지은 죄가 인류 전체를 죄인으로 만들고, 그때 들어온 죄가 인류 전체를 오염시켰기 때문입니다. 바로 이 때문에 우리는 "부패한 아버지가 부패한 자녀를" 낳을 수밖에 없는 그런 '존재'가 된 것입니다. 이것은 사실상 '신비'이며, 우리의 이해로는 불가능한 부분들이 있기 때문에, 이에 대한 이해는 이 정도에서 만족해야겠습니다.

제3조 : 사람의 전적인 무능력

그러므로 사람은 모두 죄악 가운데서 잉태되고 진노의 자녀로 태어나서[i] 구원을 얻게 할 만한 어떤 선행도 할 수 없고, 오히려 악으로 향하는 성향이 있으며[ii] 죄 가운데서 죽어 있는 죄의 종입니다.[iii] 우리를 중생시키시는 성령의 은혜가 없이는[iv] 사람은 스스로 하나님께 돌아오거나, 자기의 부패한 본성을 고치거나, 혹은 자기 자신을 교정할 의지도, 그럴 능력도 없습니다.[v]

i 엡 2:1 그는 허물과 죄로 죽었던 너희를 살리셨도다 / 엡 2:3 전에는 우리도 다 그 가운데서 우리 육체의 욕심을 따라 지내며 육체와 마음의 원하는 것을 하여 다른 이들과 같이 본질상 진노의 자녀이었더니

ii 요 8:34 예수께서 대답하시되 진실로 진실로 너희에게 이르노니 죄를 범하는 자마다 죄의 종이라

iii 롬 6:16-17 너희 자신을 종으로 내주어 누구에게 순종하든지 그 순종함을 받는 자의 종이 되는 줄을 너희가 알지 못하느냐 혹은 죄의 종으로 사망에 이르고 혹은 순종의 종으로 의에 이르느니라. 하나님께 감사하리로다 너희가 본래 죄의 종이더니 너희에게 전하여 준 바 교훈의 본을 마음으로 순종하여

iv 요 3:3-6 예수께서 대답하여 이르시되 진실로 진실로 네게 이르노니 사람이 거듭나지 아니하면 하나님의 나라를 볼 수 없느니라 니고데모가 이르되 사람이 늙으면 어떻게 날 수 있사옵나이까 두 번째 모태에 들어갔다가 날 수 있사옵나이까 예수께서 대답하시되 진실로 진실로 네게 이르노니 사람이 물과 성령으로 나지 아니하면 하나님의 나라에 들어갈 수 없느니라 육으로 난 것은 육이요 영으로 난 것은 영이니

v 딛 3:5 우리를 구원하시되 우리가 행한 바 의로운 행위로 말미암지 아니하고 오직 그의 긍휼하심을 따라 중생의 씻음과 성령의 새롭게 하심으로 하셨나니

● 강해 본문 ① : 마태복음 7장 18절

18 좋은 나무가 나쁜 열매를 맺을 수 없고 못된 나무가 아름다운 열매를 맺을 수 없느니라

● 강해 본문 ② : 로마서 1장 29-32절

29 곧 모든 불의, 추악, 탐욕, 악의가 가득한 자요 시기, 살인, 분쟁, 사기, 악독이 가득한 자요 수군수군하는 자요 30 비방하는 자요 하나님께서 미워하시는 자요 능욕하는 자요 교만한 자요 자랑하는 자요 악을 도모하는 자요 부모를 거역하는 자요 31 우매한 자요 배약하는 자요 무정한 자요 무자비한 자라 32 그들이 이같은 일을 행하는 자는 사형에 해당한다고 하나님께서 정하심을 알고도 자기들만 행할 뿐 아니라 또한 그런 일을 행하는 자들을 옳다 하느니라

● 강해 본문 ③ : 로마서 8장 7절

7 육신의 생각은 하나님과 원수가 되나니 이는 하나님의 법에 굴복하지 아니할 뿐 아니라 할 수도 없음이라

우리가 전적으로 무능력하다는 것은 어떤 의미인가?

마 7:18; 롬 1:29-32; 8:7

신사고(思考) 운동

제가 최근 읽은 책[80]을 통해 깨닫게 된 사실이 하나 있습니다. 그것은 순복음 교회의 조용기 목사나 『긍정의 힘』의 조엘 오스틴(Joel Osteen) 같은 사람들, 그리고 그들 이전의 더 선구적인 사람들인 노먼 빈센트 필과 로버트 슐러가 가르치는 복음이 단순히 우리가 믿는 복음과 성격에 있어 차이가 있다거나 "기복 신앙은 유해하다"라는 정도로 그치기에는 훨씬 더 그 선을 넘어서 있다는 사실입니다.

과거에 저는 조엘 오스틴의 책을 읽으면서 단순히 그가 부정직하다고 생각했습니다. 아침에 일어나서 거울을 보면서 "잘될 거야!"라고 말한다 한들 실제로 일이 잘 풀리게 되는 것은 아니라는 것이 저의 일관된 관점이었습니다. 즉 조엘 오스틴이 거짓말을 하고 있다고 생각한 것이죠. 긍정적인 사고나 말 한마디로 현실은 바뀌지 않습니다. 단지 그 현실에 대응하는 자신의 마음가짐만 달라질 뿐입니다. 따라서 조엘 오스틴이 정직하게 말하려면 "긍정적인 사고를 가진다면, 내 마

---

80 — 권수경, 『번영복음의 속임수』 (서울: SFC, 2019).

음의 변화를 통해서 내가 대응할 수 있는 영역에서만 좀 더 나은 성과를 거둘 수 있다."라고 해야 하는 것인데, 그것을 더 확장해서 "긍정적인 사고가 실제로 일의 결과를 바꾼다."라고 말하니까 조엘 오스틴은 거짓말을 하고 있다고 생각한 것입니다. 조용기 목사도 이 맥락에 있어서는 완전히 일치합니다.

사실은 이 정도 생각만으로도 충분히 이것이 복음이 아니라는 것을 논증할 수 있습니다. 이는 '심리학'을 믿는 것이지 복음을 믿는 것이 아니니까요. 그런데 최근에 공부를 하면서 사실 조엘 오스틴이나 조용기 목사에 대한 저의 이런 평가가 잘못된 것이었다는 점을 알게 되었습니다. 저는 이들이 단순하게 '사고나 결심의 변화에 따른 태도의 변화와 거기서 오는 좀 더 나은 영향력'을 믿는다고 생각했는데, 그렇지가 않았습니다. 오히려 이들의 믿음에는 좀 더 깊고 중요한 근본이 있었습니다.

단적으로 말하자면, 이들은 단지 긍정적 사고가 내 마음을 바꾼다고만 생각했던 저의 이해와는 달리, 긍정적 사고가 **실제로 우주를 변화시킨다고** 믿습니다. 즉 이들의 믿음은 '심리학'이 아니었습니다! 조엘 오스틴이나 조용기는 '우주적 힘'을 믿습니다. 이 우주에는 특별한 '공식'이 있고, 그 특별한 공식을 따라 정확하게 행동하면, 마치 스위치를 누름으로써 전구가 켜지듯이 그 일이 일어난다는 것입니다. 이때 조엘 오스틴과 같은 이에게 그 스위치는 '긍정적 사고'입니다. 곧 내가 긍정적으로 사고하면 우주적 스위치가 눌러집니다. 그래서 그 스위치에 연결되어 있는 '좋은 일들'이 자동적으로 일어나게 됩니다! 이것은 완벽하게 이교이며 주술입니다! 이것은 정확하게 이신론[81]입니다!

이신론에는 하나님이 필요 없습니다. 스위치를 누르면 그에 연결된 전구가 켜지기 때문에, 정확하게 말하자면 그 일은 하나님 때문에 일어나는 일이 아닙니다. 단지 조건이 충족된다면 그 일이 일어날 뿐입니다. 우주의 공식이죠.

생각해 보십시오. 내가 긍정적 사고를 가지면, 그 사고로 인하여 내가 오늘 만

---

81 — 이신론(Deism)이란 하나님께서 세상을 일종의 기계 장치처럼 정확하게 작동하도록 만들어 놓으셨기 때문에 창조 후에 하나님이 '섭리'로써 거기 관여하시지 않더라도 세상은 저절로 알아서 돌아간다고 믿는 믿음이다. 이신론에서 하나님은 창조 후에는 불필요하다.

날 어떤 일들에 변화가 생깁니다. 이 작동 원리는 자동적 혹은 기계적으로 일어나기 때문에 하나님의 개입을 통해 일어나는 일은 아닙니다(원리를 만든 것은 하나님이라 할지라도). 비록 이들이 기독교인이기 때문에 이렇든 저렇든 하나님을 끼워 넣어 말하기는 합니다. 그러나 원리적으로 정확하게 말할 때, 이들은 하나님께서 역사하지 않으셔도 상관이 없습니다. 하나님은 단지 '그 원리'를 처음 만들 때만 필요합니다. '섭리' 같은 것은 필요하지 않습니다. 이들이 믿는 하나님은 그저 '**우주적 기운' 그 자체이거나 혹은 '우주적 기운의 창조자'일 뿐**, 성경의 하나님, 곧 인류 역사에 직접 개입하시고, 그 구속의 역사를 통하여(경륜) 자신의 어떠하심을 (속성/성품) 직접 이 세계 속에 드러내시는 분은 결코 아닙니다.

그러므로 이들이 믿는 하나님을 따르는 일은 '범신론적인 어떤 신', 심지어 '세계에 개입하지 않는 저기 어딘가의 신'을 믿는 것일 뿐입니다. 권수경 교수는 이 점을 매우 상세하게 지적하면서, 그래서 조엘 오스틴이나 조용기 같은 사람은 단순하게 '기독교의 기복화' 정도가 아니라 '전혀 다른 하나님을 믿는', 그러니까 **하나님을 '범신론의 신으로 바꾸어 버리는'** 결과를 낳는다고 옳게 지적하였습니다.

여기에 우리가 생각해야 할 중요한 점이 있습니다. 앞서 말한 내용들에서 '우주적 기운에 연결되는 스위치', 곧 내가 이 스위치를 누르기만 하면 우주가 움직일 수 있는 작동 원리로서(예를 들어 '긍정적 사고') 이 스위치는 **우리 '내부'**에 있습니다. 우리는 스스로가 작은 우주이며, 우리 속에 전체 우주를 동작케 할 수 있는 내적인 스위치가 있다는 것입니다. 따라서 제대로 원리를 따라 이것을 작동하기만 한다면("나는 할 수 있다!"라고 외친다거나, 긍정적 사고를 갖는다거나, '주여 삼창' 같은 것을 할 때), 실제로 하나님은 움직일 수밖에 없게 됩니다. **하나님이 "움직일 수밖에 없다!"** 이것이 얼마나 발칙하고도 끔찍한 상상입니까? 하지만 이 사람들에게 하나님은 실제로 이러하며, 그들이 가르치는 기독교는 사실 이런 종류의 기독교입니다.

그러면 여기에 어떤 무시무시한 점이 내재되어 있습니까? 이런 믿음에서 '**내 삶을 움직이는 것**'은 더 이상 **하나님이 아니게** 됩니다. 내가 긍정의 힘을 가지면 되고, 내가 말에 능력이 있다고 믿어 입술로 그것을 힘차게 외치면서 살아가면 됩니다! 하나님께서는 여기에 딸려 올 수밖에 없는 신이 되어 버리기 때문에 이 믿음에서 내 삶은 전혀 '하나님에 의해' 주도되지 않게 됩니다. 내 삶은 반드시

'나를 통해', 조금 더 정교하게 말하자면 '내가 결심하고 행동하는 것이 움직이는 우주적 법칙에 의해' 결정지어집니다.

이쯤 되면 이들이 어떤 방식으로 지독히 아르미니우스주의적인지가 드러납니다. 그렇습니다! 이들이 말하는 하나님은 우주와 우리 인생의 주도자가 아니십니다. **권좌에 앉은 것은 '자아(自我)', 바로 '나'입니다!**

전적 무능력

그러나 신자로서 우리는 내 속에 하나님의 손을 움직일 수밖에 없는 스위치가 있다고 믿는 것과는 정반대로, **"나는 전적으로 무능력하다."**라고 믿습니다. 우리는 지난 2조를 통해 "죄의 유전"을 배웠습니다. 죄를 대물림받게 된 인간은 부패 가운데서 태어나고 죽음 가운데 성장합니다. 이때 우리가 가진 이 죄의 경향, 우리가 가진 이 죄의 파괴력, 그것을 한마디로 무엇이라고 말할 수 있느냐? 이것을 **'전적 무능력'**이라고 할 수 있겠습니다.

이 '전적 무능력'을 세 단계로 정리해 봅시다.

첫째, 전적 부패입니다. 우리는 완전히 타락했습니다. 아담과 하와의 범죄 이후에 사람은 전적으로 타락했습니다. 이때 '전적' 부패라고 할 때의 이 '전적(全的)'은 사람이 악마가 되었다는 뜻이 아니라 '모든 영역에서' 타락했다는 뜻입니다. **속속들이 부패하지 않은 영역이 없다**는 뜻이죠. 그래서 우리는 펠라기우스나 아르미니우스주의자들처럼, 또는 중세의 스콜라 신학에서처럼 "사람에게는 부패하지 않은 부분이 남아 있다."(아르미니우스주의자들에게는 특별히 '의지')라고 믿지 않습니다. 우리는 죄로 말미암아 '전적으로' 타락했음을 믿습니다.

둘째, 죄의 유전입니다. 우리는 이 전적 부패가 '유전'된다는 것을 믿습니다. 죄책, 곧 죄의 영향력은 단지 아담 자신의 당대에만 미친 것이 아니라, 언약의 성격 때문에 모든 세대에게, 전체 인류에게 미칩니다. 그래서 사람은 **태어날 때부터 악합니다**. 죄의 영향력은 사람이 잉태되는 순간부터 작용합니다. 사람 중에 어떤 이도 죄의 영향력 없이 태어나지 않으며, 이 죄의 유전은 살아가는 내내 작용합니다. 따라서 우리 중 아무도 이 죄의 유전적 영향력에 구애받지 않고 살아가는 사람은 없습니다.

셋째, 전적인 무능력입니다. 우리는 전적으로 타락했고 또 그 유전적 영향하에 있습니다. 여기서 자유로운 사람은 아무도 없습니다. 그렇다면 지금의 우리는 어떻다고 해야 합니까? 여기 서 있는 '나'는 어떤 사람입니까? 우리는 선을 행함에 있어서, 하나님을 향하여 감에 있어서, 그분의 뜻을 따름에 있어서 '전적으로 무능력'합니다. 아무것도 할 수 없을 뿐 아니라 하려고 하지도 않습니다. 이 무능력을 신조가 가르치는 방식으로 말해 봅시다. 3조의 설명입니다.

---

① "어떤 선행도 할 수 없고" : 그렇습니다. 선행을 할 수 없습니다.

② "오히려 악으로 향하는 성향이 있고" : 선행을 하지 않을 뿐 아니라 항상 악을 향하여 갑니다.

③ "죄 가운데 죽어 있으며 죄의 종입니다." : 아르미니우스주의자들은 사람을 **'병자'**라 생각했습니다. 결코 **'죽어 있다'**고 생각지 않았습니다. 하지만 우리는 죄 가운데 죽어 있으며, 죄의 종입니다. 루터 선생님이 사용하신 이에 대한 중요한 표현은 "의지의 속박(The bondage of the will)"[82]입니다.

④ "중생시키시는 성령님의 은혜가 없다면 사람은 결코 스스로 하나님께 돌아오거나 자기의 부패한 본성을 개혁하거나, 혹은 스스로를 개혁에 맡길 의지도 능력도 없다.": 그렇습니다. 우리가 전적으로 부패했다고 믿는다는 것을 다른 말로 하면 전적으로 무능력하다고 할 수 있습니다. 이때 "무능력"이란 단지 지금 무언가를 하고 있지 않은 것을 말할 뿐 아니라 다시 하나님께 돌아가려고 하지도, 자신을 개혁하려고 하지도 않는다는 것을 의미하며, 또 그렇게 자신을 개혁할 의지도 없고, 능력도 없는 것, 즉 **할 수도 없고 하려고 하지도 않는 것**을 의미합니다.

---

82 — 루터는 에라스뮈스의 『자유 의지론』에 대항하여 『노예 의지론』을 썼고, 여기에서 이렇게 말했다. "친애하는 에라스뮈스여 … 그들은 선택의 자유는 은총이 현존할 경우 선을 분별하고 이를 선택하지만 은총이 현존하지 않으면 악을 분별하고 이를 선택하는 능력이라고 말하기 때문이다. 확실히 롬바르드는 어거스틴과 함께 선택의 자유는 그 자신의 능력으로서는 타락 이외에 다른 것을 행할 수 없으며 죄를 짓는 능력밖에 없다고 생각하였다. 이러한 이유 때문에 어거스틴은 율리안을 반박하는 그의 두 번째 저술에서 이를 '선택의 자유'라고 부르지 않고 '노예화된 자유'라고 불렀다." 마틴 루터, 『루터선집: 교회의 개혁자 II』 "노예의지론", 지원용 옮김 (서울: 컨콜디아사, 1993), 130.

우리는 "긍정적으로 사고하면 할 수 있다."라는 식의 복음이 거짓 복음임을 말해야 합니다. 그리고 그렇게 말하게 되는 중요한 단초를 지금 배우고 있습니다. 왜 긍정의 힘이 우리를 움직이는 것이 아니냐? 왜 목적이 이끄는 삶이 우리를 이끄는 것이 아니냐? **우리는 어떤 방식을 작동함으로 인해서 삶의 어떤 것을 이룰 수 없는 자들, 곧 스위치가 없는 자들이기 때문**입니다. 우리는 오로지 이 한 사실만을 압니다. 우리는 전적으로 무능력하기 때문에, 중생시키시는 성령님의 은혜가 없이는 선을 향하는, 하나님을 향하는 '**어떠한 움직임**'도 할 수 없다! 이것이 우리의 믿음입니다.

전적 무능력의 의미

그러므로 "전적 무능력"을 더욱 묵상해 봅시다. 세 군데의 성경 말씀을 통해서 우리의 전적 무능력을 생각해 보겠습니다.

마태복음 7장 18절

예수님께서는 산상수훈을 말씀하시면서 마지막 부분에 이르러 "거짓 선지자들을 삼가라"(15절)라고 하실 때, "좋은 나무가 나쁜 열매를 맺을 수 없고 못된 나무가 아름다운 열매를 맺을 수 없으니라"(18절)라고 말씀하십니다. 덧붙여 "이러므로 그의 열매로 그들을 알리라"(20절)라고도 하십니다.

이 말씀에서 중요한 요지는 예수님께서 지금 '**불가능성**'을 언급하고 계시다는 것입니다. "좋은 나무는 나쁜 열매를 맺을 수 없다." 이것은 믿음을 가진 자의 올바른 행실을 말합니다. 그리고 더불어 주님께서는 "나쁜 나무가 좋은 열매를 맺을 수 없다."라는 이야기도 하시는데, 이 역시 동일하게 '행실'에 관계된 말씀입니다. 이 말씀에서 "열매"라는 것은 행위로 나타나는 결과물을 말하는 것이고, 이 열매는 전적으로 **뿌리로부터/나무로부터 기인**합니다. 좋은 나무/좋은 뿌리는 좋은 열매를 결과물로 맺을 것이고 나쁜 나무/나쁜 뿌리는 나쁜 열매를 결과물로 맺을 것입니다. 반대의 일은 일어나지 않습니다.

주님의 이 말씀은 결국 전적으로 맺어지는 열매가 그 나무의 됨됨이, 그 뿌리의 됨됨이에 **철저하게 기초해 있음**을 가르치는 것입니다. 주님의 이 가르침이 사실이라면 '전적인 부패', 곧 '완전하게 썩은 뿌리'를 가진 이에게서 어떤 '좋은 열매'가 맺어질 수 있습니까? 주님의 말씀이 사람들에게서 보편적으로 작동되는 원리라면, 썩은 뿌리를 가진 사람에게서는 어떤 방식으로도 좋은 열매가 맺어질 것을 기대해서는 안 됩니다.

곧 "전적인 부패"와 그로 말미암은 "죄의 유전"을 가지고 있는 인생들로서는 그 어떤 방식으로도 선한 결과물이 빚어질 수가 없다는 것을 주님의 이 말씀은 현저히 보여 주고 있습니다.

그런데 여기에는 '착각'이 동반됩니다. 나쁜 나무는 나쁜 열매를 맺을 뿐이지만, 이를 잘 '인지'하지 못하는 이유는 죄가 가지고 있는 근본적인 속성 때문에 우리의 이지(理智)가 흐려져서 '착각'하게 되기 때문입니다. 우리는 자신이 나쁜 나무인 줄 모르게 되고, 더불어 자기에게서 맺어지는 열매가 나쁜 열매인 줄을 모르게 됩니다.

마약에 취해 있는 한 사람을 보고 있다고 생각해 보십시오. 혹은 술에 흠뻑 취해 비몽사몽인 한 사람을 생각해도 좋겠습니다. 이 사람은 하루 일과를 마치고는 술집에 들른 후에, 마약을 한 후에, 매우 정상적인 걸음걸이로 평소와 다름없이 현관문의 번호 키를 누르고 들어와서 외투를 벗고 편한 옷으로 갈아입은 다음, 소파에 누워 TV 리모컨으로 TV를 켰습니다. 그런데 갑자기 소변이 마렵습니다. 그래서 자연스럽게 리모컨을 테이블에 놓고 일어서는 화장실 문을 열고 가서 변기 뚜껑을 올리고 소변을 보았습니다.

여기까지는 이 술에, 혹은 마약에 취한 사람의 '자기 입장에서의 관점'이었습니다. 그런데 실제의 이 사람은 술집에서 나온 뒤에 비틀거리며 여기저기 부딪히며 걸어가다가 마침 도착한 지하철을 타고 자리에 앉더니 혼자서 무언가 중얼대다가 그 자리에서 옷을 벗고 조금 앉아 있다가는 일어서서 지하철 의자 위에다가 소변을 봅니다. 이것이 이 사람의 곁에서 다른 사람이 보는 '실제의' 장면입니다.

그렇습니다. '착각'한 것입니다. 자신은 분명히 집에 들어와서 거실에서 TV를 보다가 화장실에서 소변을 보았지만, 사실 그것은 그 사람의 착각일 뿐이요, 실제로는 지하철 의자 위에 실례를 한 것입니다.

전적인 무능력의 중요한 요소 중 하나가 바로 이 '착각'입니다. 무능력한데 무능력을 인지하지 못하는 것입니다. 하지 못하고 있는데 하고 있다고 생각하는 것입니다. 분명히 지하철 안에 소변을 싸고 있는데, 스스로는 자기 집 소파에 누워 있다가 화장실에 가서 볼일을 본다고 생각하는 것입니다.

우리는 살아가면서 무능을 종종 경험합니다. '서류 작성을 잘 못한다', '창의적 아이디어가 없다', '축구를 못한다', '운동신경이 없다' 등 우리가 통상 겪는 무능들은 이렇게 삶의 여러 부분들에서 일어나는 '부분적인 무능력'들입니다. 그런데 우리는 삶에서 **'착각의 무능력'**은 잘 경험하지 못하는 때가 많습니다. 아마 '착각의 무능력'은 치매에 걸린 환자들 정도만 경험할 것입니다. "분명히 이렇게 했는데 사실은 그게 아니더라."라고 하는 '착각의 무능력' 말입니다.

우리는 보통 살아가면서 무능력을 "나는 무엇을 잘 못해."라는 식으로만 경험하기 때문에 인지에 있어서의 착각, 곧 "나는 굉장히 잘한다고 생각했는데, 사실 정신을 차리고 보니까 전혀 다른 일을 하고 있더라." 하는 경우가 잘 없습니다. **하지만 죄에 있어서 전적인 무능력은 상당 부분 이렇습니다.** '착각'이지요. 자기는 굉장히 잘하고 있다고 생각하는데 사실은 무능력한 것입니다.

따라서 '자유 의지'라는 것은 대개의 경우 착각에서 기인합니다. 개혁자들은 성경으로부터 출발하였기 때문에 이것을 파악할 수 있는 통찰력을 가졌었습니다. 개혁자들이 정확하게 파악한 인간이란, 자기 딴에는 분명히 선과 악 중 하나를 자신의 의지로 선택한다고 생각하고 자유의지를 발휘했다고 믿지만, 실제로는 '항상 죄로만 치우치는 선택을 할 수밖에 없다는 것'을 모른 채로 착각을 하고 살아가는 것입니다.

우리의 무능력이란 **'애초에 그 뿌리가 선한 열매를 맺을 수가 없는'** 완전한 다른 **차원에서의 무능력**입니다. 우리 자체와 하나님의 선하신 뜻, 하나님의 참된 계획, 하나님의 구속적 복음은 애초에 다른 영역에 있습니다. 3사분면에 있는 곡선이 아무리 활개를 쳐도 2사분면에 있는 영역에는 도달할 수가 없듯이, 우리의 무능력이라는 것은 '착각', 곧 **'알아채지도 못하는' 무능력**이기 때문에 우리는 절대로 여기서 벗어날 수가 없습니다.

로마서 1장 29-32절

두 번째로 로마서 1장 말씀을 보겠습니다. 먼저 1장 28절 말씀을 읽어 봅시다.

> 또한 그들이 마음에 하나님 두기를 싫어하매 하나님께서 그들을 그 상실한 마음대로 내버려 두사 합당하지 못한 일을 하게 하셨으니_롬 1:28

그리고 29절부터 나오는 목록을 자세히 보도록 합시다.

> 곧 모든 불의, 추악, 탐욕, 악의가 가득한 자요 시기, 살인, 분쟁, 사기, 악독이 가득한 자요 수군수군하는 자요 비방하는 자요 하나님께서 미워하시는 자요 능욕하는 자요 교만한 자요 자랑하는 자요 악을 도모하는 자요 우매한 자요 배약하는 자요 무정한 자요 무자비한 자라 그들이 이같은 일을 행하는 자는 사형에 해당한다고 하나님께서 정하심을 알고도 자기들만 행할 뿐 아니라 또한 그런 일을 행하는 자들을 옳다 하느니라_롬 1:29-32

이 말씀에서 우리는 두 가지 주제를 발견할 수 있습니다.

첫째, 우리는 **지독하게 부패한 자들**이라는 사실입니다. 이 구절들은 사실 그야말로 '모든 죄악의 망라'라고 할 수 있을 정도입니다. 여기서 벗어나는 죄가 없다 싶을 만큼 로마서의 이 구절은 처절하게 우리의 죄를 파헤치고 까발리고 있습니다. 28절은 이렇게 외칩니다. "너희는 이러하다!", "너희는 마음에 하나님 두기를 싫어하므로 이러하다!" 이는 어떤 특정 사람에 대한 이야기가 아닙니다. 로마서의 앞부분은 유대인도 죄인이고, 이방인도 죄인이고, 온 세상이 다 죄인이라는 이야기입니다. 그러므로 이 말씀은 우리 모두가 다 이러하다는 고발이요 고소입니다. 사람의 본성이 무엇입니까? "불의, 추악, 탐욕, 악의, 시기, 살인, 분쟁, 사기, 악독 …." 그야말로 여기에 언급되지 않는 죄가 없을 정도입니다. 우리는 본성상 이렇습니다.

둘째, 이것이 '전적 무능력'의 주제에 있어 좀 더 중요한 것인데, 32절의 내용입니다. 인생이 죄악 중에 있음을 선언한 사도는 더불어 무엇을 말했습니까?

> 그들이 이같은 일을 행하는 자는 사형에 해당한다고 하나님께서 정하심을 알고도
> 자기들만 행할 뿐 아니라 또한 그런 일을 행하는 자들을 옳다 하느니라_롬 1:32

이 말씀에서 우리가 보게 되는 것은 한편으로는 **'고의성'이기도 하지만, 또 한 편으로는 '무능'**이기도 합니다! 사람이 죄 가운데 사는 것은 어떤 면에서 죄인 줄을 알고도 그렇게 사는 것이기도 합니다. 로마서 말씀의 첫째 의미는 불의, 추악, 탐욕, 악의, 시기, 분쟁, 사기, 악독과 같은 죄들이 매우 좋은 것이 아님을 **이들도 잘 안다는 것**입니다. 고의성이지요. 악인 줄 알고, 그것을 다른 사람들에게 대어 보면 그 사람은 "사형에 해당하오!"라고 판결을 내릴 거면서 자기는 그걸 행한다는 것입니다.

하지만 동시에 이것은 한편으로 **'무능력'**이기도 합니다. 왜 고의성이 생겨납니까? 악인 줄 알더라도 '피할 수 없기 때문'입니다. 죄인 줄 알면서도 왜 사람이 죄를 짓습니까? '지식'과 '행함'의 관계를 한번 생각해 보십시오. 어떤 일을 죄인 줄 '알게' 되면 그때부터 사람은 절대로 다시는 그 죄에 빠지지 않습니까? 아닙니다. 죄인 줄 알고도 죄를 짓습니다. 그러므로 이는 한편으로는 고의성이지만 다른 한 편으로는 무능력입니다. **죄인 줄 알아도 '짓지 않을 수 있는 능력'이, '범하지 않을 수 있는 힘'이 사람에게는 없는 것**입니다.

이 역시 마찬가지로 앞의 표현대로 하자면 우리가 '나쁜 나무'이기 때문에 '나쁜 열매'를 맺는 것입니다. 죄를 유전받아 타고났고, 따라서 우리는 그렇게밖에 살 수 없습니다. 그래서 우리의 죄에 대한 태도는 '무능력'입니다. 어떻게 할 수도 없고 하려 하지도 않게 되는 것은 우리가 '나쁜 나무'이기 때문입니다. 3조의 결론인 "중생시키시는 성령의 은혜가 없이는" 여기서 스스로 헤어나올 수 있는 길이 전혀 없기 때문에, 우리네 입장에서만 보자면 이것은 전적인 무능력입니다. 우리는 로마서 1장 중 특히 이 32절 말씀과 같은 곳을 통해서 이 사실을 명확하게 발견하게 됩니다.

로마서 8장 7절

마지막으로 로마서 8장 5절부터 7절까지의 말씀을 보겠습니다.

> 육신을 따르는 자는 육신의 일을, 영을 따르는 자는 영의 일을 생각하나니 육신의
> 생각은 사망이요 영의 생각은 생명과 평안이니라 육신의 생각은 하나님과 원수가
> 되나니 이는 하나님의 법에 굴복하지 아니할 뿐 아니라 할 수도 없음이라_롬 8:5-7

이 말씀은 '전적 무능력'을 가장 문자적으로 쓰고 있는 말씀이라고 할 수 있습니다. "굴복지 아니할 뿐 아니라"는 현재의 태도를 말합니다. 3조의 표현으로 보자면 마지막에 나오는 "사람이 스스로 하나님께 돌아오거나 자기의 부패한 본성을 개혁하거나"의 부분에 해당하겠습니다. 그런데 뒤이어 나오는 "할 수도 없음이라"는 좀 더 '무능력'을 잘 설명하고 있는 부분입니다. 그렇습니다. 할 수가 없는 것입니다. 3조의 마지막에 나오는 "의지도 능력도 없다"라는 부분입니다. 앞에서 '착각'이라고 한 바로 그것입니다. 어떤 면에서는 바르게 행하고 있다고 생각해서 고칠 생각이 없는 것이기도 하고, 다른 한편으로는 고칠 생각을 하여도 고칠 수 있는 능력이 없는 것이기도 합니다. 둘 모두입니다.

우리가 전적으로 무능력하다는 것은 "아니할", 곧 '의지의 문제'이기도 하면서, 동시에 "할 수도 없음", 곧 '능력의 문제'이기도 합니다. 우리는 할 수도 없고, 하려고 하지도 않습니다. 사람은 죄 때문에 하나님의 선함에 대하여, 하나님께서 행하시는 일을 향하여 돌이킬 수가 없습니다. 전적인 무능력이라는 것은 이런 의미입니다. 단순하게 생각할 것이 아니라 매우 뿌리가 깊은 문제이고, 매우 근원적인 문제이기 때문에 우리는 결코 이것을 '내 속의 무엇'을 가지고 해결할 수가 없습니다. 설교의 서두에서 말씀드린 '내 속에 있는 스위치를 누르는 일' 같은 것을 가지고 절대로 치유될 수 없는 종류의 것입니다.

우리는 '전적으로 무능력하기 때문에', '전적으로 중생시키시는 성령님의 은혜가 필요'합니다. "단 한치도 우리의 힘으로 무언가를 할 수 없고, 하려 하지도 않는다." 이것이 우리의 실체이며, 따라서 우리는 '우리 **바깥으로부터 오시는** 분의 도움'이 필요합니다!

제4조 : 본성의 빛으로는 불충분함

타락 이후에도 사람 안에 본성의 빛의 흔적이 확실히 조금 남아 있습니다. 그것으로 하나님과 [i] 본성적인 것들, 또 영광스러운 것과 수치스러운 것의 차이에 관하여 어느 정도 알게 되고, 어느 정도는 유덕하고 단정하게 행하려고 합니다.[ii] 그러나 이 본성의 빛은 사람으로 하여금 하나님을 알아 구원에 이르게 하거나 하나님께 돌아오게 할 수 없으며, 사람은 본성적이고 시민적인 일에서조차도 그것을 바르게 사용하지 않습니다. 오히려 그 빛이 무엇이든지 간에 사람은 다양한 방식으로 그 빛을 완전히 오염시키고 있으며, 불의로 그 빛을 억누르고 있습니다. 그렇게 행하기 때문에 사람은 하나님 앞에서 핑계할 수 없습니다.[iii]

i 롬 1:19-20 이는 하나님을 알 만한 것이 그들 속에 보임이라 하나님께서 이를 그들에게 보이셨느니라 창세로부터 그의 보이지 아니하는 것들 곧 그의 영원하신 능력과 신성이 그가 만드신 만물에 분명히 보여 알려졌나니 그러므로 그들이 핑계하지 못할지니라

ii 롬 2:14-15 율법 없는 이방인이 본성으로 율법의 일을 행할 때에는 이 사람은 율법이 없어도 자기가 자기에게 율법이 되나니 이런 이들은 그 양심이 증거가 되어 그 생각들이 서로 혹은 고발하며 혹은 변명하여 그 마음에 새긴 율법의 행위를 나타내느니라

iii 롬 1:18 하나님의 진노가 불의로 진리를 막는 사람들의 모든 경건하지 않음과 불의에 대하여 하늘로부터 나타나나니 / 롬 1:20 창세로부터 그의 보이지 아니하는 것들 곧 그의 영원하신 능력과 신성이 그가 만드신 만물에 분명히 보여 알려졌나니 그러므로 그들이 핑계하지 못할지니라

● **강해 본문 ① : 로마서 1장 19-23절**

19 이는 하나님을 알 만한 것이 그들 속에 보임이라 하나님께서 이를 그들에게 보이셨느니라 20 창세로부터 그의 보이지 아니하는 것들 곧 그의 영원하신 능력과 신성이 그가 만드신 만물에 분명히 보여 알려졌나니 그러므로 그들이 핑계하지 못할지니라 21 하나님을 알되 하나님을 영화롭게도 아니하며 감사하지도 아니하고 오히려 그 생각이 허망하여지며 미련한 마음이 어두워졌나니 22 스스로 지혜 있다 하나 어리석게 되어 23 썩어지지 아니하는 하나님의 영광을 썩어질 사람과 새와 짐승과 기어다니는 동물 모양의 우상으로 바꾸었느니라

● **강해 본문 ② : 사도행전 17장 24-31절**

24 우주와 그 가운데 있는 만물을 지으신 하나님께서는 천지의 주재시니 손으로 지은 전에 계시지 아니하시고 25 또 무엇이 부족한 것처럼 사람의 손으로 섬김을 받으시는 것이 아니니 이는 만민에게 생명과 호흡과 만물을 친히 주시는 이심이라 26 인류의 모든 족속을 한 혈통으로 만드사 온 땅에 살게 하시고 그들의 연대를 정하시며 거주의 경계를 한정하셨으니 27 이는 사람으로 혹 하나님을 더듬어 찾아 발견하게 하려 하심이로되 그는 우리 각 사람에게서 멀리 계시지 아니하도다 28 우리가 그를 힘입어 살며 기동하며 존재하느니라 너희 시인 중 어떤 사람들의 말과 같이 우리가 그의 소생이라 하니

29 이와 같이 하나님의 소생이 되었은즉 하나님을 금이나 은이나 돌에다 사람의 기술과 고안으로 새긴 것들과 같이 여길 것이 아니니라 30 알지 못하던 시대에는 하나님이 간과하셨거니와 이제는 어디든지 사람에게 다 명하사 회개하라 하셨으니 31 이는 정하신 사람으로 하여금 천하를 공의로 심판할 날을 작정하시고 이에 그를 죽은 자 가운데서 다시 살리신 것으로 모든 사람에게 믿을 만한 증거를 주셨음이니라 하니라

본성의 빛

롬 1:19-23; 행 17:24-31

신조의 셋째와 넷째 교리는 3조까지의 내용을 통해 죄인이라는 것이 본질적으로 어떤 의미인지를 상세하게 설명했습니다. 우리는 '완전히 부패'했고, 또 죽었으며, 그 부패는 '유전'되어 날 때부터 가지고 태어나기 때문에 하나님께 도달할 수 있는 길에 대하여 '완전히 무능력'합니다.

이제 신조는 4조부터 **이 무력한 인생이 어떤 방식으로 구원을 얻을 수 있을 것인지**에 대해 빛을 비추는 이야기를 시작합니다. 셋째와 넷째 교리에서 셋째 교리인 '부패'는 넷째 교리인 '은혜'를 향해 가는 기초 역할을 하는데, 조항으로 말해 보자면 각각 "부패", "유전", "무능력"이라는 키워드로 설명할 수 있는 1, 2, 3조의 내용이, 결국에는 6조의 "복음의 필요성"으로 나아가기 위하여 4조와 5조가 필요한 것입니다.

4조와 5조는 "복음이 필요성"을 말하기 위한 전초로서 '본성의 빛으로 불충분하다'와 '율법으로도 불충분하다'는 주제를 다룹니다. 이 중 4조의 내용은 교리적인 용어로 이야기하자면 '일반 계시' 혹은 '자연 계시'라고 불리는 것과 관련된 내용이라고 생각하면 되겠습니다.

"본성의 빛"

먼저 "본성의 빛"이라고 되어 있는 신조의 내용을 봅시다. 시작 부분입니다.

> 그러나 타락 이후에도 사람 안에는 본성의 빛이 확실히 조금은 남아 있어서

이 구절을 정확하게 이해하는 것은 일반 계시 이해의 가장 중요한 발판이 되므로 아주 중요합니다.

통상 우리가 주변에서 만날 수 있는 많은 그리스도인들이 이 첫 구절에 동의하리라 생각합니다. "타락 이후에도 사람 안에는 본성의 빛이 확실히 조금은 남아 있다." 말하자면 사람은 비록 타락했지만, 그 속에는 하나님께서 비춰 주시는 무언가가 '남아 있다'는 것입니다.

그러면 이를 가르치고 있는 성경 말씀을 봅시다. 통상 일반 계시, 곧 본성의 빛과 관련하여 가장 많이 사용되는 성경 본문은 **크게 네 곳**입니다. 앞의 둘은 로마서 1장과 2장 말씀이고, 또 다른 둘은 사도행전 14장과 17장입니다. 이 본문들을 하나씩 살펴보면서 '일반 계시'에 대해 생각해 보겠습니다.

로마서 1장과 2장

로마서 1장

로마서 1장 19절과 20절을 봅시다.

> 이는 하나님을 알 만한 것이 그들 속에 보임이라 하나님께서 이를 그들에게 보이셨느니라 창세로부터 그의 보이지 아니하는 것들 곧 그의 영원하신 능력과 신성이 그가 만드신 만물에 분명히 보여 알려졌나니 그러므로 그들이 핑계하지 못할지니라_롬 1:19-20

로마서 1장 19절과 20절 말씀은 일반 계시를 지지하는 것으로 여겨지는 중요한 말씀으로서, **"하나님을 알 만한 것이 저희 속에 있다."**라고 말씀하고 있습니다. 또한 "하나님의 영원하신 능력과 신성이 만드신 만물에 분명하게 보여 알게 된다."라고 말씀하고 있습니다.

이 말씀은 분명히 타락 이후를 살고 있는 인류, 곧 죄를 범하여 죄 가운데 태어나 살고 있는 우리를 향한 말씀이기 때문에 이 말씀을 접하면 아주 자연스럽게 "우리 속에 하나님을 알 만한 것이 있다."라고 생각하게 됩니다. 신조가 말한 "그러나 타락 이후에도 사람 안에는 본성의 빛이 확실히 조금은 남아 있어서"를 지지하는 말씀입니다.

그래서 많은 사람들이 이 로마서 1장의 말씀을 근거 구절로 삼아서 "사람의 속에는 하나님을 알 만한 것이 **부분적으로는 남아 있다**", 곧 비록 처참하게 망가지기는 했지만 그래도 아주 약간은 사람의 속에 하나님을 알 수 있는 무언가가 남아 있다는 주장을 지지합니다.

로마서 2장

그리고 이 주제는 로마서 2장에서도 이어집니다. 2장 14절과 15절 말씀입니다.

> 율법 없는 이방인이 본성으로 율법의 일을 행할 때에는 이 사람은 율법이 없어도 자기가 자기에게 율법이 되나니 이런 이들은 그 양심이 증거가 되어 그 생각들이 서로 혹은 고발하며 혹은 변명하여 그 마음에 새긴 율법의 행위를 나타내느니라_ 롬 2:14-15

이 말씀 역시 방금 1장에서 본 것과 비슷해 보입니다. 율법이 없는 이방인들은 하나님의 법을 모릅니다만, 이 말씀에 의하면 이방인들 속에도 '자기도 모르게 지켜 행하는 율법'이라는 것이 존재합니다. 통상 이것을 "양심"이라고 부릅니다. 세상에서 일반적으로 사용하는 양심이라는 말과 비슷하기도 하고 차이도 있는데, 정확한 의미는 우리 마음속에서 하나님의 율법과 똑같은 어떤 것이 신자든 불신자든 있어서, 그 양심을 통해 어떤 일이 선한지 어떤 일이 악한지 알게 된다는 것입니다.

이 말씀 역시 동일하게 사람이 비록 타락으로 말미암아 하나님의 형상을 다 잃어버렸음에도 우리 속에는 하나님께서 원래 주신 어떤 것을 비추어 주는 점이 있다는 것, 보통 '일반 계시'라고 말하는 것이 존재한다는 것을 알려 주는 중요한 구절로 인식되어 왔습니다.

이런 생각은 옳은가?

로마서 1장과 2장 말씀을 통해 "사람의 속에는 근본적으로 하나님을 알 수 있는 무언가가 있다."는 생각을 지지하는 듯한 주장이 있음을 보았습니다. 많은 사람들이 이 말씀들을 가지고 **'신자와 불신자 간의 접점'**을 이야기합니다. 불신자들의 마음속에도 무언가 하나님을 알만한 것이 존재하므로, 바로 이 지점에서 '접점', 곧 대화의 끄나풀이 될 만한 무언가가 있으리라는 기대를 갖는 것입니다.

하지만 과연 그럴까요? 정말로 로마서 1장과 2장 말씀은 믿음이 있는 사람과 없는 사람 사이에 **하나님을 아는 데 있어 접점이 있다**는 말을 하고 있는 것일까요? 신조 4조의 제목을 생각해 보면 좀 이상하지 않습니까? 신조 4조는 "본성의 빛으로 불충분하다."라고 하였습니다. 그런데도 우리가 "타락 후에도 인류는 무언가 본성의 빛이 조금 남아 있어서, 하나님을 알 수 있는 가능성이 있다."라고 해도 괜찮은 것일까요?

● 로마서 1장에서

로마서 1장 말씀은 "하나님을 알 만한 것"이 저희 속에 있다고 말합니다(롬 1:19).[83] 그리고 "창세로부터 그의 보이지 아니하는 것들 곧 그의 영원하신 능력과 신성이 그가 만드신 만물에 분명히 보여 알려졌"기 때문에 사람들이 핑계할 수가 없다고 했습니다(롬 1:20). 이 말씀의 정확한 의미는 무엇일까요? 이 말씀은 정말로 우리 속에 하나님을 알 수 있는 무언가가 '적게라도 남아 있다'는 것을 말하는 데 목적이 있을까요? 이어지는 21절 말씀을 봅시다.

---

[83] — 이후 내용은 유해무, 『개혁교의학』, 112 이하 참조.

하나님을 알되 하나님을 영화롭게도 아니하며 감사하지도 아니하고 오히려 그 생
각이 허망하여지며 미련한 마음이 어두워졌나니_롬 1:21

이후 이어지는 22절부터 28절까지의 내용을 읽어 보면 중요한 사실을 하나 발
견하게 됩니다. 그것은 문맥에서 이 말씀들이 '하나님을 알 수 있다'고 말하는 데
에 목적이 있는 것이 아니라, **오히려 거꾸로 '하나님을 알지 못했다'고 말하는 데
목적이 있다는 것**입니다. 사람은 스스로 지혜 있는 줄 알았지만 사실 우둔했고(22
절), 그래서 하나님께서 주신 것을 거꾸로 쓰며(26-27절), 결국 하나님을 "금수와 버
러지 형상의 우상(롬 1:23, 개역한글)"으로 바꾸어 버렸습니다. 이것을 객관적으로 읽
고도 정말 "하나님을 알 수 있다."라고 말할 수 있을까요? 대체 어떤 면에서 하나
님을 알 수 있다는 것입니까?

문맥 안에서 내용을 읽으면 로마서 1장은 결코 "사람들의 마음속에 이러저러
한 것이 있어서 하나님을 알 수 있다."라고 말하는 것이 이 말씀의 목적이 아님을
깨닫게 됩니다. 만약에 이 말씀이 "그래도 사람 속에는 본성의 빛이 남아 있어서
그나마 조금이라도 하나님을 알 수 있다."라고 말하는 데 목적이 있었다면, 뒤에
따라 나오는 내용은 뭐가 되었건 간에 **'의미 있는 하나님 발견'**이 되어야 하지 않
겠습니까? 하지만 이 뒤이은 말씀들을 보고도 정말 이런 '의미 있는 하나님 발견'
이 있다고 말할 수가 있을까요? 아닙니다, 정반대입니다. 이 말씀은 오히려 다음
을 말하고 있습니다.

> 하나님께서 처음에 주셨지만,
> 사람 편에서 그것을 다 망쳐 버렸기 때문에,
> 결국 그 이후의 사람으로서는 도무지 하나님에 대해 알지 못하여,
> 하나님의 뜻과 전혀 상관없는 방향으로 행하게 된다.

그렇습니다. 진실로 로마서 1장의 말씀은 "본성이 남아 있다"고 말하는 데 목
적이 있는 것이 아니라, **"본성이 전혀 제 역할을 하지 못하게 되어 버렸다"라고 말
하는 데 더 목적이 있습니다.** 원래는 있었지만 지금은 **전혀 올바로 작동하지 않아**

서 그것을 전혀 있다고 말할 수 없는 상태임을 논증하는 데 그 목적이 있는 것입니다. 유해무 교수는 이것을 다음과 같이 설명했습니다.

> 바울은 하나님이 인간에게 주신 바와 인간이 그것을 사용하는 바를 구분하고 있다. … 로마서 1장에서 바울은 하나님이 이방인들에게도 자신을 계시하셨지만, 그들이 하나님을 알면서도 영화롭게는 하지 않는다고 질책하며, 이는 참된 신지식이 그들에게 없다는 것이고, 하나님께 대한 인정이 없는 신지식은 성경에서 참된 신지식이 아니다.[84]

이 문장은 이렇게 마쳐집니다.

> 그러므로 하나님의 진노가 하늘로서 계시된다.[85]

그렇습니다. 로마서 1장 말씀에서 19절과 20절의 "하나님을 알 만한 것이 그들 속에 보임"은 철저하게 **이런 관점으로만** 읽어야 합니다. 하나님께서는 주셨지만, 범죄 이후에 그대로 남아 있지 않습니다. 따라서 사람이 "본성의 빛이 남아 있다"라고 말하는 것은 "그로 말미암아 이제 하나님을 알 수 있는 무언가가 여전히 가능하다."라는 의미가 전혀 아닙니다. 하나님의 선물을 사람이 엎어버렸습니다. 바닥에 폭삭 엎어진 케이크에서 원래의 케이크 모습을 발견할 수가 없듯이, 이 말씀의 의미는 '우리 본성의 빛에 의한 하나님을 알 수 있는 가능성'을 말하는 것이 전혀 아닙니다. 오히려 이 말씀은 **'심판'과 '진노'의 말씀**이며, '하나님을 알 만한 가능성'에 대한 말씀이 아니라 오로지 **'배역(背逆)으로 인한 형벌의 근거'가 될 뿐**인 말씀입니다.

---

84 — 유해무, 『개혁교의학』, 112.
85 — 위의 책, 112.

● 로마서 2장에서

로마서 1장을 이렇게 읽을 때 2장의 내용 역시 분명해집니다. 2장도 마찬가지의 주제를 갖고 있기 때문입니다.

로마서 2장 14절은 "율법 없는 이방인이 본성으로 율법의 일을 행할 때에는 이 사람은 율법이 없어도 자기가 자기에게 율법이 되나니"라고 말했습니다. 그렇다면 이 말씀 역시 "그래서 이 사람은 하나님의 율법이 없더라도 어느 정도는 하나님의 율법을 지니고 있다."라고 말하는 데 목적이 있을까요? 이어지는 15절을 보십시오.

> 이런 이들은 그 양심이 증거가 되어 그 생각들이 서로 혹은 고발하며 혹은 변명하여 그 마음에 새긴 율법의 행위를 나타내느니라_롬 2:15

1장과 똑같습니다. 사람들 속에 무언가가 있다는 것은 1장에서와 똑같이 하나님 편에서 주신 것이기는 하지만, 그것은 '고발'과 '고소'를 위해서만 기여합니다. 이는 어떤 방식으로도 '하나님께로 갈 수 있는 기여'로서 작동하지 않습니다. 하나님께서 "내가 너희의 마음에 율법을 심어 주었다."라고 말씀하시는 것은, 이 로마서 내에서는 어떤 방식으로도 '하나님께 향할 수 있는 근거'로서 전혀 말씀 되지 않았습니다. 오히려 하나님께서 주신 그 복됨의 근거를 다 망쳐 버린 것에 대한 '정죄의 근거'로만 작용합니다. 12절을 다시 보십시오.

> 무릇 율법 없이 범죄한 자는 또한 율법 없이 망하고, 무릇 율법이 있고 범죄한 자는 율법으로 말미암아 심판을 받으리라_롬 2:12

그렇습니다. 율법이 있어도 망하고, 율법이 없어도 망할 것입니다. 왜냐하면 율법이 있는 이들은 율법이 근거가 되어 정죄할 터이고, 율법이 없는 이들은 마음의 율법이 근거가 되어 정죄할 것이기 때문입니다. 14절의 표현을 주의하십시오.

> 율법 없는 이방인이 본성으로 **율법의 일을 행할 때에는** 이 사람은 율법이 없어도
> 자기가 자기에게 율법이 되나니_롬 2:14

로마서는 이방인이 본성으로 행하는 일을 "**율법**을 행했다"라고 말하지 않습니다. "**율법의 일을 행했다**"라고 말합니다. 즉 율법 없는 이방인이 본성으로 행하는 일은 '**율법**'을 **행함이 결코 아닙니다.** 단지 '율법의 일', 율법과 껍데기만 똑같은 것을 행했을 뿐입니다. 로마서는 율법 없는 이방인이 행한 율법과 비슷한 종류의 일을 '율법을 행한 것과 마찬가지의 효력을 지는 것'으로 평가하지 않습니다. 이들은 '율법의 일'을 행할 수는 있습니다. 하지만 '율법'을 행할 수는 없습니다.

똑같은 것이 15절에서도 나타나지요? "그 마음에 새긴 **율법의 행위**를 나타내느니라" 하였습니다. 그 마음에 새겨진 것은 '율법'이 아닙니다. "율법의 행위"지요. 이방인은 '하나님의 법'을 지킨 것이 아닙니다. '하나님의 법과 비슷한 껍데기'를 가졌을 뿐이지요. 따라서 로마서 2장 역시 이들에게 하나님을 올바르게 볼 수 있는 무언가가 있다는 것을 말하는 데 목적이 있지 않은 것입니다.

사도행전 14장과 17장

본성의 빛에 대한 또 다른 중요한 본문인 사도행전 14장과 17장 말씀도 살펴보도록 합시다.

사도행전 14장과 17장 말씀

사도행전 14장 말씀은 바울과 바나바가 루스드라에서 앉은뱅이였던 사람을 일어나 걷게 만들자 주변의 사람들이 몰려들어 '쓰스'와 '허메', 곧 제우스와 헤르메스라고 불렀던 사건을 배경으로 하고 있습니다. 사람들이 몰려와서 바울과 바나바에게 제사를 바치려고 하자 바울이 이들을 못하게 물리치면서 하는 내용에 이런 말씀이 들어 있습니다. 사도행전 14장 16절과 17절 말씀입니다.

> 하나님이 지나간 세대에는 모든 민족으로 자기들의 길들을 가게 방임하셨으나 그

러나 자기를 증언하지 아니하신 것이 아니니 곧 여러분에게 하늘로부터 비를 내리
시며 결실기를 주시는 선한 일을 하사 음식과 기쁨으로 여러분의 마음에 만족하게
하셨느니라 하고_행 14:16-17

이 말씀에서의 요지는 "비록 모든 민족들이 자기들의 길들을 가게 방임하셨
으나", "자기를 증언하지 아니하신 것이 아니니"라고 한 부분입니다(16절). 사도
는 복음을 전혀 듣지 못한 사람들, 하나님을 전혀 알지 못한 사람들에게도 "하나
님께서는 자기를 증거하셨다"라고 말하고 있습니다. 그리고 이어서 여러분의 표
현된, 하늘로서 비를 내리시고 결실기를 주시고, 음식과 기쁨으로 마음에 만족케
하시는 것(17절). 이런 것들은 소위 '일반 은총'이라 불리는 것들입니다.

아마 앞의 논지와 마찬가지로 이 본문을 보고도 많은 사람들이 '하나님께서 믿
지 않는 자들에게도 동일하게 자신을 알게끔 하신 것'에 초점을 맞출 수 있을 것
입니다.

좀 더 보편적인 말씀으로 사도행전 17장이 있습니다. 내용은 아덴, 곧 아테네
에서 "온 성에 우상이 가득한 것을 보고 바울이 마음에 분하여"(16절) 말씀한 내
용입니다. 아테네는 우리가 잘 아는 대로 그리스의 수도였으니 그야말로 철학의
본고장입니다. 사상에 뛰어난 사람들이 많았습니다. 21절에 보시면 이 사람들은
"가장 새로운 것을 말하고 듣는 것 이외에는 달리 시간을 쓰지 않음이더라" 하였
습니다. 그들은 최신 학문에만 관심이 있는 굉장히 세련된 사람들이었습니다.

이 사람들에게 바울이 무엇을 말합니까? 22절에서 바울은 "아덴 사람들아, 너
희를 보니 범사에 종교성이 많도다"라는 말로 시작합니다. 그리고 23절에서는
"내가 다니다 보니 '알지 못하는 신에게'라고 쓴 단도 있더라"라는 이야기를 합니
다. 그리고 우리 논의의 주제가 되는 26절부터 28절까지의 말씀입니다.

인류의 모든 족속을 한 혈통으로 만드사 온 땅에 살게 하시고 그들의 연대를 정하
시며 거주의 경계를 한정하셨으니 이는 사람으로 혹 하나님을 더듬어 찾아 발견하
게 하려 하심이로되 그는 우리 각 사람에게서 멀리 계시지 아니하도다 우리가 그
를 힘입어 살며 기동하며 존재하느니라 너희 시인 중 어떤 사람들의 말과 같이 우

선교 지향적 사역을 하는 분들에게는 이 말씀이야말로 '**신자와 불신자의 소통의 고리**'라고 여기는 본문입니다. 말하자면 여기에서 바울 사도는 신자에게만 얽매여 있는 하나님이 아니라, **불신자의 눈으로 보아도 충분히 소통 가능한**, 곧 믿음이 없는 이들에게도 충분히 발견될 수 있는 어떤 신을 아테네 사람들에게 말함으로써 '**복음을 전파할 접촉점**'을 얻었다는 것입니다. 실제로 이 본문은 많은 선교신학의 베이스가 되고 있고 '구도자 예배'나 '불신자 초청 전도 주일'의 토대가 되고 있습니다.

정말 그런 의미인가?

아마 로마서를 앞서 살펴보지 않았다면 사도행전 말씀에 대한 이런 주장에 동의하게 되었을지도 모릅니다. 하지만 로마서를 살핌으로써 우리는 중요한 사실을 알았습니다. 곧 성경은 불신자들이 가진 신지식을 말할 때 '**믿음과의 접점**', '**신앙과의 접점**'**으로 여기지 않는다**는 사실 말입니다. 하나님께서 처음 수여하셨어도 죄로 인해 망가진 후로 **그 신지식은 결코 제대로 된 신지식을 전해 줄 수 없습니다.** 우리는 "비록 완전히 망가져서 목적지 좌표를 아무리 집어넣어도 전혀 제대로 된 항로를 알려 주지 않지만, 그럼에도 여전히 이 녀석은 최고의 항법 장치라구!"라고 말해서는 안 됩니다. 로마서도 사도행전도 '하나님을 알 수 있는 지식'에 대하여 **대단히 일관된 관점**을 유지하고 있습니다. 그것은 **죄로 망가진 본성의 빛은 그 어떤 방식으로도 제대로 작동하지 않는다**는 것입니다. 오히려 이것은 **항상 '심판의 근거'**일 뿐입니다. 따라서 우리는 어떤 경우에도 이런 말씀들을 '하나님을 알 만한 것의 근거'로 삼아서는 안 됩니다.

로마서와 똑같습니다. 사도행전 14장이 불신자들에게 "하나님께서 과거 너희가 하나님을 몰랐을 때도 자기를 증거하지 않으신 것이 아니다."라는 말을 했을 때(17절), 그 의도가 "그러므로 너희에게는 하나님을 알 수 있는 빌미가 있다."라는 말을 하는 데 목적이 있습니까?

아닙니다! 로마서에서와 똑같습니다. 로마서와 마찬가지로 사도행전에서도 역시 이 말씀은 그들에게 하나님을 알 수 있는 빌미가 있다는 말을 하기 위해서가 아니라, 도리어 정반대로 **거기에 있어서는 정죄받을 뿐**이라는 것을 말하는 데 목적이 있습니다. 만약 사도의 이 말씀이 "너희에게 하나님을 알 만한 충분한 무언가가 있다"고 말하려는 것이었다면, 냉정하게 말해서 **사도는 복음을 전하지 않아도 됩니다**. 그들이 가진 종교 내에서도 충분히 하나님을 알 수 있는데 왜 굳이 새로운 복음을 받아야 합니까? 도리어 사도가 이렇게 말한 것을 주목하십시오.

> 이런 헛된 일을 버리고, 천지와 바다와 그 가운데 만물을 지으시고 살아계신 하나님께로 돌아오게 하려 함이라_행 14:5b

하나님을 알지 못하는 사람에게도 하나님을 아는 빌미가 있다는 것이 사도의 말씀의 논지였다면, 왜 그들의 삶을 두고 "이 헛된 일을 버리고"라고 말하겠습니까? 오히려 "여러분이 **지금 가지고 있는 것을** 쭉 정진하십시오!"라고 해야 하지 않습니까? 왜 굳이 "천지와 바다와 그 가운데 만물을 지으시고 살아 계신 하나님"을 새롭게 전합니까? 그들에게는 이미 많은 그리스의 신들이 있었습니다. 그러니 "여러분이 지금 섬기고 있는 그 신을 쭉 섬기시면 됩니다."라고 하면 되었을 것입니다.

따라서 "하나님께서 너희에게 지나간 세대에도 증언하셨다."(17절)라는 말씀은 **너희 속에 충분히 하나님에 대한 지식이 존재한다**는 말씀을 하는 데 목적이 있지 않습니다. 오히려 이는 '**정죄**'이며 '**심판의 선언**'입니다. '신자와 불신자 간에 모종의 접촉점이 있다'는 말을 하는 데 목적이 있는 것이 아니라 오히려 정반대로 '신자와 불신자는 전혀 다르다'는 말을 하는 데 목적이 있습니다. "이전의 삶을 버리라"라고 말하고 있기 때문입니다.

17장도 마찬가지입니다. 아테네 사람들은 각양 신들을 섬겼습니다. 그리고 바울은 그들을 향하여 말합니다. "이는 사람으로 혹 **하나님을 더듬어 찾아 발견하게 하려** 하심이로되 그는 우리 각 사람에게서 멀리 계시지 아니하도다"(27절)라는 말씀은 "그러므로 너희가 하나님께 어느 정도는 가서 닿아 있다."라는 이야기를 하기 위함이 아닙니다. 오히려 이 이야기는 **"하나님은 너희에게 신심을 주셨으나, 너희는 그 신심으로 해괴한 신들을 만들어 내었다."**라는 말을 하는 데 목적이 있습니다.[86] 하나님께서는 사람들의 마음속에 하나님을 찾을 수 있는 무언가를 주셨었으나, 사람들이 그것을 박살내 버렸고 따라서 이제 정죄밖에 남지 않았다는 말을 하는 데 목적이 있는 것입니다.

로마서에서도 그렇고 사도행전에서도 그렇고, 일반 계시를 뒷받침하는 것처럼 보이는 모든 말씀들은 주제가 한결같습니다. 모두가 '정죄'를 위한 것입니다. 이것은 "그러므로 불신자에게도 하나님을 알 만한 것이 있다."를 말하려는 데 목적이 있는 것이 아니라 "수여해 주시는 분은 이렇게 했는데, 너희는 이를 **다 망쳐 버려서** 전혀 모르고 있구나."라고 말하는 데에 목적이 있는 것입니다.

결론 : 결코 하나님을 알 수 없다

신조는 앞의 1, 2, 3조에서 완전한 부패와 그 부패의 유전, 그리고 그로 말미암아 전적인 무능력을 갖게 되었다는 이야기를 했습니다. 그야말로 '자연인'은 아무것도 할 수가 없고 심지어 하려고 하지도 않습니다. 우리는 절대 하나님께 도달할 수가 없습니다.

그렇다면 앞서 이렇게 말한 후에 '일반 계시'를 말하면서 "하지만 타락 이후 사람에게도 본성의 빛은 조금 남아 있으니 이것을 통해 하나님을 알 수 있어"라고 말한다면, 그야말로 앞에서 말한 내용과 이율배반이 되지 않습니까? 전혀 흐름에 맞지 않는 이야기입니다.

오히려 신조는 **매우 일관되게** 말합니다. 1, 2, 3조가 전적으로 불가능함을 말했기 때문에 4조와 5조는 6조의 "복음으로만 가능하다"를 말하기 위한 징검다리입니다. 제목 그대로입니다. '본성의 빛으로도 불가능'하고, '율법으로도 불가능'

---

86 — "사도행전 17장도 회개 설교이다. 아테네 사람들의 종교성과 시인을 인용함은 접촉점을 찾기 위함이나 이것들이 지닌 진리성을 인정함은 아니다. 바울은 '내가 너희를 알게 하리라'(23절)라고 하면서 24-27절에서는 구약을 인용하여 하나님이 계시하심을 그들에게 가르치고 책망한다." 유해무, 『개혁교의학』, 112-113.

합니다.

우리는 주변의 인본주의적 풍조 속에서 사람들이 너나 나나 하기 좋아하는 말, 곧 "사람의 본성 어딘가에 하나님을 알 만한 것이 무언가 있는 게 당연하다.", "우리가 하나님을 알고 사랑하게 되는 것은 우리에게 그런 본성이 있기 때문이지."라는 식의 거짓말에 현혹되지 말아야 합니다.

일반 계시라는 것은 단지 '일반적으로 주어진다는 것'일 뿐, **'신자에게만'** 계시입니다. 창조의 일들과 하나님의 세계 속에서의 섭리, 그리고 우리들 속에 어느 정도 자리 잡고 있는 선(善)들이, 어떻게 '일반적인 계시'가 될 수 있습니까? **우리가 믿음이 있기 때문**입니다. 믿음이 없는 이들에게는 이런 것들이 전혀 '계시'가 될 수 없습니다. 일반 계시는 **신자에게만 계시**입니다. 불신자에게 일반 계시들은 하나님을 알려 줄 수 없을뿐더러, 오히려 심판과 정죄를 위한 빌미가 됩니다. 로마서와 사도행전에서처럼 하나님께서는 책망하실 것입니다.

"내가 수여했는데, 너희는 그것을 받고도 전혀 잘못 사용하였구나!"

그러므로 논지는 명확합니다. 본성의 빛으로는 전혀 하나님께 가서 닿을 수 없습니다. 이는 오직 신자에게만 가능한 이야기입니다.

셋째와 넷째 교리 :
인간의 타락, 하나님께 돌이키는 것과 그 일이 일어나는 방식에 관하여

제5조 : 율법으로도 불충분함

본성의 빛에 대한 이러한 평가는 또한 하나님께서 모세를 통하여 특별히 유대인에게 주신 십계명에도 똑같이 적용됩니다. 왜냐하면 비록 그것이 죄의 중함을 드러내고 사람에게 자신의 죄책을 더욱더 깨닫게 하지만, 치료책을 제시하거나 그 비참함에서 벗어날 힘을 주지는 못하기 때문입니다.[i] 오히려 육신으로 말미암아 연약해진 율법은 그 율법을 범한 사람을 저주 아래에 둡니다.[ii] 그러므로 사람은 율법을 통하여서 구원의 은혜를 얻을 수 없습니다.[iii]

[i] 롬 3:19-20 우리가 알거니와 무릇 율법이 말하는 바는 율법 아래에 있는 자들에게 말하는 것이니 이는 모든 입을 막고 온 세상으로 하나님의 심판 아래에 있게 하려 함이라 그러므로 율법의 행위로 그의 앞에 의롭다 하심을 얻을 육체가 없나니 율법으로는 죄를 깨달음이니라 / 롬 7:10 생명에 이르게 할 그 계명이 내게 대하여 도리어 사망에 이르게 하는 것이 되었도다 / 롬 7:13 그런즉 선한 것이 내게 사망이 되었느냐 그럴 수 없느니라 오직 죄가 죄로 드러나기 위하여 선한 그것으로 말미암아 나를 죽게 만들었으니 이는 계명으로 말미암아 죄로 심히 죄 되게 하려 함이라

[ii] 롬 8:3 율법이 육신으로 말미암아 연약하여 할 수 없는 그것을 하나님은 하시나니 곧 죄로 말미암아 자기 아들을 죄 있는 육신의 모양으로 보내어 육신에 죄를 정하사

[iii] 고후 3:6-7 그가 또한 우리를 새 언약의 일꾼 되기에 만족하게 하셨으니 율법 조문으로 하지 아니하고 오직 영으로 함이니 율법 조문은 죽이는 것이요 영은 살리는 것이니라 돌에 써서 새긴 죽게 하는 율법 조문의 직분도 영광이 있어 이스라엘 자손들은 모세의 얼굴의 없어질 영광 때문에도 그 얼굴을 주목하지 못하였거든

● **강해 본문 ① : 로마서 7장 5-13절**

5 우리가 육신에 있을 때에는 율법으로 말미암는 죄의 정욕이 우리 지체 중에 역사하여 우리로 사망을 위하여 열매를 맺게 하였더니 6 이제는 우리가 얽매였던 것에 대하여 죽었으므로 율법에서 벗어났으니 이러므로 우리가 영의 새로운 것으로 섬길 것이요 율법 조문의 묵은 것으로 아니할지니라 7 그런즉 우리가 무슨 말을 하리요 율법이 죄냐 그럴 수 없느니라 율법으로 말미암지 않고는 내가 죄를 알지 못하였으니 곧 율법이 탐내지 말라 하지 아니하였더라면 내가 탐심을 알지 못하였으리라 8 그러나 죄가 기회를 타서 계명으로 말미암아 내 속에서 온갖 탐심을 이루었나니 이는 율법이 없으면 죄가 죽은 것임이라 9 전에 율법을 깨닫지 못했을 때에는 내가 살았더니 계명이 이르매 죄는 살아나고 나는 죽었도다 10 생명에 이르게 할 그 계명이 내게 대하여 도리어 사망에 이르게 하는 것이 되었도다 11 죄가 기회를 타서 계명으로 말미암아 나를 속이고 그것으로 나를 죽였는지라 12 이로 보건대 율법은 거룩하고 계명도 거룩하고 의로우며 선하도다 13 그런즉 선한 것이 내게 사망이 되었느냐 그럴 수 없느니라 오직 죄가 죄로 드러나기 위하여 선한 그것으로 말미암아 나를 죽게 만들었으니 이는 계명으로 말미암아 죄로 심히 죄 되게 하려 함이라

● **강해 본문 ② : 로마서 8장 1-11절**

1 그러므로 이제 그리스도 예수 안에 있는 자에게는 결코 정죄함이 없나니 2 이는 그리스도 예수 안에 있는 생명의 성령의 법이 죄와 사망의 법에서 너를 해방하였음이라 3 율법이 육신으로 말미암아 연약하여 할 수 없는 그것을 하나님은 하시나니 곧 죄로 말미암아 자기 아들을 죄 있는 육신의 모양으로 보내어 육신에 죄를 정하사 4 육신을 따르지 않고 그 영을 따라 행하는 우리에게 율법의 요구가 이루어지게 하려 하심이니라 5 육신을 따르는 자는 육신의 일을, 영을 따르는 자는 영의 일을 생각하나니 6 육신의 생각은 사망이요 영의 생각은 생명과 평안이니라 7 육신의 생각은 하나님과 원수가 되나니 이는 하나님의 법에 굴복하지 아니할 뿐 아니라 할 수도 없음이라 8 육신에 있는 자들은 하나님을 기쁘시게 할 수 없느니라 9 만일 너희 속에 하나님의 영이 거하시면 너희가 육신에 있지 아니하고 영에 있나니 누구든지 그리스도의 영이 없으면 그리스도의 사람이 아니라 10 또 그리스도께서 너희 안에 계시면 몸은 죄로 말미암아 죽은 것이나 영은 의로 말미암아 살아 있는 것이니라 11 예수를 죽은 자 가운데서 살리신 이의 영이 너희 안에 거하시면 그리스도 예수를 죽은 자 가운데서 살리신 이가 너희 안에 거하시는 그의 영으로 말미암아 너희 죽을 몸도 살리시리라

율법의 성격

롬 7:5-13; 8:1-11

한때 슈퍼 히어로 영화가 많은 인기를 끌었습니다. 그중에서도 가장 오래되고 고전적인 히어로가 '슈퍼맨'일 것입니다. 이 슈퍼맨의 에피소드 중 어렸을 때는 얼마나 대단한 이야기인지 몰랐다가 나중에서야 알게 된 것이 있는데, 1980년에 개봉한 「슈퍼맨 2」에 나오는 에피소드입니다. 여기서 슈퍼맨은 사랑하는 여자를 위해 힘을 잃는 길을 택합니다. 천하의 슈퍼맨이 힘을 잃은 후 술집에서 주먹을 맞고 피를 흘리는 장면은 어린 제게도 굉장히 충격적이었습니다. 이런 선택은 우리에게 사랑의 경이로움에 대해 생각하게 해 줍니다.

얼마 전 슈퍼맨 코믹스 중 한 장면을 보았습니다. 슈퍼맨이 연인 로이스와 함께 자신의 비밀 기지에 들어가는데, 그 중요한 비밀 기지의 열쇠를 어이없게도 우리가 집 열쇠를 현관 발판 밑에 두듯이 그렇게 발판 밑에 그냥 넣어 둔 겁니다. 그래서 로이스가 말합니다. 그렇게 중요한 열쇠를 그렇게 아무렇게나 두면 어떡하냐고. 그러니까 슈퍼맨이 로이스에게 열쇠를 한번 들어보겠냐고 합니다. 로이스가 들어보려 하니까 열쇠가 꼼짝도 하지 않습니다. 슈퍼맨이 답을 말해 줍니다. 그 열쇠를 우주에서 제일 무거운 물질 중 하나인 어떤 별의 돌을 깎아서 만들었다고 말입니다. 열쇠 하나가 50만 톤이 나간다고 하더군요.

슈퍼맨은 연인 때문에 힘을 잃고 보통의 사람으로 돌아가는 길을 택합니다. 결국에야 악역 렉스 루터 때문에 나중에 남극에 있는 기지로 돌아가 다시 힘을 되찾지만, 힘을 되찾기 전의 약해진 슈퍼맨의 입장에서라면 어떨까요? 슈퍼맨은 자기 비밀 기지에 들어갈 수 있을까요? 열쇠를 집어들 수가 없는데 말입니다. 원래의 슈퍼맨에게 50만 톤짜리 열쇠는 그냥 우리 주머니 속의 키와 별반 다를 것이 없었지만 힘을 잃은 보통의 사람인 슈퍼맨에게는 상상조차 할 수 없는 일이 됩니다.

아마 다른 일들도 마찬가지일 것입니다. 수천 킬로미터를 몇 초 만에 왕복할 수 없을 겁니다. 산불이 나도 호수를 통째로 얼려 그 위에 떨어뜨려 불을 끌 수도 없을 겁니다. 적들이 주먹을 날릴 때 그 주먹이 슬로우 모션으로 보이는 일도 없을 테고, 눈동자에 총알이 맞고 튕겨 나가는 일도 불가능할 것입니다. 예전에는 아주 쉽고 자연스럽던 일들이 이제는 말할 수 없을 정도로 불가능한 일이 됩니다. 평범한 사람이 된 슈퍼맨이 과거의 자신을 생각해 보면, "와! 과거의 나는 지금으로서는 도저히 범접할 수도 없는 영역의 일들을 쉽게 해내고 있었구나!"라고 생각하게 될 것입니다.

율법: 사람의 친구

슈퍼맨의 이야기는 '율법'을 이해하는 데 좋은 도구가 됩니다. 많은 사람들이 율법을 복음과 반대의 것으로, 상치되는 것으로만 생각합니다. 특히 이런 생각은 복음주의 진영 안에 두루 퍼져 있어서, 어떤 분들은 구약 성경을 아예 이야기해서는 안 될 것으로 여기는 분들도 있습니다. 일본 개혁 교회를 방문했을 때 그 교회의 목사님들이 구약 설교를 거의 하지 않는다는 이야기를 듣고 충격을 받은 적이 있습니다. 하지만 구약을, 성취되었다는 이유로 전혀 없는 성경 취급하는 것은 자칫하면 말시온주의(marcionism)가 될 수 있습니다. 우리는 구약도 여전히 영향력 있는 동일한 성경임을 고백해야 합니다.

율법을 단순히 복음에 반대되는 것으로만 여기는 오해는 주로 '율법을 잘못 이해했기 때문에' 발생합니다. **'율법'은 '율법주의'가 아닙니다**. 율법주의는 나쁜 것이지만 율법은 선한 것입니다. 그럼에도 불구하고 많은 사람들이 율법과 율법주의를 구분하지 못하고 율법 자체를 나쁜 것인 양 이야기합니다. 당연히 복음을 옹호하는 것은 좋은 것입니다. 하지만 복음을 옹호하기 위하여 율법을 나쁜 것처럼 여기는 것은 바람직하지 않습니다. 그럴 수 없습니다. 율법은 하나님의 법입니다. 율법은 전혀 나쁜 것일 수 없습니다. 생명 없는 율법주의가 나쁜 것, 껍데기만 있는 율법주의가 나쁜 것이지 율법이 나쁜 것이 아닙니다.

오히려 우리는 종교개혁자들이 알려 준 방식대로 율법의 셋째 용법을 기억해야 합니다. 칼뱅 선생님에 따르면 율법의 셋째 용법은 **율법이 하나님의 기뻐하시는 것이 무엇인지를 비춰 준다**는 것입니다. 실제로 『기독교 강요』에서 율법에 대한 해설 중 가장 강조된 율법의 기능은 이 셋째 용법입니다. 로마서 7장 7절은 말씀합니다.

> 그런즉 우리가 무슨 말을 하리요 율법이 죄냐 그럴 수 없느니라 **율법으로 말미암지 않고는 내가 죄를 알지 못하였으니** 곧 율법이 탐내지 말라 하지 아니하였더라면 내가 탐심을 알지 못하였으리라_롬 7:7

이 말씀이 잘 알려 주는 대로, 율법이 알려 주지 않았다면 우리는 탐심이 나쁘다는 것을 알 수 없었을 것입니다. 율법 때문에 비로소 우리는 하나님께서 탐심을 싫어하신다는 것을 압니다. 즉 **율법은 하나님의 성품을 비춰 줍니다.** 하나님께서 무엇을 좋아하시고 무엇을 싫어하시는지를 알려 줍니다. 그러므로 율법은 나쁜 것일 수 없습니다. 프롱크 목사님은 율법에 대하여 이렇게 말씀했습니다.

> 타락 이전에 사람은 율법이 말하는 바를 할 수 있었습니다. 아담은 하나님의 율법을 완전히 지킬 능력이 있었습니다. 그때 율법은 사람의 친구였습니다.[87]

"율법은 사람의 친구였습니다"라는 문장을 묵상합시다. 율법의 셋째 용법, 그러니까 개혁파인 우리가 율법을 바라볼 때는 율법의 어떤 면을 긍정적으로 봅니까? 율법이 하나님의 성품, 곧 하나님께서 무엇을 기뻐하시고 무엇을 싫어하시는지를 보여 준다는 점이지요. 그러면 율법이 이런 역할을 한다 했을 때, '사람의 능

---

87 — 코르넬리스 프롱크, 『도르트 신조 강해』, 262.

력', 곧 **"사람이 이 율법을 행할 수 있느냐?"**의 문제를 생각해 보면 율법에 대한 우리의 판단은 어떻게 될까요?

타락 이전의 사람에게 **율법은 그야말로 '사람의 친구'**였습니다.[88] 타락 이전의 사람은 율법을 통해 하나님께서 무엇을 기뻐하시는지, 무엇을 싫어하시는지를 **알 수** 있었습니다. 이런 상황에서의 율법이란 마치 내비게이션처럼 갈 길을 비춰 주는 역할을 하는 것이었습니다.

동시에 **'능력'**도 생각해 봅시다. 타락 이전의 사람은 율법을 통하여 알 수 있게 된 하나님의 기뻐하시는 일들을 **'충분히 행할 수 있었'**습니다. 그러므로 율법이 사람의 친구였다는 말은 두 가지 방식으로 이런 의미입니다.

> ① 우리는 충분히 이 율법이 보여 주고 있는 바를 잘 이해할 수 있었고 : **지성**
> ② 이 방향을 따라 행할 수가 있었다 : **능력**

즉 율법이란, 마치 능력을 잃기 전의 슈퍼맨에게 50만 톤짜리 열쇠는 그냥 현관 깔판 밑에 넣어 두었다가 쉽게 꺼내서 문을 따고 들어올 수 있는 것처럼 '매우 자연스러운', '평범한 삶의 일상인' 그런 종류의 일이었습니다. 율법은 죄를 범하기 이전의 사람에게는 '자연스럽게 삶에 새겨져 있는 행동 양식'이었습니다. **죄 이전의 아담이라면 평범하게 자기 마음의 원**(hope)**을 따라서 행동하면 그것이 율법을 지키는 것**이었습니다.

하나님을 사랑하고 이웃을 사랑하는 일은 '노력해서' 되는 일이 아니었고, 거의 저절로 되는 일이었습니다. 율법은 그야말로 '사람의 친구'였습니다. 죄 이전의 사람은 율법을 통해서 하나님의 뜻도 분명하게 알 수 있었고(지성의 영역에서), 동시에 그것을 실제로 삶에 행하는 데 있어서도 전혀 어려움을 겪지 않는(능력의 영역에서) 그런 상황이었습니다. 율법은 매우 자연스러웠습니다.

---

88 — 하지만 성경 말씀에 따라 타락이 없었다면 율법이 주어지지 않았을 수도 있다는 점을 동시에 생각해야 한다. 갈 3:17 "사백삼십 년 후에 생긴 율법", 19 "범법함을 인하여 더한 것". 곧 인간이 타락하지 않았다면 율법이 주어졌을지 아닐지에 대한 가정은 전적으로 가정일 뿐이다.

그러나 율법의 변모

하지만 문제가 발생합니다. 타락, 곧 죄가 세상에 들어온 것입니다. 이 '타락'이라는 것, 죄의 발생과 영향력은 마치 슈퍼맨이 능력을 잃은 것만큼이나 우리에게 **'중대한 변화'**가 생겼다는 의미입니다. 날개를 가진 독수리에게는 땅으로부터 300m 위의 하늘을 나는 것이 '일상'이겠지만, 날개 깃털을 다 뽑혀 버린 독수리에게는 3미터 위의 하늘도 자기의 것이 아니라는 것이 우리의 범죄와 타락, 그 결과인 것입니다.

율법은 원래 **'도달하기 쉬운 곳'**에 있었습니다. 하지만 죄를 범했기 때문에 이제 율법은 **'어려운 것'**이 되었습니다. **'결코 도달할 수 없는 곳'**이 되었습니다. 죄를 지은 인생은 이제 '무능력'할 뿐 아니라 심지어 '의지적으로 싫어하게' 되었습니다. 친구였던 율법을 미워하게 되었습니다. 죄를 지은 인간에게 율법이란 마치 능력을 잃은 슈퍼맨에게 50만 톤짜리 열쇠처럼 **결코 집에 들어갈 수 없게 되었다는 것을 보여 주는 표식** 같은 것이 되어 버렸습니다. 이것이 바로 '율법의 성격'이며 '율법에 대한 우리의 현재 모습'입니다.

여기서 중요한 점은 **사실상 율법에게는 아무런 변화가 없다는 점**입니다. 앞서 말씀드린 것처럼 '율법'이라고 하면 맹목적으로 적대적인 분들이 있습니다. 복음을 부각시키려는 의도는 좋지만 율법을 나쁜 것으로 생각하는 것은 전적인 오해입니다. 율법은 선한 것입니다. 율법은 하나님의 성품을 보여 주는 것이므로 선한 것입니다. 따라서 인간이 죄를 지었다고 해서 '율법의 성격'이 바뀐 것은 아닙니다. 율법은 여전히 아름답습니다. 율법은 여전히 하나님께서 무엇을 좋아하시고 무엇을 싫어하시는지를 보여 줍니다.

문제가 무엇입니까? **우리가 변했습니다.** 우리가 이제는 율법에 도달할 수 없는 사람이 되어 버렸고, 그렇다면 도달할 수 없게 되어 버린 율법이 우리에게 좋은 것일 수 없습니다. 이제 율법은 무서운 것이 되었습니다. 율법이 변한 것이 아니라 우리가 변했기 때문에, 율법은 이제 무서운 것이 되어 버렸습니다. 성경이 율법에 대해 말할 때, 부정적으로 말하는 듯이 보이는 말씀들을 접하게 되면, 이 사실을 반드시 기억하십시오.

그러므로 사람이 의롭다 하심을 얻는 것은 율법의 행위에 있지 않고 믿음으로 되는 줄 우리가 인정하노라_롬 3:28

율법은 진노를 이루게 하나니 율법이 없는 곳에는 범법도 없느니라_롬 4:15

사람이 의롭게 되는 것은 율법의 행위로 말미암음이 아니요 오직 예수 그리스도를 믿음으로 말미암는 줄 알므로 … 이는 우리가 율법의 행위로써가 아니고 그리스도를 믿음으로써 의롭다 함을 얻으려 함이라_갈 2:16

내가 율법으로 말미암아 율법에 대하여 죽었나니 이는 하나님에 대하여 살려 함이라_갈 2:19

율법은 믿음에서 난 것이 아니니 율법을 행하는 자는 그 가운데서 살리라 하였느니라_갈 3:12

이 말씀들은 잘못 읽으면 모두 율법을 그릇된 것인 양 여기게 되는 말씀들입니다. 하지만 **율법 이해의 요체는 율법에 있지 않습니다.** 변화된 우리에게 핵심이 있는 것입니다. 이것을 로마서 7장 말씀이 잘 보여 줍니다.

우리가 육신에 있을 때에는 율법으로 말미암는 죄의 정욕이 우리 지체 중에 역사하여 우리로 사망을 위하여 열매를 맺게 하였더니 이제는 우리가 얽매였던 것에 대하여 죽었으므로 율법에서 벗어났으니 이러므로 우리가 영의 새로운 것으로 섬길 것이요 율법 조문의 묵은 것으로 아니할지니라_롬 7:5-6

이 부분의 말씀은 명백히 율법에 매여서는 안 된다는 점을 말하고 있습니다. 하지만 이어지는 7절은 이렇게 말씀합니다.

그런즉 우리가 무슨 말을 하리요 **율법이 죄냐 그럴 수 없느니라** 율법으로 말미암지 않고는 내가 죄를 알지 못하였으니 곧 율법이 탐내지 말라 하지 아니하였더라면 내가 탐심을 알지 못하였으리라_롬 7:7

12절과 13절도 같은 것을 말씀하고 있습니다.

이로 보건대 **율법은 거룩하고 계명도 거룩하고 의로우며 선하도다** 그런즉 선한 것이 내게 사망이 되었느냐 그럴 수 없느니라 오직 죄가 죄로 드러나기 위하여 선한 그것으로 말미암아 나를 죽게 만들었으니 이는 계명으로 말미암아 죄로 심히 죄되게 하려 함이라_롬 7:12-13

14절 역시 마찬가지입니다.

우리가 **율법은 신령한 줄 알거니와** 나는 육신에 속하여 죄 아래에 팔렸도다_롬 7:14

로마서 7장이 알려 주고 있는 바는 율법은 전혀 문제가 없다는 사실입니다. 성경은 율법이 악하다고 말하지 않습니다. 오히려 '**우리에게**' 변화가 일어났습니다. 율법은 여전히 선하고 아름다운데 우리가 변화하는 바람에, 이제 율법은 부정적인 것이 되었습니다.

그러므로 역할의 변화

따라서 이제 율법은 우리에게 '친구'가 아니라, 전혀 다른 역할을 시작하게 됩니다. 바로 '**율법의 정죄**'입니다.

우리의 떨어짐으로 인해 이제 율법은 그 역할도 바뀌게 됩니다. 단지 '**도달할 수 없는 것**'일 뿐 아니라, '**우리를 정죄하는 도구**'가 되었습니다. 이전에는 하나님을 사랑하고 이웃을 사랑하는 일이 '자연스러운 일'이었으나, 이제는 하나님을 미워하고 이웃을 미워하는 일이 자연스러운 일이 되었습니다. 그래서 이전에는 "하나님을 사랑하는 것이 이런 것이다."라고 밝히 비춰 주던 율법이 이제는 그 뒷면, 곧 "그러나 하나님을 사랑하지 않는 자는 어떠하다." 하는 것이 우리의 것이 되어 버렸습니다. 율법의 역할은 이제 '정죄'가 됩니다. 로마서 7장 말씀의 행간에 이 또한 잘 나타나고 있습니다.

> 그러나 죄가 기회를 타서 계명으로 말미암아 내 속에서 온갖 탐심을 이루었나니 이는 율법이 없으면 죄가 죽은 것임이라 전에 율법을 깨닫지 못했을 때에는 내가 살았더니 계명이 이르매 죄는 살아나고 나는 죽었도다_롬 7:8-9

계명이 하는 일이 무엇입니까? "죄가 죄다!"라고 일러 주는 것입니다. 계명이 도착하니까 무엇이 살아났습니까? 죄가 살아났습니다. 이전에 계명을 몰랐을 때는 죄인인 줄조차 모르고 살았는데 계명이 도달하니까 그제야 비로소 죄로 보이는 것입니다.

죄가 없었을 때 율법은 친구였으나, 죄가 들어온 후로는 자연인에게 율법은 '죄인 되게 하는 것'입니다. 율법이 없을 때는 자기가 죄에 오염되었는지도 모르고 괜찮은 줄 알고 살았는데 율법 때문에 자기의 형편을 직시할 수 있게 되는 것입니다. 즉 여기에서 율법의 변화된 역할이란 **'죄를 죄 되게 하는 것'**입니다. 이것이 10절 말씀입니다.

> **생명에 이르게 할 그 계명이** 내게 대하여 도리어 **사망에 이르게 하는 것이** 되었도다_롬 7:10

이 10절 말씀이 그야말로 이 주제 전체를 아우르는 핵심이요 정수라고 하겠습니다. 원래 율법은 생명에 이르게 하는 것이었습니다. 그리고 율법의 이러한 성격은 우리가 죄를 지은 이후라 할지라도 변하지 않습니다. 하지만 사람이 죄를 짓자 그 **'성격'**에 있어서 변하지 않은 율법이 **'역할'**에 있어서는 변하게 되었습니다. 죄인인 인간에게는 "생명에 이르게" 할 그 율법이 이제는 "사망에 이르게" 하는 도구가 된 것입니다!

율법은 똑같은 방향을 가리키는 화살표입니다. 하나님을 향해 비추는 화살표입니다. 하지만 하나님과 함께 동산을 거닐었을 때는 좋은 것이었던 율법이 이제 나에게는 파멸이 됩니다. 죄인인 인생이 하나님과 함께 동산을 걸으면 멸망당할 것입니다. 로마서 7장 10절 말씀이 바로 이 율법의 성격을 아주 정확하게 설명해주고 있는 말씀입니다.

따라서 율법이 할 수 없는 것

이렇게 율법을 이해할 때 비로소 '왜 복음이 필요한지'를 알게 됩니다. 단지 율법이 나쁘거나 부족해서가 아닙니다. 오히려 율법은 여전히 바른 길을 지시해 줍니다. 그러나 율법이 제아무리 바른 길을 지시해 주더라도 우리가 변했기 때문에 율법의 기능이 바뀌었고, 따라서 이제 율법은 우리에게 정죄의 기능만을 할 뿐입니다. 즉 제아무리 율법을 열심히 들여다보더라도 율법을 들여다보는 일을 통해서는 내가 죄인임을 발견할 수밖에 없는 흉기가 된 것입니다. 이것이 율법이 **'죽이는 기능'**을 한다는 의미입니다.

바로 이런 이유로 이제 죄인인 우리에게는 율법이 '할 수 없는 일'이 생겼습니다. 그것은 바로 **원래 율법이 가지고 있었던 바로 그 기능**, 곧 율법이 친구로서 할 수 있었던 일, **우리를 하나님께로 데려갈 수 있는 일**을 이제 율법은 할 수가 없게 되었습니다. 율법이 변해서 할 수 없게 된 것이 아니라 죄로 말미암아 우리 편에서 떨어졌기 때문에, 더 이상 율법은 우리를 하나님께로 데려갈 수가 없게 되었습니다. 죄 없는 이들만을 태워 가던 고속 열차로는 죄 있는 이들을 태워 갈 수 없습니다. 지금의 율법은 오직 "너는 죄인이다.", "너는 이 율법을 통해 하나님께로 갈 수 없다.", "너는 멸망이다." 이 사실만을 보여 줍니다. 이것이 로마서 8장 3절의 의미입니다.

> 율법이 육신으로 말미암아 연약하여 할 수 없는 그것을 하나님은 하시나니_롬 8:3

말씀드린 대로 성경은 **"율법이 연약하다"**라고 하지 않습니다. 로마서 8장 3절은 "율법이 연약하다"라고 하지 않고 **"육신이 연약하다"**라고 합니다. "율법이 연약하여 할 수 없다"라고 하지 않고 "율법이 육신으로 말미암아 연약하여 할 수 없다"라고 합니다.

그러면 이제 우리에게는 무엇이 필요합니까? 율법으로는 안 되는 것입니다. 그렇다면 우리에게 필요한 것은 바로 '죄를 극복하는 무언가'입니다. 율법은 죄를 **비춰 주기만** 하므로 죄를 **극복할 수는** 없습니다. 죄 없는 사람에게는 율법이 하나님께로 가는 길이 되지만, 죄 있는 사람에게는 '절망만' 계시할 뿐입니다. 그래서 하나님께서는 **이 율법 대신에** 죄를 극복할 수 있는 길, 죄인들이 하나님께 갈 수 있는 길을 준비하셨습니다. 그것이 바로 **복음**입니다. 로마서 8장 3절의 나머지 부분을 읽어 봅시다. 율법이 육신으로 말미암아 할 수 없는 것을 하나님께서 어떤 방식으로 하셨습니까?

> … 곧 죄로 말미암아 자기 아들을 죄 있는 육신의 모양으로 보내어 육신에 죄를 정하사_롬 8:3

해결책은 어떤 방식으로 옵니까? 4절은 "율법의 요구를 이루어지게 한다"라고 하였는데, 그렇습니다. 율법은 여전히 그대로 있어서 하나님을 향한 길을 비춰 주고, 또 인간이 죄를 범함으로 말미암아 이제 그 하나님을 향한 길은 '정죄와 심판의 도구'가 되었는데, 하나님께서는 아들을 보내셔서 바로 이 정죄와 심판의 도구가 된 **율법의 요구를 이루신 것**입니다. 이것이 바로 '복음'입니다! 로마서 3장 21-22절과 10장 4절도 함께 봅시다.

> 이제는 율법 외에 하나님의 한 의가 나타났으니 율법과 선지자들에게 증거를 받은 것이라 곧 예수 그리스도를 믿음으로 말미암아 모든 믿는 자에게 미치는 하나님의 의니 차별이 없느니라_롬 3:21-22
> 그리스도는 모든 믿는 자에게 의를 이루기 위하여 율법의 마침이 되시니라_롬 10:4

성경은 항상 같은 방식으로 말합니다. 율법이 문제가 있는 것이 아니고 "율법을 이루는 것"입니다. 율법을 "폐기하는" 것이 아니고 "이루는" 것입니다. 그래서 신조 5조는 다음과 같이 진술하고 있습니다.

> 비록 그것(율법)이 죄의 중함을 드러내고 또한 사람으로 하여금 자신의 죄책을 더욱 더 깨닫게 하지만, **치료책을 제시하거나 그 비참함에서 벗어날 힘을 주지는 않**

기 때문입니다.

우리는 4조와 5조의 진술을 통해서 셋째 교리의 '죄'라는 주제를 더욱 선명하게 깨닫습니다. 그리고 1, 2, 3조를 통해 죄의 전적인 부패와 그 죄의 유전, 그리고 우리의 무기력함, 곧 전적 무능력을 깨달았습니다. 그런데 이런 우리의 무능력은 **두 가지 방식으로** 드러납니다. 한편으로는 우리의 '본성의 빛을 통해서'입니다. 앞의 조에서 우리는 본성의 빛과 관련된 성경 말씀들을 통해서 우리가 흔히 생각하는 어떤 종류의 본성의 빛으로도, 결코 하나님께 도달할 수가 없다는 것을 살폈습니다.

그리고 다음으로 '율법을 통해서'입니다. 어떻습니까? 율법은 여전히 아름답습니다. 율법은 여전히 하나님을 알려 줍니다. 하지만 거기서 끝입니다. 율법은 하나님을 알려 주기만 합니다. 우리는 죄인이기 때문에 **'알려 주기만 하는 율법'으로는 하나님께 갈 수가** 없습니다. 우리가 하나님께 갈 수 있는 길은 죄 때문에 이미 끊어졌기 때문입니다.

그래서 우리에게는 다음의 것이 필요합니다. 그것이 바로 이제 6조가 설명할 '복음'입니다. 우리에게는 복음이 필요합니다! 본성의 빛으로도, 율법으로도 안 됩니다. 오직 우리를 정죄하는 이 율법의 정죄로부터 탈출할 수 있는 유일한 복음이 필요합니다!

셋째와 넷째 교리 :
인간의 타락, 하나님께 돌이키는 것과 그 일이 일어나는 방식에 관하여

제6조 : 복음의 필요성

따라서 본성의 빛이나 율법이 할 수 없는 것을 하나님께서는 말씀[i] 혹은 화목의 사역을 통하여 성령의 능력으로 행하십니다.[ii] 이것이 곧 메시아의 복음이며, 이 복음을 통하여 하나님께서는 구약 시대나 신약 시대나 똑같이, 믿는 사람을 구원하기를 기뻐하셨습니다.[iii]

i 라틴어로는 '설교를 통하여(per sermonem)'이다.

ii 고후 5:18-19 모든 것이 하나님께로서 났으며 그가 그리스도로 말미암아 우리를 자기와 화목하게 하시고 또 우리에게 화목하게 하는 직분을 주셨으니 곧 하나님께서 그리스도 안에 계시사 세상을 자기와 화목하게 하시며 그들의 죄를 그들에게 돌리지 아니하시고 화목하게 하는 말씀을 우리에게 부탁하셨느니라

iii 고전 1:21 하나님의 지혜에 있어서는 이 세상이 자기 지혜로 하나님을 알지 못하므로 하나님께서 전도의 미련한 것으로 믿는 자들을 구원하시기를 기뻐하셨도다

● **강해 본문 : 히브리서 4장 1-13절**

1 그러므로 우리는 두려워할지니 그의 안식에 들어갈 약속이 남아 있을지라도 너희 중에는 혹 이르지 못할 자가 있을까 함이라 2 그들과 같이 우리도 복음 전함을 받은 자이나 들은 바 그 말씀이 그들에게 유익하지 못한 것은 듣는 자가 믿음과 결부시키지 아니함이라 3 이미 믿는 우리들은 저 안식에 들어가는도다 그가 말씀하신 바와 같으니 내가 노하여 맹세한 바와 같이 그들이 내 안식에 들어오지 못하리라 하셨다 하였으나 세상을 창조할 때부터 그 일이 이루어졌느니라 4 제칠일에 관하여는 어딘가에 이렇게 일렀으되 하나님은 제칠일에 그의 모든 일을 쉬셨다 하였으며 5 또 다시 거기에 그들이 내 안식에 들어오지 못하리라 하였으니 6 그러면 거기에 들어갈 자들이 남아 있거니와 복음 전함을 먼저 받은 자들은 순종하지 아니함으로 말미암아 들어가지 못하였으므로 7 오랜 후에 다윗의 글에 다시 어느 날을 정하여 오늘이라고 미리 이같이 일렀으되 오늘 너희가 그의 음성을 듣거든 너희 마음을 완고하게 하지 말라 하였나니 8 만일 여호수아가 그들에게 안식을 주었더라면 그 후에 다른 날을 말씀하지 아니하셨으리라 9 그런즉 안식할 때가 하나님의 백성에게 남아 있도다 10 이미 그의 안식에 들어간 자는 하나님이 자기의 일을 쉬심과 같이 그도 자기의 일을 쉬느니라 11 그러므로 우리가 저 안식에 들어가기를 힘쓸지니 이는 누구든지 저 순종하지 아니하는 본에 빠지지 않게 하려 함이라 12 하나님의 말씀은 살아 있고 활력이 있어 좌우에 날선 어떤 검보다도 예리하여 혼과 영과 및 관절과 골수를 찔러 쪼개기까지 하며 또 마음의 생각과 뜻을 판단하나니 13 지으신 것이 하나도 그 앞에 나타나지 않음이 없고 우리의 결산을 받으실 이의 눈 앞에 만물이 벌거벗은 것 같이 드러나느니라

셋째와 넷째 교리 제6조 강해

복음, 하나님, 듣는 믿음

히 4:1-13

우리가 드리는 예배는 처음 교회에 나온 사람에게 어떤 인상을 줄까요? 특히 예배 때의 설교는 교회에 처음 나오시는 분들에게는 어떤 느낌일까요? 예전에 교회에 안 다니시는 어떤 어르신이 이런 이야기하는 것을 들은 적이 있습니다. "거, 장경동 목사 그 사람 참 말도 잘하고 좋데!"

아마 이런 느낌이리라 생각합니다. TV 예능 프로에 나와서 입담 좋은 이야기를 하는 것과 예배 때 설교 시간에 하는 이야기가 교회를 안 다니는 분에게는 비슷한 것이 아닐까 싶습니다. 혹 분위기가 사뭇 진지한 교회라면, 그런 교회에서의 설교 시간은 아마 대학 교수가 문화 센터 같은 곳에서 교양 강좌를 하는 것과 비슷한 느낌이지 않을까요? 아마 처음 교회를 나오는 분들에게 설교란 그런 느낌이 아닐까 생각을 해 봅니다.

도르트 신조 셋째와 넷째 교리 6조에는 "하나님께서 말씀을 통하여 하신다"라는 표현이 있습니다. 그리고 여기서의 "말씀"이란 본문의 내용을 통해 말해 보자면 추상적인 'The Word'를 말한다기보다 예배 때 '설교된 말씀'을 가리킵니다.[89]

교회를 이제 갓 나온 사람이야 그렇다 치더라도, 교회를 오래 다닌 분들 중에도 **'설교'와 '강의'를 구분하지 못하는** 분이 아주 많습니다. 저는 학창 시절에 후

---

[89] — 개혁파 교리문답 등에서 '말씀'은 주로 '설교'를 가리킨다. 특히 하이델베르크 교리문답에서는 이 성격이 매우 자명하다.

셋째와 넷째 교리 : 인간의 타락, 하나님께 돌이키는 것과 그 일이 일어나는 방식에 관하여 533

배들에게 "목사님이 강대상에서 하는 말을 모두 하나님의 말씀이라고 볼 수 있을까?" 하는 질문을 한 적이 있었는데, 대답을 명확하게 하는 이가 드물었습니다. 만약 이것이 명확하지 못하다면 강단에서 농담 따먹기를 하더라도 모두 하나님의 말씀이 됩니다. 실제 기독교 TV 채널 같은 곳에서 목사가 유머를 하거나 신세한탄 조로 자기의 살아온 여정을 풀어내는 것을 가리켜 설교라고 하는 것을 종종 보게 됩니다.

무엇이 설교이고 무엇이 강의인지를 잘 구분하지 못하는 이유는 '설교가 무엇인지'에 대한 개념이 별로 없기 때문입니다. 사람들은 보통 어떤 것에 대한 개념을 '정리해서' 알기보다는 '경험을 통해 습득'하는 경향이 많은데, 설교에 대해서도 그런 것입니다. 설교가 무엇인지를 정의부터 차곡차곡 배워서 익혔다기보다는 교회를 다니다 보니 경험으로 습득된 이해를 갖고 있는 것입니다.

그러다 보니 어디까지가 설교인지, 무슨 요소를 갖추어야 설교인지, 그래서 설교에는 무엇이 동반되어야 하며 또 무엇이 있어서는 안 되는 것인지에 대해, 경험한 외형적인 것만 갖고 있지 내용은 갖고 있지 않게 되는 것입니다.

'설교된 말씀'에 대한 우리의 입장은 무엇이어야 합니까? 4조에서 본성의 빛의 불충분성, 그리고 5조에서 율법의 불충분성에 대해 말한 신조는 이제 **'대답'을 향해** 갑니다. 본성의 빛으로는 "하나님의 구원 사역에 대한 지식과 참된 회심에는 도무지 이를 수 없고"(4조), 율법을 가지고서도 "치료책을 제시하거나 그 비참함에서 벗어날 힘을" 얻을 수는 없습니다(5조).

그래서 이제 6조에서 대답이 제시됩니다. **"복음의 필요성!"** 그렇습니다. 이제 복음의 필요성이 제시됩니다. 그리고 이때의 "복음"이란 두루뭉술한 것이라기보다 '설교된 말씀'입니다. 6조의 내용을 통해 설교된 말씀이 무엇이며, 신자는 어떤 태도를 가져야 하는지를 살펴보도록 합시다.

주체로서의 하나님

'복음이' 아니고 '하나님이' 하신다

4조와 5조가 "본성의 빛도 무능하고 율법도 무능하다."라고 했기 때문에, 우리는 즉시 그다음 대답이 "따라서 복음이 한다."라고 나오리라 기대하게 됩니다. 하지만 신조가 대답하는 방식을 보면, 이렇게 "복음이 한다."라는 자명한 대답조차 쉽게 하지 않음을 깨닫게 됩니다.

게다가 6조는 4조, 5조와 연결되어 있음을 보여 주기 위해 **"따라서"**로 시작합니다. 앞의 내용과 연결되어 있다는 의미입니다. 그런데 "따라서"의 다음이 "복음이 한다."가 아닙니다. 어떻게 되어 있습니까?

> 본성의 빛이나 율법이 할 수 없는 것을 **하나님께서** 하신다.

놀라운 통찰력이요 일관성입니다. 도르트 신조는 참으로 일관되게 이 '하나님 중심성'을 끊임없이 견지합니다. "어떻게 이렇게 일관성이 있을까!" 싶을 정도로 놀랍게, 우리가 쉽게 방심할 수 있는 부분에서조차 이 '하나님 중심성'의 원리를 놓치지 않습니다.

"본성의 빛도 무능하고 율법도 무능"하기 때문에 대답은 당연히 "복음이"입니다. 그러나 신조는 "복음이 합니다!"라고 말하지 않았습니다. 도리어 "하나님께서 하신다!"라고 합니다. 왜 이렇게 말할까요? 제아무리 복음이라도 '그 복음조차도 하나님은 아니시기 때문'입니다. 복음조차도 주체는 아닌 것입니다. 언제나 주체는 '하나님'뿐입니다. 우리 믿음의 선배들이 일관되게 견지한 것을 따르자면 '복음'도 '믿음'도 그야말로 '도구'였습니다. 언제나 구원은 '하나님이' 하십니다. 바로 그 '하나님이' 복음이나 믿음을 '사용하셔서' 우리를 구원하십니다. 로마서 8장 3절은 "율법이 육신으로 말미암아 연약하여 할 수 없는 그것을 **하나님은 하시나니**"라고 하였는데, 정확하게 이 말씀의 가르침을 따라 말한 것입니다. 참으로 우리 선배들의 하나님 중심성에 놀랄 따름입니다.

말씀과 함께(cum verbo)

이 '도구 된 말씀과, 그에 대한 하나님의 주체성'이라는 주제는 교회 역사 속에서 다음과 같은 방식으로 토론된 적이 있습니다. 이는 "말씀을 통해"와 "말씀과 함께"라는 주제입니다.

루터파는 성찬 논쟁에서의 공재(共在) 개념과 마찬가지로 말씀 또한 '말씀 그 자체가 실효성을 갖는다'고 생각했습니다. 여기서 포인트는 말씀이 스스로, 그 자체 내에 실제적인 권세를 가진다는 점입니다. 이를 좀 자극적으로 말해 보자면, 루터파가 직접 이렇게 가르친 것은 아니지만 "루터파는 **하나님이 거기 없어도 말씀 스스로 권위를 가진다**고 믿었다." 정도로 말할 수 있겠습니다. 성찬에서의 공재가, 떡과 포도주 그 자체가 스스로 권위를 가지듯이, 그래서 성찬 때 참여하는 자의 믿음이 없더라도 떡과 포도주 그 자체가 주님의 몸이듯이, 말씀 또한 그런 식의 권위를 갖는다고 생각했던 것입니다.

그래서 루터파는 하나님께서 **"말씀을 통해**(*per verbum*)**"** 역사하신다고 말하기를 좋아했습니다. 하나님께서 말씀을 통하셨기 때문에, 말씀은 그 자체로 권위를 가지게 됩니다.

하지만 개혁파는 '말씀의 권능'을 말하는 와중에도, 항상 이것이 '하나님께서' 하시는 것임을 존중해야 한다고 여겼습니다. 그래서 개혁파는 하나님께서 **"말씀과 함께**(*cum verbo*)**"** 역사하신다고 말하기를 좋아했습니다. 개혁파의 강조점은 그렇습니다. 말씀을 말하더라도 그 주체가 항상 하나님이심이 드러나야 한다는 것입니다. "설교된 말씀"이 신적 권위를 갖는 이유는 항상 말씀 그 자체가 스스로 권위를 갖는다기보다는 하나님께서 그 말씀과 함께 계시기 때문입니다. 우리는 이런 점에서 개혁파가 하나님께 대하여 얼마나 철저했는지를 보게 됩니다. 이것을 진지하게 묵상해 보면 예배 시간에 설교되는 말씀에 대해 어떤 입장을 가져야 할지 아주 선명해집니다.

앞에서 우리는 교회를 처음 나온 사람 이야기를 했습니다. 믿지 않는 사람들 입장에서는 목사의 설교가 세상의 만담이나 교양 강좌와 무엇이 다른지 구분하기 힘들 것입니다. 하지만 신자의 입장은 무엇입니까? 신자가 예배에서 설교를 '특별한 것'으로 여기는 이유는 무엇 때문입니까? "말씀과 함께"의 정신을 잘 기억한다면, 우리는 '설교 자체가 특별한 것이기 때문'이 아니라 예배 시간에 설교되는 말씀은 **그 말씀의 주체이신 '하나님의 권위를 업고 있기 때문'**인 것임을 말할 수 있게 됩니다.

이 사실을 진실로 깨우친다면 **신자는 두려워해야** 합니다. 설교된 말씀은 그 주체가 하나님이시기 때문입니다. 만약 우리가 설교 '자체'의 신성함을 추구하는 사람이라면(*per verbum*) 어떤 경우 설교를 무시하게 되더라도 그것은 '신성한 설교를' 무시한 것일 뿐 하나님을 무시한 것은 아닐 수도 있습니다. 곧 "저 목사 설교 참 잘하네."라든가, 반대로 "저 목사는 영 화법(話法)이 신통치 않아."라고 말할 수도 있는 것입니다.

하지만 만약 설교의 주인이 참으로 하나님이심을 제대로 깨달은 사람이라 할지라도 그렇게 말할 수 있을까요? 말씀의 권위가 '말씀의 신성함' 자체에 있지 않고 **'주권자이신 하나님께'** 있다는 것을 마음속 깊이 인식하고 있는 사람이 과연 설교를 '저 목사의 언변' 정도로 여길 수가 있을까요? 하나님께서 지금 말씀하고 계신데 팔짱을 끼고, 다리를 꼬고 앉아서 "저 목사 설교 잘하나 한번 볼까?"라는 태도를 가질 수 있을까요?

그럴 수 없을 것입니다. 혹 자기 교회 목사님이 말이 어눌하고 전달력이 떨어지더라도, 어떤 경우에는 설교의 질이 매우 나빠 이해하기 어렵거나 말씀의 내용이 내 생각과 좀 빗나가더라도, 그 말씀이 참으로 하나님의 말씀을 드러내고 있다면 하나님의 백성인 회중으로서는 결코 그에 대하여 불만을 가지거나 나쁘게 말할 수 없게 됩니다. 말씀하시는 분이 하나님이시기 때문입니다.

그리고 이 사실은 말씀을 전하는 설교자 스스로에게도 똑같습니다. 설교자는 "내가 설교한다"라고 할 수 없게 됩니다. 절대로 "나는 설교를 좀 잘하는 것 같아."라고 하거나 "나는 설교에 자신이 있어."라는 식으로 말할 수 없게 됩니다. 말을 잘하는 것, 화법이 좋은 것이 절대로 설교를 잘하는 것이 아니기 때문입니다. 설교는 언제나 주권자이신 하나님께서 '그분의 말'을 하시는 것입니다. 그런데 이것을 믿는 어떤 설교자가 자신의 언변을 '설교를 잘하는 것'과 동일시할 수 있겠습니까?

더불어 이것을 깨닫고 있는 설교자라면 설교를 대강 준비할 수도 없게 됩니다.

자신의 연구와 입의 말을 통하여 전달되는 설교가 그 자체로 '하나님의 음성'이라면 설교자는 게으를 수 없습니다.

설교자는 두렵고 떨리는 마음으로 강단에 올라가야지, "내가 이 인간들을 좀 가르쳐 볼까."하고 강단에 올라갈 수 없게 됩니다. 설교 시간을 빌미로 하여 내 맘에 들지 않는 사람들에게 독설을 쏟아부을 수 없게 됩니다. 설교된 말씀으로서의 설교는 설교 자체가 아니라 **하나님의 손에 붙들린 방편**이기 때문입니다.

그리고 당연히 설교된 말씀의 주체자가 하나님이시라면, 설교자는 **하나님의 말씀이 아닌 것**을 말할 수 없습니다. 수많은 예화들이 난무하는 한국 교회의 설교들은 깊이 각성해야 합니다. 커뮤니케이션 기술로서의 브레인스토밍(brainstorming)을 너무나 쉽게 도입하거나, 설교단에서의 유머가 사람들을 사로잡기 때문에 유용하다고 생각하는 목사들은 정말로 두려워해야 합니다. 설교된 말씀의 주체가 하나님이시면, '다른 내용'을 말하는 자는 거짓 선지자일 수밖에 없기 때문입니다. **'사자(使者)'는 전해 받은 것만을 말하는 사람**입니다.

우리 선배들이 "말씀과 함께(cum verbo)"를 고수하기 원했던 바로 그 정신에서 복음, 곧 설교된 말씀에 대한 존중의 이해를 발견합시다. 그리하여 오늘날의 우리 역시 설교된 말씀의 주체가 언제나 하나님이심을 잘 깨닫도록 합시다. 본성의 빛이나 율법이 할 수 없는 것을 '복음이' 할 수 있습니다. 하지만 우리 신조는 **"복음이 한다"**라고 하지 않고 로마서 8장 말씀을 따라 **"하나님께서 하신다"**라고 함으로써 그들의 경외를 드러냈습니다. 그렇다면 이 신조를 가진 우리가 '선포된 복음', '설교된 말씀'에 대해 어떤 태도를 가져야 할지는 자명하지 않습니까?

하나님께서 말씀을 도구로 사용하실 때 우리가 염두에 두어야 할 것들

이제 주제를 약간 바꾸어, 이 도구 된 말씀이 '사용되는 방식'과 또 다른 강조점들에 조금 주의를 기울여 보도록 합시다. 히브리서 4장 말씀을 보겠습니다.

복음 전함을 받음

우선 우리의 주목을 끄는 구절은 2절 말씀입니다. 2절에서 저자는 "그들과 같이 우리도 복음 전함을 받은 자이나"라고 이야기합니다. 이 구절이 놀라운 이유는 여기서 말하고 있는 "그들"이란 3장에서 보면 **구약 시대의 이스라엘 백성들, 특히 광야에 있던 백성들**이기 때문입니다. 그렇다면 4장 2절의 말씀은 구약 시대의 이스라엘 백성들 역시 **우리와 똑같이 복음 전함을 받았다**는 것을 말하고 있는 것입니다.

우리는 보통 '복음'이라는 것을 예수님께서 오시고 난 후에 주어진 것으로만 생각하는 경향이 있습니다. 이렇게 생각하는 이유는 보통 복음이라고 하는 것 자체가 '예수 그리스도께서 지신 십자가와 부활을 통하여 우리에게 베풀어지는 그분의 공로'를 골자로 하고 있기 때문입니다. 하지만 히브리서 4장 2절 말씀을 통해 확실히 알 수 있는 사실은 **광야에 있었던 이스라엘 백성들도** 우리와 마찬가지로 복음 전함을 받았었다는 것입니다. 단지 '예수님'이 아직 오시지 않으셨을 뿐, 어떻게 하나님께서 자기 백성을 구원하시는지, 또 나중에 오실 메시아이신 그리스도께서 어떻게 사람들을 위하여 죽으시고 구속의 사역을 이루시는지가 이미 구약 시대에도 그림자의 형태로 주어졌던 것입니다. 신조는 이것을 6조 말미에 쓰고 있습니다.

> 이 말씀은 곧 메시아의 복음이며, 이것을 통하여 하나님께서는 구약 시대나 신약 시대나 똑같이, 믿는 사람을 구원하기를 기뻐하셨습니다.

그렇습니다. 이 복음을 통하여 하나님께서는 구약 시대의 백성들조차 '동일한 복음', '동일한 하나님의 말씀', '동일한 선포된 말씀'을 통해 구원하기를 기뻐하셨습니다.

완고함

그런데 이 히브리서 4장 2절 말씀에는 동시에 주목해야 할 또 다른 요소도 있습니다. 뒷부분을 보십시오.

> 그러나 들은바 그 말씀이 그들에게 유익하지 못한 것은 **듣는 자가 믿음과 결부시**

키지 아니함이라_히 4:2

이 말씀은 광야의 이스라엘에게도 우리와 동일하게 복음이 전파되었다는 사실뿐 아니라, 그 복음이 거기 그들에게는 유익하지 못하였다는 것도 함께 말하고 있습니다. 이유는 "듣는 자가 믿음과 결부시키지 않았"기 때문입니다.

이 사실에 주의를 기울이게 되면 히브리서 4장 2절이 말하는 이 상황이 앞서 3장에서 정황을 설명하며 굉장히 여러 번 언급되었었다는 것을 알게 됩니다.

> - 7절은 "너희가 그의 음성을 듣거든"이라고 하였습니다. 하나님께서 말씀하셨습니다.
> - 그런데 8절은 "너희 마음을 완고하게 하지 말라."라고 합니다.
> - 9절도 하나님께서 이스라엘에게 "너희 열조가 나를 시험했다."라고 하십니다.
> - 그래서 10절에서는 하나님께서 "이 세대에 노하셨다."라고 말합니다.
> - 결국 11절은 "너희는 내 안식에 들어오지 못한다."라고 선언하셨습니다.

이 사실은 뒤에서도 반복됩니다. 15, 16, 17절 모두 그들이 마음을 완고하게 함으로써 18절과 19절, 그들이 안식에 들어가지 못하게 되었다는 사실이 반복됩니다. 이렇게 보면, 이 짧은 구절 속에 굉장히 여러 번 반복되는 개념이 하나 있는데 바로 **"완고함"**입니다. 사실 이 완고함은 다른 단어와 의미로도 여러 번 나오지만, "완고"라고 문자적으로 나온 것만 해도 8절, 13절, 15절, 세 번이나 나옵니다. 그러니까 말하자면 이스라엘이 광야에 있었을 때의 마음 상태를 한마디로 표현하면 "완고함"이라고 할 수 있다는 뜻입니다. 이 단어(히. 스클레뤼노)의 의미는 '**단단/딱딱하다**', '**고집이 세다**', '마음을 딱딱하게 하는 것', '굳어진 심정', '고집이 세서 듣지 않음'이라는 뜻입니다.

이 말씀을 통해 우리는 '복음', 곧 '설교된 말씀'이라는 주제 앞에서 **우리 편에서는 거기 믿음을 합해야 한다**는 사실 또한 배우게 됩니다. 하나님께서 설교된 말씀을 도구로 사용하신다면 우리에게 요구되는 것은 무엇이냐?

완고함으로 반응하지 말고 믿음을 거기에 합하라!

이런 명령입니다.

믿음의 실체

설교된 말씀에 "완고함으로 반응하지 말고 믿음을 합하라"라는 말은 어떤 의미입니까? 하나님의 말씀이 선포될 때 졸지 말고 잘 들으라는 뜻입니까? 물론입니다. 주일 예배 때 설교가 하나님께서 사용하시는 방편으로 주어진다면 신자는 당연히 존중을 갖고 최선을 기울여 그 말씀에 집중해야 합니다. 그러면 "믿음을 합하다", 어떻게 하라는 것이지요? 하나님의 말씀이 선포될 때, 그것이 하나님의 말씀임을 굳게 믿고 신뢰하면서, 사람의 말로 받지 말고, 내게 있는 믿음을 높이 들어 올려서, 전적으로 그 말씀에 '아멘'하는 심정을 가지라는 뜻입니다.

하지만 이것은 전부를 말한 것은 아닙니다. **믿음의 참된 실체가 아직 잘 드러나지 않았기 때문입니다.** 여기까지만 말하면 "믿음을 합한다"라는 것은 **'내 편에서 노력한다'**와 같은 뜻이 될 것입니다. "완고하게 반응하지 말라"라는 말은 단지 '열심을 내어 귀를 기울이려고 **애를 쓰라**'와 동일한 의미가 될 것입니다. 그러나 이렇게 말해서는 "믿음을 합하라"라고 말했을 때의 믿음의 성격이 온전히 드러나지 못하게 됩니다.

이 점을 존 오웬(John Owen, 1616-1683) 목사님이 잘 짚으셨다고 생각합니다. 히브리서 4장 2절 말씀을 존 오웬 목사님은 다음과 같이 주해했습니다.

> 그들의 파멸의 원인은 복음을 듣는 자가 믿음을 화합지 아니하였기 때문이다. 이 말씀의 개요는 영적 진리들을 구원에 이르도록 믿기 위해서는 이 진리들이 그것들**을 받아들이는 믿음과 결합이 되어야 한다**는 것이다.
> … 복음의 약속은 독특하고 신적이고 초자연적이다. 그러므로 하나님께서는 우리 안에서 그것이 받아들여지기를 요구하시며, **우리의 마음이 그것을 받아들일 수 있도록** 하는 독특하고 거룩하고 초자연적인 성질을 우리에게 **수여하신다. 이것이 '믿**

음'이며, 우리에게서 난 것이 아니라 하나님의 선물이다.[90]

이 설명을 듣고 나면 히브리서 4장 2절 말씀에서 이스라엘 백성들이 "완고"했다는 것, "믿음과 결부시키지 않았다"라는 것을 통해 우리가 무엇을 해야 할지를 좀 더 분명히 깨닫게 됩니다. '내 편에서 노력하는 것'이 전부가 아닌 것입니다. 더욱 중요한 사실은 이것, 곧 **'선물 주시는 이를 바라보는 것'**입니다!

믿음의 특질이 무엇이었습니까? 오웬 목사님은 칼뱅 선생님의 가르침을 따라서, 믿음이란 **복음의 약속이 "신적이고 초자연적이기 때문"**에, 받아들이는 **우리의 믿음 역시 "신적이고 초자연적"**이며, 따라서 이것은 우리가 갖거나 이해할 수 있는 것이 아니라 "하나님께서 우리에게 수여해 주시는 것"이라고 가르칩니다. 그렇습니다. 바로 이것이 믿음입니다! 그래서 이것이 '선물'인 것이며, 믿음이란 이렇게 '선물 주시는 이를 바라보는 것'인 것입니다.

따라서

우리는 "완고하게 하지 말라"(히 4:7)를 어떻게 실천할까요? "믿음을 합하기"(히 4:2) 위해서 어떻게 해야 하겠습니까?

우리는 첫 번째 주제에서 복음이 이 모든 것을 한다고 믿을지라도 **그 복음조차 주체가 아니라 하나님이 주체라는 사실**을 배웠습니다. 그리고 이를 적용하여 우리의 태도, 곧 말씀을 듣는 청중이 어떠해야 할 것과 말씀을 전하는 설교자가 어떠해야 할 것을 몇 가지 살펴보았습니다. 하나님이 설교된 말씀의 주인이시라면 듣는 이의 입장에서는 '저 목사의 말'로 생각해서는 안 되며, 설교하는 설교자의 입장에서는 '내가 말한다'고 생각해서는 안 됩니다.

이 원칙은 "완고하지 말라", "믿음을 합하라"라는 **둘째 주제에서도 역시 동일하게** 나타납니다. 히브리서 3장과 4장을 그냥 읽어서는 '그들이 완고했던 것처럼 나는 완고하게 반응하지 말아야겠다'라고 나 혼자 결심하는 것으로 끝날 수 있습니다. 하지만 방금 들은 대로 믿음의 성격은 그 자체로 '초월적'입니다. 그래서 우

---

90 — 존 오웬, 『히브리서 주석』, 지상우 옮김 (서울: 엠마오, 1986), 105.

리는 수여하시는 분, 곧 **"선물 주시는 분을 바라보아야 한다"**라고 하였습니다. 비록 우리 편에서도 열심히 해야 하겠지만 이 자체가 우리를 믿음과 결부시키도록 만들어 주는 것은 아닙니다. 믿음은 언제나 선물이므로 이 '믿음을 합하는 일'을 주시는 것은 언제나 하나님이신 것입니다!

따라서 이 사실을 깊이 깨닫는 청중이라면, 하나님의 말씀을 들을 때, 인간적인 노력도 물론 해야 하지만, 그것보다 더욱더욱 **'탄식하는 심정으로 하나님을 바라보는 것'**이 우선임을 깨닫게 됩니다! 말씀을 들을 때 "주여! 내게는 깨달을 힘이 없으니 깨달을 힘을 주옵소서!"라는 태도로 말씀을 들어야 한다는 것을 깨닫게 됩니다! "주여! 나는 믿음을 합할 줄 모르오니 나에게 내 바깥에 있는 믿음을 주옵소서."라고 간구하는 마음으로 말씀을 들어야 합니다!

이것이 그야말로 선포된 하나님의 말씀 앞에서 "완고하게 하지 않는" 방법이며! "믿음을 합하는" 방식입니다. 하나님께 간구하며 탄식하는 심정으로 말씀을 듣는 것! 그야말로 말씀을 바르게 대하는 방법인 것입니다. 그래서 히브리서 4장 12절은 말씀합니다.

> 하나님의 말씀은 살아 있고 활력이 있어 좌우에 날선 어떤 검보다도 예리하여 혼과 영과 및 관절과 골수를 찔러 쪼개기까지 하며 또 마음의 생각과 뜻을 판단하나니_히 4:12

히브리서 3장은 광야에서 하나님께 끊임없이 완고했던 이들의 이야기입니다. 그리고 히브리서 4장은 "그러므로 너희(히브리서 수신자들)는 완고하게 하지 말라"(히 4:7)라고 경고합니다. 이 말씀 바로 다음에 이 12절 말씀이 옵니다. 이상하지 않습니까? 문맥상 3장과 4장의 강조점대로라면 오히려 "우리가 완고하지 않으려면…"이 나와야 더 자연스러울 것 같지 않습니까?

그래서 이 말씀이 놀라운 것입니다! **'내가 노력해야'** 할 것 같은 자리에 다시 "하나님의 말씀은 그 모든 것까지 쪼개고 부술 수 있는 능력의 말씀이시다!"라는 언급이 나옵니다. 하나님의 말씀은 **'들으려는 나조차'** 압도합니다. 듣는 순간조차 나를 나 되게 하지 않고 오직 하나님이 드러나도록 하는 것이 바로 이 하나님의 말씀입니다!

하나님께서는 이 수단을 사용하길 기뻐하셨습니다. 설교된 복음 말씀을 통하여 우리를 구원하시길 기뻐하셨고, 그래서 우리는 이 말씀의 능력 앞에 복종합니다. 인생의 평범한 지혜도 아니요, 똑똑한 목사의 말장난도 아니고, 오직 저기 저 하늘의 것인 믿음의 능력으로만 깨달아지는 설교된 복음! 바로 이를 통해 하나님께서는 나를 구원하기를 기뻐하셨습니다.

본성의 빛도 못하고 율법도 못합니다. **하지만 하나님께서는 하십니다!** 이 하나님께서 복음을 사용하시고 우리 바깥에 있는 믿음이라는 도구를 선물로 주셔서 우리가 이를 들어 참된 구원에 이를 수 있게 하셨습니다. 하나님을 찬송합시다!

제7조 : 복음이 어떤 사람에게는 전파되고
또 어떤 사람에게는 전파되지 않는 이유

하나님께서는 그분의 뜻의 이러한 비밀을 구약 시대에는 소수에게만 계시하셨으나, 신약 시대에는 민족들 사이의 구분을 철폐하시고 더 많은 사람에게 그것을 계시하셨습니다.ⁱ 복음을 이렇게 전파하신 이유는 어떤 민족이 다른 민족보다 더 가치가 있기 때문도 아니고, 그들이 본성의 빛을 더 잘 사용하였기 때문도 아니며, 오직 하나님의 선하시고 주권적인 기쁨과 자격이 없는 자에게 베푸시는 사랑 때문입니다.ⁱⁱ 따라서 원래 우리가 받아 마땅하였던 처분 대신에 과분하리만큼 큰 은혜를 받은 우리는 겸손하고 감사한 마음으로 그러한 사실을 인정해야 할 것입니다.ⁱⁱⁱ 그러나 이 은혜를 받지 못한 사람들과 관련하여서는 사도가 그랬던 것처럼 하나님의 심판이 엄중하고 의로우심을 찬송해야 하고ⁱᵛ 조금이라도 호기심으로 파고들려 해서는 안 됩니다.ᵛ

i 엡 1:9 그 뜻의 비밀을 우리에게 알리신 것이요 그의 기뻐하심을 따라 그리스도 안에서 때가 찬 경륜을 위하여 예정하신 것이니 / 엡 2:14 그는 우리의 화평이신지라 둘로 하나를 만드사 원수 된 것 곧 중간에 막힌 담을 자기 육체로 허시고 / 골 3:11 거기에는 헬라인이나 유대인이나 할례파나 무할례파나 야만인이나 스구디아인이나 종이나 자유인이 차별이 있을 수 없나니 오직 그리스도는 만유시요 만유 안에 계시니라

ii 롬 2:11 이는 하나님께서 외모로 사람을 취하지 아니하심이라 / 마 11:26 옳소이다 이렇게 된 것이 아버지의 뜻이니이다

iii 롬 11:22-23 그러므로 하나님의 인자하심과 준엄하심을 보라 넘어지는 자들에게는 준엄하심이 있으니 너희가 만일 하나님의 인자하심에 머물러 있으면 그 인자가 너희에게 있으리라 그렇지 않으면 너도 찍히는 바 되리라 그들도 믿지 아니하는 데 머무르지 아니하면 접붙임을 받으리니 이는 그들을 접붙이실 능력이 하나님께 있음이라

iv 계 16:7 또 내가 들으니 제단이 말하기를 그러하다 주 하나님 곧 전능하신 이시여 심판하시는 것이 참되시고 의로우시도다 하더라

v 신 29:29 감추어진 일은 우리 하나님 여호와께 속하였거니와 나타난 일은 영원히 우리와 우리 자손에게 속하였나니 이는 우리에게 이 율법의 모든 말씀을 행하게 하심이니라

● 강해 본문 : 에베소서 3장 1-13절

1 이러므로 그리스도 예수의 일로 너희 이방인을 위하여 갇힌 자 된 나 바울이 말하거니와 2 너희를 위하여 내게 주신 하나님의 그 은혜의 경륜을 너희가 들었을 터이라 3 곧 계시로 내게 비밀을 알게 하신 것은 내가 먼저 간단히 기록함과 같으니 4 그것을 읽으면 내가 그리스도의 비밀을 깨달은 것을 너희가 알 수 있으리라 5 이제 그의 거룩한 사도들과 선지자들에게 성령으로 나타내신 것 같이 다른 세대에서는 사람의 아들들에게 알리지 아니하셨으니 6 이는 이방인들이 복음으로 말미암아 그리스도 예수 안에서 함께 상속자가 되고 함께 지체가 되고 함께 약속에 참여하는 자가 됨이라 7 이 복음을 위하여 그의 능력이 역사하시는 대로 내게 주신 하나님의 은혜의 선물을 따라 내가 일꾼이 되었노라 8

모든 성도 중에 지극히 작은 자보다 더 작은 나에게 이 은혜를 주신 것은 측량할 수 없는 그리스도의 풍성함을 이방인에게 전하게 하시고 9 영원부터 만물을 창조하신 하나님 속에 감추어졌던 비밀의 경륜이 어떠한 것을 드러내게 하려 하심이라 10 이는 이제 교회로 말미암아 하늘에 있는 통치자들과 권세들에게 하나님의 각종 지혜를 알게 하려 하심이니 11 곧 영원부터 우리 주 그리스도 예수 안에서 예정하신 뜻대로 하신 것이라 12 우리가 그 안에서 그를 믿음으로 말미암아 담대함과 확신을 가지고 하나님께 나아감을 얻느니라 13 그러므로 너희에게 구하노니 너희를 위한 나의 여러 환난에 대하여 낙심하지 말라 이는 너희의 영광이니라

하나님의 구속 경륜

엽 3:1-3

세상 분류의 이해

생물 분류법

오늘날 생물학에서 생물을 분류하는 기준은 종·속·과·목·강·문·계라는 방식입니다. 당연히 생물이라는 것이 날 때부터 종이나 과가 정해져 나온 것은 아니기 때문에 이런 것들은 그냥 사람들이 분류를 위해서 정한 기준입니다.

그런데 이런 생물 분류의 기준은 생물학에만 있는 것이 아니라 성경에도 있습니다. 물론 성경의 분류법은 과학이 분류하는 것과 목적에 있어 다릅니다. 과학의 분류법이 제 나름의 이유를 갖고 있는 것과 마찬가지로 성경의 분류법도 나름의 이유를 갖고 있습니다.

이런 성경의 생물 분류법이 나오는 대표적인 곳이 창세기의 창조 장면입니다. 창세기 1장 25절을 보면 하나님께서 지으신 생물들을 이런 식으로 표현했습니다.

> 하나님이 땅의 짐승을 그 종류대로 가축을 그 종류대로 땅에 기는 모든 것을 그 종류대로 만드시니 하나님이 보시기에 좋았더라_창 1:25

여기에는 식물은 포함되지 않습니다. 성경의 세계관에서 식물을 동물과 같은 생명체가 아니라 '배경'으로 이해되기 때문입니다.[91] 동물들의 분류는 세 종류, 곧 "땅의 짐승", "육축", "땅에 기는 것"입니다. 비슷하지만 약간 다른 분류법이 십계명에도 나옵니다. 십계명에서 우상을 만들지 말라고 할 때의 생물들을 분류하는 방식은 이렇습니다.

> 또 위로 하늘에 있는 것이나 아래로 땅에 있는 것이나 땅 아래 물 속에 있는 것의 어떤 형상도 만들지 말며_출 20:4

여기 생물 분류법 역시 세 가지이기는 한데 앞의 것과는 약간 다르게 "위로 하늘에 있는 것", "아래로 땅에 있는 것", "땅 아래 물속에 있는 것"입니다. 십계명의 분류법이 좀 더 총괄적이고, 전체 생태계를 배경으로 했다고 할 수 있습니다.

생물 분류법을 말씀드리는 이유는 **레위기의 생물 분류법**을 생각해 보기 위함입니다. 레위기 11장에 보면 음식이 되는 동물들의 분류가 나오는데, 11장 46절을 보면 방금 창세기와 십계명에서 살핀 분류법을 합쳐 놓은 듯한 방식으로 말하고 있습니다.

> 이는 짐승과 새와 물에서 움직이는 모든 생물과 땅에 기는 모든 길짐승에 대한 규례니_레 11:46

네 분류, 곧 "짐승", "새", "물에서 움직이는 모든 생물", 그리고 "땅에 기는 모든 것"입니다. 그런데 여기서 중요한 사실은, 생물 분류를 이런 방식으로 말하기는 했지만 궁극적으로 레위기가 생물을 분류하는 방식은 **두 가지**라는 점입니다. 46절 바로 뒤를 보면 레위기가 이 네 종류의 생물군을 말한 **'이유'**가 나와 있는데 다음과 같습니다.

---

91 — 이러한 생각은 창세기의 창조 기술에 근거한 것이다. 성경은 창조의 6일을 배경 3일, 그 배경의 통치자 3일의 구도로 기술하고 있는데, 식물은 3일째 창조되었다. 곧 창조 구도에서 식물은 배경이다.

부정하고 정한 것과 먹을 생물과 먹지 못한 생물을 분별한 것이니라_레 11:47

이 말씀에 따르면 레위기 11장의 분류 목적은 "부정한 것"과 "정한 것", 곧 "먹을 수 있는 것"과 "먹을 수 없는 것"을 나누는 데 있습니다. 여기까지만 들으면 이게 성경이 아니고 무슨 요리책이든가 혹은 생존 전문가 베어 그릴스(Bear Grylls)가 쓴 책 같다는 생각이 듭니다. 무엇을 먹을 수 있고 무엇을 먹을 수 없나를 다루고 있으니까 말입니다. 하지만 이것이 '레위기'의 일부분임을 기억합시다. 레위기의 일부분이라는 말의 의미는 이 설명들의 초점이 '먹는 것 자체'가 아니라 **제의적인 것**'에 있다는 뜻입니다. 레위기는 요리책이나 생존 서적이 아니라 제사와 정결을 다루고 있는 '제의적 책'이니까 말입니다.

정리하자면 레위기 11장의 이 먹을 수 있느냐 없느냐의 분류는 사실 먹을 수 있고 없고를 통해 **정결하냐 부정하냐**'를 말하는 데에 목적이 있습니다. 곧 '정결 규례'입니다. 그렇다면 내용은 명확해집니다. 성경은 세상의 생물들을 여러 종류로 나누고 있지만, 적어도 **제의, 곧 하나님과 그의 백성들과의 관계에 있어서는 세상의 생물들을 크게 두 가지로 나누고 있는 것**입니다. 그것은 '정결한 것'과 '부정한 것', 곧 '하나님께 드릴 수 있는 것'과 '드릴 수 없는 것'입니다.[92]

나누심

그리고 창세기 1장을 보면 하나님께서 세상을 창조하실 때 창조의 중요한 방식 중 하나가 나누는 것, 곧 **분리**'입니다. 예를 들어 창조의 첫째 날 하나님께서 하신 일은 보통 '빛을 창조했다'는 식으로 이해됩니다. 하지만 '지으신 것'은 물론이거니와, 성경은 이를 다음과 같은 방식으로 표현합니다.

… 하나님이 빛과 어둠을 나누사 빛을 낮이라 부르시고 어둠을 밤이라 부르시니라_창 1:4-5

92 — '정결' 혹은 '거룩'은 그 자체가 '하나님께 바쳐지기 위한 구별됨'이다.

이 말씀의 표현법을 따르자면, 빛의 창조는 "빛과 어둠을 나누는 일"이었습니다. 비슷한 언급이 창조 사역에서 계속해서 반복됩니다. 둘째 날에는 "물 가운데 궁창이 있어 물과 물로 나뉘라"(창 1:6)라고 하셨는데, 이 역시 중요한 것은 둘을 나누는 것입니다. 여기서는 "물"이라는 세계와 "궁창"이라는 세계가 나누어졌습니다. 다음 날에도 하나님께서는 같은 방식으로, "물과 물을 나누셔서 뭍이 드러나게 하시는" 방식으로 창조를 계속하십니다. 즉 하나님께서는 창조 때에 '분리', 곧 '나누시는 일'을 통해서 창조를 시행하셨습니다.

이 '분리'를 묵상합시다. 예를 들어 '빛과 어두움의 나눔'이라는 것은 하나님께서 세상의 창조 원리를 **두 영역을 지으심으로써** 하신다는 것을 보여 줍니다. 하나님께서는 명백하게 세상을 '두 영역'으로 나누셨다는 것입니다.

이제 이것을 앞서 말한 '정결법 규례'와 연관 지어 생각해 볼까요? 창세기의 앞부분을 생각하고 다시 레위기의 정결법을 생각해 보면, **정결법 규례에서의 세계 또한 두 세계**입니다. 한편의 세계는 '정결한 세계'요, 다른 한편의 세계는 '부정한 세계'입니다. 이 역시 '두 영역으로의 나눔'입니다. 결국 이런 제사법에서의 원리 역시 실은 처음, 창조 때부터 보이셨던 것입니다. 한편은 빛의 세계요 다른 한편은 어두움의 세계입니다. 정결한 세계와 부정한 세계입니다. 세상은 분리된 두 개의 세계입니다.

이렇듯 하나님께서는 이렇게 둘로 구분된 세계를 창조 때부터 계속해서 하나님의 백성들에게 알려 주고 계십니다. **'분리'는 '거룩'의 중요한 개념**입니다.

이것이 백성들에게

이것이 인류가 타락한 뒤로는 **'두 자손'**이라는 형태로 나타나게 됩니다. 타락 이후의 '셋의 후손'과 '가인의 후손'이라는 이 두 자손의 형태는 **정결한 짐승과 부정한 짐승이 나타내고 있는 바**와 똑같습니다. 먹을 수 있는 짐승과 먹을 수 없는 짐승, 곧 정결하여 하나님께 드릴 수 있는 짐승과 부정하여 하나님께 드릴 수 없는 짐승, 이것이 함의하고 있는 주제는 무엇일까요? 사도행전에 보면 이에 대한 주석이 나와 있습니다.

고넬료의 집에 가기 전 베드로는 하늘로부터 각양 부정한 짐승들이 담긴 큰 보자기 같은 그릇을 봅니다(행 10:11). 베드로는 이 부정한 짐승들을 "잡아 먹어라"(13절)라는 명령에 대하여 "저는 결코 부정한 짐승을 먹지 않았습니다."(14절)라고 대답합니다. 그러자 하나님께서는 묘한 말씀을 하십니다. "하나님께서 깨끗하게 하신 것을 네가 속되다 하지 말라"(행 10:15).

이때 "깨끗하게 하신"이라는 말의 의미는 원래 깨끗했다는 뜻이 아니라 **'깨끗하게 하다'**, 즉 '정화하다', '씻다'라는 의미입니다(헬. 카타리조). 그러니까 하나님은 원래 베드로가 부정하다고 생각한 짐승들을 "어, 너 틀렸어, 그건 부정한 게 **아니야.**"라고 말씀하신 게 아니라, 과거에는 부정했던 것이 맞는데 이제는 **'씻으셨다'** 는 뜻입니다. 이 환상을 보고 나서 베드로는 고넬료가 청한 집에 가서 이런 말을 합니다.

> 이르되 유대인으로서 이방인과 교제하며 가까이하는 것이 위법인 줄은 너희도 알 거니와 **하나님께서 내게 지시하사** 아무도 속되다 하거나 깨끗하지 않다 하지 말라 하시기로_행 10:28

하나님께서 언제 베드로에게 지시하셨나요? 베드로의 이 말을 통해서 우리는 베드로가 방금 보았던 **환상을 이해했다**는 것을 확인할 수 있습니다. 즉 하나님께서 보여 주신 하늘로부터 내려온 부정한 짐승들이 담긴 그릇은 단순히 식사법도 아니고, 단순히 정결법도 아니고, 유대인이라면 늘 부정하게 생각했던 **'이방인들'을 상징하고 있었습니다.** 베드로는 이 사실을 간파했던 것입니다.

유대인들에게 레위기 11장의 정결한 짐승과 부정한 짐승은 이 사도행전 말씀을 통해 볼 때 명백히 **'두 종류의 사람들'**을 상징하고 있습니다. 곧 정결한 짐승은 정결한 백성을, 부정한 짐승은 부정한 백성을 상징합니다.

창세기에서부터 이 사실이 분명하게 나타나 있습니다. 우리는 이것을 보통 '여자의 후손'과 '뱀의 후손'이라고 부릅니다. 하나님을 경배하고 섬기는 경건한 셋의 후손들, 그리고 하나님을 잊어버리고 자기의 영광을 위해 사는 가인의 후손들 말입니다. 범죄 이후, 그리고 복음이 주어지고 난 이후, 하나님께서 세상에 유지하려고 하셨던 것, 특히 원시 복음에 나타나는 두 인류의 싸움, "내가 너로 여자와 원수가 되게 하고, 네 후손도 여자의 후손과 원수가 되게 하리니"(창 3:15), 그것은 곧 하나님의 백성들과 세상 백성들 간의 싸움입니다.

이 내용들을 종합해 보면 커다란 그림이 그려집니다. 곧 하나님께서는 **세상을 두 영역으로 나누기를** 원하셨다는 것입니다. 하나님께서는 처음부터 '빛과 어둠의 영역', '정결한 짐승과 부정한 짐승의 영역', '하나님을 경외하는 여자의 후손들과 그렇지 않은 뱀의 후손들의 영역'을 나누기를 원하셨습니다. 하나님께서는 세상 속에 두 개의 영역을 구축해 두시고 한편이 **하나님의 뜻을 받들고 있음**을 나타내도록, 반대로 다른 한편은 **하나님의 뜻을 무시하고 있음**을 나타내도록 세상을 그렇게 지으셨습니다.

하나님의 구속 경륜 : 에베소서에서

이를 통해 '하나님의 구속 경륜'을 생각해 봅시다. 신조의 첫 부분을 보겠습니다.

> 구약 시대에는 하나님께서 그분의 뜻의 이러한 비밀을 소수에게만 계시하셨습니다. 그러나 신약 시대에는 민족들 사이의 구분을 철폐하시고 더 많은 사람에게 그것을 계시하셨습니다.

7조의 제목은 "복음이 어떤 사람에게는 전파되고 다른 사람에게는 전파되지 않는 이유"입니다. 그리고 신조는 이 주제에 접근하기 위하여 "우리 주변에 있는 사람들 중에는 신자도 있고 불신자도 있습니다."와 같은 방식으로 접근하지 않습니다. **오히려 '구속 경륜'을 설명하는 방식으로** 이 주제에 접근합니다. 하나님께서 구약 시대에는 '특정한 사람들에게만' 복음을 열어 주셨고, 신약 시대에 와서는 모든 민족, 모든 사람들에게 복음이 열렸다는 것입니다.

그리고 신조는 **하나님께서 복음을 이런 방식으로 전한 이유**를 "그건 복음을 들은 사람들이 좀 더 잘나서가 아니라 하나님의 은혜요 사랑이다."라고 말합니다. 이것이 이 7조의 핵심입니다. 어떤 이들은 복음을 전해 듣고 어떤 이들은 듣지 못하는데, 듣게 된 이들은 자신들이 잘나서 그렇게 된 것이 아니라 오직 "하나님의 선하시고 주권적인 기쁨과 무조건적인 사랑 때문"에 듣게 된 것입니다. 정리하자면 다음과 같습니다.

> 어떤 사람에게는 복음이 전해지고, 어떤 사람에게는 전해지지 않는다.
> 구약 시대에는 한정적으로 전해졌다가, 신약 시대에는 모든 사람에게 전해졌다.

비밀

먼저 신조가 첫 부분에서 하나님께서 자신의 뜻을 계시하시는 것, 곧 복음을 사람들에게 알리시는 일을 **"비밀"**이라고 한 사실에 주목해 보십시오.

> 구약 시대에는 하나님께서 그분의 뜻의 이러한 비밀을 소수에게만 계시하셨습니다.

신조는 하나님께서 자신의 뜻을 계시하시는 것, 자신을 보이시고 알리시는 것, 곧 복음을 주시는 일을 "비밀"이라고 표현했습니다. 비밀이란 '감추어진 것'입니다. 그렇다면 구약 시대에는 이것이 비밀이었으므로 사람들에게 모두 공개되지 않았음을 의미합니다.

하지만 신약 시대에 와서는 모든 종류의 사람들에게 계시되었습니다. 그렇다면 '비밀이 밝혀진 것'이죠. 정리하자면 구약 시대에는 사람들에게 '비밀'이었던 것이 신약 시대에 와서는 '드러났'습니다. **감추어진 계시로서의 구약 시대의 비밀과 신약 시대에 비로소 드러난 계시**, 이것이 신조가 복음에 대해 설명하고 있는 방식입니다.

그런데

그런데 이때 이 "비밀"이라는 것이 무엇일까요? 에베소서 3장은 이에 대하여 중요한 사실들을 알려 주고 있습니다. 에베소서에는 "비밀"이라는 말 자체가 많이 나오는데, 특히 3장에는 무려 세 번이나 비밀이라는 말이 등장합니다. 특히 이 비밀은 **'계시'와 연관된 것**입니다.

3절은 "계시로 내게 비밀을 알게 하셨다."라고 말합니다. 말하자면 비밀이란 하나님의 감추어진 뜻인데, 이것이 사도 바울에게는 전달이 되었다는 뜻입니다. 뿐만 아니라 이것을 "내가 이미 간단히 기록했다."라고 했으니 여기 3장에 오기 전 1, 2장에서 이를 벌써 다루었다는 의미입니다. 그러면 이 알려진 계시, 사도 바울이 기록까지 한 이 "비밀"이란 무엇일까요? 이어지는 4절, 5절, 6절에서, 특히 6절을 읽어 보면 이 비밀이 구체적으로 무엇인지가 드러납니다.

> 이는 **이방인들이** 복음으로 말미암아 그리스도 예수 안에서 함께 상속자가 되고 함께 지체가 되고 함께 약속에 참여하는 자가 됨이라_엡 3:6

이 말씀에 따르면 에베소서 3장이 말하는 비밀은 "이방인들이 복음으로 말미암아 예수님 안에서 이스라엘 사람들과 마찬가지로 함께 후사가 되고, 함께 지체가 되고, 함께 약속에 참여하는 자가 되었다는 것"입니다. 이 말씀은 2장 12절과 함께 읽으면 그 의미가 더욱 분명해집니다.

> 그때에 너희는 그리스도 밖에 있었고 이스라엘 나라 밖의 사람이라 약속의 언약들에 대하여는 외인이요 세상에서 소망이 없고 하나님도 없는 자이더니_엡 2:12

에베소서 2장에서 이 말씀을 듣는 사람들, 곧 에베소 교회 사람들은 원래 "그리스도 밖", "이스라엘 나라 밖의 사람", "약속의 언약들에 대하여 외인", "세상에 소망도 없고 하나님도 없는 자"였습니다. 하지만 이런 사람들이 3장 6절에서 보듯이 "함께 후사가 되고", "함께 지체가 되고", "함께 약속에 참여한 자"가 되었습니다. 바로 이것이 에베소서 3장이 말하는 "비밀"입니다.

뒷부분에서 다시 반복

이는 뒷부분에서 다시 반복됩니다. 8절에서 사도는 자신이 받은 사명을 설명하면서 "그리스도의 풍성함"이 "이방인에게" 전해진 것을 말합니다.

> 모든 성도 중에 지극히 작은 자보다 더 작은 나에게 이 은혜를 주신 것은 측량할 수
> 없는 그리스도의 풍성함을 이방인에게 전하게 하시고_엡 3:8

이어서 9절에 다시 "비밀"이 나옵니다.

> 영원부터 만물을 창조하신 하나님 속에 감추어졌던 비밀의 경륜이 어떠한 것을 드
> 러내게 하려 하심이라_엡 3:9

앞서 말한 대로, '비밀'은 "감추어졌"기 때문에 비밀입니다. 그런데 9절은 이 '감추임'을 "영원부터 만물을 창조하신 하나님 속에 감추어졌던 비밀의 경륜"이라고 말합니다. 그렇습니다. "비밀의 경륜!" '경륜'을 헬라어로 '오이코노미아'라고 하는데, '관리하다', '경영하다'라는 의미입니다. 곧 성경에서 하나님의 경륜이란 **하나님께서 어떻게 구속의 일을 이 세계 속에 이루어 가시는가를 말하는 것**인데, 그 "영원부터 만물을 창조하신 하나님 속에 감추어졌던 비밀의 경륜"이 **바로 여기 드러났다**는 것입니다. 10절과 11절입니다.

> 이는 이제 교회로 말미암아 하늘에 있는 통치자들과 권세들에게 하나님의 각종 지
> 혜를 알게 하려 하심이니 곧 영원부터 우리 주 그리스도 예수 안에서 예정하신 뜻
> 대로 하신 것이라_엡 3:10-11

하나님께서 "하늘에 있는 통치자들과 권세들에게" 하나님의 각종 지혜를 알게 하십니다. 특히 여기에서 "정사와 권세"라는 말은 영들 중 선한 천사들에게는 쓰지 않는 말입니다.[93] 바울 사도의 "정사와 권세"라는 표현의 용례는 단적으로 에베소서 6장 12절을 보면 됩니다.

---

93 — 길성남, 『에베소서 어떻게 읽을 것인가』(서울: 성서유니온, 2005), 237. 길성남은 여기에서 "정사와 권세"에 관한 학자들의 여러 견해와 타당한 논의들을 상세하게 설명하고 있다.

우리의 씨름은 혈과 육을 상대하는 것이 아니요 통치자들과 권세들과 이 어둠의
세상 주관자들과 하늘에 있는 악의 영들을 상대함이라_엡 6:12

그렇습니다. "정사와 권세"란 이 땅의 세계, 이 세상 군주들을 말하는 것이 아
니라 저기 하늘에 있는 영들의 세계를 말하는 것인데, 그 중에서도 특히 "악의 영
들", 하나님을 대적하는 '악한 천사들', '사탄과 그의 추종자들'을 일컫는 고유한
표현인 것입니다.

따라서 10절이 말하고 있는 "하나님께서 그 감추어 두셨던 비밀의 경륜을 드
러내신 일"이란 **"이제 교회로 말미암아"**, 곧 신약 교회입니다. 이는 이방인들도
하나님의 교회 안에 들어오는 일을 말하는 것입니다. **바로 이 신약 교회로 말미암
아 교회가 이루어지게 된 일**을 통해 "하늘에서 사탄과 그의 추종자들에게 하나님
의 각종 지혜를 드러내신 것", 바로 이것을 에베소서 3장은 하나님의 비밀이라고
말하고 있습니다.

2장과 함께 이해하기

이 전체의 그림을 다시 한번 조망해 봅시다.

① 2장 1절은 "너희가 허물과 죄로 죽었었다"라고 합니다.

② 그런데 5절을 보면 "허물로 죽은 너희를 그리스도와 함께 살리셨다"라고
하였습니다.

③ 하지만 사실 에베소서 2장의 목적은 "너희들이 허물과 죄 중에 있다가 구원
을 받았다"라는 것을 말하는데, 목적이 있는 것이 아니라 **나아가 다른 주제를 말
하는 데** 목적이 있습니다. 이것이 12절부터 나옵니다.

④ 12절부터 본격적으로 나오는 주제는 **"너희"와 "우리"**, 곧 '너희인 에베소 교
회'와 '우리인 이스라엘'을 잘 구분하면서 보아야 합니다. 12절은 "너희는 그리스
도 밖, 약속의 언약들 바깥에 있던 이들이다"라고 합니다.

⑤ 그런데 13절부터 16절까지를 보시면, 그런 그들에게 "그리스도께서 오셔서
십자가를 통하여 **중간에 막힌 담**을 허셨다"라고 합니다. 이때의 "막힌 담"은 무엇

일까요? 여기에서의 막힌 담은 '하나님과 우리 사이의 담'이 아닙니다. 오히려 13절에서 그리스도의 피로 가까워졌다는 것은 "너희가", "우리와" 가까워졌다는 뜻입니다. 14절에 막힌 담을 열었을 때 "둘로 하나를 만드사 중간에 막힌 담을 허셨다"라고 했습니다. 그리스도와의 연합을 말하는게 아니라, 너희와 우리를 하나 되게 하셨다는 것입니다.

⑥ 15절도 똑같은 이야기입니다. "이 둘로 자기 안에서 한 새 사람을 지어 화평하게 하시고…." 그러니까 예수님 안에서 "너희"와 "우리"가 합쳐졌다는 말입니다. 역시 예수님과의 연합을 말하는 것이 아닙니다. 여기에서 "너희"가 누구이고, "우리"가 누구입니까? "너희"는 이방인들이고, "우리"는 사도가 포함된 이스라엘입니다.

⑦ 그래서 결론은 19절입니다. "그러므로 이제부터 너희는 외인도 아니요 나그네도 아니요 오직 성도들과 동일한 시민이요 하나님의 권속이라." 그렇습니다. 결론은 **이방인이었던 "너희"들이 이스라엘인 "우리"와 이제 동일해졌다**는 것입니다.

⑧ 그래서 21절과 22절은 예수 그리스도 안에서 이 둘이 '건물로 함께 지어져 간다'는 것을 말합니다. 이 장의 주제에 비추어 말하자면 '이 건물 성전'은 특히 '이방인과 유대인들로 지어진 성전', 곧 '온 세계의 모든 민족들이 포함된 공동의 성전'을 의미합니다.

맥락을 따라 읽을 때 에베소서 2장의 주제는 선명합니다. 곧 **'이방인인 너희가 어떻게 이스라엘과 연합하여 한 교회가 되었는가'**를 설명하는 것입니다. 우리가 앞서 살핀 3장의 내용은 바로 이 맥락 안에 위치해 있습니다. 앞에서 말했듯이 3절의 "내가 이미 간단히 기록했다."라는 것은 바로 이 내용을 말합니다. 너희 에베소 교회의 이방인들이 이스라엘과 함께 거룩한 교회가 된 사실을 말한 것, 바로 이것을 가리킵니다. 이렇게 **이방인이 교회 안으로 들어와서 교회의 일원이 된 것을 두고 에베소서 3장은 "비밀"이라고 한 것**이며, 이 비밀을 6절에서 설명한 것입니다.

이는 이방인들이 복음으로 말미암아 그리스도 예수 안에서 함께 상속자가 되고 함

왜 중요한가?

이 사실이 왜 중요할까요? "이방인들이 하나님의 구원의 은혜 안에 참여하게 된 일은 참 좋은 일이고 멋진 일이야!" 그렇습니다. 당연히 이렇게 말할 수 있습니다. 하지만 동시에 이렇게 물을 수도 있지 않을까요? "이게 그렇게 중요해?"

에베소서를 읽으면서 어떤 분은 이렇게 생각할 수도 있겠습니다. 에베소서 3장 9절 말씀은 **"영원부터 만물을 창조하신 하나님 속에 감추어졌던 비밀의 경륜"**이라고 어마무시한 무언가를 말하는 것처럼 하고 있는데, 정작 그 뚜껑을 열어본 결과가 "이방인들도 이제 교회로 들어올 수 있게 되었다!"라면, "그건 너무 싱거운 것이 아닌가?", 아니 "그건 당연한 일이 아닌가?" 그렇게 생각할 수도 있겠다는 것입니다.

이 일의 의미야말로 우리가 서론에서 긴 시간을 들여서 "하나님께서는 세상을 **두 영역으로** 창조하셨다.", "하나님께서는 **정결과 부정이라는 두 분류를** 두셨다.", "하나님께서는 하나님의 백성인 여자의 후손과 불경건한 자들인 뱀의 후손을 두셨다."라는 이야기를 살펴본 이유입니다.

이방인이 교회에 들어오게 된 것은 같은 이방인인 우리로서 매우 감사한 일입니다. 그런데 왜 그것이 '창조 때부터 숨겨 온 비밀'이 되는 것이며, 왜 그것이 '온 사탄과 추종자들에게 자랑하는 하나님의 지혜'가 될까요? 핵심은 여기 있습니다.

> 하나님께서 그리스도를 보내셔서 이 이방의 세계까지 끌어안으셨다는 사실은 하나님께서 이전에 나누어 놓으셨던 두 세계 중 **어둠에 해당하는,** 곧 **악에 해당하는 불순종과 부정에 해당하는 영역까지도 자신의 구원의 영역에 두셨다는 의미가** 되기 때문이다.

베드로가 지붕에 서서 기도할 때 하나님께서 "부정한 짐승을 잡아 먹으라."라고 말씀하신 의미가 무엇입니까? 하나님께서 "내가 정결하게 한 것을 네가 부정하다 하지 말라."라고 말씀하신 의미가 무엇입니까?

과거 구약 시대 때 하나님께서 영역을 나눠 두셨던 것이 이제 파괴되고 있다는 뜻입니다. 부정한 짐승은 먹을 수 없었는데 이제 먹을 수 있게 되었습니다. 함의는 명백합니다. 하나님의 경륜의 역사가 이제 어느 시점이 되자, 더 이상 정한 짐승들의 영역에만 구원을 베풀지 않으시고, 포기한 쪽, 버려진 쪽, 그래서 더러워지고 하나님의 은총 바깥에 있었던 지옥의 영역에조차 구원의 손길을 펴기 시작하신 것입니다!

이방인이 누구입니까? 인류가 여자의 후손과 뱀의 후손으로 나뉜 후, 가인의 후손들 중, 또 그 후손들의 후손들 중, 또 그 후손의 후손들 중 **계속해서 하나님의 곁을 떠나고 떠나서** 하나님으로부터 멀리, 더욱더욱 멀리 떠나간 이들이 바로 '이방인들'입니다. 이방인들이야말로 창세기 3장 15절이 말씀하고 있는 파괴되어야만 할 뱀의 후손들입니다.

그런데 그리스도께서 오셔서 무슨 일을 하셨나요? 판도를 바꾸신 것이 무엇입니까? 과거 구약 시대에는 단지 여자의 후손은 뱀의 후손과 '원수일 뿐'이었는데, 하나님께서는 그리스도를 통하여 이 모든 이해를 깨뜨리시고 **그 원수의 영역 안에조차** 구원의 손길을 베풀기 시작하신 것입니다. 이것이 **"이방인에게도 복음이 전파된다"라는 주제의 정확한 의미**입니다.

예수님께서 오실 때 선언된 중요한 말씀이 있습니다. 마태복음 4장 15절은 말씀합니다.

> 스불론 땅과 납달리 땅과 요단 강 저편 해변 길과 이방의 갈릴리여 흑암에 앉은 백성이 큰 빛을 보았고 사망의 땅과 그늘에 앉은 자들에게 빛이 비치었도다 하였느니라_마 4:15

그렇습니다! 하나님의 구속 경륜, 곧 구원을 계획하시고 그것을 역사 속에 이루어 가시는 하나님의 구속 경륜의 다음 단계, 구약 역사를 마치시고 아들을 보내셔서 신약의 역사를 시작하시는 그 구속 경륜의 다음 단계란, 다른 무엇보다 바로 '**죽음을 꿰는 것**'이었습니다! 죽음이 한껏 드리워져 이전 시대에는 하나님께 도달할 수 있는 길이 전혀 없었던 곳에 하나님께서 구원의 빛을 비추기로 하신 것! 바로 이것이 바로 예수님께서 오셔서 이루신 하나님의 경륜이었던 것입니다! 그 죽음의 곳, 빛이 없던 곳이 바로 '이방'이며, 그리스도께서 오시고 계시된, 드러난, 밝혀진 "비밀"은 바로 여기에도 이제 "빛이 비친다!"라는 사실이었습니다! 진실로 하나님은 음부 위에도 좌정하여 계십니다(시 139:8)!

그러므로 예수 그리스도께서 유대인과 이방인을 아우르는 주가 되셨다는 사실은 기이한 비밀입니다! 단지 교회에 가입하는 이들의 피부색이 좀 더 확장되었다는 정도가 아닙니다. 더 많은 여권을 가진 사람들이 이 교회에 올라탈 수 있게 되었다는 정도가 아닙니다. 이방인이 교회 안으로 가입하게 된 것은 '**음부의 주가 되시는 하나님께서**', '**사망의 영역 안에까지 손을 뻗치셔서**', '**여기 죽음 중에 있는 이들에게도 구원의 손길을 베푸신다는**' 위대한 비밀이 이제야 밝히 드러나게 된 자리인 것입니다!

하나님께서는 이 세계와 사람들을 창조하실 때 세계가 죄로 말미암아 한편으로 기울어질 것을 아셨습니다. 그래서 하나님께서는 구약의 시대 동안 '구분'이라는 것을 주셨습니다. 거룩하라, 분리되라, 구분하여라! 그러나 '**분리**'는 하나님의 구속의 계획의 끝이 아니었습니다. 하나님의 구속 경륜은 단지 세계를 구획하는 데에만 목적이 있지 않았습니다. 오히려 하나님께서는 이 세계가 죄로 내던져지게 될 것을 아시고 그다음 단계를 준비하셨습니다. 그것은 바로 죄 때문에 망가진 세계**까지** 모조리 하나님의 구원 계획 안에 넣어 그들을 **다시 회복시키는 것**이었습니다. 하나님께서는 참으로 '죄인을 구원'하십니다(롬 5:7-8). 이것이 하나님의 구속 경륜으로서의 세계 일치입니다! 이것이 **참된 교회 연합**입니다! 그리스도 안에서 하나 되는 것 말입니다.

> 그의 능력이 그리스도 안에서 역사하사 죽은 자들 가운데서 다시 살리시고 하늘에서 자기의 오른편에 앉히사 모든 통치와 권세와 능력과 주권과 이 세상뿐 아니라 오는 세상에 일컫는 모든 이름 위에 뛰어나게 하시고_엡 1:20-21

만물이 그리스도 안에서 하나되는 것! 만물이 그리스도를 통하여 일치되게 되는 것! 이것이 **교회**입니다.

> 또 만물을 그의 발 아래에 복종하게 하시고 그를 만물 위에 교회의 머리로 삼으셨느니라 교회는 그의 몸이니 만물 안에서 만물을 충만하게 하시는 이의 충만함이니라_엡 1:22-23

그리스도께서 교회의 머리가 되신다는 것, 또 이 신약 교회 안에 이방인과 유대인이 함께 하나가 되어 교제하게 되었다는 것은 놀라운 일이 아닐 수 없습니다. 교회의 신비란 하나님께서 악의 세계마저도 자신의 구원의 대상 안에 두시고, 그들을 향하여, 곧 사망과 죽음에 앉은 자들을 향하여, 혹은 빛이 어둠에게 대하여, 죽음을 죽이시는 일을 통하여 구원을 베푸시기로 결정하셨던 것을 의미합니다. 그리스도께서는 과연 이 일을 성취하시고 우리에게 교회를 주셨습니다.

도르트 신조 셋째와 넷째 교리 7조는 **하나님의 구속 경륜**을 제시합니다. 그러므로 우리는 이 부분을 읽고 묵상할 때 경탄하며 찬송해야 합니다!

> 구약 시대에는 하나님께서 그분의 뜻의 이러한 비밀을 소수에게만 계시하셨습니다. 그러나 신약 시대에는 민족들 사이의 구분을 철폐하시고 더 많은 사람에게 그것을 계시하셨습니다.

이 신앙고백 속에 들어 있는 하나님의 놀라운 은혜, 곧 복음을 모든 세계를 위하여 주시기를 기뻐하셨고 그 결과로 우리가 교회가 되었다는 사실! 하나님께서 죄인을 버려두지 아니하시고 죄인를 위한 왕으로 아들 예수 그리스도를 보내주셔서 죽음에 앉아 있었던 우리를 불러들이셨다는 사실! 이 기이한 복음에 감사합시다.

제8조 : 복음으로 진지하게 부르심

그러나 복음으로 부르심을 받은 사람은 모두 진지하게 부르심을 받은 것입니다.ⁱ 왜냐하면 하나님께서는 그분이 가장 기뻐하시는 일, 곧 부르심을 받은 사람이 주님께 나아와야 할 것을 그분의 말씀에서 진지하고 신실하게 계시하시기 때문입니다.ⁱⁱ 또한 하나님께서는 그분께 나아와 믿는 모든 사람에게 영혼의 안식과 영원한 생명을 진지하게 약속하십니다.ⁱⁱⁱ

i 사 55:1 오호라 너희 모든 목마른 자들아 물로 나아오라 돈 없는 자도 오라 너희는 와서 사 먹되 돈 없이, 값 없이 와서 포도주와 젖을 사라 / 마 22:4 다시 다른 종들을 보내며 이르되 청한 사람들에게 이르기를 내가 오찬을 준비하되 나의 소와 살진 짐승을 잡고 모든 것을 갖추었으니 혼인 잔치에 오소서 하라 하였더니

ii 계 22:17 성령과 신부가 말씀하시기를 오라 하시는도다 듣는 자도 오라 할 것이요 목마른 자도 올 것이요 또 원하는 자는 값없이 생명수를 받으라 하시더라

iii 요 6:37 아버지께서 내게 주시는 자는 다 내게로 올 것이요 내게 오는 자는 내가 결코 내쫓지 아니하리라 / 마 11:28-29 수고하고 무거운 짐 진 자들아 다 내게로 오라 내가 너희를 쉬게 하리라 나는 마음이 온유하고 겸손하니 나의 멍에를 메고 내게 배우라 그리하면 너희 마음이 쉼을 얻으리니

● 강해 본문 ① : 에스겔 33장 1-11절

1 여호와의 말씀이 내게 임하여 이르시되 2 인자야 너는 네 민족에게 말하여 이르라 가령 내가 칼을 한 땅에 임하게 한다 하자 그 땅 백성이 자기들 가운데의 하나를 택하여 파수꾼을 삼은 3 그 사람이 그 땅에 칼이 임함을 보고 나팔을 불어 백성에게 경고하되 4 그들이 나팔 소리를 듣고도 정신차리지 아니하므로 그 임하는 칼에 제거함을 당하면 그 피가 자기의 머리로 돌아갈 것이라 5 그가 경고를 받았던들 자기 생명을 보전하였을 것이나 나팔 소리를 듣고도 경고를 받지 아니하였으니 그 피가 자기에게로 돌아가리라 6 그러나 칼이 임함을 파수꾼이 보고도 나팔을 불지 아니하여 백성에게 경고하지 아니하므로 그 중의 한 사람이 그 임하는 칼에 제거 당하면 그는 자기 죄악으로 말미암아 제거되려니와 그 죄는 내가 파수꾼의 손에서 찾으리라 7 인자야 내가 너를 이스라엘 족속의 파수꾼으로 삼음이 이와 같으니라 그런즉 너는 내 입의 말을 듣고 나를 대신하여 그들에게 경고할지어다 8 가령 내가 악인에게 이르기를 악인아 너는 반드시 죽으리라 하였다 하자 네가 그 악인에게 말로 경고하여 그의 길에서 떠나게 하지 아니하면 그 악인은 자기 죄악으로 말미암아 죽으려니와 내가 그의 피를 네 손에서 찾으리라 9 그러나 너는 악인에게 경고하여 돌이켜 그의 길에서 떠나라고 하되 그가 돌이켜 그의 길에서 떠나지 아니하면 그는 자기 죄악으로 말미암아 죽으려니와 너는 네 생명을 보전하리라 10 그런즉 인자야 너는 이스라엘 족속에게 이르기를 너희가 말하여 이르되 우리의 허물과 죄가 이미 우리에게 있어 우리로 그 가운데에서 쇠퇴하게 하니 어찌 능히 살리요 하거니와 11 너는 그들에게 말하라 주 여호와의 말씀이니라 나의 삶을 두고 맹세하노니 나는 악인이 죽는 것을 기뻐하지 아니하고 악인이 그의 길에서 돌이켜 떠나 사는 것을 기뻐하노라 이스라엘 족속아 돌이키고 돌이키라 너희 악한 길에서 떠나라 어찌 죽고자 하느냐 하셨다 하라

5 또 이르시되 너희 중에 누가 벗이 있는데 밤중에 그에게 가서 말하기를 벗이여 떡 세 덩이를 내게 꾸어 달라 6 내 벗이 여행중에 내게 왔으나 내가 먹일 것이 없노라 하면 7 그가 안에서 대답하여 이르되 나를 괴롭게 하지 말라 문이 이미 닫혔고 아이들이 나와 함께 침실에 누웠으니 일어나 네게 줄 수가 없노라 하겠느냐 8 내가 너희에게 말하노니 비록 벗 됨으로 인하여서는 일어나서 주지 아니할지라도 그 간청함을 인하여 일어나 그 요구대로 주리라 9 내가 또 너희에게 이르노니 구하라 그러면 너희에게 주실 것이요 찾으라 그러면 찾아낼 것이요 문을 두드리라 그러면 너희에게 열릴 것이니 10 구하는 이마다 받을 것이요 찾는 이는 찾아낼 것이요 두드리는 이에게는 열릴 것이니라 11 너희 중에 아버지 된 자로서 누가 아들이 생선을 달라 하는데 생선 대신에 뱀을 주며 12 알을 달라 하는데 전갈을 주겠느냐 13 너희가 악할지라도 좋은 것을 자식에게 줄 줄 알거든 하물며 너희 하늘 아버지께서 구하는 자에게 성령을 주시지 않겠느냐 하시니라

하나님의 진정성

겔 33:1-11; 눅 11:5-13

도르트 신조의 셋째와 넷째 교리는 "사람의 전적인 부패"와 "하나님의 불가항력
적 은혜"에 관한 가르침입니다. 우리는 이것을 약어로 '죄/부패'와 '은혜'라고 정
리했습니다. 그리고 이 셋째와 넷째 교리는 '본성의 빛으로도 불충분'하고, '율법
으로도 불충분'하다고 말한 후, '그러므로 복음이 필요하다'고 하였습니다. 지난
6조가 바로 이 점을 가르치고 있었고, 7조에서는 하나님께서 이 복음, 곧 "비밀"
을 과거 구약 시대에는 이스라엘 민족들에게만 주셨었다가 신약 시대에는 모든
민족들에게도 열어 보이셨음을 가르치고 있었는데, 우리는 이것을 **'하나님의 구
속 경륜의 진전'**이라는 측면에서 살펴보았습니다. 사람이 죄로 말미암아 타락했
을 때 하나님께서는 구속 계획을 세우셨고, 그 구속 계획은 처음에는 하나님께서
선택하신 특정의 백성들을 하나님께서 더욱 사랑하신다는 것을 보여 주셨다가,
이제 예수 그리스도의 오심과 그 사랑이 **원수 된 이들에게까지 열리는** 기이한 비
밀이었습니다.

우리는 이런 하나님의 구속의 경륜을 볼 때 찬송할 수밖에 없습니다. 하나님께
서 우리를 어떻게 사랑하셨으며, 또 그것을 얼마나 놀랍게 진전시키시고 계시는
지를 알게 될 때, 부족한 인생인 우리로서는 감탄할 수밖에 없게 됩니다. 하나님
의 놀랍고 위대하신 역사 앞에 우리는 그저 고개를 조아릴 뿐입니다.

하나님께서 모든 이들에게 복음을 여셨을 때 발생하는 문제점

8조에서 우리가 배우게 되는 내용은 앞 장에서의 가르침, 곧 "하나님께서 **모든 이들에게** 복음을 주시기로 작정하셨다."라는 사실에서 출발합니다. 왜냐하면 아르미니우스주의자들이 보기에 모든 이들에게 복음을 주시기로 하셨을 때에는 문제가 발생할 수밖에 없는 것 같았기 때문입니다. 아르미니우스주의자들은 이렇게 생각했습니다.

> ① 하나님께서 모든 이들에게 복음을 전하실 때 들을 자와 듣지 않을 자를 아신다면, 듣지 않을 자에 대하여는 복음을 진지하게 전파한다고 말할 수 없다.
> ② 따라서 결국 듣지 않을 자에게 복음을 전하시는 하나님은 위선자일 수밖에 없다.

아르미니우스주의자들의 입장에서는 하나님께서 복음을 베푸실 때 사람 편에서 그 복음을 받아들이느냐 마느냐에 따라서 구원이 결정되는 것이었기 때문에, 확실히 하나님께서 언제라도 진지하게 복음을 베푸신다고 주장할 수 있었습니다. 하나님께서는 진지하게 전하시지만 **받는 사람 편에서 그것을 받고 안 받고 하는 것이기 때문**입니다. 따라서 아르미니우스주의자들의 입장에서는 적어도 하나님께서 복음을 전하실 때는 '진지하게' 전하시는 것입니다. 하지만 하나님께서 제아무리 진지하게 전하셔도 사람 편에서 싫다고 해 버리면 그만입니다.

이런 아르미니우스주의자들의 입장에서는 개혁파가 하나님을 위선자로 만드는 것처럼 보였습니다. 왜냐하면 하나님께서 유기될 자에게 복음을 전하실 때는 **결국 받지 않을 것을 아시고 복음을 전하시게 되는 것이기 때문에, 진지하게 전할 수가 없다**고 생각했던 것입니다. "너는 이 복음을 들어 본들 어차피 돌이키지 않을 텐데…."라는 태도로 복음을 전하실 수밖에 없다는 것이지요.

그래서 아르미니우스주의자들은 예정이나 전적인 부패를 주장하는 개혁파의 입장으로서는 결코 하나님께서 유기자에게 '진지하게' 복음을 전할 수 없다고 생각했습니다. 그들은 개혁파들을 향해 이렇게 비난했습니다.

"너희 개혁파들은 하나님께서 유기자들을 회개로 부르실 때, 진지하거나 참되거나 열정적이지 않으시다고 가르쳐야 한다!"[94]

"복음을 듣는 사람들 중 어떤 사람들이 영원한 파멸로 이미 운명지어진 것을 하나님께서 아시는데, 어떻게 하나님께서 복음 설교에서 진심이실 수 있느냐? 그것은 겉으로만 구원을 제안하는 척하는 조롱이 아니냐? 이미 유기되었는데 죄인들을 구원으로 부르신다면 어떻게 하나님이 진심이실 수 있느냐?"[95]

정말 그럴까요? 하나님께서 복음을 전하실 때, 그 복음을 들을 사람에게는 진지하게 복음을 전하시는 것이지만, 그 복음을 듣지 않을 사람, 곧 유기자들에게는 복음을 신실하고 진지하게 전하시는 것이 아니게 되는 것일까요? "저 사람은 결국 마지막까지 듣지 않을 거야."라고 알고 있기 때문에, 하나님께서 "돌아오라!"고 부르짖는 말씀, 곧 복음을 통한 부름은 결국 거짓일 수밖에 없는 것입니까? 죄인을 향한 하나님의 부르심은, 그 부르심을 듣고 돌아올 소수의 사람을 제외한 다른 이들에게는 결국 '위선적인 부르심'이 될 수밖에 없는 것입니까?

제8조는 바로 이러한 내용을 다루고 있습니다. 이 주제에 대해 저는 "하나님의 진정성"이라고 제목을 붙여 보았습니다. 조금 더 자세하게 말하자면 **"하나님께서 복음을 전파하실 때의 진정성"**입니다.

하나님의 진정성

예정의 판도 안에 넣고 생각함

아르미니우스주의자들의 문제, 즉 하나님께서 유기자들에게 복음을 전하실 때에는 결코 진정성이 있을 수 없다는 생각은, 사실 **'모든 것을 예정이라는 판도 안에 넣고 생각하기 때문에'** 필연적으로 발생할 수밖에 없는 문제입니다.

---

94 — 클라렌스 바우만, 『도르트 신경 해설』, 247-248.

95 — 코르넬리스 프롱크, 『도르트 신조 강해』, 273.

왜 아르미니우스주의자들은 "유기될 것이 분명한 사람에게 전하는 복음은 진지할 수가 없다."라고 생각했습니까? 예정을 모든 것의 기초로 두었을 때 일어나게 되는 모든 일들이 이 예정의 '통제 아래'에 있게 될 수밖에 없기 때문입니다. 운명론이죠. 모든 일은 '예정대로' 일어납니다.

아르미니우스주의자들이 볼 때 예정론에서는 결국 사람의 운명이 모두 결정되어 있습니다. 유기될 사람은 결국 유기될 것입니다. 그렇기 때문에 인간인 우리야 그것을 모르니까 전심일 수 있다 하더라도, 유기될 것을 미리 아시는 하나님은 절대로 이 유기될 자에게는 "믿고 구원을 얻어라!"라고 **진심으로는** 말할 수 없게 된다는 것입니다. 그렇다면 결국 이 문제는 우리가 첫째 교리에서부터 살펴온 문제, 곧 **'하나님의 예정'이라는 것을 우리 생각의 제일 근원에 둘 때** 발생할 수밖에 없는 문제입니다. 사실 우리가 첫째 교리에서부터 살폈지만 예정을 우리 생각의 제일 첫머리에 두면 온갖 문제들이 발생합니다. 이 주제도 그 문제점 중 하나일 뿐입니다.

그러므로 우리는 이 문제에 대해 이미 해답을 알고 있습니다. 첫째 교리를 이미 배웠기 때문입니다. 우리는 연약성을 가진 인간이기 때문에 아무리 하지 않으려고 해도 예정을 기준으로 생각하면 운명론은 필연적입니다. 언제나 '일어날 일은 반드시 일어나고 일어나지 않을 일은 결코 일어나지 않을 것'입니다. 그렇다면 나중에 무슨 일이 일어날지를 알고 계시는 하나님께서 어떻게 최후에 구원받지 못할 것을 알고도 '진지하게' 복음을 전할 수가 있겠습니까? 이 사고의 틀 안에서는 절대로 이 구도를 벗어날 수 없습니다. 이 사고의 틀 안에서는 언제나 하나님은 **'열심인 척 연기하는'** 위선자가 될 뿐입니다.

그러나 우리는 성경의 가르침을 따라 이런 생각을 부수는 방식을 배웠습니다. 작정, 예정, 선택과 같은 종류의 문제에서, 하나님께서는 우리에게 그 일의 추이와 결국을 **감추어 두셨고**, 따라서 '하나님께서 감추신 것을 우리가 캐물으려 할 때' 반드시 문제가 생길 수밖에 없으므로, 이를 이해하는 참된 방식은, 언제나 성경의 방식을 따라 **'모든 일이 다 끝난 다음에 뒤돌아보는 방식, 즉 찬양의 방식으로만' 예정을 사용하는 것**입니다. 이렇게 할 때만 예정을 받아들이면서도 운명론을 극복할 수 있습니다. 이를 파수하지 않는다면 반드시 운명론에 빠질 것이고,

아르미니우스주의자들의 '합리적 사고'는 결코 이 함정을 벗어날 수 없습니다.

> 감추어진 일은 우리 하나님 여호와께 속하였거니와 나타난 일은 영원히 우리와 우
> 리 자손에게 속하였나니 이는 우리에게 이 율법의 모든 말씀을 행하게 하심이니
> 라_신 29:29

성경은 어떻게 가르치는가?

이 문제에 대해 성경은 어떻게 가르칩니까? 아르미니우스주의자들은 "유기할 것을 아시는 하나님은 복음을 통해 진정으로 부르실 수가 없다."라고 주장했습니다. 성경이 정말로 그렇게 가르칠까요? 정말로 성경은 하나님께서 모든 것을 이미 알고 계시기 때문에 사람을 부르실 때 진정으로 부르시지 않는다고 말합니까?

결국 우리는 "하나님께서 정말 유기자들도 진정으로 대하시느냐"라는 문제에서 **둘 중 하나를 선택**해야 합니다. 아르미니우스주의자들을 따라서 논리적으로 예정을 들여다보는 방식으로 사고할 것인지, 아니면 성경에서 하나님께서 유기자에게 어떤 마음을 갖고 계시다고 말하고 있는지를 살피는 방식으로 사고할 것인지 둘 중 하나입니다. 성경은 무어라 말하는지를 들어 봅시다.

● 에스겔 33장

> 너는 그들에게 말하라 주 여호와의 말씀이니라 나의 삶을 두고 맹세하노니 나는
> 악인이 죽는 것을 기뻐하지 아니하고 악인이 그의 길에서 돌이켜 떠나 사는 것을
> 기뻐하노라 이스라엘 족속아 돌이키고 돌이키라 너희 악한 길에서 떠나라 어찌 죽
> 고자 하느냐 하셨다 하라_겔 33:11

에스겔 33장의 첫머리에서 하나님께서는 에스겔에게 한 비유를 들어 그의 사명을 설명하십니다. 비유의 내용은 하나님께서 칼을 한 땅에 임하게 하실 때의 예입니다. 즉 심판하시겠다는 것입니다.

그런데 그 땅의 백성 중 한 사람을 하나님께서 '파수꾼'으로 삼았다고 하십니다. 그러면 그 파수꾼은 땅에 칼이 임함을 보고 **백성들에게 경고해야** 합니다. 그런데 이 경고에 대해 하나님께서는 만약 그가 칼을 보고 파수꾼으로서의 역할을 잘해서 나팔을 불어 백성들에게 경고를 했다면 그는 죄가 없고 백성들이 그 피를 당할 것이며, 반대로 파수꾼이 그 칼을 보고도 나팔을 불어 백성들에게 경고하지 않았다면 파수꾼이 정죄를 당하고 피가 그에게 돌아갈 것이라고 말씀하셨습니다.

이 비유를 말씀하신 후 하나님께서는 에스겔에게 "인자야 내가 너를 이스라엘 족속의 파수꾼을 삼음이 이와 같으니라"라고 말씀하십니다(7절). 즉 앞의 파수꾼 비유는 하나님께서 **에스겔을 파수꾼으로 세워서** 범죄한 이스라엘에게 멸망의 경고를 하시기 위함이셨던 것입니다. 이렇게 파수꾼의 입에 경고의 말씀을 넣어 주실 때 하나님께서는 바로 이 11절의 말씀을 하십니다.

> 나는 악인의 죽는 것을 기뻐하지 않는다.
> 나는 악인이 그 길에서 돌이켜 떠나서 사는 것을 기뻐한다.
> 이스라엘아 돌이키라! 어찌하여 죽고자 하느냐!

이어서 하나님은 과거에 의롭게 행한 사람이라도 돌이켜 범죄로 기울게 되면 심판이 있을 것이요, 반대로 과거에 악하게 행한 사람이라 할지라도 돌이켜 그 죄악을 청산하고 다시 죄를 짓지 않는다면 정녕 살고 죽지 않을 것이라고 말씀하십니다. 마지막 부분인 18절부터 20절까지 내용입니다.

> 만일 의인이 돌이켜 그 공의에서 떠나 죄악을 범하면 그가 그 가운데에서 죽을 것이고 만일 악인이 돌이켜 그 악에서 떠나 정의와 공의대로 행하면 그가 그로 말미암아 살리라 그러나 너희가 이르기를 주의 길이 바르지 아니하다 하는도다 이스라엘 족속아 나는 너희가 각기 행한 대로 심판하리라 하시니라_겔 33:18-20

에스겔 33장의 이야기는 분명합니다. 특히 우리가 지금 살피고 있는 '하나님의 진정성'이라는 주제에서 보십시오. 특별히 11절을 보십시오. 과연 하나님께서 악인을 향하여 돌이키라고 외치실 때, **예정을 염두에 두고** 결국 유기될 자들에게는 최선을 다하지 않는 부르심을 하고 있다고 상상할 수 있습니까? 부르심이기는 하지만 진정성 있는 부르심은 아닌, 그런 부르심을 하고 계시다고 말할 수 있습니까?

이 에스겔 33장을 읽으면서 그 어느 누가! 하나님께서 범죄한 이들, 곧 하나님을 떠나고 있으며 하나님의 말씀을 받아들이지 않고 있는 이들을 향하여 '진정으로' 말씀하지 않으시고 '대충 말하고 계시다고', '결과를 다 아시니까 대강 말씀하고 있다고' 말할 수 있겠습니까? 이 말씀을 읽고도 과연 그런 생각이 가능할까요? 절대로 그럴 수가 없습니다!

11절에서 하나님께서는 말씀하십니다. '맹세'를 달고 말씀하셨습니다.

> 나의 삶을 두고 맹세하노니

무엇을 "나의 삶을 두고" 맹세하셨습니까?

> 나는 악인이 죽는 것을 기뻐하지 않는다!
> 나는 악인이 그 길에서 돌이켜 떠나는 것을 원한다!

하나님의 회개를 향한 요청에 진실로 아르미니우스주의자들의 말처럼 진정성이 없습니까? 하나님께서 어떤 이들에게 회개를 요청하실 때 정말 여기에 '이미 다 알고 있다는 듯의 예정에 대한 전제'가 깔려 있습니까? 정말로 하나님께서는 우리가 쉽게 운명론적으로 상상하듯이 어떤 사람이 구원을 받을 것인지 유기가 될 것인지를 미리 다 내다보는 이의 입장에 서서 그렇게 말씀하고 계십니까?

전혀 그렇지 않습니다. **모든 시간의 단면을 동시에 직면하시는 하나님**께 회개의 요청이 어떤 메커니즘을 가지는지에 관하여는 우리에게 허락된 앎의 영역이 아니므로 우리가 짐작할 수 없지만, 적어도 성경이 가르치는 하나님의 회개에로의 요청은 **'모든 사람에 대하여 진지'**하십니다! 하나님께서는 **'전심으로'** 패역한 이스라엘에게 돌아오라고 말씀하고 계십니다. 우리가 이해할 수 없는 영역 안에서, 모든 시간을 동시에 대면하실 수 있는 하나님께서는 모든 시간에 대하여 항상 진지하십니다!

언제나 그렇습니다! 하나님께서는 복음으로부터 떠나 있는 이들을 부르실 때 항상 '진정으로' 부르십니다! 적어도 성경의 하나님에게는 미리 앞날을 다 내다보고 위선적으로 말하는 것 따위는 존재하지 않습니다.

● 디모데전서 2장

디모데전서 2장 4절 말씀도 보겠습니다. 이 말씀은 **에스겔의 신약판**이라고 할 수 있겠습니다.

> 하나님은 모든 사람이 구원을 받으며 진리를 아는 데에 이르기를 원하시느니라_
> 딤전 2:4

우리는 하나님께서 '모든 사람이 구원받기를 원하신다'는 것과 '실제로 하나님이 모든 사람을 구원하신다'는 것을 구별해야 합니다. 지금 우리가 이야기하고 있는 것은 '하나님의 원(願)', '하나님의 마음'입니다.

하나님께서 실제로 모든 사람을 구원하지 않으신다는 것은 자명합니다. 그러므로 디모데전서 2장 4절 말씀을 가지고, "하나님께서는 모든 사람이 구원받기를 원하시니까 **실제로도** 모든 사람을 구원하신다."라고 말해서는 안 됩니다. 성경은 다른 곳에서 분명히 심판과 유기를 말씀하고 있기 때문입니다.

디모데전서 2장 4절 말씀은 그야말로 **'하나님의 바람'**입니다. 하나님께서는 바라십니다. 무엇을요? "모든 사람이 다 구원을 받고 진리를 아는 데 이르기를" 말입니다. 그러나 이것이 **결과는 아닙니다.** 모든 사람이 다 구원을 받고 진리를 아는 데 이르지는 않습니다. 하나님께서 부르시지만 어떤 이들은 오지 않기 때문입니다.

그러면 하나님께서 "모든 사람이 다 구원에 이르기를" 원하신다는 것은 거짓말입니까? 하나님의 바람은 위선이거나 가식입니까? 그럴 수 없습니다. 우리는 하나님께서 어떤 이유 때문에(우리에게 이것이 알려져 있지 않다고 해도) **종국적으로는 어떤 이들을 유기, 곧 버려두신다고 하더라도, 하나님께서 모든 이들이 구원에 이**

르기를 '원하신다'고 말씀하신 것을 폄하해서는 안 됩니다.

하나님께는 우리가 알 수 없고 이해할 수 없는 더 많은 고려들이 있으십니다. 하나님께서 왜 세상의 모든 사람을 다 구원하지 않으시는지는 훨씬 더 큰 문제입니다. 첫째 교리에서도 배웠듯이 하나님께서 어떤 이들을 유기, 곧 버려두기로 결심하심으로써 또 거기에서 이루시려는 바가 있습니다. 인간의 입장에서는 결코 이 모두를 다 이해할 수 없습니다. "하나님! 왜 모든 인류를 다 구원하지 않으셨나요?"라고 따져 물을 수 없습니다. 하나님께서는 어떤 이들은 구원하심으로 하나님의 자비를 드러내시고, 또 어떤 이들은 구원하지 않으신 채 내어 버려두심으로 하나님의 공의로우심을 드러내시기 원하셨습니다. 이를 두고 모두 멸망당해야 마땅한 이들 중 어떤 이들이 건짐을 받았음에도 "왜 다 구하지 않으셨나요?"라고 따져 묻는 것은 배은망덕한 일입니다.

그러므로 하나님께서 다른 이유 때문에 '원', 곧 '바람'이 있으셨어도 실제로는 그렇게 하지 않으신 것을 두고 그 **바라신 마음이 거짓이라고** 해서는 안 됩니다. 하나님은 **'진정으로'** 바라셨습니다. 하나님께서는 '모든 사람이 다 구원을 얻기를' 바라시고, '모든 이들이 악한 길에서 돌이키기를' 바라셨습니다. 하지만 어떤 사람들은 그 악한 길에서 돌이키기를 원치 않고 멸망을 향해서 갑니다. **이들이 멸망을 향해 간다고 해서 하나님께서 그들을 향하여 "돌이키라"라고 부르시는 이 부르심이 '진정이 아닌 것'이 될 수 없는 것입니다.**

하나님께서는 진심으로 부르십니다. 8조에서 "복음으로 부르심을 받은 사람은 모두 진지하게 부르심을 받은 것입니다."라는 말은 거짓이 아닙니다. 참으로 하나님께서는 모든 사람들을 향하여 진지하게 부르십니다.

두 가지 결과와 신자의 안심

같은 진정한 부르심 안에서 두 가지 결과가 나타남
따라서 우리는 이렇게 정리할 수 있습니다.

> 하나님의 부르심은 진정한 부르심이다.
>
> 그러나 이 진정의 부르심 앞에서 두 가지 결과가 나타난다.
>
> 한편은 듣고 돌이키는 사람이고, 다른 한편은 들어도 돌이키지 않는 사람이다.
>
> 그러나 돌이키지 않는 이가 있다고 해서 부르시는 하나님이 진정으로 부르
> 신 것은 아니라고 말해서는 안 된다.

그렇습니다. 하나님의 부르심은 진정한 부르심입니다. 단지 이 진정한 부르심에도 불구하고 돌아서지 않는 이들이 있을 뿐입니다. 우리는 돌아서지 않는 이들이 있다고 해서 하나님의 부르심이 진지하지 않다고 말해서는 안 됩니다.

그리고 이렇게 하나님의 부르심에 어떤 이들은 응답을 하고 어떤 이들은 응답하지 않을 때, (이후 9조와 10조에서 다룸) 신학자들은 이것을 좀 더 구체적으로 설명하기 위해서 모든 사람들에게 복음이 보편적으로 선포되는 것과 성령님께서 그중에 진실로 들을 어떤 이들의 마음을 움직이시려고 내밀하게 부르시는 것을 구별하기 위하여 각각 '**외적 소명**'과 '**내적 소명**'이라고 불렀습니다.

따라서 우리가 8조에서 말하고 있는 이것, 곧 "복음으로 부르심을 받은 사람은 모두 진지하게 부르심을 받은 것입니다."라고 할 때의 하나님의 부르심은 '외적 소명'을 말하는 것입니다. 7조와 연결하여 생각해 보면 8조가 말하는 부르심은 '**모든 사람들에게**' 보편적으로 선포되는 부르심입니다. 보통 이 보편적인 복음의 선포, 외적 소명을 위해서 복음 전파자들, 설교자들이 사명을 받았습니다. 사람들에게 복음이 들려지게 하는 것입니다.

'내적 소명'은 이렇게 외적 소명이 복음의 말씀을 통해 사람들에게 선포될 때 성령님께서 그 복음을 도구로 사용하셔서 사람의 마음속에서 진지하게 복음을 향해 돌이키도록 마음을 움직이시는 것을 말합니다. 그러니까 하나님께서는 외적 소명, 곧 보편적인 복음 선포를 통해서 모든 사람들을 부르십니다. **유기자들까지** 말입니다. 이때 하나님의 부르심은 진지한 부르심입니다. 그런데 이들 중 어떤 이들은 9조에 나와 있듯이 오지 않습니다. 반면에 어떤 이들은 10조에 나와 있는 대로 그 부르심으로 나아옵니다.

이렇게 외적 소명을 듣고 나아오게 되는 이들, 곧 **10조의 사람들에게는 9조의 사람들이 없는 것이 있는데, 그것이 바로 '내적 소명'**입니다. 우리 선배들이 이런 것들을 설명한 이유는 다만 이론 정립을 위한 것이 아니라, 이 부르심이 **성령님께서 하시는 일임을 강조하기 위해서**였습니다.

그러나 신자는 안심할 것

하지만 이런 이야기를 들을 때 신자는 안심해도 됩니다. 많은 이들이 '부르심'에 관하여 들을 때, 특히 '내적 부르심'에 관하여 들을 때 자주 '나는 진정으로 부르심에 응답하지 않은 것은 아닌가?'라는 생각을 합니다. '나는 지금 열심히 하나님을 믿는 것처럼 보이지만, 나중 어떤 순간에 하나님을 배신하지는 않을까?'라고 생각하게 됩니다.

아르미니우스주의자들에게는 이런 생각이 필요 없습니다. 처음부터 끝까지 모두 **자기 책임**이니까요. 믿어도 자기 책임, 안 믿어도 자기 책임입니다. 그래서 성경적이지는 않아도 매우 간결합니다. 하나님은 필요 없고, 그냥 내가 잘하면 됩니다.

하지만 성경은 우리의 모든 구원을 **하나님께서 하신다**고 합니다. 이것을 '예정'이라고 부릅니다. 바로 이것, 곧 예정을 믿으니까 사람들의 마음속에 불필요한 마음들이 생겨납니다. 곧 '만약 결정론적으로 모든 일이 하나님께서 정하신 대로 되는 것이라면, 내가 열심히 노력한다고 해서 내 결국을 보장받을 수는 없는 일이 아니냐?', '내가 하나님을 아무리 바라보려고 하더라도 하나님께서 나를 부르신 것이 아니라면, 나는 결국 구원을 못 받게 되는 것이 아니냐?'라는 생각 말입니다. 이 역시 성경 말씀을 통해 정리하도록 합시다.

● 히브리서 11장

> 믿음이 없이는 하나님을 기쁘시게 하지 못하나니 하나님께 나아가는 자는 반드시 그가 계신 것과 또한 그가 자기를 찾는 자들에게 상 주시는 이심을 믿어야 할지니라_히 11:6

히브리서 11장은 소위 '믿음 장'입니다. 사람의 편에서 믿음을 가져야 한다는 점을 독려하는 말씀입니다. 그런데 11장 6절 말씀이 무엇을 말씀하고 있는지를 보십시오. "믿음이 없이는 기쁘시게 못한다." 믿음이 하나님을 기쁘시게 한다는 것입니다. 좋습니다. 하지만 그다음이 중요합니다. "하나님께 나아가는 자는 반드시" 무엇을 믿어야 합니까?

> 그가 계신 것,
> 그리고 그가 자기를 찾는 자들에게 상주시는 이심을 믿어야 합니다!

여기 아주 중요한 사실이 있습니다. 우리는 하나님께서 예정을 베푸신다고 할 때 이를 **결정론적으로** 받아서 **'내가 노력해도 하나님이 안 하시면'**이라는 방식의 사고를 곧잘 하곤 합니다. 하지만 이런 생각은 우리의 논리적 흐름을 따른 사고이고, 성경은 정반대로 말합니다. 성경은 **"내가 무엇을 하든 하나님께서 정하신 대로 될 것이다."**라고 말하는 대신에, **"하나님은 하나님께 나아오는 자들에게 상주시는 분이시다."**라고 말씀합니다!

거꾸로입니다! 예정을 믿는다는 사람들이 '논리를 따라' 생각하게 될 때, "모든 일은 결정되었다.'라고 생각하기 쉽습니다. 그래서 부르심에 대해 배우면, '하나님이 안 부르셨으면 어떡하지?"라고 생각하곤 합니다. 하지만 성경은 거꾸로 말합니다. 성경은 "네가 하나님께 나아갈 때는 그분이 상 주시는 분이심을 믿어라!" 이렇게 말합니다.

요지는 분명합니다. 하나님은 **'나아오는데도 불구하고 탈락시키시는 데'** 목적이 있는 분이 전혀 아니라는 것입니다. 앞서 살폈던 에스겔과 디모데의 말씀을 상기하십시오. 하나님께서는 사람이 하나님을 향하여 나아오는 것을 기뻐하십니다! **그러므로 '내가 원하는데 받아 주지 않으시는 하나님' 같은 것은 없습니다.** "나는 하나님을 열렬히 원하는데 하나님께서 나를 예정하지 않아서 구원을 못 받는다." 그런 것은 없습니다. 하나님은 그분께 나아오는 자를 구원하기를 기뻐하시는 분이십니다. 하나님은 심지어 악한 자들조차 망하는 것을 원치 않으시고 그분께 돌아오기를 바라시는 분이 아니십니까! 그러므로 신자는 논리적 사고 때문에 있지도 않을 불필요한 염려를 해서는 안 됩니다.

● 누가복음 11장

같은 맥락에서 누가복음 11장 말씀을 보십시오. 예수님께서는 비유를 하나 말씀하십니다. 벗이 있습니다. 이 사람이 자려고 누웠는데, 친구가 찾아와서 밤에 묻습니다. "벗이여 떡 세 덩이를 내게 빌려 주게, 여행 중에 있는 손님이 왔는데 대접할 떡이 없네"(5절). 이 비유에서 주님의 가르침은 7절입니다.

> 나를 괴롭게 하지 말라. 문이 이미 닫혔고 아이들이 나와 함께 침소에 누웠으니 일어나 네게 줄 수가 없노라 하겠느냐?(7절)

그렇게 할 리가 없다는 뜻입니다. 주겠다는 것이지요. 밤중에 일어나기 귀찮지만 나가서 준다는 것입니다. 이유가 무엇입니까? 8절에 보면 "비록 벗 됨으로 인하여는 주지 않더라도 간청함을 인하여 주리라" 하였습니다. 이때 "간청함"의 본래 의미는 **'부끄러워하다'**입니다. 그러니까 이 말씀의 정확한 의미는 '졸라대니까 준다'가 아니라 '부끄러움 때문에 준다'입니다. 쉽게 말하자면 우리네 동양 문화에서 볼 수 있듯 '동네 부끄러워', '남사스러워' 줄 수밖에 없다는 것입니다. 팔레스타인 지역의 문화에서 마을에 찾아오는 손님은 '그 마을의 손님'이고, 이를 박대하는 것은 '부끄러운', '남사스러운' 일입니다. 그러니까 이 말씀의 뜻은 다음과 같습니다.

> 밤중에 일어나기 귀찮더라도 남의 눈이 무서워서라도 주지 않느냐?

핵심이, 요지가 무엇입니까? 준다는 것입니다! 밤에 무례하게 찾아왔어도, 자려고 누운 나를 귀찮게 하더라도, 준다는 것이 요지입니다! 바로 이 비유를 하시면서 예수님은 9절 이하를 말씀하십니다.

> 구하라 그러면 너희에게 주실 것이요 찾으라 그러면 찾아낼 것이요 문을 두드리라

그러면 너희에게 열릴 것이니 구하는 이마다 받을 것이요 찾는 이는 찾아낼 것이요 두드리는 이에게는 열릴 것이니라 너희 중에 아버지 된 자로서 **누가 아들이 생선을 달라 하는데 생선 대신에 뱀을 주며** 알을 달라 하는데 전갈을 주겠느냐 너희가 악할지라도 좋은 것을 자식에게 줄 줄 알거든 하물며 너희 하늘 아버지께서 구하는 자에게 성령을 주시지 않겠느냐 하시니라_눅 11:9-13

주신다는 것입니다! 밤중에 찾아온 손님의 비유를 말씀하신 이유는 사람들조차도 낮부끄러워서라도 준다는 것입니다. 아비를 말씀하신 이유는 우리가 악한 사람들임에도 불구하고 아들이 생선을 달라 하면, 알을 달라 하면, 가장 맛난 것을 주는 것이 인지상정이라는 것입니다. 그러므로 이 말씀의 결론은 "너희 천부께서 안 주시겠느냐!"입니다. "악한 너희도 아들에게 좋은 것을 주려는데, 너희 천부께서 너희에게 좋은 것을 주시지 않겠느냐!"인 것입니다.

그렇다면 이제 확신할 수 있습니까? 하나님은 **'예정'이라는 것을 무기 삼아 폭력을 행하시는 분**이 아닙니다. 하나님은 "너는 모르겠고, 내 뜻대로 할 거야."라고 하시는 분이 아닙니다. 오히려 하나님은 우리를 긍휼히 여기시며, 우리가 하나님을 구하기만 하면, 우리 편에서 하나님을 찾기만 하면, **구해지고 찾아지는 분**이십니다.

그러므로 '나는 하나님을 원하지만 내가 사실은 부르심을 받지 않았으면 어떡하지?'와 같은 불필요한 염려는 하지 마십시오. 하나님을 신실하게 붙드는 자에게 하나님께서는 반드시 성령님을 주십니다. 우리는 긍휼을 입은 자, 그분의 자녀들입니다.

셋째와 넷째 교리 :
인간의 타락, 하나님께 돌이키는 것과 그 일이 일어나는 방식에 관하여

제9조 : 부르심을 받은 사람이 오지 않는 이유

복음의 사역을 통하여 부르심을 받은 사람이 많지만, 어떤 사람이 나아오지 않고 회심하지 않는 것은 복음에 결함이 있거나, 복음이 제시하는 그리스도께 부족함이 있거나, 복음으로써 그들을 부르시고 심지어 그들에게 다양한 선물을 주시는 하나님께 잘못이 있기 때문이 아닙니다. 그 잘못은 바로 그들에게 있습니다.[i] 그들 가운데 어떤 사람들은 생명의 말씀에 주의를 기울이지도 않고 받아들이지도 않습니다. 또 어떤 사람들은 받아들이기는 하면서도 마음으로는 받아들이지 않으므로 일시적 신앙의 기쁨이 사라져 버리면 돌아섭니다. 또 다른 어떤 사람들은 세상의 염려와 즐거움이라는 가시나무로 말씀의 씨를 질식시켜 버림으로써 아무런 열매도 맺지 못합니다. 이러한 사실을 우리 주님께서는 씨 뿌리는 사람의 비유에서 가르쳐 주셨습니다(마 13장).

---

i 마 11:20-24 예수께서 권능을 가장 많이 행하신 고을들이 회개하지 아니하므로 그 때에 책망하시되 화 있을진저 고라신아 화 있을진저 벳새다야 너희에게 행한 모든 권능을 두로와 시돈에서 행하였더라면 그들이 벌써 베옷을 입고 재에 앉아 회개하였으리라 내가 너희에게 이르노니 심판 날에 두로와 시돈이 너희보다 견디기 쉬우리라 가버나움아 네가 하늘에까지 높아지겠느냐 음부에까지 낮아지리라 네게 행한 모든 권능을 소돔에서 행하였더라면 그 성이 오늘까지 있었으리라 내가 너희에게 이르노니 심판 날에 소돔 땅이 너보다 견디기 쉬우리라 하시니라 / 마 22:1-8 예수께서 다시 비유로 대답하여 이르시되 천국은 마치 자기 아들을 위하여 혼인 잔치를 베푼 어떤 임금과 같으니 그 종들을 보내어 그 청한 사람들을 혼인 잔치에 오라 하였더니 오기를 싫어하거늘 다시 다른 종들을 보내며 이르되 청한 사람들에게 이르기를 내가 오찬을 준비하되 나의 소와 살진 짐승을 잡고 모든 것을 갖추었으니 혼인 잔치에 오소서 하라 하였더니 그들이 돌아 보지도 않고 한 사람은 자기 밭으로, 한 사람은 자기 사업하러 가고 그 남은 자들은 종들을 잡아 모욕하고 죽이니 임금이 노하여 군대를 보내어 그 살인한 자들을 진멸하고 그 동네를 불사르고 이에 종들에게 이르되 혼인 잔치는 준비되었으나 청한 사람들은 합당하지 아니하니 / 마 23:37 예루살렘아 예루살렘아 선지자들을 죽이고 네게 파송된 자들을 돌로 치는 자여 암탉이 그 새끼를 날개 아래에 모음 같이 내가 네 자녀를 모으려 한 일이 몇 번이더냐 그러나 너희가 원하지 아니하였도다

● **강해 본문 : 마태복음 13장 11-23절**

11 대답하여 이르시되 천국의 비밀을 아는 것이 너희에게는 허락되었으나 그들에게는 아니되었나니 12 무릇 있는 자는 받아 넉넉하게 되되 없는 자는 그 있는 것도 빼앗기리라 13 그러므로 내가 그들에게 비유로 말하는 것은 그들이 보아도 보지 못하며 들어도 듣지 못하며 깨닫지 못함이니라 14 이사야의 예언이 그들에게 이루어졌으니 일렀으되 너희가 듣기는 들어도 깨닫지 못할 것이요 보기는 보아도 알지 못하리라 15 이 백성들의 마음이 완악하여져서 그 귀는 듣기에 둔하고 눈은 감았으니 이는 눈으로 보고 귀로 듣고 마음으로 깨달아 돌이켜 내게 고침을 받을까 두려워함이라 하였느니라 16 그러나 너희 눈은 봄으로, 너희 귀는 들음으로 복이 있도다 17 내가 진실로 너희에게 이르노니 많은 선지자와 의인이 너희가 보는 것들을 보고자 하여도 보지 못하였고 너희가 듣는 것들을 듣고자 하여도 듣지 못하였느니라 18 그런즉 씨 뿌리는 비유를 들으라 19 아무나 천국 말씀을 듣고 깨닫지 못할 때는 악한 자가 와서 그 마음에 뿌려진 것을 빼앗나니 이는 곧 길 가에 뿌려진 자요 20 돌밭에 뿌려졌다

는 것은 말씀을 듣고 즉시 기쁨으로 받되 21 그 속에 뿌리가 없어 잠시 견디다가 말씀으로 말미암아 환난이나 박해가 일어날 때에는 곧 넘어지는 자요 22 가시떨기에 뿌려졌다는 것은 말씀을 들으나 세상의 염려와 재물의 유혹에 말씀이 막혀 결실하지 못하는 자요 23 좋은 땅에 뿌려졌다는 것은 말씀을 듣고 깨닫는 자니 결실하여 어떤 것은 백 배, 어떤 것은 육십 배, 어떤 것은 삼십 배가 되느니라 하시더라

복음으로 오지 않는 사람들의 이유

마 13:11-23

이번 조항에서 생각해 볼 주제는, 하나님께서 진지하게 복음을 전하심에도 모든 이들이 다 돌이키고 모든 이들이 다 구원을 얻는 것이 아님을 말하는 내용입니다. 하나님께서는 분명 "진지하게" 복음을 통하여 모든 사람들을 부르시지만, 그 중에는 듣는 사람이 있고 듣지 않는 사람이 있습니다. 신조는 9조에서 '부르심을 받는 사람이 오지 않는 이유'를 말하고, 10조에서는 '부르심을 받은 사람이 오는 이유'를 말합니다. 그리고 11조에 가서는 '하나님께서 회심을 어떻게 일으키시는지', 즉 10조의 '부르심을 받은 사람이 오는 이유'를 조금 더 자세히 설명하면서, 어떻게 하나님의 부르심이 단단한 마음을 부수어 하나님께로 오게 되는지를 설명하고 있습니다.

　하나님께서 복음을 통하여 진지하게 부르심에도 불구하고 하나님께 오지 않는 사람들의 이유는 무엇일까요? 하나님께서는 "악인이 멸망하는 것을 원치 않으시고"(겔 33:11), "모든 사람들이 다 구원에 이르기를 원하시지만"(딤전 2:4) 왜 어떤 사람들은 여전히 멸망에 처하게 되는 것일까요? 9조는 이 잘못, 이 근본적인 이유는 "그들 자신에게" 있다고 말하고 있습니다.

> 복음의 사역을 통하여 부르심을 받은 사람이 많지만 그들이 나아오지 않고 회심하지 않는 것은 복음에 결함이 있거나 복음이 제시하는 그리스도께 부족함이 있거나

복음으로써 그들을 부르시고 심지어 그들에게 다양한 선물까지 주시는 하나님께 과오가 있기 때문이 아닙니다. 그 잘못은 바로 그들에게 있습니다.

세 가지 면에서 **'문제 없음'**을 말하고 있습니다.

첫째, "복음에 결함이" 있는 것이 아닙니다. 복음을 듣고도 오지 않는 사람들이 있는 것은 그들이 힘써 믿으려 하나 동아줄이 되는 복음이 불량품이어서 몸무게를 충분히 지탱하지 못하고 끊어지는 것이 아닙니다. 방편이 되는 복음은 '충분히 단단'합니다. 동아줄은 끊어지지 않습니다. 누구나 복음을 붙들면 구원을 얻을 것입니다.

둘째, "복음이 제시하는 그리스도께 부족함이" 있는 것이 아닙니다. 그리스도께서는 '충분히' 구원하십니다. 그리스도께서 십자가에서 흘리신 피가 어떤 사람의 죄를 탕감하기에 너무나 부족한, 그런 일은 일어나지 않습니다. 그리스도께서는 어떤 사람의 어떤 종류의 죄도 충분히 사해 주십니다. 그리스도께는 부족함이 없습니다.

셋째, "부르시고 선물 주시는 하나님께 과오가" 있는 것이 아닙니다. 구원은 그야말로 "선물"입니다. 하나님께서 부르시고 선물을 주실 때, 거기 어떤 착오가 있었습니까? 어떤 사람은 충분히 부르심에 응답할 수 있는데, 선물에 에러가 있거나, 하나님이 실수하셨습니까? 그렇지 않습니다.

복음에도, 그 복음의 내용인 그리스도도, 그리고 모든 계획의 입안자 되시고 선물 주시는 주체이신 성부께도, 아무런 문제가 없습니다. "부르심에 나아오지 않는 사람의 잘못은 그들 자신에게" 있습니다.

이 끝까지 거부하는 사람들, 복음을 끝끝내 받아들이지 않는 사람들의 **몇 가지 이유 혹은 유형**을 신조 본문 안에 제시되고 있는 마태복음의 씨 뿌리는 비유를 통해 생각해 보겠습니다.

첫째, 주의를 기울이지도 받아들이지도 않는 사람

신조가 첫째로 제시하고 있는 사람들은 "주의를 기울이지도 받아들이지도 않는 사람"입니다. 씨 뿌리는 비유에서 이 사람들은 **'길가에 뿌려진 사람'**에 해당합니다.

> 아무나 천국 말씀을 듣고 깨닫지 못할 때는 악한 자가 와서 그 마음에 뿌려진 것을
> 빼앗나니 이는 곧 길 가에 뿌려진 자요_마 13:19

천국 복음이 "길가"에 뿌려졌다는 것은 '단단한 마음'에 뿌려졌다는 것을 의미합니다. 길가는 사람들이 많이 지나다니기 때문에 자주 밟힘으로 땅이 매우 단단해져 있는 곳이지요. 그래서 씨가 떨어져 본들 흙을 파고 안으로 들어갈 수가 없습니다. 아마 예수님이 요즘 사람이라면 '콘크리트 같은 마음'이라고 하셨을 법도 합니다. 복음이 전달될 때 이렇게 아예 파고 들어갈 수 없는 종류의 마음을 가진 사람이 있다는 것을 예시로 보이신 것이 바로 "길가에 뿌리운 씨"이고, 신조는 이것을 "주의를 기울이지도 받아들이지도 않는 사람"이라고 하였습니다.

여기 **"깨닫지 못한다"**라는 말에는 재미있는 점이 있습니다. 이 단어는 주로 신약 성경에서 '천국 복음을 이해하지 못하는' 사람들에게 사용되었습니다. 제자들이 해당될 때도 있고, 또 다른 이들이 해당되기도 합니다.

그런데 이 단어의 고전 헬라어에서의 용법을 살펴보면, 이 단어가 '이해하다', '깨닫다'라는 의미를 갖게 된 배경에는 이 단어의 본래 뜻이 **'합치다'**, **'동의하다'**, **'합의에 이르다'**라는 의미를 갖고 있었던 것이 있습니다. 그러니까 단순히 "깨닫지 못한다"라고만 하면 '무언가를 깨우치는 능력'이라고 생각하기 쉽지만, 단어의 의미를 살려 생각해 보자면 여기에는 **'동의하지 않음'**이라는 뉘앙스가 들어 있다는 것입니다.

복음이 전파될 때 우리는 마치 이와 같이 아예 복음에 주의조차 주지 않는 사람들을 간혹 보곤 합니다. 오늘날과 같은 세속주의의 물결 속에서는 이런 류의 사람들이 아주 많아졌습니다. 이들은 결코 **'복음을 듣지 못한'** 사람이 아닙니다. 특히 우리나라 같은 곳을 생각해 보면, 평생 나고 자라 죽기 전까지 주변에 교회 다니는 사람 한 번 만나 보지 못하고, 전도 한 번 받아 보지 못한 사람이 몇 명이나 되겠습니까? 기독교가 '개독교'라고까지 욕을 먹을 정도이니, "예수 천국 불신 지옥" 같은 메시지를 듣지 못한 사람은 거의 없습니다.

하지만 이런 사람들은 복음을 **귓등으로도 듣지 않습니다.** 주변에 어떤 진지한 그리스도인들이 "하나님께서 당신을 사랑하시고, 위하여 예수님을 보내셨습니다."라고 이야기하면, "사람은 무에서 우연에 의해 자연 발생적으로 태어났으니 죽음 후에는 아무것도 없습니다! 하나님이나 예수님 같은 것은 사람들이 만들어낸 수많은 종교들 중 하나일 뿐입니다!"라고 되받아칩니다. 이것은 단지 '합리적 대응'일 뿐입니까? 정확하게 말하자면 복음을 원천적으로 거부하는 것입니다.

이런 류의 양상에는 여러 가지가 있습니다. 그냥 단순하게 "집어 치워, 귀찮아!"라는 방식으로 거부하는 사람들도 있고, 대학 교수들처럼 매우 똑똑하고 논리적인 방식으로 반대하는 사람들도 있습니다. 그러나 무엇이 되었든 결국에 있어서는 똑같습니다. 이 사람들은 결국 **'마음이 단단하여 복음을 전혀 받아들일 생각조차 없는 사람'**이라는 뜻입니다.

아마도 이런 사람은 적어도 **'가장 덜 억울한 사람'**일 것입니다. 왜냐하면 이 사람들이야말로 스스로도 매우 현저하게 자신이 확실히 하나님을 거부했다는 것을 잘 알고 있을테니 말입니다. "부르심을 받았는데 오지 않는 이유"에서 "사람들 자신의 잘못입니다"라고 말할 때, 이 사람들은 제일 쉽게 수긍할 수 있을 것입니다. 복음을 받았습니다. 전해 듣고, 청함도 받고, 또 주위에 이리저리 교회 다니는 사람도 많이 있었습니다. 하지만 한번도 복음에 반응할 생각도 없었고, 진지하게 복음을 대한 적도 없었을 테니, 아마도 "자기 잘못이오"하면 억울하긴 하다 해도 그래도 수긍할 만할 것입니다.

아마도 이 사람들은 죽어 심판대 앞에서 예수님이나 아브라함을 만난다면, 그제서야 자기가 평생 관심조차 주지 않았던 복음이 실은 진리였다는 사실을 깨닫게 되겠지만, 뭐 어쩔 수 없습니다. 이미 늦었지요. 하나님께서는 그들의 삶 내내 진지하게 복음을 전하셨지만 전혀 콧방귀조차 뀌지 않았던 것은 그들 자신입니다. 잘못은 전적으로 자기에게 있습니다. 어쨌거나 오늘날 사회 속에서는 이런 사람들이 아마 절대 다수일 것입니다.

둘째, 받아들이긴 하지만 마음으로는 받아들이지 않는 사람

둘째 부류의 사람들은 신조가 이렇게 설명했습니다.

> 어떤 사람들은 받아들이긴 하면서도 마음으로는 받아들이지 않습니다.

받아들이기는 하지만, 진심으로 거기에 마음은 주지 않는다는 것이죠. 예수님의 비유에서는 이런 사람이 **"돌밭에 떨어진 사람"**입니다. 돌밭에 떨어진 씨의 특징은 이렇습니다.

> … 말씀을 듣고 즉시 기쁨으로 받되 그 속에 뿌리가 없어 잠시 견디다가 말씀을 인하여 환난이나 핍박이 일어나는 때는 곧 넘어지는 자_마 13:20-21

예수님의 비유가 매우 적절합니다. 사람들의 상태를 몇 가지로 묘사했는데, 그 예들이 매우 훌륭합니다. 아마 목사들처럼 영적인 측면에서 사람을 오랫동안 관찰한 사람이라면, 누구나 예수님의 이 비유들이 **사람을 매우 정확하게 읽고 있다**는 것을 쉽게 동의할 수 있을 것입니다.

둘째 부류의 사람들이 "돌밭"으로 묘사된 이유는 돌밭이라는 곳이 길가에 비해서는 약간의 흙이 있기도 하고, 또 비가 내리면 물이 약간은 고여 있을 수가 있기 때문에, 아예 외면해 버리는 단단한 땅인 '길가의 사람들'에 비해서는 어느 정도 결실이 있어 보인다는 점입니다. 약간 싹이 나오는 것 같습니다. 복음이 그들에게 전파되었을 때, **어느 정도는 복음을 '듣는 것처럼'** 보인다는 것입니다.

그러나 돌밭의 사람들의 특징은 무엇입니까? '흙이 얇고 고인 물이 있다'는 것입니다. 그래서 잠깐 볼 때 이 사람들은 복음을 온전히 바르게 받아들여 결실한 사람들과 별로 차이가 없어 보입니다. 기쁘고 성실하게 복음을 듣고, 그 말씀을 따라서 사는 것처럼 보입니다. 하지만 곧 문제가 나타나는데, "즉시 기쁨으로 받되", "그 속에 뿌리가 없어", "잠시 견디다가 약간이라도 환난이나 핍박이 있으면" 곧 넘어집니다(20-21절)!

"그 속에 뿌리가 없다"라는 표현은 우리에게 어떤 말씀을 떠오르게 하고 있습니까? 네. **시편 1편**이 떠오릅니다. 시편 1편에서 **"복 있는 사람"**은 어떤 사람인지를 생각해 보십시오.

> 그는 시냇가에 심은 나무가 철을 따라 열매를 맺으며 그 잎사귀가 마르지 아니함 같으니 그가 하는 모든 일이 다 형통하리로다_시 1:3

시편 1편만 읽어서는 "그 속에 뿌리가 없다"와 선명한 비교가 되지 않죠. 그렇다면 이 시편 1편의 내용을 더욱 풍성하게 해 주는 예레미야 말씀과 함께 읽어 봅시다.

> 그러나 무릇 여호와를 의지하며 여호와를 의뢰하는 그 사람은 복을 받을 것이라 그는 **물가에 심어진 나무가 그 뿌리를 강변에 뻗치고** 더위가 올지라도 두려워하지 아니하며 그 잎이 청청하며 가무는 해에도 걱정이 없고 결실이 그치지 아니함 같으리라_렘 17:7-8

예레미야의 이 말씀에서 주목해야 하는 점은 이 말씀에 바로 이어 "만물보다 거짓되고 심히 부패한 것은 마음이라"(렘 17:9)라는 말씀이 등장한다는 점입니다. 함께 읽으면 어떻습니까? "물가에 심어진 나무"에 해당하는 성도는 '자기 마음이 튼튼한 사람'이 아니라는 것입니다. '의지력이 뛰어난 사람'이 아니라는 것입니다. "물가에 심어진 나무"의 사람은 "여호와를 의지하며, 여호와를 의뢰하는 사람"입니다. 더위가 올지라도 두려워 않고, 가무는 해에도 걱정이 없으며, 잎이 청청하고 결실이 그치지 않는 이유는, **'나무로서 자질이 뛰어나기 때문'**이 아니라, **'그가 뿌리를 강변에 뻗치고 있기 때문'**입니다. 왜 그렇습니까? 그조차 "만물보다 거짓되고 심히 부패한 마음"을 갖고 있지만, "뿌리를 강변에 뻗치고" 있기 때문에 (8절), "여호와를 의지하며 의뢰"(7절)하기 때문에 단단한 것입니다.

시편과 예레미야 말씀을 염두에 두고서 다시 마태복음 13장의 돌밭에 뿌려진 씨의 사람을 생각해 보면, 조금 더 중요한 사실이 보이게 됩니다. 다시 이 사람을 보십시오.

이 사람은 "말씀을 듣고 즉시 기쁨으로 받았으나", 그다음 "그 속에 뿌리가 없어" 말랐습니다. 그렇습니다! 뿌리가 없습니다. 시편의 '복 있는 사람'과 **결정적인 차이**가 있죠? 단순히 '잠깐 지속되는 것'과 '오래 지속되는 것', 곧 '시간의 문제'가 아닙니다. 시냇가에 심긴 나무는 뿌리가 강변에 뻗어 있고, 돌밭에 뿌려진 씨는 뻗은 뿌리가 없습니다!

결국 문제는 분명해집니다. **돌밭에 뿌려진 씨가 잠깐의 기쁨을 맛보았던 것은 '그 강줄기가 되시는 하나님', '그 생명수가 되시는 그리스도' 때문에 얻은 기쁨이 아니었던 것입니다.** 그가 말씀을 듣고 잠깐 기뻐했던 것은, **그저 '자기 속에서 뻗어나온 가는 뿌리'**였을 뿐(사실 정확히는 뿌리가 아님)입니다. 그는 뿌리를 강에다 둔 사람이 아니었습니다.

둘째에 해당하는 "받아들이지만 마음으로는 받아들이지 않는 사람"은 어떤 사람입니까? 이 사람 또한 복음을 진정으로 들은 사람이 아닙니다. 하나님의 복음은 진지하게 선포되지만, 첫째와 마찬가지로 둘째의 사람들 역시 이 진지한 복음을 제대로 받아들이지 않습니다. 신조의 통찰력을 보십시오. 신조는 이 사람들의 결과를 명확한 어조로 짚어 냅니다. 성경에는 이 돌밭에 떨어진 씨의 마음을 가진 사람들을 "환난이나 핍박이 일어나는 때에는 곧 넘어진다."라고 했는데, 신조는 이것을 해석하여 말했습니다.

> 일시적 신앙의 기쁨이 사라져 버리면 돌아섭니다.

성경이 "일시적 신앙의 기쁨"이라고 말하지 않았기 때문에 이 문구는 '해석'입니다. 이들의 신앙 동력을 무엇으로 본 것입니까? '강줄기가 되시는 하나님', '생명수가 되시는 그리스도'가 그들의 신앙의 참된 동력, 그들의 뿌리인 것이 아니라, "일시적 신앙의 기쁨", 그러니까 "교회를 가니까 마음이 편안해진다"라든가, "신앙을 갖는 일이 만사형통의 길"이라든가, 기타 여러 가지 이유들이 이들 신앙의 동력이었던 것입니다. 이 뿌리는 자기 속에 있는 것으로부터 나온 것이기 때문에, 사실은 신앙이 아닙니다(비록 겉으로는 그렇게 보일지라도). **실은 이 사람은 자기**

만족, 세속의 기쁨, 자신의 정욕, 자기 배를 사랑하는 사람이었던 것입니다. 불행하게도 우리는 이런 사람들 또한 주변에서 종종 볼 수 있습니다.

셋째, 세상의 염려와 즐거움으로 말씀의 씨를 질식시켜
아무런 열매도 맺지 못하는 사람

마지막 셋째 부류의 사람들에 대한 신조의 진술은 다음과 같습니다.

> 세상의 염려와 즐거움이라는 가시나무로 말씀의 씨를 질식시키고, 따라서 아무런 열매도 맺지 못합니다.

예수님의 비유에서 이 사람들은 어디에 떨어진 사람들입니까? **"가시떨기에 떨어진 사람"**입니다. 예수님께서는 가시떨기에 떨어진 사람들을 이렇게 표현하셨습니다.

> 가시떨기에 뿌려졌다는 것은 말씀을 들으나 세상의 염려와 재물의 유혹에 말씀이 막혀 결실하지 못하는 자요_마 13:22

이런 사람들은 복음을 어떤 식으로 거절하는 사람들일까요? 이에 대한 요점은 아마도 이렇게 요약할 수 있으리라 생각합니다.

> 하나님의 백성들은 **염려하지 않는** 사람들이다.

마음에 켕기는 이야기입니다. 이런 이야기를 들으면 많은 성도들의 마음속에 이런 생각이 불쑥 일어날 것입니다.

> "목사님! 저는 하나님을 믿고 사랑하지만 염려는 하는걸요!"

하나님의 백성들의 정체성이 **"염려하지 않는 사람들이다"**라는 말의 뜻을 생각해 봅시다. 마태복음 6장 말씀이 이를 가장 잘 비춰 주고 있습니다. 조금 긴 문단이지만 전체 본문을 읽어 보겠습니다.

> 그러므로 내가 너희에게 이르노니 목숨을 위하여 무엇을 먹을까 무엇을 마실까 몸을 위하여 무엇을 입을까 염려하지 말라 목숨이 음식보다 중하지 아니하며 몸이 의복보다 중하지 아니하냐 공중의 새를 보라 심지도 않고 거두지도 않고 창고에 모아들이지도 아니하되 너희 하늘 아버지께서 기르시나니 너희는 이것들보다 귀하지 아니하냐 너희 중에 누가 염려함으로 그 키를 한 자라도 더할 수 있겠느냐 또 너희가 어찌 의복을 위하여 염려하느냐 들의 백합화가 어떻게 자라는가 생각하여 보라 수고도 아니하고 길쌈도 아니하느니라 그러나 내가 너희에게 말하노니 솔로몬의 모든 영광으로도 입은 것이 이 꽃 하나만 같지 못하였느니라 오늘 있다가 내일 아궁이에 던져지는 들풀도 하나님이 이렇게 입히시거든 하물며 너희일까보냐 믿음이 작은 자들아 그러므로 염려하여 이르기를 무엇을 먹을까 무엇을 마실까 무엇을 입을까 하지 말라 이는 다 이방인들이 구하는 것이라 너희 하늘 아버지께서 이 모든 것이 너희에게 있어야 할 줄을 아시느니라_마 6:25-32

여러분은 이 유명한 말씀을 읽을 때 무엇을 생각하십니까? 그리고 예수님께서 이 말씀을 주셨을 때, 우리가 궁극적으로 받아야 할 주제는 무엇이라고 생각하시면서 이 말씀을 주셨을까요? 스스로에게 질문해 봅시다. 나는 이 말씀을 읽으면서 '아, 나는 이방인 같나 봐! 나는 염려를 참 많이 해!'라고 생각했습니까? 혹은 '무엇을 먹을까, 무엇을 마실까, 무엇을 입을까 염려하지 말라고 하셨지만, 사실은 이게 내가 늘상 하는 일인걸!' 이렇게 생각하셨습니까?

중요한 것은 예수님께서 우리를 잘 아신다는 것입니다. 예수님께서는 우리가 이런 일상의 염려를 늘 하고 살아가는 사람들인 줄 모르신 채로 우리에게 **"하나라도 염려한다면 공산당!"**이라는 식의 말씀을 하신 것이 아닙니다. 오히려 정반대입니다. 예수님께서는 우리가 **매일 이런 일로 염려하는 존재임을 매우 잘 아시고서** 이렇게 말씀하셨습니다. 그러면 자연스럽게 우리는 묻게 됩니다. 왜 주님께서는 늘상 이런 염려 속에 있는 우리에게 "이런 염려는 이방인들이나 하는 거야!"라고 말씀하셨을까요?

예수님께서 염려에 대해 말씀하실 때, 제일 먼저 무엇을 말씀하시면서 염려를 말씀하셨는지 그 시작 부분, 25절의 말씀 바로 앞에서 주님께서 무엇을 말씀하신 후에 이 "무엇을 먹을까"의 이야기를 하셨는지 보도록 합시다. 24절입니다.

> 한 사람이 두 주인을 섬기지 못할 것이니 혹 이를 미워하고 저를 사랑하거나 혹 이를 중히 여기고 저를 경히 여김이라 너희가 하나님과 재물을 겸하여 섬기지 못하느니라_마 6:24

깨달으셨습니까? 주님께서 염려를 말씀하신 이유 말입니다. 주님께서 염려에 대해 말씀하신 핵심이 무엇입니까? 주님께서는 '우리가 무언가를 염려하는 문제'가 '염려 그 자체'의 문제라기보다는 결국 **'어느 주인을 섬기는가의 문제'**라는 점을 말씀하신 것입니다.

주님께서는 신자들 역시 생활의 소소한 염려들을 많이 하면서 살 수밖에 없는 존재들임을 잘 아셨습니다. 그러나 **오히려 그렇기 때문에** 이렇게 말씀하신 것입니다.

> "얘들아! 기억하거라! 하나님께서 너희를 먹이시지 않니? 하나님께서 너희를 입히시지 않니? 새들과 백합화를 보아라, 하나님께서 저들도 먹이고 입히시는데, 하나님께서 저들보다 너희를 더 사랑하지 않느냐?"

결국 주님께서 **'염려하는'** 우리에게 하시는 말씀은 **우리가 '하나님의 자녀들'이라는 사실**입니다. 염려 앞에서 계속해서 더 큰 염려만을 하는 사람을 주님은 '이방인들'이라고 하십니다. 염려가 있을 수밖에 없는 세상을 우리는 살아갑니다. 하지만 우리에게 염려를 주는 먹고, 마시고, 입는 것의 문제, 즉 그 신! '재물이라는 신'을 하나님보다 더 크게 여기고 살아가는 사람은, 하나님이 계시다고 하는 사실 앞에서도 재물이 더 큰 신이기 때문에 염려할 것입니다. **바로 이런 사람들이**

이방인들입니다. 재물을 섬기기 때문에 겸하여 하나님을 섬길 수 없는 것이지요.

그러나 우리 **참된 신자들은 어떻다는 것입니까?** 우리도 염려를 합니다. 그러나 포커스는 염려 자체가 아닙니다! 포커스는 염려가 아니라, 염려 중에도 그 염려를 가져다주는 먹을 것, 마실 것, 입을 것의 주가 되는 **'재물의 신'보다도 '하나님'께서 더 큰 분이시기 때문에**, 결국 우리의 염려가 우리를 잠식하지 못하리라는 것을 **믿고 살아가는 사람들**이 바로 우리라는 것입니다.

빌립보서 4장 6절 말씀이 "아무것도 염려하지 말고 오직 모든 일에 기도와 간구로 너희 구할 것을 감사함으로 하나님께 아뢰라."라고 하는 것은, 하나도 염려하지 않을 수 있다고 말하는, 현실 세계를 모르는 이가 말하는 과장된 '오버'가 아닙니다. **우리 주님도 염려하셨습니다.** 우리 주님도 근심하셨습니다. 그런 주님께서 왜 우리에게 "염려하지 말라.", "염려는 이방인의 것이다."라고 하셨을까요? 걱정하고 있다는 것이 문제가 아니라, **염려가 우리를 삼킬 때 모든 염려를 무산시키시는 하나님이 간과**되기 때문입니다. 하나님의 자녀들이야말로 어떠한 염려 속에서도 그 염려의 신, 배와 재물의 신이 그의 생각과 사고의 중추에 오지 않고, 도리어 눈을 하늘로 드는 사람들인데, 염려가 장악한 신자는 본질에 있어 이미 하나님의 주 되심을 망각하는 것이기 때문입니다. 기억하십시오. 염려는 결코 우리를 삼키지 못합니다. 왜 그렇습니까?

> 아무 것도 **염려**하지 말고 다만 모든 일에 기도와 간구로, 너희 구할 것을 감사함으로 **하나님께** 아뢰라 그리하면 모든 지각에 뛰어난 하나님의 평강이 그리스도 예수 안에서 너희 마음과 생각을 **지키시리라**_빌 4:6

다시 씨뿌리는 비유로 돌아가 봅시다. 왜 '세상의 염려와 재리의 유혹에 말씀이 막히는 자'는 복음을 들은 자가 아닙니까? 하나님의 참된 백성이라면, **그 염려와 유혹을 이길 수 있는 하나님께 붙어 있기 때문**입니다. 결국 어느 신을 믿느냐의 문제인데, '세상의 염려와 재리의 유혹에 말씀이 막히는 자'는 세상의 염려나 재리의 유혹이라는 '신'이 **하나님보다 더 큰 사람**입니다. 따라서 이 사람은 복음을 듣지 않는 사람입니다.

한 가지만 더 첨언하자면, 신조에서 유의해야 할 것이 **"염려"와 "즐거움"**이라고 말했다는 점입니다("세상의 염려와 즐거움이라는 가시나무로 말씀의 씨를 질식시키고"). 그렇다면 염려만 하나님보다 재물의 신을 더 크게 만드는 것이 아닙니다. 세상 즐거움도 하나님보다 더 클 수 있습니다. 신조는 이것을 함께 강조했습니다. 이것들이 "말씀의 씨를 질식"시킵니다. 하나님께서는 진지하게 복음을 제시하시지만, 세 번째 부류의 사람들은 이를 듣고도 복음의 말씀을 질식시키는 사람입니다.

제10조 : 부르심을 받은 사람이 오는 이유

또 어떤 사람들은 복음의 사역을 통하여 부르심을 받을 때에 실제로 와서 회심합니다. 그렇지만 이러한 일의 원인을 사람에게로 돌려서는 안 됩니다. 교만한 펠라기우스 이단이 주장하듯이, 다른 사람도 믿음이나 회심을 받기에 충분한 은혜를 똑같이 받았으나 그가 그 사람들보다 자유의지를 더 잘 사용하여서 그렇게 된 것은 아닙니다. 이러한 일은 하나님께 돌리는 것이 마땅합니다.[i] 하나님께서는 그분의 백성을 영원 전에 그리스도 안에서 택하셨고, 시간 안에서 그들을 효력 있게 부르시고, 그들에게 믿음과 회개를 주시며, 그들을 어둠의 나라에서 사랑하시는 그분의 아드님의 나라로 국적을 옮기십니다.[ii] 이 일은 사도가 여러 곳에서 증언한 대로 그들이 자기들을 어둠에서 불러내어 기이한 빛에 들어가게 하신 분의 아름다운 덕을 선포하고,[iii] 자기 자신을 자랑하지 않고 그리스도만을 자랑하게 하려고 하나님께서 하신 것입니다.[iv]

i 롬 9:16 그런즉 원하는 자로 말미암음도 아니요 달음박질하는 자로 말미암음도 아니요 오직 긍휼히 여기시는 하나님으로 말미암음이니라

ii 골 1:13 그가 우리를 흑암의 권세에서 건져내사 그의 사랑의 아들의 나라로 옮기셨으니 / 갈 1:4 그리스도께서 하나님 곧 우리 아버지의 뜻을 따라 이 악한 세대에서 우리를 건지시려고 우리 죄를 대속하기 위하여 자기 몸을 주셨으니

iii 벧전 2:9 그러나 너희는 택하신 족속이요 왕 같은 제사장들이요 거룩한 나라요 그의 소유가 된 백성이니 이는 너희를 어두운 데서 불러 내어 그의 기이한 빛에 들어가게 하신 이의 아름다운 덕을 선포하게 하려 하심이라 / 고전 1:31 기록된 바 자랑하는 자는 주 안에서 자랑하라 함과 같게 하려 함이라

iv 고후 10:17 자랑하는 자는 주 안에서 자랑할지니라 / 엡 2:8-9 너희는 그 은혜에 의하여 믿음으로 말미암아 구원을 받았으니 이것은 너희에게서 난 것이 아니요 하나님의 선물이라 행위에서 난 것이 아니니 이는 누구든지 자랑하지 못하게 함이라

● **강해 본문 : 로마서 9장 10-18절**

10 그뿐 아니라 또한 리브가가 우리 조상 이삭 한 사람으로 말미암아 임신하였는데 11 그 자식들이 아직 나지도 아니하고 무슨 선이나 악을 행하지 아니한 때에 택하심을 따라 되는 하나님의 뜻이 행위로 말미암지 않고 오직 부르시는 이로 말미암아 서게 하려 하사 12 리브가에게 이르시되 큰 자가 어린 자를 섬기리라 하셨나니 13 기록된 바 내가 야곱은 사랑하고 에서는 미워하였다 하심과 같으니라 14 그런즉 우리가 무슨 말을 하리요 하나님께 불의가 있느냐 그럴 수 없느니라 15 모세에게 이르시되 내가 긍휼히 여길 자를 긍휼히 여기고 불쌍히 여길 자를 불쌍히 여기리라 하셨으니 16 그런즉 원하는 자로 말미암음도 아니요 달음박질하는 자로 말미암음도 아니요 오직 긍휼히 여기시는 하나님으로 말미암음이니라 17 성경이 바로에게 이르시되 내가 이 일을 위하여 너를 세웠으니 곧 너로 말미암아 내 능력을 보이고 내 이름이 온 땅에 전파되게 하려 함이라 하셨으니 18 그런즉 하나님께서 하고자 하시는 자를 긍휼히 여기시고 하고자 하시는 자를 완악하게 하시느니라

효력 있는 부르심

롬 9:10-18

같은 복음

고린도후서 2장 15절에서 바울 사도는 자신들을 지칭하기를 "우리는 구원 받는 자들에게나 망하는 자들에게나 하나님 앞에서 그리스도의 향기니"라고 하였습니다. 이 말씀에서 사도는 자신이 전하는 복음을 가리켜 복음 전함을 받는 이들을 따라 두 가지로 나눠 말하지 않고 한 가지로 말하는데, "향기"(헬. 유오디아)라고 말합니다. 이어지는 16절을 보더라도 "향기"라고 했던 단어를 조금 바꿔서(헬라어로도 다른 단어임) "냄새"(헬. 오스메)라고 하기는 했지만 이 점은 똑같습니다. 분명히 복음이 전해질 때 받는 사람에게 **두 가지 다른 양상이 나타남에도 불구하고** 둘을 공통의 한 단어로 불러 "냄새"라고 했습니다. "하나님 앞에서 그리스도의 향기" 혹은 "이 사람에게는 사망의 냄새, 저 사람에게는 생명의 냄새"입니다.

다른 것이 전달되지 않습니다. 구원 얻는 자들에게도 '유오디아'가, 망하는 자들에게도 '유오디아'가 전달되었습니다. 이 사람에게 사망이 전달될 때에도 '오스메'가, 저 사람에게 생명이 전달될 때에도 '오스메'가 전달되었습니다.

우리는 이 사실을 통해 '사도께서 전한 **복음은 똑같은 것**'이라는 점을 알게 됩니다. 분명히 효력은 다르게 나타나지만, 전해지는 복음은 똑같은 것이라는 것을 알 수 있습니다. '부르심'이라는 주제로 말해 보자면 이렇게 정리할 수 있겠습니다.

> 택자에게나 유기자에게나 부르심은 똑같다.

두 가지 양상

그러나 본문은 동시에 '다른 것'도 말합니다. 똑같은 향기, 똑같은 냄새가 전달되는데, **결과물이 다르다**는 것입니다. 분명히 동일한 복음이라는 냄새가 두 가지 결과를 불러옵니다. 한편에서는 같은 복음 때문에 구원을 얻지만, 다른 편에서는 같은 복음 때문에 사망이 옵니다. 같은 냄새가 어떤 이들에게는 "생명으로 좇아 생명에 이르는 냄새"가 되는데, 다른 이들에게는 "사망으로 좇아 사망에 이르는 냄새"가 됩니다. **동일한 복음 선포가 두 가지 양상을** 만들어 냅니다.

여기서 우리는 이 복음의 중요한 성격, 곧 '복음의 양면성'을 발견하게 됩니다. 분명히 같은 복음인데 어떤 이들에게는 생명으로 작용되고 다른 이들에게는 사망으로 작용됩니다. 역시 동일하게 '부르심'을 가지고 말해 보자면 다음과 같습니다.

> 부르심은 두 가지 결과를 만들어 낸다.

정리하면, 고린도후서 말씀에서 우리는 두 가지 사실을 동시에 발견하게 됩니다.

> 첫째는, 전해지는 복음은 택자에게든 유기자에게든 '동일하다'는 사실이고,
> 둘째는, 그러나 동일한 복음이 전해졌음에도 그 복음을 받는 사람에 따라서
> '결과는 두 가지로 상반되게 나타난다'는 것입니다.

진지한 부르심과 효력 있는 부르심

도르트 신조 셋째와 넷째 교리는 '부르심' 혹은 '소명'이라는 주제를 위해 8조부터 10조까지 세 개의 조항을 사용하고 있습니다. 11조가 '회심'이고, 12-13조가

'중생', 14조가 '믿음'이므로, 이 부분은 소위 '구원의 서정(혹은 여정)'이라고 불리는 주제들이 각 조항들을 따라 진술되고 있는 부분입니다. 이 중에서 '부르심'에 관한 내용을 잠깐 정리하면서 이 부르심의 효력에 대해 생각해 봅시다.

진지한 부르심

8조는 '복음으로 진지하게 부르신다'는 사실을 말하고 있습니다. 그렇습니다. **한 부르심**이 있습니다. 하나님께서는 어떤 이들은 진지하게 부르시고 어떤 이들은 가식적으로 부르시지 않습니다. 8조에서 배웠듯이 비록 아르미니우스주의자들이 "예정으로 모든 것이 결정되어 있다면 하나님은 결코 진지하게 부르실 수 없다."라고 비난했지만, 성경은 하나님께서 **모든 사람들을 진지하게 부르신다**고 가르칩니다.

부르심에는 한 종류의 부르심만 있을 뿐입니다. 부르심에 있어 격이 다르지 않습니다. 어떤 복음도 사람을 구원합니다. 만약 사람이 복음을 붙들기만 한다면 이 복음은 **반드시** 그 사람을 구원합니다. 따라서 하나님께서 복음을 향해 오라는 이 부르심, 곧 사람들로 하여금 듣고 돌이키기를 요청하는 이 부르심에 **반응하기만 한다면 그 사람은 반드시** 구원을 얻습니다. 하나님께서는 택함을 받은 자들에게는 실한 동아줄을 내려 주시고 유기자들에게는 썩은 동아줄을 내려 주시지 않습니다. **누구든지 주의 이름을 부르면 구원을 얻습니다!**(롬 10:13, 로마서 10장 말씀에서 이 말씀은 "유대인에나 헬라인에나"에 연결되어 있다. 즉 복음은 구원하는 능력에 있어서 사람에 따라 차별이 없다는 것이 본문의 요지이다).

효력 있는 부르심

그러나 9조와 10조는 고린도후서에서 말하는 그대로 이 부르심이 **두 종류의 결과물**을 만들어 낸다는 것을 여실히 보여 줍니다. 9조는 "부르심을 받은 사람이 오지 않는 이유"를, 10조는 "부르심을 받은 사람이 오는 이유"를 설명하고 있습니다. 아마 우리말로 이 신조를 번역할 때 일부러 통일성을 준 것 같습니다. 부르심은 둘 다 똑같지만 어떤 사람은 부르심을 통해서 오고 어떤 사람은 오지 않습니다. 여기에서 '진지한 부르심'과 '효력 있는 부르심'을 혼동하지 않도록 합시다.

하나님께서는 모든 사람들을 진지하게 부르십니다. 그러나 하나님께서 모든 사람들을 **진지하게** 부르신다고 해서 그 부르심을 받은 모든 사람들에게 다 **효력 있는** 부르심이 되는 것은 아닙니다. 왜냐하면 하나님께서 사람들을 진지하게 부르실 때, 그 부르심 자체만으로 보면 사람들을 충분히 구원할 수 있는 효력 있는 부르심이지만, 사람들 중 다수는 이 복음을 듣지 않고, 듣지 않으니까 효력이 발생할 수 없으며(롬 10:13-15)[96], 따라서 이 부르심은 효력 있는 부르심이 되지 못하는 것입니다. 복음 안으로, 곧 하나님의 부르심 안으로 들어오기만 하면 구원을 얻을 것인데, 그 부르심 안으로 들어오지 않으니 효력이 발생하지 않습니다.

부르심에서의 예정

정리하자면 다음과 같습니다.

> ① 하나님의 모든 부르심은 진지한 부르심이다.
> ② 그러나 모든 부르심이 다 효력 있는 부르심인 것은 아니다.
> ③ 그 이유는 부르심이 있음에도 사람들이 그 부르심으로 오지 않기 때문이다.

예수님께서는 이것을 마태복음 22장에서 비유를 들어 이렇게 말씀하셨습니다.

청함을 받은 자는 많되 택함을 입은 자는 적으니라_마 22:14

"청함"이 부르심입니다. '보편적 부르심'이지요. 모든 사람들에게 다 선포되는 진지한 보편적 부르심입니다. 그런데 택함을 입은 자는 어떻습니까? 택함을 입은 자는 적습니다. "택함"이라는 말은 신조에서 사용하고 있는 용어로 '선택/예정'

---

96 — 롬 10:13-15 누구든지 주의 이름을 부르는 자는 구원을 받으리라 그런즉 그들이 믿지 아니하는 이를 어찌 부르리요 듣지도 못한 이를 어찌 믿으리요 전파하는 자가 없이 어찌 들으리요 보내심을 받지 아니하였으면 어찌 전파하리요

입니다. 즉 이 말씀을 통해 우리는 '**성경이 말하고 있는 예정과 부르심의 순서**'를 알 수 있습니다.

사람의 논리를 가지고 생각해 보면 언제나 '예정'이 먼저고 '부르심'이 뒤일 것 같습니다. 예정이 시간상 먼저 있고, 그 예정의 결과로 부르심이 있게 되니까 말입니다. 그런데 이 말씀을 보면 거꾸로입니다. 마태복음의 말씀은 "택함"을 먼저 말하고 나서 "청함"을 이야기한 것이 아니라 "청함"을 먼저 말하고 "택함"은 뒤에 말합니다. 왜 그렇겠습니까? 우리는 여기에서 성경이 예정을 다루는 방식을 잘 알 수 있습니다. 우리가 늘 말한 대로 칼뱅 선생님의 방식 그대로입니다.

예정이 비록 논리적으로는 먼저 있겠지만 예정은 우리가 알 수 없는 것이기 때문에 성경은 예정을 앞에서 말하지 않습니다. 예정을 '**전제**'하지 않습니다. 예정이 있으니까 그것을 따라 "이렇게 될 것이다."라는 식으로 말하지 않습니다.

오히려 성경은 **예정을 결과를 통해 드러나는 방식으로** 말합니다. 이 비유를 가지고 말해 보자면 "청함을 받은 것", 곧 부르심이 앞에 오고 "택함"은 그 청함을 받은 사람이 오는지 안 오는지 그 결과를 다 보고 나서야 알 수 있게 된다는 것입니다. 논리적으로, 혹은 시간의 순서로는 늘 예정이 먼저고 부르심이 그 예정의 결과일 것 같지만 성경은 거꾸로 '**부르심이 먼저고, 예정은 그 부르심의 결과로부터 추론할 수 있는 것일 뿐**'[97]이라고 합니다. 부르심이 먼저 있고, 그 부르심에 대한 서로 다른 결과가 있고, 그 결과를 보고 나서야 "아! 예정이 있었네!" 이렇게 말하는 것이 성경의 순서입니다.

그래서 예수님의 이 비유의 골자는 이것입니다. "청함을 받은 자", 곧 부르심을 받은 사람은 많고 "택함을 받은 자는 적다", 곧 **진지한 부르심이 모두 다 효력 있는 부르심으로 열매를 맺는 것은 아니다.** 열매를 맺은 사람, 곧 택함이 있었던 것이 결론으로 드러나게 되는 사람은 적다. 효력 있는 부르심, 실제로 열매를 맺은 부르심은 적다.

이 지점, 곧 듣는 이가 받지 않는 것을 우리는 앞 조에서 예수님께서 마태복음의 세 가지 밭의 비유를 가지고 말씀하시는 것을 들었습니다. 우리 주변에는 하

---

97 — J. 판 헨더런, W. H. 펠레마, 『개혁교회 교의학』, 956.

나님의 진지한 부르심을 듣고도 다음과 같은 경우들이 있습니다.

> ① 아예 여기에 주의를 기울이지도 않고 받아들이지도 않거나(길가의 밭)
> ② 받아들이지만 마음으로는 받아들이지 않아 현세적 기쁨이 사라지면 곧 돌아서거나(돌밭의 밭)
> ③ 세상 염려와 즐거움 때문에 이 부르심의 씨앗을 질식시키고 아무런 열 매를 맺지 못합니다(가시떨기의 밭).

하지만 **네 번째 밭**이 있습니다. 하나님께서 진지하게 부르실 때 '듣는 사람'이 있다는 것입니다. 10조는 이 '듣는 사람'들이 **어떻게 이 부르심을 듣게 되는지**를 알려 주고 있습니다.

어떤 사람들이 믿게 되는가?

사람이 원인이 아니다

10조의 시작은 "이러한 일의 원인을 사람에게로 돌려서는 안 됩니다."입니다. 도 대체 어떤 사람들이 부르심에 반응하는가 했을 때, 사람 속에 그 이유가 있지 않 다는 것입니다. 신조는 부르심이 있을 때 어떤 사람이 듣게 되는지를 '펠라기우 스'의 이해를 비판하면서 설명하고 있습니다.

> 교만한 펠라기우스 이단이 주장하듯이 다른 사람도 믿음이나 회심을 받기에 충분 한 은혜를 동일하게 받았으나, 그가 그 사람들보다 **자유의지를 더 잘 사용하여서** 그렇게 된 것이 아닙니다.

펠라기우스와 아르미니우스의 공통점은 모든 원인을 사람에게 돌린다는 점에 서 **매우 일관성이 있다**는 것입니다. 이 일관성이란 9조의 "부르심을 받은 사람이 오지 않는 이유"도 사람 자신 때문이고, 10조의 "부르심을 받은 사람이 오는 이유"도 역시 사람 자신 때문이라는 것입니다. 매우 일관성이 있습니다. 9조에서 부르심을 받은 사람이 오지 않는 이유가 자신들의 완악함 때문이라고 했으니, 10조에서 부르심을 받은 사람이 오는 이유 또한 그들이 잘했기 때문이어야 합니다. 부르심을 듣고 오지 않는 것도 자신의 결정 때문이고 오는 것도 자신의 결정 때문입니다.

이런 점에서 우리 믿음의 선배들은, 그들 역시 아르미니우스주의자들만큼이나 학식이 있고 똑똑한 사람들이었지만 일관성이 있고 논리적인 길을 택하지 아니하고 오히려 **일관성이 없고 무언가 공평해 보이지 않는 길**을 택했습니다. 신조 9조와 10조는 무언가 일관되어 보이지 않게 이렇게 고백합니다.

> 복음을 듣고도 오지 않는 것은 **우리의 완악함 때문**이지만, 복음을 듣고 오게 되는 것은 우리 때문이 아니라 **하나님께서 주시는 은혜 때문**이다.

불공평해 보이지 않습니까? 매우 일관성이 없어 보이고 사람을 불편하게 만드는 고백입니다. 사람 편에서 잘못했다고 책망을 했으면 사람 편에서 잘한 것으로 보이는 데 대해서는 칭찬을 해 주어야 할 법한데, 뭔가 심사가 비틀린 사람처럼 **"잘못은 내 탓, 잘한 것은 하나님 탓"**이라고 하니 일관성이 결여되어 있고 논리가 떨어지는 것처럼 보입니다. 불공평해 보입니다.

왜 우리 선배들은 이렇게 '불공평해 보이는 길'을 택한 것일까요? 왜 우리는 '부르심을 듣고 나아오지 않는 것'은 자신의 완악함이라고 하면서, 정작 '그 부르심을 듣고 나아오게 되는 것'은 내가 아니라고 말합니까? 로마서 9장 말씀을 봅시다.

> 그런즉 원하는 자로 말미암음도 아니요 달음박질하는 자로 말미암음도 아니요 오직 긍휼히 여기시는 하나님으로 말미암음이니라_롬 9:16

이 말씀은 야곱과 에서의 이야기를 그 앞에 서두로 두고 있습니다.

그 자식들이 아직 나지도 아니하고 무슨 선이나 악을 행하지 아니한 때에 택하심을 따라 되는 하나님의 뜻이 행위로 말미암지 않고 오직 부르시는 이로 말미암아 서게 하려 하사 리브가에게 이르시되 큰 자가 어린 자를 섬기리라 하셨나니 기록된 바 내가 야곱은 사랑하고 에서는 미워하였다 하심과 같으니라_롬 9:11-13

여기에 덧붙여 "내가 긍휼히 여길 자를 긍휼히 여기고 불쌍히 여길 자를 불쌍히 여기리라 하셨으니"(15절)라고 말한 후에 16절 말씀이 나옵니다. "원하는 자로 말미암음도 아니고 달음박질하는 자로 말미암음도 아니다!"

"원함"은 무엇이며 "달음박질"은 무엇입니까? **'원한다'고 해서** 되는 것이 아닙니다. 헬라어로 '텔로'인데 '뜻을 둔다'는 의미입니다. 사람이 뜻을 둔다고 해서 되는 것이 아니라는 말입니다. 우리 편에서 어떤 종류의 소망이나 생각, 의지를 가진다고 되는 것이 아닙니다. 하나님께서 어떤 사람을 구원하시는 은혜는, 곧 야곱이 사랑을 받고 에서가 미움을 받게 된 것은, 사람의 "원함", 그러니까 거기에다 뜻과 정성, 소망이나 생각을 둔다고 해서 되는 일이 아니라는 것입니다.

'달음박질'하는 것을 통해서도 안 됩니다. 애를 쓴다고, 노력한다고 해서 되는 것이 아니라는 말입니다. 여기 이 "달음박질"이라는 단어는(헬. 트레코) 문자 그대로 "달리다"라는 말에서 왔는데, 이것이 유비가 되어서 '열심히 노력한다'라는 의미를 갖게 되었습니다. 우리말로도 비슷한 뉘앙스가 있습니다. "올 한 해도 최고의 실적을 위해 달려 봅시다!"라는 말에서 "달려 봅시다"는 당연히 육체적인 뜀박질이 아닙니다. 따라서 이 말씀을 통해서 보면,

> 우리가 하나님께 은혜를 얻는 일은
> ① "원함", 곧 거기에 내가 마음과 소망을 둔다고 해서도 되지 않고,
> ② "달음박질", 곧 열심히 노력한다고 해서도 되는 일이 아닙니다.

그렇다면 로마서 9장 말씀의 결론은 무엇입니까? 누구에게 주어지는 것인가요? 원하는 자도 안 되고, 달음박질하는 자도 안 되면 누구에게 주어지는 것입니까?

그렇습니다. 오직 하나님께, 하나님의 긍휼에만 모든 것이 달려 있습니다. 그리고 로마서 9장 말씀이 '사람의 마음/뜻, 그리고 노력'을 통해서는 얻을 수 없다고 한 이유가 이사야 59장 말씀과 로마서 1장 말씀에 나타나 있습니다. 이사야 59장 말씀은 "너희 죄악이 너희와 하나님 사이를 갈라놓았다"라고 말씀합니다.

> 오직 너희 죄악이 너희와 너희 하나님 사이를 갈라 놓았고 너희 죄가 그의 얼굴을 가리어서 너희에게서 듣지 않으시게 함이니라_사 59:2

로마서 1장 말씀 역시 "사람들은 불의로 진리를 막는다"라고 하였습니다.

> 하나님의 진노가 불의로 진리를 막는 사람들의 모든 경건하지 않음과 불의에 대하여 하늘로부터 나타나나니_롬 1:18

왜 우리는 **펠라기우스나 아르미니우스처럼** 말해서는 안 됩니까? 우리는 '**부패한 자들**'이기 때문입니다. 우리는 '전적으로' 부패했습니다. 그러므로 이런 부패한 우리가 제아무리 "원함"을 가지고, "달음박질"을 해 본들 하나님께서 "긍휼히" 여겨 주시지 않는다면 우리 편에서는 결코 하나님께 도달할 수 없습니다.

왜 우리 믿음의 선배들은 "부르심을 듣지 않는 것은 모두 사람의 탓이야!"라고 말해 놓고, "따라서 부르심을 듣는 것 또한 사람이 잘해서야!"라는 논리적 대답을 취하지 않았습니까? 왜 우리 믿음의 선배들은 "잘못은 사람 탓, 잘한 것은 하나님 탓"이라는 '불편한 대답'을 취했습니까? 성경을 살피니까 거기에는 적어도 **복음과 구원에 있어서는 우리의 어떠함이 하나도 없었기 때문**입니다. 정말로 이 점에 있어서의 우리는 **항상 잘못만** 저지르더라는 것입니다! 우리가 구원을 향해 가는 것은 전적으로 하나님의 **긍휼뿐**이더라는 말입니다! 성경이 그렇게 가르치니 우리 선배들은 논리적 일관성을 모조리 버리고 오히려 불균형적인 대답, 불편한 대답을 택했습니다.

악은 모조리 우리가 행하고, 선은 모조리 하나님이 행하신다.

우리는 이 믿음의 선배들을 따라 똑같이 말합니다. 나는 어떻게 부르심에 반응하게 되었나요? 내가 좀 더 부르심에 민감한 사람이어서가 아닙니다. 내가 좀 더 하나님의 부르심을 들었을 때 양심을 정직하게 사용했기 때문도 아닙니다. 내가 다른 이들보다 조금 더 자유의지를 바르게 사용했기 때문도 아닙니다.

오히려 나는 **대단히 말도 안 되는 방법으로** 부르심에 반응하게 되었습니다. 내가 교회를 처음 나오게 된 이유도 내가 신실해서가 아니었습니다. 나는 친구 때문에, 혹은 결혼을 해서 어쩔 수 없이, 혹은 별 생각이 없었지만 부모님이 교회에 다니시니까 손에 이끌려서 교회에 나왔을 뿐입니다.

교회 생활을 해 나가면서 믿음을 갖게 될 때도 거기 내 신실함이 나를 이끌었던 것이 아닙니다. 나는 그야말로 '어쩌다 보니' 말씀을 듣게 되었고, '어쩌다 보니' 하나님을 알게 되었습니다. 성경 공부에서, 수련회에서, 어떤 교역자 분의 말씀을 통해 참으로 '어쩌다 보니' 하나님을 알게 되었습니다.

내가 하나님을 조금 더 알게 된 것은, 지금 다 지나서 생각해 보면 한 톨도 내가 의도했던 일들이 아니었습니다. 심지어 로마서 말씀은 "원함"이나 "달음박질"을 말했지만, 내 지난 삶을 돌아보면 그런 원함이나 달음박질조차 많았던 것도 아니었습니다.

그런데 나는 어떻게 부르심에 반응하게 되었나요? 모두 **하나님의 긍휼하심과 은혜 때문**입니다. 나는 신실하지 않았는데 하나님께서 나를 불쌍히 여겨 주셨고, 그래서 지금 내가 여기에 있습니다. 나는 복음보다는 다른 것에 더 관심이 많았는데, 하나님께서 나를 사랑해 주셨습니다. 내가 부르심에 반응하게 된 이유가 무엇입니까? 이것뿐입니다. 내게는 아무것도 없었습니다. 오직 하나님의 은혜뿐이었습니다. 신자는 이렇게 고백하는 사람들입니다.

그리고, 목적

그리고 '목적'을 생각해 보겠습니다. 10조의 마지막 부분입니다.

이 모든 일을 행하심은, 그들을 흑암에서부터 사랑하는 아드님의 나라로 옮기신 하나님의 기이한 일을 그들로 하여금 선포하도록 하려는 것입니다. 또한 사도가 여러 곳에서 증언하는 대로 그들이 자기 자신을 사랑하지 않고 그리스도만을 자랑하게 하려는 것입니다.

어떤 사람들은 부르심을 받고 반응을 합니다. 이 반응의 원인은 모두 하나님께 있습니다. 그러면 목적은 무엇입니까? 하나님께서 어떤 사람들이 이 부르심에 반응하도록 부르셨을 때 그분의 목적은 무엇이었습니까? 신조는 고백합니다.

> **하나님의 기이한 일을 선포**하도록 하기 위하여!
> 자기 자신을 자랑하지 않고 **그리스도만을 자랑**하게 하려고!

베드로전서 2장 9절 말씀에서는 어떻게 말합니까?

> 그러나 너희는 택하신(뽑힌, 선택된 : 예정의 주제) 족속이요 왕 같은 제사장들이요 거룩한 나라요 그의 소유가 된 백성이니

"택하심(선택)"이라는 단어가 나오고 있습니다. 우리는 특별히 가려 뽑힌 자들입니다. 이어서 목적이 나옵니다.

> 이는 너희를 어두운 데서 불러 내어 그의 기이한 빛에 들어가게 하신 이의 아름다운 덕을 선포하게 하려 하심이라

여러분은 낙원에서의 삶을 어떻게 상상하십니까? 저는 어렸을 때 부모님 세대의 분들이 "천국에서는 종일 하나님을 찬송하기만 한다더라"라는 이야기를 들었을 때 천국이 참 '재미없는 곳'이라는 생각을 했습니다. 이 땅에는 재미있는 일들이 참 많습니다. 스포츠나 음악, 게임이나 영화, 재미있는 일들이 많습니다. 꼭 이런 것들이 아니어도 우리가 집중함으로써 흥미를 얻는 일들이 참 많습니다. 요

리가 재미있는 사람도 있고, 벽돌 쌓기가 재미있는 사람도 있습니다. 운전이 재미있는 사람도 있고, 무언가 프로젝트를 하는 자체가 재미있는 사람도 있습니다. 이렇게 이 세상에는 재미있는 일이 많은데, 이것을 모조리 다 그만두고 천국에서는 찬송만 종일 부른다니 '천국은 정말 따분한 곳이 아닌가!'라고 생각했습니다.

그러나 사실 우리 부모님 세대의 상상은 절반은 틀렸지만 절반은 맞습니다. 천국이 하루 종일 찬송만 부르는 곳이라는 말이 말 그대로의 '노래로서의 찬송'을 말한다면 그것은 틀린 이야기겠습니다만, 사실 천국이 온종일 하나님을 찬송하는 곳이라는 말은 맞는 말입니다. 그야말로 우리가 마지막 날 도달하게 될 낙원은 하루 종일, 우리가 대면하는 모든 일과 모든 장소에서, 하나님의 영광을 온몸으로 느끼게 되어, 그야말로 언제나 하나님의 영광을 높이며 살아가는 그런 곳이 될 것입니다.

이런 점에서 하나님께서 우리에게 궁극적으로 주시려는 것, 곧 하나님께서 우리를 자기 백성으로 삼으셔서 이루려고 하시는 일은 그분이 우리에게 주신 **언약의 핵심에** 이미 다 나타나 있습니다. 언약의 핵심이 무엇인가요?

> 나는 너의 하나님이 되고 너희는 내 백성이 되리라_창 17:7; 레 26:12

베드로전서 말씀의 의미는 우리가 어디론가 가서 "그의 기이한 빛에 들어가게 하신 자의 아름다운 덕을 선전"하는 입간판이 된다는 의미가 아닙니다. **오히려 우리의 모든 삶이 하나님의 기이한 덕을 찬송하는 삶이 될 것이라는 의미입니다.** 부르심을 받았을 때, 거기에 반응하게 하신 하나님의 긍휼의 이유, 목적이 무엇입니까? **우리의 모든 삶이, 우리가 존재하는 모든 시간 모든 순간이 다 하나님의 찬송 되게 하시는 것입니다.**

이 삶은 부르심에 반응한 그의 백성들에게는 '이미' 시작되었습니다. 여러분과 저는 '이미'와 '아직'의 사이에 살고 있을 뿐, 이 삶이 저기 멀리 있는 것은 아닙니다. 우리는 부르심에 반응했습니다. 그리고 하나님의 백성으로서 여기에 와 있습니다. 그러면 이 부르심의 목적, 곧 하나님의 기이한 일을 선포하는 일, 우리를 자랑하지 않고 그리스도만을 자랑하는 일, 그것이 우리의 삶의 목적이 되어야 할 것입니다. 우리가 삶에서 만나는 모든 상황 속에서 이것을 행할 수 있도록, 주께서 힘 주시도록 기도하며 살아갑시다.

셋째와 넷째 교리 :
인간의 타락, 하나님께 돌이키는 것과 그 일이 일어나는 방식에 관하여

제11조 : 하나님께서는
회심을 어떻게 일으키시는가?

하나님께서는 택하신 자들에게 그분의 선하시고 기뻐하시는 일을 시행하시며 그들 안에 참된 회심을 일으키시는데, 다음과 같은 방법으로 하십니다. 하나님께서는 복음이 외적으로[i] 그들에게 전파되게 하시며 성령으로 그들의 마음을 강력하게 비추어 주셔서 그들이 하나님의 성령의 일들을 바르게 이해하고 분별하도록 하십니다.[ii] 또한 회심케 하시는 동일한 성령의 효력 있는 사역을 통하여 주님께서는 사람의 가장 깊은 곳까지 뚫고 들어가서서 닫힌 마음을 여시고 굳어진 마음을 부드럽게 하시며, 할례 받지 않은 마음에 할례를 행하시고 그의 의지에 새로운 자질들을 주입하십니다.[iii] 그렇게 하나님께서는 죽은 의지를 살아나게 하시며 나쁜 의지를 선하게 하시고, 거역하던 의지를 기꺼이 행하려는 의지로, 완고하던 의지를 순종하는 의지로 만드십니다. 그분께서 의지를 감동시키시고 강하게 하시기 때문에, 마치 좋은 나무가 그러하듯이 사람의 의지도 선행의 열매를 맺을 수 있게 됩니다.[iv]

i 원문에는 '외적으로'(*externe*, uytterlijck)라는 표현이 있으나 '외적', '내적' 구분이 가져올 수 있는 오해 때문에 네덜란드 개혁 교회(해방파)와 캐나다 개혁 교회에서는 이 단어를 생략하였다.

ii 히 6:4-5 한 번 빛을 받고 하늘의 은사를 맛보고 성령에 참여한 바 되고 하나님의 선한 말씀과 내세의 능력을 맛보고도 / 고전 2:10-14 오직 하나님이 성령으로 이것을 우리에게 보이셨으니 성령은 모든 것 곧 하나님의 깊은 것까지도 통달하시느니라 사람의 일을 사람의 속에 있는 영 외에 누가 알리요 이와 같이 하나님의 일도 하나님의 영 외에는 아무도 알지 못하느니라 우리가 세상의 영을 받지 아니하고 오직 하나님으로부터 온 영을 받았으니 이는 우리로 하여금 하나님께서 우리에게 은혜로 주신 것들을 알게 하려 하심이라 우리가 이것을 말하거니와 사람의 지혜가 가르친 말로 아니하고 오직 성령께서 가르치신 것으로 하니 영적인 일은 영적인 것으로 분별하느니라 육에 속한 사람은 하나님의 성령의 일들을 받지 아니하나니 이는 그것들이 그에게는 어리석게 보임이요, 또 그는 그것들을 알 수도 없나니 그러한 일은 영적으로 분별되기 때문이라

iii 히 4:12 하나님의 말씀은 살아 있고 활력이 있어 좌우에 날선 어떤 검보다도 예리하여 혼과 영과 및 관절과 골수를 찔러 쪼개기까지 하며 또 마음의 생각과 뜻을 판단하나니 / 행 16:14 두아디라 시에 있는 자색 옷감 장사로서 하나님을 섬기는 루디아라 하는 한 여자가 말을 듣고 있을 때 주께서 그 마음을 열어 바울의 말을 따르게 하신지라 / 신 30:6 네 하나님 여호와께서 네 마음과 네 자손의 마음에 할례를 베푸사 너로 마음을 다하며 뜻을 다하여 네 하나님 여호와를 사랑하게 하사 너로 생명을 얻게 하실 것이며 / 겔 11:19 내가 그들에게 한 마음을 주고 그 속에 새 영을 주며 그 몸에서 돌 같은 마음을 제거하고 살처럼 부드러운 마음을 주어 / 겔 36:26 또 새 영을 너희 속에 두고 새 마음을 너희에게 주되 너희 육신에서 굳은 마음을 제거하고 부드러운 마음을 줄 것이며

iv 마 7:18 좋은 나무가 나쁜 열매를 맺을 수 없고 못된 나무가 아름다운 열매를 맺을 수 없느니라

● 강해 본문 ① : 요한복음 6장 41-51, 60-65절

41 자기가 하늘에서 내려온 떡이라 하시므로 유대인들이 예수에 대하여 수군거려 42 이르되 이는 요셉의 아들 예수가 아니냐 그 부모를 우리가 아는데 자기가 지금 어찌하여 하늘에서 내려왔다 하느냐 43 예수께서 대답하여 이르시되 너희는 서로 수군거리지 말라 44 나를 보내신 아버지께서 이끌지 아니하시면 아무도 내게 올 수 없으니 오는 그를 내가 마지막 날에 다시 살리리라 45 선지자의 글에 그들이 다 하나님의 가르치심을 받으리라 기록되었은즉 아버지께 듣고 배운 사람마다 내게로 오느니라 46 이는 아버지를 본 자가 있다는 것이 아니라 오직 하나님에게서 온 자만 아버지를 보았느니라 47 진실로 진실로 너희에게 이르노니 믿는 자는 영생을 가졌나니 48 내가 곧 생명의 떡이니라 49 너희 조상들은 광야에서 만나를 먹었어도 죽었거니와 50 이는 하늘에서 내려오는 떡이니 사람으로 하여금 먹고 죽지 아니하게 하는 것이니라 51 나는 하늘에서 내려온 살아 있는 떡이니 사람이 이 떡을 먹으면 영생하리라 내가 줄 떡은 곧 세상의 생명을 위한 내 살이니라 하시니라 60 제자 중 여럿이 듣고 말하되 이 말씀은 어렵도다 누가 들을 수 있느냐 한대 61 예수께서 스스로 제자들이 이 말씀에 대하여 수군거리는 줄 아시고 이르시되 이 말이 너희에게 걸림이 되느냐 62 그러면 너희는 인자가 이전에 있던 곳으로 올라가는 것을 본다면 어떻게 하겠느냐 63 살리는 것은 영이니 육은 무익하니라 내가 너희에게 이른 말은 영이요 생명이라 64 그러나 너희 중에 믿지 아니하는 자들이 있느니라 하시니 이는 예수께서 믿지 아니하는 자들이 누구며 자기를 팔 자가 누구인지 처음부터 아심이러라 65 또 이르시되 그러므로 전에 너희에게 말하기를 내 아버지께서 오게 하여 주지 아니하시면 누구든지 내게 올 수 없다 하였노라 하시니라

● 강해 본문 ② : 에스겔 11장 14-21절

14 여호와의 말씀이 내게 임하여 이르시되 15 인자야 예루살렘 주민이 네 형제 곧 네 형제와 친척과 온 이스라엘 족속을 향하여 이르기를 너희는 여호와에게서 멀리 떠나라 이 땅은 우리에게 주어 기업이 되게 하신 것이라 하였나니 16 그런즉 너는 말하기를 주 여호와의 말씀에 내가 비록 그들을 멀리 이방인 가운데로 쫓아내어 여러 나라에 흩었으나 그들이 도달한 나라들에서 내가 잠깐 그들에게 성소가 되리라 하셨다 하고 17 너는 또 말하기를 주 여호와의 말씀에 내가 너희를 만민 가운데에서 모으며 너희를 흩은 여러 나라 가운데에서 모아 내고 이스라엘 땅을 너희에게 주리라 하셨다 하라 18 그들이 그리로 가서 그 가운데의 모든 미운 물건과 모든 가증한 것을 제거하여 버릴지라 19 내가 그들에게 한 마음을 주고 그 속에 새 영을 주며 그 몸에서 돌 같은 마음을 제거하고 살처럼 부드러운 마음을 주어 20 내 율례를 따르며 내 규례를 지켜 행하게 하리니 그들은 내 백성이 되고 나는 그들의 하나님이 되리라 21 그러나 미운 것과 가증한 것을 마음으로 따르는 자는 내가 그 행위대로 그 머리에 갚으리라 나 주 여호와의 말이니라

회개, 그리고 의지의 회복

요 6:41-51, 60-65; 겔 11:14-21

'회개'에는 여러 국면이 있습니다. 기본적으로 회개는 '돌이키다'라는 뜻을 가지고 있지만, 우리 속에 없는 것을 창조하시는 사역이기 때문에 이는 **창조 사역**으로 말할 수 있습니다. 다윗이 시편 51편에서 고백하듯이 우리 속에 정한 마음을 이루어 내시는 것은 "창조"사역입니다.

> 하나님이여 내 속에 정한 마음을 창조하시고 내 안에 정직한 영을 새롭게 하소서_
> 시 51:10

히브리어 '바라', 곧 '창조하다'라는 말은 하나님의 사역에만 쓰는 단어입니다. 그런데 다윗은 회개의 심령을 지으시는 일을 '창조'라고 말하였습니다.

셋째와 넷째 교리 8조부터 10조까지의 내용은 **'부르심'**에 관한 것이었습니다. 하나님은 진지하게 부르시지만 그 부르심의 결과는 두 가지로 나타났습니다. 어떤 사람은 이 부르심을 듣고 반응하고, 또 어떤 사람은 부르심을 듣고 반응하지 않습니다. 그리고 부르심에 반응하지 않는 것은 그들이 자신의 악에 그대로 머물러 있기 때문이고, 부르심에 반응하는 것은 하나님의 은혜입니다.

다음 내용인 11조와 12조는 소위 **'구원의 서정'** 중에 '회개'와 '중생'을 다루고 **있는 부분**입니다. 11조가 '회개'이고 12조와 13조가 '중생'이며, 14조가 '믿음'입니다. 오늘날 현대 신학에서는 순서를 다룰 때 '중생'이 먼저 일어나고 그 결과로 '회개'가 온다고 생각합니다. 하지만 이런 식의 순서를 줄 세우는 것은 현대 신학이 하는 일이고 신앙고백서들이 작성되던 시기에는 그런 순서는 중요하지 않았습니다. '부르심', 곧 '소명'이 먼저 오는 것은 분명한 사실이지만, '중생', '믿음 곧 신앙', '회개', '칭의' 등의 일들은 믿는 사람 안에서 **동시에 일어나기 때문에** 순서가 중요한 것은 아닙니다. 그래서 도르트 신조는 '회개'를 먼저 말하고 그다음에 '중생'을 말합니다.

11조는 **"하나님께서 회심을 어떻게 일으키시는가?"**를 다룹니다. 다음과 같이 대략 정리할 수 있습니다.

---

① 복음이 전파되게 하신다.

② 성령께서 그들의 마음을 강력하게 비추신다.

③ 성령의 일들을 바르게 이해하고 분별하도록 하신다.

④ 사람의 가장 깊은 곳까지 뚫고 들어가셔서 닫힌 마음을 여시고 굳어진 마음을 부드럽게 하신다.

⑤ 새로운 자질들을 주입하신다.

⑥ 이것을 다르게 말하자면 "죽은 의지가 살아나는 것", "나쁜 의지를 선하게 하시는 것", "거역하던 의지를 기꺼이 행하려는 의지로, 완고하던 의지를 순종하는 의지로 만드시는 것"이다.

⑦ 이제 사람의 의지도 선행의 열매를 맺을 수 있게 된다.

본문의 내용을 읽기만 해도 자연스럽게 알 수 있는 사실은, 성령의 역사를 통해 그 마음에 회심이 일어났을 때, 곧 성령께서 그 마음에 새롭게 자질을 주입하실 그때 일어나는 변화는 그야말로 **'의지의 회복'**입니다.

본연의 의지는 어떻습니까?

사람들이 구원에 대해 생각할 때, 가장 오해하는 주제 중 하나는 건지시는 하나

님에 대하여 완악하거나 끝까지 듣지 않는 이들을 생각함에 있어 지나치게 **'수동적'**이라는 것입니다. 쉽게 비유를 들어 보자면, 마치 사람은 물에 떠내려가고 있는 불쌍한 이재민 같고, 하나님은 이런 사람들 중 어떤 이를 건지시는 이시라는 식의 생각입니다. 만약에 그렇다면 '건지시지 않는 하나님'은 가혹합니다. 물에 떠내려가고 있는데 모두 건지셔야 하지 않습니까? 심지어 건질 수 있는 능력을 갖고 계시다면, 모두 건지심이 당연하지 않습니까? 이런 생각이 바로 구원에 대하여, 끝까지 하나님께 돌아오지 않는 이들에 대하여 많은 이들이 갖는 오해입니다. 이런 생각을 일소할 수 있는 것이 '의지'에 대한 이해 같습니다. 간략하고 정확하게 말하자면 다음과 같습니다.

> 믿지 않는 사람은 홍수에 떠내려가는 '수동적인' 이재민이 아니다.
> 이들은 매우 '강력한 의지'를 가지고서 하나님을 대항한다.

죄와 저항의 의미

이 점에서 '죄인의 본연'을 생각함이 필요합니다. 우리는 보통 죄를 지어 하나님을 떠난 인류를 생각할 때, 처음 죄를 지은 우리의 조상, 곧 첫 사람 아담의 죄는 인지하면서도, 그 죄를 이후의 모든 인류들도 **계속해서 짓고 있다**는 사실은 잊어버리고 있는 것 같습니다. 우리가 하나님을 떠난 상태로 있다는 것은 '과거에 한 번 죄를 저지르기는 했지만, **지금은 불쌍한 이재민 신세**'인 것이 아닙니다. 물론 그 한 번의 죄악조차 무시무시한 것입니다만, 만약 죄라는 것이 이뿐이라면 많은 사람들은 이렇게 말하겠죠.

"거, 한 번 실수한 걸로 너무하는 거 아니오?"

그렇지 않습니다. 죄인이라는 말의 의미는 '지금도 계속해서 하나님을 거스르고 있는 사람'이라는 의미입니다. 그러므로 하나님께로 나아오지 않는 것은 수동적으로 가만히 앉아 있으면서 "그렇다면 하나님은 왜 나를 건지지 않으셨지?"라고 생각하는 것이 아니라, 계속해서 품으시려는 하나님의 사랑에 대하여 지금도 여전히 거역과 반역과 완악을 행하고 있음을 의미합니다. 유튜브 같은 곳에서 야생 고양이들을 입양하는 영상을 본 적이 있으신 분들은 아마 쉽게 떠올릴 수 있으실 것입니다. 좋은 곳으로 데려가려고, 약을 발라 주고, 목욕을 시켜 주고, 따뜻한 곳으로 데려가려고 잡으려는 것인데, 장갑을 끼지 않으면 크게 상처가 날 정도로 발톱으로 할퀴고, 이빨로 깨물고, 으르렁거리고, 하악질을 해댑니다. 우리가 죄인이라는 것의 의미가 바로 ('물에 떠려려가고 있는 이재민'의 모습이 아니라) **이 '포악한 야생 고양이'의 모습**인 것입니다.

하나님께서는 구원을 향하며 늘 좋은 손길로 우리를 이끌고 인도하십니다. **순응하면, 어느 한 순간이라도 하나님께서 우리를 불쌍히 여기시지 않는 때가 없습니다.** 하지만 우리의 의지가 죄 때문에 망가졌다는 것은 우리의 상태가 제로 상태가 아니라는 것을 의미합니다. 즉 폭격을 맞은 후에 집을 잃고 울고 앉아 있는 어린 소년 같은 그런 상태가 아니라, 오히려 머리에 뿔이 나서 하나님을 치받는 모습, 마치 목에 핏대를 세우고 엄마한테 악을 쓰며 대드는 아이 같은 그런 모습입니다. 악마 같은 얼굴을 하고, 사랑을 베풀려는 이에게 죽어도 가지 않겠다면서 손을 깨물고 침을 뱉는 그런 모습인 것입니다.

그렇습니다. 어떤 사람이 **부르심에 순응하지 않는다는 것**은, 어쩌다 잠깐 한눈을 판 사이에 사이렌이 울렸고, 경보를 듣지 못해 방공호로 피하지 못한 그런 문제가 아닙니다. 어떤 사람이 하나님의 부르심에도 불구하고 그리로 가지 않는다는 것은 매우 중립적이거나, 매우 수동적인 그런 일이 아닙니다. 이 사람은 **'강력한 의지를 가지고' 하나님께 맞서고 있습니다.** 부르심에 응답하지 않는 사람은 단지 "사이렌을 듣지 못했어요. 죄송합니다." 하고 있는 것이 아닙니다. 하나님의 얼굴에 침을 뱉으면서 저항하고 있는 것입니다. 못된 송아지 같고, 악한 마귀와 같습니다.

'의지', 우리의 죄악 된 의지에 담긴 의미와 "구원은 하나님의 은혜지만, 부르심에 응하지 않는 것은 사람의 탓입니다."라는 말의 의미를 잘 기억해야 합니다. 이것을 이해해야 '부르지 않으신 하나님'을 비난하지 않게 됩니다. "왜 하나님은 모든 사람들에게 다 유효한 부르심을 주지 않으셨나요?"라고 힐난하지 않게 됩니다.

이런 생각들은 대개 우리를 '**죄를 저지르고 있는 악당**'이 아니라 '**죄에 피해를 당한 피해자**'라는 발상에서 출발한 것입니다. **오히려 구원하시는 하나님이 우리 때문에 피해를 입고 계시는 피해자**라는 생각을 하지 않은 것입니다. 우리는 '**강력한 의지**'로 하나님을 거역합니다.

하나님께서는 그러함에도 불구하고 우리를 구원하시므로, 오히려 칭송을 받으셔야 마땅합니다. 유기로 치달아가는 것에 하나님의 책임은 없습니다. 이것이 우리 '본연의 의지'에 대한 참된 이해입니다. 하나님의 역사, 곧 회개로 이끄시는 성령님의 은혜의 역사는 바로 이런 우리의 의지에 대하여 행해지는 수술 같은 것입니다.

신조에서의 강력한 용어들

"하나님께서 부르심을 통하여 어떤 사람에게 회개와 중생을 주실 때, 그의 속에서는 의지에 있어서 어떤 변화가 일어나는가?" 이 내용을 살피기 위해서는 앞서 언급했던 영상을 떠올리면서 신조의 내용을 읽어야 합니다. 그래야 우리를 회개케 하시는 성령님의 역사가 왜 이런 방식으로 써 있는지를 잘 이해할 수 있게 됩니다. 왜냐하면 신조가 사용한 용어들이 '대단히 강력한 용어들'이기 때문입니다. 내용을 보십시오.

> "사람의 가장 깊은 곳까지 뚫고 들어가신다."
> "닫힌 마음을 여신다."
> "굳어진 마음을 부드럽게 하신다."
> "할례받지 않은 마음에 할례를 행하신다."
> "그의 의지에 새로운 자질들을 주입하신다."

이 표현들은 그야말로 '**강력한 표현들**'입니다. 왜 그렇습니까?

신조는 우리가 '부르심'에 응답하여 '회개'하고 '중생'하게[98] 되는 장면을 설명

---

98 ― 중생과 회개의 순서를 이렇게 쓰는 것은 강조점의 차이이다.

할 때, 결코 **'낭만적으로'** 설명하지 않았습니다. 회개하고 중생하게 되는 것은 산들바람이 불어오는 초원에서 테이블보가 덮인 식탁에 앉아 점심으로 싸 온 샌드위치를 먹으면서 풍경을 구경하는 것 같은 그런 일이 아닙니다. **오히려 회개와 중생은 거의 '전투'에 가깝습니다.** 회개나 중생 같은 주제를 머릿속으로 떠올리게 된다면 이런 목가적이고 낭만적인 풍경, 하나님께서 풀밭에 있는 양떼에게 시원하고 생기 가득한 물을 한 바가지 떠서 벌컥벌컥 마시게 해 주는 그런 장면이 아니라, 「라이언 일병 구하기」의 오프닝처럼, 총탄이 빗발치는 전쟁터와 같은 장면을 상상하는 것이 더 비슷할 것입니다. 성령님께서 우리의 마음을 움직이시는 것은 마치 이런 싸움터 속에서의 일과 같은 것입니다.

신조는 성령님의 효력 있는 사역이 "사람의 깊은 곳을 뚫고 들어간다."라고 하였습니다! "뚫고 들어간다"라는 말은 무엇을 함의하고 있습니까? **저항이 있다는 것**입니다. 소프트한 진흙 바닥을 발로 누를 때 그것을 보고 "뚫고 들어간다"라고 하지 않습니다. 이것은 강력하고 딱딱하게 저항하는 우리의 마음을 보여 줍니다.

"닫힌 마음을 여신다.", "굳어진 마음을 부드럽게 하신다." 모두 무엇을 말하고 있는 것입니까? **우리가 중립적이지 않다는 것**입니다. 하나님께서는 비어 있는 진지에 오셔서 깃발을 꽂으신 것이 아닙니다. 마지막 한 명까지도 결코 진지를 내놓지 않으려고 주먹질을 하고, 심지어는 다리를 이빨로 깨물고 하는 적병들이 있는 진지 속에 들어오셔서 깃발을 꽂으신 것입니다. 성령님께서 우리의 마음을 '여셨다'는 것은 우리의 마음이 굳게 '닫혀' 있었음을 보여 줍니다. 성령님께서 우리의 마음을 "부드럽게" 하셨다는 것은 우리의 마음이 대단히 '굳어' 있었음을 보여 줍니다.

우리는 결코 하나님께 순순히 마음을 드리지 않았습니다. 죄만을 가진 인간이 은혜에 복종할 때는, 앞서 말씀드린 것처럼 악마의 모습을 상상하십시오. 우리는 하나님께 굴복하지 않았습니다. 우리는 하나님께 순순히 응하지 않았습니다. 죄

"중생과 회개" : 논리적 순서를 따라 쓴 것, 중생해야 회개할 수 있다. 즉 회개는 중생의 결과이다.
"회개와 중생" : 신자에게 실제적으로 나타나는 현상, 실제를 중심으로 쓴 것, 회개 곧 돌이키는 일을 통해서 새롭게 거듭난다.

란 언제나 '하나님을 거역하는 것'입니다. 우리는 피해자가 아닙니다. 우리는 하나님의 대적이며, 하나님과 원수입니다. 우리의 죄는 하나님의 목을 따겠다는 욕망입니다. 그러므로 하나님께서 우리를 향하여 회개와 중생을 베푸실 때, 우리는 **언제나 우리의 의지가 어디에 위치하고 있었는지를** 정확하게 알아야 합니다. 우리는 하나님을 순순히 받아들이지 않았습니다.

요한복음 6장에서

예수님께서 이 사실에 대하여 어떻게 말씀해 주고 계신지를 요한복음을 통해 확인해 봅시다.

> 또 이르시되 그러므로 전에 너희에게 말하기를 **내 아버지께서 오게 하여 주지 아니하시면 누구든지 내게 올 수 없다** 하였노라 하시니라_요 6:65

아르미니우스주의자들은 믿게 되는 것은 사람의 일이라고 말했습니다. 그리스도께서는 구속의 효력을 주셨고, 그것을 집어 드는 것은 자신의 일이라고 말입니다. 그래서 10조에서 본 대로 그들은 "그가 다른 사람들보다 자유의지를 더 잘 사용하여서" 그렇게 되었다고 하였습니다.

하지만 요한복음 6장 65절 말씀은 이 논의 자체를 완전하게 삭제해 버립니다. 주님께서는 분명하고 확실하게 이렇게 말씀하셨습니다. "내 아버지께서 오게 하여 주지 아니하시면 누구든지 내게 올 수 없다." 우리가 부르심에 대해 배웠는데, 10조 제목이 "부르심을 받은 사람이 오는 이유" 아니었습니까? 부르심을 받은 사람이 왜 오게 됩니까? "아버지께서 오게 하여 주셔서" 오는 것입니다. 여기에 어떤 반대가 가능합니까? 오류 6번에서 아르미니우스주의자들은 이렇게 말했습니다.

> **오류 6:** 따라서 믿음이라는 것, 곧 우리가 처음 회심하는 수단이자 우리가 신자라 불리는 근거인 그 믿음은 **하나님께서 주입하시는 자질이나 선물이 아니며** 다만 **사람의 행위일 뿐**이다.

요한복음 6장을 알고서도 이렇게 말할 수 있을까요? 나아가 6장 44절도 같이 보겠습니다.

> 나를 보내신 아버지께서 **이끌지 아니하시면** 아무도 내게 올 수 없으니 오는 그를 내가 마지막 날에 다시 살리리라_요 6:44

방금 보았던 65절과 같은 말씀입니다만 **"이끌지 아니하시면"**에 좀 더 유의해 보도록 합시다. 이 단어는 신약 성경에 총 8번 나옵니다. 한 번은 '칼을 뽑는 것'에 사용되었기 때문에 이런 용례와 상관이 없고(요 18:10), 이것을 제외하면 일곱 번입니다. 이 용례들을 보십시오.

① 먼저 요한복음 21장 6절과 11절에서 이 단어는 **'어망을 끌어 당기는 것'**입니다. 이것도 사실은 우리가 오늘 살피는 내용과 아주 관계가 있는 것은 아니지만, 그래도 같은 맥락이기 때문에 염두에 두고 넘어가도록 합시다.

② 나머지 다섯 번 중 세 번은 **'끌려가는 것'**을 말할 때 사용됩니다. 사도행전과 야고보서에 나옵니다.

> 여종의 주인들은 자기 수익의 소망이 끊어진 것을 보고 바울과 실라를 붙잡아 장터로 관리들에게 **끌어갔다가**_행 16:19

바울과 실라가 귀신들린 여종을 치료하는 바람에 점쳐서 먹고 살던 주인이 분개하여 바울과 실라를 관원들에게 '끌어갔다'는 말씀입니다.

> 온 성이 소동하여 백성이 달려와 모여 바울을 잡아 성전 밖으로 **끌고 나가니** 문들이 곧 닫히더라_행 21:30

여기서도 바울이 잡혀서 끌려가는 것에 이 말이 사용되었습니다.

너희는 도리어 가난한 자를 업신여겼도다 부자는 너희를 억압하며 법정으로 **끌고 가지** 아니하느냐_약 2:6

야고보서에서 동일한 단어는 부자가 가난한 사람들을 압제하면서 법정으로 끌고 갔다는 것을 말씀하는 구절입니다.

③ 마지막 남은 두 번이 요한복음에 사용되었습니다. 요한복음 6장 44절이 지금 우리가 살피고 있는 말씀이고, 12장 32절은 다음과 같습니다.

내가 땅에서 들리면 모든 사람을 내게로 이끌겠노라 하시니_요 12:32

이 단어들이 사용된 모든 곳의 말씀들이 일관되게 보여 주고 있는 그림은 현저합니다. 곧 **'강제로 끌려가는 것'**입니다. 이렇게 보고 나서 다시 보면 제일 처음의 '어망을 끌어당기는 것'도 같은 맥락임을 알게 됩니다. 바울이나 실라가 자기 의지에 따라 끌려간 것이 아니듯, 그물 역시 자기 의지에 따라 끌려간 것이 아니었습니다.

스프로울 교수의 책에 보면[99] 이 단어에 대한 재밌는 이야기가 나옵니다. 스프로울 교수는 사도행전에서 이 단어가 이렇게 사용됨을 인용하면서 아르미니우스주의 교수 한 사람과 논쟁을 합니다. 그의 설명을 들은 아르미니우스주의 교수는 "그리스 시인 유리피데스의 글에 보면 똑같은 단어가 우물에서 물을 긷는 것을 가리킵니다."라고 하면서, "누가 우물에서 물이 강제로 나오도록 하겠습니까?"라고 반문을 합니다. 그러자 스프로울 교수가 대답합니다. "그러면 교수님은 우물에서 물을 어떻게 얻습니까? 우물 입구에 서서 '이봐 물아 나오너라!' 이렇게 하십니까? 양동이를 우물 아래로 내려서 물을 수면 위로 끌어 올리지 않는 한, 우물 안의 물은 구덩이 아래 전혀 움직이지 않고 그대로 있는 것이 아닌가요?"

요한복음 6장 44절에서 "아버지께서 이끌지 아니하시면"이라고 할 때 이때의

---

99 — R. C. 스프로울, 『웨스트민스터 신앙고백 해설 2』, 이상웅, 김찬영 옮김 (서울: 부흥과 개혁사, 2011), 22.

"이끌다"라는 단어는 '강제로 끌어내다'라는 뜻입니다. 어망을 잡아 끌어내듯이, 바울과 실라가 사람들에게 붙들려 강제로 끌려갔듯이, 그리고 부자들이 가난한 이들을 법정으로 끌고 가듯이, 그리고 심지어는 유리피데스의 글에서와 같이 우물에서 물이 끌려 나오듯이! 하나님께서 우리를 회개와 중생으로 불러내시는 일은 이렇게 '강제로 끌어내는 것'입니다. **우리는 저항합니다!** 우리가 죄인이라는 것은 회심할 때 "하나님은 저를 위해 참 좋은 것을 준비하셨군요. 순순히 따라가겠습니다."라고 하지 않는다는 의미입니다. 우리가 "의지에 있어 타락했다."라는 말의 뜻은 우리가 '의지적으로 하나님께 저항한다'는 뜻입니다.

　그러므로 이것을 꺾는 일은 부드럽고 자연스럽게 되는 일이 아닙니다. 이 11조의 내용을 조금 더 읽어 가서 그 뒷부분까지 가게 되면, 그때의 그 비추심으로 우리를 회개시키는 이 성령님의 사역은, 사실 마치 외과 의사가 병증을 치료하기 위해 망치와 톱을 가지고 와서 뼈를 부숴뜨리고 수술을 하듯이, 우리를 향하여 강력한 힘을 행사하셔서 이루시는 일이라는 것을 우리는 분명히 알 수 있습니다. 하나님께서 우리를 회개시키시는 일은 편안하게 평상에 누워서 손가락 하나를 까딱함으로써 행하시는 일이 아니라, **완강하게 저항하는 우리 인간에 대하여 하나님께서 쏟아부어 주시는 강력**인 것입니다.

　그러므로 우리는 "회개와 중생"이라는 이 주제에서, 우리가 죄인이라는 것이 얼마나 완강하고 포악한 것인지를 깨달아야 합니다. 하나님께서 우리를 회개케 하시고 중생케 하시는 일이 얼마나 하나님의 인고의 노력 속에 행해지는 사역인지를 깨달아야 합니다.

　이런 형편과 처지가 있음에도, 어떤 이가 구원받지 않았다고 해서 하나님께 마치 책임이 있다는 듯이 말하는 사람은 **우리의 처지, 즉 죄 가운데 있는 사람의 형편**이란 것이 어떤 것인지에 대해 전혀 이해가 없는 것이고, 또 이런 우리를 향하여 인애를 베푸셔서 우리를 구원하시는 하나님의 각별하신 사랑이 어떤 것인지를 전혀 이해하지 못하는 사람이라고 할 수 있습니다.

의지의 변화 : 회복되는 의지

이런 사실들을 토대로 생각할 때 '회개'와 '중생', 곧 새사람이 된다는 것은 어떤 의미를 갖는 것이겠습니까? 신조는 "그의 의지에 새로운 자질들을 주입하신다."라고 설명합니다. 우리의 강포한 의지에 하나님께서 새로운 자질들을 부여하십니다. '무로부터의 창조' 사역입니다. 없던 것을 창조해 내십니다. 어떤 일이 일어납니까?

> 죽은 의지를 살아나게 하시며
> 나쁜 의지를 선하게 하시고
> 거역하던 의지를 기꺼이 행하려는 의지로
> 완고하던 의지를 순종하는 의지로 만드십니다.

그리고 11조의 마지막 결론부입니다.

> 그분께서 의지를 감동시키시고 강하게 하시기 때문에,
> 마치 좋은 나무가 그러하듯이 사람의 의지도 선행의 열매를 맺을 수 있게 됩니다.

놀랍지 않습니까? 하나님께서 '회개'와 '중생'을 통하여 행하시는 일이 무엇입니까?

> 죽은 자유의지를 다시 살아나게 하신다!

그렇습니다. 루터 선생님은 에라스뮈스와의 논쟁에서 죄인인 인간에게는 더 이상 자유의지가 존재하지 않는다고 했습니다. 우리에게는 언제나 "노예 의지" 밖에 없다고 했습니다. 사람은 겉으로 보기에는 자신의 자유를 따라 움직이는 것 같습니다. 하지만 그 실체는 마차를 모는 사탄의 지휘하에서 항상 죄를 향해서만 걸음을 옮기는 말들과 같습니다. 자기 입장에서는 분명히 자유롭게 결정을 하는

데, 모든 결정이 정확하게 다 치우쳐 죄를 향하기만 합니다. **우리에게는 단 한 가지 자유밖에 없습니다.** '죄를 지을 자유'입니다. 우리는 선을 행할 수 있는 능력을 '완전히' 상실했기 때문에, 아예 선을 향하여 갈 수가 없습니다.

바로 이런 우리들에게 하나님께서 무엇을 부어 주시는 것입니까? "그의 의지에 새로운 자질들을 주입"하시는 것입니다! 이것이 무로부터 창조하시는 하나님의 전적인 능력입니다! 에스겔 11장은 새 언약의 시대에 하나님께서 역사하실 일을 내다보면서 이렇게 말씀합니다.

> 내가 그들에게 한 마음을 주고 그 속에 새 영을 주며 그 몸에서 돌 같은 마음을 제거하고 살처럼 부드러운 마음을 주어 내 율례를 따르며 내 규례를 지켜 행하게 하리니 그들은 내 백성이 되고 나는 그들의 하나님이 되리라_겔 11:19-20

20절의 내용은 철저하게 19절 내용의 결과입니다. "내 율례를 따르며 내 규례를 지켜 행하는 것"은 전적으로 "내가 그들에게 한 마음을 주고, 그 속에 새 영을 주고, 그 몸에서 돌 같은 마음을 제거하고 살처럼 부드러운 마음을 주어서" 되는 일입니다. 하나님께서 우리에게 회개와 중생을 허락하실 때 무슨 일을 하십니까? 우리의 의지, 곧 사탄과 죄를 향한 노예 의지밖에 없던 우리에게 성령님의 능력으로 '새로운 능력', 곧 '새로운 의지'를 주셔서, '노예 의지'로밖에 움직일 수가 없었던 자들에게 **'자유의지'를 회복**시켜 주신 것입니다.

그러므로 신자에게는 자유의지가 있습니다! 아르미니우스주의자들이나 로마 가톨릭이 생각했던 자유의지는 '전적으로 자기에게 획득된' 자유의지입니다. 하지만 "주입된"을 이렇게 해석하면, 그에게는 사실상 그리스도가 필요 없어집니다. 내가 본성적으로 선을 행할 수 있게 되어 버렸기 때문에 사실상 그리스도가 없어도 됩니다.

개혁파의 자유의지의 회복은 그렇지 않습니다. 우리가 믿는 자유의지의 회복은 **'그리스도께서, 또한 성령께서 우리를 주관하시기 때문에'** 행할 수 있는 자유의지입니다. 신자는 자유의지가 회복되었습니다만 **자유의지가 회복된 '존재'**가 된 것이 아니라, **'그리스도와 성령님께 기댄 존재'**가 된 것입니다. 이것을 아우구스티누스 선생님이 몇 가지로 구분했습니다.

① *posse peccare* : 처음 낙원에서 무죄 상태에 있었을 때의 인간은 *posse peccare*라고 불립니다. 앞의 단어가 '할 수 있다'이고 뒤의 단어가 '죄를 짓는다'는 뜻입니다. 그러면 '죄를 지을 수 있다'가 되지요. 낙원에서의 아담은 **"죄를 지을 수 있는" 존재**였습니다. 죄 지을 가능성이 있는 존재입니다. 당연히 이때의 아담은 *posse non-peccare*도 됩니다. "죄를 짓지 않을 수 있는" 존재이기도 했습니다.

② *non-posse non-peccare* : 그런데 사람이 죄를 짓고 난 후에는 *non-posse non-peccare*가 되었습니다. **"죄를 짓지 않을 수가 없는"**이죠. 반드시 죄를 짓는다는 것입니다. 죄를 안 지을 수 있는 능력을 상실해 버린 것이 죄 이후의 인간입니다. 그러므로 우리는 반드시 죄를 짓고, 항상 죄를 짓고, 모든 일에 죄를 짓습니다. 이것이 아담의 타락 이후의 모든 인간의 운명입니다.

③ *posse non-peccare* : 하지만 방금 배운 것처럼, 하나님께서 성령님의 능력으로 비춰 주실 때 우리는 *posse non-peccare*가 됩니다. **"죄를 짓지 않을 수 있는"**입니다. 처음의 아담과 같아집니다. 우리는 죄를 지을 수도 있고, 죄를 짓지 않을 수도 있습니다. 하지만 이 상태는 매우 놀랍습니다. 왜냐하면 죄 이후의 모든 사람은 필연적으로 "죄를 짓지 않을 수가 없는", 즉 죄를 지을 수밖에 없는 상태였는데, 하나님께서 성령님의 능력을 통해서 우리에게 의지의 능력을 불어넣어 주셨고, 따라서 이제는 "죄를 짓지 않을 능력이 있는" 사람으로 만들어 주셨기 때문입니다.

그래서 우리는 담대히 말해야 합니다. 신자가 되었다는 것은 **패배주의자가 아니라는 의미**라고 말입니다. **우리는 충분히 "죄를 짓지 않을 수 있는" 상태에 이르렀습니다.** 물론 이것이 죄를 하나도 짓지 않을 수 있다는 뜻은 아닙니다. 그러나 우리는 어떤 정황들을 만날 때, "나는 반드시 죄에 빠질 거야!", "나는 반드시 실패하고 말 거야!"라고 해서는 안 됩니다. 우리가 앞서 배웠듯이, 이 일을 가능케 하시는 분은 그리스도와 성령님이시기 때문입니다. 우리는 우리가 능력이나 자질을 얻게 되어서 죄를 이길 수 있는 것이 아니라, 그리스도와 성령님의 능력 때문에 죄를 이길 수 있습니다. 그래서 신자인 우리는 이제 죄를 이길 수 있게 되었습니다.

④ *non-posse peccare* : 그래서 우리가 마지막, 곧 주님께서 다시 오셔서 영구적으로 도달하게 되는 자리는 *non-posse peccare*, 즉 **"죄를 지을 수 없는"** 자리입니다. 물론 네 번째 것은 약간 논리적 구도에 맞춰 억지로 말해진 것이기는 하지만("지을 수 없다"라는 것이 가진 부정적 뉘앙스), 어쨌거나 이해를 위해서는 그렇습니다. 우리는 "죄를 짓지 않을 수 있는" 자리에서 더 나아가, 최종적으로는 "죄를 짓지 않는", "죄가 전혀 우리를 지배할 수 없는" 곳으로 들어갑니다. 하나님의 구속 사역의 최종적 완성의 자리이고, 하나님께서 궁극적으로 우리에게 기대하시고 요구하시는 자리입니다.

셋째와 넷째 교리 :
인간의 타락, 하나님께 돌이키는 것과 그 일이 일어나는 방식에 관하여

제12조 : 중생은 오직 하나님의 사역

이러한 회심을 성경은 매우 인상적인 방식으로 표현하여, 중생, 신생, 새로운 창조, 죽은 자들 가운데서 일으키심, 다시 살게 하심 등이라고 하며, 하나님께서 우리 안에서 우리의 도움 없이 행하시는 일이라고 가르칩니다.[i] 그러나 이러한 중생은 외적 강설(講說)이나[ii] 도덕적인 권면만으로 일어나는 것이 결코 아니며, 또한 하나님께서 자기의 맡은 역할을 행하시고 나면 이제 중생이나 회심의 여부가 사람의 권한에 남겨지는 방식으로 이루어지는 것도 결코 아닙니다. 중생은 분명히 초자연적이고 지극히 강력하며, 동시에 가장 즐겁고 놀랍고 신비하고 말로다 표현할 수 없는 사역입니다. 중생의 일을 행하신 동일한 하나님께서 영감(靈感)으로 기록하신 성경에 의하면, 중생은 그 능력의 면에서 창조의 일이나 죽은 자들 가운데서 부활시키시는 일보다 작거나 열등한 것이 아닙니다.[iii] 따라서 하나님께서 그처럼 놀라운 방식으로 그 마음에 역사하시는 사람들은 모두 분명히, 실패함이 없이, 효력 있게 중생하며, 정말로 믿게 됩니다.[iv] 또한 그렇게 새로워진 의지는 하나님에 의하여 움직이고 작동될 뿐만 아니라, 하나님에 의하여 움직인 터 위에서 이제 직접 행하게 됩니다. 그러므로 "받은 그 은혜로 말미암아 사람이 스스로 믿고 회개한다."라고 말하는 것은 옳습니다.

i 요 3:3 예수께서 대답하여 이르시되 진실로 진실로 네게 이르노니 사람이 거듭나지 아니하면 하나님의 나라를 볼 수 없느니라 / 고후 4:6 어두운 데에 빛이 비치라 말씀하셨던 그 하나님께서 예수 그리스도의 얼굴에 있는 하나님의 영광을 아는 빛을 우리 마음에 비추셨느니라 / 고후 5:17 그런즉 누구든지 그리스도 안에 있으면 새로운 피조물이라 이전 것은 지나갔으니 보라 새 것이 되었도다 / 엡 5:14 그러므로 이르시기를 잠자는 자여 깨어서 죽은 자들 가운데서 일어나라 그리스도께서 너에게 비추이시리라 하셨느니라

ii 원본에는 '외적인 강설'(forinsecus insonantem doctrinam, de uytterlicke predicatie)이라고 되어 있으나 네덜란드 개혁 교회(해방파)에서는 '외적', '내적' 구분이 가져올 수 있는 문제점 때문에 '외적'이라는 말을 생략하였다. 캐나다 개혁 교회의 번역에서는 '외적'이라는 말이 여기에서는 유지되었다.

iii 요 5:25 진실로 진실로 너희에게 이르노니 죽은 자들이 하나님의 아들의 음성을 들을 때가 오나니 곧 이 때라 듣는 자는 살아나리라 / 롬 4:17 기록된 바 내가 너를 많은 민족의 조상으로 세웠다 하심과 같으니 그가 믿은 바 하나님은 죽은 자를 살리시며 없는 것을 있는 것으로 부르시는 이시니라

iv 빌 2:13 너희 안에서 행하시는 이는 하나님이시니 자기의 기쁘신 뜻을 위하여 너희에게 소원을 두고 행하게 하시나니

● **강해 본문 : 고린도후서 5장 11-17절**

12 그러므로 한 사람으로 말미암아 죄가 세상에 들어오고 죄로 말미암아 사망이 들어왔나니 이와 같이 모든 사람이 죄를 지었으므로 사망이 모든 사람에게 이르렀느니라 13 죄가 율법 있기 전에도 세상에 있었으나 율법이 없었을 때에는 죄를 죄로 여기지 아니하였느니라 14 그러나 아담으로부터 모세까지 아담의 범죄와 같은 죄를 짓지 아니한 자들까지도 사망이 왕 노릇 하였나니 아담은 오실 자의 모형이라 15 그러나 이 은사는 그 범죄와 같지 아니하니 곧 한 사람의 범죄를 인하여 많은 사람이

죽었은즉 더욱 하나님의 은혜와 또한 한 사람 예수 그리스도의 은혜로 말미암은 선물은 많은 사람에게 넘쳤느니라 16 또 이 선물은 범죄한 한 사람으로 말미암은 것과 같지 아니하니 심판은 한 사람으로 말미암아 정죄에 이르렀으나 은사는 많은 범죄로 말미암아 의롭다 하심에 이름이니라 17 한 사람의 범죄로 말미암아 사망이 그 한 사람을 통하여 왕 노릇 하였은즉 더욱 은혜와 의의 선물을 넘치게 받는 자들은 한 분 예수 그리스도를 통하여 생명 안에서 왕 노릇 하리로다 18 그런즉 한 범죄로 많은 사람이 정죄에 이른 것 같이 한 의로운 행위로 말미암아 많은 사람이 의롭다 하심을 받아 생명에 이르렀느니라 19 한 사람이 순종하지 아니함으로 많은 사람이 죄인 된 것 같이 한 사람이 순종하심으로 많은 사람이 의인이 되리라 20 율법이 들어온 것은 범죄를 더하게 하려 함이라 그러나 죄가 더한 곳에 은혜가 더욱 넘쳤나니 21 이는 죄가 사망 안에서 왕 노릇 한 것 같이 은혜도 또한 의로 말미암아 왕 노릇 하여 우리 주 예수 그리스도로 말미암아 영생에 이르게 하려 함이라

중생의 의미, 그리고 도덕적 권면

고후 5:11-17

11조에서는 '회개'라는 주제를 살폈습니다. 우리의 의지는 중립적이지 않으며, 강력하게 하나님을 거스릅니다. 하지만 성령님의 사역으로 우리 속에 새로운 성향, 능력, 자질의 주입이 일어나면, 우리는 이 부패하고 죽었던 의지를 일으켜 새롭게 사용할 수 있게 됩니다.

12조와 13조는 이 '회개'의 주제에 이어지는 **'중생'**을 다룹니다. 회개와 중생은 긴밀하게 연결되어 있고 동시에 일어나는 일이므로 둘의 순서를 지나치게 강조하는 것은 바람직하지 않습니다. 어떤 목사님은 "후대의 신학에서는 구원의 서정에 맞추어서 용어를 구분하지만, 그러한 미세한 구분은 중요한 진리를 놓치게 만들기 때문에 **느슨한 용어를 사용하는 고백서의 용례**가 성경의 진리를 더 정확히 표현한다."[100]라고 말하기도 하였습니다. 실제로 『기독교강요』에서 칼뱅 선생님은 "나는 회개를 중생으로 해석한다."[101]라고 하였습니다. 둘은 의미는 다르지만 성령님의 능력으로 인해 우리 속에서 한꺼번에 일어나는 일인 것입니다.

그런데 이 '중생'은 신앙생활을 시작하게 되면 많이 듣는 말이기도 하지만 동

---

100 — 김헌수, 「독립개신교회 신학교 강의안」, 미출간.

101 — "나는 회개를 중생으로 해석하는데, 회개의 유일한 목적은 아담의 범과로 인하여 사라졌고 거의 지워져버린 하나님의 형상을 우리 속에 회복함이다."(Inst. III. 3, 9). 이것은 형상의 회복이요, 하나님의 의를 향한 회복이다. 성령론인 이 부분에서 칼뱅이 제1권에서 다룬 하나님의 형상에 관한 교훈을 거의 같은 성경 말씀(골 3:10; 엡 4:24; 고후 3:18)을 인용하면서 반복한다(Inst. I. 15, 4). 유해무, 『개혁교의학』, 443에서 인용

시에 성도들이 잘 모르는 주제이기도 한 것 같습니다. 실제로 이 말을 모르는 사람은 별로 없지만 대개 '피상적으로' 알고 있다는 뜻입니다. 많은 이들이 교회를 오래 다녔어도 "중생이 무엇입니까?"라고 물으면 잘 대답하지 못하는 경우가 많습니다.

물론 어떤 교리적 주제를 정확하게 잘 대답한다고 해서 신앙이 좋고, 그렇지 못하다고 해서 신앙이 좋지 못한 것은 아닙니다. 하지만 이런 중요한 주제들은 바르게 알고 개념을 잘 가지고 있을수록 **'더 든든하고 굳센 신앙'** 가운데 서 있게 **된다**는 사실은 분명합니다.

사람은 누구나 무언가에 의해 이끌리고 움직입니다. 신앙에서도 이는 마찬가지입니다. '감정적 충동'에 의해 움직이는 신앙을 생각해 보십시오. 이 사람에게 신앙이란 매우 불안정하고 언제 쓰러질지 모르는 것이 될 수밖에 없습니다. 반면 말씀이 가르치는 바른 진리 위에 신앙이 서 있는 사람은 혹시 삶의 여러 가지 문제가 생기더라도 **견고하고 흔들리지 않을 것**입니다. 신자에게 있어서 바른 교리적 토대 위에 서 있는 것은 바로 이런 점 때문에 중요합니다. '중생' 교리 역시 이런 방향으로 우리에게 유익을 줍니다.

중생이 무엇인가?

중생의 의미

먼저 '중생'이 무엇인지 묻는 것으로부터 시작해 봅시다. '중생(重生)'의 한자말을 풀이하면 '거듭남'입니다. '다시 태어난다', '두 번 태어난다'라는 의미입니다. 교회에서는 두 용어 모두 사용되고 있습니다. '중생', '거듭남' 이 둘은 같은 표현입니다.

● 성경이 '중생'을 사용한 곳[102]

성경에서 중생이라는 말은 그 자체로는 두 번밖에 나오지 않습니다. 하지만 다른 방식으로 많이 표현되었으므로 몇 가지 말을 함께 볼 필요가 있습니다. 먼저 "중생"이라는 말 자체는 디도서 3장 5절에 나옵니다.

> 우리를 구원하시되 우리가 행한 바 의로운 행위로 말미암지 아니하고 오직 그의 긍휼하심을 따라 **중생의 씻음**과 성령의 새롭게 하심으로 하셨나니_딛 3:5

디도서 말씀은 중생의 의미를 잘 정리해 줍니다. 일단 중생은 "구원"과 관련되어 있습니다. 디도서는 "우리를 구원하시되 … 중생의 씻음과 성령의 새롭게 하심으로 하셨다."라고 말씀합니다. 이때 중생이 도구라는 뜻은 아니고, 하나님께서 우리를 구원하신 것을 달리 말하자면 '새롭게 태어난 것', '거듭난 것'이라고 할 수 있다는 뜻입니다.

동시에 이 말씀은 중생을 "씻음"과 결부시킵니다. "씻음"이라는 말은 원래 '목욕'이라는 뜻이지만 신약 성경에서는 자주 '세례'를 의미합니다.

> 이는 곧 물로 씻어 말씀으로 깨끗하게 하사 거룩하게 하시고_엡 5:26

정리하자면, 중생은 씻음, 곧 우리를 죄로부터 깨끗케 하시는 일을 통해서 일어나는 것입니다. 이는 세례 의식과 결부되어 있습니다.

● "낳다"

중생이라는 단어 자체를 사용하지 않음에도 같은 의미로 훨씬 더 많이 사용되는 표현은 '낳다' 혹은 '낳음'입니다. "거듭나다", "새롭게 태어나다"라는 말 자체가 낳는다는 개념을 포함하고 있기 때문입니다.

---

[102] — 성경 본문 및 내용 설명은 마틴 로이드 존스, 『성령 하나님과 놀라운 구원: 로이드 존스 교리 강좌 시리즈 2 - 성령론, 구원론』, 132 참조.

> 이는 혈통으로나 육정으로나 사람의 뜻으로 **나지** 아니하고 오직 하나님께로부터
> **난** 자들이니라_요 1:13

요한복음은 신자를 묘사하기를 "혈통으로, 육정으로 태어난 것"과 구분되는 "하나님께로부터 난" 사람들이라고 합니다. 더 대표적인 말씀은 니고데모 이야기에서입니다.

> … 진실로 진실로 네게 이르노니 사람이 **거듭나지** 아니하면 하나님의 나라를 볼
> 수 없느니라, … 사람이 물과 성령으로 **나지** 아니하면 하나님의 나라에 들어갈 수
> 없느니라_요 3:3, 5

여기서 중생이란 '새롭게 태어나는 것', 곧 '낳음', '출생'입니다. 로이드 존스 목사님은 이를 매우 간결하게 다음과 같이 정리했습니다.

> 중생은 **사람 안에 새 생명의 원리가** 심어지는 **하나님의 행동**이다.[103]

좋은 표현입니다. 세 요소 모두에 주목하십시오. 중생은 "사람 안에" 일어나는 일이며, "새 생명의 원리가 심어지는" 일입니다. 그리고 "하나님의 행동"입니다. 표현에 버릴 것이 없습니다. 하나님 때문에, 육적 몸을 입은 우리들 속에, 전혀 새로운 생명의 원리가 심기는 것이 바로 중생입니다.

성경은 중생을 창조와 연결시킨다

그리고 성경은 이 중생을 '**창조**'와 결부시킵니다.

> 우리는 그가 **만드신 바**라 그리스도 예수 안에서 선한 일을 위하여 **지으심을** 받은
> 자니 이 일은 하나님이 전에 예비하사 우리로 그 가운데서 행하게 하려 하심이니

---

103 — 위의 책, 134.

라_엡 2:10

그런즉 누구든지 그리스도 안에 있으면 **새로운 피조물**이라 이전 것은 지나갔으니 보라 새 것이 되었도다_고후 5:17

하나님을 따라 의와 진리의 거룩함으로 **지으심을 받은** 새 사람을 입으라_엡 4:24

이 말씀들은 모두 배경이 '중생'입니다. 이 말씀들은 모두 신자가 그리스도를 믿어 새로운 출생을 하게 된 것을 설명하는 문맥에 있습니다. 그런데 이 새로운 출생을 다름 아닌 '창조'에 비유한 것입니다. "우리는 그의 만드신 바라", "우리는 지으심을 받은 자니", "그런즉 … 새로운 피조물이라", "지으심을 받은 새 사람을 입으라" 이 모든 표현들이 하나님께서는 중생을 통하여 '창조 행위', '창조 사역'을 하고 계시다는 것을 보여 줍니다.

말하자면 신자가 영적으로 새롭게 되는 일은 하나님의 전체 사역 속에서 같은 원리 안에서 진행되는 일입니다. 하나님의 큰 그림에서는 **'없던 세계가 무로부터 창조되는 것'**과 **'사람 속에 없었던 믿음이 창조되는 것'**이 같은 원리인 것입니다. 없던 것, 곧 '무로부터' 창조된다는 점에서 **세계의 물질 창조와 믿음의 영적 창조**는 같은 성격입니다. 이것이 성경이 중생을 자주 창조와 연관시키는 이유입니다.

성경은 중생을 부활과 연결시킨다

더불어 성경은 중생을 '부활'과도 연결시킵니다. 곧 **창조, 출생, 중생, 부활**은 모두 같은 맥락의 일입니다. 로마서 4장이 가장 대표적인 말씀입니다.

기록된 바 내가 너를 많은 민족의 조상으로 세웠다 하심과 같으니 그가 믿은 바 하나님은 **죽은 자를 살리시며 없는 것을 있는 것으로 부르시는** 이시니라_롬 4:17

로마서 4장은 아브라함이 낳을 수 없는 중에 낳으리라고 믿은 것을 두고서 **'창조'와 '부활' 모두를 믿은 것**이라고 설명합니다. 왜냐하면 그는 자신이 믿은 하나님을 "죽은 자를 살리시며", "없는 것을 있는 것으로 부르시는 분"이라고 묘사하고 있기 때문입니다. "죽은 자를 살리시는 하나님"은 부활의 하나님을 의미합니다.

"없는 것을 있는 것으로 부르시는 분"은 무로부터의 창조를 가리키는 말입니다.

그렇다면 이 말씀은 그의 믿음이(22절 "그것이 그에게 의로 여겨졌다", 곧 중생의 믿음이다) 이삭의 '출생'과 연결되며, 이삭의 출생을 믿음은 하나님을 '부활'의 하나님이요, '창조'의 하나님으로 믿었다는 의미입니다. 즉 여기에는 **창조, 출생, 중생, 부활** 전부가 한꺼번에 나옵니다.

결국 성경에서 '무로부터의 창조'와 '죽은 자가 살아나는 것', 그리고 '죽었던 태에서 새 생명이 잉태되는 것'이 모두 동일한 의미입니다. **'없던 것에서 새로운 것이 생성된다'**는 점에서 말입니다. 그래서 이것들이 동시에 다 **'중생의 다른 그림'**입니다. 하나님은 '무로부터 창조'하시는 분이시고, 따라서 '죽었던 자를 일으킬 수' 있으시며, 고로 '죽은 태를 열어서 새 생명을 잉태케' 하실 수 있는 분이신데, 이런 하나님께서 사람의 속에서 하시는 일이 무엇이냐? 없었던 우리의 믿음을, 죽어 있었던 우리의 생명을 일으키셔서 우리를 새 피조물로 만드시는 일, 곧 새로운 출생, 육으로서가 아닌 영으로서 나는 두 번째의 태어남, 그것이 바로 중생인 것입니다. 신조의 선배들은 이 사실을 현저하게 이해하고 있었기 때문에 12조의 시작 부분을 이렇게 쓰고 있습니다.

> 성경에서는 이러한 회심을 가리켜 **중생, 신생, 새로운 창조, 죽은 자들 가운데서 일으키심, 다시 살게 하심** 등과 같은 말로써 매우 인상적으로 표현하며 이것이 하나님께서 우리 안에서 우리의 도움 없이 행하시는 일이라고 가르칩니다.

중생이 어떻게 일어납니까?

이제 우리는 자연스럽게 다음 단계의 질문으로 나아가게 됩니다. 다음 질문은 이것입니다.

> 우리는 중생을 어떻게 알 수 있습니까?

이를 다르게 말하면 "중생이 우리에게 어떤 방식으로 일어납니까?"라고 해도 좋겠습니다. 이것은 자연스러운 사고의 유추이기도 하지만 신조가 설명해 가는 순서이기도 합니다.

이러한 중생은 외적 강설(설교)이나 도덕적인 권면만으로 일어나는 것이 결코 아니며

신조는 우리의 자연스러운 질문, 곧 "중생이 우리에게 어떤 방식으로 일어납니까?"에 대하여 한 가지 포인트를 짚어 말하고 있습니다. 즉 "설교나 도덕적인 권면만으로 일어나는 것이 결코 아니"라고 대답하였습니다. 이 대답은 아르미니우스주의의 오류 7번에 기인한 것입니다.

> **오류 7** : 우리를 하나님께 회심시키는 그 은혜는 다만 **선의의 권고에 지나지 않는다.** 이러한 권고의 방식은 사람을 회심시킬 때에 가장 고상한 방식이고, 사람의 본성에도 가장 잘 어울리는 것이다. 이렇게 권고하시는 은혜만으로 육적인 사람이 영적인 사람으로 되는 데에 충분하지 않을 이유가 없다. 참으로 하나님께서는 이러한 도덕적 설득 이외의 방식으로 사람의 의지가 찬동하게 하시는 법이 없다. 하나님의 사역이 사탄의 사역보다 그 능력이 뛰어난 것은 하나님께서는 영원한 선을 약속하시는 반면에 사탄은 단지 현세적인 선만을 약속하기 때문이다.

아르미니우스주의자들은 '완전히 독립된 자유의지'가 진정한 자유의지라고 생각했기 때문에 하나님께서는 사람의 결정에 관여해서는 안 된다고 생각했습니다. 그렇다면 이때 하나님께서 자유의지를 가진 사람에게 할 수 있는 유일한 일이라고는 '선의의 권고' 정도밖에 없습니다. 오류 7번의 내용은 이에 관한 것입니다.

요컨대 오류 7번의 내용은, 하나님께서는 우리를 향하여 어떠한 경우에도 **'강제적으로'** 하지 않으신다는 것입니다. 아르미니우스주의자들은 '선의의 권고'를 통하여 사람을 회심시키는 것을 "가장 고상한 방식"이라고 했고, "사람의 본성에 가장 잘 어울리는 것"이라고 하였습니다. 또한 "이렇게 권고하시는 은혜만으로 육적인 사람이 영적인 사람으로 되는 데에 충분하지 않을 이유가 없다."라고 하

면서 "참으로 하나님께서는 이러한 도덕적 설득 이외의 방식으로 사람의 의지가 찬동하게 하시는 법이 없다."라고 하였습니다.

결국 하나님께서 사람을 '강제적으로' 은혜 안에 끌고 들어가시는 것은 **저급하고 유아적인 방식**입니다. 사람은 **충분히 자기 스스로** 하나님을 향하여 자기 의지를 사용할 수 있기 때문에, 하나님 편에서는 우리를 향하여 권고만 하시면 됩니다. 또 이렇게 하는 것은 충분히 사람을 하나님 편으로 데려갈 수가 있고, 그러므로 하나님께서는 이러한 방식 외에 다른 방식으로는 결코 사람을 변화시키는 일을 하지 않으신다는 것입니다.

심지어 아르미니우스주의자들은 하나님과 사탄이 단지 '내미는 내용이 다를 뿐'이라고까지 하였습니다. 사탄이 사람에게 권고하는 것이나 하나님께서 사람에게 권고하시는 것은 '**권고**'라는 점에서는 **똑같다**고 합니다. 하나님이나 사탄이나 사람에게 단지 '**권면을 할 뿐**'입니다. 하나님이 사탄과 다른 점은 단지 "영원한 선을 약속한다."라는 점뿐입니다. 반면 사탄은 "현세적인 선만을 약속"하지요. 두 가지를 생각해 보겠습니다.

정말 하나님은 '설득'을 통해 우리를 중생케 하십니까?

첫째로 우리가 물을 질문은 "정말 하나님께서는 **단지 '설득'만을 통하여** 우리를 중생케 하시느냐?"는 질문입니다. 신조와 오류 7에서 분명히 알 수 있듯, 개혁파 선배들은 12조에서 이렇게 말했습니다.

> 이러한 중생은 설교(외적 강설)나 도덕적인 권면만으로 일어나는 일이 결코 아니다.

반면 아르미니우스주의자들은 말했습니다.

> 우리를 하나님께 회심시키는 은혜는 다만 선의의 권고에 지나지 않는다.

어느 쪽이 진리를 말하고 있습니까? 정말 하나님께서 우리를 중생케 하시는 방법은 오직 '설득', 곧 '선의의 권고'입니까? 이에 대해 다음과 같이 묻는 것으로 접근해 보도록 합시다.

> 만약 중생이라는 것이 전적으로 하나님의 선의의 권고를 통해서만 되는 일
> 이라면 우리는 **왜 하나님께 감사해야** 합니까?

물론 조언을 해 주는 이에게 감사할 수 있습니다. 하지만 중생이 단지 '선의의 권고'를 통해 되는 일뿐이기만 하다면, **결국 그 중생을 이루는 것은 '나'**입니다. 그렇다면 결정적인 수훈은 하나님께 돌아가서는 안 됩니다. 하나님께서는 "얘야, 이 길이 참 좋은 길이란다."라고 말씀은 해 주셨지만 결국 중생을 이룬 것은 내가 아닙니까? 그렇다면 왜 하나님께 감사해야 합니까? 왜 중생이 은혜요 선물입니까? 아니지 않습니까? 만약 중생이 하나님의 '선의의 권고' 정도로 이루어지는 일이라면, 우리는 하나님께 '조언에 대한 약간의 감사' 정도의 마음은 가지더라도, 썩 그렇게 하나님께 감읍할 필요는 없습니다. 중생의 주체는 나였으니까 말이죠.

결국 이 주제는 우리에게 선조들이 **'전적 부패'와 '불가항력적 은혜'를 함께 다룰 수밖에 없었던 이유**를 보여 줍니다. 앞서 배웠던 대로, 아르미니우스주의자들은 셋째 교리와 넷째 교리를 따로 물었습니다. 하지만 우리 선조들은 이를 다루면서 셋째 교리와 넷째 교리를 함께 묶었습니다. 우리는 지금 몇 조까지 셋째 교리이고, 몇 조부터 넷째 교리인지 구분되어 있지 않은 "셋째와 넷째 교리"로 함께 제목 붙여져 있는 장을 가지고 있습니다.

왜 이 둘을 함께 붙였다고 했습니까? 셋째 교리와 넷째 교리는 내용상 뗄 수 없도록 결합되어 있기 때문입니다. '불가항력적 은혜'는 왜 필요합니까? 왜 개혁의 선배들은 '하나님의 은혜'를 말할 때 아르미니우스주의자들처럼 **'신사적으로 권고하는 정도의 은혜'**라고 하지 않았습니까? "신사적인 권고니까 내가 굳이 따르려면 따르겠지만 그렇지 않아도 괜찮아."라고 하지 않았습니까? 왜 우리 선배들은 이 은혜를 **"거부할 수 없는 은혜"**라고 하였습니까? 왜 개혁의 선배들은 하나님이 강압적으로 비쳐질 수 있는, 그래서 더 세련되고 점잖아 보이지 않을 수 있는 길을 선택한 것입니까? 왜 은혜는 "거부할 수 없는", "불가항력적" 은혜입니까? 영어에서 'resist'라는 말이 '저항하다'라는 뜻인데, 불어로 '레지스탕스'와 어

원이 같습니다. 레지스탕스는 1940년대 프랑스에서 당시 자신들을 점령하고 있던 독일군들에 저항하던 저항군들입니다. 영어로 넷째 교리가 'irresistable', 곧 '저항이 불가능하다'인데, 왜 하나님의 은혜는 이런 것이라 가르쳤습니까?

우리가 **전적으로** 부패했기 때문입니다! 우리가 '약간' 부패한 것이 아니라 '완전히' 부패했기 때문입니다! 이것이 바로 셋째 교리와 넷째 교리가 붙어 있는 이유입니다. 우리는 '완전히' 부패했기 때문에 **'권고해도' 반응할 수 없습니다.** 그래서 **은혜는 언제나 '주권적으로만'** 주어져야 합니다. 은혜는 '권고로' 주어지지 않습니다. 권고로 주어진다고 생각해 보십시오. 우리는 앞의 조에서 '부패한 의지'를 배웠습니다. 의지가 완전하게 부패해 있습니다. 그러면 하나님의 나긋나긋한 권고를 과연 부패한 의지가 받아들일 수 있을까요?

그럴리가요! 그럴 리가 없습니다. 절대적으로 완전히 부패한 인간에게 '권고하시는 은혜'만으로는 돌이킴이 있을 수가 없습니다. 권고하시는 은혜만으로 육적인 사람이 영적인 사람으로 되는 일은 불가능합니다! 성경은 우리에게, 하나님께서 우리에게 베푸시는 은혜가 **'우리와 사전에 모의하여'** 이루어진 일이 아니라고 가르칩니다. 에베소서 1장 11절 말씀입니다.

> **모든 일을 그의 뜻의 결정대로** 일하시는 이의 계획을 따라 우리가 예정을 입어 그 안에서 기업이 되었으니_엡 1:11

예정을 배울 때 많이 들은 말씀입니다. 하나님은 어떻게 일하십니까?

> '모든' 일을 '그의 뜻의 결정'대로 하십니다.

왜 은혜가 "저항할 수 없는" 은혜입니까? 우리가 죽었기 때문입니다. 그래서 죽어 있는 우리에게 주시는 하나님의 중생을 향한 은혜는 결코 '권고'일 수 없습니다. 11조에서도 보았던 것처럼, 회개를 일으키는 하나님의 뜻은 '강력한' 것입니다. 히브리서 4장 12절이 이를 어떤 식으로 표현하고 있습니까?

> 하나님의 말씀은 살아 있고 활력이 있어 좌우에 날선 어떤 검보다도 예리하여 혼
> 과 영과 및 관절과 골수를 찔러 쪼개기까지 하며 또 마음의 생각과 뜻을 판단하나
> 니_히 4:12

'선의의 권고'인데 왜 관절과 골수를 찔러 쪼개는 일이 필요합니까? '선의의 권고'라고 한다면 바람이 살랑살랑 부는 카페 테라스에서 차를 마시며 합의하면 될 일입니다. 거기에 왜 칼로 찌르고, 쪼개고, 베어 내고, 꺾고, 죽이는 일이 동원되어야 합니까? 아르미니우스주의자들의 '선의의 권고'는 시체에게 염불을 하면 일어나리라고 믿는 허상입니다.

인생에게 자유의지는 없습니다. 인생은 완전히 죽었습니다. 따라서 오염된 의지밖에 갖고 있지 않은 인간에게 필요한 것은 "불가항력적 은혜"뿐입니다. **우리에게는 '설득'이 필요한 것이 아니라 '은혜'가 필요합니다!**

중생과 심리학적 변화의 차이

이것을 '설교'와 관련하여 생각해 보십시오. 아르미니우스주의자들은 우리의 중생이 "하나님의 선의의 권고를 통해 이루어진다."라고 가르쳤습니다. 이때 이들의 주장의 중요한 요지는 하나님께서 우리와 **상의하신다**는 것입니다. 즉 우리가 하나님의 패를 보고 거기에 걸 만하다고 생각하면 그 패에다 내 재산을 건다는 것이지요. 그래서 오류 7번에서는 사탄과 하나님을 비교하면서 사탄의 패는 현세의 선만을 약속하고 하나님의 패는 영원한 선을 약속하니까 하나님의 패가 더 좋아서 그것을 충분히 선택할 만하다고 한 것입니다.

우리는 이러한 아르미니우스주의 가르침의 핵심에, 복음이란 **'사람의 편에서 충분히 납득될 만한 것'**이라고 하는 오해가 들어 있음을 간파해야 합니다. 즉 아르미니우스주의자들이 생각하는 복음이란 **'자연인이 본성적으로 갖고 있는 것만으로도 충분히 메리트(merit)를 느낄 만한 것'**입니다.

저는 이번 주에 운전을 하면서 라디오에서 어떤 목사님의 설교를 들었습니다. 사무엘 이야기였는데요. 사람들이 듣기에 충분히 감정적 울림이 생길 정도로 화술이 좋은 분의 설교였습니다. 그런데 이분의 설교 주제가 이런 것이었습니다.

"한나는 삶에서 매우 힘든 사람이었다. 자식이 없었기 때문에도 힘든데, 거기다가 남편이 둘째 부인까지 얻었다. 그런데 이 둘째 부인이 자식을 낳고는 자기를 핍박한다. 이것은 그야말로 삶에서 정말로 힘든 정황이다. 한나는 바로 이런 때에 기도했다. 기도가 무엇이냐? 삶에서 모든 힘든 문제들의 해결의 근원이 기도가 아니냐?"

아마 많은 성도들이 이런 말씀을 듣고 기도의 중요성을 깨닫고 지금이라도 얼른 기도하고 싶은 생각이 들 만한 그런 설교였습니다. 하지만 저는 차를 몰고 가면서 이런 생각이 들었습니다. '만약 저 설교대로라면 한나는 단지 어려운 일을 당했을 때 하나님께 기도하라는 것을 알려 주기 위한 예화적 인물에 불과한 것인가?'

성경을 윤리/도덕적으로 읽을 때, 혹은 모범적으로 읽을 때, 당면하는 중요한 문제가 바로 이런 것입니다. 거기에는 **등장인물들의 구속사적 역할 같은 것은 없기 때문에**, 성경의 등장인물들은 모두 '단지 내 삶의 한 유형을 보여 주기 위한' 예화적 인물로 전락합니다. 한나에게는 구속사적 역할 같은 것은 없습니다. 단지 삶이 힘들었고, 그때 기도해야 한다는 것을 보여 주기 위한 장치에 불과합니다.

'설교'에 대해 우리가 생각해야 할 점이 바로 이 지점입니다. 제가 느끼기로는, 오늘날 수많은 설교들이 그 속에 구속사적 주제가 없습니다. 따라서 설교가 **내 삶을 위한 방편으로 전락**하고, 주로 나를 북돋우기 위한 수단으로 사용됩니다. "힘을 내라! 용기를 가져라! 이길 수 있다! 더 충성하라! 하나님이 힘을 주신다!" 대부분의 설교들이 이런 식입니다.

하지만 만약 그렇다면, 설교는 **어떤 점에서 '심리학적 위로'와 구분될 수** 있을까요? 주일에 교회에 와서 설교를 듣는다는 것은 내가 어떤 일을 행할 수 있는 힘을 얻는 용도 외에 다른 어떤 용도를 가질 수 있습니까? 우리가 주일에 예배드리는 일은, 설교를 듣는 것은 전적으로 그 용도가 '내 삶을 일으키기 위한 것'입니까? 그렇다면 성경이 여러 곳에서 보여 주고 있는 **'그리스도를 앎으로써 점점 더 자라 감'**이란 도대체 무엇입니까?

"새로운 피조물이라"가 나오는 고린도후서 5장 17절 바로 앞의 말씀을 읽어 보겠습니다.

그러므로 우리가 이제부터는 어떤 사람도 육신을 따라 알지 아니하노라 비록 우리가 그리스도도 육신을 따라 알았으나 이제부터는 그같이 알지 아니하노라_고후 5:16

17절 말씀은 바로 여기에 붙어 있습니다.

그런즉 누구든지 그리스도 안에 있으면 새로운 피조물이라 이전 것은 지나갔으니 보라 새 것이 되었도다_고후 5:17

우리는 앞에서 중생이 '창조'라고 할 때 이 말씀을 살펴보았습니다. 그런데 이 17절의 '중생'과 '창조'가 연결된 중요한 말씀은 앞의 16절과 연결되어 있는데, 이 16절에서 사도는 이렇게 말한 것입니다.

> **우리는 그리스도조차 육체로 알았었다!**

이것이 얼마나 무서운 말씀인지를 기억해야 합니다. 이를 방금 한 이야기들과 연결시키면 이런 것입니다. "우리는 설교조차 육체의 방식으로 해 왔다!"

설교라는 것이 정말 '우리를 북돋우기 위한' 것이라면, 그 설교는 '처세술을 가르치는 학원'과 어떤 점에서 다를까요? 사람들에게 위로를 주기 위한 심리학 병동과 어떤 점에서 다를까요? 로이드 존스 목사님 책을 보면 중생의 챕터에서 이런 이야기를 합니다.

제가 이것을 강조하는 이유는 이것을 이해해야만 중생과 심리학적 변화의 차이를 이해할 수 있기 때문입니다.[104]

중생이 '심리학적 변화'와 다른 이유는, 그것이 **'변화'가 아니라 '신생(新生)'**이

---

104 — 마틴 로이드 존스, 『성령 하나님과 놀라운 구원: 로이드 존스 교리 강좌 시리즈 2 - 성령론, 구원론』, 137.

기 때문입니다. 죽은 것으로부터의 부활, 없던 것으로부터의 창조이기 때문입니다. 그런데 이것을 전달하는 설교가 '신비의 것'을 가르치는 대신 '우리의 육이 보다 더 잘 이해할 수 있는 것들'만 가르친다면, 그 설교는 어떤 방식으로 이 '새로운 출생'을 알려 줄 수 있겠습니까? 옛 것들, 죽어진 것들을 말할 수밖에 없게 되지 않습니까? 그야말로 사도의 말처럼 "그리스도도 육체의 것으로 안 것"에 정확하게 일치하는 설교가 될 뿐이지 않습니까? 어떤 성경 본문을 보아도 '인간관계의 비밀', '삶에서 형통하는 비법', '충성을 통해 복을 획득하는 방법' 같은 것만을 알려 주는 설교가 과연 어떤 방법으로 이 비밀인 '중생'을 말해 줄 수 있을까요?

우리는 '특별한 것'을 가졌습니다. 세상이 전혀 알 수 없는 것 말입니다.

제12조 : 중생은 오직 하나님의 사역

이러한 회심을 성경은 매우 인상적인 방식으로 표현하여, 중생, 신생, 새로운 창조, 죽은 자들 가운데서 일으키심, 다시 살게 하심 등이라고 하며, 하나님께서 우리 안에서 우리의 도움 없이 행하시는 일이라고 가르칩니다.[i] 그러나 이러한 중생은 외적 강설(講說)이나[ii] 도덕적인 권면만으로 일어나는 것이 결코 아니며, 또한 하나님께서 자기의 맡은 역할을 행하시고 나면 이제 중생이나 회심의 여부가 사람의 권한에 남겨지는 방식으로 이루어지는 것도 결코 아닙니다. 중생은 분명히 초자연적이고 지극히 강력하며, 동시에 가장 즐겁고 놀랍고 신비하고 말로 다 표현할 수 없는 사역입니다. 중생의 일을 행하신 동일한 하나님께서 영감(靈感)으로 기록하신 성경에 의하면, 중생은 그 능력의 면에서 창조의 일이나 죽은 자들 가운데서 부활시키시는 일보다 작거나 열등한 것이 아닙니다.[iii] 따라서 하나님께서 그처럼 놀라운 방식으로 그 마음에 역사하시는 사람들은 모두 분명히, 실패함이 없이, 효력 있게 중생하며, 정말로 믿게 됩니다.[iv] 또한 그렇게 새로워진 의지는 하나님에 의하여 움직이고 작동될 뿐만 아니라, 하나님에 의하여 움직인 터 위에서 이제 직접 행하게 됩니다. 그러므로 "받은 그 은혜로 말미암아 사람이 스스로 믿고 회개한다."라고 말하는 것은 옳습니다.

i 요 3:3 예수께서 대답하여 이르시되 진실로 진실로 네게 이르노니 사람이 거듭나지 아니하면 하나님의 나라를 볼 수 없느니라 / 고후 4:6 어두운 데에 빛이 비치라 말씀하셨던 그 하나님께서 예수 그리스도의 얼굴에 있는 하나님의 영광을 아는 빛을 우리 마음에 비추셨느니라 / 고후 5:17 그런즉 누구든지 그리스도 안에 있으면 새로운 피조물이라 이전 것은 지나갔으니 보라 새 것이 되었도다 / 엡 5:14 그러므로 이르시기를 잠자는 자여 깨어서 죽은 자들 가운데서 일어나라 그리스도께서 너에게 비추이시리라 하셨느니라

ii 원본에는 '외적인 강설'(forinsecus insonantem doctrinam, de uytterlicke predicatie)이라고 되어 있으나 네덜란드 개혁 교회(해방파)에서는 '외적', '내적' 구분이 가져올 수 있는 문제점 때문에 '외적'이라는 말을 생략하였다. 캐나다 개혁 교회의 번역에서는 '외적'이라는 말이 여기에서는 유지되었다.

iii 요 5:25 진실로 진실로 너희에게 이르노니 죽은 자들이 하나님의 아들의 음성을 들을 때가 오나니 곧 이 때라 듣는 자는 살아나리라 / 롬 4:17 기록된 바 내가 너를 많은 민족의 조상으로 세웠다 하심과 같으니 그가 믿은 바 하나님은 죽은 자를 살리시며 없는 것을 있는 것으로 부르시는 이시니라

iv 빌 2:13 너희 안에서 행하시는 이는 하나님이시니 자기의 기쁘신 뜻을 위하여 너희에게 소원을 두고 행하게 하시나니

● 강해 본문 : 빌립보서 2장 12-18절

12 그러므로 나의 사랑하는 자들아 너희가 나 있을 때뿐 아니라 더욱 지금 나 없을 때에도 항상 복종하여 두렵고 떨림으로 너희 구원을 이루라 13 너희 안에서 행하시는 이는 하나님이시니 자기의 기쁘신 뜻을 위하여 너희에게 소원을 두고 행하게 하시나니 14 모든 일을 원망과 시비가 없이 하라 15 이는 너희가 흠이 없고 순전하여 어그러지고 거스르는 세대 가운데서 하나님의 흠 없는 자녀로 세상에서 그들 가운데 빛들로 나타나며 16 생명의 말씀을 밝혀 나의 달음질이 헛되지 아니하고 수고도 헛되

지 아니함으로 그리스도의 날에 내가 자랑할 것이 있게 하려 함이라 17 만일 너희 믿음의 제물과 섬김 위에 내가 나를 전제로 드릴지라도 나는 기뻐하고 너희 무리와 함께 기뻐하리니 18 이와 같이 너희도 기뻐하고 나와 함께 기뻐하라

불가항력적 은혜와 자발적 순종

빌 2:12-18

최근에 과학에 관한 글을 한 편 읽었습니다. 글의 주된 요지는 "왜 과학으로 종교를 평가해서는 안 되는가"였는데, 대략 이런 내용입니다.

> 종교 영역에서의 확실성은 과학적 증거에 기초하지 않는다. 이성적 혹은 합리적 논증에 기초하여 하나님의 존재, 영혼의 불멸성, 중보자 그리스도, 성경의 권위 등의 믿음의 진리를 주장할 수는 없기 때문이다. 증거는 모두 종교 안에 있는 사실들에 '수반되는' 것으로서, 길을 인도하는 것이 아니라 길 뒤에 남은 자취뿐이다. 결국 종교는 이성적 증거를 통해서 확인될 수는 없는 것이다. 변증은 믿음의 열매지만 믿음의 토대는 아니다.[105]

저자는 이런 이야기를 함으로써, 종교가 가진 증거가 오히려 과학이 가진 증거보다 우위성을 가질 수 있다고 말합니다. 왜냐하면 과학이 가진 증거는 우리의 이성으로 볼 때 충분히 '누구에게나 타당한 것'이기 때문에 합리성을 갖지만, 다음과 같은 한계를 가지기 때문입니다.

---

[105] — 헤르만 바빙크, 『믿음의 확실성』, 허동원 옮김 (고양: 우리시대, 2019), 57 이하.

과학적 확실성이 아무리 강력하고 불변하다고 할지라도 그것은 언제나 인간의 논증에 의한 것이므로, 더욱 발전되고 개선된 탐구를 통해서 언제나 **전복될 수 있는 특성**을 가진다. 따라서 종교에서 볼 때는 이런 확실성을 받아들이는 것은 부적절하다. 이처럼 의심스럽고 오류 가능성이 큰 확실성을 종교의 영역에 수용하는 것은 전혀 적절하지 않다.[106]

저자의 주장은 명료합니다. 우리는 흔히 과학의 증거를 '정확하고 분명한 것'이라고 생각하고, '증명될 수 없는' 종교의 주장을 불합리하거나 타당하지 않는 것, 혹은 어떤 사람들의 착각이나 망상이라고 생각합니다. 그러나 조금만 더 생각해 보면, 과학이 들이밀고 있는 이 '**정확하고 분명한 것**'이라는 것이 얼마나 '**부정확하고 불분명한 것**'이냐는 말입니다.

사실 우리는 우주의 극히 일부분의 사실들 중 '아주 약간 밝혀진 것'을 알고 있거나, 혹은 그조차도 '잘못 밝혀진 것'이어서, 언제 전복될지도 모르는 불안정한 것을 마치 '절대적 지식인 양' 생각하며 살아가고 있습니다. 산업화 이후 모든 세기에 모든 사람들이 다 그랬습니다. 사람들은 과학이 '정확하고 분명한 것'이라고 생각했지만, 사실은 백 년도 가지 않아 정반대의 사실이 끊임없이 이전 세대 과학의 진리(사실 뒤집히므로 진리가 아니다)를 전복시키고 뒤엎어 온 것이 과학사(史)에서의 정직한 사실인데, 이것을 모른 척하면서 살아가고 있는 것입니다.

이런 사실을 통해 우리는 생각하게 됩니다. **우리가 진리를 안다고 여기는 것은 얼마나 터무니 없는 일인가?** 우리가 진리를 논한다는 것이 얼마나 어리석은 일인가?

사람은 결국 완전한 것을 알 수 없습니다. 우리는 인생의 진리도, 세상의 진실도, 그 어느 것 하나 완전하게 보지 못합니다. 따라서 우리에게 요구되는 것은 언제나 '겸손'입니다. 우리는 "하나님께서 지으신 세계의 어떠한 면모조차, 정확하게 다 알지는 못한다."라고 생각하며 살아야 합니다.

중생에 대한 두 번째 내용으로 '**우리의 이성이 잘 이해하지 못하는 부분**'에 대

---

106 — 위의 책, 58.

해 살펴보려고 합니다. 우리가 과학적 증거를 따라 기독교를 갖고 있지 않은 이유는 우리의 논증이 **'합리적 증거들'이 아니라 '믿음'이기 때문**인데, 이 '믿음'이 사실은 과학의 '합리적 증거들'보다 훨씬 더 진리에 가깝다는 것을 인정하고 이해할 수 있게 되기를 소망합니다.

사람의 의지와 하나님의 불가항력적 은혜

12조를 두 번째로 다루면서, 여기서 특별히 주목하려고 하는 점은 "따라서 하나님께서 그처럼 놀라운 방식으로 그 마음에 역사하시는 사람들은 모두 분명히, 실패함이 없이, 효력 있게 중생을 하며, 정말로 믿게 됩니다."라는 부분입니다.

이 중에서도 가장 중요한 부분 한 군데를 꼽으라고 하면 **"정말로 믿게 됩니다"**라는 부분입니다. 영어 번역으로는 "actually"라고 했는데, '실제로'라는 의미입니다. '진짜'라고 하면 좀 더 현실적인 번역이 되겠습니다. 즉 '진실로 믿게 된다', '정말로 믿게 된다', '진짜로 믿게 된다' 이런 의미입니다. 이를 조금 더 설명하고 있는 것이 12조의 뒷부분인데, 이렇게 되어 있습니다.

> 그렇게 새로워진 의지는 하나님에 의하여 활성화하고 작동될 뿐만 아니라, 하나님에 의하여 활성화한 터에서 이제는 그 의지가 직접 행하게 됩니다. 그러므로 "받은 은혜를 통하여 사람이 **스스로 믿고 회개한다.**"라고 말하는 것은 옳습니다.

"정말로 믿게 됩니다", 혹은 "실제로 믿게 됩니다"라는 말의 뜻을 잘 보실 수 있으시겠습니까? 아르미니우스주의자들도 그랬지만, 첫째 교리의 '하나님의 예정'과 '자유의지'의 관계에 대해 다루거나, 또 여기 셋째/넷째 교리에서처럼 '하나님의 불가항력적 은혜'와 '우리의 자발적 순종'이라는 주제를 다루게 되면 반드시 거칠 수밖에 없는 문제가 바로 **"얼마만큼이 하나님께서 행하시는 영역이며, 얼마만큼이 사람이 행하는 영역이냐?"**라는 문제입니다.

이 부분에 있어 아르미니우스주의자들은 성경의 관점을 결코 이해할 수 없었기 때문에, 이런 '하나님의 예정'과 '자유의지' 혹은 '하나님의 불가항력적 은혜'와

'우리의 자발적 순종'과 같은 반대되어 보이는 문제를 결코 이해할 수 없었습니다. 말하자면 그들의 이해로서는 **'내가 하는 일은 내가 하는 것'**이고, **'하나님이 하시는 일은 하나님이 하시는 일'**이었던 것입니다. 그래서 '자유의지'를 말하려면 은혜는 절대 '불가항력적'이어서는 안 됩니다. 둘은 공존이 불가능하기 때문입니다.

하지만 신조는 성경을 따라 복창하기를, 같은 12조 안에서 "하나님께서 자기의 맡은 역할을 행하시고 나면 이제 중생이나 회심의 여부가 사람의 권한에 남겨지는 방식으로 이루어지는 것이 결코 아니다."라고 말합니다. 이 중생의 일이 결코 사람의 일이 아니라 "하나님께서 하시는 일"이라고 하면서도, 동시에 우리 편에서, 우리의 입장에서 'actually', 곧 "정말로 믿게 된다." 그리고 "스스로 믿고 회개한다." 이렇게 말하고 있는 것입니다.

아르미니우스주의자들에게 자유의지는 그야말로 **'자유'이기 때문에 하나님으로부터도 독립**되어 있습니다. 어떤 것을 통해서도 간섭이 있어서는 안 된다고 생각했습니다. 자유는 하나님께도 그야말로 불가침의 영역입니다. 비록 하나님께서 만드시기는 했겠지만, 자유란 만드시고 난 후에는 그분의 손을 떠나 버립니다. 건드리는 순간 자유가 훼손되기 때문입니다. 그래서 아르미니우스주의자들에게 "사람이 자유의지를 가지고 행한다."라는 말은, 어떤 측면에서도 "그것을 하나님이 계획하셨다."라고 말할 수 없게 됩니다. 그들에게 하나님의 행하심이란 그저 "그렇게 우리가 할 것을 아셨다", 그러니까 **"정하셨다"가 아니라 "아셨다"**, "그리 될 줄 아셨다" 정도밖에는 안 됩니다. 이를 더 넘어가면 하나님께서는 자유의지를 침해하시는 것이 됩니다.

그러나 성경에 대한 믿음을 가진 우리 선조들, 그리고 하나님의 말씀에 대한 믿음을 가졌기 때문에 **스스로에 대해서 겸손했던** 우리 선조들은 **'우리가 전혀 이해할 수 없는 영역이 있다'**는 점을 인정했습니다. 그러니까 아르미니우스주의자들처럼 **'자유'**를 절대적인 곳에 놓지 않고, 오히려 **'하나님'**을 절대적인 곳에 놓았습니다.

이런 태도 때문에 우리 선조들은 '우리의 자유의지'라는 부분과 '하나님의 작정'이라는 점이 맞부딪히게 되어도 고민할 필요가 없었습니다. 성경을 비틀지 않아도 되었습니다. 우리의 이해로는 "내가 자발성을 갖고 자유롭게 행하는데 어떻게 그것이 하나님의 작정이 될 수 있나?"라는 문제나, "내가 하나님께 자유롭게 순종하는 것과 하나님의 불가항력적 은혜가 어떻게 함께 있을 수가 있나"와 같은 문제가 잘 이해되지 않습니다만, 그럼에도 불구하고 우리 선조들은 **우리 이해의 한계를 인정했기 때문에** 이를 소화함이 전혀 어렵지 않았습니다. 그저 이렇게 말하면 되었던 것입니다.

> 자유에 대한 우리의 이해는 완전하지 않다. 따라서 내가 완전하고 자유롭게 행하면서도, 동시에 거기 하나님의 개입이 있다 하더라도, 이것이 자유를 부수는 일이 아니다. 이것이 **'어떻게'** 일어나는지는 우리가 알 수도 없고, 말할 수도 없지만, 성경이 그렇게 말씀하고 있기 때문에 우리는 믿을 수 있다.

이것이 이 주제의 핵심입니다.

빌립보서의 가르침

빌립보서 2장의 말씀은 이에 대한 중요한 가르침을 줍니다. 빌립보서 2장 12절 말씀은 하나님께서 불가항력적 은혜로 우리를 구원하신다고 할 때, 그럼에도 불구하고 나는 "정말로 믿습니다"에 대한 중요한 근거 구절입니다.

> 그러므로 나의 사랑하는 자들아 너희가 나 있을 때뿐 아니라 더욱 지금 나 없을 때에도 항상 복종하여 **두렵고 떨림으로 너희 구원을 이루라**_빌 2:12

이 말씀은 "구원을 이루라"라는 명령형으로 주어졌습니다. 하지만 성경을 조금이라도 아는 사람이라면 우리가 구원을 '이룰 수 없다'는 것을 잘 알고 있을 것입니다. 구원은 언제나 '하나님의 주권적인' 사역입니다. 구원은 우리가 이루는 영역이 전혀 아닙니다.

그런데 왜 빌립보서는 이 구원을 "이루라"라고 했을까요? 그것은 우리가 구원을 '만든다', '산출한다'는 의미가 아니기 때문입니다. 이 말씀에서 구원을 이루라는 것은 **'구원에 합당한 삶을 나타내라'**는 의미입니다. 말하자면 우리가 '받은 구원'에 '합당하게 살 때', '구원을 이루는' 것이 되는 것입니다. 비록 구원은 하나님의 것이고, 하나님께서 이미 구원을 다 달성하시고 성취하셨지만, 그렇게 주께서 이루신 구원이 **내 삶 안에서 제대로 나타날 수 있도록** 제대로 살아가게 되는 것을 두고 성경은 "구원을 이룬다"라고 표현하였습니다. 박형룡 박사는 이렇게 말했습니다.

> 본문의 말씀은 우리의 노력과 공적을 통해 구원을 이루라는 뜻이 아니요, 이미 구원받은 성도로서 구원에 합당한 삶을 나타내라는 뜻이다. … 바울은 "항상 복종하여 두렵고 떨림으로 너희 구원을 이루라"의 말씀이 우리들의 노력을 통한 구원이 아님을 확실히 밝히기 위해, 곧이어 "너희 안에서 행하시는 이는 하나님이시니 자기의 기쁘신 뜻을 위하여 너희로 소원을 두고 행하게 하시나니"(13절)를 덧붙인다.[107]

그렇습니다. "두렵고 떨림으로 구원을 이루라"라는 말씀이 명령형으로 주어진 것은, 구원을 실제로 이루시는 것은 하나님이시지만 우리가 그것을 받은 자로서 살아갈 것은 명령으로 주어졌기 때문입니다.

그런데 여기에서

그런데 여기서, 다음 절에 나온 13절 말씀은 이렇게 우리가 "두렵고 떨림으로 우리의 구원을 삶 속에서 이루어 나갈 때" **하나님께서 어떻게 이 일을 해 나가시는지**를 잘 보여 주고 있습니다.

● 너희 안에서 행하시는 이는 하나님이시니

먼저 13절의 앞부분은 "너희 안에서 행하시는 이는 하나님이시니"라고 말씀합니다. 여기 "행하다"라고 번역된 말은 헬라어로 '에네르게인'이라고 합니다. '에너지(energy)'라는 말이 여기에서 왔습니다. 즉 여기 "너희 안에서 행하시는 이는

---

107 — 박형룡, 『빌립보서 주해』 (수원: 합동신학대학원출판부, 1997), 143.

하나님이시니"라고 할 때의 "행하다"는 단순한 'Do'가 아닙니다. '활동하다', '역사(役事)하다', '일하다'라는 뜻으로, 에베소서 1장 20절 이하에서는 이렇게 쓰였습니다. **"그 능력이 그리스도 안에서 역사하사 죽은 자들 가운데서 다시 살리시고 하늘에서 자기의 오른편에 앉히사"** 그러니까 에네르게인은 '하나님의 역동적인 능력', '하나님의 역동적인 행하심'을 의미하는 말입니다.

● 소원을 두고 행하게

이렇게 사람 속에서 강력한 구원의 에너지를 공급하시는 분이 하나님이신데, 어떻게 그 에너지를 공급하십니까?

> 자기의 기쁘신 뜻을 위하여 너희로 소원을 두고 행하게 하시나니_빌 2:13b

그렇습니다. 어떤 주석가는 이를 이렇게 표현했습니다. "하나님께서 신자들 속에 구원의 능력을 강력하게 효과적으로 제공하실 때에 **소원**(to will)과 **행동**(to work)을 일으키신다. **갈망**(desire)을 주셔서 **추진**(drive)하게 하신다."[108]

하나님께서 '행하실' 때, 에네르게인을 하실 때 어떻게 일하십니까? 바로 이 부분이야말로 우리가 앞서 말한, 아르미니우스주의자들이 이해하지 못했던 부분, 곧 우리의 의지와 하나님의 은혜가 어떤 방식으로 결부되어 있는지를 선명하게 보여 주는 부분입니다. 분명히 '하나님의 은혜'입니다. "하나님의 불가항력적 은혜"입니다. 사람이 거부할 수 있는 것이 아닌, 오직 하나님으로부터만 주어진 은혜입니다.

하지만 그 은혜가 주어질 때는 어떤 방식으로 주어졌나요? 하나님께서 우리 안에서 "행하신다", 곧 에네르게인, '역사'하시는데 어떻게 역사하시나요? '소원'과 '행동', '갈망'과 '추진', 그러니까 "마음에 소원을 두는 것"과 "행하게 하시는 것", 두 가지를 주시는 것입니다. 즉 **'원함'도 주시고! '행함'도 주시는 것입니다!**

---

108 — 권성수, 『빌립보서 강해』 (서울: 총신대학출판부, 1992), 110.

동시에 이루어지는 일

우리가 이것을 다 이해할 수 있습니까? 합리적 이성으로 이것을 다 이해하는 것은 어렵습니다. 우리가 만약 이성으로 이것을 다 이해하려고 한다면 반드시 둘 중 하나에 부닥칠 것입니다. 우리는 "하나님께서 일하시니 내가 하는 것은 아니야."라고 말하거나, "내가 일하니 하나님께서 일하시는 것은 아니야."라고 반드시 말해야 합니다. 아르미니우스주의자들은 자유의지를 동원하여 어렵게 말했지만, 사실은 이렇게 말한 것입니다.

"내가 일하는 것이니 하나님이 하신 게 아니야!"

그들은 칼뱅주의자들이 이렇게 말했다고 여기겠지요.

"하나님이 일하신 것이니 네가 일한 게 아니야!"

하지만 빌립보서는 차원 높은 진리를 우리에게 알려 줍니다. 하나님께서는 명령으로 말씀하십니다. 12절에서 하나님께서는 "내가 할 테니 너는 엎드려 있어라" 하시지 않았습니다. 구원은 분명히 하나님의 일임에도 불구하고, 하나님께서는 이 구원을 이룸에 있어 우리에게 명령형으로 말씀하셨습니다. "네가 해야 한다!" 만약 이 명령이 과장이나 허위에 불과하다면 하나님께서는 구원론에 있어 **거짓말을 하고 계시는 것**이 될 것입니다. 따라서 하나님의 명령은 결코 거짓일 수 없습니다.

그러나 이 명령이 시행될 때, 그래서 신자가 그 명령을 따라서 자기의 삶 속에 구원을 이루어 내는 것을 보여 주려고 할 때, 그를 직접 움직인 것은 무엇입니까? 13절은 분명하게 "너희 안에 역사하시는 하나님"이라고 말합니다. "구원을 이루라"라는 명령이 주어졌음에도 "너희 안에 일하시는 분은 하나님이시다."라고 말합니다. 그리고 이 지점에서 하나님께서는 어떤 방식으로 일하십니까? "마음에 소원"을 주시고, "행함"을 주십니다. 갈망을 주시고, 일할 수 있도록 해 주십니다. 사람의 속사람으로 마음에 원을 품도록 이끄시는 것도 하나님이시고, 동시에 이 일을 실제로 추진하고 일해 나갈 수 있도록 손과 발의 힘을 더해 주시는 것도 하나님이신 것입니다.

즉 우리는 이 말씀을 곰곰이 묵상하는 일을 통해서 **분명히 내가 하고 있는데 '하나님'께서 하고 계심**을 발견할 수 있습니다. 이해는 되지 않지만 성경은 이렇게 가르칩니다. 명령이 주어졌으므로 내가 합니다. 그러나 그렇게 내가 한 것을 두고서 '소원'도 '행함'도 하나님께서 주셨다고 합니다.

"내가 합니다"를 부인해서는 안 됩니다. 12조는 심지어 무엇이라고까지 말했습니까? 제일 마지막 부분을 읽어 보십시오. "심지어 사람이 스스로 믿고 회개한다고까지 말해도 괜찮다."라고 할 정도입니다. "내가 합니다"를 부인할 수 없습니다. 우리는 아르미니우스주의자들이 아닙니다. 우리는 이성주의자들이 아닙니다. 그래서 우리는 "하나님께서 하시니 나는 할 수 없어."라고 말하지 않습니다. 우리는 **"하나님께서 하시지만 내가 하는 거야."**라고 말합니다. 다 이해는 할 수 없지만, 그렇게 우리가 이해할 수 없는 세계가 있다는 것을 인정하면서, "하나님께서 하시지만 내가 한다."라고 말합니다.

동시에 **"하나님께서 하십니다."**라는 것은 절대적 진리입니다. 겉으로 보기에 분명히 내가 구원을 이루어 가고 있습니다. 곧 구원에 합당한 생활을 나타내고 있습니다. 하지만 이에 대한 **'마음을 품는 것'**조차 하나님의 역사이고, 이것을 **'실행에 옮기는 것'**도 모두 하나님의 역사입니다. 빌립보서 2장 13절 말씀은 참으로 위대한 말씀입니다.

중생의 비밀 앞에서 무엇을 구해야 할까?

그러면 이제 마지막 질문을 하면서 이 내용을 정리합시다.

> 우리는 이제 무엇을 해야 합니까?
> 이 사실을 깨달은 우리는 중생의 비밀 앞에서 무엇을 해야 하겠습니까?

에베소서의 가르침

에베소서 1장 말씀을 읽도록 합시다. 17절부터 19절까지를 읽겠습니다.

> 우리 주 예수 그리스도의 하나님, 영광의 아버지께서 지혜와 계시의 영을 너희에게
> 주사 하나님을 알게 하시고 너희 마음의 눈을 밝히사 그의 부르심의 소망이 무엇
> 이며 성도 안에서 그 기업의 영광의 풍성함이 무엇이며 그의 힘의 위력으로 역사
> 하심을 따라 믿는 우리에게 베푸신 능력의 지극히 크심이 어떠한 것을 너희로 알
> 게 하시기를 구하노라_엡 1:17-19

많은 시대의 교회와 성도, 그리고 지도자들이 '지성적 기독교'를 비웃었습니
다. 특히 19세기 이후에는 이 흐름이 가열되어, 아는 일에 투자하고 투신하는 일
이 과거의 교회들이 가졌던 것과는 전혀 다른 위상이 되었습니다. 현대의 기독
교, 특히 미국 기독교를 핵심으로 두는 현대의 교회들은 그 핵심이 '반지성주의'
라고 해도 이상하지 않게 되었습니다.[109]

하지만 에베소 교회를 향한 바울 사도의 기도의 핵심을 한마디로 요약하자면
"알게 하옵소서"입니다. 성경적 기독교에서 '아는 것'은 대단히 중요합니다. 자,
그러면 사도는 무엇 알기를 구하고 있습니까? 사도는 "지혜와 계시의 영을 주옵
소서", 곧 말씀을 깨달을 수 있게 해 달라고 구합니다. "마음의 눈을 밝히사"는 같
은 말입니다. 이렇게 지혜와 계시의 영을 통하여 세 가지를 알게 해 달라고 구합
니다.

① **"부르심의 소망"**은 에베소서 3장 12절에 나오는 에베소 교회의 사람들을 지
칭하던 말 "소망이 없는 자들이었더니"를 생각나게 합니다. 소망이 없었습니다.
그런데 소망이 있게 되었습니다. 골로새서 1장 5절을 보면 이 소망을 이렇게 말
합니다.

---

109 — 이에 대하여는 모리모토 안리, 『반지성주의』, 강혜정 옮김 (서울: 세종서적, 2016)을 참고하라.

> 너희를 위하여 하늘에 쌓아 둔 소망으로 말미암음이니 곧 너희가 전에 복음 진리
> 의 말씀을 들은 것이라_골 1:5

성도가 "부르심의 소망"을 안다는 것은 이제 더 이상 땅에 속하여 소망 없는 자로 사는 것이 아니라 하늘에 쌓아 둔 소망이 있는 자가 되었음을 깨달았다는 뜻입니다.

② **"성도 안에서 그 기업의 영광의 풍성이 무엇인지"**를 알게 해 달라고 구합니다. "기업"은 같은 에베소서 1장 11절에 나옵니다.

> 모든 일을 그의 뜻의 결정대로 일하시는 이의 계획을 따라 우리가 예정을 입어 그
> 안에서 기업이 되었으니_엡 1:11

에베소서가 말하는 "기업"이란 하나님의 백성들 그 자체입니다. 우리가 기업이 되었습니다(참고를 위해 신 4:20을 보십시오. "여호와께서 너희를 택하시고 너희를 쇠 풀무불 곧 애굽에서 인도하여 내사 자기 기업의 백성을 삼으신 것이 오늘과 같아도" 여호와께서 이스라엘을 "기업"이라고 부르십니다)!

따라서 "성도 안에 있는 기업의 영광의 풍성함이 무엇인지"를 깨닫는다는 것은 저기 어딘가 있을 하나님의 기업을 알게 해 달라는 것이 아니라 '내가/우리가 하나님의 기업이라는 사실이 갖는 풍성함을' 깨닫게 해 달라는 것입니다.

③ **"그의 힘의 위력, 역사하심의 큰 능력"을 깨닫는 것**은 바로 그 다음 절인 20절에서 말하고 있는 **'부활의 하나님'을 믿는 것**을 말합니다. "그의 힘의 위력"은 다름 아닌, "죽은 자를 일으키시는 능력"입니다.

> 그의 능력이 그리스도 안에서 역사하사 죽은 자들 가운데서 다시 살리시고 하늘에
> 서 자기의 오른편에 앉히사_엡 1:20

깨달아야 할 점

사도가 에베소 교회를 위하여 간구하고 있는 이 기도의 내용들은 모두 한 지점을 바라보고 있습니다. 그 지점이란 **'하나님의 백성 됨'**을 깨닫게 해 달라는 것입니다. 우리가 지금 다루고 있는 '중생'의 주제 속에서 말하면 무엇을 깨닫는 것입니까? 하나님께서 우리 속에 역사하시는 일을 통하여, 할 수 없었던 우리 속에, 마치 새로운 생명이 열리듯 의지의 회복이 일어나고, 그래서 전에는 악을 향하여만 갈 수밖에 없었던 우리가 새로운 모습이 되어 전혀 다른 삶을 살 수 있는 **새 존재가 되었다는 것을** 깨닫게 해 달라는 것이 아니겠습니까!

그렇습니다. 우리가 진실로 깨닫고 정초해야 하는 곳은 '우리가 그분의 자녀가 되었다는 사실'입니다. 중생의 비밀 앞에서 우리는 무엇을 해야 할까요? 바로 이 점을 **깨달아야** 합니다. 우리가 자녀되었다는 사실의 풍성함이 무엇인가, 이것을 깨닫는 일이라는 말입니다. 중생에 대한 지식은 '지적 유희' 같은 것이 아닙니다. 그저 '알지 못하던 정보를 얻게 된 것' 정도가 아닙니다. 중생의 비밀에 대하여 갖게 되는 지식이야말로, '이해할 수 없었던 이'가 '이해할 수 있는 이'가 되었다는 지식이며, 이 지식이야말로 신자가 신자로서 설 수 있게 되는 가장 기본적인 발판이 되는 지식인 것입니다. 우리도 이렇게 기도하도록 합시다. "하나님의 백성 됨을 깨닫게 해 주시옵소서!"

셋째와 넷째 교리 :
인간의 타락, 하나님께 돌이키는 것과 그 일이 일어나는 방식에 관하여

제13조 : 중생이 파악할 수 없는 것

하나님께서 이 일을 이루시는 방식은 신자들이 이 세상에서 완전하게 이해할 수 없습니다.[i] 그러나 이 세상에 사는 동안에는 그들이 자신들의 구주를 마음으로 믿고 사랑하는 일이 이러한 하나님의 은혜로 되는 것임을 깨닫고 경험하는 것으로 충분합니다.[ii]

i 요 3:8 바람이 임의로 불매 네가 그 소리는 들어도 어디서 와서 어디로 가는지 알지 못하나니 성령으로 난 사람도 다 그러하니라

ii 롬 10:9 네가 만일 네 입으로 예수를 주로 시인하며 또 하나님께서 그를 죽은 자 가운데서 살리신 것을 네 마음에 믿으면 구원을 받으리라

● **강해 본문 : 시편 18편 30-36절**

30 하나님의 도는 완전하고 여호와의 말씀은 순수하니 그는 자기에게 피하는 모든 자의 방패시로다 31 여호와 외에 누가 하나님이며 우리 하나님 외에 누가 반석이냐 32 이 하나님이 힘으로 내게 띠 띠우시며 내 길을 완전하게 하시며 33 나의 발을 암사슴 발 같게 하시며 나를 나의 높은 곳에 세우시며 34 내 손을 가르쳐 싸우게 하시니 내 팔이 놋 활을 당기도다 35 또 주께서 주의 구원하는 방패를 내게 주시며 주의 오른손이 나를 붙들고 주의 온유함이 나를 크게 하셨나이다 36 내 걸음을 넓게 하셨고 나를 실족하지 않게 하셨나이다

인생의 전문가

시 18:30-36

우리가 자주 오해하는 사실 가운데 하나는 '자기가 자기를 잘 안다'고 믿는 것입니다. 우리는 줄곧 자신에게 배신당하면서도, 그 사실을 아주 강하게 믿으면서 삽니다. 예를 들어 무언가 계획을 하고 나면 언제나 얼마 안 가 지키지 않게 된다는 것을 잘 알면서도, 새롭게 시작할 때는 또 잘할 수 있을 것 같은 생각에 빠집니다. 어떤 집을 가 봐도 런닝 머신이나 운동용 자전거가 빨래 건조대로 전락해 있는 걸 쉽게 보게 되는데, 이런 현상은 사실 우리가 우리 자신에게 얼마나 자주 속고 있는가를 보여 주는 현실입니다.

그리고 정반대로, 하나님께서 우리에 대해 전문성을 갖고 계시다는 것에 대해서는 의외로 믿지 못할 때가 많습니다. 우리네 삶에 어떤 문제가 생기면, 하나님의 말씀이 우리에게 절대적 진리를 제공해 준다는 것을 실감하지 못하는 신자들이 많습니다. 그래서 비록 하나님을 믿는다고 할지라도, 경건 생활을 위해서는 성경을 뒤적이지만 내 사회생활이나 내 삶의 문제에 관한 부분에 있어서는 성경에서 답을 찾으려 하지 않고 다른 방식으로 답을 찾으려고 합니다. 많은 신자들이 "성경에는 그런 거 안 나와."라는 믿음을 굳게 견지하고 있는데, 이런 생각은 결국 '성경은 성경일 뿐이고 신학은 신학일 뿐'이며, 하나님은 교회에 갇혀 있는 존재가 되어 버리는 것입니다.

하지만 과연 내 인생에 대해 **'나의 전문성'**과 **'여호와의 전문성'**은 어느 쪽이 더 신뢰할 만합니까? 죄에 휘둘리고 욕망에 흔들리는 내가 더 믿음직합니까, 아니면 나를 계획하시고 창조하시고 나의 모든 것과 우주 만상의 모든 것을 주관하시면서 언제나 모든 것에서 신실하신 하나님이 더 믿음직합니까? 도르트 신조 셋째와 넷째 교리 13조에서는 이 점에 대해 말합니다. 문장이 길지 않으므로 쉽게 두 문장으로 정리할 수 있습니다.

> 우리는 하나님께서 하시는 일을 완전하게 이해할 수 없다.
> 그러나 우리가 하나님을 사랑하는 데는 이것이 '하나님의 은혜로' 되는 일임을 깨닫는 것으로 충분하다.

그렇습니다. 여호와께서 우리 인생의 주권자가 되시되, 우리보다 훨씬 더 전문가이심을 아는 것으로 **충분**합니다. 우리가 하나님을 다 이해하지 못한다고 해서 하나님을 사랑하는 데 부족한 것이 아닙니다. **은혜를 믿는 것으로 "충분"**합니다.

여호와의 전문성

시편 18편을 통해 이 사실을 숙고합시다. 먼저 주목할 부분은 30절입니다.

> 하나님의 도는 완전하고 여호와의 말씀은 순수하니 그는 자기에게 피하는 모든 자의 방패시로다_시 18:30

이 말씀은 겉으로 대강 읽으면 그저 "하나님의 말씀이 중요하다."라고만 말하는 것 같습니다. 물론 중요하죠. 그러나 이 말씀 안에는 더 중요한 강조점이 있는데, 그 강조점이 우리가 지금 살피고 있는 주제와 닿아 있습니다. **우리 인생의 전문가는 누구인가**에 관한 것입니다.

단어들의 정확한 의미

"하나님의 도는 완전하고"할 때, "도"라는 말은 정확하게 '길'(히. 데렉)이라는 의미입니다. 그렇다면 "하나님의 도"란 '하나님께서 가시는 길'이 되는데, 이 말의 의미는 '하나님의 결정', '하나님의 방식'을 말하는 것입니다. 즉 "하나님의 도가 완전하다"는 말의 뜻은 하나님께서 정하시는 것, 하나님께서 가시는 방식은 언제나 완전하다는 의미입니다.[110] 그렇기 때문에 이 말씀은 성경 말씀의 완전성을 설명하려는 것이라기보다는, **하나님께서 결정하시고 행하시는 방식이 완전하다**는 것을 말하는 데 목적이 있습니다. 곧 하나님께서 전문가시라는 말입니다.

이어지는 말씀은 "여호와의 말씀은 순수하다"입니다. 이 말씀은 그냥은 이해하기가 어렵습니다. "여호와의 말씀이 순수하다"라는 것이 어떻다는 뜻입니까? 순진하다는 의미입니까? 사실 원문의 뜻을 듣고 나면 왜 이렇게 번역했는지 이해는 가는데, 그냥 들어서는 무슨 의미인지 알기가 힘든 번역입니다.

원문에서 이 단어(히. 차라프)는 '제련하다', '정련하다'라는 의미입니다. 금속을 다듬을 때, 혹은 순수한 금을 뽑아 내고자 할 때의 과정이 바로 이 말의 의미입니다. 불순물이 섞여 있는 금을 여러 번 정련 과정을 거치면 순수한 금이 나오는 것, 혹은 망치로 쇠를 계속 두드리면서 원하는 품질의 쇠를 얻는 것, 이것이 '제련' 혹은 '정련'입니다. 따라서 이 말의 강조점은 **'많은 시험 과정을 통해 검증받았다'**는 뜻입니다. 이러한 검증을 통해서 더욱 단단해지고 순수해졌다는 뜻이지요. 그래서 많은 영어 성경들은 이 단어를 "be tried"라고 번역했습니다. '시험을 거쳤다'는 의미입니다.

이렇게 해 놓고 보면 왜 "순수하다"라고 번역했는지 이해가 갑니다. 그야말로 여호와의 말씀은 많은 테스트와 고난 가운데 검증된 것이라는 말이죠. 하나님의 말씀이야말로 우리네 인생의 많은 경험 속에서 단련된 '능숙하고 노력한 전문가의 것이다.' 이런 의미입니다.

이렇게 30절을 읽으면, 30절이 우리에게 말하려고 하는 바는 분명합니다. 우리는 삶의 문제를 하나님께 아뢸 때, 믿지 않는 것은 아니지만 그 하나님을 피상

---

110 — 그래서 칼뱅은 "하나님의 도란 구절은 여기서 그분의 계시된 뜻이 아니라 자신의 백성에게 역사하시는 방법으로 해석할 필요가 있다"라고 했다. 존 칼빈, 『칼빈 성경주석 4 : 여호수아 II, 시편 I, II』 (서울: 성서원, 1999), 455.

적으로 '우리의 삶을 두루뭉술하게 돌봐 주시는 분'이라고 생각하기 쉽습니다. 하지만 하나님께서는 그런 우리의 생각에 일침을 가하십니다. "나의 길은 언제나 가장 완벽한 길이다. 나는 실수하지 않는다.", "그리고 나의 말은 많은 시험과 연단을 거쳐서 입증된 말씀이다."

따라서 우리는 우리의 삶에 대한 진정한 전문가가 내가 아니라는 사실을 인정하게 됩니다. 내 삶의 문제의 진짜 대답을 아는 이는 하나님뿐이십니다.

그렇다면: 히브리어 '키(ki)'의 문제

그렇다고 한다면 삶의 문제에서 우리가 가장 먼저 해야 할 일이 무엇이겠습니까? 삶에 자신이 있는 사람일수록, 똑똑하고 능력 있는 사람일수록 기도하지 않습니다. 하지만 이는 사실 '똑똑하지 않기 때문'입니다. 자기 자신은 똑똑하다 믿지만, 진짜 삶의 전문가이신 하나님께 의탁하지 않기 때문에 그는 진정으로 똑똑한 사람이 아닙니다.

삶의 문제를 만날 때 무엇을 해야 합니까? 여호와 하나님을 가장 먼저 의지해야 합니다. 말씀에 매달리고 기도해야 합니다. 내가 처리하기 전에 먼저 하나님의 가르침에 귀를 기울여야 하며, 동시에 이 하나님께 의탁하기 위해 기도해야 합니다.

많은 사람들이 이렇게 말합니다. "나는 이제 할 만큼 다했다. 나머지는 하늘에 맡겨야지." 이것이 신자의 자세일 수 있겠습니까? 신자는 '할 만큼 다하고 난 후에' 하나님께 맡기는 사람이 아닙니다. 신자는 **'처음부터' 하나님께 맡기는 사람**입니다. 우리가 우리 인생에 전문가가 아니고 하나님이 전문가이시기 때문에, 내가 전문가인 양 거짓되이 행할 때는 낭패를 만나게 됩니다.

남자 분들은 한 번쯤 전자 제품을 뜯은 후에 다시 조립하지 못한 경험을 갖고 있지요? 기계가 고장이 나면 수선할 수 있는 전문가를 찾아가야 합니다. 내가 어떻게 해 보겠다고 뜯어 보지만, 거기는 온통 알 수 없는 부품들로 가득 찬 기판들 뿐입니다. 결국 뜯어 보는 일 때문에 도리어 기계가 망가지게 됩니다. 문제를 해결하려고 기계를 뜯었는데, 내가 할 수 있는 일이라고는 더 망가뜨리는 것밖에 없는 것이죠.

어리석게도 우리 인생이 똑같습니다. 많은 사람들이 자기 인생의 문제는 자기가 제일 잘 안다고 생각합니다. **하지만 우리는 우리 자신의 인생을 잘 알지 못합니다.** 아주 완전히 똑같은 문제를 만나도, 내가 스무 살이었을 때의 정황과 마흔 살이 되었을 때의 정황은 다르기 때문에 대책이 같지 않습니다. 가장 실수하지 않은 CEO들도 수많은 오류와 잘못들을 거쳐서 거기에 오른 것입니다. 우리는 우리 인생의 전문가가 아닙니다. 우리 인생의 전문가는 하나님이십니다. 그래서 30절에 이렇게 되어 있습니다.

> 하나님의 도는 완전하고 여호와의 말씀은 순수하니,
> 그는 자기에게 피하는 모든 자의 방패시로다_시 18:30

이 사이에 원문에는 히브리어 '키'가 들어 있습니다. '그렇기 때문에', '따라서', '그러므로'라는 의미입니다. 즉 30절이 가르치는 바는 너무나도 분명합니다.

> 여호와의 길은 완전하다. 여호와의 말씀은 많은 검증을 통과한 것이다.
> **그러므로**
> 여호와는 자기에게 피하는 모든 자에게 방패시다.

그렇습니다. 여호와께서 가시는 길이 완전하고, 그분의 말씀이 많은 테스트에 입증되었습니다. '그러므로' 여호와께 피해야 합니다. 여호와께서 전문가이시기 때문에 그분께 피하는 자는 '방패가 되시는 하나님'을 만나게 됩니다.

하나님 외에 없다

라합: 선택의 문제
이러한 사실에서 다음의 고백이 나옵니다. 31절입니다.

여호와 외에 누가 하나님이며, 우리 하나님 외에 누가 반석이냐_시 18:31

히브리어 시로 읽으면 정말 묘한 느낌을 얻을 수가 있는데, 이것을 우리말로 잘 표현할 수가 없어서 안타깝습니다. 히브리 말로는 여기 **'야웨'**와 **'엘로힘'**이 둘 다 언급되면서 병행을 이루고 있습니다. 구약 성경에 나오는 하나님의 두 이름 '야웨'와 '엘로힘'을 사용하여 극적인 효과를 더하고 있습니다. "야웨 말고 신이 어디 있느냐!", "엘로힘 말고 반석이 어디 있느냐!"

이 장면을 읽으면 여호수아 앞부분에 나오는 라합이 생각납니다. 라합은 여리고에 살았던 기생이었습니다. 이방인이었고 술집 여자였습니다. 그런데 라합이 이스라엘의 두 정탐꾼을 숨겨 주면서 그들에게, 왜 자기가 이 정탐꾼들을 숨겨 주게 되었는지 경위를 말합니다.

> 너희 하나님 여호와는 상천하지에 하나님이시니라_수 2:11
>
> (어감을 살리기 위해 개역한글 번역을 사용)

직역하면 이렇습니다. "왜냐하면, 너희 하나님 여호와는 하나님이시기 때문이다. 위로 하늘에, 그리고 아래로 땅에…" 라합은 왜 이렇게 말했습니까? 이유가 바로 앞에 나옵니다.

> 이는 너희가 애굽에서 나올 때에 여호와께서 너희 앞에서 홍해 물을 마르게 하신 일과 너희가 요단 저쪽에 있는 아모리 사람의 두 왕 시혼과 옥에게 행한 일 곧 그들을 전멸시킨 일을 우리가 들었음이니라_수 2:10

이 말씀을 읽어 보면, 라합에게는 두 가지의 선택이 당면해 있었음을 알 수 있습니다. 그리고 가나안 거민들과 라합은 이 선택에서 각각 다른 길을 선택했습니다. **첫 번째 길은 여호와와 싸우는 것입니다.** 팩트는 이미 정해져 있습니다. 눈앞에 이미 드러난 사실은 이스라엘이 애굽에서 나올 때 홍해의 물이 말랐다는 것이고, 시혼과 옥이 이스라엘에게 전멸당했다는 것입니다. 뒤집거나 부인할 수 없는 역사적 사실은 이미 눈앞에 주어졌습니다. 그러면 결국 이 일을 당면한 사람은 둘 중 하나의 결정을 해야 합니다. 이 여호와께 무릎을 꿇느냐, 아니면 이 여호와와 싸우느냐! 가나안 거민들이 택한 길은 여호와와 싸우는 것이었습니다. 가나안 거민들은 자기들 눈앞의 여호와가 지극히 강하고 무서웠지만, 그에게 굴복하는 대신에 자신들의 마음을 추스렸습니다. **눈앞의 적이 강하기 때문에 더 힘을 내어 싸워야 한다고 생각했습니다.** 과연 우리는 여호수아서에서 가나안 연합군이 이스라엘을 상대로 싸울 준비를 하는 것을 봅니다.

두 번째 길은 이 여호와께 항복하는 것이었습니다. 라합이나, 조금 더 뒤에 나오는 기브온 족속들은 이 길을 택했습니다. 여호와와 싸우는 일은 무섭고 위험한 일이며, 따라서 여호와와 싸우는 것보다는 이분에게 항복하는 편이 좋다고 생각했던 것입니다. 이것이 두 번째 길이었습니다. 결국 가나안에 사는 모든 이들은 이 둘 중 하나를 결정하는 선택 앞에 놓였던 것입니다.

누가 하나님인가!

라합의 정황에서, 용기 있는 애국 청년의 길이라 할 수 있는 쪽은 누가 보아도 첫 번째 길입니다. 쉽게 이해하려면 우리나라가 일제 치하에 점령당했던 것을 대입시켜 보십시오. 일본이 너무 강합니다. 일본 군대는 신무기로 무장했고, 우리는 칼이나 창, 곡괭이를 들고 싸워야 합니다. 이길 수가 없습니다. 그러면 두 번째의 길대로라면 얼른 더 강해 보이는 일본 앞에 무기를 버리고 투항해야 합니다.

하지만 이런 행동이야말로 대대에 걸쳐서 민족의 반역자가 되는 길이 아닙니까? 우리나라도 이런 자들을 '매국노', '을사 5적'이라고 부릅니다. 일제에게서 벗어난 지 100년이 다 되어 가도 이들은 여전히 욕을 먹고 있습니다. 오히려 첫 번째의 길이 훨씬 더 애국하는 길이요, 지조 있는 길이라고 보입니다. "내 민족을 배신하지 않겠다!", "내 나라를 버리지 않겠다!", "적이 강하지만, 나는 일사각오의 자세로 응전하겠다!" 이야말로 정말 멋진 자세가 아닙니까? 결국 가나안 거민들의 입장에서 보면 연합군은 의로운 자들이요, 라합이나 기브온 족속은 반역자들이 아닙니까?

바로 여기에, 우리나라가 일본 제국주의 앞에서 싸웠던 것과 라합이 민족을 배신했던 것과의 결정적인 차이점이 있습니다. 그것이 바로 11절의 고백이 보여 주고 있는 점입니다. 라합은 무엇을 깨달았기 때문에 민족의 반역자가 되었습니까? **라합은 "상천 하지의 하나님"은 "여호와"임을 깨달았습니다!**

가나안 사람들은 바알이나 아스다롯을 '신'이요, '반석'이라고 생각하면서 살아왔습니다. 하지만 라합은 멀리서 들려오는 이국 민족들의 이야기 속에서 '복음'을 들었습니다. 성령께서 아주 작은 조각의 복음을 통해 라합의 마음을 움직였습니다. 그래서 비록 복음의 편린(片鱗)을 들었을 뿐이지만, 라합의 마음속에 '믿음'이 생겼습니다. 그래서 라합에게 이 '말씀을 통한', '성령을 통한' 통찰력이 생겼습니다.

> "내가 신이라고 생각한 바알이, 내가 반석이라고 생각한 아세라가! 사실은 신도 반석도 아니었구나! 상천 하지의 하나님은 오직 여호와시로구나!"

라합은 바로 이것을 깨달았습니다. 시편 18편의 고백이 바로 이 사실을 고백하고 있는 것이 아닙니까?

> 여호와 외에 누가 하나님이며 우리 하나님 외에 누가 반석이냐_시 18:31

땅에는 수많은 신과 수많은 반석이 있습니다. 수많은 사람들이 이 신들과 반석들 속에서 방황하며 자신들의 삶을 그것들에게 걸고 있습니다. 자식이 대학에 가려면 점집에 가서 물어야 하고, 지병이 오래면 무당을 불러서 굿을 합니다. 베개 밑에 부적을 넣고, 이사를 할 때는 길일을 택합니다. 그러나 시편은 우리에게 말씀합니다. "하나님의 길이 완전하다! 여호와의 말씀이 정련된 것이다! 여호와 하나님만이 진정한 인생의 전문가이시다! 그렇다면 여호와 외에 누가 하나님이며, 우리 하나님 외에 누가 반석이냐!"

하나님만이 우리 인생의 진정한 전문가이십니다. 그분에게만 우리의 모든 것을 진정으로 맡길 수 있습니다.

그 분이 나의 길을 완전케 하신다!

그리고 이 사실, 곧 그분께서 참전문가시라는 사실에서 파생되는 더욱 놀라운 가르침이 여기 덧붙여져 있습니다. 30절과 32절을 보십시오. 히브리어로 들으면 무슨 뜻인지 알 수 없으실 테지만, 독음이 비슷하다는 것을 알게 해 드리기 위해 원문을 읽어 보겠습니다.

> 30절: 하엘 타밈 다르코
>
> 32절: 하엘 ⋯ 와이텐 타밈 다르키

문장 구조가 똑같습니다. 30절은 번역하면 이렇습니다. **"하나님, 그분의 길은 완전하다."** 그리고 32절은 번역하면 이렇게 됩니다. **"하나님께서 ⋯ 나의 길을 완전케 하신다."**

우리는 앞의 말씀들을 통하여 '완전한 길'과 '정련된 말씀'을 가지신 하나님께서 우리의 방패가 되실 때(30절), 그분만이 진정한 우리 하나님이요 반석이 되신다(31절)는 것을 확인했습니다. 그런데 성경은 '그다음'도 이야기합니다. 그것은 **"이 완전한 길을 가지신 하나님께서, 너의 길을 완전하게 하시겠다."**라는 선언입니다! 32절부터 35절까지에서 하나님께서 우리를 위하여 하시는 일을 읽습니다.

① 32절을 보니 "힘으로 띠를 띠우시겠다"라고 합니다. 여기 "띠"라는 것은 **'전사의 벨트'**입니다. 성경에는 이 전사의 벨트가 주로 전사의 '힘'을 상징하는 것으로 나옵니다. 띠로 허리를 굳게 동여매야 전쟁터에서 잘 싸울 수 있습니다. 힘의 근원이 허리입니다. 하나님께서 우리에게 전사의 벨트를 단단하게 묶어 주셔서 싸울 수 있게 하신다는 것입니다.

② 33절을 보니 "내 발로 암사슴 같게 하신다"라고 했습니다. 이 말씀은 요나단이 사울에게 말하지 않고서 블레셋을 치러 갔던 사무엘상 14장을 생각해 보면 보다 잘 이해할 수 있습니다. 거기 보면 요나단이 블레셋을 치러 바위산을 손으로 붙잡고 올라가는 장면이 나옵니다. 팔레스틴 지역은 이런 험한 바위산들이 종

종 있는 곳입니다. '발을 암사슴 발 같게 하신다'는 것이 무슨 뜻이겠습니까? 바위산에 사는 이런 사슴이나 염소류의 동물들은 그 험한 산을 껑충껑충 잘도 뛰어다닙니다. 즉 하나님께서 우리를 **이 전쟁터 속에서도 그 바위산을 껑충껑충 뛰어다닐 수 있게** 하신다는 뜻입니다.

③ 34절에는 "내 팔이 놋활을 당긴다"라고 했습니다. 여기 "당긴다"는 정확히 '누른다'는 말인데, 활에 줄을 매는 행위를 가리킵니다. 영화 같은 데서 간혹 보셨지요? 활에는 줄이 매어져 있는데, 이는 활 이쪽 끝과 저쪽 끝을 잡고 세게 눌러서 줄을 양쪽에 걸은 것입니다. 활에다 줄을 매는 일은 무엇 때문에 합니까? 전쟁을 준비하는 것입니다. 그래서 34절의 앞부분과 잘 매치됩니다. 즉 "내 손을 가르쳐 싸우게 하시니 내가 활에 줄을 맨다." 이런 뜻이 됩니다. 여호와께서 우리로 전쟁을 준비하게 하시고, 활에 줄을 매는 **강한 팔을** 주십니다.

이런 서술들은 지금 하나님께서 우리에게 무슨 일을 하고 계시다는 것을 보여 주고 있습니까? **"내가 너의 길을 완전케 하겠노라!"** 이것을 보여 주고 있지 않습니까? **'완전'**이라는 말이 얼마나 엄청난 말입니까? 우리는 결코 완전하지 않으며, 완전의 근처에도 가지 못하는 자들입니다. 서두에서 말했듯이, 우리는 작은 계획하나 끝까지 완수해 내지 못하는 나약한 이들입니다.

하지만 하나님께서는 그분의 길이 완전하실 뿐 아니라, 그분께서 하나님이요 반석이 되어 주실 때, **우리의 길도 완전하게 하시겠다고** 말씀해 주십니다. 우리는 흠결 투성이지만, 하나님 그분께서 우리의 길을 인도하시자, 우리의 길도 하나님처럼 '완전해'지는 것입니다.

우리는 진실로 인생의 전문가로 여호와 하나님을 의탁하고 있습니까? 그래서 이 시처럼 진실로 여호와께 "피하고" 있습니까? 세상의 많은 신들과 세상의 많은 반석들 중에 이렇게 여호와께 피할 때, 여호와께서는 우리에게 응답하실 것입니다. 그리하여 그분의 완전하심으로 우리에게 완전한 길을 주실 것입니다. 따라서 우리가 삶에서 좌충우돌하면서 자주 넘어지고 실수할지라도, 우리의 길이 결코 단 한 치도 하나님의 뜻하심에서 벗어나지 않게 될 수 있도록 우리를 붙드실 것입니다. 이 하나님을 의지하고 나아갑시다.

제14조 : 믿음이 하나님의 선물이 되는 방식

그러므로 믿음은 하나님의 선물입니다.[i] 하나님께서 믿음을 사람의 자유의지에 그저 제공하신다는 의미에서가 아니라 실제로 사람에게 부여하시고 그 사람 안에 주입하여 스며들게 하신다는 점에서 선물입니다. 달리 말하면, 하나님께서 사람에게 믿을 수 있는 능력만을 주신 후 사람이 자유의지를 사용하여 믿기로 동의하거나 믿음의 행위를 나타내기를 기다리신다는 의미에서 선물이라는 말이 아니고, 소원을 품게도 하시고 행하게도 하시며[ii] 참으로 만물 가운데서 모든 일을 하시는 하나님께서 사람 안에서 믿으려는 소원과 믿음의 행위 두 가지를 모두 일으키신다는 의미에서 선물입니다.

[i] 엡 2:8 너희는 그 은혜에 의하여 믿음으로 말미암아 구원을 받았으니 이것은 너희에게서 난 것이 아니요 하나님의 선물이라

[ii] 빌 2:13 너희 안에서 행하시는 이는 하나님이시니 자기의 기쁘신 뜻을 위하여 너희에게 소원을 두고 행하게 하시나니

● **강해 본문 : 고린도후서 1장 15-22절**

15 내가 이 확신을 가지고 너희로 두 번 은혜를 얻게 하기 위하여 먼저 너희에게 이르렀다가 16 너희를 지나 마게도냐로 갔다가 다시 마게도냐에서 너희에게 가서 너희의 도움으로 유대로 가기를 계획하였으니 17 이렇게 계획할 때에 어찌 경솔히 하였으리요 혹 계획하기를 육체를 따라 계획하여 예 예 하면서 아니라 아니라 하는 일이 내게 있겠느냐 18 하나님은 미쁘시니라 우리가 너희에게 한 말은 예 하고 아니라 함이 없노라 19 우리 곧 나와 실루아노와 디모데로 말미암아 너희 가운데 전파된 하나님의 아들 예수 그리스도는 예 하고 아니라 함이 되지 아니하셨으니 그에게는 예만 되었느니라 20 하나님의 약속은 얼마든지 그리스도 안에서 예가 되니 그런즉 그로 말미암아 우리가 아멘 하여 하나님께 영광을 돌리게 되느니라 21 우리를 너희와 함께 그리스도 안에서 굳건하게 하시고 우리에게 기름을 부으신 이는 하나님이시니 22 그가 또한 우리에게 인치시고 보증으로 우리 마음에 성령을 주셨느니라

믿음은 선물이다

고후 1:15-22

셋째와 넷째 교리는 '죄'와 '은혜'를 다루기 때문에 특히 넷째 교리에서는 소위 '구원의 서정'이라고 불리는 단계들이 나옵니다. 8조과 9조, 그리고 10조를 통하여 우리는 **'부르심'**이라는 주제를 배웠습니다. '소명'이라고 하기도 합니다. 구원의 서정에서 우리 구원을 향한 이 모든 발걸음의 시작은 단연 '하나님의 부르심'입니다.

다음으로 **'회개'**와 **'중생'**이 옵니다. 회개는 11조에서, 그리고 중생은 12조와 13조에서 다뤘습니다. 회개에서는 우리의 의지가 얼마나 강퍅한 것인지를 배웠고, 또한 그럼에도 하나님께서는 이런 강력한 우리의 의지를 꺾으시고서 새로운 의지를 불어넣어 주신다고 배웠습니다. 중생에서는 단지 이것이 하나님의 '권면' 정도가 아니라 '정말로 믿게' 됩니다. 즉 빌립보서에서 말씀하듯이 우리의 마음을 움직이시고, 우리에게 행동도 주신다는 것을 배웠습니다.

구원의 서정대로 말하자면 도르트 신조는 **'부르심**(소명)**-회개-중생'을 다루고 다음으로 '믿음'**을 다룹니다. 아마도 어떤 사람들은 이렇게 생각할지도 모르겠습니다. "부르심도 하나님께서 주권적으로 하시는 일, 그리고 회개와 중생도 하나님께서 전적으로 하시는 일이니까(어떤 분들은 회개는 우리가 하는 일이라고 하기도 하지만 강조점의 차이이다) 이제 '믿음'에 와서는 **드디어 내가 하는 부분이 나오는구나."**

우리가 혹 이렇게 생각할지도 모르기 때문에, '믿음'을 처음 다루는 14조에서는 바로 이 주제를 먼저 말하고 시작합니다. 제목에서 곧바로 이 내용이 등장합니다. "믿음이 하나님의 선물이 되는 방식" 애초에 싹을 잘라 버리는 듯한 제목입니다. 믿음 또한 내가 하는 것이 아니라 하나님께서 선물로 주신다는 말입니다.

이 조항의 내용 안에 반복적으로 이 문구가 등장합니다. 시작이 "따라서 믿음은 하나님의 선물인데"이지만, 둘째 문장이 시작될 때에도 역시 "또한 믿음이 선물이라는 것은"입니다. 심지어는 끝부분에서 다시 한번 "이러저러하다는 의미에서 선물입니다."라고 말함으로써 마무리 지어집니다.

의도가 선명합니다. 소명-회개-중생, 지극히 하나님께서 하시는 일을 보여 주었으니, '이제 내가 하는 일이 나올 때도 되었지.'라는 우리의 생각을 좌초시키는 것입니다.

> 아니다. **믿음조차 선물이다.**

부르심은 하나님의 일, 그리고 회개와 중생은 하나님의 일, 그리고 믿음에 이르면요? 이 믿음도 '하나님의 선물'입니다. 에베소서는 말씀합니다.

> 너희는 그 은혜에 의하여 믿음으로 말미암아 구원을 받았으니 이것은 너희에게서 난 것이 아니요 하나님의 선물이라_엡 2:8

이렇게까지 이야기하면 "도대체 사람이 하는 일은 뭐가 있는 거야!"라고 불평하는 사람이 있을지도 모르지만, 이것은 신조를 제대로 배우지 않은 사람의 말입니다. 신조는 계속해서 하나님의 주권적 사역을 말하면서도, 동시에 우리도 여기에 **열렬히 참여함**을 말하고 있습니다. 하나님의 불가항력적 은혜와 우리에게 요구된 명령, 즉 **구원을 이루기 위하여 우리가 복종의 삶을 살아가는 것**은 둘이 모순되지 않습니다. 우리가 이해할 수 없는 방식으로, 하나님의 은혜와 우리의 의지는 **동시에** 작용합니다.

따라서 "믿음은 하나님의 선물이다."라고 말해도 별로 거부감을 느낄 필요가 없습니다. 전적으로 하나님께서 주시는 선물이지만, 이것은 동시에 우리 편에서도 열렬히 믿어야 할 부분이 있기 때문입니다. 아마도 14조를 배우면서 이 내용을 정리할 수 있으리라 생각합니다.

선물이라는 뜻은?

먼저, "믿음이 선물이다"라는 말의 뜻을 정리합시다. 우리가 통상 만나는 개념에서의 '선물'은 받는 사람이 받을지 말지를 결정할 수 있습니다. 말하자면 선물은 '빚'이나 '세금'과 다릅니다. '빚'이나 '세금'은 고지서를 받는 내 편에 주도권이 없습니다. 원하건 원치 않건 주는 대로 받아야 하고 의무감이 주어져 있습니다. 그런데 '선물'이라고 하니까 착각할 수 있는 것은 '선물이니까 내 맘대로 해도 되겠네.'라는 생각입니다. '선물'이니 받건 말건 자유가 내 편에 있지 않겠나 생각할 수 있습니다.

하지만 14조는 즉시 이 문제에 대한 답을 줍니다. 제가 가진 도르트 신조의 다른 번역본을 보면 14조의 첫 부분을 이렇게 번역했습니다.

> 따라서 믿음은 하나님의 선물이다. 이는 하나님께서 단지 사람에게 제안하신 뒤 받을지 거절할지를 사람의 의지에 맡기시는 것이 아니라, 하나님께서 사람에게 실제로 믿음을 수여하시고 불어넣으시고 주입하시기 때문이다.

이 번역에서는 "믿음은 하나님의 선물이다."라고 한 뒤 "그런데 이는 하나님께서 사람에게 제안하신 후에 받을지 말지를 사람의 의지에 맡기지 않는다."라고 말했습니다. 그러니까 **'선물이긴 한데 안 받을 수는 없는 선물'**입니다. 그리고 이 선물은 받는 순간에 주는 사람 얼굴 때문에 받았다가 집에 가서 쓰레기통에 넣을 수 있는 종류의 선물도 아닙니다. 이 선물은 분명 선물이긴 한데 하나님께서 우리 속에 "불어넣으시고 주입하셔서", 그러니까 **내 본성 속에 박아 넣어 주시는 선물**입니다. 마치 문신 같은 것인데, 우리 영혼 속에 새겨 지워지지 않는 것입니다.

믿음이 선물이라고 할 때, '선물'이라는 말 자체 때문에 할 수 있는 오해를 이렇게 먼저 제거하고 시작하는 것이 좋겠습니다. 믿음이 선물이기는 합니다. 하지만 이 선물을 내 편에서는 안 받을 수가 없습니다. 하나님의 은혜로 주어지는 선물은 불가항력적입니다. 왜 이것이 불가항력(不可抗力), 곧 저항할 수 없는 방식으로 주어지는지는 이전에 이미 설명했습니다. 우리는 의지가 타락했기 때문에 하나님께서 자유롭게 주시면 **아무도 이 선물을 받지 않을 것**이기 때문입니다. 정리하면 이렇습니다.

> 믿음은 선물이다. 나에게 주입되어 내가 거절할 수 없는, 그런 선물이다.

이것이 첫 번째 주제입니다.

첫째 단계: 믿음(신실함)은 하나님의 것

이제 다음으로 "왜 믿음이 선물인가?"라는 주제를 생각해 보겠습니다. 믿음이 무엇인지, 곧 믿음은 어디에서 온 것이며, 어떤 성격을 갖고 있는지를 생각해 봅시다. 믿음의 정체가 무엇인지에 대하여는 고린도후서 1장의 말씀이 가장 선명한 그림을 보여 주리라 생각합니다.

고린도후서 1장에서 사도 바울은 고린도 교회 성도들에게 자신들이 고린도 교회에 들르려 했지만 들르지 못했던 사건을 언급하면서 **"하지만 우리는 신실하다"**라는 점을 강조합니다. 16절과 17절에서 이렇게 말했습니다.

> 너희를 지나 마게도냐로 갔다가 다시 마게도냐에서 너희에게 가서 너희의 도움으로 유대로 가기를 계획하였으니 이렇게 계획할 때에 어찌 경솔히 하였으리요 혹 계획하기를 육체를 따라 계획하여 예 예 하면서 아니라 아니라 하는 일이 내게 있겠느냐_고후 1:16-17

바울은 원래 고린도 교회를 들르기로 하였으나 일정에 변경이 생겼다고 합니다. 23절에서도 "다시 고린도에 가지 아니한 것은 너희를 아끼려 함이라"라고 했는데, 사정이 있어 마게도냐로 간 후에 다시 고린도 교회로 가는 일정이 변경되었음을 알 수 있습니다. 즉 16절과 17절 말씀은 고린도 교회에게 사도 바울이 자신의 신실함을 증언하고 있는 말씀입니다. 그런데 여기 믿음에 관한 중요한 언급이 나옵니다. 첫째, 사도는 자신들이 고린도 교회를 향하여 신실했다고 증거할 때 **그 근거를 '하나님의 미쁘심'에** 둡니다.

> 하나님은 미쁘시니라 우리가 너희에게 한 말은 예 하고 아니라 함이 없노라_고전
> 1:18

"미쁘다"라는 말은 '믿다'에서 나온 말이고, 헬라어로 이 말은 '신실하다'라는 의미입니다. 성경에서 **'믿는다'와 '신실하다'는** 같은 말입니다(헬라어 '피스티스'의 번역). 따라서 "하나님은 미쁘시니라"는 "하나님은 신실하시다"라고 읽으면 됩니다.

중요한 점은 여기에서 사도가 17절의 **'자신들의 신실성'을 말하기 위하여 "하나님은 신실하시다."라고 말하고 있다는 점**입니다. 우리 번역으로는 18절 말씀이 "하나님은 미쁘시다."라는 문장과 "우리가 너희에게 한 말은 예 하고 아니라 함이 없다."라고 분리가 되어 있지만, 헬라어 문장은 둘이 접속사로 연결되어 있습니다. "때문에"라고 읽어도 되고 "그러므로"라고 읽어도 됩니다. 예를 들어 「바른성경」은 이렇게 번역했습니다.

> 하나님은 **신실하시므로** 너희에게 한 우리의 말은 '예'하고 금방 '아니오' 한 것이
> 아니다.

영어 번역에서도 NIV는 **"하나님이 신실하신 것만큼이나 확실하게**(as surely as God is faithful) 우리의 메시지는"이라고 번역했고, NASB는 **"하나님께서 신실하신 것처럼**(as God is faithful) 우리의 말은"이라고 번역했습니다. 즉 18절 말씀은 자신들의 말이 신실하다는 것을 '하나님이 신실하다는 사실'에다 근거로 둡니다. 어떻습니까? 사도 바울은 지금 자신의 말을 입증하기 위하여 '하나님의 권위를 이용해 먹고' 있습니까?

정반대로 생각해야 합니다. 바울은 자기의 정당성을 입증하기 위해 하나님을

이용하고 있는 것이 아니라, 오히려 **'신자의 모습이란 어떤 것인지'**를 잘 보여 주고 있습니다. 이 주제를 요약하자면 이렇게 말할 수 있습니다.

> 하나님이 신실하시므로 신자도 신실한 것이다.

믿음의 출처가 어디입니까? 신실함의 출처가 어디입니까? 우리는 앞서 '믿음'을 선물로 받는다고 했습니다. 왜 믿음이 선물이며, 출처가 어디입니까? **원래 '믿음' 곧 '신실함'은 하나님 아버지의 것**입니다.

> 그런즉 너는 알라 오직 네 하나님 여호와는 하나님이시요 **신실하신 하나님**이시라 그를 사랑하고 그의 계명을 지키는 자에게는 천 대까지 그의 언약을 이행하시며 인애를 베푸시되_신 7:9

세상 창조의 이전부터 갖고 계시는 하나님의 본래의 성품이 바로 '믿음', 곧 '신실함'입니다. 하나님께서는 신명기에서 이렇게 말씀하셨습니다.

> "나는 신실하다! 따라서 약속을 지킨다! 내가 너희에게 이 계명을 지키면 복을 주겠다고 말하였으니, 누구든 하나님을 사랑하고 계명을 지키는 자에게는 내가 그 언약을 천대까지 이행하리라!"

신실의 출처는 하나님입니다. 로마서 1장 18절은 그 유명한 "믿음으로 믿음에 이르게 하나니"라는 말씀인데, 앞의 "믿음"에는 '에크', 곧 'from'이 붙어 있고, 뒤의 "믿음"에는 '에이스', 곧 'into'가 붙어 있어서 "믿음으로부터 믿음 속으로"라고 번역할 수 있습니다. '에크'는 시작점을 말하고 '에이스'는 종점을 말합니다. 이 두 "믿음"의 관계를 바르트는 이렇게 말합니다.

① 앞의 믿음 : 하나님의 신실하심
신실(믿음, 피스티스-저의 주)로부터 하나님의 의가 계시되니 곧 우리를 향한 그의 신실로부터이다. 참되신 하나님은 우리를 잊어버리지 않았다. 창조자는 그의 피조물을 포기하지 않았다. … 인간을 향한 하나님의 신실(믿음-저의 주)은 고집스럽게도 지속되며 … 우리에게 주어진 하나님의 대답은 끈질기게 지속된다.[111]

② 뒤의 믿음 : 우리의 믿음

믿음에게, 곧 신실에게 하나님이 계시하는 것이 계시된다. … 수고하고 무거운 자들이 원기를 회복한다. 모순을 회피하지 않는 자들은 하나님 안에 숨겨져 있다. 기다림 가운데서 정직하게 자신이 옮겨지게끔 용납하는 자는 기다리게끔 허락되어 있고 기다려야만 하고 기다릴 수 있다는 사실에서 그들은 하나님의 신실을 깨닫는다. 하나님을 두려워하고 그를 어려워하는 자는 그와 함께 산다.[112]

믿음이 왜 선물입니까? 믿음은 '하나님의 성품'이기 때문입니다. '신실함'은 하나님의 성품이기 때문입니다. 그래서 바울은 고린도 교회 성도들에게 말할 수 있었습니다. "우리가 신실한 것은, 아버지께서 신실하시기 때문이다." 따라서 저와 여러분, 곧 신자들은 이렇게 말할 수 있습니다.

"저는 믿음을 갖고 있고, 따라서 신실합니다. 왜냐하면 믿음의 출처가 하나님이시고, 나는 이 믿음을 선물로 받았기 때문입니다."

둘째 단계: 믿음은 그리스도에게서 확증되는 것

이어지는 고린도후서의 19절과 20절을 보겠습니다.

우리 곧 나와 실루아노와 디모데로 말미암아 너희 가운데 전파된 하나님의 아들

---

111 — 칼 바르트, 『로마서 강해』, 조남홍 옮김 (서울: 한들, 1997), 25.
112 — 위의 책, 26.

예수 그리스도는 예 하고 아니라 함이 되지 아니하셨으니 그에게는 예만 되었느니
라 하나님의 약속은 얼마든지 그리스도 안에서 예가 되니 그런즉 그로 말미암아
우리가 아멘 하여 하나님께 영광을 돌리게 되느니라_고후 1:19-20

두 번째 단계는 '이 믿음이 **그리스도 안에서 확증이** 된다'는 사실입니다. 19절
에서 "예수님께서 예(yes)가 되었다"는 것이 무슨 말인지 이해가 안 될 수 있습니
다. 혹시 예수님이 '예스맨'이라는 뜻일까요? 예수님께서는 뭐든지 "좋아! 오케
이!" 하신다는 뜻입니까? 그렇게 순진하게 믿기에는 예수님께서 악한 자들에게
나쁜 말씀을 하신 적이 너무 많습니다. 언약에는 복만 있는 것이 아니라 저주도
있습니다.

"예수님이 예만 되었다"라는 말은 20절에 비추어 이해할 수 있습니다. 곧 "하
나님의 약속은 그리스도 안에서 예가 된다."라는 말씀이 이에 대한 설명입니다.
말하자면 예수님께서 예가 되신다는 것은 **'하나님의 약속'에 있어서** 그렇다는 뜻
입니다. 하나님께서는 세상을 시작하신 때로부터, 그리고 자기 백성들을 불러 모
으기 시작하신 때로부터 사람들에게 많은 약속을 주셨습니다. 그렇다면 이 약속
들에 대해 하나님께서 '믿음의 근원', 곧 '신실함의 근원'이 되시려면 어떤 분이
되어야 합니까? 약속을 '지키시는' 분이 되셔야 합니다. 즉 '약속'이라는 주제에
서 '하나님이 신실하다'는 것은 **'하나님께서는 약속을 지키신다'**인 것입니다.

그런데 하나님의 약속은 모두 **예수 그리스도 안에서 성취**되었습니다. 구약 시
대 때 하셨던 **'모든' 약속**이 그리스도 안에서 성취되었습니다. 바로 이것입니다.
바로 이 말이 "하나님의 약속이 그리스도 안에서 예(yes)가 된다."라는 말의 의미
입니다.

> 그리스도를 보아라! 내가 너희에게 신실하다는 것을 알 수 있을 것이다!

하나님께서는 자신의 신실하심을 어떻게 온 세상에 나타내셨습니까? 아들 예
수 그리스도를 이 세상에 보내심으로써입니다. 하나님께서는 단 한 번도 빈말,
신실하지 않은 약속을 주신 적이 없습니다. 어떻게 이 사실을 확인할 수 있습니

까? 그리스도를 보면 됩니다. 하나님의 '모든 약속'이 그리스도 안에서 성취되었습니다. 따라서 우리는 예수님이야말로 하나님께서는 거짓말을 하지 않으신다는, 하나님께서는 신실하시다는 것을 드러내는 '살아 있는 간판'과 같다고 말할 수 있습니다. 정리하면 다음과 같습니다.

첫째 주제는 믿음, 곧 **신실함의 '원천'이 하나님**이시라는 것입니다.
둘째 주제는 믿음의 확증, 곧 이 **신실함의 증거는 그리스도**시라는 것입니다.

그리고 셋째, 바로 이 믿음이 '믿음의 사람들', 곧 하나님의 백성들에게 주어집니다.

셋째 단계: 우리의 믿음

믿음의 원천이신 하나님과, 믿음의 확증이신 그리스도를 알게 되면, 이제 남은 것은 그 믿음을 '선물로' 받은 우리 또한 믿음직해진다는 것입니다. 신실해집니다. 우리도 '믿음의 사람'이 됩니다. 로마서 말씀을 보겠습니다.

그가 백 세나 되어 자기 몸이 죽은 것 같고 사라의 태가 죽은 것 같음을 알고도 믿음이 약하여지지 아니하고 믿음이 없어 하나님의 약속을 의심하지 않고 믿음으로 견고하여져서 하나님께 영광을 돌리며 약속하신 그것을 또한 능히 이루실 줄을 확신하였으니 그러므로 그것이 그에게 의로 여겨졌느니라_롬 4:19-22

이것은 '아브라함'에 대한 이야기지만, 로마서에는 우리를 향한 말씀도 덧붙여져 있습니다.

그에게 의로 여겨졌다 기록된 것은 아브라함만 위한 것이 아니요 의로 여기심을 받을 우리도 위함이니 곧 예수 우리 주를 죽은 자 가운데서 살리신 이를 믿는 자니

　만약 우리가 19절과 20절을 읽을 때 앞서 배웠던 '믿음의 원천으로서의 하나님'과 '믿음의 확증으로서의 예수 그리스도'를 알지 못한 채로 보았다면, 어쩌면 이 말씀들은 아브라함의 믿음이 **아브라함의 '의지의 결과'**로 읽힐지도 모릅니다. 아브라함이 의지력이 대단히 강한 사람이어서 이 약속을 굳게 붙들었다고 보았을 것입니다.

　하지만 우리는 성경을, 교리를 배웠기 때문에 이 말씀에서, 표면상 언급되지 않은 이면적인 것을 꿰뚫어볼 수 있게 되었습니다. 어떻게 아브라함은 '믿음의 결정'을 내릴 수 있었습니까? 어떻게 아브라함은 '믿음의 결의'를 보일 수 있었습니까? 그의 속에 **'믿음의 원천이신 하나님'**과 **'믿음의 확증이신 그리스도'**께서 **'선물로 주신 믿음'**이 자리 잡았기 때문입니다!

　로마서 4장 19절부터 21절까지의 말씀에는 아브라함이 살아 낸 내용만 나옵니다. 아브라함은 "백 세나 되어 자기 몸의 죽은 것 같음과 사라의 태의 죽은 것 같음을 알고도 믿음이 약하여지지 않았"습니다. "믿음이 없어져 하나님의 약속을 의심하지 않았"습니다. 도리어 "믿음에 견고하여져서 하나님께 영광을 돌렸"습니다. 이 본문은 '사실'만 보여 줍니다.

　하지만 성경의 다른 부분들로부터 증거를 얻은 우리들은 이 '사실'의 뒤에 무엇이 있는지를 함께 봅니다. "백 세나 되어 자기 몸도 죽은 것 같고, 아내 사라의 태도 죽은 것 같았지만 믿음이 약하여지지 않을" 수 있었던 것이 아브라함의 재능이나 의지 때문이 아니라는 것 말입니다. '믿음의 원천'이신 하나님께서 믿음을 선물로 주셨고, 또 '믿음의 확증'이신 그리스도께서 하나님의 변함없는 신실성이 자신 안에서 성취된다는 사실을 고대인이었던 아브라함의 마음속에 분명히 심어 주셨기 때문입니다.

　그리고 우리 또한 23절과 24절을 통하여 "우리의 믿음도 아브라함의 믿음과 같습니다!"라고 소리칠 수 있게 되었습니다. 우리의 믿음과 수천 년의 간극을 넘어서서 "아브라함의 믿음과 같습니다."라고 말할 수 있는 이유는 어디에 있습니까? 이 믿음이 **일개인의 성격적 독특성이나 개인의 불굴의 의지에 달린 것이 아니**

라, 모든 시대에 보편적으로 선물을 주시는 삼위 하나님께 전적으로 의지하고 있기 때문입니다. 그야말로 모든 시대의 '믿음을 가진 사람들'이 성부로부터 선물을 받아 그리스도를 통해 믿음을 얻게 됩니다. 이것을 유해무 교수가 『개혁교의학』에서 아름답게 표현했습니다.

> **믿음은 이 신실하고 미쁘신 하나님을 믿는 것이다.**[113]
> 아브라함은 자기의 몸과 사라의 태가 죽었음에도 믿음이 약하여지지 않았을 뿐 아니라 약속에 의지하여 더 견고해졌다(롬 4:19-20). 이처럼 스스로 **신실하신 그 하나님을 신실하다고 고백함이 곧 신앙**이다.[114]

우리는 믿음에 대해 생각할 때, 어렸을 적부터 믿음을 '나의 것'이라고 생각하는 문화에서 자랐습니다. 부흥 운동의 여파로 생겨난 교회들은 초등학교, 중고등학교 시절부터 "당신이 믿음이 있으면 자리에서 일어서십시오!"라는 문화 속에서 자랐습니다. "당신이 오늘 저녁에 결단하면 하나님의 역사가 쏟아질 것입니다!"라는 분위기 속에서 자랐습니다. 그래서 수련회를 마치고 집에 갈 때, 선배들이나 교역자들이 늘 이렇게 말하는 경고 속에서 자랐습니다. "집에 가면 은혜 쏟지 않게 조심해라! 은혜 실컷 받고 집에 가서 엄마가 시비를 걸더라도 참아야 한다! 은혜는 니가 어떻게 하느냐에 따라 간수되는 거야!"

이런 종류의 믿음에 대한 이해는 언제나 **믿음이 '나의 것'**이라는 생각을 갖게 만듭니다. 믿음은 언제나 **내가 잘해야 하고, 내가 유지해야 하고, 내가 북돋아야 하는 것**이 됩니다. 그러므로 이런 종류의 믿음은 힘듭니다. 어렵습니다. 잠깐 흥분했다가도, 금새 다시 원상태로 돌아가는 일을 여러 번 반복해서 겪다 보면, "내 믿음은 결국 가짜였어."라는 생각에 빠지게 됩니다. 하지만 14조는 아름답게 표현하고 있습니다.

---

113 — 유해무, 『개혁교의학』, 449.
114 — 위의 책, 449.

첫째, 믿음은 무엇입니까? "믿음은 하나님의 선물인데"

그렇습니다. 믿음은 하나님의 선물입니다.

둘째, 그런데 이 선물인 믿음을 하나님께서는 어떻게 주십니까? "하나님께서 그저 사람의 자유의지에 제공하시기 때문이 아니라, 실제로 사람에게 부여하시고 그 사람 안에 주입시켜 스며들게 하십니다."

선물인데, 저기 내 바깥에 있지 않습니다. 내 속에 오고, 나를 변화시키고, 나를 역동적으로 움직입니다. 나와 상관없이 제3자의 세계에 있지 않습니다. 믿음은 선물이면서도 나를 변화시키고 나를 움직입니다.

셋째, 그런데 "또한 믿음이 선물이라는 것은 단지 믿을 수 있는 능력만을 주시고, 이후로는 사람이 자유의지를 사용하여 믿기로 동의하거나 믿음의 행위를 나타내기를 기다리신다는 뜻이 아니라, 소원을 품게도 하시고 행하게도 하시며 참으로 만물 가운데서 모든 일을 하시는 하나님께서 사람 안에서 믿으려는 소원과 믿음의 행위 두 가지를 모두 일으키신다는 의미에서 선물입니다."

소원도 주시고, 소원을 이루려는 의지 또한 주십니다.

자유로워지십시오. 믿음은 나의 것이 아니기 때문에 자유롭습니다. 내가 관리하는 것이 아니기 때문에 염려하지 않아도 됩니다. 하지만 내 것이 아닙니까? 아닙니다. 내 것이기도 합니다. '신실하신' 분께서 나를 '충분히 신실하게' 만드실 것입니다. 삶이 온통 그분의 선물입니다.

셋째와 넷째 교리 :
인간의 타락, 하나님께 돌이키는 것과 그 일이 일어나는 방식에 관하여

제15조 : 무가치한 사람에게 주시는 하나님의 은혜에 대한 합당한 태도

이 은혜를 하나님께서는 아무에게도 빚진 적이 없으십니다. 하나님께서 어찌 사람에게 빚지실 수 있습니까? 주님께 먼저 무엇을 드려서 주님의 갚으심을 받을 자가 어디 있습니까?[i] 가진 것이라고는 죄와 거짓밖에 없는 사람에게 어떻게 하나님께서 빚을 지실 수 있습니까? 따라서 이 은혜를 받고 있는 사람은 오직 하나님께 빚을 지고 그분께만 영원히 감사를 드립니다. 그러나 이 은혜를 받지 않은 사람은 그러한 영적인 것에 전혀 관심이 없이 그저 자신의 삶에 만족하거나, 혹은 그러한 무관심 가운데서 자기가 아직 갖지 않은 것을 헛되이 자랑합니다.[ii] 또한 자기의 신앙을 외적으로 고백하고 자신의 삶을 돌이키는 사람에 관하여는, 우리도 사도들의 본을 따라서 가장 호의적인 태도로 판단하고 말해야 합니다.[iii] 왜냐하면 마음의 가장 깊은 곳은 우리에게 알려지지 않은 영역이기 때문입니다. 아직 부르심을 받지 않은 사람들에 관하여서는, 우리가 그들을 위하여 하나님께, 곧 없는 것을 있는 것같이 부르시는 분에게 기도를 드려야 합니다.[iv] 그러나 마치 우리가 스스로 그들에게서 구별된 자들인 것처럼 그들을 대하여 교만하게 행하는 일은 결코 없어야 합니다.[v]

i 롬 11:35 누가 주께 먼저 드려서 갚으심을 받겠느냐

ii 암 6:1 화 있을진저 시온에서 교만한 자와 사마리아 산에서 마음이 든든한 자 곧 백성들의 머리인 지도자들이여 이스라엘 집이 그들을 따르는도다 / 렘 7:4 너희는 이것이 여호와의 성전이라, 여호와의 성전이라, 여호와의 성전이라 하는 거짓말을 믿지 말라

iii 롬 14:10 네가 어찌하여 네 형제를 비판하느냐 어찌하여 네 형제를 업신여기느냐 우리가 다 하나님의 심판대 앞에 서리라

iv 롬 4:17 기록된 바 내가 너를 많은 민족의 조상으로 세웠다 하심과 같으니 그가 믿은 바 하나님은 죽은 자를 살리시며 없는 것을 있는 것으로 부르시는 이시니라

v 고전 4:7 누가 너를 남달리 구별하였느냐 네게 있는 것 중에 받지 아니한 것이 무엇이냐 네가 받았은즉 어찌하여 받지 아니한 것 같이 자랑하느냐

● **강해 본문 ① : 데살로니가전서 5장 12-22절**

12 형제들아 우리가 너희에게 구하노니 너희 가운데서 수고하고 주 안에서 너희를 다스리며 권하는 자들을 너희가 알고 13 그들의 역사로 말미암아 사랑 안에서 가장 귀히 여기며 너희끼리 화목하라 14 또 형제들아 너희를 권면하노니 게으른 자들을 권계하며 마음이 약한 자들을 격려하고 힘이 없는 자들을 붙들어 주며 모든 사람에게 오래 참으라 15 삼가 누가 누구에게든지 악으로 악을 갚지 말게 하고 서로 대하든지 모든 사람을 대하든지 항상 선을 따르라 16 항상 기뻐하라 17 쉬지 말고 기도하라 18 범사에 감사하라 이것이 그리스도 예수 안에서 너희를 향하신 하나님의 뜻이니라 19 성령을 소멸

676 견고한 확신

하지 말며 20 예언을 멸시하지 말고 21 범사에 헤아려 좋은 것을 취하고 22 악은 어떤 모양이라도 버리라

● **강해 본문 ②: 로마서 1장 18-23절**

18 하나님의 진노가 불의로 진리를 막는 사람들의 모든 경건하지 않음과 불의에 대하여 하늘로부터 나타나나니 19 이는 하나님을 알 만한 것이 그들 속에 보임이라 하나님께서 이를 그들에게 보이셨느니라 20 창세로부터 그의 보이지 아니하는 것들 곧 그의 영원하신 능력과 신성이 그가 만드신 만물에 분명히 보여 알려졌나니 그러므로 그들이 핑계하지 못할지니라 21 하나님을 알되 하나님을 영화롭게도 아니하며 감사하지도 아니하고 오히려 그 생각이 허망하여지며 미련한 마음이 어두워졌나니 22 스스로 지혜 있다 하나 어리석게 되어 23 썩어지지 아니하는 하나님의 영광을 썩어질 사람과 새와 짐승과 기어다니는 동물 모양의 우상으로 바꾸었느니라

갚음, 감사

살전 5:12-22; 롬 1:18-23

죄를 갚는 것

무언가를 **갚는 것**에 대하여 생각해 본 적이 있습니까? **'죄를 갚는 것'**에 대해 한번 생각해 보십시오. 통상 우리는 '죄를 갚는 것'이 가능하다고 생각합니다. '사람을 죽인 살인자'를 한번 가정해 봅시다. 이런 종류의 범죄를 저질렀을 때 일반적으로 생각하는 '죄를 갚는 것'은 감옥에 가는 일입니다. 그래서 감옥에 다녀온 사람은 "나는 내 죗값 다 치렀다."라는 식으로 말합니다.

그렇지만 조금만 엄밀히 생각해 보면, 살인을 저지른 사람이 감옥에 간다고 해서 사람을 죽인 일에 대해 온전한 '갚음'이 될 수는 없습니다. 참 갚음이라면 '원상 복구'가 되어야 하기 때문입니다. 살인자가 벌을 받는다고 죽은 사람이 살아 돌아오지는 않습니다. 결국 인간 사회에서 죄에 대해 무언가를 갚는다고 말하는 것은 "실제로는 어떻게 해도 갚아지지 않기 때문에 맺은 모종의 협약" 같은 것에 불과합니다. "이만큼 감옥에 갔다 오면 죄를 갚은 것으로 치자." 정도인 것입니다. 그렇다면 이건 '그렇다 친 것'이지 실제로 갚아진 것은 아닙니다. **죄는 사실 갚아지지 않습니다.**

사람에게 저지른 죄가 그러하다면 '하나님께 저지른 죄'는 굳이 설명할 필요도 없을 것입니다. 통상 종교들은 '죄'에 대한 대가를 '선행'이라고들 합니다. 우스운 일이지요. 불교의 속임수입니다. 제아무리 선행을 많이 한다 해도 우리 죄는 갚아지지 않습니다. '죄를 저지름'과 '선행'은 **카테고리가 다른 문제**입니다. 저지른 일은 저지른 일대로 따로 있고, 선을 행하는 것은 선을 행하는 대로 따로 있는 것입니다. 둘이 플러스 마이너스가 되어 갚아진다고 생각하는 것 자체가 사람이 만들어 낸 속임수입니다. 아무래도 이를 해결할 방법이 없으니 종교가 나름의 방식을 정한 것입니다. "공덕을 쌓으면 악행이 감해진다."라는 공식을 만든 것이죠. 하지만 조금만 논리적으로 생각해 보아도 둘이 결부될 수 없음을 쉽게 알 수 있습니다. 복구가 되지 않는데 '갚음'이란 불가능합니다.

기독교는 이런 면에서 매우 정교한 교리를 갖고 있습니다. 세상의 어떤 종교도 기독교만큼 이 문제에 있어 타당할 수는 없습니다. 기독교 교리에서 선행은 '죄를 갚는 수단'이 전혀 아닙니다. 기독교에서 죄는 선업을 통해 갚는 것이 아니라 **'그리스도의 십자가'**로 갚는 것입니다. 왜냐하면 '죄'는 '하나님께 대하여 저질러진 것'이기 때문에, '하나님만 갚을 수 있기 때문'입니다. 그런 점에서 기독교에서의 신자의 선행은 죄 사함을 이미 받은 이가 '감사로' 행하는 것일 뿐입니다. 선행이 죄를 갚지 않습니다. 이 점을 조금만 생각해 보아도 기독교만이 참 종교임을 쉽게 알 수 있습니다.

은혜는 무엇으로 갚는가

같은 원리를 **'은혜의 문제'**에도 대입하여 생각해 봅시다. '죄'는 결코 우리의 어떤 행위로 '갚아지지' 않는다고 했습니다. 그러면 '은혜'는 어떻습니까? 은혜는 갚아집니까? 우리는 앞서 사람들이 죄의 문제를 '형벌을 받음으로써' 갚아진다고 생각한다 했습니다.

그러면 '은혜를 갚는 길'도 있는 것입니까? 15조가 다루고 있는 문제가 바로 이것입니다. 제목에 그대로 나타나 있습니다. "하나님의 은혜에 대한 합당한 태도", 요약해서 말하자면 **'은혜는 무엇으로 갚는가'**가 이 조항의 주제입니다.

하나님께서는 무엇을 받기로 하셨는가?

합당한 드림

"하나님께서는 우리에게 베풀어 주신 은혜에 대하여 무엇을 받기로 하셨는가?" 라는 주제와 관련해 간단한 예를 하나 들어 보겠습니다.

저는 대학생 시절에 '말씀을 전하고 돈을 받는 것'에 대해서 매우 부정적이었습니다. 말씀 사역자가 말씀을 전했다고 해서 그 '말씀에 대한 감사'를 '돈'으로 대신하는 것은 이해가 잘 되지 않는 문제였습니다. 그래서 저는 나중에 교회의 장로가 되면 교회 강사를 청할 때 돈을 안 받는 사람만 청해야겠다는 생각을 했습니다. 그런데 실제로 제가 나이가 들고 목사가 되니까 이런 생각이 들었습니다. '말씀을 전하는 대가로 돈을 받는 것'에 대한 부정적인 생각에는 변함이 없지만, 강사를 청하는 입장에서 이런 생각이 들게 된 것입니다.

'그럼 **감사의 표시**는 무엇으로 해야 하지?'

그렇지요? 감사의 표시는 어떻게 해야 합니까? 그냥 말로만 "땡큐!" 하면 됩니까? 물론 감사하는 '마음'이 가장 중요합니다. 하지만 강사의 입장에서는 자기가 오기를 원해서 오는 것도 아닌데, 시간을 들이고 노력을 들여 준비해서 옵니다. 심지어 자기가 교통비를 들여서 와야 합니다. 그런데 많은 시간과 노력을 강요해 놓고 아무것도 주지 않으면서 "저희는 감사의 마음이 충만합니다."라고 하면, 청하는 쪽에서 이기적인 것이 아닙니까?

결국 '돈을 주는 것'은 좋은 일이 아니지만, 그럼에도 '마음을 보이는 최소한의 방식'이 될 수밖에 없습니다. "나는 맨입으로 감사할 테니, 너는 네 노력, 시간, 돈을 들여 오도록 해라."라고 하는 것은 **'사실 감사하지 않는 것'**과 같습니다. 대충 맨입으로 때우자는 것이 됩니다. 그래서 강사비를 드리는 것은 '최소한의 감사를 표하는 수단' 정도인 것입니다.

이 이야기는 얼핏 보면 상관이 없어 보여도, 은혜를 받은 이가 하나님께 무엇을 드려야 하느냐에 대한 문제에서 상당히 유사성을 가진 예입니다. 왜냐하면 우리가 감사를 진정으로 표하기 위해서는 '무언가라도 도구를 사용해야 하듯이' 하나님의 은혜에 대한 갚음 또한 비슷하기 때문입니다.

은혜를 받은 우리는 하나님께 무엇으로 갚을 수 있을까요? 먼저, 자명한 것은 '은혜는 갚을 수 없다'는 점입니다. 앞서 죄를 저질렀을 때의 예에서도 보았듯이, 죄에 대해 갚음이 불가능하듯 '은혜'에 대해서도 갚음이 불가능합니다. 무엇으로 갚을 수 있겠습니까? 우리가 갚음으로 드릴 수 있을 정도의 것이 없는데, 동일한 가치의 무언가가 없는데 무슨 수로 갚을 수 있겠습니까?

그래서 기본적으로 은혜 갚음에 대한 주제의 기초는 '불가능'입니다. 우리는 갚을 수 없습니다. 그러면 어떻게 해야 할까요? "갚을 수 없으니 안 갚겠습니다." 라고 해야 합니까? 그 역시 합당하지 않습니다. 이런 것을 '배은망덕'이라고 합니다. 그래서 결국 우리는 하나님께 이렇게 할 수밖에 없습니다.

> "동일한 대응, 동일한 갚음이 되지 않을 수밖에 없지만,
>
> 이 정도라도 받으십시오."

굳이 표현하자면 '소정의 성의'라고 할까요? 하나님의 은혜에 대하여 우리 편에서는 '전혀 아무런 갚음도 할 수 있는 것이 없기 때문'에 우리 편에서 배은망덕하지 않을 수 있는 유일한 길이라고는 '소정의 성의' 정도밖에는 없습니다. 우리가 하나님께 무엇을 드릴 수 있겠습니까? 또 하나님은 그 어느 것도 부족이 없으신데 무엇을 받으실 필요가 있겠습니까?

그러면 바로 이 "이 정도라도 받으십시오."의 마음으로 우리가 하나님의 은혜에 대하여 갚음을 하려고 할 때, 하나님의 말씀이 우리에게 계시하고 있는 방식이 무엇인가를 생각해 볼 수 있습니다. 말하자면 우리 편에서 "무어라도 하나님께 드리고 싶어요!"라고 했을 때, 하나님께서 성경을 통하여 우리에게 알려 주신 "그래, 그 정도라도 네가 표하면 내가 기쁘게 받도록 하마!" 하신 것이 무언가를 살피자는 것입니다.

그것이 감사

신조의 말씀을 이 관점에서 읽으면, 이 '소정의 성의'가 무엇인지 아주 쉽게, 확연하게 드러납니다.

> 따라서 이 은혜를 받고 있는 사람은 오직 하나님께 빚을 지고 그분께만 영원히 감사를 드립니다.

간결한 문장으로 '하나님께 받은 은혜'에 대하여 무엇을 드려야 할지가 설명되어 있습니다. 그것은 "영원히 감사를 드리는 것"입니다. 우리는 하나님의 은혜를 '갚을' 수 없습니다. 그래서 하나님께서는 우리에게 "그래, 내가 너희에게 준 은혜에 대하여 보답하고픈 마음이 있다면 이것을 하거라."라고 하면서 주신 것이 바로 **'감사'**입니다. 이 점에서 데살로니가전서 말씀은 **'하나님의 뜻'**과 **'감사'**가 연결되어 있는 중요한 말씀입니다.

> 범사에 **감사하라** 이것이 그리스도 예수 안에서 너희를 향하신 **하나님의 뜻**이니라_ 살전 5:18

도르트 신조에서 '하나님의 뜻'을 '작정'과 관련하여 들었기 때문에 우리에게 "뜻"이라는 표현은 비범합니다. 그런데 놀랍게도 하나님께서는 그분의 뜻을 말씀하시면서 우리에게 "범사에 감사하라"라는 명령을 주셨습니다.

우리가 작정 교리를 배울 때 하나님의 백성을 향한 예정을 움직이는 유일하고도 강력한 단 한 가지는 "하나님의 원, 하나님의 뜻"이라고 하였습니다. 이렇게 우리를 그분의 자녀로 삼으실 때 작용하셨던 그분의 뜻이, 우리를 기업으로 삼은 후의 자리에서 다시 한번 나타나 "나의 뜻은 이것이다"라고 하셨는데, 그것이 바로 **"범사에 감사하는 것이 나의 뜻이다."**라는 말씀입니다.

그리고 하나님께 은혜로 받은 것들에 대하여 **돌려드려야 할 것으로서의 감사**는 다른 성경에서도 나타납니다. 골로새서에서는 하나님의 은혜로 부르심을 받은 주의 백성들에게 감사가 요청됩니다.

그리스도의 평강이 너희 마음을 주장하게 하라 너희는 평강을 위하여 한 몸으로 부르심을 받았나니 너희는 또한 **감사하는** 자가 되라. 그리스도의 말씀이 너희 속에 풍성히 거하여 모든 지혜로 피차 가르치며 권면하고 시와 찬송과 신령한 노래를 부르며 **감사하는** 마음으로 하나님을 찬양하고 또 무엇을 하든지 말에나 일에나 다 주 예수의 이름으로 하고 그를 힘입어 하나님 아버지께 **감사하라**_골 3:15-17

이 짧은 문장 속에 "감사하라"가 무려 세 번이나 반복됩니다. 감사야말로 하나님으로부터 부르심을 받아 그분의 기업이 된 자들에게 하나님께서 요청하시는 '갚음이 되는 방법'입니다. 1장에도 비슷한 말씀이 나타납니다.

우리로 하여금 빛 가운데서 성도의 기업의 부분을 얻기에 합당하게 하신 아버지께 감사하게 하시기를 원하노라_골 1:12

우리가 이 말씀들을 통해 알 수 있는 중요한 특질 하나는, '감사'를 성도의 삶의 여러 가지 일들 중 하나로 제시하고 있지 아니하고 **본질'로 제시하고 있다는 점**입니다. 즉 데살로니가전서가 말하는 "하나님의 뜻이니라"는 신자의 삶의 '어떤 한 부분'이라기보다는 '하나님의 본의'를 드러내고 있습니다. 골로새서 3장에서 감사가 신자의 삶의 핵심이듯이 1장도 마찬가지입니다. "성도의 기업을 얻는 것"과 "감사"는 밀접하게 연결되어 있어서, '성도'라는 정체성을 형성합니다. '감사하는 것'은 그야말로 신자의 특징, 신자의 본질입니다.

이방인들의 특질

따라서 이 사실은 **'반대 방향'에서도** 진리입니다. 저는 우리나라에서 쓰는 말이기는 하지만 성경 진리와 너무나 부합되는 단어 한 가지를 종종 사용하곤 합니다. '배은망덕(背恩忘德)'이 그것입니다. 배은망덕만큼 하나님을 잊은 이들의 삶의 정체성을 잘 보여 주는 단어는 없다고 생각합니다. 참으로 '은혜를 배반'하고 '덕을 잊는 것'이야말로 **불신앙의 실체**입니다. 그래서 성경에서는 '감사하지 않는 것'이 불신자의 중요한 특성 중 하나입니다.

> 하나님을 알되 하나님을 영화롭게도 아니하며 감사하지도 아니하고 오히려 그 생
> 각이 허망하여지며 미련한 마음이 어두워졌나니_롬 1:21

이 말씀에서 하나님을 배반하는 이들의 전형적인 특징은 "하나님을 알되", 즉 하나님께서 자신을 충분히 알리셨음에도 불구하고 "영화롭게도", "감사하지도" 않는다는 것입니다. 헬라어 문장에서는 이 둘을 말한 다음에 영어로 치자면 'but' 이 나오는데(헬. 알라), 이는 전형적인 앞과 뒤의 대조입니다. "오히려"라고 번역해도 되고 "반면"이라고 해도 됩니다. 즉 하나님을 "영화롭게도", "감사하지도" 않는 사람들은 **'오히려' 어떻게 됩니까?** "그 생각이 허망하여지고 미련한 마음이 어두워"집니다. 좀 더 정확하게 말하자면 그가 하는 생각, 곧 심사숙고가 "허망", 곧 헛되게/비게 되고, 마음에 있어서는 "어리석어서"(미련하여), "어두워"지는 것입니다.

우리는 이 로마서 1장 말씀을 통해서 감사의 중요한 특질을 알게 됩니다. 앞에서 우리는 '감사'라는 것이 하나님께 받은 은혜에 대하여 우리 편에서 **'소정의 성의'**를 보이는 것이라고 하였습니다. 그렇다면 '감사하는 삶'이란 하나님께 받은 은혜를 아는 이들, 곧 구원의 은혜를 받은 이들의 **'삶의 특징'**이 될 것입니다. 그래서 하이델베르크 교리문답의 세 구분은 이것을 보여 주지 않습니까? 하이델베르크 교리문답은 세 부분으로 구성되어 있습니다.

> 첫째, 나의 죄와 비참함이 얼마나 큰가?
> 둘째, 나의 모든 죄와 비참함으로부터 어떻게 구원을 받는가?
> 셋째, 그러한 구원을 주신 하나님께 어떻게 감사를 드려야 하는가?

첫째는 '지각', 곧 자신의 본연을 아는 것이고, 둘째는 '구원', 곧 그 본연으로부터 은혜로 말미암아 헤어나오는 방법을 말한 것입니다. 마지막 셋째는 **'구원 이후의 삶'**입니다. 그리고 구원 이후의 삶의 특징을 교리문답은 '감사'로 표현하였습니다. 그렇다면 **감사야말로 '신자의 삶의 특성'**입니다. 아무나 감사할 수 없습

니다. 신자만 참 감사를 드릴 수 있습니다. 로마서 1장 21절은 이 사실을 정확하게 보여 주고 있는 것입니다.

하나님을 경외하지 않는 이들의 삶은 제아무리 골똘히 생각하더라도 그 생각이 "헛된 것", "허망한 것"을 향해 질주하게 되어 있습니다. 하나님을 모르는 이들에게 '카르디아', 곧 마음은[115] 항상 "미련"하고 "어두워"지는 곳을 향하여 나아가는 것입니다. 이것이야말로 이방인들의 특징, 하나님을 경외하지 않는 이들의 특징입니다.

왜 이방인들은 "영화롭게도", "감사하지도" 않으면서, "오히려", "허망하여지고", "어두워집"니까? 결국 **'감사'가 없는 삶의 궁극적인 원인은 그들에게 '은혜'가 없기 때문**입니다. "감사는 은혜 받은 자의 특징이고, 불신자들은 받은 은혜가 없으므로 진정으로 감사치 못한다." 이것이 로마서가 가르쳐 주고 있는 진실입니다.

이 사실을 깊이 생각할 때, 신자로서 감사의 삶을 사는 것은 아주 중요한 것이 됩니다. 그저 '남들보다 성품이 더 좋은 사람들에게 나타나는 특성' 같은 것이 아닙니다. 감사는 강력하게 '신자임을 드러내는 품성'입니다.

바로 이런 점에서 '긍정의 삶' 혹은 '능동적인 삶'을 복음으로부터 끌어오지 아니하고 심리학으로부터 끌어온 현대 신학의 시류는 통탄할 만한 것입니다. '긍정의 힘' 류의 운동들은 복음으로부터 출발하지 않았으므로 단지 '내 삶을 밝게 변화시켜 주고', '더 삶을 활력적으로 만들기 위해' 차용된 세속 학문입니다. 가장 결정적인 차이는 **'은혜로부터 출발하지 않았다'**는 것입니다. 그러나 성경으로부터 출발한 '참으로 은혜 받은 신자의 삶'은 '감사의 삶'이며, 따라서 능동적이고, 적극적이고, 긍정적인 삶이 됩니다. 감사야말로 '은혜를 받은 이에게서 드러날 수밖에 없는 특질'이며, 불신자의 삶의 특질이야말로 '배은망덕'인 것입니다.

성찬은 감사를 표하는 예전

끝으로 한 주제를 더 생각하며 내용을 정리합시다. 마지막으로 우리가 주의를 기

---

115 — 정확하게는 사람의 '몸의 반대편에 있는 정신적인 모든 것'을 가리킨다.

울여야 하는 것은, 성경이 특별히 '성찬'을 '감사'라고 표현했다는 점입니다. 그렇다면 하나님의 백성의 삶이 감사라고 할 때, 이를 **가장 강력하게 드러낼 수 있는 방편은 바로 '성찬'**입니다. 성경 말씀 몇 군데를 읽어 봅시다.

> 또 떡을 가져 감사 기도하시고(헬. 유카리스테오, 감사하다) 떼어 그들에게 주시며 이르시되 이것은 너희를 위하여 주는 내 몸이라 너희가 이를 행하여 나를 기념하라 하시고_눅 22:19
>
> 축사하시고(감사하시고) 떼어 이르시되 이것은 너희를 위하는 내 몸이니 이것을 행하여 나를 기념하라 하시고_고전 11:24
>
> 또 잔을 가지사 감사 기도 하시고 그들에게 주시니 다 이를 마시매_막 14:23
>
> 그들이 먹을 때에 예수께서 떡을 가지사 축복하시고 떼어 제자들에게 주시며 이르시되 받아서 먹으라 이것은 내 몸이니라 하시고_마 26:26

예수님께서 성찬을 '감사'로 사용하시고, 사도 바울 역시 그렇게 했기 때문에, 2세기 동안 교회는 **'성만찬 예식' 자체를 '감사'라고** 불렀습니다.[116] 예수님께서 성찬을 제자들에게 주실 때, "감사"하셨습니다. 이 장면이 무엇을 드러내고 있습니까? 그리고 고대교회들이 이 가르침을 받아 성찬을 "감사"라고 불렀다는 점은 무엇을 드러내고 있습니까?

성찬이라는 것은, 그중 특히 떡은, **그리스도께서 우리를 위하여 주신 자신의 몸이 우리의 '양식이 됨'을 고백하는** 예전적 행위입니다. 우리는 성찬의 떡을 먹으면서 '주님의 몸을 먹는다고' 고백합니다. 그리고 우리는 주님의 몸을 먹는 일을 통해 주님의 몸에 연합되어, 이 세상에서 살아가더라도 실로 주님의 몸을 '입고' 살아가는 존재가 됩니다.

그래서 성찬의 떡을 먹는 일은 우리가 지금 이 먹는 일을 통해 기이한 방식으로 하나님의 아드님의 몸에 연합되었으니, 이제 우리의 삶은 겉으로는 눈에 보이는 것을 통해 살고 있는 것처럼 보일지라도, 즉 "사람이 떡으로 사는 것처럼" 보

---

116 — 바이블 렉스, 유카리스테오(εὐχαριστέω).

이지만, 실은 눈에 보이지 않는 것을 통해 살고 있다는 것을 고백하는 행위가 되는 것입니다.

말하자면 성찬이란 '보이지 아니하는 하나님의 것'을 '보이는 삶의 것'으로 **치환하는 방식**이며, 먹고 마실 수 '없는' 주님의 몸을 '먹고 마시는 것을 통해' 받는 행위입니다. 이 성찬 행동으로 인하여 우리는 '땅에서 먹고 마시는 일', 곧 '삶의 여러 가지 활동들'이 실제로는 **하늘에 계신 주님을 원천으로 하고 있다**는 사실을 분명히 깨닫게 됩니다.

그렇다면 성찬을 '감사'라고 불렀다는 것은 무엇을 의미합니까? **감사야말로 '하늘의 삶의 방식'**인 것입니다. 불신자는 왜 감사할 수 없었습니까? 감사의 원본은 언제나 '은혜에만' 붙어 있기 때문이라고 했습니다. 그것을 실제로 눈으로 확인하는 곳이 바로 성찬상입니다.

우리는 예배의 성찬 시간에 '우리가 하늘에 계신 분께 붙어 있다는 것'을 발견합니다. 그리고 이 '하늘에의 속함'을 가지고 다시 땅에서 살기 위해 예배당을 나섭니다. 그렇다면 이 하늘의 삶의 양식을 받은 주의 백성들이 세상 속에서 살아갈 때의 양식이란, 참으로 **'범사에 감사'**가 되는 것입니다.

세상 사람들은 '사람에 대한 감사'밖에 모릅니다. 이것은 원본 없는 복사본이기 때문에 거짓 감사입니다. 하나님께 연결되어 있지 않은 사람에 대한 감사는 복제본으로서 거짓입니다. 하나님께 대한 감사에 연결된 사람에 대한 감사만이 진짜입니다. 그래서 그리스도인만 감사할 수 있고, 그래서 감사가 그리스도인의 삶의 본질인 것입니다.

르네 지라르(René Girard, 1923-2015)가 말하는 "희생양 이론"의 핵심은, 사람은 궁지에 몰릴 때 "너 때문이야!"라고 말할 희생양, 마녀사냥의 대상을 찾는다는 것입니다.[117] 고통의 시기를 지나갈 때를 보십시오. 사람들은 누구나 수군대면서 자신의 속에 치밀고 있는 분노와 화를 쏟아부을 대상을 물색합니다. 하지만 '그리스도의 죽음을 품고 살아가는 이'는 그렇지 않습니다. 우리에게는 '은혜'가 있습니다. 그러므로 우리는 '감사'합니다. 배은망덕의 화신들이 '불평'을 쏟아붓고, '증

---

117 — 르네 지라르, 『희생양』 (서울: 민음사, 2007)

오'를 타게팅할 이들을 물색할 때, 우리는 먼저 '감사'합시다. 그리하여 "하늘에 계신 우리 아버지의 아들 됨"(마 5:16)을 입증하도록 합시다.

셋째와 넷째 교리 :
인간의 타락, 하나님께 돌이키는 것과 그 일이 일어나는 방식에 관하여

제16조 : 사람의 의지는
제거되는 것이 아니라 되살아나는 것

사람이 비록 타락하였지만 여전히 사람으로 존재하며, 지적인 능력과 의지를 갖고 있습니다. 또한 모든 인류에 퍼진 죄악이 사람에게서 인간의 본성을 빼앗아 가지는 않았을지라도, 죄는 사람에게 부패와 영적인 죽음을 가져왔습니다.ⁱ 따라서 중생케 하시는 하나님의 이 은혜도 나무토막이나 돌들을 대하는 것처럼 작용하지 않고, 사람의 의지와 그 특성들을 제거하거나 힘으로 눌러 강요하지도 않으며, 오히려 사람의 의지를 영적으로 다시 살리고, 치유하고, 교정하며, 즐거이 그러나 강력하게 변화시킵니다.ⁱ ⁱⁱ 그 결과, 전에는 육신의 반항과 저항이 전적으로 지배하던 곳에 이제는 성령으로 말미암아 신속하고도 신실한 순종이 우세해지기 시작합니다. 바로 여기에 우리의 의지가 성령으로 말미암아 참으로 새롭게 되고 자유롭게 되는 일이 있습니다. 모든 선의 조성자이시고 기이한 일을 행하시는 그분이 우리를 그러한 방식으로 대하지 않으셨다면, 원창조 상태에서조차 사람을 스스로 파멸에 빠지게 만든 그 자유의지를 통하여서는 자신의 타락으로부터 다시 일어날 소망이 전혀 없었을 것입니다.

i 롬 8:2 이는 그리스도 예수 안에 있는 생명의 성령의 법이 죄와 사망의 법에서 너를 해방하였음이라 / 엡 2:1 그는 허물과 죄로 죽었던 너희를 살리셨도다

ii 시 51:10 하나님이여 내 속에 정한 마음을 창조하시고 내 안에 정직한 영을 새롭게 하소서 / 빌 2:13 너희 안에서 행하시는 이는 하나님이시니 자기의 기쁘신 뜻을 위하여 너희에게 소원을 두고 행하게 하시나니

● **강해 본문 ① : 요한복음 10장 14-18절**

14 나는 선한 목자라 나는 내 양을 알고 양도 나를 아는 것이 15 아버지께서 나를 아시고 내가 아버지를 아는 것 같으니 나는 양을 위하여 목숨을 버리노라 16 또 이 우리에 들지 아니한 다른 양들이 내게 있어 내가 인도하여야 할 터이니 그들도 내 음성을 듣고 한 무리가 되어 한 목자에게 있으리라 17 내가 내 목숨을 버리는 것은 그것을 내가 다시 얻기 위함이니 이로 말미암아 아버지께서 나를 사랑하시느니라 18 이를 내게서 빼앗는 자가 있는 것이 아니라 내가 스스로 버리노라 나는 버릴 권세도 있고 다시 얻을 권세도 있으니 이 계명은 내 아버지에게서 받았노라 하시니라

● **강해 본문 ② : 로마서 1장 1-7절**

1 예수 그리스도의 종 바울은 사도로 부르심을 받아 하나님의 복음을 위하여 택정함을 입었으니 2 이 복음은 하나님이 선지자들을 통하여 그의 아들에 관하여 성경에 미리 약속하신 것이라 3 그의 아들에 관하여 말하면 육신으로는 다윗의 혈통에서 나셨고 4 성결의 영으로는 죽은 자들 가운데서 부활하사 능력으로 하나님의 아들로 선포되셨으니 곧 우리 주 예수 그리스도시니라 5 그로 말미암아 우리가 은혜와 사도의 직분을 받아 그의 이름을 위하여 모든 이방인 중에서 믿어 순종하게 하나니 6 너희도 그들 중에서 예수 그리스도의 것으로 부르심을 받은 자니라 7 로마에서 하나님의 사랑하심을 받고 성도로 부르심을 받은 모든 자에게 하나님 우리 아버지와 주 예수 그리스도로부터 은혜와 평강이 있기를 원하노라

강압과는 전혀 다른 방식

요 10:14-18; 롬 1:1-7

저는 어렸을 때부터 집에서 항상 개를 키웠습니다. 대부분의 분들이 그렇듯, 개를 어떻게 훈련시켜야 하는지 체계적으로 배운 것이 아니라 어릴 때부터 부모님들이 하는 것을 보고 그대로 따라하는 방식으로 훈련시켰습니다.

부모님들께서 어린 강아지를 훈련시키신 방식을 간단히 설명하자면 이렇습니다. 처음 아기 강아지를 데려옵니다. 그리고 강아지를 잘 지켜보다가 볼일을 볼 것처럼 보이면, 잽싸게 들어가다가 신문지나 배변판 위에 갖다 놓습니다. 그리고 혹시라도 이 강아지가 그 신문지 외에 다른 곳에다 볼일을 보거나 하면 그 자리에서 코를 때립니다. 이것을 반복합니다. 볼일을 보려고 하면 신문지나 배변판에 갖다 놓고, 잘못 딴 곳에다 싸면 처벌을 합니다. 그것을 3일에서 4일, 느리게는 1주일에서 열흘 정도를 반복하면, 이 강아지는 이제 제대로 싸야 할 곳에 싸게 됩니다.

아이를 키우면서도 이런 생각을 했습니다. "개나 사람이나 기본적인 규칙에 있어서는 똑같다. 잘했을 때는 칭찬을 하고, 잘못했을 때는 벌을 주는 것, 그것이 훈육의 대상에 대하여 어느 것이 옳고 행해야 하는 일인지, 어느 것이 그릇되고 하지 말아야 하는 일인지 알려 주는 것이다."

지금도 여전히 큰 틀에서 이 생각이 틀렸다고 생각하지는 않습니다. 그래서 지금도 아이들을 양육하는 부모님들께 그렇게 가르치곤 합니다. "아이가 예배 시간에 떠들면 과자를 주거나 사탕을 주어 달래지 마십시오. 그것은 잘못된 행동을 하면 상을 받는다는 것을 그릇 가르치게 됩니다. 예배 시간에 잘못된 행동을 한다면 혼이 난다는 것을 알아야 그 행동을 하지 않게 됩니다. 부모가 만약 이것을 거꾸로 하여, 당장 아이의 입을 막기 위해 떠들 때 과자를 주기 시작하면, 이제 아이는 과자가 먹고 싶으면 예배 시간에 떠들 것입니다." 아마 아이를 키우는 부모님들이 대부분 동의하시는 내용이리라 생각합니다. 제가 보기에 부모의 **최악의 자녀 교육은 아이가 잘못 행동했는데 상을 주는 일**입니다.

이제 여기서 다음 단계를 생각해 봅시다. 단순한 상벌로 옳음과 그름을 가르치는 것은 '과연 언제까지' 행해져야 할까요?

어느새 제 아들 한빈이가 고등학생이 되었습니다. 심지어 이제는 고등학교도 졸업할 때가 되었지요. 지금, 다시 똑같은 일을 생각해 봅시다. 한빈이가 잘못을 저질렀습니다. 이제 저는 어떻게 해야 할까요?

물론 큰 틀에 있어서 "상을 받을 일에는 상을 주고, 벌을 받을 일에는 벌을 준다"라는 규칙이 변하지는 않았습니다. 하지만 중대한 변화가 하나 생겼습니다. 그것은 상이나 벌의 **'방식'의 문제**인데요. 말하자면 이렇습니다. 고등학생이 된 한빈이에게 여섯 살이었던 한빈이 때와 똑같이 잘한 일이 있을 때 사탕을 주고 잘못한 일이 있을 때 손바닥을 때리면, 아이에게 적합한 교육이 될까요?

아마 이 정도의 나이가 된 자녀를 가진 부모님이시라면 누구나, 아이들에게서 언제부턴가 감지되는 것을 느끼실 것입니다. "어? 이제는 저 방식이 통하지 않는데?"

그렇습니다. 고등학생인 한빈이에게는 이제 사탕을 주거나 손바닥을 때리는 방식으로는 옳고 그름을 가르칠 수 없습니다. 이 정도의 나이가 된 아이에게는 어떤 방식으로 부모가 가르쳐야 할까요? 네, 맞습니다. **'대화'를 하는 것**이죠.

사람은 부모가 되었더라도 여전히 죄인이며 부족한 사람들이기 때문에, 아이가 무언가 잘못했을 때 야단을 치고 혼을 내다가도 **"내가 잘못 가르치고 있구나."**를 느낄 때가 있습니다. 이럴 때 바른 훈육의 방법을 어떻게 깨닫게 될까요? '대화를 통해서'입니다.

우리는 부모로서, 아이가 어느 정도 자라 지각을 갖게 되고, 그래서 스스로 판단하고 평가할 수 있을 정도의 나이가 되면, 그 아이를 형벌로 다스리는 대신 지각 자체를 자극합니다. **강요하고 억압하기보다는 그 아이가 '스스로 생각하여 바른 길을 판단할 수 있도록'** 교육하고 양육하는 것입니다. 이렇게 하는 부모가 좋은 부모이며, 이것을 무시하고 제멋대로 하는 부모는 잘못된 부모입니다.

우리는 셋째와 넷째 교리의 열여섯 번째 항목에서 이것을 배우게 됩니다. **하나님께서는 우리를 '자녀'로 대하시되 '지각이 있는 자녀로' 대하십니다.** 하나님께서는 선을 베푸시지만 억누르는 방식으로 하지 않으시고 사람을 감화하여 움직이시는 방식으로 하십니다. 이 사실이 우리를 '어떤 자녀로 자라 가야 할지에 대한 결심'으로 이끌게 되기를 소망합니다.

타락과 중생의 공통점

타락으로 일어난 일

16조를 살피면 즉시 첫 주제가 "타락이란 무엇인가?"임을 쉽게 알 수 있습니다. 첫 부분의 요약은 이 정도로 말할 수 있습니다.

> 사람은 타락하였어도 짐승이 아니다.

아담과 하와는 선악과를 먹고 타락하였습니다. 하나님을 배반하고 원래의 영광을 다 상실해 버렸습니다. 그런데 아담이 이 모든 하나님께서 주신 영광을 **다 잃어버렸다고 할지라도**, 그가 짐승이 된 것은 아닙니다. 아담은 여전히 말하고, 생각할 수 있었으며, 인간으로서의 기본적인 지각은 가지고 있었습니다. 타락이 망가뜨린 것은 '사람 전체'가 아니었습니다. 타락은 하나님의 '영광스러운 형상으로서의 인간'을 망가뜨렸지만, 그렇다고 해서 인간이 인간이 아니게 된 것은 아닙니다. 16조의 첫 부분을 읽어 보겠습니다.

사람은 타락하였어도 여전히 지적인 능력과 의지를 부여받은 사람으로 존재하며, 또한 모든 인류에 퍼진 죄악이 사람에게서 인간적인 본성을 빼앗아 가지는 않았으나 죄는 사람에게 부패와 영적인 죽음을 가져왔습니다.

중생에도 적용

그리고 이 '타락'에 적용된 방식이 **'중생'에도** 똑같이 적용됩니다.

> 따라서("따라서"라고 했으니 앞의 내용과 같은 방식이라는 뜻이다-필자 주) 하나님의 이 중생케 하시는 은혜도 나무토막이나 돌들을 대하는 것처럼 작용하지 않고, 사람의 의지와 그 특성들을 제거하거나 힘으로 눌러 강요하지도 않으며, 오히려 사람의 의지를 영적으로 다시 살리고 치유하고 바로잡으며 즐거이 그러나 강력하게 변화시킵니다.

신조의 이 내용을 통해 우리는 하나님께서 우리를 다루시는 방식을 깨닫게 됩니다. 하나님께서는 죄와 타락에 있어서나, 구원/중생에 있어서나 **동일한 방식으로 대하십니다.** 하나님께서는 우리가 죄로 말미암아 타락했을 때 '벌레나 먼지'처럼 만들어 버리지 않으셨던 것과 마찬가지로, 그리스도를 통해 믿음으로 구원을 얻고 하나님의 자녀의 지위를 회복했을 때에도 구원받은 사람의 변화된 모습이 '전혀 사람이 아닌 방식'으로, '사람으로서는 존재가 불가능한 방식'으로 만드시지는 않으셨던 것입니다. 우리는 완전한 상태에서 타락했을 때에도 짐승이 된 것은 아니지만, 구원받아 새로운 존재가 될 때도 전혀 우리가 이해하지도 못할 상태로 '강압적으로' 변화된 것이 아닙니다. 오히려 하나님께서는 우리를 **북돋우셔서 스스로 움직일 수 있도록** 중생을 허락해 주셨습니다.

이것을 신조 16조 제목에서 "사람의 의지는 제거되는 것이 아니라 되살아나는 것"이라고 정리했습니다. 은혜가 회복되고 우리 속에서 성령님의 능력이 살아난다고 해서 사람이 원래 가지고 있던 "의지가 제거되는 것"은 아니라는 뜻입니다. 우리 의지는 제거하시고 하나님이 원하는 방식으로 강압적으로 끌고 가시는 것이 아닙니다. 오히려 하나님의 방식은 **우리 속에 의지를 되살리셔서**, 우리가 스스로의 힘으로 하나님을 붙들고 살아갈 수 있도록 하셨습니다.

이유

왜 이렇게 하실까요? 하나님께서 이런 방식으로 일하시는 이유가 무엇입니까? 하나님께서는 우리에게 새로운 생명을 불어넣으실 때 왜 **내 의지가** 하는 것인 양, **내가** 그 일을 하는 것처럼, 그렇게 일하시기를 원하셨습니까? 신조의 내용을 다시 봅시다.

> 사람의 의지와 그 특성들을 제거하거나 힘으로 눌러 강요하지 않고, 오히려 사람의 의지를 다시 살리고, 치유하고 바로잡으며, **즐거이** 강력하게 변화시킨다.
>
> 그 결과 전에는 육신의 반항과 저항이 전적으로 지배하던 곳에, 이제는 성령으로 말미암아 신속하고도 신실한 순종이 우세하여지기 시작한다. **바로 여기에 우리의 의지가 성령으로 말미암아 참으로 새롭게 되고 자유롭게 되는 일이 있습니다.**

참 자유의 회복입니다! 하나님께서 우리를 자녀 삼으시는 방식은 하나님께서 무언가 원하시는 선이 있고, 우리에게 목줄을 매어 그리로 끌고 가시는 방식이 아니라, 마치 서론에서 자녀 교육에 대해 말씀드렸듯이 **대화하고, 설명하고, 이해시키고, 움직여서** 우리를 끌고 가시는 방식입니다. 우리는 "즐거이" 변화되며, "자유롭게" 됩니다. 하나님의 중생의 방식은 우리로 하여금 **자발적으로 주를 좇도록** 하는 것이었습니다.

그리스도의 자발성

그리스도의 자발성: 요한복음과 로마서

그러면 하나님께서 우리에게 자발성을 원하시는 이유는 무엇입니까? 하나님께서는 왜 본성에 있어 우리를 강제로 매지 않으시고, 억지로 끌고 가지 않으시고, 스스로 나아가기를 원하실까요? 하나님께서는 왜 강압하는 대신 대화하기를 원하실까요? 하나님께서는 왜 우리를 새롭게 하실 때 번거롭게도 우리 속에 성령님을 보내셔서 우리 의지로 하여금 자발적으로 변화를 이끌어 내도록, 순종이라는 것을 우리 스스로 하게끔 하실까요?

아마도 이것은 '삼위 하나님의 관계성'에 그 대답이 있을 것입니다. 말하자면 하나님께서 '인간인 우리'와 관계를 맺으실 때 기대하시는 것은 성부, 성자, 성령 하나님께서 서로를 향하여 관계를 맺으시는 바로 그 관계성을 '우리에게도 원하시기 때문'이 아닐까요?

그렇다면 우리 자발성의 표본은 '예수 그리스도께서 자발적으로 성부께 순종하셨다는 데' 있습니다. 하나님께서는 우리가 '성자께서 성부를 사랑하시듯이' 그렇게 하나님을 사랑하기를 원하십니다. 요한복음 10장 말씀과 로마서 1장 말씀에 이를 들여다볼 수 있는 내용이 있습니다.

> 내가 내 목숨을 버리는 것은 그것을 내가 다시 얻기 위함이니 이로 말미암아 아버지께서 나를 사랑하시느니라 이를 내게서 빼앗는 자가 있는 것이 아니라 **내가 스스로 버리노라** 나는 버릴 권세도 있고 다시 얻을 권세도 있으니 이 계명은 내 아버지에게서 받았노라 하시니라_요 10:17-18
>
> 성결의 영으로는 죽은 자들 가운데서 부활하사 능력으로 하나님의 아들로 선포되셨으니 곧 우리 주 예수 그리스도시니라_롬 1:4

우선, 요한복음 10장이 우리에게 알려 주는 중요한 사실은 예수님께서 십자가를 지시고 인류의 구원을 위하여 행하신 저 모든 일이 단지 **'하나님의 명령'에 의해서** 행하신 것이 아니라는 점입니다.

예수님께서는 자신이 목숨을 버리시는 이유를 "내게서 빼앗는 자가 있는 것이 아니라 내가 스스로 버린다."라고 분명히 말씀하셨습니다. 예수님께서 몸을 입고 세상에 오신 일이나 십자가를 지고 죽으시는 모든 일은 하나님의 계획이었음과 동시에 '**스스로**' 결정하신 일이었습니다. 심지어 주님께서는 이 말씀에서 "나는 버릴 권세도 있고 다시 얻을 권세도 있다."라고 말씀하십니다. '권세'라는 말은 사실 성부께 어울리는 표현입니다. 우리에게는 그리스도께서 목숨을 버리시는 일에 스스로 권세를 가지고 계시다는 말이 좀 낯설게 들립니다. 어쩌면 통상 우리는 예수님이 **성부 하나님의 '명령과 지시에 의해'** 이 일을 행하셨다고 생각하기 때문인지도 모르겠습니다.

그러나 주님께서는 자신이 권세를 가지셨다고 말씀하십니다. 그렇다면 예수님의 구속 사역이라는 것은 단순히 성부 하나님께서 "너 이것 좀 해 봐라." 해서 한 것이 아니게 됩니다. 그리스도의 구속 사역은 **'매우 능동적인 입장'**에서, **'자발적으로'** 행해진 사건이었다는 말입니다. 비록 그 전체 계획의 주체가 아버지 하나님이셨다고 할지라도, 성자께서 이를 이행할 수 있었던 이유는 "이유는 모르겠고 그냥 아버지가 하라고 하시니까…"가 아니라,

> 성부 하나님의 뜻에 대해 매우 정확한 이해를 갖고 계신 성자께서,
> 그 성부 하나님의 깊으신 뜻이 무엇을 겨냥하고 있는지를 가장 잘 아셨기 때문에,
> 거기에 공감하여 스스로 그렇게 하기로 정하시고 발을 내디디신 일입니다.

그리고 로마서의 말씀은 이를 더욱 뒷받침해 줍니다. 로마서는 예수님께서 죽으시고 부활하신 일을 통해 "능력으로 하나님의 아들로 인정되셨다."라고 합니다. 이 말씀은 겉으로 보기에는 마치 예수님께서 자기 능력으로 하나님의 아들이라는 '타이틀을 획득한 것처럼' 보입니다.

하지만 이런 생각을 지지할 수 없는 이유는, 예수님께서는 **세상에 오시기 전부터 이미 하나님의 아들이셨기 때문**입니다. 그분은 굳이 세상에 오셔서 성육신과 고난과 부활을 통하여 하나님의 아들이라는 타이틀을 획득하실 이유가 없으셨습니다. 그럼에도 불구하고 로마서가 이렇게 말하는 이유는 그리스도의 이 구속 사역이 그분의 **하나님 아들 되심을 매우 선명하게 선포**하는 사건이기 때문입니다. 루터 선생님은 이 부분을 이렇게 주석했습니다.

> 그가 하나님의 아들이 '된 것'이 아니다. 그는 언제나 하나님의 아들이었고 영원토록 하나님의 아들이다. 하지만 이런 사실은 아직 사람들에게 온전히 알려져 있지

않았고 드러나 있지 않았다. … 그래서 성령께서는 사도들을 통해서 예수 그리스도는 모든 피조물들이 복종해야 할 만물을 다스리는 주님, 하나님의 아들이고, 하나님 아버지께서는 그를 주와 그리스도가 되게 하셨다는 것을 확증하시고 알게 하셨다. 이것이 '능력으로 하나님의 아들로 인정되셨으니'라는 구절이 표현하는 내용이다. 육신으로는 다윗의 자손인 이 사람이 다윗의 자손으로서 연약함 속에서 만물에 복종한 후에, 이제 공공연하게 능력을 지닌 하나님의 아들, 즉 만물을 다스리는 전능한 주님으로 알려지게 된다.[118]

그렇습니다. 그리스도께서 부활을 통해 "능력으로 하나님의 아들로 인정되셨다."라는 것은, 그리스도께서 **그렇게 행하시는 일을 통해서 온 피조 세계에 대한 통치의 권세를 획득하게 되셨다는 의미**입니다.

그렇다면 로마서의 이 말씀을 가지고 그리스도의 구속 사역을 생각해 보자면, 예수님께서는 하고 싶지 않지만 아버지의 권유에 의해서 마지못해 십자가를 지시고 다시 부활하신 것이 결코 아닙니다. 사람이 잘 보지 못하지만 성경의 계시에 의해 밝히 드러난 사실에 의하면 성부 하나님께서 세상을 통치하시는 이 통치권을 아들에게 물려주시고 위양해 주시는 가장 중요한 방편이야말로 **숙이시고, 낮아지시고, 겸손해지시고, 고난 받으셔서, 죄의 모든 영향력들을 겪으신 후에 영광스런 부활을 통해 온 피조 세계에 하나님의 통치권을 널리 선포하시는 이 방식**이었습니다. 그래서 예수님께서는 승천하기 전 제자들에게 "하늘과 땅의 권세를 나에게 주셨다"라고 선언하셨습니다(마 28:18). 십자가와 부활을 통해 주님께서 세상 통치의 권세를 위임받으신 것입니다.

이런 연유로 예수님의 십자가 죽으심과 영광스러운 부활은 피치 못한 죽으심의 문제가 될 수 없습니다. 그리스도의 이 순종은 하나님의 권능의 통치를 만천하에 드러내는 일입니다. 따라서 그리스도께서는 이를 소극적으로 마지못해 하실 수 없습니다. 그리스도의 죽으심과 부활은 왕자로서 왕의 자리에 앉는 대관식! 성부 하나님으로부터의 **왕위 수여식/대관식**입니다! 어떤 왕자가 왕위 수여식

---

118 — 마르틴 루터, 『루터의 로마서 주석』, 박문재 옮김 (고양: 크리스챤다이제스트, 2001), 46-47.

을 소극적으로 참여할 수가 있겠습니까?

그리스도께서 이 땅에 오셔서 행하신 모든 일은 결코 소극적이지 않습니다. 그리스도께서는 힘을 다하여! 열정을 다하여! 적극적이고 능동적으로! 성부 하나님의 구원의 방식에 동의하시고 이 일을 수행하셨습니다.

어떻게 가능했을까? 핵심이 무엇인가?

예수님께서 이렇게 할 수 있으셨던 **동력**은 무엇일까요? 예수님의 이런 구원 사역을 향한 **자발성은 무엇 때문에** 가능했던 것일까요? 예를 들어 요한복음 5장을 보면, 예수님께서는 유대인들이 예수님께서 안식일에 병자를 고치는 것을 두고 핍박을 하니까 이런 말씀을 하셨습니다.

> 너희가 성경에서 영생을 얻는 줄 생각하고 성경을 연구하거니와 이 성경이 곧 내게 대하여 증언하는 것이니라 그러나 너희가 영생을 얻기 위하여 내게 오기를 원하지 아니하는도다 나는 사람에게서 영광을 취하지 아니하노라 다만 하나님을 사랑하는 것이 너희 속에 없음을 알았노라 나는 내 아버지의 이름으로 왔으매 너희가 영접하지 아니하나 만일 다른 사람이 자기 이름으로 오면 영접하리라 너희가 서로 영광을 취하고 유일하신 하나님께로부터 오는 영광은 구하지 아니하니 어찌 나를 믿을 수 있느냐_요 5:39-44

유대인들은 갖고 있지 않았지만 주님께서 갖고 계셨던 것은 무엇입니까? 유대인들은 말씀을 사랑한다고 말했지만 실제로는 그렇지 않았기 때문에, 말씀이신 분께서 오셔도 알아보지 못했는데, 이는 그들에게는 무엇이 결여되어 있었기 때문입니까? 반면 주님은 무엇을 갖고 계셨습니까?

예수님께서는 영생을 얻을 줄 알고 말씀을 상고하는 유대인들을 향하여, 그들이 그 말씀 자신이신 예수님을 알아보지 못하는 이유를 한 단어로 설명하셨습니다. 그것은 바로 '사랑'입니다. 그들에게는 **"하나님을 사랑하는 것이 없었다."**라고 말씀하셨습니다. 즉 우리는 이 말씀을 통해 예수님께서 어떻게 이러한 구속의 사역을 자발적으로 짊어질 수 있으셨는지를 두 단어로 설명할 수가 있습니다.

예수님께는 이 두 가지가 풍성하고 온전하게 있었습니다.

● 지식

그리스도께서는 하나님께서 무엇을 하시려는지, 어떤 것을 계획하셨는지, 또 그것이 어떤 방식으로 이루어지기를 원하시는지, 분명하고 확고하게 아셨습니다. 겉모습으로만 피상적으로 아신 것이 아니라, 하나님의 안에서, 하나님의 모든 것을 분명하게 아셨습니다. 고린도전서 2장 11절의 말씀에 "사람의 일을 사람의 속에 있는 영 외에 누가 알리요, 이와 같이 하나님의 일도 하나님의 영 외에는 아무도 알지 못하느니라"라고 했듯이, 하나님의 영으로 아들 예수님께서는 아버지를 속속들이 아셨습니다. 특히 이 구속의 일을 이루시는 것을 통해서 최종적으로 성부께서 무엇을 이루시려는지, 그 중심을 분명하게 아셨습니다. 바로 그 지식! 하나님의 뜻에 대한 확실한 이해! 이것이 그리스도께서 자발적으로 자신의 사역을 짊어지게 하신 첫 번째 원동력입니다.

● 사랑

그리고 동시에 두 번째 동력은 '하나님께 대한 사랑'입니다. 사랑이 없으면 아무것도 이룰 수 없습니다. 유대인들은 행위로는 하나님의 법을 잘 지키는 것 같았습니다. 하지만 예수님께서 말씀하신 것처럼 그들은 하나님을 '사랑'하지 않았기 때문에, 최종적이고 결정적이며 가장 중요한 하나님의 말씀이 육신을 입고 이 세상에 오셨을 때, 그분을 알아보지 못하였습니다. 가장 중요한 순간에는 반역자가 되었습니다.

사랑이야말로 아들 예수님께서 아버지의 뜻에 순종하고 따를 수 있었던 가장 중요한 원동력이요 동기였습니다. 방금 '지식'을 말씀드렸지만, **'지식'이 온전한 사랑과 결합되지 않는다면 그것은 '정보'에 불과하게 됩니다.** 세상 그 누구도 '정보'를 위해 자기 목숨을 버리는 사람은 없습니다. 그리스도께서는 하나님의 뜻을 완전히 이해하셨고, 또 그분께 대한 완전한 사랑을 가지고 계셨기 때문에, 하나님의 구속 계획을 만났을 때 그 속에서 '능동성'이 생겨났습니다. '적극성'이 생겨났습니다. 하라고 하시니까 마지 못해 하신 것이 아니라, 적극적으로 이 일에 뛰어드셔서 구원을 이루신 것입니다.

그리스도를 닮는다는 것

하나님께서 백성 된 우리에게 기대하시는 것이 바로 이런 모습이기 때문에, 하나님께서는 우리를 구원하실 때에 **'강압적'**으로, **'강제력'**을 가지시고 하지 않으시고, 우리에게 성령을 부어 주셔서 **우리의 의지를 움직이셨습니다.** 우리가 그리스도를 닮아 참된 하나님에 대한 지식과 참된 하나님에 대한 사랑을 갖기를 원하심이 하나님께서 우리를 구원하신 목표이기 때문입니다. 중생이라는 것을 그저 어쩔 수 없는 일로 만들지 않으시고, 사람으로 하여금 스스로 발을 떼고 나아갈 수 있도록 함으로써 이 일을 이루신 것입니다. 로마서 8장 29절은 이렇게 말합니다.

> 하나님이 미리 아신 자들을 또한 **그 아들의 형상을 본받게 하기 위하여** 미리 정하셨으니 이는 그로 많은 형제 중에서 맏아들이 되게 하려 하심이니라_롬 8:29

하나님께서는 우리가 "그분의 아들의 형상을 본받기를" 원하셨습니다.

"그분의 아들의 형상을 본받는다"라는 것은 무엇을 의미합니까? 예수님과 외형적으로 비슷해지는 것입니까? 아니면 그분의 윤리/도덕적인 행위를 말하는 것입니까? 사람들에게 친절하고, 법을 잘 지키는 것을 말합니까?

"하나님의 아들의 형상을 본받는다"라는 것은 **'그저 그분처럼 되는 것'**입니다. 그런데 **그분처럼 되는 것의 핵심이 무엇이겠습니까?**

> 첫째, 하나님의 어떠하심과 그분의 사역에 대해 확실한 지식을 갖는 것입니다.
>
> 둘째, 그 하나님을 사랑하는 것입니다.

이렇게 **하나님께 대한 지식과 그분에 대한 사랑이 결합되어 있을 때**, 바로 그때 신자는 이제 그분을 위하여 살게 됩니다. 그분께서 세계를 지으시고 우리를 구속하신 의도와 목적을 분명히 알게 되기 때문에, 신자는 이제 그분을 위하여 자신의 삶을 드리게 됩니다.

그저 아버지, 어머니 때부터 교회를 다녔으니 주일이 되면 교회에 가야 하고, 예배란 지루하기 짝이 없는 일인데도 불구하고 하지 않으면 왠지 지옥에 갈 거 같으니까 예배를 드리게 되고, 세상이 한없이 사랑스럽고 세상의 가치들을 한없이 동경해 나이트 클럽에 가서 몸을 흔들면서 죄악에 탐닉하는 것은 너무 재미있지만, 성경 공부는 너무나 재미가 없는 일인데도 불구하고 어쩔 수 없이 교인으로서 살아가는 그런 식의 삶이 아니라, **자발적으로 하나님을 사랑하는 사람이 되도록 하기 위하여** 하나님께서 우리를 부르신 것입니다. 중생의 방식, 중생의 방법론 안에 이 함의가 이미 들어 있습니다. 신조의 문구 그대로입니다.

> 사람의 의지와 그 특성들을 제거하거나 힘으로 눌러 강요하지 않으며, 오히려 사람의 의지를 영적으로 다시 살리고, 치유하고, 바로잡으며, 즐거이 그러나 강력하게 변화시킵니다.
>
> 그 결과 전에는 육신의 반항과 저항이 전적으로 지배하던 곳에 이제는 성령으로 말미암아 신속하고도 신실한 순종이 우세해지기 시작합니다.

아들 한빈이에게 어렸을 적부터 늘 해 주던 이야기가 있습니다. 신앙을 따라 살 때 마지못해 하지 말고 '**즉시 그리고 마음을 다하여**' 하라는 것입니다. 칼뱅 선생님은 옷소매에 그림과 글귀를 새겨 다니셨습니다. 손에 심장을 들고 바치는 그림 주위에 라틴어로 "*Cor meum tibi offero Domine* prompte et sincere"이라는 글귀입니다.

> 주여, 나의 마음을 주님께 바치나이다
> 즉시, 그리고 신실하게

지난 주일에 집에 가서 한빈이에게 이 이야기를 했더니, 한빈이가 시큰둥하게 "아빠가 늘 하는 이야기잖아요."라고 했는데, 우리 아이들이 이것이 얼마나 중요한 이야기이며 신앙의 핵심인지를 잘 깨달을 수 있으면 좋겠습니다.

제17조 : 하나님께서 사용하시는 수단들

하나님께서는 우리의 본성적인 삶을 조성하시고 유지하시는 그 전능하신 사역에서도 수단의 사용을 배제하지 않고 오히려 요구하시며, 그 수단을 사용하셔서 자기의 무한하신 지혜와 선하심을 따라 그 능하신 행사를 나타내기로 하셨습니다.[i] 마찬가지로 하나님께서는 우리를 중생시키시는 초자연적인 사역에서도 복음의 사용을 결코 배제하거나 철회하지 않으십니다.[ii] 지극히 지혜로우신 하나님께서는 복음을 중생의 씨와 우리 영혼의 양식으로 정하셨습니다.[iii] 따라서 사도들과 그 뒤를 이은 교사들은 하나님의 이 은혜에 관하여 사람들에게 신실하게 가르침으로써, 그들로 하나님께 영광을 돌리고 모든 교만을 버리게 하였으며, 동시에 그들이 계속하여 말씀과 성례와 권징의 시행을 잘 받으면서 살아가도록 복음으로 거룩하게 권면하기를 게을리하지 않았습니다.[iv]

그러므로 오늘날에도 교회에서 가르치는 사람이나 가르침을 받는 사람은 하나님께서 그분의 선하시고 기뻐하시는 뜻 가운데서 긴밀히 짝지어 놓으신 것을 떼어 놓음으로써 감히 하나님을 시험하려고 해서는 안 됩니다.[v] 왜냐하면 은혜는 교육과 훈계를 통하여 주어지며, 우리가 자기의 의무를 더 신속히 수행하면 할수록 우리 안에서 일하시는 하나님의 이 은혜가 더 찬란히 빛나고, 그분의 사역이 더 번성하여 갈 것이기 때문입니다. 그분이 정하신 이러한 수단과 또 이 수단이 구원의 열매를 효력 있게 맺는 일로 인하여서는 오직 하나님께만 모든 영광을 영원토록 돌립니다. 아멘.[vi]

---

i 사 55:10-11 이는 비와 눈이 하늘로부터 내려서 그리로 되돌아가지 아니하고 땅을 적셔서 소출이 나게 하며 싹이 나게 하여 파종하는 자에게는 종자를 주며 먹는 자에게는 양식을 줌과 같이 내 입에서 나가는 말도 이와 같이 헛되이 내게로 되돌아오지 아니하고 나의 기뻐하는 뜻을 이루며 내가 보낸 일에 형통함이니라 / 고전 1:21 하나님의 지혜에 있어서는 이 세상이 자기 지혜로 하나님을 알지 못하므로 하나님께서 전도의 미련한 것으로 믿는 자들을 구원하시기를 기뻐하셨도다

ii 약 1:18 그가 그 피조물 중에 우리로 한 첫 열매가 되게 하시려고 자기의 뜻을 따라 진리의 말씀으로 우리를 낳으셨느니라

iii 벧전 1:23 너희가 거듭난 것은 썩어질 씨로 된 것이 아니요 썩지 아니할 씨로 된 것이니 살아 있고 항상 있는 하나님의 말씀으로 되었느니라 / 벧전 1:25 오직 주의 말씀은 세세토록 있도다 하였으니 너희에게 전한 복음이 곧 이 말씀이니라 / 벧전 2:2 갓난 아기들 같이 순전하고 신령한 젖을 사모하라 이는 그로 말미암아 너희로 구원에 이르도록 자라게 하려 함이라

iv 행 2:42 그들이 사도의 가르침을 받아 서로 교제하고 떡을 떼며 오로지 기도하기를 힘쓰니라 / 고후 5:11-21 우리는 주의 두려우심을 알므로 사람들을 권면하거니와 우리가 하나님 앞에 알려졌으니 또 너희의 양심에도 알리어지기를 바라노라 우리가 다시 너희에게 자천하는 것이 아니요 오직 우리로 말미암아 자랑할 기회를 너희에게 주어 마음으로 하지 않고 외모로 자랑하는 자들에게 대답하게 하려 하는 것이라 우리가 만일 미쳤어도 하나님을 위한 것이요 정신이 온전하여도 너희를 위한 것이니 그리스도의 사랑이 우리를 강권하시는도다 우리가 생각건대 한 사람이 모든 사람을 대신하여 죽었은즉 모든 사람이 죽은 것이라 그가 모든 사람을 대신하여 죽으심은 살아 있는 자들로 하여금 다시는 그들 자신을 위하여 살지 않고 오직 그들을 대신하여 죽었다가 다시 살아나신 이를 위하여 살게 하려 함이라 그러므로 우리가 이제부터는 어떤 사람도 육신을 따라 알지 아니하노라 비록 우리가 그리스도도 육신을 따라 알았으나 이제부터는 그같이 알지 아니하노라 그런즉 누구든지 그리스도 안에 있으면 새로운 피조물이라 이전 것은 지나갔으니 보라 새 것이 되었도다 모든 것이 하나님께로서 났으며 그

가 그리스도로 말미암아 우리를 자기와 화목하게 하시고 또 우리에게 화목하게 하는 직분을 주셨으니 곧 하나님께서 그리스도 안에 계시사 세상을 자기와 화목하게 하시며 그들의 죄를 그들에게 돌리지 아니하시고 화목하게 하는 말씀을 우리에게 부탁하셨느니라 그러므로 우리가 그리스도를 대신하여 사신이 되어 하나님이 우리를 통하여 너희를 권면하시는 것 같이 그리스도를 대신하여 간청하노니 너희는 하나님과 화목하라 하나님이 죄를 알지도 못하신 이를 우리를 대신하여 죄로 삼으신 것은 우리로 하여금 그 안에서 하나님의 의가 되게 하려 하심이라 / 딤후 4:2 너는 말씀을 전파하라 때를 얻든지 못 얻든지 항상 힘쓰라 범사에 오래 참음과 가르침으로 경책하며 경계하며 권하라

v 롬 10:14-17 그런즉 그들이 믿지 아니하는 이를 어찌 부르리요 듣지도 못한 이를 어찌 믿으리요 전파하는 자가 없이 어찌 들으리요 보내심을 받지 아니하였으면 어찌 전파하리요 기록된 바 아름답도다 좋은 소식을 전하는 자들의 발이여 함과 같으니라 그러나 그들이 다 복음을 순종하지 아니하였도다 이사야가 이르되 주여 우리가 전한 것을 누가 믿었나이까 하였으니 그러므로 믿음은 들음에서 나며 들음은 그리스도의 말씀으로 말미암았느니라

vi 유 24-25 능히 너희를 보호하사 거침이 없게 하시고 너희로 그 영광 앞에 흠이 없이 기쁨으로 서게 하실 이 곧 우리 구주 홀로 하나이신 하나님께 우리 주 예수 그리스도로 말미암아 영광과 위엄과 권력과 권세가 영원 전부터 이제와 영원토록 있을지어다 아멘

● 강해 본문 : 이사야 55장 1-13절

1 오호라 너희 모든 목마른 자들아 물로 나아오라 돈 없는 자도 오라 너희는 와서 사 먹되 돈 없이, 값 없이 와서 포도주와 젖을 사라 2 너희가 어찌하여 양식이 아닌 것을 위하여 은을 달아 주며 배부르게 하지 못할 것을 위하여 수고하느냐 내게 듣고 들을지어다 그리하면 너희가 좋은 것을 먹을 것이며 너희 자신들이 기름진 것으로 즐거움을 얻으리라 3 너희는 귀를 기울이고 내게로 나아와 들으라 그리하면 너희의 영혼이 살리라 내가 너희를 위하여 영원한 언약을 맺으리니 곧 다윗에게 허락한 확실한 은혜이니라 4 보라 내가 그를 만민에게 증인으로 세웠고 만민의 인도자와 명령자로 삼았나니 5 보라 네가 알지 못하는 나라를 네가 부를 것이며 너를 알지 못하는 나라가 네게로 달려올 것은 여호와 네 하나님 곧 이스라엘의 거룩하신 이로 말미암음이니라 이는 그가 너를 영화롭게 하였느니라 6 너희는 여호와를 만날 만한 때에 찾으라 가까이 계실 때에 그를 부르라 7 악인은 그의 길을, 불의한 자는 그의 생각을 버리고 여호와께로 돌아오라 그리하면 그가 긍휼히 여기시리라 우리 하나님께로 돌아오라 그가 너그럽게 용서하시리라 8 이는 내 생각이 너희의 생각과 다르며 내 길은 너희의 길과 다름이니라 여호와의 말씀이니라 9 이는 하늘이 땅보다 높음 같이 내 길은 너희의 길보다 높으며 내 생각은 너희의 생각보다 높음이니라 10 이는 비와 눈이 하늘로부터 내려서 그리로 되돌아가지 아니하고 땅을 적셔서 소출이 나게 하며 싹이 나게 하여 파종하는 자에게는 종자를 주며 먹는 자에게는 양식을 줌과 같이 11 내 입에서 나가는 말도 이와 같이 헛되이 내게로 되돌아오지 아니하고 나의 기뻐하는 뜻을 이루며 내가 보낸 일에 형통함이니라 12 너희는 기쁨으로 나아가며 평안히 인도함을 받을 것이요 산들과 언덕들이 너희 앞에서 노래를 발하고 들의 모든 나무가 손뼉을 칠 것이며 13 잣나무는 가시나무를 대신하여 나며 화석류는 찔레를 대신하여 날 것이라 이것이 여호와의 기념이 되며 영영한 표징이 되어 끊어지지 아니하리라

방편을 사용하시는 하나님의 은혜

사 55:1-13

하나님이 한 분이라는 말은 여러 가지로 사용할 수 있겠지만, **하나님께서 행하시는 일이 결국 하나로 귀결된다**는 뜻으로도 말할 수 있습니다. 말하자면 고대 이스라엘에서 행하셨던 하나님이나 21세기 대한민국에서 행하시는 하나님의 일은 같은 방향인 것입니다. 혹은 하나님께서 온 세상을 지배하시고 통치하시는 방식에 있어서 통일성이 있다고 말할 수도 있겠습니다. 이 '한 가지 방식으로 일하심', 곧 '통일성'에 있어 **'자연과 은총'**이라는 주제를 한번 생각해 봅시다. 이렇게 질문함으로 시작해 봄이 좋겠습니다.

> 하나님께서는 과연 자연 속에서 일하실 때와 은총 속에서 일하실 때 다른
> 방식으로, 다른 목적으로 일하시는가?

대답부터 말하자면, 단호하게 "그렇지 않다"라고 할 수 있겠습니다. 셋째와 넷째 교리 17조를 보면 하나님께서 은혜를 베푸시기 위하여 방편을 사용하시는 것에 대하여 이렇게 말합니다.

> 그러므로 오늘날에도 교회에서 가르치는 사람이나 가르침을 받는 사람은 하나님께서 그분의 선하시고 기뻐하시는 뜻 가운데서 긴밀히 짝지어 놓으신 것을 떼어

놓음으로써 감히 하나님을 시험하려고 해서는 안 됩니다.

이 구절에는 약간 충격적인 표현이 들어 있습니다. "하나님을 시험하려고 해서는 안 됩니다." 무엇이 하나님을 시험하는 것이라는 말인가요? 신조의 내용을 읽어 보면 이 "하나님을 시험하는 것"이란 하나님께서는 권능의 사역을 행하실 때에도 **방편을 사용하신다**는 점을 믿지 않는 것입니다. 앞부분은 이렇게 되어 있습니다.

> 수단의 사용을 배제하지 않고 오히려 요구하시며, 그 수단을 사용하여 … 능하신 행사를 나타내기로 하셨습니다. 마찬가지로 하나님께서는 우리를 중생시키시는 초자연적인 사역에서도 복음의 사용을 결코 배제하거나 철회하지 않으십니다.

그러니까 하나님은 전능하시다고 해서 도구도 없이 그냥 일하시는 분이 아닙니다. 하나님께서는 도구, 곧 수단을 사용하시기를 기뻐하십니다. 심지어 "우리를 중생시키는 초자연적인 사역", 곧 사람이 믿고 구원 얻는 데 필요한 일들을 하실 때도 바로 그렇게 수단/도구를 사용하여 일하십니다. 그러므로 바른 신자들은 이것을 열심히 가르치고, 또 이로 인하여 하나님께 영광을 돌려야 합니다.

> 따라서 사도들과 그 뒤를 이은 교사들은 하나님의 이 은혜에 관하여 사람들에게 신실하게 가르침으로써 그들로 하나님께 영광을 돌리고…

즉 신조에서 **"하나님을 시험하는 것"**이라고 한 것은, 하나님께서는 사람들을 은혜로 부르시기 위하여 **'교회'를 사용하시고, '인간 교사'들을 사용하셔서**, 즉 방편들을 사용하셔서 사람들을 구원의 은혜로 부르시는데, **'이 둘을 떼어 놓는 것'**을 '하나님을 시험하는 것'이라고 말한 것입니다.

오늘날 우리가 이런 주제에 낯선 것은 사실입니다. 하지만 우리 믿음의 선배들은 하나님의 말씀에 대단히 민감했습니다. 신비에 속하는 구원의 일에만 칭송을 돌린 것이 아니라, **하나님께서 그것을 주시는 방식에 있어서도** 주의를 기울였습니다. 현대인들이 온갖 기술 문화가 발전한 속에서도, 아니 사실은 그것을 빌미로 하여 하나님의 선하신 뜻과 일들에 관심을 돌리지 못하고 있는 것에 반하여, 우리 믿음의 선배들이 세심하고도 꼼꼼하게 하나님을 사랑했다는 것을 잘 알 수 있는 대목입니다.

따라서 오늘날 우리도 이 정신을 따라 "하나님을 시험하지" 말아야 합니다. 우리는 복음 전하는 말씀 사역자를 말씀의 도구로 사용하시는 것을 비웃거나 존중하지 않아서는 안 됩니다. 이것을 존중하지 않는 것은 하나님을 시험하는 것이 됩니다. 현대에는 설교자를 '연설가'로 여기는 풍조가 다분한 것 같습니다. 팔짱을 끼고 다리를 꼬고 앉아서 "무슨 말을 하는지 한번 들어 볼까?" 하는 사람도 많고, 평을 하면서 이 사람의 설교는 어떻고 저 사람의 설교는 어떻다 하는 사람도 많습니다. 주의 합시다. 자칫하면 방편을 사용하시는 하나님을 시험하는 것이 될 수 있습니다.

마찬가지로, 하나님께서 직분자들을 사용하셔서 교회의 일들을 해 나가실 때 이에 대해 역행하거나 무시하는 것 또한 유의해야 합니다. 이 역시 하나님을 시험하는 것일 수 있기 때문입니다. **당회가 어떤 사안에 대하여 결정하는 것을 단순히 '회의체가 일을 집행하는 것'이라고만 여기지 맙시다.** 하나님의 일하심이 그 배후에 있습니다.[119] 사람들이 손을 모아서 직분자를 선출할 때 "우리가 회의로 뽑았다."라고 하지 마십시오. 사도행전을 보면 하나님께서 친히 회중의 손을 사용하셔서 자신의 일할 사람을 뽑으시는 것입니다.

이런 주제는 좀 더 포괄적인 면에도 적용이 가능합니다. 병이 걸렸는데 병원에 가지 않거나, 땅에 통치자들을 주셨는데도 그들을 무시하고 하나님께서 직접 다스리시기를 바라는 것과 같은 일들도 해당됩니다.

병이 걸렸는데 병원에 가지 않는 것은 '믿음이 좋은 것'이 아니라 이 땅의 '의사와 병원'이라는 하나님께서 만들어 놓으신 시스템을 무시하는 것입니다. 마찬

---

119 — 한국 교회는 북장로교회의 찰스 하지(Charles Hodge)의 견해를 받아들여(당시 논쟁에서 반대편은 남장로교회의 쏜웰이었다), 장로를 '대의민주주의'의 시스템 안에서 이해하였다. 그래서 장로를 "교인의 대표"라고 하는 풍조가 생겨나게 되었다. 윤석준, 송영목, 『목회를 위한 교회론』 (부산: 도서출판 향기, 2021), 214 참조.

가지로 땅의 정치 시스템 역시 하나님께서 주신 것입니다. 보수 정권이 들어서면 로마서 13장을 들어 복종해야 된다고 했다가, 진보 정권이 들어서면 "나는 저 사람을 대통령으로 인정하지 않아."라고 말하는 것(보수와 진보를 바꾸어도 똑같습니다)은 정확하게 말하자면 '정치 신념의 문제'가 아니라 '믿음이 좋지 않은 것'입니다. 왜냐하면 이런 행동들은 **'땅을 다스리는 데 있어 방편을 사용하시는 하나님을 시험하는 것'**이기 때문입니다.

이 사실을 충분히 묵상하는 것은 유익합니다. 세속주의는 두 방향이 있습니다. 첫 번째는 신앙적인 것들을 버리고 **세상을 좇아가는 방향**으로서의 세속주의이고, 반대로 우리가 잘 감지하지 못하는 방향의 세속주의도 있는데, 이는 신앙이나 경건을 세상과 완전히 분리해 버림으로써 하나님이 세상에서 아무런 힘도 발휘하지 못하도록 만드는, 믿음과 경건이 세상에서 아무런 힘도 발휘하지 못하도록 만드는 세속주의입니다. 후자의 경우를 달리 표현하면, **'하나님'과 '방편'을 분리해 버리는 것**이라고 할 수 있습니다.

이 후자의 세속화는 어떤 면에서는 전자보다 훨씬 더 유해합니다. 왜냐하면 첫째 부류의 세속화는 지탄을 받지만, 둘째 부류의 세속화는 **'경건'으로 오해**되기 때문입니다. 하나님을 방편과 분리하는 것, 하나님을 이 세계와 분리하는 것, 이것은 하나님을 사람이 상상하는 신비의 영역 속에 감금시켜 버리고 **이 세상 속에서 일하시지 못하게** 만드는 것입니다.

특히 우리나라처럼 전천년주의적 소망, 곧 신앙의 양태 자체가 시한부 종말론자들처럼 "이 세상은 내 집 아니니 얼른 이 세계는 다 불타 없어져 버리고 주님이 도래하시면 좋겠다."라는 식의 생각이나 풍조가 강했던 곳에서는 이 둘째의 세속화가 훨씬 더 위험합니다. 우리는 신조가 이런 행태 전반을 가리켜 "하나님을 시험하는 것"이라고 말하고 있다는 점을 유의하면서 신앙의 정초를 바르게 두어야 하겠습니다.

이사야를 통해 살펴보는 통일성의 목적

이 주제를 이사야 55장을 통해 살펴보고, 나아가 이 **'통일성의 목적'**, 곧 하나님께서 '세상을 향한 통치'와 '은혜의 통치'를 동시에 하심을 통하여 무엇을 이루시려 는지를 생각해 봅시다.

이사야 55장 10-11절의 내용

이사야 55장 10절과 11절 말씀은 '자연'과 '말씀'을 비교한 아주 중요한 말씀 입니다. 어떤 주석가는 이를 두고 "성경의 **특별 계시에 대한 교리의 기초**를 이룬 다."[120]라고 말하기도 했습니다.

10절은 "비와 눈이 하늘로부터 내려서 그리로 되돌아가지 않고, 토지를 적셔 싹이 나게 하고, 열매가 맺게 하고, 파종하는 자에게 종자를 주고, 먹는 자에게 양 식을 준다."라고 말했습니다. 요지는 하나입니다. 비와 눈은 **'하늘'에서 내려오지 만**, 아무 의미 없이 내려왔다가 다시 온 데로 돌아가지 않고 여러 일을 한다는 것 입니다. 싹이 나는 일, 열매가 맺는 일, 종자가 생기는 일, 양식을 주는 일, 이 모 든 일들이 비와 눈이 하늘로부터 내려와 이루는 일들입니다. 방향을 생각해 보자 면 비와 눈은 위로부터 아래로 **'내려'**옵니다. 하지만 헛되게 다시 **'올라'**가는 것은 아닙니다. 헛되게 되돌아가지 않고 이 땅에서 여러 가지 일을 하고 결실을 맺은 뒤에 다시 올라갑니다.

그런데 여기서 중요한 것은 이 '자연적 현상'을 **'하나님의 말씀'과 연결**시킨다 는 점입니다. 11절을 보십시오. 11절은 "내 입에서 나가는 말도"라고 했습니다. "도"가 들어갔으니 같은 이야기라는 것입니다. 히브리어 원문에도 11절의 시작 단어는 '켄'인데, '그러므로', '따라서' 이런 뜻입니다. 즉 11절도 10절과 같은 원 리를 이야기한다는 것입니다. 무엇이 같은 원리입니까?

> 내 입에서 나가는 말도 헛되이 내게로 돌아오지 아니하고 나의 뜻을 이룬 다.
> 내가 명하여 보낸 일에 형통할 것이다.

---

120 — 존 오스왈트, 『NICOT : 이사야 II』, 이용중 옮김 (서울: 부흥과 개혁사, 2016), 537.

마지막의 "형통하다"는 '진행시킨다', '성공시킨다'는 의미입니다. 일을 성취했다는 것이지요. 그러니까 11절의 의미는 마치 비가 하늘에서 내려와 맡은 소임을 다 이룬 다음에 다시 하늘로 돌아가듯, 하나님의 말씀이 하나님의 입으로부터 나와서 하나님께 다시 돌아가기까지 이런저런 일들을 다 이루고 성취한다는 것입니다.

하나님의 말씀도 **비나 눈처럼** '하늘로부터' 내립니다. 하나님의 말씀도 **비나 눈처럼** '그저 헛되게' 원래의 자리로 돌아가지 않습니다. 이 땅에 말씀이 오면 사람들에게 영향력을 행사해서, 마치 비와 눈 때문에 싹이 나고 열매가 맺고 종자가 생기고 양식을 먹게 하는 것과 마찬가지로 영적인 차원에서 결실을 맺습니다. 영향력을 행사합니다.

마치 **자연에서** 하늘에 출처를 두고 있는 것이 땅에 내려와 열매와 결실을 맺듯, **은총에 있어서도** 하늘에 그 출처를 두고 있는 말씀이 땅에 내려올 때 땅에서 열매와 결실이 맺힌다고 이사야 55장은 말씀하고 있는 것입니다.

자연과 은총의 관계

이사야 55장 10절과 11절 말씀을 배움으로써 우리는 무엇을 알게 됩니까? 우리는 이 말씀을 통해 아주 자연스럽게 **'자연'과 '은총'의 메커니즘이 똑같다는 것을** 발견하게 됩니다. 하나님께서는 말씀으로 사람들을 새롭게 짓고, 변화시키고, 생명을 주시고, 구원 안에 살게 하십니다. 그런데 이것은 하늘에서 비와 눈이 내리는 것과 비슷합니다. 이런 짝지음은 우리가 임의로 한 것이 아니라 말씀 스스로가 그렇게 한 것입니다. 하나님께서 친히 말씀하시기를 "자연과 은총의 메커니즘은 같다."라고 한 것입니다.

그리고 이 비교는 단순한 '비유법'이 아닙니다. 우리는 이사야의 이 부분을 읽으면서 이를 단순한 '비유'라고 생각할 수 있습니다. 시인들이 "내 마음은 호수요"라고 말한다고 해서 내 마음이 진짜 호수인 것은 아니듯이, 그저 마음이 잔잔하다는 것을 표현하기 위한 수사법에 불과하듯이, 이사야 55장도 그렇게 읽을 수 있습니다. 하지만 이 말씀은 단순한 비유법이 아닙니다.

오히려 이 말씀은 "하나님께서 세상을 다스리실 때는 **통합된 한 가지 원리를**

· **따라** 다스리신다."라는 사실을 가르쳐 주고 있습니다. 자연을 다스리시는 원리와 은총을 다스리시는 원리가 '같다'는 것을 보여 주는 것이 이 말씀의 목적입니다.

그러면 그 '같은 원리', '공통의 목적'이라는 것이 무엇일까요? 말씀을 따라 생각해 보자면, 사실 자연과 은총의 관계는 **"모든 자연도 다 은총이다."**라고 정리할 수 있습니다. 왜냐하면 **모든 자연이 사실은 다 하나님의 은총을 깨달으라고 주어진 것**이기 때문입니다. 그래서 로마서는 "그의 영원하신 능력과 신성이 그가 만드신 만물에 분명히 보여 알려졌나니 그러므로 그들이 핑계하지 못할지니라"(롬 1:20)라고 했습니다. 취지는 분명합니다. **'자연을 통해 은총을 깨달아야'** 한다는 것입니다. 따라서 자연 또한 은총입니다.

하지만 이것은 **신자에게만** 보입니다. 인류는 죄 때문에 비틀어졌기 때문에 더 이상 왜곡된 눈으로는 '자연'을 통해 '은총'을 볼 수 없습니다. 그래서 방금 예로 든 로마서 말씀(롬 1:20) 바로 다음의 내용을 보면, '하지만 인생들이 실제로는 이 자연을 어떻게 쓰는가'가 적나라하게 나타나 있습니다. 사람들은 "썩어지지 아니하는 하나님의 영광을 썩어질 새와 짐승과 기어다니는 동물 모양의 우상으로 바꾸고"(롬 1:23), "남자와 여자 모두가 순리대로 서로를 쓸 것을 버리고 남자가 남자에게, 여자가 여자에게 음행합니다."(롬 1:26-27)[121] 그래서 신자는 이렇게 정의할 수 있습니다.

> 자연을 들여다보는 일을 통해 은총의 원리를 깨달을 수 있는 사람

이사야를 가지고 이야기하자면 11절의 원리가 10절 속에 있음을 '신자만이' 아는 것입니다. 하나님의 의도는 선명합니다. **'자연'도 '은총'도 모두 하나님의 은총을 보여 주기 위하여** 존재하는 것입니다.

---

[121] — 이런 점에서 '게이'와 '레즈비언'들은 굉장한 종교적 통찰을 준다. 로마서 1장은 '자연'을 '은총'으로 보지 못하는 가장 대표적 예를 둘로 들었는데 그 둘이 '우상 숭배'와 '동성애'이다. 시대가 하나님을 등질수록 성적 타락이 만연해지는 것은 단순한 '사회적 현상'이 아니라, 성(性)이 본질적으로 (자연이 은총으로서) 드러내는 주제가 '하나님과의 연합'이기 때문이다.

은총을 아는 사람

그러므로 은총을 아는 우리는 자연을 바라볼 때 **'다른 것'들을 발견할 수 있어 야** 합니다. 일전에 어떤 청년에게 이런 이야기를 해 준 적이 있습니다.

> "기도해도 안 되는 일이 있고, 기도하지 않아도 어떤 일은 된다. 그렇다면 굳이 기 도해야 하는 이유가 무엇인가? 불신자들은 기도하지 않아도 삶에 여러 가지 일들 을 잘 이루면서 살아간다. 그렇다면 우리는 굳이 그것을 이루기 위하여 기도해야 하는 이유가 무엇인가?"

여기 '신앙의 핵심'이 담겨 있습니다. 기도를 바라보는 관점은 어떤 점에 있어 서 '신앙의 핵심'과 연결됩니다.

많은 그리스도인들이 **'일을 이루기 위해'** 기도합니다. 이 기도에는 목적이 있 습니다. 자기가 원하는 것을 이루는 것! 이것이 기도의 목적입니다. 하지만 이 '목 적 지향적 기도'의 관점에서 곰곰이 생각해 보십시오. 정말로 '이루는 것이 목적' 인 사람에게…

> 기도하지 않았는데 일이 이루어졌다면 그것은 성공한 것일까요?
> 반대로 기도했는데 일이 이루어지지 않았다면 그것은 실패한 것일까요?

기도를 '목적 지향적'으로 할 때 이상한 일이 벌어집니다. **기도의 필요 자체가 상실되기 때문**입니다. 기도는 이 확률을 올려 주기 위한 '첨가제' 같은 것이 아닙 니다. 애초에 방향 설정 자체가 잘못되어 있습니다.

여기서 문제는 기도를 '일을 이루는 도구'로 생각했다는 점입니다. 기도가 정 말 그런 것입니까? 그렇지 않습니다. 주님께서 "너희는 이렇게 기도하거라"라고 가르쳐 주신 주기도문을 생각해 보십시오. '내 뜻이 이루어지는 것'은 한 톨도 나 오지 않습니다.

우리가 '기도'를 통해 '하나님을 발견하는 것', '하나님과 교제하는 것'을 목표 로 두지 않기 때문입니다. 도구를 '잘못' 사용한 것이지요. 기도는 **'일을 이루기**

위하여' 하는 것이 아니라 '하나님께 순복하기 위하여' 하는 것입니다. 기도는 '나의 목적을 성취하기 위하여' 하는 것이 아니라 '하나님과 교제함으로써 그분의 뜻을 듣기 위하여' 하는 것입니다.

왜 기도합니까? 일이 될 수도 있고 안 될 수도 있는데, 왜 기도합니까? 불신자는 일을 이루더라도 하나님을 모르기 때문에 감사할 수 없습니다. 하나님께서 주셔도 배역한 삶을 살게 되는 것입니다. 반면 일이 되지 않더라도 하나님을 모르기 때문에 참을 수 없습니다. 하나님께서 주시지 않아도 배역한 삶을 살게 되는 것입니다.

하지만 신자는 일을 이루더라도 하나님께 감사합니다. 하나님께서 주신다면 하나님과의 교통 속에서 그것을 누리게 됩니다. 반면 일이 되지 않더라도 그것을 통해 겸비하고 하나님께 회개합니다. 하나님께서 주시지 않더라도 하나님과의 교통 속에서 그것을 누리게 됩니다.

그러면 어떻습니까? '기도'라는 주제에 있어 불신자는 항상 실패하고, 신자는 항상 성공합니다. 어떤 점에서 그렇습니까? '은총을 누리느냐' 하는 점에 있어 그렇습니다. 신자는 '하나님과 교통'합니다. 그것이 기도의 '본연의 목적'입니다. 따라서 기도하는 그 일이 이루어지느냐 마느냐는 부차적인 문제입니다. 기도를 통해 하나님의 방향을 발견했다면 그것으로 이룬 것입니다. 반면 은총을 모르는 불신자에게는 자연도 은총일 수 없습니다. 하나님께서 돌봐 주셔도 알아채지 못하고 화를 내리셔도 그것이 하나님의 진노인 알지 못합니다.

이것이 '은총'을 아는 사람이 자연을 보는 방식입니다. 은총을 안 우리는 하나님께서 이 세상에 자연과 은총을 모두 주셨기에 모든 자연이 다 은총의 반사인 것을 압니다. 그렇다면 신자인 우리는 '자연 속에서 은총을 찬송하면서' 살아가야 합니다. 이것이 신자의 삶입니다.

하나님께서 수단을 사용하시는 이유

그렇다면 우리는 하나님께서 수단을 사용하시는 이유를 분명하게 깨닫게 됩니다. '은총'을 이루시되 '자연'을 통해서 이루시는 이유 말입니다.

● 겸손

첫째는 '겸손'입니다. 신조에 이 내용이 나옵니다. 두 문장에서 이 주제를 찾아 볼 수 있습니다. 먼저는 첫 번째 문단의 제일 마지막 부분입니다.

> 따라서 사도들과 그 뒤를 이은 교사들은 하나님의 이 은혜에 관하여 사람들에게 신실하게 가르침으로써, 그들로 하나님께 영광을 돌리고 모든 교만을 버리게 하였으며

그리고 다음 문장에서도 찾을 수 있습니다.

> 감히 하나님을 시험하려고 해서는 안 됩니다.

이 두 문장에서 우리는 '겸손'이라는 주제를 발견할 수 있습니다. 하나님께서 세운 교사들을 통해서 이 은혜가 가르쳐질 때 사람들에게 기대하는 자세를, 신조는 "모든 교만을 버리게 하였다."라고 하였습니다. 왜 말씀이 교사들을 통해 가르쳐질 때 "교만"이 언급될까요? **나를 가르치는 사람이 '하나님이 아니기 때문'**입니다. 하나님의 말씀을 말하는데 하나님이 아닙니다. 그러므로 여기에서 요청되는 자세는 '겸손'입니다. 사람의 말을 하나님의 말로 들어야 할 것이 요청되었으므로, 사람이 가져야 할 자세는 '겸손'입니다.

목사가 전하는 설교를 하나님의 말씀으로 들어야 하는 이유는 그 목사가 **'여러분과 똑같은 형제이기 때문'**입니다. 하나님께서 '나랑 똑같은' 사람을 들어 사용하셔서 하나님의 말씀을 전하기로 하셨기 때문에, 그때 하나님께서 기대하신 것은 '겸손하게 거기에 순복하는 것'입니다. 전하는 이가 나보다 위대한 사람이라면 **'당연히!', '자연스럽게!'** 순복하겠지요. 하지만 전하는 사람이 나랑 똑같은 사람인데도 내가 순복하는 이유는 무엇입니까? 나랑 똑같은 사람을 세우심으로써 나에게 겸손을 요구하시는 하나님의 의도를 알기 때문입니다.

따라서 이 원리를 아는 신자들은 예배 때 목사의 말씀을 하나님의 말씀으로 받습니다. 심방과 성찬과 권징에서 장로와 당회의 치리를 하나님의 다스리심으로

받습니다. 삶에서 나보다 다른 이를 더 돌보라는 집사의 권면을 하나님의 지도하심으로 여깁니다. 비록 그들이 '나보다 더 못한 사람들이라 할지라도' 그렇게 합니다. 왜냐하면 하나님께서 이렇게 함으로써 나에게 겸손할 것을 요청하고 계시기 때문입니다.

● 그리스도

그리고 둘째는, 이사야서 말씀에서 보았듯 하나님께서는 이렇게 '방편'을 사용하시는 일을 통해서 **'보이는 세계'와 '보이지 않는 세계'**가 권세를 위임받은 **주 예수 그리스도 안에서 통합되도록** 하셨다는 사실을 배우는 것입니다. 하나님께서는 보이지 않는 '은혜'를 가르치시려고 보이는 방편으로서의 '자연'을 사용하십니다. 즉 여기에서 '보이지 않는 세계'와 '보이는 세계'의 통합이 일어나고, 이 일은 **'그리스도 때문에'** 일어나는 일입니다. 골로새서가 이 사실을 가르치고 있습니다.

> 그는 보이지 아니하는 하나님의 형상이시요 모든 피조물보다 먼저 나신 이시니 만물이 그에게서 창조되되 하늘과 땅에서 보이는 것들과 보이지 않는 것들과 혹은 왕권들이나 주권들이나 통치자들이나 권세들이나 만물이 다 그로 말미암고 그를 위하여 창조되었고 또한 그가 만물보다 먼저 계시고 만물이 그 안에 함께 섰느니라 그는 몸인 교회의 머리시라 그가 근본이시요 죽은 자들 가운데서 먼저 나신 이시니 이는 친히 만물의 으뜸이 되려 하심이요 아버지께서는 모든 충만으로 예수 안에 거하게 하시고 그의 십자가의 피로 화평을 이루사 만물 곧 땅에 있는 것들이나 하늘에 있는 것들이 그로 말미암아 자기와 화목하게 되기를 기뻐하심이라_골 1:15-20

루터 선생님은 로마서 1장을 주석하면서 "다윗의 자손으로 **연약함 속에서 만물에 복종**한 후에, 이제 공공연하게 **능력을 지닌 하나님의 아들**, 즉 **만물을 다스리는 전능한 주님**으로 알려지게 된다."[122]라고 한 적이 있습니다.

---

122 — 마르틴 루터, 『루터의 로마서 주석』, 47.

그리스도께서 육을 입으시고 이 땅에 오신 이유는, 놀이동산을 체험하는 정도로 오신 것이 아닙니다. 오히려 그리스도가 보이는 세계와 보이지 않는 세계 모두의 통치자시요 왕이시기 때문에, 이 두 세계 모두의 통치권을 위양받기 위하여 그리 하신 것입니다. 곧 **육의 세계 가장 낮은 곳에 가장 연약한 모습으로 오셔서 이 모든 것을 성취하심으로써 "만물을 그 안에서 통일"**하신 것입니다. 골로새서 말씀대로 이것을 이룬 곳은 바로 '십자가'였습니다.

따라서 하나님께서 방편을 사용하신다는 것을 믿는다는 것의 둘째 의미는, **그리스도께서 이 두 세계 모두의 통치자가 되신다는 것**을 믿고 고백한다는 것입니다. 그렇다면 어떤 사람이 자신을 신령한 사람이라 여겨 땅의 물질적인 것들을 배격하고 하나님께서 수단으로 사용하시는 것을 업신여길 때, 그는 '성육신하신 그리스도를 부인'하는 것이 됩니다. '땅을 통치하시기 위하여 몸을 입고 오신 하나님'을 부정하는 것이 됩니다. 몸을 입은 인간이 몸의 세계를 부정하고, 땅에 살고 있으면서 땅의 통치 체제를 부정하고, 하나님이 살아서 해야 할 직업과 육신의 세계를 주셨는데도 그것은 염두에 두지 않고서 보이지 않는 하늘만 탐닉하면서 산다면, 그것은 두 세계 중 한 세계만 다스리시는 반쪽짜리 그리스도를 만드는 일이 되는 것입니다.

이 신비를 바라보고 찬송합시다. 하나님의 놀라우신 은혜가 어떻게 보이지 않는 세계와 보이는 세계 모두를 통하여 나타났는지를 이해하고, 겸손으로 허리를 동이며 하나님을 찬송하는 우리가 되도록 합시다.

오류 1

반박 그러한 주장은 사도의 다음과 같은 선언들과 충돌합니다. "그러므로 한 사람으로 말미암아 죄가 세상에 들어오고 죄로 말미암아 사망이 들어왔나니 이와 같이 모든 사람이 죄를 지었으므로 사망이 모든 사람에게 이르렀느니라"(롬 5:12). "심판은 한 사람으로 말미암아 정죄에 이르렀으나"(롬 5:16). "죄의 삯은 사망이요"(롬 6:23).

오류 2

반박 그러한 주장은 에베소서 4장 24절에서 사람을 하나님의 형상으로 묘사하는 것에 어긋납니다. 거기에서 사도는 하나님의 형상을 의와 거룩함에 연결 지어 말하는데, 이 두 가지는 분명히 사람의 의지에 속하는 것입니다.

오류 3

사람이 영적으로 죽게 되었을 때에도 그 영적인 은사들은 사람의 의지에서 분리되지 않았다. 왜냐하면 의지라는 것 자체가 부패하는 일이 없고 다만 마음의 암매와 무절제한 정욕으로 말미암아 방해를 받을 뿐이기 때문이다. 이러한 장애들을 제거한다면 의지는 그 내적인 능력을 충분히 발휘할 수 있을 것이다. 즉 의지는 기회가 있을 때마다 스스로 그가 원하는 온갖 선을 택할 수도 있고 혹은 원치 않아서 택하지 않을 수도 있다.

반박 그러한 주장은 사람이 고안해 낸 오류로서, 사람의 자유의지의 능력을 높게 여기는 것이고 다음과 같은 하나님의 말씀과 상충됩니다. 이를테면 예레미야 선지자는 "만물보다 거짓되고 심히 부패한 것은 마음이라" 하였습니다(렘 17:9). 또한 바울 사도도 에베소서 2장 3절에서 "우리도 다 그(불순종의 아들들) 가운데서 우리 육체의 욕심을 따라 지내며 육체와 마음의 원하는 것을 하여"(엡 2:3)라고 하였습니다.

오류 4

중생하지 않은 사람도 실제로 죄 가운데 완전히 죽은 것이 아니고, 또한 영적인 선을 행할 능력을 모두 빼앗긴 것도 아니다. 그는 의와 생명을 여전히 굶주리고 목말라할 수 있으며, 하나님께서 기뻐하시는 상하고 통회하는 심령의 제사를 드릴 수도 있다.

반박 그러한 주장은 성경에서 다음과 같이 명백하게 증언하는 것과 충돌합니다. "너희의 허물과 죄로 죽었던 너희를…"(엡 2:1). "허물로 죽은 우리를…"(엡 2:5). "그의 마음으로 생각하는 모든 계획이 항상 악할 뿐임을 보시고"(창 6:5). "이는 사람의 마음이 계획하는 바가 어려서부터 악함이라"(창 8:21). 그뿐만 아니라 비참함으로부터 구원과 생명을 얻기 위하여 굶주리고 목말라하는 것이나 상한 심령으로 제사를 드리는 것은, 오직 중생하여 복 있는 자라고 일컫는 사람들만이 하는 일

입니다(시 51:17; 마 5:6).**123**

오류 5

타락한 자연인도 일반은총(항론파들이 본성의 빛을 일컫는 말) 혹은 타락 후에도 남아 있는 은사들을 잘 사용할 수 있고, 그것들을 바르게 사용하면 점차적으로 더욱 큰 것, 곧 복음에서 말하는 구속의 은혜와 구원 그 자체도 얻을 수 있다. 그러한 방식으로 하나님께서는 모든 사람에게 그리스도를 얼마든지 기꺼이 계시하려 하신다. 왜냐하면 하나님께서는 사람이 그리스도를 아는 데에 필요한 수단, 혹은 믿음과 회개에 필요한 수단을 모든 사람에게 충분하고 효력 있게 베푸시는 분이기 때문이다.

반박 그러한 주장이 틀렸다는 것은 만대의 경험에서뿐 아니라 성경에서도 증언하는 것입니다. "그가 그의 말씀을 야곱에게 보이시며 그의 율례와 규례를 이스라엘에게 보이시는도다. 그는 어느 민족에게도 이와 같이 행하지 아니하셨나니 그들은 그의 법도를 알지 못하였도다, 할렐루야"(시 147:19-20). "하나님이 지나간 세대에는 모든 민족으로 자기들의 길들을 가게 방임하셨으나"(행 14:16). "성령이 아시아에서 말씀을 전하지 못하게 하시거늘 그들이 브루기아와 갈라디아 땅으로 다녀가 무시아 앞에 이르러 비두니아로 가고자 애쓰되 예수의 영이 허락하지 아니하시는지라"(행 16:6-7).

오류 6

사람이 참되게 회심할 때에 하나님께서 그 의지에 새로운 자질이나 능력이나 선물을 주입하시는 일은 있을 수 없다. 따라서 믿음이라는 것, 곧 우리가 처음 회심하는 수단이자 우리가 신자라 불리는 근거인 그 믿음은 하나님께서 주입하시는 자질이나 선물이 아니

---

123 ─ 시 51:17 하나님께서 구하시는 제사는 상한 심령이라 하나님이여 상하고 통회하는 마음을 주께서 멸시하지 아니하시리이다 / 마 5:6 의에 주리고 목마른 자는 복이 있나니 그들이 배부를 것임이요

며 다만 사람의 행위일 뿐이다. 이 믿음에 이르게 하는 능력과 관련하여서만 선물이라는 말을 쓸 수 있다.

반박 그러한 교훈은 성경과 충돌합니다. 성경에서는 하나님께서 새로운 자질들, 곧 믿음과 순종과 그분의 사랑에 대한 의식 등을 우리의 마음에 주입하셨다고 분명히 말합니다. "내가 나의 법을 그들의 속에 두며 그들의 마음에 기록하여…"(렘 31:33). "나는 목마른 자에게 물을 주며 마른 땅에 시내가 흐르게 하며 나의 영을 네 자손에게, 나의 복을 네 후손에게 부어 주리니"(사 44:3). "소망이 우리를 부끄럽게 하지 아니함은 우리에게 주신 성령으로 말미암아 하나님의 사랑이 우리 마음에 부은 바 됨이니"(롬 5:5). 또한 이런 주장은 "나를 이끌어 돌이키소서 그리하시면 내가 돌아오겠나이다"(렘 31:18) 하고 간구한 선지자의 기도처럼 교회가 끊임없이 드려온 기도와도 충돌합니다.

오류 7

우리를 하나님께 회심시키는 그 은혜는 다만 선의의 권고에 지나지 않는다. 이러한 권고의 방식은 사람을 회심시킬 때에 가장 고상한 방식이고 사람의 본성에도 가장 잘 어울리는 것이다. 이렇게 권고하시는 은혜만으로 육적인 사람이 영적인 사람으로 되는 데에 충분하지 않을 이유가 없다. 참으로 하나님께서는 이러한 도덕적 설득 이외의 방식으로 사람의 의지가 찬동하게 하시는 법이 없다. 하나님의 사역이 사탄의 사역보다 그 능력이 뛰어난 것은, 하나님께서는 영원한 선을 약속하시는 반면에 사탄은 단지 현세적인 선만을 약속하기 때문이다.

반박 이것은 완전히 펠라기우스의 주장이고 성경 전체의 교훈과 충돌합니다. 하나님의 말씀은 사람의 회심에 관하여 말할 때에 그러한 도덕적 설득을 넘어서는 것, 곧 성령의 매우 강력하고 신적(神的)인 사역을 가르칩니다. "또 새 영을 너희 속에 두고 새 마음을 너희에게 주되 너희 육신에서 굳은 마음을 제거하고 부드러운 마음을 줄 것이며"(겔 36:26).

오류 8

사람을 중생시키실 때에, 하나님께서는 사람을 믿음과 회개에 이르게 하시려고 그분의 전능한 능력으로 사람의 의지를 강권하여 확실하게 굴복시키지는 않으신다. 비록 사람을 회심케 하는 그분의 은혜의 사역이 이미 모두 성취되었으며, 하나님께서 사람의 중생을 계획하시고 의도하실지라도, 사람은 여전히 하나님과 성령께 저항할 수 있고, 실제로 저항하여서 자기의 중생을 완전히 막아 버리는 일이 종종 있다. 따라서 중생하거나 중생하지 않는 것은 여전히 사람의 능력에 달려 있다.

반박 그러한 주장은 우리를 회심시키시는 하나님의 은혜의 효력을 전적으로 부인하는 것이고, 전능하신 하나님의 사역을 사람의 의지에 복속시키는 것과 다름없습니다. 또한 다음과 같은 사도의 교훈과 충돌됩니다. "그의 힘의 위력으로 역사하심을 따라 믿는 우리에게…"(엡 1:19). "우리 하나님이 … 믿음의 역사를 능력으로 이루게 하시고"(살후 1:11). "그의 신기한 능력으로 생명과 경건에 속한 모든 것을 우리에게 주셨으니"(벧후 1:3).

오류 9

은혜와 자유의지는 회심이 처음 시작되도록 함께 작용하는 부분적인 요인들이다. 그리고 그 요인들의 순서에서 은혜는 의지의 작용에 앞서지 않는다. 사람의 의지가 스스로 움직여서 결정하기 전까지, 하나님께서는 사람의 의지가 회심에 이르도록 효과적으로 돕지 않으신다.

반박 고대 교회는 오래전에 그러한 펠라기우스의 교훈을 다음과 같은 사도의 말씀을 따라서 정죄하였습니다. "그런즉 원하는 자로 말미암음도 아니요 달음박질하는 자로 말미암음도 아니요 오직 긍휼히 여기시는 하나님으로 말미암음이니라"(롬 9:16). "누가 너를 남달리 구별하였느냐 네게 있는 것 중에 받지 아니한 것이 무엇이냐?"(고전 4:7). "너희 안에서 행하시는 이는 하나님이시니 자기의 기쁘신 뜻을 위하여 너희에게 소원을 두고 행하게 하시나니"(빌 2:13).

5

다섯째 교리 :

성도의 견인

제1조 : 중생한 사람이라도
자기 안의 죄로부터 자유롭지 못함

하나님께서는 그분의 목적을 따라서 그분의 아들 우리 주 예수 그리스도와 교제하도록 부르시고 그분의 성령으로 거듭나게 하신 자들을 죄의 지배와 노예의 상태에서 확실하게 해방시키십니다.[i] 그렇지만 이 세상에 사는 동안에는 그들을 육신과 죄의 몸에서 완전히 해방시키시는 것은 아닙니다.[ii]

---

i 요 8:34 예수께서 대답하시되 진실로 진실로 너희에게 이르노니 죄를 범하는 자마다 죄의 종이라 / 롬 6:17 하나님께 감사하리로다 너희가 본래 죄의 종이더니 너희에게 전하여 준 바 교훈의 본을 마음으로 순종하여

ii 롬 7:21-24 그러므로 내가 한 법을 깨달았노니 곧 선을 행하기 원하는 나에게 악이 함께 있는 것이로다 내 속사람으로는 하나님의 법을 즐거워하되 내 지체 속에서 한 다른 법이 내 마음의 법과 싸워 내 지체 속에 있는 죄의 법으로 나를 사로잡는 것을 보는도다 오호라 나는 곤고한 사람이로다 이 사망의 몸에서 누가 나를 건져내랴

● 강해 본문 : 요한복음 8장 1-11절

1 예수는 감람 산으로 가시니라 2 아침에 다시 성전으로 들어오시니 백성이 다 나아오는지라 앉으사 그들을 가르치시더니 3 서기관들과 바리새인들이 음행중에 잡힌 여자를 끌고 와서 가운데 세우고 4 예수께 말하되 선생이여 이 여자가 간음하다가 현장에서 잡혔나이다 5 모세는 율법에 이러한 여자를 돌로 치라 명하였거니와 선생은 어떻게 말하겠나이까 6 그들이 이렇게 말함은 고발할 조건을 얻고자 하여 예수를 시험함이러라 예수께서 몸을 굽히사 손가락으로 땅에 쓰시니 7 그들이 묻기를 마지 아니하는지라 이에 일어나 이르시되 너희 중에 죄 없는 자가 먼저 돌로 치라 하시고 8 다시 몸을 굽혀 손가락으로 땅에 쓰시니 9 그들이 이 말씀을 듣고 양심에 가책을 느껴 어른으로 시작하여 젊은이까지 하나씩 하나씩 나가고 오직 예수와 그 가운데 섰는 여자만 남았더라 10 예수께서 일어나사 여자 외에 아무도 없는 것을 보시고 이르시되 여자여 너를 고발하던 그들이 어디 있느냐 너를 정죄한 자가 없느냐 11 대답하되 주여 없나이다 예수께서 이르시되 나도 너를 정죄하지 아니하노니 가서 다시는 죄를 범하지 말라 하시니라]

여전히 존재하는 죄 속에서 신자는

요 8:1-11

최근 우리나라 사람들이 "~인 것 같아요."라는 표현을 습관적으로 많이들 씁니다. 이는 언어적으로는 좋은 습관이 아니라고 생각합니다. 가끔 TV 같은 데서 보면 어떤 사람들은 자기가 한 일이고 거기 아무런 모호함이 없음에도 "어제는 빵을 먹었던 것 같아요."와 같은 식으로 말하곤 합니다. "같아요"가 나올 문맥이 아닌데도 그렇게 하는 것이죠. 언어란 언제나 심중을 반영하기 때문에, 저는 이렇게 말하는 심리 속에는 책임성을 회피하고자 하는 마음이 들어 있다고 생각합니다.

똑같은 말을 하더라도 말하는 방식에 따라 강조점이 달라질 수 있습니다. 예를 들어 "나는 ~하지 않았다."와 "나는 ~하지 못하게 되었다."는 전혀 다릅니다. 전자는 자기 주관을 말하는 것이지만 후자는 다른 원인을 말하는 것입니다. 스스로가 삶의 주도권을 갖고 있다면 "나는 ~을 했다."라고 할 것입니다. 반면 삶의 주도권을 갖고 있지 않다고 생각하는 사람이라면 "저는 엄마가 시켜서 이 대학을 갈 수밖에 없었어요."라는 식으로 말할 것입니다.

각 교리들의 개략과 다섯째 교리

이제 도르트 신조의 마지막 다섯 번째 교리인 "성도의 견인"에 들어가게 됩니다. '견인(堅忍)'이란 '인내하다'라는 뜻이므로[124], "성도의 견인"이라는 이 장은 "성도의 인내"에 대한 가르침이라고 이해하면 됩니다. 즉 도르트 신조의 마지막 장은 신자의 '중생 이후의 삶'을 다루는 것으로, 살아갈 때 닥치게 되는 여러 가지 환난과 어려움 중에서도 **끝까지 견디게 될 것, 참고 인내하게 될 것**을 다루고 있습니다.

도르트 신조는 첫째 교리가 '예정' 혹은 '선택', 둘째 교리가 '구속', '제한 속죄'입니다. 셋째와 넷째 교리는 각각 우리의 '죄'와 '타락'을 다룬 셋째 교리와 '그에 대한 하나님의 은혜'를 다루는 넷째 교리가 합쳐져 있었습니다. 앞서 여러 번 확인했던 것처럼, 이 각 교리들을 두 글자로 요약해 봅시다.

첫째 교리는 예정
둘째 교리는 구속
셋째 교리는 타락
넷째 교리는 은혜

그런데 첫째 교리인 **'예정'을 성부의 사역**, 둘째 교리인 **'구속'을 성자의 사역**, 셋째와 넷째 교리인 **'타락에 대한 하나님의 은혜'를 성령의 사역**이라고 보는 분들이 있습니다. 이렇게 본다면 우리는 넷째 교리까지 성부/성자/성령의 사역을 각각 배운 셈입니다.

그리고 마지막 교리가 남았습니다. 마지막 교리는 '견인'이라는 두 글자로 요약을 할 수가 있는데, 앞의 장들이 성부/성자/성령의 사역이기 때문에 이 마지막 교리 역시 성부/성자/성령의 사역입니다.

특히 이 '견인'이라는 주제는 넷째 교리까지의 내용으로 인하여 구속을 받은 사람이 이후에 어떻게 살아갈지를 다루고 있는 교리이므로, 이 다섯째 교리는 앞의 네 교리에서의 성부/성자/성령의 **구속하시는** 사역이 중생 이후 신자의 삶에서

---

124 — '견'은 '견고하다'라는 뜻이고 '인'은 '인내하다'라는 의미이다. 즉 '견인'은 '견고한 인내' 정도로 생각하면 되겠다.

어떻게 결실을 맺게 되는가를 보는 '결과 혹은 열매의 교리'라 할 수 있겠습니다.

다섯째 교리의 첫째 조

이 다섯째 교리 1조의 제목은 "중생한 사람이라도 자기 안의 죄로부터 자유롭지 못함"입니다. 이전 교리들에서도 살폈듯이 도르트 신조는 모든 교리의 시작을 '죄에 대한 기술'로 출발합니다. 그리고 여기에서도 역시 앞의 교리들과 동일하게 해당 교리의 특성이 반영된 방식으로 죄를 다루고 있습니다.

곧 "성도의 견인"을 다루는 다섯째 교리에서의 죄에 대한 고백은 "앞의 셋째와 넷째 교리를 통해서 죄 가운데 은혜를 받고 구원을 얻은 사람이라 하더라도 **여전히 죄의 지배하에 놓여 있다.**"라는 점에 초점이 맞춰져 있습니다.

하나님 입장에서 말함

다섯째 교리 1조에서 주목해야 하는 **'죄에 대한 기술의 중요한 특성'**은 이 죄를 '우리의 관점'에서가 아닌 **'하나님의 관점'에서** 말하고 있다는 사실입니다. 1조의 내용에서 이것을 확인해 봅시다.

방금 말했듯이 마지막 교리는 '견인'을 주제로 하고 있으며, 따라서 죄에 대한 기술도 이를 배경으로 한 죄의 기술입니다. 그렇다면 이를 말하기 위한 가장 상식적인 방식은 다음과 같습니다.

> **신자는** 중생한 이후에도 여전히 계속해서 죄를 범합니다.

따라서 1조의 내용은 다음과 같이 되는 것이 가장 자연스럽습니다.

> 신자는 … 죄의 지배와 노예의 상태에서 확실하게 **해방됩니다.**
> 그렇지만 이 세상에서 사는 동안에 신자는 육신과 죄의 몸에서 완전히 **해방되는 것은 아닙니다.**

즉 "신자는"을 주어로 두고, 동사를 "해방됩니다", "해방되는 것은 아닙니다"라고 말하는 것이 자연스럽습니다. 하지만 실제 1조를 보면 "신자"가 아닌 "하나님"을 주어로 두고 "해방시키십니다"와 "해방시키시는 것은 아닙니다"라고 말하고 있습니다.

> ① 신자가 죄에서 완전히 **해방되지** 않았다고 말하는 것이 아니라,
>
> ② 하나님이 신자를 죄에서 완전히 **해방시키시지** 않았다고 말합니다.

이 차이는 무엇을 보여 주는 것일까요? 우리는 다섯째 교리에서 '견인'이라는 교리를 배울 것입니다. 그런데 견인에는 배경이 있습니다. 견인, 곧 인내라는 것은 **'고통이 있다'는 전제**가 있는 것입니다. 신자는 믿고 난 이후에도 즉시로 죄로부터 해방되지 않습니다. 고통 속에서 살아갑니다. 고통 속에서 살아가니까 '인내'가 필요한 것입니다.

그런데 이러한 죄의 유혹과 고통 속에 살아갈 때, 신조는 "나에게 여전히 죄가 있다."라는 식으로 말하지 않고 "하나님께서 나에게 여전히 죄가 있게 하셨다."라고 말하는 방식을 통하여, 이 견인의 삶에서도 항상 **'하나님을 생각'토록** 하였습니다. 즉 우리는 중생한 신자의 삶 속에도 여전히 죄가 있다는, 그다지 좋아 보이지 않는 현실조차도 **하나님의 통제 아래, 하나님의 의도 아래, 하나님의 정하심 아래** 있다는 것을 분명히 인지하게 되는 것입니다. 구속 이후의 죄와 그에 대한 인내조차 '나의 노력의 여부'의 문제가 아닙니다. 참음도 하나님의 일입니다!

신자는 죄 가운데 살다가 그리스도의 구속을 입게 되었을 때 즉시 죄로부터 자유롭게 되기를 꿈꿀 수 있습니다. 하지만 정작 신자가 되어 보니 바울이 로마서에서 고백하듯 "마음은 원이로되 실제는 그렇지 않다."[125]라는 사실을 발견하게 됩니다. 자연스레 신자의 마음속에는 '나는 왜 중생했는데도 여전히 이렇게 죄에 시달려야 하는 거야?'라는 마음이 들게 됩니다. 바로 이때 다섯째 교리의 제1조

---

125 — 롬 7:22-23 내 속사람으로는 하나님의 법을 즐거워하되 내 지체 속에서 한 다른 법이 내 마음의 법과 싸워 내 지체 속에 있는 죄의 법으로 나를 사로잡는 것을 보는도다

는 우리에게 하나님을 주어로 말함으로써, 신자가 중생한 이후 죄에 시달리는 것조차 하나님의 통제하에 있는 것임을 잊지 말라는 사실을 각인시키고 있는 것입니다.

중생한 이후에도 신자에게 여전히 죄의 소욕이 남아 있는 것은 하나님의 구원이 완전하지 못하거나, 하나님께서 최선을 다하셨음에도 불구하고 그 죄의 찌꺼기라는 것이 너무나 질기고 튼튼한 것이어서 도저히 끊을 수가 없는 어떤 것이기 때문이 아니라는 것이지요. **이조차 계획되고 의도된 것**이라는 말입니다. 우리에게 남아 있는 죄의 찌꺼기조차 **하나님의 통제 바깥에 있을 수는 없다는 것**입니다.

우리는 예수 믿고, 거듭나고, 하나님의 백성이 되어 새로운 삶을 시작하더라도 천사가 되는 것은 아님을 압니다. 우리는 거듭난 이후에도 거듭나지 않았던 어제와 똑같이 죄의 욕망 속에 투쟁하고 살아가고 있음을 봅니다. 그러나 우리가 그렇게 살아가야 하는 것은 **하나님께서 비록 최선을 다하셨음에도 이길 수 없는 무언가가 있어서입니까?**

아닙니다! 하나님께서는 이미 모든 것을 통제하고 계십니다. 오히려 하나님께서는 어떤 목적을 위하여 '이 악을 제어하고' 계십니다. 모든 일들이 하나님의 뜻 안에 있습니다. 신자가 중생한 즉시 천사처럼 되지 않는 이유조차, 불신자가 믿어 그리스도를 구주로 받아들이는 순간 하늘로 솟구쳐 올라가지 않는 이유조차, 모두 하나님께서 의도하신 것입니다. 믿는 즉시로 "하늘에 속한 사람"(골 3:1-2)이 되었음에도 불구하고, 잠시 이 땅을 사는 동안은 죄의 시달림을 감수하며 살도록 말입니다. 그러므로 이 사실을 아는 신자는 불안해하거나 두려워할 필요가 없습니다.

신조의 다섯째 교리는 **"성도의 견인"**, 즉 사람의 인내를 다루고 있습니다. 그런데 **그 인내의 모든 핵심에는 '하나님'**이 있습니다. 다섯째 교리 내내 계속해서 강조되겠지만, 만약 인내가 신자인 우리가 이 삶을 책임지고 이겨 내는 것이라고 한다면 중생한 신자의 삶은 정말 힘들 것입니다. 그러나 반대로, 비록 나는 중생한 이후에도 여전히 많은 죄 가운데 살고 있지만, 그것이 애초에 모두 하나님의 섭리와 계획 속에 주어진 것이라고 한다면 훨씬 자유로울 수 있습니다. 죄를 막지어도 된다는 뜻이 아니라, 하나님께서는 **중생 이후의 삶조차도 '전적으로 우리**

의 책임'에 맡겨두지 않으셨다는 것이고, 그렇다면 우리는 '믿음을 시작할 때'뿐 아니라 **'믿은 후에'도 여전히** 나의 어떠함이 내 삶을 망가뜨려 버릴 수 있는 위험으로부터 완전히 벗어날 수 있다는 것입니다.

그래서 우리는 1조에서부터 흔들리지 않는 확신을 가질 수 있는 '인내의 토대'를 발견합니다. 하나님께서는 중생 후에도 내가 죄 가운데 살며 연단되기를 바라셨는데, 그것은 우리를 망하게 하거나, 중생했음에도 이 땅에서 절망 좀 맛보라고 우리를 골탕 먹이시기 위함이 아니라, 우리를 더욱 더욱 하나님께 붙이시기 위한 하나님의 의도와 계획이시니 말입니다.

그러니 낙심하지 마십시오. 호된 풍파를 맞더라도 좌절하지 마십시오. 하나님의 계획하심을 믿고 의지하면 됩니다. 이 죄악 된 인생의 거친 바다를 항해하더라도, 고통과 슬픔, 좌절과 번뇌 속에서도 우리는 궁극의 것을 놓지 않을 수 있습니다. 지금 내가 당하고 있는 이 여러 가지 죄악의 암초들은 **'결국을 쟁취하고야 말 나그네**에게 잠깐 지나가는 풍파' 같은 것이니까요.

분명한 해방을 확신하기

바로 이런 이유로, 신조가 "신자도 여전히 죄 가운데 있다."라는 것을 말하기 위해 **오히려 무엇을 먼저 말하고 있는지**를 보십시오. 여기에 또한 놀라운 은혜가 있습니다!

중생 이후에도 여전히 죄 가운데서 걸어가야만 하는 신자에게 '필요한 것'이 있습니다. 죄에서 해방되었음에도 불구하고 땅에서 살아가는 동안은 여전히 죄의 영향력 속에서 살아갈 수밖에 없지만, 그때 그 죄 가운데를 걸어가는 사람에게 가장 중요한 것, 곧 **'확신'**이 필요합니다. "나는 분명히 저 하늘에 속했다.", "나는 확실하게 중생을 통하여 하나님의 자녀가 된 사람이다."라는 확신입니다. 이것이 있어야 여전히 죄가 존재하는 중에서도 평안 가운데 살아갈 수 있을 것입니다. 그래서 신조는,

1조의 앞부분입니다.

하나님께서 그분의 목적을 따라서 그분의 아들 우리 주 예수 그리스도와 교제하도록 부르시고 그분의 성령으로 거듭나게 하신 자들을 죄의 지배와 노예의 상태에서 확실하게 해방시키십니다.

우리는 "여전히 죄 가운데서 살아갑니다."를 말하기 위해 먼저 **'확신'을 가져야** 합니다. 내 삶의 와중에 죄가 여전히 존재함을 좌시하면서도 **불안하지 않으려면,** 이 "확실하게 죄로부터 해방되었다."라는 사실이 내 속에 견고한 기초로 자리매김하고 있어야 하는 것입니다. 우리는 죄 가운데를 걸어갑니다. 우리 인생의 걸음이란 거꾸로 세워진 칼날 위를 걷는 것과 같습니다. 그리고 우리는 그 죄의 길 가운데서 살아 보았었기 때문에 그것이 주는 고통과 끔찍함을 알고, 다른 한편으로는 그 죄가 주는 말할 수 없는 달콤함과 향내도 압니다. 신자의 삶이란 이런 칼이 수없이 거꾸로 꽂혀 있는 길을 걸어가는 것과 같습니다. 그렇다면 여기서 한눈을 팔지 않고, 실수로라도 칼에 발바닥이 꽂히지 않으려면 무엇이 가장 중요할까요? 언뜻 잘못해서 '옛 습관'에 팔려 버리지 않으려면 무엇에 있어 더욱 견고해야 합니까? 우리는 무엇보다 먼저 **'확실한 해방을 믿어야'** 합니다.

'믿어야 할 바'와 '행해야 할 바'의 분명한 차이

요한복음 8장에는 '간음한 여인'이 나옵니다. 사건이 다 끝난 후 예수님께서 여인에게 말씀하시는 장면에 주의를 기울여 봅시다. 11절 말씀입니다.

대답하되 주여 없나이다 예수께서 가라사대 나도 너를 정죄하지 아니하노니 가서 다시는 죄를 범하지 말라 하시니라_요 8:11

이 문장을 주목해 보면 한 문장 속에 두 사실이 묶여 있음을 발견할 수 있습니다. 예수님은 간음한 여인에게 **'두 가지 사실'**을 말씀하셨습니다.

> 첫째는 "나도 너를 정죄하지 아니하노니"이고,
> 둘째는 "가서 다시는 죄를 범치 말라"입니다.

사건을 선명하게 이해하기 위하여 개요를 잠깐 정리하겠습니다. 그다음 주님의 이 두 가지 말씀을 분석해 봅시다.

여기 끌려온 여인은 '간음의 혐의가 있어서 잡혀온 자'가 아니고 '간음하다가, 간음 장소에서 끌려온 자'입니다. 즉 이 여자는 죄의 **'혐의자'가 아니라 완연한 '죄인'**입니다.

예수님께서 사람들에게 말씀하신 "너희 중에 죄 없는 자가 먼저 돌로 치라"라는 말씀은 흔히 많은 사람들이 오해하는 것인데, "죄 없는 사람이 어디 있니? 그러니까 너희들도 다른 사람들을 정죄하지 마"라고 하는 의미가 결코 아닙니다. 율법은 어느 곳에서도 "죄 없는 사람이 율법을 시행할 것"을 명령하고 있지 않습니다. 만약 예수님께서 현대의 우리가 이해하는 방식으로 말씀하셨다면 거기 있는 사람들은 오히려 모두 예수님을 비웃었을 것입니다. 이런 방식은 율법의 요구가 아닙니다. 율법에 사형 제도가 많이 나오지만, 그 어디에도 **사형 집행자가 죄 없을 것을 요구하지 않습니다.** 예수님의 요구가 만약 현대인들의 이해대로라면 아무도 율법을 지킬 필요가 없어질 것입니다. 아무도 형벌을 받지 않을 테니까요. 누군가가 내 죄를 지적했을 때는 "그럼 네가 죄가 없다면 나를 정죄하도록 해."라고 하면 그만일 것입니다. 따라서 지금 예수님께서 "죄가 없어야 누군가 정죄할 수 있다."라고 말씀하고 있다고 생각하는 이들은 성경을 전혀 잘못 읽은 것입니다.

오히려 예수님의 이 말씀은 **특정 죄에 대한 지적**입니다. 곧 '간음'에 대한 말씀으로, "너희 중에 **간음하지 않은 이가 있다면** 이 간음한 여자를 쳐도 좋다."라는 의미입니다. 요한복음 8장 말씀은 민수기 5장 율법의 적용에 해당합니다.[126] 예수님께서는 민수기 5장의 예를 들어서, 율법을 가지고 당시의 이스라엘을 정죄하고 계십니다. 이스라엘은 누구나 '하나님을 올바르게 섬기지 않고 이방신을 구하는 것'이 '간음'임을 잘 알았습니다.

예수님께서는 지금 성전에 앉으신 제사장으로서, **음녀였던 이스라엘 나라 전체에 대하여** 이의를 제기하고 계십니다. 거기 몰려 온 사람들은 간음을 저지른 한 여자를 심판하려고 왔으나 예수님께서는 이 사건을 사용하셔서 오히려 이스라엘 모두가 하나님께 간음을 저지른 음녀임을 폭로하신 것입니다.

예수님께서 말씀하신 진의가 이런 것이었기 때문에, 그 의도를 알게 된 이들은 주춤거리며 뒤로 물러설 수밖에 없었습니다. 간음한 여자를 정죄하려 했으나 **자기가 간음한 자임을 깨닫게 되었을 때의 당혹감**입니다. 이런 방식이 아니라 만약 예수님께서 "아무런 죄도 없는 사람이 이 여자를 칠 수 있다."라고 주장했던 것이라면 율법사들이 예수님을 멍청하다고 비웃으면서 율법을 따라 그 여자를 돌로 쳤을 것입니다.

상세하게 설명해야 충분한 설득력을 얻을 수 있겠지만, 이 자체의 이해가 목적이 아니므로 간단히 정리할 수밖에 없었습니다만, 어쨌든 이 이야기의 대략은 이렇습니다. 이렇게 정리를 해 두고, 이제 본래 목적에 집중해 봅시다. 예수님의 두 말씀, 곧 이렇게 정죄로부터 자유롭게 된 여인을 향하여 "내가 너를 정죄하지 않겠다."와 "가서 다시는 죄를 범치 말라."라고 하신 주님 말씀의 뜻을 생각하는 것입니다. 이 둘은 전혀 다른 두 이야기입니다.

● 나도 너를 정죄하지 아니하노니

민수기 5장에 의하면, 율법에서 '간음의 혐의를 받는 여인'이 있으면 토기에 거룩한 물을 담고 거기에 성전의 티끌을 넣은 후에 마시게 합니다. 그리고 이 여자가 정말 간음하였으면 "넓적다리가 마르고 배가 부어서 저줏 거리, 맹셋 거리"가 됩니다(민 5:21). 하지만 반대로, 이 여자가 정결한 여인인데 오해를 받아 끌려

---

126 — 민수기 5장은 간음의 혐의를 받는 여인에 대한 율법이다.

온 것이면 "해를 받지 않고 임신할 것"(28절)입니다.

그런데 중요한 사실은, 요한복음 8장에 나오는 이 여인은 '**간음의 혐의를 받는 여인**'이 아니라 '**간음한 여인, 간음 현장에서 잡혀온 여인**'이라는 사실입니다. 그렇다면 민수기의 법이 문자 그대로 적용되면 어떤 일이 벌어질까요? 이 여자는 "넓적다리가 마르고 배가 부어 저줏 거리가 될 것"입니다. 이것이 '당연한 결론'입니다.

여기에서 놀라운 점은, 주님께서 이 '결론이 난 여자'에게 '율법과는 전혀 다른 결과'를 말씀하셨다는 점입니다! 곧 율법이 정한 저주의 형벌을 받아야 하는 여자에게 **대신 '용서'를 선언하셨다는 것**이죠! 말하자면 그녀는 죄가 없음이 드러나서 정결의 복을 받은 것(민수기 5장에서 정결한 여인이었을 경우에 받아야 할 복)이 아니라, '죄가 있는데도 불구하고 정결의 복을 받은 것'입니다!

이 지점에 **구속 역사의 진전에 따른 대단한 변화**가 있습니다! 곧 구약과 신약의 중대한 차이입니다. 그리스도께서 오시기 전의 법에서는 저주를 당했어야 할 여자가! 그리스도 때문에 복을 얻게 됩니다! 그렇습니다. 이것이 바로 율법(의 저주)과 복음의 차이! 그리스도께서 오셔서 발생하게 된 중대한 차이입니다!

왜 이런 차이가 발생했습니까? 우리는 모두 알고 있습니다. 그 저주, 곧 넓적다리가 마르고 배가 붓고 사람들의 저줏 거리가 되는 일을 **주님께서 다 당하셨기 때문**입니다! "너희 중 간음하지 않은 자가 돌로 치라!"라고 했을 때, 간음한 우리는 모두 다 이 저주 속에서 죽었어야 했습니다. 그러나 주님께서 오셔서 이 저주를 다 당하셨기 때문에 간음한 여자인 우리는 '정결한 여자가 받는 복'을 받게 됩니다.

그러므로 이 사실을 명심합시다. "내가 너를 정죄치 않겠다."라는 예수님의 이 말씀은 **우리의 행위와는 관계가 없습니다**. 간음한 여인은 '간음할 뻔한' 여인도 아니었고, '간음의 위험 중에 있었던' 여인도 아니었습니다. '간음의 유혹 속에 있었거나', '간음할 마음은 있었지만 아직 하지는 않았던' 사람도 아니었습니다. 그 여인은 이미 간음했습니다. 죄인입니다. 죄로 말미암아 죽어야만 하는 여인입니다. 하지만 예수님께서 그런 **죄인인 여자에게 '복'**을 선언하셨습니다. "의인과 선인에게" 복을 선언하신 것이 아니라, "우리가 아직 죄인되었을 때에" 그 죄인을 향하여 복을 선언하셨습니다(롬 5:7-8[127]). 이것이 모든 이스라엘, 곧 모든 주를 믿는 자들에게 동시에 주어지는 복입니다. 예수 그리스도 안에 들어가면 우리는 모두 우리의 죄를 해결하신 분으로 말미암아 이 복됨을 갖게 됩니다!

● 가서 다시는 죄를 범치 말라

따라서 예수님께서 두 번째 하신 말씀, 곧 "가서 다시는 죄를 범치 말라"와 첫 번째 말씀을 혼동해서는 안 됩니다. 첫 번째 말씀은 예수님께서 '거저 주신 일'입니다. 그녀는 죄인이었고 간음한 여인이었습니다만, 그럼에도 불구하고 주님께서 주신 것입니다. 하지만 두 번째 말씀은 **그것을 받은 여인에게 주신 '실천 명령'**이었습니다. 이것은 그 은혜를 받은 사람이 살아가야 할 자세입니다.

여기에서 '견인'의 주제를 생각합시다. 이 여자는 이후 자기의 삶으로 돌아갔을 때 어떻게 살았을까요? 아마도 추측건대 이 여인은 주님의 은혜를 받았으므로 이전의 악한 삶을 청산했을 것입니다. 하지만 좀 더 자세히 들여다보십시오. 만약 그렇다 한들, 그러면 그녀는 이제 이후의 삶에서 단 한 번의 성적 유혹도 받지 않고, 전혀 성적인 범죄도 저지르지 않고, 심지어 마음으로조차도 단 한 번도 음란한 생각을 하지 않고 그렇게 살 수 있었을까요? 더 나아가서 성적인 범죄뿐 아니라 다른 범죄에 있어서는 어떻습니까? 이 여자가 '은혜를 입은' 사람이었다고 해서 **이후 삶에서 '전혀 죄를 짓지 않고'** 살아갈 수 있었겠습니까?

우리는 모두 그럴 수 없다는 것을 잘 알고 있습니다. 당연히 그녀도 죄를 지으면서 살았을 것입니다. 비록 주님과 직접 대면했고 주님이 직접 죄 사함을 주셨다고 할지라도, 그녀 역시 한계를 지닌 인간으로서 이후에 다시 범죄했을 것입니다. 예수님과의 기억도 시간이 지나면서 흐릿해졌을 것입니다. 마음에 방심이 일어났을 것입니다. 아니 혹여나 이 여인에게 이런 종류의 방심조차 없었다 한들, 죄를 짓지 않고 살 수 있는 인간은 없습니다.

분명한 사실이 여기 떠오릅니다. "내가 너를 정죄하지 않는다."라는 확고한 선

---

127 — 롬 5:7-8 의인을 위하여 죽는 자가 쉽지 않고 선인을 위하여 용감히 죽는 자가 혹 있거니와 우리가 아직 죄인 되었을 때에 그리스도께서 우리를 위하여 죽으심으로 하나님께서 우리에 대한 자기의 사랑을 확증하셨느니라

언을 듣고, 실천 명령으로 "다시는 죄를 범치 말라."라는 말씀을 듣더라도 우리는 **다시 범죄합니다.**

이 두 명제로부터 깨닫게 되는 중요한 확신

이 두 명제로부터 우리는 중요한 사실을 깨닫게 됩니다.

두 번째의 것을 첫 번째의 것과 섞어서는 안 된다는 것입니다. 첫 번째의 것이 제아무리 분명하더라도, 인생일 뿐인 우리는 두 번째의 것을 완전하게 행할 수는 없습니다. 따라서 두 번째의 것이 흔들렸다는 사실 때문에 **결코 첫 번째의 것이 흔들려서는** 안 됩니다!

신자는 실천 명령을 받았습니다. 그 실천 명령은 '확실한 은혜'로부터 온 것입니다. 하지만 우리는 실천 명령을 완전히 행할 수는 없습니다. 하지만 실천 명령을 완전히 행하지 못했다고 해서, 그 사실이 우리가 첫째로 받은 은혜, 곧 "내가 너를 정죄하지 않겠다."가 흔들릴 수 없는 것입니다!

간음했던 여인은 "가서 다시는 죄를 범치 말라"라고 하는 말씀, 곧 **중생의 은혜 뒤에 주어지는 실천 명령**을 받았습니다. 당연히 그녀는 이것을 지키기 위해 노력하면서 살아야 합니다. 하지만 이 노력이 **첫 번째의 확신을 '대치하는 것'은 절대로 아닙니다.** "가서 다시는 죄를 범치 말라"라는 말씀은 나의 노력에 관한 것이므로 무너질 수도 있습니다. 그러나 이 둘째의 것이 무너진다고 해서 "나도 너를 정죄하지 아니하노니"의 첫째의 것을 없애거나 무너뜨릴 수는 없습니다.

우리는 중생한 신자로서, 중생한 신자로서의 삶을 살아가야 합니다. 말씀에 순종해야 하며, 예배에 열심이어야 하며, 선을 행하는 데에 충실하고, 하나님의 말씀에 최선의 노력을 경주하면서 살아가야 합니다. 하지만 **우리가 그렇게 최선을 다하여 살아가는 삶이, 어떤 경우에도 중생을 주시는 그리스도의 복과 은혜를 대치할 수는 없습니다.** 우리가 제아무리 행위로 하나님의 말씀을 따라 열심히 살아도 은혜를 대신할 수는 없는 것이고, 반대로 우리가 크게 범죄하여 이로부터 떨어져 나가는 일이 있다 하더라도 그 사실이 이 은혜를 폐기하지는 못할 것입니다. 바로 이 사실이 다섯 번째 교리인 '견인'을 배울 때, 우리의 마음속에 흔들리지 말고 자리 잡고 있어야 할 진리입니다.

성도들 중에 믿음의 확신이 흔들리는 사람들은 대부분이 이 두 가지를 **섞어 생각하기 때문**입니다. 내가 어찌어찌하게 행동을 하면 그것이 내 중생 자체를 불안케 만드는 무언가가 되지 않을까 전전긍긍합니다. 근심하지 마십시오! "구원은 따로 받고 삶은 전혀 관계 없다." 그런 이야기가 아닙니다. 당연히 믿음은 삶을 동반하지요. 하지만 삶은 '**동반**'되는 것, 곧 열매이지 뿌리가 아닙니다. **구원이 삶을 흔드는 것이지 삶이 구원을 흔드는 것이 아닙니다.**

하나님께서는 우리가 중생한 후에도 세상에서 죄와 분투하도록 두셨습니다. 그렇게 하신 이유는 우리가 죄악과 겸하여 살아가면서 이 세상에서 주님을 더욱 붙드는 법을 배우게 하심입니다. 그렇다면 이 세상을 살아가면서 겪게 되는 여러 가지 죄악의 유혹들 속에서, '**하나님께서 그것을 주신 이유와 목적대로**' 나를 연단하면서, 그 죄악의 유혹들을 '**하나님을 더욱 사랑하게 되는 도구**'로서 사용하면서 **살아가야** 합니다. 야고보서가 말하지 않습니까?

> 사람이 시험을 받을 때에 내가 하나님께 시험을 받는다 하지 말지니 하나님은 악에게 시험을 받지도 아니하시고 친히 아무도 시험하지 아니하시느니라_약 1:13

하나님께서 우리에게 주시는 것은 우리를 걸려 넘어뜨리게 하시려는 '시험' 같은 것이 아닙니다. 우리는 땅에서 **이 죄들 때문에 더욱** 주님을 신뢰하고 붙드는 법을 배우면서 살아가는 것입니다. 그리고 이 사실을 분명하게 안다면, 죄가 나를 침공할 때 혹 가끔 내가 진다고 하더라도 그 근본이 되는 하나님의 의도를 읽고서 넘어지지 않을 것입니다. 우리 삶에 나타나는 여러 종류의 부실은 "가서 다시는 죄를 범치 말라"의 문제이지, "내가 너를 정죄하지 않는다"의 문제가 아니기 때문입니다.

자, 다섯째 교리 제1조의 내용을 정리합시다. 첫째, 이 견인 교리가 '철저하게 하나님으로부터 기인된 시각'에서 나왔음을 잊지 맙시다. 앞서 살핀 대로 "신자는 중생한 이후에도 죄로부터 완전히 해방되지 않았습니다."가 아니라 "**하나님께서는** 신자를 중생 이후에도 죄로부터 완전히 해방시키지 않으셨습니다."입니다.

모든 주권이 하나님의 손에 있습니다.

둘째, 바로 이때 하나님으로부터 받은 이 중생과 구원이 우리의 행위들로 인하여 퇴색되지 않도록 노력합시다. '견인' 교리는 그 자체가 '성도의 인내'여서 **성도인 내가 하는 것**'이라고 오해하기 쉬운 교리입니다. 그래서 개혁자들은 견인을 '내가 잘 참는 것'이라고 이해하는 대신, 다음과 같이 생각했습니다.

> 우리가 이렇게 부실한 데도 불구하고 견인이 가능한 것이야말로
> 하나님께서 신실하게 자신의 약속을 이루고 계신다는 증거다.

우리는 '자신의 삶'을 열심히 살아가는 사람들입니다. 하지만 이 '자신의 삶'의 주권이 '자신에게 있지 않음을' 고백하며 살아가는 사람들입니다. 오직 주께서 우리의 삶을 쥐고 계십니다! 이런 성경의 가르침은 아르미니우스주의자들의 생각처럼 '나의 자아'를 무시하기 위한 하나님의 처사가 아니라, '**흔들리지 않으시는** 하나님께서 우리를 단단히 붙들고 계시므로 전혀 이탈을 염려하지 않아도 될 것'에 대하여 확신을 가지라는 하나님의 외침입니다.

제2조 : 중생한 사람이라도
연약함으로 인해 날마다 죄를 지음

그러므로 연약함으로 인하여 날마다 죄를 짓는 일이 생기고, 성도가 행하는 최고의 행위라 해도 거기에는 결점들이 들러붙어 있습니다.[i][ii][iii] 이러한 사실은 그들로 하여금 항상 하나님 앞에서 자신들을 겸비케 하고, 또한 십자가에 달리신 그리스도께로 피하게 하는 이유가 됩니다. 그들은 기도의 성령을 통하여서 그리고 거룩하게 경건을 연습함으로써 점점 더 육신을 죽여야 하며,[ii] 마지막에 이르러 이 사망의 몸에서 벗어나 하늘에서 어린양과 함께 왕 노릇 할 때까지, 완전의 목표를 갈망하며 추구하여야 합니다.[iii]

i 요일 1:8 만일 우리가 죄가 없다고 말하면 스스로 속이고 또 진리가 우리 속에 있지 아니할 것이요

ii 골 3:5 그러므로 땅에 있는 지체를 죽이라 곧 음란과 부정과 사욕과 악한 정욕과 탐심이니 탐심은 우상 숭배라 / 딤전 4:7-8 망령되고 허탄한 신화를 버리고 경건에 이르도록 네 자신을 연단하라 육체의 연단은 약간의 유익이 있으나 경건은 범사에 유익하니 금생과 내생에 약속이 있느니라

iii 빌 3:12 내가 이미 얻었다 함도 아니요 온전히 이루었다 함도 아니라 오직 내가 그리스도 예수께 잡힌 바 된 그것을 잡으려고 달려가노라 / 빌 3:14 푯대를 향하여 그리스도 예수 안에서 하나님이 위에서 부르신 부름의 상을 위하여 달려가노라 / 계 5:6 내가 또 보니 보좌와 네 생물과 장로들 사이에 한 어린 양이 서 있는데 일찍이 죽임을 당한 것 같더라 그에게 일곱 뿔과 일곱 눈이 있으니 이 눈들은 온 땅에 보내심을 받은 하나님의 일곱 영이더라 / 계 5:10 그들로 우리 하나님 앞에서 나라와 제사장들을 삼으셨으니 그들이 땅에서 왕 노릇 하리로다 하더라

● 강해 본문 ① : 야고보서 1장 9-11절

9 낮은 형제는 자기의 높음을 자랑하고 10 부한 자는 자기의 낮아짐을 자랑할지니 이는 그가 풀의 꽃과 같이 지나감이라 11 해가 돋고 뜨거운 바람이 불어 풀을 말리면 꽃이 떨어져 그 모양의 아름다움이 없어지나니 부한 자도 그 행하는 일에 이와 같이 쇠잔하리라

● 강해 본문 ② : 디모데전서 4장 6-8절

6 네가 이것으로 형제를 깨우치면 그리스도 예수의 좋은 일꾼이 되어 믿음의 말씀과 네가 따르는 좋은 교훈으로 양육을 받으리라 7 망령되고 허탄한 신화를 버리고 경건에 이르도록 네 자신을 연단하라 8 육체의 연단은 약간의 유익이 있으나 경건은 범사에 유익하니 금생과 내생에 약속이 있느니라

땅에서 하늘의 삶을 연습하기

약 1:9-11; 딤전 4:6-8

신자로서 올바르게 살아가기 위해 항상 명심하고 염두에 두어야 할 가르침이 몇 가지 있습니다. 그중에서도 매우 중요한 말씀이 고린도전서 1장 25절 말씀이라고 생각합니다.

> 하나님의 어리석음이 사람보다 지혜롭고 하나님의 약하심이 사람보다 강하니라_
> 고전 1:25

하나님을 사람보다 지혜롭고 강하다고 말하는 것이 당연하다고들 여기시겠지만, 많은 사람들이 실제로는 그렇지 못합니다. 예를 들어 우리의 자아가 얼마나 높은지를 생각해 보십시오. 아마 다른 사람들이 어떤 이야기를 할 때 "저건 아닌 거 같은데…" 하다가 나중에 보니 그 사람 말이 옳았다는 것을 경험한 적이 누구나 있을 것입니다. 그때 우리는 내가 얼마나 다른 사람의 이야기를 내 중심, 내 기준에 맞춰 듣고 판단하며 이해하는지를 깨닫게 됩니다.

문제는 이것이 단지 '다른 사람'에게만 아니라 하나님의 말씀에 대하여도 종종 그러하다는 것입니다. 신앙생활을 아무리 오래 해도 하나님께서 믿음으로 요구하시는 어떤 일들에 의심하거나 회의적일 때가 있습니다. 심지어는 믿음의 길과 불신앙의 길이 현저하게 표시가 나는 때에도 믿음의 길을 선택하는 것을 어려워할 때가 많이 있습니다. 만약 우리가 "하나님의 어리석음이 사람보다 지혜롭다."고 진정으로 믿는다면 그렇게 하지 말아야 할 것이 아닙니까? 하지만 우리는 다들 하나님의 뜻을 따라 사는 것이 어떤 것인지를 **알면서도 그렇게 하지 않을 때가 아주 많은** 사람들입니다. 고린도전서의 말씀은 바로 이런 것을 겨냥하고 있습니다.

우리와 마찬가지로 이 본문 속의 사람들이 하나님의 지혜에 어떻게 반응하는지를 보십시오. "하나님의 어리석음이 사람보다 지혜롭다."라는 말씀은 바로 그 앞의 **'십자가'를 설명하는 문맥**에서 나옵니다.

> 우리는 십자가에 못 박힌 그리스도를 전하니 유대인에게는 거리끼는 것이요 이방인에게는 미련한 것이로되_고전 1:23

구원이라는 중요한 주제에서조차 유대인도 이방인도 자신들이 하나님보다 더 지혜롭다고 생각합니다. 십자가는 바로 이에 대한 문제 제기였습니다.

● 유대인들

유대인들은 하나님의 방식을 이해하지도 받아들이지도 못했습니다. 왜냐하면 유대인들에게 십자가는 '거리끼는 것'이었기 때문입니다. 유대인들이 얄팍하게 알고 있었던 구약 율법에서는 나무에 달려 죽는 일은 '하나님의 저주를 받는 것'이었습니다. 그래서 유대인들은 하나님께서 결정적으로 메시아를 보내 주셨을 때도 받아들일 수가 없었습니다. **'하나님의 저주로 죽은 이가 메시아'일 수 없었기 때문**입니다.

그러나 유대인들의 이러한 생각은 **저주를 받아 죽은 이를 통해 '원래 저주받아 죽어야만 했던 사람들'을 구원하시려는** 하나님의 깊으신 뜻을 이해할 수 없었기 때문에 빚어진 부족함이었을 뿐입니다. 그들의 거리낌은 그들의 이해력이 부족했기 때문이지 하나님께서 얕으셔서가 아니었습니다. 그러나 결과적으로 그들은 결국 십자가를 받아들일 수 없었습니다. "사람이 하나님보다 더 지혜롭다."라고 여겼기 때문입니다.

● 이방인들

이방인들 역시 하나님의 방식을 이해하지도 받아들이지도 못했습니다. 왜냐하면 이방인들에게 십자가는 '미련한 것'이었기 때문입니다. 로마 역사를 읽어 보면 로마인들이 무엇을 숭상하고 어떤 생각을 가졌는지를 어렵지 않게 알 수 있습니다. 로마인들은 명예를 숭상하고 강한 것을 덕으로 여기는 사람들이었습니다. 로마사(史)를 읽어 보면 명예가 상실되는 것을 죽는 것보다 비참한 것으로 여기는 이들의 예가 많이 나옵니다.

그런 로마인들에게, 그리고 다른 민족의 이방인들에게 **'십자가형을 당하여 죽는 이'가 결코 자신들의 구원자일 수는 없었습니다.** 사실 예수 그리스도는 전 인류를 위한 숭고한 죽음을 당하고 있는 것이니, 로마인의 사고에서조차 격하게 추앙을 받아야 함에도 불구하고, 그들에게는 그런 것을 볼 수 있는 눈이 없었습니다. 결국 이방인들 역시 십자가를 받아들일 수 없었습니다.

이런 방식으로 2조를 살피기

유대인이나 이방인이나, 심지어는 지금 여기 21세기를 살아가고 있는 우리조차 "하나님의 어리석음이 우리의 지혜보다 나음"에도 불구하고 여전히 고집을 꺾지 않고 우리가 더 옳다고 생각하며 살 때가 많습니다. 그러나 신앙에 있어 ABC, 곧 가장 기초라 할 수 있는 것은 **하나님 앞에서 자신을 꺾는 것입니다.**

다섯째 교리의 1조와 2조는 바로 그런 관점으로 '견인에 있어서의 죄'를 다루고 있습니다. 1조에서 우리는, 신자의 중생 이후 즉시 하늘에 데려가시거나 천사처럼 죄를 짓지 않게끔 하실 수 있음에도 불구하고 여전히 이 땅 위에 죄를 남겨 두셨다는 것, 그래서 신자로 하여금 여전히 죄를 지으면서 살 수밖에 없게 하신 것에 대해 배웠습니다.

이유는 무엇이었습니까? 1조에서 우리가 배운 사실은, 하나님께서는 이렇게 죄 가운데 우리를 있게 하심으로써 **하나님께서 여전히 모든 것을 통제하신다는 것을 깨닫게 하신다는 것**이었습니다. 그리고 2조에서는 약간 다른 측면에서 **우리를 어떻게 만드시기를 원하시는지**가 나와 있습니다. 2조 내용을 간단히 정리해 봅시다.

① 먼저 "연약함으로 인하여 날마다 죄를 짓는 일이 생긴다."라고 시작합니다.

② 그리고 이유가 나오는데, "이러한 사실은 그들로 하여금 **항상 하나님 앞에서 자신들을 겸비케 하고 또한 십자가에 달리신 그리스도께로 피하게 하는 이유**가 된다."라고 하였습니다.

사람의 생각으로는 죄와 죽음으로부터 신자가 탈출하였다면, 즉 중생을 입은 신자라면, 더 이상 죄의 괴롭힘을 당하지 않으면 좋겠다고 생각할 것입니다. 하지만 하나님의 뜻은 더 높고 더 지혜롭습니다. 하나님은 우리보다 지혜로우십니다. 하나님께서는 우리를 중생케 하신 후에도 죄악 세상 속을 살게 하셨는데, 그 이유를 2조는 두 가지로 말한 것입니다.

첫째는 "하나님 앞에서 자신들을 겸비케" 하기 위함이고,

둘째는 "십자가에 달리신 그리스도께로 피하게" 하시기 위함입니다.

그리고 이어지는 내용들은 이 두 가지 일을 이루기 위한 방법들이요, 그래서 우리에게 주어진 명령들입니다.

① 기도와 성령으로 경건을 연습하고 육신을 죽이라.

② 이 사망의 몸에서 완전하게 벗어나기 전까지 완전의 목표를 갈망하고 추구하라.

이 주제들, 곧 두 이유와 두 명령에 대해 살펴보도록 합시다.

"겸비케 하고"

하나님께서 중생한 신자에게서도 죄를 거두어 가지 않으신 첫 번째 이유를 "하나님 앞에서 자신들을 겸비케 하기 위함이다."라고 하였습니다. 여기서 중요한 단

어는 **"하나님 앞"**과 **"겸비"**라는 말입니다.

겸비

신조의 영역본에는 '겸비'라는 말이 'humiliation'이나 'humility'로 번역된 곳도 있고 'humble'로 번역된 곳도 있습니다. 이런 정도의 번역으로 유추해 보자면 이 말에는 두 뜻이 다 포함되어 있는 것 같습니다. 보통 영어에서 'humiliation'은 '굴욕'이라는 뜻으로 자주 쓰이고, 'humble'은 '비천하다', '초라하다', 이런 뜻으로 쓰입니다. 또 'humility'는 '겸손'이라는 뜻이고 기본적으로 앞의 단어들도 모두 '겸손'을 포함하고 있는 의미이기 때문에, 우리는 이 '겸비'라는 말을 **'겸손'이라는 뜻과 '비참함'을 함께 갖고 있는 의미**로 이해하면 되지 않겠나 생각합니다.

이렇게 볼 때 하나님께서 우리에게 이 땅에서 여전히 죄를 지으면서 살게 하셨을 때 의도하신 바를 분명히 알 수 있습니다. **우선 하나님 앞에서 자신의 죄를 바라보면서 '겸손'하라는 것이고, 동시에 이 죄 때문에 '비참'해하라는 것이지요.** 신자에게 있어서는 어떤 종류의 자부심과 자만심도 적절치 않습니다.

왜냐하면 죄에 대한 승리에는 내가 거둔 것이 단 한 톨도 없기 때문입니다. 모두 하나님께서 그리스도를 통해 하신 일이고, 우리는 승리한 이후에도 매일 죄를 짓는 나 자신을 보면서 이 사실을 깨닫게 됩니다. 즉 **죄는 우리를 더욱 정확하게 들여다볼 수 있는 거울**이 되고, 따라서 나를 정확하게 보았기 때문에 하나님 앞에서 자만하지 않게 만드는 중요한 버팀목이 됩니다.

이런 연유로 성경의 여러 말씀들은 **신자의 가장 기본적인 태도로서** 이 '겸손'을 들고 있습니다. 대표적으로 **시편 34편**의 말씀을 기억하십시오.

> 여호와는 마음이 상한 자를 가까이 하시고 충심으로 통회하는 자를 구원하시는도다 _시 34:18

"마음이 상한 자"라고 할 때 "상한"의 문자적 번역은 **'깨어지다'**입니다. 하나님은 마음이 산산조각이 난 사람을 가까이하신다고 하였습니다. "충심으로 통회한다"할 때의 "통회"의 문자적 번역은 **'회개'**입니다. 하나님은 회개하는 자를 구원하십니다.

왜 하나님께서는 마음이 박살이 난 사람과 회개하는 자를 사랑하실까요? 왜냐하면 '조금 더 의롭게 행하고 자아가 살아 있는 사람'보다는, '조금 더 범죄 했더라도 자아가 박살나 있는 사람'이 하나님 나라에 더 적합한 사람이기 때문입니다.

우리는 기본적으로 '자존감'의 시대에 살고 있습니다. 스스로를 향하여 칭찬하지 않으면 살아가기 힘든 시대입니다. 요즘 '카페인 증후군'이라는 말이 유행한다고 하는데, '카페인'이 카카오톡, 페이스북, 인스타그램 줄인 말이라고 합니다. 이 셋, 곧 SNS에서 사람들의 생활을 보면 다들 너무나들 행복하게 사는 것 같은데 자기는 그렇지 않아 울적해지는 것이 '카페인 증후군'이라고 하더군요.

사람이란 기본적으로 그렇습니다. 사람은 누구나 자신을 과시하며 살기 원하지, 낮아 보이거나 없어 보이거나 부족해 보이는 것을 싫어합니다. 인스타그램에 자신의 초라한 모습을 올리고 싶어하는 사람은 없습니다. 하지만 시편 말씀은 우리에게 "하나님께서는 마음이 산산조각 난 사람을 사랑하시며, 하나님은 회개하는 자를 구원하신다."라고 가르칩니다. **그것은 정서적으로 자기를 비하하는 사람이 은혜를 경험하게 된다는 뜻이 아니라, 하나님께서는 하나님 앞에서 자기를 높이지 아니하는 사람을 사랑하신다는 의미입니다.**

이런 점에서 하나님께서는 신자에게 가장 결정적인 덕목이 '하나님 앞에서의 겸손'임을, 중생한 신자가 죄악과 분투하면서 이 세상을 살아갈 때 더욱 더욱 깨닫기를 바라셨습니다. 죄를 통해서 이 부분을 연단받는 것이 곧 하나님의 뜻이라는 점이 참 놀랍습니다.

죄와 겸손

이러한 성경의 가르침을 통해 우리는 하나님께서 신자가 중생한 후에도 이 세상 속에서 죄와 함께 살아가게 하심으로써 **무엇을 기대하시는지** 쉽게 알 수 있습니다. 하나님의 바람은 결국 신자의 **'낮아짐'**입니다.

그리고 하나님께서 우리를 훈련시켜 가는 것이 그냥 이 땅에서의 잠깐의 삶뿐아니라 저 영원한 삶에까지의 연장선상이라고 생각하면, 우리가 장차 살게 될 저 **천국은 '낮은 자들의 나라'**일 것을 쉽게 알 수 있습니다.

왜 그렇겠습니까? 하나님의 성품이 그러하시기 때문입니다. 하나님께서는 가장 높으신 분이시지만 낮은 우리와 함께하기를 원하시며 낮아지기 원하시는 성품을 갖고 계십니다. 따라서 하나님의 자녀 된 자들은 이것을 닮아야 하는 것입니다. 그래서 야고보서는 교회 안에서 이렇게 행할 것을 가르칩니다.

> 부한 자는 자기의 낮아짐을 자랑할지니 이는 그가 풀의 꽃과 같이 지나감이라_약 1:10

교회 안에는 부한 사람도 있고 가난한 사람도 있습니다. 그리고 이 구절 자체로는 "부하다" 했으니 재물에만 국한된 것처럼 보이지만, 의중을 생각하면 물질뿐 아니라 사회적 지위나 명예도 해당됩니다. 그러면 "부한 형제"뿐 아니라 "높은 형제"도 해당되겠지요. 즉 잘사는 사람, 혹은 세상에서 지위가 높은 사람, 소위 잘나가는 사람들에 대해서 야고보서는 "부한 형제는 **자기의 낮아짐을 자랑하라**"라고 했습니다.

그리고 그 이유를 뭐라고 했냐면, "이는 풀의 꽃과 같이 지나감이라"라고 했습니다. 왜 부한 형제는 낮아짐을 자랑해야 합니까? "풀의 꽃과 같이 지나감이라" 자기가 지금 가지고 있는 그것(부, 명예, 지위, 권세)이 영원한 것이 아니기 때문입니다. 바로 다음 절에 보면 이렇게 설명이 되어 있습니다.

> 해가 돋고 뜨거운 바람이 불어 풀을 말리면 꽃이 떨어져 그 모양의 아름다움이 없어지나니 부한 자도 그 행하는 일에 이와 같이 쇠잔하리라_약 1:11

그러니까 "부하다"라는 것은 이 세상에서 **잠시 잠깐 그리할 뿐**이라는 것입니다. 만약 부자가 신자로서 자신의 모습을 제대로 들여다볼 수 있다면, 그리고 마음을 저기 하늘에, 혹은 영원에 두고 살아갈 수 있다면, 자기가 더 부한 듯, 더 높은 듯 가지고 있는 그것이 영구한 것이 아니라는 것을 알 것입니다. 곧 뜨거운 바람에 말라져 버릴 "풀의 꽃"과 같은 것이라는 것을 알 것입니다. 바로 이런 이유로 성경은 가르치고 있습니다. "부한 형제는 자기의 낮아짐을 자랑하라. 왜냐하면 이것은 풀의 꽃 같이 지나가는 것이기 때문이다."

그렇습니다. 결국 신자들의 구원받은 이후의 삶이라는 것은 다른 것이 아닙니다. **이 땅에서 이미 얻은 저 하늘의 삶을 연습하며 살아가는 것**이지요. 여러분이 지나치게 욕망의 노예가 되면 안 되는 이유가 이것입니다. 우리가 땅에 속하지 아니하고 하늘에 속한 자가 되었기 때문입니다. 즉 이 땅에서 나머지 삶을 살아가면서 이것을 연습하라고 하나님께서 우리에게 삶의 기간을 주신 것입니다.

우리는 죄의 몸을 여전히 완전하게는 벗지 못하였기 때문에, 살아가는 동안 죄를 짓습니다. 하지만 그 죄를 짓고 나서는 지은 죄를 반성하고 후회하면서 동시에 **'바른 목표'**, 곧 **'우리가 나아가야 할 정확한 자리'** 또한 보게 됩니다. 이는 우리가 하늘에서 누리게 될 '완전하고 죄 없는 삶'이며, 이 완전하고 죄 없는 삶의 중요한 한 단면 중 하나가 '겸손', 곧 '자신을 낮추는 것'입니다.

하나님께서 자신을 철저히 낮추셔서 사람으로 이 땅에 오셨기 때문에 우리는 그 성품을 닮아 이제 영원히 살 낙원에서도 **'낮은 이들의 도시'** 속에서 살게 될 것입니다. 이 땅에서 우리는 죄에 시달리는 삶을 통해 이것을 훈련받습니다. 끊임없이 자신을 낮추는 법을 죄를 통해 연단받습니다. 이것을 잘 기억하며 하루하루 살아가도록 합시다.

"그리스도께로 피하게"

그리고 중생한 신자가 땅에서 여전히 죄로 인하여 고통당하게 하신 하나님의 뜻, 두 번째 것은 "그리스도께로 피하게" 하기 위함입니다. 정확하게는 **"십자가에 달리신 그리스도께로 피하게"** 하기 위함입니다.

이 두 번째 주제가 보여 주는 바는 첫 번째 주제와 그대로 연결되어 있습니다. 이번 강해의 제목이 "땅에서 하늘의 삶을 연습하기"입니다. 땅에서 하늘의 삶을 연습하는 가장 중요한 주제를 조금 전에 배웠습니다. **'겸손'**이며 **'비참'**입니다. 죄의 실체를 정확하게 들여다보고, 자신이 얼마나 낮은 존재인지를 깨달아 하나님 앞에서 자신을 봄으로써 마음이 높아지지 않고 낮아지는 것, 그것이 바로 땅에서 하늘의 삶을 연습하는 방법입니다.

그러면 여기에서 한 단계 더 나아가 다음과 같이 질문해 볼 수 있겠습니다.

이에 대한 대답이 바로 **"그리스도께로 피하는 것"**입니다. 앞에서 설명한 것처럼 우리는 본성적으로는 '자기'를 옳다 하는 이들이지 '하나님의 지혜'를 옳다 하는 사람들이 아닙니다. 그렇다면 자기 자신의 것을 가지고는 제아무리 낮아지려 해도 잘되지 않을 수밖에 없습니다. 따라서 우리는 **'자신의 것'이 아닌 '자신 밖의 것', 특히 '하나님이심에도 낮아지신 그리스도'께로** 피해야 합니다. 하나님이시면서 사람을 입으셨을 뿐 아니라 십자가의 희생 제물이 되시기를 기꺼이 선택하신 이 하나님의 한량없는 낮아지심! 바로 거기로 피해야 합니다.

결국 '낮아짐'이라는 것이 무엇입니까? 이 '겸손'이라는 것이 근원적으로는 '하나님의 성품'입니다. 하나님이야말로 낮아지시기를 기뻐하시는 분입니다. 그렇다면 땅에서 육신을 입고 살아가면서 죄 때문에 하나님을 떠난 우리는 어떻게 하나님의 성품을 입을 수 있겠습니까? **자연인에게 겸손은 불가능한 일입니다. 오직 십자가의 그리스도만이 우리를 겸손할 수 있게 만듭니다.**

신조는 "겸비"를 말하고, 또 "그리스도께로 피하기"를 말합니다. 즉 **"겸비"는 "그리스도께로 피한" 사람들만이 행할 수 있는 덕목입니다.** 자연인의 모든 겸손은 온갖 종류의 정욕으로 얼룩져 있습니다. 심지어 "나는 겸손해야 한다"라고 하는 자존감조차 그 기초는 사악한 죄악에 두고 있습니다.

그러므로 우리는 하나님의 성품인 이 '낮아짐'을 얻기 위하여 오직 그리스도께 의탁해야 합니다. 특별히 '십자가를 지신' 그리스도를 바라보아야 합니다. 내 바깥에 있는 하나님의 은혜만이 나를 진심으로 겸손케 한다는 것을 이 둘째 가르침을 통해서 기억하도록 합시다.

경건의 삶을 사는 이유

이제 **"경건을 향한 명령"**을 살피면서 내용을 마치도록 합시다. 먼저 앞의 내용을 정리해 보면 이렇게 됩니다.

① 하나님께서는 중생한 신자도 이 세상에서 죄악 가운데 살게 하셨다.
② 그렇게 하신 이유, 첫째는 우리를 겸손케 하시기 위함이다.
③ 둘째는 우리로 하여금 그리스도께로 피하게 하시기 위함이다.
④ 이 '둘째'는 '첫째'의 근본적인 동력이 된다.

그렇다면 마지막으로 우리가 물어야 할 질문은 다음과 같은 **'실천적' 질문**입니다.

무엇을 하면 이것을 이룰 수 있습니까?

앞선 두 주제에서 **'나아가야 할 방향'**을 들은 것이라면, 마지막으로 들어야 할 것은 **'도구'**와 **'방편'**입니다. 우리는 무엇을 통해서 "겸비"와 "그리스도께로 피함"을 가질 수 있는 것일까요? 신조는 친절하게 이것까지도 우리에게 알려 주고 있습니다.

그들은 기도의 성령을 통하여서, 그리고 거룩하게 경건을 연습함으로써, 점점 더육신을 죽여야 하며, 마지막에 이르러 이 사망의 몸에서 벗어나 하늘에서 어린양과함께 다스릴 때까지 완전의 목표를 갈망하며 추구하여야 합니다.

놀랍게도 하나님께서는 이 또한 우리가 **거저 얻을 수 있도록** 하지는 않으셨습니다. 하나님께서 신자의 중생 이후의 삶에 죄를 상존케 하신 이유도 우리 신앙이 '자동적으로' 자라지 않기 때문인데, 죄 이후 하나님의 의도를 획득할 수 있는 방법 또한 '자동적으로' 되도록 하지 않으셨습니다. 우리는 **'획득하기 어려운 것'을 '획득하기 어려운 방식'을 통해** 얻습니다. 신조는 이것을 아주 잘 가르치고 있습니다.

첫째, 기도와 성령으로 경건을 연습하고 육신을 죽이라
둘째, 이 사망의 몸에서 완전하게 벗어나기 전까지 완전의 목표를 갈망하고
추구하라.

한마디로 요약하면 **'경건의 연습'**과 **'갈망'**입니다.

영적 생활을 견지한다는 것에 대해 오해하는 분들이 많습니다. 말하자면 '영적 생활'을 단순히 '마음의 문제'로 여기는 것입니다. 숨을 깊게 들이쉬거나 명상에 깊이 빠져 고고한 가치를 생각하는 **관념적 방식**으로 경건이 획득되리라고 여기는 것입니다.

그러나 성경과 신조는 이와는 전혀 다른 방식을 알려 줍니다. 즉 "정말 이런 삶을 갖기를 원한다면, 너는 먼저 **노력해야/애써야 한다.**"라고 말하고 있는 것입니다. "겸비"와 "그리스도께로 피함"이란 감나무 밑에 누워서 입을 벌리고 있는 것으로는 결코 획득되지 않습니다. 오히려 여기에는 **치열한 훈련과 열심 있는 노력**이 필요합니다! 빌립보서 3장 12절과 14절의 말씀을 기억해 보십시오.

> 내가 이미 얻었다 함도 아니요 온전히 이루었다 함도 아니라 오직 내가 그리스도 예수께 잡힌 바 된 그것을 잡으려고 달려가노라, 푯대를 향하여 그리스도 예수 안에서 하나님이 위에서 부르신 부름의 상을 위하여 달려가노라_빌 3:12, 14

"달려가다"(헬. 디오코)의 헬라어 단어는 '도망치다'라는 말에서 나왔습니다. 고전 헬라어에서나 70인역에서 이 단어는 **'적에게 추격당하는 것'**을 의미했습니다. 그러면 설렁설렁 뛸 수 없는 것 아닙니까? 사도의 "달려가노라"는 동네 마트를 가듯이, 아침 조깅을 하듯이 뛰는 것을 말함이 아닙니다. 뒤따르는 적에게 찔려 죽을 수도 있는 절박함 속에서 뛰는 것입니다.

사도는 자신이 이미 사도였음에도 불구하고 "나는 그리스도를 완전히 얻었으니 모든 것을 이루었다!"라고 말하는 대신 "나는 달린다!"라고 말하였습니다. 고린도전서 9장도 보십시오.

> 내가 내 몸을 쳐 복종하게 함은 내가 남에게 전파한 후에 자신이 도리어 버림을 당할까 두려워함이로다_고전 9:27

무서운 이야기지요. 바울 사도 정도 되어도 이런 염려를 마음에 갖고 있었습니다. 하나님의 종이 되어 열심히 섬겼어도, 도리어 내가 나를 열심히 쳐서 복종하지 않으면 그릇된 길로 빠져 버리게 될까 두려워했던 것입니다. 그래서 자신의 제자라 할 수 있는 목사 디모데에게 이렇게 말했습니다.

> 육체의 연단은 약간의 유익이 있으나 경건은 범사에 유익하니 금생과 내생에 약속이 있느니라_딤전 4:8

우리는 우리 신앙이나 경건이 **하늘로부터 뚝 떨어지는 것이 아님을** 잘 기억해야 합니다. 하나님께서는 사람을 만드실 때 영혼만 짓지 않으시고 몸을 함께 지으셨습니다. 직업적으로 한 가지 일만 평생 해 오신 분들이 있으시죠? 교통경찰이 하루 종일 수신호를 오른쪽으로만 하면 자기도 모르게 손을 오른쪽으로 회전시키게 됩니다. 수백 수천 번 같은 곡을 연습한 피아니스트는 머릿속으로 딴 생각을 하면서도 해당 곡을 칠 수 있습니다. 손이 자동적으로 움직이는 것입니다. 늘 몸에 익숙하도록 해 왔던 일을 무의식적으로 하는 자기를 발견하는 때가 많이 있지 않습니까? **우리 몸은 이러한 연단을 통하여 익숙하여지는데,** 사도는 이 육체의 연단을[128] 경건의 훈련에도 적용하였습니다.

심방을 하면서 중고생들이나 대학생들에게서 종종 듣게 되는 이야기가 있습니다. 성경 읽기나 기도와 같은 기초적인 경건 생활이 잘 안 된다는 고민들입니다. 그런데 이런 고민은 사실 '고민의 문제'가 되어서는 안 됩니다. 여러분이 자전거를 못 탄다면, 고민을 한다고 해서 탈 수 있게 되는 것이 아니지 않습니까? 그것은 **'몸에 붙여야 할'** 문제이지, 머리로 생각할 문제가 아닙니다. 마찬가지로 **경건도 연습해야** 합니다. 가르침을 잘 받을 수 있는 교회에서 오래 머무르더라도 자기스스로 평상시의 개인 경건 훈련을 하지 않은 사람이라면 경건의 활동들을 못할

---

128 — 개역한글판의 "연습"이라는 번역은 헬라어 '귐나시아'에 대단히 적합지 않은 번역이다. 이 단어는 체육 훈련장이나 육상 학교에서의 체력 훈련을 가리킨다. '연습'보다는 오히려 '운동'이나 '훈련'이 적합하다. 영어에서 '체육관'이나 '경기장'을 의미하는 'Gymnasium'이 동시에 '학교'를 의미하기도 하는데, 그 어원이 이 헬라어에 있다. '체조'라는 뜻의 'Gymnastic' 같은 단어도 모두 동일한 뿌리를 갖고 있다. 개역개정은 '연단'으로 번역하여 약간 나은 뉘앙스를 준다.

수밖에 없습니다. 경건은 몸에 붙이는 것이기 때문입니다.

루터 선생님이 하루에 네다섯 시간씩 기도하면서 살아갈 수 있었던 것, 그가 그렇게 많은 활동을 하면서도 꾸준히 경건의 사람으로 살 수 있었던 원동력은, 그가 어느 날 하늘로부터 뚝 떨어져 받게 되었던 개신교 신앙으로부터 얻은 것이 아닙니다. **오히려 이런 그의 경건의 능력은 과거 그가 수도사로 살았었기 때문입니다. 그가 평소에 경건의 훈련이 잘되어 있었던 사람이었기 때문**입니다. 수도사들은 새벽 2시에 기상해서 일과를 시작했습니다. 하루에도 수차례의 반복되는 기도와 성경 읽기가 있었고 몸을 혹사했습니다. 하나님께서 훗날 종교개혁을 이끌 루터를 처음에 수도사가 되게 하셨던 데에는 이런 것을 훈련시키실 의도도 있으셨을 것입니다.

우리가 이 땅에서 죄를 지닌 채로 살아가면서 "겸비"와 "그리스도께로 피함"을 연단하면서 살도록 하셨을 때 **이를 이룰 수 있는 길은 '경건의 훈련'**입니다. 매일같이 필드에 나가서 10시간씩 축구공과 함께 살지 않고 어느 날 갑자기 하늘로부터 떨어진 축구 실력을 가질 수 있는 사람은 아무도 없습니다. 여러분이 쉽게 찾아가는 병원의 의사가 여러분들을 진단하기 위하여 얼마나 많은 시간을 의학 서적들과 씨름하며, 수술에 익숙해지기 위해 얼마나 많은 땀을 흘렸는지를 우리는 알아야 합니다. 어떤 설교자도 수백, 수천 시간의 주해 연습을 거치지 않고서는 좋은 설교를 할 수 없습니다. 그 어느 것도 거저 되는 것은 없습니다.

이 사실을 잘 기억하면서 스스로 연단하여, 주께서 다시 오시는 날까지 참된 영적 갈망을 삶에 투영하면서 살아가는 우리가 되도록 합시다.

제3조 : 하나님께서 자기의 백성을 보존하심

이렇게 신자들 안에 거하는 죄가 아직 남아 있고, 또 세상과 사탄이 시험하기 때문에, 이미 회심한 사람이라 하여도 그들의 힘에만 맡겨 두면 은혜의 상태에서 견인(堅忍)할 수 없습니다.ⁱ 그러나 하나님은 신실하신 분이시므로 그들에게 전에 내려 주신 은혜를 자비롭게 확증하여 주시고 또한 강력하게 붙드셔서 끝까지 그 은혜의 상태 안에 그들을 보존하십니다.ⁱⁱ

i 롬 7:20 만일 내가 원하지 아니하는 그것을 하면 이를 행하는 자는 내가 아니요 내 속에 거하는 죄니라 / 마 26:41 시험에 들지 않게 깨어 기도하라 마음에는 원이로되 육신이 약하도다 하시고

ii 고전 10:13 사람이 감당할 시험 밖에는 너희가 당한 것이 없나니 오직 하나님은 미쁘사 너희가 감당하지 못할 시험 당함을 허락하지 아니하시고 시험당할 즈음에 또한 피할 길을 내사 너희로 능히 감당하게 하시느니라 / 벧전 1:5 너희는 말세에 나타내기로 예비하신 구원을 얻기 위하여 믿음으로 말미암아 하나님의 능력으로 보호하심을 받았느니라

● 강해 본문 : 고린도전서 10장 1-13절

1 형제들아 나는 너희가 알지 못하기를 원하지 아니하노니 우리 조상들이 다 구름 아래에 있고 바다 가운데로 지나며 2 모세에게 속하여 다 구름과 바다에서 세례를 받고 3 다 같은 신령한 음식을 먹으며 4 다 같은 신령한 음료를 마셨으니 이는 그들을 따르는 신령한 반석으로부터 마셨으매 그 반석은 곧 그리스도시라 5 그러나 그들의 다수를 하나님이 기뻐하지 아니하셨으므로 그들이 광야에서 멸망을 받았느니라 6 이러한 일은 우리의 본보기가 되어 우리로 하여금 그들이 악을 즐겨 한 것 같이 즐겨 하는 자가 되지 않게 하려 함이니 7 그들 가운데 어떤 사람들과 같이 너희는 우상 숭배하는 자가 되지 말라 기록된 바 백성이 앉아서 먹고 마시며 일어나서 뛰논다 함과 같으니라 8 그들 중의 어떤 사람들이 음행하다가 하루에 이만 삼천 명이 죽었나니 우리는 그들과 같이 음행하지 말자 9 그들 가운데 어떤 사람들이 주를 시험하다가 뱀에게 멸망하였나니 우리는 그들과 같이 시험하지 말자 10 그들 가운데 어떤 사람들이 원망하다가 멸망시키는 자에게 멸망하였나니 너희는 그들과 같이 원망하지 말라 11 그들에게 일어난 이런 일은 본보기가 되고 또한 말세를 만난 우리를 깨우치기 위하여 기록되었느니라 12 그런즉 선 줄로 생각하는 자는 넘어질까 조심하라 13 사람이 감당할 시험 밖에는 너희가 당한 것이 없나니 오직 하나님은 미쁘사 너희가 감당하지 못할 시험 당함을 허락하지 아니하시고 시험당할 즈음에 또한 피할 길을 내사 너희로 능히 감당하게 하시느니라

은혜, 반역, 하나님의 성취

고전 10:1-13

견인 교리의 시작부는 "왜 중생한 신자에게도 여전히 죄가 남아 있는가?"라는 질문으로부터 시작했습니다. 1조에서 우리는 '**하나님의 의중**'과 '**그로 인한 우리의 확신**'을 발견할 수 있었습니다. 하나님께서는 "나도 너를 정죄하지 않는다."라고 말씀하셨고, 나아가 "가서 다시는 죄를 범치 말라."라고 말씀하셨습니다. 그리고 이 가르침은 우리를 이끌어 "가서 다시는 죄를 범치 말라."를 충분히 잘 수행하지 못한다고 해서 하나님께서 우리에게 주셨던 "내가 너를 정죄하지 않겠다."라고 하신 선언이 흔들릴 수 없다는 것을 알려 주었습니다.

2조에서 우리는 이 하나님의 의중 속에서 '**우리에게 무엇이 길러져야 하는지**'를 배웠습니다. 죄를 상존케 하시는 하나님의 의도는 우리가 "겸비케" 되는 것이며, 이 겸비는 "그리스도께로 피하는 것"을 통하여만 가능합니다. 그리고 이 둘을 이루기 위하여 우리에게는 '경건의 연습'이 필요합니다.

두 편(two sides)

이 속에서 살아가는 성도의 삶은 구체적으로 어떤 모습일까요? 도르트 신조 제3조는 이 점을 다루고 있습니다.

우리

신조는 먼저 **우리**를 말하는데, 요약하자면 "우리는 약하기 때문에 행할 수 없다."입니다. 첫 문장을 보십시오.

> 이렇게 신자들 안에 거하는 죄가 아직 남아 있고, 또 세상과 사탄이 시험하기 때문에, 이미 회심한 사람이라 하여도 그들의 힘에만 맡겨두면 은혜의 상태에서 견인할 수 없습니다.

견인이라는 주제에 있어서 '우리 편'에서의 모습은 **'할 수 없음'**입니다. 우리는 '견인', 곧 '견고하게 인내하지' 못합니다. 왜 그렇습니까? 신조는 냉철하고 객관적으로 사태를 파악하고 말합니다. "신자들 안에 거하는 죄가 남아 있다.", "또 세상과 사탄이 시험한다."

갈대를 가지고 철근을 꺾을 수 없습니다. 머리카락 끊기 놀이를 해 보셨지요? 누구의 머리카락으로도 밧줄과 대결해서 이길 수 없습니다. 신조는 왜 우리로서는 견인이 불가능하다고 말합니까? "죄", 그리고 "세상과 사탄" 때문입니다. 죄는 신자들 안에 있습니다. 또 신자의 바깥에서는 세상과 사탄이 공격합니다. 이것은 기울어진 전장(戰場)입니다. 우리는 결코 스스로 이 대항들을 이길 수 없습니다. 하이델베르크 교리문답의 고백을 봅시다. 제127문의 답입니다.

> 우리 자신만으로는 너무나 연약하여 우리는 한 순간도 스스로 설 수 없사오며, 우리의 **불구대천의 원수**인 **마귀**와 **세상**과 **우리의 육신**은 끊임없이 우리를 공격하나이다. 그러하오니 주님의 성령의 힘으로 우리를 붙드시고 …

도르트 신조는 **"신자들 안의 죄, 그리고 세상과 사탄"** 이렇게 셋을 말했고, 하이델베르크 교리문답은 **"마귀와 세상과 우리의 육신"**이라고 했습니다. 우리말 표현으로는 약간 다르지만 지칭하는 대상은 셋이 똑같습니다. 요컨대 **우리 안으로는 죄요, 우리 바깥으로는 세상과 마귀**입니다.

신자는 중생한 이후에도 이렇게 안으로는 죄와 욕망의 지배를 받고, 밖으로는 세상이 유혹하고 사탄이 공격합니다. 이것이 우리의 현실이며 이에 대해 신조는 '우리 스스로'에 관하여는 '할 수 없음'이라는 키워드를 부여했습니다.

> 이미 회심한 사람이라 하여도 그들의 힘에만 맡겨 두면 이 은혜의 상태에서 인내하는 일을 할 수 없습니다.

하나님

다른 한 편에는 '하나님'이 계십니다. 3조의 나머지 부분입니다.

> 그러나 하나님은 신실하신 분이시므로, 그들에게 전에 내려 주신 은혜를 자비롭게 확증하여 주시고, 또한 강력하게 붙드셔서, 끝까지 그 은혜의 상태 안에 그들을 보존하십니다.

'하나님의 신실하심'이 이 주장의 근원이 됨을 주목하십시오. 우리가 견인할 수 있는 이유는 **'내가 신실해서'가 아니라 '하나님이 신실하셔서'**입니다. 본문에서 '하나님의 신실하심'은 "전에 내려 주신"과 연결되어 있습니다. 곧 "전에 내려 주신 은혜를 자비롭게 확증해 주시고, 강력하게 붙드신 것"은 그분이 '신실하시기' 때문입니다.

하나님께서는 거짓말을 하지 않으시고, 하신 말을 번복하지 않으십니다. 우리가 넘어진다면 하나님께서 우리를 예정하시고 구속하신 모든 일들이 허사가 될 것이며 하나님의 약속은 거짓말이 될 것입니다. 하나님께서 "내가 너를 구원하겠노라" 하고 우리를 구원하셨다면, 후로는 사람이 끝까지 넘어지지 않을 때 하나님의 신실하심이 입증됩니다. 그러므로 **'견인'은 하나님의 신실하심에 기대어** 있습니다. 모든 견인의 배경에는 '우리의 인내'가 아니라 '하나님의 신실하심'이 있습니다.

그리고 여기에는 하나님께서 **'어떻게' 우리를 인내케 하시는지**도 나와 있는데, 두 가지입니다.

> 첫째는 '전에 내려 주신 은혜를 확증하는 것'을 통해서이고,
> 둘째는 '강력하게 붙드시는 것'을 통해서입니다.

이것은 각각 **'과거'**와 **'현재'**를 보여 주고 있는데, '과거'는 '현재'에 영향을 미치는 과거이며, '현재'는 '미래'에 영향을 미치는 현재입니다.

하나님께서는 현재의 우리를 지탱하도록 하시기 위하여 '과거'를 사용하십니다. 우리가 성경에서 끊임없이 발견하게 되는 사실은, 하나님께서 신자를 보호하시는 방법 중 가장 중요한 것이 '과거의 구원 경험을 상기시켜 주는 것'이라는 점입니다. 2세대의 이스라엘 백성들이 가나안 땅에 들어가기 전에 계속해서 들어야 했던 것은 과거 하나님께서 어떻게 애굽에서 이스라엘을 탈출케 하셨는지와, 또 백성들이 어떻게 하나님을 배역했는지에 대한 역사였습니다. 하나님께서는 과거에 구출하셨던 일을 계속해서 알려 주십니다. 우리의 예배 중추(中樞)에 '설교'가 있는 이유가 무엇입니까? 설교는 **'하나님께서 과거 하셨던 일들을 노래하는 것'**입니다. 하나님께서 과거에 어떻게 자기 백성을 구속하셨으며 돌보셨는가를 노래함으로써 현재의 삶을 하나님께 온전하게 하도록 돕는 것입니다.

그리고 현재는 미래를 붙듭니다. 하나님께서는 전에 내려 주신 은혜를 확증하실 뿐 아니라 **바로 지금** 강력하게 붙드시는 분이십니다. 그래서 이스라엘은 구속의 과거를 노래하면서 동시에 지금 우리에게도 그 구속의 손길이 임하기를 언제나 바랐습니다. 그것이 신조가 말하고 있는 "강력하게 붙드셔서"(현재) "끝까지 그 은혜의 상태 안에 그들을 보존"(미래)하신다는 의미입니다.

이렇게 3조는 두 편, 곧 **'우리'**와 **'하나님'**을 보게 만들어 줍니다. 이 구도는 다섯째 교리 안에서 당분간 유지됩니다. 4조와 5조는 다시 '우리의 연약'에 대해 말하고 있습니다. 4조 "성도들도 심각한 죄에 빠질 수 있음", 5조 "그러한 심각한 죄의 결과들" 심지어 5조는 그렇게 죄에 빠졌을 때 성도라 하더라도 "하나님이 계시지 않으신 것처럼 깊은 암흑 속에 헤맬 수 있게 된다."라고까지 말합니다. 6조와 7조는 '하나님에 관한' 이야기입니다. 6조는 "하나님께서는 택한 자들을 잃어버리지 않으신다."이고 7조는 "하나님께서는 그분의 택하신 자들을 새롭게 하

여 회개에 이르게 하신다."입니다.

그러므로 당분간 이 구도를 기억하시면 됩니다. **한편에는 '우리'가 있고, 다른 한편에는 '하나님'이 있습니다.** '우리'는 계속해서 죄에 시달리고 빠지고 넘어지며, '하나님'은 신실하셔서 우리를 계속 거기에서 건지십니다. 이제 고린도전서 10장 말씀이 보여 주는 이 두 편의 구도를 살펴보겠습니다.

은혜와 반역

첫째 단계: 은혜 안에 있었음

고린도전서 10장의 앞부분에는 이스라엘 백성들이 광야에 있었던 때의 이야기가 나옵니다.

> 형제들아 나는 너희가 알지 못하기를 원하지 아니하노니 우리 조상들이 다 구름 아래에 있고 바다 가운데로 지나며 모세에게 속하여 다 구름과 바다에서 세례를 받고 다 같은 신령한 음식을 먹으며 다 같은 신령한 음료를 마셨으니 이는 그들을 따르는 신령한 반석으로부터 마셨으매 그 반석은 곧 그리스도시라_고전 10:1-4

이스라엘 백성들이 광야에 있을 때 경험했던 것들은 신앙적으로 볼 때는 **좋고 신령한 것들의 총체라고 할 수 있을 만한 것들**입니다.

기본적으로 '광야 생활'은 그 자체로 신자의 삶을 상징합니다. 왜냐하면 구약성경에서 일관되게 출애굽은 '구원'을 상징하기 때문입니다. 죄악된 이전의 삶을 상징하던 애굽으로부터 탈출하여 홍해를 건넌 사건은 중생한 신자의 삶을 보여 줍니다. 즉 구원 이후에 광야의 삶이 있다는 것은 신자의 삶이 여전히 많은 어려움 중에 있음을 보여 주는 것이고, 이 자체로 우리가 지금 다루고 있는 도르트 신조 다섯째 교리의 주제와 일치합니다. 중생한 신자에게도 여전히 죄가 있고 유혹이 있습니다.

바로 이런 이들에게 "구름 아래에 있고 바다 가운데 지남"이 있습니다! 그들이 홍해를 건너며 경험했던 것을 바로 이어지는 말씀에 보면 "구름과 바다에서 세례를 받고"라고 했으니, 그들에게는 **성례 중 첫 번째의 것인 세례가** 있었습니다.[129] 하이델베르크 교리문답은 세례를 설명하면서 신자의 모든 사죄의 근원이 세례로부터 흘러나옴을 고백합니다. 곧 우리가 처음 받았던 세례가 일종의 수원지 역할을 하고, 거기로부터 이후 삶에서의 죄 사함의 능력이 계속해서 물이 흘러나오듯이 나오는 것입니다.[130]

우리는 '이미' 깨끗해졌지만 계속 더러워지는데, 이 **매일의 더러움으로부터의 해방은 '이미 깨끗해진 그것'으로부터 흘러나옵니다.** 즉 우리의 매일의 죄 사함은 한 번의 결정적 죄 사함이었던 세례 사건으로부터 흘러나옵니다. 그런데 광야에 있었던 이스라엘에게는 이 '세례'가 있었습니다.

그리고 광야의 이스라엘에게는 **성례 중 두 번째의 것인 성찬도** 있었습니다. 이어지는 말씀을 보십시오. "다 같은 신령한 음식을 먹으며 다 같은 신령한 음료를 마셨으니…" 신령한 식물은 직접적으로는 만나이고 근본적으로는 성찬의 떡입니다. 신령한 음료는 직접적으로는 반석에서 나온 물이고 근본적으로는 성찬의 포도주입니다. 고린도전서는 신약 성경이기 때문에 이 글을 적고 있는 사도와 이 글을 받는 고린도 교회는 모두 이미, 그리스도의 죽으심과 부활, 또 그리스도께서 세우신 성찬을 가지고 있는 이들이었습니다. 그러므로 구약 성경을 들어 "신령한 식물"과 "신령한 음료"를 말할 때 이미 그것이 무엇인지 잘 알고 있었습니다.

고린도전서 10장 진술의 첫째 단계에서 우리가 알 수 있는 사실은 그들이 '**은혜 안에**' 있었다는 것입니다. 광야가 외롭고 고독한 곳이라고 생각할 수 있지만, 물리적으로는 그러했을지언정 영적으로는 그렇지 않았습니다. 광야는 원래 귀신들의 처소이지만, 여기 이스라엘에게는 **하나님의 복되신 임재가 항상 함께**하고 있었습니다.

윤석준, 『지하철에서 읽는 사도신경』 (대구: 프리탄리폼드북스, 2022), 128.

130 — 하이델베르크 교리문답 72와 73 중에서 "… 오직 예수 그리스도의 피와 성령만이 우리를 모든 죄에서 깨끗하게 합니다.", "하나님께서는 몸의 더러운 것이 물로 씻겨지듯이 우리의 죄가 그리스도의 피와 성령으로 없어짐을 우리에게 가르치려 하셨습니다."

다섯째 교리 : 성도의 견인 **759**

둘째 단계: 그러나 반역

하지만 둘째 단계를 보십시오. 5절에 아주 강력한 요약이 나오니까 5절을 보겠습니다.

> 그러나 그들의 다수를 하나님이 기뻐하지 아니하셨으므로 그들이 광야에서 멸망을 받았느니라_고전 10:5

이 말씀은 본문의 정황을 구약 안에서 정확하게 읽지 않고 단편적으로만 살피면 오해하기 쉬운 부분입니다. 이 구절만을 문자적으로 보면 마치 **'하나님의 진노가 선행되고'** 그로 말미암아 이스라엘이 멸망을 입은 것처럼 생각할 수도 있기 때문입니다.

이런 식의 생각은 앞도 뒤도 없이 하나님이 그저 이스라엘을 싫어하셨던 것처럼 보이게 만듭니다. 하지만 이런 오해를 할 필요가 없는 것은 우리가 이미 구약을 가지고 있고 구약 성경을 통해서 이스라엘이 광야에서 어떻게 행했는지를 잘 알고 있기 때문입니다. 시편 78편은 광야에서의 이스라엘의 행사를 다음과 같이 정리합니다.

> 옛적에 하나님이 애굽 땅 소안 들에서 기이한 일을 그들의 조상들의 목전에서 행하셨으되 그가 바다를 갈라 물을 무더기 같이 서게 하시고 그들을 지나가게 하셨으며 낮에는 구름으로, 밤에는 불빛으로 인도하셨으며 광야에서 반석을 쪼개시고 매우 깊은 곳에서 나오는 물처럼 흡족하게 마시게 하셨으며 또 바위에서 시내를 내사 물이 강 같이 흐르게 하셨으나_시 78:12-16

구체적인 표현만 좀 다를 뿐 고린도전서 10장과 비슷한 이야기입니다. 그리고 17절부터는 이렇게 말합니다.

> 그들은 계속해서 하나님께 범죄하여 메마른 땅에서 지존자를 배반하였도다 그들의 탐욕대로 음식을 구하여 그들의 심중에 하나님을 시험하였으며 그 뿐 아니라

하나님을 대적하여 말하기를 하나님이 광야에서 식탁을 베푸실 수 있으랴 보라 그
가 반석을 쳐서 물을 내시니 시내가 넘쳤으나 그가 능히 떡도 주시며 자기 백성을
위하여 고기도 예비하시랴 하였도다_시 78:17-20

시편 78편의 이야기는 고린도전서에도 등장하지 않고, 심지어 모세오경 자체
에서도 상세히 나오지 않았던 이야기입니다. 이스라엘은 광야에서 만나를 먹을
때에도 만나를 주시는 하나님께 감사하는 대신에 식물을 탐하였고, 심지어 "하나
님이 광야에서 식탁을 차려 주겠니?"라는 식으로 하나님을 향해 빈정거리기까지
하였습니다! 반석을 쳐서 물을 줬더니 "떡과 고기를 또 주시겠니?" 하였다는 것
입니다!

따라서 우리가 고린도전서 10장에서 본 하나님의 진노는 **진공 상태에서 나온
것이 아니라** 바로 이에 대한 결과물입니다. 하나님은 그 성품에 있어 사랑이십니
다. 하나님께서는 진노하시려고 백성들을 애굽으로부터 구원해 내지 않으셨습니
다. 21절과 22절을 봅시다.

그러므로 여호와께서 듣고 노하셨으며 야곱에게 불 같이 노하셨고 또한 이스라엘
에게 진노가 불타 올랐으니 **이는 하나님을 믿지 아니하며 그의 구원을 의지하지
아니한 때문**이로다_시 78:21-22

광야의 이스라엘을 판단할 수 있는 결정적 키를 말씀하고 있습니다. "이는 하
나님을 믿지 아니하며 그의 구원을 의지하지 아니한 때문이로다." 그들의 악은
근본적으로 무엇으로부터 말미암은 것입니까? 불신앙입니다! 그럼에도 23절과
24절을 보시면 하나님은 참 대단하십니다.

그러나 그가 위의 궁창을 명령하시며 하늘 문을 여시고 그들에게 만나를 비 같이
내려 먹이시며 하늘 양식을 그들에게 주셨나니_시 78:23-24

놀라운 사실은 이 땅에서 하나님을 비난하고 있는 모든 이들조차 사실은 하나

님의 혜택 때문에 살고 있다는 사실입니다. 그들은 하나님께서 주시는 음식을 먹고, 하나님께서 주시는 옷을 입고, 하나님께서 주시는 집에 살면서, 코웃음치고 비웃으며 "하나님 따위가 어디 있어?" 합니다. 이만큼 어처구니가 없는 일도 없고, 또 하나님 입장에서는 이보다 더 마음이 상하실 일이 없습니다. 그런데 시편 78편을 다 읽고 나면 비로소 우리는 이해하게 됩니다. 고린도전서 10장 5절의 말씀이 충분히 이해됩니다. **하나님께서 은총을 베푸시고, 이스라엘이 배역하였습니다.** 하나님의 진노가 선행이 아닙니다. 하나님께서는 참고 참으셨으며, 패역을 행한 쪽은 이스라엘입니다.

결국 우리는 시편 78편을 통해서 고린도전서 10장의 정황을 정확하게 알게 됩니다. 광야의 이스라엘은 **충분한 은혜 속에서 행악**하였던 것입니다! 8절, 9절, 10절의 3연속 "말자(말라)"를 보십시오.

       8절: 음행하지 말자

       9절: 시험하지 말자

       10절: 원망하지 말라

이 "말자(말라)"는 반어적으로 광야의 이스라엘이 이렇게 했다는 것을 보여 줍니다. 하나님께서는 충분히 은혜를 베푸셨으나 그들은 반역했습니다. 그러면 우리는 무엇을 깨닫게 됩니까? **은총을 주신다는 것이 그 사실 자체만으로 우리가 살아가면서 항상 은총 가운데 행하는 것의 보장은 아니라는 것입니다!** 심지어 광야의 이스라엘은 성례의 은총 속에 있었음에도 하나님께 배역했습니다!

우리 역시 마찬가지입니다. 우리 또한 하나님께서 교회를 통하여, 예배를 통하여, 말씀과 성례를 통하여 은혜를 계속 주고 계셔도, 악이 많고 배역이 많고 패역이 풍부한 사람들이 많이 있는 것입니다. 이것이 광야에 있던 교회의 모습이었고, 고린도 교회의 모습이었으며, 또한 우리들의 모습입니다.

하지만 하나님의 성취

하지만 '하나님의 성취'가 있습니다. 13절 말씀을 보십시오.

> 사람이 감당할 시험 밖에는 너희가 당한 것이 없나니 오직 하나님은 미쁘사 너희
> 가 감당하지 못할 시험 당함을 허락하지 아니하시고 시험당할 즈음에 또한 피할
> 길을 내사 너희로 능히 감당하게 하시느니라_고전 10:13

이 말씀은 아주 익숙하고 유명한 말씀이지만 앞의 문맥을 살피면서 보신 분은 많지 않으실 것입니다. 통상 우리는 이 말씀을, 다음과 같이 어려운 일을 당할 때 헤쳐나가거나 위로하기 위해 사용합니다.

> "하나님은 시험을 주시지만, 감당할 수 있을 정도만 주셔."

하지만 사실 이런 생각은 좀 의아한 것이, 만약 그러려면 하나님께서 **시험을 안 주시면 제일 좋습니다.** 그런데 왜 기껏 시험을 주시면서 '감당할 만한 시험만 주시는지' 이해하기 어렵습니다.

따라서 이 말씀을 잘 이해하려면 우리가 앞서 살핀 이 배경을 잘 보아야 합니다. 이 말씀이 광야에서 '하나님께서 베푸신 은총'과 '거기에 배역하는 이스라엘'을 다루고 있다는 것을 알면, 이 말씀의 본연의 뜻을 읽을 수 있습니다.

즉 이 말씀의 핵심은 **"하나님께서는 결국 우리의 구원을 이루신다."**입니다. 하나님께서 "감당할 시험만 주시고", 또 "시험당할 때 피할 길을 내신다."라고 하는 것은, 괜히 안 주셔도 될 것을 주셔 놓고 치레를 하는 하나님을 말하는 것이 전혀 아닙니다. 오히려 이 말씀은 '**어떤 종류의 시험과 어려움 속에서도 꺾이지 않는 하나님의 구원의 완성**'을 강하게 보여 줍니다!

우리는 시편 78편 같은 말씀을 읽으면 여러 감흥을 느낍니다. 약간 분노가 치밀기도 합니다. "왜 저럴까?", "왜 저딴 식으로 할까?" 하는 생각이 들기도 합니다. 하나님께서 은혜를 주셨는데, 거기에 저렇게도 배은망덕하게 반응하는 이스

라엘을 보면서 어떻게 저럴 수가 있는지를 생각하게 됩니다.

하지만 우리 주변에서도 그런 일들이 자주 일어납니다. 문제가 생기는 교회들을 보면 정말 터무니없는 일들이 일어나지 않습니까? 도저히 받아들일 수 없는 일들이 버젓이 있고 또 거기에 터무니없는 방식으로 대응하는 일들이 버젓이 일어납니다.

그리고 그 중앙에 있는 사람들을 보십시오. 그 사람들은 **뿔 달린 마귀가 아닙니다.** 그 사람들도 나름의 자기의 삶의 원리를 따라, 나름의 정당성을 가지고서, 어떤 경우에는 흥분하고 열을 내며 그것이 옳다는 생각으로 밀어붙이고 있는 사람들입니다. 결국 우리 주위에도 이 시편 78편 혹은 고린도전서 10장의 일들이 많고 이런 사람들도 많습니다. 광야 교회만 그랬던 것이 아니고 고린도 교회만 그랬던 것이 아닙니다.

그러나 **시간이 흐른 후 우리는 무엇을 발견했습니까?** 우리는 이스라엘이 그렇게 많이 죽고 없어졌어도 하나님께서 자기 백성을 광야로부터 약속의 땅으로 데리고 들어가는 일에 **실패하지 않으셨음을** 발견합니다! 이스라엘 역사 안에는 수많은 하나님의 백성들의 패역이 있지만 그것들이 그 어떤 경우에도 하나님의 구속 계획을 좌초시켜 그리스도를 오지 못하게 방해하지는 못하였음을 발견합니다!

어떻게 보면 이 인류의 역사, 이 구속의 역사라는 것은 **하나님의 위대하신 구원 계획과 그것을 훼방하는 인류들의 싸움 같기도** 합니다. 신자의 삶 속에는 계속해서 죄를 향하여 돌진하는 '우리라는 한 편'과 계속해서 신실함을 성취시키려는 '하나님이라는 다른 편'이 끊임없이 격돌하고 있습니다. 우리는 우리 안에 있는 죄와, 우리 밖에 있는 세상과 사탄에 의해, 끝없이 충동질을 당하면서 하나님께서 이루려고 하시는 구원 사역의 반대 방향으로 죄악의 길을 달려갑니다. **하지만 하나님께서는 단 한 번도** 이러한 우리의 죄 때문에 당신의 구원 계획을 실패하신 적이 없으십니다. 즉 사람은 언제나 넘어지고 시험당하지만, 하나님께서는 그가 절대로 "완전히 넘어지게" 하지 않으십니다.

그러므로 이 고린도전서 10장 13절의 말씀은 단순히 '삶의 지혜' 같은 것이 아닙니다. 살아가다 고달픈 일을 만날 때 작은 위로를 주기 위한 아스피린 같은 것이 아닙니다. 오히려 이 말씀은 **우리가 아무리 패역하더라도, 우리가 아무리 하나**

님의 은혜에 역행하여 가더라도, 하나님께서는 당신의 구원을 실패하지 않으심을 보여 줍니다! 우리가 아무리 큰 시험을 당하여, 우리가 마치 광야 시대의 이스라엘처럼 먹을 음식도 없고 마실 물도 없는 상황, 심지어 나라가 전복될 만한 상황을 만나더라도, 그래서 우리의 마음속에 "야, 이 정도면 하나님을 배신할 수밖에 없어!" 하는 상황이 오더라도, 하나님께서 결코 그렇게 되도록 두지 않으신다는 것을 이 13절 말씀이 우리에게 말해 주고 있는 것입니다.

우리는 죄와 싸웁니다. 그것은 어떤 면에서 하나님의 편에 선 용사가 되어서 하나님의 군대로 싸우는 것을 보여 주는 것 같습니다. 하지만 그 싸움을 잘 들여다보면, 그 중생한 신자의 죄라는 것은 저기 제3국에 있는 적들이 아닙니다. 사실 그때의 죄는 '나 자신'이지요. 결국 죄와의 싸움이란 '나와의 싸움'입니다.

이때 우리는 무엇을 바라보아야 하는 것입니까? 누구의 편이 되어야 하는 것입니까? 내가 범죄자이기 때문에, 내가 범법자이기 때문에, 내가 내 편을 들면 안 됩니다. 내가 내 편을 드는 순간, 나는 싸움에 질 것입니다. 우리는 다음의 말씀을 듣지 않았습니다.

> 간음한 자가 광야의 이스라엘 우리 자신이니 어쩔 수 없이 간음하자
> 시험한 자가 광야의 이스라엘 우리 자신이니 어쩔 수 없이 시험하자
> 원망한 자가 광야의 이스라엘 우리 자신이니 어쩔 수 없이 원망하자

고린도전서에서 사도는 **'나를 객관화시킬 것'**을 명령했습니다. "너희 조상이 간음했고, 시험했고, 원망했다. 하지만 너희들은 이것을 보고 거울과 경계로 삼아 간음하지 말고, 시험하지 말고, 원망하지 말라" 이렇게 말했습니다.

언제나 죄를 짓는 것은 나입니다. 그러므로 **내가 나의 편인 이상 나는 이길 수 없습니다.** 우리는 우리에게 구원을 주신 성부 하나님과 그 구원을 성취하신 성자 하나님과 그 구원을 우리에게 가져다주신 성령 하나님을 의지해야 합니다. 그러면 하나님께서는 결코 실패하지 않으실 것이기 때문에 과거 이스라엘과 고린도 교회에 그러하셨듯이 우리의 구원도 이루실 것입니다. 그러므로 "시험에 들더라도 낙심하지 말라! 넘어질 시험까지는 주지 않으신다!"라는 말씀은 **'심리적인 것'**

이 아닙니다. 하나님의 신실하심과 위대하심, 하나님께서 결국에는 승리하실 것임을 그려 보여 주고 있는 말씀입니다. 이 교훈을 심장에 새기고 살아갑시다.

제4조 : 성도들도 심각한 죄에 빠질 수 있음

참된 신자를 은혜 안에서 견고케 하시고 보존하시는 하나님의 능력은 지극히 강력하므로[i] 육신이 그 은혜를 이길 수는 없습니다. 그렇지만 회심한 사람이라도 어떤 특정한 행동에서 자신의 잘못으로 인해 은혜의 인도에서 벗어나거나 육신의 정욕에 유혹되어 넘어가는 일들이 전혀 생길 수 없을 정도로 하나님의 인도와 감동케 하심을 항상 받고 사는 것은 아닙니다. 따라서 그들은 시험에 들지 않도록 항상 깨어서 기도해야 합니다.[ii] 그렇게 하지 않을 때에 그들은 육신과 세상과 사탄에 이끌려서 심각하고 악명 높은 죄에 빠질 수 있을 뿐 아니라, 하나님의 의로우신 허용 가운데 이따금 실제로 그러한 일이 생기기도 합니다. 성경에 기록된, 다윗과 베드로와 그 밖의 성도들의 통탄할 만한 타락의 사건들이 그러한 사실을 잘 나타냅니다.[iii]

i 엡 1:19 그의 힘의 위력으로 역사하심을 따라 믿는 우리에게 베푸신 능력의 지극히 크심이 어떠한 것을 너희로 알게 하시기를 구하노라

ii 마 26:41 시험에 들지 않게 깨어 기도하라 마음에는 원이로되 육신이 약하도다 하시고 / 살전 5:6 그러므로 우리는 다른 이들과 같이 자지 말고 오직 깨어 정신을 차릴지라 / 살전 5:17 쉬지 말고 기도하라

iii 삼하 11장 / 마 26:69-75 베드로가 바깥 뜰에 앉았더니 한 여종이 나아와 이르되 너도 갈릴리 사람 예수와 함께 있었도다 하거늘 베드로가 모든 사람 앞에서 부인하여 이르되 나는 네가 무슨 말을 하는지 알지 못하겠노라 하며 앞문까지 나아가니 다른 여종이 그를 보고 거기 있는 사람들에게 말하되 이 사람은 나사렛 예수와 함께 있었도다 하매 베드로가 맹세하고 또 부인하여 이르되 나는 그 사람을 알지 못하노라 하더라 조금 후에 곁에 섰던 사람들이 나아와 베드로에게 이르되 너도 진실로 그 도당이라 네 말소리가 너를 표명한다 하거늘 그가 저주하며 맹세하여 이르되 나는 그 사람을 알지 못하노라 하니 곧 닭이 울더라 이에 베드로가 예수의 말씀에 닭 울기 전에 네가 세 번 나를 부인하리라 하심이 생각나서 밖에 나가서 심히 통곡하니라

● **강해 본문 ① : 에베소서 1장 17-22절**

17 우리 주 예수 그리스도의 하나님, 영광의 아버지께서 지혜와 계시의 영을 너희에게 주사 하나님을 알게 하시고 18 너희 마음의 눈을 밝히사 그의 부르심의 소망이 무엇이며 성도 안에서 그 기업의 영광의 풍성함이 무엇이며 19 그의 힘의 위력으로 역사하심을 따라 믿는 우리에게 베푸신 능력의 지극히 크심이 어떠한 것을 너희로 알게 하시기를 구하노라 20 그의 능력이 그리스도 안에서 역사하사 죽은 자들 가운데서 다시 살리시고 하늘에서 자기의 오른편에 앉히사 21 모든 통치와 권세와 능력과 주권과 이 세상뿐 아니라 오는 세상에 일컫는 모든 이름 위에 뛰어나게 하시고 22 또 만물을 그의 발 아래에 복종하게 하시고 그를 만물 위에 교회의 머리로 삼으셨느니라

● **강해 본문 ② : 베드로전서 4장 1-11절**

1 그리스도께서 이미 육체의 고난을 받으셨으니 너희도 같은 마음으로 갑옷을 삼으라 이는 육체의 고난을 받은 자는 죄를 그쳤음이니 2 후로는 다시 사람의 정욕을 따르지 않고 하나님의 뜻을 따라 육체의 남은 때를 살게 하려 함이라 3 너희가 음란과 정욕과 술취함과 방탕과 향락과 무법한 우상 숭배를

하여 이방인의 뜻을 따라 행한 것은 지나간 때로 족하도다 4 이러므로 너희가 그들과 함께 그런 극한 방탕에 달음질하지 아니하는 것을 그들이 이상히 여겨 비방하나 5 그들이 산 자와 죽은 자를 심판하기로 예비하신 이에게 사실대로 고하리라 6 이를 위하여 죽은 자들에게도 복음이 전파되었으니 이는 육체로는 사람으로 심판을 받으나 영으로는 하나님을 따라 살게 하려 함이라 7 만물의 마지막이 가까이 왔으니 그러므로 너희는 정신을 차리고 근신하여 기도하라 8 무엇보다도 뜨겁게 서로 사랑할지니 사랑은 허다한 죄를 덮느니라 9 서로 대접하기를 원망 없이 하고 10 각각 은사를 받은 대로 하나님의 여러 가지 은혜를 맡은 선한 청지기 같이 서로 봉사하라 11 만일 누가 말하려면 하나님의 말씀을 하는 것 같이 하고 누가 봉사하려면 하나님이 공급하시는 힘으로 하는 것 같이 하라 이는 범사에 예수 그리스도로 말미암아 하나님이 영광을 받으시게 하려 함이니 그에게 영광과 권능이 세세에 무궁하도록 있느니라 아멘

성도들도 죄에 빠진다는 사실이 주는 교훈

엡 1:17-22; 벧전 4:1-11

저는 음악을 듣거나 드라마나 영화를 볼 때 **'아슬아슬한 선'**을 느끼곤 합니다. 예를 들자면 음악에서 '단순한 멜로디로 커다란 울림을 주는 것'과 '동요같이 유치해지는 것'은 한 끝 차이일 수 있습니다. 영화나 드라마도 마찬가지입니다. 아주 큰 감동을 주는 장면도 연출을 잘못하거나 연기자가 어색해 버리면 전체를 날려 버리기도 합니다. 이러한 '아슬아슬한 선', 즉 조금만 잘못하면 유치해지는데 디테일의 차이에 의해 고급스러워지고 소름 돋게 만드는 멜로디나 영화의 장면, 아마 다들 많이 느껴 보셨을 것입니다.

저는 인생의 연차가 조금씩 늘어 가면서 하나님께서 만드신 이 세계에 대해 놀라는 것이 점점 더 강해지는 것 같습니다. 가끔은 사람이 만든 기계를 보아도 "어떻게 이렇게 정교하고 모든 상황에 다 대응하도록 만들었을까!"하고 감탄하는 때가 있는데, 하나님께서 만드신 세계는 더욱 그렇습니다. 이 세계는 그야말로 방금 말씀드린 이 '아슬아슬한 선', 그러니까 좋은 것은 좋은 것, 나쁜 것은 나쁜 것, 빨간색과 파란색, 노란색과 검정색, 극단적 흑백 논리가 아닌, 이쪽 면에서 보면 좋은 것 같은데 저쪽 면에서 보면 그렇지 않고, 또 반대편에서 보면 검정색 같은데, 이쪽 편에서 보면 초록색 같은 신묘한 작품 같습니다.

하나님은 **놀랍도록 대단한 역량을 갖춘 연출가** 같으셔서, 이 세계의 깊이를 그 아슬아슬한 선, 조금만 잘못 생각하면 전혀 다르게 보이는 것들을 가지고도 하나님의 선(善)을 만들어 가십니다. 세상은 쉽게 판단할 수 없을 정도로 놀랍도록 복잡하면서도 정교해서, 단순히 이것이 좋다 이것이 나쁘다 말하기가 매우 어려워졌습니다. 참으로 이 세상은 매우 정밀하게 움직이도록, 그래서 창조주의 놀라운 솜씨를 볼 수밖에 없도록 지어진 것 같습니다.

다섯째 교리에서

"중생한 신자에게도 여전히 죄가 있다."라는 주제 역시 그렇다고 생각합니다. 우리는 1조와 2조에서 이 주제에 대해 살펴보았는데, 하나님께서 죄를 이 세상에 남겨 두신 이유 역시 이런 **하나님의 놀라운 오케스트라**, 곧 모든 것이 합력하여 최선으로 달려가기 위해(롬 8:28) 주어진 것이라는 말입니다.

하나님께서는 죄와 악조차도 하나님의 선하신 목적에 기여하도록 만드십니다. 참 놀라운 일입니다. 어리석은 우리에게는 죄악이란 단지 폐기 처분해야 할 것처럼 보일 뿐입니다. 하지만 어떻습니까? 얼마 전에 어떤 회화 작가의 인터뷰를 보았는데, 그런 이야기를 하더군요.

> "그림에는 20-30퍼센트의 암부를 두어야 합니다. 암(暗)이 없으면 명(明)이 살지 않아서 그림에 생명력이 떨어지게 됩니다."

그렇습니다. 하나님께서 죄를 **도모하신 것은 아니지만**, 사람이 죄를 이 세계에 가져왔을 때 하나님은 그조차도 하나님의 작품을 위한 도구로 훌륭히 사용하셨습니다. 신자의 인생에 죄를 남겨 두신 이유가 그것입니다. 하나님께서는 '이 악조차도' 도구로 사용하셔서, 우리가 더욱 하나님께 밀착되도록 만드셨습니다.

예술을 잘 모르는 우리는 위대한 예술가가 작품을 만드는 과정을 보면서 "왜 돌을 저기다가 놓지?", "왜 저기다가 저 재료를 쓰는 거야?", "왜 저기 빨간색을 칠하는 거지?" 이렇게 생각할 수 있습니다. 하지만 마지막에 작품이 완성된 것을 보는 순간, 그 작가가 왜 그 과정들 속에서 이해할 수 없었던 행동들을 했는지 최종적으로 깨닫게 됩니다. **그중 단 한 행동도 버릴 것이 없었고, 그중 한 재료도 허튼 것이 없었다는 사실을 깨닫게 될 때**, 비로소 굉장한 희열을 얻게 됩니다.

우리는 하나님의 뜻을 다 알 수가 없고, 또 그분의 선하심이 어떻게 이 세계 속에서 나를 하나님께서 원하시는 장면까지 데려갈는지 알지 못합니다. 하지만 스스로를 계시하신 하나님으로 말미암아 우리가 확실하게 알고 있는 사실이 하나 있습니다. 그것은 **과정이 어떠하든 간에 하나님께서는 최종적으로 자신의 목적을 이루실 것이라는** 사실입니다.

과정 중에 우리는 좌절하기도 하고, 슬퍼하기도 하고, 하나님의 뜻을 이해할 수 없어서 소리치기도 합니다. 하지만 인내를 기릅시다. 이 인내란 나의 극기가 아니라 **'하나님을 믿겠다는 것'**입니다. 하나님을 믿기 때문에 인내할 수 있습니다. 이렇게 인내하면 나중에는 하나님의 뜻을 이해하게 됩니다. 그러니 신자의 삶에 일어나는 무수한 일들이 결국에는 모두 합력하여 선을 이루게 되리라고 소망하면서, 그렇게 우리의 삶에 닥치는 여러 가지 일들 속에서 하나님의 선하신 손을 발견합시다. 일희일비하지 맙시다.

이번 강해의 주제는 **"성도인 우리조차 때로는 심각한 죄에 빠지기도 한다."**입니다. 주의할 점이 있습니다. 이 주제에서는 이 주제 자체를 깨닫는 것이 우리의 목적이 아니라는 점입니다. '성도들이 심각한 죄에 빠지기도 한다는 사실'을 아는 것이 우리의 믿음에 어떤 유익이 있겠습니까? 오히려 이 사실을 아는 것은 우리를 어떤 지점으로 데려갑니다. 그것이 우리가 여기에서 살필 주제입니다. "성도인 우리조차 때로는 심각한 죄에 빠지기도 한다. 그렇다면 이 사실을 통해서 우리는 무엇을 얻을 것인가? 무엇을 배울 것인가?" 이것을 생각해 보도록 합시다.

죄가 자연스러운가?

죄에 대한 우리의 태도

여러분은 1조와 2조, 그리고 여기 4조에서 말하고 있는 "성도들도 심각한 죄에 빠질 수 있다."라는 이야기를 듣고는 어떤 마음이 들었습니까? 혹 마음속에 **'안도감'**이 있었던 분은 없습니까?

'그래! 맞아! 중생한 신자라고 하더라도 죄를 완전히 이길 수는 없으니까! 죄를 짓
는 것이 당연한 거지! 나도 그런 거야! 나도 비록 중생했지만 이렇게 죄를 짓고 있
는 것은 어떻게 보면 어쩔 수 없는 일이야!'

이런 이야기를 들을 때 우리는 '나도 저렇게 생각한 적이 많은데…'라고 생각
지는 않습니까? 어쩌면 너무도 익숙하고 당연한 것인지도 모르겠습니다. "죄를
짓는 것은 당연한 일이야!" 이런 생각은 '괜찮은' 일일까요? 우리는 이에 대해 별
반 거부감 없이 받아들여도 되는 것입니까?

여기 잠깐 브레이크를 걸 필요가 있습니다. 신조가 이런 방식으로 말하고 있지
않기 때문입니다. 우리는 "중생한 신자들도 죄를 짓는다."라는 주제를 다루고 있
고, 심지어 이 조의 주제가 "성도들도 심각한 죄에 빠질 수 있다."이니까, 신조 또
한 이에 대하여 당연히 긍정할 것이라 여길 수 있습니다. 하지만 신조는 오히려
이를 긍정하기 이전에 **우리가 절대 잊어서는 안 되는 매우 중요한 사실을 먼저 말
하는 것으로 시작합니다.** 4조의 첫 부분을 보십시오.

참된 신자를 은혜 안에서 견고케 하시고 보존하시는 하나님의 능력은 지극히 강력
하므로 **육신이 그 은혜를 이길 수는 없습니다.**

쉽게 생각하기로는, 죄가 삶 속에 만연한 것이 당연하므로 이를 다루는 신조는
'죄의 만연'에 대해 말하는 것으로 시작한다고 추측할 수도 있습니다. 그러나 신
조는 오히려 **정반대의 것**을 말합니다. "육신이 은혜를 이길 수는 없다."라고 말하
는 것으로 이 조를 시작하고 있습니다.

죄와 관련하여 많은 그리스도인들이 살아가면서 갖게 되는 생각은 대개 '**지독
한 패배주의**'입니다. 왜냐하면 누구든지 '반복되는 죄'를 경험해 보았기 때문입니
다. 그래서 우리는 죄를 이길 수 없다고 생각합니다. 죄에 함몰되어 살아가는 것
이 '당연한 것으로' 여겨지게 됩니다. 목회자로 지내면서 성도들에게 가장 많이
듣는 이야기 중 하나가 "또 죄에 져버렸어요!"라는 이야기입니다.

"비록 은혜가 있긴 하지만 육신과 죄악은 너무나 강력하기 때문에 절대 이길 수가 없어요!"

"자주 싸워 보았죠! 자주 대항해 보았죠! 하지만 결국은 챗바퀴를 굴리듯 다시 제자리로 오곤 합니다!"

"저는 많이 저항해 보았지만, 결국 죄에게 이길 수는 없었어요!"

이것이 많은 사람들의 고백입니다. "은혜가 있긴 하지만 은혜는 절대로 육신을 이기지는 못합니다!" 우리의 고백은 놀랍게도 신조와 정반대되는 고백입니다! 너무도 많은 성도들이 **'예수님께서 자기를 구원하셨다는 사실'**을 믿는 만큼이나 강력하게, **'자기는 죄를 절대 이기지 못한다는 사실'**을 믿고 있습니다.

물론 여기에는 '배경'이 있습니다. 우리가 이런 종류의 신앙을 갖게 된 것은 다분히 우리의 신앙이 '부흥회적 신앙', '수련회적 신앙'이었기 때문입니다. 대다수의 한국 교회 성도들은 통상적이고 일상적인 신앙생활에서는 겪지 않을 '격렬한 감정적 경험'을 부흥회나 수련회를 통해서 합니다. 그런데 이런 격렬한 감정적 경험의 문제점은 **시간이 지나면 식는다**는 것입니다. 그러니까 격렬한 경험이 없었을 때는 평탄하던 일상이었는데 한 번 격렬하게 좋아졌다 보니까 격렬하게 나빠짐을 겪습니다.

이것을 매해, 혹은 일 년에 서너 차례씩 반복합니다. 게다가 한국 교회 다수는 이런 종류의 격렬한 신앙적 양태를 '좋은 것'으로 여기기 때문에, 사람들에게 이것을 부추깁니다. 말하자면 격렬해짐이 시들해질 때 다시 격렬해짐을 경험하자고 압박하는 것입니다. 결국 신자들은 어떤 집회나 행사를 통해 격렬해졌다가 그 일이 마쳐지고 일상으로 돌아가면서는 **다시 원래 위치로 돌아가는 격렬한 추락을 계속해서 반복 경험**합니다. 이걸 계속하다 보면 사람들의 마음속에 자연스럽게 이런 생각이 자리잡습니다.

'그래! 맞아! 은혜란 건 잠시이고, 결국은 항상 죄가 승리하는 거야!'

그렇습니다. 우리의 신앙 양태에는 이런 배경이 있습니다. 그래서 충분히 '이해해 줄 만한 것'이라고 말할 수도 있습니다. 하지만 꼭 기억합시다. 이것이 '정상'은 아닙니다. 이것은 신조가 추천하고 있는 종류의 신앙이 아닙니다. 우리 신앙은 오히려 이와는 정반대여야 합니다.

죄를 짓기 이전의 아담을 생각해 보십시오. 아담은 지금 우리처럼 죄악의 강렬한 유혹을 겪는 상태가 아니었기 때문에 **선을 행하는 것이 훨씬 더 자연스러웠습니다.** 죄 이후의 인생들은 선을 행하기 위해 '애를 써야' 하지만, 죄 이전의 아담에게는 선을 행하는 것이 '자연스러'웠습니다. 그런데 우리는 '구원받아 중생한 신자가 된다는 것'이 아담처럼 **'자유의지를 회복하는 것'**이라는 점을 이전 도르트 신조의 내용들을 통해 배웠습니다. 우리는 이제 '회복된 의지'를 가집니다. 그렇다면 우리에게 던져지는 질문은 **"과연 이렇게 회복된 우리에게도 죄를 짓는 일이 그렇게 자연스러운 것인가?"**입니다. 과연 우리는 죄를 지을 수밖에 없고, 죄를 짓는 것이 너무나 당연하고 자연스러운 존재들입니까? 비록 은혜를 입은 사람들이긴 하지만, 그럼에도 불구하고 우리는 죄 가운데서 뒹굴면서 살아가야만 하는 그런 존재들입니까?

하나님의 능력의 강력: 에베소서 1장

신조는 우리에게 "참된 신자를 은혜 안에서 견고케 하시고 보존하시는 하나님의 능력은 지극히 강력하므로 육신이 그 은혜를 이길 수는 없다."라고 말합니다. 주목하십시오. "은혜가 육신을 이길 수 없다."가 아닙니다. "육신이 은혜를 이길 수 없다."입니다.

죄를 지으며 사는 것은 **'당연한 삶'이 아닙니다!** 중생한 신자가 죄를 지으면서 살고 있는 것은 '이상한 일'이요 '일탈'이지, '당연한 삶'이 아닙니다. 신자가 죄를 지으면 애통해하고 슬퍼하고 기이히 여겨야지, 마음속에 모종의 안도감을 느끼면서 "한동안 죄 없이 잘 사는 듯했지만 역시 내 자리는 여기야!"가 아닌 것입니다. 왜 그렇습니까? 우리는 **성령의 능력**으로 새사람을 입었고, 따라서 이제 **첫 아담처럼 '죄를 이길 수 있는 존재'가** 되었기 때문입니다!

1, 2조에서 배운 것처럼 "회심한 사람이라도 어떤 특정한 행동에서 자신의 잘못으로 인해 은혜의 인도에서 벗어나거나 육신의 정욕에 유혹되어 넘어가는 일

들이 전혀 생길 수 없는 것은 아닙"니다. 그러나 이것이 '자연스러운 것이 아님'을 기억합시다. 신자가 죄 가운데 있는 것은 **'이상한 것'**이고 **'길을 벗어난 것'**입니다. 회복된 본성에 의하면 죄는 부자연스러운 것이며, 죄 가운데 사는 일은 성도로서는 있을 수 없는 일입니다. "은혜가 육신을 이기지 못하는 것이 아니라 육신이 은혜를 이기지 못합"니다! 에베소서 1장 말씀을 보겠습니다.

> 그의 힘의 위력으로 역사하심을 따라 믿는 우리에게 베푸신 능력의 지극히 크심이
> 어떠한 것을 너희로 알게 하시기를 구하노라_엡 1:19

에베소서는 말씀합니다. "그분의 힘의 위력으로, 그분의 역사하심을 따라, 믿는 우리에게 베푸신 능력이 지극히 크시다는 것을 깨달아라!" 신자가 깨달아야 하는 것은 **"죄가 너무 강력하구나!"**가 아닙니다. 신자가 깨달아야 하는 것은 **"하나님의 은혜가 너무 강력하구나!"**입니다. 그럼에도 불구하고 왜 우리는 늘상 죄를 짓고, 죄에 패배합니까? 그것은 사실입니다. 하지만 이 둘은 전혀 다릅니다.

> ① 죄를 짓는 것이 일상이고, 그렇지 않은 삶이 이상한 것
> ② 죄를 이기는 것이 당연한데, 종종 그러지 못하는 것

이 둘은 전혀 다릅니다. 신자가 되었다는 것은 2번입니다. 1번이 아닙니다! 왜곡된 신앙의 현장 때문에 우리는 계속해서 1번이 당연한 것처럼 살아왔습니다. 하지만 그래서는 안 됩니다. 신자에게 죄를 짓는 것이 이상하지 않은 일이 되어서는 안 되며, 이를 위해 반드시 필요한 것이 바로 **하나님께서 능히 죄를 이기신다는 데 대한 '확신'**입니다.

이 확신이 있어야만 삶의 현장에서 죄를 이길 수 있습니다. 1번이 일상이 되면 우리는 죄를 짓고 또 다시 쓴 웃음을 지으면서 "어쩔 수 없었네. 역시 그렇지. 내가 뭐 어쩌겠어."라고 말하는 삶이 반복될 것입니다. 그러나 우리의 삶은 2번임을 명심합시다. 죄를 지을 수 있습니다. 그러나 그 상태가 '나의 정상적인 상태'는 아닙니다. 우리는 오히려 '은혜 안에' 있습니다!

항상 깨어 기도하라

그러면 우리에게 "어떻게?"라는 질문이 떠오릅니다. 어떻게 이 '죄를 이기는 삶'을 부양할 수 있을까요? 늘상 죄에 패배하는 삶이 아니라 은혜로 말미암아 승리하는 삶을 영위하기 위해서는 무엇을 해야 하는 것일까요?

활동

사실 이것은 무슨 '비법' 같은 것이 아닙니다. 해답은 매우 당연한 일이고 매우 간단한 방법입니다. 우리는 이미 성부, 성자, 성령의 능력으로 죄악으로 죽어 있었던 상태에서 영적 부활을 경험했습니다. 그리고 이제 그 회복된 본성대로 살아가면 됩니다. 하지만 하나님께서는 이것이 아주 용이하도록 하지는 않으셨고, 그분의 깊으신 뜻 때문에 이 땅에 죄를 남겨 두셨습니다. 이것이 우리를 '항상 죄 없는 삶 가운데서 살도록' 가만히 내버려 두지는 않습니다.

그러면 여기에 무엇이 필요할까요? 회복된 삶을 유지하며 살아가기 위해서는 무엇이 있어야 하겠습니까? 질문을 약간 바꾸어 보면 대답하기 더 쉽습니다.

> 하나님께서 깊으신 뜻 때문에 죄를 '남겨' 두셨다면, 죄에 빠져 살아가는 것이 하나님의 뜻이 아닐진대, **이길 길을 안 주셨겠습니까?**

당연히 하나님께서는 이 풍성한 삶, 곧 '죄악을 이기면서 살아갈 수 있는 길' 역시 주셨습니다. 하나님은 중생한 신자에게 이 길을 걸어가라고 독려하시는 분이십니다. 하나님은 우리를 골탕 먹이는 것을 즐거워하시는 분이 아닙니다.

다음과 같은 예를 통해 생각해 봅시다. 간혹 신자들 중에는 병에 걸렸을 때 병원에 가지 않고 기도만 하겠다고 하는 이들이 있습니다. 이런 사람들은 '어떤 부류'라고 여겨야 할까요? 이런 사람들은 '신앙이 더 좋은 사람들'입니까? 이런 사람들은 '영적인 세계를 지나치게 확신하는 사람들'입니까?

단적으로 대답하자면 이런 사람들은 **'하나님께서 병원과 의사를 세우시는 분이심을 믿지 않는 사람들'**입니다. 그렇지 않습니까? 이들은 자신이 영적으로 더 대단하다고 말하는 듯이 보여도, 사실은 창조 세계를 부인하는 사람들입니다. 의사를 누가 세웠습니까? 병원을 누가 만들었습니까? 의술의 발전은 사탄의 것입니까? 그렇지 않습니다.

이 문제에는 '질병에 대한 대처'보다 더 깊은 함의가 있습니다. 제가 명명하기로는 이것은 소위 **'자동 메커니즘'**입니다. 말하자면 이런 종류의 신앙, 곧 '내가 기도하면 하나님께서 병을 낫게 해 주실 거야.'라는 종류의 믿음에는, '내편에서는 **기도 말고는 아무것도 하지 않아도 자동으로 되리라는** 믿음'이 깔려 있는 것입니다. '노력하지 않겠다!'가 들어 있는 것이지요.

그렇지 않습니까? 공부를 하지 않고 기도만으로 시험 점수가 잘 나온다면, 왜 누군가는 밤을 새가며 애를 씁니까? 만약에 병에 걸렸을 때 기도로만 모든 문제가 해결된다면, 건강을 유지하기 위하여 식단을 조절하거나 매일 계단을 오르내리며 운동을 하는 일이 왜 필요합니까? 달고 짜고 매운 것만 먹고 운동을 하나도 하지 않아도 기도만 하면 건강이 유지될 수 있는데, 노력이 왜 필요합니까? 결국 이런 생각, 이런 믿음, 이런 신앙의 배후에는 다음과 같은 생각이 들어 있는 것입니다.

> ① 하나님께서 이 세계를 지으셨다는 데 대한 부인
> ② 동시에 이 지으신 세계가 **'노력'을 통해 유지된다**는 데 대한 부인

이것이 제가 명명한 '자동 메커니즘'입니다. 이것을 신앙생활에도 적용해 봅시다. 어떤 목사님의 말씀을 인용해 보겠습니다.

> 사탄과 세상과 우리 육신은(지난 조에서 배운 세 가지 불구대천의 원수입니다) 매우 강합니다. 하지만 하나님께서 당신의 백성에게 자신을 스스로 방어할 수 있는 무기를 주셨습니다. 곧 **하나님의 말씀, 끊임없는 기도, 깨어 있음**입니다.[131]

---

131 — 코르넬리스 프롱크, 『도르트 신조 강해』, 394.

우리는 이미 받았습니다. 무기를 말입니다. 우리는 이미 가지고 있습니다. 이 죄악들로부터 이길 수 있는 비법을 말입니다. 새로운 것이 필요한 것이 아닙니다. 우리는 이미 가지고 있습니다.

홍수가 났는데 구조선도 지나가고 구조 헬기도 지나갔습니다. 그런데 "나는 하나님이 직접 구원해 주실 거야." 해서 결국 물에 빠져 죽은 할아버지 이야기를 들어 보신 적이 있으시지요? 하나님께서 그 할아버지에게 어떻게 말씀합니까? "내가 구조선도 보내고 구조 헬기도 보냈는데 너는 왜 그걸 안 탔니?"

하나님은 **특별하고 기이한 방식으로만** 우리를 "사탄과 세상과 우리의 육신으로부터"(H. C. 52, 127) 구원하시는 분이 아닙니다. 하나님께서는 이 불구대천의 원수로부터 이기는 방법을 우리에게 '이미' 주셨습니다. 곧 **튼튼한 기본기**입니다! 하나님의 말씀에 착념하고, 쉬지 않고 기도하며, 늘 깨어 있는 것! 초등학교 때부터 들어온 이야기입니다.

하나님께서는 우리에게 무기를 주셨습니다. 그런데 무기는 전혀 사용하지 않고 칼집에서 아예 뽑지도 않은 채로, "하나님! 저기 불구대천의 원수들이 몰려옵니다! 기이한 방식으로 저를 구원해 주소서!"라고 한들, 하나님께서 들으시겠습니까? 하나님께서는 듣지 않으십니다. 이미 무기들을 주셨기 때문입니다.

그러므로 연습하라

그러므로 애써야 합니다! 그러므로 노력해야 합니다! 그러므로 연습해야 합니다! 저는 앞에서 "성도들도 심각한 죄에 빠질 수 있다는 사실을 아는 것이 우리 신앙에 무슨 도움이 되는가?"라고 말씀드렸습니다. 맞습니다. 이 사실을 아는 것이 무슨 도움이 되겠습니까? 오히려 우리는 "그럴 수 있으니 **무엇을 해야 하지?**"라고 물어야 합니다. 그리고 이 질문에 대한 답은 간단하고 명료합니다! 애써야 합니다! 노력하고 연습해야 합니다! 말씀에 착념하고, 기도에 힘쓰고, 깨어 있어야 합니다. 이것이야말로 **중생한 신자에게서 죄를 완전히 제거하지 않으신 하나님께서 우리에게 요청하시는 '삶의 방식'**입니다.

하나님께서는 중생한 신자에게 희희낙락한 삶을 주지 않으셨습니다. 오히려 하나님께서는 중생한 신자에게 '전투와 같은 삶'을 주셨습니다. 그러면 이를 주신 하나님의 의중은 무엇일까요? 땅에 있는 동안 우리로 하여금 무엇을 연습하며 살아가기를 기대하신 것입니까? 정신을 차리고! 근신하며! 깨어! 기도하는 것!입니다. 베드로전서 4장 7절 말씀을 보십시오.

> 만물의 마지막이 가까이 왔으니 그러므로 너희는 정신을 차리고 근신하여 기도하라_벧전 4:7

어떤 분들은 "만물의 마지막이 가까이 왔다."라고 하니 재림 때의 이야기인 줄로만 여깁니다. 하지만 여기 "가까웠다"라는 표현은 신약 성경에서 "회개하라 천국이 가까웠느니라!"(마 3:2; 4:17)라는 말씀처럼 종종 '이미' 온 것을 가리킵니다. 베드로전서 4장에서도 이 "가까웠다"는 완료형입니다. 장차 올 것이기도 하지만 동시에 이미 온 것이기도 합니다. 그러니까 이 말씀은 이미 온 말세, 이미 온 종말 때문에 우리가 어떻게 살아야 할지를 보여 주기 위한 말씀입니다. 어떻게 살아야 한다는 것입니까? "정신을 차리고, 근신하여, 기도하라!"

베드로전서 4장 말씀은 명백하게 '신자의 삶'을 가르치는 말씀입니다. 단순하게 재림을 임박한 이들에게만 적용되어야 할 말씀이 아닙니다. 이런 관점은 4장의 앞부분을 보면 쉽게 알 수 있습니다. 베드로는 4장 1절에서 이렇게 말합니다.

> 그리스도께서 이미 육체의 고난을 받으셨으니 너희도 같은 마음으로 갑옷을 삼으라 이는 육체의 고난을 받은 자는 죄를 그쳤음이니_벧전 4:1

이 말씀에서 "이미 육체의 고난을 받으셨으니"는 과거의 결정적인 사건을 가리킵니다.[132] 주님께서 육체의 고난, 곧 십자가를 지셨음을 말합니다. 그런데 이어지는 말씀을 보십시오. "육체의 고난을 받은 자는 죄를 그쳤음이니!" 놀랍습니다. 그리스도께서 고난을 받으신 과거의 사건은 지금 현재의 어떤 동향을 만들어 냅니다. "육체의 고난을 받은 자", 곧 그분을 따라 고난을 짊어진 신자들에게 "죄를

---

132 ─ 에드문드 P. 클라우니, 『베드로전서』, 오광만 옮김 (서울: 여수룬, 1992), 270.

멈추게" 한다는 것입니다! 이어지는 2절도 봅시다.

> 그 후로는 다시 사람의 정욕을 따르지 않고 하나님의 뜻을 따라 육체의 남은 때를
> 살게 하려 함이라(2절)

성경은 바로 이 일이 신자를 어떻게 살도록 만든다고 말합니까? "다시는 사람의 정욕을 따르지 않고 하나님의 뜻을 따라 육체의 남은 때를 산다!" 정확하게 지금 우리가 다루고 있는 주제입니다. 이것이 정말로 불가능하다면, 성경은 거짓말을 한 것입니까? 될 수도 없는 일에 허풍을 떠는 것입니까? "다시 사람의 정욕을 따르지 않고 하나님의 뜻을 따라 육체의 남은 때를 사는" 일이 가능함을 성경은 가르칩니다. 이것이 신자의 삶이라는 것입니다.

어떻게 가능합니까? 이 일은 무엇을 도구로 하여 가능한 것일까요? 이어지는 말씀 3절과 7절을 계속해서 보겠습니다.

> 너희가 음란과 정욕과 술취함과 방탕과 향락과 무법한 우상 숭배를 하여 이방인의
> 뜻을 따라 행한 것은 지나간 때로 족하도다(3절)
> 만물의 마지막이 가까이 왔으니 그러므로 너희는 정신을 차리고 근신하여 기도하
> 라(7절)

이제 족합니다! "음란과 정욕과 술취함과 방탕과 향락과 무법한 우상 숭배"의 삶! "이방인의 뜻을 따라 행한 것!" 이것은 실로 **"지나간 때로 족합"**니다! 이제 우리에게 '요청된 삶'은 무엇입니까? **"정신을 차리고 근신하여 기도하라!"**

그렇습니다. 하나님께서는 경건에 있어서도 우리가 얻어야 할 것들을 **'자동적으로' 얻도록** 주지 않으셨습니다. 우리는 자주 죄에 패배하였기 때문에 은혜도 어쩔 수 없다고 당연하게 여기며 살지만, 신조는 이것이 당연하지 않다고 하면서 우리에게 요청합니다.

> 성도들도 심각한 죄에 빠질 수 있다, 그러면 어떻게 해야 하는가?
> 정신을 차리고 근신하여 기도하라!

우리는 단지 사람에 불과하기 때문에 하나님의 깊으신 뜻을 다 알 수 없습니다. 왜 하나님께서 중생한 이후에도 이 세계에 살면서, 이 많은 죄악들의 틈바구니 속에서 우리로 하여금 전투하게 하셨는지 그 이유를 다 알 수는 없습니다. 그러나 이런 말씀들을 통해서 우리는 아주 조금, 아주 어렴풋이, **하나님의 뜻을 깨닫습니다.**

저는 하나님을 가끔 이런 식으로 상상해 보곤 합니다. **'공짜를 싫어하시는 하나님!'** 그렇습니다. 하나님께서는 땀을 흘리고 노력하여 이 세계가 일구어져 가는 것을 태초부터 원하셨습니다. 그렇다면 중생한 신자, 하나님의 뜻을 깨닫고 알게 된 신자가, 아무것도 하지 않고 막연히 앉아만 있는데 죄를 척척 물리치도록, 그렇게 세상을 지으셨을 리가 없을 것이 자명합니다. 하나님께서는 우리를 **'충분히'** 구원하셨습니다. 하지만 동시에 우리에게 **'노력을'** 요청하십니다. '충분히' 구원받았다고 믿기 때문에 '나태해'진다면, 그 사람은 결국 자신을 돌아볼 때 구원으로부터 멀리 떨어져나가 있는 것을 발견하게 될 것입니다.

비록 우리는 연약하지만, 하나님은 강하시며, 우리는 할 수 없지만, 하나님께서는 하십니다. 이 토대 가운데, 남은 삶을 고난과 근신을 연습하며 살아가는 우리가 됩시다.

제5조 : 그러한 심각한 죄의 결과들

그렇지만 그처럼 큰 죄들을 범함으로써 신자들은 하나님의 진노를 크게 촉발하고, 죽음의 죄책을 짊어지게 되며, 성령을 근심시키고, 잠시 믿음으로 행하지 못하게 되며, 자기 양심에 큰 상처를 입히고, 종종 상당한 기간에 하나님의 은혜를 맛보지 못하게 되기도 합니다.[i] 그들이 신실하게 회개하여 바른길로 돌아서고 하나님께서 아버지와 같은 얼굴을 그들에게 다시 비추어 주실 때까지 그들은 그러한 상태에 있게 됩니다.[ii]

i 삼하 12장 / 엡 4:30 하나님의 성령을 근심하게 하지 말라 그 안에서 너희가 구원의 날까지 인 치심을 받았느니라 / 시 32:3-5 내가 입을 열지 아니할 때에 종일 신음하므로 내 뼈가 쇠하였도다 주의 손이 주야로 나를 누르시오니 내 진액이 빠져서 여름 가뭄에 마름 같이 되었나이다 (셀라) 내가 이르기를 내 허물을 여호와께 자복하리라 하고 주께 내 죄를 아뢰고 내 죄악을 숨기지 아니하였더니 곧 주께서 내 죄악을 사하셨나이다 (셀라)

ii 민 6:25 여호와는 그의 얼굴을 네게 비추사 은혜 베푸시기를 원하며

● 강해 본문 ① : 에베소서 4장 26-32절

26 분을 내어도 죄를 짓지 말며 해가 지도록 분을 품지 말고 27 마귀에게 틈을 주지 말라 28 도둑질하는 자는 다시 도둑질하지 말고 돌이켜 가난한 자에게 구제할 수 있도록 자기 손으로 수고하여 선한 일을 하라 29 무릇 더러운 말은 너희 입 밖에도 내지 말고 오직 덕을 세우는 데 소용되는 대로 선한 말을 하여 듣는 자들에게 은혜를 끼치게 하라 30 하나님의 성령을 근심하게 하지 말라 그 안에서 너희가 구원의 날까지 인 치심을 받았느니라 31 너희는 모든 악독과 노함과 분냄과 떠드는 것과 비방하는 것을 모든 악의와 함께 버리고 32 서로 친절하게 하며 불쌍히 여기며 서로 용서하기를 하나님이 그리스도 안에서 너희를 용서하심과 같이 하라

● 강해 본문 ② : 이사야 63장 1-14절

1 에돔에서 오는 이 누구며 붉은 옷을 입고 보스라에서 오는 이 누구냐 그의 화려한 의복 큰 능력으로 걷는 이가 누구냐 그는 나이니 공의를 말하는 이요 구원하는 능력을 가진 이니라 2 어찌하여 네 의복이 붉으며 네 옷이 포도즙틀을 밟는 자 같으냐 3 만민 가운데 나와 함께 한 자가 없이 내가 홀로 포도즙틀을 밟았는데 내가 노함으로 말미암아 무리를 밟았고 분함으로 말미암아 짓밟았으므로 그들의 선혈이 내 옷에 튀어 내 의복을 다 더럽혔음이니 4 이는 내 원수 갚는 날이 내 마음에 있고 내가 구속할 해가 왔으나 5 내가 본즉 도와 주는 자도 없고 붙들어 주는 자도 없으므로 이상하게 여겨 내 팔이 나를 구원하며 내 분이 나를 붙들었음이라 6 내가 노함으로 말미암아 만민을 밟았으며 내가 분함으로 말미암아 그들을 취하게 하고 그들의 선혈이 땅에 쏟아지게 하였느니라 7 내가 여호와께서 우리에게 베푸신 모든 자비와 그의 찬송을 말하며 그의 사랑을 따라, 그의 많은 자비를 따라 이스라엘 집에 베푸신 큰 은총을 말하리라 8 그가 말씀하시되 그들은 실로 나의 백성이요 거짓을 행하지 아니하는 자녀라 하시고 그들의 구원자가 되사 9 그들의 모든 환난에 동참하사 자기 앞의 사자로 하여금 그들을 구원하시며 그의 사랑과 그의 자비로 그들을 구원하시고 옛적 모든 날에 그들을 드시며 안으셨으나

10 그들이 반역하여 주의 성령을 근심하게 하였으므로 그가 돌이켜 그들의 대적이 되사 친히 그들을 치셨더니 11 백성이 옛적 모세의 때를 기억하여 이르되 백성과 양 떼의 목자를 바다에서 올라오게 하신 이가 이제 어디 계시냐 그들 가운데에 성령을 두신 이가 이제 어디 계시냐 12 그의 영광의 팔이 모세의 오른손을 이끄시며 그의 이름을 영원하게 하려 하사 그들 앞에서 물을 갈라지게 하시고 13 그들을 깊음으로 인도하시되 광야에 있는 말 같이 넘어지지 않게 하신 이가 이제 어디 계시냐 14 여호와의 영이 그들을 골짜기로 내려가는 가축 같이 편히 쉬게 하셨도다 주께서 이와 같이 주의 백성을 인도하사 이름을 영화롭게 하셨나이다 하였느니라

이 죄의 결과

엡 4:26-32; 사 63:1-14

여러분의 친구 중 한 사람이 청와대에 근무하고 있습니다. 이 친구는 대통령의 측근이면서 동시에 여러분을 믿고 신뢰하는 친구입니다. 그래서 대통령께 말씀드려 특별히 호의를 얻게 하여 여러분을 청와대에 출입할 수 있게 해 주고, 대통령과 사진도 찍을 수 있게 해 주고, 자주 나라의 중요한 사람들과 식사도 하면서 친분 관계를 유지할 수 있게 해 주었습니다.

그런데 어느 날 여러분은 이 특권을 이용하여 몰래 청와대의 사진을 찍었습니다. 외부로 유출하지 말아야 할 대통령의 동선을 사진과 동영상으로 남기고 국가 기밀이라고 할 수도 있는 청와대 안의 중요한 시설들을 다 기록했습니다. 그리고 집으로 돌아와 이 사진과 동영상들을 자랑하기 위한 목적으로 인스타그램에 올렸습니다.

이런 이야기를 들으면 무슨 생각이 드십니까? 단순히는 "이제 큰일 났네."라는 생각이 드실 겁니다. 곧 경찰이나 검찰이 들이닥치겠죠. 당연히 제일 먼저는 처벌을 생각할 수 있습니다. 하지만 동시에 여러분을 소개한 친구의 입장을 한번 생각해 봅시다. 친구의 입장은 어떻게 될까요? 그 친구는 여러분을 믿었기 때문에 대통령이나 국가 기관의 사람들을 접근케 해 준 것입니다. 그렇다면 이 일의 요점은 무엇인가요? "믿음의 배신이다." 이렇게 말할 수 있겠습니다.

하나님의 진노를 크게 촉발한다

우리는 성도도 심각한 죄에 빠질 수 있다는 사실을 배웠습니다. 그리고 5조의 제목은 "그러한 심각한 죄의 결과들"이라고 되어 있는데, 여기서 "그러한"은 당연히 앞의 죄들을 말하는 것입니다. 그렇다면 이때 이 "그러한 죄"는 어떤 성격을 갖고 있을까요? 하나님께서 우리를 죄로부터 구출하시고 은혜로 받아 주셨음에도 **다시 우리가 죄를 범하게 될 때,** 이 죄를 무엇이라고 정의 내리면 되겠습니까?

간혹 신자가 죄를 짓는 것에 대하여 **터무니없는 방식으로** 생각하는 사람들을 만납니다. 예를 들면 이런 것입니다.

> '비록 내가 죄를 짓기는 했지만, 하나님께서는 내 아버지시고 나를 사랑하시니까 이 정도 죄에 대해서는 그렇게 많이 책망하지는 않으실 거야!'

어떤 사람들은 '신자가 된 후에 하나님께 짓는 죄'에 대하여 '죄는 그다지 좋지 않은 것이기는 하지만, 나는 하나님을 믿으니까 하나님께서 그렇게 심하게 화는 내지 않으실 거야!'라는 식으로 생각합니다. 하지만 사실은 그 반대가 아닐까요? 오히려 신자가 짓는 죄란 도리어 서론에서의 친구를 배신한 사람처럼 **하나님께서 베풀어 주신 호의에 대하여 배신하는 일이** 아니겠습니까?

하나님과 대적의 위치에 있는 사람은 '원래' 죄를 짓습니다. 좀 더 정확하게 말하자면 **죄가 그들의 '정체성'**입니다. 하나님도 없고, 하나님의 은혜도 받지 않았고, 죄로부터 건지시는 일도 경험하지 못하고 성령님도 계시지 않은 사람들이 죄를 짓는 것은 **지극히 당연한 일**입니다. 따라서 그들의 죄에 대하여도 하나님께서는 응당 진노하시겠지만, 그것은 어쩌면 '당연한 진노'일 것입니다.

그러나 신자는 어떻습니까? 신자는 은혜로 건짐을 받은 사람입니다. 하나님의 특별한 호의로 들어올 수 없던 영역에 들어오게 된 사람입니다. 신자는 은혜를 아는 사람이고 죄가 무엇인지 아는 사람입니다. 불신자는 모르는 채로 자기 정체성을 따라 죄를 짓지만, 신자는 그렇지 않습니다. 신자는 알고 있고, 죄는 자기 정체성이 아닙니다. 그렇다면 이런 상황에서도 죄를 짓는 것이 어떻게 "나는 하나님을 믿으니까 하나님은 별로 화를 내지 않으실 거야."가 될 수 있습니까? 오히려 이는 **'은혜를 배반하는 일'**이 아닐까요?

신자는 죄를 가볍게 여겨서는 안 됩니다. 죄짓는 것을 당연하게 여겨서는 안 됩니다. 비록 하나님께서 죄짓는 일을 완전히 없애시지 않았기 때문에 우리네 삶에 죄가 남아 있긴 하지만, 우리는 은혜를 입은 사람들입니다. 우리는 죄가 무언지도 모르고 짓는 불신자들과 달리 죄가 무엇인지 아는 사람들입니다. 친구의 은혜로 들어갈 수 없었던 청와대에 들어간 사람이라면 그 은혜 받은 것을 감사하며 살아야 지당한 것이지, 자기가 받은 은혜를 방패막이 삼아 은혜 베푼 이에게 배신을 행한다면 이는 **'더욱 진노해야 할 바'**가 되는 것입니다. 그래서 5조의 첫 부분에서 이렇게 말하는 것입니다.

> 그처럼 큰 죄들

그렇습니다. "그처럼 큰 죄들"입니다. 신자임에도 불구하고 빠져 들어가는 죄악들은 **'하나님이 나를 사랑하시니까 사소하게 보아 넘겨 주실 수 있는 죄'**가 아니라 "그처럼 큰 죄들"입니다. 그래서 이어지는 말씀에서는 하나님의 반응을 어떻게 말했습니까?

> 하나님의 진노를 크게 촉발하고

여기 "크게"라고 붙어 있는 것에 유의하십시오. 신조는 죄를 말할 때도 "그처럼 큰" 죄라고 하였는데, 하나님의 반응을 말할 때도 "크게" 진노하신다고 하였습니다. 하나님께서는 우리에게 특별한 은혜를 베풀어 주셨기 때문에 "그러니까 죄좀 짓고 살아도 괜찮아." 하지 않으십니다. 오히려 반대입니다. **"은혜를 받았으니 죄로부터 더 멀어진 삶을 살아야 하지 않니?"**라고 하십니다. 그야말로 "사랑하시기 때문에 더 진노하십니다."[133]

---

133 — 코르넬리스 프룅크, 『도르트 신조 강해』, 396.

우리는 여러모로 하나님을 오해합니다. 죄에 대해서 특히 그러합니다. 하나님께서는 우리를 죄로부터 구출해 주시고, 또 성령님의 능력을 힘입어 그 죄로부터 이길 수 있도록 이끄시기 때문에, 우리가 죄에 대하여 승리하고, 더 나은 삶을 살고, 죄악의 유혹이 우리를 덮으려고 할 때 더 맞서 싸우기를 원하십니다. 그런데 도리어 거꾸로 생각할 때가 많습니다. "나는 아들이니까, 나는 딸이니까, 하나님은 우리 아버지시니까, 그러니까 조금 불법을 저질러도 이해해 주시겠지." 마치 재벌 아들이 음주 운전에 걸리면 "내가 누군지 알아?" 하는 그런 태도 말입니다.

어떻게 이것이 정당화될 수 있습니까? "아들이니까 좀 봐주시겠지."는 **우리의 바람**이지 **하나님의 성품이** 아닙니다. 오히려 신조가 알려 주는 하나님의 마음은 "아들/딸이므로 죄를 더욱 미워하는 것이 당연하다."입니다. 하나님께 은혜를 받은 신자로서 죄를 '대수롭지 않게 여기는 것' 자체가 굉장히 심각한 것입니다.

성령의 근심

같은 맥락 안에서, 신조의 다음 내용에서 특기할 점을 하나 더 생각해 봅시다. 5조 본문입니다.

> 그렇지만 그처럼 큰 죄들을 범함으로써 신자들은 하나님의 진노를 크게 촉발하고, 죽음의 죄책을 짊어지게 되며, 성령을 근심시키고, 잠시 동안 믿음으로 행하지 못하게 되며, 자기 양심에 큰 상처를 입히고, 종종 상당한 기간 동안 하나님의 은혜를 더 이상 맛보지 못하게 되기도 합니다.

이 문구 속에는 상당 부분 **우리의 입장에서의**, **나의 입장에서의** 언급이 들어있습니다. 예를 들어 "믿음으로 행치 못하게 되며", "양심에 큰 상처를 입히고", "하나님의 은혜를 맛보지 못하게 된다."라는 언급들은 모두 우리 편에서의 이야기입니다. 실제로 죄 가운데 거하고 있는 신자들은 통상 이런 일들을 겪습니다.

그런데 이 문구들 속에는 '그 앞에 일어나는 일들', 그러니까 내 편에서 겪게 되는 일들의 **'원인이 되는 일들'**도 함께 나타나 있습니다. '내 편에서 겪는 일들'

은 '내 감정' 속에서 일어나는 일이기 때문에 인간인 우리의 입장에서는 이것이 직접적인 것 같지만, 사실 내가 겪는 감정들은 **'파생적'**입니다. 원인이 있기 때문에 더불어 발생하는 것이라는 말입니다.

오히려 여기에는 이를 **파생시키는 원인**이 있는데, 신조는 그것을 "하나님이 진노하시고", "죽음의 죄책이 내게 무게로 넘겨지고", "성령께서 근심하시는 것"이라고 하였습니다. 이 일들이 일어났기 때문에 우리가 파생적으로 "믿음으로 행하지 못하게 되고", "양심에 상처를 입고", "은혜를 맛보지 못하게 되는 것"입니다.

내 편에서 당하는 일들을 주목하는 것도 의미가 있습니다만, 원인이 되는 문제를 먼저 생각하는 것이 중요합니다. 원인의 첫 번째가 "하나님의 진노를 크게 촉발한다"인데, 신조는 여기에 덧붙여 둘째로 **"성령을 근심시킨다"**라고 하였습니다. 이번 조항에서는 특별히 이 '성령의 근심'이라는 주제에 초점을 맞춰 보겠습니다.

이사야 63장의 배경

에베소서 4장 30절은 "하나님의 성령을 근심하게 하지 말라"라고 말씀합니다. 그리고 이 말씀은 이사야 63장 10절을 인용한 것입니다. 따라서 이사야 63장에서 '성령의 근심'을 이해하면 에베소서 말씀을 더욱 잘 이해할 수 있게 될 것입니다. 10절의 뉘앙스를 이해하기 위해 먼저 11절부터 13절까지 읽어 봅시다.

> 백성이 옛적 모세의 때를 기억하여 이르되 백성과 양 떼의 목자를 바다에서 올라오게 하신 이가 이제 어디 계시냐 그들 가운데에 성령을 두신 이가 이제 어디 계시냐 그의 영광의 팔이 모세의 오른손을 이끄시며 그의 이름을 영원하게 하려 하사 그들 앞에서 물을 갈라지게 하시고 그들을 깊음으로 인도하시되 광야에 있는 말 같이 넘어지지 않게 하신 이가 이제 어디 계시냐_사 63:11-13

"옛적 모세의 때"나 "바다에서 올라왔다", 혹은 "모세의 오른손을 이끄셔서 … 물을 갈라지게 하셨다"라는 말씀을 볼 때, 이 본문이 지칭하고 있는 사건은 출애굽과 홍해 도하입니다. 그런데 이 말씀에는 독특한 점이 있습니다. 11절에 "백성이 옛적 모세의 때를 기억하여 말했다"라고 하면서 다음의 내용들이 나오는데, 분위기가 과거를 추억하면서 즐겁고 행복한 기억을 떠올리는 것 같지 않다는 점입니다. 그래서 이 본문을 주의 깊게 다시 읽어 보면, 이 말씀은 다음의 주제임을 금방 알 수 있습니다.

> 그때 그렇게 일하셨던 분은 지금 어디에 계시는가?

즉 지금 이사야 63장 말씀은 자신들이 지금 처해 있는 상황이 오히려 모세가 이스라엘을 인도하던 그 시대와 '**같지 않다**'는 말을 하려는 것입니다. 이런 상황이기 때문에 10절을 말씀한 것입니다.

> 그들이 반역하여 주의 **성령을 근심하게 하였으므로** 그가 돌이켜 그들의 대적이 되사 친히 그들을 치셨더니_사 63:10

과거 이스라엘을 애굽으로부터 구출하셨고, 홍해를 가르는 놀라운 일을 행하셔서 모든 역경으로부터 이스라엘을 건지신 하나님께서는 지금은 "돌이켜 대적이 되사", 곧 적이 되었습니다. 과거에 하나님께서는 이스라엘의 '구원자'셨으나, 지금 이사야 말씀에서는 이스라엘의 '대적자'이십니다.

이 치심의 본질, 곧 성령을 근심케 한다는 말씀의 뜻

그러면 이 치심(사 63:10)의 '본질'은 무엇이겠습니까? 왜 하나님께서는 그토록 놀라운 은혜로 구원하셨던 자기 백성들을 이제는 치고 계십니까? 바로 여기에 10절의 "성령의 근심"의 이유가 있지 않겠습니까?

하나님의 치심의 본질, 곧 성령의 근심의 본질은 8절과 9절에 나옵니다. 8절과 9절을 10절과 붙여서 읽어 봅시다.

> 그가 말씀하시되 그들은 실로 나의 백성이요 거짓을 행하지 아니하는 자녀라 하시고 그들의 구원자가 되사 그들의 모든 환난에 동참하사 자기 앞의 사자로 하여금

그들을 구원하시며 그의 사랑과 그의 자비로 그들을 구원하시고 옛적 모든 날에 그들을 드시며 **안으셨으나 그들이 반역하여** 주의 **성령을 근심하게** 하였으므로 그가 돌이켜 그들의 대적이 되사 친히 그들을 치셨더니_사 63:8-10

이사야 63장은 하나님께서 이스라엘을 구원하신 사건, 곧 애굽 땅에서 종살이하고 있던 그들을 건져 내신 일을 경이로운 방식으로 말하고 있습니다. 하나님의 이스라엘 구원은 힘이 남아도셔서 행하신 것이거나 저기 대단한 어떤 신의 심심풀이 같은 것이 아니라, **"그들의 모든 환난에 동참하사", "그들을 드시며 안으신"** 사건이었습니다! 아버지의 갸륵한 사랑이 느껴지는 어조로 말씀되고 있는 놀라운 은혜의 역사입니다.

하나님의 구원은 하나님의 '우리 환난에의 동참'입니다. 이사야는 하나님의 구원 사건을 "동참"이요 "안으신 일"이라고 말씀합니다. 우리의 죄, 우리의 약함, 우리의 불의, 우리의 어리석음을 십자가로 떠안으신 일은 저기 높고 높은 곳에 계시면서 우리를 향해 손가락을 하나 튕기시는 정도의 문제가 아닙니다! 오히려 그분의 구원은 **마치 나처럼!** 고통과 슬픔 중에 있는 나처럼! 광야에서 헐벗고, 메마르고, 먹을 것이 없고, 갈증에 목이 타는 그런 나처럼! 하나님도 **고스란히 우리 고난에 동참하셨다는** 사실을 보여 주는 일인 것입니다.

우리 구원의 방식인 '성육신'은 무엇이며 '십자가'는 무엇입니까? 만약 하나님께서 우리를 손가락 튕기시듯이 구원하려 하셨다면, 성육신 같은 방식은 어림도 없을 것이며 십자가는 고려 사항에 들지도 못했을 것입니다. 우리가 믿는 신인 여호와께서 자기 자녀가 되는 우리를 향해 가지신 태도나 마음이 손가락을 튕기는 정도였다면, 하나님께서는 사람이 되실 필요도, 사람의 고통을 겪으실 이유도, 십자가를 통해 사람들의 형벌을 굳이 지시는 방식을 택하실 필요도 없으셨을 것입니다. 그저 손가락을 튕기는 방식으로 사람을 구원하셨겠지요!

하지만 우리 하나님은 신실하십니다. 그리고 우리 하나님이 신실하시다는 말의 의미는 만유의 주 되신 신께서 이 작고 보잘것없는 인생을 구원하시는 일에 단지 편하고 좋은 방법을 선택하는 대신, **가장 정직하고 가장 어리석으며 가장 사람들의 마음을 잘 헤아릴 수 있는 방식을 선택하셨다는 것을** 의미합니다. 하나님께서는 그 성품 자체에 "나는 신이고, 너희는 피조물에 불과하니 너희 따위는 내게 아무것도 아니다."라고 하지 않으십니다. 하나님은 작은 우리에게도 최선을 다하시는 분이시기 때문에 신실하십니다.

그래서 하나님께서는 **우리를 구속하시는 일에 전심 전력을 다하셨습니다.** 하나님께서는 남아도는 여력으로 우리를 구원하지 않으셨습니다. 대기업 회장님이 청소하는 아줌마의 복지를 개선하려면 사무실에 앉아서 서류에 싸인을 하는 것만으로도 충분합니다. 그런데 이 회장님은 어떻게 된 것이 그들의 고충을 제대로 알려면 청소부가 되어 봐야 한다고 하면서, 더러운 옷을 입고 먼지를 뒤집어쓰면서 300원짜리 식빵으로 점심을 먹고 화장실의 오물에 범벅이 되어 가며 청소를 하고 숨이 가쁘도록 일한 다음에 한 평도 안 되는 쉼터에서 휴식을 하고 그다음 비로소 "내가 너희를 이만큼 사랑한단다."라고 말씀하시는 것입니다. 이것이 신실하신 하나님입니다. **"그들의 모든 환난에 동참하사"**의 의미가 바로 그것입니다. **"그들을 드시며 안으셨다"**의 의미가 바로 그것입니다.

"성령을 근심하게 하였다"는 **이런 배경에서** 읽어야 합니다. 8절과 9절에 근거하여 10절을 읽어야 합니다. 왜 성령님께서 근심하셨습니까? 또 하나님께서는 왜 그들의 대적이 되셨나요? 하나님께서는 단지 기분이 조금 상한 것입니까? 아닙니다! 하나님이 이토록 신실하셨으나, 이스라엘은 그 신실하신 하나님을 배역했기 때문입니다. 하나님의 가슴을 찢으셨기 때문이 아닙니까! 왜 11절부터 13절의 이야기가 단지 "옛적 모세의 날"이 되어 버렸나요? 왜 이스라엘은 "그렇게 하셨던 하나님께서 지금 어디에 계십니까?"하게 되었나요? **이토록 신실하신 하나님을 향하여** 그분의 백성들이 배도를 저질렀기 때문입니다!

성령께서 근심하신다는 것은 이런 의미입니다! 우리 안에 계신 성령님은 너무나 엄격한 감독자셔서 도저히 내가 할 수도 없는 과업을 주시고, 또 그래서 내가 애를 써도 그 과업을 다 달성할 수가 없으니, 'X' 표시가 가득 쳐져 있는 체크 리스트를 가져와서 화를 내고 있는 그런 분이 아닙니다! 만약 그랬다면 성경은 "성령님이 근심하신다"라고 하지 않고 "성령님이 화를 내셨다"라고 썼을 것입니다. 성령님께서 근심하시는 이유는, 그 속에 성령님이 임재하여 계시는 하나님의 백성들이 **신실하신 하나님의 도우심에도 불구하고 반역을 저지르기 때문입니다!** "성령님께서 근심하신다"라는 것은, 이 하나님의 백성인 우리가 죄를 저지르고, 죄 가운데 살고, 하나님께서 싫어하시는 일을 하고, 하나님께서 베푸신 그 모든 은총과 사랑에도 불구하고 하나님을 거역하며 살아갈 때, 우리를 구원하신 하나님! 곧 "그들의 모든 환난에 동참하시는" 분께서, 곧 "그들을 드시며 안으시는" 분께서 슬퍼하시고 탄식하시는 것을 의미합니다.

에베소서에서

이사야의 내용에서 성령님의 근심을 이해할 때에야 비로소 에베소서의 말씀을 이해할 수 있게 됩니다. 이사야의 "성령의 근심"을 사도께서 어떻게 해석하고 적용하고 있는지를 보십시오.

> 하나님의 성령을 근심하게 하지 말라 그 안에서 너희가 구원의 날까지 인 치심을 받았느니라_엡 4:30

우리말로도 그렇고 헬라어로도 그렇고 이 말씀은 둘이 아무런 접속사 없이 서로 연결되어 있습니다. "하나님의 성령을 근심하게 하지 말라"는 문장은 "그 안에서 너희가 구원의 날까지 인 치심을 받았느니라"는 문장과 **'단순하게' 연결되어** 있습니다. "인치심을 받은 것"이 무엇입니까? 도장을 찍은 것입니다. 그렇다면 이 말씀의 의미는 무엇인가요? 왜 우리는 성령을 근심하게 하면 안 되는 것입니까? **우리에게 구속의 도장이 찍혀 있기 때문**입니다! 문맥을 거슬러 올라가 보겠습니다.

> 29절: 더러운 말을 하지 말라
> 26절, 27절: 분을 내어도 죄를 짓지 말며, 해가 지도록 분을 품지 말고, 마귀로 틈을 타지 못하게 하라.

실천 사항들입니다. 이 실천 사항 전체를 견인하는 가장 큰 주제가 22-24절에 나옵니다.

너희는 유혹의 욕심을 따라 썩어져 가는 구습을 따르는 옛 사람을 벗어 버리고 오직 너희의 심령이 새롭게 되어 하나님을 따라 의와 진리의 거룩함으로 지으심을 받은 새 사람을 입으라_엡 4:22-24

그리고 이 "옛 사람을 벗고 새 사람을 입는 것"의 근거가 되는 것은 또다시 그 앞으로 거슬러 올라가 3장 14절에서부터 나와 있습니다.

이러므로 내가 하늘과 땅에 있는 각 족속에게 이름을 주신 아버지 앞에 무릎을 꿇고 비노니 그의 영광의 풍성함을 따라 그의 성령으로 말미암아 너희 속사람을 능력으로 강건하게 하시오며 믿음으로 말미암아 그리스도께서 너희 마음에 계시게 하시옵고 너희가 사랑 가운데서 뿌리가 박히고 터가 굳어져서 능히 모든 성도와 함께 지식에 넘치는 그리스도의 사랑을 알고 그 너비와 길이와 높이와 깊이가 어떠함을 깨달아 하나님의 모든 충만하신 것으로 너희에게 충만하게 하시기를 구하노라_엡 3:14-19

기독교의 교리에는 하나님과 우리 간의 '일대일로 주고받음' 같은 것은 없습니다. 하나님께서는 언제나 '먼저 주시고', 우리는 받은 후에 배역합니다.

에베소서에서 "성령을 근심하게 말라"라는 말씀은 어떤 배경에서 나왔습니까? '너희가 이미 충분히 받았으므로!' 이제 "유혹의 욕심을 따라 썩어져 가는 구습을 따르는 옛사람을 벗으라"라는 것입니다. 하나님으로부터 은혜를 충분히 받았으니, 이제 새 사람으로 살라는 것이지요.

왜 우리는 바르고 성결한 삶을 살아야 합니까? 왜 우리는 죄로부터 벗어나야 합니까? 왜 우리는 죄짓는 일을 '당연한 것'으로 여겨서는 안 되는 것입니까? 우리가 이미 넘치도록 충분한 은혜를 받았기 때문입니다. "그런데도 왜 너는 성령을 근심케 하느냐?" 에베소서는 묻고 있습니다. 광야에서 홍해의 기적을 체험한 이스라엘이 그토록 큰 은혜, 곧 그들의 환난에 동참하여 그들을 안으신 하나님의 신실하심을 겪고도 배역하여 하나님을 저버리자 성령님께서 근심하셨는데, "에베소 교회의 성도들아! 이 구약의 일들을 보고 너희는 그렇게 해서는 안 되지 않겠느냐?" 이것이 이 말씀의 의미입니다.

중생한 신자가 큰 죄를 범할 때 어떤 일이 일어납니까? 신조를 보십시오.

> 그처럼 큰 죄들을 범함으로써 신자들은 하나님의 진노를 크게 촉발하고, 죽음의 죄
> 책을 짊어지게 되며, 성령을 근심시키고, 잠시 동안 믿음으로 행하지 못하게 되며,
> 자기 양심에 큰 상처를 입히고, 종종 상당한 기간 동안 하나님의 은혜를 더 이상 맛
> 보지 못하게 되기도 합니다.

물론 우리는 우리 스스로에게 항상 관심이 많기 때문에, 여기서 '우리의 감정
이 겪는 일들'에 우선적으로 관심이 갑니다. **하지만 "하나님의 진노"와 "성령님의
근심"을 먼저 생각해 보도록 합시다.** 인간은 연약하므로 누구나 넘어집니다. 중생
한 신자라도 그렇습니다. 누구든 큰 죄에 빠질 때가 있습니다. 그러나 이때 재빨
리 생각해야 할 점이 무엇일까요? 우리를 이토록 사랑하신 **하나님의 지극하신 사
랑과 그분의 신실하심**입니다. 우리가 죄 가운데 거하는 것이 얼마나 어리석은 일
인지! 그것을 잽싸게 깨닫고 자리에서 털고 일어나야 합니다.

그래서 **다시 행복해지십시오!** 상황이나 환경은 변하지 않을지 몰라도 하나님
의 신실하심을 재차 깨닫게 되어 다시 그분을 붙든 사람! 근심하고 계시는 성령
님을 얼른 깨달아 다시 제자리로 돌아가게 되는 사람! 그 사람에게 하나님께서는
세상이 줄 수 없는 평강을 주십니다. 이 사실을 붙들도록 합시다.

제6조 : 하나님께서는 택하신 자들을
잃어버리지 않으심

자비가 풍성하신 하나님께서는 ⁱ 그분의 선택하심의 변치 않는 목적을 따라서,ⁱⁱ 혹시 그분의 백성이 크게 타락한 경우에도 그들에게서 그분의 성령을 완전히 거두지는 않으십니다.ⁱⁱⁱ 하나님께서는 그들이 양자 삼으심의 은혜나 의롭다 하심의 상태에서 떨어져 나갈 정도까지,ⁱᵛ 혹은 사망에 이르는 죄나ᵛ 성령을 훼방하는 죄를 범하여서ᵛⁱ 하나님께 완전히 버림을 받고 영원한 파멸에 떨어질 정도까지 그렇게 깊이 타락하는 것을 허용하지 않으십니다.

i 엡 2:4 긍휼이 풍성하신 하나님이 우리를 사랑하신 그 큰 사랑을 인하여

ii 엡 1:11 모든 일을 그의 뜻의 결정대로 일하시는 이의 계획을 따라 우리가 예정을 입어 그 안에서 기업이 되었으니

iii 시 51:11 나를 주 앞에서 쫓아내지 마시며 주의 성령을 내게서 거두지 마소서

iv 갈 4:5 율법 아래에 있는 자들을 속량하시고 우리로 아들의 명분을 얻게 하려 하심이라

v 요일 5:16-18 누구든지 형제가 사망에 이르지 아니하는 죄 범하는 것을 보거든 구하라 그리하면 사망에 이르지 아니하는 범죄자들을 위하여 그에게 생명을 주시리라 사망에 이르는 죄가 있으니 이에 관하여 나는 구하라 하지 않노라 모든 불의가 죄로되 사망에 이르지 아니하는 죄도 있도다 하나님께로부터 난 자는 다 범죄하지 아니하는 줄을 우리가 아노라 하나님께로부터 나신 자가 그를 지키시매 악한 자가 그를 만지지도 못하느니라

vi 마 12:31-32 그러므로 내가 너희에게 이르노니 사람에 대한 모든 죄와 모독은 사하심을 얻되 성령을 모독하는 것은 사하심을 얻지 못하겠고 또 누구든지 말로 인자를 거역하면 사하심을 얻되 누구든지 말로 성령을 거역하면 이 세상과 오는 세상에서도 사하심을 얻지 못하리라

● 강해 본문 : 요한복음 10장 27-30절

27 내 양은 내 음성을 들으며 나는 그들을 알며 그들은 나를 따르느니라 28 내가 그들에게 영생을 주노니 영원히 멸망하지 아니할 것이요 또 그들을 내 손에서 빼앗을 자가 없느니라 29 그들을 주신 내 아버지는 만물보다 크시매 아무도 아버지 손에서 빼앗을 수 없느니라 30 나와 아버지는 하나이니라 하신대

하나님께서는 택하신 자들을
잃어버리지 않으신다

요 10:27-30

제가 청년이었을 때 교회 안에서 "상한 감정의 치유"와 같은 운동이 한참 유행이었던 적이 있습니다. 이런 류의 운동들은 여러 가지 특징들이 있지만, 그 중에서도 중요한 특징을 하나 말해 보자면 '매우 현실적이다', '매우 실용적이다', 곧 '실용적인 방식으로 현실을 진단한다'라고 할 수 있겠습니다.

이 말의 의미가 무엇인지 한 예를 가지고 생각해 봅시다. 여기 A라는 한 사람이 있습니다. 이 사람은 지금 삶에 심각한 문제를 갖고 있습니다. 일이 잘 풀리지 않고, 따라서 그로 인해 의기소침해졌습니다. 매사에 불안해집니다. 그리고 이렇게 심리적으로 불안정해지니까 더 일이 잘 풀리지 않게 되고, 할 수 있는 일조차 못하게 됩니다. 악순환이 계속됩니다. 관계도 망가지고 사람들도 떠납니다. 혼자가 된 것 같으니 더욱 우울해집니다.

이런 문제들에 대해 "상한 감정의 치유" 같은 운동이 말하는 해결책은 이런 것입니다.

> "당신의 마음이 이런 문제를 갖고 있는 원인은 어디에 있는가? (예를 들자면) 당신이
> 이런 마음의 우울과 갈등을 겪고 있는 이유는 자신의 마음속에 자존감이 나락으로
> 떨어졌기 때문이다. 그러므로 이 상황을 해결하려면 자존감을 북돋우어야 한다."

아니면 이런 방식도 흔한 방식입니다.

> "당신이 이런 마음을 갖게 된 것은 당신 안에 해결할 수 없는 쓴 뿌리가 있기 때문이다. 이것을 제거하지 않으면 당신은 이 스스로의 고통으로부터 이겨낼 수 없을 것이다."

단순화시켰지만 보통은 이런 식입니다. 그러니까 **문제에 대한 해결책은 항상 마음 상태에 있다는 것입니다.** 따라서 여기에 근거하여 그에 대한 현실적인 대책을 냅니다.

똑같은 이 문제를 **전혀 다른 방식으로** 한 번 접근해 봅시다. 성경 말씀을 한 군데 읽어 보겠습니다.

> 너희가 많이 뿌릴지라도 수확이 적으며 먹을지라도 배부르지 못하며 마실지라도 흡족하지 못하며 입어도 따뜻하지 못하며 일꾼이 삯을 받아도 그것을 구멍 뚫어진 전대에 넣음이 되느니라_학 1:6

이 학개서의 말씀은 우리가 조금 전에 살핀 A라는 사람이 맞닥뜨린 현실과 비슷합니다. 무슨 일을 해도 잘되지 않고, 아무것도 흡족하지 않으며, 돈을 애써 모으는데도 하나도 모이지 않습니다. 열심히 일하는데 잘되지 않습니다. 이런 상황이라면 이 사람은 당연히 실의에 빠질 것입니다. 우울증이 오겠죠? 관계도 무너질 것입니다. 자신감도 추락하고 결국 심리적으로 공황 상태에 빠져들게 될 것입니다.

그런데 **학개가 말하고 있는 이 모든 일의 원인**은 조금 전 "상한 감정의 치유" 같은 방식들이 진단했던 것과 전혀 다릅니다! '마음의 문제'가 아니기 때문입니다. 학개가 보여 주고 있는 A의 본질적인 문제점은 **'그가 하나님을 떠났기 때문에 하나님께서 징벌하고 계시다'**는 것입니다.

이런 예를 들면 "상한 감정의 치유"와 같은 방식이 어떤 결정적인 문제점을 안고 있는지 쉽게 알 수 있습니다. 이런 류의 심리학적 운동은 성경에서 나온 것이 아니고 세상 학문으로부터 왔기 때문에 결정적인 문제점이 있는데, 거기에 '하나님'도 없고 '죄'도 없다는 것입니다. 물론 기독교에서 이를 차용해 올 때 거기에 '하나님'이나 '성령님'을 조연으로라도 등장시킵니다. 하지만 실은 이런 이론들의 근원적인 핵심이 '하나님이 없어도 되는 세상 현상들'로부터 나온 것이기 때문에, 사실 이 치유책에 하나님은 없어도 됩니다. 하나님을 믿지 않는 세상의 심리학자들이 얼마든지 자기 고객이 되는 환자들을 잘 치유해 내고 있는 것이 훌륭한 증거입니다.

이런 방식에서는 문제를 만나면 상황을 분석하고 심리적인 원인을 추측합니다. 그래서 적당하게 삶에 도움이 될 만한 답들을 도출해 냅니다. 이런 해결책들은 사람들을 관찰하여 얻은 과학적, 통계적 결과물들이기 때문에 일반의 사람들에게는 대개 적절한 효과가 납니다.

하지만 여기에는 중대한 문제가 있습니다. **이런 방식은 대부분의 삶의 문제에는 도움이 될지 몰라도 하나님께서 하시는 일에 있어서는 무용지물**이라는 것입니다. "상한 감정의 치유"는 낙담한 사람의 자존감은 세워 줄 수 있을지 몰라도, 하나님을 보게 할 수는 없습니다. 아버지 학교나 결혼 교실은 좋은 부부 관계나 부모 자식 관계는 만들어 줄 수 있을지 몰라도, 부부 관계나 부모 자식 관계가 하나님과 우리의 관계를 보여 주는 것을 깨닫도록 할 수는 없습니다.

다시 A에 대입하여 생각해 보십시오. "상한 감정의 치유" 식의 해결책은 그의 기분을 좀 더 좋게 만들어 줄 수 있을지는 몰라도, 만약 그가 지금 처해 있는 상황이 학개서의 상황이라면, 하나님께서 그를 징벌하고 계신 상황이라면, 내 감정을 치유하는 것은 이 문제에 대한 '**아무런 대답도**' 될 수 없습니다. 오히려 역효과를 냅니다! 하나님께서는 **징벌하심으로써 그가 '하나님을 바라보도록'** 할 심산이셨는데, 이 사람은 각종 심리학 전문가를 만난 뒤, 밤에 편안한 마음으로 잠자리에 들 수 있는 여러 방책들을 처방받아 버리는 것입니다. 그렇다면 A는 근원적으로는 오히려 **하나님의 계획을 무산시켜 버린 것**입니다. 우리도 이처럼 징계나 고난을 통하여 하나님을 보게 만드시려는 하나님의 손길을 매우 효과적인 방책들로 자주 근절시켜 버리고 있지는 않습니까?

같은 방식으로 아르미니우스주의가 세상을 보는 방식을 생각해 보겠습니다. 앞서 살핀 "상한 감정의 치유"가 세상을 보는 방식을 **'영원의 문제'에 투영하면 아르미니우스주의의 주장이 됩니다.** 이들이 오류 3에서 어떻게 이야기하는지 들어 봅시다.

> **오류 3:** 참으로 중생한 신자들이라도 의롭게 하는 믿음과 은혜와 구원으로부터 완전하고 확정적으로 떨어져 나갈 수 있을 뿐 아니라, 실제로 거기에서 떨어져 나가서 영원한 멸망을 받는 일이 종종 발생한다.

우리는 보통 **"한 번 구원은 영원한 구원"**이라는 말을 교회에서 자주 듣습니다. 그리고 한국 교회는 이것을 대단히 사악한 방식으로 사용해 왔습니다.[134] **"구원은 따 놓은 당상이니 삶은 중요하지 않다."**라는 논거를 지지하는 수단으로 계속 이 선언을 사용해 온 것입니다. 그 결과, 신자의 선행 같은 것을 단순히 윤리적으로 치부하여, "가급적 선을 행하면 좋긴 하지만 그건 당신의 구원과는 관련이 없어요."라고 함으로써, 교회 안에 구원은 받았다고 확신하지만 행위에 있어서는 하나님의 백성으로서의 모습은 전혀 가지고 있지 않은 기형적인 신자들을 만들어 내었습니다.

하지만 아르미니우스주의자들은 정반대로 말합니다. 이들은 아주 단정적이고 확실하게 다음과 같이 말합니다.

> 구원을 받고 중생하여 새로운 생명을 얻은 후에도 얼마든지 타락하여 다시 지옥으로 떨어질 수 있게 된다.

어떤 면에서 이런 가르침은 도덕적인 신자를 만들어 냅니다. 구원을 받은 후에

---

134 ─ 이에 대하여는 신광은, 『천하무적 아르뱅주의』 (서울: 포이에마, 2014)를 참조할 것.

도 안심할 수 없기 때문입니다. 조금만 방심한다면 나는 다시 타락하여 지옥으로 떨어질 것이기 때문에 서투르게 살 수가 없습니다. 그래서 윤리적으로 중무장하거나 교회 안에 실천적 성도를 길러 내려면 아르미니우스주의는 대단히 효과적입니다.

방금 말씀드린 대로 한국 교회 안에서는 칼뱅주의가 삶에 있어 하나도 정착을 안 했는데, 구원을 확신케 하기 위하여 사람에게 유리한 **교리만** 가져왔습니다. 한 번 믿으면 다시는 지옥에 떨어질 일이 없다는 교리 말입니다. 그러다 보니 이런 정황에서는 아르미니우스주의적인 사고가 훨씬 유용합니다. 생활을 강조하고, 실천을 강조하고, 그래서 올바르게 살아야만 한다고 강조하기 위해 "네가 한 번 구원을 받았다고 해서 방심하지 마라. 너는 언제든지 떨어질 수 있다."라고 가르치는 것입니다.

이렇게 하면 누구라도 바짝 긴장한 채로 살 수밖에 없겠죠. 마치 전교에서 1등을 놓치지 않으려는 학생이 항상 긴장 상태에 있으면서 조금이라도 실수하면 추락하게 될까봐 최선을 다하는 모습처럼 말입니다. 이런 점에서 아르미니우스주의는 매우 현실적인 효용을 갖고 있습니다.

왜 그렇게 볼 수밖에 없는가?

하지만 아르미니우스주의자들은 왜 이 견인의 문제, 곧 한 번 구원받은 사람이 다시 떨어질 수 있는가의 문제를 이렇게밖에 볼 수 없었습니까? 그들에게는 **하나님의 관점에서 '사람의 영원을 볼 수 있는 눈'이 없었기 때문**입니다. 그들은 마치 "상한 감정 치유"의 전도자들이 삶의 문제가 있을 때 온통 '나 자신에게만' 집중했던 것처럼, 사람의 영원의 문제를 볼 때 온통 '사람 그 자체에만' 집중했던 것입니다.

그들은 무엇을 보았습니까? 어제까지 신앙이 좋아 보이던 한 집사님이 오늘 갑자기 신앙을 내던져 버린 것을 보았습니다. 대단히 깊은 신앙 유산을 가진 집안에서 나고 자란 자녀가 나이 들고 중년이 되어서 신앙을 포기하는 것을 보았습니다. 젊은 시절에는 선교사로 나가겠다고 결심할 정도로 열심이었던 사람이 삶에 찌들리고 고생하며 살다가 결국에는 신앙을 포기하는 것을 보았습니다. 이런 모습은 아르미니우스주의자들이 살던 17세기나, 혹은 고대 교회에서나 지금 우리가 살아가고 있는 시대에도 언제 어디서든 '흔한 일'입니다. 따라서 아르미니우스주의자들은 다음과 같이 말하게 됩니다.

> "그래! 사람의 결국이란 결정되어 있지 않아! 사람은 처음에는 믿음으로 시작한 것 같아도 중도 포기도 하고, 나중에 곁길로 가게 되기도 해!"

그러면서 원인도 보았겠지요? 원인이 무엇이었습니까? 하나님을 끝까지 굳세게 붙잡지 않았다는 것이죠. 신앙을 끝까지 견고하게 유지하지 않았다는 것입니다. 그러니 결론을 다음과 같이 내리는 것입니다.

> 저렇게 마지막까지 **굳세게 붙드는 일을 잘 하지 않는 사람**은, 중생의 여부와 관계없이 타락하고 내버려진다. 그들은 끝까지 견인하지 못하는데, 이유는 **그가 견고하지 않아서**이다.

그렇습니다. "자기가 굳세게 붙들지 않아서!" 이것이 아르미니우스주의자들의 결론이었습니다.

의지가 모든 일의 결정적 요건

물론 아르미니우스주의자들의 생각이 단지 '현실만을 보았기 때문'만은 아닙니다. 좀 더 근본적으로는 '그들이 가진 가치관의 인본주의적 경향'이 핵심입니다. 앞에서 "상한 감정의 치유" 방식의 문제는 근본적으로 무엇이었습니까? '하나님 없는 사람'입니다. 아르미니우스주의의 핵심도 마찬가지입니다. 그들이 가진 생각의 핵심은 '인본주의'입니다. 따라서 **오직 사람의 의지가 모든 일의 최후 결정적 요건**이며, 따라서 '견인'은 그들에게 '폭력'이 됩니다. 그렇기에 '견인하시는 하나님'에 관한 내용은 가르칠 수 없는 것이죠. 오직 최후의 결정권자가 '인간의 자유의지'여야 한다는 것입니다.

'견인'은 본질적으로 아르미니우스주의자들의 눈에는 **'개인의 문제'**입니다. 하나님께서는 예수 그리스도를 통하여 '객관적 구원'을 이루어 놓으셨습니다. 따라서 이후의 일은 '개인의 문제'입니다. 구원이 '내가' 그리스도를 붙드는 일인 것만큼이나, 구원받은 이후의 삶도 '내가' 유지해야 합니다. 만약 열심히 살다가도 한순간 회의를 느끼거나 멈칫해 버리면 그 결과는 고스란히 감내해야 합니다. 모든 결정의 원인은 오직 '나'에게 있기 때문입니다. 오류 3의 문제는 기본적으로 이 '인본주의'에 있습니다.

> **오류 3:** 참으로 중생한 신자들이라도 의롭게 하는 믿음과 은혜와 구원으로부터 완전하고 확정적으로 떨어져 나갈 수 있을 뿐 아니라, 실제로 거기에서 떨어져 나가서 영원한 멸망을 받는 일이 종종 발생한다.

"중생한 신자들이라도" 그렇습니다! 중생한 신자라 할지라도, 그 중생이라는 것이 **만병통치약도 아니고 무슨 보증이 있는 것도 아니기 때문에**, 결국은 내가 버티고 버텨야 한다는 것이지요. 그래서 어떤 분은 이 아르미니우스주의의 교리를 두고 이렇게 말하기도 했습니다.

> 항론파는 의롭다 함을 받은 사람도 완전히 멸망에 떨어질 수 있고, 실제로 종종 떨어졌다고 주장하였다. 사람의 자유의지를 중심으로 인간학을 구성하였을 때의 필연적인 귀결이라고 할 것이다. 그러나 그렇게 되면 그리스도께서 의롭게 하신 일의 의미는 큰 가치가 없는 것이 되고, 또한 주님의 백성을 보존하시겠다는 약속도 헛것이 된다.[135]

뒤의 두 문장에 주목해야 합니다. **"그리스도께서 의롭게 하신 일의 의미는 큰 가치가 없는 것이 되고"** 그렇습니다. 의롭게 하신다 한들, 내가 그것을 잘 유지하지 않으면 애초에 없었던 것과 똑같이 '말짱 도루묵'이 되는데, 그리스도의 의롭게 하심이 무슨 큰 의미가 있겠습니까? 마치 백만장자의 유산을 상속받아도 내가

---

135 — 김헌수, 「독립개신교회 신학교 강의안」, 미출간.

잘못 굴리면 하루 아침에 거지가 될 수도 있듯이, 사실 중요한 것은 '나'지요. 내가 잘해야 합니다.

그리고 다음 문장, **"주님의 백성을 보존하시겠다는 약속도 헛것이 된다."** 말하자면 하나님께서는 '공치사'를 하신 것입니다. 자기가 하지도 않으시면서 마치 돌보시는 듯이 그렇게 말한 것이 됩니다. 아마 아르미니우스주의자들도 이렇게 말할 것입니다. "아니야! 하나님께서 당연히 우리를 돌보시고 우리를 위해 일하시지!" 하지만 이런 말은 웃긴 말입니다. 결정적이지도 않은 도움이 어떻게 결론을 만들어 내겠습니까? 하나님이 도와본들 내가 잘해야 일의 결국이 좋아지는 것이라면, 하나님께서 "믿어라! 안심해라!"라고 하시는 것, 시편에 수없이 나오는 시인의 "하나님만 의뢰합니다! 하나님만이 나의 방패요 산성이십니다!"라는 말은 모두 거짓말이 됩니다. 오히려 시인은 **"나의 의지가 나의 도움입니다!"**라고 했어야 하는 것이 아닙니까?

성경의 가르침

언약의 주(主)

하지만 성경은 그렇게 가르치지 않습니다. 요한복음 10장은 우리에게 이렇게 말씀하고 있습니다.

> 내가 그들에게 영생을 주노니 영원히 멸망하지 아니할 것이요 또 그들을 내 손에서 빼앗을 자가 없느니라 그들을 주신 내 아버지는 만물보다 크시매 아무도 아버지 손에서 빼앗을 수 없느니라_요 10:28-29

헬라어로 이 문장을 읽으면, 제일 처음에 **"내가 주노라"**가 나옵니다. 주목하십시오. "내가" 주는 것입니다. 무엇을 주십니까? "영생"을 주십니다. "내가 주노라, 영생을" 그렇습니다. 우리에게 주어지는 영생은 주님께서 주시는 것입니다. 주어는 우리 자신이 아닙니다. 주어는 주님입니다.

이어지는 다음 문장은 "그리고 않다"입니다. 무엇이 "않습"니까? **"멸망하지 않는다, 영원히!"** 참으로 놀라운 말씀이 아닐 수 없습니다. 주님께서는 여기 '아이온', 즉 '영원'이라는 표현을 사용하셨습니다. 요한복음 10장은 우리가 잘 아는 대로 소위 '목자이신 예수님'을 보여 주고 있는 장입니다. 그런데 이 장에서 우리의 목자되신 분께서 양인 우리에게 이렇게 말씀하시는 것입니다. "내가 너희에게 영생을 주노니, 너희는 결코 멸망하지 않을 것이다. 영원히!"

마지막은 "빼앗을 수 없다, 누구도!"입니다. 어디에서 빼앗을 수 없습니까? "나의 손에서" 겉으로 볼 때 간단한 일이라고 생각해서 파 들어가다 보니 내가 범접할 수 없는 정도의 큰 문제임을 발견했던 때가 있으십니까? 영화나 드라마에서는 이런 일들이 종종 나옵니다. 한 기자가 처음에는 사소한 폭행 사건인 줄 알고 접근을 했는데, 나중에 알고 보니 국가의 거물들과 연결이 되어 있는 일인 것처럼 말입니다. 우리는 이 말씀을 읽으면서 **마치 거대한 벽과 마주 서 있는 듯한 느낌**을 받습니다.

> 아르미니우스주의자들은 생각했습니다. "구원은 나의 일이다."
> 그리고 이어 생각했습니다. "이 구원을 유지하는 일도 나의 일이다."

그들에게 구원의 중추는 자기 자신일 뿐 아니라, 구원을 유지하는 일의 중추도 자기 자신입니다. 이들의 주된 관심은 '사람의 어떠함'입니다.

그러나 우리 믿음의 선배들은 성경 말씀을 따라 차근차근 터널의 입구로부터 시작해서 문제를 파고 들어갔습니다. "내가 끝까지 구원받을 것인가?"의 문제, "나는 삶의 어떤 어려움을 만나면 주저앉을 것인가, 끝까지 인내할 것인가?"의 문제, "내 주위의 어떤 사람들은 처음에는 믿는 듯 보였는데 조금 지나 신앙을 포기해 버렸다. 이를 어떻게 이해할 것인가?"의 문제 등, 이것을 조금씩 조금씩 성경 말씀을 따라 파 들어갔습니다. 그리고 '어떤 거대한 벽'을 만났습니다. 배후에 버티고 있는 '이 모든 일의 실체', '이 모든 일을 좌우하는 진정한 세력'을 만났습니다.

그것은 바로 **'하나님 자신'**입니다. **'언약의 주(主)'**입니다. "내가 버틸 것인가?",

"왜 저이는 버티지 못할까?"의 문제를 파고들자, "이 언약은 나의 것이므로 내가 성취한다."라고 하는 하나님을 만난 것입니다.

우리는 우리의 구원, 나의 구원이기 때문에 그것을 '사람의 문제', '나의 문제'라고 생각하기 쉽습니다. 하지만 주께서 말씀하십니다(요 10:28).

> 내가 너희에게 영생을 주노라. 그러므로 너희는 멸망치 않을 것이며,
> 아무도 나의 손에서 너희를 빼앗을 수 없을 것이다!

우리는 거대한 벽을 발견합니다. **나의 구원, 나의 생명, 나의 문제라고 생각했던 것이 사실은 위대하신 언약의 주이신 하나님께 연결되어 있는 것을 발견합니다.** 세상을 살아가면서 때로는 힘들고, 때로는 어렵고, 때로는 넘어야 할 산이 너무나도 가파르다고 생각하면서, 내가 '내 삶'을 살아간다고만 여겼는데, 사실은 진리를 깨닫고 나서 보니, 내가 삶 가운데 견인하며 살아간다는 것은 실제로 **'위대하신 하나님께서 그분의 사역을 내 삶을 통해 이루어 가고 계신 것임'**을 발견하는 것입니다.

신자는 넘어지지 않는다

신자는 넘어질 수 없습니다. 왜 그렇습니까? 신자가 꽤나 견고한 사람들이기 때문입니까? 아닙니다. 우리는 약하지만, 우리 주님께서 우리를 붙드셨을 때 우리를 넘어질 수 없게끔 하시기 때문입니다. 그런데 아르미니우스주의자들을 위시한 많은 이들은 이렇게 말합니다.

> "주변에 많은 사람들이 넘어지지 않아? 심지어 성경에도 이런 것들이 나오지 않아? 예를 들어 히브리서를 봐! '한 번 비췸을 얻고 하늘의 은사를 맛보고 성령에 참여한 바 되고 하나님의 선한 말씀과 내세의 능력을 맛보고 타락한 자들은 다시 새롭게 하여 회개케 할 수 없나니'(히 6:4-6a). 봐! 여기도 믿다가 타락한 사람이 나오잖아?"

그러나 이렇게 말하는 사람들은 왜 하나님께서 우리 주변에 어떤 사람들이 믿음의 길에 들어섰으나 넘어지게 되는 이들을 허락해 두셨는지까지는 생각해 보지 않은 사람들입니다. 이런 사람들은 하나님께서 히브리서의 이 말씀을 기록하실 때 왜 "맛보다"라고 말씀했는지를 생각해 보지 않은 사람들입니다. 하나님께서는 데살로니가후서에서 이렇게 말씀하셨습니다.

> 이러므로 하나님이 미혹의 역사를 그들에게 보내사 거짓 것을 믿게 하심은 진리를 믿지 않고 불의를 좋아하는 모든 자들로 하여금 심판을 받게 하려 하심이라_살후 2:11-12

우리는 생각합니다. 우리 주변의 어떤 사람들이 넘어지니 신자도 넘어진다고 말입니다. 그런데 성경은 가르치고 있습니다. 우리 주변에 많은 이들이 넘어지는 것을 통해 **가짜와 진짜를 구분하신다**고 말입니다.

진짜는 넘어지지 않을 것입니다. 하지만 가짜는 주변의 넘어지는 사람들을 보면서, 하나님은 계시지 않다고 생각할 것입니다. 하나님께서는 신자들의 삶 곳곳에 시험의 테스터기들을 설치해 놓으심으로써 우리를 **더욱 굳세고 강한 확신 가운데로** 이끌기를 원하셨습니다. 왜냐하면 **'시험을 거치지 않은 것'은 언제나 진짜가 아니기 때문**입니다. '넘어질 수 있는데도 불구하고 넘어지지 않은 것'이 아니라면, 그는 '넘어지지 않는 이'가 아닌 것입니다.[136] 단지 '넘어질 환경을 만나지 않았을 뿐'입니다. 그러므로 하나님께서는 **넘어질 환경을 주신 후에, 그것을 이기게** 하십니다.

그래서 히브리서는 마치 신자인 것과 같은 이들을 **"맛보았다"**라고 했습니다. 이들은 **'진정으로 참여하지'** 않았습니다. 우리가 보기에는 진정으로 참여한 듯이 보입니다. 하지만 이 사람은 하나님을 사랑한 적이 없었습니다. 그런데도 그들이

---

136 — 이것이 죄 이전의 '아담과 하와'의 상태와 최종 완성될 낙원의 신자들의 무리가 결정적으로 다른 점이다. 죄 이전의 아담과 하와의 완전은 '시험을 통과하지 않은 완전'(시험이 오면 어떻게 될지 아직 검증되지 않은)이었다면, 신자들이 최종 도착하게 될 낙원은 '시험을 통과한 후의 완전'이다. 즉 여기에 '낙원의 진전'이 있다.

넘어지면 주변의 사람들은 무엇이라고 생각합니까? "아! 신자도 넘어지네!" 아닙니다. **신자는 넘어지지 않습니다.** 왜 넘어지지 않습니까? 우리의 구원이 '우리의 일'이 아니라, '그분의 일'이기 때문입니다.

신앙생활이란 따뜻한 지중해 연안에서 햇빛을 받으며 요트를 타고 망고 주스를 마시는 것 같은 그런 것은 아닙니다. 우리의 삶은 때로는 전투이며, 때로는 숨이 턱밑까지 닿아서 도저히 더 나아갈 수 없을 것만 같은 어려움을 겪기도 합니다. 하지만 삶이 각박하게 돌아가는 것은 우리를 **실패로 끌고 가기 위한 함정이 아닙니다.** 하나님께서는 언제나 가장 좋은 것을 주시며, 우리의 삶에 무엇이 필요한지 가장 잘 알고 계십니다. 그런 하나님께 대하여 나의 구원의 문제를 바라보면서, 하나님이 계시지 않는 양, "내 문제는 내가 결정할께요."라고 말하는 것이 얼마나 큰 불신앙입니까?

아르미니우스주의자들은 사람에게 무언가 선한 것이 존재하기 때문에 싸울 수 있다고 믿었습니다. 그래서 그 싸움의 결론조차 자기 자신에게 달렸다고 생각했습니다. 하지만 **우리는 '가망 없는 중에' 구원받았으므로, 이 구원을 이루어 가는 일 또한 '가망 없는 우리를 통해' 되는 일이 아니라고** 믿습니다. 우리의 구원을 이루어 가는 일은 하나님의 일이며, 따라서 우리의 신조는 6조를 통해 이렇게 고백합니다.

하나님께서는 택하신 자들을 잃어버리지 않으신다.

이 놀라운 위로가 여러분의 마음에 가득하기를 바랍니다.

제7조 : 하나님께서는 그분의 택하신 자들을
새롭게 하여 회개에 이르게 하심

왜냐하면, 그들이 타락할 때에도 첫째, 하나님께서는 그들을 중생시킨 그분의 불멸의 씨를 그들 안에 보존하셔서 그 씨가 소멸하거나 제거되지 않게 하시기 때문입니다.[i] 더 나아가 하나님께서는 그분의 말씀과 성령으로 확실하고 효력이 있게 그들을 새롭게 하셔서 회개하게 하십니다. 그 결과 그들은 자신들이 범한 죄를 마음으로 경건하게 슬퍼하고,[ii] 통회하는 마음을 가지고 믿음을 통하여 중보자의 보혈로 사죄함을 얻습니다.[iii] 그래서 그들은 다시 하나님과 화목하게 되고 그분의 은총을 경험하며, 그분의 자비와 신실하심을 찬양합니다. 그리고 이제부터는 좀 더 근실하게 두려움과 떨림으로 그들의 구원을 이루어 갑니다.[iv]

i 벧전 1:23 너희가 거듭난 것은 썩어질 씨로 된 것이 아니요 썩지 아니할 씨로 된 것이니 살아 있고 항상 있는 하나님의 말씀으로 되었느니라 / 요일 3:9 하나님께로부터 난 자마다 죄를 짓지 아니하나니 이는 하나님의 씨가 그의 속에 거함이요 그도 범죄하지 못하는 것은 하나님께로부터 났음이라

ii 고후 7:10 하나님의 뜻대로 하는 근심은 후회할 것이 없는 구원에 이르게 하는 회개를 이루는 것이요 세상 근심은 사망을 이루는 것이니라

iii 시 32:5 내가 이르기를 내 허물을 여호와께 자복하리라 하고 주께 내 죄를 아뢰고 내 죄악을 숨기지 아니하였더니 곧 주께서 내 죄악을 사하셨나이다(셀라) / 시 51:17 하나님께서 구하시는 제사는 상한 심령이라 하나님이여 상하고 통회하는 마음을 주께서 멸시하지 아니하시리이다

iv 빌 2:12 그러므로 나의 사랑하는 자들아 너희가 나 있을 때뿐 아니라 더욱 지금 나 없을 때에도 항상 복종하여 두렵고 떨림으로 너희 구원을 이루라

● **강해 본문 : 베드로전서 1장 13-25절**

13 그러므로 너희 마음의 허리를 동이고 근신하여 예수 그리스도께서 나타나실 때에 너희에게 가져다 주실 은혜를 온전히 바랄지어다 14 너희가 순종하는 자식처럼 전에 알지 못할 때에 따르던 너희 사욕을 본받지 말고 15 오직 너희를 부르신 거룩한 이처럼 너희도 모든 행실에 거룩한 자가 되라 16 기록되었으되 내가 거룩하니 너희도 거룩할지어다 하셨느니라 17 외모로 보시지 않고 각 사람의 행위대로 심판하시는 이를 너희가 아버지라 부른즉 너희가 나그네로 있을 때를 두려움으로 지내라 18 너희가 알거니와 너희 조상이 물려 준 헛된 행실에서 대속함을 받은 것은 은이나 금 같이 없어질 것으로 된 것이 아니요 19 오직 흠 없고 점 없는 어린 양 같은 그리스도의 보배로운 피로 된 것이니라 20 그는 창세전부터 미리 알린 바 되신 이나 이 말세에 너희를 위하여 나타내신 바 되었으니 21 너희는 그를 죽은 자 가운데서 살리시고 영광을 주신 하나님을 그리스도로 말미암아 믿는 자니 너희 믿음과 소망이 하나님께 있게 하셨느니라 22 너희가 진리를 순종함으로 너희 영혼을 깨끗하게 하여 거짓이 없이 형제를 사랑하기에 이르렀으니 마음으로 뜨겁게 서로 사랑하라 23 너희가 거듭난 것은 썩어질 씨로 된 것이 아니요 썩지 아니할 씨로 된 것이니 살아 있고 항상 있는 하나님의 말씀으로 되었느니라 24 그러므로 모든 육체는 풀과 같고 그 모든 영광은 풀의 꽃과 같으니 풀은 마르고 꽃은 떨어지되 25 오직 주의 말씀은 세세토록 있도다 하였으니 너희에게 전한 복음이 곧 이 말씀이니라

불멸의 씨

벧전 1:13-25

두 가지 주제를 생각하는 것으로 다섯째 교리 7조를 시작해 봅시다.

계속해서 배워야 하는 이유

먼저 **우리의 배움이 '반복되어야 하는 이유'**를 생각해 봅시다. 이는 우리가 지금 다루고 있는 '성도의 견인' 교리와도 매우 밀접한 관련이 있습니다. 왜냐하면 '성도의 견인'과 같은 주제에서는 '내면적 확신'이 대단히 중요한데, 이때 사람에게 있어 내면적 확신이란 단순히 아는 것, 곧 '정보를 갖는 것'과는 매우 다르기 때문입니다.

"예수를 믿는다"라는 단순한 명제를 생각해 보십시오. 교회를 다니기 시작하면 누구나 예수를 믿습니다. 그러나 교회를 오래 다닌 사람이라면 누구나, 예수를 믿는다고 해서 모두가 믿는 것은 아니라는 것을 잘 압니다. 교회 안에서는 누구나 예수를 믿는다고 말하지만, 5년 뒤에 보면 그 사람이 교회를 안 다니고 있을 때가 있습니다. "교회를 끊었다."라고 합니다. 어떤 경우에는 교회를 다니고는 있는데 회의주의에 가득 차 있는 사람도 있습니다.

왜 이런 사람이 발생합니까? 이 사람들도 분명히 정보를 들었습니다. 정보를 가지고 있습니다. 매주 교회에서 예수님에 대해 들으며 신앙생활이 무엇인지 알고는 있습니다. 하지만 그럼에도 불구하고 왜 이러한 경우가 있는 것입니까?

저는 이것을 **'체화되지 않은 것'**이라고 표현합니다. 머리로 듣기는 들었는데 실제 자기 것이 아니었던 것입니다. 이렇게 자기 것이 되지 않은 것은 진짜 습득했다고 말하기 어렵습니다. 특정한 조건이 갖춰지면 믿음이 있는 것 같지만, 반대로 특정한 조건이 만족되지 않으면 믿음이 없는 사람처럼 됩니다. 그렇다면 이것은 믿음이 실제로 있는 것이 아닙니다.

이런 방식으로 생각해 볼 때 '내면적 확신'이라는 주제는 어떻겠습니까? 내면적 확신이 있는 것 같지만 '체화되지 않았을 때' 이는 진정한 확신이 아니기 때문에 어떤 각도에서 대강 보았을 때는 내면적 확신이 있는 것 같아도 결정적인 순간에는 매우 쉽게 무너지기 때문에 이를 '확신'이라 부를 수는 없습니다.

신앙생활에서 **배움이 반복되어야 하는 중요한 이유**가 여기에 있습니다. 우리는 안다고 생각하면서도 모르고, 이해했다고 생각하지만 이해하지 못한 경우가 많습니다. 진짜 습득이란 '체화'가 되어야 하는 것인데 겉으로 어렴풋이 아는 것 같기는 해도 체화는 되지 않은 경우가 대단히 많은 것입니다. 이것이 되게 하기 위한 가장 중요한 방법은 자기가 안다고 생각한 주제를 다방면으로, 여러 가지 방식으로, 계속 반복하면서 몸에 익히는 것입니다. 다음과 같은 예들이 이해에 도움이 되실 것입니다.

- 수학을 잘 하려면 공식만 외워서는 안 되고 문제를 많이 풀어 보아야 합니다.
- 최근 국방부 소식에서 몇십 년 만에 총검술을 삭제했다는 것을 보았는데, 그렇습니다. 총검술의 기본 동작을 잘 외우는 것이 반드시 전투에서 백병전을 잘 치러 낼 수 있는 군인을 길러 내는 것은 아닙니다.

배움이라는 것도 비슷합니다. 우리는 처음 한 번 배웠을 때 '안다'고 생각하기 쉽습니다. 그래서 성경 말씀도 어떤 본문의 해석을 들었을 때, 그 해석을 기억하는 것을 '본문을 이해한 것으로' 착각하기 쉽습니다. 하지만 여러분의 경험에 비추어 볼 때 어떻습니까? 과연 성경 본문에는 '해석이라는 정보' 뿐이던가요? 내가 어떤 본문의 주해를 경험했다면 나는 그 본문을 정말로 '이해'한 것입니까?

아닙니다! 성경 본문은 수백, 수천 가지의 적용과 깨달음이 가능합니다. **명제를 이해했다고 해서 성경을 이해한 것이 아닙니다.** 분명히 아는 정보인데도 다른 방향에서 보면 전혀 다른 감흥을 주는 때가 매우 많이 있습니다. "전혀 다른 감흥"이라는 말 자체가 어떤 의미입니까? 내가 그 방향에서는 이해하지 못했었다는 의미입니다. 그렇다면 나는 과연 '안' 것입니까?

끊임없이 말씀을 배워야 하는 이유가 여기에 있습니다. 말씀을 일면에서 이해했다 할지라도 다 깨달은 것이 아닙니다. 말씀은 밑바닥이 없는 우물 같아서 퍼 올려도 퍼 올려도 계속 새로운 것을 주기 때문에 우리는 끊임없이 말씀을 배워야 합니다.

이것은 '세뇌'와 어떻게 다른가?

말씀을 반복해서 배우는 것을 생각하게 되자 '세뇌'라는 주제가 떠올랐습니다. 심지어 과거 어떤 목사님이 실제로 말씀을 배우는 것을 '거룩한 세뇌'라고 말한 것을 들은 적도 있습니다. 그러면 둘째로, 이렇게 질문해 봅시다.

> 계속해서 배우는 것과 세뇌는 다른가?

이런 생각을 처음 해 보는 사람들에게는 말씀을 거듭 배우는 일과 세뇌가 비슷한 양상으로 보일 수 있습니다. 하지만 진지하게 이에 대해 궁구한다면, 어렵지 않게 답을 얻을 수 있으리라 생각합니다. 말씀을 지속해서 배우고 체화, 곧 몸에 익히는 일과 세뇌는 어떻게 다릅니까?

이 질문에 대한 답을 다음과 같은 방식으로 접근해 봅시다. 만약 여러분이 거짓 진리를 계속해서 세뇌당하게 된다면 어떤 일이 일어날까요? 만약 내가 세뇌당하고 있는 이 사실이 거짓일 때, 그러면 나는 시간이 지날수록 **'의구심과 불편함'**이 커질까요, **'확신'**이 커질까요?

물론 간혹 너무 깊이 함몰되어 있어서 그 세뇌로부터 구출해 낼 수 없는 사람들도 있습니다. 쉽게 예를 들 수 있는 사람들이 이단들입니다. 신천지를 생각해 보십시오. 이만희가 하나님이라고 세뇌당하여 믿는 사람들은 거기에 함몰되어서 잘 못 빠져나오니까 제법 세뇌의 효과가 있는 셈입니다.

하지만 이런 세뇌가 말씀을 체화하는 일과 전혀 다른 점은 세뇌는 자신들이 가르치는 바의 **허점을 공격하면 안 되기 때문에 그쪽으로 가는 길을 차단**한다는 점입니다. **참 진리와 다르게 거짓 진리는 허점을 향해 갈수록 의구심과 불편함이 커지기 때문**입니다. 그래서 애초에 그쪽으로 갈 수 없도록 막습니다. 앞서 말한 신천지 같은 경우, 자신들이 이단이라는 것을 스스로도 잘 알고 있기 때문에 애초에 사람들을 교육할 때 "이단이라고 몰리면 이렇게 생각해야 한다."라는 점까지 교육 과정에 넣어 놓습니다. 자신들의 교리의 중심부로 들어올수록 거짓이 더 드러날 줄을 알고 있기 때문에 미리 방어막을 치는 것입니다.

그러나 기독교 신학을 보십시오! 기독교 신학은 2천 년 동안 수많은 공격에 노출되어 있었습니다. 하지만 아무도 "공격을 차단해야 한다"라고는 말하지 않았습니다. 성경은 가장 극심한 반대자로부터도 계속해서 공격을 받았지만, (이것을 힘으로 억압한 중세 시대를 빼고 나면) 언제나 이에 대한 **'대답'**을 가지고 있었지 **'질문을 차단'** 하지는 않았습니다. 왜 그렇겠습니까? 여기에서 이 차이, 곧 '끊임없이 배우는 것과 세뇌의 차이'가 나옵니다. **세뇌는 배울수록 의구심이 커지지만, 참된 진리는 배울수록 확신이 커지는 것**입니다. 이 사실을 마음에 두고 견인 교리에 천착합시다.

> 첫째, 우리는 안다 해도 모두 알지는 못하므로 끊임없이 배워야 한다.
> 둘째, 우리는 **이 배움을 통해 점점 더 기쁨과 확신으로 나아가게 될 것을** 더욱 확고히 해야 한다.

저는 확신하기를, 기독교의 교리를 진실로 깊숙이 배워 알고 터득을 하고서도 하나님 앞에서 대충 살 수는 없다고 생각합니다. 성경의 가르침은 깊고 심오하며, 날마다 놀랍고 새롭기 때문입니다.

불멸의 씨

도르트 신조 다섯째 교리 제7조는 앞서 배웠던 6조의 내용에 연결된 설명이라고 보면 됩니다. 시작부에서도 이 사실이 문자적으로 드러나 있는데, "왜냐하면"으로 시작하기 때문입니다. "왜냐하면"의 의미는 이 7조가 6조 설명의 부연이라는 것입니다.

6조에서 신조는 하나님께서 "택하신 자들을 결코 잃어버리지 않으신다."라고 하였습니다. 중생한 신자들조차 때로는 큰 죄에 빠지기도 하지만, 하나님께서는 결코 자신의 택하신 자들을 잃어버리지 않으시기 때문에 이 중생한 신자는 결코 '완전히는' 그 죄로 인해 실족하지 않습니다. 가끔 하나님의 은혜를 잊어버리거나, 때로는 하나님께서 싫어하시는 죄로 떨어져 버릴 때가 있기는 하지만, 그럼에도 불구하고 참된 신자는 결코 하나님으로부터 '완전히' 등질 수는 없습니다.

그리고 나서 7조는 "왜냐하면"으로 시작하면서 **그 이유를** 설명하고 있습니다.

> 왜냐하면, 그들이 타락할 때에도 하나님께서는 그들을 중생시킨 그분의 불멸의 씨를 그들 안에 보존하셔서 그 씨가 썩거나 버려지지 않게 하시기 때문입니다.

7조가 가르쳐 주고 있는 것, 즉 중생한 신자가 비록 죄를 짓고 은혜로부터 떨어져 나가더라도 완전히 떨어져 나가지 않는 이유는 바로 신자들 안에 **"불멸의 씨"**가 있기 때문입니다!

고린도전서 15장에서

이 "불멸의 씨"가 무엇인지 생각해 봅시다. 우리는 하나님께 무엇을 받았기 때문에 완전히 떨어져 나가거나 완전히 잃어버려지지 않는 것일까요? 이 "불멸의 씨"는 베드로전서 1장에 직접적으로 나타납니다.

> 너희가 거듭난 것은 썩어질 씨로 된 것이 아니요 썩지 아니할 씨로 된 것이니 살아 있고 항상 있는 하나님의 말씀으로 되었느니라_벧전 1:23

7조의 "불멸의 씨"란 이 베드로전서에서 가져온 것인데, 우리말 번역으로는 **"썩지 아니할 씨"**라고 하였습니다. 신조의 번역인 "불멸의 씨"와 내용에 있어서는 같은 것입니다. 그리고 이 베드로전서의 "불멸의 씨", 곧 "썩지 아니할 씨"가 무엇인지는 고린도전서 15장, 통상 '부활 장'이라고 부르는 말씀을 통해 알 수 있습니다. 고린도전서가 부활을 설명할 때 베드로전서가 말하고 있는 "썩을 것"과 "썩지 아니할 것"을 대비하면서 설명하고 있기 때문입니다.

> 육체는 다 같은 육체가 아니니 … 하늘에 속한 형체도 있고 땅에 속한 형체도 있으나 하늘에 속한 것의 영광이 따로 있고 땅에 속한 것의 영광이 따로 있으니_고전 15:39-40
> 죽은 자의 부활도 그와 같으니 썩을 것으로 심고 썩지 아니할 것으로 다시 살아나며 욕된 것으로 심고 영광스러운 것으로 다시 살아나며 약한 것으로 심고 강한 것으로 다시 살아나며 육의 몸으로 심고 신령한 몸으로 다시 살아나나니 육의 몸이 있은즉 또 영의 몸도 있느니라_고전 15:39-40, 42-44

그리고 50절에 그 유명한 말씀이 나옵니다.

> 50절 형제들아 내가 이것을 말하노니 혈과 육은 하나님 나라를 이어 받을 수 없고 또한 **썩는 것은 썩지 아니하는 것을 유업으로 받지 못하느니라**_고전 15:50

그렇습니다. 썩는 것은 썩지 아니하는 것을 유업으로 받지 못합니다. 그래서 하나님께서 하시는 일이 무엇입니까?

> 보라 내가 너희에게 비밀을 말하노니 우리가 다 잠 잘 것이 아니요 마지막 나팔에 순식간에 홀연히 다 변화되리니 나팔 소리가 나매 죽은 자들이 썩지 아니할 것으로 다시 살아나고 우리도 변화되리라 **이 썩을 것이 반드시 썩지 아니할 것을 입겠고** 이 죽을 것이 죽지 아니함을 입으리로다 이 썩을 것이 썩지 아니함을 입고 이 죽을 것이 죽지 아니함을 입을 때에는 사망을 삼키고 이기리라고 기록된 말씀이 이루어지리라_고전 15:51-54

고린도전서 15장 말씀은 굉장히 신비로운 세계의 일을 이야기하고 있습니다. 우리가 잘 알지 못할 뿐 아니라 알기도 어려운 영적 세계의 일, 곧 육을 입고 있는 우리로서는 부분적으로밖에 이해할 수 없는 세계의 일을 말씀하고 있는 것입니다.

다 이해할 수는 없지만 어렴풋이라도 이 말씀의 뜻을 이해해 보자면, 성경이 그려 주고 있는 세계란 **우리가 육을 입고 살아가고 있는 이 세계가 전부가 아니고 우리가 지금 갖고 있는 이 죄로 말미암아 '썩는 것이 지배하고 있는' 세상이 전체가 아니라는 것**입니다. 우리는 마지막 날, 나팔 소리가 날 때 변화할 것입니다. 그런데 그때의 변화를 한마디로 말하자면 **'썩을 것이 썩지 않을 것을 입는 것'**입니다.

그렇다면 이 말씀에서 "썩는 것"이란 무엇입니까? 성경이 말씀하는 "썩는 것"은 어디에 초점이 있는 것입니까? 아마도 이렇게 정의할 수 있을 것입니다.

> 육체가 죄 때문에 죽음에 굴복한 것

이것이 바로 "썩는 것"입니다! 하나님께서 처음 우리에게 주셨던 세계에는 '썩음'이 없었습니다. 하나님께서 원래 우리에게 육체를 주셨을 때에는 죽음도 없고 썩음도 없었습니다. 보이지 않는 영의 세계뿐 아니라 보이는 육의 세계 또한 **완전한 아름다움**을 소유하고 있었기 때문에, 죽고, 썩고, 부패하고, 망하는 일이 그 세계에는 없었습니다.

하지만 죄로 말미암아 전체 세계는 신음과 통곡 가운데로 떨어졌고, 이때 **이 '죽음의 증세'가 가장 현저하게 나타나게 된 것**이 무엇이냐? 바로 **'썩는 것'**입니다. 사람의 육체는 영광스러운 것이었습니다만, 죄 때문에 땅에 묻혀 죽고 썩는 것이 되었습니다. 지금 우리에게는 일상적인 일이 되어 버린, 사람이 죽어 땅에 묻히고, 그래서 살이 썩어 가게 되는 것은 '원래 그랬던 것'이 아니라 '죄의 결과'입니다. 따라서 이 '썩음'이란 '우리가 지금 얼마나 참상 가운데 있는가'를 현저하게 보여 주는 것입니다.

그런데 여기 주목할 점이 있습니다! 고린도전서가 이 썩음을 **새롭게 정의**하기 시작하기 때문입니다. 고린도전서는 이러한 우리의 상황 속에서 '부활'을 이야기하면서 '썩음'에 대해 다시 말하기 시작합니다. 곧 "이 썩는 것이 **극복될 것이다!**"

라는 이야기입니다. 신자는 그리스도의 죽음과 부활로 말미암아! 이제 "썩는 것이 썩지 아니하는 것을 입는" 기적을 경험하게 될 것입니다! 54절을 다시 보십시오.

> 이 썩을 것이 썩지 아니함을 입고 이 죽을 것이 죽지 아니함을 입을 때에는 사망을 삼키고 이기리라고 기록된 말씀이 이루어지리라_고전 15:54

무엇과 무엇이 연결되어 있습니까? "썩을 것이 썩지 아니함을 입는 것"은 "사망이 이김에게 삼킨 바 되는 것"과 연결되어 있습니다. 그러니까 우리가 썩지 아니함을 입는다는 것은 **사망을 극복하게 되었다는 뜻**입니다.

그렇습니다! 신자란 '썩는 운명'이었던 이가 '썩지 아니하는 운명'을 입게 된 사람입니다. 흔히 이것을 다른 말로 "중생했다", "거듭났다", "죽음으로부터 부활했다"라고 표현합니다. 신자에게는 운명이 변화되었습니다! 원래는 '썩는 것'이었는데, 그리스도의 부활과 죽으심 덕택에 이제 '썩지 않는 것'이 된 것입니다!

다시 베드로전서에서

다시 베드로전서 1장으로 돌아와 봅시다. 베드로전서 1장은 우리를 '썩을 운명'으로부터 '썩지 않게' 만들어 주는 '씨'에 대해 말하고 있는데, 23절 말씀에 의하면 이것은 바로 '하나님의 말씀'입니다.

> 너희가 거듭난 것은 썩어질 씨로 된 것이 아니요 썩지 아니할 씨로 된 것이니 살아 있고 항상 있는 하나님의 말씀으로 되었느니라_벧전 1:23

이 말씀이 우리에게 주는 **중요한 통찰력**을 기억하십시오. 썩어질 몸을 입고 태어나 살아가고 있음에도, 우리가 중생, 곧 썩지 아니함을 입게 된 것은 **우리에게 '썩지 아니할 씨'가 심어졌기 때문**입니다. 마치 이것은 세상 사람들은 전혀 알지 못하는 신비한 영의 세계를 다루는 다큐멘터리 같습니다.

중생한 신자는 원래 썩어질 것을 입고 있었으나 이제 썩지 아니함을 입게 됩니다. 곧 죽을 운명에서 죽지 아니함으로, 다시 말해 '부활을' 입게 됩니다. 그런데 이 "죽지 아니함", "썩지 아니함"을 입는 방식은 **저기 우리 바깥으로부터 우리에게 주입되는 것**입니다. 외부로부터 '방부 처리'가 되는 것이지요. 원래 우리는 썩는데 썩지 않도록 우리 밖에서 썩지 않는 것이 콸콸 주입되는 것입니다. 우리 몸속에 윤활유를 부어 넣듯! 우리 몸속에 어떤 재료를 집어넣어 화학 처리를 하듯! 우리 속에 썩지 않음이 부어 넣어져서 우리가 썩지 않게 되는데, 바로 이때 우리를 썩지 않게 하는 그 '썩지 않음의 근원의 씨'! 그것이 무언가 하면 바로 **'하나님의 말씀'**입니다! 그렇습니다! 썩을 우리는 바깥의 썩지 아니할 씨를 통하여 방부 처리를 입게 되는데, 그것이 바로 하나님의 말씀입니다. 바로 그런 관점으로 이어지는 말씀의 이 '아름다운 대비'를 보십시오!

> 24절: 모든 육체는 풀과 같다. 그 육체의 영광은 풀의 꽃과 같다. 그래서 풀은 마르고 꽃은 떨어진다.
>
> ⇨ **유한성입니다. 지고 스러지고 없어질 것입니다.**
>
> 25절: 그러나 오직 주의 말씀은 세세토록 있도다!
>
> ⇨ **유한성에 대비되는 영원한 하나님의 말씀입니다.**

이 현저한 수사법이 얼마나 우리를 기쁘게 합니까! 우리는 풀과 같고 풀의 꽃과 같은 존재였습니다. '썩을 운명'이었다는 말입니다. 하지만 우리 정반대편에 '하나님의 말씀'이 있습니다! 썩지 않고, 스러지지 않고, 영원하신 하나님의 말씀! 그것이 우리에게 '불멸의 씨'가 됩니다.

우리는 바위를 보고 "바위는 항상 거기에 있어!"라고 말합니다. 하지만 그렇게 튼튼한 바위조차 세세토록 거기에 있지는 않습니다. 바위도 닳고 낡고 없어집니다. 즉, **피조물은 "세세토록 있도다"라는 속성을 지니고 있지 않습니다.** 바위도, 산도, 파도도, 해양도, **세상의 모든 것들이 우리 인생과 함께 '썩어져 가는 것일 뿐'**입니다.

하지만 우리와는 전혀 다른! 심지어 이 세상의 (우리가 보기에는) 영구해 보이는 그 어떤 것들과도 전혀 다른! 참으로 스러짐이 없고 기울어짐이 없고 그 속성 속에 영원을 가지고 있는 것이 있는데, 그것은 바로 불멸의 씨인 하나님의 말씀입니다. 우리는 바로 이 불멸의 말씀을 통하여 썩지 아니함을 입게 됩니다![137]

중생한 신자에게는 어떤 일이 일어났습니까? 그에게 '썩지 않음'이 주입되었습니다. 이제는 죽고 썩는 죄의 굴레 아래 있지 않을 것입니다. 그리고 말씀은 우리에게 가르쳐 줍니다. 어떻게 신자가 이 썩지 않음을 입을 수 있었느냐? 이유는 우리에게 썩지 않음을 주는 그 근원이 바로 '썩는 우리 안에' 있지 아니하고 우리 바깥에, 곧 저기 '영원에 있는' 하나님의 말씀이기 때문입니다.

중생한 신자는 왜 죄를 이길 수 있게 됩니까? 썩지 않는 하나님의 말씀이 그 속에 있어서 이제 죄의 영향력으로부터 벗어났기 때문입니다. 신자는 이제 **육체를 따라, 정욕을 따라, 죽음을 따라** 살지 않게 되었습니다.

우리에게 무슨 일이 일어나는가?

끝으로 방금 말씀드린 이 문장, 곧 "신자는 이제 육체를 따라, 정욕을 따라, 죽음을 따라 살지 않게 되었다."라는 점을 생각하면서 이 주제를 마치도록 합시다. 이것은 또한 신조의 방향이기도 합니다. 신조 내용을 보시면 "불멸의 씨"에 대한 언급 직후에 "더 나아가"가 나오는데, 이 "더 나아가"의 내용이 바로 '신자의 삶'이라고 할 수 있는 적용적 부분입니다. 말하자면 이 뒷부분은 '증상', 곧 **"썩을 우리가 썩지 아니하는 증상을 가지게 되었다."**라고 할 수 있겠습니다.

> 더 나아가 하나님께서는 그분의 말씀과 성령으로 확실하고 효력이 있게 그들을 새롭게 하셔서 그들로 **회개하게** 하십니다. 그 결과 그들은 자신들이 범한 죄에 대하여서 마음으로 경건하게 슬퍼하고, 통회하는 마음을 가지고, 믿음을 통하여 중보자의 보혈에서 사죄함을 얻습니다. 그래서 그들은 다시 **하나님과 화목하게** 되고, 그분의 **은총을 경험**하며, 그분의 **자비와 신실하심을 찬양**합니다. 그리고 이제부터는 좀 더 근실하게 두려움과 떨림으로 그들의 구원을 이루어 갑니다.

---

137 — 이 지점에서 요일 3:9도 참고할 것. "하나님께로부터 난 자마다 죄를 짓지 아니하나니 이는 **하나님의 씨가 그의 속에 거함이요** 그도 범죄하지 못하는 것은 하나님께로부터 났음이라"

얼마 전 동기 목사님의 위임식이 있었습니다. 동기 목사님들 여럿을 만나 함께 대화를 하면 으레 여러 교회의 형편들을 듣게 됩니다. 이번에는 이런 이야기를 들었습니다. 요약하면 이렇습니다.

> 어떤 교회에서 목사님을 청빙하기 위해서 위원회를 구성했다. 위원들이 모두 한 목사님을 청하기로 결정했고, 교회에 모셔 설교도 들어보고 성도들에게 선을 보이니 성도들도 다 좋아했다. 그런데 최종적으로 결정될 때 당회에서 제일 힘센 장로 하나가 앞서 있었던 모든 일을 무효화시키고 자기가 원하는 사람을 추천해서 그 사람이 그 교회 목사가 되었다.

여러분은 이런 이야기를 들으면 어떤 생각이 듭니까? 저는 이 이야기를 듣고 즉시 이렇게 말했습니다.

"신자가 어떻게 그럴 수 있어?"

정말로 그렇습니다. 신자가 어떻게 그럴 수가 있습니까? 신자가 어떻게 그럴 수 있냐는 말의 의미는 비록 우리가 죄를 많이 짓고 하나님의 말씀으로부터 떠나거나 심지어 어떤 때에는 큰 죄악 가운데로 굴러떨어지는 때가 있기까지 하지만, 그럼에도 불구하고 **우리는 '썩지 아니할 씨'를 가진 사람들이기 때문에** 어떤 종류의 결정적인 일들은 우리 신자들에게 결코 일어나지 말아야 한다는 것을 의미합니다.

조금 전 읽은 7조의 뒷부분은 우리에게 이런 주제를 말해 줍니다.

> 회개란 기적이다.

그렇습니다. 회개는 기적입니다. 왜 회개가 기적일까요? 우리 주변에 회개는 흔한 일인데, 이것이 왜 기적입니까? 그것은 '회개'란 **'죄인인 인간이 죄를 부정하는 일이기 때문'**입니다. 우리가 우리의 본질, 우리 존재의 본성을 부인하는 일이니까 그렇습니다.

7조는 가르쳐 주고 있습니다. 중생한 신자는 바로 이것, 곧 자기 존재의 본성을 **부정할 수가 있게 된다**는 것입니다. 어떻게 죄인인 인간이 죄를 부정하는 일이 가능해집니까? 그의 속에 대단히 이질적인, '필멸'인 인간과는 **대단히 이질적인** '불멸의 씨'가 자리 잡고 있기 때문입니다! 이 때문에 신자는 회개할 수 있습니다!

신자에게, 그리고 신자의 모임인 교회에게 '일어나지 말아야 할 일'이란, 이 신자의 특성을 거스르는 일입니다. 죄를 극복할 수 있는 이들이 모인 곳에, 모두가 공동으로 한 일을 추구하고 규합했는데, 그것이 바로 '죄'일 때, 이는 그의 속에 있는 '불멸의 씨'를 거스르는 것이 됩니다.

신자가 되었다는 것은, 중생했다는 것은 '불멸의 씨'를 받았다는 것을 의미합니다. **그래서 우리는 회개할 수 있습니다!** 신조의 표현을 보십시오. "하나님께서 그분의 말씀과 성령으로 확실하고 효력이 있게 그들을 새롭게" 하실 때 신자는 회개할 수 있게 됩니다! 죄를 미워하는 일이 불가능한데 죄를 미워할 수 있게 되고, 죄를 지었던 내 과거의 행동들이 죄인으로서는 사랑스러워야 하는데 그것이 말할 수 없이 부끄럽게 되고, 죄를 지은 이후에도 여전히 죄의 방향을 향해 달려가야 하는데 그것을 끊어 버리도록 발버둥을 치게 되는 것입니다!

어떻게 이것이 가능하다고요? "하나님께서 그분의 말씀과 성령으로 우리 속에 씨를 심으시고 그로 인하여 확실하게 효력이 있도록 우리를 새롭게 하시므로" 우리는 회개할 수 있습니다. 그래서 회개는 기적입니다. 그 결과 신자는 어떻게 된다고 하였습니까?

> 자기의 죄를 경건히 슬퍼하게 됩니다.
> 통회하는 마음으로 믿음을 통해 사죄를 얻습니다.
> 그래서 하나님과 다시 화목하게 됩니다.
> 그래서 은총을 회복합니다.

이 모든 일들이 다 기적입니다. 회개란 **'자성(自省)'이나 '성찰(省察)'이 아닙니다!** 죄를 미워하고 통회하는 것입니다. 회개란 썩을 우리의 본성으로서는 있을 수 없는 일이며, '하나님께서 우리 속에 썩지 아니할 씨를 심으셔서, 그로 말미암아 내게 나오게 되는' 불멸의 씨의 증거인 것입니다. 그러므로 회개가 기적인 것을 늘 기억하며 삽시다. 내가 죄를 슬퍼한다는 사실 자체가 얼마나 놀라운 일인지 모릅니다. 회개할 수 있게 된 기쁨에 감사하십시오. **황제가 대륙을 얻는 것보다 죄를 뉘우칠 수 있게 된 것이 더 위대한 일입니다!**

이 땅의 어떠한 이들도 할 수 없는 일을 우리는 하고 있는 것입니다. 죄를 죄라고 말하면서 돌아설 수 있는 일! 이것은 인생이라면 어느 누구에게도 불가능한 일입니다. 하지만 하나님께서는 우리 속에 '썩지 아니할 씨', 곧 우리에게서는 썩는 것밖에 나오지 않으니, 저기 하늘로부터 온 '말씀과 성령'을 우리에게 부어 주셨습니다. 그래서 우리는 회개할 수 있게 되었고, 죄를 미워하며 경건하게 슬퍼할 수 있게 되었습니다. 이 사실에 감사합시다.

제8조 : 보존하시는 것은 삼위 하나님의 은혜

따라서 성도들이 믿음과 은혜에서 완전히 떨어져 나가지 않고 행여 실족하더라도 보존이 되며 완전히 잃어버림이 되지 않는 것은 그들 자신의 공로나 능력 때문이 아니라 자격이 없는 자에게 베푸시는 하나님의 자비하심 때문입니다. 그들 자신만을 놓고 보면, 믿음과 은혜에서 완전히 떠나는 일은 쉽게 일어날 뿐 아니라 반드시 일어날 것입니다. 그러나 하나님을 생각해 보면, 그러한 일은 절대 일어날 수 없습니다.ⁱ 왜냐하면 그분의 작정은 변경될 수 없고, 그분의 약속은 파기될 수 없으며, 그분이 목적하시고 부르신 것은 취소될 수 없기 때문입니다.ⁱⁱ 또한 그리스도의 공로와 중보 기도와 보존하심은 무효가 될 수 없고,ⁱⁱⁱ 성령의 인 치심이 뜻을 이루지 못하거나 없어지지도 않기 때문입니다.^{iv}

i 시 33:11 여호와의 계획은 영원히 서고 그의 생각은 대대에 이르리로다

ii 히 6:17 하나님은 약속을 기업으로 받는 자들에게 그 뜻이 변하지 아니함을 충분히 나타내시려고 그 일을 맹세로 보증하셨나니 / 롬 8:30 또 미리 정하신 그들을 또한 부르시고 부르신 그들을 또한 의롭다 하시고 의롭다 하신 그들을 또한 영화롭게 하셨느니라 / 롬 8:34 누가 정죄하리요 죽으실 뿐 아니라 다시 살아나신 이는 그리스도 예수시니 그는 하나님 우편에 계신 자요 우리를 위하여 간구하시는 자시니라 / 롬 9:11 그 자식들이 아직 나지도 아니하고 무슨 선이나 악을 행하지 아니한 때에 택하심을 따라 되는 하나님의 뜻이 행위로 말미암지 않고 오직 부르시는 이로 말미암아 서게 하려 하사

iii 눅 22:32 그러나 내가 너를 위하여 네 믿음이 떨어지지 않기를 기도하였노니 너는 돌이킨 후에 네 형제를 굳게 하라

iv 엡 1:13 그 안에서 너희도 진리의 말씀 곧 너희의 구원의 복음을 듣고 그 안에서 또한 믿어 약속의 성령으로 인 치심을 받았으니

● 강해 본문 ① : 시편 33편 9-12절

9 그가 말씀하시매 이루어졌으며 명령하시매 견고히 섰도다 10 여호와께서 나라들의 계획을 폐하시며 민족들의 사상을 무효하게 하시도다 11 여호와의 계획은 영원히 서고 그의 생각은 대대에 이르리로다 12 여호와를 자기 하나님으로 삼은 나라 곧 하나님의 기업으로 선택된 백성은 복이 있도다

● 강해 본문 ② : 로마서 8장 31-34절

31 그런즉 이 일에 대하여 우리가 무슨 말 하리요 만일 하나님이 우리를 위하시면 누가 우리를 대적하리요 32 자기 아들을 아끼지 아니하시고 우리 모든 사람을 위하여 내주신 이가 어찌 그 아들과 함께 모든 것을 우리에게 주지 아니하겠느냐 33 누가 능히 하나님께서 택하신 자들을 고발하리요 의롭다 하신 이는 하나님이시니 34 누가 정죄하리요 죽으실 뿐 아니라 다시 살아나신 이는 그리스도 예수시니 그는 하나님 우편에 계신 자요 우리를 위하여 간구하시는 자시니라

● 강해 본문 ③ : 에베소서 1장 7-14절

7 우리는 그리스도 안에서 그의 은혜의 풍성함을 따라 그의 피로 말미암아 속량 곧 죄 사함을 받았느니라 8 이는 그가 모든 지혜와 총명을 우리에게 넘치게 하사 9 그 뜻의 비밀을 우리에게 알리신 것이요 그의 기뻐하심을 따라 그리스도 안에서 때가 찬 경륜을 위하여 예정하신 것이니 10 하늘에 있는 것이나 땅에 있는 것이 다 그리스도 안에서 통일되게 하려 하심이라 11 모든 일을 그의 뜻의 결정대로 일하시는 이의 계획을 따라 우리가 예정을 입어 그 안에서 기업이 되었으니 12 이는 우리가 그리스도 안에서 전부터 바라던 그의 영광의 찬송이 되게 하려 하심이라 13 그 안에서 너희도 진리의 말씀 곧 너희의 구원의 복음을 듣고 그 안에서 또한 믿어 약속의 성령으로 인 치심을 받았으니 14 이는 우리 기업의 보증이 되사 그 얻으신 것을 속량하시고 그의 영광을 찬송하게 하려 하심이라

삼위 하나님의 보존하시는 은혜

시 33:9-12; 롬 8:31-34; 엡 1:7-14

성도 한 사람이 팔에 깁스를 한 채로 불신자 친구를 만났습니다. 친구가 왜 팔에 깁스를 했냐고 물었습니다. 이 성도는 엊그제 자전거를 타고 가다가 논두렁으로 굴렀는데 바로 옆에 아주 높이가 높은 하천 다리가 있어서 그리로 떨어질 수도 있었고, 또 화물 트럭들이 쌩쌩 지나다니고 있어서 도로 쪽으로 넘어지면 즉사했을 것이며, 자기는 수영을 못하기 때문에 강에 빠지게 되었다면 아마 나오지 못했을 것이라고 당시의 여러 위험을 장황하게 설명했습니다. 그는 "하필 자전거가 논두렁으로 굴러서 팔 하나 부러지게 된 것은 정말 하나님의 은혜야."라고 친구에게 자랑스럽게 말했습니다. 그러자 이 불신자 친구는 이렇게 말했습니다.

> "네가 감사하게 생각하는 게 꽤나 그럴듯하게 들릴 수도 있겠지만, 하나님이 진짜
> 너를 사랑했다면 아예 자전거에서 넘어지지 않도록 했어야 하는 거 아냐?"

삶의 어떤 문제들에 감사한다는 것은 항상 좋은 일입니다. 어떤 일에서도 불평하지 않고 감사하려는 태도를 가진 분이 있다면 그분은 좋은 신자일 것입니다. 그런데 간혹 우리는 열심이 지나쳐서 **하나님께서 주신 방향이 아닌 방향으로도** 감사를 하려는 때가 있습니다. 불행이 닥쳤음에도 하나님께서 그 마음에 충분히 감사할 여유를 주셨다면 그건 참 다행이고 신자로서 바람직한 일이지만, 어떤 이들

은 실제로 하나님께서는 다른 길을 주시려고 어려움을 주셨는데 '내가 작위적으로 감사를 만들어' 함으로써 오히려 하나님의 뜻을 그르쳐 버리는 경우도 있는 것입니다.

저는 이 이야기에서 전적으로 불신자 친구의 말이 옳다고 생각합니다. 우리가 가질 감사의 태도 중에 가장 나쁜 것 중의 하나가 **"두 다리까지 다 부러질 수도 있었는데 팔 하나만 부러져서 감사하는 것"**과 같은 태도입니다. 우리 인생에 이런 감사가 아예 없지는 않겠지만, 대부분의 경우 이런 종류의 감사란 기독교의 감사라기보다는 주술 신앙, 무속 신앙에서의 **'액땜'에 가깝습니다.** 실제로는 더 큰 불행이 닥칠 수도 있었는데 신(神)님이 조금 덜한 불행으로 대치해 주신 것이라는 생각은 **그 불행을 근본적으로 멈추실 수 있는 하나님께는 적용되지 않는 것**입니다.

따라서 "와! 이 정도로 그친 것이 감사하다."라는 생각은 접근 방법이 틀렸습니다. "이 정도로 그친 것이 감사하다.", "더 큰 불행이 닥칠 수도 있는데 하나님이 막아 주신 것이다."가 아닙니다. 오히려 "하나님께서 **그 정도의 불행을 통하여 우리에게 말씀하시려는 바가 있으신 것**"일 뿐입니다.

차이점을 아시겠습니까? 더 큰 불행이 닥칠 수도 있는데 "하나님께서 막아 주셨다."라고 생각하는 것은, **불행의 '원인'은 하나님께 있지 않고 하나님은 '막는 편에만'** 있다는 사고방식입니다. 그렇다면 이때 '막는 하나님'이 있다면 그 불행을 '내려 주는 신'은 따로 있는 것입니까? 하나님께서는 내 삶의 어떤 어려움이 '생기게 하는 데는' 관여 안 하시고 '막는 데만' 관여하십니까?

그럴 수 없지 않습니까? 우리는 삶에서 일어나는 **'모든 일'**이 하나님께서 주시는 것이라고 믿습니다. 그렇다면 우리의 감사는 더 큰 불행이 닥칠 수 있었는데 이 정도의 액땜이 감사하다는 것이 되어서는 안 되고, **그 '불행 자체'를 놓고 감사할 수 있어야** 합니다. 비록 불행이라는 것은 감사하기 어려운 주제이지만, 하나님께서 불행을 주신다면 반드시 그것을 통해 나에게 주실 무언가가 있으신 것이므로, 신자는 그 근본을 발견하고 감사해야 하는 것이지요.

8조에서 우리가 다룰 주제는 **'은혜'**입니다. 우리는 자주 하나님의 은혜를 **'액땜' 식으로** 생각합니다. 그리고 액땜 식의 은혜는 결코 **좋지 않은 것을 받고는 감사할 수** 없습니다. 하지만 말씀을 따라 바르게 은혜에 감사하는 사람은 **'주시는**

모든 것'에 감사할 수 있습니다. "더 나쁜 것을 받을 수도 있었는데 이 정도라서 다행이다."라고 하면서 감사하지 않습니다. 자전거를 타다가 팔이 하나 부러졌으면 팔이 부러지게 하신 일을 통해서 나에게 무언가를 알려 주시고 깨닫게 해 주시려는 하나님께 감사해야 합니다. 다리 둘이 함께 부러지지 않아서 감사한다면, 이 순간 하나님은 **재앙을 막는 부적**이 되는 것입니다.

그리고 이 은혜는 '**삼위 하나님께서 주시는 은혜**'입니다. 다섯째 교리가 다루고 있는 '견인'이라는 주제 안에서 삼위 하나님의 은혜가 무엇인지를 생각합시다. '다른 어떤 것을 대치하는 은혜'(다리 둘이 부러지지 않은 은혜 같은 것)가 아니라 '**은혜 그 자체**'입니다.

삼위 하나님의 은혜

8조는 제목에서 우리의 보존이 "삼위 하나님의 은혜"라고 말하고 내용에서 이것을 설명했습니다.

우리 자신만으로는

먼저 신조는 우리 자신만으로는 반드시 하나님의 은혜에서 떠날 것이라고 말합니다.

> 그들 자신만을 놓고 보면, 믿음과 은혜에서 완전히 떠나는 일은 쉽게 일어날 뿐 아니라 반드시 일어날 것입니다.

7조에서도 우리는 '회개가 기적'이라는 말씀을 들었습니다. 우리는 본성적으로 죄를 사랑하고 죄에 붙어 있기 때문에, 여기서 떠나는 일은 우리 힘으로는 안 됩니다. 마찬가지로 신조는 "은혜에서 떠나는 일" 또한 말하면서 우리 자신만을 놓고 보면 은혜를 완전히 떠나는 일은 "**쉽게 일어날 뿐 아니라 반드시 일어난다.**"라고 하였습니다.

여기에는 약간의 비아냥이 숨겨져 있다고 생각합니다. 왜냐하면 17세기 때나

21세기인 지금에나 아르미니우스주의자들은 언제나 이 '은혜에 붙어 있는 일/부착되는 일'을 **자기의 일로** 여겼기 때문입니다. 신조에는 이들을 향한 모종의 비아냥이 있습니다.

어떻습니까? 과연 아르미니우스주의자들의 생각처럼, 중생한 신자가 이후의 삶을 살아갈 때 인내하는 일이 전적으로 자기의 일이라면, "은혜를 떠나는 일은 반드시 일어날 것"입니다. "쉽게 일어날 뿐 아니라 반드시 일어날 것"입니다. 이는 정확하게 아르미니우스주의자들을 겨냥한 것입니다.

> "너희는 너희가 스스로 참고 인내해야 한다고 말하지? 하나님께서 우리를 구원해 놓고서도(사실은 이 구원조차도 아르미니우스주의자들에게는 스스로 해야 할 일이지만) 정작 살아가면서 인내하는 일은 자기의 일이라고 했지? 자, 한번 해 봐! 그렇게 한다면 본성의 사람은 반드시 하나님을 버리게 될 테니까!"

아르미니우스주의의 이런 생각은 비단 17세기에만 있었던 것이 아닙니다. 우리는 미국의 부흥 운동이 영국에서 일어난 감리교 운동(감리교는 상당 부분 아르미니우스주의와 궤를 같이 한다)과 같은 맥락을 갖고 있다는 것을 알고 있습니다. 표현해 보자면 미국의 부흥 운동은 **"내가 해야 한다"**의 폭발이었습니다. 영국의 감리교가 내 편에서 무언가를 해야 하는 것을 강조했던 것이 미국 부흥 운동에서는 감리교도가 아닌 이들로부터도 강력하게 드러났던 것입니다.

찰스 피니(Charles Finney)나 무디(D. L. Moody) 같은 사람들이 만들어 낸 **방법론들**이 무엇입니까? 마음에 동요가 일어나고, 구원받기를 원하고, 회개하기를 사모한다면 그 자리에 있어서는 안 됩니다. 긴 복도를 따라서 앞으로 걸어 나와야 합니다. 누군가 오늘 저녁에 하나님의 은혜를 받기를 원한다면, 그 사람은 가만히 있어서는 안 되고 손을 들어 뜻을 표해야 합니다. 신자의 마음에 구원의 감격과 은혜의 기쁨이 넘치려면 마음속으로만 느끼고 깨달아서는 안 되고 큰 목소리로 외쳐야 합니다. 피니나 무디는 사람이 이렇게 **'걸어 나오는 행동, 손을 드는 행동, 입으로 말하는 행동'**, 곧 자기가 스스로 무언가를 결단을 하고 이행하는 것을 통해서 이런 체험이 분명해지고 강력해짐을 확실히 믿었고, 이것을 적극 활용했습니다.

은혜가 어떤 방식으로 주어지는지를 성경을 따라 상고하는 대신 '사람'을 연구했습니다. 사람은 본시 이런 성향을 가지고 있으니 그것을 적극 이용한 것입니다.

한국 교회는 미국 부흥 운동의 영향을 고스란히 받은 교회입니다.[138] 어릴 적부터 교회에 다니신 분들은 그게 무엇인지도 모른 채 이런 '부흥회'의 영향을 받으며 자라왔습니다. 찬송을 크게 하고, 손뼉을 크게 치고, "주여!" 하면서 크게 부르짖고, 또 강단 앞으로 뛰어나와 회개 기도를 하고, 간증을 하고, 목사에게 직접 안수를 받았습니다. 불행히도 우리가 가지고 있는 이런 모든 풍조들이 아르미니우스주의적 사고에서 부흥 운동을 통해 태동했던 것들입니다.

그러므로 "내가 해야 한다"의 폭발을 가지고 있는 한국 교회에서 자란 우리는 부인하고 싶더라도 견인 교리가 정확하게 타겟으로 하여 비판하고 있는 이 아르미니우스주의의 교리, 곧 "견인은 내가 해야 한다"에 대하여 신조의 이 고백을 따라 크게 말해야 합니다. "아닙니다. 우리 자신만을 놓고 보자면 우리는 믿음과 은혜로부터 쉽게, 그뿐 아니라 **반드시 떠날 것입니다.**"

어떻게 유지될 수 있는가?

신조는 이렇게 암시적으로 아르미니우스주의를 비판하면서, 반면 **이 은혜가 어떻게 유지될 것인지를** 세 가지 주제로 천명하고 있습니다.

> **첫째,** 그분의 작정은 변경될 수 없고, 그분의 약속은 파기될 수 없으며, 그분이 목적하시고 부르신 것은 취소될 수 없기 때문이다.
>
> ⇨ **성부 하나님에 대한 고백**입니다. 우리가 인내하는 이유는 성부 하나님의 작정 때문입니다.

---

138 — 한국에 복음을 가져온 선교사들이 모두 당대 미국의 부흥 운동에 영향을 받은 사람들이었다. 그래서 개혁교회나 장로교회의 좋은 전통들은 한국 교회에 거의 전달되지 않았다.

> **둘째**, 또한 그리스도의 공로와 중보 기도와 보존하심은 무효가 될 수 없기 때문이다.
>
> ⇨ **성자 하나님에 대한 고백**입니다. 우리가 인내하는 이유는 성자 하나님의 중보 때문입니다.
>
> **셋째**, 성령의 인 치심이 뜻을 이루지 못하거나 없어지지 않기 때문이다.
>
> ⇨ **성령 하나님에 대한 고백**입니다. 우리가 인내하는 이유는 성령 하나님의 인 치심 때문입니다.

이렇게 신조는

> ① 먼저 '우리'에 대해 말하면서, "우리로서는 믿음과 은혜에서 완전히 떠나는 일이 쉽게, 그리고 반드시 일어난다."라고 말한 후에,
> ② 성경이 가르치고 우리가 믿는 바, 곧 "우리의 인내는 삼위 하나님의 사역이다"라고 정리하고 있습니다.

첫째, 성부 하나님의 사역

성부 하나님의 어떤 사역으로 말미암아 우리는 인내하게 됩니까? 신조의 성부께 대한 고백은 **'작정·약속·목적'**에 그 포커스를 두고 있습니다.

> **작정**은 변경될 수 없고,
> **약속**은 파기될 수 없으며,
> **목적**하시고 부르신 것은 취소될 수 없다.

시편 33편 9-11절 말씀을 보겠습니다.

그가 말씀하시매 이루어졌으며 명령하시매 견고히 섰도다. 여호와께서 나라들의 계획을 폐하시며 민족들의 사상을 무효하게 하시도다. 여호와의 계획은 영원히 서고 그의 생각은 대대에 이르리로다_시 33:9-11

9절은 하나님의 말씀이 **"견고히 섰다"**라고 합니다. 그리고 10절과 11절은 두 대상을 대비시킵니다. 10절에도 **"계획"**과 **"사상"**이 나오고 11절에도 마찬가지로 **"계획"**과 **"생각"**(앞의 '사상'과 같은 단어)이 나옵니다. 10절은 열방("나라들")의 계획과 사상이고, 11절은 하나님의 계획과 사상입니다. 둘의 대비는 어떻습니까?

> 열방의 "도모"는 폐하여지고, 민족들의 "사상"은 무효가 됩니다.
> 그러나 여호와의 "계획"은 영원히 서고, 그분의 "사상"은 대대에 미칩니다.

이 말씀은 우리에게 **'인생의 어떠함'**에 대비되는 **'하나님의 어떠하심'**을 보여 주고 있습니다. "계획"과 "사상"이란 사람이나 하나님이 마음으로 계획하는 일 또는 무언가를 결정하는 것을 말합니다. 그런데 이 말씀은 우리에게 "사람의 계획과 사상은 무너질 것이지만 하나님의 계획과 사상은 영원히 선다."라는 점을 대비의 방식으로 현저하게 보여 주고 있습니다.

도르트 신조 첫째 교리에서 우리는 예정에 대하여 배웠습니다. 예정은 일종의 '계획'입니다. 하나님께서 창세전에 세우셨던 계획이지요. 에베소서의 말씀처럼 "창세전에 그리스도 안에서 우리를 택하사"(엡 1:4) 우리로 하여금 "그분의 아들이 되게 하신"(엡 1:5) **하나님의 가장 위대한 계획**입니다.

그런데 이런 하나님의 계획이 사람들의 계획과 다른 점을 시편 33편의 말씀을 빌어 **사람의 계획은 무너질 것이지만 하나님의 계획은 영원히 선다**는 것입니다. 만약 우리가 하나님의 계획이 불변함을 믿는다면, 그래서 하나님께서 마치 서투른 감독관처럼 처음에는 이렇게 하려 했는데 잘되지 않자 다른 방식으로 바꾸는 방식으로 일하는 분이 아니시라는 것을 믿는다면, 처음부터 모든 것을 다 아시는 분께서 한 번 정하신 일을 변경하지 않으신 것을 믿는다면, 당연히 우리는 작정에 관해, 하나님께서 먼저 정하신 일 또한 믿을 수 있지 않겠습니까?

다섯째 교리는 첫머리에서부터 계속해서 이것을 말해 오고 있습니다. 견인 교리는 **'작정하신 것을 이루시는 하나님'**의 역사입니다! 견인을 내 입장에서 생각하면 내가 참고 이겨 나가야 할 일을 보게 됩니다. 그러나 성경이 가르치는 올바른 시각으로 보게 되면 견인이란 하나님께서 작정하신 것을 이루어 가는 과정이 되는 것입니다.

참으로 그렇습니다! **작정이 우리의 일이 아니듯이 견인도 우리의 일이 아닙니다.** 우리가 하나님의 자녀가 되는 일(작정의 실현, 구원/중생)은 우리의 어떠함이 개입되지 않았고 하나님의 전적인 은혜와 자비하심 때문에 된 일입니다. 그렇다면 우리가 살아가면서 어떤 종류의 일을 만나더라도 그 일들 중에 참고 이기는 일(견인) 또한 우리의 어떠함이 아니라 하나님의 은혜와 자비 때문에 가능하게 되는 일입니다. 작정하시는 분께서 이루실 도구조차 마련치 않으셨을 리가 없기 때문입니다! 따라서 우리는 단지 이 성부 하나님의 작정과 그렇게 하신 목적, 또 우리를 향하여 주신 약속이 변경되지 아니하고 그대로 지속될 것을 믿기만 하면 됩니다.

살아가다 보면 어려운 일을 만날 때가 있지요. 참아야 할 순간이 있습니다. 하지만 그때마다 결정의 책임이 모두 내 어깨에 놓여 있고 심지어는 나의 이 결정이 나의 영원한 삶을 결정짓는다고 생각하는 것은 얼마나 두려운 일입니까!

저는 이렇게 살아가는 삶을 **'고아의 삶'**이라고 하고 싶습니다. 모든 결정과 책임이 오로지 나의 어깨 위에 놓여 있는 무거운 삶입니다. 그러나 우리에게는 아버지가 있습니다. 우리에게는 아버지가 있기 때문에, 심지어 그 아버지께서는 우리를 몹시도 사랑하시는 분이시기 때문에, 나는 **인생의 가장 혹독한 시간에서조차 그 짐을 내가 지지 않아도 됩니다. 하나님께서는 우리를 부르신 것을 실패하지 않으실 것입니다.** 우리 안에서 착한 일을 시작하신 분께서는 이 일을 마지막까지 이루실 것이며(빌 1:6), 우리는 마지막 날 영원한 낙원에서 이 하나님께서 우리 인생들 중에 이 견인을 어떻게 완수하여 가셨는지를 돌아보며 찬송하게 될 것입니다.

둘째, 성자 하나님의 사역

둘째는 성자 하나님의 사역입니다. 신조는 성자 하나님의 사역을 다음과 같이 정리하였습니다.

> 그리스도의 공로와 중보 기도와 보존하심은 무효가 될 수 없다.

로마서 8장 말씀에서 이에 대한 증언을 듣도록 합시다. 로마서 8장은 **작정과 맞닿아** 있습니다. 대표적으로 29절과 30절을 보면 바로 이 주제가 나옵니다.

> 하나님이 미리 아신 자들을 또한 그 아들의 형상을 본받게 하기 위하여 미리 정하
> 셨으니 이는 그로 많은 형제 중에서 맏아들이 되게 하려 하심이니라 또 미리 정하
> 신 그들을 또한 부르시고 부르신 그들을 또한 의롭다 하시고 의롭다 하신 그들을
> 또한 영화롭게 하셨느니라_롬 8:29-30

29절의 "미리 정하셨으니"는 **작정**(정확하게는 '예정')에 대해 말한 것입니다. 그리고 30절에는 도르트 신조에 자주 등장하는 구절이 나옵니다. "수의 일치"라고 명명할 수 있는 것인데 "미리 정하신 이들을 부르시고, 부르신 이들을 의롭다 하시고, 의롭다 하신 이들을 영화롭게 하신다", 곧 처음 정하신 사람의 숫자와 마지막 영화롭게 되는 사람의 **숫자가 일치**한다는 것입니다. 결국 똑같은 사람들이 정하심을 받아 영화에까지 이릅니다.

로마서 8장 말씀은 하나님께서/성부께서 작정하신 일을 이루어 갈 때 그 일이 과연 이루어진다는 것을 설명하기 위하여 여러 개의 질문과 의문문으로 이를 논증해 가고 있습니다. 질문은 이런 것입니다. 31절은 "누가 우리를 대적하리요", 33절은 "누가 고발하리요", 34절은 "누가 정죄하리요"입니다. 그리고 35절은 "누가 우리를 그리스도의 사랑에서 끊으리요"입니다.

일종의 수사법이지요. 로마서 8장은 우리에게 하나님께서 정하신 일을 반드시 이룬다는 것을 말하기 위하여 "누가 이렇게 하겠느냐"라고 묻는 수사를 사용하여 **"아무도 그럴 수 없다"**라는 명제를 강한 수사법으로 말하고 있습니다.

그러면 여기에서 **성자의 역할**은 어디있습니까? 34절에 성자께서 등장합니다.

누가 정죄하리요? 죽으실 뿐 아니라 다시 살아나신 이는 그리스도 예수시니, 그는

하나님 우편에 계신 자요 우리를 위하여 간구하시는 자시니라_롬 8:34

성자께서는 우리를 위하여 단번에 구속을 이루셨을 뿐 아니라 **'지금도 계속하시는'** 사역이 있는데, 바로 우리를 위하여 끝없는 중보 사역을 지속하시는 것입니다. 이를 통해 **아무도 우리를 정죄하지 못하게** 하십니다.

고대에는 세례에 대한 이해가 충분하지 못해서, '세례는 이전에 내가 지었던 죄를 소멸시켜 준다'라고만 믿었습니다. 그러다 보니 세례를 받은 후에 죄를 짓게 되면 그 죄는 사함을 받지 못해서 영원히 지옥에 떨어지게 된다고 믿는 경향이 있었고, 그래서 최대한 세례를 늦게 받는 풍습이 정착되었습니다.

이것은 세례가 우리의 **삶 전체**, 그러니까 세례를 받은 이후의 삶에서 일어나는 죄까지도 충분히 속죄한다는 것을 잘 알지 못했기 때문에 일어난 일입니다. 세례를 받은 후에 지은 죄들 또한 세례로 인해 사함을 받습니다. 지금 내가 짓고 있는 죄도 세례 때 그리스도께 연합한 사실을 통하여 속죄함을 받는 것입니다. 우리를 구속하신 그리스도께서 무려 2천 년 전에 죽으셨지만 오늘 나의 죄를 위하여 다시 죽지 않으셔도 되는 원리와 같습니다.

이 성자의 사역을 오늘 우리가 살아가는 삶과 연결하여 봅시다. 중생한 신자가 살아가다 죄에 빠졌습니다. 때로는 심각한 죄에 빠지기도 합니다. 이때 사탄이 우리에게 하는 일이 무엇일까요? 바로 **절망을 심어 주는 것**입니다.

> "너는 안 돼! 봐봐, 죄를 안 짓겠다고 그렇게 다짐했으면서 또 지었잖아! 그러니까 너는 사실 하나님께 선택된 백성이 아니었던 거야! 그러니까 이쯤에서 포기해! 너는 하나님의 자녀가 아니야!"

놀랍게도 수많은 사람들이 일상에서 '죄'라는 장애물을 만날 때, 예수 그리스도를 믿기로 작정하고 난 후에도 **처음 예수 그리스도를 모를 때 죄에 대해 절망하던 것과 마찬가지 방식으로** 절망합니다. 왜 그러는 것일까요? **자신의 죄에 대한 해결을 그리스도께 온전히 맡기지 못했기 때문**입니다. 참된 신자는 자신을 바라보

지 않습니다. 십자가를 바라봅니다. 내가 하나님께 의롭다 함을 입는 것은 결코 나의 어떠함 때문이 아니라 오직 그리스도의 십자가 은혜 때문입니다. 그렇다면 우리는 그저 믿고 나아가면 됩니다. 내 죄의 해결은 내가 하는 것이 아닙니다. 내가 평소보다 좀 더 잘 살았기 때문이 아닙니다. 우리의 죄 문제는 온전히 '그리스도의 가려 주심'에만 달려 있습니다.

"누가 정죄하리요!" 정죄로부터의 탈출이 어떻게 가능합니까? 왜 아무도 우리를 정죄할 수 없습니까? 죄를 매일 짓고 사는 우리에게 사탄이 끝없이 포기를 종용하더라도 왜 우리는 "누가 우리를 정죄하리요!"라고 말하며 살아갈 수 있는 것입니까? **그리스도께서 끝없이 우리를 중보하고 계시기 때문**입니다. 요한일서 2장 1절 말씀을 믿으십시오.

> 나의 자녀들아 내가 이것을 너희에게 씀은 너희로 죄를 범하지 않게 하려 함이라 만일 누가 죄를 범하여도 아버지 앞에서 우리에게 대언자가 있으니 곧 의로우신 예수 그리스도시라_요일 2:1

요한일서 말씀은 처음 죄를 용서받은 사람, 이제 믿기 시작한 사람에게 주어진 말씀이 아니라, **이미 믿고 있는 사람에게** 주어진 말씀입니다. 이 이미 자녀인 이들에게 무엇을 말하면서 용기를 주고 있습니까? 자신의 행실을 좀 더 다듬으라고 이야기합니까? 아닙니다.

> 죄를 범하면 우리에게 대언자가 있다. 곧 의로우신 예수 그리스도시다!

걱정하지 말라는 것입니다. 죄를 범하는 것이 우리를 공포로 몰아가지 못할 것이라는 말입니다.

그리고 이 문장에는 독특성이 있습니다. 앞의 설명대로만 하자면 어떤 사람은 **'어? 죄를 지어도 주님께서 다 해결해 주신다고?'** 하면서 죄를 아무렇게나 지어도 된다고 생각할 수도 있습니다. 학교 유리창을 깼더니 엄마가 다 해결해 주니까 또다시 가서 유리창을 깨는 못된 소년처럼 그렇게 다시 죄를 향해 돌진할 수 있겠다고 생각할지도 모릅니다.

하지만 이 말씀의 구조를 보시면 "내가 이것을 너희에게 씀은 너희로 죄를 범치 않게 하려 함이라"라는 말이 먼저 나옵니다. **즉 우리에게 대언자가 있다는 사실은 '죄를 짓게 하는 요소'가 되는 것이 아니라 '죄를 범치 않게 하는 요소'가 됩니다.** 못된 소년과 같은 심보는 불신자만 갖고 있습니다. '그래, 젊은 시절에는 열심히 죄짓고 방탕하게 살다가 죽기 직전에 믿고 천당 가면 그거야말로 장땡이지!'라는 생각은 불신자만 하는 것입니다. 신자는 그렇게 생각할 수 없습니다. 왜냐하면 **중보하시는 그리스도의 은혜는 죄를 짓지 않게 만들지, 죄를 과감히 짓도록 만들지는 않기 때문**입니다.

따라서 이 말씀은 "담대히 죄를 지으라!"라는 말씀이 아닙니다. **"죄를 짓더라도 지나친 공포에 빠지지 말거라"**라고 하는 말씀입니다. 우리의 자비로우신 아버지께서 성자 예수 그리스도를 통하여 건네시는 다정한 위로의 말씀입니다. 우리에게는 그리스도가 계십니다. 따라서 우리는 절망할 필요가 없습니다.

셋째, 성령 하나님의 사역

마지막으로 세 번째는 성령 하나님의 사역입니다. 신조는 다음과 같이 설명합니다.

> 성령의 인 치심이 뜻을 이루지 못하거나 없어지지 않는다.

요약하자면, 성부 하나님의 사역은 **"작정은 반드시 실현된다."**라고 할 수 있겠고, 성자 하나님의 사역은 **"중보 사역은 실패하지 않는다."**라고 할 수 있으며, 성령 하나님의 사역은 **"그 인 치심이 효력적이다."**라고 정리할 수 있겠습니다. 에베소서 1장 말씀을 봅시다. 9절을 보면 이 말씀은 무엇으로부터 시작합니까?

> 그 뜻의 비밀을 우리에게 알리신 것이요 그의 기뻐하심을 따라 그리스도 안에서 때가 찬 경륜을 위하여 예정하신 것이니_엡 1:9

예정으로부터 출발합니다. 그리고 12절을 보면 "우리가 그분의 찬송이 되게 하기 위함이다"라고 나오고, 13절에서 성령님의 사역이 나옵니다.

> 그 안에서 너희도 진리의 말씀 곧 너희의 구원의 복음을 듣고 그 안에서 또한 믿어 약속의 성령으로 인 치심을 받았으니_엡 1:13

'성령의 인 치심'은 무엇과 연관됩니까? 두 가지를 말할 수 있습니다.

첫째, 성령의 인 치심이란 "진리의 말씀, 곧 너희의 구원의 복음을 듣고, 그 안에서 믿어 인 치심을 받은 것"입니다. 우리가 성령의 인 치심을 받았다는 것은 **하나님께서 말씀으로 우리 마음속에다 도장을 찍으셨다**는 말입니다. 도장은 인준, 결재를 뜻합니다. 에베소서 1장은 앞부분에서 '하나님의 예정'을 말하고는, 나아가 '그리스도께서 이 일을 이루심'을 말하고, 끝으로 성령님의 사역이 나옵니다. **곧 성령님께서 우리 마음에 도장을 찍으십니다.**

이 '인 치심'에 관하여 쉽게 이해할 수 있는 이유는 **좋은 설계자와 좋은 시공자가 작업한 건축물에 대하여 건물이 잘 지어졌다는 인준을 하는 일은 어렵지 않기 때문**입니다. 성령님께서 우리 마음에 말씀을 가지고 인 치시는 일은 훌륭한 설계자이신 성부와 훌륭한 시공자이신 성자께서 계시기 때문에 어렵지 않습니다. 성령님은 이 성부와 성자의 것을 가지고 와서 우리 마음에 말씀을 통하여 인 치십니다.

견인에 관하여 성령님을 확신해야 하는 점은 이렇게 우리의 마음에 성령님께서 인 치신 일이 실패하거나 소멸될 수 없다는 것입니다. 설계자이신 성부가 계시고, 건물을 지으시는 분인 성자가 계시면서, 성령께서 이 건물이 마지막까지 잘 지어질 것이라고 도장을 찍어 주셨는데, 과연 이렇게 **성부와 성자의 사역에 근거하여 성령께서 찍어 주신 도장이 살아가면서 우리가 좀 비틀거린다고 해서 취소되거나 무효화될 수 있을까요?** 성령님께서 우리가 죄를 지으면서 잘못 가고 있으면 급히 차를 세운 후에 "어이, 당신은 안 되겠어. 내가 전에 이 건물 준공 도장을 찍어 주었지만 이제는 취소하겠네." 이렇게 할 수 있겠습니까? 그런 일은 일어나지 않는 것입니다.

그래서 둘째, 이 성령의 인 치심은 자연스럽게 '소망'과 결부되어 있습니다. 즉 미래에 대한 희망인 것이지요. 왜냐하면 '보증'이란 장래에 될 일에 대한 것이기 때문입니다. 14절 말씀입니다.

> 이는 우리 기업의 보증이 되사 그 얻으신 것을 속량하시고 그의 영광을 찬송하게 하려 하심이라_엡 1:14

"우리 기업의 보증이 되셨다."라고 말합니다. 성경은 자주 성령께서 우리의 보증이 되신다고 말하는데 이 말은 어떤 의미입니까? 성경에서 보증이란 **'나머지 전체를 갚는다고 약속하면서 맡기는 첫 번째 지불금'**이라는 뜻입니다. 우리는 분명히 아직 하나님 나라의 절정이 오지 않았음을 압니다. 하지만 성부께서 신실하시고 성자께서 신실하신데, 하나님 나라의 절정이 아직은 오지 않았다고 해서 "장래에 그것이 올지 안 올지는 확실하지 않아. 와 봐야 아는 거지."라고 말하겠습니까?

그럴 수 없습니다. **너무나도 확실한 이가 맡긴 첫 번째 보증금은 그 나머지 금액 전체를 받은 만큼이나 확실합니다.** 보증을 주신 이가 결코 약속을 어기는 분이 아니니까요. 따라서 우리에게 주어진 보증이신 성령님은 우리에게 소망, 곧 마지막 것을 기다리게 만드는 분명한 표식입니다. 우리는 성령님을 모시고 있으므로 하나님께서 마지막까지 우리를 견인하시리라 분명히 확신할 수 있습니다. 성령님의 보증은 될 수도 있고 안 될 수도 있는 종류의 것이 결코 아니기 때문입니다.

제9조 : 보존하시는 것을 확신함

신자들은 하나님께서 택하신 자들이 구원에 이르도록 보존되며 참된 신자들이 믿음 안에서 끝까지 인내하게 될 것을 참으로 확신할 수 있습니다.[i] 그들은 자신들이 교회의 참되고 살아 있는 지체이며 항상 그렇다는 것과 또 자신들이 죄사함과 영생을 얻었다는 것을 믿는 그 믿음의 정도에 따라 각기 실제적으로 확신을 갖습니다.[ii]

[i] 롬 8:31-39 그런즉 이 일에 대하여 우리가 무슨 말 하리요 만일 하나님이 우리를 위하시면 누가 우리를 대적하리요 자기 아들을 아끼지 아니하시고 우리 모든 사람을 위하여 내주신 이가 어찌 그 아들과 함께 모든 것을 우리에게 주시지 아니하겠느냐 누가 능히 하나님께서 택하신 자들을 고발하리요 의롭다 하신 이는 하나님이시니 누가 정죄하리요 죽으실 뿐 아니라 다시 살아나신 이는 그리스도 예수시니 그는 하나님 우편에 계신 자요 우리를 위하여 간구하시는 자시니라 누가 우리를 그리스도의 사랑에서 끊으리요 환난이나 곤고나 박해나 기근이나 적신이나 위험이나 칼이랴 기록된 바 우리가 종일 주를 위하여 죽임을 당하게 되며 도살 당할 양 같이 여김을 받았나이다 함과 같으니라 그러나 이 모든 일에 우리를 사랑하시는 이로 말미암아 우리가 넉넉히 이기느니라 내가 확신하노니 사망이나 생명이나 천사들이나 권세자들이나 현재 일이나 장래 일이나 능력이나 높음이나 깊음이나 다른 어떤 피조물이라도 우리를 우리 주 그리스도 예수 안에 있는 하나님의 사랑에서 끊을 수 없으리라

[ii] 딤후 4:8 이제 후로는 나를 위하여 의의 면류관이 예비되었으므로 주 곧 의로우신 재판장이 그 날에 내게 주실 것이며 내게만 아니라 주의 나타나심을 사모하는 모든 자에게도니라 / 딤후 4:18 주께서 나를 모든 악한 일에서 건져내시고 또 그의 천국에 들어가도록 구원하시리니 그에게 영광이 세세무궁토록 있을지어다 아멘

● **강해 본문 : 로마서 8장 26-39절**

26 이와 같이 성령도 우리의 연약함을 도우시나니 우리는 마땅히 기도할 바를 알지 못하나 오직 성령이 말할 수 없는 탄식으로 우리를 위하여 친히 간구하시느니라 27 마음을 살피시는 이가 성령의 생각을 아시나니 이는 성령이 하나님의 뜻대로 성도를 위하여 간구하심이니라 28 우리가 알거니와 하나님을 사랑하는 자 곧 그의 뜻대로 부르심을 입은 자들에게는 모든 것이 합력하여 선을 이루느니라 29 하나님이 미리 아신 자들을 또한 그 아들의 형상을 본받게 하기 위하여 미리 정하셨으니 이는 그로 많은 형제 중에서 맏아들이 되게 하려 하심이니라 30 또 미리 정하신 그들을 또한 부르시고 부르신 그들을 또한 의롭다 하시고 의롭다 하신 그들을 또한 영화롭게 하셨느니라 31 그런즉 이 일에 대하여 우리가 무슨 말 하리요 만일 하나님이 우리를 위하시면 누가 우리를 대적하리요 32 자기 아들을 아끼지 아니하시고 우리 모든 사람을 위하여 내주신 이가 어찌 그 아들과 함께 모든 것을 우리에게 주시지 아니하겠느냐 33 누가 능히 하나님께서 택하신 자들을 고발하리요 의롭다 하신 이는 하나님이시니 34 누가 정죄하리요 죽으실 뿐 아니라 다시 살아나신 이는 그리스도 예수시니 그는 하나님 우편에 계신 자요 우리를 위하여 간구하시는 자시니라 35 누가 우리를 그리스도의 사랑에서 끊으리요 환난이나 곤고나 박해나 기근이나 적신이나 위험이나 칼이랴 36 기록된 바 우리가 종일 주를 위하여 죽임을 당하게 되며 도살 당할 양 같이 여김을 받았나이다 함과 같으니라 37 그러나 이 모든 일에 우리를 사랑하시는 이로 말미암아 우리가 넉넉히 이기느니라 38 내가 확신하노니 사망이나 생명이나 천사들이나 권세자들이나 현재 일이나 장래 일이나 능력이나 39 높음이나 깊음이나 다른 어떤 피조물이라도 우리를 우리 주 그리스도 예수 안에 있는 하나님의 사랑에서 끊을 수 없으리라

보존하신다는 확신

롬 8:26-39

얼마 전 **재세례에 관하여** 정곡을 찌르며 명쾌하게 설명한 책이 하나 있었습니다. 저자는 오늘날 우리가 세례에 관하여 이해하는 방향이 크게 두 가지 방향이라고 하면서 이 둘의 공통점을 설명했습니다.

한 방향은 '계몽주의'의 입장인데, 계몽주의 시대 이후 사람들은 모든 것을 '이 성적으로 이해하는 것' 중심으로만 보게 되었다는 것입니다. 이런 관점으로 볼 때 세례의 요지는 "세례는 주님께서 우리를 사랑하신다는 것을 상기하도록 도와 준다."[139]가 됩니다. 세례의 중요성이 **'내가 세례를 통해 하나님을 상기한다는 데'** 있는 것입니다.

다른 한 방향은 이와 정반대 입장에 서 있는 '경건주의'의 입장입니다. 경건주 의는 감정을 강조하기 때문에 세례와 같은 '겉모습의 표'는 사실상 중요하지 않 다고 말합니다. 그래서 경건주의에서는 세례의 실효(實效)를 작동시키는 것이 '우 리의 느낌'이라고 말합니다. 말하자면 "설령 세례를 받았다 하더라도 내면에서 **내가 그리스도인이 되었다는 것을 진정으로 느끼지 못한다면 세례는 아무런 의미 도 없는 것**"[140]입니다.

여러분은 이 둘 중 어느 것이 더 세례의 본래 모습에 가깝다고 생각하십니까?

---

139 ─ 윌리엄 윌리몬, 『기억하라 네가 누구인지를』 (서울: 비아, 2020), 50.
140 ─ 위의 책, 51.

저자는 이 둘 모두를 이야기하면서 이렇게 이야기합니다.

계몽주의나 경건주의는 둘 다 모두 **세례 행위와 의미를 순전히 인간 편에서만** 다룬다는 문제가 있습니다.[141] … 어떤 이들은 자신이 처음 세례를 받았을 때 그 진정한 의미를 모르고 받았다는 이유로 세례를 다시 받고 싶다고 합니다. 이들은 은연중에 세례를 '내'가 생각하고 느끼는 활동이라 보고 있는 것입니다.[142] … (유아 세례에서도 비슷합니다) 유아 세례를 지지하는 이들은 세례를 아이가 지옥에 가지 않게 막아 주는 증서를 따는 행동처럼 생각하고, 유아 세례를 반대하는 이들은 유아 세례가 아이의 자유로운 선택권을 침해하기 때문에 아이가 자라 세례의 의미를 알 만큼 자랄 때까지 세례를 받게 하면 안 된다고 합니다. **어느 경우든 초점은 세례받는 이의 권리, 자질, 선택, 느낌, 미래에 맞춰져** 있지 주님이나 주님의 교회에게 맞춰져 있지 않습니다.[143] … 하지만 세례를 이런 식으로 보는 견해는 이단적인 생각일 뿐 아니라 일종의 도둑질입니다. **주님께서 당신의 은총을 백성에게 베푸시는 주된 수단을 그분에게서 앗아가는 일이기 때문**입니다. 교회는 주님이 늘 성례를 통해 일하시며 우리는 그 일을 '받는 이'라고 이야기해 왔습니다. … 주님의 구원 활동은 '내'가 무엇을 느끼는지, 무엇을 이해하는지, 어떻게 행동하는지에 달려 있지도 않고, 제한을 받지도 않습니다.[144]

그러므로 저자는 재세례가 불가능하다고 말합니다. 세례가 우리의 행위를 가리키는 징표일 뿐이라면, 즉 우리가 내린 결단, 우리가 맺은 약속, 우리가 바친 헌신, 우리가 이해한 바를 표현한 것이라면 우리가 **새롭게 신앙을 결단하는 시점마다 세례를 다시 받아도 좋을 것**입니다. 우리가 무엇을 결심한들 그 결심은 무너지기 마련이니까요. … 하지만 전통적인 신학에 따르면 세례란 '**교회를 통해 이루어지는**', '**주님의 활동**'입니다. 그분은 결코 결심을 바꾸시지도, 약속을 깨시지도, 우리가 누구인지를 오해하지도 않으십니다. 그러니 주님의 활동인 세례는 반복할 이유가 없

---

141 — 위의 책, 51.
142 — 위의 책, 52.
143 — 위의 책, 57.
144 — 위의 책, 52.

습니다.[145]

우리는 인본적으로 보려면 얼마든지 인본적으로 볼 수 있는 '인내'라는 주제를 배우고 있습니다. 그런데 거듭 강조하고, 거듭 확인하고 있는 것은 견인이라는 것이 '삼위 하나님의 은혜'라는 사실입니다. **"내가 참는다"**가 아니라 **"그분께서 참게 하신다"**입니다. 믿는 것도 우리의 일이 아닐뿐더러, 이 **믿음을 보존해 가는 것도** 우리의 일이 아닙니다.

그러나 이것은 **내 편에서 아무 일도 하지 않아도 된다는 의미가 아닙니다.** 오히려 하나님께서는 그분의 작정과 중보와 인 치심을 끝까지 이루시기 위하여 **우리를 '일하게'** 하십니다. 그러므로 성부의 작정을 믿으며, 그리스도의 중보를 믿으며, 성령의 인 치심을 믿는 성도(지난 8조의 내용)는 모든 일을 손에서 다 놓고 드러누워 낮잠을 자는 이가 아닙니다. 삼위 하나님께서는 **이 인내를, 우리가 스스로 인내하도록 하심으로** 이루어 가십니다. 그러므로 계획하신 이도, 실행하신 이도, 내 마음에 확신을 주신 이도 모두 하나님이시지만, 거기에 나는 들러리이거나 로봇이 아니라 **'하나님의 작정과 그리스도의 중보와 성령의 인 치심을 효력적으로 이루어지게 하는 도구'**로서[146] 사용됩니다.

즉 하나님의 일을 말할 때 결코 '신인 협력', 곧 "우리가 하나님과 함께 일을 도모하고 이루는 것이다."라고 말해서는 안 됩니다. 그러나 구속 역사 전체를 통해 분명히 알 수 있는 바는, 그 일을 모두 하나님께서 이루심에도 불구하고 하나님께서는 우리 사람들을 언약의 상대자로, 자신의 배우자로 여기시고, 이 일에 초청하실 뿐 아니라 우리의 손을 들어 일하게 하시고, 또 그것을 완수하게 하시며 완수하게 하는 과정들에서 우리에게 **크나큰 기쁨을 주신다**는 사실입니다.

---

145 — 위의 책, 62.
146 — "~로써"라고 해도 괜찮겠지만 "~로서"가 필자의 강조이다.

견인은 확신이 불가능하다?

견인을 확신하지 못하는 사람들

● 아르미니우스주의자들

확신이라는 주제에 대해 다루려면 가장 먼저 생각해야 할 것이 아르미니우스주의자들의 주장입니다. 오류 5번을 보면 아르미니우스주의자들의 주장을 볼 수 있습니다.

> **오류 5:** 어떤 특별한 계시가 따로 주어지지 않는 한, 신자는 자신이 장래에도 끝까지 믿음의 인내를 나타낼 것이라는 확신을 이생에서는 결코 가질 수 없다.

아르미니우스주의자들은 '확신'이라는 주제에서 회의론자들이었습니다.

● 우리 주변의 기독교인들

동시에 우리는 주변의 기독교인들에게서도 종종 이런 태도를 만나곤 합니다. 믿음의 중추에 '의심'이 있다고 믿으며 주로 사색을 즐기는 사람들은 **"내가 지금 믿음을 갖고 있는 것처럼 보인다고 해서 그것이 끝까지 유지될 것이라고 어떻게 확신할 수 있는가?"**라고 묻습니다. 혹은 이렇게 사색적인 사람이 아니어도 실용적인 관점에 서 있는 사람들 역시 주변에서 믿음을 끝까지 유지하지 못하는 사람들을 종종 보았기 때문에 견인은 확신해서는 안 되는 것이라고 말하곤 합니다. 믿는 도끼에 발등 찍힌다는 것이지요. 이런 이들은 보통 "사람은 결국 믿을 수 없어. 믿을 수 있는 것은 오직 하나님 뿐이야."라고 말함으로써 마치 자신들의 이런 생각이 경건인 것처럼 포장합니다. 그렇지만 사실은 이 땅에 믿을 사람을 하나도 남겨 놓지 않는다면 "하나님만 믿을 수 있다."라는 말은 **'실지로는 공허한 것'**입니다. 아무도 증거가 될 수 없는데 하나님이 신실하시다는 것을 어떻게 입증할 수 있습니까? 따라서 그렇게 말하는 것은 결국 **하나님을 위선자로 만들 뿐**입니다.

● 로마 교회

그리고 무엇보다 신자의 견인에 대해 확신이 불가능하다고 생각하는 대표적인 사람들은 로마 가톨릭교회의 사람들입니다. 누구나 주변에 성당에 다니는 사람이 한둘씩은 있을 것입니다. 그러나 인생의 결국에 관하여 확신이 없는 삶은 얼마나 애처로운 것인지 다음 글을 통해 한번 생각해 보십시오.

> 로마 교회는 신앙의 확신 또는 구원의 확신이 불가능하다고 가르쳤으며 지금도 그렇게 가르칩니다. 소수의 성인이나 순교자를 제외한 신자들 대부분은 확신 없이 살다가 죽는다고 가르칩니다. 로마 교회는 그리스도인은 자신이 천국에 갈지 결코 알수 없다고 가르칩니다. 신자는 낙관하기 전에 먼저 선행을 해야 하고, 교회에 충성해야 하며, 사제가 하는 말을 신뢰해야 한다고 가르칩니다. 전부는 아니더라도 대부분은 연옥에 가서 불로 정결하게 될 때까지 한동안 지내야 하며, 그 후에야 아마도 천국에 가게 될 거라고 로마 가톨릭은 가르칩니다. 종교개혁자들은 바로 이 가르침에 가장 강경히 반대했습니다. 루터와 칼뱅, 그리고 다른 개혁자들은 성경이 믿음의 확신이 진정 가능하다고 가르치고 있음을 재발견했습니다.[147]

분명히 그렇습니다. 아르미니우스주의자들이나 현대의 여러 기독교 신자들, 그리고 무엇보다 로마 교회는 신자의 마지막까지의 견인에 대해 항상 **'불확실하다'**고 말해 왔습니다. 이들에게 신자란 분명한 확신을 가진 채 하늘을 바라보고 걸어가는 사람이 아닙니다. 불확실하고 흔들리는 가운데 자신의 마지막 운명이 어떻게 될지 모른 채 살아가는 사람들입니다.

그렇다면 이들의 삶은 어떤 삶이겠습니까? 신자의 걸음이 마지막 날을 향한 분명한 확신 가운데 한 걸음씩 놓이지 않는다면 그 삶은 어떻게 될까요? 아마도 **'지탱을 위한 노력으로서의 삶'**밖에는 되지 않을 것입니다. 지금 당장은 괜찮아 보이지만 약간이라도 방심하면 지옥에 떨어질지도 모른다는 공포 속에서 살아가야 하는 삶! 그래서 언제 떨어질지 모르고 언제 무너질지 모르는 가운데 지금의

---

147 — 코르넬리스 프롱크, 『도르트 신조 강해』, 420.

삶을 유지하기 위한 발버둥! 아마 그것일 것입니다. 이는 실로 불행한 삶입니다.

어디에서 이런 차이가 나오는 것인가?

어디에서 이런 차이가 나오는 것일까요? 견인이 가능한지 아닌지에 대한 모든 근거는 이것이 **'전적으로 하나님의 은혜에서 오는 선물'**인지 **'내가 쟁취해야 하는 상급'**인지에 따라 정해집니다. 우리가 인내할 수 있다는 것, 특히 이 인내를 마지막까지 견지할 수 있다는 것을 믿는 믿음은 결국 어디에서 기인하느냐? 지난 조항에서 배웠듯이 "성부께서 작정에 실패하지 않으시고", "성자의 중보가 무효화되지 않으며", "성령의 인 치심이 실패하지 않는다는 것"을 분명히 믿는 데서 옵니다. 우리의 견인은 나 자신의 자잘한 행위들에 의해 휘청거리지 않을 것입니다.

그러나 견인이 '나의 인내'라면 우리는 계속해서 휘청거릴 것입니다. 누구나 스스로를 잘 알고 있듯이 우리는 어떤 때는 잘 참아도 또 어떤 때는 잘 참지 못하는 사람들이고, 어떤 때는 경건해 보이지만 또 어떤 때는 굉장히 불경한 사람들이니까요. 결국 둘의 차이는 여기에서 옵니다. "인내가 하나님의 일인가, 사람의 일인가"에서 말입니다.

이 주제는 앞에서 언급한 '세례의 문제'를 통해 이해하면 좋습니다.

왜 우리는 과거에 세례를 받았음에도 불구하고, 제대로 된 신앙고백 없이 나이가 되었기 때문에, 등 떠밀려서, 부모님이 하라고 하니까, 심지어 군대에서 집단으로 세례를 받았기 때문에 가끔 세례를 다시 받으면 좋겠다는 생각이 드는 것입니까? 이런 생각의 배후에는 세례가 **'전적으로 선물'**, **'전적으로 하나님 편으로부터 받아들여진 일'**이라는 이해의 부족이 놓여 있습니다. 만약 우리가 이런 동기들로 다시 세례를 받을 수 있고 혹은 받아야 한다면, 사람들은 살아가면서 신앙적 증진이 있게 될 때, 그래서 이전에 잘 몰랐던 신앙의 향상이 있을 때마다 또다시 **새롭게 세례를 받아야 할 것**입니다. 20년 전의 내가 신앙의 도리도 잘 모른 채 세례받은 것이 문제가 있어서 세례를 새로 받아야 한다면, 10년 후의 내가 다시 지금의 나를 바라볼 때 또한 한심하지 않을 리가 있겠습니까? 즉 20년 전의 내가 신앙의 도리도 모른 채 받은 세례가 지금 문제가 된다면 **재세례는 일평생 끊임없이**

계속되어야만 하는 것이 됩니다.

유아 세례도 마찬가지입니다. 왜 유아 세례 논쟁이 지속될까요? 쟁점이 무엇입니까? 재세례파나 침례교회가 유아들의 세례를 반대하는 근본적인 이유가 무엇입니까? **세례가 '선물'이라는 사실**을 모르기 때문입니다. 우리가 하나님께 **단지 '받아들여진 존재'**라는 것을 잘 모르기 때문입니다.

물론 우리 편에서 결심과 결단을 합니다. 물론 우리 편에서 신앙고백을 합니다. 하지만 결심이나 결단이나 신앙고백은 **'받은 것을 확인하는 것'**이지, **'받은 것 그 자체'는 아닙니다.** 우리 편에서의 반응은 '받은 후의 반응'이지 '받기 위한 조건'이 아닙니다. 조건과 결과를 혼동하지 마십시오.

당연히 우리는 잘 반응해야 합니다. **하지만 그 반응이 주신 것 자체를 결정짓는 것은 아닙니다.** 우리는 잘못 받을 수도 있습니다. 두 손으로 받아야 하는데 한 손으로 받을 수도 있고, 엊그제 받았었는데 받은 사실을 잊어버릴 수도 있습니다. 하지만 내가 태도가 좋지 않거나 받은 것을 잊는 것이 **'받은 사실 자체를 없애 버릴' 수는 없는 것**입니다.

세례의 이러한 문제가 '견인'에서도 똑같지 않습니까? 왜 우리가 인내하게 됩니까? 문제의 초점은 역시 **인내 또한 선물이라는 사실을 내가 충실하게 받아들이느냐는 것**입니다. 인내를 '구원받은 후에 내가 하는 행위'라고 보느냐, 인내 또한 '선물'이라고 보느냐가 이 문제의 핵심인 것입니다.

아르미니우스주의자들이나 현대의 여러 기독교인들, 그리고 로마 교회는 인내를 '사람의 일'이라고만 보았기 때문에, 그들에게 확신 같은 것은 존재할 수 없습니다. 태풍이 몰아치는 바다의 부표처럼 하루에도 수십 번씩을 요동치는 자신에게 확신 같은 사치는 불가능합니다. 그러므로 확신이 의미가 있는 사람은 오직 우리의 닻줄을 튼튼하고 흔들리지 않는 항구에다 묶어 두고(히 6:19[148]) "인내 또한 선물입니다!"라고 고백할 수 있는 사람뿐인 것입니다.

---

148 ― 히 6:19 우리가 이 소망을 가지고 있는 것은 영혼의 닻 같아서 튼튼하고 견고하여 휘장 안에 들어 가나니

확신에 대해 생각해야 할 두 가지 주제

하이델베르크 교리문답 제54문답

하이델베르크 교리문답 제54문답은 "거룩한 보편적 교회에 관하여 당신은 무엇을 믿습니까?"라고 물은 후에 이렇게 대답합니다.

> 나는 하나님의 아들이 세상의 처음부터 마지막 날까지 모든 인류 가운데서 영생을 위하여 선택하신 교회를, 참된 믿음으로 하나가 되도록, 그의 말씀과 성령으로 자신을 위하여 불러모으고 보호하고 보존하심을 믿습니다. 나도 지금 이 교회의 살아 있는 지체이며, 영원히 그러할 것을 믿습니다.

이 교리문답의 내용은 '교회론'의 영역이지만, 견인과 관련하여 한 가지 질문할 점이 여기 있습니다. 대답의 제일 마지막 부분, 바로 **"나도 지금 이 교회의 살아 있는 지체이며, 영원히 그러할 것을 믿습니다."**라는 부분입니다.

이 문장을 두고 스스로에게 질문해 보십시오. 여러분은 "나도 지금 이 교회의 살아 있는 지체이다."라는 말에 동의할 수 있습니까? 아마도 대부분이 그렇다고 할 것입니다. 그러면 이어서 질문해 보십시오. 여러분은 **"영원히** 그러할 것을 믿습니다."에도 동일하게 "아멘!"할 수 있겠습니까?

이 문제가 대단히 심각하지 않습니까! 어떻게 우리가 '영원'을 말할 수가 있나요? 어떻게 날마다 바람에 흔들리는 꽃대들처럼 광풍 속에 흔들리는 인생이 도대체 어디에 믿을 데가 있어서 "나는 **영원히** 이 교회의 살아 있는 지체일 것입니다."라고 말할 수 있는 것입니까?

비슷한 것을 하이델베르크 교리문답 제1문답에서도 동일하게 확인해 볼 수 있습니다. 교리문답은 "살아서나"의 위로도 말하지만 동시에 "죽어서나"의 위로도 함께 말합니다. 그렇다면 당장 눈앞의 현실조차 변경시키기 어려울 때가 많고, 내 속마음을 나도 몰라서 적잖이 당황하는 때가 많은데, 이러한 연약하고 아무것도 아닌 내가 도대체 어떻게 "영원"을 말하며, "죽은 후에도" 위로를 말할 수가 있는 것입니까?

바로 이 지점입니다. 우리가 확신을 가질 수 있다는 것은 바로 이런 점들과 엮여 있는 것입니다. 우리는 진지하게 "내가 지금 이 교회의 회원인 것만큼이나 분명하고 확실하게 **영원히** 하나님의 교회의 일원일 것을 믿습니다."라고 말할 수 있습니다. 우리는 진심을 담아서 우리 구주 예수 그리스도께서 "살아서나"의 '주'이실 뿐 아니라 **"죽어서도"의 '주'**이심도 믿는다고 고백할 수 있습니다.

어떻게 이런 확신이 가능할까요? 이 확신은 어디에서 나왔습니까? 앞서 말한 대로, 확신이 없는 아르미니우스주의자들과 현대의 기독교인들 그리고 로마 교회, 이들과 우리와의 극명한 차이는 바로 **신실하신 하나님을 붙드는지 연약한 자기 자신을 붙드는지**에서 오는 것입니다. 우리는 분명하게 교리문답을 따라 말합니다.

> 나는 확신합니다! 나는 지금 내가 교회의 일원인 것이 분명한 것만큼이나 확실하게 영원히 하나님의 교회의 일원일 것을 확신합니다. 그것은 내가 마지막 숨을 거두는 날까지 참고 인내할 수 있다는 것을 나 스스로의 의지에 의해서 확신하는 것이 아니라 "신실하신 삼위 하나님께서 당신의 작정을 파기하지 않으시며", "당신의 중보를 취소하지 않으시며", "당신의 인 치심을 무효화하지 않으시기 때문"입니다.

신자는 실로 견인에 있어 **'확신하는 사람들'**입니다. 그러므로 여러분도 확신하십시오! 이어지는 신조의 내용들에서 우리는 "확신은 때론 흔들리기도 합니다."라는 사실도 함께 배울 것입니다. 그러나 제아무리 그런 때가 있다 하더라도 결코 변하지 않는 것이 있는데, 그것은 '우리가 조석변개(朝夕變改)하여도 하나님의 신실하심 때문에 우리는 반드시 끝까지 인내할 것이며, 절대로 이 확신을 놓지 않을 것'이라는 점입니다.

성경 인물들의 고백들에서

이 사실을 성경 인물들을 통해서도 한번 들여다봅시다. 우리는 이렇게 물을 수 있습니다.

> "정말 그렇습니까? 혹 우리가 믿는 이 사실, 곧 '성도의 확신은 분명하다'는 것은 어쩌면 우리의 기만이 아닙니까?"

이것을 성경에 물어보도록 합시다. 성경에 등장하는 믿음의 인물들은 정말 그렇게 살았습니까? 성경은 정말 아르미니우스주의자들이나 현대의 기독교인들, 또 로마 교회의 가르침이 옳다고 증언하지 아니하고, 정말로 교리문답과 신조의 가르침대로 신자에게는 확신이 있다고 증언하고 있습니까?

● 단순한 상기

이런 질문들에 대하여는 성경 본문을 떠올리기 전에 먼저 지극히 단순한 사실 하나만 떠올려 보면 금세 답이 나오기 마련입니다. 이렇게 한번 질문해 보십시오.

> 성경에 나오는 인물들이 정말 '하나님이 나를 택하셨을까?' 혹은 '내가 마지막 날까지 이 구원을 견지할 수 있을까?' 불안해하며 전전긍긍하면서 살아가는 모습을 보여 주고 있는가?

아마도 이 단순한 질문 하나만으로도 사실 많은 대답이 될 것입니다. 성경에 나오는 인물들은 전혀 그렇지 않아 보입니다. 성경에 나오는 우리 믿음의 선배들은 참으로 당당하게 하나님을 확신하며 살았습니다. 이 믿음의 용사들 중 그 누구도 "내가 지금 하나님을 굳세게 의지하고 있지만 10년 후는 장담 못해!"라고 하면서 살지 않았습니다. 이 사실만으로도 상당한 대답이 되지 않습니까? 확신은 분명한 것입니다.

● 로마서 8장

다음으로 로마서 8장을 생각해 봅시다.

> 누가 우리를 그리스도의 사랑에서 끊으리요? 환난이나 곤고나 박해나 기근이나 적
> 신이나 위험이나 칼이랴? 기록된 바 우리가 종일 주를 위하여 죽임을 당하게 되며
> 도살 당할 양 같이 여김을 받았나이다 함과 같으니라. 그러나 이 모든 일에 우리를
> 사랑하시는 이로 말미암아 우리가 **넉넉히 이기느니라.** 내가 **확신하노니** 사망이나
> 생명이나 천사들이나 권세자들이나 현재 일이나 장래 일이나 능력이나 높음이나
> 깊음이나 다른 어떤 피조물이라도 우리를 우리 주 그리스도 예수 안에 있는 하나
> 님의 사랑에서 끊을 수 없으리라_롬 8:35-39

불가지론이나 불확정성을 말하는 것이 세련된 신앙인 것처럼 생각하는 이들이
있습니다. 하지만 공부를 많이 한 바울 선생님은 "우리가 워낙 많은 것을 알고 공
부하고 나서 보니 인생의 거의 모든 일에 있어 분명하게 '그렇다'라고 말하는 것
은 참 어리석은 일임을 깨닫게 되었어."라고 말하지 않았습니다. 오히려 바울 선
생님은 정반대의 이야기를 합니다.

"넉넉히 이기느니라"(헬. 휘페르니카오)라는 말의 좀 더 정확한 뜻은 "압도적인 승
리를 얻다", "정복자보다 더 정복하다"라는 의미입니다. 사도는 우리가 '대략 이
긴다'고 하지 않고 "압도적 승리를 거둔다"라고 하였습니다.

더불어 사도는 **"내가 확신하노니"**라고 말했습니다. 우리말로 읽을 때 "내가 확
신하노니"는 사도 바울의 확신이지요. 하지만 헬라어에서 이 단어는 **수동태입니
다. 이 확신은 '하는' 것이 아니라 '되는' 것**이라는 말입니다. 이 단어의 의미는 '확
신'도 되고 '설득'도 됩니다. 따라서 사도가 말하고 있는 "내가 확신하노니"라는
말의 의미를 수동태를 살려 말하자면 **"나는 설득되었다", "나는 설복되었다"**입니
다. '내가' 확신하는 것이 아니라, 나는 확신'되고', 설득'되고', 설복'당하는' 것입
니다."

사도의 확신이 어디에서 나오고 있습니까? 하나님의 사랑이 결단코 끊어지지
않음을 나는 확신한다는 외침은 어디에서 나왔습니까? **하나님에게서** 온 것입니

다. 하나님이 확실하시므로 확신케 되는 것이고, 하나님께서 확신하게 하셨기 때문에 확신하는 것입니다.

● 시편 13편

시편을 생각해 보십시오. 시편 13편에서 다윗은 난관 속에서, 잔뜩 웅크린 가운데 불안 속에서 말하기 시작합니다.

> 여호와여 어느 때까지니이까 나를 영원히 잊으시나이까 주의 얼굴을 나에게서 어느 때까지 숨기시겠나이까_시 13:1

다윗은 두려워하고 있습니다. 좀 더 앞에 나오는 시편 11편에 의하면 "여호와는 의로우사 의로운 일을 좋아하시나니 정직한 자는 그의 얼굴을 뵈오리로다"(시 11:7)라며 하나님의 얼굴을 뵈올 것을 말했는데, 지금은 두려워하고 있습니다. 하나님께서 언제까지 얼굴을 가리우실지, 혹 나를 영영히 잊지는 않으실지 두려워하고 있습니다.

이런 다윗의 고백이야말로 우리 인생의 모습을 적나라하게 보여 주는 것입니다. 여러분은 캄캄한 밤에 아무도 없는 흉가에 들어갈 때 두려움을 느끼십니까? 귀신이 없다는 것을, 나에게 해코지할 수 없다는 것을 분명히 믿으시죠? 그런데도 왜 두려워하십니까? 세상 사람들이 말하는 그런 귀신 같은 것은 없다는 것을 확실히 아는데도 왜 두려워하십니까? 이런 사실은 **우리의 '지성'이 반드시 우리의 '느낌'과 일치하지는 않는다**는 것을 보여 줍니다. 마찬가지입니다. 다윗은 두려워하고 있습니다. 하나님께서 자신을 보지 않으실까 두려워합니다. 다음 말씀도 보십시오.

> … 두렵건대 내가 사망의 잠을 잘까 하오며, 두렵건대 나의 원수가 이르기를 내가 그를 이겼다 할까 하오며, 내가 흔들릴 때에 나의 대적들이 기뻐할까 하나이다_시 13:3-4

우리는 두려워합니다. 우리는 무서워합니다. 우리의 아는 바와 상관없이 우리의 감각은 인생의 어려움들을 만날 때에 본능적으로 이렇게 공포 가운데 잽싸게 들어가곤 합니다. 그러면 어떻게 될까요? 이토록 다윗이 두려워했으니 이 시편은 이 두려움과 공포로 끝나게 될까요? 시편 13편의 마지막은 이렇게 끝납니다.

> 나는 오직 주의 사랑을 의지하였사오니, 나의 마음은 주의 구원을 기뻐하리이다.
> 내가 여호와를 찬송하리니, 이는 주께서 내게 은덕을 베푸심이로다_시 13:5-6

시편 13편은, 그리고 이외에도 대다수의 시편들은 하나님의 백성들이 두려워하고 무서워하고 공포에 자주 빠지는 연약한 존재임을 묘사합니다. 하나님의 계심도 알고 하나님께서 나의 구주이심도 아는 주의 백성들이지만, 그럼에도 연약한 인간들이기 때문에 자주 두려움에 함몰된다는 것을 묘사하고 있습니다.

하지만 우리가 시편에서 발견하게 되는 것은, 동시에 어떠한 두려움과 공포도 궁극적으로 하나님의 백성을 넘어뜨리지는 못한다는 것입니다. 극소수의 시편을 제외하면 거의 모든 시편은 **고난과 고초와 방황과 절망을 말한 후에 '하나님을 의뢰함으로써 이 불안을 제거하는 것'**으로 마무리를 짓습니다.

이것이 신자의 삶이 아닙니까? 확신이야말로 신자의 진정한 표식이 아닙니까? 시편은 그야말로 인생의 각색 측면들이 나열되어 있지만, 이 인생의 각색 측면들은 그 어떤 것도 종국적으로 **시인을 굴복시키지는 못하는 것으로** 마무리됩니다. 시인은 시달립니다만, 반드시 눈을 들어 하늘을 본 뒤에 최종적으로는 안도하고 안심함으로써 시를 마칩니다. 이것이야말로 신자의 삶이 아니겠습니까! 이것이야말로 우리의 확신의 모습이 아니겠습니까! 하나님을 신뢰하기 때문에 불안하지 않는 삶! 이것이야말로 신자가 견인에 대하여 가질 진정한 확신이 아니겠습니까?

우리의 확신은 거짓되지 않습니다. 왜냐하면 이것이 **'나의 감정'으로부터 빚어진 거짓된 환상**이 아니기 때문입니다. 우리의 확신은 매우 **'객관적'**입니다. 그것은 '하나님께 기초하고 있다'는 점에서 객관적입니다. 우리의 확신은 흔들리지 않습니다. 우리 하나님께서 신실하시기 때문입니다. 세상은 흔들리고, 심지어 가장 견고한 바위와 산과 강들과 해양들도 모두 변하고 바뀌지만, 우리는 흔들리지 않습니다. 우리의 확신이 삼위 하나님께 기초해 있기 때문입니다.

이제 후로는 나를 위하여 의의 면류관이 예비되었으므로, 주 곧 의로우신 재판장이 그 날에 내게 주실 것이며, 내게만 아니라 주의 나타나심을 사모하는 모든 자에게 도니라 … 주께서 나를 모든 악한 일에서 건져내시고, 또 그의 천국에 들어가도록 구원하시리니, 그에게 영광이 세세무궁토록 있을지어다. 아멘_딤후 4:8, 18

제10조 : 이 확신의 근원

이러한 확신은 어떤 특별한 사적 계시가 말씀에 더하여지거나 혹은 말씀과 상관없이 주어짐으로써 생기는 것이 아니라 하나님께서 우리의 위로를 위하여 그분의 말씀에 매우 풍성하게 계시하여 두신 약속을 믿는 데서 생겨나고, 성령께서 우리의 영과 더불어 우리가 하나님의 자녀이자 상속자임을 증언하시는 것에서 생겨나며,ⁱ 끝으로 성도가 깨끗한 양심과 선한 일을 거룩하고 진지하게 추구하는 것에서 생겨납니다.ⁱⁱ 만일 하나님의 택하신 사람들이 승리에 대한 굳은 위로와 영원한 영광에 대한 이 확실한 보증을 이 세상에서 얻지 못한다면,ⁱⁱⁱ 그들은 세상 모든 사람 가운데서 가장 비참한 사람들일 것입니다.^{iv}

i 롬 8:16-17 성령이 친히 우리의 영과 더불어 우리가 하나님의 자녀인 것을 증언하시나니 자녀이면 또한 상속자 곧 하나님의 상속자요 그리스도와 함께 한 상속자니 우리가 그와 함께 영광을 받기 위하여 고난도 함께 받아야 할 것이니라 / 요일 3:1-2 보라 아버지께서 어떠한 사랑을 우리에게 베푸사 하나님의 자녀라 일컬음을 받게 하셨는가, 우리가 그러하도다 그러므로 세상이 우리를 알지 못함은 그를 알지 못함이라 사랑하는 자들아 우리가 지금은 하나님의 자녀라 장래에 어떻게 될지는 아직 나타나지 아니하였으나 그가 나타나시면 우리가 그와 같을 줄을 아는 것은 그의 참모습 그대로 볼 것이기 때문이니

ii 행 24:16 이것으로 말미암아 나도 하나님과 사람에 대하여 항상 양심에 거리낌이 없기를 힘쓰나이다

iii 롬 8:37 그러나 이 모든 일에 우리를 사랑하시는 이로 말미암아 우리가 넉넉히 이기느니라

iv 고전 15:19 만일 그리스도 안에서 우리가 바라는 것이 다만 이 세상의 삶뿐이면 모든 사람 가운데 우리가 더욱 불쌍한 자이리라

● 강해 본문 : 디모데후서 3장 14-17절

14 그러나 너는 배우고 확신한 일에 거하라 너는 네가 누구에게서 배운 것을 알며 15 또 어려서부터 성경을 알았나니 성경은 능히 너로 하여금 그리스도 예수 안에 있는 믿음으로 말미암아 구원에 이르는 지혜가 있게 하느니라 16 모든 성경은 하나님의 감동으로 된 것으로 교훈과 책망과 바르게 함과 의로 교육하기에 유익하니 17 이는 하나님의 사람으로 온전하게 하며 모든 선한 일을 행할 능력을 갖추게 하려 함이라

이 확신의 근원

딤후 3:14-17

사람은 누구든지 분명하지 못한 상태로 있는 것을 불안해하기 때문에, 자신이 믿거나 기대어 있는 것에 대해 마음에 든든한 지지가 있기를 바라게 됩니다. 더더욱 이것이 영원에 대한 것이라면 그 중대성은 이루 말할 수 없이 커집니다. 자신이 하나님의 참자녀인지, 혹은 자신이 진실로 중생한 성도인지 거듭거듭 묻는 사람들이 꽤 많은 것을 보면 신앙에 있어서 마음에 확신을 갖는 일은 단순하거나 작은 문제는 결코 아니라는 것을 알게 됩니다.

그런데 동시에 "확신이 필요하다", 혹은 "많은 신자들이 신앙의 확신에 대하여 관심이 많다"라는 사실은 거꾸로 **우리네 인생의 본질이 진실로 '확신이 없다'는 사실을 반증해 주는 것**이기도 합니다. 만약 사람들이 본성적으로 확신이 흘러 넘친다면 확신이라는 주제에 대하여는 도리어 관심이 없을 것입니다. 많은 신자들이 확신에 대해 질문하는 건, 확신이라는 것이 누구에게나 그렇게 강력하지 않다는 것이지요. 부족함을 느끼고 있고 확신이 든든하지 못하므로 확신을 바라는 것입니다.

그런 점에서 '확신'이라는 주제는 묘한 점이 있습니다. **누구나 안정을 갖기 원하고 안도를 얻기 원하기 때문에 확신을 바라지만, 정작 많은 이들이 확신 가운데 있지 않아서 이 주제에 관심이 많다니** 참 희한하다는 생각이 듭니다. 사실 어릴 적을 생각해 봐도 수련회 때 가장 자주 등장한 질문이 "당신은 구원의 확신이 있습니까?"가 아니었습니까?

신조는 이 확신을 다루면서 이제 '출처'에 관심을 가집니다. 9조에서 "확신이 있다"는 사실을 다룬 신조는 10조에서는 이 확신의 **'근원'이 무엇인지**를 살피고 있는 것입니다. 다음의 순서를 따라 10조를 생각해 봅시다.

> 첫째, 확신의 근원이 아닌 것은 무엇인가?
>
> 둘째, 그렇다면 참된 확신의 근원은 무엇인가?

첫째, 확신의 근원이 아닌 것

10조의 첫 부분은 이렇게 말합니다.

> 이러한 확신은 어떤 특별한 사적 계시가 말씀에 더하여지거나 혹은 말씀과 상관없이 주어짐으로써 생기는 것이 아니라

신조가 가르치는 '확신의 근원이 아닌 것'은 이 진술에서 쉽게 알 수 있습니다. 곧 **"어떤 특별한 사적 계시가 말씀에 더하여지는 것"**이거나 혹은 **"말씀과 상관없이 어떤 사적 계시가 주어지는 것"**입니다.

> 핵심 어구는 "사적 계시"이고,
>
> 이 사적 계시는 말씀에 "더하여지는 방식"으로서나
>
> 혹은 "말씀과는 전혀 상관없이 따로" 주어지는 것입니다.

왜 신조가 이런 방식으로 '아닌 것'을 말하고 있는지는 오류 5번을 읽으면 알 수 있습니다.

오류 5: 어떤 특별한 계시가 따로 주어지지 않는 한 신자는 자신이 장래에도 끝까

지 믿음의 인내를 나타낼 것이라는 확신을 이생에서는 결코 가질 수 없다.

이 진술을 통해, 아르미니우스주의자들은 '**보통으로는**', '**보편적으로는**' 신자에게 확신이란 없는 것인데, "**어떤 특별한 계시가 따로 주어지게 될 때에는**" 확신을 가질 수도 있다고 생각했음을 알 수 있습니다. 그리고 이들이 이렇게 생각한 이유는 앞서 여러 번 살폈듯이 '확신'이라는 주제 자체가 아르미니우스주의와 걸맞지 않기 때문입니다. 그들에게 있어 중생한 신자에게는 결코 '끝까지 견인할 것이라는 확신' 같은 것은 없습니다. 하지만 이렇게 주장하려고 하니 성경에서도, 주변에서도, 또 교회 역사 속에서도 너무나 굳건하게 확신을 가진 신자들이 많이 있거든요. 그러다 보니 울며 겨자 먹기로 이렇게 말한 것입니다.

> "통상적으로는 확신 같은 것은 없는 거야. 하지만 정말 누군가가 확신을 갖고 있다면 그건 정말 아주 특별한 경우에 해당되는 것이겠지."

특별한 무언가가 필요한 신앙: 은사주의의 예

아르미니우스주의자들이 말하는 이 사상의 커다란 잘못을 논파해 보도록 합시다. 이들의 주장에는 크게 두 가지 정도의 중대한 문제점이 있습니다.

첫째, 가장 중요한 것이면서 또 약간 변형되어 현대의 우리들에게서도 자주 발견되는 경향으로, 이런 주장은 우리의 신앙을 '**특별한 무언가가 필요한 신앙**'으로 만드는 경향이 있다는 문제를 갖고 있습니다.

은사주의를 예로 들어 봅시다. 주변의 은사주의적 교회나 은사주의적 성향을 가진 사람들에게서 쉽게 발견할 수 있는 중요한 특징이 하나 있는데, 곧 '**교만**'입니다. 말하자면 이런 생각입니다.

> '나는 특별한 것을 받았는데, 너는 그렇지 못한 불쌍한 신자로구나.'

은사주의적 성향을 가진 사람들은, 자기가 신비 체험을 가졌다면 상대가 목사이거나 신학 교수이거나 상관하지 않는 경향성을 가집니다. 무분별한 은사주의적 교회에서는 소위 '신령한 권사님'이나 '성령의 은사를 받으신 기도원 원장님' 같은 분들을 쉽게 볼 수 있는데, 이분들이 가진 공통의 특성은 목사나 신학 교수를 보고서도 그들이 자기들처럼 '신령한 능력'을 갖지 못했으면 무시하고 불쌍히 여긴다는 것입니다(이때 "불쌍히 여긴다"라는 것은 좋은 의미로 '긍휼히 여긴다'가 아니라 '깔본다'는 뜻이다).

왜 그럴까요? 나는 '경험한 사람'이고 저들은 '경험하지 못한 사람'이기 때문입니다. 나는 '고등의' 신자이고 저들은 '열등한' 신자인 것입니다. "나는 방언을 겪었는데 당신은 방언을 할 줄 모른다.", "나는 신유의 은사가 있는데 당신은 그런 은사가 없다.", "나는 기적을 체험했는데 당신은 그런 체험을 해 보지 못했다.", "그렇다면 당신은 그냥 **신앙의 저급한 단계**에 있는 사람이기 때문에, 그 사람이 누가 되었건 간에 나는 더 높은 수준의 사람이다." 이것이 은사주의자들의 사고방식입니다.

적어도 제가 경험한 테두리 안에서는 참으로 그런 것 같습니다. 그렇지 않은 것을 거의 못 본 것 같습니다. 은사주의가 창궐하는 곳에서는 거의 예외 없이 이런 증상이 발견됩니다. "나는 우위에 있다.", "나는 신앙적으로 당신이 알지 못하는 세계를 경험했다.", "나는 신앙적으로 더 높은 수준에 서 있다.", "나는 영적인 사람이고 당신은 그렇지 못하다." 실로 고질적으로 그렇습니다.

그러다 보니 은사주의권 안에는 반드시 저급한 '일반 신자들', 곧 이 은사를 경험하지 못한 사람들이 '은사를 경험한 사람들' 안으로 들어가고파 하는 욕구가 있습니다. 홀대받고 있으니 당연한 감정이겠지요. 이것을 '신앙의 열심'으로 여깁니다. 성경이 금하고 있는 '교만'에 의한 욕구인 줄도 모르고 말이지요.

신앙은 충분한 것

하지만 이런 류의 신앙이 가진 본질적인 문제점은 '단순히 교만'이 아닙니다. 실제는 이보다 훨씬 더 중요한 문제를 갖고 있는데, 이는 **신자를 두 부류로 구분한다는 것**입니다. '평민 신자'와 '귀족 신자'로 나누고, '특별한 사람'과 '일반적인 사람'으로 나눕니다. 이런 류의 신앙은 양상을 가지고 신자를 구분한다는 점에서 훨씬 더 본질적이고 심각한 문제가 있습니다.

성경이 가르치는 신앙은 '평등한 중생'이라는 측면에서 모두가 똑같습니다. 물론 사람들은 저마다 조금씩 성향이 달라서 어떤 이는 더 열심이 있고, 어떤 이는 더 충성하고, 어떤 이는 더 많이 헌신합니다. 하지만 성경이 가르치는 신앙은 그렇게 더욱 열정을 보이고 헌신하는 사람들을 향하여 "그러므로 당신이 더 나은 신자입니다."라고 하지 않습니다. 오히려 거꾸로가 아닐까요? 고린도전서 말씀을 보면 하나님은 "더 약하게 보이는 몸의 지체가 도리어 요긴하고"(고전 12:22)라고 했습니다. 주님께서는 "지극히 작은 자 하나에게 한 것이 곧 나에게 한 것"(마 25장)이라고 말씀하십니다.

말하자면, 성경은 우리에게 중생한 이후에도 '받아야 할 특별한 무언가'가 더 필요하다고 가르치지 않습니다. 중생한 정도에 머무르지 말고 더 '상급의 위치'로 나아가라고 가르치지 않습니다. 하나님께서는 우리가 구원받고, 하나님의 자녀가 되고, 또 영원히 하나님의 사랑과 은총을 받기에 '충분한 것'을 주셨습니다. '업그레이드가 필요한', 말하자면 옵션이 하나도 달려 있지 않은 깡통 차 같은 것을 주신 것이 아닙니다. 하나님께서 우리에게 구원을 주실 때는 "내가 주기는 하지만, 이 차는 아무런 옵션도 없으니 스스로 업그레이드를 해야 탈 만할 거야."라고 하지 않으셨습니다.

우리는 중생하고, 하나님의 자녀로 입양되고, 회개와 회심을 통하여 새로운 사람을 덧입었을 때, 하나님의 자녀로서 '충분하게' 입었습니다! 비록 앞으로 살아가면서 더 연마되어야 할지라도, 우리에게는 무언가가 더 필요한 것이 결코 아닙니다! 바로 이런 점에서 '모든 사람이' 똑같습니다! "그러나 너희는 랍비라 칭함을 받지 말라 너희 선생은 하나요 너희는 다 형제니라"(마 23:8). 중생한 신자들 중에 하나님께서 '더 고급 단계에 있다고 여기는 신자들'이 따로 있고 '아직 저급한 단계에 있다고 여기는 신자들'이 따로 있지 않습니다. 신자는 하나님 앞에서 모두 '충분한 것'을 받았습니다!

물론 우리는 더욱 자라야 합니다. 하나님의 자녀가 된 후에도 신앙적으로 더 성숙해야 하고, 더 나은 삶으로 감사를 드려야 하고, 좀 더 하나님의 기뻐하심을 향하여 발돋움해 나가는 삶을 살아야 합니다. 하지만 이것은 은사주의자들의 '차원이 다른 신앙'과는 전혀 다른 것입니다. **우리가 '성장해야 한다'는 사실은 필수적인 것이 결여되어 있다는 의미가 전혀 아닌 것입니다.**

은사주의자들의 사고방식에서는 '작은 사과'는 사과가 아닙니다. '작은 사과'는 '큰 사과'와 **본질적으로 다른 것**입니다. 하지만 우리가 믿는 신앙, 그리고 성경이 가르치는 신앙에서는 **'작은 사과도 충분히 사과'**입니다. 믿음이 작은 사람이라고 해서 하나님 나라에 들어가기에 무언가 부족한 것이 아닙니다. 이제 갓 믿기 시작한 사람이라 하더라도, 그래서 아직 신앙적으로 성숙에서는 부족하다고 하더라도, 그 사람은 **'충분히'** 구원받습니다. 그 사람도 **'충분히'** 하나님의 사랑을 입습니다. 두번째 경험을 하지 않은 사람, 은사 체험을 못한 사람, 방언을 하지 못하는 사람은 '나사가 하나 빠졌거나', 더 성숙한 존재로 진입하지 못한 '결격 사유를 가진 사람'이 아닙니다.

왜 이렇게 말할 수 있습니까? 우리가 받은 이 은혜가 **'선물'**이기 때문입니다. 우리가 받은 은혜는 '나의 성능'에 따라서 주어진 것이 아니라 '하나님의 성능'에 따라 주어진 것이기 때문에, 나의 어떠함과 관계가 없습니다. 그러므로 우리에게 구원을 주시는 하나님께서는 **우리에게 '충분한 것'을** 주셨지, 어떤 이에게는 더 뛰어난 것을, 어떤 이에게는 평범한 것을 주신 것이 아닙니다.

우리는 중생의 은혜를 '선물로' 받기 때문에, 내가 무엇을 보태는 치장이 있건 없건 그 자체로 충분합니다. 무언가 두 번째의 것이 덧붙여져야만 진짜배기가 된다고 믿는 사람은 **하나님께서 우리에게 주시는 '값없는 은혜'는 저렴하고 저차원적인 것이고, 그다음에 새롭게 경험해야 하는 두 번째의 것만이 진실로 가치가 있다고 믿는 셈입니다.** 그렇다면 우리는 '충분한 것'을 믿지 않는 것은 올바른 신앙이 아니라고 해야 합니다. 하나님께서 주신 것은 저차원적인 것이고 내가 노력해서 얻는 것이 고차원적이라고 믿는 사람을 어떻게 바람직한 신자라고 할 수 있습니까?

확신과 관련하여

동일한 주제, 곧 "충분한 신앙"이라는 주제를 '견인과 확신'이라는 견지에서 생각해 봅시다. 하나님께서는 은혜를 선물로 주셨습니다. 그렇다면 그것을 끝까지 **유지해 가는 것에 있어서도** 동일한 원리가 적용되는 것이 아니겠습니까? 우리는 '신앙'을 선물로 받았습니다. 복음을 받았고, 선물로서 구원을 얻었습니다. 그렇다면 구원의 은혜를 선물로 받은 것만큼이나 분명하게 **견인 역시, 주시는 은혜 그 자체로** 충분하지 않습니까?

구원 혹은 중생이라는 차를 선물로 받았는데, 받아 놓고 보니까 바퀴가 하나 없고, 창문에는 유리가 없고, 운전하려고 보니 핸들이 없는 것이 아닙니다. 우리는 이런 것을 '차'라고 부르지 않습니다. **'확신'조차 우리 구원에 필수적으로 딸려오는 것**입니다. 중생은 따로 받고, 인내는 따로 하고, 심지어 그렇게 인내하리라는 확신조차 옵션으로만 주어지는 것이 아니라는 것입니다.

> - 하나님은 우리에게 충분한 것을 이미 주셨고(중생),
> - 이것을 이루어 가시는 일에 있어서도(견인) 충분히 해 나가실 것이며,
> - 이것이 확실하게 이루어질 것을 우리 마음에 확신하게 하시는 일(확신)에 있어서도 분명하게 주십니다.

중생에도, 견인에도, 이에 대한 확신에도 결코 다른 무언가가 덧붙여 필요하지 않습니다. 칼뱅 선생님은 "우리가 이미 가진 것이 충분하다."라는 말을 "모든 것이 그리스도로 충분하다."라는 말로 설명했습니다.

> 우리는 우리의 모든 구원과 구원의 모든 부분이, 그리스도 안에 포함되어 있는 것을 알고 있다. 그러므로 우리는 **다른 어느 곳으로부터도 구원의 최소한의 부분이라도 끌어들이지 않도록 조심해야 할 것이다.**
>
> 우리가 구원을 원한다면 그 구원이 그리스도에게 있다는 사실을 '예수라는 이름을 통해' 배울 수 있다. 우리가 성령의 또 다른 은사들을 원한다면 '그리스도의 기름부으심 안에서' 그것들을 얻을 수 있다. 우리가 힘을 원한다면 그것은 '그리스도의 주권 안에서' 얻을 수 있다. 청결을 원한다면 이는 그의 '잉태 가운데서' 얻을 수 있다. 온유를 원한다면 그것은 '수난 속에서' 얻을 수 있다. … 성화를 원한다면 '그의 피에서' 얻을 수 있다. 화목을 원한다면 '그가 지옥에 떨어진 사실에서' 얻을 수 있다.

육체의 소욕을 금하기 원한다면 '그의 무덤에서' 그럴 수 있다. … 천국의 기업을 원한다면 '그의 승천에서' 받을 수 있다. 보호를 원한다면, 보증을 받고자 한다면, 천국의 기업을 원한다면 '그의 나라에서' 받을 수 있다. … 한마디로 말해서 그리스도 안에 모든 좋은 것이 풍성하게 넘치도록 쌓여 있으므로, 우리 모두 다른 곳이 아니라 오직 이 샘으로부터 실컷 마시자.[149]

우리는 '평범한 것'으로 만족합니다. 왜냐하면 **'평범한 것'이 '모든 것/전부'**이기 때문입니다. 하나님께서는 나에게 기초에 해당하는 것만을 주신 후에 **더 상위의 것은 네 힘으로** 얻으라고 하지 않으십니다. 더 차별적인 무언가를 기대한다면, 그것은 완전한 것을 주신 하나님을 비웃는 것이 됩니다.

> 특별한 무언가가 필요한 신앙, 그것은 옳지 않다.

둘째, 그렇다면 무엇이 확신의 근원인가?

"무엇이 확신의 근원이 아닌가?"를 다룬 후, 신조는 이어서 "그렇다면 무엇이 확신의 근원인가?"를 말하고 있습니다. 확신의 근원은 세 가지로 정리되어 있습니다.

확신의 근원 1: 말씀을 믿고 신뢰하라

히브리서 11장은 "선진들이 이로써 증거를 얻었느니라"(히 11:2)라고 말합니다. 여기 "증거를 얻었다" 할 때의 헬라어 단어는 '마르튀레오'인데 '마르튀스'에서 유래한 것입니다. '마르튀스'는 '목격자', '증인', '증거'라는 뜻입니다. 즉 우리 믿음의 선배들은 '목격자'로서, '증인'으로서 살았습니다.

내가 무슨 말을 더 하리요 기드온, 바락, 삼손, 입다, 다윗 및 사무엘과 선지자들의

---

149 ― Calvin, Institutes, II. xvi. 19. 번역은 로버트 L. 레이몬드, 『최신 조직신학』, 847 에서 인용.

일을 말하려면 내게 시간이 부족하리로다 그들은 믿음으로 나라들을 이기기도 하며 의를 행하기도 하며 **약속을 받기도 하며** 사자들의 입을 막기도 하며 불의 세력을 멸하기도 하며 칼날을 피하기도 하며 연약한 가운데서 강하게 되기도 하며 전쟁에 용감하게 되어 이방 사람들의 진을 물리치기도 하며 여자들은 자기의 죽은 자들을 부활로 받아들이기도 하며 또 어떤 이들은 더 좋은 부활을 얻고자 하여 심한 고문을 받되 구차히 풀려나기를 원하지 아니하였으며 또 어떤 이들은 조롱과 채찍질뿐 아니라 결박과 옥에 갇히는 시련도 받았으며 돌로 치는 것과 톱으로 켜는 것과 시험과 칼로 죽임을 당하고 양과 염소의 가죽을 입고 유리하여 궁핍과 환난과 학대를 받았으니 (이런 사람은 세상이 감당하지 못하느니라) 그들이 광야와 산과 동굴과 토굴에 유리하였느니라_히 11:32-38

히브리서 11장은 우리가 도저히 상상할 수 없을 정도의 놀라운 확신들을 가지고 담대하게 고통과 죽음에 맞선 이들을 예시로 증거하고 있습니다. 우리는 궁금해집니다. "어떻게 이들은 이렇게 담대하게 고통과 직면하면서도 자신들의 믿음을 끝까지 저버리지 않을 수 있었을까?" 이에 대한 대답이 13절에 있다고 생각합니다.

이 사람들은 다 믿음을 따라 죽었으며 **약속을 받지 못하였으되** 그것들을 멀리서 보고 환영하며 또 땅에서는 외국인과 나그네임을 증언하였으니_히 11:13

히브리서 11장에서 구약의 믿음의 선진들을 두고 "약속을 받지 못했다"라고 하는 것은 문자 그대로의 뜻은 아닙니다. 왜냐하면 그 앞에 읽었던 33절에 보면 이들이 "약속을 받기도 하며"라고 말씀하고 있고, 특히 6장 15절을 보면 아브라함을 두고 "저가 이같이 오래 참아 약속을 받았느니라"라고 말씀하고 있기 때문입니다.

그래서 히브리서 11장의 믿음의 선진들과 약속의 관계를 정확하게 말하려면 방금 읽은 13절 말씀을 따라 생각하면 됩니다. 그들은 **약속을 받았지만 "멀리서 보고 환영하는" 약속을** 받았습니다. 성취는 아직 오지 않았고 그들은 그것이 나중에 올 것이라는 사실만 받았습니다.

이 점에서 우리는 놀라운 사실을 발견하게 됩니다. 그럼에도 불구하고 어떠했습니까? 그들은 아직 '완성된' 약속을 받지 않았음에도 불구하고! 곧 흐릿한 약속, 멀리서 보고 환영하는 약속, 아직 구체적으로 오지 않았지만 어렴풋하게만 주어져 있는 약속만으로도 삶에서 용감하게 확신을 가지고서 살고 죽을 수 있었던 것입니다!

그러면 우리는 다음을 말할 수 있게 됩니다. "어떻게 그들은 그토록 담대한 확신 가운데 살고 죽을 수 있었나요?" **그 약속이 그들을 계속해서 이끌었기 때문입니다!** 15절과 16절입니다.

> 그들이 나온 바 본향을 생각하였더라면 돌아갈 기회가 있었으려니와 그들이 이제는 더 나은 본향을 사모하니 곧 하늘에 있는 것이라 이러므로 하나님이 그들의 하나님이라 일컬음 받으심을 부끄러워하지 아니하시고 그들을 위하여 한 성을 예비하셨느니라_히 11:15-16

그들은 본향을 사모했습니다. "나온 바 본향/고향을 생각했으면 돌아갈 기회가 있었겠지만", "나왔던 곳을 바라보지 않고 장차 올 본향/고향"을 바라보았습니다. 하나님께서는 이것을 끝까지 이루어 가시겠다는 **분명한 약속을 우리 믿음의 선진들에게 주셨으므로** 이들이 용감히 살아갈 수 있도록 붙드셨던 것입니다.

그렇습니다! 참으로 신조의 고백처럼, 믿음의 선진들의 확고부동한 확신의 삶들은 모두 하나님께서 그들에게 주셨던 약속이 그들을 굳세게 하고, 그들에게 위로를 주고, 그들을 이끌었기 때문입니다.

우리를 확신의 걸음으로 걸어가게 만드는 것이 무엇입니까? "확신의 첫째 요소는 하나님의 약속입니다."라고 말하는 것의 의미는 무엇입니까? **우리는 약속을 통해 하나님께서 우리를 그냥 내버려 두지 않으신다는 사실을 확신합니다.** 신자가 삶에서 어떤 어려움에도 불구하고 견고한 확신 속에서 이길 힘을 내고 있다면, 이 걸음은 하나님께서 그에게 주신 약속이 그를 이끌고 있기 때문인 것입니다.

확신의 근원 2: 성령께서 우리 안에서 증언하시는 것

신조가 두 번째로 제시하고 있는 확신의 근원은 "성령의 증언"입니다. 성령의 증언이 어떤 방식으로 우리 확신의 근거가 되는지는 요한복음 14장에서 볼 수 있습니다. 요한복음 14장에서 예수님은 십자가를 지시기 전 '성령'에 대해 가르치시는데, 여기에서 '고아'에 대한 이야기를 하십니다. 예수님께서 고아에 대해 이야기를 하셔야 하는 이유는 그분이 어딘가로 가시기 때문입니다.

> 내 아버지 집에 거할 곳이 많도다 그렇지 않으면 너희에게 일렀으리라 내가 너희를 위하여 거처를 예비하러 가노니_요 14:2

그런데 18절에서 주님은 이렇게 말씀하십니다.

> 내가 너희를 고아와 같이 버려두지 아니하고 너희에게로 오리라_요 14:18

십자가 죽음을 앞두신 주님, 또 조금 더 나아가서 승천하심으로 더 이상은 이 땅에 계시지 않게 되실 주님께서 제자들에게 주신 약속은 그들이 고아처럼 혼자 있게 되지 않으리라는 것입니다. 즉 제자들은 주님께서 "고아와 같이 버려두지 않으실" 것이기 때문에 걱정하지 않아도 됩니다. 승천하시는 주님이 어떻게 제자들을 고아와 같이 버려두지 않으실 수 있습니까? 그것은 그분께서 다시 오시기 때문입니다. "성령님"을 통해서 말이지요.

> 내가 아버지께 구하겠으니 그가 **또 다른 보혜사를 너희에게 주사 영원토록 너희와 함께 있게** 하리니 그는 진리의 영이라 세상은 능히 그를 받지 못하나니 이는 그를 보지도 못하고 알지도 못함이라 그러나 너희는 그를 아나니 그는 너희와 함께 거하심이요 또 너희 속에 계시겠음이라_요 14:16-17

16절에서도 17절에서도 **"너희와 함께"**라는 표현이 반복됨을 보게 됩니다. 성령님은 '주님께서 우리를 고아와 같이 버려두지 않고 함께 계시다'는 것을 보여 주시는 분입니다. 로마서 8장 16절 말씀은 "성령이 친히 우리의 영과 더불어 우리가 하나님의 자녀인 것을 증언하신다"라고 하였습니다. 신자가 자신의 자녀 됨을 의심하지 않고 확고하게 믿게 되는 것은 무엇 때문입니까? 우리의 확신은 무엇 때문입니까? **우리 속에 성령님께서 함께 계시며 증거하시기 때문**입니다. 아버지께서 우리를 끝까지 이끌고 가실 것을 우리가 알고 믿게 되는 것은 무엇 때문입니까? 우리는 고아가 아니라고! 우리는 하나님을 "아바 아버지라고 부를 수 있는"(롬 8:15) 분명한 그분의 자녀인 것이라고! 우리 속에서 성령님께서 증거하시기 때문입니다.

신조는 정확하게는 이렇게 말했습니다. 이 확신은 **"성령께서 우리의 영과 더불어 우리가 하나님의 자녀이자 상속자임을 증언하시는 것에서 생겨난다."** 내가 마지막 날까지 인내할 것이라는 확신은 내 속에 성령님께서 "너는 하나님의 자녀야!", "너는 상속자야!"라고 증언하시는 것에서 생겨납니다. 의심은 마귀가 주는 것입니다. 불안정한 심사는 우리의 육체적 정욕이 우리를 빠뜨리는 함정입니다. 그러나 성령께서는 우리에게 분명하고 확고한 자녀 됨에 대한 확신을 부어 주십니다!

확신의 근원 3: 신자의 깨끗한 양심과 선한 일을 추구하는 것

마지막 세 번째 확신의 근거는 "성도가 깨끗한 양심과 선한 일을 거룩하고 진지하게 추구하는 것에서" 생겨납니다. 요한일서 3장 3절은 신자의 선행에 관하여 말하고 있습니다.

> 주를 향하여 이 소망을 가진 자마다 그의 깨끗하심과 같이 자기를 깨끗하게 하느니라_요일 3:3

요한일서는 전반에 걸쳐 '행위로 드러나는 것이 참 믿음'이라고 강조하는 성경입니다. "하나님과 사귐이 있다"라고 말하면(1:6) "어둠에 행해서는 안 됩"니다(1:6). "빛 가운데 있다"라고 말하면(2:9) 행위에 있어서 형제를 미워해서는 안 됩니다(2:9). 바로 이런 요한일서의 주제 속에서 이 3장 3절 말씀은 **"왜 신자가 이렇게**

올바른 삶, 올바른 행실을 보일 수밖에 없는 것인가?"에 대한 대답입니다.

주를 향하여 소망을 가진 자마다 자기를 깨끗하게 합니다. 그런데 '누구처럼' 입니까? "그의 깨끗하심과 같이"입니다. 신자의 깨끗함은 그분으로 말미암습니다. 신자가 자기를 깨끗하게 하는 이유가 무엇입니까? **신자가 하나님을 닮았기 때문입니다!**

우리는 이 말씀을 통해서 신자인 우리가 경건하고 거룩한 삶을 살아가는 이유가 **'어떤 노력'이 아니라는 것**을 깨닫게 됩니다. 말하자면 우리는 경건하고 거룩하기 위하여 애를 쓴다고 해서 되는 일이 아니라는 것을 잘 알아야 합니다. 당연히 신자는 노력해야 합니다만, 이 말의 의미는 노력이 '동반'되지 말아야 함에 방점이 있는 것이 아니고 노력이(주체가 되어) 신자의 경건하고 거룩한 삶을 만드는 '근원적인 동력'이 아니라는 말입니다. 신자의 경건하고 거룩한 삶이란 전적으로 **'본성의 변화' 때문에 빚어지는 '열매'**입니다!

왜 우리는 깨끗하게 살아가려고 애를 쓰게 됩니까? 이는 고고한 삶을 유지하고픈 우리 개인의 욕망이기 이전에, 삶을 견실하게 만들고자 하는 우리의 노력이기 이전에, **우리의 성품이 이제는 하나님의 성품처럼 되었기 때문**에 나타나는 현상입니다! 이제 우리는 비록 죄의 욕망이 우리를 괴롭히긴 하더라도 선을 좇는 것이 참모습인 존재가 되었습니다!

아들은 아버지를 닮습니다. 따라서 신자가 경건과 거룩을 좇는 것은 그 변화된 본성을 좇아 살아가려는 자연스러운 방향입니다. 요한일서와 레위기는 그런 점에서 신자의 신자 됨이 무엇인지, 하나님 자녀의 본성이 무엇인지를 '행위'라는 측면에서 설명하고 있는 말씀입니다.

이 사실을 숙고한다면, **왜 이것이 우리 확신의 근거가 되는지**는 자명합니다. 신자가 선을 행하고 있다는 것은 자신의 본연적 품성을 드러내는 일입니다. 우리가 정말 하나님의 자녀라면 죄를 미워하고 선을 사랑할 것입니다. 우리가 정말 하나님의 자녀라면 악과 더러움을 멀리하려 하고 경건하고 거룩한 일을 위하여 자신을 드리려 할 것입니다. 그렇기 때문에 신자가 선을 행하고 있다는 사실은 단순히 그의 어떤 행실을 보여 준다기보다 **그가 누구인지를 보여 주는 바로미터**가 됩니다. 신자가 자신의 삶을 돌아볼 때 거룩하고 진지하게 하나님의 법을 따라 선을 향하여 살아가고 있다면, 그 행하고 있는 선한 일은 단순히 '나의 열심'을 보여 주는 것이 아니고 **'주께서 여전히 나의 인내를 이루어 가고 계시는구나!'**를 깨닫게 해 주는 것이기 때문입니다.

그러므로 우리는 '삶의 내용'을 통해서도 위로받습니다! 비록 내 삶이 엉망진창일 때가 많고, 어떤 때는 심히 곤고할 때도 종종 있거니와, 그럼에도 불구하고 내 삶에 꽃처럼 피어나는 선행의 향기들은 '내가 여전히 하나님 안에 있음'을 보여 주는 징표입니다. 나는 혹 가끔은 역한 배설물과 같은 냄새를 좇을 때도 있지만, 그럼에도 내 마음과 내 중심은 하나님을 사랑하고 그분의 뜻을 따라 살아가는 것을 목표로 하고 있다는 것을 발견할 때마다, 또 범한 죄 때문에 괴로워하고 그 죄의 영향력으로부터 벗어나기 위하여 발버둥치고 있는 내 모습을 볼 수 있을 때마다, 무엇보다 그 가운데 '하나님께서 여전히 내 속에서 역사하고 계심'을 발견하기 때문입니다.

그렇습니다. "하나님께서 우리와 함께 계시다!"라는 말은 헛 위안이 아닙니다. 이것은 '긍정의 힘' 따위가 아닙니다. 삼위 하나님께서는 '실제로' 우리와 함께 계시면서 끊임없이 우리에게 확신의 근거, 단초들을 제공하고 계십니다.

제11조 : 이 확신을 항상 느끼는 것은 아님

그렇지만 다른 한편으로, 성경에서는 신자들이 이 세상에서 살아갈 때에 육신의 여러 가지 의심과 싸워야 하고, 극심한 시험 가운데서도 이렇게 완전한 믿음의 확신과 견인(堅忍)의 확실성을 항상 느끼며 사는 것은 아니라고 증언합니다. 그러나 모든 위로의 아버지이신 하나님께서는 그들이 감당할 수 없는 시험을 당하도록 허락지 않으시고, 또한 시험을 당할 때에 피할 길을 내시며,[i] 성령으로써 그들 안에서 견인의 확신이 다시 회복되게 하십니다.

i 고후 1:3 찬송하리로다 그는 우리 주 예수 그리스도의 하나님이시요 자비의 아버지시요 모든 위로의 하나님이시며 / 고전 10:13 사람이 감당할 시험 밖에는 너희가 당한 것이 없나니 오직 하나님은 미쁘사 너희가 감당하지 못할 시험 당함을 허락하지 아니하시고 시험당할 즈음에 또한 피할 길을 내사 너희로 능히 감당하게 하시느니라 / 딤후 4:17-18 주께서 내 곁에 서서 나에게 힘을 주심은 나로 말미암아 선포된 말씀이 온전히 전파되어 모든 이방인이 듣게 하려 하심이니 내가 사자의 입에서 건짐을 받았느니라 주께서 나를 모든 악한 일에서 건져내시고 또 그의 천국에 들어가도록 구원하시리니 그에게 영광이 세세무궁토록 있을지어다 아멘

● 강해 본문 ① : 마태복음 14장 22-33절

22 예수께서 즉시 제자들을 재촉하사 자기가 무리를 보내는 동안에 배를 타고 앞서 건너편으로 가게 하시고 23 무리를 보내신 후에 기도하러 따로 산에 올라가시니라 저물매 거기 혼자 계시더니 24 배가 이미 육지에서 수 리나 떠나서 바람이 거스르므로 물결로 말미암아 고난을 당하더라 25 밤 사경에 예수께서 바다 위로 걸어서 제자들에게 오시니 26 제자들이 그가 바다 위로 걸어오심을 보고 놀라 유령이라 하며 무서워하여 소리 지르거늘 27 예수께서 즉시 이르시되 안심하라 나니 두려워하지 말라 28 베드로가 대답하여 이르되 주여 만일 주님이시거든 나를 명하사 물 위로 오라 하소서 하니 29 오라 하시니 베드로가 배에서 내려 물 위로 걸어서 예수께로 가되 30 바람을 보고 무서워 빠져 가는지라 소리 질러 이르되 주여 나를 구원하소서 하니 31 예수께서 즉시 손을 내밀어 그를 붙잡으시며 이르시되 믿음이 작은 자여 왜 의심하였느냐 하시고 32 배에 함께 오르매 바람이 그치는지라 33 배에 있는 사람들이 예수께 절하며 이르되 진실로 하나님의 아들이로소이다 하더라

● 강해 본문 ② : 고린도전서 10장 12-13절

12 그런즉 선 줄로 생각하는 자는 넘어질까 조심하라 13 사람이 감당할 시험 밖에는 너희가 당한 것이 없나니 오직 하나님은 미쁘사 너희가 감당하지 못할 시험 당함을 허락하지 아니하시고 시험당할 즈음에 또한 피할 길을 내사 너희로 능히 감당하게 하시느니라

확신이 흔들릴 때

마 14:22-33; 고전 10:12-13

스킬더는 그의 『그리스도와 문화』[150]에서 참된 문화는 오직 그리스도인들을 통해서만 펼쳐질 수 있을 뿐이며, 그런 점에서 불신자들이 문화를 융성시키고 있는 것은 '일종의 찬탈'임을 말했습니다. 또한 그럼에도 불구하고 이 땅에서 1) 교회가 완전하고 올바른 문화만을 갖고 있지도 않으며, 2) 세속 문화가 반드시 악한 것만도 아니라는 사실에 대해 이유를 두 가지로 설명하고 있습니다.

첫째는, "재료를 공유하고 있기 때문"이라고 합니다. 이것은 어떻게 불신자들도 괜찮아 보이는 문화를 만들어 낼 수 있는지에 대한 대답이 됩니다. 곧 모든 좋은 것이 하나님으로부터만 나옴에도 불구하고, 어떻게 불신자들이 학문이나 음악, 미술 등의 예술, 기타 우리가 깜짝 놀랄 만한 선하고 아름다운 것들을 만들어 낼 수 있는지에 대한 대답입니다.

"재료를 공유하고 있다"라는 말의 뜻은 비록 불신자들이 악하다 하더라도 하나님께서 지어 놓은 세상의 선한 것들을 재료로 하여 무언가를 만들어 내는 이상, 그것이 전적으로 악할 수는 없다는 것입니다. 사람의 창작 행위는 모두 하나님께서 이미 세상에 주신 것을 가지고 만들어 내는 것일 수밖에 없는데, 그 도구가 되는 재료들이 모두 하나님의 솜씨에 의해 빚어졌기 때문에 비록 죄로 인하여

---

150 — 클라스 스킬더, 『그리스도와 문화』, 손성은 옮김 (서울: 지평서원, 2017).

망가졌다 하더라도 '전적으로 나쁜' 결과물만 나오는 것은 아니라는 것이지요.

둘째는, "아직 완성이 아닌 이 땅에서는, 불신 세계도 완전한 지옥이 아니고, 교회도 완전한 천국이 아니기 때문"이라는 것입니다. 하나님께서는 특별한 목적과 특별한 섭리의 이유 때문에 이 세계를 죄악이 잠식하고 있는 채로 오래 유지하기를 원하셨습니다. 이렇게 하심으로써 하나님의 영광과 구속의 은혜가 이 세상 역사 속에서 흘러넘치도록 하셨습니다. 따라서 하나님께서 이런 방식으로 세상을 유지하기로 하신 이상, 세상은 한편으로 지옥이 된 것도 아니면서 동시에 다른 한편으로 교회가 천국이 된 것도 아닙니다. 세상에도 하나님께서 은총을 베푸시는 영역이 있고, 교회 또한 하나님의 구속이 실현된 장(場)임에도 마지막 때가 되기까지는 완전해지지 않습니다.

이 사실은 우리에게 '**교회는 인내해야 하며**, 자신들이 가지고 있는 것들이 하나님의 말씀에 완벽하게 부합된 것이 아니라는 점을 늘 명심해야 한다'는 것을 상기시킵니다. 세상도 지옥이 된 것이 아니기에 신자는 **세상을 너무 무시하거나 경멸해서도** 안 됩니다. 아직은 우리에게도 부족이 있고 저들에게도 좋은 것이 있기 때문에 한편에 치우쳐 극단적으로 생각해서는 안 되는 것입니다.

스킬더의 논제에 비추어 우리에게 항상 있을 수 있는 한 가지 양태를 근절해야 하는데, 바로 '**극단적 사고방식**'입니다. 우리는 지금 '견인의 확신'에 대해 배우고 있습니다. 그런데 이 '견인의 확신'을 지나치게 극단적으로 생각해서는 안 된다는 것이 요지입니다. 실제로 이런 사람들이 있습니다.

어떤 사람들은 자신이 확신을 갖고 있을 때 확신이 없어 보이는 지체들을 쉽게 폄하하거나 비판합니다. "어떻게 신자가 저렇게 행동할 수 있어?"라는 말을 아주 쉽게 합니다. 이런 태도는, 어떤 사람들은 커다란 시험에 빠져 있어서 우리가 상시 기대할 수 있는 그런 신자로서의 모습을 **못 가질 수도 있다는 생각이 결여**되어 있기 때문입니다.

동시에 이들은 자신이 확신과 멀어지게 되는 상황이 벌어지면, 이제 참담해 합니다. 자신이 확신이 넘칠 때는 다른 이들을 향해 비난의 화살을 발했다가도 스스로 확신이 떨어지게 되면 그 사실이 **자기는 하나님의 자녀가 아님을 증거하는 것이라고 생각하면서** 괴로워하는 것입니다. 그래서 어떤 경우에는 극단적 행동을 할 수도 있습니다. 신앙을 저버리거나, 하나님을 비방하거나, 그런 고약한 현실을 주신 하나님께 대해 불만의 마음을 가집니다.

이런 상황들을 전제하여 11조의 내용이 주어졌습니다. 우리 선배들은 대단히 주의 깊게 목회적 현장을 바라보았으며, 사람으로서의 신자에 대해 깊은 관심을 갖고 있었습니다. '극단적 사고방식'에 대한 신조의 가르침이 다음 문장으로 요약됩니다.

> 신자의 믿음과 신실함이 이 세상에서는 완전하지 않은 것처럼 믿음의 확신 역시 이 세상에서는 완전하지 않다.

극단적 사고방식에 대한 올바른 대처법이란 무엇이겠습니까? 어렵지 않습니다. 내가 완전하지 않다는 것을 상기하는 것입니다.

> 우리는 '**믿음에 있어**' 이 땅에서 완전하지 않습니다.
> 마찬가지로 우리는 '**믿음의 확신에 있어서도**' 역시 완전하지 않습니다.

신조 11조의 제목은 "이 확신을 항상 느끼는 것은 아님"입니다. 그렇습니다. '믿음의 확신'은 확연한 것이지만 적어도 이 땅을 살아가는 동안 우리에게는 이 또한 '완전하게' 주어지지는 않습니다. 달리 말하자면 제아무리 신실하고 확신에 찬 신자라도 살아가다 보면 의심의 구렁텅이에 떨어질 때도 있고 복잡한 심경들이 얽히게 되는 때도 있다는 것입니다. 우리는 **항상 동일하게 신실하고 견고하지는** 않습니다.

확신의 느낌과 의심/시험

확신의 느낌

하나님께서는 사람이 이 땅에서 살아가는 동안에는 필연적으로 우리의 마음에 확신이 있다 하더라도 이것을 '완전하게' 가질 수 있도록 허용하지는 않으셨습니다. 하지만 이 말은 잘 생각해야 합니다. 확신을 완전하게 갖지 못한다는 것은 '견인의 확실성이 불확실하다'는 의미는 아닙니다. 오히려 신조의 표현에 주의하십시오. 신조는 **"확신이 분명한 것이 아님"**이라고 하지 않고, **"이 확신을 항상 느끼는 것은 아님"**이라고 하였습니다. 즉 신조는 '확신이' 분명하지 않다고 한 것이 아니라 '확신의 느낌이' 분명하지 않다고 하였습니다. 우리의 불완전함, 곧 확신에서의 불완전함은 '견인이 마지막까지 분명코 지속되리라는 확실성에서의 불완전'이 아니라 '인간으로서 겪게 되는 느낌에서의 불완전'입니다. 11조의 진술입니다.

> 완전한 믿음의 확신과 견인의 확실성을 **항상 느끼며 사는 것은** 아닙니다.

우리가 앞서 배운 대로 견인에 대한 확신은 **분명한 것**입니다. 왜냐하면 우리의 견인은 '하나님의 말씀이 주시는 풍성한 약속의 위로' 때문에, 또 '우리 영과 더불어 우리의 상속자 됨을 증언하시는 성령님' 때문에, 그리고 '우리의 삶에서 필연적으로 나타날 수밖에 없는 여러 가지 증거들' 때문에 분명한 것입니다. 따라서 우리는 이 견인을 '확신'해야 합니다.

하지만 우리는 불완전한 육신을 입고 살아가는 존재의 특성 때문에 견인에 대한 확실성이 분명하고 확고하다 할지라도 **'어떤 때에는 못 느끼기도'** 합니다. 따라서 '못 느낀다'는 것은 확실성이 흔들리는 것이 아니라 '확신에 대한 우리의 느낌이 흔들리는 것'입니다.

이 점에 유의합시다. 우리는 감각에 의존하여 '느끼는 것이 실재(實在)'라고 생각하기 쉽습니다. 죄 때문에 우리의 감각은 왜곡되어 있습니다. 느껴지는 것들이 실제로는 그렇지 않을 수 있습니다. 그림자 뒤에 태양이 숨어 있다고 해서 태양이 사라진 것이 아닙니다. 하지만 우리는 그렇게 느끼곤 합니다. 이것이 우리 오감의 연약함이며, 이것이 견인에 대한 확신의 불완전함이 내포하는 참된 의미입니다.

의심과 시험

그러면 이제 무엇을 다루어야 할지가 다소 분명해졌다고 생각합니다. 말하자면 우리는 지금 '감정'을 다루고 있는 것입니다. 하나님은 견고하시고, 그분이 우리의 견인을 인도하시므로 마지막까지 인내하리라는 사실이 분명하더라도 우리의 '확신 감정'은 자주 흔들립니다. 그리고 신조는 이에 대한 답을 정확하게 주고 있습니다. 무엇이 우리로 하여금 이 견인의 확실성에 대한 느낌이 흔들리도록 만듭니까?

> 신자들은 이 세상에서 살아갈 때에 육신의 여러 가지 의심과 싸워야 하고, 극심한
> 시험 가운데 … 항상 확신을 느끼며 사는 것은 아니다.

두 가지를 말하고 있습니다. 신자들에게서 견인의 확실성에 대한 느낌을 지우는 두 가지, 우리의 감정으로 하여금 담대한 확신으로부터 자꾸만 멀어지게 만드는 두 가지의 주된 적은 바로 **"의심"**과 **"시험"**입니다.

● 베드로의 예
'의심'과 '시험'이 동시에 나오는 가장 대표적인 말씀인 마태복음 14장 31절 말씀을 생각해 보겠습니다.

> 예수께서 즉시 손을 내밀어 그를 붙잡으시며 이르시되 믿음이 작은 자여 왜 의심
> 하였느냐 하시고_마 14:31

예수님께서 기도하시려고 따로 가셨고 밤이 되었습니다. 제자들은 예수님을 찾아 배를 타고 건너가려 했지만 풍랑으로 인하여 쉽지 않은 상황이었습니다. 바로 그때 예수님께서는 바다 위를 걸어서 제자들에게 오셨고 이를 본 열혈 제자 베드로는 주님께 말합니다.

> 주여 만일 주님이시어든 나를 명하사 물 위로 오라 하소서_마 14:28

베드로의 상태에만 집중해서 보십시오. 베드로는 주님께서 허락하시자 실제로 물 위를 걸었습니다. 거리가 얼마나 되는지는 모르겠습니다. 하지만 29절을 보면 베드로는 분명히 물 위를 걸어 예수님께로 다가갔습니다.

그런데 문제가 발생합니다. 베드로는 갑자기 물에 빠지기 시작했고 주님께 구해 달라고 소리칩니다. 예수님께서는 물에 빠지고 있는 베드로를 붙드시면서 말씀하십니다.

> 믿음이 작은 자여 왜 의심하였느냐?_막 14:31b

여기서 예수님께서는 다름 아닌 **'의심'**을 다루고 계심에 유의합시다. 신약 성경에서 '의심'이라는 단어는 몇이 있지만, 통상 '의심'에 사용되는 단어와 여기 주님께서 말씀하시는 단어는 좀 다릅니다. 여기 예수님께서 사용하신 단어는 신약 성경에 두 번밖에 사용되지 않은 단어인데, 아마도 우리가 지금 다루는 '의심'이라는 주제에 가장 걸맞는 단어가 아닐까 생각합니다.

이 단어의 주된 뜻은 **그야말로 어떤 사실에 대하여 '의심을 가지는 것'**입니다. 신약 성경에서 우리말로 "의심"이라고 번역된 다른 단어들은 보통 기본적으로는 '판단하다'라는 뜻을 가진 단어도 있고(헬. 디아크리노), '심사숙고나 토론'(헬. 디알로기스모스)의 의미를 가진 단어도 있고, '당황하다', '어리둥절하다'라는 뜻을 가진 단어도 있습니다(헬. 아포레오). 그런데 이 모든 다른 단어들이 생각, 판단, 심사숙고 등의 의미를 가진 반면 예수님께서 사용하신 "의심하였느냐"는 **명확하고 명백하게 '의심'을 가리키는 말**입니다. 여기 말고 다르게 한 번 더 사용된 곳은 부활하신 예수님을 보는 제자들 중에서 의심하는 자가 있었다고 말하는 마태복음 28장 17절에서입니다.

> 예수를 뵈옵고 경배하나 아직도 의심하는 사람들이 있더라_마 28:17

즉 여기에서 우리는 베드로가 물에 빠진 가장 근본적인 원인이 그야말로 이 '의심', 단어적 의미 그대로의 이 '의심'에 있다는 것을 기억해야 합니다. 주님은 말씀하십니다.

> "너는 의심 때문에 물에 빠지게 된 것이다."

이것이 예수님께서 물에 빠진 베드로를 건지시면서 다른 어떤 말씀도 아닌 "왜 의심하였느냐?"라고 말씀하신 이유입니다.

그러면 베드로는 무엇을 의심한 것일까요? 중요한 힌트가 첫째, 베드로가 물에 빠지게 된 원인과 둘째, 예수님의 말씀 속에 있습니다. 먼저 물에 빠지게 된 원인을 보십시오.

> 바람을 보고 무서워 빠져 가는지라_마 14:30a

베드로는 왜 물에 빠지게 되었습니까? "바람을 보고 무서워" 빠진 것입니다. 환경입니다. 환경적 어려움입니다. **상황적 시험**이죠. 그래서 제가 이 본문을 '의심'과 '시험'이 함께 나오는 본문이라고 한 것입니다. **베드로는 '의심'했는데, 무엇 때문에 의심했는가 하면 '환경적 시험', '상황의 어려움' 때문**이었습니다. 그렇다면 이 주제는 다음과 같이 정리가 가능합니다.

> 의심은 언제 오는가? 시험 때문에 의심이 오게 된다.

다음, 둘째를 생각해 봅시다. 예수님의 말씀을 여기에 덧붙여 보십시오. "왜 의심하였느냐?" 하실 때 주님은 더불어 무엇을 말씀하셨습니까? **"믿음이 작은 자여!"** 그렇습니다. 왜 베드로는 의심했습니까? 왜 베드로는 환경 때문에 시험에 들어 무서움에 빠져들어갔습니까? "믿음이 작았기 때문"입니다. 즉 환경의 시험 때문에 베드로가 의심으로 빠져들어 갔을 때 그렇게 된 이유는 그가 믿음이 작았기 때문이라는 말입니다. **믿음과 의심은 반대**니까요. 따라서 이 내용들을 종합해 보았을 때, 베드로의 정황은 다음과 같은 방식으로 진전되어 갔음을 깨닫게 됩니다.

처음 그가 본 것은 환경/상황이었습니다. 바람이 세게 불었겠죠. 그래서 마음속에 '자연스런 공포'가 일어났을 것입니다. 하지만 그것이 단지 자연스런 공포일 뿐이었다면 주님께서 그에게 "믿음이 없는 자여"라고 하지 않으셨을 것입니다. "왜 의심하였느냐" 하지 않으셨을 것입니다. 이런 종류의 환경을 만났을 때 더 근본적인 문제는 환경적 어려움, 소위 '시험'이 닥치자 그의 마음속에 **자신을 물 위로 걷게 하신 그분에 대한 의심이 생겨났던 것**입니다. 물에 발을 내디딜 때만 해도 천지 만물의 주이시며 하나님의 아들이신 분께 대한 확고한 믿음이 있었으나 환경이/시험이 그를 몰아치니까 바로 그 사실, 곧 **예수께서 누구신지에 대한 분명한 믿음에 의심이 스며들기 시작**했던 것이지요.

이 사실은 우리에게 중요한 사실을 가르쳐 줍니다. 많은 경우 우리네 삶에서 먼저 일어나는 것은 환경적 어려움입니다. 소위 '시험'이 닥칩니다. 생활의 것일 수도 있고 심리적인 것일 수도 있습니다. 주변 사람들을 보고 어떤 감정이 일어나는 경우도 있습니다.

그런데 중요한 것은 그다음입니다. 다음으로 우리에게 어떤 일이 일어납니까? 소위 **'시험'이 있고 나면, 그 시험이 이제 우리의 감정을 요동치게 만듭니다.** 베드로가 물 위를 걸은 일은 불가능이 가능케 된 위대한 일임에도 불구하고 그렇게 평생을 기이한 보살핌으로 보살펴 오신 하나님께 대한 의심이 마음속에 싹트게 됩니다. 항상 **'의심'이 '믿음의 반대말'**인 것을 기억하십시오. 믿음의 태도가 누그러지고 거기에 의심이 생기게 됩니다.

그러면 이제 그 의심이 우리를 어떤 감정으로 몰아갑니까? '엇? 혹시 나는 마지막까지 인내할 사람이 아닌 건가?' 곧 견인에 대한 확실성을 의심하게 만들고, 확신 감정에 서서히 금이 가게 만듭니다.

● **어떻게 해야 할까?**

실제로 우리는 이런 일을 종종 만납니다. 시험을 만나기도 하고, 그래서 의심이 일어나기도 하고, 그러다 보면 확신이 희미해지는 감정적 경험을 하기도 합니다. 그러면 이런 일을 만날 때 우리는 어떻게 해야 합니까? 무엇이 여기서부터 우리를 건져 낼 수 있습니까? 다시 베드로로 돌아가 봅시다.

저는 어릴 때부터 베드로가 물에 빠지는 이 장면을 보고 궁금했던 사실이 있습니다. 베드로는 어부였습니다. 그런데 왜 물 위를 걷기를 실패하여 물에 빠져들어 가게 되었을 때, **수영으로** 그 상황을 빠져나오려 하지 않았을까요? 베드로는 물질에 잔뼈가 굵었던 사람입니다. 우리 주변에도 평생을 이런 류의 일을 해 오신 분들이 있는데, 사실 물에서 이리저리 다니는 일은 어부로 평생을 살아온 베드로에게는 전혀 어렵지도 낯설지도 않은 일이었을 것입니다. 그런데 왜 베드로는 자기가 헤엄치지 않고 주님께 건져 달라고 했을까요? 단지 풍랑이 너무 거세서, 헤엄으로 이겨 낼 수 없었기 때문입니까?

여기 "그렇다면 우리가 어떻게 해야 할까?"의 중요한 대답이 들어 있습니다. 마가복음 9장에서 귀신 들린 아들을 주님께 치료받기 위하여 데리고 온 사람은 이렇게 말합니다.

> 주여 무엇을 하실 수 있거든 우리를 불쌍히 여기사 도와주옵소서_막 9:22

이 이야기를 들으신 주님께서는 이 사람을 꾸짖으십니다!

> 할 수 있거든이 무슨 말이냐 믿는 자에게는 능히 하지 못할 일이 없느니라_막 9:23

바로 여기입니다! 주님의 꾸짖음을 들은 이 사람은 주님께 이렇게 반응했습니다.

> 내가 믿나이다. **나의 믿음 없는 것을 도와주소서!**_막 9:24b

놀라운 말씀입니다! 바로 여기에 기독교의 기이한 역설이 들어 있습니다! 어찌하여 이 사람은 한편으로는 "내가 믿나이다."라고 말하면서, 동시에 "나의 믿음 없는 것"을 말할 수 있을까요? 여기, 우리가 **인생으로서는 어쩔 수 없는 '의심'이라는 감정들을 만날 때 어떻게 대처해야 하는지에 대한 답**이 들어 있습니다! 의심은 정말 어쩔 수 없는 일입니까? 솟아나니까 어쩔 수 없는 일인가요? 아닙니다! 오히려 우리는 이렇게 말해야 합니다.

"나의 믿음 없는 것을 도와주소서!"

'믿음'만 주님을 의지해야 하는 일이 아니고 **'믿음 없음을 떨치고 믿음을 향해서 나아가는 것조차도'** 주님을 의지해야 하는 일입니다. 왜 베드로는 수영하지 않았을까요? 만약 그가 물에 빠져들어 가고 있는 것이 단순히 환경으로 인한 '시험'의 문제가 아니라 그분께 대한 '의심'의 문제였다면, **거기에서 수영하는 것은 어리석은 짓입니다!** 나의 연약으로 인하여 믿음이 흔들리고 있을 때 가장 하지 말아야 할 짓 중 하나가 **내 능력으로 그 난관을 벗어나 보려고 하는 일**입니다. 이때 가장 현명하고 지혜로운 방법은 "주님 살려 주십시오!"라고 하면서 손을 주께로 뻗는 일입니다.

자, 정리해 봅시다.

> ① 견인에 대한 확신이 우리에게 항상 있지 않은 이유는 견인의 확실성의 문제가 아니라 우리의 느낌 때문이다.
> ② 신조는 이렇게 우리의 마음을 쥐고 흔드는 주적이 '의심'과 '시험'이라고 고백했다.
> ③ 의심과 시험이 우리를 든든한 믿음으로부터 흔들어 떨어뜨리려고 할 때 우리가 해야 하는 일은 "나의 믿음 없는 것을 도와주소서!"이다.

우리는 지금도 흔들리는 감정 위에 살아가고 있습니다. 그러나 굳센 확신 가운데 살기 위하여 **이 감정의 상태에 따라 지나치게 요동하지 맙시다**. 오히려 이러한 흔들리는 감정들을 겸허하게 인정하고, "주여! 나의 의심 많은 상태를 그대로 받아 주시고, 주께서 나를 견고하게 하옵소서!"라고 하며 구하도록 합시다.

하나님의 편에서 하시는 일

이제 신조는 다음으로 '하나님 편에서 하시는 일'을 말하기 시작합니다. 이렇게 의심과 시험으로 우리가 확신으로부터 흔들리게 될 때, 궁극적으로 마음에 두어야만 할 '하나님 편에서 하시는 일'을 말하기 시작하는 것입니다.

> 그러나 모든 위로의 아버지이신 하나님께서는 **그들이 감당할 수 없는 시험을 당하**
> **도록 허락지 않으시고,** 또한 **시험을 당할 때에 피할 길을 내시며,** 성령으로써 그들
> 안에서 견인의 확신이 다시 회복되게 하십니다.

고린도전서를 직접 인용했습니다.

> 사람이 감당할 시험 밖에는 너희가 당한 것이 없나니 오직 하나님은 미쁘사 너희
> 가 감당하지 못할 시험 당함을 허락하지 아니하시고 시험당할 즈음에 또한 피할
> 길을 내사 너희로 능히 감당하게 하시느니라_고전 10:13

고린도전서의 이 문장은 헬라어로 보면, 첫 번째 문장이 결론이 되는 문장이고
그 뒤에 나오는 모든 내용이 이유가 되는 방식으로 쓰여 있습니다. 말하자면 "사
람은 감당할 만한 시험밖에 당하지 않습니다." 이유가 무엇인가 하면 **하나님의 어**
떠하심 때문이라는 것입니다. 이 사실이 둘째 주제의 핵심이라고 할 수 있습니다.
"너희가 감당하지 못할 시험당함을 허락지 않고 도리어 시험당할 즈음에 피할
길을 내사 감당하게 하신다."라는 문장은 **모두가 다 선행사인 '하나님'에 걸리게**
되어 있습니다. 즉 "하나님이 이런 분이시기 때문에", "하나님은 너희를 감당치
못할 시험당함을 허락지 않으시고 시험당할 때 피할 길을 내사 감당케 하시는 분
이시기 때문에"입니다. 그래서 결론으로 첫 문장 "사람이 감당할 시험밖에는 당
하지 않는다." 이 문장은 이런 식으로 쓰여 있습니다.
고린도전서 말씀은 우리의 시험을 통해서 우리가 무엇을 알 수 있게 보여 주고
있습니까? 이 가르침은 단지 살아가면서 어떤 종류의 어려움을 당할지에 대한 처
방전을 알려 주는 데에만 목적이 있습니까? 아닙니다. 오히려 고린도전서의 목적
은 훨씬 다릅니다. 이 말씀의 의중은 우리에게 **'감당할 수 없는 시험이 주어지지**
않는 이유'를 통하여! 그 이유의 핵심이 되는 하나님의 성품을 발견하게끔 하는 것
입니다! 내가 극복할 수 없는 시험이 내게 주어지지 않는 이유는 단지 운이 좋아

서도, 심지어 어떤 방법론을 설명하기 위함도 아닙니다. **하나님께서 신실하신 분 이시기 때문**입니다!

우리가 "의심"이나 "시험"을 통하여 견인에 대한 확신으로부터 흔들릴 때 하나님께서 우리에게 주시는 위로는, 겉모습으로만 보자면 "나는 내가 쓰러질 만한 시험은 받지 않을 것이다."입니다. 하지만 이것이 전부가 아닙니다. 이 말씀은 "감당치 못할 시험을 당케 하지 않으시고", "피할 길을 주시는" 주어가 우리 하나님이심을, 하나님의 성품임을 말함으로써 우리에게 이토록 **세밀하게 위로를 주시는 하나님으로 인한 위로와 소망**을 얻게 합니다!

하나님께서는 우리의 삶에 시험을 주십니다. 여러 어려움들을 주시지요. 여기에는 견인의 확신이 흔들릴 수도 있는 우리 감정의 격동들도 포함됩니다. 하지만 바로 이때 하나님께서 신실하시다는 것을 기억합시다. 하나님은 신실하시므로 우리를 기만하지 않으십니다('신실하다'는 의미가 '기만하지 않는다'는 뜻이다). 하나님께서는 우리를 그분의 자녀로 부르시고, 그분의 사랑으로 길러 양육하시면서, 뒷배로는 시험을 주어서 **그 줄기와 가지를 꺾어 버리시는 방식의 일을 결코 하지 않으십니다.** 하나님의 성품 때문에 우리의 삶에는 결과적으로 '사람이 감당할 수 없는 시험이 나타나지 않게' 됩니다.

우리는 의심에 시달리는 사람들입니다. 그래서 견인에 대한 견고한 확신(앞 조에서 배운)이 우리에게 확연하게 주어졌더라도 우리 감정 상태에 따라 자주 나락으로 떨어집니다. 그러나 **최종적인 막다른 길에 몰리게 되었더라도 안도하십시오.** 하나님이 신실하신 분이시기 때문에 우리는 안도할 수 있습니다. 혹 시험을 허락하셔도, 혹 의심을 허락하셔도, 우리를 밀어 넘어뜨리도록 하지 않으실 것이라는 사실을 분명하고 확고하게 믿으십시오. 이 사실은 가장 격렬한 의심과 시험 속에서도 신자가 든든히 설 수 있도록 붙드는 지지대가 됩니다.

주께서 우리에게 난관을 주실 때 그조차 항상 복되시고 신실하신 하나님의 성품에 기초하고 있다는 사실을 잊어버리지 말도록 합시다. 우리의 견인에 대한 확신이 마지막 날까지 견고할 것이라는 점을 이런 류의 어려움 때문에 망각하고 소실해 버리지 않도록 합시다. 주께서는 우리를 끝까지 이끄실 것입니다. 그리고 우리는 마지막까지 완주할 것입니다.

제12조 : 이 확신은 경건을 장려함

그러나 견인의 그러한 확실성은 참된 신자들로 하여금 자만하여 안주하게 만들지 않습니다. 오히려 이 확신은 겸손함과 어린아이 같은 공경심, 참된 경건함과 삶의 온갖 씨름 가운데서 인내하는 것, 간절한 기도, 한결같이 십자가를 지고 진리를 고백하여 나아가는 일, 하나님 안에서 언제나 누리는 기쁨의 진정한 근원이 됩니다.[i] 더 나아가서 이러한 유익들을 깊이 생각하는 것은 그들로 하여금 감사한 마음으로 착한 일을 더욱 진지하고도 지속적으로 행하도록 격려합니다.[ii] 이것은 성경의 증언과 성도들의 모범을 볼 때에 분명합니다.[iii]

[i] 롬 12:1 그러므로 형제들아 내가 하나님의 모든 자비하심으로 너희를 권하노니 너희 몸을 하나님이 기뻐하시는 거룩한 산 제물로 드리라 이는 너희가 드릴 영적 예배니라

[ii] 시 56:12-13 하나님이여 내가 주께 서원함이 있사온즉 내가 감사제를 주께 드리리니 주께서 내 생명을 사망에서 건지셨음이라 주께서 나로 하나님 앞, 생명의 빛에 다니게 하시려고 실족하지 아니하게 하지 아니하셨나이까 / 시 116:12 내게 주신 모든 은혜를 내가 여호와께 무엇으로 보답할까 / 딛 2:11-14 모든 사람에게 구원을 주시는 하나님의 은혜가 나타나 우리를 양육하시되 경건하지 않은 것과 이 세상 정욕을 다 버리고 신중함과 의로움과 경건함으로 이 세상에 살고 복스러운 소망과 우리의 크신 하나님 구주 예수 그리스도의 영광이 나타나심을 기다리게 하셨으니 그가 우리를 대신하여 자신을 주심은 모든 불법에서 우리를 속량하시고 우리를 깨끗하게 하사 선한 일을 열심히 하는 자기 백성이 되게 하려 하심이라

[iii] 요일 3:3 주를 향하여 이 소망을 가진 자마다 그의 깨끗하심과 같이 자기를 깨끗하게 하느니라

● 강해 본문 ① : 마태복음 7장 15-29절

15 거짓 선지자들을 삼가라 양의 옷을 입고 너희에게 나아오나 속에는 노략질하는 이리라 16 그들의 열매로 그들을 알지니 가시나무에서 포도를, 또는 엉겅퀴에서 무화과를 따겠느냐 17 이와 같이 좋은 나무마다 아름다운 열매를 맺고 못된 나무가 나쁜 열매를 맺나니 18 좋은 나무가 나쁜 열매를 맺을 수 없고 못된 나무가 아름다운 열매를 맺을 수 없느니라 19 아름다운 열매를 맺지 아니하는 나무마다 찍혀 불에 던져지느니라 20 이러므로 그들의 열매로 그들을 알리라 21 나더러 주여 주여 하는 자마다 다 천국에 들어갈 것이 아니요 다만 하늘에 계신 내 아버지의 뜻대로 행하는 자라야 들어가리라 22 그 날에 많은 사람이 나더러 이르되 주여 주여 우리가 주의 이름으로 선지자 노릇 하며 주의 이름으로 귀신을 쫓아 내며 주의 이름으로 많은 권능을 행하지 아니하였나이까 하리니 23 그 때에 내가 그들에게 밝히 말하되 내가 너희를 도무지 알지 못하니 불법을 행하는 자들아 내게서 떠나가라 하리라 24 그러므로 누구든지 나의 이 말을 듣고 행하는 자는 그 집을 반석 위에 지은 지혜로운 사람 같으리니 25 비가 내리고 창수가 나고 바람이 불어 그 집에 부딪치되 무너지지 아니하나니 이는 주추를 반석 위에 놓은 까닭이요 26 나의 이 말을 듣고 행하지 아니하는 자는 그 집을 모래 위에 지은 어리석은 사람 같으리니 27 비가 내리고 창수가 나고 바람이 불어 그 집에 부딪치매 무너져 그 무너짐이 심하니라 28 예수께서 이 말씀을 마치시매 무리들이 그의 가르치심에 놀라니 29 이는 그 가르치시는 것이 권위 있는 자와 같고 그들의 서기관들과 같지 아니함일러라

● 강해 본문 ②: 요한일서 3장 2-9절

2 사랑하는 자들아 우리가 지금은 하나님의 자녀라 장래에 어떻게 될지는 아직 나타나지 아니하였으나 그가 나타나시면 우리가 그와 같을 줄을 아는 것은 그의 참모습 그대로 볼 것이기 때문이니 3 주를 향하여 이 소망을 가진 자마다 그의 깨끗하심과 같이 자기를 깨끗하게 하느니라 4 죄를 짓는 자마다 불법을 행하나니 죄는 불법이라 5 그가 우리 죄를 없애려고 나타나신 것을 너희가 아나니 그에게는 죄가 없느니라 6 그 안에 거하는 자마다 범죄하지 아니하나니 범죄하는 자마다 그를 보지도 못하였고 그를 알지도 못하였느니라 7 자녀들아 아무도 너희를 미혹하지 못하게 하라 의를 행하는 자는 그의 의로우심과 같이 의롭고 8 죄를 짓는 자는 마귀에게 속하나니 마귀는 처음부터 범죄함이라 하나님의 아들이 나타나신 것은 마귀의 일을 멸하려 하심이라 9 하나님께로부터 난 자마다 죄를 짓지 아니하나니 이는 하나님의 씨가 그의 속에 거함이요 그도 범죄하지 못하는 것은 하나님께로부터 났음이라

확신이 나태를 이끄는가?

마 7:15-29; 요일 3:2-9

이해를 하건 못하건 간에, **'본성으로부터 흘러나오는 것'**은 있기 마련입니다. 예를 들어 어떤 사람이 "나는 별로 먹지도 않는데 계속해서 살이 찌고 있어."라고 한다면, 사실은 무언가를 먹고 있기 때문에 살이 찌는 것이지(병이 아니라면), 아무것도 먹지 않는데 살이 찔 리는 없습니다. **원인과 결과는 주로 붙어 있는 것**이지요.

어떤 사람이 근면 성실한 성격을 갖고 있다면, 보통의 경우는 부모님 양측 중 한 분은 그런 성격을 갖고 있기 마련입니다. 건물이 아직 튼튼해야 할 시기에 무너져 버렸다면 설계가 잘못되었거나, 질 나쁜 철근을 썼거나, 콘크리트가 가짜였기 때문입니다. 내가 친절한 말을 잘 못하는 사람이라면 성격이 그렇거나, 살아온 환경에서 그런 걸 잘 보지 못했거나, 혹은 삶에서 어떤 영향을 받은 일들 때문에 그렇게 된 것입니다. **원인과 결과는 주로 붙어 있다는 것입니다.**

이런 종류의 진리는 보통의 경우 '체득을 통해' 알게 됩니다. 예외가 없는 것은 아니지만 보통의 경우 결과는 원인이 있기 마련이고, 어떤 모습이 나타나는 것은 그 모습이 나타나게끔 된 무언가 이유가 있기 마련입니다. 예수님의 말씀을 인용해 보자면 **"좋은 나무가 아름다운 열매를 맺고 못된 나무가 나쁜 열매를 맺는 것"**(마 7:17)입니다.

그러나

하지만 신앙에 있어서는 이것을 이상하게 생각하는 사람들이 있었습니다. 간단히 말하자면 **신앙에 유익한 '원인'이 신앙에 나쁜 '결과'를 빚어 낼 수 있다**고 믿는 일들이 있었던 것입니다. 이런 생각이 얼마나 어처구니없는 일인지를 몇 가지 예를 통해 확인해 봅시다.

- 말씀을 열심히 읽는 것은 (겉으로 좋아 보여도) 지식이 사람을 교만케 만들 것이다.
- 기도를 열심히 하는 것은 (겉으로 좋아 보여도) 신비주의적 신앙으로 내몰 것이다.
- 이웃을 사랑하고 열심히 돕는 것은 (겉으로 좋아 보여도) 자만심으로 가득 차게 할 것이다.
- 교회 생활에 성실하게 임하는 것은 (겉으로 좋아 보여도) 자기 위로를 만들 것이다.

우리는 '하나님의 말씀을 사랑하는 일'이 '좋은 일'임을 알고 있습니다. 그렇다면 하나님의 말씀을 사랑하는 일은 좋은 결과를 만들 것입니다. 그런데 어떤 사람이 이렇게 말씀을 사랑하면 결국에는 주지주의로 빠져서 교만하게 되고 말씀 잘 모르는 사람을 판단하면서 비방하게 될 것이라고 하면서 말씀을 읽지 않아야 한다고 주장한다면, 우리는 이 사람의 생각에 대해 어떻게 말해야 하겠습니까?

마찬가지로 우리는 '열심히 기도하는 일' 역시 '좋은 일'임을 알고 있습니다. 그렇다면 열심히 기도하는 일은 좋은 결과를 만들 것입니다. 그런데 어떤 사람이 열심히 기도하다 보면 결국에 보이지 않는 어떤 것들에만 관심을 두게 되어서 영혼이 비신앙적인 방향, 곧 신비주의적이고 신령주의적인 것으로 흘러가 버리게 될 것이기 때문에 기도는 하지 말아야 한다고 주장한다면, 우리는 이 사람의 생각에 대해 어떻게 말해야 하겠습니까?

우리는 분명 '좋은 일에도 나름의 부작용이 **있을 수 있다**'는 것을 모르지 않습니다. 우리는 죄인이기 때문에 좋은 것도 나쁘게 사용할 수 있습니다. 하지만 그것은 '있을 수 있다'는 가능성일 뿐, 반드시 그 방향으로 가는 것은 아닙니다. '있을 수 있다'는 '주의해야 할 점'이 될 수는 있지만, 근본적으로 폐하는 용도가 되어서는 안 됩니다. 그럼에도 불구하고, 교회사적으로도 그렇고 또 우리 주변의 흔한 신자들을 통해서 보더라도 이렇게 이상하게 생각하는 사람들이 있어 왔습니다. **'좋은 나무는 좋은 열매를 맺을 것'**인데, 이상하게도 사고방식이 자꾸 이상하게 흘러서 **'좋은 나무는 반드시 나쁜 열매를 맺고 말 것'**이라고 하는 것입니다.

이런 류의 주제가 이 12조를 통해 다루려는 문제입니다. 17세기의 아르미니우스주의자들도 그랬지만 오늘날의 신자들 중에서도 이렇게 생각하시는 분들이 꽤 있는 것 같습니다. 12조가 다루는 아르미니우스주의자들의 문제를 한마디로 말하자면 다음과 같습니다.

> 견인과 구원에 대한 확신은 신자를 나태하게 이끌 것이다.

견인과 구원에 대한 확신은 분명히 좋은 것인데, 아르미니우스주의자들은 이렇게 생각했습니다. 만약 신자들이 견인에 대하여, 또 자기 구원에 대하여 확신을 갖게 된다면 천국이 '따 놓은 당상'이라고 생각하게 되기 때문에 더 이상 선을 행하지 않게 될 것이며, 나태해져서 성경에 명령된 여러 좋은 일들에 더 이상 마음을 두지 않게 될 거라는 것입니다.

다르게 표현하자면 **'좋은 나무'**이기 때문에 필연적으로 **'나쁜 열매를'** 맺을 것이라는 것입니다. 하나님 나라 안에 들어간 백성으로서 확실함을 갖게 되면 더 이상은 노력하지 않을 것이므로, 끊임없이 불안감으로 사람들을 공격해야만 되고, 그런 방식으로 "나는 하나님 나라 백성이 아닐 수도 있어!"라는 생각을 갖고 살아야만 건전하게 생활할 것이라는 주장입니다. 이것을 정리해 놓은 것이 오류 6번입니다.

> **오류 6:** 신자의 견인과 구원의 확신에 대한 교리는 **그 자체의 성격상 거짓된 안정감을 갖게 하고,** 경건과 선한 행실과 기도와 같이 하나님을 경외하는 생활을 실천**하는 데 해가 된다.** 반대로 견인에 대하여 의심하는 것은 칭찬할 만한 일이다.

정말 그렇습니까? 정말 마지막까지 견인할 것에 대해, 혹은 내가 구원을 받았다는 사실에 대해, 내가 하나님의 확실한 백성이 되었고 또 앞으로도 그렇게 살아갈 것이라는 사실에 대해 확신을 갖는 일은, **반드시 나를 나태에 빠뜨리고** 이미 모두 얻었다고 생각하기 때문에 **더 이상 노력하지 않는 태도를 만듭니까?**

신조와 함께 우리 선배들은 이 질문에 대하여 단호하게 "아니오!"라고 대답했습니다. 우리 역시 같은 목소리로 대답합니다.

> "아닙니다! 우리는 견인의 확신이 우리를 나태로 이끌지 않을 것을 믿습니다!"

신조의 대답

오류 6번에 대하여 우리 선배들은 이렇게 대답했습니다. 오류 6번의 '반박'을 보십시오.

> **반박**: 그러한 오류는 하나님의 은혜의 능력과 우리 안에 거하시는 성령의 사역을 무시하는 것이고, 사도 요한이 다음과 같이 아주 분명한 말로 가르친 것에 반대되는 것입니다. "사랑하는 자들아 우리가 지금은 하나님의 자녀라. 장래에 어떻게 될 것은 아직 나타나지 아니하였으나, 그가 나타나시면 우리가 그와 같을 줄을 아는 것은 그의 참모습 그대로 볼 것이기 때문이니 주를 향하여 이 소망을 가진 자마다 그의 깨끗하심과 같이 자기를 깨끗하게 하느니라"(요일 3:2-3). 게다가 그러한 주장은 구약과 신약의 성도들이 보였던 본을 통하여서도 반박될 수 있습니다. 그들은 자신들의 견인과 구원을 확신하면서도, 계속해서 기도와 여러 경건한 생활들을 영위해 갔습니다.

이 반박에 기초하여 다음의 두 가지 주제로 말씀을 생각해 보겠습니다.

> 첫째, 우리는 왜 견인에 대한 확신이 우리를 나태로 이끌지 않을 거라고 믿는가?
> 둘째, 그렇다면 견인에 대한 확신은 진정 우리를 어디로 이끄는가?

첫째 주제 : 우리 안에 거하시는 성령
(견인의 확신이 우리를 나태로 이끌지 않는 것에 관하여)

예수님께서는 산상수훈 말미인 마태복음 7장에서 "거짓 선지자들을 삼가라"(15절)라고 말씀하시면서 "그의 열매로 그들을 알지니"(16절)라고 하시고, 여기에 이어 "좋은 나무마다 아름다운 열매를 맺고 못된 나무가 나쁜 열매를 맺는다."(17절), "좋은 나무가 나쁜 열매를 맺을 수 없고 못된 나무가 아름다운 열매를 맺을 수 없다."(18절)라고 말씀하셨습니다. 이 구절의 결론이 "이러므로 그의 **열매로 그들을 알리라.**"(20절)입니다.

이어지는 말씀인 21절 말씀은 "나더러 주여 주여 하는 자마다 천국에 다 들어 갈 것이 아니요"라는 말씀입니다. 비록 이들이 "선지자 노릇하고 심지어 주님의 이름으로 귀신을 쫓아내고 주의 이름으로 많은 권능을 행하였더라도"(22절) 이들은 주님께 "내가 너희를 도무지 알지 못한다"(23절)라는 말씀을 들을 것입니다.

왜 이들은 "주여 주여" 했음에도 천국에 들어갈 수 없었을까요? 15절부터 18절까지의 이유 때문입니다. **그들의 열매가 그들이 나쁜 나무임을 드러내고 있기 때문**입니다. 그들은 비록 겉으로는 선지자 노릇도 하고, 귀신도 쫓아내고, 권능도 행했지만, 이 사실이 그가 '좋은 나무'임을 드러내는 것은 아니었습니다. 오히려 이들은 **겉으로 보이는 행동에서 열매가 있는 척 했지만 실제로는 열매가 없는 자들임을 여러 방향으로 드러내었습니다.** 따라서 주님께서는 "거짓 선지자들을 삼가라"라고 하시면서, "그들이 양의 옷을 입고 있지만 사실은 노략질하는 이리라"(15절)라고 하시면서 "좋은 나무마다 아름다운 열매를 맺고, 못된 나무가 나쁜 열매를 맺나니"라고 하셨습니다.

시냇가에 심기운 나무

거짓 선지자들이 꽤 그럴듯해 보이는 외양을 가지고 있었음에도 불구하고 주님께서 그들을 향해 "못된 나무이므로 나쁜 열매를 맺은 것이다."라고 단정하실 수 있었던 이유가 무엇일까요? 아마도 이에 대한 가장 중요하고 확실한 답변이 시편 1편 말씀에 있지 않을까 생각합니다.

복 있는 사람은 악인들의 꾀를 따르지 아니하며, 죄인들의 길에 서지 아니하며, 오만한 자들의 자리에 앉지 아니하고, 오직 여호와의 율법을 즐거워하여 그의 율법을 주야로 묵상하는도다. 그는 시냇가에 심은 나무가 철을 따라 열매를 맺으며 그 잎사귀가 마르지 아니함 같으니, 그가 하는 모든 일이 다 형통하리로다_시 1:1-3

시편 1편은 원인과 결과, 곧 근원이 되는 것과 이후 결과로 나타나는 것을 '**도치**'하여 이야기함으로써 효과를 극대화하고 있습니다. 복 있는 사람은 먼저 **이런 결과가 드러난다**고 먼저 말합니다. 복 있는 사람은 결론적으로 악인의 꾀를 좇지도, 죄인의 길에 서지도, 오만한 자의 자리에 앉지도 않는 것입니다. 그는 오직 여호와의 율법을 즐거워하고 묵상합니다. 이것이 결론이고, 후에 나타나는 일입니다.

그리고 뒤편에다가 그렇게 되는 **원인**을 썼습니다. 왜 복 있는 사람이 이렇게 될 수밖에 없었는가? 그 원인을 뒤에 써서 효과를 더 극대화하는데, 그것은 **그가 시냇가에 심기운 나무여서 그 뿌리를 통해 시냇가의 물을 흡수하는 사람이기 때문**입니다.

여기서 3절 "**심은**"에 주목하십시오. 시편 1편에서 원인을 한 단어로 현격하게 보여 주는 단어가 바로 이 "심은"입니다. 왜냐하면 우리말로는 이 단어가 "심은"이라고 번역되었지만, 원문의 태를 정확하게 번역하자면 '수동태', 즉 '**심기운**'이기 때문입니다. 시냇가에 '심기운' 나무는 자신의 의지에 의해 자기가 뿌리를 들어 성큼성큼 걸어서 시냇가에 자리를 틀지 않았습니다. 나무는 아무런 의지적 행동을 할 수가 없습니다. 나무는 단지 심은 사람이 거기다 심었기 때문에 거기 있을 뿐입니다.

"좋은 나무가 아름다운(좋은) 열매를 맺는다"라는 것과 이 시편 1편의 "시냇가에 심기운 나무"를 함께 묵상합시다. 왜 좋은 나무는 좋은 나무가 되었습니까? **심으신 분께서 거기다 그렇게 심으셨기 때문입니다.** 왜 우리는 좋은 열매, 곧 올바른 행실을 맺습니까? **심으신 분께서 거기다 그렇게 심으셨기 때문입니다.** 왜 복 있는 사람은 악인의 꾀를 좇지 않고, 죄인의 길에 서지 않고, 오만한 자의 자리에 앉지 않고 여호와의 율법을 즐거워하고 묵상하는 '열매를' 맺습니까? **심으신 분께서**

거기다 그렇게 심으셨기 때문입니다.

　우리는 시편을 통해서 분명히 깨닫게 됩니다. 우리가 어떤 사람인지, 우리가 본성적·존재론적으로 어떤 위치에 있는 이인지, 그것은 '**그분께서 결정하시는 것**' 입니다. 왜 거짓 선지자들은 양의 옷을 입을 수밖에 없었고 양이 될 수는 없었을까요? 그들의 속사람이 그것을 증거하고 있었기 때문입니다. 그들이 나쁜 나무였기 때문에 좋은 열매로 결실을 드러낼 수 없었기 때문입니다. 주님은 바로 그 점을 말씀하십니다. 좋은 나무가 좋은 나무 된 것은 그분께서 거기 심으셨기 때문입니다.

확신은 성령님의 사역

　아르미니우스주의자들이 "**좋은 나무는 필연적으로 나쁜 열매를 맺는다.**"라고 말한 것은, '**죄인의 죄만**' 바라보고, '**그 죄를 이기시는 하나님**'은 보지 못했기 때문입니다. "사람에게 확신이 있다면 그는 반드시 나태해질 거야."라는 생각은 죄인인 인간에게 매우 그럴듯하게 들립니다. 우리는 스스로를 볼 때 자주 낙담하면서 "그래, 나는 원래 그런 인간이야."라는 생각을 많이 하는 사람들이기 때문입니다.

　하지만 이 생각은 절반만 맞고 절반은 틀렸습니다. 우리는 스스로를 볼 때 좌절하고, 또 실은 좌절해야 합니다. 하지만 이것은 신앙의 반쪽 면일 뿐임을 동시에 기억합시다. 우리는 다른 반쪽 면도 함께 가지고 있는데, 그것은 다음과 같습니다.

> 비록 내가 이렇게 볼품없는 인간이더라도 나를 사랑하신 하나님께서 나로 하여금 충분히 죄를 극복하게 하신다.

　왜 내가 좋은 나무가 되었나요? 내 의지로 된 것이 아니지 않습니까? 그렇다면 우리는 **내가 좋은 열매를 맺는 것이 '나의 의지' 때문에 그런 것이 아니라, '나를 심으신 분께서 그렇게 이끄시는 결과물'**임도 볼 수 있어야 합니다. 만약 내가 스스로 걸어가 나를 심은 것이 아니라 오히려 '심기운' 사람이라는 것을 믿음에도 불구하고 여전히 "나는 나쁜 나무이므로 나쁜 열매만 맺을 거야."라고 생각하거나 "나는 좋은 나무임에도 불구하고 나쁜 열매만 맺을 거야."라고 생각한다면 그것은 오히려 **심으신 분을 능욕하는 일**이 되지 않겠습니까?

우리 신조는 "확신은 신자를 나태하게 합니다."라는 아르미니우스주의자들의 공격에 훌륭하게 답변했습니다. 오류 6의 '반박' 첫 부분을 다시 읽어 보겠습니다.

> 그러한 오류는 **하나님의 은혜의 능력**과 우리 안에 거하시는 **성령의 사역을** 무시하는 것입니다.

그렇습니다! 우리 선배들은 "좋은 나무는 필시 나쁜 열매를 맺게 된다."라는 아르미니우스주의자들의 생각에 다음과 같이 저항한 것입니다.

> 이렇게 생각하는 것은 하나님의 은혜를 무시하는 것이며,
> 나아가 우리 안에 거하시는 성령의 사역을 무시하는 것이다.

참으로 그렇습니다! 선을 행하며 살아가는 것이 우리의 본성이 되었다는 것을 의심하고, 좋은 나무임에도 반드시 나쁜 열매를 맺는 것으로 끝날 것이라고 믿는 것은 무엇보다 '**내 속에 계시면서 나를 이끄시고, 나로 하여금 이제 죄의 종으로 살지 않고 은혜의 종으로 살게 하신**' 성령님의 계심을 무시하는 것이 되는 것입니다.

우리는 '견인에 대한 확신이 나태함으로 끌고 들어갈 것'이라고 하는 본성적인 생각이 나를 휘감아 들어가려 할 때 **재빨리 정신을 차리고 '내 속에 성령님께서 계신 것'을 떠올려야** 합니다. 우리는 **우리가 지금 살아가고 있는 이 삶이 '은혜의 삶'임을 상기해야** 합니다. 우리의 존재 자체가 '심기운 자들'이라는 사실을 확고하게 해야 합니다. 우리가 좋은 나무가 되었다는 것은 우리가 이제 '성령님으로 인한 본성적 변화'를 가졌다는 것을 의미입니다. 따라서 지금의 나는 '죄를 사랑하여 죄를 짓던' 때와는 달리 '죄를 짓기는 하지만 고통스러워하는' 성령님의 마음을 가진 사람입니다. 우리는 반드시 승리할 것입니다.

둘째 주제 : 그렇다면 확신은 우리를 어디로 이끌까?

(자녀가 되었다는 의미)

그렇다면 확신은 우리를 어디로 이끌게 됩니까? 아르미니우스주의자들의 생각처럼 확신이 신자를 '나태'로 이끌지 않는다면, 과연 '어디로' 신자를 이끌게 되는 것일까요?

신조는 우리에게 "견인에 대한 확신은 신자를 나태함으로 이끄는 동기"라는 사실을 거부할 뿐 아니라, 동시에 **'오히려 견인에 대한 확신이야말로 경건을 장려하는 경건의 뿌리/근원임을'** 함께 고백했습니다. 진실로 좋은 나무에서 좋은 열매가 나옵니다!

신조의 고백

신조 12조에서 이 사실을 어떻게 고백하는지 봅시다. **"근원"**이라는 말에 주목하면서 함께 12조의 첫 문단을 읽어 보겠습니다.

> 그러나 견인의 그러한 확실성은 참된 신자들로 하여금 자만하여 안주하게 만들지 않고, 오히려 겸손함과 어린아이 같은 공경심, 참된 경건함과 삶이 온갖 씨름 가운데서 인내하는 것, 간절한 기도, 한결같이 십자가를 지고 진리를 고백하여 나아가는 일, 하나님 안에서 언제나 누리는 기쁨의 **진정한 근원**이 됩니다.

우리 신앙의 선배들은 얄팍한 논리에 기초한 아르미니우스주의자들의 정신에 휩쓸리지 아니하고 하나님의 말씀을 따라 도리어 이 확신이 이런 여러 가지 신앙적 활동들의 **"진정한 근원이 됩니다"**라고 고백하였습니다! 우리 신앙의 선배들은 단순히 "좋은 나무가 나쁜 열매의 근원인 것이 아닙니다."라고 부정 대답만을 하는 데서 그치지 아니하고, 한 발짝 더 나아가서 **"좋은 나무라는 사실이 반드시 좋은 열매들의 근원이 될 수밖에 없습니다."**라는 긍정 대답까지 하였습니다. **신자란 단순히 '악을 저지르지 않는 사람' 정도인 것이 아니라, '반드시 선을 행하는 사람'** 인 것입니다!

견인에 대한 확신이 무엇을 이끕니까?

> "겸손함"(humility)을 이끕니다.
>
> "어린아이 같은 공경심"(filial reverence)을 이끕니다.
>
> "참된 경건"(true piety)을 이끕니다.
>
> "삶에서 인내하는 것"(patience in every tribulation)을 이끕니다.
>
> "간절한 기도"(fervent prayers)를 이끕니다.
>
> "고통을 참고 진리를 고백하는 일"(constancy in suffering, and in confessing the truth)을 이끕니다.
>
> "하나님 안에 있는 견고한 기쁨"(solid rejoicing in God)을 이끕니다.

우리가 신조를 통해 믿는 것은 견인에 대한 확신이 **'의심'의 근원이 아니라** 모든 경건의 요소들, 삶의 인내들, 하나님과의 관계 속에서 살아가면서 행해야 할 일들의 근원이 된다는 사실입니다.

우리가 가진 마지막 날까지의 인내에 대한 확신이 우리가 날마다 하나님과의 관계 속에서 자녀 됨을 확인하게 만들고, 경건하고 거룩한 삶을 살 수 있게 만들며, 때로는 고통 속에서도 참고, 심지어 하나님 안에 있음으로써 얻게 되는 굳세고 견고한 기쁨들을 주는 것입니다. 우리는 견인에 대한 확신이 바로 이것들을 준다고 믿습니다.

요한일서에서

요한일서 3장 말씀을 통하여 이 사실을 확인합시다.

> 사랑하는 자들아 우리가 지금은 하나님의 자녀라 장래에 어떻게 될지는 아직 나타나지 아니하였으나 그가 나타나시면 우리가 그와 같을 줄을 아는 것은 그의 참모습 그대로 볼 것이기 때문이니_요일 3:2

이 말씀에서 먼저 주의할 점은 "지금"과 "장래"를 대조적으로 읽어서는 안 된다는 점입니다. 우리말에는 "지금은 하나님의 자녀", 그리고 "장래에 어떻게 될지는 아직 나타나지 아니하였으나"라고 번역함으로써 둘이 반대되는 것처럼 읽히게 만들었습니다. 하지만 헬라어에서 이 두 문장은 영어로 말하자면 'but'이 아니라 'and'(헬. 카이)로 연결되어 있습니다. 둘은 '그러나'가 아니라 '그리고'로 연결되어 있습니다. 따라서 이 문장은 "지금"과 "장래"를 대비시키는 데 목적이 있는 것이 아니라 **오히려 둘이 같다는 것을 보여 주는 데 목적이** 있습니다. 이렇게 두고 2절을 보면 한 가지 그림이 그려지게 됩니다.

먼저 **"지금"은 '확실성'**입니다. 지금 우리는 하나님의 자녀입니다. 로이드 존스 목사님은 이 구절을 두고 이렇게 말했습니다.

> 본문은 '우리가 하나님의 자녀가 될 것이라'고 기록하지 않았다. '우리가 지금은 하나님의 자녀라'고 현재형을 사용해 기록했다. … 그리스도인이란 더듬거리거나 막연히 무엇을 기대하는 자가 아니라 '나는 알고 있다', '나는 확신하고 있다', '나는 확실하다'라고 말할 수 있는 사람이다. … 사람의 행위가 부자지간의 관계에 근본적으로 작용하지는 않는다.[151]

즉 "지금" 우리는 "하나님의 자녀"입니다. 여기에는 분명한 확실성이 서 있습니다. 우리는 지금 하나님의 자녀입니다.

그리고 "장래"를 생각해 보십시오. 앞서 언급했듯이 장래는 지금과 대비되어 있는 것이 아닙니다. 하지만 다른 점은 장래는 아직 알 수는 없다는 점입니다. 그래서 2절 말씀은 "장래는 아직 나타나지는 않았다."라고 합니다. 하지만 **이것이 '불확실'이 아닌 이유는** 이어지는 말씀에서 이 불확실이 단순한 불확실이 아니라 **'강력한 소망'으로 나아가고 있기 때문**입니다. 2절 뒷부분과 3절 앞부분의 연결을 보십시오. 그분이 나타나시면, 우리는 어떻게 될 것이라 분명히 알고 있습니까? 비록 아직 나타나지만 않았을 뿐, 시간적으로 아직 도달하지만 않았을 뿐, 그

151 — 마틴 로이드 존스, 『하나님의 자녀 : 마틴 로이드존스의 요한일서 강해 1』, 임성철 옮김 (서울: 생명의말씀사, 2010), 453.

분이 나타나셨으므로 우리는 무엇을 알고 있습니까? '우리가 그분과 같아지게 될 것'을 알고 있는 것입니다!

> 그가 나타나시면 우리가 그와 같을 줄을 아는 것은 그의 참모습 그대로 볼 것이기
> 때문이니_요일 3:26

이해를 위해 헬라어를 직역해 보겠습니다.

> 사랑하는 자들아, 지금은 우리가 하나님의 자녀이다.
> 그리고 아직은 나타나지 않았다.
> 장차 어떻게 될 것인지 우리는 안다.
> ① 그분께서 나타나실 때 우리가 그와 같을 것을
> ② 그분께서 계신 모습 그대로 우리가 볼 것을

요한일서 3장 2절 말씀은 '지금 우리가 확실하게 하나님의 자녀라는 사실'과 함께 '장래에도 우리가 그분과 같아지게 될 것', 또 '우리가 그분을 있는 그대로 보게 될 것'을 동시에 고백하고 있는 말씀입니다.

하지만 장래는 아직 나타나지 않았기 때문에 3절에서 이것을 "소망"이라고 불렀습니다. 그렇다면 소망이란 허황된 것이 아니라 단지 시간적으로 아직 나타나지 않았을 뿐입니다. 하지만 이것이 매우 분명하기 때문에 "주를 향하여 이 소망을 가진 자마다"라고 하면서 끝으로 이런 사람들이 어떻게 살 것인지를 말했습니다. 이 요지를 잘 기억합시다.

> 이 소망을 가진 자마다 그의 깨끗하심과 같이 자기를 깨끗하게 하느니라_요일 3:3

요한일서의 이 말씀을 읽고 보면 우리가 경건을 유지하면서 살고, 거룩하게 살고, 또 때로는 참고 인내하면서, 때로는 하나님 안에서 견고한 기쁨을 가지고 살아가는 것은 **우리의 '행동 수칙'이 아니라는 것을** 알게 됩니다.

요한일서는 두 가지를 보여 주고 있습니다. 첫째는 이런 모든 일들이 '우리가 하나님의 자녀되었다는 사실', 곧 **아버지와 우리와의 관계성**에서 나온다는 점이고, 둘째는 우리가 스스로를 깨끗하게 하는 일은 **'소망이 우리를 이끌기 때문이지 노력의 여하가 아니라는 점'**입니다.

결국 아르미니우스주의자들은 **이 둘을 이해하지 못하였습니다.**

어떤 자녀가 무언가 열심히 삶을 살아갈 때, 아르미니우스주의의 사고로는 "네가 아버지의 자녀인 것이 확실하다는 것을 알게 되면 너는 열심히 살지 않게 될 거야."라고 생각했지만, 사실 우리가 주위에서 흔히 보듯 아버지의 기쁨이 되기 위해, **아버지의 자랑스러운 자녀가 되기 위해 열심히 삶을 살아가는 사람들은** 많이 있습니다. 아르미니우스주의자들은 '부자 관계', 곧 아버지와 자녀와의 관계라는 것이 어떤 것인지 핵심을 이해하지 못했기 때문에 성도의 경건한 삶을 단지 '타산'(打算)을 위해 사는 삶'으로 전락시켰습니다. 아들은 아버지의 기쁨이 되기 위해 혼신의 힘을 다합니다!

동시에 아르미니우스주의자들은 **'이 소망'**을 이해하지 못하였습니다. 우리가 장래를 향하여 가진 소망은 지금 비록 나타나지 않았다 하더라도 우리가 반드시 하나님 그분처럼, 그리스도 그분처럼 되리라는 것에 대한 소망입니다. 그리고 이 소망은 단지 이해타산적으로 우리를 인도하는 것이 아니라 **더 나은 삶, 더 성숙한 삶으로 우리를 이끌고 갑니다.** 하나님의 사랑받는 자녀로서의 장래의 삶이 우리를 기다리고 있기 때문에 지금 우리의 삶을 깨끗하게 하는 것을 두고 "네가 지금 자녀인 것이 확실하다면 너는 게을러질 거야."라고 말하는 것은 이 소망의 아름다움과 가치에 대하여 하나도 모르기 때문에 하는 말일 수밖에 없습니다.

그렇습니다. 갈라디아서가 말하는 대로 우리는 더 이상 '종 된 삶'을 사는 이들이 아닙니다(갈 4:31). 우리는 이제 "아들 된 삶"을 사는 이들입니다. 아르미니우스주의자들처럼 "네가 마지막까지 인내할 것이 확실하다면 굳이 그렇게 애를 쓰며 살 필요가 어디 있어?"라는 어리석은 생각을 가진 사람들이 되지 맙시다. 인생의 짧은 몇 년의 시기를 대충 적당히 보내는 데 우리의 가치를 두지 맙시다. 우리의 삶은 '영원'하며, 아버지와의 관계 속에 살아갈 시간은 '무궁'합니다. 지금 이 땅에서 사는 삶은 그중 첫 몇 발짝을 뗀 것에 불과하며, 앞으로 영원히 아버지의 자녀로서 살아갈 날들이 펼쳐져 있을 것이므로, 우리는 이 자녀 된 삶에 익숙해지도록 더욱 우리의 삶을 가다듬어야 합니다. 누가 보니까 하고 누가 보지 않으니까 하지 않는 어리석은 종 된 삶을 청산하고, 하늘에 계신 아버지께서 나를 지켜보고 계시고 우리에게는 영원히 펼쳐진 영광된 삶이 기다리고 있다는 것을 생각하면서, 오늘 자신의 삶을 가다듬는 이 확신이 우리의 거룩한 삶을 견인하는, 그런 성도들이 되도록 합시다.

제13조 : 이 확신은 부주의한 삶으로 이끌지 않음

타락 이후에 회복된 사람들에게는 이 견인의 확신도 회복되는데, 이러한 확신은 결코 부주의하거나 경건을 게을리하는 삶으로 이끌지 않습니다.[i] 오히려 이 확신으로 인해 그들은 주님께서 자신들을 위하여 예비하신 그 길을 찾는 데에 훨씬 더 큰 주의를 기울이게 됩니다.[ii] 그 길을 걸어감으로써 그들은 견인의 확신을 계속 굳게 붙들게 될 것입니다. 그때에는 자비로우신 하나님께서 그 얼굴을 그들에게서 다시 돌리시는 일이 없을 것입니다. 만일 그들이 아버지와도 같은 하나님의 선하심을 남용하면, 그분은 그 얼굴을 가리실 것이고 그 결과로 그들은 훨씬 더 큰 영혼의 고통에 떨어질 것입니다. 참으로 하나님을 경외하는 사람에게는 하나님의 얼굴을 뵙는 것이 생명보다 더 달콤하지만[iii] 그 얼굴을 가리시는 것은 죽음보다 더 씁니다.[iv]

---

i 고후 7:9-11 내가 지금 기뻐함은 너희로 근심하게 한 까닭이 아니요 도리어 너희가 근심함으로 회개함에 이른 까닭이라 너희가 하나님의 뜻대로 근심하게 된 것은 우리에게서 아무 해도 받지 않게 하려 함이라 하나님의 뜻대로 하는 근심은 후회할 것이 없는 구원에 이르게 하는 회개를 이루는 것이요 세상 근심은 사망을 이루는 것이니라 보라 하나님의 뜻대로 하게 된 이 근심이 너희로 얼마나 간절하게 하며 얼마나 변증하게 하며 얼마나 분하게 하며 얼마나 두렵게 하며 얼마나 사모하게 하며 얼마나 열심 있게 하며 얼마나 벌하게 하였는가 너희가 그 일에 대하여 일체 너희 자신의 깨끗함을 나타내었느니라

ii 엡 2:10 우리는 그가 만드신 바라 그리스도 예수 안에서 선한 일을 위하여 지으심을 받은 자니 이 일은 하나님이 전에 예비하사 우리로 그 가운데서 행하게 하려 하심이니라

iii 시 63:3 주의 인자하심이 생명보다 나으므로 내 입술이 주를 찬양할 것이라 / 사 64:7 주의 이름을 부르는 자가 없으며 스스로 분발하여 주를 붙잡는 자가 없사오니 이는 주께서 우리에게 얼굴을 숨기시며 우리의 죄악으로 말미암아 우리가 소멸되게 하셨음이니이다

iv 렘 33:5 싸우려 하였으나 내가 나의 노여움과 분함으로 그들을 죽이고 그들의 시체로 이 성을 채우게 하였나니 이는 그들의 모든 악행으로 말미암아 나의 얼굴을 가리어 이 성을 돌아보지 아니하였음이라

● 강해 본문 ① : 시편 51편 1-12절

1 하나님이여 주의 인자를 따라 내게 은혜를 베푸시며 주의 많은 긍휼을 따라 내 죄악을 지워 주소서 2 .나의 죄악을 말갛게 씻으시며 나의 죄를 깨끗이 제하소서 3 무릇 나는 내 죄과를 아오니 내 죄가 항상 내 앞에 있나이다 4 내가 주께만 범죄하여 주의 목전에 악을 행하였사오니 주께서 말씀하실 때에 의로우시다 하고 주께서 심판하실 때에 순전하시다 하리이다 5 내가 죄악 중에서 출생하였음이여 어머니가 죄 중에서 나를 잉태하였나이다 6 보소서 주께서는 중심이 진실함을 원하시오니 내게 지혜를 은밀히 가르치시리이다 7 우슬초로 나를 정결하게 하소서 내가 정하리이다 나의 죄를 씻어 주소서 내가 눈보다 희리이다 8 내게 즐겁고 기쁜 소리를 들려 주시사 주께서 꺾으신 뼈들도 즐거워하게 하소서 9 주의 얼굴을 내 죄에서 돌이키시고 내 모든 죄악을 지워 주소서 10 하나님이여 내 속에 정한 마음을 창조하시고 내 안에 정직한 영을 새롭게 하소서 11 나를 주 앞에서 쫓아내지 마시며 주의 성령을 내게서 거두지 마소서 12 주의 구원의 즐거움을 내게 회복시켜 주시고 자원하는 심령을 주사 나를 붙드소서

8 그러므로 내가 편지로 너희를 근심하게 한 것을 후회하였으나 지금은 후회하지 아니함은 그 편지가 너희로 잠시만 근심하게 한 줄을 앎이라 9 내가 지금 기뻐함은 너희로 근심하게 한 까닭이 아니요 도리어 너희가 근심함으로 회개함에 이른 까닭이라 너희가 하나님의 뜻대로 근심하게 된 것은 우리에게서 아무 해도 받지 않게 하려 함이라 10 하나님의 뜻대로 하는 근심은 후회할 것이 없는 구원에 이르게 하는 회개를 이루는 것이요 세상 근심은 사망을 이루는 것이니라 11 보라 하나님의 뜻대로 하게 된 이 근심이 너희로 얼마나 간절하게 하며 얼마나 변증하게 하며 얼마나 분하게 하며 얼마나 두렵게 하며 얼마나 사모하게 하며 얼마나 열심 있게 하며 얼마나 벌하게 하였는가 너희가 그 일에 대하여 일체 너희 자신의 깨끗함을 나타내었느니라

확신은 회복된다

시 51:1-12; 고후 7:8-11

12조를 통해 우리가 확신하게 된 것은 **'견인의 확신이 우리를 나태로 이끌지 않는다'**는 사실입니다. 하나님께서 우리에게 "좋은 나무이기 때문에 좋은 열매를 맺는 것이다."라고 말씀하시면 우리는 '아멘' 해야 합니다.

특별히 나무 됨이라는 것이 나의 소질이나 능력의 여하에 따른 것이 아닐 때 더욱 그러합니다. 우리를 심으신 분은 하나님이시고, 비록 내가 나를 볼 때는 아르미니우스주의자들처럼 "구원을 끝까지 다 줘 버리면 게으른 것밖에 더 남겠어?"라는 생각이 들더라도, 눈을 들어 하나님께서 인내를 이루어 가시는 것, 곧 '성부의 약속'과 '성자의 중보'와 '성령의 인 치심'이 우리의 인내를 만들어 가고 계시다는 것을 발견하게 될 때, 우리는 겸손하게 이 진리에 '아멘' 하게 됩니다.

우리는 마지막 날까지 인내하게 될 것입니다. 그리고 우리에게는 (비록 자주 감정적으로는 흔들리더라도) 굳센 확신이 있습니다. 이 확신은 내가 나를 믿기 때문에 생긴 것이 아니라, 삼위 하나님을 믿기 때문에 생겨난 확신입니다.

또 다른 도전: 아르미니우스주의자들에게 확신의 요소가 된 이 사람들

13조의 내용은 대략 읽어 보면 '12조하고 뭐가 다르지?'라는 생각이 들 것 같은 내용입니다. 표현은 다르지만, 전체적인 내용은 지난 12조의 내용과 비슷해 보입니다. 확신이 나태를 이끌지 않는다는 것이나 확신이 부주의한 삶으로 이끌지 않는다는 것이나 비슷한 말처럼 보입니다.

　하지만 조금만 자세히 살펴보면 13조는 12조와 '약간의 차이'가 있습니다. 그리고 이 약간의 차이가 동일한 주제를 12조로 마치지 않고 하나 더 쓰게 되었던 이유이기도 합니다. 차이는 **13조의 첫 부분**에 나와 있습니다.

　　　타락 이후에 회복된 사람들에게는

　바로 이 부분입니다. 13조의 나머지 내용을 쭉 읽어 보시면 사실상 내용에 있어서 표현이 조금 다르기는 해도 12조와 크게 다르지는 않습니다. 하지만 **결정적으로 '대상'이 다른데,** 13조는 다루는 대상이 한정되어 있습니다. 곧 **'타락 이후에 회복된 사람들'**입니다. 말하자면 13조가 다루고 있는 대상은 잘 믿다가 한번 하나님을 배신했던 사람들, 그런데 배신하여 완전히 하나님을 떠나 버리지 않고 얼마간 그렇게 있다가 다시 하나님께로 돌아온 사람들, 바로 이 사람들을 대상으로 말하고 있는 것입니다. 성경에서 대표적인 예는 밧세바를 취하였던 때의 다윗이나 예수님을 부인했던 때의 베드로 같은 경우를 들 수 있겠습니다. 아르미니우스주의자들은 이렇게 주장했습니다.

　　"보시오, 칼뱅주의자 여러분! 잘 믿었다가 하나님을 배신했던 사람들이 있지 않소? 그런데 그냥 배신하고 끝나 버렸으면 당신네 칼뱅주의자들은 "아, 저 사람들은 원래 믿지 않았던 사람들이야, 믿는 것처럼 보였을 뿐이야."라고 하겠지요? 그런데 배신했다가 다시 하나님께 돌아온 사람들이 있단 말입니다. 그러면 이 사람들은 처음에 믿었다가, 배신했다가, 다시 믿게 된 것이지요? 그렇다면 이 사람들은 계속해서 이랬다 저랬다를 하고 있는 것인데, **이런 사람이 있음에도 '견인에 대한 확신' 같은 것이 존재할 수가 있단 말이오?** 처음 믿었을 때 확신을 가졌더라도 이 사람은 배신을 통해서 확신이 없어졌고, 그런데 다시 믿게 되었으면 다시 확신이 생기는 건가요? 이게 웃기는 일이잖아요. 이전에 한번 확신을 가졌다가 배신한 적이 있는데 다시 믿게 되었다면 **"아, 그래 맞아, 확신은 할 수 없어. 내가 한번 배신으로 떨어져 보니까 확신 같은 것이 있다고는 못 하겠더군."** 이렇게 말하게 되는 것이 당연하지, 어떻게 견인에 대한 확신 같은 것이 있단 말이오!"

바로 이런 주장입니다. 왜 신조가 이런 대상을 다루겠습니까? 한번 믿었다가 배신으로 하나님을 버렸던 사람들은 다시 믿게 된다고 해서 그 사람이 다시 배신하지 말란 법이 없는데, **어떻게 이런 사람들을 보고도 "끝까지 견인할 것을 확신할 수 있다." 같은 말을 할 수 있냐는 것**입니다.

정말 그렇습니다. 이런 이야기를 들으면 '견인을 확신할 수 있다'는 생각이 틀린 것처럼 느껴집니다. 아르미니우스주의자들의 주장이 맞아 보입니다. 그리고 실제로 삶에서 이런 사람들을 종종 봅니다. 깊이 숙고하지 않아서 질문하지 않았을 뿐입니다. "내가 믿다가 하나님을 버렸는데, 다시 믿게 되었다면 **마지막까지 인내하며 견딜 것이라고는 말할 수가 없어요.**" 이렇게 말하는 것이 어찌 보면 당연한 이야기라는 것입니다.

하지만 신조는 13조에서 바로 이런 사람들, 곧 한번 하나님을 떠났던 사람들이라고 할지라도 그들에 대해 마찬가지의 분명한 견인의 확신을 말할 수 있다고 강력하게 이야기하고 있습니다. 심지어는 뒤에서 살피겠지만 여기에서 더 나아가는 이야기를 하기도 합니다. 다시 한번 말씀을 통해 이 주제로 들어가 봅시다.

견인의 확신에 대한 정리: 죄를 두려워하자

이 주제를 다루기 위해 우리가 기억해야 할 첫 번째의 것은 '**죄의 강력에 대한 자각**'입니다. 죄는 매우 무섭다는 것입니다.

우리는 앞의 내용에서 견인의 확신에 대해 말하면서 "사실은 견인의 확실성 자체가 모호해지는 것이 아니라 **견인의 확신에 대한 느낌/감정이 모호해지는 것이다.**"라고 하였습니다. 이것을 약간 더 부연해 봅시다.

우리가 마지막까지 견인, 곧 인내할 것이라는 사실, 이 확실성은 분명합니다. 왜냐하면 견인의 확실성은 우리의 어떠함에서 나오는 것이 아니라 '성부 하나님의 약속'과 '성자 하나님의 중보', '성령 하나님의 인 치심'에 의하여 보증된 것이기 때문입니다. 마지막까지 인내할지 아닐지의 여부는 나에게 달려 있지 않습니다.

그런데 이 확실성에 대한 '느낌', 곧 내가 감정으로 이것을 어떻게 느끼게 되느냐는 다른 문제입니다. 견인의 확실성은 변동될 수 없습니다만, 우리의 감정은 자주 모호해지기도 합니다. 신조는 "견인의 확신은 분명하다."라고 9조와 10조에서 말했지만, 11조에서는 "이 확신을 항상 느끼는 것은 아니다."라고 말했습니다. 즉 견인의 확신이 분명히 존재함에도 불구하고, 우리의 감정은 자주 불투명합니다.

그래서 우리는 **이 둘을 분명히 구분해야 한다**고 배웠습니다. 견인의 확신은 분명히 가질 수 있고 또 명백히 가져야 하는 것이지만, 동시에 견인에 대한 우리의 감정은 자주 흔들리는 것이 사실입니다. 이 둘이 함께 있습니다. 곧 확신의 불투명함의 문제는 언제나 '마지막까지 인내할 것이라는 사실' 자체와 연관되어 있지 않고 '우리의 감정과' 연결된 것입니다.

바로 이 지점에서 "왜 그렇게 될까?"를 물어야 합니다. 우리의 감정은 왜 확신의 확실성에도 불구하고 자주 흔들릴까요? 왜 우리의 감정은 자주 믿지 못하게 될 때가 있는 것입니까? 이 질문에 대한 답을 하나로 총괄하여 대답하자면 바로 이것입니다. 그때는 바로 **'죄가 우리를 장악할 때'**입니다.

왜 우리는 자꾸 견인의 확신으로부터 멀어집니까? 하나님께 신실하게 붙어 있을 때는 견인의 확신이 흔들리지 않습니다. 하지만 이 확신으로부터 우리를 떨어뜨리는 것은 '**죄**'입니다. 신자가 죄를 범하고 있을 때, 죄에 탐닉하고 있을 때, 죄로부터 멀어지려고 하지 않을 때, 바로 그때에 견인의 확신에 대한 감정은 점차 옅어지거나 사라집니다.

신자는 바로 이런 점에서 **'죄의 무서움'을 알고 있어야** 합니다. 죄는 가소롭지 않습니다. 죄는 대단히 두려운 것이며 심지어 하나님의 자녀인 우리가 **'나는 혹 하나님의 자녀가 아닌가?'라는 의심을 품게 될 수 있을 정도로** 대단히 무서운 것입니다. 죄는 확신에 대한 우리의 감정을 무너뜨립니다! (당연히 견인의 확실성이 무너지는 것은 아닙니다.)

다윗

대표적인 예로 **다윗**을 생각해 보십시다. 다윗은 매우 유명한 시편 51편 말씀에서 굉장히 괴로워하면서 하나님께 아룁니다. 그리고 이 시편의 표제는 이것입니다.

다윗의 시, 영장으로 한 노래, 다윗이 밧세바와 동침한 후 선지자 나단이 저에게 온 때에

이 시는 다윗이 바나바와 동침한 후에 그것을 책망하기 위하여 나단 선지자가 찾아온 후에 적은 시입니다. 그렇다면 이제 이 상황에 대하여 한번 질문을 해 봅시다.

> 이때의 다윗은 **견인에 대한 확신에** 사로잡혀 있었을까요?

이 질문에 대한 대답은 어렵지 않습니다. 시편 51편에 이미 대답이 나와 있기 때문입니다. 다윗은 극렬한 범죄를 거듭 연하여 지은 후에, 선지자의 질타를 받자 고통스러워하면서 이렇게 말합니다.

나를 주 앞에서 쫓아내지 마시며 주의 성령을 내게서 거두지 마소서_시 51:11

세상의 여러 가지 일에서도 그렇지만 '지식으로 아는 것'과 '실제로 느끼는 것'은 매우 다른 것입니다. 다윗이 하나님을 부인했겠습니까? 다윗이 신앙을 버렸겠습니까? 다윗이 하나님을 모른다 했겠습니까? 그럴 리가 없습니다. 다윗은 하나님 따위는 존재하지 않는다고 하지 않았습니다. 다윗이 자기가 하나님의 자녀라는 사실을 몰랐겠습니까? 그럴 수 없습니다. 그럼에도 불구하고 다윗은 무엇을 두려워하면서 하나님께 구하고 있습니까? **"나를 주 앞에서 쫓아내지 마시며!"** 다윗은 마치 하나님께서 자신을 하나님 앞에서 쫓아내실 것처럼 '느꼈'습니다! 아는 것과 느껴지는 것이 다른 것이지요. 다윗은 주 앞에서 쫓겨나지 않았습니다만 주께서 자신을 쫓아내실 것처럼 공포가 밀려들었습니다. **"주의 성령을 내게서 거두지 마소서!"** 하나님의 기름 부음을 받은 왕인 다윗이 한 기도라고 믿을 수 없을 정도입니다. 다윗에게서 성령이 사라졌습니까? 아닙니다. 하지만 그럼에도 불구하고 당시의 다윗은 하나님께서 곧 성령을 거두어 가실 것 같은 공포를 느꼈습니다.

12절에서는 이렇게 말합니다. **"주의 구원의 즐거움을 내게 회복시키시고"**라

고 했던 말에 주의하십시오. 다윗은 "주의 **구원을** 내게 회복시키시고"라고 말하지 않았습니다. 구원은 왔다가 사라졌다가 하는 것은 아니기 때문입니다. 하지만 **"구원의 즐거움"**은 사라질 수 있습니다. 다윗은 머리로는 분명히 하나님께서 자신과 상관없이 계시지 않음을, 자신의 아들 된 지위가 사라지지 않음을 알고 있었을지라도 두려워하면서 간구했습니다. **왜냐하면 그에게서 구원은 사라지지 않았을지 몰라도 구원의 즐거움은 사라졌었기 때문**입니다.

우리가 시편 51편을 통해 분명히 알 수 있는 사실은 이것입니다. **신자에게 있어 구원이 없어지지도 않고, 성령께서 사라지지 않으셨더라도, 그것이 하나도 느껴지지 않을 수는 있다는 것**입니다. 그래서 마치 하나님의 존전에서 쫓겨난 것처럼, 성령님께서 자신을 떠나 버리신 것처럼, 또 구원의 즐거움을 하나도 느끼지 못하도록 그렇게 되어 버릴 수가 있다는 것입니다.

무엇 때문입니까? **이 모든 일의 단초는 무엇입니까?** 다윗이 간음하였고, 간음을 숨기기 위해 거짓말했고, 거짓말을 숨기기 위해 살인하였고, 그것을 모든 백성들과 고관들에게 숨긴 채로 하나님을 대신하는 왕의 자리에 여전히 앉아 하나님을 드러내며 통치하고 있었고, 심지어 하나님의 입술인 선지자가 와서 자신의 죄를 캐물을 때까지도 이 죄를 여전히 유지하는 일을 계속하고 있었기 때문입니다! 우리는 무어라 말할 수 있습니까? 이 모든 것을 불러오게 된 동기, 원인, 원흉이 무엇이라는 것입니까? **바로 죄입니다.**

그러므로 죄는 무서운 것입니다. 많은 이들이 죄를 폄하하기를 즐거워합니다. 많은 설교자들이 그리스도의 십자가 승리를 설교하면서, 사탄은 마치 모가지가 잘린 뱀처럼 이제 더 이상 힘을 쓰지 못할 것이라고 승리와 감격에 차서 외칩니다. 하지만 많은 이들이 그 남아 있는 뱀의 몸통과 꼬리가 여전히 얼마나 강력한 힘을 가지고 있는지에 대해서는 자주 망각합니다.

하지만 기억하십시오! **아버지와 아들과의 사이에 가장 중요한 것은 '강력한 연대감'**입니다. 아버지와 아들과의 사이에 실제적으로 중요한 것은 '연대의 감정'입니다. 우리가 살아가면서 보면 아버지와 아들이 호적상 아들로 올라와 있지 않다는 것 때문에 부자 사이에 문제가 되는 경우는 없습니다. 아무리 사이가 좋지 않아도 아들은 여전히 아들이니까요. 하지만 호적에 아들로 올라가 있다고 하더라도 아버지와 심각한 갈등을 겪고 있는 아들들이 얼마나 많이 있습니까?

신앙에서 가장 중요한 것은 우리가 하나님과의 언약 안에 있다는 것입니다. 그런데 우리가 그 언약 안에 있다는 것의 의미가 무엇입니까? **언약은 '관계'**입니다. 그렇다면 '관계'에서 **실제로 중요한 것**이 무엇인가요? 우리가 하나님의 아들이라는 서류적 증거만 갖추고 있다면 그것으로 충분한 것인가요? 그렇지 않습니다. 언약 관계 안에서 **실제로 중요한 것은 '연대감'**입니다. 당연히 내가 하나님의 자녀라는 사실 자체가 근본적으로 제일 중요한 것이지만, 실제로 우리가 살아가는 삶, 우리 신앙생활에서는 내가 자녀라는 사실 자체가 위협되는 일은 별로 없습니다. 올바른 신자라면 하나님의 작정과 계획을 믿고, 그리스도의 구속과 십자가를 믿으며, 성령님의 도우심을 믿기 때문에, 어떤 종류의 일이 생기더라도 '내가 하나님의 자녀라는 사실 자체'가 흔들리는 일은 없을 것입니다.

오히려 우리를 훨씬 더 위협하는 것은 '감정'입니다. '연대감'이지요. 하나님의 자녀라고 하면서도 죄에 취해 있기 때문에 **연대감을 모조리 상실해 버린다면** 그 사람은 서류상 하나님의 자녀인 것이 중요하지 않게 됩니다. 우리는 지금 "그러면 그 사람이 천국에 못 간단 말이냐?" 그런 이야기를 하는 것이 아닙니다. 하나님의 백성이냐 아니냐의 문제가 아니라, 하나님의 백성**'이라 하더라도'** 전혀 그렇지 않은 것처럼 살 수가 있다는 말입니다.

언제 그렇습니까? **우리가 죄에 심각하게 빠져 있을 때**입니다. **죄를 탐닉하고 있을 때**입니다. **우리가 죄를 과소평가할 때**입니다. 죄는 무섭고 두렵습니다. 그러므로 신자는 죄를 피해야 합니다. 우리는 언제 이 '견인의 확신에 대한 우리의 느낌'이 사시나무 흔들리듯이 흔들리는 것을 느끼게 됩니까? 죄에 빠져 있을 때입니다.

정리하자면 **'죄'는 견인의 확신이라는 주제에 있어서도 무섭습니다.** 신자가 살아가면서 죄를 짓는다고 해서 견인 자체나 견인에 대한 확신 자체가 흔들리거나 없어지지는 않습니다. 우리가 죄를 짓는다고 해서 하나님께서 우리를 아들로 부르신 일을 취소하지도 않으시며 마지막까지 하나님의 자녀로 남아 있을 일이 사라지지도 않을 것입니다.

그럼에도 불구하고 죄는 우리가 하나님의 자녀라는 사실을 믿지 못할 정도로 우리의 감정을 흔들어 놓을 수 있습니다! 견인에 관하여 마지막까지 인내할 것이라는 확신에 대한 우리의 감정을 크게 흔들 수 있습니다. 그래서 불안에 빠뜨릴 수 있습니다. 죄 가운데 살 때 우리는 자녀 됨에 대하여 **의심하게** 됩니다. 하나님의 손길을 **믿지 못하게** 됩니다. 우리가 죄 가운데 살 때, 우리는 신자로서 **인내하게 될 것이라는 믿음에 금이 가고**, 안절부절못하게 될 것입니다.

따라서 우리는 '견인의 확신'이라는 주제를 생각할 때 비록 우리가 실제로는 하나님으로부터 떨어지지 않았더라도, 죄는 우리를 하나님으로부터 떨어진 **'것처럼'** 우리의 감정을 심각하게 망가뜨려 놓으므로 죄를 두려워하고, 죄짓기를 무서워해야 한다는 사실을 잊지 말아야 할 것입니다.

훨씬 더 큰 주의

바로 이런 이유들로 우리는 타락으로 떨어져 나갔다가 돌아온 사람들에 대해 말할 때 그들에게서 **'무엇이' 멈춰졌었는지**를 분명히 알게 됩니다. 견인의 확실성은 흔들리지 않습니다. 견인의 확신이 존재한다는 사실 또한 흔들리지 않습니다. 하지만 우리의 마음은 흔들립니다. 죄 가운데 거할 때 우리는 크게 흔들립니다. 그렇다면 타락으로 빠져들어 갔었던 사람, 하나님께 큰 죄를 지었었던 사람에게는 **'무엇이'** 멈춰졌던 것인가요? **'자녀 됨'** 그 자체입니까, **'그들의 마음'**입니까?

우리는 어렵지 않게, 큰 죄 가운데 빠져들어 갔었던 사람에게는 '하나님의 호의'도, '그의 자녀 됨'도 그 자체가 없어져 버린 것이 아니라, **그들의 마음이** 그런 상실감 가운데 처하게 되었었음을 알 수 있습니다.

이런 점을 정리할 때, 이 13조 논의의 시작이 되었던 아르미니우스주의자들이 비판하고 주장했던 바에 대한 답을 알 수 있게 됩니다. 타락하여 흔들린 사람을 예로 들면서 아르미니우스주의자들이 "봐! 견인은 확신할 수 없는 거야!"라고 말할 때, 그들이 무엇을 착각하고 있는가를 말입니다.

그들은 신자가 흔들릴 수 있다는 사실 때문에, **"확신은 존재하지 않는다"**, **"존재해서는 안 된다"**라고 말했지만, 사실은 **신자가 죄를 범했다는 사실에서 드러나는 것은 '확신이라는 것은 존재하지 않는다'가 아니라 '확신은 희미해지거나 사라지기도 한다'는 사실뿐입니다.** 왜냐하면 오늘 13조가 분명히 말하고 있듯이 확신은 '회복되기 때문'입니다.

확신이란 마음의 문제이기 때문에, '견인의 확실성'이 분명할 때 **신자가 회복되면 확신도 회복됩니다.** 따라서 신자가 죄를 지음으로써 하나님으로부터 멀어질 때 마음이 병약해진다고 해서 마치 확신이라는 것이 존재하지도 않는 것처럼 말하는 아르미니우스주의자들의 주장은 큰 착각입니다. 확신은 분명합니다. 그렇기 때문에 죄로 인하여 하나님을 떠났던 사람도 다시 신앙을 회복하게 될 때 확신이 회복됩니다.

훨씬 더 큰 주의를 기울이게 됨

이 사실을 생각한다면 사실 신자가 혹 살아가면서 큰 죄에 빠지게 된다고 하더라도 전혀 아르미니우스주의자들의 생각처럼 그렇게 되지는 않습니다. 신조 13조의 앞부분을 보십시오.

> 타락 이후에 회복된 사람들에게는 이 견인의 확신도 회복되는데, 이러한 확신은 결코 부주의하거나 경건을 게을리하는 삶으로 이끌지 않습니다. 오히려 이 확신으로 인해 그들은 주님께서 자신들을 위하여 예비하신 그 길을 찾는 데에 훨씬 더 큰 주의를 기울이게 됩니다.

아르미니우스주의자들은 타락으로 떨어진 사람들이 다시 하나님께로 돌아오게 되면 그 떨어진 경험이 **'불신'을 낳게 될 것**이라고 말했습니다. "봐! 한번 타락해 봤지? 그러니까 너는 여기 튼튼히 오랫동안 있을 거라는 사실을 믿지 못하게 될 거야!"라고 말했습니다. 말하자면 신자가 죄를 지은 후에는 그 죄로부터 회복하게 되더라도 '견인에 대한 확신'은 회복되지 못할 것이라고 말한 것입니다.

하지만 신조는 전혀 다르게 말합니다. 신조는 이렇게 회복된 확신은 **"부주의하거나 경건을 게을리하는 삶으로"** 그 사람을 이끌기보다는, **"더 큰 주의를 기울이게"** 만든다고 고백하고 있습니다.

참으로 그렇습니다! 근자에 유명해진 말 중에 **'트라우마'**라는 말이 있습니다. 이전에 어떤 큰 나쁜 경험을 한 사람은 그것에 대한 공포감을 갖는다는 것인데,

사실 이게 새로운 용어가 되었을 뿐 옛 사람들도 이런 개념은 잘 알고 있었습니다. 예를 들면 속담 중에 "자라 보고 놀란 가슴 솥뚜껑 보고 놀란다"라는 말이 있는데, 이 속담을 현대어로 옮기자면 '자라 트라우마'가 될 것입니다.

그러면 트라우마를 가진 사람이 어떻게 하는지를 생각해 보십시오. 높은 곳에서 떨어져서 다쳐 본 사람에게 트라우마로 고소공포증이 생겼다면, 이 사람은 고의적으로 높은 절벽 끝에 가서 서겠습니까? 어릴 때 개에게 손을 내밀었다가 손을 물려서 크게 다쳐 본 경험이 있는 사람, 곧 개에게 트라우마가 생긴 사람이 큰 프랜치 불독이 지나갈 때 일부러 입에 손을 넣어 보겠습니까?

사실 아르미니우스주의자들은 굉장히 이상한 주장을 있습니다. 크게 죄를 짓고 하나님으로부터 떠났던 사람, 그래서 **마음속에서 하나님께서 자신을 인도하실 것이라는 견인 감정이 싸그리 사라지는 경험을 해 본 사람**이, 다시 그 마음속에 견인 감정이 회복되게 되었을 때 **정말 그에게 견인의 확신이 '믿을 수 없는 것'이 될까요?** 오히려 신조가 고백하는 대로 **"더 큰 주의를 기울이게"** 되지 않겠습니까? 높은 곳에서 떨어진 사람은 높은 곳으로 가려 하지 않게 되고 개에게 물린 사람은 개에게 접근하지 않게 되지 않습니까? 과연 성적인 유혹 때문에 큰 죄를 지은 사람이 다시 회복되어 하나님께 받아들여졌을 때 일부러 사창가를 얼쩡거리면서 자신의 대범함을 시험하게 될까요? 실제로 열왕기 첫 부분에 보면 이런 말씀이 나옵니다. 우리가 앞서 살핀 시편 51편과 연관되어 있습니다. **이 시편으로 회개한 다윗의 이후 행보**라 할 수 있는 부분입니다.

> 다윗 왕이 나이가 많아 늙으니 이불을 덮어도 따뜻하지 아니한지라 그의 시종들이 왕께 아뢰되 우리 주 왕을 위하여 젊은 처녀 하나를 구하여 그로 왕을 받들어 모시게 하고 왕의 품에 누워 우리 주 왕으로 따뜻하시게 하리이다 하고 이스라엘 사방 영토 내에 아리따운 처녀를 구하던 중 수넴 여자 아비삭을 얻어 왕께 데려왔으니 이 처녀는 심히 아름다워 그가 왕을 받들어 시중들었으나 왕이 잠자리는 같이 하지 아니하였더라_왕상 1:1-4

다윗은 과거, 성적(性的) 과오로 인하여 인생에 가장 커다란 잘못을 범한 경험이 있었던 사람이었습니다. 그래서 늙어 몸이 식어서 그것을 데울 요량으로 신하들이 궁녀를 붙여 주었음에도, 심지어 그 여자가 충분히 품을 욕심이 생길 정도로 심히 아리따운 여인이었음에도, 다윗은 그녀와 동침하지 않았습니다.

정말 어떤 사람이 한번 하나님께로터 멀어지게 되면 확신을 마비시킵니까? 아닙니다. 그런 경험은 우리로 하여금 "더 큰 주의"를 기울이게 만듭니다.

고린도후서 7장 말씀

고린도후서 7장 말씀을 보겠습니다.

> 하나님의 뜻대로 하는 근심은 후회할 것이 없는 구원에 이르게 하는 회개를 이루는 것이요 세상 근심은 사망을 이루는 것이니라 보라 하나님의 뜻대로 하게 된 이 근심이 너희로 얼마나 간절하게 하며 얼마나 변증하게 하며 얼마나 분하게 하며 얼마나 두렵게 하며 얼마나 사모하게 하며 얼마나 열심 있게 하며 얼마나 벌하게 하였는가 너희가 그 일에 대하여 일체 너희 자신의 깨끗함을 나타내었느니라_고후 7:10-11

고린도후서 7장의 배경이 되는 내용은 사도께서 이전에 보냈던 편지에 기초하고 있습니다. 앞의 8절에 보면 "그러므로 내가 편지로 너희를 근심하게 한 것을 후회하였으나"라고 나옵니다. 이 편지 전에 보냈던 편지를 가리키고 있습니다. 그리고 이전에 보냈던 편지라면 이 성경이 고린도후서니까 당연히 고린도전서가 될 것입니다.

고린도전서는 우리가 아는 대로 고린도 교회의 잘못에 대한 책망으로 가득한 책입니다. 사도께서는 그들이 당파로 나누어져 있는 것에 관하여, 그들이 성령의 은사들로 인하여 교만하여 자랑하고 있는 것에 관하여, 그들이 이웃, 곧 형제자매들을 사랑하지 않음에 관하여, 그들이 교회 안에 잘못을 저지른 이들을 벌하지 않고 죄를 대충 덮으려 했던 것에 관하여, 기타 등등 수도 없이 많은 잘못들에 대하여 질책했습니다.

고린도전서를 배경으로 하여 이 고린도후서 7장 10절과 11절 말씀을 읽으면 무슨 뜻이 됩니까? 사도는 고린도 교회를 질책했습니다. 실제로 고린도 교회는 많은 죄를 저질렀고, 많은 과오 중에 있는 이들이었습니다. 하지만 고린도후서 7장은 **이들이 곧바로 그로부터 회개하였음**을 보여 줍니다. 9절에 "너희가 근심하여 회개하였다"라는 말씀이 나옵니다. 그리고 이 장은 그들의 회개의 성격, 또 그 회개의 결과가 무엇인지를 보여 주고 있습니다.

고린도 교회는 사도의 책망을 받고 10절, "하나님의 뜻대로 하는 근심"에 들어 갔습니다. 여기 "근심"이라고 번역하니까 의미가 약한 것 같습니다. 정확한 의미는 **'고통' 혹은 '슬픔'**입니다. '약간 걱정하는 정도'가 아니라 격렬한 고통과 슬픔에 사로잡힌 것입니다. 10절에서 사도는 이렇게 "하나님의 뜻대로 하는 고통과 슬픔"은 좋은 것이라고 합니다. 왜냐하면 이것은 "회개"를 만들어 내기 때문입니다.

이 문맥 안에서 읽으면 10절 뒷부분의 "세상 근심 → 세상 고통"은 쉽게 이해됩니다. "하나님의 뜻대로 하는 슬픔/고통"이 회개를 이루는 것이었으니 "세상 고통"은 회개하지 않고 고통당하는 것을 말합니다. 어떤 주석가는 "회개함이 없는 후회는 세상 근심만 초래한다."라고 주석하였습니다.[152] 그러니까 고린도 교회는 책망을 받았을 때 하나님의 뜻을 곧바로 알아보고 회개했습니다. 그렇지 않고 회개치 않은 채로 있었다면 세상적인 근심만 가득하여 고통만 늘어갔을 것입니다.

그리고 11절은 이 슬픔/고통의 결과로 고린도 교회가 어떤 행동들을 내놓았는가를 열거합니다.[153]

- "얼마나 간절하게 하며"는 문제를 진지하게 받아들이고 해결하려는 신실함입니다.
- "얼마나 변명하게 하며"는 잘못된 것을 고치려고 하는 자세를 변증함입니다.
- "얼마나 분하게 하며"는 이전의 행실을 혐오함입니다.

---

152 — 송영목, 『문법적, 역사적, 성경신학적 관점에서 본 신약주석』 (서울: 쿰란출판사, 2011), 784.
153 — 위의 책, 785.

- "얼마나 두렵게 하며"는 과거의 죄에 대해 두려워함입니다.
- "얼마나 사모하게 하며"는 범죄치 않도록 열심을 가지는 것입니다.
- "얼마나 벌하게 하였는가"는 죄지은 자를 징계한 것입니다.

이렇게 고린도후서 7장이 보여 주는 내용은 우리가 지금 다루고 있는 상황과 일치합니다.

우리는 아르미니우스주의의 주장 때문에 '한 번 타락으로 떨어졌다가 다시 회복하게 된 사람들'을 다루고 있습니다. 고린도 교회는 정확하게 이 예에 해당합니다. 그런데 보십시오. 이 사람들이 '제대로' 하나님께 돌아오게 되었을 때 이들에게서 '하나님을 신뢰하는 확신', '자신들의 견인에 대한 확신'에 대하여 **의심이 생기게 되었습니까?** 혹 그릇된 확신으로 부주의하거나 경건을 게을리하게 되었습니까?

"하나님의 뜻대로 하는 근심"으로 올바르게 회개한 사람은 오히려 문제를 신실하게 받아들이고, 잘못된 것을 고치기 위해 변증하고, 이전의 행실을 혐오하고, 과거의 죄를 두려워하고, 범죄치 않도록 열심을 갖고, 죄지은 자를 징계합니다. 우리는 고린도전서 말씀을 통해 아르미니우스주의가 주장한 바들이 얼마나 바르고 신실한 믿음을 가진 성도들에게는 터무니없는 것인지를 쉽게 알 수가 있습니다.

우리는 신앙이란 것을 너무 아르미니우스주의자들처럼 **'마치 하나님께서 계시지 않듯이 기계적으로'** 생각해서는 안 됩니다. "죄 가운데 깊숙이 들어가 본 사람은 그렇게 죄 가운데 들어가 보았기 때문에 거기서 나오고 난 후라도 진정한 확신 같은 것은 다시 회복되지 않는 것이다."라는 식으로 섣불리 말해서는 안 되는 것입니다. 고린도후서가 보여 주는 바는 그들의 죄, 그들의 잘못이 하나님의 뜻을 따라 고통스러운 회개로 연결되었을 때, 그들을 **더 낫고 더 성숙한 신앙적 지위로 그들을 끌어올렸다는 사실**입니다. 신조가 이것을 표현한 방식이 바로 "그들은 훨씬 더 큰 주의를 기울이게 된다."입니다.

우리는 죄를 짓고, 하나님으로부터 떠날 때가 있습니다. 위대한 왕 다윗도, 위대한 사도 베드로도 그랬던 적이 있습니다. 그런데, 그렇게 죄를 통해서 하나님을 떠나게 되었다고 해서 그것이 "확신이란 존재하지 않아."라는 생각의 동기가 되는 것은 아닙니다. 확신은 신자들에게 존재하며 죄로 인하여 옅어진 확신의 감정은 신앙이 회복될 때 함께 회복됩니다.

중요한 것은 고통스러운 선택이라고 하더라도 회개를 향하여 자신의 경로를 돌이키는 것입니다! 확신이 사라진 것처럼 느껴질 때 그 사라진 느낌에 집중하지 말고 고통스러운 회개를 택해야 한다는 것입니다! 확신에 대한 나의 느낌은 '내가 느낌을 회복하려고 한다고 해서' 회복되는 것이 아니라, 하나님의 뜻에 합당한 방식으로 우리가 **고통스러운 회개를 선택할 때** 회복되기 때문입니다.

평생 단 한 번도 큰 죄악에 빠지지 않으면 참 좋겠지만, 혹 그런 어려움이 나에게 닥친다 하더라도 이 사실이 우리 마음속에 든든한 버팀목이 되어서 다시 하나님께로 돌아설 수 있는 중요한 기틀이 되기를 소망합니다. 하나님께서는 언제나 자기 백성에게 신실하시며 우리에게 좋은 것을 주십니다.

제14조 : 견인의 일을 위하여 수단을 사용하심

하나님께서는 복음의 강설을 통하여 우리 안에서 이 은혜의 사역을 시작하기를 기뻐하셨듯이, 마찬가지로 그분의 말씀을 듣는 것과 읽는 것과 묵상하는 것ⁱ 그리고 말씀의 권면과 위협과 약속들,ⁱⁱ 또한 성례의 시행 등을 통하여 그 사역을 보존하고 계속되게 하며 완성하십니다.ⁱⁱⁱ

i 신 6:20-25 후일에 네 아들이 네게 묻기를 우리 하나님 여호와께서 명령하신 증거와 규례와 법도가 무슨 뜻이냐 하거든 너는 네 아들에게 이르기를 우리가 옛적에 애굽에서 바로의 종이 되었더니 여호와께서 권능의 손으로 우리를 애굽에서 인도하여 내셨나니 곧 여호와께서 우리의 목전에서 크고 두려운 이적과 기사를 애굽과 바로와 그의 온 집에 베푸시고 우리 조상들에게 맹세하신 땅을 우리에게 주어 들어가게 하시려고 우리를 거기서 인도하여 내시고 여호와께서 우리에게 이 모든 규례를 지키라 명령하셨으니 이는 우리가 우리 하나님 여호와를 경외하여 항상 복을 누리게 하기 위하심이며 또 여호와께서 우리를 오늘과 같이 살게 하려 하심이라 우리가 그 명령하신 대로 이 모든 명령을 우리 하나님 여호와 앞에서 삼가 지키면 그것이 곧 우리의 의로움이니라 할지니라

ii 딤후 3:16-17 모든 성경은 하나님의 감동으로 된 것으로 교훈과 책망과 바르게 함과 의로 교육하기에 유익하니 이는 하나님의 사람으로 온전하게 하며 모든 선한 일을 행할 능력을 갖추게 하려 함이라

iii 행 2:42 그들이 사도의 가르침을 받아 서로 교제하고 떡을 떼며 오로지 기도하기를 힘쓰니라

● 강해본문 ① : 요한계시록 1장 1-3절

1 예수 그리스도의 계시라 이는 하나님이 그에게 주사 반드시 속히 일어날 일들을 그 종들에게 보이시려고 그의 천사를 그 종 요한에게 보내어 알게 하신 것이라 2 요한은 하나님의 말씀과 예수 그리스도의 증거 곧 자기가 본 것을 다 증언하였느니라 3 이 예언의 말씀을 읽는 자와 듣는 자와 그 가운데에 기록한 것을 지키는 자는 복이 있나니 때가 가까움이라

● 강해본문 ② : 디모데후서 3장 14-17절

14 그러나 너는 배우고 확신한 일에 거하라 너는 네가 누구에게서 배운 것을 알며 15 또 어려서부터 성경을 알았나니 성경은 능히 너로 하여금 그리스도 예수 안에 있는 믿음으로 말미암아 구원에 이르는 지혜가 있게 하느니라 16 모든 성경은 하나님의 감동으로 된 것으로 교훈과 책망과 바르게 함과 의로 교육하기에 유익하니 17 이는 하나님의 사람으로 온전하게 하며 모든 선한 일을 행할 능력을 갖추게 하려 함이라

견인의 방편

계 1:1-3; 딤후 3:14-17

도르트 신조의 다섯째 교리인 "성도의 견인"은 우리에게 **담대한 확신과 흔들리지 않는 견고함을 주기 위하여** 기록된 교리입니다.

우리는 이 신조를 통해서 ① 우리 믿음의 기원이 하나님의 예정에 있음을 배웁니다. 예정을 통해 건짐받도록 작정되었다는 것이지요. 그리고 ② 실제로 하나님께서는 우리에게 구속을 주셨고, ③ 우리의 죄와 허물에도 불구하고 은혜로 이것을 이루셨습니다(성취). 이것이 도르트 신조의 첫째, 둘째, 그리고 셋째와 넷째 교리입니다.

구속받고 하나님의 자녀가 된 것을 이렇게 넷째 교리까지 정리하고 난 후에, 도르트 신조는 마지막으로 이렇게 **구속을 이루신 하나님께서 이를 계속해서 이루어 가신다**, 곧 '완성을 향하여 가시는 것'까지를 말하는데, 그것이 바로 다섯째 교리인 "성도의 견인" 교리입니다. 즉 첫째부터 넷째 교리까지가 구원을 작정하시고 이루신 것을 말한다면, 다섯째 교리는 그 **이루신 구원을 붙들고 가시는 과정**입니다. 이것을 우리는 한 키워드로 '인내'라고 합니다. '견인', 곧 '견고한 인내'지요.

방편

그리고 이 '이루신 구원'과 '그것을 유지해 가시는 것' 사이의 관계에는 **'이 일을 이루시는 수단'**이라는 점에서 공통점이 있습니다. 정리하자면 이렇게 말할 수 있겠습니다.

> 하나님은 구원을 **이루실 때도** 방편을 사용하시고,
>
> 이루신 구원을 **유지하실 때에도** 방편을 사용하신다.

하나님은 방편을 사용하십니다. 이 '하나님께서는 방편을 사용하신다'는 주제는 다섯째 교리에 오기까지 계속해서 신조 내에서 반복되어 말해 왔던 것입니다. 첫째 교리는 3조에서 이 기쁜 소식을 전파하기 위하여 하나님께서 방편으로 복음 전파자를 보내셨음을 가르칩니다. 둘째 교리는 5조에서 하나님께서 구속의 일을 '보편 선포', 곧 모든 사람에게 선포하심을 가르칩니다.

셋째와 넷째 교리는 여러 항목에서 하나님의 방편 사용하심이 나타납니다. 6조와 7조에서는 사람들의 죄 때문에 복음이 전파될 필요성과 또 어떤 사람들에게 복음이 전파되는지를, 11조에서는 하나님께서 회심을 일으키시는 방법을 말하면서, 또 14조에서는 믿음이 어떻게 하나님의 선물이 되는지를 설명하고 17조에서는 명시적으로 하나님께서 "수단을 사용하신다"라고 함으로써 이 사실을 가르칩니다.

셋째와 넷째 교리의 17조는 심지어 하나님께서 수단을 사용하시는 것을 무시하면 "하나님께서 정해 놓으신 것을 시험하는 것"이 된다고 말하면서, "우리가 자기의 의무를 더 신속히 수행할수록" 하나님의 은혜가 빛난다고 말하기까지 합니다. 방편이 발휘되는 것과 하나님의 본뜻이 얼마나 긴밀히 연결되어 있는가를 강하게 말한 것입니다.

그러므로 방편을 무시하면서 "내가 어떻게 하든 하나님께서는 결국 스스로 알아서 뜻을 이루실 거야."라고 말하는 사람은 '방자한 사람'이며 '하나님의 뜻을 시험하는 사람'입니다. 우리는 **우리를 통하여 일하시는 하나님**의 이 신비를 바라보며 놀라고 칭송해야 합니다. "내가 일을 하지 않으면 하나님도 못하시겠지?"가 아니라, "나 없이도 일할 수 있는 분께서 나를 사용하여 일하신다는 사실에 감사" 하면서 말입니다.

견인에서도 방편을 사용하신다: "듯이"

다섯째 교리의 14조 역시 이런 맥락 속에 자리 잡고 있습니다. 구속에서도, 죄와 은혜에 대한 가르침에서도 '항상 방편을 사용'하셨던 하나님께서 **견인에 있어서도 동일하게 방편을 사용**하시는 것입니다.

이것이 14조에서 **"듯이"**를 읽어야 하는 방식입니다. 우리가 만약 아무런 조항도 배우지 못한 채로 다섯째 교리의 14조를 읽었다면 "듯이"를 사용하지 않았겠지만, 앞선 교리들에서 계속해서 이 방편의 사용을 말해 왔기 때문에 마지막 교리인 다섯째 교리에서는 이렇게 말한 것입니다.

> 복음의 설교로 우리 안에서 이 은혜의 사역을 **시작하기를 기뻐하셨듯이**

"듯이", 곧 '앞에서 하셨던 것과 마찬가지로'라는 의미입니다. 그리고 "시작하기를 기뻐하셨듯이"입니다. 즉 여기에는 시간적으로(하나님의 사역은 시간에 구애받지 않지만 이해의 편의를 위해) 두 노선이 있습니다. 하나님께서 먼저 시작하신 것으로 보이는 '예정'이나 '구속', '죄 사함'이나 '은혜'가 있습니다. 14조는 이를 통칭하여 **"은혜의 사역을 시작한 것"**이라 하였습니다. 그렇다면 다섯째 교리에서 다루는 내용은 앞의 '시작'에 대하여는 **'마침/완성'**입니다. 그래서 "듯이" 다음에는 "완성하시는 일에서도"라고 하였습니다.

> 시작하실 때도 방편을 사용하셨듯이, 완성하실 때도 그러하다.

이렇듯 하나님께서는 **'일관되게' 방편을 사용**하십니다.

하나님께서는 복음으로 우리를 건지실 때도 '복음의 설교'나 '설교자'와 같은 방편을 사용하셨습니다. 똑같은 방식으로 '견인', 곧 인내하는 일을 통하여 마지막 완성에 이르게 되는 때까지도 역시 방편을 사용하셔서 이 마지막까지의 일을 이루어 가십니다.

무엇으로 견인하시는가?: 말씀

그렇다면 우리가 물어야 할 바는 비교적 명확해집니다.

> **무엇으로** 견인하십니까?
>
> 무엇을 방편으로 하여 견인하시는 것입니까?

14조는 견인의 방편들을 이렇게 소개했습니다.

> • 그분의 말씀을 듣는 것과 읽는 것과 묵상하는 것
> • 말씀의 권면, 위협, 약속들
> • 그리고 성례의 시행

하나님께서는 우리를 마지막까지 인내케 하기 위하여 "말씀을 듣는 것과 읽는 것과 묵상하는 것", 그리고 "말씀의 권면, 위협, 약속들"을 사용하십니다. 곧 '말씀'입니다. 그리고 더불어 "성례의 시행", 곧 '성례'를 사용하십니다. 하나님께서 견인을 위하여 사용하시는 방편을 무엇이라고 말할 수 있는가? '말씀'과 '성례', 곧 **'은혜의 방편들'**[154]입니다.

듣고 읽기

14조의 시작은 "**복음 설교로** 우리 안에서 은혜의 사역을 시작하기를 기뻐하셨

---

154 — 개혁파에서 은혜의 방편은 '말씀'과 '성례', 그리고 '기도'까지를 말한다. 그런데 개혁자들마다 은혜의 방편으로 규정하는 것이 조금씩 다르다. "웨스트민스터 대요리문답은 기도를 포함시키나 언급만 할 뿐 더 이상의 설명은 없고, 오히려 말씀과 성례는 하나님이 주시는 것으로 그가 우리에게 오시는 방편이라면 기도는 감사의 방편이어서 우리가 하나님께 나아가는 방편이라고 양면적으로 설명하고 있다." 유해무, 『개혁교의학』(고양: 크리스천다이제스트, 1998), 527. 그러나 벌코프는 이를 반대하는 입장인데, "믿음, 회심, 기도는 영적인 생활을 강화시키는 도구로 사용될 수 있기는 하지만, 일차적으로는 하나님의 은혜의 '열매들'이다. … 그러므로 기도를 은혜의 방편에 포함시킨 하지(Charles Hodge)의 입장이나 말씀과 성례와 함께 교회와 기도를 은혜의 방편으로 삼았던 맥퍼슨의 입장은 재고의 여지가 있는 것이다."라고 설명하고 있다. 루이스 벌코프, 『조직신학(하)』, 권수경, 이상원 옮김 (고양: 크리스천다이제스트, 1996), 866. 따라서 기도를 은혜의 방편이라고 말할 수는 있지만 말씀, 성례와 성격에 있어 다른 점은 인지해야 한다. 심지어 말씀과 성례조차 말씀에 비해 성례는 그 위상이 다르다.

듯이"입니다. 그렇다면 다음에 나오는 "말씀을 듣는 것과 읽는 것" 또한 단순히 '개인적인 경건 생활'이 아닐 것이라 생각하는 것은 자연스럽습니다. 은혜의 사역을 시작할 때에도 말씀을 "복음 설교"라고 했다면, 견인에서 "말씀을 듣는 것과 읽는 것"이라 한 것 역시 "복음 설교"라고 보아야 합니다. 곧 예배에서 공적으로 선포되는 하나님의 말씀인 '설교'가 바로 가장 중요한 '견인의 방편'입니다.

여기 "듣는 것, 읽는 것, 묵상하는 것"은 세 번째 "묵상하는 것"만 빼면 요한계시록 1장에 나오는 내용과 유사합니다.

> 이 예언의 말씀을 읽는 자와 듣는 자와 그 가운데에 기록한 것을 지키는 자는 복이 있나니 때가 가까움이라_계 1:3

원래의 개역한글판 번역에는 반영되었다가 개역개정판 번역에서는 오히려 후퇴하여 반영이 생략된, '수(數)'에 유의하여 이 부분을 보면, 이 말씀은 개인의 성경 읽기 같은 것을 말하는 것이 아님을 쉽게 알 수 있습니다. 원문에는 **"읽는 자"는 단수형**이고, **"듣는 자"와 "지키는 자"는 복수형**입니다. 그래서 개역한글판에서는 "읽는 자", "듣는 자들", "지키는 자들"이라고 수를 반영하여 번역했습니다. 심지어 헬라어에서 "듣는 자들"이라는 복수형과 "지키는 자들"이라는 복수형은 **한 관사로** 묶여 있습니다. 즉 이 둘은 같은 사람들입니다.

그렇다면 계시록 1장 3절 말씀은 단순히 개인 경건으로서의 말씀을 말하고 있는 것이 아닙니다. 이 말씀은 어떤 장면을 보여 주고 있습니다. 곧 말씀을 읽는 한 사람과 그것을 듣는 다수의 사람, 또 바로 그 들은 사람들이 삶으로 나아가 그 말씀을 지키며 사는 것, 이 장면은 **'예배 정황'**입니다. 말씀을 "읽는" 이는 전체 회중에서 말씀을 전하고 있는 한 사람을 가리키는 것이고, 나머지 사람들은 "듣고" 나가서 "지키는" 회중 전체입니다.

따라서 계시록 1장 3절 말씀은 이 서신이 들려질 때의 상황을 상상하면서 읽으시면 이해하기 쉽습니다. 계시록은 소아시아 일곱 교회에 보내졌던 회람 서신이었습니다. 그리고 그 교회들뿐 아니라 다른 교회들에게도 자신들에게 주어진 말씀으로 받아들여졌습니다. 그러면 이런 장면을 상상해 보십시오.

회람된 서신인 요한계시록이 교회의 장로/감독/목사를 통해서 회중들에게 선포될 때 이 3절의 첫 구절은 "마카리오이!", 곧 "복이 있다!"는 예수님의 산상 수훈의 그 선포입니다(정확하게는 산상수훈에서 '마카리오이'이고, 계시록에서는 '마카리오스'이다)! 그러면 이 서신을 듣고 있는 전체 회중은 이 "복 있도다!"의 선포가 바로 자신들, 곧 "바로 지금 예배를 드리고 있는 우리를 가리키는 것이구나!"라고 생각할 수밖에 없습니다. 그러면 이들에게 어떤 복이 선언되고 있는 것입니까? "말씀을 읽는 것과 듣고 행하는 사람", 곧 "여기 이 예배에 참석한 여러분들이여! 여러분들에게 복이 있습니다!"

14조의 문구가 계시록 1장 3절을 떠올리도록 작성되었다면, 신조의 이 조항 역시 '예배'를 떠올리게 합니다. 그래서 14조의 첫 부분은 피상적으로 '하나님의 말씀'이라고 하지 않고 "복음 설교"라 한 것입니다. 성도의 견인의 첫째 방편은 피상적이고 추상적인, 개인 경건을 위한 말씀 묵상 같은 것이 아니고, 구체적으로 **'예배 중에 공적으로 선포되는 하나님의 말씀, 곧 설교'**입니다. 하나님께서는 우리의 구원을 견인하시기 위하여 '말씀'을 사용하시는데, 이때 '말씀'이란 관념이 아닙니다. 오히려 매우 구체적이고 현장 지향적인 로컬 처치의 살아 있는 설교입니다!

누가 복이 있습니까? 이 예배 속에서 하나님의 말씀을 읽고, 듣고, 나가서 지키는 자에게 복이 있습니다. **누구에게 견인이 강력하게 역사합니까?** 예배 중의 말씀/설교를 방편으로 삼을 때 하나님의 견인이 강력하게 역사하는 것입니다!

묵상하기

말씀을 "듣고 읽는 것"이 공적 설교임을 진지하게 받아들일 때, 우리는 우리 선조들이 왜 여기에 **덧붙여 "묵상하기"를 넣었는지**를 깨닫게 됩니다. 방금 살핀 대로 계시록은 "읽는 자"와 "듣는 자들" 다음에는 "지키는 자들"이 나왔습니다. 말하자면 계시록의 요지는 하나님의 말씀이 공적으로 선포될 때 그 선포를 **'약간 확장'**시켰습니다. 말씀의 선포를 거기 예배당 현장 속에만 국한시키지 않고 "지키는 자들"을 언급함으로써 그 말씀을 예배당 바깥으로 나가게 되는 성도들에게, 곧 이 말씀을 듣고 이후에 살아가야 할 정황으로까지 확장시킨 것입니다.

그러므로 계시록의 말씀을 잘 이해한다면 14조의 "듣는 것, 읽는 것, 묵상하는 것"을 쉽게 이해할 수 있게 됩니다. 특히 세 번째의 "묵상하는 것"이 왜 들어갔는지를 알게 됩니다. 이 부분이 '말씀'을 설명하는 부분이기 때문에, "묵상하는 것"은 말하자면 **'공적으로 예배를 통해 들은 말씀의 확장'**입니다.

이런 맥락 안에서 읽는다면, 묵상이란 단지 개인적으로 내 맘대로 아무 말씀이나 묵상하는 것을 말함이 아니게 됩니다. '확장'이니까요. 공적으로 선포된 말씀으로부터의 확장이니 이 묵상은 기본적으로 **공적으로 들려졌던 바로 그 말씀을 묵상하는 것**이 되어야 합니다!

여기서 우리네 교회들이 가진 잘못된 큐티 문화를 생각해 봅시다. 우리에게 '말씀의 묵상'이란 주일의 설교와 얼마나 분리되어 있습니까? 하지만 원래 '묵상'이라는 것은 외따로 혹은 파편적으로 존재하는 것이 아니라 **'교회의 선포와 묶여'** 있는 것입니다. 묵상이 진실로 견인의 방편이 되려면, 나 혼자서 개인적으로 성경을 묵상하는 전문가가 되어야 할 필요는 없습니다. 큐티가 우리를 견인하는 것이 아니기 때문입니다. 오히려 계속되는 연결, 곧 선포된 하나님의 말씀을 **'내 삶의 영역으로 가져간다'**는 입장에서의 묵상이 되어야만 하는 것입니다. 따라서 묵상이란 항상 '설교의 연장선상에' 있는 것이어야 합니다.

이를 도르트 신조의 한 주석서에서는 "읽는 것과 듣는 것"은 **"공적 영역에서의 복음"**이라고 분류하고 "묵상하는 것"은 **"사적 영역에서의 복음"**이라고 분류했습니다.[155] 공적 영역에서 읽고 들려진 복음이 자신의 개인 생활에서도 지속적으로 영향력을 발휘하게끔 되어야 한다는 것입니다.

하나님의 말씀이 우리에게 견인의 방편이 되는 데는 두 가지 루트가 있는데 결국은 한 루트입니다. 공적으로 읽고 듣는 말씀과 그것의 적용으로서의 개인적 묵상입니다. 하나님의 말씀이 우리를 견인하실 때 이 '공적 영역'과 '사적 영역' 모두에서 공적으로 선포되는 말씀이 작용한다는 것을 늘 생각하면서 예배의 중요성에 안착하는 우리들이 되어야 하겠습니다.

---

155 — Daniel R. Hyde, *Grace Worth Fighting For*, 356.

이 말씀의 면모들

그리고 신조는 이어서 이 말씀을 "권면, 위협, 약속"이라는 말로 다시 설명했습니다. 어떤 분들은 이 부분을 읽으면서 '지나친 반복이 아닌가'라고 생각하실지 모르겠습니다. 앞에서 공적으로 선포되는 말씀과 그것을 가지고 개인적으로 묵상하는 것까지가 우리 견인의 방편으로 하나님께서 사용하시는 것이라고 했으면 그것으로 되었을 법한데, 거기에 또다시 말씀이 가진 성격까지 덧붙이는 것은 너무 반복이 아닌가, 그런 생각이 드실 수가 있습니다. 하지만 왜 이런 반복으로 보이는 문구를 다시 덧붙였는지 말씀을 통해 생각해 봅시다.

디모데후서 3장에서

디모데후서 3장 16절과 17절 말씀을 봅시다.

> 모든 성경은 하나님의 감동으로 된 것으로 교훈과 책망과 바르게 함과 의로 교육하기에 유익하니, 이는 하나님이 사람으로 온전하게 하며 모든 선한 일을 행할 능력을 갖추게 하려 함이라_딤후 3:16-17

아주 똑같지는 않지만, 역시 이 구절에 14조 본문과 유사한 내용이 나옵니다. "교훈과 책망과 바르게 함과 의로 교육하기"는 14조 본문의 "말씀의 권면과 위협과 약속들"과 비슷한 느낌을 줍니다. 실제로 신조 본문이 이 구절을 의미함을 표시하기 위해 관주에 이 디모데후서 3장을 달아 놓았습니다. 그러면 디모데후서 3장의 의의는 무엇일까요?

우리는 자주 구원에 대한 잘못된 이해 때문에 구원의 문제를 지나치게 **'결정론적인 시각'**으로 보는 우를 범할 때가 많습니다. 구원이라는 것이 '모두 하나님 편에서 결정해 놓으신 일이기 때문에', 우리로서는 **'이루어 갈 것'은 없다고** 생각하게 되는 것입니다.

하지만 이런 태도를 염두에 둔 채로 디모데후서 말씀을 보십시오. 하나님의 말씀은 "교훈과 책망과 바르게 함과 의로 교육하기"를 시행합니다. 그것이 성도를 어떻게 합니까? "온전하게" 만듭니다. "선한 일을 행하는 데 온전하도록" 만듭니다. 구원에 대해 '결정론적 시각'만을 가지고 있으면(구원이 결정론적이지 않다는 뜻은 아니다) **한 번 구원을 받으면 거기에 이어서 무언가를 할 필요가 없어집니다.** 그러나 이 말씀을 보면 성경은 그런 입장을 가지고 있지 않음을 알게 됩니다. 만약 우리 목표가 '구원을 받는 그 자체에만' 있다면, 구원을 얻은 사람에게 "하나님의 사람으로 온전케 한다"와 같은 말은 있을 필요가 없어집니다. 처음 구원받았을 때 완전한 무언가를 받은 것인데, "온전케 한다"가 왜 또 필요하겠습니까? 구원에 대한 결정론적 시각만 갖고 있으면 "구원받음" 그 자체가 완전체이므로 더 이상 아무것도 할 것이 없어집니다. 실천은 필요 없어집니다.

하지만 디모데후서 말씀은 **성도가 '온전'해져야 한다**고 말합니다. '선한 일을 행하는 데 있어서 더 나아가야 한다'고 말합니다. 이것은 구원이 불안전하다는 뜻은 아닙니다. 하지만 구원을 받은 성도가 앞을 향하여 나아가야만 한다고 말하고 있음이 분명합니다. 성도는 구원받았으나, 그럼에도 불구하고 더 앞으로 나아가야 합니다. 여기 사용되는 것이 바로 '하나님의 말씀'임을 디모데후서가 보여주고 있습니다.

"하나님의 사람으로 온전하게 하며, 모든 선한 일을 행할 능력을 갖추게"는 목적이요, 목표 지점입니다. 그리고 "교훈과 책망과 바르게 함과 의로 교육하기"는 방법론입니다. 즉 성도는 저 목표 지점에 도달하기 위하여 어떤 때는 훈계를 받아야 하고, 또 어떤 때는 교육을 받아야 하고, 심지어 어떤 때는 책망도 받아야 합니다. 14조의 "권면, 위협, 약속"이 바로 이것입니다. 바르게 서기 위한 권면도 받아야 하고, 책망이나 위협도 받아야 하고, 또 소망을 갖고 살아가기 위해 약속도 받아야 합니다.

말씀의 이런 역할들이 우리 삶 속에서 역사할 때, 성도는 점점 바르게 자라가게 되고, 신조의 주제를 따라 말하자면 '매일매일 견인하여' 가는 것입니다. 즉 하나님께서는 견인에 방편을 사용하시되, 그 방편이 작용될 때 우리 속에서 점점 더 하나님의 사람이 만들어져 가도록, 이루어져 가도록, 그렇게 일하시는 것입니다.

구원의 성취

따라서 우리가 견인해 나간다는 것, 또 하나님께서 견인의 방편으로 하나님의 말씀을 사용하신다는 데에는 이렇게 '우리의 구원이 점점 더 성취되어 간다'는 의미가 들어 있습니다. 하나님께서는 방편을 사용하셔서, 우리를 날마다 하나님 나라에 더 합당한 백성으로 빚어 가십니다. 우리는 이 "권면과 위협과 약속"들을 통해 어제보다 오늘 더, 오늘보다 내일 더, 하나님 나라 백성의 자태에 가까워집니다.

그러므로 하나님 앞에서 겸손한 성도들은 **하나님의 이러한 방편의 사용에 스스로를 낮추고 복종하는 사람들**입니다. 주일에 설교를 통해 하나님의 말씀을 들을 때, 겸손하게 자신을 내려놓음으로 순종하는 자세를 기르십시오. 그래서 이 말씀이 나를 온전하게 만들어 갈 수 있도록 하십시다. 그리고 집으로 돌아온 후에도, 즉 "묵상"으로 나아갔을 때에도, 여전히 이 설교된 말씀이 나에게 이런 방식으로 작용하도록 합시다. 내가 주인이 되지 말고, 하나님의 말씀이 계속해서 나를 때로는 이끌고, 때로는 가르치고, 때로는 꾸짖으면서 내 삶을 움직여 갈 수 있도록! 참으로 방편이 방편으로서 내 삶 속에 역사할 수 있도록! 그렇게 순종하며 살아가는 우리들이 되도록 합시다. 이렇게 할 때 진실로 디모데후서가 말씀하고 있는 "성도의 온전함"에 날마다 더 가까이 다가가는 우리가 될 수 있을 것입니다.

무엇으로 견인하시는가?: 성례

더불어 신조는 견인의 방편으로 '성례'를 이야기합니다. 말씀이 믿음을 '창조'한다면, 성례는 믿음을 '자라게' 합니다. 성례는 말씀의 '보이는 버전'입니다. 우리는 보이지 않는 하나님의 말씀으로 자랄 뿐 아니라, 우리 눈에 보이게 된 말씀인 성례를 통해서도 자랍니다. 우리는 공적 예배에서 우리에게 주어지는 하나님의 말씀과, 그 복음 설교의 확장인 묵상을 통하여 견인케 될 뿐 아니라, 그 예배 안에 동시에 우리에게 확증으로서 주어지는 성례를 통해서도 견인하게 됩니다.

다니엘 하이드 박사님이 성례의 역할에 대해 설명하신 것을 읽어 보겠습니다.

우리는 하나님의 능력을 '방편'을 통하여 기념합니다. 그런데 하나님께서는 그분의 말씀을 듣는 방편을 통해서만 우리를 보존하시는 것이 아니라, 그분의 보존하심을 우리의 **오감을 통하여 체험케 하심으로써**, 곧 성례를 통하여서도 표현하십니다. 즉 성례 또한 여기에 사용되는 것입니다. 마치 부모와 같이 하나님께서는 우리를 사랑하신다는 것을 말로서만 하지 아니하시고 우리에게 '보여' 주십니다! 이는 토마스 왓슨이 이렇게 말한 것과 같습니다.

"그분의 말씀 안에서 우리는 하나님의 음성을 듣는다. 그리고 성례 안에서 우리는 그분의 **키스를 받는다**."[156]

굉장히 멋진 표현입니다! "말씀을 통해 하나님의 음성을 듣는다."라고 한다면, "성례를 통해서는 그분의 키스를 받습니다!" 하나님께서는 우리를 '영으로만' 짓지 않으시고, '육체를 가진 존재로' 지으셨기 때문에, 우리의 눈높이에 맞춰 주시기 위하여 '육체로도' 우리에게 오셨습니다. 이런 점에서 성찬은 그야말로 '성육신'과 궤를 같이 합니다.

우리는 하나님을 "오감을 통해 체험케 됨으로써", 곧 성례를 통하여 이 견인하게 하심을 경험합니다. 하나님께서는 그야말로 '온갖 방식으로' 우리를 이끌고 계십니다. 우리가 견인의 순간마다 넘어지지 않도록 '갖은 방편을 사용하셔서' 우리를 지탱하시고 버티게 하십니다. 이 얼마나 감격적입니까!

하나님께서는 결코 우리를 홀로 버려두시지 않습니다. 우리에게 쏟아지고 있는 방편들은 '하나님의 사랑하심의 증거들'입니다.

---

156 — Daniel R. Hyde, *Grace Worth Fighting For*, 358

제15조 : 사탄에게서는 증오를, 교회에서는 사랑을 받는 이 교리

참된 신자와 성도가 견인하고 또한 확신한다는 이 교리는[i] 하나님께서 자기 이름의 영광과 경건한 사람의 위로를 위하여 그분의 말씀에 매우 풍성하게 계시하셨고, 또한 신자의 마음에 그것을 새겨 주십니다. 육신은 이 교훈을 이해하지 못하고, 사탄은 증오하며, 세상은 조롱하고, 무지한 자들과 위선자들은 그릇되게 사용하며, 이단들은 공격합니다. 반면에 그리스도의 신부는 이 교훈을 마치 무한한 가치가 있는 보물처럼 지극히 귀중하게 여겨 깊이 사랑하고 일관되게 변호하여 왔습니다.[ii] 하나님께서는 어떠한 모략도 무용지물로 만드시고 어떠한 권세도 맞서지 못하게 하심으로써, 그분의 교회가 계속하여 그렇게 전진해 가도록 하여 주실 것입니다.[iii] 이러한 하나님께만, 오직 한 분이신 성부와 성자와 성령께 존귀와 영광을 영원히 돌립니다.[iv] 아멘.

i 계 14:12 성도들의 인내가 여기 있나니 그들은 하나님의 계명과 예수에 대한 믿음을 지키는 자니라

ii 엡 5:32 이 비밀이 크도다 나는 그리스도와 교회에 대하여 말하노라

iii 시 33:10-11 여호와께서 나라들의 계획을 폐하시며 민족들의 사상을 무효하게 하시도다 여호와의 계획은 영원히 서고 그의 생각은 대대에 이르리로다

iv 벧전 5:10-11 모든 은혜의 하나님 곧 그리스도 안에서 너희를 부르사 자기의 영원한 영광에 들어가게 하신 이가 잠깐 고난을 당한 너희를 친히 온전하게 하시며 굳건하게 하시며 강하게 하시며 터를 견고하게 하시리라 권능이 세세무궁하도록 그에게 있을지어다 아멘

● 강해 본문 ① : 고린도전서 2장 14절

14 육에 속한 사람은 하나님의 성령의 일들을 받지 아니하나니 이는 그것들이 그에게는 어리석게 보임이요, 또 그는 그것들을 알 수도 없나니 그러한 일은 영적으로 분별되기 때문이라

● 강해 본문 ② : 마태복음 24장 24절

24 거짓 그리스도들과 거짓 선지자들이 일어나 큰 표적과 기사를 보여 할 수만 있으면 택하신 자들도 미혹하리라

● 강해 본문 ③ : 고린도전서 1장 23절

23 우리는 십자가에 못 박힌 그리스도를 전하니 유대인에게는 거리끼는 것이요 이방인에게는 미련한 것이로되

● 강해 본문 ④ : 베드로전서 5장 10-11절

10 모든 은혜의 하나님 곧 그리스도 안에서 너희를 부르사 자기의 영원한 영광에 들어가게 하신 이가 잠깐 고난을 당한 너희를 친히 온전하게 하시며 굳건하게 하시며 강하게 하시며 터를 견고하게 하시리라 11 권능이 세세무궁하도록 그에게 있을지어다 아멘

은혜

고전 2:14; 마 24:24; 고전 1:23; 벧전 5:10-11

도르트 신조의 마지막 강해이면서, '견인' 교리를 마무리 짓는 제15조를 살피는 시간입니다. 견인 교리의 마지막 부분에 와서 여러 생각이 드시겠지만, 아마 무엇보다 우리 마음에 강력하게 남는 것는 **"구원의 시작도 하나님께서 하셨지만, 구원을 완성하는 일 역시 하나님께서 하신다."**라는 사실일 것입니다. 우리는 견인 교리를 통해 하나님께서 '알파와 오메가', 곧 '시작과 끝'이시라는 말의 의미를 진실로 깨닫습니다. 단지 시간의 흐름에서만 처음도 하나님, 마지막도 하나님인 것이 아니라, 우리 구원의 여정에 있어서도, 우리를 처음 구원에 부르시는 분도 하나님이시요, 마지막까지 이것을 이루어 가시는 분도 하나님이십니다.

하나님의 영광, 경건한 사람의 위로

마지막 조항인 다섯째 교리 15조는 견인 교리가 우리에게 주는 **두 가지 목적**을 말하는 것으로 시작하고 있습니다. 첫째는 **'하나님의 영광'**이요, 둘째는 **'경건한 사람의 위로'**입니다.

하나님의 영광과 사람의 위로는 같은 것을 가리키고 있다

아마도 도르트 신조를 충실하게 따라오신 분들이라면, **이 둘이 '같은 것'**임을 쉽게 알아차릴 것입니다. 그렇습니다. **'하나님의 영광'과 '신자의 위로'는 붙어 있습니다.** 이는 앞의 다른 교리에서도 그랬지만, 견인 교리까지를 모두 배우게 되었을 때 특히 더욱 그러합니다.

우리는 도르트 신조를 통하여 '우리의 구원'이 '하나님께서 행하신 일'을 보게 만드는 도구임을 발견할 수 있었습니다. 도르트 신조의 시작은 비록, 이단의 발흥 때문에 생겨난 교회의 대응이었으나, 이 일을 통해 우리 선조들이 가서 닿은 곳은 "그러므로 우리의 구원을 살피자 즉시 우리 구원의 모든 지점마다 하나님 그분의 손길을 발견하게 되었다."였습니다. 하나님께서는 그런 점에서 아르미니우스주의자들을 훌륭하게 사용하셨습니다. 악조차 사용하시는 하나님께서, 이 이단적 사상가들을 사용하셔서 '우리의 구원'이 그 얼마나 **하나님의 역사를 비춰주는 도구**가 되는지를 더욱 밝히 알도록 인도하셨습니다. 그렇습니다. 참으로 우리의 구원은 하나님께서 행하신 일들을 보여 줍니다!

결국 생각해 보십시오. 첫째 교리부터 셋째와 넷째 교리에 이르기까지의 내용들은 **"하나님께서 어떻게 우리에게 구원을 주셨는가?"**에 대한 교리입니다. 하나님께서는 우주가 생성되기도 전에 우리를 '예정'하셨습니다. 그리고 우리가 '죄로 인하여 타락'하여 아무런 소망이 없어져야 할 시점에 그리스도를 통해 우리에게 구속을 주셨고, 심지어 우리가 극한의 반역 속에 있을 때 그렇게 하셨습니다. 우리는 이것을 셋째와 넷째 교리에서 '불가항력적 은혜'라고 하였습니다. 그리고 마지막 다섯 번째 교리는 **"이 이루신 구원을 마지막까지 어떻게 완성해 가시는가?"**를 알려 줍니다. '견인'은 한편으로 '나의 인내'처럼 보이지만, 우리는 신조의 가르침을 통해 이것이 얼마나 '하나님의 이루어 가심'인지를 잘 배울 수 있었습니다.

이 그림을 놓고 볼 때 다섯 가지의 교리를 통해 우리가 분명하게 알게 된 사실은 무엇입니까? 우리에게 구원을 주시고(1-4교리), 이 구원을 이루어 가실 때(5교리) 한편으로는 모조리 **'우리를 향한 일'**이면서 동시에 이 모든 일은 모조리 **'하나님의 영광을 위한 일'**인 것입니다.

하나님께서는 무엇을 하십니까? 이 온 우주를 지으신 후에 하나님께서는 온갖 정성을 다 들이셔서, 무엇을 하십니까? 우리에게 구원을 주시고, 우리의 구원을 이루어 가십니다. 그런데 바로 여기에서 **무엇이 나타납니까?** 하나님의 하신 일이 우리의 구원이고, 이것은 하나님 그분께 있어 온 우주에서 가장 빛나는 사역입니다. 그런데 우리의 구원이 나타나는 곳마다 하나님의 영광이 빛납니다! 하나님께서 가장 낮은 자리로 오셔서 이 불쌍하고 가엾은 인생들을 구원하실 때 비로소 하나님의 영광이 가장 빛나도록, 하나님께서는 그렇게 이 구속의 역사를 움직여 오신 것입니다!

그렇습니다. 하나님은 오로지 홀로 위대하시고, 온 우주에서 홀로 영광 받으셔야 하는데, 그 하나님께서 무슨 일을 하심으로써 이 영광을 받으시기로 선택하셨느냐? 인간의 구원에 봉사하심으로써, 인간의 구원을 마지막까지 이루어 가시는 일을 통하여, 영광 받기로 결정하셨습니다. **그렇기 때문에 하나님의 영광이 곧 사람에게는 위로가 됩니다.** 이 둘은 붙어 있고, 우리는 도르트 신조를 다섯 개의 교리 마지막까지 다 배운 다음에 이것이 전체적으로 다 종합되고 정리되어 비로소 이것을 깨닫습니다. 15조의 고백 그대로입니다. 이 교리는 한편으로는 하나님께 영광이 되고, 다른 한편으로는 경건한 사람에게 위로가 됩니다!

공격

하지만 신조의 마지막 조항은 단순히 이 사실을 말하는 것으로 그치지 않습니다. 실제로 신조의 마지막 조항은 '공격'을 말하는 데 많은 지면을 할애하고 있습니다. 말하자면 이 **"하나님께 영광이 되고 신자에게는 위로가 되는"** 이 교리는 공격을 받습니다. 15조의 내용을 보면 심지어 이 공격이 무려 다섯 가지 방향에서 옵니다. "육신"과 "사탄"과 "세상"과 "무지한 자들과 위선자들", 그리고 "이단들"입니다. 이 다섯 가지 방향의 공격이 이 교리를 위협합니다.

우리는 이 사실을 보면서 무엇을 깨달아야 할까요? 이 교리가 공격받는다는 사실을 보면서, 교리의 수호자가 되어야겠다고 결심할 필요는 없습니다. '교리를 보호하겠다는 것'은 어떤 의미에서는 하나님께서 이 교리들을 주신 본연의 뜻이 아니실 수 있습니다. 이념을 보호하는 것이 어떤 의미가 있겠습니까? 교리 체계, 혹 이 신념이라는 것을 보호하는 것이 무슨 의미가 있겠습니까? 우리는 교리를 보호하려고 교리를 보호하는 것이 아닙니다. 그보다 우리는 **'하나님의 영광'**과

'신자의 위로'를 보호하기 위하여 교리를 보호합니다.

그러므로 우리는 15조가 전제로 내세우고 있었던 것, 곧 이 교리가 "하나님께 영광을, 신자에게는 위로를" 주는 것임을 마음속에 잘 새기고, 그렇게 할 때 비로소 이 교리를 위협하는 세력들에 저항하여 하나님의 영광을 지키며, 또 신자의 위로를 파수하게 됨을 잊지 말아야 합니다. 그리고 이 공격의 마지막은 '은혜'입니다.

육신은 이해하지 못한다

첫째, 15조는 이 견인 교리를 **"육신은 이해하지 못한다"**라고 하였습니다. 왜 육신이 견인 교리를 이해하지 못합니까? 그리고 "이해하지 못한다"라는 말의 의미는 무엇입니까? 고린도전서 2장 14절 말씀을 봅시다.

> 육에 속한 사람은 하나님의 성령의 일들을 받지 아니하나니 이는 그것들이 그에게는 어리석게 보임이요, 또 그는 그것들을 알 수도 없나니 그러한 일은 영적으로 분별되기 때문이라_고전 2:14

"육에 속한 사람은 성령의 일을 받지 아니한다." 왜냐하면 저희에게는 이것이 "어리석게" 보이기 때문이며, 이런 일은 "영적으로" 깨달을 수 있는 것이라고 합니다. **여러분은 "영적"이라는 말을 바르게 이해하십니까?** 영적이라는 것은 어떻다는 것을 의미하는 것일까요? 신약 성경에서 영적이라는 말은 보통 '육적'과 반대로 쓰이는 말입니다. 그런데 이때, '영'과 '육'의 현저한 차이는 어디에서 오는 것일까요?

예를 들어 요한복음에서 예수님께서 사마리아 여인을 만나셨을 때 "영적 예배"를 말씀하셨습니다. 예수님께서는 예배를 새롭게 정의하시기를 **"하나님은 영이시므로** 예배하는 자는 영/성령 안에서, 또 진리 안에서 예배해야 한다."(요 4:23, 24)라고 말씀하셨습니다. 그리고 예수님께서 이 대답을 하시게 된 배경 안에는 이 여자가 이렇게 물은 것이 있습니다.

> 우리 조상들은 이 산에서 예배하였는데, 당신들의 말은 예배할 곳이 예루살렘에 있
> 다 하더이다_요 4:20

사마리아 여인은 당시 사마리아 사람들이 그리심 산에 참예배의 처소가 있어야 한다는 주장을 이야기합니다. 당연히 사마리아를 제외한 유대 지역에 사는 유대인들은 성전의 처소가 예루살렘이라 생각했습니다.

중요한 사실은 사마리아 사람들과 다른 유대인들이 **'예배의 처소가 어디인가'**를 가지고 논쟁하였지만, 예수님께서는 **핵심이 예배의 장소에 있지 않고 "아버지께 예배함"에 있다는 것**을 말씀하셨다는 것입니다. 예수님께서는 예배의 본질을 가리키기 위하여 예배는 "영과 진리로" 해야 한다고 말씀하십니다.

이 예수님과 사마리아 여인의 대화를 통해 확연하게 알 수 있는 사실은 **'육'의 초점은 항상 '그 본질이 되는 하나님으로부터 자꾸 비켜 맞도록 상황을 변경시킨다'**는 점입니다. 예배는 그 초점이 하나님께 있습니다. 그런데 놀랍게도 '육적 예배'는 그 하나님이 가장 초점이 되는 예배조차 "장소가 어디냐?"라는 식으로 본질을 비켜 맞도록 만듭니다. 주님께서 "영의 예배"를 말씀하신 이유는, 바로 이런 육적인 것들이 결코 과녁을 정확하게 맞힐 수가 없다는 것을 보여 주신 것입니다.

"영적"에 반대되는 "육적"이라는 말의 의미가 여기 있습니다. 자기 딴에는 열심히 하나님께서 본래 말씀하신 것이라고 여겨 열심히 쏘아 대는데, 그 쏘는 화살이 하나도 본래 하나님께서 말씀하신 데 가서 꽂히지 않는 것입니다. 요한복음에 비추어 말해 보자면, 심지어 하나님을 대면하는 예배조차, '육적' 예배는 '영적' 예배가 본시 의도하는 바와는 전혀 다른 방향으로 간다는 것입니다. 과녁에 잘못 꽂히는 것이지요.

즉 "영적"이냐, "육적"이냐의 문제는 결국 어디에 귀결되는가 하면 **"하나님을 하나도 맞히지 못한다"**는 데 있습니다. 죄로 인해 타락해 버린 후의 육체는 결코 '영이 본래 맞혀야 할 과녁'을 하나도 못 맞히게 됩니다. 왜 고린도전서가 육은 영의 일을 알지도 못하고, 깨닫지도 못한다고 했느냐? 맞히는 과녁이 다른 것입니다. 하나님을 맞히지 못합니다.

견인 교리에서 "육신은 이해하지 못하고"의 의미가 무엇입니까?

견인 교리는 아름답습니다. 그런데 **왜 아름답습니까?** 왜 영적인 그리스도인들에게는 견인 교리가 아름답습니까? **견인 교리가 '하나님의 영광'이라는 과녁을 매우 근사하게 맞히기 때문**입니다. 신자가 된다는 것이 무엇인가요? 이제 나의 뜻대로 살지 아니하고, 곧 육신의 욕망을 위하여 살지 아니하고, '주를 위하여' 살게 된 사람이라는 뜻이 아닙니까? 내 속에 있는 욕망이 그야말로 죽고, 썩고, 없어지게 될 것을 향하여 돌진하지 않고, 거룩하신 하나님께로 초점이 근사하게 맞추어지는 사람이라는 뜻이 아닙니까?

왜 그리스도인에게 견인 교리가 아름다운가요? **하나님의 기가 막힌 섭리와 그 수행을 현저하게 보여 주는 교리가 바로 견인 교리이기 때문**입니다. 아르미니우스주의자들이 견인 교리를 미워하는 이유는 하나입니다. 그것이 하나님의 과녁을 정확하게 맞히기 때문이고, 하나님을 영화롭게 하기 때문입니다. 육체의 사람들은 이것을 알지도, 보지도, 이해하지도 못합니다. 하나님을 이해하지 못하니, 하나님이 영광 받으시는 교리를 이해할 수 없습니다.

견인이야말로 구원을 온전히, 전적으로, 처음부터 끝까지 이루어 가시는 하나님의 놀라우신 사역을 잘 보여 줍니다. 우리는 옆에서 이 일을 이루시는 하나님을 보면서 박수를 칩니다. 그러나 육신은 어떻게 합니까? 하나님께서 홀로 이렇게 견인을 이루어 가시는 것! 우리 인생 속에서 우리를 견디게 하심으로써 우리를 마지막까지 끌고 가시는 것! 이것을 용납할 수도 없고, 이해할 수도 없는 것입니다. 이것을 두고 신조는 "육신은 이해하지 못한다."라고 하였습니다.

사탄은 증오한다

둘째로 "사탄은 이 교리를 증오한다"라고 했습니다. "사탄은 이 교리를 증오한다"라고 표현한 것은 앞에서 말한 "육신은 이 교리를 **이해하지 못한다**"라는 것과는 크게 다릅니다. 말하자면 **사탄은 이 교리를 '이해합니다'.** 사탄은 알지요. 그런데 어떻게 합니까? 사탄은 이 교리를 알지만 '싫어'합니다! 네, 다릅니다. '모르는 것'과 '미워하는 것'은 다릅니다. 육신은 이 교리를 '모르'지만, 사탄은 '미워'합니다. 사탄은 알고 있지만 싫어합니다.

어렵지 않게 이해할 수 있습니다. 사탄은 일반의 사람들처럼, 예수님이 진짜 하나님의 아들인 줄 '몰라서' 대적하지 않았습니다. 사탄은 잘 알았습니다. 예수님께서 오실 때 그분이 하나님의 아들이신 줄은 사탄이 제일 먼저 말합니다. 예수님께서 어느 동네에 가시면 귀신 들린 자들이 제일 먼저 찾아와서 예수님을 "하나님의 아들"이라고 합니다!

사탄은 하나님도 알고, 하나님의 계획도 알고, 하나님의 구속의 의중도 알고 있습니다. 사탄은 모두 다 압니다. 심지어 우리조차 성경을 이해하니, 사탄이 최후 심판에서 자기가 져서 넘어질 것까지도 모르지 않습니다. 사탄은 다 알고 있습니다.

그런데 어떻습니까? 최후에 진다는 것을 아니까 더 짜증이 나는 것입니다. 자기가 패한다는 것을 알고, 최후에 하나님께서 모든 것을 귀정(歸正)하실 줄 아니까, 더 발악하는 것입니다. 우리는 중요한 사실을 알게 됩니다. **'안다고 해서 순복'하는 것이 아닙니다.** 사탄은 '알지만 불순종'합니다. 아니 좀 더 정확하게 말하면 **'알기 때문에 불순종'**합니다.

그러므로 사탄이 견인을 미워하는 것은 **사탄의 정체성**과 관련이 있습니다. 마태복음 24장에 나오는, '사탄이 사람에게 첫 범죄를 종용한 이후 사탄에게 있어 유일하고 가장 중요한 목적'이 어디에 있는지를 생각해 보십시오.

> 거짓 그리스도들과 거짓 선지자들이 일어나 큰 표적과 기사를 보여 할 수만 있으면 택하신 자들도 미혹하리라_마 24:24

아주 기이한 말씀입니다. 우리는 보통 '선택'을 결정적으로 생각해 버리고 맙니다. 그래서 믿는 사람은 결코 그 믿는 데서 떨어지지 않는다고 알고 있습니다. 그런데 이 말씀은 사탄이 "할 수만 있으면 **택하신 자들도** 미혹케 할 것이다."라고 합니다. 이 말의 의미는 믿는 사람이 실제로 믿음에서 떨어진다는 뜻은 아닙니다. 이것이 불가능함은 앞의 내용들에서 충분히 배웠습니다.

이것은 사탄의 의중을 말하기 위한 것입니다. 사탄은 어떻게 한다는 것, 어떻게 하고 싶어 한다는 것입니까? 하나님을 경외하는 사람들이 결코 그 길에서 떨어지지 않을 것을 **알고 있으면서도, 할 수만 있으면** 모든 방법을 동원하여, 불가능한 것을 앎에도 불구하고 할 수 있는 모든 방법을 동원하여, 이 택자들을 그 길에서 떨어뜨리려고 하는 것이 바로 사탄의 일입니다. 이것이 이 말씀의 의미입니다.

우리는 성경에 써 있지 않은, 곧 하와를 처음 찾아온 뱀, 사탄의 하수인이 사람을 유혹하려고 했을 때의 일 전에 무슨 일이 있었는지 모릅니다. 우리는 성경 여기저기에서 어렴풋하게 사탄이 처음 광명의 천사로부터 교만으로 말미암아 하나님을 배반하고 타락하게 되었음을 아는 정도이지만, 그것이 언제, 어떻게 이루어졌는지는 정확하게 모릅니다. 그래서 하나님께서 이 타락한 천사에게 어떤 형벌을 주시기를 원하시는지, 또 이 세계가 유지되는 동안에는 이들의 세력을 하나님의 구속을 이루시기 위하여 어느 정도까지 설치도록 내버려 두시기로 하셨는지, 우리는 이런 것을 정확하게는 알 수가 없습니다.

그러나 분명한 사실은, 성경의 이런 말씀들을 토대로 생각해 볼 때, **사탄의 목적성**이란 **택자들을 넘어뜨리는 것**이라는 사실입니다. 사탄의 궁극적 목적은 첫 타락의 이유에서처럼 '하나님을 쓰러뜨리고 자기가 진정한 야웨의 자리에 앉는 것'입니다. 그러나 하나님께서 허락하실 리 만무합니다. 그렇지만 되지 않음을 알고 있어도 그 목적을 향한 사탄의 발악은 끝나지 않습니다. 앞서 말씀드린 것처럼, 안 되니까 더더욱 악을 내면서 합니다. 결국 실패할 일임에도 불구하고 멈추지 않습니다. 이것이 사탄의 목적성입니다. 그러므로 사람을 미혹으로 떨어뜨리려는 것이 사탄의 본질적인 목적인 것입니다(택자를 미혹하는 것과 하나님의 왕권을 갈취하려는 것은 궤가 같다).

결국 사탄이 하나님의 영광을 탈취하기 위하여, 하나님 바깥으로 굴러 떨어진 자들에게 왕노릇, 곧 하나님의 영광을 복제하여 비슷한 권세를 얻어 보려고 시도하는 데에 목적이 있기 때문에, **사탄의 가장 큰 목표물은 하나님을 믿는 이들을 좌절시키는 일입니다.**

그러면 **왜 사탄이 이 교리를 미워하는지**가 분명해지지요. 견인 교리는 '하나님께서 마지막까지 신자들의 구원을 이루어 가실 것'이라는 사실에 대한 신자의 확신을 가르치고 있습니다. 이만큼 사탄이 싫어할 만한 교리가 있을까요? 우리가 어떤 종류의 넘어질 만한 상황에 처하더라도 오뚜기처럼 일어서게 만드는 것은 그분의 견인에 대한 확신입니다. 이보다 사탄을 더 열받게 하는 것이 있을까요?

그래서 신조는 이렇게 말하고 있는 것입니다. "사탄은 이 교리를 미워한다." 그렇습니다. 이 교리는 이런 공격하에 있습니다.

세상은 조롱한다

"세상은 조롱한다"까지만 살펴보겠습니다.

세상이 조롱한다는 것은 어떤 면에서는 "육신은 이해하지 못한다"와 궤를 같이 합니다. 이해하지 못하니 조롱하는 것입니다. 하지만 강조점은 약간 다르지요. **"육신"에서는 '무지'에 그 초점이 있었다면, "세상"에서는 이 하나님을 알지 못하는 이들이 하나님의 견인 교리를 보고 '비웃음'에 그 초점이 있습니다.** 그렇습니다. 단순히 '알지 못하는' 정도가 아니라, 세상은 견인 교리를 **'어리석은 교리'**라고 생각합니다.

세상을 살아가다 보면 쉽게 알 수 있는 사실이지만, **'어리석다'는 평가에는 항상 그 '배경이 되는 지식'**이 있습니다. 예를 들면 자동차 엔진 오일을 갈 때 본넷을 열고 그 위에 오일을 이리저리 흩어 부어 주는 사람을 보고 "무슨 멍청한 짓을 하는 거야!"라고 말하는 사람은 적어도 엔진 오일을 차에 어떻게 주입하는지를 아는 사람입니다. 자동차에 대해서 아무것도 모르는 사람이라면 그렇게 하는 행동을 보아도 가만히 있을 것입니다. 비가 올 때 천으로 된 운동화를 신고 나가지 않는 이유는 무엇입니까? 천으로 된 운동화가 물이 다 스며들기 때문에 안에 양말이 엉망진창이 된다는 것을 누구나 다 경험을 통해 알고 있기 때문입니다. 하지만 어린이집에 다니는 아이는 그런 것을 전혀 모릅니다.

즉 '어리석다'고 말한다는 것은 **자신의 신념 체계**가 있기 때문입니다. 그래서 우리는 고린도전서에서 십자가를 "유대인에게는 거리끼는 것이요, 이방인에게는 미련한 것이로되"라고 말할 때 그들에게, 특히 이방인, 헬라 세계의 사람들에게 전제된 신념 체계가 있다는 것을 압니다. 그러면 그것이 무엇일까요? 세상이 가지고 있는 전제된 신념 체계, 세상의 생각이 무엇일까요? 세상의 신념 체계가 무엇이길래 우리의 견인 교리를 비웃고 조롱하게 되는 것일까요?

예수님께서 십자가에 달리실 때 사람들이 무엇이라고 말하면서 조롱했는지를 생각하면 쉽게 이해가 될 것입니다. 예수님이 십자가에 달리실 때 조롱하던 이들은 이렇게 말했습니다.

> 저가 남을 구원하였으되 자기는 구원할 수 없느냐_눅 23:35
>
> 네가 만일 유대인의 왕이거든 네가 너를 구원하라_눅 23:37

조롱의 요지가 무엇입니까? **'힘'**입니다. 예수님께서 이 사실을 아셨기 때문에 베드로에게 "내가 열두 군단 더 되는 천사를 보내시게 할 수 없는 줄 아느냐"(마 26:53)라고 말씀하셨습니다. 세상은 힘을 보이라는 것이고, 주님은 힘을 보이지 않으셨습니다.

왜 헬라인들은 십자가를 '어리석은 것'이라고 합니까? 왜 세상은 견인 교리를 조롱하는 것입니까? 견인 교리야말로 세상이 참으로 싫어하는 **'절대 의존의 교리'**이기 때문이지요. 세상은 외칩니다. "네가 네 영혼을 구원하라!" 그렇습니다. 아르미니우스주의자들이 따랐던 길이 정확하게 이것입니다. **"인생의 참된 행복은 궁극적으로는 인생에게 달린 것이다."** 그것입니다. 왜 세상이 조롱합니까? 행복을 스스로, 자기 힘으로 얻으려 하지 않고, 헛된 망상처럼 보이는 보이지도 않는 신에다가 의탁해 놓고 사는 꼴이 한심하다는 것입니다.

세상은 견인 교리를 조롱합니다. "네 스스로 구원하라"라고 종용합니다. 그러나 우리는 우리의 구원을 성취하는 인내가 어디로부터 나오는지를 이 교리를 통해서 알고 고백합니다. 우리는 강하지 않습니다. 우리는 무능합니다. 우리는 어리석습니다. 하지만 **우리는 바로 그 이유 때문에 이깁니다.** 최종적으로 이깁니다. 우리는 약하지만 그리스도께서 강하시기 때문이고, 우리를 위하여 구원과 섭리를 구축하신 성부 하나님과 우리를 위하여 날마다 근심하시는 성령님께서 강하시기 때문입니다.

은혜

이제 도르트 신조 전체의 마지막을 정리하도록 합시다. 우리는 신조의 마지막 조항에서조차 "하나님의 영광"과 "신자의 위로"를 위한 이 교리를 여러 적들이 공격하고 있다는 사실을 배웁니다. **하지만 우리는 최종적인 승리를 압니다. '견인 교리' 그 자체가 바로 '최종적인 승리'에 관한 교리가 아닙니까?**

우리가 이 최종적 승리를 향하여 날마다 인내해 가는 이 견인을 충분히 완성해 갈 수 있음을 확신키 위하여 베드로전서 5장 말씀을 보는 것으로 '은혜'를 살펴 이 신조의 마무리를 하도록 합시다.

> 모든 은혜의 하나님 곧 그리스도 안에서 너희를 부르사 자기의 영원한 영광에 들 어가게 하신 이가 잠깐 고난을 당한 너희를 친히 온전하게 하시며 굳건하게 하시 며 강하게 하시며 터를 견고하게 하시리라_벧전 5:10-11

두 가지 정도에만 중심을 두어 봅시다. **첫째,** 이 말씀은 우리가 "온전하게 되 며, 굳게 되며, 강하게 되며, 터가 견고케 되기를" 바라는 기도를 드리면서, 이것 을 **"모든 은혜의 하나님"께 부탁**했습니다. "모든 은혜의 하나님"입니다.

"모든 은혜"는 무엇일까요? 여기서 하나님을 "모든 은혜의 하나님"으로 부른 것은 바로 이어진 문장의 수식을 받고 있습니다. 이 하나님을 "모든 은혜의 하나 님"이라고 부른 이유는 이 하나님께서 "그리스도 안에서 우리를 부르셔서, 자기 의 영원한 영광에 들어가게 하신 것"을 가리킵니다. 곧 **하나님께서 우리를 부르시 고, 또 최종적 영광인 완성에 다다르게 되기까지 하나님께서 우리를 향하여 행하시 는 모든 사역을 다 합하여 베드로전서는 "모든 은혜"라고 부르고 있는 것입니다.**

그렇습니다. "잠깐 고난을 받은 우리를 온전케 하시고, 굳게 하시고, 강하게 하 시고, 터를 견고케 하시는 것"은 모두 하나님 그분의 "모든 은혜"로부터 옵니다. 우리를 택하셨을 때부터, 마지막 완성에 이르기까지 모든 하나님의 활동은 '은 혜'입니다. 그분께서 계획하셨고, 그분께서 이루어 가십니다. 우리는 그저 받기 만 합니다.

그리고 **둘째, "친히"**에 주목합시다. 헬라어로 이 문장을 보면, 여기에 "그가"라 는 말이 두 군데 나옵니다. 첫 "그가"는 우리말로는 "자기의 영광"이라고 하는 데 에 사용되었습니다. 그러니까 그분의 영광이라는 뜻입니다. 베드로전서 말씀은 우리가 최종적으로 도달할 영광을 설명할 때 '하나님의 영광' 그 자체임을 강조했습니다.

그리고 두 번째 "그가"가 나오는 곳은 우리말로 "친히"라고 번역된 곳입니다. **"그분께서 온전케 하시고, 굳게 하시고, 강하게 하시고, 터를 견고케 하시겠다"**라는 것입니다. 그러니까 둘을 같이 읽어 보면, 하나님께서는 **'자기의' 영광에 들어가게 하시기 위하여 '친히' 이 일을 하시겠다고** 말씀하신 것입니다.

우리는 견인 교리를 통하여 '책임을 떠 넘기는 법'을 배우는 것이 아닙니다. "나는 내 미래를 모르겠소. 하나님이 알아서 하시오."라는 식의 태도가 아닙니다. 우리가 전적으로 견인을 하나님께서 하시는 일임을 믿고 고백하는 이유는, 이것이 '하나님의 의지'이시기 때문입니다. 베드로전서의 표현대로 "그분의" 영광에 들어가게 하시기 위해 "그분께서" 친히 우리를 온전케, 굳게, 강하게, 견고케 하십니다. 우리는 **무책임하기 때문에 그분께 맡겨 놓는 것이 아니라, 그분께서 책임지시는 일을 신뢰하는 것**입니다.

그러므로 우리는 많은 공격과 무지, 또 조롱과 비웃음이 있더라도, 견인 교리를 통하여 하나님의 온전하신 은혜를 붙드는 방식을 배워야 합니다. 육신은 우리를 이해하지 못하고, 사탄은 우리를 증오하여 공격하며, 세상은 우리의 삶의 양태를 보고 비웃고 조롱할 것입니다. 그러나 우리는 **은혜를 의지**합니다. "모든 은혜의 하나님", 곧 우리를 아무것도 없는 데서 부르셔서 영광의 소망을 향해 나아가게 하신 하나님께서, "친히", 그분의 의지를 가지시고, 우리를 마지막까지 골인시키실 것입니다.

이것을 믿기 때문에 "하나님께는 영광"이요, "신자인 우리에게는 참위로"가 되는 이 견인 교리를 굳세게 붙드는 우리가 되도록 합시다. 우리가 이 긴 시간 동안 배워 온 이 도르트 신조의 모든 내용들이 신자의 모든 복된 삶의 터전이요 기둥이 되게 하십시다. 그리하여 그분의 '완전한 구원'을 찬송하고, 또 성도로서 우리는 '견고한 확신' 가운데 머물러, 영원히 흔들리지 않는 도성을 차지하도록 합시다. 성삼위 하나님께서 마지막까지 이 일을 반드시 성취하실 것입니다. 아멘!

오류 1

참된 신자의 견인은 선택의 열매도 아니고 그리스도의 죽으심을 통하여 우리가 얻은 하나님의 선물도 아니며, 새 언약의 조건일 뿐이다. 사람은 소위 확정적인 선택이나 칭의 이전에 자신의 자유의지로 이 조건을 만족시켜야 한다.

반박

성경에서는 성도의 견인이 선택에서부터 나오며, 그리스도의 죽으심과 부활과 중보 사역으로 인해 그 택함을 받은 자들에게 하나님께서 주시는 것이라고 증언합니다. "그런즉 어떠하냐 이스라엘이 구하는 그것을 얻지 못하고 오직 택하심을 입은 자가 얻었고 그 남은 자들은 우둔하여졌느니라"(롬 11:7). "자기 아들을 아끼지 아니하시고 우리 모든 사람을 위하여 내주신 이가 어찌 그 아들과 함께 모든 것을 우리에게 주시지 아니하겠느냐 누가 능히 하나님께서 택하신 자들을 고발하리요 의롭다 하신 이는 하나님이시니 누가 정죄하리요 죽으실 뿐 아니라 다시 살아나신 이는 그리스도 예수시니 그는 하나님 우편에 계신 자요 우리를 위하여 간구하시는 자시니라 누가 우리를 그리스도의 사랑에서 끊으리요 환난이나 곤고나 박해나 기근이나 적신이나 위험이나 칼이랴"(롬 8:32-35).

오류 2

하나님께서는 참으로 신자들이 끝까지 인내할 수 있도록 충분한 힘을 베풀어 주시며, 사람이 자기의 의무를 다하려고만 한다면 기꺼이 그 힘을 그 사람 안에 계속 보존하여 주신다. 그러나 믿음의 견인(堅忍)에 필요한 모든 것이 다 갖추어졌어도, 또한 하나님께서 그것들을 사용하여서 믿음을 보존하려 하신다 하더라도, 그의 견인이 이루어질지의 여부는 여전히 언제나 사람이 내리는 의지의 결단에 달려 있다.

반박

이러한 생각은 철저히 펠라기우스주의적입니다. 사람을 자유롭게 하려는 의도가 있지만, 실은 사람으로 하여금 하나님의 영광을 가로채게 만드는 것입니다. 이러한 생각은 복음의 일관된 교훈과 충돌합니다. 복음은 사람에게 자랑할 것이 하나도 없음을 가르쳐 주고, 복음의 유익에 대한 찬사를 모두 하나님의 은혜에만 돌리게 합니다. 또한 이러한 생각은 다음과 같은 사도의 증언과도 상충됩니다. "주께서 너희를 우리 주 예수 그리스도의 날에 책망할 것이 없는 자로 끝까지 견고하게 하시리라"(고전 1:8).

오류 3

참으로 중생한 신자들이라도 의롭게 하는 믿음과 은혜와 구원으로부터 완전하고 확정적으로 떨어져 나갈 수 있을 뿐 아니라, 실제로 거기에서 떨어져 나가서 영원한 멸망을 받는 일이 종종 발생한다.

반박

그러한 견해는 그리스도께서 베푸시는 칭의와 중생의 은혜 그리고 지속적인 보존의 은혜를 무효화하는 것이며, 바울 사도가 다음과 같이 분명히 가르치는 것과도 모순이 됩니다. "우리가 아직 죄인 되었을 때에 그리스도께서 우리를 위하여 죽으심으로 하나님께서 우리에 대한 자기의 사랑을 확증하셨느니라. 그러면 이제 우리가 그의 피로 말미암아 의롭다 하심을 받았으니 더욱 그로 말미암아 진노하심에서 구원을 받을 것이니"(롬 5:8-9). 또한 사도 요한의 다음의 말과도 모순이 됩니다. "하나님께로부터 난 자마다 죄를 짓지 아니하나니 이는 하나님의 씨가 그의 속에 거함이요 그도 범죄하지 못하는 것은 하나님께로부터 났음이라"(요일

3:9). "내가 그들에게 영생을 주노니 영원히 멸망하지 아니할 것이요 또 그들을 내 손에서 빼앗을 자가 없느니라. 그들을 주신 내 아버지는 만물보다 크시매 아무도 아버지 손에서 빼앗을 수 없느니라"(요 10:28-29).

오류 4

참으로 중생한 신자들이라도 사망에 이르는 죄 혹은 성령을 거스르는 죄를 범할 수 있다.

반박

사도 요한은 요한일서 5장 16-17절에서 사망에 이르는 죄를 지은 사람들에 대하여 말하고 그들을 위하여 기도하는 것을 금한 후에, 즉시 이렇게 가르쳤습니다. "하나님께로부터 난 자는 다 범죄하지 아니하는 줄을 우리가 아노라 하나님께로부터 나신 자가 그를 지키시매 악한 자가 그를 만지지도 못하느니라"(요일 5:18).

오류 5

어떤 특별한 계시가 따로 주어지지 않는 한, 신자는 자신이 장래에도 끝까지 믿음의 인내를 나타낼 것이라는 확신을 이생에서는 결코 가질 수 없다.

반박

그러한 교훈은 진실한 신자가 이 세상에서 누리는 참된 위로를 빼앗는 것이고, 교황주의자들의 의심이 교회 안에 다시 들어오게 하는 것입니다. 그러나 성경은 견인의 확신을 어떤 특별하고 특이한 계시에서부터 끌어내는 것이 아니라, 하나님의 자녀에게 있는 특징적인 표지들과 하나님의 일관된 약속들에서 항상 끌어냅니다. 따라서 특별히 바울 사도는 이렇게 선언합니다. "다른 어떤 피조물이라도 우리를 우리 주 그리스도 예수 안에 있는 하나님의 사랑에서 끊을 수 없으리라"(롬 8:39). 또한 요한도 "그의 계명을 지키는 자는 주 안에 거하고 주는 그의 안에 거하시나니 우리에게 주신 성령으로 말미암아 그가 우리 안에 거하시는 줄을 우리가 아느니라"(요일 3:24) 하고 기록합니다.

오류 6

신자의 견인과 구원의 확신에 대한 교리는 그 자체의 성격상 거짓된 안정감을 갖게 하고, 경건과 선한 행실, 기도나 다른 경건한 삶을 실천하는 데 해가 된다. 반대로 견인을 의심하는 것은 칭찬할 만한 일이다.

반박

그러한 오류는 하나님의 은혜의 능력과 우리 안에 거하시는 성신의 사역을 무시하는 것이고, 사도 요한이 다음과 같이 아주 분명한 말로 가르친 것에 반대되는 것입니다. "사랑하는 자들아 우리가 지금은 하나님의 자녀라 장래에 어떻게 될지는 아직 나타나지 아니하였으나 그가 나타나시면 우리가 그와 같을 줄을 아는 것은 그의 참모습 그대로 볼 것이기 때문이니 주를 향하여 이 소망을 가진 자마다 그의 깨끗하심과 같이 자기를 깨끗하게 하느니라"(요일 3:2-3). 게다가 그러한 주장은 구약과 신약의 성도들이 보였던 본을 통하여서도 반박될 수 있습니다. 그들은 자신들의 견인과 구원을 확신하면서도, 계속해서 기도와 여러 경건한 생활들을 영위해 갔습니다.

오류 7

잠시 동안만 믿은 사람의 믿음도 의롭다 함이나 구원을 얻게 하는 믿음과 다르지 않고, 단지 그 기간에서만 차이가 있을 뿐이다.

반박

마태복음 13장 20-23절과 누가복음 8장 13-15절을 보면, 그리스도께서 친히 잠시 동안 믿은 자와 참신자 사이에 그 기간의 차이 외에도 세 가지 차이점이 있음을 지적하십니다. 잠시 믿는 자는 말씀의 씨를 돌밭에서 받고, 뿌리가 없으며, 열매가 없습니다. 반면 참된 신자는 좋은 땅, 곧 착한 마음으로 말씀의 씨를 받고 뿌리를 굳게 내리며 끊임없이 항상 많은 열매를 다양하게 맺습니다.

오류 8

첫 번째 중생을 상실하고 나서 다시 중생한다거나, 혹은 여러 번 새로 중생한다는 말은 불합리하지 않다.

반박

이러한 주장은 우리를 거듭나게 하시는 하나님의 씨가 썩지 않는 것이라는 베드로 사도의 증언을 부정하는 것입니다. "너희가 거듭난 것은 썩어질 씨로 된 것이 아니요 썩지 아니할 씨로 된 것이니 살아 있고 항상 있는 하나님의 말씀으로 되었느니라"(벧전 1:23).

오류 9

성경 어디에도 그리스도께서 신자의 믿음이 떨어지지 않고 지속되기를 위하여 기도하신 일이 나오지 않는다.

반박

이러한 주장은 그리스도께서 친히 "내가 너를(베드로) 위하여 네 믿음이 떨어지지 않기를 기도하였노니"(눅 22:32)라고 말씀하신 것과 전혀 맞지 않습니다. 또한 사도 요한이 단언하는 대로, 그리스도께서 사도들뿐 아니라 그들의 말을 통하여 믿을 자들을 위하여서 다음과 같이 기도하셨던 사실과도 전혀 맞지 않습니다. "내게 주신 아버지의 이름으로 그들을 보전하사 … 내가 비옵는 것은 그들을 세상에서 데려가시기를 위함이 아니요, 다만 악에 빠지지 않게 보전하시기를 위함이니이다. … 내가 비옵는 것은 이 사람들만 위함이 아니요, 또 그들의 말로 말미암아 나를 믿는 사람들도 위함이니"(요 17:11, 15, 20).

참고문헌

권성수. 『빌립보서 강해』. 서울: 총신대학출판부, 1992.

권수경. 『번영복음의 속임수』. 서울: SFC, 2019.

길성남. 『에베소서 어떻게 읽을 것인가』. 서울: 성서유니온, 2005.

김세윤. 『빌립보서 강해』. 서울: 두란노, 2011.

두에인 L. 크리스텐센. 『WBC 성경주석: 신명기(하)』. 정일오 옮김. 서울: 솔로몬, 2007.

로버트 L. 레이몬드. 『최신 조직신학』. 나용화 외 옮김. 서울: CLC, 2010.

르네 지라르. 『희생양』. 서울: 민음사, 2007.

마르바 던. 『고귀한 시간 낭비』. 전의우 옮김. 서울: 이레서원, 2004.

마르틴 루터. 『루터의 로마서 주석』. 박문재 옮김. 고양: 크리스천다이제스트, 2001.

_____. 『루터선집 5: 교회의 개혁자 1』. 서울: 컨콜디아사, 1984.

_____. 『루터 선집: 교회의 개혁자 II』. 지원용 옮김. 서울: 컨콜디아사, 1993.

_____. 『마르틴 루터 대교리문답』. 최주훈 옮김. 서울: 복있는 사람, 2017.

마이클 리브스. 『선하신 하나님』. 장호준 옮김. 서울: 복있는 사람, 2015.

마이클 호튼. 『언약신학』. 백금산 옮김. 서울: 부흥과개혁사, 2009.

모리모토 안리. 『반지성주의』. 강혜정 옮김. 서울: 세종서적, 2016.

마틴 로이드 존스. 『성부 하나님과 성자 하나님: 로이드 존스 교리 강좌 시리즈 1 - 성경론, 신
      론, 인간론, 기독론』. 서울: 부흥과 개혁사, 2007.

_____. 『성령 하나님과 놀라운 구원: 로이드 존스 교리 강좌 시리즈 2 - 성령론, 구원
      론』. 임범진 옮김. 서울: 부흥과 개혁사, 2007.

_____. 『하나님의 자녀 : 마틴 로이드존스의 요한일서 강해 1』. 임성철 옮김. 서울:
      생명의말씀사, 2010.

박형룡. 『빌립보서 주해』. 수원: 합동신학대학원출판부, 1997.

스탠리 하우어워스. 『한나의 아이』. 홍종락 옮김. 서울: IVP, 2016.

송영목.『문법적, 역사적, 성경신학적 관점에서 본 신약주석』. 서울: 쿰란출판사, 2011.

신광은.『천하무적 아르뱅주의』. 서울: 포이에마, 2014.

아만두스 폴라누스.『하나님의 영원한 예정』. 김지훈 옮김. 서울: 킹덤북스, 2016.

아우구스티누스.『고백록』. 선한용 옮김. 서울: 대한기독교서회, 2009.

R. C. 스프로울.『웨스트민스터 신앙고백 해설 1』. 이상웅, 김찬영 옮김. 서울: 부흥과 개혁사, 2011.

_____.『웨스트민스터 신앙고백 해설 2』. 이상웅, 김찬영 옮김. 서울: 부흥과 개혁사, 2011.

얀 판 브뤼헌.『하이델베르크 요리문답 해설』. 김헌수, 성희찬 옮김. 서울: 성약, 2020.

에드문드 P. 클라우니.『베드로전서』. 오광만 옮김. 서울: 여수룬, 1992.

우병훈.『처음 만나는 루터』. 서울: IVP, 2017.

윤석준.『하이델베르크 교리문답 설교』. 서울: 부흥과 개혁사, 2016.

_____.『지하철에서 읽는 사도신경』. 대구: 프리탄리폼드북스, 2022.

윤석준, 송영목.『목회를 위한 교회론』. 부산: 도서출판 향기, 2021.

유해무.『개혁교의학』. 서울: 크리스천다이제스트, 1998.

_____.『헤르만 바빙크: 보편성을 추구한 신학자』. 서울: 살림, 2004.

윌리엄 윌리몬.『기억하라 네가 누구인지를』. 서울: 비아, 2020.

J. 판 헨더렌 & W. H. 펠레마.『개혁교회 교의학』. 신지철 옮김. 서울: 새물결플러스, 2018.

존 오웬.『히브리서 주석』. 지상우 옮김. 서울: 엠마오, 1986.

존 오스왈트.『NICOT : 이사야 II』. 이용중 옮김. 서울: 부흥과 개혁사, 2016.

존 칼빈.『칼빈 성경주석 17: 요한복음 1, 2, 요한일서, 야고보서, 디도서, 유다서』. 서울: 성서원, 1999.

_____.『칼빈 성경주석 4: 여호수아 II, 시편 I, II』. 서울: 성서원, 1999.

카일 델리취.『카일 델리취 구약 주석 24: 호세아, 요엘, 아모스, 오바댜, 요나, 미가』. 서울: 기독교문화사, 2000.

칼 바르트.『로마서 강해』. 조남홍 옮김. 서울: 한들, 1997.

코르넬리스 프롱크.『도르트 신조 강해』. 황준호 옮김. 수원: 그책의 사람들, 2012.

클라렌스 바우만.『도르트 신경 해설』. 손정원 옮김. 서울: 솔로몬, 2016.

클라스 스킬더.『그리스도와 문화』. 손성은 옮김. 서울: 지평서원, 2017.

프란시스 쉐퍼.『그러면 우리는 어떻게 살 것인가?』. 김기찬 옮김. 서울: 생명의말씀사, 1984.

필립 E. 휴즈.『고린도후서: 뉴인터내셔널 성경주석 13』. 이기문 옮김. 서울: 생명의 말씀사, 1993.

헤르만 바빙크.『믿음의 확실성』. 허동원 옮김. 고양: 우리시대, 2019.

_____.『개혁교의학』. 박태현 옮김. 서울: 부흥과개혁사, 2011.

Daniel R. Hyde. *Grace Worth Fighting for*. Lincoln, Nebraska: Davenant press, 2019.